A CONDUTA DO LESADO
COMO PRESSUPOSTO E CRITÉRIO DE IMPUTAÇÃO
DO DANO EXTRACONTRATUAL

JOSÉ CARLOS BRANDÃO PROENÇA

A CONDUTA DO LESADO COMO PRESSUPOSTO E CRITÉRIO DE IMPUTAÇÃO DO DANO EXTRACONTRATUAL

Reimpressão da edição de Novembro/1997

Dissertação de Doutoramento em Ciências Jurídicas pela Faculdade de Direito da Universidade Católica Portuguesa

A CONDUTA DO LESADO COMO PRESSUPOSTO
E CRITÉRIO DE IMPUTAÇÃO
DO DANO EXTRACONTRATUAL

AUTOR
JOSÉ CARLOS BRANDÃO PROENÇA

EDITOR
EDIÇÕES ALMEDINA, SA
Avenida Fernão Magalhães, n.º 584, 5.º Andar
3000-174 Coimbra
Tel: 239 851 904
Fax: 239 851 901
www.almedina.net
editora@almedina.net

PRÉ-IMPRESSÃO • IMPRESSÃO • ACABAMENTO
G.C. GRÁFICA DE COIMBRA, LDA.
Palheira – Assafarge
3001-453 Coimbra
producao@graficadecoimbra.pt

Setembro, 2007

DEPÓSITO LEGAL
118046/97

Os dados e as opiniões inseridos na presente publicação
são da exclusiva responsabilidade do(s) seu(s) autor(es).

Toda a reprodução desta obra, por fotocópia ou outro qualquer processo,
sem prévia autorização escrita do Editor,
é ilícita e passível de procedimento judicial contra o infractor.

*À Maria Clara, minha mulher, e à Catarina,
Joana e Filipa, nossas filhas, pela compreensão
e pelo sacrifício na ausência*

A meus pais

À memória de Baptista Machado

AGRADECIMENTOS

A nossa opção por um tema, que se liga à interacção de duas liberdades e em que o lesado assume simultaneamente o papel de «autor» e «vítima», ficou a dever-se, em grande medida, ao acolhimento que a ideia teve junto do saudoso Professor Doutor Baptista Machado, nosso primeiro orientador. Parte da concepção metodológica que presidiu à feitura da dissertação é ainda tributária das conversas que tivemos com o inesquecível Mestre, em dias não muito distantes do seu inesperado decesso. Aqui fica, pois, o nosso profundo agradecimento, com a certeza de que procurámos não desapontar a sua confiança.

A mesma gratidão é devida ao Senhor Professor Doutor Jorge Ribeiro de Faria, nosso orientador, e a quem estamos ligados por um sentimento de grande amizade desde o ano (1980) em que fomos seu Assistente na cadeira de Direito das Obrigações, leccionada no Curso de Direito do Porto da Universidade Católica. Ao distinto jurista e pedagogo, com quem aprendemos a necessidade do rigor e da disciplina do trabalho, queremos reiterar o nosso agradecimento pelo seu estímulo, pela sua enorme disponibilidade e pelos ensinamentos e opiniões transmitidas acerca do tratamento do tema desta dissertação.

Ao Senhor Professor Doutor Rui de Alarcão, com quem colaborámos nos anos em que fomos seu Assistente na Faculdade de Direito da Universidade de Coimbra, queremos manifestar reconhecimento por nos ter incutido o gosto pelo estudo das matérias do Direito das Obrigações.

Ainda uma palavra de agradecimento ao Centro Regional do Porto da Universidade Católica, nas pessoas do seu Presidente, o Professor Doutor Francisco Carvalho Guerra, e do Director do Curso de Direito, o Professor Doutor Padre Roque Cabral, e à Faculdade de Economia da Universidade do Porto, pela abertura manifestada na concessão de dispensa de serviço docente e sem a qual teria sido difícil levarmos avante a nossa investigação.

Porto, Março de 1996

SIGLAS

ABGB	Allgemeines Bürgerliches Gesetzbuch (Código Civil austríaco de 1811, em vigor)
AcP	Archiv für die civilistische Praxis
AD	Acórdãos Doutrinais do Supremo Tribunal Administrativo
ADC	Anuario de Derecho Civil
Arch. Civ.	Archivio Civile
Arch. RC	Archivio Responsabilità Civile
B.b.tit.cred.	Banca, borsa e titoli di credito
BFDUC	Boletim da Faculdade de Direito da Universidade de Coimbra
BGB	Bürgerliches Gesetzbuch (Código Civil alemão de 1896)
BGH	Bundesgerichtshof (Tribunal Federal alemão)
BGHZ	Entscheidungen des Bundesgerichtshofes in Zivilsachen
BI	Boletin de Informacion
BIDR	Bulletino dell'Istituto di Diritto Romano «Vittorio Scialoja»
BMJ	Boletim do Ministério da Justiça
BOA	Boletim da Ordem dos Advogados
BOMJ	Boletim Oficial do Ministério da Justiça
CeIm	Contratto e Impresa
CJ	Colectânea de Jurisprudência
D.	Recueil Dalloz
DI	Il Digesto Italiano
Dir	O Direito
DJ	Direito e Justiça
ED	Enciclopedia del Diritto
FI	Il Foro Italiano
GI	Giurisprudenza italiana
Giust. Civ.	Giustizia Civile
GRLx	Gazeta da Relação de Lisboa
GruchBeitr.	Beiträge zur Erläuterung des Deutschen Rechts
JBl	Juristische Blätter
JCP	Juris-Classeur Périodique. La Semaine Juridique
JF	Jornal do Fôro
JhJb	Jherings Jahrbücher für die Dogmatik des bürgerlichen Rechts
JP	Justiça Portuguesa
JR	Juristische Rundschau
JuR	Jurisprudência das Relações
Jura	Jura/Juristische Ausbildung
JuS	Juristische Schulung
JZ	Juristenzeitung

LG	Landgericht (tribunal de recurso dentro de cada Estado federado)
LQR	Law Quarterly Review
LS	Legal Studies
MDR	Monatsschrift für Deutsches Recht
NDI	Novissimo Digesto Italiano
NJW	Neue Juristische Wochenschrift
NZV	Neue Zeitschrift für Verkehrsrecht
ÖJZ	Österreichische Juristen-Zeitung
OLG	Oberlandesgericht (tribunal de última instância dentro de cada Estado federado)
PJ	Portugal Judiciário
Qua	Quadrimestre
RabelsZ	Rabels Zeitschrift für ausländisches und internationales Privatrecht
RassegnaDC	Rassegna di Diritto Civile
RCDG	Rivista Critica di Diritto e Giurisprudenza
RCDP	Rivista Critica di Diritto Privato
RcP	Responsabilità civile e Previdenza
RDC	Rivista di Diritto Civile
RDCDO	Rivista del Diritto Commerciale e del Diritto Generale delle Obbligazioni
RDE	Revista de Direito e Economia
RDES	Revista de Direito e de Estudos Sociais
RDP	Revista de Derecho Privado
RF	Revista Forense
RFDUL	Revista da Faculdade de Direito da Universidade de Lisboa
RG	Reichsgericht (antigo tribunal do Reich)
RGAT	Revue Général des Assurances Terrestres
RGCT	Rivista Giuridica della Circolazione e dei Trasporti
RGZ	Entscheidungen des Reichsgerichts in Zivilsachen
RIDC	Revue Internationale de Droit Comparé
RIFD	Rivista Italiana di Filosofia del Diritto
RISG	Rivista Italiana per le Scienze Giuridiche
RJC	Revista Juridica de Cataluña
RLJ	Revista de Legislação e Jurisprudência
RMP	Revista do Ministério Público
ROA	Revista da Ordem dos Advogados
RPen	Rivista Penale
RPDC	Revista Portuguesa do Dano Corporal
RT	Revista dos Tribunais
RTDC	Revue Trimestrielle de Droit Civil
RTDPC	Rivista Trimestrale di Diritto e Procedura Civile
SI	Scientia Iuridica
SpuRt	Sport und Recht
STA	Supremo Tribunal Administrativo
STJ	Supremo Tribunal de Justiça
SZ	Zeitschrift der Savigny-Stiftung für Rechtsgeschichte
TJ	Tribuna da Justiça

VersR	VersicherungsRecht
ZAS	Zeitschrift für Arbeitsrecht und Sozialrecht
ZRP	Zeitschrift für Rechtspolitik
ZSchwR	Zeitschrift für Schweizerisches Recht
ZStW	Zeitschrift für die gesamte Strafrechtswissenschaft

O ideal seria que o direito fosse sumamente certo sem deixar de ser também sumamente recto.

MANUEL DE ANDRADE, *Ensaio sobre a teoria da interpretação das leis,* 4ª ed., Coimbra, 1987, p. 56.

O jurista é sobretudo um mediador que se ocupa em «negociar» ajustes entre os princípios abstractos e as situações concretas — o que terá de fazer mesmo que se proponha orientar negociações, transacções ou soluções de compromisso entre interesses opostos ou entre partes litigantes.

BAPTISTA MACHADO, *Introdução ao Direito e ao Discurso Legitimador*, Coimbra, 1983, p. 311.

PARTE INTRODUTÓRIA

Sumário: 1 – Apresentação do tema. Seu interesse dogmático e sua importância prática. Ilustração exemplificativa; 2 – Âmbito de aplicação da excepção da «culpa» do lesado e circunscrição da investigação à esfera extracontratual; 3 – Opções metodológicas e plano da dissertação; 4 – Fixação terminológica.

1. Apresentação do tema. Seu interesse dogmático e sua importância prática. Ilustração exemplificativa

Na secção VIII do capítulo II do título I do livro II do Código Civil, as normas dos artigos 562.° a 572.° [1] regulam, em geral, o âmbito e a extensão da obrigação de indemnização consequente à prática de um facto danoso. De acordo com uma dessas disposições, a do artigo 570.°, 1, se «um facto culposo do lesado tiver concorrido para a produção ou agravamento dos danos, cabe ao tribunal determinar, com base na gravidade das culpas de ambas as partes e nas consequências que delas resultaram, se a indemnização deve ser totalmente concedida, reduzida ou mesmo excluída», mas já no domínio da responsabilidade pelo risco da condução de veículos de circulação terrestre, o legislador começa, no artigo 505.°, por relevar o «disposto no artigo 570.°», para, logo de seguida, *excluir* a responsabilidade estatuída no n.° 1 do artigo 503.° «...quando o acidente for imputável ao próprio lesado...».

Dispensando-nos de referir, para já, outros locais onde o legislador tenha valorado expressamente a incidência da conduta do lesado na existência e no conteúdo do direito de indemnização, há que dizer que esse núcleo normativo [2], ou melhor, o problema que nele está contido, suscita um conjunto vasto de questões, cuja complexidade provocou e ainda provoca, em particular noutros ordenamentos jurídicos, aceso debate doutrinário e uma jurisprudência nem sempre uniforme na

---

[1] Na falta de indicação em contrário, os preceitos citados são os do Código Civil de 1966.

[2] O regime da figura jurídica, a que o legislador chama «culpa do lesado», resulta ainda do preceituado no n.° 2 do artigo 570.° e do disposto nos artigos 571.° e 572.°.

20 *A conduta do lesado*

solução e fundamentação dos casos que é chamada a resolver. Tema dessa «zona nevrálgica das fontes das obrigações»[3], que é a responsabilidade civil, e do seu efeito natural – a obrigação de indemnização[4] –, o seu «classicismo» não o torna menos sensível ao contínuo repensar desse sector do Direito das Obrigações, nem o afasta, obviamente, da querela sobre a *função* e o *sentido* da responsabilidade civil. Conquanto se possa dizer, com G. CATTANEO[5], que é *«un settore molto ristretto del tema della responsabilità civile»*, não há dúvida que a contribuição do lesado[6] para o seu dano, em conjugação com a conduta do lesante, ou o papel decisivo que aquele tenha tido na origem do seu prejuízo, fazem parte integrante do que a própria doutrina italiana da década de 60 chamou de «problema da responsabilidade civil»[7].

Mais concretamente, a questão fundamental, que aqui se coloca, é a de saber se o lesado tem direito a ser ressarcido nos casos em que tenha *concorrido*, com a conduta do lesante, para o seu dano, bem como nas hipóteses em que, apesar de uma certa «interferência» do agente material, o dano é de imputar *exclusivamente* ao mesmo lesado. Não valorando, para já, uma certa rigidez normativa do nosso legislador e formulando o nosso tema na sua maior extensão, sem qualquer pré-compreensão, podemos dizer que aquele primeiro grupo de situações – sem dúvida o mais importante – conduz-nos ao típico «concurso de culpas»[8]

---

[3] ANTUNES VARELA, *Rasgos inovadores do Código Civil português de 1966 em matéria de responsabilidade civil*, in BFDUC, XLVIII, 1972, p. 80.

[4] Como justamente acentua ANTUNES VARELA, *cit.*, p. 85, a autonomização da obrigação de indemnização representou uma importante opção do legislador de 1966.

[5] *Concorso di colpa del danneggiato*, in *Risarcimento del danno contrattuale ed extracontrattuale*, sob a direcção de GIOVANNA VISINTINI, Milano, 1984, p. 39.

[6] É de salientar que o artigo 571.° equipara ao «facto culposo do lesado» o «facto culposo dos seus representantes legais e das pessoas de quem ele se tenha utilizado». A esta dissociação de planos se refere G. CATTANEO, *Il concorso di colpa del danneggiato*, in RDC I, 1967, p. 466, com a designação, algo equívoca, de *«auto-responsabilità oggettiva»*.

[7] É esse, aliás, o título da obra mais conhecida de S. RODOTÀ, escrita em 1964.

Que o problema da responsabilidade civil é «um problema paradigmático» para o pensamento jurídico em geral, é o que CASTANHEIRA NEVES, na sua *Nótula* (*a propósito do Estudo sobre a responsabilidade civil* de GUILHERME MOREIRA – *e justificativa da sua selecção para a Antologia do Boletim da Faculdade de Direito* de Coimbra), separata do BFDUC, volume LIII, Coimbra, 1977, p. 7, reconhece com brilhantismo.

[8] Veremos *infra*, se a culpa do lesante e do lesado constituem ou não realidades estruturalmente homogéneas. Para já, limitamo-nos a assinalar com comas a possível especificidade do conceito de «culpa» do lesado, processo que também utilizaremos em relação ao termo «autoresponsabilidade». Quanto àquele primeiro

Parte introdutória   21

do lesante e do lesado, bem como à contribuição causal, em que a conduta de ambos é valorada com base em critérios heterogéneos ou não exclusivamente colimados à culpa. Na realidade, parecem atraídas para o nosso problema – e veremos se com razão ou sem ela – as resultantes danosas da interacção concausal da responsabilidade objectiva do lesante e da «culpa» do lesado, da responsabilidade subjectiva do lesante e da conduta não «culposa» do lesado[9], da responsabilidade subjectiva do lesante e da propensão autodanosa do lesado[10] e da responsabilidade objectiva do lesante com o risco da actuação do lesado ou de coisas perigosas por ele detidas[11], bem como com a sua conduta não «culposa» e a sua «predisposição». O segundo quadrante de hipóteses remete-nos para aquelas factualidades em que o lesado desempenha um papel *absorvente* ou *exclusivo* na «história» do seu dano, ou de parte dele, mesmo na fase sucessiva à verificação do evento lesivo.

Como se intui por este breve enunciado, o tema escolhido para objecto da nossa dissertação leva-nos necessariamente para o círculo das questões mais delicadas e controversas do direito da responsabilidade civil, como são os problemas da *culpa*, do *nexo de causalidade* e da *extensão indemnizatória*. Estando em causa a equação entre determinadas condutas e a existência ou o conteúdo, maior ou menor, de um crédito indemnizatório, o nosso tema avoca igualmente a questão da

---

conceito, é bastante pensarmos, agora, que tem a ver com uma conduta negligente ou intencional do lesado, cuja incidência típica reverte em dano próprio, pessoal ou patrimonial.

[9] Pensamos essencialmente na conduta dos que carecem de discernimento e vontade para valorarem o perigo de dano para si, sem esquecermos contudo, que, por ex., certa doutrina e jurisprudência italianas imputam o dano sofrido pelos inimputáveis a uma sua conduta *objectivamente culposa* (ver *infra*, n.ºs 55 e ss.). Essa ausência de «culpa» (o *fait non fautif de la victime*, de que fala a doutrina francesa) pode ter ainda a ver com a «exposição ao perigo» por parte do lesado, mesmo que para salvaguarda de interesses alheios.

[10] É o caso das chamadas «predisposições constitucionais» do lesado (*maxime* a sua fragilidade física ou psíquica), que concorrem favoravelmente para a produção ou o agravamento do dano e que correspondem, de certa forma, à categoria da «vítima latente» ou «biologicamente débil» da vitimologia (cfr. COSTA ANDRADE, *A vítima e o problema criminal*, in BFDUC, suplemento XXI, 1974, pp. 328 e ss. e JEAN-CLAUDE MONTANIER, *L'incidence des prédispositions de la victime sur la causalité du dommage*, tese, Grenoble, 1981, pp. 12-13). Certos autores franceses (por ex., BERNARD PUILL, *Les caractères du fait non fautif de la victime*, in D. 1980, *chron.*, pp. 157 e ss.) incluem as «predisposições» na categoria ampla do *fait non fautif* do lesado.

[11] Lembre-se a hipótese de danos causados, numa «briga» de animais, sem culpa de nenhum dos proprietários.

conexão entre a «filosofia» individualizadora e, até certo ponto, sancionatória e preventiva da responsabilidade civil, e a natureza «social» e a aptidão financeira de outras técnicas de reparação dos danos, *maxime* dos seguros de responsabilidade, de acidentes pessoais, de saúde e outros. Efectivamente, a chamada, para o primeiro plano, desse mecanismo colectivo, com a consequente «despersonalização» da responsabilidade civil, chama à colação o problema da admissibilidade de um tratamento *mais favorável* das condutas do lesado, ou melhor, de *certas condutas* e de *certos danos*, um pouco à semelhança do que sucede com o regime parcialmente «desculpabilizante» dos *acidentes de trabalho*[12]. Esta «ideologia» levava já NICOLA DI PRISCO, em 1965, e na sua obra fundamental[13], a situar a «culpa» do lesado no âmago das «considerações éticas e sociais contemporâneas». Se a realidade do nosso direito da responsabilidade, basicamente alicerçado no critério da *culpa*, não ultrapassou praticamente o estádio do *seguro de responsabilidade*[14], como complemento de um sistema cada vez mais alargado de responsabilidde objectiva, permanecendo adiado o «começo de uma

---

[12] De acordo com o n.º 1 *b*) da Base VI da Lei n.º 2127 de 3 de Agosto de 1965, só não é devido o direito à reparação pelo acidente «que provier exclusivamente de falta grave e indesculpável da vítima».

[13] *Concorso di colpa e responsabilità civile*, Napoli, 1973, p. 2.

[14] Zona mais recente de excepção é a da indemnização, por parte do Estado, das *vítimas de crimes violentos*. O Decreto-Lei n.º 423/91 de 30 de Outubro (regulamentado pelo Decreto-Lei n.º 4/93 de 22 de Fevereiro), em sintonia com o desejo manifestado pelo legislador penal, no artigo 129.º, 1 do Código Penal de 1982 – correspondente ao actual n.º 1 do artigo 130.º da revisão aprovada pelo Decreto-Lei n.º 48/95 de 15 de Março –, na criação de um «seguro social», prevê no artigo 1.º (e com os limites fixados no artigo 2.º) a indemnização das «vítimas de lesões corporais graves resultantes directamente de actos intencionais de violência...». O preâmbulo do referido diploma é, aliás, muito explícito, ao filiar a concessão indemnizatória «numa ideia de Segurança Social».

Tem ainda a ver com a projecção desse pensamento solidarístico a defesa da responsabilidade do Estado pelo «risco social» resultante da intervenção de forças policiais durante manifestações ou tumultos, desde que não se veja na *presença do(s) lesado(s)* uma «exposição ao perigo» com *necessária* força exoneratória ou redutora do ressarcimento. Ver, para esse «risco social», GOMES CANOTILHO, *O problema da responsabilidade do Estado por actos lícitos*, Coimbra, 1974, pp. 256 e ss. (começando com a referência aos danos relacionados com a guerra e terminando com a circunscrição dos casos em que o lesado participa no tumulto ou é um simples curioso), o Parecer n.º 137/83, da Procuradoria-Geral da República, de 7 de Dezembro de 1983, in BMJ n.º 336, p. 202 e o voto de vencido, de M. LOPES ROCHA (pp. 213-214), contra a transformação do Estado em «segurador geral obrigatório de riscos».

Parte introdutória 23

nova era»[15], também é certo que a passagem para um sistema eminentemente reparador e em que a responsabilidade civil se desvaloriza, se adapta ou desaparece mesmo, implica, no nosso tema, sintonizar a análise ponderada dos comportamentos com a procura do *limite* até ao qual é possível ir na reparação do dano[16].

Apesar da sua importância e riqueza de conteúdo, acentuada pelas novas coordenadas «solidarísticas», o tema da relevância ou da irrelevância da conduta do lesado não tem merecido, entre nós, grandes reflexões, limitando-se a doutrina a interpretar sumariamente os preceitos genéricos dos artigos 570.º a 572.º, bem como a fixar o alcance imediato da norma do artigo 505.º, aparentemente ciente da simplicidade e clareza dessas soluções. Este estado de pouca produção civilística[17], comparado, por ex., com o número de obras surgidas na Alemanha, logo após a entrada em vigor do BGB[18], parece frustrar os

---

[15] SINDE MONTEIRO, *Estudos sobre a responsabilidade civil*, Coimbra, 1983, p. 239, n. 510. O ilustre jurista exprime o seu desejo pensando na reparação automática dos danos pessoais resultantes de acidentes.

[16] Já em 1937, e num contexto diferente, CUNHA GONÇALVES, no seu *Tratado de Direito Civil em comentário ao Código Civil Português*, vol. XII, Coimbra, p. 349, apelava para que o tribunal se interessasse mais com a «inocência da vítima do que com a imputabilidade do responsável».

[17] Antes do Código Civil de 1966, se exceptuarmos o artigo de J. ILHARCO ÁLVARES DE MOURA, intitulado *Compensação de culpas no Direito Civil*, publicado, durante os anos de 1934 e 1935, em vários números da Justiça Portuguesa, só CUNHA GONÇALVES lhe conferiu relevo, dando sobretudo notícia dos «ventos» que «sopravam» em França sobre a matéria, pois DIAS DA SILVA, no *Estudo sobre a responsabilidade civil connexa com a criminal I*, Coimbra, 1886, pp. 139 e 201, consagra-lhe breves linhas, J. PINTO COELHO, no seu *A responsabilidade civil baseada no conceito da culpa*, Coimbra, 1906, ignora a questão (ver, no entanto, a alusão pontual feita no estudo sobre *A responsabilidade civil do transportador nos transportes aéreos e a validade das cláusulas de irresponsabilidade por acidentes ocorridos às pessoas*, in BFDUC, ano X (1926-1928), Coimbra, 1929, pp. 566-567) e SIDÓNIO RITO (*Elementos da responsabilidade civil delitual*, Lisboa, 1946) faz-lhe referências muito sumárias. É só nos trabalhos preparatórios, e no estudo de VAZ SERRA sobre a *Conculpabilidade do prejudicado* (BMJ n.º 86, 1959, pp. 131 e ss.), que encontramos uma abordagem mais completa, com o subsídio da doutrina alemã, francesa e italiana sobre o tema. Na vigência do actual Código Civil, há que salientar os *Estudos sobre a responsabilidade civil*, cit., de SINDE MONTEIRO, e onde o autor propõe várias alterações ao regime legal dos acidentes de trânsito, destacando-se pela sua importância, como veremos, a que diz respeito à transformação do artigo 505.º num sentido mais favorável ao lesado.

[18] Veja-se esse elenco na bibliografia indicada por HANS ADRIANI no seu *Der Schuldbegriff in §254 BGB*, Leipzig, 1939. Também o jurista francês J. DESCHIZEAUX,

intentos de um legislador, que já em 1867 se mostrara «progressista» e que em 1966 se afirmou «generoso», se tivermos em conta o silêncio do *Code Civil* e o tom bastante mais lacónico do legislador austríaco (§ 1304 [19] do ABGB de 1811), suíço (artigo 44.°, 1 [20] do *Code des Obligations* de 30 de Março de 1911) ou italiano (artigo 1227.° [21] do *Codice Civile* de 1942) [22].

A nossa jurisprudência é igualmente pouco «criativa», limitando--se a analisar o problema praticamente no seio dos acidentes de viação e a aceitar acriticamente os dados elaborados pela doutrina dominante, o que implica uma renúncia a alimentar positivamente qualquer debate, como, por ex., o da extensão da *ideia-força* contida no artigo 570.°, 1.

Como veremos, o nosso assunto é comum aos vários sistemas jurídicos [23], que lhe conferem um relevo maior ou menor, permitindo a análise comparativa afirmar uma *unidade básica* de regime, importante para a harmonia legislativa que se pretende ver realizada entre os diversos Estados europeus. Neste contexto, é bastante valioso o estudo da elaboração doutrinal (*maxime* alemã e italiana) formada sobre os textos que serviram de referência ao nosso legislador, dada a já referida sintonia das soluções gerais encontradas. Mas também será útil olharmos

---

na sua tese intitulada *Influence du fait de la victime sur la responsabilité civile délictuelle*, Grenoble, 1934, p. 6 (n. 1), realça as obras temáticas de DEMEY, TASSIN e (a mais conhecida) de M. HALLER.

[19] «*Wenn bei einer Beschädigung zugleich ein Verschulden von Seite des Beschädigten eintritt; so trägt er mit dem Beschädiger den Schaden verhältnismässig; und wenn sich das Verhältnis nicht bestimmen lässt, zu gleichen Teilen*».

[20] «*Le juge peut réduire les dommages-intérêts, ou même n'en point allouer, lorsque la partie lésée a consenti à la lésion ou lorsque des faits dont elle est responsable ont contribué à créer le dommage, à l'augmenter, ou qu'ils ont aggravé la situation du débiteur*».

[21] «*Se il fatto colposo del creditore ha concorso a cagionare il danno, il risarcimento è diminuito secondo la gravità della colpa e l'entità delle consequenze che ne sono derivate.*

Il risarcimento non è dovuto per i danni che il creditore avrebbe potuto evitare usando l'ordinaria diligenza».

[22] O artigo 947.° do Projecto de Lei n.° 118 de 1984, e que institui o Código Civil brasileiro, dispõe que «*se a vítima tiver concorrido culposamente para o evento danoso, a sua indemnização será fixada, tendo-se em conta a gravidade da sua culpa em confronto com a do autor do dano*».

[23] Ver, para breves referências – algumas já históricas – ao relevo da «culpa» do lesado no direito dos países de leste, RENÉE SANILEVICI, *La réglementation de la responsabilité civile délictuelle dans les codes civils des pays socialistes européens*, in RIDC, 1981, pp. 828-829.

Parte introdutória 25

para o modo como os problemas da «culpa» do lesado foram e têm sido equacionados em sistemas (anglo-saxónicos) que ainda não abandonaram a força preclusiva dessa «culpa» (*contributory negligence rule*) ou que só a afastaram numa época mais recente[24].

O tema, para o qual nos propomos trazer um modesto contributo, sendo clássico, não deixa de ser *actual*, apesar de, desde há algumas décadas, se vir a falar, como já dissemos, da substituição da responsabilidade civil por modelos alternativos que *desvalorizam* a conduta do lesado. Esta espécie de «teologia da libertação»[25], e que sofre, hoje, com as «fraquezas» do chamado Estado-interventor, só tornaria anacrónico ou reduziria mesmo o interesse da nossa problemática se se pudesse «tocar a finados» pelo fim da responsabilidade civil[26], o que, como se sabe, está longe de suceder. Mesmo que, por hipótese, não se pudesse falar mais de responsabilidade civil, o problema da relevância da conduta do lesado teria que se adaptar a essa «nova circunstância» de um sistema baseado numa repartição *colectiva* do dano. Tratar-se-ia então, como já aludimos, não propriamente de um problema de *fundamentos*, mas sobretudo de *limites*, ou seja, teríamos de valorar comportamentos, com determinada gravidade, que tornassem inexigível a cobertura social de um dano, visto, de qualquer modo, mais na *sua* perspectiva de prejuízo concreto de um *certo* lesado.

---

[24] O direito inglês, só em 1945, com o *Law Reform* (*Contributory Negligence*) *Act*, é que alterou essa «regra», aproximando-se do regime em vigor nas legislações citadas nas notas 19 a 22. No direito de alguns Estados americanos ainda persiste o princípio tradicional, «marcado», genericamente, pela *exclusão* da indemnização por «culpa», mesmo leve, do lesado.

[25] Não é de estranhar que YVONNE LAMBERT-FAIVRE, *L'evolution de la responsabilité civile d'une dette de responsabilité à une créance d'indemnisation*, in RTDC n.º 1, 1987, pp. 1 e ss., comece por perguntar se «*le vingtième siècle marque-t-il l'âge d'or et déjà le déclin de la responsabilité civile*». A jurista francesa descreve uma evolução que parte da culpa e do *arrêt Teffaine* de 1896 (onde foi afirmado o princípio da responsabilidade objectiva) até ao aparecimento de diplomas menos «responsabilizantes», como a lei BADINTER de 1985 ou a Lei de 1986, relativa à indemnização das vítimas do terrorismo. Também G. VINEY, *La responsabilité*, in Archives de Philosophie du Droit (*Vocabulaire fondamental du Droit*), tomo 35, Paris, 1990, p. 279, indaga se a responsabilidade é um «*vocable artificiel*» ou se possui «*un véritable noyau dur*».

[26] De «*chant funèbre*», pela técnica da responsabilidade civil, falava já A. TUNC, em 1966, no seu *La Sécurité Routière* (*Esquisse d'une Loi des Accidents de la Circulation*), Paris, p. 14, n. (16).

Estas considerações só demonstram que, afinal, o tema proposto não é exclusivo do direito da responsabilidade civil, mas potencia-se, numa sociedade de risco permanente e geradora dos mais diversos danos[27], noutros quadrantes, e é o reflexo da incidência de dois princípios opostos: de um lado, a necessidade de tutela do lesado (*maxime* na zona dos «mega-danos»[28] atinentes aos acidentes de trânsito[29]) e do outro, a maior ou menor exigência de se considerar, como *contrapeso natural* ou *limite jurídico* à pretensão indemnizatória, a conduta (*maxime* «culposa») do próprio lesado, num tempo em que todos nós estamos em condições de poder concorrer para o nosso dano[30].

Não é difícil alinhar exemplos, extraídos da doutrina e da prática, que nos mostrem uma imagem grosseira, mas impressiva, da nossa temática, pois já dissemos que a participação do lesado no seu dano é uma realidade frequente de um quotidiano em que avulta o contacto entre as pessoas e entre estas e as fontes de danos. Atentemos, assim, no seguinte casuísmo:

A) Um peão atravessa uma estrada sem as necessárias cautelas, sendo atropelado por um veículo que circula pelo meio da via[31];

---

[27] KURT WESTER (*Mitverschulden im deutschen, englischen und amerikanischen Zivilrecht*, Köln, 1976, p. 1), diz que o §254 do BGB (correspondente aos artigos 570.º e 571.º do Código Civil) é das normas mais utilizadas do direito da responsabilidade civil. Cfr. igualmente HERMANN LANGE, *Schadensersatz*, 2.ª ed., Tübingen, 1990, §10V, p. 546 e R. GREGER, *Mitverschulden und Schadensminderungpflicht – Treu und Glauben im Haftungsrecht?* in NJW 1985, pp. 1130-1131.

Ver ainda, para a importância da projecção do *fait de la victime* na responsabilidade, H. e L. MAZEAUD/J. MAZEAUD/A. TUNC, *Traité théorique et pratique de la responsabilité civile délictuelle et contractuelle*, tomo II, 6.ª ed. refundida, Paris, 1970, n.º 1447, pp. 541-542.

[28] S. RODOTÀ, *Le nuove frontiere della responsabilità civile*, in *Responsabilità civile e assicurazione obbligatoria*, sob a direcção de M. COMPORTI/G. SCALFI, Milano, 1988, p. 26.

[29] Ver, pelo seu interesse, em F. CHABAS, *Le droit des accidents de la circulation après la réforme du 5 juillet 1985*, 2.ª ed., Paris, 1988, pp. 10-13, os resultados de uma sondagem de opinião feita em França, em 1983, relativamente ao papel a desempenhar pela *culpa do lesado* no sector dos acidentes rodoviários.

[30] Segundo A. TUNC, *Fondements et fonctions de la responsabilité civile en droit français*, in *Colloque franco-germano-suisse sur les fondements et les fonctions de la responsabilité civile* (ed. bilingue), Bâle/Stuttgart, 1973, p. 15, concluiu-se em França que, nos acidentes entre um veículo e um peão, havia *faute* do lesado em 70% dos casos.

[31] Acórdão do STJ de 9 de Fevereiro de 1968, in BMJ n.º 174, p. 193, anot. por ANTUNES VARELA na RLJ, ano 102.º, pp. 53 e ss..

Parte introdutória 27

B) O condutor de um veículo conduz distraído, não reparando que uma criança de 5 anos, que jogava a bola com outras num relvado, corre para a estrada[32];

C) Um operário cai de um andaime, por imprudência sua e mau estado da estrutura, imputável ao empregador[33]; a entidade patronal põe ao dispôr de um trabalhador uma moto-serra que este não sabe utilizar e com a qual sofre lesões torácicas[34];

D) Uma criança de 5 anos é atropelada por um veículo que rolava a cerca de 60 kilómetros por hora numa rua citadina. Apesar da sua natureza «buliçosa», a criança não caminhava pela mão dos pais[35];

E) O dono de um cavalo entregou-o a uma pessoa da sua confiança para que o conduzisse a um picadeiro. No percurso, o cavalo morre num acidente devido a culpa do condutor de uma motorizada e a negligência daquele auxiliar[36];

F) Um incêndio ocorre num prédio, ameaçando propagar-se ao prédio vizinho, mas o dono deste mantém-se inerte[37];

G) O dono de um quadro valioso não informa o transportador da fragilidade e do valor da pintura, vindo esta a sofrer danos irreparáveis, em virtude da execução negligente do serviço;

H) O proprietário de um veículo, danificado por um terceiro, tem um novo acidente, por mera imprudência sua, ao rebocá-lo para uma garagem[38];

I) Certa pessoa é vítima de uma lesão corporal e, pese embora a natureza simples e eficaz da intervenção cirúrgica que atenuaria a extensão danosa, recusa sofrer essa operação;

---

[32] Exemplo extraído de H. KÖHLER, *BGB – Recht der Schuldverhältnisse*, I, *Allgemeiner Teil*, 13.ª ed., München, 1989, p. 257.

[33] Ver, para esse exemplo, VAZ SERRA, in BMJ n.º 86, *cit.*, p. 135, PIRES DE LIMA/ANTUNES VARELA, *Código Civil Anotado*, vol. I, 4.ª ed., com a colaboração de HENRIQUE MESQUITA, Coimbra, 1987, artigo 571.º, n.º4, p. 588 e G. CATURANI, *Osservazioni sul fatto colposo del danneggiato quale concausa rilevante ex art.., 1227, Cód.. civ.*, in RGCT, 1957, p. 655.

[34] Cfr., com uma ligeira adaptação, o acórdão da RP de 4 de Fevereiro de 1980, in CJ, ano V, tomo 1, 1980, p. 84.

[35] Cfr. o acórdão do STJ de 26 de Março de 1980, in BMJ n.º 295, pp. 408 e ss..

[36] Ver K. LARENZ, *Lehrbuch des Schuldrechts,* Band I*, Allgemeiner Teil*, 14.ª ed., München, 1987, §31 I, p. 546.

[37] Ver A. JORIO, *Note in materia di concorso del danneggiato alla produzione del danno*, in Temi, XVIII, n.º1, 1963, p. 558, n.(13).

[38] Para esse exemplo, ver VAZ SERRA, in RLJ, ano 105.º, p. 169, col. da direita, em anot. ao acórdão do STJ de 4 de Maio de 1971, publ. no BMJ n.º 207, p. 129.

J) Um consumidor comeu biscoitos deteriorados, apesar de se ter apercebido do seu mau estado[39];

L) Dois amigos divertem-se e bebem demais, deixando um deles que o outro o leve a casa. No percurso, ocorre um acidente devido ao estado de embriaguez do condutor e o transportado sofre lesões danosas[40];

M) Um condutor, para evitar atropelar um peão descuidado, embate num muro e sofre danos na sua pessoa ou na viatura;

N) Certo indivíduo foi lesado por um terceiro e ficou hemiplégico. Para esta «anormalidade» concorreu, igualmente, uma doença congénita do lesado[41].

Analisando estes casos ou pequenos exemplos, chegamos à conclusão que, na sua maioria, eles revelam uma conduta negligente do lesado, uma atitude descuidada em prejuízo dos seus interesses. Se nas hipóteses A) e C) há, respectivamente, um concurso *simultâneo* e um concurso *sucessivo* de culpas na produção do dano, já o caso B) nos coloca perante o problema do tratamento jurídico a dar ao dano que resulta da conduta culposa do lesante e da conduta do presumível inimputável.

As situações descritas em D) e E) conduzem-nos para o círculo da repercussão nos lesados (respectivamente, a criança atropelada e o dono do cavalo) do comportamento culposo «... dos seus representantes legais e das pessoas de quem ele se tinha utilizado» (artigo 571.º), podendo ainda a primeira hipótese abrir caminho para a valoração, no seio do preceito do artigo 505.º, do *risco* criado pelo veículo e da conduta da criança. Esta ponderação deve ser igualmente feita no exemplo J), embora, aí, já no quadro da responsabilidade do produtor e sob o pressuposto da «culpa» do consumidor[42].

Enquanto no caso F) o dano parece *iminente*, mas o potencial lesado nada faz para o evitar, e na hipótese G), perante a probabilidade da lesão, o dono do quadro *não avisa* o transportador do «perigo de um dano extraordinariamente elevado»[43], nas situações H) e I) a acção

---

[39] Cfr. a decisão da *Corte di Cassazione* de 25 de Janeiro de 1964, in FI, I, 1965, col. 2098.

[40] Exemplo de D. MEDICUS, *Gesetzliche Schuldverhältnisse*, 2.ª ed., München, 1986, p. 99 (caso 120).

[41] Exemplo de H. LALOU, *Traité pratique de la responsabilité civile*, 5.ª ed., Paris, 1955, p.216.

[42] Cfr. o artigo 7.º, 1 do Decreto-Lei n.º 383/89 de 6 de Novembro.

[43] É a fórmula empregue pelo legislador alemão no §254 II do BGB («... *dass er unterlassen hat, den Schuldner auf die Gefahr eines ungewöhnlich hohen Schadens*

Parte introdutória

lesiva consumou-se, vindo o lesado, respectivamente, a *agravar* ou a *não reduzir* os efeitos danosos, no período posterior àquela concretização[44].

Aparentemente, a «história» contada no caso L) não nos coloca perante um comportamento negligente do lesado que concorra para a produção do seu dano, mas há, de qualquer forma, uma sua *exposição ao risco de lesão* (*criado por outrem*), face ao perigo especial *daquele* transporte. Independentemente de sabermos se, *in casu*, há ou não uma conduta *consciente e voluntária* do lesado, o exemplo descrito insere--se na problemática do que a doutrina alemã chama de «actuação por risco próprio» (*Handeln auf eigene Gefahr*). A «assunção do risco», segundo a designação que preferimos, é uma figura que coloca, desde logo, a questão fundamental da sua *autonomia dogmática* ou da sua *diluição* no seio do princípio insíto nas normas sobre o concurso de condutas culposas do lesante e do lesado. Também na hipótese M) há uma actuação com risco de lesão, mas numa situação de perigo *criada por alguém*, a quem o lesado procura *proteger* na sua integridade física, embora à custa do seu *sacrifício*[45].

Por fim, e no caso do hemiplégico, não existe sequer um acto do lesado que se possa considerar negligente ou com risco objectivo de lesão, mas, pura e simplesmente, um *estado*, uma particular característica, uma «*predisposição*» que concorre causalmente para o agravamento danoso.

Embora as situações exemplificativas tenham sido escolhidas um pouco ao acaso, e sem a preocupação de exaurir, ao nível do seu levantamento, todos os múltiplos vectores em que se desdobra o nosso tema, constata-se, desde logo, uma clara *heterogeneidade* dos problemas suscitados pelo facto (*lato sensu*) do lesado. Essa diversidade leva-nos a formular o conjunto de dúvidas que justificam, em grande medida, esta dissertação: o dano sofrido deve ser indemnizado? Justifica-se o pedido feito pelo «co-autor» do dano? Como se repercute, no direito de indemni-

---

aufmerksam zu machen, die der Schuldner weder kannte noch kennen müsste...») e que o nosso legislador não adoptou.

[44] Precisamente uma das questões mais interessantes que iremos tratar é a de saber se há uma diferença estrutural e de regime entre o *concurso do facto do lesado na produção do dano* e a conduta do lesado *na fase posterior à verificação danosa*, hipótese esta considerada pelo legislador de 1966 ao referir-se ao concurso no «agravamento dos danos» (artigo 570.º,1).

[45] É o domínio da *Selbstaufopferung*, do *acte de dévouement* ou dos *rescue cases* (do direito anglo-saxónico).

30   *A conduta do lesado*

zação e na responsabilidade do lesante, a contribuição do lesado? E sob que pressupostos? É bastante a mera concausalidade objectiva ou é necessária uma referência «culposa» e subjectiva?

Antes de aprofundarmos os quesitos, vejamos primeiramente as *áreas de relevância* do preceito do artigo 570.°, 1 e do *critério* nele contido, bem como as *projecções da exclusão* pura e simples da responsabilidade do lesante, em razão do *protagonismo* revelado pela conduta do lesado, e de que o disposto no artigo 505.° surge como fundamento paradigmático.

2. Âmbito de aplicação da excepção da «culpa» do lesado e circunscrição da investigação à esfera extracontratual

Pode afirmar-se, genericamente, que o responsável pode alegar e provar a contribuição «culposa» do lesado para o dano, em *qualquer pedido de indemnização* fundamentado em responsabilidade pré-contratual, contratual ou extracontratual. Se não é duvidosa a aplicação *directa* da norma que regula, entre nós, o chamado «concurso de culpas» do lesante e do lesado, desde que verificado o pressuposto «subjectivo» exigido no artigo 570.°, 1, é discutível, pelo menos no plano em que se colocou o nosso legislador, que se possa retirar, do conjunto de regras fixadas nos artigos 570.° a 572.°, um *princípio geral de repartição do dano*, aplicável às hipóteses (aparentemente não reguladas) em que, do lado do lesante, haja uma conduta concorrente, traduzida na criação de um *risco* ou na prática de um *acto lícito danoso*[46].

---

[46] A responsabilidade civil por factos lícitos deriva, como se sabe, de um compromisso entre os direitos atribuídos a determinadas pessoas, privadas ou públicas, e a imposição de uma tolerância aos titulares dos bens que possam vir a ser lesados (cfr., para lá dos casos descritos no Código Civil, como, por ex., os dos artigos 81.°, 2, 339.°, 2, 1322.°, 1, 1347.°, 3, 1348.°, 2, 1349.°, 3, 1367.° e o artigo 9.° do Decreto-Lei n.° 48051 de 21 de Novembro de 1967, relativo à responsabilidade do Estado e demais pessoas colectivas públicas, o artigo 11.° do Decreto-Lei n.° 374/89 de 25 de Outubro, sobre a constituição de servidões destinadas à passagem de gás combustível, o artigo 6.°, 2 do Decreto-Lei n.° 153-A/90 de 16 de Maio, referente à requisição de infra--estruturas desportivas e os artigos 1.°, 22.° e ss. e 76.° e 80.° do Decreto-Lei n.° 438/91 de 9 de Novembro, que instituiu um novo *Código das Expropriações*).

Pese as dúvidas sistemáticas manifestadas por MENEZES CORDEIRO no seu *Direito das Obrigações*, 2.° volume, Lisboa, 1986 (reimpressão), pp. 273 e 368, ao integrar a «imputação pelo sacrifício» na responsabilidade objectiva, ao lado da «imputação pelo risco», a responsabilidade por factos lícitos tem natureza *excepcional*

Parte introdutória

e resulta de uma *atitude voluntária,* não referida, contudo, a qualquer pressuposto subjectivo, próprio da responsabilidade por factos ilícitos (ALMEIDA COSTA, *Direito das Obrigações,* 6.ª ed., Coimbra, 1994, p. 485, n. (3), parece aderir a uma ideia de «culpa objectiva», ao relevar na licitude danosa a mera «imputação do facto ao agente»). Justificando-se a concessão indemnizatória por razões evidentes de *justiça* e, até certo ponto, por uma certa finalidade *preventiva,* orientada, aqui, para a *contenção* do dano, também é certo que não tem na sua subjacência qualquer situação especialmente perigosa ou de risco típico. É esta, aliás, a dupla perspectiva em que se situa MENEZES CORDEIRO (*op. cit.,* pp. 393-394), valorizando outros autores o fundamento da «justiça comutativa», da «razoabilidade» ou a «igualdade na repartição dos encargos públicos». Ver, para esta *ratio* e para a excepcionalidade da responsabilidade por factos lícitos, ANTUNES VARELA, *Das Obrigações em Geral,* I, 8.ª ed., Coimbra, 1994, pp. 532 e 728-729, J. RIBEIRO DE FARIA, *Direito das Obrigações,* I, Coimbra, 1990, p. 412 e II, 1990, p. 111, ALMEIDA COSTA, *op. cit.,* p. 551 e MARCELLO CAETANO, *Manual de Direito Administrativo* (com a colaboração de FREITAS DO AMARAL) II, 10.ª ed. revista e actualizada (4.ª reimpressão), Coimbra, 1991, p. 1239. Posição interessante na doutrina italiana é a de CARLO MAIORCA, *Responsabilità (teoria generale)* in ED XXXIX, pp. 1012-1013, pois, além de ver a *indennità* com características diferentes das que correspondem à responsabilidade *tout court,* considera o seu pagamento como um *ónus* «para a utilização de um certo direito».

Uma questão particular, que esta responsabilidade coloca, é a da *extensão indemnizatória,* já que é legítimo perguntar o sentido de uma indemnização medida, em regra, pelo dano, quando, noutros âmbitos, podem operar normas como as dos artigos 494.° ou 508.°. Nem se diga que a discricionariedade do tribunal ou a limitação quantitativa tem só a ver com danos particularmente graves e com o escopo sancionatório da responsabilidade civil (isto quanto à «correcção» operada pelo primeiro preceito) ou que o mesmo problema se coloca na responsabilidade conexa à detenção de animais (artigo 502.°). Como quer que seja, o nosso legislador, na linha da tese indemnizatória consagrada no artigo 490.° do Projecto (primeira Revisão Ministerial, in BMJ n.° 119, p. 58) e no BGB (cfr. W. FIKENTSCHER, *Schuldrecht,* 8.ª ed., Berlin/New York, 1992, § 112, n.° 1348, pp. 802-803), e contrariamente ao legislador do *Codice Civile,* não atribuiu ao lesado direito a uma mera *compensação* (de *indennizzo* se fala, por ex., nos artigos 924.° e 925.° daquele Código), com a ressalva dos casos mais típicos de «estado de necessidade objectivo» (artigo 339.°, 2, segunda parte). Se VAZ SERRA, no seu Anteprojecto (cfr. o artigo 784.°, 1 e 2, in BMJ n.° 101 *(parte resumida),* p. 160), exigia mais realisticamente, como pressuposto da reparação, a *gravidade* do dano (cfr., aliás, o artigo 9.°, 1, do Decreto-Lei n.° 48051, *cit.* nesta nota) e não fechava a porta à sua fixação *equitativa,* J. RIBEIRO DE FARIA (*op. cit.,* II, p. 111) refere-se, mais apropriadamente, a uma «compensação», citando mesmo a prática da jurisprudência alemã (p. 111, n.(3)). De qualquer modo, expressões como «...obrigação de indemnizar os prejuízos causados às legítimas expectativas da outra parte» (artigo 81.°, 2), «indemnização equitativa» (artigo 339.°, 2), indemnização do «prejuízo sofrido» (artigo 1349.°, 3), «justa indemnização» (artigo 62.°, 2, da Constituição e 22.°, 1 e 80.°, 1 do *Código das Expropriações*) e «indemnização adequada» (artigo 1310.°), parecem implicar uma

Já deixámos enunciado nos quesitos que há pouco formulámos que a questão dessa possível «fuga» da culpa também se coloca naturalmente, e com particular relevância, em relação ao «tom» da conduta do lesado. Sem pretendermos, *hic et nunc*, tomar uma posição sobre a possível «generalização» do critério fixado no artigo 570.°,1, parece-nos haver uma série de *indícios* que apontam no sentido de se ver no «concurso de culpas» *apenas* a hipótese *normal* ou *típica* de aplicação daquele normativo. A constatação de que certa legislação especial não afasta a concorrência entre uma imputação pelo risco e a «culpa» do lesado[47], a possibilidade legal de o lesado poder ser «autoresponsabilizado», independentemente de culpa, a verificação de que na acção de indemnização proposta pelo gestor de negócios o dano é, em regra, causado por ele mesmo, sem intervenção culposa do *dominus negotii*, a incerteza sobre a extensão analógica do critério objectivo consignado no artigo 506.°, para a colisão de veículos, e a necessidade de se ponderar a acção lícita danosa e a «culpa» do lesado, são elementos que parecem exigir a revisão da tese que circunscreve a aplicação do artigo 570.°,1 apenas ao espaço delimitado pela sua letra.

A circunstância de a acção de indemnização ser fundada na culpa, na criação de um risco, na intromissão lícita na esfera jurídica alheia ou, até, em certas fontes do domínio do *direito das coisas*, parece abrir assim, para o autor do dano, uma mesma possibilidade de alegar a «culpa» do lesado. Não é de estranhar que, por ex., o «responsável» por um acto lícito danoso prove que o lesado agravou o dano ou omitiu a sua redução[48], que o *dominus negotii* invoque a «culpa» do gestor «sacrificado»[49], que o

---

diversidade de critérios na fixação reparadora, o que não deixa de estar em sintonia com a própria heterogeneidade das situações de licitude danosa (ver, para a defesa desta diversificação, ANTUNES VARELA, *op. cit.*, p. 730 e, para a função compensadora da indemnização por expropriação, presentemente afirmada no artigo 22.°, 2 do respectivo Código, ALVES CORREIA, *As garantias do particular na expropriação por utilidade pública*, Coimbra, 1982, pp. 128 e 135).

[47] Ver *infra*, no texto, neste mesmo n.° 2.

[48] Essa omissão pode ter a ver com o «período de paralisação da actividade» a que se refere o artigo 29.°, 4 do *Código das Expropriações*. O artigo 6.°, 2 do Decreto-Lei n.° 153-A/90, *cit. supra*, n. 46, não deixa de excluir a responsabilidade se os danos forem *exclusivamente imputáveis* ao lesado.

Para uma espécie interessante na jurisprudência alemã, ver a decisão do BGH de 6 de Junho de 1966, in NJW, 1966, p. 1861 e s. (tratou-se, no caso, de danos provocados por uma vacina e por uma infecção ligada à falta de cuidado).

[49] VAZ SERRA, *Gestão de negócios*, BMJ n.° 66, 1957, p. 223, para a hipótese de culpa bilateral (no dano causado ao gestor), reenviava para os *«princípios sobre*

Parte introdutória

autor do esbulho alegue a «culpa» do possuidor restituído [50] ou que o dono do prédio, onde foram plantadas árvores e arbustos, diga que o proprietário do prédio vizinho não arrancou as raízes que se introduziram no seu terreno, concorrendo assim para o dano [51].

Um dos campos em que a doutrina e a jurisprudência alemãs reclamam a aplicação adaptada do critério previsto no §254 do BGB é o quadrante do *direito de regresso* na solidariedade passiva [52]. No direito português da responsabilidade, o regime auto-suficiente do artigo 497.°, 2 [53], ao consagrar basicamente o critério subjectivo e objectivo fixado na norma sobre o «concurso de culpas», dispensa o recurso ao normativo do artigo 570.°,1.

O que não parece possível, dado não estarmos perante um qualquer pedido de indemnização, é aplicar a norma do último preceito ou o eventual princípio a ele imanente, às acções de *cumprimento* contratual, às acções tendentes à *eliminação* dos vícios da coisa – a imputação, ao lesado, da inércia em denunciar os defeitos ou os vícios, bem como do *conhecimento* ou *cognoscibilidade* desses mesmos vícios ou defeitos ou da *responsabilidade* pela sua existência, origina a perda da melhor tutela –, à acção de *restituição* por enriquecimento sem causa [54],

---

conculpabilidade do prejudicado». Para um caso de negligência do gestor e do *dominus*, ver o *arrêt* da primeira *Chambre civile* de 3 de Janeiro de 1985, in RTDC 1986, pp. 142-143, a propósito do esquecimento de um saco com valores num carrinho de supermercado.

[50] Cfr. o artigo 1284.°,1.

Ver, no direito alemão, para a incidência da *Mitverschulden* nos pedidos relativos aos direitos sobre as coisas, H. ROTH, *Ansprüche auf Rechtsfortsetzung und Mitverschulden*, in AcP 180 (1980), pp. 263 e ss..

[51] Cfr. o artigo 1366.°, 1 e H. MESQUITA, *Direitos reais (sumários das lições ao curso de 1966-1967)*, ed. policop., Coimbra, 1967, p. 159.

[52] Ver, para a aplicação do §254 no âmbito do §426 do BGB, K. LARENZ, *op. cit.*, §32 I, pp. 557 e 560 e SOERGEL/SIEBERT/MERTENS, *Bürgerliches Gesetzbuch mit Einführungsgesetz und Nebengesetzen*, Kohlhammer-Kommentar, Band 2/1, *Schuldrecht* I/1 (§§ 241-432), 11.ª ed. Stuttgart/Berlin/Köln/Mainz, 1986, §254, n.° 10, p. 352.

[53] Cfr. também os artigos 500.°, 3 e 507.°, 2.

[54] A *restituição* ao empobrecido depende da não verificação de certas circunstâncias (as descritas no artigo 475.°) que o tornam «indigno» de tutela (cfr. igualmente o disposto no artigo 275.°, 2) e da ausência de culpa (para a *faute* do empobrecido, como causa de rejeição da acção *de in rem verso*, ver M. LECENE-MARÉNAUD, *Le rôle de la faute dans les quasi – contrats*, in RTDC, n.° 3, 1994, pp. 518 e ss.), podendo, por outro lado, o enriquecido ser protegido, quanto à medida da restituição, se estiver de boa fé (ver ANTUNES VARELA, *op. cit.*, p. 523). Face à inaplicabilidade do § 254, a jurisprudência alemã obtém resultados idênticos com base no princípio da boa fé,

às acções reais do tipo da acção de *reivindicação* ou à acção de *prevenção* intentada pelo possuidor. Igualmente, mas agora no domínio das *relações de vizinhança*, também não se mostra viável a transposição da «ideia» subjacente ao artigo 570.°, 1 para o pedido de *cessação* da «...emissão de fumo, fuligem, calor ou ruídos ...» (artigo 1346.°) ou de *eliminação* do perigo de ruína de construção[55].

À margem do direito civil e mesmo do direito privado, a contribuição do lesado para o seu dano pode ocorrer nas *relações bancárias* (por ex., no caso de ser exigida responsabilidade à entidade bancária que tenha pago cheque com falsificação da assinatura do deposi-

---

consignado no § 242 do BGB (ver W. FIKENTSCHER, *op. cit.*, n.° 572, p. 342, SOERGEL/SIEBERT/MERTENS, *op. cit.*, § 254, n.° 16, p. 353, JAUERNIG/TEICHMANN, *Bürgerliches Gesetzbuch*, 5.ª ed., München, 1990, § 254, n.° 1, p. 218 e, entre nós, PEREIRA COELHO, *O enriquecimento e o dano*, in RDES, ano XVI, n.° 1-2, 1969, pp. 44-45, n.(194)) e, em sentido contrário, admitindo a aplicação analógica do § 254, R. KELLER, *Mitverschulden als Generalklausel und als Spezialkorrektur von Einzelhaftungsnormen im deutschen, schweizerischen und französischen Recht*, Diss., Tübingen, 1965, pp. 129-134). Ocorrendo um dano para o empobrecido, o recurso ao princípio da subsidiariedade leva-nos para o âmbito da responsabilidade civil, nada obstando à possível aplicação do regime do «concurso de culpas». O que os autores em geral questionam é o saber se, na hipótese de o dano ser igual ou superior ao montante do enriquecimento, é possível evitar a aplicação do critério corrector previsto no artigo 494.°, alegando o lesado, como recurso, o enriquecimento. Enquanto ANTUNES VARELA, *op. cit.*, p. 509 e J. RIBEIRO DE FARIA, *op. cit.*, I, p. 400, n.(1), defendem essa invocação subsidiária, apesar do primeiro (p. 577, n.(2)) integrar o enriquecimento nas circunstâncias de que o artigo 494.° faz depender a limitação da indemnização, já ALMEIDA COSTA, *op. cit.*, p. 439, n.(1), seguindo PEREIRA COELHO (*O enriquecimento e o dano*, cit., in RDES, ano XV, n.°4, 1968, p. 350, n.(70)) e a tese do *limite mínimo do enriquecimento e máximo do dano*, acha «muito duvidosa» a possibilidade de intervir aqui esse recurso corrector, o que certamente tem a ver com a directa valoração do enriquecimento como factor circunstancial daquele preceito. Mais realisticamente, RUI DE ALARCÃO, *Direito das Obrigações* (com colaboração de J. SOUSA RIBEIRO/J. SINDE MONTEIRO/ALMENO DE SÁ/J.C. BRANDÃO PROENÇA), ed. policop., Coimbra, 1983, pp. 196-197, embora pareça aderir à tese de PEREIRA COELHO, defende, por *meras razões processuais*, a alegação subsidiária do enriquecimento sem causa.

[55] Ver, no entanto, no direito italiano, e para a ligação entre as normas dos artigos 844.° (relativa às *imissões*) e 1227.°, segunda parte, do *Codice Civile*, a decisão da *Corte di Cassazione* de 30 de Maio de 1973, in FI, I, 1974, col. 807.

Aspecto diverso, e a tratar mais tarde, tem a ver com a realização, por parte do proprietário do imóvel, de *despesas de prevenção* (as *Vorsorgekosten*), feitas com o objectivo de afastar o dano ou reduzir a sua extensão e que ele queira ver pagas pelo autor das emissões ou pelo dono do prédio que ameaça ruir.

Parte introdutória 35

tante[56]), no domínio do *direito administrativo*, na área do *direito dos seguros*[57], no âmbito do *direito penal* e no círculo do *direito laboral*. Em *sede criminal*, e independentemente de um ilícito dessa natureza poder gerar responsabilidade civil conexa[58], «o agente pode ser uma vítima da sua vítima («*ein Opfer seines Opfers*»)», em caso de

---

[56] Para a defesa dos «princípios gerais da responsabilidade civil», *maxime* para a ponderação das culpas dos contraentes pelo incumprimento dos deveres resultantes do «contrato de cheque», ver o Parecer do Ministério Público de 19 de Fevereiro de 1970, in BMJ n.° 205, pp. 94 e ss.. Para a defesa tendencial, de acordo com a «teoria das esferas», da imputação ao cliente bancário da sua conduta «decisiva», activa ou omissiva, ver SOFIA GALVÃO, *Contributo para o estudo do contrato de cheque*, in ROA, ano 52, I, 1992, pp. 103-105. Sobre a inércia do destinatário em indagar a veracidade de certas informações bancárias, ver A. LUMINOSO, *Responsabilità civile della banca per false o inesatte informazioni*, in RDCDO 1984, pp. 201 e 205-207 e C. MIRABILE, *Responsabilità aquiliana della banca per divulgazione di false o errate informazini*, in B.b. tit. cred. I, 1990, pp. 413-415.

[57] Deixando para mais tarde uma referência mais particular, podem indicar-se, desde já, alguns reflexos legais da relevância da «culpa» do lesado-segurado. É o caso dos artigos 437.°, 3.° (*o seguro contra riscos* fica sem efeito no caso de «o sinistro ter sido causado pelo segurado ou por pessoa por quem ele seja civilmente responsável), 443.°, 1.° (no *seguro contra fogo* são excluídos, por ex., os danos produzidos por facto criminoso do segurado e 458.°, 1.° (o segurador, no *seguro de vidas*, pode não pagar a quantia segura no caso de a morte da pessoa segura resultar «... de duelo, ... suicídio voluntário, crime ou delito cometido pelo segurado...) do Código Comercial. No tocante à segunda modalidade de seguro, já o artigo 1770.° do Código de FERREIRA BORGES «descarregava» de responsabilidade o segurador, no caso de o incêndio ter sido «... causado por facto, ou negligência grave da própria pessoa do segurado».

[58] Com incidência na *redução* ou *exclusão* da *indemnização* a cargo do Estado, o artigo 3.°, 1 do Decreto-Lei n.° 423/91, *cit. supra*, n. 14, valora «... a *conduta da vítima* ou do requerente antes, durante ou após a prática dos factos, *as suas relações com o autor ou o seu meio...*» (itálico nosso). O n.° 2 do mesmo preceito exclui, em princípio, a indemnização «... quando a vítima for *membro do agregado familiar do autor* ou pessoa que *com ele coabite* em condições análogas...» (itálico nosso), reflectindo assim o princípio fundamental acolhido no artigo 8.° da *Convenção europeia sobre o ressarcimento das vítimas de crimes violentos,* de 24 de Novembro de 1983 (ver o respectivo texto em YVONNE LAMBERT-FAIVRE, *Le droit du dommage corporel. Systèmes d'indemnisation*, Paris, 1990, pp. 557 e ss.). Ver também, para essas «circunstâncias» da vítima, a Lei francesa n.° 77-5 de 3 de Janeiro de 1977 (completada pela Lei n.° 83-608 de 8 de Julho de 1983) e, em particular, o artigo 706.°-3, 3.°, do *Code de Procédure Pénale* (integrado no título 14 e surgido por força daquela lei de 77), bem como o § 6.° do *Criminal Injuries Compensation Scheme* de 1964. Para os dois preceitos, ver, respectivamente, YVONNE LAMBERT-FAIVRE, *op. cit.*, n.° 764, pp. 544-545 e V. ZENO-ZENCOVICH, *La responsabilità civile da reato*, Padova, 1989, pp. 199 e ss..

36 — A conduta do lesado

provocação ou de criação de facilidades para o acto [59]. Assim como, no direito civil, a indemnização «suporta» o «peso» da conduta «culposa» do lesado, no direito penal a «culpa» (em sentido amplo) da vítima, embora sem descaracterizar a conduta criminosa, gerar uma «compensação de culpas» [60] ou implicar qualquer punição da vítima, pode levar à *redução da pena*, desde que, no julgamento das culpas, haja lugar à diminuição da culpa do agente. Pode dizer-se, de uma forma geral, que a atitude provocatória da vítima, a sua imprudência no tráfego, o seu relacionamento particular com o agente ou o seu comportamento, são algumas das circunstâncias que podem levar a uma *atenuação especial da pena* [61-62]. Neste âmbito, pode igualmente estabelecer-se um paralelo

---

[59] H.-E. HENKE, *Mitverursachung und Mitverschulden – Wer den Schaden herausfordert, muss den Schädiger schonen*, in JuS, 1988, p. 755.

[60] Para a negação da «compensação» nos crimes por negligência, para as posições contrárias de K. BINDING e F. CARRARA, e para a interessante perspectiva de SCHÜNEMANN sobre a relação entre a conduta da vítima e a verificação da tipicidade penal, ver ANGEL TORIO LOPEZ, *Signification dogmatica de la «compensación de culpas» en derecho penal*, in *Estudios penales en memoria del profesor* AGUSTIN FERNANDEZ-ALBOR, Santiago de Compostela, 1989, pp. 714 e ss.. O jurista espanhol (pp. 718 e ss.) contesta que o chamado problema da «compensação de culpas» tenha a ver com a culpa, com a causalidade ou a antijuridicidade, e prefere tratá-lo em termos que nos parecem próximos dos do direito civil. Ao considerar o primeiro plano da questão, a que chama «*teleológico*», e em que analisa «*la tendencia objetiva de cada acción en orden a la producción del resultado típico*» (p. 722), TORIO LOPEZ não faz mais do que estabelecer a relação de *concausalidade adequada* (em função da «*peligrosidad propria*» de cada conduta) entre as acções e o resultado tipicizado. No segundo plano, denominado «*valorativo*», procede a uma *ponderação* das condutas, em ordem a precisar «*el desvalor de la acción imprudente*» para a «excluir», eventualmente, do âmbito da tutela normativa ou da «*imputación objetiva*».

[61] O artigo 72.°, 2b) do Código Penal, considera como *atenuante especial da pena*, a circunstância (com efeito na diminuição «acentuada» da culpa do agente) de ter havido«... forte solicitação ou tentação da própria vítima ou ... provocação injusta ou ofensa imerecida» e no artigo 58.°, 5, do anterior Código da Estrada, dizia-se que na «concorrência de culpas e na de culpa com facto não imputável para o mesmo resultado, o juiz *graduará a pena* em função da *contribuição da culpa do agente...*» (itálico nosso). Ver ainda, para a possibilidade de «dispensa» da pena, o quadro factual descrito no n.° 3 do artigo 143.° do Código Penal.

[62] Para a equação ou mera referência ao problema da influência, na medida da pena, das *atitudes da vítima*, ver EDUARDO CORREIA, *Direito Criminal* (com a colaboração de FIGUEIREDO DIAS), II (reimpressão), Coimbra, 1971, p. 323, n.(1) (valorando, na gravidade da ilicitude, a circunstância de ser *facilitado* o crime sexual), COSTA ANDRADE, *op. cit., supra*, n. 10, pp. 369 e ss. (encarando a atitude «provocadora» da

Parte introdutória 37

entre o conceito e a problemática da «*willing victim*» ou do «crime sem vítima»[63] e os casos, a que nos havemos de referir, em que o dano sofrido pelo lesado resulta de uma situação *ilícita* criada por ele (por ex., roubo de um veículo com um posterior despiste) ou a que se associou (na hipótese de aborto consentido pela grávida)[64].

Nas situações de compromisso entre as exigências públicas e a composição dos interesses privados (*maxime* nos acidentes de viação), surge uma temática especial atinente aos princípios que regulam as relações entre a decisão penal e o pedido cível de indemnização e que a aparente clareza do artigo 129.° do Código Penal não parece resolver plenamente. A questão prende-se, essencialmente, com a conciliação entre uma decisão que valora com uma *finalidade própria* a conduta pessoal do agente, e o *plano indemnizatório* onde, naturalmente, hão-de ser confrontados e ponderados ambos os comportamentos, em princípio num plano de igualdade e sem quaisquer referências «psicológicas».

No tocante à *responsabilidade civil do Estado*[65] e *demais pessoas*

---

vítima numa perspectiva vitimológica), H. E. HENKE, *cit.*, p. 755 (estabelecendo o paralelo entre a *Mitverschulden* do §254 do BGB e a doutrina da «*Wirklichkeit des Verbrechens*»), E. DEUTSCH, *Haftungsrecht – 1* Band*, Allgemeine Lehren*, Köln/Berlin/ /Bonn/München, 1976, pp. 318-319, SCHÖNKE/SCHRÖDER/STREE, *Strafgesetzbuch Kommentar*, 24.ª ed., München, 1991, n.° 24, p. 644, P. FRISCH, *Das Fahrlässigkeitsdelikt und das Verhalten des Verletzten*, Berlin, 1973, pp. 41-42, G. BETTIOL, *Diritto penale (Parte generale)*, 6.ª ed., Padova, 1966, pp. 236 e 403-404, F. ANTOLISEI, *Il rapporto di causalità nel diritto penale* (reimpressão), Torino, 1960, pp. 272-276, E. ALTAVILLA, *Colpa penale*, in NDI, III, n.° 17, p. 553 e A. Q. RIPOLLÉS, *Derecho penal de la culpa*, Barcelona, 1958, pp. 320 e ss.. Este último autor constata, acertadamente, que a concausa no direito penal tem mais a ver com os «critérios de punibilidade» do que com a mera causalidade.

[63] Ver COSTA ANDRADE, *op. cit.*, pp. 215, 288 e ss. e 409, para o princípio e os elementos dos «crimes sem vítima», como, por ex., o jogo ilícito, a prostituição, a exploração do mercado negro, e os crimes sexuais livres. Apoiado em E. SCHUR, COSTA ANDRADE considera, como elemento característico do «crime sem vítima», a «permuta voluntária de bens ou serviços desejados, proibida e sancionada por leis que normalmente não se aplicam...» (p. 288).

[64] Para um primeiro contacto com a temática, ver JEAN-BERNARD DENIS, *L'action civile de la victime en situation illicite*, D. 1976, *chron.*, pp. 243 e ss..

[65] A responsabilidade civil do Estado, colocando questões importantes, como as da *qualificação* dos actos geradores e da *conjugação* entre os preceitos constitucionais (sobretudo o artigo 22.°) e o regime do Decreto-Lei n.° 48051 (concretamente, para o sentido desse preceito, ver AFONSO VAZ, *Estatuto jurídico-constitucional da responsabilidade civil do Estado*, comunicação proferida, em Abril de 1995, no Congresso sobre «Responsabilidade civil: o presente e o futuro»), abarca hoje, de acordo com o

colectivas públicas, encontramos na doutrina alemã[66] a defesa da co-
-responsabilidade dos cidadãos pela sua *inércia*, face à violação dos
deveres dos funcionários ou de cláusulas de relações obrigacionais de

---

artigo 120.º, 1 da Constituição, a zona de conexão com os *crimes de responsabilidade
dos titulares de cargos políticos* (cfr. os artigos 2.º e 45.º a 48.º da Lei n.º 34/87 de 16
de Julho) e parece poder compreender a esfera dos *actos jurisdicionais*, face à
amplitude do princípio formulado no artigo 22.º e do disposto no artigo 218.º, 2 da
Constituição. Sobre este último ponto, ver a posição um pouco dubitativa de J. A.
DIMAS LACERDA, *Responsabilidade civil extracontratual do Estado (Alguns aspectos)*,
in RMP, ano 6.º, vol. 21, 1985, pp. 67 e ss., as considerações mais conclusivas de
GOMES CANOTILHO/VITAL MOREIRA, *Constituição da República Portuguesa Anotada*,
3.ª ed. rev., Coimbra, 1993, pp. 168-169 e a anot. de GOMES CANOTILHO (in RLJ, ano
123.º, p. 305) ao acórdão do STA de 7 de Março de 1989, publ. in AD n.ᵒˢ 344-345,
pp. 1035 e ss. (tratou-se, *in casu*, da *demora* do juiz em proferir sentença respeitante a
um processo laboral). O tribunal considerou o magistrado *culpado* e autor de um *ilícito*,
aplicando o referido Decreto-Lei n.º 48051. GOMES CANOTILHO, vendo essa decisão
como autêntico *leading case*, não deixa de integrar, no artigo 22.º da Constituição, essa
«omissão ilícita» de ser proferida sentença num «prazo razoável» (também ÁLVARO
REIS FIGUEIRA, *Estatuto do Juíz/Garantias do cidadão – Da independência à responsabilidade (itinerários de direito comparado)*, CJ, ano XVI, tomo 2, 1991, p. 55, funda
no artigo 22.º a responsabilidade do Estado por «funcionamento defeituoso do serviço
da justiça, embora FERNANDES THOMAZ, *Da responsabilidade à responsabilização dos
juízes*, in ROA, ano 54, II, 1994, p. 497, considere «artificiosa» essa fundamentação).
O mesmo GOMES CANOTILHO, ao anotar o acórdão do STA de 9 de Outubro de 1990
(in RLJ, ano 124.º, p. 83), vê como «retrocesso» a decisão que, a propósito de um caso
de prisão preventiva, recusou aplicar o artigo 22.º e o Decreto-Lei n.º 48051.
Para a discussão em torno da admissibilidade ou não da responsabilidade civil
do juiz, ver, ÁLVARO REIS FIGUEIRA, *cit.*, pp. 45 e ss. (com indicações de direito
comparado, como, por ex., a referência à Lei italiana n.º 117 de 13 de Abril de 1988),
GOMES CANOTILHO, RLJ, ano 123.º, *cit.*, p. 307, TRIMARCHI, *La responsabilità del
giudice*, in Qua., n.º 3, 1985, pp. 366 e ss. e J. MONTERO AROCA, *Responsabilidad civil
del juez y del Estado por la actuacion del poder judicial*, Madrid, 1988. Quer ÁLVARO
REIS FIGUEIRA (*cit.*, pp. 63-64), quer GOMES CANOTILHO (*loc. ult. cit.*), para
salvaguarda da *independência* da magistratura, admitem apenas uma *responsabilidade
pessoal* do juiz em caso de actuação particularmente censurável deste (*dolo* ou *culpa
grave*), contra a opinião de FERNANDES THOMAZ, *cit.*, p. 502, adepto de um regime
italiano (artigo 2.º, 1 da Lei de 1988) que responsabiliza *directamente* o Estado por
«um comportamento, acto ou decisão judicial realizado ou ditada por um juiz com dolo
ou culpa grave e no exercício das suas funções...». Fica, no entanto, ressalvado para o
Estado, e nos termos do artigo 7.º dessa Lei, o exercício da *acção de regresso*. Para
esta acção ver, entre nós, o artigo 5.º, 3 da Lei n.º 21/85 de 30 de Julho (*Estatuto dos
Magistrados Judiciais*).
    [66] H.-E. HENKE, *cit.*, pp. 755-756, afirma mesmo que um pedido de indemniza-
ção dirigido ao Estado, na ausência de uma tentativa do cidadão em resolver os seus
problemas, viola o princípio da boa fé. Esta posição do jurista alemão insere-se, aliás,

Parte introdutória 39

natureza pública. Nem é de estranhar, que o legislador alemão tenha incluído no BGB uma norma – o § 839 III – que leva a excluir o dever de indemnização, sempre que o lesado omita «dolosa ou negligentemente afastar o dano com recurso a um meio jurídico» e que o nosso legislador tenha adoptado parcialmente essa solução[67], ao prescrever, na segunda parte do artigo 7.º do Decreto-Lei n.º 48051, que o direito à reparação só subsiste «... na medida em que tal dano se não possa imputar *à falta de interposição de recurso* ou a *negligente conduta processual* da sua parte no recurso interposto»[68-69]. Sendo o procedimento «culposo» que explica, por vezes, a duração anormal do processo, não causa admiração que GOMES CANOTILHO[70], no juízo de aferição da «dilação indevida», releve precisamente o *comportamento processual* dos lesados[71].

---

na concepção que defende acerca do § 254 e que tem a ver com a ideia do *venire contra factum proprium*. Sendo a solução prevista no §839 III mais rigorosa do que a da norma geral do § 254 – e H.-E. HENKE justifica-a como medida de tutela dos funcionários públicos – a jurisprudência atenua, por vezes, tal rigorismo (cfr. H.-E. HENKE, p. 756). Ver também, para a *ratio* desse § 839 III, K. VENZMER, *Mitverursachung und Mitverschulden im Schadensersatzrecht*, München/Berlin, 1960, pp. 209-210.

[67] Nos trabalhos preparatórios, VAZ SERRA, *Responsabilidade civil do Estado e dos seus orgãos ou agentes*, in BMJ n.º 85, 1959, p. 508 (artigo 1.º, 3), propôs que se adoptasse a solução do §839 III do BGB, mas deixou aberta a alternativa da aplicação das regras sobre a «conculpabilidade do lesado» (cfr. a p. 508, n(87)).

[68] O itálico é nosso.

[69] Ver AFONSO QUEIRÓ, in RLJ, ano 120.º, pp. 308-309, em anot. ao acórdão do STA de 14 de Outubro de 1986, in AD n.º 306, p. 795, para a ligação entre o artigo 7.º e o §839 III e para as reservas quanto às virtualidades de um recurso de anulação, em regra carecido de eficácia suspensiva. Daí a importância concedida ao «ónus» do requerimento a pedir tal suspensão. No tocante ao último ponto, não parece irrazoável considerar igualmente «culpado» o particular que, nos termos do artigo 163.º, 2 do Decreto-Lei n.º 442/91 de 15 de Novembro (*Código do Procedimento Administrativo*), tenha reclamado do acto sem pedir a suspensão da sua executoriedade, com o fundamento de que a execução imediata traria consigo «prejuízos irreparáveis ou de difícil reparação».

Para uma crítica à *estreiteza* do preceito da segunda parte do artigo 7.º, ver MARCELLO CAETANO, *op. cit.*, p. 1235, ao defender que a interposição de recurso pode não reparar o dano. Numa perspectiva mais específica coloca-se BARBOSA DE MELO, *Responsabilidade civil extracontratual (não cobrança de derrama pelo Estado)*, Parecer publ. na CJ, ano XI, tomo 4, 1986, p. 38, ao interpretar o preceito do artigo 7.º, dizendo que ele tem apenas a ver com a *medida da indemnização.*

[70] RLJ, ano 123.º, p. 307 (*cit. supra*, n. 65).

[71] O artigo 295.º da Lei Orgânica do poder judicial, e que vigora em Espanha desde 1 de Julho de 1985, exclui a responsabilidade do Estado por «conduta dolosa ou

A conduta do lesado

Ainda no âmbito das relações entre o Estado e os cidadãos, o artigo 8.° do Decreto-Lei n.° 48051 considera a «culpa das vítimas» como factor de repercussão na responsabilidade «… pelos prejuízos especiais e anormais resultantes do funcionamento de serviços administrativos excepcionalmente perigosos ou de coisas ou actividades da mesma natureza»[72]. Este preceito não tem uma redacção muito clara, pois deixa subsistir a dúvida sobre a interpretação mais correcta da sua parte final. Começando por afirmar a responsabilidade do Estado (e demais pessoas colectivas públicas) o artigo 8.° introduz depois a trilogia tradicional das causas exoneratórias («… *força maior* estranha ao funcionamento desses serviços ou ao exercício dessas actividades, ou *culpa das vítimas* ou de *terceiro*…») para concluir dizendo que «…neste caso a responsabilidade [é] determinada segundo o grau de culpa de cada um». Perante este texto, não cremos que o legislador tenha querido contrapor à «culpa das vítimas» o risco (agravado pela culpa) da actividade estadual ou privilegiar a Administração com uma exoneração automática, independentemente de qualquer ponderação das actuações em causa. Sendo exacto que a rejeição da solução de concorrência implica reservar a parte final do citado artigo 8.° para a mera relação entre a conduta da Administração e a culpa de um terceiro, entendemos que essa interpretação não se adequa, contudo, à *letra* e ao *espírito* da disposição, sendo mais razoável a via que faz condicionar a responsabilidade (total ou parcial) ou a exoneração do Estado à apreciação da *gravidade* da «culpa das vítimas»[73]. Esta con-

---

negligente do lesado» que tenha causado o «erro judiciário» ou o «funcionamento anormal» da administração da justiça (cfr. J. MONTERO AROCA, *op. cit.*, pp. 135 e 148-150).

[72] Para a *ratio* e para as aplicações desse princípio do risco «administrativo» (englobante, para VAZ SERRA, in BMJ n.° 85, *cit.*, p. 450, da própria licitude danosa), ver MARCELLO CAETANO, *op. cit.*, pp. 1236 e ss. e VAZ SERRA, *cit.*, pp. 512-513. Este último admitiu, com reservas, a consagração de um princípio geral sobre essa matéria (cfr. a p. 503 e o artigo 3.°, 2, p. 518). Quanto à interpretação dos requisitos da «especialidade» e «anormalidade» do dano, ver GOMES CANOTILHO, *O problema da responsabilidade do Estado..., cit.*, §9, pp. 271 e ss. (contrariamente a VAZ SERRA, o ilustre constitucionalista «vê» a responsabilidade por risco como uma responsabilidade por actos lícitos) e o Parecer n.° 162/80, da Procuradoria-Geral da República, de 11 de Junho de 1981, in BMJ n.° 312, p. 315 (danos causados, por um menor de 15 anos, a bens pertencentes ao director de uma determinada instituição).

[73] Pese a sua formulação, não parecem afastar necessariamente qualquer critério de repartição do dano os artigos 53.°, 5 do Decreto-Lei n.° 49368 de 10 de Novembro de 1969 (*Estatuto dos Correios e Telecomunicações de Portugal*), ao *excluir* a responsabilidade dos CTT «… quando se prove a existência de culpa ou dolo dos utentes...», e 75.°

Parte introdutória 41

jugação, que havemos de explicitar e particularizar nos quadrantes privatísticos em que se possa harmonizar o *risco criado* e a *conduta do lesado*, tem aqui como núcleo a asserção de que, em princípio, só se justifica uma exoneração plena do ente colectivo se o dano puder ser exclusivamente imputável à conduta «culposa» do lesado (*maxime* se este tiver tido um comportamento revelador de *negligência grave*[74]).

A *amplitude* do princípio da relevância da conduta do lesado[75] tem conduzido à aplicação directa da norma e do regime do artigo 570.°, 1 a domínios não civilísticos[76], para colmatar as lacunas legislativas destes

---

a) do Decreto-Lei n.° 176/88 de 18 de Maio (*Regulamento do Serviço Público de Correios*), ao relevar, como causa de *exclusão* da responsabilidade, a *culpa* do remetente na «perda, espoliação ou avaria dos objectos postais registados». *Mutatis mutandis*, aquela ideia vale para o disposto no artigo 81.°, 2 do Decreto-Lei n.° 438/91 (*cit. supra*, n. 46), ao isentar de responsabilidade (neste caso por actos lícitos) o beneficiário se os danos «... resultarem de *facto imputável* ao proprietário...» do imóvel.

[74] DIMAS LACERDA, *cit.*, p. 64, colocando-se num plano predominantemente causal, defende a repartição da responsabilidade desde que a «culpa das vítimas» não seja exclusiva. No sentido da repartição, ver igualmente FREITAS DO AMARAL, *Direito Administrativo* III, ed. policop. Lisboa, 1989, p. 518.

[75] Ver também, no direito alemão, para a ampla aplicação do «maleável» §254 do BGB, GRUNSKY, in *Münchener Kommentar zum Bürgerlichen Gesetzbuch*, Band 2, *Schuldrecht, Allgemeiner Teil* (§§ 241-432), 2.ª ed., München, 1985, § 254, n.os 4 e ss., pp. 433-437, SOERGEL/SIEBERT/R. SCHMIDT, 9.ª ed., 1959, da obra citada (*supra*, n.52), § 254, n.os 2 e ss., p. 937, SOERGEL/SIEBERT/MERTENS, *cit.*, § 254, n.os 6 e ss., pp. 351 e ss., PALANDT/HEINRICHS, *Bürgerliches Gesetzbuch*, 53.ª ed., München, 1994, § 254, n.os 5 e ss., pp. 290-291, JAUERNIG/TEICHMANN, *op. cit.*, § 254, n.° 1, pp. 218-219, LANGE, *op. cit.*, §10 IV, pp. 537 e ss. e WESTER, *op. cit.*, pp. 230-231 e 237.

Já em 1899, L. COHN (*Untersuchungen zu § 254 des Bürgerlichen Gesetzbuches*, in GruchBeitr, Band 43, p. 108) distinguia entre três grupos de obrigações de indemnização a que se aplicaria o § 254: por incumprimento culposo de vínculos contratuais, pela prática de actos ilícitos e pela recondução a certos preceitos legais (citando, entre outros, os §§ 122, 179 e 307 do BGB).

[76] No caso sobre que decidiu o acórdão do STA de 25 de Julho de 1985, in BMJ n.° 350, pp. 231 e ss., e relativamente aos danos causados na viatura de um particular, valorou-se em *dois terços* a culpa de certa autarquia (por não ter sinalizado uma via perigosa) e em *um terço* a «culpa» do dono do veículo (que seguia «... pelo centro da via, alheado dos efeitos da degradação do piso, dele conhecida, da proeminência de uma boca de esgoto relativamentee à zona circundante e sabendo do grau diminuto de incidência da visão... sobre os obstáculos, afecto o modelo da referida viatura» (cfr. o n.° V do sumário do acórdão, o qual, certamente por lapso, refere o concurso culposo do autor «em proporção igual» ao dos serviços, quando no relatório se procede à referida discriminação da gravidade das culpas).

sectores, e é reafirmada pelo legislador em áreas sensíveis, onde se justifica a menção expressa da «ideia» subjacente àquele normativo ou a referência ao papel mais «absorvente» do comportamento do lesado.

Tomando por padrão as soluções clássicas e simétricas consagradas no Código Civil de 1966 e consubstanciadas no «concurso de culpas» do lesante e do lesado (artigo 570.°, 1)[77], na *consunção* da culpa presumida pela culpa do lesado (artigo 570.°,2), na *preclusão* da responsabilidade objectiva do detentor de veículos de circulação terrestre pelo facto «... imputável ao próprio lesado» (artigo 505.°)[78] e no «concurso de riscos» atinente à colisão de veículos (artigo 506.°,1, primeira parte), o legislador especial manteve-se no «rumo» traçado por esses princípios básicos ou comuns. Quer no n.° 2 do artigo 1.° do Decreto-Lei n.° 449/85 de 25 de Outubro (*responsabilidade civil dos proprietários e detentores de instalações com redes internas ou ramais de distribuição de gases, bem como de aparelhos ou utensílios destinados ao seu uso*), quer no n.° 13, 2, do Decreto-Lei n.° 321/89 de 25 de Setembro (*responsabilidade civil do transportador aéreo e do proprietário e do explorador de aeronaves*) ou no artigo 14.°,1 do Decreto-Lei n.° 71/90 de 2 de Março (*regulamento das aeronaves ultraleves utilizadas em actividades de desporto e recreativas*), o legislador *exclui* a responsabilidade objectiva para o caso de o dano ter origem na conduta do lesado. No decreto de 1985, essa exclusão ocorre se o acidente for «... imputável ao próprio lesado...»[79], e, nos diplomas de 1989 e de 1990, essa exoneração, depende, relativamente a *terceiros*[80],

---

[77] Como veremos, o princípio consagrado no corpo do artigo 570.°, 1 é fruto de uma evolução legislativa iniciada com o artigo 2398.°, §2 do Código Civil de Seabra («Se, para a existência do dano, ou prejuízo, concorreu também culpa, ou negligência da pessoa prejudicada, ou de outrem, a indemnização será, no primeiro caso, diminuída e, no segundo, rateada, em proporção dessa culpa, ou negligência, como fica disposto no artigo 2372.°, §§ 1.° e 2.°).

[78] Ver *infra*, para os antecedentes legislativos do preceito.

[79] Já assim no anterior Decreto-Lei n.° 399/83 de 8 de Novembro (artigo 1.°, 2).

[80] No que toca aos *passageiros*, os artigos 3.° a 9.° do Decreto-Lei n.° 321/89 (com as alterações introduzidas pelo Decreto-Lei n.° 279/95 de 26 de Outubro) são omissos quanto aos reflexos de uma possível «culpa» do lesado. Como não é crível que se tenha pretendido consagrar um regime de responsabilidade objectiva absoluta, é de colocar a questão da aplicação analógica do artigo 13.°, 2, desse diploma e do artigo 570.°, 1 do Código Civil, de modo a completar o quadro normativo referido na parte final do artigo 2.° l) i), e enquanto não se considerar aplicável o disposto no artigo 21.° do *Protocolo de Montreal* n.°4, que modificou a *Convenção de Varsóvia* de 1929 (ver *infra*, n. 83). Segundo o preceito daquele artigo 2.°, os «ferimentos provocados à

Parte introdutória 43

da prova da «*culpa exclusiva* do lesado». Antes de prosseguirmos, impõe-se fazer duas breves observações.

A primeira tem a ver com a circunstância de o diploma de 1985 referir expressamente a conduta do lesado como causa de exclusão de responsabilidade, o que não acontece no quadrante, algo similar, do artigo 509.º – para o qual remete, aliás, o n.º 7 do artigo 1.º do Decreto-Lei n.º 449/85 – e do seu n.º 2, que só alude à «causa de força maior». Como veremos mais tarde – e o problema coloca-se igualmente no círculo de aplicação do artigo 502.º – não é razoável retirar-se desse silêncio qualquer argumento favorável à tese da irrelevância da «culpa do lesado».

Por outro lado – e agora como segunda observação – com os diplomas de 1989 e de 1990 o legislador especial parece querer *atenuar* o rigidez da solução *absorvente,* prescrita no artigo 505.º, da não admissibilidade da concorrência entre o risco criado e a conduta do lesado, ao reservar, nos citados artigos 13.º,2 e 14.º,1, essa *absorção* para os casos em que o acidente é devido *apenas* à «culpa» do lesado. É óbvio que, para a doutrina que já admitia a possibilidade desse «jogo» concausal, esses dois normativos não terão mais do que um mero valor interpretativo[81]. Se é certo que em ambos os diplomas se

---

pessoa por ela própria... ou... sofridos por um passageiro clandestino escondido em locais diferentes daqueles a que os passageiros e a tripulação têm normalmente acesso» já não tem a ver com um *acidente de aviação.*

Refira-se, como curiosidade, que o § 47 da Lei alemã do tráfego aéreo (a *Luftverkehrsgesetz,* na formulação de 14 de Janeiro de 1981) aplica ao contrato de transporte o § 34, que remete precisamente para o regime previsto no § 254 do BGB. Convém, contudo, ter em conta, que o § 45 do diploma de 1981 onera o *Luftfra-chtführers* com uma (clássica) presunção de culpa, em sintonia com os princípios inspiradores da *Convenção de Varsóvia* de 1929 (*maxime* do seu artigo 20.º), mas não ajustada às alterações introduzidas pelos *Protocolos de Guatemala* (1971) e de *Montréal* (1975).

Partindo embora de uma *presunção de culpa* (no n.º 6 do preâmbulo é mesmo referido o artigo 383.º do Código Comercial), o artigo 66.º do Decreto-Lei n.º 39780 de 21 de Agosto de 1954 (*Regulamento para a Exploração e Polícia dos Caminhos de Ferro) exonerava* de responsabilidade a empresa pelos prejuízos causados aos passageiros se aquela demonstrasse que tinha havido «... culpa da vítima...». Este diploma é de considerar revogado pelo Código Civil na parte respeitante ao «regime da responsabilidade» (capítulo VII, artigos 64.º e ss.) relacionada com os *riscos* do transporte por caminho de ferro. Para a defesa de uma revogação, que deixa subsistir traços da «teoria contratual», ver C. ALBERTO F. DE ALMEIDA, *A responsabilidade civil do transportador ferroviário,* in RT, ano 88.º, 1970, pp. 147 e ss..

[81] A circunstância do n.º 2 do artigo 1.º do Decreto-Lei n.º 449/85, na parte em que exclui a responsabilidade por facto do lesado, ter uma redacção idêntica à do artigo 505.º,

44 *A conduta do lesado*

nota uma potenciação da tutela dos lesados, a que não é alheia a razão financeira da existência obrigatória de um *seguro de responsabilidade*, também nos parece que o legislador terá querido consagrar, sem margem para dúvidas, soluções mais flexíveis, desde há muito defendidas noutros ordenamentos [82] e em legislação uniforme de cariz contratual e extracontratual [83].

---

não afasta igualmente a possibilidade de se defender uma solução concausal, tanto mais que o n.°3 do artigo 3.° obriga as entidades referidas no n.°1 do artigo 1.° «... a manter actualizado um seguro destinado a garantir a responsabilidade civil... cobrindo qualquer espécie de danos causados aos clientes ou a terceiros...».

[82] Por ex., no sistema jurídico alemão, é inequívoca a consagração legislativa dessa situação de concorrência, como se pode verificar pela redacção uniforme dos §§ 9 da «Lei do tráfego viário» de 19 de Dezembro de 1952 (*Strassenverkehrsgesetz*), 27 da «Lei sobre a utilização pacífica da energia nuclear e da protecção contra os seus perigos», na redacção de 31 de Outubro de 1976 e 15 de Julho de 1985 (*Atomgesetz*), 85 da «Lei para a reordenação do direito dos medicamentos» de 24 de Agosto de 1976 (*Gesetz zur Neuordnung des Arzneimittelrechts*), 4 da «Lei da responsabilidade» (dos Caminhos de Ferro e das instalações de energia eléctrica), na redacção de 4 de Janeiro de 1978 (*Haftpflichtgesetz*), 34 da «Lei do tráfego aéreo», *cit.* (*supra*, n. 80), 32 (3) da «Lei da engenharia genética» de 20 de Junho de 1990 (*Gesetz zur Regelung von Fragen des Gentechnik*) e 11 da «Lei sobre a responsabilidade ambiental» de 10 de Dezembro de 1990 (*Gesetz über Umwelthaftung*). Todos estes preceitos remetem expressamente para o regime do § 254 do BGB.

No plano doutrinal, ver, entre outros, K. LARENZ, *op. cit.*, §31 I b), pp. 540-541, H. KÖTZ, *Deliktsrecht*, 6.ª ed., Berlin, 1994, n.° 365, p. 146, H. BROX, *Allgemeines Schuldrecht*, 19.ª ed., München, 1991, n.° 360, p. 211 e E. DEUTSCH, *Einschränkung des Mitverschuldens aus sozialen Gründen*, in ZRP, 1983, p. 137.

A doutrina germânica dominante aplica igualmente, e por analogia, o §254, se com a culpa (ou o «risco de actividade») do lesante concorrer o «perigo de uma coisa ou actividade» de que tirou proveito o lesado. Este pensamento, que releva, no lesado, aquilo a que se poderá chamar de «autoresponsabilidade pelo risco», já não se justifica, segundo H. TASCHNER, *Produkthaftung*, München, 1986, pp. 128-129, no domínio da responsabilidade do produtor.

Ver também, para os reflexos da «culpa» do lesado na responsabilidade *de plein droit* do explorador de *aeronaves* (por danos causados a terceiros) e do explorador ou construtor de *teleféricos*, respectivamente, o artigo 141-2 do *Code de l'Aviation Civile* (decreto de 30 de Março de 1967) e o artigo 6.°, 2 da Lei francesa de 8 de Julho de 1941.

[83] O artigo 21.°, 1 da *Convenção de Varsóvia*, de 12 de Outubro de 1929, para a *Unificação de Certas Regras Relativas ao Transporte Aéreo Internacional*, modificada na Haia, em 1955, e a que Portugal aderiu (Aviso publ. no Diário do Governo de 10 de Agosto de 1948), na redacção que lhe foi dada pelo artigo VI do *Protocolo de Montréal* n.° 4 de 25 de Setembro de 1975 (aprovado, para ratificação, pelo Decreto n.° 96/81 de 24 de Julho), confere ao transportador de *passageiros* e *bagagens* o ónus

da prova «... de que foi culpa da pessoa lesada que *causou* o dano ou para ele *contribuiu*...», com a finalidade de «... o tribunal... de harmonia com as disposições da sua própria lei, *afastar* ou *atenuar* a responsabilidade ...». O n.° 2 consagra os mesmos princípios em relação ao transporte de *mercadorias*, apenas com a especialidade de se considerar igualmente a culpa das pessoas ligadas ao lesado. Nos termos do *Protocolo de Guatemala* de 8 de Março de 1971, o artigo 17.°, 1, parte final, exclui a responsabilidade «... se a morte ou lesão corporal resultou unicamente do estado de saúde do passageiro» (artigo IV do Protocolo), enquanto que o artigo 21.°, não distinguindo entre transporte de passageiros, bagagens ou mercadorias, incluía um critério específico de repartição do dano («... será total ou prcialmente exonerado da sua responsabilidade ... na *medida* em que tal falta tiver causado o dano ou para ele contribuído...» e consagrava um princípio de oponibilidade aos lesados mediatos (não passageiros) da incidência, na responsabilidade, da conduta do lesado imediato (artigo VII do Protocolo). Para as modificações (no sentido de uma *objectivação* da responsabilidade do transportador aéreo, e que o artigo 3.° do Decreto-Lei n.° 321/89 já reflecte) introduzidas, na *Convenção de Varsóvia*, pelos *Protocolos de Guatemala* e de *Montréal*, ver G. BACCELLI, *Imputazione obiettiva e limite di risarcimento del danno nel trasporto aereo internazionale*, in RDC II, 1989, pp. 391 e ss..

Para a exclusão total ou parcial da responsabilidade do caminho de ferro, no tocante à morte ou ferimento de passageiros, ver o § 2.° do artigo 26.° das Regras Uniformes relativas ao transporte internacional ferroviário de passageiros e bagagens (Apêndice A à *Convenção Relativa aos Transportes Internacionais Ferroviários* de 9 de Maio de 1980, aprovada, para ratificação, pelo Decreto n.° 50/85 de 27 de Novembro).

Quanto aos danos causados a *terceiros* por aeronaves, o artigo 6.° da Convenção de Roma de 7 de Outubro de 1952 *exclui* ou *reduz* a responsabilidade «... no caso de a culpa do lesado ter causado o seu próprio dano ou para ele contribuído» (cfr. S. FERRARINI, *Assicurazione e responsabilità nel campo della navigazione*, in RDCDO I, 1971, p. 251, bem como a referência que faz, na p. 253, à irrelevância da «culpa» não intencional do lesado na *Convenção de Bruxelas,* de 25 de Maio de 1962, *sobre a responsabilidade dos armadores de navios nucleares*).

No tocante aos *acidentes de viação*, o artigo 5.°, 1 da *Convenção Europeia sobre a Responsabilidade Civil por Danos causados por Veículos a Motor*, aprovada pelo Conselho da Europa, em Maio de 1973, estabeleceu a *redução* ou a *supressão* da indemnização para o caso de *contribuição culposa* do lesado.

Também a *Convenção Internacional sobre a Responsabilidade Civil pelos Prejuízos Devidos à Poluição por Hidrocarbonetos*, assinada em Bruxelas em 29 de Novembro de 1969, aprovada para ratificação pelo Decreto-Lei n.° 694/76 de 21 de Setembro, e em vigor desde 24 de Fevereiro de 1977 (por Aviso publ. no Diário da República de 12 de Janeiro de 1977), declara no seu artigo III, 3, que o proprietário do navio «... pode ser isento de toda ou de parte da sua responsabilidade...» se provar «...que o prejuízo por poluição resulta, na sua totalidade ou em parte, quer de um facto

Entre nós, no seio da *responsabilidade objectiva do produtor*, essa concorrência do «facto culposo do lesado» com o *risco criado*, bem como a dualidade de consequências ligadas a esse concurso, foi afirmada expressamente pelo legislador. Ao transpor, para a ordem jurídica portuguesa, a Directiva n.° 85/374, aprovada pelo Conselho das Comunidades em 25 de Julho de 1985, o legislador do Decreto-Lei n.° 383/89, de 6 de Novembro, adoptou praticamente a fórmula do artigo 8.°, 2 daquela Directiva[84], inserindo-se numa perspectiva igualmente consagrada na legislação de outros países comunitários[85].

---

que a pessoa que o suportou praticou ou se absteve de praticar com a intenção de causar um prejuízo, quer da negligência da referida pessoa...».

Menos flexível é o artigo 17.°, 2 e 4 da *Convenção de Genebra sobre Contrato de Transporte Internacional de Mercadorias por Estrada*, assinada em 19 de Maio de 1956, e a que Portugal aderiu (Decreto-Lei n.° 46235, publ. no Diário do Governo de 18 de Março de 1965). A «falta do interessado», que esteja na génese da perda ou avaria da mercadoria, ao lado de «riscos particulares» (como, por ex., o transporte de animais vivos), funcionam como circunstâncias *imputáveis* ao lesado e que desobrigam, em princípio, o transportador (o n.° 5 do artigo 17.° admite uma concorrência de causas). Estes mesmos fundamentos constam do artigo 36.° §§ 2.° e 3.° do Decreto n.° 50/85 de 27 de Novembro (Apêndice B da *Convenção Relativa aos Transportes Internacionais Ferroviários, cit*, contendo as Regras Uniformes relativas ao contrato de transporte internacional ferroviário de *mercadorias*). Ver ainda o artigo 35.° das Regras Uniformes constantes do Apêndice A (isenção da responsabilidade no concernente a *bagagens*.

[84] De acordo com o artigo 7.°, 1 do diploma de 1989 «quando um facto culposo do lesado tiver concorrido para o dano, pode o tribunal, tendo em conta todas as circunstâncias, reduzir ou excluir a indemnização». Pensando certamente no regime que resulta do artigo 571.°, o nosso legislador só não transcreveu a parte final do artigo 8.°, 2 da Directiva, onde se previa a intervenção «de uma pessoa pela qual o lesado é responsável».

[85] Ver, por ex., a *Part* I, *Section* 6 (4) do *Consumer Protection Act* de 1987 (em vigor desde 1 de Março de 1988), o § 11 da *Produkthaftungsgesetz* austríaca de 21 de Janeiro de 1988, o artigo 10.° do Decreto italiano de 24 de Maio de 1988 (o seu n.° 1 remete para o disposto no artigo 1227.° do *Codice Civile*), o artigo 5.°, 1 da Lei luxemburguesa de 21 de Abril de 1989, o § 6 da *Produkthaftungsgesetz* alemã de 15 de Dezembro de 1989 (com remissão para o § 254 do BGB), o § 10 da *Produktsansvarslag* sueca (em vigor desde 1 de Janeiro de 1993) e o artigo 8.° da Lei espanhola 22/1994 de 6 de Julho.

A proposta de Directiva, do Conselho das Comunidades, relativa à responsabilidade do *prestador de serviços* e que foi apresentada pelo Comissão, em 9 de Novembro de 1990, partindo de um critério de imputação assente numa *presunção de culpa*, previa no artigo 6.°, 2, a *redução* ou *supressão* da responsabilidade «quando o dano for causado concorrentemente por sua culpa e pela da vítima ou da pessoa pela qual esta é responsável. É de observar que este enunciado parece estar em desarmonia com o princípio consagrado no artigo 570.°, 2, pois não é crível que o artigo 6.°, 2, se refira à culpa provada do prestador de serviços.

Do que fica dito, *en passant*, resulta a constatação de uma evolução legislativa que, no seio das novas situações de responsabilidade objectiva, coloca, ao lado da «causalidade exclusiva», os casos em que, para o dano, *concorrem*, o perigo criado e a conduta (*maxime* «culposa») do lesado. Sendo certo, que também nesse importantíssimo domínio, que é o dos *acidentes de viação,* podem ocorrer essas hipóteses de concurso causal, permanece a dúvida de saber qual o regime mais adequado para o tratamento desse conjunto (aplicação analógica do artigo 570.º, 1 ou necessidade de um preceito especial?)[86] e se é necessário que o facto concorrente esteja ligado à «culpa» do lesado. Mesmo nos casos, aparentemente mais simples, de «imputação exclusiva», há que saber se não será de exigir, quanto à conduta do lesado, uma referência subjectiva com um determinado grau de culpa ou uma atribuição «decisiva» do dano. São tudo questões a que tentaremos responder mais tarde.

Ainda quanto ao âmbito de relevância legal da conduta do lesado, é de referir o círculo particularmente sensível dos *acidentes de trabalho*[87]. O n.º1 a) e b) da Base IV da Lei n.º 2127, de 3 de Agosto de 1965, exclui o «direito a reparação», na ocorrência de certas condutas da vítima, «descaracterizadoras» do acidente, como as que têm a ver com acidentes *dolosamente* provocados, relacionados com a *violação* das «...*condições de segurança* estabelecidas pela entidade patronal», ou resultantes «... exclusivamente de *falta grave e indesculpável* da vítima»[88]. Embora constituindo meros *estados* do lesado e não integrando, em si, qualquer culpa grave e indesculpável do trabalhador, as chamadas «predisposições patológicas» da vítima, bem como as suas doenças, lesões ou incapacidades anteriores, não deixam de se reflectir na reparação ou no seu montante[89].

---

[86] Quanto ao concurso do «facto culposo do lesado» com a defeituosidade do produto posto em circulação, o artigo 7.º, 1 do Decreto-Lei n.º 383/89 fornece ao julgador um *critério específico*, algo diferente do plasmado no artigo 570.º, 1. A diversidade tem a ver com a *dualidade* (exclusão-redução da indemnização) das consequências da ponderação do tribunal e com a *amplitude* dos factores de decisão («... tendo em conta todas as circunstâncias...»).

[87] Ver o Parecer n.º 26/75, da Procuradoria-Geral da República, de 19 de Junho de 1975, in BMJ n.º 252, pp. 69 e ss., sobre o regime dos acidentes de serviço dos *funcionários estaduais*.

[88] Para uma certa concretização, pela negativa, dessa «falta grave e indesculpável», ver o artigo 13.º do Decreto n.º 360/71 de 21 de Agosto, e que regulamenta a Lei n.º 2127.

[89] Ver a Base VIII da Lei n.º 2127.

Constituindo o regime, que resulta da Base VI, uma opção legislativa mais favorável ao trabalhador do que aquela que foi escolhida no artigo 505.° para os lesados, a quem o acidente de viação seja *imputável* (e que pode ser um trabalhador), também nos parece que, concorrendo culpa da entidade patronal e culpa (*maxime* grave) do trabalhador, não deveria afastar-se a aplicação do *princípio* – que tem a ver com ponderação das condutas – reflectido no artigo 570.°, 1, apesar da «liquidação» ser feita com base em critérios específicos do direito laboral[90].

O enunciado, agora terminado, de um âmbito de aplicação cuja amplitude a própria jurisprudência[91] reconhece, deixou na sombra uma referência mais detalhada à projecção da «culpa» do lesado na *esfera contratual*. E fizemo-lo intencionalmente, na medida em que o nosso tema vai ser estudado, basicamente, partindo das acções ou omissões fácticas que geram ou concorrem para os danos, à margem de qualquer vinculação prévia, sem embargo de, por vezes, o mesmo acto e o mesmo dano poderem desencadear, igualmente, uma responsabilidade contratual. É sabido, aliás, que o nosso legislador, na linha do BGB e da construção pandectística de uma teoria geral da indemnização, editou um conjunto de normas (a dos artigos 562.° e ss.) aplicáveis à obrigação de indemnização, independentemente da fonte, extracontratual ou não, geradora do evento danoso[92].

---

[90] O acórdão do STA de 17 de Dezembro de 1974, in AD n.° 160, p. 571, recusou aplicar aos acidentes de trabalho, e como critério subsidiário, o disposto no artigo 570.°, 1.

[91] No relatório do acórdão do STJ de 15 de Junho de 1989, in BMJ n.° 388, pp. 495 e ss., afirma-se que o artigo 570.° se aplica no domínio da responsabilidade contratual e extracontratual e nos «casos em que existe o dever de indemnizar o dano por outrem sofrido» (p. 499).

[92] Esse tratamento unitário não afasta, contudo, a diferença estrutural e mesmo funcional de ambas as responsabilidades, nem minora a dificuldade colocada pela localização dos artigos 494.° e 496.°. De uma forma geral, pode dizer-se que o regime um pouco mais rigoroso (para o devedor) da responsabilidade contratual funda-se na necessidade de se «sancionar» a autodeterminação negocial. Para a relatividade das diferenças entre a responsabilidade contratual e extracontratual, ver Antunes Varela, *op. cit.*, p. 527, n. (2), Almeida Costa, *op. cit.*, pp. 451-455, Rui de Alarcão, *op. cit.*, pp. 209-210, Menezes Cordeiro, *op. cit.*, pp. 273-276, Pessoa Jorge, *Ensaio sobre os pressupostos da responsabilidade civil*, Lisboa, 1972 (reedição), pp. 40 e ss., Pinto Monteiro, *Cláusulas limitativas e de exclusão de responsabilidade civil*, Coimbra, 1985, pp. 428-429 e n. (980) e, no direito italiano, G. Visintini, *Responsabilità contrattuale ed extracontrattuale (Una distinzione in crisi?)*, in Rassegna DC n.°4, 1983, pp. 1077 e ss., C. SALVI, *Responsabilità extracontrattuale (dir. vig.)*, in ED, XXXIX, 1988, pp. 1190-1191, e, por último, C. Rossello, *Il danno evitabile. La misura della*

Parte introdutória

Sendo a questão indemnizatória um problema comum às duas responsabilidades (e à responsabilidade pré-contratual), poderia pensar-se, à primeira vista, na possibilidade de um tratamento indiferenciado dessas esferas responsabilizantes. Não se deve, esquecer, contudo, que, para lá do aspecto estritamente indemnizatório[93], o «concurso de culpas»

responsabilità tra diligenza ed efficienza, Padova, 1990, pp. 89 e ss. (advogando não apenas um *«nucleo minimo»* caracterizador, mas salientando também a diferente «medida» que o problema do «agravamento» do dano reveste na responsabilidade contratual).

[93] Já DIAS DA SILVA, *op. cit.*, p. 139, VAZ SERRA, in RLJ, anos 95.°, p. 22, n. (1), anot. ao acórdão do STJ de 21 de Março de 1961, publ. no BMJ n.° 105, p. 620, e 97.°, p. 256, anot. ao acórdão do STJ de 24 de Janeiro de 1964, publ. no BMJ n.° 133, p. 453, e MANUEL DE ANDRADE, *Teoria Geral das Obrigações* (com a colaboração de RUI DE ALARCÃO), 3.ª ed., Coimbra, 1966, p. 363, consideravam como *geral* o princípio constante do artigo 2398.°, § 2.° do Código de Seabra e VAZ SERRA, no Anteprojecto sobre a responsabilidade do *albergueiro* (BMJ n.° 80, 1958, artigo 5.°, 2, p. 182), para a hipótese de haver culpa do hóspede e do albergueiro, sustentou a aplicação dos *«...princípios relativos ao caso de conculpabilidade do prejudicado em matéria de dever de indemnização».*

No domínio do Código Civil de 1966, a doutrina é unânime na aplicação do artigo 570.° à responsabilidade contratual, como pode ver-se em ANTUNES VARELA, *op. cit.*, p. 528, RLJ, anos 101.°, p. 127 (anot. ao acórdão do STJ de 21 de Julho de 1967, publ. no BMJ n.° 169, p. 222) e 102.°, *cit.*, p. 54, e *Contrato-promessa de venda de lotaria. – Não cumprimento culposo de contrato*, Parecer, in CJ, ano XI, tomo 3, 1986, p. 11, ALMEIDA COSTA, *op. cit.*, pp. 451 e 464, PEREIRA COELHO, *Obrigações* (Sumários das lições ao curso de 1966-1967), ed. policop., Coimbra, 1967, pp. 144 e 146, J. RIBEIRO DE FARIA, *op. cit.*, I, pp. 411-412 e 525, n. (4), GALVÃO TELLES, *Direito das Obrigações*, 6.ª ed., revista e actualizada, Coimbra, 1989, p. 352, VAZ SERRA, in RLJ, ano 108.°, p. 15 (anot. ao acórdão do STJ de 21 de Dezembro de 1973, publ. no BMJ n.° 232, p. 118) e PESSOA JORGE, *op. cit.*, pp. 136-137 (acerca da aplicação geral do artigo 571.°).

No direito estrangeiro, é igualmente defendida essa extensão, ao contrato, dos normativos idênticos ao do artigo 570.°. Ver, no direito italiano, onde o artigo 1227.° do *Codice Civile* está integrado no capítulo do «incumprimento das obrigações» e o artigo 2056.°, primeira parte, faz a extensão desse preceito à responsabilidade extracontratual, V. CANDICE, *La compensazione delle colpe nel diritto civile*, Napoli, 1920, pp. 120-122 (mesmo na ausência de uma norma expressa, como sucedia no *Codicce Civile* de 1865), MASSIMO BIANCA, *Dell'inadempimento delle Obbligazioni* in *Commentario del Codice Civile*, sob direcção de A. SCIALOJA/G. BRANCA (artigos 1218.°-1229.°), 2.ª ed., Bologna/Roma, 1979, artigo 1227.°, p. 403, n.(1), G. CATTANEO, *La cooperazione del creditore all'adempimento*, Milano, 1964, pp. 103-104 e 152 e RDC, *cit. supra*, n. 6, pp. 485-486 e *Concorso di colpa...*, *cit. supra*, n. 5, p. 50 («a ideia de autoresponsabilidade é um princípio comum às duas responsabilidades»). Cfr., na doutrina alemã, KELLER, *op. cit.*, pp. 51 e ss. (confrontando as soluções dos direitos alemão, suíço e francês)., *Münchener Kommentar*/GRUNSKY, *cit.*, §254, n.° 4, p. 433, PALANDT/

reveste *aspectos característicos* no *iter* da formação negocial e nas vicissitudes da fase de cumprimento, para lá de uma *diferente estruturação* das condutas concorrentes e de um *regime próprio* requerido pela patologia negocial. Mas vejamos sumariamente o quadro desses aspectos particulares, com o mero propósito de delimitarmos o objecto da nossa temática.

A ineficácia (*lato sensu*) do comportamento declarativo e a violação culposa de certos deveres ou das «regras da boa fé», no período dos contactos negociais, começam por colocar as questões da legitimidade e do conteúdo da indemnização a que se julga com direito o lesado, que *conheceu* ou *devia conhecer* as causas da ineficácia, ou que concorreu para a *quebra de deontologia* nas negociações prévias.

A escassa doutrina nacional, que se ocupou do tema, não fornece, segundo cremos, critérios unívocos e perfeitamente conclusivos, oscilando entre uma «neutralização das culpas» [94] ou a aplicação do regime do artigo 570.º, 1 [95]. Apesar de tudo, esse posicionamento revela uma

---

/HEINRICHS, *cit.*, §254, n.º 5, p. 290, SOERGEL/SIEBERT/MERTENS, *cit.*, §254, n.º 7, p. 351 e H. ROTH, AcP 180, *cit.*, pp. 294-295 e, para o direito suíço, HONSELL/SCHNYDER, *Kommentar zum Schweizerischen Privatrecht, Obligationenrecht I* (1-529 OR), Basel, 1992, artigo 44.º, n.º 1, p. 330 (partindo do artigo 99.º, 3, que estende analogicamente, aos efeitos da culpa contratual, as regras relativas à responsabilidade por factos ilícitos).

[94] Ver o nosso *Do incumprimento do contrato-promessa bilateral. A dualidade execução específica-resolução*, separata dos Estudos em homenagem ao Prof. Doutor FERRER CORREIA, Coimbra, 1987, pp. 83-86.

PINTO COELHO, *A responsabilidade civil baseada no conceito da culpa, cit.*, p. 7, falava de «compensação da culpa» nos casos em que «... havendo culpa ou negligência duma dellas [partes], se a outra, achando-se em condições de poder ou de dever denunciar aquelle vício, o não faz, isto é, procede também com culpa e contracta do mesmo modo...».

[95] Para o *erro culposo* e a *nulidade por impossibilidade originária*, ver as posições algo contraditórias de VAZ SERRA, in BMJ n.º 68 (*Culpa do devedor ou do agente*), 1957, pp. 137 e 146 (a propósito do articulado da responsabilidade por *culpa in contrahendo*) e na RLJ, anos 104.º, p. 10 (anot. ao acórdão do STJ de 19 de Dezembro de 1969, publ. no BMJ n.º 192, p. 236) e 107.º, pp. 231-232 (anot. ao acórdão do STJ de 3 de Julho de 1973, publ. no BMJ n.º 229, p. 155), os excertos de MOTA PINTO, na *Teoria Geral do Direito Civil*, 3.ª ed., 7.ª reimpressão, Coimbra, 1992, p. 512 e na RDES (*Nulidade do contrato – promessa de compra e venda e responsabilidade por culpa na formação dos contratos*), ano XVII, n.º 1, 1970, p. 92, n.(9) e a posição mais global de ANA PRATA, *Notas sobre responsabilidade pré-contratual*, Lisboa, 1991, pp. 101, 103, 118, 125, 137-138, 143 e 162-164, crítica da tese «neutralizadora» e remetendo para o critério do artigo 570.º, 1 a ponderação da culpa do *errans*, do *deceptus*, do medo culposo do *coacto*, da ignorância culposa do

Parte introdutória 51

maior maleabilidade relativamente à rígida doutrina alemã, a qual, em sintonia com o preceituado em certas disposições do BGB [96], exclui o dever de indemnização pelo «dano da confiança», afastando o «obstáculo jurídico» [97] do § 254 e fazendo sobreviver a regra, do «direito comum», da «compensação de culpas» [98]. Esta mesma doutrina só aplica, por analogia, o regime do «concurso de culpas» na ausência de culpa por parte do prejudicado, co-participante no prejuízo [99], ou na *fase posterior* ao evento danoso [100], verificada, por ex., uma omissão na redução do dano. Mas também nos parece que se imporá a aplicação desse regime perante um *agravamento* danoso gerado na circunstância de o lesado ter confiado «cegamente» no êxito das negociações.

---

terceiro, que se «relacione» com um representante sem poderes, e da culpa do *receptor de uma declaração* emitida por um incapaz acidental. Bastante impressiva é a tese de MENEZES CORDEIRO exposta no seu *Da boa fé no direito civil*, I, Coimbra, 1985, p. 584. O ilustre jurista, a propósito dos deveres (de lealdade, informação e protecção) que integram a conduta das partes na fase pré-contratual, *só* exclui a responsabilidade se a parte lesada «... tendo presentes todas as consequências *de tal evento* (o dano) e a sua intensidade, dispense, de modo objectivo, a efectivação de informações ou não integre uma *situação de confiança* (itálico nosso).

[96] Cfr. os §§ 122 II, 179 III, 307 I e 309.

[97] D. MEDICUS, *Bürgerliches Recht*, 16.ª ed., Köln/Berlin/Bonn/München, 1993, §29 III, p. 457.

[98] Para a *ratio*, a explicação histórica, a «actualização» do problema e a diversidade funcional entre o regime do §122 II e o dos §§ 307 e 309, ver K. LARENZ, *op. cit.*, §8 III, p. 104 e *Allgemeiner Teil des deutschen Bürgerlichen Rechts*, 7.ª ed., München, 1989, §20 II, p. 387 e W. ROTHER, *Haftungsbeschränkung im Schadensrecht*, München/Berlin, 1965, p. 41. Ver ainda o relevo dado por COHN, *rev. cit.*, pp. 407 e ss., à *previsibilidade do dano* e a diferenciação feita por HENKE, *rev. cit.*, p. 758, entre a «anónima co-responsabilidade por acidente estradal» e a «individual co-responsabilidade negocial».

[99] Expressamente sobre o ponto, ver K. LARENZ, *op. ult. cit.*, §20 II, p. 387, HENKE, *rev. cit.*, p. 758, n.(65) e *Studienkommentar zum BGB*/HADDING, 2.ª ed., Frankfurt am Main, 1979, §122, n.º 2, p. 52.

[100] Nesse sentido, *Münchener kommentar*/GRUNSKY, *cit.*, § 254, n.º 12 cc), p. 435 e, entre nós, MENEZES CORDEIRO, *Da boa fé..., cit.*, p. 584, ao relevar a conduta do lesado no «processo danoso». Para a relevância da atitude negligente do devedor, que não reduza o seu dano (consequente à mora do credor) por omissão de uma consignação em depósito pouco onerosa, ver G. CATTANEO, *La cooperazione..., cit.*, pp. 104 e 152, e, para a mitigação do «dano informático», ver G. FINOCCHIARO, *Il danno informatico*, in CeIm, 1, 1992, p. 336.

VAZ SERRA [101], nos trabalhos preparatórios, e por influência da doutrina alemã, advogou a aplicação *analógica* dos critérios estabelecidos para a «conculpabilidade do lesado» a hipóteses diferentes das contempladas na lei, sob condição do duplo pressuposto da existência de culpa de ambas as partes e da «identidade de razão» entre os casos directamente regulados e as situações a resolver. Posteriormente, VAZ SERRA [102] fez aplicação desse seu precipitado, no âmbito do contrato-promessa, ao caso mais importante da *resolução* por impossibilidade culposa do cumprimento, seguindo basicamente uma doutrina a que podemos chamar de «imputação da culpa preponderante» [103].

Quanto à *indemnização* ligada ao incumprimento bilateral do contrato-promessa sinalizado, VAZ SERRA não deixou de aplicar igualmente os princípios constantes do artigo 570.°, 1 [104] (e do artigo 2398, § 2 do Código de Seabra [105]), com a consequência de se gerar uma «compensação de culpas» ou, mais rigorosamente, a invocação, no

---

[101] *Conculpabilidade do prejudicado*, BMJ n.° 86, *cit.*, pp. 172-173. Segundo o artigo 9.° do seu Anteprojecto «*os critérios dos artigos precedentes são aplicáveis em hipóteses diferentes da de indemnização neles prevista quando a culpa recíproca de duas ou mais pessoas deva ser apreciada e se verifique a razão de ser dos mesmos critérios*».

[102] RLJ, ano 104.°, *cit. supra*, n. 95, pp. 11-12.

[103] Para o problema em geral, ver, na doutrina alemã, a contraposição entre as teses (mais divulgadas) das chamadas «teoria alternativa» e «teoria do concurso de culpas». Enquanto a primeira (defendida, entre outros, por K. LARENZ, *Lehrbuch...*, *cit.*, p. 402), sustentada na «quota de responsabilidade», aplica *exclusivamente* ao contrato bilateral o § 324 (correspondente ao nosso artigo 795.°, 2) ou o § 325 (correspondente ao artigo 801.°), a segunda (sufragada, por ex., por FIKENTSCHER, *op. cit.*, § 44 III 4, n.° 351, pp. 236-237 e por TH. HONSELL, *Die beiderseits zu vertretende Unmöglichkeit im gegenseitigen Vertrag*, in JuS, 1979, pp. 81 e ss. e 85), começa por partir da prévia ponderação das culpas, combina a aplicação do § 324 ou do § 325 com a norma «fundante» do § 254 (no sentido de reduzir as pretensões resultantes daqueles preceitos) e, em caso de paridade das culpas, submete o caso à alçada do § 323 (correspondente ao nosso artigo 795.°, 1).

CALVÃO DA SILVA, no seu *Cumprimento e sanção pecuniária compulsória*, Coimbra, 1987, p. 295, n.(534), adere à tese de LARENZ e que apelida, algo incorrectamente, de «critério da conculpabilidade causal». Na p. 292, CALVÃO DA SILVA, ao aplicar os critérios previstos no artigo 570.° à indemnização pelo incumprimento bilateral de um contrato-promessa sinalizado, parece fazer eco da tese central da «teoria do concurso de culpas».

[104] RLJ, anos 110.°, p. 186 (anot. ao acórdão do STJ de 14 de Maio de 1976, publ. no BMJ n.° 257, p. 125) e 104.°, p. 11, *cit.*

[105] RLJ, anos 95.°, p. 22 e 97.°, p. 256, ambas *cit. supra*, n. 93.

Parte introdutória 53

incumprimento de *grau de culpa equivalente*, da regra sancionatória do *tu quoque*. Ao valorar quase exclusivamente o aspecto da culpa, não avaliando outras coordenadas, como, por ex., a respeitante à gravidade objectiva das violações contratuais, é evidente que a *igualdade das culpas* não favorecia qualquer repartição de indemnização e mesmo, embora com mais reservas, o exercício do direito de resolução[106].

Relativamente ao chamado «corte desvinculativo», uma posição, como a de VAZ SERRA, que retira do princípio subjacente à norma do artigo 570.°, 1, o critério para sindicar o exercício de direitos de «exoneração», «força» o escopo e o âmbito natural de aplicação desse preceito. Nem, por outro lado, se vislumbra qualquer resultado vantajoso que não possa ser conseguido aplicando os princípios próprios do incumprimento e do direito (de resolução) que se quer exercer[107].

Essa «inaptidão natural» do preceito do artigo 570.°, 1 pode ser igualmente projectada ao domínio das *relações matrimoniais*, face à violação culposa e recíproca dos deveres conjugais, com comprometimento da «possibilidade de vida em comum» (artigo 1779.°, 1). Pese embora a circunstância de o tribunal dever indagar, para variados efeitos pessoais e patrimoniais[108], a maior ou a menor medida de censura aos cônjuges, trata-se apenas de uma proximidade de processos (com os do artigo 570.°, 1) operada num contexto muito diferente. Na verdade, o juiz procede a uma análise global da situação, apoiado em elementos que transcendem os factores contemplados no artigo 570.°, 1, apela para as «regras do bom senso»[109] na graduação da gravidade das condutas e valora elementos pessoais, estranhos ao conteúdo da norma do artigo 570.°, 1, como é o caso do «grau de educação e sensibilidade moral dos cônjuges»[110]. Já não será duvidosa a aplicação directa da

---

[106] Na RLJ, ano 104.°, p. 12, *cit.*, VAZ SERRA hesita na opção pela *caducidade* ou pela *resolução*. CALVÃO DA SILVA (*op. cit.*, pp. 292 e ss.) e ANTUNES VARELA (*op. cit.*, p. 340, n. (1)), defendem a resolução, *mesmo no incumprimento com grau de culpa equivalente*. Para a preferência pela *extinção automática* do contrato, ver o nosso *Do incumprimento..., cit.*, pp. 103-104.

[107] Ver os nossos. *A resolução do contrato no direito civil – Do enquadramento e do regime*, Coimbra, 1982, p. 167, n.(444) e *Do incumprimento..., cit.*, p. 104, embora menos convictamente.

[108] Cfr. os artigos 1675.°, 3, 1782.°, 2, 1783.°, 1787.°, 1, 1789.°, 2, 1790.°, 1791.°, 1792.°, 1793.°, 1794.°, 1795.°-D, 4 e 2016.°.

[109] Para a importância das «regras do bom senso e da razão lógica», ver o acórdão do STJ de 13 de Maio de 1980, publ. no BMJ n.° 297, pp. 348 e ss..

[110] PEREIRA COELHO, in RLJ, ano 114.°, p. 182 (anot. ao acórdão do STJ de 26 de Fevereiro de 1980, publ. no BMJ, n.° 294, p. 353), afasta aqui a «compensação de

norma sobre o «concurso de culpas», se estiver em causa um *crédito indemnizatório*, derivado do incumprimento de certos deveres conjugais, e desde que não haja preceitos especiais que estatuam diversamente [111].

Para lá dos casos em que o contrato não pode atingir já os seus objectivos, em virtude do incumprimento imputável a ambos os contraentes, também se justifica um pedido de *invalidação do negócio* sempre que a conduta das partes «concorra» para a *viciação da vontade* (inequivocamente no caso típico do *dolo bilateral* [112]), sendo mais discutível que a imputação bilateral da irregularidade na *formalização* contratual possa afastar o relevo do princípio relativo à proibição da

---

culpas». Também no ano 116.º da mesma RLJ, pp. 214 e 216, em anot. ao acórdão do STJ de 19 de Janeiro de 1982, publ. no BMJ n.º 313, p. 326, o ilustre jurista critica a aplicação do «nexo de causalidade» em termos análogos aos que intercedem na relação entre o facto (ilícito ou não) e o dano. Ainda na RLJ, ano 117.º, pp. 91-95 (anot. ao acórdão do STJ de 17 de Fevereiro de 1983, publ. no BMJ n.º 324, p. 584), PEREIRA COELHO reafirma a *especialidade* do regime do contrato de casamento face às normas gerais (no caso, a do artigo 799.º, 1).

[111] No tocante à indemnização pela *retractação* na promessa de casamento, o critério específico afirmado no artigo 1594.º, 3 parece afastar o recurso ao princípio do artigo 570.º, 1. Conquanto o artigo 1594.º, 1 não pareça pressupor um qualquer rompimento bilateral, a circunstância da *reciprocidade culposa* de ambos os esposados conduz apenas, e salvo melhor opinião, à ampliação dos elementos com os quais o tribunal deve julgar para fixar ou não a indemnização ou relevar, eventualmente, um *dano bilateral*. Para a defesa de indemnizações mútuas «na medida da ilicitude e culpabilidade de cada um», ver a sentença do Juiz do Círculo do Porto de 21 de Dezembro de 1979, in CJ, ano V, tomo 5, 1980, pp. 241 e ss..

[112] No direito romano, a reciprocidade do dolo influía na própria acção, como pode ver-se nos conhecidos fragmentos de MARCIANUS, *Digesto, De dolo*, 4, 3, 3: «*si duo malo fecerint, invincem de dolo non agent*» (*apud* T. CUTURI, *La compensazione nel diritto privato italiano*, Milano, 1909, p. 424) e PAULUS (*Digesto*, 18, 1, 57, 3), este último a propósito da venda de uma casa inexistente à data do contrato: «*quod si uterque sciebat et emptor et venditor domum esse exustam totam vel ex parte nihil actum fuisse dolo inter utramque partem compensando et indicio, quod ex bona fide descendit, dolo ex utraque parte veniente stare non concedente* (cfr. o mesmo CUTURI, *cit.*, p. 427).

Para a *ratio* do artigo 254.º, 1, segunda parte, ver RUI DE ALARCÃO, *Breve motivação do Anteprojecto sobre o negócio jurídico na parte relativa ao erro, dolo, coacção, representação, condição e objecto negocial*, in BMJ n.º 138, 1964, p. 96 e H. HÖRSTER, *A parte geral do Código Civil português. Teoria geral do Direito Civil*, Coimbra, 1992, n.º 974, p. 584.

conduta contraditória [113]. A nossa dúvida prende-se com a normal inexistência de expectativas legítimas a tutelar e com a possível finalidade pública subjacente ao cumprimento dos requisitos formais.

Pelo que fica dito, resulta, na *patologia negocial*, um regime complexo, que rejeita e acolhe simultaneamente o pensamento contido no artigo 570.º, 1. No plano *estrutural*, o *duplo incumprimento* traduz uma conjugação, não concertada, de condutas violadoras – e não propriamente uma concorrência na produção do dano –, liga-se à violação *ilícita* e *culposa* [114] de deveres contratuais, surgindo o *dano* como reflexo desses comportamentos autónomos e divergentes e com uma normal direcção bilateral [115]. Esta diferenciação transparece nos autores que se preocuparam em delimitar o âmbito da chamada «compensação

---

[113] No domínio mais particular do contrato-promessa, GALVÃO TELLES, *op. cit.*, pp. 105-107 e n.(1), para o caso de culpa de *ambos* os promitentes, alude a uma «neutralização» das culpas, admitindo a legitimidade dos dois contraentes. Mais do que esse ultrapassado pressuposto «neutralizador», ALMEIDA COSTA (*op. cit.*, p. 336, n.(1) e *Contrato-promessa. Uma síntese do regime actual*, 3.ª ed. revista e acrescentada, Coimbra, 1994, p. 35, n.(40)), contesta essa amplitude de legitimidade de arguição da invalidade, «responsabilizando» o «beneficiário da promessa que incorra na ... culpa», procedimento aplicado por GALVÃO TELLES *apenas* à culpa exclusivamente imputável ao beneficiário da «nulidade anómala». Atendendo a que ALMEIDA COSTA visualiza uma finalidade pública, embora secundária, no requisito de forma atinente à existência de licença de construção ou de utilização (cfr., por último, a sua anot. ao Assento n.º 15/94 de 28 de Junho, in RLJ, ano 127.º, pg. 338 e ss.), é de questionar se a sua discordância se mantém na hipótese, mais académica que real, de ambos os promitentes ser imputada a omissão.

[114] Quanto ao *credor*, que não coopere para o cumprimento ou não reduza (ou agrave) o dano e «interfira», assim, com a situação do devedor, discute-se se a sua *mora* representa a inobservância de um *ónus* ou a violação de um *dever lateral*. Ver *infra*, sobre a «culpa imprópria» e a questão da sua conformação à «culpa» do lesado.

[115] Nesse sentido, G. TEUBNER, *Gegenseitige Vertragsuntreue*, Tübingen, 1975, pp. 14-15 (*cit.* igualmente por MENEZES CORDEIRO, *Da boa fé no direito civil*, II, Coimbra, 1985, pp. 837 e ss.), ao distinguir a «compensação de culpas» da regra *tu quoque* e ao assinalar a inadequação do § 254 do BGB às condutas não necessariamente culposas e não potenciadoras de danos bilaterais. A defesa de uma «compensação pura» entre o crédito e a dívida encontra-se em certa doutrina pandectística, pouco favorável à tutela do lesado culpado. É o caso de DEMELIUS (*Ueber Kompensation der Kulpa*, in JhJb, Jena, 1861, pp. 63 e ss.), ao responsabilizar o lesado pela violação da obrigação de não agravar (injustificadamente) o dever de indemnização a cargo do devedor. Entre nós, J. ILHARCO ÁLVARES DE MOURA, *cit.* (*supra*, n. 17), p. 82, foi partidário de uma «compensação pura», para a hipótese de danos diferentes.

de culpas», em face da regra *nemo auditur...*[116] ou da excepção do *tu quoque*[117], não cingidas, apenas, aos casos «impuros» de desvalorização de uma conduta culposa anterior, ou, mais genericamente, ao exercício de uma certa posição adquirida *ilicitamente*.

Na realidade, vendo-se o *tu quoque* contratual numa perspectiva mais alargada, isto é, mais próxima das situações de «infidelidade contratual» e da noção dada por E. LORENZ[118], constata-se que

---

[116] J. DIAS FERREIRA, *Código Civil portuguez annotado*, II, 2.ª ed., Coimbra, 1895, ao comentar o artigo 692.° do Código de Seabra, que vedava aos contraentes serem ouvidos em juízo «se o contrato tiver por causa ou fim algum facto criminoso ou reprovado, em que ambos ... sejam conniventes...», invocava expressamente o princípio de que «... a ninguém é lícito allegar a sua... torpeza...». Sobre o princípio *nemo auditur...*, ver PINTO CARNEIRO, *O princípio «nemo auditur allegans turpitudinem suam»*, in ROA, ano 10.°, n.ᵒˢ 3-4, 1950, pp. 440 e ss., PH. LE TOURNEAU, *La règle «nemo auditur...»*, Paris, 1970, pp. 10-21 e 64-65 (afastando a regra no caso do lesado ter concorrido para o dano ou ter sido a sua causa exclusiva) e M. OLMEDO, *«Nemo auditur propriam turpitudinem allegans»*, in RDP, 1980, pp. 1187 e ss.. O autor espanhol (pp. 1197 e ss.), começando por delimitá-la face ao *abuso de direito* e à doutrina do *venire contra factum proprium*, distingue a regra *nemo auditur...* da máxima *in pari causa turpitudo melior est conditio possidentis*, ligada à *«indignidad recíproca de los contratantes»*. Na hipótese de culpa recíproca e igual, ou seja, nos casos correspondentes à descrição do artigo 692.° do Código de Seabra, do artigo 1305.° do Código Civil espanhol e do actual artigo 281.°, em que há uma conivência numa «imoralidade», M. OLMEDO entende que a regra *in pari causa* «... *tiene por finalidad mantener el equilibrio de la recíproca indignidad...»*, obtendo-se um resultado idêntico ao conseguido pela aplicação da regra *nemo auditur...*

[117] Ver, para a sua definição e exemplificação, MENEZES CORDEIRO, *Da boa fé...*, II, *cit.*, pp. 837-839. Como reflexos legais da regra, o ilustre professor aponta, entre muitas outras, as situações descritas nos artigos 275.°, 2, 438.°, 475.°, 525.°, 2, 1033.° c) e 2034.°. É de salientar, contudo, que relativamente à primeira hipótese, BAPTISTA MACHADO, in RLJ, ano 119.°, *A cláusula do razoável*, pp. 262-263 e 296--297, considerou-a, mais do que um mero reflexo da boa fé, uma «... violação *sui generis* do vínculo que se assumiu...» e que, por outro lado, o caso do artigo 438.° se relativiza no seio do contrato-promessa (cfr. o artigo 830.°, 3, segunda parte). Mais próximos do *exercício abusivo* de um certo direito são os casos previstos no artigo 126.° do Código Civil (cfr. ANA PRATA, *Notas...*, *cit.*, p. 114, H. HÖRSTER, *op. cit.*, n.° 527, p. 330) e no artigo 129.° do *Regime do Arrendamento Urbano* (Decreto-Lei n.° 321-B/90 de 15 de Outubro). Veremos *infra*, que certos autores, como HENKE, FIKENTSCHER, DUNZ ou DEUTSCH, justificam a relevância da «culpa» do lesado com o princípio *venire contra factum proprium* e que ADRIANI parte da ideia da *exceptio doli generalis*.

[118] *«Wer selbst vertragsuntreu ist kann in der Regel aus der Vertragsverletzung des Gegners keine Rechte herleiten»*, apud *Der tu – quoque – Einwand beim Rücktritt der selbst vertragsuntreuen Partei wegen Vertragsverletzung des Gegners*, in JuS,

Parte introdutória 57

TEUBNER[119], e mesmo MENEZES CORDEIRO, o demarcam da «compensação de culpas». Este último jurista acentua a especificidade conceitual da «culpa» do lesado, procurando, a partir da teoria de TEUBNER da «proporcionalidade contratual», uma explicação no seio do «sinalagma contratual»[120], embora não deixe de referir o artigo 570.°, 1 como uma das projecções legais do *tu quoque* «na parte em que esta disposição remete para um comportamento em sentido próprio»[121]. Embora nos pareça que o preceito não funciona, para *esse* aspecto, como norma remissiva, certamente que MENEZES CORDEIRO teve em vista os casos em que o lesado é ele mesmo fautor de uma situação ilícita e culposa. Já em CUNHA GONÇALVES[122] se encontrava uma percepção da especialidade do *incumprimento bilateral*, ao fazer-se a distinção entre uma «culpa comum» contratual, geradora de um dano único e as «culpas recíprocas», geradoras de duas responsabilidades opostas e, consequentemente, de um duplo dano. Apesar dessa diferenciação, feita com o recurso a conceitos algo equívocos, CUNHA GONÇALVES aplicou, por força do artigo 16.° do Código de Seabra, o preceito da «culpa comum» (artigo 2398.°, § 2), advogando uma *redução* da indemnização, calculada na medida da contribuição do credor para os danos.

1972, p. 311. MENEZES CORDEIRO, *Da boa fé...* II, *cit.*, p. 837, n. (629), alude, precisamente, a essa definição de LORENZ.

[119] *Op. cit.*, pp. 14-15. Também ROTHER, *op. cit.*, p. 41, n. (2), exclui a ponderação própria do «concurso de culpas» no subcaso previsto no §254 II do BGB (o devedor *não avisa* o credor do perigo de um dano extraordinariamente elevado) e VENZMER, *op. cit.*, pp. 209-210, exclui igualmente essa ponderação na hipótese prevista no §839 III. LORENZ, *cit.*, pp. 312-313, ao traçar a evolução do princípio da «compensação de culpas», refere, no entanto, que EISENBACH (o autor, em 1778, da primeira monografia sobre a «compenação de culpas») tratou conjuntamente a «conculpabilidade» *(Mitverschulden)*, a violação bilateral do casamento (por adultério) e a negligência de dois sócios (ao comentar o conhecido passo de ULPIANUS, *Digesto*, 16, 2, 10: «*Si ambo socii parem neglegentiam societati adhibuimus, dicendum est desinere nos invicem esse obligatos ipso iure compensatione neglegentiae facta*»).

[120] *Da boa fé...* II, *cit.*, pp. 844 e ss..

[121] *Ibidem*, p. 838, n. (694). Ver igualmente as pp. 767-768 e 842, n. (719), onde reafirma a ideia da *especificidade* da culpa na «compensação de culpas».

[122] *Op. cit.*, pp. 601-602, com exemplos retirados, em parte, da jurisprudência francesa. Como amostragem da incoerência de que se fala no texto, CUNHA GONÇALVES considerava a violação dos deveres, consignados no artigo 1574.° para o vendedor e o comprador, como hipótese de «culpas recíprocas» e... «culpa comum».

Pode, pois, concluir-se, que neste âmbito, de natureza basicamente negocial, a culpa do lesado, e não só, pode conduzir, como sanção *específica*, à *exclusão* de qualquer tutela, desde que se traduza numa conduta reprovável *tout court* ou num estado subjectivo equiparável[123], como acontece nas diversas alíneas do artigo 1033.º[124], nos exemplos legais referidos por MENEZES CORDEIRO ou, para quem o admita, na hipótese de *dolo* do menor. Mas pode implicar, também, uma *análise ponderada* das condutas anticontratuais, resolvida globalmente pelo pensamento jurídico dominante, ao aplicar, directa ou analogicamente, as regras do instituto – «concurso de culpas» – de que mais se aproxima.

Fechando este enunciado das questões específicas que o comportamento do lesado coloca no seio da *responsabilidade contratual* e no período de *formação negocial*, voltamos a afirmar que o nosso rumo será balizado pelo dano pessoal e material consequente a situações de *responsabilidade extracontatual* e, eventualmente, resultante do chamado *concurso de responsabilidades* ou, segundo a designação preferida por PESSOA JORGE[125], «concorrência de duas responsabilidades». Os exemplos mais vulgares e mais interessantes deste último fenómeno jurídico são os do dano sofrido pelo passageiro[126] (que, por ex., suba ou

---

[123] HENKE, *rev. cit.*, p. 759, n.(82), concordando com certa jurisprudência do BGH, que não admite co-responsabilizar o credor ao contratar com «devedores de risco», questiona o valor do *conhecimento* (pelo credor) do *estado de insolvência* do devedor. Como vimos *supra*, no texto, os referidos §§ 122 II, 179 III e 307 I do BGB, tem a ver, manifestamente, com essa atitude psicológica.

[124] O *dolo* do locador (artigo 1033.º b)) é um entrave à sua irresponsabilidade, tal como sucedia na doutrina clássica da «compensação de culpas». Próxima da situação recebida na alínea a) do mesmo preceito («se o locatário *conhecia* o defeito quando celebrou o contrato ou recebeu a coisa») é o caso referido no artigo 1219.º relativo aos *defeitos da obra* («... se o dono a aceitou, sem reserva, com conhecimento deles»).

[125] *Ensaio..., cit.*, p. 41, n. (21).

[126] Para uma série de situações jurisprudenciais, onde se considerou o acidente devido, em exclusivo ou em parte, à *faute de la victime – voyageur*, ver P. ESMEIN, *Transporteurs, veillez sur nous!*, in D. 1962, *chron.*, pp. 4-6. Nove anos mais tarde, e numa espécie de libelo contra as incongruências do sistema francês de não admissibilidade do «concurso de responsabilidades», R. RODIÈRE, num diálogo com a «indulgência», e sobre a mesma temática de P. ESMEIN, intitulou o seu artigo «*Voyageurs, veillez sur vous!*», in D. 1971, *chron.*, pp. 45 e ss.. Ver também, J. DE AGUIAR DIAS, *Da responsabilidade civil*, II, 8.ª ed., revista e aumentada, Rio de Janeiro, 1987, pp. 813-816, para a culpa do passageiro que viaja no estribo ou na «entrevia» dos «bondes».

Parte introdutória   59

desça com o comboio em andamento) que tenha contratado o *transporte*, ou pelo *cliente descuidado* e a quem sejam prestados *serviços deficientes* (queda dada pelo hóspede num local não iluminado)[127].

Mesmo que se defenda, como faz ALMEIDA COSTA[128], a doutrina da «consunção», em detrimento das teses da «acção híbrida» limitada e da «opção», propostas por VAZ SERRA[129], e acolhidas, entre outros, por RUI DE ALARCÃO[130] e PINTO MONTEIRO[131], já vimos que o artigo 570.° se aplica indiferentemente nos dois âmbitos de responsabilidade. Se é certo que o problema do fundamento da acção releva, quanto aos aspectos probatórios (como sucede na oneração do transportado gratuito, a título contratual,, que recorra à via extracontratual), no tocante aos casos em que o legislador condicione a responsabilidade contratual à existência de culpa (presumida ou não)[132] ou para quem circunscreva a esfera de aplicação de *certas normas*, como as dos artigos 494.° e 496.°[133], também não se discute que a conduta autodanosa do lesado pode ser alegada pelo lesante ou pelo devedor contratual. Quanto a este aspecto, o debate acerca do problema do *concurso de responsabili-*

---

[127] No caso decidido pelo BGH, em 20 de Novembro de 1984, in NJW 1985, p. 482, (cfr. R. GREGER, *cir.*, p. 1131), um hoteleiro não polvilhou, com areia, o piso gelado do parque de estacionamento, o que provocou a queda de um hóspede, quando este entrava no seu automóvel.

[128] *Op. cit.*, pp. 457-461.

[129] *Responsabilidade contratual e extracontratual*, in BMJ n.° 85, 1959, pp. 230 e ss. e 238-239 (articulado).

[130] *Op. cit.*, pp. 211-214.

[131] *Op. cit.*, pp. 430 e ss. (vendo como «solução natural» a tese do concurso) e *Cláusula penal e indemnização*, Coimbra, 1990, pp. 713-714. Ver também, na doutrina italiana, A. DE CUPIS, *Il danno. Teoria generale della responsabilità civile*, I, 3.ª ed., 1979, pp. 114-116.

[132] Ver *supra*, n. 80. O artigo 15.°, 2 do Decreto-Lei n.° 349/86 de 17 de Outubro (regulámenta o *contrato de transporte de passageiros por mar*) estabelece uma *presunção de culpa* do transportador «... pelos danos que o passageiro sofra em consequência de naufrágio, abalroação, explosão ou incêndio do navio» (n.° 1). Menos favorável, até em comparação com o regime do contrato de transporte aéreo, é o tratamento dos danos sofridos «... no navio, durante a viagem, e ainda pelos que ocorram desde o início das operações de desembarque, até ao fim das operações de desembarque, quer nos portos de origem, quer nos portos de escala» (artigo 14.°, 1), na medida em que cabe ao lesado o ónus da prova da culpa (artigo 14.°, 2).

[133] Para o *transporte gratuito* «efectuado em navio não utilizado para fins comerciais», o n.° 3 do artigo 18.° do Decreto-Lei *cit.* na nota anterior, manda aplicar «as regras gerais da responsabilidade extracontratual», dado que, em rigor, não existe sequer um acordo (cfr., aliás, o n.° 2 do preâmbulo do diploma).

dades só teria verdadeiro interesse, se o legislador tivesse afastado ou agravado [134], no *área contratual*, o relevo do comportamento do lesado ou condicionasse a sua eficácia à prévia existência de uma relação vinculativa. Seria, contudo, estranho que o legislador tratasse diversamente o *mesmo* dano, beneficiando ou agravando a posição do lesante, consoante o fundamento de responsabilidade escolhido ou «imposto» ao lesado.

Numa primeira leitura da norma do artigo 571.°, parece também *estranho* ao nosso direito do «concurso de culpas» o problema, muito discutido na doutrina e jurisprudência alemãs, da interpretação a dar ao § 254 II, na parte em que remete para o § 278 do BGB [135]. Como veremos mais tarde, a jurisprudência e parte da doutrina germânicas entendem tratar-se de uma «remissão de fundamento», exigindo que os auxiliares (de cumprimento) actuem no quadro de uma vinculação prévia, ou de uma relação semelhante, entre o credor (lesado) e o devedor (lesante).

O que pode suceder, pelo menos no âmbito dos *danos não pessoais*, e desde que se admita a validade de uma convenção de exclusão ou de limitação de responsabilidade, operante em sede extracontratual ou com incidência na dupla fundamentação de responsabilidade ligada a um mesmo facto danoso [136], é que os potenciais lesante e lesado *aca-*

---

[134] Refira-se, no entanto, a possibilidade de uma apreciação mais favorável da «culpa» do *gestor de negócios*, «vítima» do seu acto altruísta.

Em França, vejam-se as críticas de G. VINEY, *La faute de la victime d'un accident corporel: le présent et l'avenir*, in JCP 1984 I, 3155, n.° 17, à não aplicação do *arrêt Desmares*, de 21 de Julho de 1982, à «*obligation de securité-résultat*» do transportador. No período em que vigorou essa jurisprudência era importante a questão do fundamento da acção, se nos lembrarmos que só a culpa do lesado, que fosse constitutiva de um caso de *força maior*, é que exonerava o presumível responsável, accionado na base do artigo 1384.°, 1 do *Code Civil*. Também nesse plano, F. CHABAS (*Fait ou faute de la victime?*, in D. 1973, *chron.*, p. 207), partindo de uma decisão da primeira *Chambre civile*, de 31 de Janeiro de 1973 (o visitante de um parque zoológico foi mordido por um urso ao ir de encontro a uma jaula, em virtude da queda de uma barreira de protecção), que negou relevo a esse *fait de la victime*, não deixou de colocar sérias reservas à jurisprudência da segunda *Chambre civile* da *Cour de Cassation* e ao seu princípio da «causalidade parcial».

No direito inglês, após a publicação, em 1945, do *Law Reform (Contributory Negligence) Act*, devido ao teor restritivo do seu parágrafo 4.° e à doutrina da *opção* é que se colocou (e ainda a coloca) a dúvida da sua aplicação à esfera contratual (cfr. STREET/BRAZIER, *On Torts*, 8.ª ed. London/Edimburgh, 1988, pp. 247 e 471).

[135] É a norma equivalente à do artigo 800.°, 1.

[136] Ver PINTO MONTEIRO, *Cláusulas limitativas..., cit.*, pp. 405 e ss..

bem por afastar implicitamente, total ou parcialmente, em *prejuízo do lesado*, igualmente «culpado», a aplicação das normas dos artigos 570.º e 571.º. Será igualmente analisada, mais à frente, a possibilidade de se convencionar, em *benefício do lesado*, um acordo «exoneratório ou limitativo da autoresponsabilidade» que venha alterar o modo normal de distribuição do dano, tal como resulta do teor do artigo 570.º, 1, de modo a impor-se ao lesante todo o peso do prejuízo ou de parte substancial dele.

3. Opções metodológicas e plano da dissertação

Já dissemos que a nossa temática não nos situa no *Olimpo* dos meros princípios ou abstracções, mas leva-nos ao real, ao agir concreto da pessoa *tout court*, criando-se, desse modo, a «dialética entre os enunciados normativos e a realidade social»[137]. Colocando-se, aqui, a *questão nuclear* da responsabilidade civil, e que é a de saber se o dano deve ser ou não indemnizado, a circunstância de o próprio lesado ter *concorrido* para o seu dano, ou ser o sujeito da *imputação* danosa, imprime a esse problema uma faceta *singular*.

O legislador exprime essa «autoresponsabilidade» ou revela esse comportamento do lesado nas normas centrais dos artigos 570.º a 572.º e 505.º. revelando a leitura sistemática e descomprometida destes preceitos a opção por um modelo *sancionatório*, de raiz *individualista*, com um âmbito *completo*, reflexo de um princípio assente na *prevalência* do critério subjectivo de imputação. Esta primazia traduz-se em três vertentes fundamentais, a saber: o *confronto das condutas culposas do lesante e do lesado*, o *afastamento da responsabilidade objectiva pela «culpa» do lesado*[138] *ou por uma conduta que lhe possa ser «atribuída» e a preclusão da culpa presumida do lesante pela culpa efectiva do lesado*.

A opção legislativa, acolhendo, pois, um sistema de responsabilidade civil, essencialmente baseado na *culpa*, congrega, igualmente, por

---

[137] LIPARI, *L'interpretazione giuridica*, in *Il diritto privato nella società moderna*, sob a orientação de S. RODOTÀ, Bologna, 1971, p. 126.

[138] O quadrante normativo de referência é, por excelência, o do artigo 505.º. Vimos também *supra*, no texto (n.º 2), que certa legislação especial exige que essa «culpa» seja *exclusiva*, o que não é um dado adquirido para a doutrina e a jurisprudência nacionais, que interpretam e aplicam aquele preceito do Código Civil.

integração doutrinária, um conceito de «culpa» (do lesado), em sentido «impróprio», caracterizada como *conduta negligente ou dolosa contra os próprios interesses de um lesado imputável*, isto é, consciente e esclarecido do perigo que corre[139]. O escopo do sistema instituído pelo legislador é, por um lado, *sancionar* ou *castigar* o lesado, mesmo pela via oblíqua da actuação de pessoas ligadas a ele ou que o representam, fazendo-o (e aos seus familiares) suportar, total ou parcialmente, o seu dano e procurando, como fim secundário, modelar a sua conduta (e a dos potenciais lesados) de modo a serem *prevenidas condutas «auto--responsáveis»*.

No desenvolvimento de uma via, que é trilhada pela nossa doutrina dominante, a metodologia mais adequada é aquela que se pode designar por pensamento da «igualdade geométrica»[140]. Este «geometrismo» ou «paralelismo» leva a colocar, no mesmo plano, a imputação do dano alheio e do dano próprio, o que implica a negação da possível *autonomia* do(s) problema(s) concernente(s) à conduta do lesado. A identidade de tratamento é visível, por ex., na defesa que se faça de um *critério unitário* de apreciação das duas culpas, na exigência do pressuposto da *imputabilidade*, ou, na imputação, ao lesado, dos *mesmos factores de risco* que responsabilizam o lesante[141].

---

[139] Ver, nesse sentido, ANTUNES VARELA, *op. cit.*, p. 935, n.(1) e na RLJ, ano 102.°, *cit.*, p. 60.

[140] É a via seguida, com *nuances*, por E. DEUTSCH, *op. cit.*, §20, p. 318, ao referir-se à «igualdade de tratamento» (*Gleichbehandlungsgrundsatz*), e, sobretudo, por C. LAPOYADE DESCHAMPS, *La responsabilité de la victime*, ed. policop., Bordeaux, 1977, ao ver a *faute* do lesado na óptica de um confronto entre duas responsabilidades, apesar de se mostrar consciente da *especificidade* do conteúdo daquela. É de assinalar, contudo, que DEUTSCH (p. 324) defende o alargamento do § 254 do BGB aos casos em que haja uma «co-colocação em perigo» (*Mitgefährdung*) relevante, de modo a completar as hipóteses que justificam, em nome da «igualdade de tratamento», a *imputação* ao lesado, do «risco de actividade» (*Betriebsgefahr*) concorrente.

Mais categórico nessa «equiparação» é o *Restatement of the Law* (revisto pelo *American Law Institute* nos anos 1963 e 1964), e de que existe um comentário aos *Torts* (§§ 281-503) da autoria de W. PROSSER (St. Paul, Minnesota, 1965). Para o § 463 do *Restatement* a «*contributory negligence is conduct on the part of the plaintiff which falls below the standard to which he should conform for his own protection*», precisando-se no §464 (1) que «*the standard of conduct to which he must conform for his own protection is that of a reasonable man under like circumstances*». Por outro lado, o § 465 exige que «*the plaintiff's negligence*» seja «*...a substantial factor in bringing about his harm...*».

[141] A situação mais importante é, entre nós, abrangida pelo disposto no artigo 506.°, 1, primeira parte.

Parte introdutória 63

Uma outra perspectiva, mais *moderna*, e menos «subjectivista», com um frágil acolhimento entre nós, integra os lesados (*rectius*, certos lesados) «culpados» no movimento mais geral de *acréscimo* de tutela reparadora, teoriza a responsabilidade civil como direito a uma indemnização e valora o fenómeno da diluição do dano pela colectividade (*maxime* mediante a acção das companhias de seguros). Nesta visão – a que está associado A. TUNC e o seu *La Securité Routière. Esquisse d'une Loi sur les Accidents de la Circulation*, publicado em 1966 – releva-se a diferenciação do dano e a sua referência material a sectores de risco acrescido, como o dos acidentes de trânsito, reduzindo-se ou excluindo-se a indemnização, verificado um comportamento *qualificado* do lesado. Já não se parte do lesante, mas a atenção é centralizada no lesado, desvalorizando-se *parcialmente* a sua «culpa», em nome da justiça e de uma repartição mais adequada do dano.

À harmonia do primeiro sistema, em que o abstraccionismo formal não logra as melhores soluções, contrapõe-se, assim, uma linha metodológica orientada pelo princípio *pro damnato*, com sequelas importantes, e mais preocupada com a *justiça* de cada caso, ainda que à custa de uma certa «quebra» do rigorismo inerente ao direito da responsabilidade civil.

Numa terceira linha metodológica, situada, por assim dizer, quase nos antípodas do pensamento tradicional, prescinde-se da referência *culposa estrita*, que constitui o núcleo da primeira perspectiva, para fazer suportar, pelo lesado, a parte do dano para o qual tenha *concorrido descuidadamente* ou que lhe seja *objectivamente imputável*[142]. Não se trata já de reprovar a acção, mas de fazer «responder» o lesante e o lesado pelas consequências das suas condutas concorrentes ou de imputar ao lesado *certos factores de risco*.

O modelo civilístico e interindividual consagrado pelo nosso legislador e pelos ordenamentos que exigem, como pressuposto, um «facto culposo do lesado» – como acontece nos preceitos já referidos do §1304 do ABGB, do artigo 1227.° do *Codice Civile*, do artigo 947.°

---

[142] J. ESSER/E. SCHMIDT, *Schuldrecht*, Band I, *Allgemeiner Teil*, Teilband 2, 7.ª ed., Heidelberg, 1993, §35 I, pp. 259 e ss. e U. WEIDNER, *Die Mitverurschung als Entlastung des Haftpflichtigen*, Karlsruhe, 1970, pp. 26-27, exigem uma «causação qualificada», e não apenas material. Ao retirarem a natureza de «ilícito» à «co--causação» (*Mitverursachung)* do § 254, os primeiros autores evidenciam, pelo lado do lesado, a mera necessidade de uma «conduta objectivamente defeituosa» (*objektive Fehlverhalten)* ou de uma «conduta negligente do lesado» (*eigenes nachlässiges Verhalten der Geschädigten)*.

do Projecto brasileiro ou mesmo do § 254 I do BGB [143] –, dialoga com um pensamento jurídico mais objectivista – com reflexos numa ou noutra orientação legislativa [144] –, menos preocupado com os aspectos sancionatório e preventivo e em que a «cobertura causal» [145] *expande* e *generaliza* um princípio originariamente limitado. Trata-se de uma corrente, que tendo alguns adeptos entre nós, e sendo defendida, com vigor, em alguns sectores da dogmática italiana e alemã, mostra, por vezes, preocupação em encontrar as soluções mais adequadas para cada caso num quadro menos individualista [146], mas também não escapa a um certo «geometrismo», ao imputar ao lesado uma «autoresponsabilidade pelo risco», *coincidente* [147] com a responsabilidade pelo risco do lesante.

À partida, não parece legítimo afastarmo-nos, sem mais, do quadro de soluções que reflectiram determinada sensibilidade jurídica, já que essa atitude colocaria em causa, sem qualquer argumentação

---

[143] Ver *supra*, n.º 1, n.tas 19, 21 e 22.

O § 254 do BGB, além de ter como epígrafe a expressão «*Mitverschulden*», revela-se inequívoco, pelo menos na parte inicial do seu n.º 1: «*Hat bei der Entstehung des Schadens ein Verschulden des Beschädigten mitgewirkt...*» e do seu n.º 2: «*Dies gilt auch dann, wenn sich das Verschulden des Beschädigten...*».

O artigo 300.º, 1 do Código Civil grego de 1940 é também expresso na exigência da «culpa» do lesado.

[144] É o que sucede nas formulações mais flexíveis dos artigos 44.º, 1 do Código suíço das Obrigações (cfr. *supra*, n.º 1, n. 20), 1189.º do Código Civil da Venezuela de 1982 («*Cuando el hecho de la victima ha contribuido a causar el daño...*») e 6:101 do Código Civil holandês de 1992 («Se o dano não for causado apenas pelo agente, mas resultar igualmente de circunstâncias imputáveis ao lesado...»). Ver, para esta disposição, J.B.M. VRANKEN, *Einführung in das neue Niederländische Schuldrecht*, in AcP 191 (1991), n.º 33, p. 426.

[145] Como nota H. LANGE, *op. cit.*, §10 V, pp. 547 e ss., a formulação, em termos equívocos, do §254 do BGB e a explicação do seu teor pela regra *casum sentit dominus*, conduziu forçosamente à defesa da ponderação de condutas não culposas, mas que concorreram para o dano.

[146] LAPOYADE DESCHAMPS, *op. cit.*, p. 385, critica essa convergência entre o «declínio da responsabilidade individual», provocada pelas técnicas colectivas de reparação dos danos, e o «declínio da culpa do lesado». Esta observação tem mais cabimento relativamente à segunda perspectiva referida no texto ou ao «geometrismo» evidenciado por DEUTSCH (*op. cit.*, p. 326).

[147] Para a defesa de um princípio mais alargado, ver DEUTSCH, *supra*, n. 140, ESSER/SCHMIDT, *op. cit.*, I, 2, §35 I, p. 261 e H. RÜSSMANN, in *Kommentar zum Bürgerlichen Gesetzbuch/Reihe Alternativkommentare*, Band 2, *Allgmeines Schuldrecht*, (§§ 241-432), Luchterhand, 1980, §254, n.º 7, p. 196.

Parte introdutória 65

convincente, o que parecia consolidado e pacífico. Mas também parece claro que a «fidelidade»[148] à opção legislativa de considerar a «culpa» do lesado em paralelo com a culpa do lesante não deverá condicionar acriticamente o nosso fio de pensamento sob pena de, como salienta, com razão, ROTHER[149], se reduzir consideravelmente a complexidade do tema, e de se tornar uma solução cómoda[150], apesar da vantagem de possibilitar uma aplicação mais segura do direito.

Para quem tenha dúvidas de que o *simetrismo* seja o tratamento jurídico-dogmático mais correcto, justifica-se, pelo menos, uma atitude mais cautelosa, que leve o jurista a adoptar a «fórmula dubitativa» de CATTANEO[151], e na qual o *paralelismo* começa por surgir, apenas, como mera hipótese: qual o fundamento para a relevância da «culpa» do lesado? A «culpa» do lesado é o reverso da culpa do lesante? A «culpa» do lesado deve ser apreciada nos mesmos termos e sujeita aos mesmos pressupostos? O lesado também «responde» objectivamente? E suporta os efeitos danosos da conduta de pessoas a ele ligadas? Qual o nexo que deve interceder entre a conduta do lesado e o dano? E qual a importância, neste âmbito, dos mecanismos colectivos de reparação?

O jurista italiano teoriza o «concurso de culpas», partindo de uma resposta (ao primeiro quesito formulado) que o conduz a ver, como *ratio* da norma do artigo 1227.° do *Codice Civile*, uma função *preventiva*[152], de pressão sobre os comportamentos. Só que, com excepção de um ou de outro aspecto, acaba por aderir ao pensamento tradicional da «igualdade de tratamento», assente num conjunto unitário de regras.

O segundo modelo, atrás referido, parte de um pressuposto correcto – um sistema de responsabilidade civil e de reparação em geral mais voltado para o lesado – mas não pode ser arvorado como orientação dotada de validade geral e absoluta, carecendo ainda de uma certa articulação com o direito da responsabilidade civil e com a própria teoria da «culpa» do lesado. A exigência de uma *determinada gravidade* no comportamento do lesado, como pressuposto da privação (ou redução) do seu direito, é a ideia-força de um pensamento merecedor

---

[148] Para a «fidelidade» do jurista e para a crítica à doutrina de «fim iconoclasta», ver A. DE CUPIS, *Problemi e tendenze attuali nella responsabilità civile*, in RDCDO I, 1970, pp. 96-97.

[149] *Op. cit.*, p. 81.

[150] É o que demonstra a obra de H. SCHÄFER, *Rechtswidrigkeit und Verschulden im Rahmen § 254 BGB* (dissertação apresentada na Fac. de Direito de Köln em 1969).

[151] RDC, *cit.*, pp. 460 e ss..

[152] *Ibidem*, pp. 479 e ss..

da nossa atenção, conquanto só verdadeiramente exequível no quadrante de uma responsabilidade civil «socializada» ou de uma reparação canalizada para o Estado.

Quanto à validade da concepção *mais objectivista*, há que dizer, desde já, que ela não pode ser acolhida, *em bloco*, tendo em conta os dados do nosso direito positivo do «concurso de culpas e de riscos». A circunstância de o nosso artigo 570.° [153] exigir um «facto culposo do lesado» e de o preceito do artigo 506.° revelar já, como factor de imputação ao lesado, a utilização de uma «coisa» perigosa, constituem barreiras a essa recepção. O legislador (e a nossa doutrina) não parecem prescindir, por um lado, de um conceito de «culpa» do lesado, que seja o alicerce em que se baseie a *censura* ou a *sanção*, em confronto com a culpa do lesante, e, por outro lado, como corolário desse princípio e de outras opções «subjectivistas», não se mostram receptivos a valorar, no quadro do artigo 570.°, *condutas objectivamente culposas, estados patológicos do lesado* [154] ou *factores contributivos relevantes* (por ex., a utilização de coisas perigosas, o exercício de actividades com risco de dano, a criação de uma situação de perigo, ou a «assunção do risco») que «autoresponsabilizem» o lesado pelo seu dano. Veremos, contudo, se este diagnóstico é inteiramente correcto [155].

Não enfeudados a qualquer um dos modelos que descrevemos sumariamente, parece-nos metodologicamente mais correcto adoptar uma via pragmática, em diálogo permanente com as soluções positivadas e a interpretação que delas faz o pensamento dominante, basicamente condicionada pelas respostas que possamos obter em certas *questões sintomáticas*, como as da *função hodierna* da conduta do lesado e do fundamento que subjaz ao critério presente no artigo 570.°, 1.

Seguindo esse caminho, depois de caracterizarmos as hipóteses típicas em que avulta a «culpa» do lesado – ponto com que iremos iniciar a Parte I da nossa dissertação –, será feito o enquadramento do

---

[153] Ainda não o dissemos, mas há que notar que os artigos 570.° a 572.°, bem como as normas correspondentes das outras legislações – e algumas são bastante lacónicas –, não resolvem todos os problemas gerados por uma figura com um conteúdo demasiado rico. Para a insuficiência do §254 do BGB, ver ESSER/SCHMIDT, *op. cit.*, I, 2, §35 I, p. 257 e H. LANGE, *op. cit.*, §10 III, p. 537.

Sistema algo complexo, mas bastante mais completo, é o do *Restatement of the Law, cit.*, com os seus 35 artigos (§463 a 496).

[154] Ver *supra*, n. 10.

[155] Ver, para uma ou outra reserva, *supra*, n.° 2.

Parte introdutória 67

nosso tema na *problemática mais geral da responsabilidade civil*[156], de modo a compreendermos a sua «filosofia» nos quadros *tradicionais* de um sistema responsabilizante, de cariz individualista, «auxiliado» por seguros facultativos e por uma incipiente reparação colectiva do dano, e com um escopo dotado de uma forte tonalidade sancionatória- -preventiva. A análise desse sistema, mesmo na sua versão mais moderna, vai exigir que se chame à colação a norma do artigo 494.° e o princípio da «proporcionalidade» nela contido, com a finalidade de demarcarmos os *espaços de operacionalidade* do preceito e do do artigo 570.°, 1 e de confrontarmos os respectivos critérios.

A defesa de uma responsabilidade assente numa imputação à margem da culpa, a progressiva secundarização do fim punitivo da responsabilidade subjectiva e a sua «objectivização» – coordenadas presentes no Código Civil de 1966 –, aliadas à crescente «despersonalização» da responsabilidade, confluíram na maior tutela do lesado *qua tale*. Este *revirement* outorga à responsabilidade civil um papel mais discreto[157], influencia, no plano indemnizatório, a responsabilidade do lesante e reflecte-se no *novo desafio* colocado às *entidades de substituição* do lesante. Referimo-nos à questão da «autoresponsabilidade» do lesado e ao seu tratamento por uma *política de direito* aberta a uma nova sensibilidade.

Embora a evolução do nosso sistema de responsabilidade civil não tenha ultrapassado, praticamente, o estádio do *seguro de responsabilidade* e seja, portanto, nesse pressuposto, que iremos basear as nossas reflexões, será importante, mesmo no plano do direito a constituir, uma abordagem desse enfoque mais moderno da «culpa» do lesado e uma análise da política legislativa nessa matéria em ordenamentos de países economicamente mais fortes ou com mecanismos sociais de reparação mais desprendidos das condicionantes da responsabilidade e da «autoresponsabilidade».

Não se pense, contudo, que essa articulação do problema da conduta do lesado com o sistema *dualista* da responsabilidade civil e com as outras fontes de reparação do dano, põe necessariamente em causa a possível autonomia daquele. Queremos apenas chamar a

---

[156] Já assinalámos *supra*, n.° 1, a importância desse enfoque.

[157] Essa «crise» confirma a imagem sugestiva de G. ALPA, *La responsabilità civile* (*una rassegna di dottrina e giurisprudenza*), sob a direcção de G. ALPA/M. BESSONE, I, Torino, 1987, p. 4, quando afirma que a responsabilidade civil não pode ser vista como «uma das gravações rupestres dos vales alpinos».

atenção para a circunstância de o debate mais geral que se trava a propósito da responsabilidade civil influir decisivamente no problema indemnizatório da nossa temática, na medida em que, quanto mais aquela se tornar um instrumento *eficaz* de reparação, *mais desculpáveis* poderão ser determinados comportamentos do lesado. Se o desenvolvimento do mecanismo do seguro obrigatório de responsabilidade (e das outras fontes de reparação), enquanto *condicionantes externas* da questão que nos vai ocupar, fortalecem o direito do lesado a ser indemnizado de certos danos e podem levar o legislador a ser indulgente com certas condutas[158], também conduz o intérprete e o jurista em geral a defenderem soluções *mais liberais* (por ex., em benefício do lesado levemente culpado) e o tribunal a ser *menos rigoroso* na avaliação de certas «culpas»[159] e *mais flexível* na aplicação dos critérios de ponderação fixados na lei.

Numa segunda questão essencial, e que já tem a ver com a faceta *interna* do problema da conduta do lesado, iremos indagar do *fundamento* ou da *razão de ser* de um regime que não deixa de fazer sentir ao lesado as consequências de um comportamento contrário aos seus interesses. Independentemente de se saber se há ou não uma unidade racional entre as duas situações tipificadas no corpo do artigo 570.°, 1, o debate traduz-se numa polémica multifacetada e com uma pluralidade de correntes de opinião.

Nessa parte da dissertação, será considerada como *dominante* a tese que, partindo da exigência de «culpa», explica os efeitos negativos *dessa* conduta autoresponsável (*stricto sensu*), com o recurso a uma ideia sancionatória e preventiva[160]. Como havemos de ver, há

---

[158] Embora não tendo a ver com qualquer «desculpabilização» do lesado, como sucede no regime dos acidentes de trabalho, a inequívoca admissibilidade do concurso entre o risco da actividade (perigosa) e a «culpa» do lesado, afirmada pelo legislador especial no domínio do transporte aéreo, dos ultraleves e da responsabilidade do produtor (ver *supra*, n.° 2), traduz, sem dúvida, a consagração de um regime mais protector.

O exemplo mais marcante de legislação onde avulta o tratamento favorável de *certos* lesados por *certas* culpas, é, como veremos, a Lei francesa de 5 de Julho de 1985 (a lei BADINTER), relativa à melhoria da situação das vítimas de acidentes de viação.

[159] O tribunal deverá ter em conta, por ex., a *finalidade* do acto autodanoso, a *maior dificuldade* de reacção, perante o perigo, revelada por certas pessoas menos capazes (idosos ou deficientes físicos) ou o *condicionalismo externo* em que se moveu o lesado (dificuldades acrescidas no atravessamento de certa via).

[160] Para o pensamento da «autoresponsabilidade culposa», ver ANTUNES VARELA, *op. cit.*, p. 935, n. (1) e RLJ, ano 102.°, *cit.* (*supra*, n. 93), p. 60 (com a ênfase na *cen-*

Parte introdutória

autores[161], que, abdicando ou não de uma «culpa» do lesado, considerada subjectiva ou objectivamente, procuram encontrar o princípio de justificação da repartição do dano entre o lesante e o lesado, numa base de *concausalidade* ou de adequação entre as condutas e o efeito danoso, avocando, até, o conhecido e discutido fragmento de POMPONIUS *«quod quis ex culpa sua damnum sentit non intellegitur damnum sentire»*[162]. Não muito distante desta concepção *objectivista* está a tese doutrinária, muito divulgada na dogmática germânica[163], que retira todas as consequências do princípio *casum sentit dominus*.

É de assinalar, ainda, nesta breve visão de conjunto, que certa doutrina prefere fundar o regime do «concurso de culpas» na *equi-*

---

surabilidade da conduta), ALMEIDA COSTA, *op. cit.*, pp. 672-673, J. RIBEIRO DE FARIA, *op. cit.*, I, p. 524 (ao exigir a imputabilidade) e BAPTISTA MACHADO, *A cláusula do razoável, cit.*, RLJ, ano 121.°, pp. 135-137 (com a importante *nuance* de omitir qualquer referência à ideia sancionatória). Ver também, na doutrina italiana, CATTANEO, RDC *cit.*, pp. 460 e ss., PUGLIATTI, *Autoresponsabilità*, in ED, IV, pp. 459 e ss. (parecendo considerar o artigo 1227.°, primeira parte, do *Codice Civile* como «norma geral da autoresponsabilidade»), e E. BONVICINI, *Il dovere di diminuire e non aggravare il danno alla persona*, in RcP, 1967, pp. 230 e 233.

Ver ainda, entre outros, B. STARCK, *Essai d'une théorie générale de la responsabilité civile considerée en sa double fonction de garantie et de peine privée*, Paris, 1947, p. 142 e, até certo ponto (ver *supra*, n. 140), enquanto defensor de uma *igualdade de tratamento lato sensu*, , DEUTSCH, *op. cit.*, p. 324, *Fahrlässigkeit und erforderliche Sorgfalt*, Köln/Berlin/Bonn/München, 1963, p. 361 e *Unerlaubte Handlungen, Schadensersatz und Schmerzensgeld*, 2.ª ed., Köln/Berlin/Bonn/ /München, 1993, §§ 1, p. 2 e 13, p. 88.

[161] Ver MENEZES CORDEIRO, *Direito das Obrigações*, II, cit., p. 409 e n. (251) – em crítica a ANTUNES VARELA – e *Da boa-fé*, II, cit., pp. 767-768 e n. (457) e PESSOA JORGE, *Ensaio...*, *cit*, p. 360 e *Lições de Direito das Obrigações*, ed. policop., Lisboa, 1975-76, p. 574. No domínio de vigência do artigo 2398.°, § 2, DIAS FERREIRA, *op. cit.*, IV, 1905, pp. 304-305, parecia aderir a essa ideia «causalista», embora as suas palavras não fossem inequívocas.

A. DE CUPIS, *op. cit.*, pp. 248-249, n. (71) e 250-251 (embora sem prescindir de um facto «subjectivamente culposo» do lesado e da ideia de *equidade*), M. BIANCA., *op. cit.*, artigo 1227.°, pp. 405 e 413, FRANZONI, *Colpa presunta e responsabilità del debitore*, Padova, 1988, p. 397, e C. ROSSELLO, *op. cit.*, pp. 36-37, são alguns dos juristas italianos que sufragam essa justificação. Ver também C. RODRÍGUEZ MARÍN, *Culpa de la victima y responsabilidad sin culpa,*, in RDP, 1992, pp. 114-115.

[162] *Digesto*, 50, 17, 203.

[163] Ver, entre outros, ROTHER, *op. cit.*, p. 54, WEIDNER, *op. cit.*, pp. 5-6 e 26-27, H. LANGE, *op. cit.*, §10 V, p. 547 e J. GERNHUBER, *Die Haftung für Hilfspersonen* in AcP 152 (1952-1953), pp. 77-78 e *Bürgerliches Recht*, 3.ª ed., München, 1991, p. 403.

dade[164], num *critério de justiça*[165], na *razoabilidade*[166] ou na *lógica do bom senso*[167], embora, na maioria dos casos, estes juízos surjam como meros precipitados da defesa de uma das fundamentações acima descritas. Na realidade, em ANTUNES VARELA, o sentimento da *justiça* da repartição (ou exclusão) da indemnização repousa na *censura* da conduta e, em ALMEIDA COSTA, a *razoabilidade* do artigo 570.°, 1 tem a ver com a exigência «...que o facto do prejudicado apresente as características que o tornaríam responsável, caso o dano tivesse atingido um terceiro»[168].

Quanto a nós, e sem explicitarmos, para já, a nossa posição, cremos que não reside, na solução consignada no artigo 570.°, 1, um único fundamento ou apenas uma razão explicativa. O legislador, ao regular o caso mais típico e normal do «concurso de culpas», comina certas consequências, que, no plano da ponderação dos interesses em presença e da própria justiça material, não podem deixar de se ter como *naturais*. No plano da justiça comutativa, assente na relação interindividual é *natural*, e corresponde mesmo a uma certa *moralidade*, essa ponderação-repartição, independentemente de poder existir e relevar um seguro facultativo de responsabilidade ou de acidentes. Nem cremos, por isso, que a repartição do dano esteja apenas reservada para os casos de conculpabilidade e não possa abranger certas hipóteses de *concorrência entre causas heterogéneas*. O que não aceitamos é ver uma ideia de reprovação ou de sanção *tout court* num regime cuja finalidade não parece ser essa, mas apenas a de *ordenar* a transferência ou a manutenção do dano, verificados que sejam certos pressupostos. Nem se esqueça – e já o dissemos várias vezes – que nem sempre a existência de «culpa» por parte do lesado parece justificar a exclusão da responsabilidade pelo risco, tratando-se de danos pessoais que possam ser reparados por um seguro obrigatório de responsabilidade.

---

[164] Cfr. R. SCOGNAMIGLIO, *Note sui limiti della c.d. compensazione di colpa*, in RDCDO I, 1954, p. 108.

[165] Ver ANTUNES VARELA, RLJ, ano 102.°, *cit.*, p. 60, PINTO MONTEIRO, *Cláusulas limitativas...*, *cit*, p. 92, DÁRIO MARTINS DE ALMEIDA, *Manual de acidentes de viação*, 3.ª ed., Coimbra, 1987, p.146., e N. DI PRISCO, *op. cit.*, p. 43.

No domínio do Código Civil de Seabra, CUNHA GONÇALVES, *Tratado...*, *cit.*, XIII, Coimbra, 1939, p. 411, defendeu igualmente esse princípio.

[166] ALMEIDA COSTA, *op. cit.*, pp. 672-673.

[167] L. BARASSI, *La teoria generale delle obbligazioni*, II, *Le fonti*, 2.ª ed., Milano, 1948, p. 549.

[168] ALMEIDA COSTA, *op. cit.*, p. 673.

Dentro de uma certa perspectiva, o regime consagrado no artigo 570.°, 1 tem a ver com o estabelecimento de *limites*[169] à plena responsabilidade do lesante, funcionando, assim, com um escopo que tem *alguma* afinidade com o do artigo 494.°, ressalvada, como é óbvio, a diversidade estrutural e a raiz sancionatória – hoje mais diluída – do último normativo.

O que não quer dizer que se deva valorar uma *qualquer* contribuição causal do lesado, à margem de um critério que separe as condutas relevantes das que funcionaram como *meras condições* (por ex., possuir certa coisa, passar ou estar em determinado local)[170]. Se é certo que o teor do artigo 570.°, 1 só «exige» a explicação dada pelo fundamento tradicional, também nos parece, em nome da mesma justiça comutativa, que *poderá* questionar-se (e não «absorver» pela culpa do lesante) uma repartição[171] do dano para o qual tenha concorrido o lesado com uma conduta voluntária (ou até não voluntária) geradora de riscos «contra si». Esta outra possível ampliação da norma do artigo 570.°, 1, a concretizar numa eventual *aplicação analógica* do critério ordenador ou limitador, tem mais a ver com a conduta dos inimputáveis-lesados, com o risco ligado à detenção ou utilização de coisas perigosas e com a «exposição ao perigo» criado (ou a criar) por outrem, do que com o *mero* perigo passivo da pessoa anormalmente receptiva a ser lesada ou a sofrer uma lesão mais extensa.

---

[169] MENEZES CORDEIRO, *Direito das Obrigações*, II, *cit.*, p. 409 e *Da boa fé...*, II, *cit.*, p. 768, não concorda que se esteja perante «uma limitação da indemnização», defendendo, antes, tratar-se de «uma delimitação dos danos que, ao agente, devem ser imputados». Salvo o devido respeito, somos de opinião que, embora as consequências da aplicação do critério consagrado no artigo 570.°, 1 possam conduzir à exclusão ou à concessão da indemnização, o seu *resultado típico* aponta para uma sua *limitação* ou *redução*, conseguida com o recurso a uma certa *liberdade de decisão* não muito afastada da ponderação *equitativa* deixada ao tribunal pelo preceito do artigo 494.°. Por outro lado, não se pode dizer que o enunciado do artigo 570.°, 1 aponte para uma «delimitação dos danos», entendida esta expressão segundo um pensamento estritamente causalista.

[170] Pese alguns excessos, esse «vazio» valorativo é (ou era) evitado pela doutrina do *«fait non fautif»*, ao exigir a «anormalidade» da conduta do lesado (ver B. PUILL, D. 1980, *cit.* (*supra*, n. 10), pp. 161 e ss.).

[171] Para lá dos casos, que já referimos, em que com a imputação objectiva ao lesante concorre uma conduta «culposa» do lesado, não parece também afastada a possibilidade de uma *extensão* da norma do artigo 570.°, 1 às situações (a delimitar) em que, apesar da culpa do lesante, o dano resulte igualmente da conduta não «culposa» do lesado. Só não será assim para os que defendem o teor limitativo do preceito e a presença de uma lacuna intencional, dentro de um sistema assente no papel *absorvente* da culpa.

Esta questão do *fundamento* do critério da conculpabilidade do lesado será antecedida por um capítulo, onde veremos como é que, numa perspectiva histórica, se foi construindo a teoria da «culpa» do lesado. O estudo da figura, encarada na sua evolução, não deixa de ter a sua importância se nos lembrarmos do alcance da regra pomponiana, do princípio referido amiúde sob a expressão equívoca de «compensação de culpas» e da viragem representada pelas codificações do século XIX.

A *terceira* questão essencial a considerar é aquela que nos levará para o *mare magnum* da natureza da «culpa» do lesado [172], já no capítulo dos *pressupostos* necessários para a relevância do «concurso de culpas». Essa parte será iniciada com a referência aos requisitos da *unilateralidade* do dano, da *materialidade* da conduta e da necessária *concausalidade* (do facto do lesante e do lesado), seguindo-se a delimitação dessa concorrência de causas e dos seus critérios em face da chamada *causalidade exclusiva* e de que o disposto no artigo 570.º, 2 parece ser uma projecção.

Quanto ao *pressuposto* exigido pela letra do artigo 570.º, 1, e que é *a «culpa»*, há que fazer um juízo complexo em ordem a concluir-se pela presença ou ausência de um *ilícito* ou de *algo semelhante*, para depois se analisar o aspecto propriamente *subjectivo* da conduta do lesado.

Sobretudo na dogmática alemã, são muitas as concepções relativas ao modo de estruturar *objectivamente* essa «culpa», repartindo-se essa doutrina, entre outras posições, pela defesa de um conceito unitário de culpa [173], de uma «culpa contra si» [174], da inobservância de um «encargo» ou «incumbência» (*Obliegenheit*[175]), de uma «conduta pessoalmente imputável» [176] e de uma conduta imputável «desvaliosa» [177]. Não nos

---

[172] Não é de estranhar que SCHÄFER, *op. cit.* insista particularmente nos aspectos da ilicitude e da culpa e que N. DI PRISCO, *op. cit.*, com excepção do capítulo IV da sua obra, dedique praticamente todas as páginas do seu livro ao estudo do problema da culpa do lesado.

[173] É o caso de VENZMER, *op. cit.* pp. 102 e ss., GREGER NJW, *cit.*, pp. 1132 e ss. e WOCHNER, *Einheitliche Schadensteilungsnorm im Haftpflichtrecht*, Heidelberg, 1972, pp. 169 e ss..

[174] Essa teorização começou por ser defendida por ZITELMANN no seu *Das Recht des Bürgerlichen Gesetzbuches, Allgemeiner Teil*, Leipzig, 1900, pp. 166 e ss.

[175] É a tese, porventura mais divulgada, e que se deve a REIMER SCHMIDT, autor de um livro precisamente intitulado *Die Obliegenheiten*, Karlsruhe, 1953.

[176] Concepção defendida por K. LARENZ desde 1958 (ver o seu *Lehrbuch des Schuldrechts, cit.*, §31 I, p. 540).

[177] Ver W. DUNZ, «*Eigenes Mitverschulden» und Selbstwiderspruch*, in NJW

Parte introdutória

interessando os casos em que o lesado tenha tido uma conduta autenticamente ilícita e culposa e seja, por isso, *responsável* pelos danos causados ao autor da conduta concorrente, veremos como é dominante, embora com certas *nuances*, e mesmo entre nós[178], a tese que *recusa* ver na «culpa» do lesado a característica da ilicitude. Estando em causa *bens próprios*[179] ou *interesses individuais*, não se pode, naturalmente, considerar violadora das regras jurídicas e merecedora de reprovação a conduta geradora de dano para o titular daqueles bens ou interesses. Sabendo-se, contudo, que o comportamento do lesado é multiforme e pode consistir no desrespeito de normas (*maxime* as que regulam a convivência no tráfego) protectoras dos seus interesses e de interesses alheios, não se poderá olvidar a questão da *possível ilicitude* desses comportamentos[180].

Sendo contraproducente entrarmos para já em desenvolvimentos, sempre se dirá, por agora, nesta exposição do plano da nossa dissertação, que também não propendemos para ver na conduta «culposa» do lesado algo *objectivamente desvalioso*, ligado à existência de uma tutela legal dos bens da pessoa contra a sua actuação ou tendo a ver com um hipotético *dever de evitar* uma actuação autodanosa. Apesar da dúvida suscitada por certos casos particulares, a ordem jurídica é *neutra* quanto à apreciação *objectiva* dos comportamentos «culposos» do lesado. Consequentemente, retirada da «culpa» do lesado a sua carga de antijuridicidade, para se ver somente a lesão de *interesses disponíveis*, fica apenas, como base de apreciação, uma *conduta normalmente negligente* e um pedido indemnizatório *desse* lesado[181].

1986, p. 2236 e a valoração de uma «irregularidade» (*Sachwidrigkeit*). Já ZEUNER, *Gedanken über Bedeutung und Stellung des Verschuldens im Zivilrecht*, in JZ, 1966, p. 2, discorre sobre um «desvalor» (*Wertwidrigkeit*) não indiferente à ordem jurídica.

[178] Como afirma, por ex., ANTUNES VARELA, *op. cit.*, p. 935, n. (1), «... na generalidade dos casos abrangidos pelo artigo 570.º, nem sequer há um acto ilícito do lesado».

[179] É de observar que o discurso, para os casos de *agravamento* ou de *não redução* do dano do lesado, poderá mostrar-se algo diferente, atendendo à «relação indemnizatória» entretanto surgida. Ao repudiar a aplicação do princípio da *correttezza* no âmbito da segunda parte do artigo 1227.º do *Codice Civile*, F. BOCHICCHIO, *Il concorso colposo del danneggiato. Responsabilità e correttezza*, in RCDP, n.º 1, 1992, pp. 23 e ss., não aceita essa diversidade dogmática.

[180] Se o lesado é simultaneamente lesante trata-se da chamada «culpa recíproca», saldando-se o débito e o crédito de cada um mediante a compensação dos danos. A existência de dois lesados não é razão impeditiva da aplicação do regime do artigo 570.º (cfr. ANTUNES VARELA, *op. cit.*, p. 695, n (1)).

A percepção deste binómio conduziu, naturalmente, o legislador à tarefa de *ordenar* a repartição do dano [182], cominando certos *efeitos desvantajosos* para essa conduta. Mesmo que se queira e possa falar de reprovação, a censura que possa ser feita ao lesado não é uma verdadeira censura, é uma censura com uma sanção peculiar, é a «autoresponsabilização» de uma conduta na perspectiva dos *interesses próprios sacrificados* e da *indemnização* (plena) pretendida.

Torna-se, assim, verdadeiramente importante a *definição* e a *delimitação* dos comportamentos «culposos» do lesado que justifiquem a aplicação dos efeitos negativos prescritos na lei, para não se alargar em demasia o seu círculo, diluindo-se os necessários limites. O legislador tem aqui um papel particularmente importante, na medida em que pode, em *certos domínios,* «desculpabilizar» certas condutas negligentes, «agravando» a posição de um lesante com *seguro de responsabilidade.*

A chamada para o primeiro plano da «culpa» (= conduta negligente ou dolosa) do lesado, conduz, necessariamente, a colocar as duas interrogações, tão caras ao pensamento da «igualdade geométrica»: a «culpa» do lesado exige a *imputabilidade*? O *critério delimitador* da «culpa» do lesado corresponde ao que é utilizado para aferir a culpa do lesante?

O primeiro quesito insere-se num *conflito* que se debate entre um pensamento protector de lesados indefesos, *sem consciência do perigo* e a necessidade de se repartir o dano, face a comportamentos *graves* e *abstractamente culposos* desses inimputáveis e em casos em que não se justifica a plena oneração do lesante. Numa perspectiva legal, a interpretação combinada dos artigos 489.°, 505.°, 570.° e 571.° não preclude que se deva concluir por uma solução ponderada.

As conclusões a que se chegue, relativamente à *natureza*, ao *conteúdo* e aos *pressupostos* da «culpa» do lesado, hão-de permitir a defesa da maior ou menor *autonomia* do instituto, bem como a opção pela «localização» das *causas justificativas* no âmbito do possível ilícito [183] ou pela

---

[181] A importância desse momento é relevada por outros autores germânicos – entre os quais se conta ADRIANI (*op. cit.*, p. 33) – como «sinal» do ilícito.

[182] Para MENEZES CORDEIRO, *Da boa fé...* II, *cit.*, p. 768, n.(457), como já vimos (*supra*, n.169), o artigo 570.° não visa tanto censurar o lesado, quanto «imputar» danos ao lesante.

[183] Os autores que, como REIMER SCHMIDT (*op. cit.*, p. 115), defendem a existência, na «culpa» do lesado, de um elemento análogo à ilicitude, tendem a aplicar por *analogia* as causas *que justificam* a conduta ilícita (por ex., se alguém se fere ao assistir uma pessoa em perigo, o assistido não poderia invocar a eventual «culpa» do lesado dado este ter agido em *estado de necessidade*). CATTANEO, *rev., cit.,* pp. 486 e ss.,

Parte introdutória 75

relevância de *circunstâncias* que *atenuem* ou *excluam* a «culpa», como poderá acontecer no *acto de auxílio* à pessoa em perigo.

Depois de tentarmos esclarecer as questões do *fundamento* e dos *pressupostos* de relevância do «concurso de culpas», estaremos em condições de *apartar* a nossa figura daquelas outras situações que trazem igualmente dano para o lesado, mas de cujo recorte está ausente a concorrência de condutas culposas.

Não esquecendo que o lesado pode *renunciar* ao exercício do seu direito de indemnização, *perdoar* a dívida ou deixar *prescrever* o direito, vão interessar-nos mais aqueles casos em que, mediante *manifestações volitivas,* o futuro lesado *consente* no dano ou *acorda* com o futuro lesante uma *convenção de exclusão ou de atenuação de responsabilidade*[184]. Neste *primeiro grupo*, em que a *vontade* tem papel marcante, e o direito (*maxime* penal) tutela a pessoa perante si mesma, face aos seus «excessos» de disposição, não se coloca, praticamente, a questão da aplicação do regime do artigo 570.º, 1.

Diversamente, naquele leque de figuras que P. ESMEIN[185] considerou sem «fronteira precisa» com a «culpa» do lesado e em que o dano resulta da *iniciativa deste*, por acto livre ou «provocado» por um terceiro, a maior ou menor exposição ao perigo de lesão, poderá dar azo à aplicação do regime do «concurso de culpas», se houver negligência do lesado. É o que se poderá passar na «actuação por risco próprio»[186] (*Handeln auf eigene Gefahr*), desde que se configure como «adesão» a uma *situação particular de risco*, dada, por hipótese, certa *predispo-*

---

embora parta de uma concepção diferente da do jurista alemão, recorre igualmente à aplicação *analógica* das causas de exclusão da ilicitude. Mais longe vão SCHÄFER (*op. cit.*, pp. 115 e ss.) e WOCHNER (*op. cit.*, pp. 177 e ss.), ao aplicarem *directamente* essas causas, o que é compreensível dado partirem da *ilicitude* da conduta do próprio lesado.

[184] Hipótese diferente, e a que já aludimos *supra*, n.º 2, é saber se o eventual lesado pode tomar a iniciativa de acordar com o seu possível lesante uma convenção de agravamento de responsabilidade *em seu benefício*, ou seja, que possibilite, por ex., que, em caso de culpas de idêntica gravidade, a indemnização seja *inteiramente* suportada pelo lesante.

[185] *Le nez de Cléopâtre ou les affres de la causalité*, in D. 1964, *chron.*, n.º 36, p. 216.

[186] É a figura a que COSTA ANDRADE, *Consentimento e Acordo em Direito Penal* (*contributo para a fundamentação de um paradigma dualista*), Coimbra, 1991, pp. 271 e ss., apelida, no domínio penal, de «heterocolocação em perigo consentida», adoptando a terminologia de ROXIN, e distinguindo-a da chamada «autocolocação em perigo» colimada ao mero «...favorecimento negligente de uma autolesão...» (p. 272).

sição constitucional do lesado. No âmbito heterogéneo do *Handeln auf eigene Gefahr* será importante ver, até que ponto, o «domínio» do risco não justificará, *por si só*, uma imputação à esfera do «assuntor», por se entender que não há razões jurídicas (ou outras) para se deslocar o dano, total ou parcialmente, para outra esfera.

Como o lesado pode não concorrer apenas para a *produção* do dano inicial, mas igualmente para o seu *agravamento*, seguir-se-á o estudo de uma factualidade cuja característica essencial é o estar ligada a condutas *posteriores* ao evento lesivo e de conteúdo *activo* ou *omissivo*. Se as primeiras se relacionam com *actos* e *decisões,* normais ou anormais, do próprio lesado e que conduzem *imediatamente* ao agravamento (ou ao afastamento) do dano, também as segundas provocam, mais tarde ou mais cedo, um aumento do *quantum* indemnizatório. Independentemente da heterogeneidade das hipóteses que se abrem nesse capítulo, e que iremos circunscrever ao campo extracontratual, o *agravamento* do dano proporciona o debate de, pelo menos, duas questões basilares.

A primeira tem a ver com o enquadramento teorético dessas condutas, dividindo-se os autores entre explicações *causalistas* [187], concepções que tem a ver com a inobservância de um *ónus* ou mesmo posições que partem de um «*dever*» [188] *de reduzir* o dano causado (com culpa ou sem ela) pelo lesante, ao lado do «*dever*» *de o não agravar.* A consideração do *interesse do devedor,* como ponto de partida da última posição, implicará alguns desenvolvimentos sobre o conteúdo da relação indemnizatória, «aberta» com o dano, bem como sobre o papel que aqui poderá ser desempenhado pelo princípio da boa fé.

Discutido o problema teórico da contenção danosa, surge de imediato – e como segunda questão – o problema dos *limites* à colaboração do credor-lesado ou, por outras palavras, há necessidade de fixar o *critério* que *delimite* o espaço da «exigibilidade» dessa cooperação e fixe o seu conteúdo. O grande teste de aplicação do critério, que no contexto em

---

[187] O agravamento do dano pode ser ainda um *efeito adequado* do acto do lesante, mesmo que inserido na sua eliminação ou redução (é o exemplo clássico da queda dada pelo lesado, ao tentar mover-se com a ajuda de «canadianas»).

[188] Falamos, para já, de «*dever*», o que não significa, sem mais, que o lesante- -devedor tenha um qualquer direito de exigir o seu cumprimento. É que, entre a posição, por ex., de LARENZ (*op. cit.*, § 31 Ic), p. 543), alicerçada na base de uma *Obliegenheit* e a defesa feita por ANTUNES VARELA (*op. cit.*, pp. 935 n.(1) e 956 e n.(3)), de um «dever acessório de conduta de não agravar os efeitos da lesão», há uma sensível diferença.

Parte introdutória

que surge terá necessariamente de ser *flexível* e ter em conta determinadas *sensibilidades* do prejudicado, terá por campo de análise os *comportamentos* do lesado perante as lesões corporais sofridas.

Já sabemos que o regime do «concurso de culpas» não se reduz apenas à relação directa lesante-vítima, mas conduz-nos à temática clássica, embora complexa, da oponibilidade da «culpa» do lesado aos *lesados mediatos*, que venham a requerer uma indemnização *iure proprio*[189], e cobre com o seu manto as actuações culposas (ou não culposas) de pessoas utilizadas pelo lesado ou que actuam como seus representantes legais. Basta ler o disposto no artigo 571.° para se afirmar a possibilidade de haver uma repercussão, no lesado imediato, da actuação normalmente culposa dessas pessoas. Esta solução reflecte com nitidez o «simetrismo» de que já falámos, na medida em que o legislador transpôs, para este âmbito, o pensamento subjacente aos artigos 800.° e 500.°.

Bem andou o nosso legislador[190] ao omitir uma referência expressa ao primeiro daqueles normativos, evitando, pelo menos em teoria, a ampla discussão existente na dogmática germânica, a propósito da redacção dada à parte final do § 254 II do BGB[191]. Conquanto a relação entre o artigo 571.° e 800.° surja, no nosso sistema, mais diluída, veremos, na altura própria, que não é possível deixar de lhe fazer uma referência particular. A aparente maior clareza do «nosso» artigo 571.° não afasta, contudo, um leque de questões, a principal das quais tem a ver com o *conteúdo* da actuação do representante legal – vigilante que possa ser oponível ao lesado e com as *consequências* do triunfo da prova liberatória. Apesar do tratamento *paralelo* que o legislador confere à actuação dos auxiliares e dos representantes legais, parece-nos que se deverá levar a cabo uma *diferenciação* racional das duas con-

---

[189] É a hipótese a que directamente se refere o §846 do BGB, mas que não teve consagração legal entre nós. LARENZ (*op. cit.* §31 I d) pp. 548-549) estuda o caso no círculo das questões ligadas à imputação do acto dos auxiliares e dos representantes legais, na medida em que, relativamente aos lesados mediatos, se trata de apreciar a conculpabilidade de terceiros.

[190] Não é de estranhar que F. GSCHNITZER, *Schuldrecht (Besonderer Teil und Schadenersatz)* Wien, 1963, p. 164, defenda a consagração de uma fórmula idêntica à do artigo 571.°.

[191] O problema complica-se no sistema jurídico alemão, pois, consagrando o § 831 uma simples presunção de culpa, a sua aplicação analógica (ao lesado) provoca uma «quebra» no princípio do tratamento igualitário (ver LARENZ, *op. cit.*, § 31 I d), pp. 546 e ss.).

dutas, atendendo a que o representante não é escolhido, nem representa o menor ou o interdito nos ilícitos que pratique. Esta especificidade é potenciada, se pensarmos que o próprio inimputável poderá *suportar reflexamente* a quota-parte de responsabilidade do seu representante, *maxime* se fizer parte de uma família com poucos recursos. Será necessário, de qualquer forma, fazer-se um balanço entre as vantagens e as desvantagens da solução *unitária* acolhida na lei (o grupo pais-filho e o grupo lesado-auxiliares) e da *alternativa* da solidariedade (o conjunto pais-terceiros e o conjunto auxiliares-terceiros).

A teorização do «concurso de culpas» não ficaria completa se se omitisse o estudo dos *critérios* que podem presidir à *ponderação* das condutas relevantes, em ordem à fixação final do dano que será suportado pelas partes. Esses critérios foram avançados pela doutrina francesa e italiana do séc. XIX e pelos autores que se opuseram à doutrina da «compensação de culpas». E se é verdade que o legislador nacional acolheu basicamente a doutrina da *proporcionalidade* (em função da *gravidade* das culpas), completada e *mitigada* com a valoração das *consequências* ligadas às condutas culposas[192] e o BGB aderiu ao critério objectivo da «preponderância causal»[193], já o artigo 44.º,1 do Código suíço e mesmo o § 1304 do ABGB, parecem mais abertos à *ampliação* dos poderes do tribunal.

Como é natural, incidiremos o nosso estudo no critério do artigo 570.º, 1, considerando-o na suficiência ou insuficiência dos dois factores que o balizam e vendo-o numa projecção prática ou jurisprudencial nem sempre fiel ao legislador. A análise comparativa das condutas concorrentes conduz, no nosso sistema, a um *tríplice* resultado (redução – exclusão – concessão da indemnização), cuja fixação não deveria omitir a valoração de certas circunstâncias (*maxime* a natureza do bem

---

[192] O artigo 570.º,1 emprega uma fórmula inspirada na primeira parte do artigo 1227.º do *Codice Civile*, combinando a apreciação da culpa, numa óptica que o legislador pretendeu «repressiva», com a consideração *objectiva* das *sequelas danosas* das condutas ou da *contribuição* destas para o dano.

No artigo 2398, § 2 do Código de Seabra, é que se fixava um estrito critério *proporcional* e de raiz exclusivamente *subjectivista*, com uma inequívoca finalidade *preventiva* e *sancionatória*.

[193] São muitos os juristas que interpretam o § 254 no sentido de ver nele consagrado o *critério subjectivo* assente na ponderação das condutas *culposas* (neste sentido, ROTHER, *op. cit.*, pp. 43, 50 e 55 e ss.). Mesmo os autores que se conservam fiéis ao critério da «preponderância causal» relevam, a título secundário, a contribuição culposa (cfr., por todos, H. LANGE, *op. cit.*, § 10 XII, pp. 608 e ss.).

Parte introdutória

lesado, a situação económica dos intervenientes, a existência de seguros de responsabilidade ou de acidentes) com a consequente ampliação dos poderes do tribunal. Já deixámos perceber que a decisão por um daqueles três efeitos deve atender ao *escopo prioritário* da tutela dos bens pessoais do lesado – mesmo que essa tutela seja aqui mais relativa – e à *ratio* de uma norma considerada, modernamente, sem referências morais generalizadas. No seio de uma relação de responsabilidade, desenvolvida em ligação com esse mecanismo social de reparação que é o *seguro*, só se justifica imputar ao lesado a parte do dano que não seja devida a uma sua «culpa» leve ou muito ligeira. Esta «desculpabilização» pode perder o seu sentido na *relação individual* de responsabilidade, sob pena de, na hipótese contrária, o lesado «culpado» poder ficar em melhor posição do que o lesado «sem culpa», face à possível intervenção da norma «correctora» do artigo 494.°.

A questão da repartição do dano torna-se mais complexa nas situações de *agravamento*, por acção ou omissão «culposas» do lesado, e na concorrência de *critérios heterogéneos* de imputação (risco-culpa e culpa-risco). Conquanto o critério previsto no artigo 570.°, 1 abarque o primeiro leque de hipóteses, parecendo legítimo, e mais adequado à difundida filosofia «sancionatória» daquele preceito, partir-se do dano *globalmente* causado pelo concurso não simultâneo de duas condutas, pode igualmente questionar-se se, *nalguns casos*, não será mais correcto «isolar-se» cada contribuição de forma a *imputar-se* a cada uma o dano efectivamente causado [194-195].

Questão delicada, a analisar nesse capítulo dos critérios de ponderação das condutas e seus efeitos, é a do tratamento jurídico a dar aos casos em que, para o dano, tenham concorrido, com a conduta do lesado, *vários lesantes*, em regime de actuação unitária ou não. Trata-se de um problema muito debatido na literatura alemã, sobretudo quando os lesantes respondem na base de *diferentes* fundamentos de responsabilidade e a ponderação revela uma *diversidade* contributiva (para o dano). A dogmática alemã recorre a construções algo complexas, como as da apreciação «individual» e de «conjunto», sem esquecer a chamada da figura controversa da «unidade de responsabilidade» (*Haftungseinheit* [196]), mas pare-

---

[194] Ver, nesse sentido, LARENZ, *op. cit.* §31 I e) pp 550-551.

[195] Não se pode esquecer que nos efeitos previstos no artigo 570.°, 1 não se afasta a *exclusão* da indemnização.

[196] A essa figura dedicou H. ROTH particular atenção no seu *Haftungseinheiten bei* § 254 BGB, München, 1982.

ce-nos que, entre nós, a conjugação dos critérios legais do «concurso de culpas» com os princípios da solidariedade passiva poderá chegar para resolver as principais dificuldades.

Antes de fixarmos as *conclusões* a que iremos chegar acerca da relação entre a conduta do lesado e a imputação do dano, incidiremos a nossa atenção sobre o ponto importante da conexão entre a imputação objectiva de responsabilidade e a «culpa» do lesado.

Defendida que seja, como nos parece, a concorrência entre a responsabilidade objectiva e o facto do lesado ou entre a culpa do lesante e determinadas condutas do lesado geradoras de perigo de dano, na ausência de critérios legais limitativos ou expansivos[197] o lugar *natural* para a questão concreta da repartição é o do preceito do artigo 570.º, aplicado por *analogia* e numa base *mais alargada*[198], não cingida apenas às consequências das contribuições culposas ou não culposas. Nesse capítulo será recordado e completado o que dissemos a propósito da *situação – função* da «culpa» do lesado no quadrante da responsabilidade objectiva (*lato sensu*), surgindo, como questão importante, o problema da possível *extensão analógica* do preceito do artigo 505.º – o único em que o legislador de 1966 relevou expressamente o papel preclusivo do facto *imputável* ao lesado – às outras situações de responsabilidade sem culpa.

Questão basilar é, aí, a da *coexistência* entre dois critérios diferentes de imputação danosa, face ao pensamento tradicional da *absorção* do risco pela «culpa» do lesado. Como já dissemos, e a legislação especial posterior ao Código Civil confirma, propendemos para ver a norma do artigo 505.º como preceito que não deve excluir liminarmente qualquer *concorrência* entre o risco e o facto do lesado, o que implica, por outro lado, a necessidade de fixar o *limite* a partir do qual a indemnização não deverá ser concedida. Não sendo bastante uma culpa ligeira do lesado para afastar desde logo a responsabilidade[199], há que fixar os *contornos* da conduta do prejudicado que conduzam à exoneração de responsabilidade ou à redução da indemnização[200], e

---

[197] Cfr. o critério especial consignado no artigo 7.º, 1 do Decreto-Lei n.º 383/ /89, *cit.*

[198] De acordo com o teor do preceito citado na nota anterior, o tribunal deverá relevar «... todas as circunstâncias...» para *reduzir* ou *excluir* a indemnização.

[199] É a dificuldade criada pelo teor dos artigos 13.º, 2 do Decreto-Lei n.º 321/89 e 14.º, 1 do Decreto-Lei n.º 71/90, ambos já citados *supra*, n.º 2, ao aludirem apenas à «culpa exclusiva do lesado».

[200] Se o artigo 7.º, 1 do Decreto-Lei 383/89 prevê a *redução* da indemnização, a tendência no direito dos *acidentes de trânsito* é para se ver consagrada a teoria do

Parte introdutória 81

que terão de passar necessariamente por uma «culpa» *mais ou menos qualificada*. Esta contenção aos limites naturais da responsabilidade objectiva funda-se não só numa melhor compreensão da sua «filosofia» mas também em razões jurídico-económicas ligadas à existência de *seguros obrigatórios*. E é essa, como veremos, a *tendência* do direito comparado e das propostas legislativas apresentadas mesmo entre nós, embora, num caso ou noutro, tenha havido – e estamos a pensar na lei BADINTER – algum exagero protector.

Quanto ao critério que, afinal, há-de orientar a repartição do dano, não parece que deva ser, desde logo, *em todos os domínios*, do tipo «*tudo* ou *nada*», como aliás o revela o regime da responsabilidade do produtor. Em segundo lugar, e na ausência de uma desejável tomada de posição legislativa sobre o assunto, esse critério deve ser «construído» recorrendo ao modelo de repartição plasmado no artigo 570.°,1, sujeito, assim, a uma *adaptação* ou a um *desdobramento* para esses casos mais particulares [201].

4. Fixação terminológica

A doutrina e a jurisprudência nacionais e estrangeiras têm multiplicado as designações com que pretendem aludir à figura que é objecto desta dissertação. Ao longo desta parte introdutória já fomos empregando algumas dessas expressões, como, por exemplo, *autoresponsabilidade, «culpa» do lesado, concurso de culpas,* e *conculpabilidade do lesado.* CUNHA GONÇALVES [202] falava indistintamente de «culpa comum», «compensação de culpas» [203], «concurso de culpas» e

---

tudo (em caso de «culpa» leve do lesado) ou *nada* (ocorrendo «culpa» indesculpável e exclusiva do lesado). Ver, para essa tendência (já adoptada na lei BADINTER), a proposta de alteração ao artigo 505.° apresentada por SINDE MONTEIRO, *op. cit.,* pp 198 e 201 e que segue o modelo «desculpabilizante» dos *acidentes de trabalho.* Ver igualmente, entre outros, DEUTSCH, *Haftungsrecht, cit.,* § 20, p. 326, *Einschränkung des Mitverschuldens..., cit.* (*supra*, n.82), pp. 137 e ss., e *Unerlaubte Handlungen..., cit.,* § 13, pp. 86 e 90-91 e C. RODRÍGUEZ MARÍN, RDP *cit.,* pp. 120, 122 e 125.

[201] A ponderação deverá nortear-se, no fundo, pelos factores que o artigo 6.°, 2 do Decreto-Lei n.° 383/89 indica para a repartição da responsabilidade (nas *relações internas*) entre os responsáveis solidários.

[202] *Op. cit.,* XII, pp. 588 e ss. e XIII, *cit.,* pp. 166-167.

[203] Como veremos *infra*, a expressão não é correcta pois assinala mais um *efeito* do que uma *situação.* Como quer que seja, ela surge no título do artigo de J. ÁLVARES DE

«culpa da vítima», influenciado como foi por certa doutrina francesa e italiana mais antigas e a que se ligam nomes como DEMOLOMBE[204] e VALERI[205]. VAZ SERRA, nos trabalhos preparatórios e em estudos e anotações diversas, mostrou preferência pelos termos «conculpabilidade do prejudicado» e «concurso de facto culposo do prejudicado». A primeira expressão foi adoptada por D. MARTINS DE ALMEIDA,[206] e OLIVEIRA MATOS[207], ao comentar o artigo 505.°, refere-se a ela como

---

MOURA, *cit. supra*, n.17 – embora reconhecendo não ser uma expressão muito feliz (p. 19 do n.° 14 da JP, *cit.*) – e é empregue, por vezes, pela nossa doutrina e jurisprudência posteriores (cfr. GOMES DA SILVA, *O Dever de prestar e o dever de indemnizar* I, Lisboa, 1944, p. 95, PEREIRA COELHO, *O Problema da causa virtual na responsabilidade civil*, Coimbra, 1955, p. 212 e *A causalidade na responsabilidade civil em direito português* , in RDES, ano XII, n.°3, 1965, p. 50, CALVÃO DA SILVA, *Cumprimento...*, *cit.*, p. 292 – embora no seu *Responsabilidade Civil do Produtor*, Coimbra, 1990, p. 734, fale de «culpa contra si mesmo» – e o acórdão da RC de 8 de Janeiro de 1991, in CJ, ano XVI, tomo 1, 1991, pp. 44 e 46). A última expressão é também empregue por MENEZES CORDEIRO, *Da boa-fé ...*, II *cit*, p. 767 e figura num artigo escrito por JOSSERAND, em 1934, na Dalloz Hebdomadaire, intitulado *La responsabilité envers soi-même*. Ver igualmente, para a adesão a esta terminologia, J. DABIN, *Faute dommageable envers soi-même et responsabilité à l'egard des proches*, in Mélanges offerts a JEAN BRETHE DE LA GRESSAYE, Bordeaux, 1967, pp. 145-146, F. WAREMBOURG-AUQUE, *Irresponsabilité ou responsabilité civile de l'«infans»*, in RTDC, n.°2, 1982, p. 334. Parece-nos um resquício da «compensação de culpas» a fórmula «neutralização de culpas» utilizada por GALVÃO TELLES, *op. cit.*, pp. 105-106.

Para a distinção entre a *Kulpakompensation e a Kulpakonkurrenz»*, ver F. GSCHNITZER, *op. cit.*, p. 164.

[204] *Cours de Code Napoléon*, volume XXXI, Paris, 1882, p. 434.

[205] *Il concetto di colpa comune e l'art 662 cod. comm*, in RDCDO II, 1908, pp. 262 e ss. (anot. à sentença da *Corte d'Appello* de Lucca de 23 de Agosto de 1907). A expressão «culpa comum», empregue igualmente por CANDICE, *La compensazione delle colpe...*, *cit.*, p. 14 E ESMEIN no *Traité pratique de Droit civil français* de M. PLANIOL/ G. RIPERT, 2.ª ed., tomo VI, *Les obligations*, 1.ª parte, Paris, 1952, n.° 569 e ss, pp. 787 e ss., foi criticada por J. FLOUR/JEAN-LUC AUBERT, *Les Obligations 2. Le fait juridique*. 6.ª ed., 1994 n.° 174, p. 170, ao considerá-la «bastante imprópria» pela razão de não haver qualquer «associação» entre o lesante e o lesado. No mesmo sentido, ver B. STARCK / H. ROLAND / L. BOYER, *Droit civil. Obligations 1. Responsabilité délictuelle*, 3.ª ed., Paris, 1988, n.° 929, p. 501, PH. LE TOURNEAU, *La responsabilité civile*, 3.ª ed., Paris, 1982, p. 259, LAPOYADE DESCHAMPS, *op. cit.*, pp. 164 e 306, n.(1) (advogando a expressão *«fautes conjuguées»*) e R. LEGEAIS, *La responsabilité civile introuvable ou les problèmes de la réparation des dommages causés par le mineurs*, in Mélanges dédiés à GABRIEL MARTY, Paris, 1979, p. 782, n.(23), ligando a expressão ao dano cometido por uma criança não identificada e fazendo parte de um grupo.

[206] *Op. cit.*, p. 143.

[207] *Código da Estrada anotado*, 6.ª ed., Coimbra, 1991, p. 518.

Parte introdutória

«causa de exclusão da responsabilidade pelo risco», sem se aperceber que incorre numa certa contradição. A nossa doutrina generalista mais moderna, acentuando ou não o fenómeno da «concorrência», refere-se, indiferentemente, a «culpa do próprio lesado»[208], «conculpabilidade», «co-responsabilidade do lesado», «concorrência de culpa do lesado», «concurso recíproco de culpas»[209], «concurso da culpa do lesado», «conculpabilidade da vítima»[210] e «culpa do lesado»[211].

A doutrina estrangeira[212], se parece dar primazia à expressão utilizada entre nós por RIBEIRO DE FARIA, também emprega amiúde o termo «co-responsabilidade do lesado» (*Mitverantwortung* des *Verletzten*[213] ou *Mithaftung des Geschädigten*), sendo mais clássica a referência a uma *eigenes Verchulden* («culpa própria»)[214].

---

[208] ANTUNES VARELA, *op. cit.*, p. 934. Ver também MENEZES CORDEIRO, *Direito das Obrigações*, II, *cit.*, p. 408.

[209] São expressões empregues por ALMEIDA COSTA, *op. cit.*, pp. 514, 541e 672.

[210] Ver J. RIBEIRO DE FARIA, *Direito das Obrigações*, I, *cit.*, pp. 522 e 525.

[211] Ver MENEZES CORDEIRO, *op. ult. cit.*, p. 408 e também ALMEIDA COSTA, *op. cit.*, p. 671.

[212] De *«concorso di colpa del danneggiato»* fala a generalidade dos autores italianos. Para a doutrina alemã, ver ROTHER, *op. cit.*, p. 30, MEDICUS, *Bürgerliches Recht, cit.*, §33 VIII, p. 528, DEUTSCH, *Haftungsrecht, cit.*, § 20, p. 318, R. KELLER, *op. cit.*, pp. 10 e ss., KÖTZ, *op. cit.*, n.° 552, p. 212 e FIKENTSCHER, *op. cit.*, §55 VII, p. 340. DEUTSCH (p. 324) e KÖTZ (*loc. cit.*) aludem também a «*Mitverursachung*».

No direito anglo-americano é corrente empregar-se a expressão *contributory negligence*, como pode ver-se em STREET/BRAZIER, *op. cit.*, cap. 15, pp. 238 e ss.. POLLOCK/PROSSER, *apud* WESTER, *cit.*, p. 19 n.(2), acham a fórmula infeliz preferindo *«contributory fault»* ou *«contributory misconduct»*. FLEMING, *The law of torts,* 6.ª ed., Sydney, 1983, p. 241, e HONORÉ, in International Encyclopedia of Comparative Law, cap. VII (*Causation and Remoteness of Damage*), do vol. XI (*Torts*), Tübingen/Paris/New York, 1983, n.° 145, p. 94, criticam igualmente a fórmula corrente, desde logo pelo seu teor restritivo. Daí que HONORÉ mostre preferência pela expressão *«fault of the injured party»*. Equívoco é o uso de «*concorso del leso*» por parte de SCOGNAMIGLIO, *Responsabilità civile*, in NDI, XV, p. 657, atendendo a que o faz ao tratar do consentimento do lesado.

[213] Ver LARENZ, *op. cit.*, §31, p. 539, HENKE, JuS *cit.*, p. 753, ESSER/SCHMIDT, *op. cit.*, §35, I, 2, p. 255 e G. HOHLOCH, *Empfiehlt sich eine Neufassung der gesetzlichen Regelung des Schadensrechts* (§§ 249-255 BGB)? in *Gutachten und Vorschläge zur Überarbeitung des Schuldrechts*, Band I, 1981, p. 467.

Em França, LAPOYADE DESCHAMPS deu à sua tese, de 1977, o título *La responsabilité de la victime*. Cfr. também C. LARROUMET, *Réflexions sur la responsabilité civile – Évolution et problèmes actuels en droit comparé,* Montréal, 1983, p. 30.

[214] WENDT, *Eigenes Verchulden*, in JhJb, Band 31, Jena, utilizou a expressão em 1892. ENNECCERUS/LEHMANN, *Recht der Schuldverhältnisse*, 15.ª ed., Tübingen, 1958,

Não querendo salientar exclusivamente a situação em que o dano é fruto do concurso de condutas do lesante e do lesado, certa doutrina francesa[215] e suíça[216] emprega expressões como *fait de la victime* e *Selbstverschulden*, dotadas de maior flexibilidade para se adaptarem, consoante os casos, às hipóteses de concausalidade culposa e não culposa e à causalidade exclusiva.

Pouco utilizado, mesmo entre nós, é o termo «autoresponsabilidade»[217], talvez pela circunstância de ser um conceito mais explicativo do que descritivo e poder designar ao mesmo tempo a responsabilidade pela conduta lesiva *proprio sensu*. Apesar deste *handicap*, o termo parece-nos feliz por *integrar* uma *carga valorativa* e *generalista* que iremos aproveitar, ao vê-lo com aptidão para compreender as condutas «culposas» do lesado e outras condutas livres, não necessariamente «culposas». Por outro lado, tem ainda a vantagem de não sugerir uma verdadeira responsabilidade, co-responsabilidade ou «cooperação responsável»[218] do lesado.

---

§ 16, p. 76, também a acolheram, mas é duvidoso que se possa falar apenas de «culpa própria», já que não permite distinguir suficientemente entre a «culpa» do lesado e a culpa da pessoa que responde por facto alheio. Um pouco por essa razão é que U. MAGNUS, *Drittmitverschurlden im deutschen, englischen und französischen Recht*, Heidelberg, 1974, alude a «*eigenes Mitverschulden*», contrapondo-a à «*Drittmitverschulden*».

[215] Ver, entre outros, H. e L. MAZEAUD / J. MAZEAUD/TUNC, *op. cit.*, pp. 540 e ss.

[216] Ver OFTINGER, *Schweizerisches Haftpflichtrecht* – Band I – *Allgemeiner Teil*, 4.ª ed., Zürich, 1975, pp. 157 (contrapondo a *Selbstverschulden* à *Mitverschulden*) e 265 n.(16), HONSELL/SCHNYDER, *op. cit.*, artigo 44.°, pp. 331 e ss., TH. MAURER, *Drittverschulden und Drittverursachung im Haftpflichtrecht*, Bern, 1974, p. 30 e M. KELLER/S. GABI, *Das Schweizerische Schuldrecht* – II *Haftpflichtrecht*, Zürich, 1985, p. 97.

[217] CATTANEO, RDC *cit.*, emprega abundantemente a palavra *autoresponsabilità*, o mesmo sucedendo, embora noutro enquadramento, com PUGLIATTI, *Autoresponsabilità*, in ED IV, *cit.*, pp. 452 e ss. BETTI, *Teoria generale delle Obbligazioni*, I, Milano, 1953, pp. 149-150 e III, 1954, p. 157 e ANTONIO LA TORRE, *Responsabilità e autoresponsabilità nell' assicurazione* (art. 1990 c.c.), in RTDPC, 1968, pp. 450-454. Entre nós, além de uma referência em SINDE MONTEIRO, *Responsabilidade por conselhos, recomendações ou informações*, Coimbra, 1989, p. 582, n.(437), é em BAPTISTA MACHADO, *A cláusula do razoável*, in RLJ, ano 121.°, *cit*, pp. 135-136, col. direita, que se encontra a adesão mais convincente à figura da «autoresponsabilidade do lesado».

[218] RECCHIONI, *L'obbligo del risarcimento e la condotta del debitore. Note sull' applicazione dell' art. 1227 Cod. Civ.*, in Arch. Civ., 1980, p. 641. De «responsabilidade negativa» fala DI PRISCO, *op. cit.*, p. 235 e WESTER, *op. cit.*, p. 5, de «*Passivhaftung*».

Quanto às expressões utilizadas pelas doutrina nacional, apesar de nada termos a opor a qualquer das fórmulas empregues, preferimos designar a hipótese típica do artigo 570.° por «concurso de condutas culposas do lesante e do lesado»[219]. Quanto aos comportamentos que podem excluir a imputação objectiva (ou pelo risco) ou concorrer com ela, empregaremos expressões como «conduta culposa do lesado», «facto culposo do lesado» e «facto imputável ao lesado». Já nos parece criticável, pelo perigo de confusão com a hipótese concausal em que vários agentes concorrem culposamente para o dano, a designação «concorrência de culpas»[220], adoptada, desde os anos 40, pela juris-prudência civil e criminal dominantes[221]. Observe-se, a propósito, que a doutrina[222] que acolhe essa fórmula, quer pelo contexto em que a insere, quer pelo cuidado posto na sua devida caracterização, é sufi-cientemente lúcida para evitar o equívoco judiciário.

---

[219] Figura diversa, como já vimos (*supra*,n. 180), é a chamada «culpa recíproca», ligada à existência de duas culpas próprias e danos bilaterais (cfr. ANTUNES VARELA, in RLJ, ano 102.°, *cit.*, p. 54 n.(2)).

[220] Trata-se de uma fórmula com alguma tradição legislativa, como pode concluir-se pela leitura do artigo 58.°, 5 do Código da Estrada de 1954.

[221] Ver, entre outros, os acórdãos do STJ de 3 de Dezembro de 1957, in BMJ n.° 72, p. 381, de 6 de Julho de 1971, in BMJ n.° 209, p. 102 e de 28 de Janeiro de 1988, in BMJ n.° 373, p. 520, bem como os acórdãos da RC de 21 de Janeiro de 1986, in CJ, ano XI, tomo 1, 1986, p. 33 e s. e de 3 de Novembro de 1988, in CJ, ano XIII, tomo 5, 1988, p. 94 (aludindo à «concorrência de culpas e de responsabilidades»).

Sintomático dessa «confusão» terminológica é a circunstância de os acórdãos do STJ de 11 de Julho de 1962 e de 25 de Julho do mesmo ano, in BMJ n.° 119, respec-tivamente pp. 254 e 266, designarem por «culpa concorrente» o verdadeiro concurso de facto culposo do lesante e do lesado e a responsabilidade solidária. Também no relatório do acórdão do STJ de 2 de Novembro de 1971, in BMJ n.° 211, p. 278, se encontra essa amálgama conceitual.

Entre as decisões que utilizam, inequivocamente, designações mais correctas, estão os acórdãos do STJ de 15 de Junho de 1989, in BMJ n.° 388, p. 495 (refere-se à «conculpabilidade do lesado» e a «concurso de culpas do lesado... e do lesante») e de 25 de Janeiro de 1983, in BMJ n.° 323, p. 385 (com a referência à «concorrência de culpa do lesado»).

[222] Assim, PEREIRA COELHO, *A causalidade...*, in RDES, ano XII, n.°4, 1965, *cit.*, p. 2, ALMEIDA COSTA, *op. cit.*, p. 514, PESSOA JORGE, *Ensaio...*, *cit.*, p. 363, PIRES DE LIMA/ANTUNES VARELA, *Código Civil Anot.*, I, *cit.*, p. 517 (artigo 505.°, n.°1), SINDE MONTEIRO, *Estudos...*, *cit.*, p. 195 e PINTO MONTEIRO, *Cláusulas limitativas...*, *cit.*, p. 402. Ver, no direito brasileiro, J. DE AGUIAR DIAS, *op. cit.*, n.° 221, pp. 810-811.

PARTE I

**SENTIDO E FUNÇÃO DO PROBLEMA DA CONDUTA
CULPOSA E NÃO CULPOSA
DO LESADO NO SISTEMA DUALISTA
DA RESPONSABILIDADE CIVIL
E NAS OUTRAS FONTES
DE REPARAÇÃO DO DANO**

CAPÍTULO I

INFORTÚNIO, RESPONSABILIDADE, AUTOLESÃO E AUTORESPONSABILIDADE

Sumário: 5 – Dano fortuito e princípio *casum sentit dominus*; 6 – Dano responsabilizante e princípio da reparação; 7 – Dano causado a si mesmo e princípio da «imputação» ao lesado; 8 – Dano resultante do concurso de condutas do lesante e do lesado e princípio da autoresponsabilidade; 9 – Sequência da exposição.

5. Dano fortuito e princípio *casum sentit dominus*

Como se sabe, o direito da responsabilidade civil é constituído por um conjunto de regras que se destinam a *repartir* as perdas relacionadas com os chamados factos responsabilizantes. Na sua missão de impor a obrigação de reparar o prejuízo causado, ou, mais concretamente, na sua tarefa de «*transferir o dano*»[223] de uma pessoa (como lesada) para outra (enquanto lesante), o sistema de responsabilidade civil recorre a determinados *princípios* ou *critérios de imputação*.

De acordo com esses princípios, o agente responderá[224] pela sua acção *ilícita* e *culposa* ou por uma conduta lícita geradora de *riscos*

---

[223] Cfr. SINDE MONTEIRO, *Estudos...*, *cit.*, p. 13, ao referir-se à «*Abwälzung des Schadens*». Esta fórmula é corrente na doutrina germânica e suíça (cfr. M. KELLER/S. GABI, *op. cit.* p. 1 e H. GIGER, *Analyse der Adäquanzproblematik im Haftpflichtrecht. Beitrag zur Objektivierung der Wertungsmasstäbe*, in Festschrift für MAX KELLER zum 65. Geburtstag, Zürich, 1989, p. 141), permitindo «funcionalizar» a responsabilidade civil. Para essa função, ver também PESSOA JORGE, *Ensaio...*, *cit.*, p. 11.

M. FRANZONI, *op. cit.* (*supra*, n.161), pp. 32 e ss., considera a «redistribuição equilibrada dos recursos» como exigência de uma responsabilidade civil não «publicizada».

[224] Falamos de *responsabilidade* no seu sentido mais autêntico, como imputação ético-jurídica. As «manchas» dessa originalidade tem a ver com os actos dos *inimputáveis* e a tendência crescente para uma entidade colectiva se substituir ao «responsável» no pagamento da indemnização, o que representa, aliás, a «perda de identidade» da responsabilidade civil e a sua «socialização».

específicos ou envolvendo dano para o titular de certos bens ou interesses, «*sacrificados*» em proveito individual ou social. Não integrando a conduta do lesante um qualquer destes critérios, o dano será, em princípio, suportado pelo próprio lesado, segundo o princípio *casum sentit dominus* ou de acordo com a *property rule*, para utilizarmos a terminologia do direito anglo-saxónico. Este princípio, o primeiro na ordem natural das coisas, não deixa deslocar da esfera do lesado os chamados *danos fortuitos* relacionados com acontecimentos exteriores de tipo natural (tempestades, seca, aluimento de terras, ciclone, etc.), ou, mais genericamente, deixa com o lesado os danos *sem um responsável*. O *dominus* suporta também, e por maioria de razão, o dano que ocorra no seu círculo de actuação e ligado a uma qualquer *infelicidade* (o caso da queda dada no quarto de banho ou na rua, ou o despiste fortuito do veículo que se conduz).

Não havendo ninguém responsável ou «solidário com os seus actos» [225], não se justifica qualquer intervenção da ordem jurídica, a não ser que seja justificada por razões *solidarísticas*. O risco que acompanha os nossos bens e a nossa individualidade pessoal é que nos torna «solidários» com a desgraça e os efeitos danosos desses eventos do «acaso» [226]. É certo que estes danos serão tanto menos suportados pelo

---

[225] BLONDEL, *apud* PUGLIATTI, ED *cit*, p. 452 n.(1).

[226] Sobre o princípio *casum sentit dominus*, ver SINDE MONTEIRO, *op. it.*, p. 12, ANTUNES VARELA, *op. cit.*, p. 643 (vendo-o como «preço» da vivência social), BAPTISTA MACHADO, RLJ, ano 121.°, *cit*, p. 135 (ao considerar o «risco geral de vida»), JÚLIO GOMES, *Responsabilidade subjectiva e responsabilidade objectiva*, in RDE, ano XIII, 1987, pp. 109 e 114 (ligando-o a "certa visão calvinista da desgraça" e contrapondo a sua «moralidade» à «moralidade» de VENEZIAN, STARCK E EPSTEIN) e, no domínio do Código de Seabra, GUILHERME MOREIRA, *Instituições do Direito Civil Português*, vol. I, *Parte Geral*, Coimbra, 1907, p. 589 (equiparando «os prejuízos causados por forças naturais» aos danos resultantes de factos a que fosse alheia a imputação subjectiva ou moral) e GOMES DA SILVA, *op. cit.*, p. 106 (referindo os artigos 717.° e 719.° do Código de 1867 e dando relevo ao princípio similar *res perit domino*).

Se DEUTSCH, *Unerlaubte Handlungen...*, *cit.*, § 1, p. 1 e *Zurechnung und Haftung im zivilen Deliktsrecht*, in Festschrift für RICHARD M. HÖNIG zum 80. Geburtstag, Göttingen, 1970, p. 33, e GERNHUBER, in AcP 152, *cit.*, pp. 77 e ss., consideram a responsabilidade como excepção à «atribuição do dano ao titular» (*Schadenszuständigkeit des Herrn*) e ESSER/SCHMIDT, *op. cit.*, I, 1, § 2III, pp. 35-36 e I, 2, § 35, p. 255, e LARENZ/CANARIS, *Lehrbuch des Schuldrechts*, Band II-Halbband 2, *Besonderer Teil*, 13.ª ed., München, 1994, § 75I, p. 351, relacionam o axioma *casum...* com o «risco geral de vida» e o «risco nais específico situado na esfera de domínio do lesado», já SOERGEL/SIEBERT/REIMER SCHMIDT, *cit.*, §2 54, n.° 14, p. 940, não o valoram mais do que como mero «axioma natural».

Sentido e função do problema da conduta culposa e não culposa   91

lesado quanto mais o sistema global de reparação se for aproximando de um *modelo social* que procure a «tutela plena da esfera pessoal», de que fala RODOTÀ[227]. Não se desconhecendo, como iremos ver ao longo desta primeira parte, a tendência para a contenção da «zona do infortúnio»[228], operada pelo surgimento de novas fontes de responsabilidade objectiva, também não se ignora que o nosso tempo já assinala um recuo da ideia do Estado-Providência[229], o que significa que, pelo menos entre nós, não é de esperar essa «optimização» da tutela do lesado. De todo o modo, para lá das áreas cobertas directamente pelo *Estado*, pelo *Fundo de Garantia Automóvel* e pela *Segurança Social*, a deslocação do dano «sem responsável» (ou com responsável insolvente ou desconhecido) verifica-se, hoje, por imposição legal[230] ou por iniciativa do potencial lesado que contrate um *seguro de saúde, de acidentes pessoais ou de danos*[231].

O princípio *casum sentit dominus* releva ainda aqui sobretudo porque – e já o referimos de passagem – parte significativa da doutrina germânica vê nele o fundamento de uma «responsabilidade geral pela própria conduta, pelo modo de viver e pela própria existência»[232]. A

---

[227] *Modelli e funzioni della responsabilità civile*, in RCDP n.º 3, 1984, p. 600.

[228] JAIME GOUVEIA, *Responsabilidade Civil. Da Responsabilidade Contratual*, Lisboa, 1932, p. 13, ao referir-se à diminuição da «zona de influência» do «acaso» e da «pouca sorte», tinha em vista, até pelo exemplo dado, o que a doutrina alemã mais recente (*maxime* desde os estudos de C. VON BAR) qualifica de «deveres do tráfego» (*Verkehrspflichten*) e que a jurisprudência de fins do século XIX (cfr. em HENKE, JuS 1988, *cit.*, p. 757, uma decisão do *Bayerisches Oberstes Landesgericht*, de 1984, relativa à queda de uma pessoa por falta de iluminação no átrio de um prédio) já tinha em conta (cfr. MENEZES CORDEIRO, *Da boa fé...*, II, *cit.*, pp. 832-833 e n.(673) e SINDE MONTEIRO, *Responsabilidade por conselhos...*, *cit.*, pp. 307 e ss).

[229] Há assim que confrontar a apologia que SINDE MONTEIRO, *Estudos...*, *cit.*, pp. 22 e ss., faz do Estado de Direito Social com a posição mais descrente de SALVI, *Responsabilità extracontrattuale (diritto vigente)*, in ED XXXIX, *cit.*, p. 1258, e *Il danno extracontrattuale. Modelli e funzioni*, Napoli, 1985, p. 293, ao aludir ao «recuo» *desse* Estado. Ver também CALVÃO DA SILVA, *Responsabilidade do produtor, cit.*, pp. 97 e ss., para a importância dessa concepção de Estado no tema que trata.

[230] Para a obrigatoriedade da celebração do *seguro desportivo*, ver os artigos 16.º da Lei n.º 1/90 de 13 de Janeiro (*Lei de Bases do Sistema Desportivo*) e 34.º do Decreto-Lei n.º 125/95 de 31 de Maio (regulamenta as *medidas de apoio à prática desportiva de alta competição*) e, para a sua regulamentação, ver o Decreto-Lei n.º 146/93 de 26 de Abril e a Portaria n.º 757/93 de 26 de Agosto.

[231] Para a maior aptidão e a defesa, em termos *económicos*, desse seguro, cfr. P. TRIMARCHI, *Rischio e responsabilità oggettiva*, Milano, 1961, p. 32.

[232] ROTHER, *op. cit.*, p. 87. Ver *infra*, n.º 18.

92 A conduta do lesado

ligação do axioma com o problema do concurso de condutas do lesante e do lesado assenta num raciocínio simples e lógico, pois a partir do momento em que o lesado suporta na sua esfera jurídica os danos fortuitos e os relacionados com o seu agir, por maioria de razão deve suportar, pelo menos *em parte,* aqueles prejuízos que derivam da sua actuação e da do lesante.

6. Dano responsabilizante e princípio da reparação

Se o dano fortuito e o dano resultante do infortúnio do lesado não colocam, em regra, nenhuma questão de *imputação*[233] desses mesmos danos, já o mesmo não sucede quando o lesante comete, por ex., um ilícito culposo ou o lesado age, em concurso ou não com o acto daquele, com desleixo, manifesta imprudência ou intenção deliberada. Deixando para os números seguintes o problema da possível *imputação ao lesado* do dano que provocou ou para o qual concorreu, detenhamos um pouco a nossa atenção sobre o prejuízo que responsabiliza apenas o lesante, tomando por modelo a hipótese – que agora nos interessa mais – da *conduta culposa* activa e omissiva.

A responsabilidade *qua tale* postula, como se sabe, uma ideia de *liberdade humana* que transcende o puro domínio da moral, pois a nossa *falta de solidariedade* ou de «amor pelo próximo» não tem como sanção o castigo eterno, de que falava o evangelista, mas o surgir de um dever de indemnização. Assim como o princípio supralegal da *autodeterminação* ou o *«poder jurisgénico»,* a que se refere ORLANDO DE CARVALHO[234], leva o homem a concertar os seus interesses e a assumir

---

[233] De «nexo de imputação», como «atribuição do dano ao responsável», falava já GOMES DA SILVA (*op. cit.*, p. 106). MENEZES CORDEIRO, *Direito das Obrigações*, II, *cit.*, pp. 301 e 367, por sua vez, distingue entre «imputação delitual» e «imputação objectiva», embora só veja na primeira a verdadeira *imputação*. Esta última é, no fundo, a perspectiva em que se coloca BAPTISTA MACHADO, *Tutela da confiança e «venire contra factum proprium»,* in RLJ, ano 118.º, p. 170, ao reconhecer ao «princípio de imputação» o «fundamento ético-jurídico da atribuição de uma responsabilidade...» e ao recusar ver na «mera causalidade o valor de um princípio de imputação».

Ver também, para essa ligação entre a *responsabilidade* e a *imputação,* DEUTSCH, *Unerlaubte Handlungen...*, *cit.*, §1, p. 2, PUGLIATTI, ED, *cit.*, p. 452 e, para o significado etimológico e a problemática da «imputabilidade», M. MARTIN-GRANIZO, *Imputabilidad y responsabilidad objetiva,* in ADC, tomo XXI,1,1968, pp. 579 e ss..

[234] *Teoria Geral do Direito Civil,* Coimbra, 1981, p. 16.

Sentido e função do problema da conduta culposa e não culposa   93

a vinculação da *lex contractus*, do mesmo modo um agir consciente e voluntário, que não respeite o *neminem laedere,* responsabiliza-o pelo «dano social»[235] fazendo intervir – para essa acção «seleccionada» – o sistema de reacções jurídicas. Este desrespeito pelos círculos de *domínio* e de *autonomia* dos outros[236-237] abre *zonas de conflito*, de desequilíbrio, que é necessário *harmonizar*[238], concedendo-se ao lesado o direito de ser restituído à «situação que existiria, se não se tivesse verificado o evento que obriga à reparação» (artigo 562.°).

O *princípio indemnizatório* surge, desse modo, numa relação intersubjectiva como princípio fundamental[239], expressão de um pensamento basilar de *justiça comutativa*, aliado a escopos acessórios ou de feição «penalística», mas sem assumir papel exclusivo no quadro de reacções predispostas pela ordem jurídica – em ordem a «reequilibrar» a situação criada em desrespeito pela «máxima moral e jurídica que tira a sua razão de ser da natureza das coisas»[240] – nem reparar integralmente os danos nos domínios de maior risco, onde prevalece uma *imputação objectiva*.

Por outro lado, pode haver circunstâncias que levem o homem a agir, a intervir, a reagir contra a sua inércia, num pedido de solida-

---

[235] BAPTISTA MACHADO, *Introdução ao Direito e ao Discurso Legitimador*, Coimbra, 1983, p. 61.

[236] BAPTISTA MACHADO, *Tutela da confiança...*, *cit.*, RLJ, ano 117.°, p. 266, alude sugestivamente à «capacidade de desobedecer às normas», o que, de certeza, não traduz uma qualquer adesão à concepção *imperativista*.

[237] Questão interessante, e a considerar *infra*, é a de saber se seremos responsáveis por não termos *previsto* as condutas culposas alheias ou se, pelo contrário, poderemos *confiar* numa conduta normal dos outros.

[238] Para o «valor cultural» e «ritual» (o *respondere* como reacção ao *spondere*) da responsabilidade, ver MAIORCA, ED *cit.* (*supra*, n.46), pp. 1004 e 1011. O jurista italiano, ao considerar que na base da «restauração» está a ruptura de um *«equilibrio ordinativo»*, apela para uma ideia, traduzida por LARENZ/CANARIS, *op. cit.*, § 75 I, p. 350, com a referência a uma *«Spannungsverhältnis zwischen Güterschutz und Handlungsfreiheit».*

[239] Esse princípio estava consagrado como «direito dos cidadãos» na Constituição de 1933 (artigo 8.°, 17). Sobre esse «princípio fundamental», ver MOTA PINTO, *op. cit.*, pp. 83 e 113 e ss., CARVALHO FERNANDES, *Teoria Geral do Direito Civil*, vol. I – tomo I, 2.ª reimpressão, Lisboa, 1983, pp. 66 e 84 e ss., e H. HÖRSTER, *op. cit.*, n.ᵒˢ 116 e ss., pp. 70 e ss..

[240] Assim se referia GALVÃO TELLES, *O direito natural e as obrigações civis*, in SI, n.ᵒˢ 18-20, 1955, p. 484, ao princípio romanista do *neminem laedere*. Cfr. também GUILHERME MOREIRA, *Estudo sobre a responsabilidade civil*, in RLJ, ano 38.°, 1905, p. 467 e *Instituições...*, *cit.*, p. 591. Ver DEUTSCH, *Haftungsrecht*, *cit.*, pp. 3-4, para a relação entre esse princípio e o *casum....*

riedade que também nos responsabiliza e que se funda, nas palavras de FIGUEIREDO DIAS [241], na «compreensão do homem – do homem «socializado» – como um «ser-com-outros» e um «ser-para-os-outros».

Com o que fica dito topicamente acerca do *dano responsabilizante stricto sensu*, não se pense que o princípio *neminem laedere* ou a exigência de *intervenção*, a que aludimos por último, implicam zonas *ilimitadas* ou *abertas* de imputação danosa. Não se deve esquecer que o círculo de relevância do dano fica situado para lá da chamada «adequação social» da conduta ou, mais concretamente, dos «riscos próprios da vida em comunidade» [242] (por ex., como peão ou transportado). Não fazendo parte do nosso plano debater a natureza controversa e o âmbito de aplicação de uma figura que foi aplicada por WELZEL ao direito penal [243], e introduzida na doutrina civilística, em meados dos anos 50, por NIPPERDEY [244], queremos apenas salientar que o pensamento da «adequação social» tem conotações com a velha máxima *de minimis non curat praetor* [245] e pode ser algo suficientemente impressivo para *justificar* a despenalização de certas lesões (por ex., empurrões, pisadelas, pequenos ferimentos numa prática desportiva [246] ou infecções normais). Mesmo no plano legislativo, civilístico ou não civilístico, a exigência de um «prejuízo especial e anormal» [247] ou «subs-

---

[241] *A propósito da «ingerência» e do dever de auxílio nos crimes de omissão* (anot. ao acórdão do STJ de 28 de Abril de 1982), in RLJ, ano 116.º, p. 53.

[242] PESSOA JORGE, *Ensaio...*, *cit.*, p. 300.

Para a aplicação do limite das «exigências da vida em comum» à lesão dos direitos de personalidade, ver ORLANDO DE CARVALHO, *Teoria Geral da Relação Jurídica (Bibliografia e Sumário desenvolvido)*, Coimbra, 1970, pp. 38 e 46.

[243] Ver EDUARDO CORREIA, *Direito criminal*, II, *cit.* (*supra*, n.62), pp. 10-12.

[244] Para a teoria de NIPPERDEY, ver, por todos, DEUTSCH, *op. ult. cit.*, pp. 230-
-231 e *Finalität, Sozialadäquanz und Schuldtheorie als zivilrechtliche Strukturbegriffe*, in Festschrift für HANS WELZEL zum 70. Geburtstag, Berlin/New York, 1974, pp. 237 e ss. e RIBEIRO DE FARIA, *Algumas notas sobre o finalismo no direito civil*, Porto, 1991, pp. 115 e ss..

[245] Cfr. PESSOA JORGE, *Lições...*, *cit.*, pp. 582-583.

[246] Para essas «formas» de «adequação social», ver DEUTSCH, *Die Infektion als Zurechnungsgrund*, in NJW, 1986, p. 758, e Festschrift *cit.* (*supra*, n.244), pp. 240 e ss. O jurista alemão passa ainda em revista as teses dos seguidores de NIPPERDEY, como foram os casos de VON CAEMMERER, MÜNZBERG e WIETHÖLTER, pese o particularismo da posição do primeiro, assinalado por H. STOLL (*Unrechtstypen bei Verletzung absoluter Rechte*, in AcP 162 (1963), pp. 205 e ss.).

[247] Cfr. os artigos 8.º e 9.º, 1 do já citado Decreto-Lei n.º 48051 (referência igualmente feita por PESSOA JORGE, *Ensaios...*, *cit.*, p. 300 n.(276)) e para o «dever de socialidade do cidadão», reflectido na irrelevância dos *Bagatelschäden*, cfr. *supra*, n.72.

Sentido e função do problema da conduta culposa e não culposa 95

tancial»[248] parece delimitar, igualmente, a zona a partir da qual o dano não deve ser «aceite» pelo lesado.

7. Dano causado a si mesmo e princípio da «imputação» ao lesado

Não se estranhando que aquele que é atingido por um evento fortuito ou por uma infelicidade suporte, em regra, esse dano, também parece *natural* que o titular do bem arque com as consequências de actos seus, praticados com maior ou menor imprudência ou até com vontade intencional. O homem, no uso do mesmo *direito à liberdade positiva*, que o torna responsável perante o outro, mas sem estar sujeito, agora, a respeitar os limites dessa liberdade, pode expandir a sua «loucura», tendo uma actuação que não respeite as regras de segurança ou que o leve a procurar a aventura, o risco manifestamente acrescido. Se o acidente ocorre no *acto solitário* daquele que usa uma máquina perigosa ou produtos tóxicos, ou que pratica *bungee jumping*, exploração submarina, paraquedismo, voo livre, escalada, desportos de inverno, acrobacias e outras actividades arriscadas, o *perigo* voluntariamente assumido faz estabilizar o possível dano na esfera jurídica do lesado. Como não existe qualquer perigo de dano para terceiros[249], e estão em causa meros interesses particulares, a ordem jurídica assume uma posição neutra, ao não reprovar essa liberdade, embora também sem a estimular. Não se colocando, em princípio, a questão do exercício abusivo dos direitos da pessoa, a *autolesão* ou a *colocação em*

---

[248] PIRES DE LIMA/ANTUNES VARELA, *Código Civil Anotado*, III, com a colaboração de HENRIQUE MESQUITA, 2.ª ed. revista e actualizada (reimpressão), Coimbra, 1987, p. 188 (n.º5), ligam o «prejuízo substancial para o uso do imóvel», derivado da «emissão de fumo, fuligem, vapores, cheiros, calor ou ruído...» (artigo 1346.º) à ideia de dano «essencial». Na legislação ambiental, ver os artigos 41, 1 da Lei n.º 11/87 de 7 de Abril e 48.º, 1 do Decreto-Lei n.º 74/90 de 7 de Março, relativo à protecção, preservação e melhoramento da água, dada a exigência, em ambos, de «danos significativos no ambiente». Reflexo legal desse *mínimo de gravidade*, como *risco* contratual, é, inequivocamente, a hipótese referida no artigo 802.º, 2.

[249] Aspecto diferente é o de saber se há responsabilidade para aquele que abandona a arma com a qual alguém se feriu ou matou ou se, por ex., o farmacêutico pode ser incriminado por homicídio por ter vendido, sem receita, o veneno utilizado pelo suicida. Para este último caso, ver, para certa jurisprudência italiana, TRIMARCHI, *Causalità e danno*, Milano, 1967, pp. 129-130, n. (119) e, para o crime de abandono de seringas, ver o Decreto-Lei n.º 15/93 de 22 de Janeiro, publicado com o fim de rever a legislação de combate à droga.

A conduta do lesado

perigo suscitam, quando muito, um *sentimento social*, mais ou menos difuso, de reprovação contra a insensatez e a temeridade do acto [250] ou uma atitude de autocensura por parte do próprio lesado.

Está igualmente dentro do círculo de liberdade da pessoa (enquanto *Selbstverfügung*) o consumo de drogas legais, a automutilação, o suicídio (ou a sua tentativa) [251], a recusa em se tratar ou em dar

---

[250] Essa reprovação (*lato sensu*) não tem por base o comportamento socialmente nocivo», de que fala PESSOA JORGE, *op. cit.*, pp. 66-67, mas pode ter a ver com a «irracionalidade» (*Vernunftwidrigkeit*), a que se refere M. KÖHLER (*Freiheitliches Rechtsprinzip und Betäubungsmittelstrafrecht*, in ZStW 104 (1992), p. 19) ou o desejo de não se confrontarem duas autocolações em perigo (a do insensato e a de um possível interventor).

[251] ANTUNES VARELA, *op. cit.*, p. 566 n.(2), e MENEZES CORDEIRO, *Direito das Obrigações*, II, *cit.*, p. 19, n. (480), contrariamente a EDUARDO CORREIA, *op. cit.*, II, pp. 34-36, n.(1 b)), parecem considerar ilícita a *tentativa de suicídio*, dada a indisponibilidade do bem da vida, o que legitima a legítima defesa «contra o autor da agressão». Numa perspectiva semelhante – pelo menos quanto aos resultados finais – coloca-se BONVICINI, RcP, *cit.* (*supra*, n.160), ao considerar *ilícitos* o *suicídio* e o *acto autolesivo* e ao questionar, pela afirmativa, a existência de um «dever geral de intervenção» que evite a consumação desses actos, e mesmo DE CUPIS (*Os direitos da personalidade* (tradução de A. VERA JARDIM/ A.M. CAEIRO), Lisboa, 1961, p. 60), exclui o «abuso» do direito à vida. Numa perspectiva histórica do problema do suicídio, sem esquecer a «injustiça» aristotélica (não *contra si mesmo*, mas contra a *cidade*) revelada no Livro V da *Ética a Nicómaco* (cfr. *Éthique à Nicomaque*, 8.ª ed., tradução de J. TRICOT, Paris, 1994, pg. 268-269), ver JÚLIO GOMES, *A gestão de negócios – Um instituto jurídico numa encruzilhada*, Coimbra, 1993, pp. 194-195.

Para ORLANDO DE CARVALHO, *Teoria Geral... (Bibliografia e Sumário desenvolvido), cit.*, p. 50, o suicídio e a automutilação, não sendo atitudes lícitas ou ilícitas, são manifestações de um «*posse* natural», distintas do puro exercício de um direito. Numa posição mais «aberta» e mais realista, coloca-se COSTA ANDRADE, *Consentimento e Acordo..., cit.*, pp. 216-217, ao valorar o suicídio «... do ponto de vista do portador concreto do bem jurídico e da expressão da sua autonomia». Tese curiosa é a de V. VITALE, *L'antigiuridicità «strutturale» del suicidio*, in RIFD, IV Serie, LX, 1983, pp. 461 e ss., já que depois de assinalar que a penalística italiana dominante vê o suicídio como algo de *ilícito*, justifica a sua não punibilidade com a ideia kantiana da «antijuridicidade estrutural», isto é, o suicídio não teria a ver com o «dever-ser» da norma, mas com «a relação do sujeito consigo mesmo», com o «dever-de-ser».

O suicídio pode ainda relevar se constituir o «efeito adequado» de um estado depressivo provocado por outrem (ver *infra*), mas também pode ter na sua base razões de *superstição* (como parece acontecer na China com o suicídio dos pais, visando prolongar a vida ao filho doente), *religiosas* (como sucede com a recusa de uma Testemunha de Jeová em se submeter a uma transfusão de sangue), ou *políticas* (por ex., na imolação pelo fogo, como protesto por determinado regime governativo). Refira-se, a propósito desta última motivação, que INGO VON MÜNCH, *Grundrechtsschutz gegen*

Sentido e função do problema da conduta culposa e não culposa   97

consentimento para um acto médico[252], a destruição de bens patrimoniais ou a sua conservação-defesa negligente[253].

Não se colocando, agora, o problema da protecção do lesado, dada a inexistência da relação interindividual, própria da responsabilidade civil, e sendo praticamente inviável a transferência do dano para uma seguradora, em virtude da quebra de solidariedade revelada pela natureza intencional ou gravemente «culposa» da conduta, o «desrespeito» do homem por si mesmo tem a sua *génese* e a sua *consequência* na própria pessoa[254]. *Sibi imputare debet*, dirão uns, de *autoresponsabilidade* ou de *culpa contra si mesmo*, falarão outros, podendo ainda invocar-se a velha máxima de POMPONIUS, já nossa conhecida, «*quod quis ex culpa sua damnum sentit, non intellegitur damnum sentire*»[255].

Cremos poder dar-se por assente, nestes e em casos semelhantes, que o *dano é naturalmente imputado apenas ao lesado*, não sendo a sua «culpa» valorada juridicamente e suportando os *efeitos negativos*, as *desvantagens*, da «agressividade» para consigo mesmo e da liberdade

---

sich selbst? in Festschrift für HANS P. IPSEN zum 70, Geburtstag, Tübingen, 1977, pp. 121-123, considera ilegítima a intervenção das autoridades, consistente na alimentação forçada dos grevistas da fome, desde que essa «autocolocação em perigo» se baseie numa «decisão verdadeiramente livre» (o chamado *Bilanzselbstmord*).

[252] O médico não pode intervir alegando um «direito de necessidade supra-legal» (COSTA ANDRADE, *O consentimento do ofendido no novo Código penal*, in *Para uma nova justiça penal*, Coimbra, 1983, p. 113), sob pena de cometer o crime previsto no artigo 156.º do Código Penal. Por outro lado, o conhecimento da vontade hipotética (de recusa de tratamento) da pessoa inconsciente, deve prevalecer igualmente sobre esse «direito de necessidade» (cfr. COSTA ANDRADE, *cit.*, p. 124).

[253] A Relação de Coimbra, em acórdão de 6 de Julho de 1982, in CJ, ano VII, tomo 4, 1982, p. 32 e s., imputou exclusivamente à *inércia* do lesado os danos que ele sofreu, resultantes da invasão de raízes e ramos de árvore.

[254] ADRIANI, *op. cit.*, p. 9, refere sugestivamente o acto de desfazer a barba.

[255] Em sintonia com G. CRIFO, *Danno (storia)*, ED XI, p. 618, DE CUPIS, *op. cit.* (*supra*, n.131), pp. 10 n.(7) e 24, entende que o *damnum* corresponde à noção comum, sem valor de «dano em sentido jurídico», ou seja, não deriva de um acto humano antijurídico, como sucede, aliás, no *consentimento* do lesado. No mesmo sentido, de excluir os prejuízos causados pelo lesado, se tinha pronunciado FISCHER, ao conceitualizar o dano (cfr. GOMES DA SILVA, *op. cit.*, p. 64), sendo, contudo, de assinalar as reservas manifestadas a essa tese, pelo último jurista, a propósito da noção de «gastos extraordinários» (p. 75). Quanto a nós, parece tratar-se mais de um dano sem um responsável *tout court*, e que pode mesmo ser assumido, em certas condições e em certos casos, por uma seguradora ou pela Segurança Social. Para os riscos não cobertos nos seguros pessoais, ver J.C. MOITINHO DE ALMEIDA, *O contrato de seguro no direito português e comparado*, Lisboa, 1971, pp. 375 e 383 e ss..

de se poder prejudicar[256] ou de querer assumir os riscos. A ordem jurídica só intervém na sua missão reguladora de possíveis conflitos e de preservação de determinados interesses sociais a partir do momento em que o direito à liberdade «está viciado», começa a invadir a *esfera alheia* ou a pôr em risco a *co-responsabilidade social*, violando mesmo normas predispostas para a tutela de *interesses sociais* ou ainda com *certa direcção individual*. A condução sem capacete ou cinto protector, com excesso de velocidade ou em estado de embriaguez, o consumo de drogas ou de tabaco, a automutilação com fins fraudulentos, a destruição de bens culturais ou patrimoniais valiosos[257] ou com prejuízo evidente para os credores[258], são alguns dos exemplos em que as condutas não são indiferentes, mesmo na ausência de dano, podendo originar a aplicação de *coimas* e *multas* ou preencher certos *tipos legais de crime*[259], em atenção ao que COSTA ANDRADE chama de «valência sistémico-social»[260] dos comportamentos. Do mesmo modo, o sistema não pode manter-se numa posição de neutralidade perante os *actos* de *disposição* de direitos ou bens essenciais, que se traduzam na concessão a outrem de um poder de agressão ou levam o seu titular a torná-los objecto de *convenções de exclusão ou de limitação de responsabilidade*[261].

Não esquecemos, contudo, que as coisas não serão assim tão simples noutro plano, que não o do dano, e por isso não é de estranhar que,

---

[256] Como é afirmado no artigo 2.° l) i) do Decreto-Lei n.° 321/89, *cit.* (*supra*, n. 80), não se verifica acidente de aviação se as lesões sofridas se ficarem a dever «...a ferimentos provocados à pessoa por ela própria...». No âmbito do dano não necessariamente pessoal, cfr. o artigo 50.°, 1, b) do Decreto-Lei n.° 198/93 de 27 de Maio (regula *a actividade das agências de viagens e turismo*).

[257] ANTUNES VARELA, *op. cit.*, p. 566, n.(2), ao admitir a legítima defesa «contra a tentativa de fogo posto em coisas pertencentes ao incendiário» vê aí, porventura excessivamente, o *abuso* de um direito de disposição.

[258] Ver o artigo 227.° 1a) do Código Penal e cujo teor é, praticamente, a reprodução do artigo 325.° 1a) (versão de 1982), na redacção que lhe foi dada pelo artigo 3.° do Decreto-Lei n.° 132/93 de 23 de Abril (aprova o *Código dos Processos Especiais de Recuperação da Empresa e de Falência*).

[259] Ver outras situações de autolesão sujeita a *punição*, por ofenderem «relevantes valores comunitários», em COSTA ANDRADE, *Consentimento e Acordo...*, *cit*, pp. 205-206 n.(94), no quadrante da distinção com a «heterolesão consentida». Nos exemplos referidos por COSTA ANDRADE, é de salientar que o tráfico-consumo e o consumo de estupefacientes caem actualmente na alçada do Decreto-Lei n.° 15/93 de 22 de Janeiro, *cit.*

[260] *Ibidem.*

[261] Ver *infra*.

Sentido e função do problema da conduta culposa e não culposa 99

por ex., INGO VON MÜNCH[262] coloque a questão da possível «terceira dimensão dos direitos fundamentais»[263] conectada com uma espécie de «inversão da sua ideia», isto é, com uma *imposição* protectora «contra a vontade do titular do direito». A propósito da obrigatoriedade do uso de *capacete protector* e de *cinto de segurança* e da alegada limitação-violação da «consciência», das imposições religiosas e dos «direitos à liberdade e à integridade pessoal», INGO VON MÜNCH nega a possibilidade de se poder falar de uma «tutela fundamental contra si mesmo» (*Grundrechtschutz gegen sich selbst*) dado estarem em causa direitos alheios (*maxime* no tocante ao uso dos cintos de segurança), para lá da necessidade de *protecção própria*[264], como também sucede no domínio da *segurança* no trabalho mais perigoso.

---

[262] Festschrift *cit.* (*supra*, n.251), pp. 113 e ss., *maxime* pp. 115-121.

[263] Sobre a «dupla dimensão» e a primazia do conteúdo *subjectivo* dos direitos fundamentais, ver VIEIRA DE ANDRADE, *Os direitos fundamentais na Constituição portuguesa de 1976*, Coimbra, 1987, pp. 143 e ss..

[264] Terá razão COSTA ANDRADE, *Consentimento e Acordo...*, *cit.*, pp. 205-206, n.(94), quando afirma que a punição da violação do dever de usar cinto de segurança e capacete protector parece ter a ver com o princípio da «protecção da vítima contra ela própria»? Como veremos melhor *infra*, essa imposição visa lateralmente a *segurança do tráfego*, pretendendo evitar igualmente *custos sociais* (e não só) relevantes.
Já quando o legislador, no artigo 96.º, 1 do Código da Estrada, ordena o uso moderado dos «chicotes ou outros instrumentos semelhantes» e proíbe que possuam «... na extremidade qualquer corpo que, pela sua rigidez ou peso, possa ferir os animais», é evidente que procura salvaguardar apenas a *segurança rodoviária*. O desiderato de proteger os animais contra a utilização de «chicotes com nós, aguilhões com mais de 5 mm, ou outros instrumentos perfurantes...» já integra o escopo da Lei n.º 92/95 de 12 de Setembro.
A propósito do caso mais específico do consumo de drogas, R. HOHMANN/H. MATT (*Ist die Strafbarkeit der Selbstschädigung, verfassungswidrig?* in JuS 1993, pp. 370 e ss.), avocando, entre outros argumentos, a distinção feita por KANT e HEGEL entre «deveres exteriores» (ou «intersubjectivos») e «deveres interiores» (para consigo mesmo) e a sua concepção de liberdade, consideram *inconstitucional*, por ofensa à autodeterminação pessoal, a punição de acções que não implicam a «negação» dos direitos alheios (sobre o ponto, ver M. KÖHLER, *est. cit.*, pp. 14 e ss.). Esta posição crítica surgiu em anotação à decisão do BGH, de 25 de Agosto de 1992 (in NJW 1992, p. 2975), que confirmou a condenação de um adquirente de haxixe, recorrendo aos argumentos tradicionais da legitimidade da protecção (penal) do indivíduo (contra si mesmo) e da própria «saúde pública», bem como da incompatibilidade entre o «círculo de liberdade» e o preceito constitucional que garante o direito ao livre desenvolvimento da personalidade. Ver aliás, para o desejo de libertação responsável da dependência, como motivo de *política criminal* justificativo da punição do consumidor, o preâmbulo do referido Decreto-Lei n.º 15/93 e as reservas de M. KÖHLER, cit., pp. 39 e ss..

Particularmente importante para o conjunto das situações que nos propusemos tratar é a valoração das atitudes *unilaterais* do lesado, na fase posterior ao surgimento do dano (evolutivo), traduzidas na *recusa* em se submeter a qualquer tratamento médico ou a uma intervenção cirúrgica, com o consequente agravamento do seu estado de saúde. Também aqui o acto omissivo do lesado não é desprovido de consequências (para si e para o lesante), com o que volta a questionar-se o problema da sua *liberdade decisória* e da sua possível «autoresponsabilidade». Esta equação exige, contudo, um enquadramento que já tem mais a ver com o número seguinte.

8. Dano resultante do concurso de condutas do lesante e do lesado e princípio da «autoresponsabilidade»

Delimitadas as esferas do «dano da casualidade», do «dano da responsabilidade» e do «dano da liberdade autolesiva», interessa considerar o dano que resulta do *concurso*, em regra simultâneo, de *condutas* (*maxime* culposas) do *lesante* e do *lesado*. Esta concorrência de causas parciais[265] – que constituirá a temática central da nossa dissertação – coloca-se na zona de intersecção de duas liberdades ou da omitida prevenção, interessando manifestamente ao direito, a partir do momento em que o lesado, contra uma certa «lógica das coisas», pretenda ver o dano transferido na sua totalidade para o lesante.

Contrariamente ao que sucede quando o dano é de imputar *exclusivamente* ao lesado, este núcleo de hipóteses pressupõe a exigência de um responsável, cuja conduta concorra com a do lesado. Consequentemente, surge-nos, como questão prévia, um problema causal, em que é difícil encontrar o «fio de Ariadne», e que consiste em saber, *grosso modo*, se existe essa *concorrência* ou se o dano é de imputar *unilateralmente* ao lesado ou ao lesante. Esta verificação preliminar da(s) causa(s) do dano é igualmente importante no domínio das relações entre a responsabilidade objectiva e o facto, culposo ou não, do lesado, não deixando mesmo certa legislação especial[266] de assinalar expressamente o significado da «causalidade exclusiva».

---

[265] Na *concorrência de causas parciais* é de considerar, ainda, a existência de *vários responsáveis* em regime de solidariedade, a conjugação da *conduta do lesante com um evento fortuito ou de força maior* e o chamado *concurso de riscos*, inerentes, essencialmente, à utilização de coisas perigosas.

[266] Referimo-nos aos já citados artigos 13.º, 2 do Decreto-Lei n.º 321/89 e 14.º, 1

Sentido e função do problema da conduta culposa e não culposa 101

O pressuposto causal de relevância da conduta (concorrente) do lesado é reconhecido por autores de diversas origens, levando LARENZ[267] a acentuar a ideia de que o cuidado em evitar danos para a pessoa só interessa a partir do momento em que há um responsável material[268]. Nem se nega que se esteja perante um *dano juridicamente relevante*, mesmo que causado, em parte, pelo acto do lesado[269]. Na realidade, a leitura dos normativos que contendem com esse dano, e particularmente a do artigo 570.°, leva-nos a concluir que a *alteridade* danosa só é necessária para que tenha lugar uma deslocação patrimonial plena, ou, pelo menos, sujeita a outras limitações ou exclusões.

Na situação de concorrência, que estamos a tratar, e em que a liberdade do lesante e do lesado se convertem, respectivamente, em *responsabilidade* e *autoresponsabilidade* (geralmente derivada da «culpa»), o dano não é liminarmente excluído, mas desencadeia, *ex vi legis*, na hipótese típica do artigo 570.°, 1, uma *ponderação* das *condutas* culposas do lesante e do lesado (ou de pessoas cuja actuação se projecta nele) e uma *avaliação* das suas *consequências*, com a finalidade de o julgador se decidir por um dos efeitos cominados na lei: *redução*, *exclusão*, ou *concessão* da indemnização.

Esse duplo processo de análise adapta-se perfeitamente aos casos em que o lesado *agrave* ou *não reduza* os efeitos lesivos gerados pela conduta do lesante, embora, em regra, não se possa falar de uma situação de concorrência idêntica à que ocorre na *produção* do dano. Mesmo assim, a ponderação será de afastar sempre que o acto (de agravamento) do lesado apenas «active» a «força» lesiva implicada no dano inicialmente causado.

---

do Decreto-Lei n.° 71/90, mas sem esquecermos o quadrante de hipóteses relacionadas com o disposto nos artigos 570.°, 2 e 505.°.

[267] *Op. cit.*, § 31 a), pp. 539-540 e n.(1).

[268] Nesse sentido, ver ANTUNES VARELA, in RLJ, ano 102.°, *cit.*, p. 60, PEREIRA COELHO, *O enriquecimento e o dano*, in RDES, 1968, *cit.* (*supra* n.54), p. 68, n.(1), DARIO MARTINS DE ALMEIDA, *op. cit.*, p. 146, PESSOA JORGE, *Seguro de responsabilidade civil em matéria de acidentes de viação* (em anotação ao acórdão do STJ de 10 de Outubro de 1972), in RFDUL, ano XXIV, 1972, p. 378 (pese embora a defesa da exclusão da obrigação de indemnização só ser, em regra, exacta, se o lesado tiver sido o autor *exclusivo* do facto danoso) e, na doutrina estrangeira, WEIDNER, *op. cit.*, p. 5, WESTER, *op. cit.*, p. 3, N. DI PRISCO, *op. cit.*, pp. 81-82, CATTANEO, in RDC I, 1967, *cit.*, p. 478 e SOTO NIETO, *La Llamada «compensación de culpas»*, in RDP, 1968, p. 410.

[269] Assim, PEREIRA COELHO, RDES, *cit.*, p. 68 n.(1), DE CUPIS, *op. cit.*, pp. 10 n.(7) e 247-248 (menos categoricamente), CATTANEO, *cit.*, p. 478 e N. DI PRISCO, *op. cit.*, pp. 27-28.

Diga-se, ainda, que essa ponderação-avaliação não é afastada no caso de ter concorrido para o dano a *conduta de um inimputável*, desde que se possa partir de um conceito de «culpa» do lesado desprendido dessa referência subjectiva que é o pressuposto genérico da imputabilidade.

Com estas últimas linhas, entramos no patamar do regime do concurso de facto culposo do lesante e do lesado, observando, desde já, que o nosso legislador partilhou a orientação moderna de abandono do princípio que negava a indemnização ao lesado negligente e que ficou conhecido, como já dissemos, por «compensação de culpas». Mas esqueçamos, por momentos, o plano consolidado da lei, para nos determos noutro tipo de reflexões.

O fenómeno de concorrência de condutas coloca teoricamente a possibilidade de gerar a *responsabilidade integral* do lesante, a «*autoresponsabilidade*» *plena* do lesado e a «*autoresponsabilidade*» *parcial* do lesado (ou a *responsabilidade parcial* do lesante)[270]. Numa perspectiva estritamente *lógica e causal*, não se justifica a primeira opção, pois o lesante suportaria uma parte do dano para a qual não tinha concorrido. A esta mesma conclusão chegam, aliás, os juristas que, como WESTER[271], WEIDNER[272], ESSER/SCHMIDT[273] ou WOLF[274], partem do princípio *casum sentit dominus* para imputar ao lesado, à margem de uma referência culposa estrita, a parcela causal para a qual concorreu ou que lhe é objectivamente imputável. Este *resultado* é sufragado, entre nós, pela doutrina a que poderemos chamar «objectivista» e cujos nomes mais representativos são PESSOA JORGE[275] e MENEZES CORDEIRO[276]. Se o primeiro releva o «acto do lesado» que tenha sido «concausa do prejuízo», o segundo é categórico na reiteração da ideia de que o artigo 570.° tem mais a ver com «a delimitação dos danos» e que «não coloca um problema de culpa mas da ch. causalidade».

---

[270] LAPOYADE DESCHAMPS, *op. cit.*, p. 12, coloca o problema nos seguintes termos: «*Le dommage appelle l'indemnisation, la faute exige la sanction. La responsabilité, remède juridique de la souffrance, peut-elle se retourner contre celui qui souffre?*».

[271] *Op. cit.*, p. 47.

[272] *Op. cit.*, pp. 5-6 e 26-27.

[273] *Op. cit.*, I, 2, §35 I, p. 255.

[274] *Allgemeiner Teil des. Bürgerlichen Rechts*, 2.ª ed., Köln/Berlin/Bonn/ /München, 1976, p. 480.

[275] *Ensaio...*, *cit.*, p. 360 e *Lições de Direito das Obrigações, cit.*, p. 574.

[276] *Direito das Obrigações*, II, *cit.*, p. 409 e n.(251) e *Da boa-fé...*, II, *cit.*, pp. 768, n.(457) e 841.

Sentido e função do problema da conduta culposa e não culposa   103

Fazendo descaso – nesta parte – não só do maior ou menor acerto do *fundamento* que parte do relevo da «esfera de domínio» (*Sachzuständigkeit*[277]), mas também de uma explicação mais completa do *regime* do artigo 570.°, parece *intuitiva* e *natural* uma solução de *distribuição do dano*[278], que evite os extremismos de uma tutela excessiva do lesante (mediante a exclusão indemnizatória) ou do lesado (obtenção da indemnização plena). O «tudo ou nada» levaria, inevitavelmente, a uma contenção das condutas com grave prejuízo para o normal fluir da vida de relação[279], o que é constatado por SINDE MONTEIRO[280], ao «autoresponsabilizar» a pessoa a quem se dê certo conselho ou informação, no processo que conduz ao dano patrimonial. Uma valorização excessiva e global da posição do lesado, que tornasse o lesante «guardião» da sua segurança, faria tábua rasa do *princípio da confiança* (e das respectivas esferas de actuação)[281] e da justiça inerente à relação interindividual, eliminando a necessidade de a pessoa se *autoproteger* e exagerando a apreciação da culpa do agente. A solução-regra de equilíbrio, que deve nortear o regime *desta* concausalidade, levou mesmo PIERO GIOLLA[282] a afirmar que «se o legislador tem ódio ao lesante, também o lesado não lhe merece simpatia se foi o co-causador do seu próprio dano».

No plano do *direito geral da responsabilidade civil* ou da relação intersubjectiva, e que foi aquele em que se colocou o legislador de 1966, representaria uma violação do *princípio da igualdade* de tratamento jurídico a consagração de um regime mais favorável ao lesado «culpado». A defesa sistemática do princípio *pro damnato*, réplica imperfeita do chamado *favor debitoris*, parece ser aqui «surrealista», na medida em

---

[277] Cfr. WEIDNER, *op. cit.*, pp. 2 e 7.

[278] Não se trata verdadeiramente de uma «responsabilidade partilhada», como quer DARIO MARTINS DE ALMEIDA.,*op. cit.*, pp. 146, 150 e 161, inspirando-se nitidamente na expressão francesa *partage de responsabilité* (cfr., entre outros, H./L./J. MAZEAUD/F. CHABAS, *Leçons de Droit Civil, Obligations*, 8.ª ed., Paris, 1991, n.° 594, p. 681 e J. CARBONNIER, *Droit civil 4 – Les Obligations*, 16.ª ed., Paris, 1992, pp. 397 e 472).

[279] Do ponto de vista do lesado, isso implicaria recusar-lhe, no tráfego, o «direito» de andar distraído. Para a negação deste «direito», ver OLIVEIRA MATOS, *op. cit.*, p. 521.

[280] *Responsabilidade por conselhos...*, *cit.*, pp. 581-582 e n.(437).

[281] Como veremos, ROTHER, *Grenzen des mitwirkenden Verschuldens*, in NJW 1966, pp. 326 e ss., considera fundamental, para atenuar essa autoprotecção, a existência, no tráfego, de um «princípio de confiança» na actuação alheia.

[282] *Valutazione del danno alla persona nella responsabilità civile*, Milano, 1957, p. 22.

que o lesado não foi «inocente» ou concorreu igualmente para o seu dano. A distribuição «injusta» do dano ou uma imputação desequilibrada outorgaria à responsabilidade civil uma *função publicística*[283], a que é alheia, introduzindo novas perturbações no seu regime.

A ideia-força de uma solução moderada passa, assim, por *auto-responsabilizar*[284] o lesado pelo uso prejudicial da sua liberdade, fazendo-o assumir os efeitos lesivos de uma conduta tipicamente «anormal»[285] e normalmente «culposa». Não se trata, para nós, de uma verdadeira responsabilidade, co-responsabilidade ou «responsabilidade negativa»[286], dada a ausência do requisito da *alienidade* do dano e – como veremos – da ausência de uma norma, semelhante à do artigo 483.°, que *sancione* a conduta *devida* de a pessoa não causar danos a si mesmo, em proveito do lesante e (ou) da comunidade. De «responsabilidade» do lesado só se poderá falar no sentido de se *suportar as consequências de uma conduta*[287].

---

[283] Ver FRANZONI, *op. cit.*, pp. 41 e 71, para a negação desse papel e LAPOYADE DESCHAMPS, *op. cit.*, pp. 332 e ss., para a defesa do «equilíbrio estático» das duas culpas.

[284] Como vimos *supra*, n.217, o termo é relevado, entre nós, por BAPTISTA MACHADO, in RLJ, ano 121.°. *cit.*, pp. 135-136, considerando-o como «limite a qualquer forma de responsabilidade» e identificando-o com «o ónus de cuidar com prudência e diligência dos nossos próprios interesses». É de assinalar que o saudoso Mestre emprega também a expressão «culpa perante si próprio».

PUGLIATTI, ED IV, *cit.*, p. 457, n.(21), distingue a *autoresponsabilità* da «culpa contra si», de ZITELMANN, ao confrontar a carga jurídica da primeira com a referência ética da segunda e considera como suas manifestações, entre outras, as figuras do «ónus, da compensação de culpas, do consentimento do ofendido, da confiança infundada na validade do contrato».

[285] Ver PUGLIATTI, *cit.*, pp. 458 e 464. Referindo-se expressamente à norma (artigo 1227.° do *Codice Civile*), que corresponde ao artigo 570.°, o jurista italiano afirma que a autoresponsabilidade do lesado é uma «causa neutralizadora, total ou parcial, dos efeitos do ilícito» (p. 459). Partindo da mesma ideia, U. MAGNUS, *Drittmitverschulden...*, *cit.*, p. 17, considera que o lesante só deve suportar plenamente as consequências de uma conduta concorrente, mas «normal» do lesado.

[286] No sentido a que se refere N. DI PRISCO, *op. cit.*., p. 235. Este autor contrapõe o artigo 1227.° ao artigo 2043.° do *Codice Civile*, baseado numa interpretação do primeiro preceito não distanciada do requisito da ilicitude.

[287] Nesse sentido, ver SINDE MONTEIRO, *Estudos...*, *cit.*, p. 192, n.(363), LARROUMET, *op. cit.*, p. 1 (embora sem prescindir do elemento punitivo), HENKE, JuS, *cit.*, p. 753, e MESSINEO, *Manuale di diritto civile e commerciale*, I, Milano, 1952, p. 201.

Sentido e função do problema da conduta culposa e não culposa 105

Ao afirmarmos um *princípio intuitivo de autoresponsabilidade do lesado*[288], não tão absoluto como quando o dano resulta exclusivamente da «loucura» de cada um ou da sua negligência, não estamos a delimitar, ainda, a zona onde começa essa «autoresponsabilização», nem estamos a fixar-lhe um qualquer conteúdo normativo. Será suficiente uma conduta concorrente com a do lesante e que funcione apenas como mera *conditio sine qua non* do dano? Ou é necessária uma contribuição causal que ultrapasse esse plano naturalístico? E é bastante um facto *objectivamente* negligente, apesar de o lesado não ter tido consciência do perigo (para si)? Ou é preciso uma conduta «culposa», que se possa censurar, sancionar ou reprovar juridicamente? E por que não um comportamento susceptível de ser imputado *normativamente* ao lesado, funcionando como critério de uma repartição justa?

Eis-nos perante a problemática decisiva dos *limites* de tutela do lesado que concorreu materialmente para o seu dano. A maior ou a menor extensão da responsabilidade do lesante é, desse modo, condicionada pelo espaço *mais aberto* ou *mais fechado* da «autoresponsabilidade», o qual, por sua vez, é determinado em função da concepção que se tenha acerca da *razão de ser* ou do *fundamento* do regime restritivo. No direito comum da responsabilidade civil há, assim, necessidade de encarar o dano segundo a sua génese bilateral.

O legislador de 1966 optou, como já referimos, por um modelo «decalcado» na responsabilidade do lesante, de fundo nitidamente *sancionatório-preventivo*, face à *prevalência* do *critério subjectivo de imputação*. Este «geometrismo» ou «paralelismo»[289] leva a *confrontar,* no seio do artigo 570.°, 1, duas condutas culposas, subjectiva e objectivamente diferentes, *afasta*, no artigo 570.°, 2, a culpa presumida pela prova da culpa do lesado e *não permite*, segundo o teor do artigo 505.°, que haja concorrência entre a actuação ou o evento que responsabiliza pelo risco e a conduta «culposa» do prejudicado. Ao exigir a *imputabilidade* como requisito da responsabilidade do lesante e, presumivelmente, da «responsabilidade» do lesado, e ao não prescindir da «culpa»

---

[288] É tão *natural* o lesado autoresponsável suportar uma redução no seu pedido de indemnização, como, por ex., o agressor sofrer as consequências da legítima defesa do agredido. Impressivamente, CHARBONNIER, D. 1982 (*Jurisp.*), em anotação ao *arrêt* da *Cour de Cassation* de 21 de Julho de 1982, p. 449, identifica com uma «espécie de lei de bronze da responsabilidade» o princípio segundo o qual o lesante só deverá ressarcir na medida do dano causado.

[289] Ver *supra*, n.° 3 e *infra*, capítulo II.

do lesado ou dos seus representantes legais e auxiliares, o legislador foi sensível, por um lado, a uma *política de contenção* da responsabilidade individual do lesante – como se revela do regime dos artigos 570.º e 571.º – e, por outro, a uma filosofia nitidamente *contrária ao alargamento da esfera da «autoresponsabilidade»*. Consequentemente, *de lege lata*, o acto do inimputável, a detenção-uso de uma coisa perigosa ou a «predisposição constitucional» do lesado não podem concorrer *juridicamente* com a conduta culposa, mesmo leve, do lesante[290].

Ao pretender estabelecer um sistema harmónico e coerente, o legislador *desvalorizou* o «corte concausal» do dano, acabando por consagrar algumas *discriminações*: qualquer culpa ou qualquer facto (mesmo de um inimputável) afasta a responsabilidade objectiva, por mais perigosa que seja a fonte do risco, o inimputável-lesante está menos protegido do que o inimputável-lesado vítima de culpa alheia, apesar de, num caso e noutro, poderem ter tido condutas de igual gravidade, e o inimputável-lesado vigiado está teoricamente mais desprotegido do que o inimputável sem vigilante ou com um vigilante atento e prudente. O regime jurídico da «autoresponsabilidade» dos inimputáveis revela, aliás, os aspectos curiosos de o facto do inimputável *só* não relevar quando tiver *concorrido* com um comportamento culposo do lesante, de o regime legal de favor se explicar afinal pela *lógica do sistema* e não por *razões substanciais* ou de *política jurídica protectora*, relacionadas com a sua maior apetência pelo perigo, e de ser chamada para primeiro plano a *culpa dos seus vigilantes*[291].

Também já reiterámos a importância do fenómeno da diluição do dano pela colectividade, em sectores de risco acrescido (acidentes de viação, aviação, nucleares, trabalho, etc.), retirando daí a base para a construção de um *direito especial*, norteado pelo tratamento mais favorável de *certos danos* e de *certos lesados* e com a consequente desvalorização parcial da sua «culpa» ou da sua contribuição para o dano. Este movimento de «socialização», que leva o legislador a regular a responsabilidade objectiva em função do seguro obrigatório, tem, entre nós, manifestações importantes, visíveis no regime mais protector estabelecido, nos diplomas sobre o transporte aéreo, a utilização de ultraleves

---

[290] É preciso não esquecer, no entanto, o papel *limitador* do artigo 494.º, comprovativo, afinal, da política de protecção do lesante, de que falamos no texto. Sobre esse papel, ver *infra*, n.os 15 e ss..

[291] Para essas questões, ver *infra* n.os 83 e ss..

Sentido e função do problema da conduta culposa e não culposa 107

e a responsabilidade do produtor, para o concurso entre o risco e a «culpa» do lesado.

Essa corrente de «*desculpabilização*» tem a ver com a problemática do «*erreur statisquement inévitable*», a que A. TUNC vem dedicando a sua reflexão, no quadrante dos acidentes de trânsito, desde o início da década de 60, e logrou obter a sua consagração mais ousada na lei BADINTER de 1985, com a figura dos lesados «superprivilegiados» [292]. Como veremos mais adiante, esse *modernismo* liga-se a posições doutrinárias reivindicativas de um tratamento mais justo daquelas situações de *risco acrescido* de dano e em que a «culpa» do lesado não assume a *intensidade* e a *importância* suficientes para poder excluir a concorrência de causas ou uma indemnização «socializada».

Esta nova filosofia, de cariz mais *social*, já obteve consagração universal no sector dos *acidentes de trabalho* [293], verificada que foi a «fragilidade» e a inevitabilidade a que ficava sujeito o trabalhador de ser negligente na execução de tarefas rotineiras, por descurar, quase

---

[292] O artigo 3.º 2, da Lei de 5 de Julho de 1985, mantém a responsabilidade apesar da *culpa grave* dos menores de 16 anos ou dos maiores de 70, dos inválidos ou das pessoas com uma taxa de incapacidade não inferior a 80% (cfr. CARBONNIER, *op. cit.*, pp. 492-493 e F. CHABAS, *Commentaire de la loi du 5 juillet 1985*, «*tendant à l'amélioration de la situation des victimes d'accidents de la circulation et à l'accélération des procédures d'indemnisation*», in JCP 1985, I, 3205, n.º 16). Este último jurista considera «humano e caritativo» que o condutor com seguro suporte todos os danos da «criança, do inválido e do idoso».

[293] Cfr. a já citada Base VI 1b) da Lei n.º 2127. No artigo 6.º do Projecto de Lei n.º 63/I sobre a instituição do *seguro social de acidentes de trabalho e doenças profissionais* (cfr. o Diário da Assembleia da República, 4.º Supl. ao n.º 118 de 8 de Junho de 1977), propôs-se, como causas descaracterizadoras dos acidentes de trabalho, a actuação *dolosa* do trabalhador e a *violação injustificada* «das condições de segurança estabelecidas no local de trabalho». Em princípios do século, quer o artigo 17.º da Lei n.º 83 de 24 de Julho de 1913, quer o artigo 21.º do Decreto n.º 5637 de 10 de Maio de 1919, e que instituiu o *seguro social obrigatório* contra desastres no trabalho, só excluíam a indemnização no caso de o desastre ter sido «dolosamente provocado pela vítima» ou perante a «recusa a cumprir as prescrições clínicas do médico que a trate».

A atracção do seguro de acidentes de trabalho para a esfera dos *seguros sociais* foi defendida, em 1956, por GUILHERME VASCONCELOS/SÁRAGGA LEAL, num artigo («*Da necessidade de reforma do sistema do Seguro de acidente de trabalho em Portugal*») publicado no Boletim do Instituto Nacional do Trabalho e Previdência, ano XXIII, n.º 14, pp. 378-381.

Segundo informa YVONNE LAMBERT-FAIVRE, *op. cit.*, n.ºs 290 e ss, 241 e ss., o artigo 453-1, do Código da Segurança Social, exclui a indemnização ocorrendo «*faute intentionnelle*» da vítima e manda reduzi-la em caso de «*faute inexcusable*».

sempre inconscientemente, a adopção de certas cautelas. E é precisamente a partir deste regime mais protector, mas justificado por ponderosas razões sociais, que se pretende criar um *direito próprio para os acidentes*, mais «compreensivo» em relação aos descuidos «normais» que o peão, o condutor ou o ciclista possam cometer. A dificuldade que pode surgir, num sistema como o nosso, que não ultrapassou, praticamente, o estádio do *seguro obrigatório*, conexiona-se com a estruturação desse seguro como «seguro da *responsabilidade* do segurado» perante o lesado. E também não se pode esquecer que a necessidade de colocar os interesses do lesado no primeiro plano das preocupações de qualquer sistema indemnizatório visa manifestamente o lesado *tout court*, «inocente», «objecto» de construções jurídicas mais preocupadas em sancionar os responsáveis e em levar até ao fim a *sua* lógica de justiça. A este enquadramento limitativo não deve, contudo, ser estranho, como estamos a ver, um princípio segundo o qual nem *toda a «culpa» do lesado deve gerar uma autoresponsabilidade,* o que é perfeitamente justificado num mundo que potenciou as duas revoluções industriais e em que, como diz TUNC[294], a «coexistência dos homens e das máquinas perigosas multiplica os mortos e os feridos».

Para completarmos o conjunto de considerações preliminares acerca da ideia regulativa da «autoresponsabilidade», convém não esquecer, para não se cair num unilateralismo irracional, que a ordem jurídica não defende (*a priori* e *a posteriori*) as pessoas contra todos os actos prejudiciais aos seus interesses, preferindo, em regra, não coarctá-las na sua liberdade, mas tornando-as, em certa medida, *garantes* da sua própria segurança. Como o actuar do homem pode ter implicações para os outros e para o meio social em que se vive, o sistema não abdica de uma *política de prevenção do acidente*, estabelecendo regras que visam a segurança do titular dos bens ameaçados e cominando para o seu incumprimento determinadas punições (*maxime* coimas)[295]. Estamos a pensar, sobretudo, nos preceitos do Código da

---

[294] *Les problèmes contemporains de la responsabilité cvile délictuelle*, in RIDC n.° 4, 1967, p. 765. OFTINGER, *apud* WEITNAUER, *Rémarques sur l'évolution de la responsabilité civile délictuelle en droit allemand*, in RIDC n.° 4, 1967, p. 807, n. (4), refere-se ao «potencial danoso do mundo técnico» e à circunstância de os mecanismos colectivos de reparação colocarem cada vez mais na sombra o «responder por» do lesante.

[295] KÖTZ, *op. cit.*, n.ᵒˢ 126 e ss., pp. 52 e ss., apesar de evidenciar a importância das normas que obrigam a certas condutas, cominando desvantagens para a sua inobservância, não discute a validade da sua eficácia preventiva.

Sentido e função do problema da conduta culposa e não culposa   109

Estrada que regulam a circulação de peões e condutores, sendo essas normas (e particularmente as que obrigam ao uso do cinto de segurança e de capacetes de protecção) ditadas primacialmente no interesse dos possíveis lesados, e, secundariamente, para protecção dos outros participantes no tráfego e da própria sociedade. Se a liberdade está agora mais condicionada, isso também não invalida que a pessoa opte pela sua insegurança, tornando-se o *centro da imputação*, total ou parcial, dos efeitos da sua escolha.

Esse aspecto da *prevenção-dissuasão*, com ligações evidentes ao *seguro de acidentes ou de danos* feito pelo potencial lesado, é caro à área dos *riscos profissionais*, como se constata pela cominação, em diversos diplomas legais, da obrigatoriedade de o trabalhador «zelar pela sua segurança, saúde...» e de «utilizar correctamente ...máquinas, aparelhos... e outros equipamentos de protecção colectiva e individual...»[296] (como será o caso dos capacetes, auriculares, máscaras, óculos de protecção, luvas especiais, cintos, aventais contra radiações e outros). Como salientava ALMEIDA POLICARPO[297], em finais dos anos 60, trata-se de uma questão de *política legislativa* visando o «interesse sagrado do operário de manter íntegra toda a sua capacidade física e funcional».

Num sistema de reparação com grandes faixas de «socialização» é importante esse «corte preventivo», sob pena de o homem perder completamente o sentido da sua liberdade e da sua «autoresponsabilidade». Não se estranha, por isso, que um jurista, como CATTANEO[298],

---

[296] Artigo 15.° 1 b) e c) do Decreto-Lei n.° 441/91 de 14 de Novembro, que institui os *princípios sobre segurança, higiene e saúde no trabalho*. Para idêntica obrigatoriedade, cfr. o artigo 8.° do Decreto-Lei n.° 348/93 de 1 de Outubro, e que transpôs, para a nossa ordem jurídica, a Directiva n.° 89/656/CEE, relativa às *prescrições mínimas de segurança e de saúde dos trabalhadores na utilização de equipamentos de protecção individual*. Ver também, entre muitos outros, e para áreas profissionais específicas, os artigos 11.° e ss. do Decreto-Lei n.° 273/89 de 21 de Agosto (*relativo à protecção contra os riscos da exposição ao cloreto de vinilo monómero*), os artigos 12.° e ss. do Decreto-Lei n.° 274/89 de 21 de Agosto (*relativo à protecção contra os riscos da exposição ao chumbo e seus compostos iónicos*), o artigo 10.° do Decreto Regulamentar n.° 9/90 de 19 de Abril (*regulamenta as normas e as Directivas de protecção contra as radiações ionizantes*) e os artigos 7.° e 9.° do Decreto Regulamentar n.° 34/92 de 4 de Dezembro (*contendo normas sobre a segurança e protecção radiológica aplicáveis na extracção e tratamento de minérios radioactivos*).

[297] *A actual legislação portuguesa de prevenção de acidentes de trabalho – Contributo para a sua revisão*, in SI, n.ᵒˢ 39/41, 1959, p. 167.

[298] RDC I, 1967, *cit.*, pp. 478 e ss..

110   *A conduta do lesado*

valore tanto esse aspecto e veja no «ónus de diligência» do potencial lesado «uma forma racional não muito gravosa» de evitar maiores cuidados e custos por parte dos lesantes e que GIOLLA[299], apesar do tom «paternalista», considere a *autodifesa* como «regra de conduta absorvida pelo Direito no seu papel educador e que deve orientar as relações humanas».

9. Sequência da exposição

Como acaba de ser visto, começámos a traçar as linhas essenciais da chamada *autoresponsabilidade* do lesado, delimitando-a da zona do *dano do infortúnio*, do *dano responsabilizante* e do *dano exclusivamente devido à liberdade do titular dos bens atingidos*. Antes de procedermos ao estudo sistemático dessa *autoresponsabilidade*, será importante, por razões metodológicas, *situar* essa figura complexa no conjunto do direito da responsabilidade civil e das *funções* que lhe são atribuídas, em ordem à emissão de um juízo global sobre os princípios e o quadro de soluções positivas que reflectem determinadas opções do legislador. Cada modelo de responsabilidade adopta a «sua» própria justiça, estrutura-se num certo ideário, numa filosofia que condiciona a maior ou menor extensão da indemnização e que coloca maiores ou menores limites externos à responsabilidade. A *objectivação* do sistema clássico ou subjectivo, a *prevalência do dano* sobre a responsabilidade e a valoração de uma necessária *justiça material-social*, influem na evolução do direito da responsabilidade no sentido da sua *transformação funcional* e originam novas formas, complementares ou autónomas, de reparação. Os novos sistemas e a evolução do direito da responsabilidade potenciam uma nova filosofia, a que não deixa de ser sensível o problema do tratamento jurídico da «culpa» do lesado, mesmo que apenas ao nível de *propostas de alteração legislativa*. Como lucidamente nota KÖTZ[300], a «colectivização» da responsabilidade faz *diluir* o interesse da procura do fundamento responsabilizante e da existência de uma possível «culpa» do lesado. Esta relação entre uma maior «responsabilização» e uma menor *autoresponsabilidade* leva a colocar, necessariamente, um problema de *limites*,

---

[299] *Op. cit.*, pp. 16-17 e 22. Ver ainda DE CUPIS, p. XIX do prefácio à 3.ª edição da sua obra, *cit.*, *Il danno.*

[300] *Zur Haftung bei Schulunfällen*, in JZ 1968, p. 288.

dado parecer questionar uma fronteira *natural* ou *congénita* do direito da responsabilidade.

No capítulo que se segue e nos seguintes, iremos, pois, enquadrar a conduta do lesado, enquanto factor condicionante da reparação ou da própria responsabilidade, com o objectivo *hic et nunc* importante de obtermos uma melhor compreensão global desse comportamento.

CAPÍTULO II

RESPONSABILIDADE CIVIL SUBJECTIVA E FUNÇÃO DA CONDUTA «CULPOSA» DO LESADO

SECÇÃO I
O SENTIDO DA «CULPA» DO LESADO NOS SISTEMAS CODIFICADOS DE 1867 E 1966

Sumário: 10 – A culpa como *intima ratio* da responsabilidade civil extracontratual no modelo clássico de oitocentos. O artigo 2398.°, § 2 do Código de Seabra e a censura das culpas do lesante e do lesado; 11 – O modelo mais aberto de responsabilidade subjectiva consagrado no Código Civil de 1966. O tratamento igualitário do lesante e do lesado e o enquadramento sancionatório do regime da «culpa» do lesado. Formulação de reservas ao proclamado escopo sancionatório; 12 – A duvidosa eficácia preventiva do regime do artigo 570.° e a necessidade de uma política de prevenção dirigida aos potenciais lesados.

10. A culpa como *intima ratio* da responsabilidade civil extracontratual no modelo clássico de oitocentos. O artigo 2398.°, § 2 do Código de Seabra e a censura das culpas do lesante e do lesado

Como é sabido, a responsabilidade civil baseada na *culpa* surgiu, devidamente sistematizada, nas codificações do século passado e integrada num quadro normativo assente em princípios de *filosofia individual*, de que comungavam, igualmente, as categorias jurídicas dominantes do *contrato* e do *direito subjectivo*. Assentando no valor ético da pessoa e na «homenagem» à ideia de liberdade do homem,[301] o princípio

---

[301] RUI DE ALARCÃO, *op. cit.*, p. 290.

O nosso VICENTE FERRER, no § 18 da Parte I dos seus *Elementos de Direito Natural*, 6.ª ed., 1883, in BFDUC, volume LII, 1976, p. 332, já dizia que «... como a liberdade deve ser a maior que for possível... o homem pode com direito fazer tudo o que não offende a esphera dos outros e é *justo*». Também COELHO DA ROCHA,

da responsabilidade, tal como surgiu enunciado na cláusula geral do artigo 1382.º do *Code Civil* e nos diplomas que o tomaram por modelo (entre outros, os artigos 1401.º do Código Civil holandês de 1838, 104.º do Código Penal de 1852[302], 1151.º do *Codice Civile* de 1865, 998.º do Código romeno de 1865, 2361.º do Código de Seabra[303] e 1902.º do Código Civil espanhol de 1889), só tinha sentido como «desobediência» a essa mesma liberdade. Estes preceitos, construídos à sombra de uma *faute* imprecisa, «remetiam» a desgraça para o seio da Providência e traduziam a ideia de que o «pecado»[304] cometido implicava o julgamento da conduta, a ponderação das intenções, e a imputação, ao culpado, de um dano que podia ter evitado. A concepção «romântica»[305] da culpa, resultado das concepções jusnaturalistas[306] e racionalistas de autores,

---

Instituições de Direito Civil Portuguez, tomo I, 4.ª ed., Coimbra, 1867, § 13, pp. 6-7, ao ver na «liberdade natural» o fundamento da «obrigação de indemnisar» o dano (§ 19, p. 9), condicionava o exercício daquela à «condição de não offender os seus deveres para com Deus, para comsigo, nem para com os outros».

Os autores modernos são unânimes em reconhecer esse *pressuposto voluntarista* da responsabilidade subjectiva (cfr., entre outros, RUI DE ALARCÃO, *op. cit.*, pp. 216- -217, ANTUNES VARELA, *Das Obrigações em Geral*, I, *cit.*, pp. 531, n.(2) e 643 e RFDUC, *cit.*, p. 88 (chamando a atenção para o «valor pedagógico-educativo da responsabilidade subjectiva»), ALMEIDA COSTA, *op. cit.*, p. 443, PESSOA JORGE, *Ensaio...*, *cit.*, pp. 35-36, PINTO MONTEIRO, *Cláusulas...*, *cit.*, p. 56, CALVÃO DA SILVA, *Responsabilidade...*, *cit.*, p. 111, JÚLIO GOMES, RDE, *cit.*, p. 106, DE CUPIS, *op. cit.*, I, p. 144, SCOGNAMIGLIO, NDI, *cit.*, p. 633, E. VON CAEMMERER, *Das Verschul- densprinzip in Rechtsvergleichender Sicht*, in RabelsZ, 42 (1978), p. 7 e PH. LE TOUR- NEAU, *La verdeur de la faute dans la responsabilité civile (ou de la relativité de son déclin)*, in RTDC n.º 3, 1988, pp. 506 e 507).

[302] «Aquelle, que por sua falta ou negligencia, causou a outrem algum damno, é responsável pela sua reparação». Para o comentário ao preceito, inserido no Capítulo I, do Título IV, do Código («*Da responsabilidade civil e da extincção dos crimes e penas*»), ver F. DA SILVA FERRÃO, *Theoria do Direito Penal applicada ao Código Penal Portuguez*, III, Lisboa, 1856, pp. 203-204.

[303] Para a defesa da ideia dominante da culpa, pese o teor da norma do Título I do Livro I da Parte IV do Código, ver MANUEL DE ANDRADE, *op. cit.*, p. 135.

[304] DIEZ-PICAZO, *La responsabilidad civil hoy*, in ADC, 1979, p. 728 e DÍEZ- -PICAZO/A. GULLÓN, *Sistema de Derecho Civil*, II, 6.ª ed., Madrid, 1992, p. 592, M. VILLEY, *Esquisse historique sur le mot responsable*, in Archives de Philosophie du Droit, tomo 22, *La responsabilité*, Paris, 1977, pp. 53 e ss. e ESMEIN, *La faute et sa place dans la responsabilité civile*, in RTDC, 1949, p. 482, articulam a responsa- bilidade com a ideia teológica de pecado.

[305] MAJELLO, *apud* CARBONE, *Il fatto dannoso nella responsabilità civile*, Napoli, 1969, p. 53.

[306] Sobre o juracionalismo, ver ALMEIDA COSTA, *História do Direito Português*,

Sentido e função do problema da conduta culposa e não culposa   115

como GROTIUS, THOMASIUS, WOLFF, PUFENDORF e HEINECCIUS (mais ligado ao *usus modernus Pandectarum*) e da laicização da moral teológica e escolástica, não se fundava em nenhum prejuízo histórico, até porque os direitos mais antigos tinham conhecido formas de responsabilidade objectiva e fortemente colectivística ou de associação a um facto humano *qua tale*.

Pode, aliás, dizer-se que o pensamento clássico de uma culpa subjectiva não busca as suas origens no direito romano (pelo menos durante a fase clássica), na medida em que a «responsabilidade aquiliana» assentava originariamente numa ideia *causal*[307] ou de valoração externa dos *factos* (*damno dato corpore corpori*). A *culpa* surge aí associada às causas de não imputabilidade, como o facto alheio, a *vis maior* e o próprio facto do lesado. Como nota M. VILLEY[308], a palavra *responsabilidade*, conotada com um sentido moral, só surge na Europa

---

2.ª ed., Coimbra, 1992, pp. 345 e ss., OLIVEIRA ASCENSÃO, *O Direito. Introdução e Teoria Geral. Uma Perspectiva Luso-Brasileira*, 7.ª ed., Lisboa, 1993, pp. 165 e ss. e F. WIEACKER, *História do Direito Privado Moderno* (tradução de BOTELHO HESPANHA), Lisboa, 1980, pp. 279 e ss., e, para a influência dessa escola na teoria moderna da responsabilidade civil e na obra de DOMAT e POTHIER, ver G. VINEY, *Responsabilité personnelle et réparation des risques*, in Archives..., *cit.* (*supra*, n. 304), p. 5, RIPERT, *Le régime démocratique et le droit civil moderne*, 2.ª ed., Paris, 1948, p. 305, GIULIANI, *Imputation et justification*, in Archives..., *cit.*, pp. 85 e ss., G. PAOLO MASSETTO, *Responsabilità extracontrattuale* (*dir. interm.*), in ED XXXIX, pp. 1159 e ss., e ALPA, *Danno ingiusto e ruolo della colpa. Un profilo storico*, in RDC II, 1990, pp. 139-141.

Para o «modelo antropocêntrico» do *Code Civil* e do Código de Seabra, ver ORLANDO DE CARVALHO, *Direito Civil* (*Teoria Geral da Relação Jurídica*), ed. policop., Coimbra, 1968-69, pp. 20 e ss..

[307] Cfr. ROTONDI, *Della «lex aquilia» all'art. 1151 Cod. civ.* (*Ricerche storico-dogmatiche*), in RDCDO I, 1916, pp. 946 e ss., VILLEY, *cit.*, pp. 50-52, YAN P. THOMAS, *Acte, Agent, Société. Sur l'homme coupable dans la pensée juridique romaine*, in Archives..., tomo 22, *cit.*, p. 67 e U. LÜBTOW, *Untersuchungen zur lex Aquilia de damno iniuria dato*, Berlin, 1971, pp. 83 e ss.. Já M. TALAMANCA, *Colpa civile* (*storia*), ED VII, p. 518, depois de considerar que na compilação de justiniano a *culpa* tinha um significado plúrimo (de *ilícito*, de *imputabilidade* e de *negligência*), defende a ideia de que mesmo na fase clássica a *culpa* surge como «critério subjectivo de determinação da responsabilidade» (p. 522), o que o leva a ver como não anacrónica a definição de MUCIUS SCAEVOLA (*Digesto*, 9,2,31: «*culpam autem esse, quod cum a diligente provideri poterit, non esset provisum*». Segundo PINTO COELHO, *op. cit.*, p. 15, a própria Lei das XII Tábuas só olhava «... ao império da paixão e à irritação do lesado».

[308] Archives..., *cit.*, p. 46. Sobre a imagem e a evolução do termo «responsabilidade», ver G. VINEY, *La responsabilité*, in Archives de Philosophie du Droit, *cit.* (*supra*, n.25), pp. 275-277.

em fins do séc. XVIII, pois a «responsabilidade» do direito romano não era mais do que a procura do «equilíbrio justo» (*suum cuique tribuere*) para fazer face à ruptura objectiva ou *injuria*, à margem de qualquer valoração psicológica («*iniuria ex eo dicta est, quod non iure fiat...*»)[309]. Na sua estrutura jurídica, a responsabilidade civil clássica é genuinamente *individualista*[310] (*sua cuique culpa nocet*), pressupõe um *ilícito* tipificado, centrado nos direitos de personalidade e nos direitos reais, implica a *imputabilidade*, conduz à censura, à *reprovação*, à sanção da conduta (livre) e torna «imoral» o mecanismo, ainda incipiente, do seguro[311]. Quando, no ano em que surgia o Código de Seabra, vemos JHERING[312] afirmar que «*nicht die Züfung des Schadens verpflichtet zum Schadensersatz, sondern die Schuld*», começa a entender-se a importância do seu pensamento para a clarificação da *faute* do *Code Civil*.

Na sua componente económico-social, o modelo tradicional servia os interesses dos proprietários e de uma economia artesanal em que o acidente não ultrapassava uma certa dimensão subjectiva e objectiva[313]. Não é de estranhar, assim, que as codificações tenham integrado regimes específicos para a responsabilidade por danos causados por *animais* e *edifícios*, como se pode comprovar pela leitura dos artigos 1385.° e 1386.° do *Code Civil*, 1154.° e 1155.° do *Codice Civile* ou 2394.° e 2395.° do Código de Seabra. Por outro lado, num período em que se começam a manifestar os primeiros sinais de crescimento económico, a exigência da culpa e a deslocação do ónus da sua prova para o lesado serviam perfeitamente as «estratégias do lucro empresarial»[314].

---

[309] ULPIANUS, *Digesto*, 47, 10, 1.

[310] Para uma visão, em parte ultrapassada, do sistema individualístico do *Code Civil*, ver N. GOMAA, *La réparation du préjudice causé par les malades mentaux*, in RTDC, 1971, pp. 50-51.

[311] Nesse sentido, entre outros, YVONNE LAMBERT-FAIVRE, *op. cit.*, n.° 376, p. 303 e C. VON BAR, *Das «Trennungsprinzip» und die Geschichte des Wandels der Haftpflichtversicherung*, in AcP 181 (1981), p. 312.

[312] É célebre o seu *Das Schuldmoment im römischen Privatrecht*, de onde foi extraída a frase. Cfr. ORLANDO DE CARVALHO, *op. ult. cit.*, p. 31, n. (33), para a obra de JHERING, e E. VON CAEMMERER, RabelsZ, *cit.*, p. 6, para uma certa visão crítica desse excerto.

[313] Para a ligação entre a propriedade, o contrato e a responsabilidade civil no *Codice Civile* de 1865, ver FRANZONI, *op. cit.*, pp. 12 e ss. e RODOTÀ, *est. cit.*, p. 597.

[314] ALPA-BESSONE, *I fatti illeciti*, in *Trattato di diritto privato*, sob a direcção de P. RESCIGNO, 14, *Obbligazioni e contratti*, tomo VI, Torino, 1982 e 1987 (reedição),

Sentido e função do problema da conduta culposa e não culposa

Sobre a *culpa* surge igualmente fundado o sistema alemão de responsabilidade civil[315], conquanto inspirado no pensamento científico da pandectística e rompendo com a equivocidade do *Code* e com a visão objectiva do antigo direito germânico («*Wer Schaden tut, muss Schaden bessern*»). O legislador do BGB manifesta também uma particular atenção pelos problemas ligados aos danos dos animais e dos edifícios[316], agravando mesmo a posição do responsável, dada a inversão do ónus da prova.

Num sistema de imputação assente numa concepção de culpa como «falta moral»[317] e que procura, ao mesmo tempo, *sancionar* a conduta e reparar integralmente o dano à custa do património do lesante, não é de admirar que a doutrina defendesse e o legislador consagrasse o relevo da *culpa do lesado*. Mesmo na ausência de um texto legal, a doutrina e a jurisprudência francesas[318] e italianas[319] do século passado e de princípios deste eram, com poucas excepções[320], favoráveis ao reconhecimento da *redução* ou *exclusão* da indemniza-

---

pp. 12-13, (com particular ênfase no direito da *common law* e exemplificando com os casos *Winterbottom v. Wright* e *Losee v. Buchanan*). Também M. CINELLI, *Contributi e contraddizioni della giurisprudenza in materia di responsabilità da attività pericolose*, in RDC II, 1970, p. 462, considera a responsabilidade subjectiva como «um verdadeiro instrumento do capitalismo liberal», com um escopo «conservador».

[315] Cfr. o § 823 do BGB. Para a influência do princípio da culpa no BGB, ver G. BRÜGGEMEIER, *Gesellschaftliche Schadensverteilung und Deliktsrecht*, in AcP 182 (1982), pp. 392-396 e H. LESER, *Zu den Instrumenten des Rechtsgüterschutzes im Delikts-und Gefährdungshaftungsrecht*, in AcP 183 (1983), pp. 587 e s..

[316] Ver E. VON CAEMMERER, RabelsZ, *cit.*, p. 5.

[317] SIDÓNIO RITO, *op. cit.*, pp. 61-62.

[318] Cfr. F. LAURENT, *Principes de droit civil français*, XX, Bruxelles/Paris, 1876, pp. 515 e ss. e DEMOLOMBE, *op. cit.*, n.ºs 502 e ss., pp. 434 e ss.. H. e L. MAZEAUD/J. MAZEAUD/TUNC, *op. cit.*, n.º 1450, p. 543, referem que, tanto BOURJON como DOMAT, acolheram a regra pomponiana da exclusão indemnizatória. Parece-nos, contudo, que pelo exemplo comum dado (dano provocado por cão que foi excitado), essa exclusão tinha em vista um acto *unilateral* do lesado.

[319] Ver, entre outros, P. BENIGNI, *La così detta compensazione delle colpe*, in RCDG, 1906, pp. 202 e ss., B. BRUGI, *Colpa di diversa natura e compensazione di colpe*, in RDCDO II, 1908, p. 13 e ss., CUTURI, *op. cit.*, pp. 422 e ss., V. CANDICE, *La compensazione delle colpe nel diritto civile, cit.*, pp. 90 e ss., e os autores citados por CATTANEO, RDC I, 1967, *cit.*, pp. 460-461, n.(1). Mais desenvolvidamente, ver *infra*, n.º 33.

[320] Por ex., FERRINI, *Delitti e quasi-delitti*, in DI IX, 1, 1887-1898, p. 795 e PACCHIONI, *Della cosidetta compensazione delle colpe*, in RDCDO II, 1910, p. 1038.

ção, em caso de conduta concorrente do lesado. A consagração expressa dessa relevância no § 1304 do ABGB de 1811[321], nos artigos 2398.°, § 2.° do Código de Seabra, e 51.°,2 do Código suíço de 1881 (hoje correspondente ao artigo 44.°,1 do Código das Obrigações de 1911) e mesmo no § 254 do BGB[322] – pese embora a preferência deste por um critério assente na «preponderância causal» das condutas – significou o corte com o pensamento da «compensação de culpas», próprio da Pandectística alemã e de certa doutrina italiana, segundo o qual o lesado devia suportar o dano, a não ser que tivesse havido *dolo* ou *imprudência grave* do lesante[323].

Nesta fase do *primado* da culpa, em que se procura *sancionar* o acto culposo, surge como *natural* a criação de uma norma em que também o lesado é *sancionado* pela sua culpa[324]. Num sistema económico-político em que as duas esferas de liberdade eram responsáveis, havia, *naturalmente*, que confrontar ambas as liberdades.

---

[321] É no § 11 da Parte I, Título VI, do Código da Prússia de 1794 – uma das fontes do Código de Seabra – que a conduta ilícita surge, pela primeira vez, como fonte geral da obrigação de indemnização e que, nos §§ 18 a 21 desse Título sexto, a indemnização aparece fixada em função do *diferente grau de culpa* do lesante e do lesado (ver *infra*, n. 422 e o n.° 33).

[322] No § 222 do Projecto inicial (1888) do BGB, a repartição do dano dependia da ponderação das condutas culposas concorrentes. Sobre esse § 222, ver P. AUMANN, *Das mitwirkende Verschulden in der neueren juristischen Dogmengeschichte*, Diss., Hamburg, 1964, pp. 175 e ss., e HONSELL, *Die Quotenteilung im Schadensersatzrecht (Historische und dogmatische Grundlagen der Lehre vom Mitverschulden)*, Ebelsbach, 1977, p. 69.

[323] No direito inglês, a *contributory negligence rule* (a «*stalemate rule*», de que fala FLEMING, *op. cit.*, p. 242) foi aplicada, pelo menos, desde o caso *Butterfield v. Forrester* (1809) até 1945, e, nos Estados Unidos, desde o caso *Railroad v. Aspell* (1854), mantendo-se ainda em vigor nalguns Estados. CRISCUOLI, «*Cinture di sicurezza» e responsabilità civile: un confronto ed una prospettiva per l'art. 1227, comma 1.°, c.c.*, RTDPC, 1977, p. 515, refere decisões do século XVI onde já se manifestava o princípio mais tarde consolidado. Ver, para certos desenvolvimentos, WESTER, *op. cit.*, pp. 17 e ss., e JOLOWICZ, *L'indemnisation des victimes d'accidents de la circulation en droit anglais*, in RIDC, n.° 2, 1985, p. 279.

[324] Ficarão para a Parte II os desenvolvimentos históricos, mas tem-se atribuído aos jusnaturalistas dos séculos XVII e XVIII, e particularmente a CHRISTIAN WOLFF, no seu *Ius naturae methodo scientifica pertractatum*, de 1764, o tratamento igualitário do lesante e do lesado mediante a consideração da *ratio culpae* (cfr. P. AUMANN, *op. cit.*, pp. 38 e ss.). E, embora o ponto seja mais duvidoso, parece entroncar também nessa corrente de pensamento a ideia de *proporcionar* a extensão da indemnização à gravidade da culpa (cfr. o próprio AUMANN, *cit.*, p. 49 e n. (1)).

Sentido e função do problema da conduta culposa e não culposa   119

Daí a associação do pensamento das *clean hands* à *contributory negligence rule* com a consequente *penalização* do lesado por não ter tido cuidado consigo mesmo [325].

Pode, assim, dizer-se, que as normas do tipo da do nosso artigo 2398, § 2.º apresentavam-se como contrapeso aos critérios responsabilizantes (ou semelhantes ao do nosso artigo 2361.º) e com a mesma feição «punitiva». Esta *faceta sancionatória* contrastava, até certo ponto, com a lógica estritamente reparadora (do género «*tudo* ou *nada*») do nosso sistema de responsabilidade civil, pois não se encontra no Código de Seabra, a não ser pela via derivada da *concausalidade culposa*, uma norma idêntica à do actual artigo 494.º e que *proporcionasse* o *quantum* indemnizatório ao *grau de culpa* do responsável. Tal a razão básica que levava PEREIRA COELHO [326] a entender que a responsabilidade civil do nosso diploma oitocentista não tinha por escopo punir ou prevenir o ilícito, embora se pudesse dizer que esse desiderato residia precisamente na solução maximalista do *tudo*.

Perante duas condutas humanas voluntárias, duas responsabilidades, duas opções eticamente censuráveis [327], «impõe-se» um tratamento jurídico *paritário* [328], sem privilégios – a não ser os que resultam da repartição do ónus da prova –, à margem de qualquer consideração de política legislativa, operando-se *mediatamente* a sanção ao lesado pela via da redução ou exclusão da indemnização. O dano é suportado pelo lesante e pelo lesado, numa perfeita *lógica comutativa* e de acordo com o maior ou o menor peso da culpa. A solução é tida por *justa*, por *moral* [329], por *lógica*, fruto do *bom senso*, como prémio ou castigo para

---

[325] Como assinala WESTER, *op. cit.*, pp. 44-45, a *penal theory* tinha subjacente uma sobrevalorização da capacidade de autoprotecção individual.

[326] *Culpa do lesante e extensão da reparação*, in RDES, ano VI, 1950-1951, pp. 80-81. No mesmo sentido, ver ANTUNES VARELA, *Das Obrigações em Geral*, I, *cit.*, pp. 576-577.

[327] Para a exigência do requisito da imputabilidade, ver J. ÁLVARES DE MOURA, in JP, ano 2.º, n.º 20, 1935, *cit.*, p. 115. Há que notar, contudo, que PEREIRA COELHO, *A causalidade na responsabilidade civil...*, RDES, ano XII, n.º 4, 1965, *cit.*, p. 3, não afastava do concurso a «culpa» do lesado «cego, surdo, ou até, menor ou demente sem o uso da razão», o que equivalia a acentuar o lado *concausal* da «concorrência de culpas» e a admitir o escopo meramente *ordenador* do critério legal.

[328] Por isso se compreende que P. FORCHIELLI, *Intorno alla responsabilità senza colpa*, in RTDPC, 1967, pp. 1382-1383, aluda ao sistema «severo» da culpa e num duplo sentido: o lesante responde integralmente qualquer que seja o grau da sua culpa e o lesado pode ver excluída a indemnização por qualquer pequena desatenção.

[329] Sobre esse *moralismo*, ver G. VINEY, *Les Obligations. La responsabilité:*

o mérito e o demérito de cada um. Esta «co-responsabilidade» do lesado, de fundo nitidamente kantiano, integrava-se num sistema jurídico à medida do seu tempo, com a preocupação exclusiva de *sancionar* uma culpa e *qualquer* culpa, esquecendo-se a sua especificidade dogmática, e deixando-se, ainda, o lesado-culpado na dependência da maior ou menor capacidade financeira do lesante.

11. O modelo mais aberto de responsabilidade subjectiva consagrado no Código Civil de 1966. O tratamento igualitário do lesante e do lesado e o enquadramento sancionatório do regime da «culpa» do lesado. Formulação de reservas ao proclamado escopo sancionatório

A defesa de um princípio geral de responsabilidade assente, nas palavras de DIEZ-PICAZO[330], no «triptíco de pressupostos», do *facto,* da *ilicitude* e da *culpa,* continuou a ser feita neste século, já sob os olhares críticos dos «objectivistas» e, como veremos, com progressivas cedências ao critério objectivo de imputação. A mutação da realidade sócio-económica, operada com a industrialização provocou uma certa *erosão* do modelo clássico, em ordem a uma tutela mais efectiva dos lesados e de que a *objectivação da culpa* terá sido o sinal mais evidente. A *legislação codificada* de países com uma cultura jurídica bem diversa[331]

---

conditions (tomo IV do *Traité de Droit Civil,* sob a direcção de JACQUES GHESTIN), Paris, 1982, pp. 16-18. Como veremos a seu tempo, igualmente justo se considerava, embora por razões contrárias, o regime protector dos acidentados do trabalho (face à sua imprudência), reflectido na legislação francesa, de 9 de Abril de 1898, italiana, de 17 de Março do mesmo ano, e portuguesa, de 24 de Julho de 1913 (Lei n.º 83).

[330] ADC 1979, *cit.*, p. 729, n.(1).

[331] Lembre-se o fim predominantemente *educativo e preventivo* do direito socialista da responsabilidade civil, como pode ver-se em T. IONASCO, *La responsabilité civile em droit civil socialiste,* in *Introduction aux droits socialistes,* Budapest, 1971, p. 461, Y. EMINESCU/T. POPESCU, *Le Codes Civils des pays socialistes. Étude comparative,* Paris, 1980, pp. 275 e ss., SANILEVICI, RIDC 1981, *cit.,* pp. 824-825 e C. SALVI, *Il paradosso della responsabilità civile,* in RCDP, n.º 1, 1983, pp. 148 e ss..

Para o direito da responsabilidade da América Latina e da China Popular, ver, respectivamente, R. DOMINGUEZ, *Le fondement de la responsabilité délictuelle dans certaines législations de l'Amérique Latine,* in RIDC 1967, p. 919 e TSIEN TCHE--HAO, *La responsabilité civile délictuelle en Chine populaire,* in RIDC 1967, p. 879.

Sentido e função do problema da conduta culposa e não culposa   121

veio demonstrar a persistência do princípio da culpa, conquanto, no caso do *Codice Civile* de 1942, a deficiente articulação entre a «regra» do artigo 2043.º e as hipóteses especiais de responsabilidade civil descritas nos artigos 2050.º a 2054.º tenha gerado uma profunda controvérsia entre os defensores de uma *presunção de culpa* e aqueles que, indo mais longe, descortinaram uma *presunção de responsabilidade* ou uma *responsabilidade objectiva relativa*[332].

Entre nós, o «envelhecimento» do Código de Seabra conduziu a uma tarefa reformadora que culminou com a aprovação do Código Civil de 1966. Avesso ao «campo aberto» do «dano injusto», tal como surgiu no artigo 28.º do Decreto n.º 32171 de 29 de Julho de 1942, por directa inspiração na *cláusula geral*[333] do artigo 2043.º do *Codice Civile*, o nosso legislador preferiu adoptar o modelo da «relatividade aquiliana» de que fala J. LIMPENS[334], acolhendo uma fórmula (a do

---

Menção especial merece o novo e recente Código Civil holandês (*Nieuw Burgerlijk Wetboek*), em vigor desde 1 de Janeiro de 1992. O título 6.3 mostra tratar-se de um diploma basicamente «subjectivista», pese a circunstância de fazer generosas concessões à responsabilidade objectiva (por ex., dos pais pelos actos dos filhos menores de 14 anos, dos possuidores de animais ou de prédios ou dos que utilizam coisas defeituosas e matérias perigosas). Ver HARTKAMP, *apud* ELENA IORIATTI, *Il nuovo Codice Civile dei paesi bassi fra soluzioni originali e circolazione dei modelli*, in RDC I, 1992, p. 119, para o sistema adoptado por um diploma que se baseou no chamado *ius commune* europeu. Além desse artigo, ver também E. HONDIUS, *Das neue Niederländische Zivilgesetzbuch (Allgemeiner Teil)*, in AcP 191 (1991), pp. 378 e ss., J. B. VRANKEN, *Einführung...*, in AcP 191 (1991), *cit.*, pp. 411 e ss. e A. HARTKAMP, *Das neue niederländische Bürgerliche Gesetzbuch aus europäischer Sicht*, in RabelsZ 1993, pp. 664 e ss..

[332] Cfr., por ex., a posição essencialmente *subjectivista* de T. BRASIELLO, *I limiti della responsabilità per danni*, Milano, 1959, pp. 9-10, 41-42, 54-55, 75 e 78, POGLIANI, *Responsabilità e risarcimento da illecito civile*, Milano, 1964, pp. 102 e ss., 116 e ss, 129, 150 e 175 e ss., DE CUPIS I, *cit.*, pp. 155 e ss., e II, pp. 182 e ss. e D. BARBERO, *Criterio di nascita e criteri di propagazione della responsabilità per fatto illecito*, in RDC I, 1960, pp. 575 e ss., e as teses *objectivistas* de GALGANO, *Diritto privato*, 8.ª ed., Padova, 1994, pp. 349 e ss., G. BRANCA, *Sulla responsabilità oggettiva per danni causati da animali*, in RTDPC, 1950, pp. 255 e ss., DEVOTO, *La concezione analitica dell'illecito*, in RDC I; 1965, pp. 514-515. Esta polémica tem como referentes principais as hipóteses descritas nos artigos 2051.º (danos provocados por coisas detidas), 2052.º (danos causados por animais) e 2053.º (danos causados por edifícios) do *Codice Civile*.

[333] Assim, G. VISINTINI, *I fatti illeciti – I – L'ingiustizia del danno. Imputabilità*, Milano, 1987, p. 82, FRANZONI, *op. cit.*, p. 42 e N. DI PRISCO, *op. cit.*, p. 258.

[334] *La theorie de la «relativité aquilienne» en droit comparé*, in Mélanges offerts à RENÉ SAVATIER, Paris, 1965, pp. 559 e ss..

artigo 483.°) não muito distante da do § 823 do BGB[335]. A redacção do preceito do nosso Código, pese embora o menor papel implicitamente atribuído à jurisprudência, não deixa dúvidas sobre a manutenção, como critério geral, do princípio da culpa.

Os princípios em que assenta a estrutura da responsabilidade civil subjectiva, no Código de 1966, revelam um modelo mais aberto e mais protector para os lesados, coexistindo com um certo número de situações de responsabilidade objectiva *lato sensu*. Embora continue a pressupor uma relação interindividual lesante-lesado, o legislador partiu de um *conceito mais alargado de ilicitude*, dando mesmo «carta» de autonomia à figura, cada vez mais alargada, da *conduta omissiva*, consagrou um inequívoco *critério abstracto* de apreciação da conduta culposa do imputável, agravou a posição do lesante, ao *ampliar o leque das presunções de culpa* ligadas a domínios especialmente danosos (actividades perigosas e condução de veículos por comissário) e formu lou um *princípio geral* – subjacente ao enunciado do artigo 494.° – revelador de uma *moderada faceta sancionatória* do sistema, ainda não totalmente liberto das antigas conexões penalísticas.

Não desconhecendo que a complementaridade ao direito da responsabilidade civil se operou decisivamente na área da responsabilidade objectiva, há que reconhecer que, nos últimos anos, a legislação especial continuou a enfatizar o elemento subjectivo da culpa, *maxime* no domínio de certas actividades profissionais[336].

---

[335] O § 704 do projecto de 1888 do BGB, contrariamente às «três pequenas cláusulas gerais» (cfr. MEDICUS, *Schuldrecht II – Besonderer Teil*, 6.ª ed., München, 1993, § 135, p. 349 e LARENZ/MEDICUS, *op. cit.*, § 75 I, p. 354) que ficaram na versão definitiva do § 823, continha na sua redacção uma «generosa» cláusula geral.

MENEZES CORDEIRO, *Direito das Obrigações*, II, *cit.*, pp. 246 e 270 e *Da boa--fé..., cit.*, pp. 1183 e 1184, considera que o artigo 483.°,1 contempla uma cláusula geral de «tipo regulativo».

[336] Recorde-se, entre outros, o Decreto-Lei n.° 349/86 de 17 de Outubro, referente ao *contrato de transporte de passageiros por mar* (ver *supra*, n. 132, sobre o diferente alcance probatório dos preceitos dos artigos 14.° e 15.°), o Decreto-Lei n.° 79/90 de 7 de Março, *cit. supra*, n. 248 (o seu artigo 48.°, 1, ao condicionar a indemnização à existência de *dolo* ou *mera culpa*, não parece estar em sintonia com a responsabilidade objectiva consagrada no artigo 41.°, 1 da *Lei de Bases do Ambiente*), do Decreto--Lei n.° 330/90 de 23 de Outubro (*Código da Publicidade*), que responsabiliza os anunciantes, agências de publicidade e outras entidades pelos danos provindos «... da difusão de mensagens publicitárias ilícitas» (artigo 30.°, 1), do Decreto-Lei n.° 198/93 de 27 de Maio (artigos 18.° e ss.), relativos à *actividade das agências de viagens e turismo*, o Decreto-Lei n.° 298/93 de 28 de Agosto (artigo 22.°, 1), sobre o regime

Neste sistema responsabilizante, pensado pelo legislador de 1966, o facto «culposo» do lesado surge no artigo 570.°, 1 com a função de uma certa «responsabilização» do lesado perante si mesmo. A contribuição «culposa» do lesado para o seu dano continua a gerar um *processo de ponderação* das condutas que irá condicionar o *quantum* indemnizatório em função da maior ou menor participação do lesado no evento danoso. Trata-se, agora, de uma apreciação mais *complexa* do que a que se previa no § 2 do artigo 2398.° do Código de Seabra, já que o legislador combina o critério «subjectivo» da «gravidade das culpas» com o aspecto objectivo das «consequências que delas resultaram»[337] e permite que o tribunal opte pela *redução, exclusão* ou *concessão* da indemnização.

Não se vê, no entanto, que se esteja, *substancialmente*, perante um processo diverso daquele que correspondia ao modelo clássico oitocentista, na medida em que persiste a relevância de qualquer «culpa» do lesado e relativamente a qualquer dano. Embora integrado num conjunto de disposições mais favoráveis ao lesado e num ambiente jurídico-económico e cultural mais propício à celebração de seguros de responsabilidade, o regime do artigo 570.° continua ao serviço de um determinado *equilíbrio* de posições, não onerando em demasia o lesante, nem desprotegendo em excesso o lesado. O legislador conserva-se fiel ao esquema do *tratamento paritário* do lesante e do lesado, preocupando-se apenas com os limites inerentes à responsabilidade interindividual, o que é patente na forma como derime o conflito entre uma presunção de culpa e a «culpa» do lesado.

Partindo-se, no Código Civil, de um paralelismo lógico e intelectual entre duas culpas, não se estranha, desde logo, que a referência exclusiva ao «facto «culposo» do lesado» surja praticamente como o equivalente à regra consignada no artigo 483.°, 1. Se este preceito responsabiliza o lesante pela lesão de bens, juridicamente tutelados, de terceiros, o artigo 570.°,1 parece querer *responsabilizar* o lesado,perante si mesmo, como se sobre ele recaísse um qualquer dever

---

jurídico das *operações portuárias* e o artigo 63.° do Decreto-Lei n.° 422-A/93 de 30 de Dezembro (regime jurídico dos *revisores oficiais de contas*).

[337] Nesse aspecto a norma é directamente tributária da redacção dada ao artigo 1227.°, primeira parte, do *Codice Civile* de 1942 («...*la gravità della colpa e l'entità delle consequenze che ne sono derivate*»). VAZ SERRA, in RLJ, ano 95.°, *cit.* (*supra*, n. 93), p. 22, n. (1), defendia, no entanto, que o § 2.° do artigo 2398.° não excluía o recurso a esse critério objectivo e complementar.

de evitar o dano. A culpa parece funcionar, assim, não só como critério da responsabilidade, mas determinando, ainda, a sua medida, num processo *objectiva e subjectivamente* mais complexo do que aquele que ocorre no âmbito do artigo 494.°. A aparente negação da autonomia do regime da «culpa» do lesado é uma solução *cómoda* e *simplificadora*[338] da complexidade da figura, pois sujeita-a a um quadro normativo que resulta da *adaptação* do núcleo de soluções relativas à responsabilidade por ilicitude culposa.

A «analogia simétrica» parte de um conceito de «culpa» visto como *conduta negligente ou dolosa contra os próprios interesses,* actuada por uma pessoa *imputável,* susceptível, pois, de ser objecto de um juízo desvalioso[339]. O requisito da imputabilidade parece exigido, por um lado, pela referência feita à «culpa» do lesado e, por outro, pela circunstância de o artigo 571.°, analogamente ao que sucede com o disposto no artigo 491.°, chamar, para a primeira linha, a actuação dos representantes legais[340]. Há, no entanto, aqui, um aspecto que parece revelar, por parte da doutrina que sufraga esse «geometrismo», uma certa indecisão quanto à rigorosa exigência desse pressuposto. Exceptuando a posição concludente de J. RIBEIRO DE FARIA[341], se ANTUNES VARELA[342] não exclui e ALMEIDA COSTA[343] não parece excluir um determinado *relevo positivo* do acto do *inimputável*[344], o que é certo é que

---

[338] Cfr. ROTHER, *op. cit.*, p. 81. Já dissemos (*supra*, n. 150) que a obra principal de H. SCHÄFER é uma boa ilustração do «comodismo» do pensamento simétrico.

[339] Nesse sentido, ANTUNES VARELA, *Das Obrigações em Geral*, I, *cit.*, p. 935, n.(1).

[340] Partimos, é certo, do pressuposto de que essa actuação não se limita apenas aos actos negociais.

[341] *Direito das Obrigações*, I, *cit.*, p. 524.

[342] Ver a abertura revelada na RLJ, ano 101.°, *cit.* (*supra*, n. 93), p. 218, n. (2) e p. 254, n. (4), em anot. ao acórdão do STJ de 5 de Dezembro de 1967, publ. no BMJ n.° 172, p. 237, em confronto com a posição mais restritiva revelada no ano 102.°, p. 61, n.(2) da mesma Revista, *cit.* (*supra*, n. 93). Quanto ao exemplo que ANTUNES VARELA formula no seu *Das Obrigações em Geral*, I, *cit.*, p. 692, como «facto da vítima» («... inadvertência do lesado, que atravessou a via pública fora do lugar próprio...»), parece ter a ver com uma situação culposa estrita. A mesma exigência de *culpa* é feita por ANTUNES VARELA, a propósito do pressuposto a que o artigo 795.°, 2 condiciona o regime da impossibilidade da prestação por «causa imputável ao credor» (cfr. o seu *Das Obrigações em Geral*, II, 5.ª ed., Coimbra, 1992, pp. 73-74).

[343] *Op. cit.*, pp. 535 e 672. Para as maiores dúvidas suscitadas pela posição de ALMEIDA COSTA, ver *infra*, n. 862.

[344] VAZ SERRA, na sua proposta legislativa (ver o artigo 576.°, 3, no BMJ n.° 100, p. 132 e o artigo 5.°, 2 do articulado sobre a «conculpabilidade do lesado», in

Sentido e função do problema da conduta culposa e não culposa 125

ambos tendem implicitamente, e em tese geral, para a exigência do requisito, ao fundarem o regime do artigo 570.° num *juízo de censura* ou de *reprovação* da conduta do lesado.

Outros sinais de uma atitude que leva a colocar, no mesmo plano, a imputação do dano alheio e do dano próprio, manifestam-se na transposição, para a esfera do lesado, do *princípio da responsabilização* do comitente e do devedor pelos actos dos seus comissários, representantes legais e auxiliares (artigo 571.°)[345], na defesa de um critério *similar* de apreciação da conduta do lesado e do lesante e de verificação da relação de causalidade entre os factos e o dano e na natural oneração do lesante com o ónus da prova da «culpa» do lesado (artigo 572.°).

Este pensamento da «equivalência» é defendido, com maior ou menor ênfase, por determinada doutrina italiana, alemã e francesa, a que se ligam autores como CATTANEO, DEUTSCH, WOCHNER, REIMER SCHMIDT, HEINRICHS[346] e LAPOYADE DESCHAMPS[347]. Alguns destes juristas, como é o caso de DEUTSCH e WOCHNER, não abdicam mesmo de preservar esse princípio da «igualdade de tratamento», perante um comportamento não culposo do lesado, mas gerador de *risco de dano* para ele. Se CATTANEO[348], partindo de uma posição inicial de dúvida, acaba por aderir, como já aludimos, com uma ou outra *nuance*, ao pensamento da «paridade de tratamento», DEUTSCH[349] vai um pouco mais longe, embora não chegue ao extremo desse «geometrismo», por não defender, como faz WOCHNER[350], uma estrutura de conduta autolesiva

---

BMJ n.° 86, *cit.*, p. 171), *parificava* a posição do lesado inimputável com a do lesante inimputável, para o efeito de ser relevada a *contribuição* daquele para o dano ou para o seu agravamento. Já ANTUNES VARELA, na RLJ, ano 102.°, *loc. cit.* na nota anterior, propende apenas para a aplicação da ideia de «culpa objectiva» subjacente ao «...caso paralelo versado no artigo 489.°...».

[345] Cfr. com os artigos 500.° e 800.°.

[346] PALANDT/HEINRICHS, *op. cit.*, § 254, n.°4, p. 290 e n.° 60, p. 297.

[347] Ver *supra*, n. 140.

[348] Ver *supra*, p. 65.

[349] O jurista germânico, no seu *Haftungsrecht, cit.*, pp. 318 e 320-321, considera aplicável à «co-responsabilidade do lesado» (*Mithaftung des Geschädigten*) os §§ 823 II, 829, 680 e 276 do BGB, o regime das presunções de culpa, dos *acti libera in causa,* a doutrina da «esfera de protecção da norma» e as fontes de «responsabilidade pelo risco».

[350] *Op cit.*, pp. 169 e ss., *maxime*, p. 182. Enquanto REIMER SCHMIDT, *op. cit.*, p. 115, centra a sua concepção de «culpa» do lesado num conceito de *Obliegenheit*, a que não é indiferente o interesse do lesante, comportando, assim, um *certo* elemento de

126   *A conduta do lesado*

idêntica à da conduta responsabilizante, isto é, dotada de ilicitude e de culpa *proprio sensu*.

Nesta fase do nosso caminho, queremos salientar, nesse «geometrismo», a nota comum de *censura*, de *reprovação*, dirigida ao lesante e ao lesado culpados. ANTUNES VARELA[351], ao exigir «um comportamento censurável» por parte do lesado e ALMEIDA COSTA[352], ao reclamar do mesmo modo a necessidade de «um juízo de reprovação ou censura», parecem colocar-se numa *perspectiva sancionatória* da responsabilidade civil, com reflexos marcantes, mas não únicos, no regime do artigo 494.° e das *relações internas* na solidariedade passiva (artigo 497.°, 2)[353].

---

ilicitude, WOCHNER defende que a «norma de aberta» (*Eröffnungsnorm*) do § 254 pressupõe uma conduta humana, ilícita e culposa, idêntica, pois, à da «norma indemnizatória» (*Ersatznorm*) do § 823 do BGB (p. 182). Ver, aliás, na p. 196, a sua proposta de formulação de uma «norma de repartição do dano».

[351] *Op. cit.*, p. 935, n. (1) e RLJ, anos 102.°, *cit.* (*supra*, n. 93), p. 60 e 123.°, p. 280 («... a lei tem sempre um pressuposto *ético* na base da imposição da obrigação de indemnizar – que é o da sanção da conduta *culposa* do agente), anot. ao acórdão do STJ de 25 de Maio de 1985, publ. no BMJ n.° 347, pp. 398 e ss..

[352] *Op. cit.*, pp. 672-673. A que «características» se quer referir ALMEIDA COSTA, ao exigir que o «facto do prejudicado apresente as características que o tornariam responsável, caso o dano tivesse atingido um terceiro»? Às mesmas a que se refere, por ex., WOCHNER?

Também U. HUBER, *Der Unfall des betrogenen Gebrauchtwagenkäufers* – BGHZ 57, 137, in JuS 1972, p. 442, caracteriza a «culpa» do lesado como «uma conduta que seria ilícita e reprovável, se atingisse bens de um terceiro». O jurista alemão defende, assim, uma fundamentação «geométrica» do teor do § 254 do BGB, isto é, «decalcada» da razão de ser da responsabilidade subjectiva.

[353] CALVÃO DA SILVA, *Responsabilidade do produtor, cit.*, pp. 733-734, na parte em que o artigo 7.°, 1 do Decreto-Lei n.° 383/89, *cit.*, exige um «facto culposo do lesado», explica esse condicionalismo com uma ideia de «sanção e prevenção da culpa».

Para essa faceta *sancionatória*, ver ANTUNES VARELA, *Das Obrigações em Geral*, I, *cit.*, pp. 551 e 578 e *Rasgos...*, BFDUC, *cit.*, pp. 91-92 (demonstrando que a responsabilidade civil tem uma função «*repressiva*» do ilícito nesses e noutros normativos e no do artigo 570.°), RUI DE ALARCÃO, *op. cit.*, pp. 246-247 e J. RIBEIRO DE FARIA, *Direito das Obrigações*, I, *cit.*, pp. 426-427, 456-457 e 511. MENEZES CORDEIRO, *Direito das Obrigações*, II, *cit.*, pp. 276-278, tendo uma posição mais objectivista, refere-se somente aos «traços tendenciais» da função punitiva da responsabilidade civil. Nem a postura jurídica de PESSOA JORGE, *Ensaio..., cit.*, pp. 11 e 52, é muito diferente dessa.

Aderem a uma visão *repressiva* da «culpa» do lesado, ESMEIN, *La faute..., cit.*, RTDC 1949, *cit.*, p. 483, ao entender o regime jurisprudencial do «concurso de culpas» em articulação com uma concepção da culpa como «*souillure*», STARCK/ROLAND/

Para a doutrina dominante, a solução prescrita para o concurso de facto culposo do lesante e do lesado reflecte a ponderação de dois comportamentos censuráveis, como se estivessemos em presença de duas condutas ilícitas e culposas, como se se tratasse de *sancionar* os co-causadores do dano, em função da maior ou menor *gravidade* do ilícito. Esta posição tem, aliás, um sentido dogmático preciso, pois está em consonância com o «valor pedagógico-educativo»[354] da responsabilidade subjectiva e, no fundo, com a *liberdade* do homem, não reconhecendo, consequentemente, e pese um ou outro desvio, a relevância de condutas não censuráveis do lesado, ou seja, sem imputação ético--jurídica.

Não nos parece, contudo, e com o devido respeito pela concepção explanada, que a aparente «frieza» lógica do preceituado no artigo 570.°,1 resista à defesa de uma posição não tão radical, centrada na *justiça* de uma solução a que é alheia a finalidade retributiva *tout court* ou de sancionar a conduta do lesado. Sendo compreensível que o lesado suporte, em maior ou menor medida, a sua contribuição «culposa» para o dano, devendo, pois, em nome da sua *autonomia* e *liberdade*, sofrer os efeitos (negativos) da actuação, falecem, relativamente à *sua* conduta, os pressupostos que *só* podem justificar a reprovação objectiva e subjectiva da conduta do lesante[355] O próprio pensamento jurídico dominante – mesmo de além-fronteiras – entende que a conduta do lesado não se concretiza, em regra, na violação de um qualquer dever de não sofrer danos, não podendo afirmar-se que o lesado incorra numa «culpa contra si mesmo» (no sentido ético-moral de ZITELMANN)[356] ou numa «culpa» contra o lesante ou a comunidade. O lesado, *qua tale*, não pode ser considerado responsável, agente de um

---

/BOYER, *op. cit.*, n.° 930, pp. 501-502, ao ligarem a sanção à culpa com certa gravidade e CARBONNIER, *op. cit.*, p. 512, ao valorar, na *partage de responsabilité,* a «apreciação moral das condutas».

[354] ANTUNES VARELA, *Das Obrigações em Geral,* I, *cit.*, p. 643 e ALMEIDA COSTA, *op. cit.*, p. 513.

[355] Enquanto CARBONE, *op. cit.*, p. 203, afirma que o escopo do artigo 1227.° do *Codice* não é «punir», mas levar a cabo uma repartição justa do dano, já, por ex., DUNZ, *Wesen und Grenzen des «eigenen Mitverschuldens»*, JZ, 1961, pp. 408-409 e NJW 1986, *cit.*, pp. 2234 e ss., como veremos, não situa a reprovação na «autocolocação em perigo» (*Selbstgefährdung*), mas desloca-a para a fase do pedido indemnizatório, considerado como «conduta contraditória» (ver *infra*, n.° 40).

[356] Ver, aliás, F. LEONHARD, *Allgemeiner Schuldrecht des BGB I*, München/ /Leipzig, 1929, pp. 188 e 439.

128   *A conduta do lesado*

ilícito culposo, ou violador de uma regra de conduta que o torne merecedor de uma sanção *tout court*[357].

O preceito do artigo 570.°, 1 não é uma *norma primária* ou *autoresponsabilizante*, no sentido em que o é a do artigo 483.°, mas pretende, precipuamente, uma *repartição justa,*[358] *natural*, do dano, em função das contribuições, em regra culposas, do lesante e do lesado. A colocação sistemática do regime do «facto culposo do lesado» no seio das normas respeitantes à obrigação de indemnização parece igualmente demonstrativo de que o conteúdo da indemnização a cargo do lesante é fruto da imputação a cada um das consequências dos seus comportamentos. Nem se esqueça que o próprio regime legal da «culpa do lesado» não permite uma sanção pessoal, quer dos lesados mediatos, quer dos lesados imediatos, sujeitos a ver repercutidos, na sua esfera, os efeitos da actuação de representantes legais ou de auxiliares. O ver-se na *censura* da conduta do lesado a razão de ser do critério referido no artigo 570.°,1, preclude ou torna difícil a sua extensão (ou o relevo do seu princípio) a zonas em que a actuação do lesado não se prende com a «culpa», ou em que, dada a falta de imputabilidade, não se pode falar de uma «culpa subjectiva»[359].

Conquanto se possa reconhecer que a perspectiva da doutrina dominante é coerente e «forçosa», porque deduzida de um sistema assente numa estrutura de *responsabilidade pura*, que combina o aspecto da reparação com determinados mecanismos de censura, convém não esquecer que a *objectivação* da culpa[360] ou a perda do seu sentido

---

[357] Ao excluir, por *ausência de ilicitude*, a censurabilidade da conduta culposa do «responsável» por factos lícitos, sustentando tratar-se de uma «imputação do facto ao agente», ALMEIDA COSTA (*op. cit.*, p. 485, n.(3)) liga implicitamente a reprovação à existência do duplo requisito da *ilicitude* e da *culpa*.

[358] MENEZES CORDEIRO, *Direito das Obrigações, cit.*, p. 409 e *Da boa fé...* II, *cit.*, pp. 767, 768, n. (457) e 841, nega que a finalidade do artigo 570.°, 1 seja a de censurar o lesado (ver, aliás, *supra*, n.tas 169 e 182).

[359] Uma visão em que qualquer «culpa» do lesado seja de censurar, derime liminar, mas injustamente, a situação de concorrência entre uma conduta perigosa, em que se responda pelo risco, e a actuação do lesado.

[360] O que é exacto, pelo menos no que toca à culpa do lesante, se tivermos em conta as *presunções de culpa* e o *critério abstracto* de apreciação da mesma culpa. Quanto ao lesado, mesmo que se defenda um critério não estritamente abstracto de avaliação da sua «culpa» (ver *infra*), ele não serve, em rigor, para reprovar ou censurar a sua conduta, mas para fixar a linha a partir da qual o comportamento não deve ser considerado «imputável» (por ex., na recusa em se submeter a uma intervenção cirúrgica) ou deve ser valorado com menor rigidez e mesmo desculpabilizado (por ex., no acto do idoso ou do inválido).

Sentido e função do problema da conduta culposa e não culposa 129

moral, a *diversidade estrutural* das culpas do lesado e do lesante, a progressiva *diluição*, através do seguro de responsabilidade civil e de acidentes, da responsabilidade do lesante e da «autoresponsabilidade» do lesado, e a existência de condições favoráveis à colocação, sobre a pessoa, da «espada» do acidente, funcionam como barreiras à proporcionalidade culpa-*quantum* indemnizatório e à censura ética ou psicológica dirigida ao lesado e ao lesante[361].

O afirmar-se que não se aplica o disposto no artigo 570.°, 1 quando não há conduta reprovável e que esta reprovação depende da culpa e que esta culpa pressupõe necessariamente a imputabilidade, não é aqui um esquema lógico-conceitual que esquece o próprio *problema normativo* ou a solução *justa* de um conflito a valorar? Na sua lógica estrita, o pensamento sancionatório desloca-se do dano para a culpa e parece alheio a uma atitude que, em nome da *justiça material*, se possa mover fora do ambiente desse requisito, transfira o dano, em maior medida, para *certos* lesantes ou desculpabilize *certas* condutas socialmente inevitáveis do lesado[362], de modo a comprimir a margem de defesa de um lesante não «pagador».

Mesmo no caso em que o lesado agrave o dano ou não adopte medidas para o atenuar, não pode concluir-se dogmaticamente pela reprovação *tout court* dessas omissões, antes de uma análise do *sentido* dessas condutas. Pelo menos, numa perspectiva causalista, que parta da *causa próxima*[363] ou da *inadequação* (para o resultado final) da condição-causa colocada pelo lesante, o pensamento sancionatório carece de justificação.

A avaliação dos *interesses contrastantes* do lesante e do lesado pode conduzir a uma solução de partilha, quer haja «culpa» do lesado,

---

[361] A *objectivação* da culpa e o seguro de responsabilidade são para SALVI, RCDP, *cit.*, pp. 132-133, os dois maiores obstáculos à *efficacia deterrente* da responsabilidade civil. Já em meados da década de 60, G. VINEY, *Le déclin de la responsabilité individuelle*, Paris, 1965, p. 189, via na responsabilidade objectiva e no seguro duas «forças» que levavam o fiel da balança a pender para o lesado (cfr., no mesmo sentido, o seu *Les Obligations: La responsabilité: conditions, cit.*, n.° 365, p. 311).

[362] Referimo-nos às «pequenas faltas» de que fala RUI DE ALARCÃO, *op. cit.*, p. 266 ou às «culpas veniais», segundo a terminologia de STARCK/ROLAND/BOYER, *op. cit.*, n.° 953, p. 510 (por ex., o peão desce o passeio numa hora de grande movimento). Essas condutas tem a ver com o «erro estatisticamente inevitável», expressão-chave da fraseologia de A. TUNC (ver *infra*), conquanto seja de utilização duvidosa.

[363] Cfr. FORCHIELLI, *Il rapporto di causalità nell'illecito civile*, Padova, 1960, p. 75.

quer a sua contribuição para o dano «exija» essa mesma repartição. Em qualquer dos casos, o dano é, em geral, parcialmente *imputado* ao lesado, assumido por ele, tendo naturalmente a sua conduta *maior peso* se for configurada como grave ou manifestamente negligente. Quanto a nós, e sem embargo de ulteriores considerações acerca do possível enquadramento normativo da «culpa» do lesado, mesmo que se queira pensar em sanção e censura, não é possível, quanto ao lesado, falar-se de uma censura própria, de uma sanção *tout court*[364], no seu sentido originário de «*Unrechtsfolge*»[365] ou de efeito cominado à violação de um dever. A ausência, na maioria dos casos, da restauração patrimonial, revela que a conduta do lesado não é juridicamente indiferente, na medida em que, como estamos a ver, o lesado sofre a privação maior (no caso de dolo) ou menor da indemnização a que teria direito.

---

[364] CASTRO MENDES, *Teoria Geral do Direito Civil*, II, Lisboa, 1979, p. 338, considera a sanção como «uma consequência normativa decorrente de um acto ilícito ou a consequência normativa decorrente dum acto ilegal ou não preenchedor do perfeito modelo legal, em virtude das referidas características». Nas pp. 340-341, dá como exemplos de «sanção material (repressiva)» a *multa* e a *indemnização*. PESSOA JORGE, *Ensaio..., cit.*, pp. 47-48, n.(28), refere também o sentido *preciso* de sanção.

SCOGNAMIGLIO, *Responsabilità civile*, NDI XV *cit.*, p. 20, distinguindo entre sanção em *sentido lato* ou lógico-formal (consequência jurídica desfavorável que se prende com certa factualidade legal) e em *sentido restrito*, reserva esta última para os casos em que se reprime *o que violou a norma*. Neste mesmo sentido, e que é dominante, ver C. SALVI, *Il danno extracontrattuale.... cit.,* pp. 90-91, W. SFORZA, *Risarcimento e sanzione*, in Scritti giuridici em homenagem a SANTI ROMANO I, Padova, 1940, p. 150, BARASSI, *op. cit.*, pp. 526-527 e GIUSIANA, *Il concetto di danno giuridico*, Milano, 1944, p. 171.

Para as origens do termo «sanção» e também para a distinção entre um conceito lato e um conceito restrito, ver C.-A. MORAND *La sanction*, in Archives de Philosophie du Droit, tomo 35, *Vocabulaire fondamental du Droit*, Paris, 1990, pp. 293 e ss. Para MORAND, o alargamento da noção ficou a dever-se ao pensamento sociológico e ao positivismo do século XIX, ao querer ver na sanção uma das notas particulares do Direito. Ainda segundo o professor de Genève, o termo é «ambíguo, inútil e nocivo», desde que não seja circunscrito ao seu âmbito natural (p. 312).

É de observar que no sistema do *Codice Civile*, dada a ausência de uma norma idêntica à do artigo 494.º, a indemnização não tem fins sancionatórios e preventivos, mas visa somente «redistribuir as perdas económicas» (SALVI, *Risarcimento del danno*, in ED XL, p. 1087, RCDP, *cit.*, p. 131, n.(25) e *Il danno..., cit.*, pp. 86-87). O jurista italiano, em nome da *diversidade* dos critérios de imputação, critica as tentativas (de teor económico ou não) de reconduzir a responsabilidade civil a um esquema funcional unitário (cfr. a ED *cit.*, pp. 1198 e 1200 e ss.).

[365] WEINBERGER, *apud* MORAND, in Archives..., *cit.* (*supra*, n. 364), p. 304, n.(69).

Sentido e função do problema da conduta culposa e não culposa 131

Trata-se, contudo, de uma sanção peculiar ou específica, traduzida no «sofrimento» de uma consequência desvantajosa[366-367] e de cuja eficácia aproveita o lesante, inicialmente confrontado com a «anormalidade» de um pedido pleno.

Esta nossa posição de não vermos na exigência legal da «culpa» um fundamento sancionatório ou uma função de reprovação *tout court* parece fazer atrair a conduta do lesado para o círculo dos *ónus jurídicos*[368], isto é, para o domínio dos comportamentos a cuja «inobservância não corresponde propriamente uma sanção»[369], por ausência de violação de um qualquer preceito cominatório[370].

---

[366] É um efeito típico da «culpa» do lesado e que está ausente se a importância da conduta for despicienda ou existir um seguro de acidentes ou de danos.

[367] CASTRO MENDES, *op. cit.*, p. 338, BAPTISTA MACHADO, *Introdução ao Direito...*, *cit.*, p. 130, OLIVEIRA ASCENSÃO, *op. cit.*, pp. 52-54 e MENEZES CORDEIRO, *Direito das Obrigações*, II, *cit.*, p. 245, assinalam essa faceta da *consequência desagradável* ou da *desvantagem* ligada à sanção. SIDÓNIO RITO, op. cit., p. 62, ao ligar a sanção ao empobrecimento de alguém, manifestava, inequivocamente, essa característica do efeito desvantajoso. Mesmo nas situações contratuais ligadas a determinadas condutas do credor (por ex., as dos artigos 795.º, 2 e 815.º,2), é de aceitar, sem reservas, o ponto de vista de BAPTISTA MACHADO, *Risco contratual e mora do credor*, in RLJ, ano 116.º, p. 225, ao negar a subjacência de qualquer ideia de «sanção» ou de «responsabilização», e ao relevar apenas a «distribuição do risco segundo um critério objectivo». É nessa perspectiva da sanção, como efeito desvantajoso, que também é compreende que N. DI PRISCO, *op. cit.*, pp. 134, n.(15) e 159 se refira às «sanções» que atingem o credor em mora e que FRANZONI, *op. cit.*, p. 399, afirme a existência, no artigo 1227.º do *Codice Civile*, de um *«principio velatamente sanzionatorio»*. Ver ainda, no tocante à «culpa do lesado», para a negação de uma *pena privada*, ocorrendo redução ou exclusão da indemnização, CHIRONI, *La colpa nel diritto civile odierno – Colpa extracontrattuale*, II, Torino, 1906, p. 555 e, para o repúdio da ideia sancionatória estrita, GIUSIANA, *op. cit.*, pp. 72 e 134-135, n.(1).

[368] Ver *infra*, n.º 54.

[369] ANTUNES VARELA, *Das Obrigações em Geral*, I, *cit.*, pp. 57 e 60. Ver também J. RIBEIRO DE FARIA, *Direito das Obrigações*, I, *cit.*, p. 25.

[370] G. CIAN, *Antigiuridicità e colpevolezza. Saggio per una teoria dell'illecito civile*, Padova, 1966, p. 367, nega que no ónus se possa falar de violação normativa, criticando, com certa razão, a expressão «dever-livre». Neste aspecto terminológico, é mais correcta a fórmula «dever para consigo próprio», utilizada por J. RIBEIRO DE FARIA, *op. cit.*, I, p. 25.

12. A duvidosa eficácia preventiva do regime do artigo 570.° e a necessidade de uma política de prevenção dirigida aos potenciais lesados

Não havendo, relativamente ao lesado, a preocupação, por parte da ordem jurídica, de sancionar as suas condutas, poderá dizer-se, pelo menos, que a função do regime prescrito no artigo 570.° tem a ver com uma espécie de *ameaça* sobre cada um de nós, de modo a *prevenirmos* os nossos actos «culposos»? É este um aspecto que tem a ver com o *lado positivo* da sanção[371], mas também com o «simetrismo» de que temos falado, se tivermos em devida conta a progressiva autonomização e a crescente importância dos chamados «deveres do tráfego».

CATTANEO[372], ao acentuar a função preventiva[373] da responsabilidade civil, funcionalizou, como já vimos, o artigo 1227.° do *Codice Civile*, conferindo-lhe a missão de *evitar* possíveis danos, através da sua influência na conduta humana[374]. Do mesmo modo que a responsabilidade subjectiva, a autoresponsabilidade, traduzida praticamente no

---

[371] Ver MORAND, *La sanction, cit.*, pp. 310-311, para o enquadramento sociológico das sanções positivas.

[372] RDC I, 1967, *cit.*, pp. 478 e ss. e *Concorso di colpa del danneggiato, cit.* (*supra*, n.5), pp. 44 e ss..

[373] CATTANEO cita, como defensores da concepção *preventiva* da responsabilidade civil, G. RÜMELIN, M. RÜMELIN, MARTON e TRIMARCHI. Refira-se, a propósito, que MARTON – criticado, entre nós, por GOMES DA SILVA, *op. cit.*, p. 154 – desenvolveu e aperfeiçoou as suas teorias num artigo publicado em 1963 no AcP (162), pp. 1 e ss., sob o título *Versuch eines einheitlichen Systems der zivilrechtlichen Haftung*, sem prescindir, contudo, do «*Hauptprinzip*» da prevenção (ver as pp. 45 e ss., 53 e 71).
Ver ainda, para essa função, ANTUNES VARELA, *op. cit.*, p. 643 e na RLJ, ano 114.°, pp. 77-79 (a propósito do «dever de prevenção do perigo»), em anot. ao acórdão do STJ de 26 de Março de 1980, e, lá fora, STARCK, *Essai d'une théorie générale de la responsabilité civile..., cit.*, pp. 355 e ss., *Les rayons et les ombres d'une esquisse de loi sur les accidents de la circulation*, in RTDC, 1966, pp. 673-674, STARCK/ROLAND//BOYER, *op. cit.*, n.° 550, p. 286 e SALVI, RCDP, *cit.*, pp. 148 e s. (*maxime* para os antigos direitos socialistas, mas sem deixar de assinalar a existência de um dever geral de prevenção do dano, extensível ao lesado).

[374] No artigo publicado em 1984, CATTANEO parece menos categórico do que em 1967. Na realidade, reconhece que a atitude preventiva do potencial lesado é *menos eficaz* do que a do eventual responsável, e que se manifesta mais como «receio da lesão» do que da sua consequência jurídica (cfr. a p. 45 do seu estudo *cit.* de 1984). TRIMARCHI, *Rischio e responsabilità oggettiva, cit.*, pp. 37 e 41, manifesta idênticas reservas em atenção às «características de certas pessoas».

Sentido e função do problema da conduta culposa e não culposa   133

efeito da *redução* indemnizatória, concorreria para a prevenção dos danos (extracontratuais ou contratuais), numa conjugação de deveres «...entre os potenciais lesantes e os lesados eventuais»[375]. O jurista italiano retira da falta de esforço do lesado o critério justo para a censura, considerando mesmo *imoral* que aquele possa beneficiar com a sua *inércia*. A «repartição de deveres», ideia igualmente cara a ROTHER[376] e ao seu sistema de «interrupção» da propensão danosa das coisas perigosas, tornaria *economicamente* mais sustentável a tarefa preventiva do lesante e possibilitaria o normal exercício da actividade económica[377].

Mesmo na responsabilidade objectiva – e continuamos a expôr o pensamento de CATTANEO – a autoresponsabilidade deve ser concebida como «um meio racional e não demasiado gravoso»[378] de excluir ou de manter a responsabilidade dentro de fronteiras razoáveis, não só porque o custo do risco diminui com o acréscimo de prevenção do lesado, mas também porque o próprio empresário procurará proteger-se celebrando um seguro de responsabilidade. CATTANEO conclui o seu estudo com uma espécie de «auto de fé» behaviorista sobre as virtualidades de uma norma – a do artigo 1227.° – que deve «induzir» as pessoas (mesmo as mais distraídas e temerosas) a serem cuidadosas com a salvaguarda dos seus interesses.

A elevação do artigo 1227.° a *norma de conduta* ou, na terminologia de KELSEN, *a norma secundária* é defendida, como já dissemos, por N. DI PRISCO[379], embora reconhecendo, com acerto, que ela também procura solucionar *justamente* o conflito entre o interesse da «segurança passiva» (do lesado) e da «segurança activa». Essa perspectiva preventiva, de fundo *económico*, reflecte-se ainda nos escritos de TRI-

---

[375] RDC I, *cit.*, p. 483 e *Concorso...*, *cit.*, p. 44.

[376] Ver *supra*, n.281 e no seu *Der Begriff der Gefährdung im Schadensrecht*, in Festschrift für KARL MICHAELIS zum 70. Geburtstag, Göttingen, 1972, pp. 250 e ss. e 263-264.

[377] CATTANEO dá o seguinte exemplo: se os peões não fossem cuidadosos na utilização das ruas ou das passagens de nível, isso limitaria a velocidade dos automóveis e dos comboios, originando um acréscimo de acidentes (p. 482 da RDC, *cit.*). É de atentar que o jurista italiano (p. 482, n.(70)) alarga o «dever de diligência» dos potenciais lesantes, de modo a terem em conta determinadas «imprudências» dos outros intervenientes no tráfico.

[378] RDC, *cit.*, p. 484.

[379] *Op. cit.*, pp. 129 e 295-297.

MARCHI[380] e, relativamente ao § 254 do BGB, na obra de KÖTZ[381] e no pensamento de M. FUCHS[382], quando defende a «contratação do seguro» (*Versicherbarkeit*) como «encargo» (*Obliengenheit*) do lesado, nos casos em que a celebração do contrato de seguro se torne uma solução mais «simples e barata» – relativamente aos custos a suportar pelo lesante – e possa ser considerada como medida «usual e exigível». Se TRIMARCHI, relevando o equilíbrio entre a *«obbligo di diligenza»* e o *«onere di diligenza»*, se refere à necessidade de um «nível adequado de segurança», obtido sem a imposição de demasiados gravames às actividades económicas[383], KÖTZ, sem partir de uma conduta estritamente culposa, considera o § 254 um *meio de pressão* dirigido aos eventuais lesados para que estes evitem ocorrências danosas. O professor de Hamburgo e CATTANEO excluem *naturalmente* desse «apelo preventivo» a conduta daqueles (como é o caso dos inimputáveis) a quem falta discernimento e vontade para a compreensão da «mensagem»[384]. O jurista alemão integra a sua tese num quadro metodológico de *análise económica*, chegando à conclusão de que as maiores despesas que o lesante teria que suportar, para evitar o dano, convertem o lesado na pessoa melhor colocada para prevenir o prejuízo (*cheapest cost avoider*), sem direito a ser indemnizado («*am besten Schadensträger*»). Por outras palavras: o lesado suporta o risco que poderia ter evitado adoptando medidas preventivas com custos

---

[380] *Rischio..., cit.*, p. 52. No estudo *Sul significato economico dei criteri di responsabilità contrattuale*, in RTDPC 1970, pp. 513 e ss., TRIMARCHI analisa o relacionamento colaborante do credor e do devedor na perspectiva da melhor repartição dos recursos e da eficácia económica das medidas preventivas (mais intensas do lado do devedor) do incumprimento ou das suas consequências.

[381] *Op. cit.*, n.° 126, p. 52 e n.° 559, p. 215. Para uma visão preventiva pura, sem conexões económicas, ver DEUTSCH, *Haftungsrecht, cit.*, p. 78, LANGE, *op. cit.*, pp. 11 e 546-547, KELLER, *op. cit.*, p. 15 e CENDON, *Il dolo*, in *La responsabilità civile* (*una rassegna di dottrina e giurisprudenza*), I, sob a direcção de ALPA/BESSONE, Torino, 1987, pp. 87-89.

[382] *Versicherungschutz und Versicherbarkeit als Argumente bei der Schadensverteilung*, in AcP 191 (1991), pp. 339 e ss..

[383] Em rigor, e na área do dano extracontratual, TRIMARCHI não valora tanto a relação custos-benefícios, quanto o aspecto – que iremos encontrar sete anos depois em CATTANEO – da «distribuição dos ónus de diligência», assente numa *confiança recíproca* quanto à conduta (normal) de cada um.

[384] Também G. MARTON, AcP (162), *cit.*, pp. 63-64, distingue entre o dano co-causado por *iniciativa* do lesado (que, por ex., tenha acirrado o animal) e o dano co-causado numa situação *evitável* e, portanto, merecedora de censura pessoal.

Sentido e função do problema da conduta culposa e não culposa

inferiores (por ex., o condutor com problemas auditivos suportaria o prejuízo resultante do atravessamento descuidado de uma passagem de nível sem guarda, e sem cancelas, desde que o custo de utilização de uma passagem aérea fosse inferior ao custo esperado do acidente e às despesas que a empresa ferroviária teria de suportar para dotar a passagem de meios eficazes de segurança).

Esta visão do *calculus of risk*, a que não é alheia nem a *Hand Formula of Negligence*, nem o teorema de COASE da «optimização económica», e de que a obra clássica de G. CALABRESI[385] é um referente necessário, foi seguida, entre outros, por POSNER[386], ATIYAH,

---

[385] *The Cost of Accidents* (*A Legal and Economic Analysis*), New Haven/ /London, 1970. Utilizámos tradução espanhola de JOAQUIM BISBAL, *El Coste de los Accidentes – Análisis económico y jurídico de la responsabilidad civil*, Barcelona, 1984. CALABRESI, como ponto de partida para a defesa de um sistema misto, alternativo à responsabilidade por culpa, começa por distinguir entre a *redução primária* (do número e gravidade dos *acidentes*), operada pela prevenção geral e específica, a *redução secundária* ou dos custos económico-sociais e a *redução terciária* ou dos custos administrativos (do sistema de controle dos danos). Na aplicação, à responsabilidade subjectiva, dos resultados de uma análise económica, em que prevalece o aspecto *preventivo*, CALABRESI acentua a natureza casuística desse modelo de responsabilidade e a sua preocupação quase exclusiva pela *redução primária*. A ausência de prevenção funciona aí como critério de culpa, extensível, na forma de *comparative negligence*, à fase da redução secundária. Ao referir-se ainda à justiça da responsabilidade civil e à preocupação desta de proteger ou onerar o lesado culpado, CALABRESI sustenta que essa atitude não tem em conta a incidência final, económica, dos custos do acidente – esses custos deverão ser suportados pelo *cheapest cost-avoider* – nem o objectivo da sua minimização. Para uma leitura crítica de CALABRESI, ver SINDE MONTEIRO, *Análise económica do direito*, in BFDUC, volume LVII, 1981, pp. 245 e ss. (apoiado em ENGLARD), ALPA/BESSONE, *op. cit.* (*supra*, n.314), pp.34 e ss. e 39-40 e ss. (com a referência ao artigo de CALABRESI/J. HIRSCHOFF publ. no Yale Law Journal 81 (1971-72), pp. 1055 e ss.), SALVI, RCDP, *cit*, pp. 139 e ss. (aludindo a posições posteriores de CALABRESI menos enfeudadas a rígidos critérios monetarísticos) e *Responsabilità extracontrattuale* (*dir. vig.*), in ED XXXIX, pp. 1194-1196, e N. HORN, *Zur ökonomischen Rationalität des Privatrechts – Die privatrechtstheoretische Verwertbarkeit der «Economic Analysis of Law»*, in AcP 176, (1976), pp. 324-326 e 331-333 (assinalando a incapacidade de uma análise económica poder «adaptar» valorações jurídicas). Para uma visão de conjunto da «análise económica do direito», ver os artigos publicados na revista Sub Judice, n.° 2, 1992, pp. 29 e ss., e a obra de F. STEPHEN, *The Economics of the Law*, 1989 (traduzido para brasileiro por N. VITALE, sob o título *Teoria Econômica do Direito*, São Paulo, 1993).

[386] Para a sua doutrina e referência crítica, ver SALVI, *cit.*, pp. 135-139. O pai da escola de Chicago não deixa de acentuar nos seus escritos a importância da análise económica traduzida na *Hand Formula*, ditada, em 1947, no *United States v. Caroll Towing Co.* (ver FRANCESCO PARISI, *Sviluppi nell'elemento soggettivo del tort of negli-*

ACKERMANN e WITTMAN[387], centrando-se basicamente na influência económica, sobre as pessoas, das regras normativas e na repartição dos riscos em função da equação entre os custos de prevenção e os custos prováveis do dano.

Não negando importância ao tipo de análise económica feito, por ex., por HAND ou CALABRESI no domínio dos acidentes de viação e tendo por pano de fundo o sistema americano de responsabilidade, ou, em menor escala, por KÖTZ, parece-nos que se articula melhor com o nosso sistema económico-social e com um critério valorativo de responsabilidade civil subjectiva, baseado na *repartição jurídica* e *equilibrada* do dano, a defesa de uma *política de prevenção* centrada na redução do número e da gravidade dos acidentes (*maxime* de viação), e em que ao *eventual lesado*, com ou sem determinadas patologias, cabe um importante papel como sujeito que pode evitar, muitas vezes, o acidente (ou o dano)[388], mesmo sem valorarmos aspectos económicos atinentes ao custo da actividade de prevenção. O que não devemos é deslocar, sistematicamente, para o lesado, parte ou a totalidade do dano, invocando um genérico e não fundado (no plano da «exigibilidade» em concreto) «dever» de *evitar* o perigo do dano.

Se o sistema jurídico não pode proibir, como já dissemos, que o homem cause danos a si mesmo, já não pode demitir-se de editar um *conjunto de normas* preventivas e proibitivas de certas condutas perigosas e sob a cominação de certas desvantagens (*maxime* patrimoniais). Esta prevenção específica ocorre, como se sabe, no tráfego rodoviário, com a imposição de certos comportamentos aos peões[389],

---

gence, in RDC I, 1990, pp. 563 e ss. as reservas que emite à «*veste numerica, quantitativa*» da teoria e a articulação que faz com a figura do *reasonable man*). De acordo com aquela fórmula, a probabilidade da verificação do evento, a gravidade do dano e o custo da prevenção do evento danoso, funcionam como variáveis da *negligence*.

[387] Ver ALPA/BESSONE, *op. cit.*, p. 65. Embora WITTMAN analise preferencialmente o incentivo dado pelo *marginal cost liability*, no quadro de um dano já produzido (cfr. o seu estudo *Optimal pricing of sequential inputs: last clear chance, mitigation of damages, and related doctrines in the law*, in The Journal of Legal Studies 10 (1981), também não deixa de se referir ao poder de controle que o lesante e o lesado tem sobre os *inputs* de prevenção do dano (ao discorrer, por ex., sobre a *last clear chance rule*). Ver *infra*, n.º 75, para a influência exercida pelo economista nas teorias de ROSSELLO.

[388] A hipótese referida expressamente no § 254 II do BGB, da omissão em ser chamada a atenção do devedor para o perigo de um dano elevado, é um exemplo flagrante desse papel. Os artigos 1346.º, 1350.º e 1366.º, 1 estatuem sobre situações em que se releva a conduta a adoptar pelo *potencial lesado*.

[389] Cfr. os artigos 102.º e ss. do Código da Estrada.

Sentido e função do problema da conduta culposa e não culposa 137

aos condutores[390], aos passageiros e utilizadores de veículos de duas rodas[391], para sua protecção e para salvaguarda de outros interesses mais amplos. Trata-se de uma política pragmática cujo objectivo final é a diminuição dos custos humanos, económicos e sociais dos acidentes. Já focámos a importância desta filosofia no domínio dos *acidentes de trabalho*[392], sector em que o trabalhador tende a descurar os mecanismos de segurança, seja por ignorância, falta de atenção ou desajustamento profissional. A partir do momento em que o trabalhador se mostre sensibilizado e estimulado para aderir às acções preventivas, em cooperação com a sua entidade patronal, a diminuição do número de acidentes e das doenças profissionais poderá ser uma realidade.

Numa teoria da prevenção, o papel decisivo cabe, sem dúvida, ao *empregador* ou ao *potencial lesante*, pela circunstância de estarem, em regra, melhor colocados para evitarem o acidente, adoptando medidas formativas, preventivas ou limitativas e *advertindo* o potencial lesado para os perigos decorrentes da utilização de certas coisas ou mecanismos. Os «avisos»[393] públicos ou privados, ao chamarem a atenção para o risco da situação, pretendem *estimular a autoprotecção*, evitando a passividade do utilizador perante a «mensagem de perigo» neles explícita. Como afirma CALABRESI[394], a não adopção da atitude preventiva é valorada como «culpa» do lesado, suportando este, total ou parcialmente, as consequências danosas da sua falta de cuidado[395].

---

[390] Ver, por ex., quanto à obrigatoriedade da instalação e uso do *cinto de segurança*, as Portarias n.os 604/70 de 26 de Novembro e 758/77 de 15 de Dezembro, o artigo 4.° do Decreto-Lei n.° 238/89 de 26 de Julho, o artigo 35.°, 6 a 10, do anterior Código da Estrada, na redacção dada pelo Decreto-Lei n.° 270/92 de 30 de Novembro, o artigo 83.° do actual Código da Estrada e a Portaria n.° 849/94 de 22 de Setembro.

Ver também, quanto à *condução sob o efeito do álcool ou de estupefacientes*, os artigos 87.° e 158.° do Código da Estrada.

[391] Para as *regras especiais de circulação,* atinentes à condução de motociclos, ciclomotores e velocípedes, bem como para a obrigatoriedade de uso de *capacete protector*, ver, respectivamente, os artigos 88.° e 94.° do Código da Estrada.

[392] Tornamos a referir o importante Decreto-Lei n.° 441/91, *cit.* (*supra*, n. 296).

[393] Eis alguns exemplos: «Para sua segurança não suba com o metro em andamento»; «Diversão não recomendada a cardíacos, grávidas ou crianças com menos de 4 anos»; «Cuidado com o cão»; «Pare, escute e olhe»; «Entrada proibida a estranhos». Para a caracterização dos «deveres indirectos» ou de aviso do perigo, e a necessidade da sua maior «intensidade», na presença de crianças, ver SINDE MONTEIRO, *Responsabilidade por conselhos..., cit.*, pp. 320 e ss..

[394] *Op. cit.*, p. 244 da tradução espanhola.

[395] Ver CUNHA GONÇALVES, *Tratado...*, XII, *cit.*, p. 609.

A Constituição[396] reconhece, como se sabe, o direito dos consumidores «à protecção da saúde, da segurança...», sendo particularmente importante, no domínio da *segurança em geral*, proteger aquele leque de possíveis vítimas que estão mais expostos ao risco de lesão, como é o caso das crianças, dos adolescentes, dos idosos, das grávidas e dos deficientes[397].

Nas zonas em que é maior a incidência do acidente, como sucede com os *acidentes de viação*, a administração leva (e deve levar) a cabo, através das entidades competentes, uma política de prevenção, com ampla difusão nos *media*, centrada, em regra, na divulgação[398] das normas dissuasoras do Código da Estrada (*maxime* sobre o uso de cintos de segurança, a condução sob o efeito do álcool e os limites de velocidade) e com o objectivo prioritário da redução dos acidentes. Neste âmbito domina, aliás, um *princípio de confiança* na actuação regular de cada utente do tráfego, contando, por ex., o condutor com uma conduta

---

[396] Artigo 60.°, 1. Ver, para esse mesmo direito, o artigo 6.° da *Lei de Defesa do Consumidor* (Lei n.° 29/81 de 22 de Agosto) e o artigo 13.° do Decreto-Lei n.° 330/90 de 23 de Outubro (*Código da Publicidade*).

[397] Quanto à utilização de *brinquedos* e *jogos*, o legislador transpôs, para a ordem interna, a Directiva n.° 88/378 de 23 de Maio, primeiro com o Decreto-Lei n.° 140/90 de 30 de Abril e a Portaria n.° 924-B/90 de 1 de Outubro e mais recentemente com o Decreto-Lei n.° 327/92 de 27 de Outubro (ver o anexo V do seu artigo 10.°, 3), que revogou o primeiro. O Decreto-Lei n.° 47/90, de 9 de Fevereiro, interdita o fabrico e a comercialização de brinquedos em que se empreguem substâncias perigosas e os artigos 22.°, 6 e 31.°, 6 a) do Decreto-Lei n.° 376/84 de 30 de Novembro, na redacção dada pelo Decreto-Lei n.° 474/88 de 22 de Dezembro, protegem os menores de 18 anos contra a compra e utilização das chamadas «bombas de Carnaval» (cfr. ainda, para uma mesma tutela, no âmbito dos *artifícios pirotécnicos de sinalização*, o artigo 6.° 2a) do Decreto-Lei n.° 303/90 de 27 de Setembro). Os menores estão ainda protegidos, contra o *transporte* feito em condições de particular perigo (nos veículos, motociclos e ciclomotores), pelos artigos 79.°, 1 e 89.°, 1 do Código da Estrada e pelos artigos 5.° e 6.° da Portaria n.° 849/94, *cit.* (*supra*, n. 390),. e contra *trabalhos* que impliquem o emprego de radiações ionizantes (artigo 7.°, 2 da Convenção n.° 115 da Organização Internacional do Trabalho, aprovada, para ratificação, pelo Decreto n.° 26/93 de 18 de Agosto).

Ver igualmente os artigos 2.°, 5, 6.° e 42.° do Decreto Regulamentar n.° 9/90, de 19 de Abril, sobre a exposição a radiações ionizantes das *mulheres grávidas*, em período de lactação ou idade de gestação.

[398] Por ex.: «Circule devagar»; «Se conduzir não beba»; «Atrás de uma bola vem sempre uma criança»; «Use sempre capacete»; «Veja o perigo de frente»; «Diga sim à vida, seja visto»; «Atravesse de uma só vez»; «Atenção, escola: reduza a velocidade».

normal do peão e vice-versa. Tratando-se de um domínio coberto pelo manto de um *seguro obrigatório de responsabilidade*, a eficácia da vertente preventiva está condicionada pela necessidade de a seguradora fazer incidir (mediante o exercício do «direito de regresso» e do agravamento dos prémios) no património próprio dos seus segurados o «peso» de condutas particularmente graves.

Tal como o lesante, também o potencial lesado poderá prevenir os efeitos prejudiciais da sua imprevidência contratando um *seguro de acidentes pessoais ou de danos.*[399] Estes seguros são vantajosos pois podem atenuar a rigidez do sistema de responsabilidade e suprir a eventual ausência de um seguro do lesante, que não exerça uma actividade particularmente perigosa, não se afastando, quanto ao primeiro, enquanto «lucro» não compensável, a intervenção do mecanismo da responsabilidade ou do seguro do lesante[400]. Assim como uma excessiva desvalorização da conduta «culposa» do lesado poderia conduzir a uma certa contenção da sua atitude preventiva, também é questionável se a iniciativa da contratação do seguro não terá precisamente por efeito o «enfraquecimento» da *cooperação* do eventual lesado. Poderá dizer-se, pois, adaptando aqui o título da obra clássica de G. VINEY, que o seguro feito pelo lesado gera um «declínio da autoresponsabilidade individual»?[401]

É difícil responder com certezas a essa questão do «amolecimento» à prevenção, mas parece-nos que mesmo que isso possa suceder, o seu

---

[399] Para as vantagens e defesa da sua generalização e obrigatoriedade, ver YVONNE LAMBERT-FAIVRE, *Le droit du dommage corporel, cit.*, n.° 317, p. 270. Ver também DE CUPIS, *Il danno*, II, *cit.*, pp. 219 e ss.. Ver, *infra*, n.° 27, quanto ao problema de saber se poderão ser retirados efeitos (*contra o lesado*) da inexistência desse tipo de seguros. Refira-se, por outro lado, como «incentivo» à celebração do contrato, a consagração legal do *dever de informação pré-contratual* (o artigo 3.° do Decreto-Lei n.° 176/95, de 26 de Julho, reenvia, em parte, para o artigo 171.° do Decreto-Lei n.° 102/94 de 20 de Abril, contendo o *regime de acesso e exercício da actividade seguradora*).

[400] Nesse sentido, ANTUNES VARELA, *op. cit.*, pp. 956-957 e 941, VAZ SERRA, in RLJ, ano 108.°, pp. 36 e ss., em anot. ao acórdão do STJ de 25 de Janeiro de 1974, publ. no BMJ n.° 233, p. 185 e CUNHA GONÇALVES, *Tratado...,* vol. XII, *cit.*, pp. 558-559. Ver, no entanto, a limitação introduzida pelo artigo 2.°, 2, parte final, do Decreto-Lei n.° 423/91, *cit.* (*supra*, n.14), no âmbito de uma indemnização abertamente social.

[401] É um dos receios manifestados por CALABRESI (*op. cit.*, pp. 282-284 da tradução espanhola) à instituição de um seguro obrigatório de acidentes, *maxime* perante comportamentos e actuações menos propensas à prevenção. O mesmo autor (p. 311) também considera que o sistema de Segurança Social é pouco eficaz no quadrante da *redução primária.*

âmbito é desprezível, desde logo porque são excluídos da cobertura do seguro os acidentes provocados por condutas *graves* ou *intencionais* do segurado ou devidos a alcoolismo, uso de estupefacientes e a actos criminosos[402]. A margem que pode ficar para a actuação negligente é, em grande medida, neutralizada pelo *instinto de conservação* da pessoa, pelo funcionamento das regras do direito geral da responsabilidade e pela circunstância de o sistema não abdicar, como vimos, de um conjunto de medidas (sobretudo multas e coimas) de feição penalística, principal ou secundária, e, como tal, ligadas a uma ideia dissuasora[403].

Não cremos, por fim, que a norma do artigo 570.º tenha a imediata função preventiva – correspondente aos desejos de CATTANEO ou à visão de N. DI PRISCO – de *compelir* os eventuais lesados a uma conduta mais prudente, com o receio de sofrerem uma redução indemnizatória ou verem excluída a indemnização dos danos posteriores. Já não falando naqueles tipos humanos, «imunes» à alteração dos comportamentos – e que TRIMARCHI[404] bem assinalou –,ou nesse conceito, algo fluido, das «falhas inevitáveis», também um sistema, como o nosso, não cingido ao clássico «*tudo* ou *nada*», mas admitindo, como resultado de uma análise ponderada, uma de três consequências, não condiciona particularmente a *limitação* das condutas «autoresponsáveis»[405]. A nosso ver, e sem

---

[402] As apólices do *seguro de doença*, a cuja contratação se referem a Base XLII da Lei n.º 48/90 de 24 de Agosto (*Lei de Bases da Saúde*) e o artigo 24.º do Decreto--Lei n.º 11/93 de 15 de Janeiro (*Estatuto do Serviço Nacional de Saúde*), excluem do âmbito de cobertura «os estados patológicos causados por embriaguez, estupefacientes, substâncias entorpecentes ou tóxicas», bem como a tentativa de suicídio, a intervenção voluntária em duelos, rixas, apostas ou prática de actos criminosos». O limite do *acto intencional* do segurado atinge semelhantemente o *seguro de danos*, quer se trate de riscos múltiplos, quer se trate de incêndio. Ver, aliás, para a contrariedade à *ordem pública* da cobertura desses e de outros riscos, o artigo 184.º, 3 do Decreto-Lei n.º 102/94, *cit.* (*supra*, n.399).

Para a «*autoresponsabilità*», como fundamento da «quebra de solidariedade» entre a seguradora e o segurado «culpado», ver A. LA TORRE, RTDPC, *cit.* (*supra*, n. 217), pp. 450-454.

[403] Para a importância dessas normas, como meio de prevenção, ver E.. VON HIPPEL, *Unfallrecht: Vorbeugen ist besser als heilen*, in JZ, 1977, p. 707 (a propósito do uso dos cintos de segurança) e CALABRESI, *op. cit.*, p. 284 da tradução espanhola. Para este último, a excessiva «responsabilização» do lesado culpado não suprime os *custos secundários* e conduz à necessidade de um seguro de acidentes.

[404] *Rischio...*, *cit.*, pp. 37 e 41. Ver, contudo, as reservas de CATTANEO, RDC I, *cit.*, p. 483, n.(72), e a sua crença na capacidade «transformadora» da norma preventiva.

[405] Para o não favorecimento do número de acidentes em função de um sistema mais ou menos autoresponsabilizante, ver SINDE MONTEIRO, *Reparação dos danos em*

Sentido e função do problema da conduta culposa e não culposa 141

esquecer o dever dos poderes públicos, é mais eficaz a defesa e execução de uma *política de prevenção*, suficientemente ampla, com uma patente função *educativo-pedagógica*, de modo a formar uma espécie de «cultura da segurança» e com uma vertente *moderadamente «penalística»* [406], em ordem a alterar os comportamentos humanos. E não somos, apesar de tudo, tão pessimistas como era CUNHA GONÇALVES [407], nos finais dos anos 30, quando se referia à «inutilidade» da «educação do peão», pessoa hostil ao «instinto de conservação e [ao] sentimento da solidariedade», «refilão e provocador», colocando em primeiro lugar «o seu desregramento, a sua indisciplina, a sua revolta contra a ordem...».

---

acidentes de trânsito, Coimbra, 1974, pp. 112 e 159, n.(1) e *Estudos...*, *cit.*, p. 157, E. VON HIPPEL, *Schadensausgleich bei Verkehrssunfällen* (*Haftungsersetzung durch Versicherungsschutz*), Berlin/Tübingen, 1968, p. 70 (reagindo aos argumentos de que o seu sistema «premeia» o descuido), WESTER, *op. cit.*, p. 34, LAPOYADE DESCHAMPS, *op. cit.*, pp. 351 e ss., PH. LE TOURNEAU, *op. cit.*, n.° 62, p. 26, G. VINEY, *L'indemnisation des victimes de dommages causés par le «fait d'une chose» après l'arrêt de la Cour de Cassation* (2ᶜ *Ch. civ.*) *du 21 juillet* 1982, in D. 1982, *chron.*, pp. 204-205, F. CHABAS, *Le droit des accidents...*, *cit.*, n.° 190, p. 176 (relativamente aos lesados «super-privilegiados» da lei BADINTER, embora entendendo que uma hipotética irrelevância da «culpa intencional» poderia impelir os idosos a tentar o suicídio) e G. DURRY, *L'exonération du gardien par le fait de la victime dans le domaine des accidents de la circulation*, in Études dediées à ALEX WEILL, Paris, 1983, p. 225 (céptico no que toca à «educação» dos que prevaricam com consciência e sem ela). TUNC, no seu *La Securité Routière*, *cit.*, p. 55, n.(134 *bis*), justifica a sua «lassidão» invocando o *instinto de conservação* e nega que a ameaça de redução da indemnização baixe o número de acidentes (ver, no mesmo sentido, o seu artigo *Les causes d'exonération de la responsabilité de plein droit de l'article 1384, alinéa 1ᵉʳ du code civil*, in D. 1975, *chron.*, n.° 12, p. 87 e *La responsabilité civile*, 2.ª ed., Paris, 1989, pp. 128 e 134). E. VON HIPPEL, pelo contrário, no artigo publicado na JZ em 1977, *cit.*, pp. 707-708, reputava de preventiva a medida que viesse estabelecer a *redução* da indemnização (em 20% ou numa certa quantia) em caso de falta de utilização de cinto do segurança.

Um dos argumentos utilizados por DARIO MARTINS DE ALMEIDA, *op. cit.*, p. 313, para rejeitar o concurso entre a responsabilidade objectiva e a «culpa» do lesado, é, precisamente, evitar a «recompensa para os imprevidentes».

[406] Embora parta da ideia de que o direito penal tem maiores potencialidades preventivas, TUNC, *La responsabilité civile*, *cit.*, pp. 139-140, não retira de todo à responsabilidade civil a função de «reeducar» o culpado. É curioso notar que o jurista francês multiplica as funções da responsabilidade, considerando-a não só ao serviço da *prevenção*, mas também da *indemnização*, da *realização da justiça*, da *diluição do encargo dos danos* e como *garantia dos direitos dos cidadãos* (pp. 133 e ss.), num sentido algo diferente do de STARCK. A favor de uma prevenção «penal», mesmo contra o peão, ver YONNE LAMBERT-FAIVRE, *Aspects juridiques, moraux et économiques de l'indemnisation des victimes fautives*, in D. 1982, *chron.*, p. 208.

[407] *Tratado...*, vol. XIII, *cit.*, p. 49.

SECÇÃO II
SIGNIFICADO E ALCANCE DA CLÁUSULA GERAL
DO ARTIGO 494.° E SUA RELAÇÃO COM O CRITÉRIO
DO ARTIGO 570.°, 1

> **Sumário:** 13 – Justificação desta secção; 14 – A função reparadora (e reflexamente sancionatória) do direito da responsabilidade do Código de Seabra, o pensamento convergente da doutrina e a tendência legislativa para a flexibilização do duplo escopo; 15 – A posição inovadora de PEREIRA COELHO e a referência à defesa, em vários quadrantes, de um poder de redução da indemnização. Alusão particular à «cláusula redutora» de STOLL; 16 – A cláusula geral do artigo 494.° e a sua leitura parcialmente «despenalizante»; 17 – A relativa afinidade de escopo e de método entre a norma do artigo 494.° e a norma do artigo 570.°, 1. Reservas à aplicação indiscriminada dos dois normativos; 18 – Produção e agravamento do dano pelo concurso de eventos fortuitos e de «predisposições» do lesado: aplicação do critério de repartição do artigo 570.°, 1?; 19 – Síntese conclusiva.

13. Justificação desta secção

Vimos que, na estrutura interindividual em que assenta a responsabilidade civil, a desvantagem sofrida tipicamente pelo lesado «culpado» não se funda, quanto a nós, em qualquer escopo sancionatório ou preventivo, análogo ao que é tradicionalmente defendido para a responsabilidade do lesante. A repartição do dano entre o lesado e o lesante não exprime, nem deve exprimir o resultado lógico de uma ponderação de condutas, ligadas entre si pela nota comum da censurabilidade, mas reflecte um *critério* que conduz a imputar ao lesado a sua contribuição «culposa» (ou não «culposa»), em ordem à *repartição justa e equilibrada* do dano.

Esta leitura mais flexível da norma central do regime do «concurso de condutas culposas», se permite abandonar o *enquadramento sancionatório* em que a integra o pensamento corrente, abre também a porta, em concurso com outros elementos coadjuvantes favoráveis ao lesado, para a superação da «justiça aristotélica» ou da «proporção aritmética», em favor de uma *justiça material,* mais voltada para a tutela de certos bens do lesado.

Se o critério de imputação do dano referido na artigo 570.°, 1 visa, no fundo, reconduzir o dano à sua esfera natural de atracção, em função da dupla conduta verificada, há que ver, agora, qual a importância que reveste, para o *sentido* e *âmbito* desse concurso, a norma que constitui um dos paradigmas de qualquer sistema que se intitule sancionatório. Referimo-nos, obviamente, ao preceito do artigo 494.° e à relação que estabelece entre certas variantes (*maxime* a gravidade da culpa) e o *quantum* de indemnização.

À primeira vista, parece não se justificar uma análise da solução consagrada nesse normativo, se pensarmos na direcção *unilateral* com que foi concebida. Ultrapassada, porém, esta última leitura, há que reconhecer, na verdade, que a «mensagem» favorável ao lesante, subjacente ao preceito, contém uma ideia próxima da que inspira o disposto no artigo 570.°, 1. As respostas que consigamos obter relativamente à função e ao alcance do normativo do artigo 494.° parecem-nos importantes numa dupla perspectiva. Em primeiro lugar, num plano mais *global*, uma sua leitura *menos sancionatória* e *preventiva* dará mais consistência à colocação do problema do «concurso de facto culposo do lesante e do lesado» como *repartição justa do dano*, justificada por uma conduta «autoresponsável» e não como sanção de condutas reprováveis ou de desvios éticos. Em segundo lugar, e no quadrante do *regime*, há que valorar e extrair consequências das possíveis *interferências* de um normativo sobre o outro, em ordem ao esclarecimento da sua posição sistemática e à delimitação das respectivas esferas de aplicação.

14. A função reparadora (e reflexamente sancionatória) do direito da responsabilidade do Código de Seabra, o pensamento convergente da doutrina e a tendência legislativa para a flexibilização do duplo escopo

A nossa doutrina[408] vem afirmando um compromisso entre a função prioritariamente *indemnizatória* da responsabilidade civil subjec-

---

[408] Ver ANTUNES VARELA, *Rasgos inovadores...*, in BFDUC, *cit.*, p. 91, *Das Obrigações em Geral*, *cit.*, pp. 550 e 931, RLJ, ano 123.°, *cit.* (anot. ao acórdão do STJ de 25 de Maio de 1985), p. 280, ALMEIDA COSTA, *op. cit.*, pp. 436 e n.(4), 446-447,

Sentido e função do problema da conduta culposa e não culposa 145

tiva e uma característica sancionatória e preventiva, precipitada não só no regime do artigo 570.° mas também noutros preceitos (*maxime* o 494.°) ou soluções, enfeudadas ao pressuposto subjectivo da culpa[409].

---

n.(2), 495 e 670, J. RIBEIRO DE FARIA, *Direito das Obrigações*, I, *cit.*, pp. 427, 457 e 511, RUI DE ALARCÃO, *op. cit.*, pp. 247 e 257, MENEZES CORDEIRO, *Direito das Obrigações*, II, *cit.*, pp. 277-278, PESSOA JORGE, *Ensaio..., cit.*, p. 52 e *Lições..., cit.*, pp. 506 e ss., PEREIRA COELHO, *Obrigações, cit.*, pp. 147-148 e 172-173, GALVÃO TELLES, *op. cit.*, pp. 195-196, PINTO MONTEIRO, *Cláusulas... cit.*, p. 63 e n.(123) e *Cláusula penal..., cit.*, pp. 627, n.(1471) e 659-660, n.(1536) e JÚLIO GOMES, *Uma função punitiva para a responsabilidade civil e uma função reparatória para a responsabilidade penal?* sep. da RDE 15 (1989), pp. 106 e 121. PESSOA JORGE e MENEZES CORDEIRO parecem mais categóricos na afirmação dessa primazia, defendendo mesmo o primeiro que a responsabilidade civil não visa «...castigar o autor do prejuízo; não se pretende impôr-lhe a privação de certos bens como punição do seu acto ou prevenção de novas violações...» (p. 11 do *Ensaio..., cit.*).

No sistema jurídico italiano, onde não se encontra uma norma idêntica à do artigo 494.° (cfr. *supra*, n.364, mas ver também *infra*, n.471), a doutrina é praticamente unânime em negar natureza sancionatória à responsabilidade civil. Ver, para essa recusa, DE CUPIS, *Il danno* II, *cit.*, pp. 14-20 e 232-234, *Tradizione e rinnovamento nella responsabilità civile*, in RDC II 1979, p. 320 (considerando que a indemnização é convertida em *pena* se nela influírem elementos «estranhos» à sua natureza»), *In tema di responsabilità civile*, in Rassegna DC n.°3, 1985, pp. 634 e ss., CARBONE, *op. cit.*, pp. 127 e ss., 196 e ss. e 205, SCOGNAMIGLIO, *Risarcimento del danno*, in NDI XVI, pp. 20-21, SALVI, *op. cit.*, pp. 43 e ss., ALPA, *La responsabilità civile, cit.*, p. 18 (ao constatar que a função punitivo-preventiva pertence ao direito público) e S. PATTI, *Famiglia e responsabilità civile*, Milano, 1984, p. 311.

Mais próximo da posição de princípio assumida pela nossa doutrina colocou-se G. VINEY, quando em 1965, no seu *Le déclin de la responsabilité individuelle, cit.*, conferiu à responsabilidade civil natureza reparadora e preventivo-sancionatória. Mesmo depois da *objectivação* do conceito de culpa, operada com a alteração ao artigo 489-2, do *Code Civil*, e da «despersonalização» da responsabilidade, em virtude da técnica do seguro, VINEY continuou a defender o «conteúdo moral» da culpa, reservando para o direito civil o papel de *sancionar as culpas graves*, sobretudo naqueles domínios, como os das *responsabilidades profissionais* e da *violação dos direitos de personalidade,* onde a reprovação tem algum sentido (cfr. *op. cit., supra*, n.329, pp. 51- -52 e 84 e *Réflexions sur l'article 489-2 du Code Civil*, in RTDC 1970, p. 266). Para uma concepção não muito distante da de VINEY, ver TUNC, *La responsabilité civile cit.*, pp. 135-136 e 176, e, no direito italiano, D. DE MARTINI, *I fatti-produttivi di danno risarcibile*, Padova, 1983, pp. 95 e 115.

[409] Como manifestações da função *repressiva* e *preventiva* da responsabilidade civil são apontadas o regime dos artigos 496.° (cfr. ANTUNES VARELA, *op. cit.*, pp. 619 e 952-953, n.(1)) e 497.°,2, bem como a solução da irrelevância negativa da causa virtual (cfr. ANTUNES VARELA, *op. cit.*, pp. 551 e 948, PEREIRA COELHO, *O problema da causa virtual..., cit*, p. 185, *O enriquecimento e o dano*, RDES, *cit.*, pp. 347, n.(64) e 350, n.(69) e GALVÃO TELLES, *op. cit.*, p. 419.

A função «educadora» da responsabilidade civil, ao «premiar» os inocentes e ao «castigar» os culpados, visaria, afinal, embora em contextos diversos, o mesmo escopo que a responsabilidade penal, ou seja, a prevenção da prática do ilícito[410]. A pena (*lato sensu*) e a indemnização parecem funcionar, desse modo, como duas sanções, duas formas de reprovação da conduta pessoal do agente, dirigindo a ordem jurídica um apelo ao julgador para que averigue a *intensidade culposa* da conduta do agente ou do lesante, com o objectivo multiforme de *graduar a pena*, fixar o *quantitativo indemnizatório*, definir o *conteúdo do direito de regresso*, estabelecer a medida da *coima* enquanto «sanção ordenativa»[411] própria do ilícito de mera ordenação social[412], ou aplicar as chamadas «sanções acessórias» (interdição do exercício de actividade ou profissão, cassação de licenças, apreensão de objectos, inibição de conduzir) conectadas a esse ilícito[413].

Nos sistemas jurídicos, como o italiano e o alemão, com uma mesma estrutura de responsabilidade interindividual e subjectiva, mas que repudiaram a consagração de uma norma de teor idêntico ao do nosso artigo 494.°, é sobretudo a disposição sobre a *conculpabilidade do lesado*[414] que permite *atenuar* a consideração de que o sistema respon-

---

[410] EDUARDO CORREIA, *Direito Criminal* I, cit., p. 16, aproxima a indemnização da «natureza própria das penas e medidas de segurança», atenta a característica comum da «coacção indirecta».

[411] FIGUEIREDO DIAS, *Sobre o papel do direito penal na protecção do ambiente*, in RDE 4 (1978), n.° 1, p. 7.

[412] Para a distinção entre o direito penal clássico, o direito penal administrativo e o ilícito das contra-ordenações, ver EDUARDO CORREIA, *op. cit.*, pp. 20 e ss., J. RIBEIRO DE FARIA, *op,. cit.*, I, pp. 421-422, FIGUEIREDO DIAS, *Para uma dogmática do direito penal secundário*, in RLJ, anos 116.°, pp. 263 e ss. e 117.°, pp. 7 e ss. e GALVÃO TELLES, *op. cit.*, p. 196, n.(1).

[413] Nesse âmbito, bastante alargado pelo actual Código da Estrada, encontra-se também um leque *menos penalístico* de sanções, mais presas à reposição natural civilística, como é o caso da *remoção da causa infractora* e da *reposição no estado anterior* (cfr. os artigos 40.°, 4 e 48.° da já referida Lei n.°11/87 de 7 de Abril e 47.° e 48.° do também já citado Decreto-Lei n.° 74/90 de 7 de Março).

[414] Para a prevalência do *Ausgleichsgedanken* e a zona de excepção do § 254 do BGB, ver LARENZ, *Lehrbuch...*, I, cit., § 27I, pp. 423-424, *Präventionsprinzip und Ausgleichsprinzip im Schadensersatzrecht*, in NJW 1959, p. 865, *Die Prinzipien der Schadenszurechnung*, in JuS, 1965, p. 379, H. LANGE, *op. cit.*, pp. 12-13 (com a constatação de que o BGB rejeitou «pontos de vista moralísticos»), DEUTSCH, *Haftungsrecht* cit., p. 420, ESSER/SCHMIDT, *op. cit.*, I, 2, § 30 II, p. 161, MEDICUS, *Schuldrecht I (Allgemeiner Teil)*, 6.ª ed., München, 1992, § 53, pp. 259 e 264, e B. KUPISCH/W. KRÜGER, *Deliktsrecht,* München, 1983, pp. 2 e 6, n.(4).

Ver também, no direito austríaco, H. KOZIOL, *Österreichisches Haftpflichtrecht*

Sentido e função do problema da conduta culposa e não culposa   147

sabilizante não visa sancionar o ilícito, mas reparar integralmente os danos ao lesado.

A concepção *moralizante* e *personalista* da responsabilidade civil dos «primeiros passos»[415] surge, historicamente, como sequela da «confusão» existente no direito romano clássico e, com mais intensidade, no justinianeu, entre a pena e a reparação e da *ligação bizantina* entre o grau de culpa, as condições económicas das partes e a extensão da indemnização[416]. Essa atracção entre o ilícito penal e o civil, bem exemplificada nos artigos 104.º e ss. do Código Penal de 1852, gerava uma reacção do ordenamento jurídico vista, simultaneamente, como *reparação* ao lesado e *castigo* ao lesante ou, por outras palavras, implicava uma avaliação das condutas em termos próximos dos do direito penal[417]. Esta conexão recebeu contornos mais diluídos no Código de Seabra, se pensarmos que, relativamente à «graduação da responsabilidade proveniente de factos criminosos» (artigos 2382.º a 2392.º), não se encontrava na nossa codificação oitocentista qualquer preceito que fizesse depender a indemnização extracontratual do grau de culpa do responsável. A culpa só funcionava como factor que interferia na extensão indemnizatória no caso já conhecido do § 2.º do artigo 2398.º[418] ou

---

– Band I – *Allgemeiner Teil*, 2.ª ed., Wien, 1980, pp. 3 e ss. e, para o direito inglês, G. VINEY/B. MARKESINIS, *La réparation du dommage corporel. Essai de comparaison des droits anglais et français*, Paris, 1985, pp. 57 e ss..

Cfr. *supra*, n.408, para o direito italiano, e mais especificamente sobre o papel limitador do artigo 1227.º do *Codice Civile*, ver CARBONE, *op. cit.*, p. 201 e SALVI, *Il paradosso...*, *cit.*, p. 131, n.(25), e *Il danno extracontrattuale*, cit., p. 53 (sem, no entanto, ver no preceito e no do artigo 2055.º, relativo à disciplina da solidariedade, qualquer «derrogação» ao princípio da reparação integral).

[415] Ver *supra*, n.º 10.

[416] Ver U. RATTI, *Il risarcimento del danno nel diritto giustinianeo*, in BIDR, ano XL, Roma, 1932, pp. 169 e ss. (*maxime* pp. 198-199). O professor de Bolonha releva a distinção, introduzida pelos compiladores de Justiniano, entre *dano contratual previsível e imprevisível*, justificando-a com a concepção bizantina da procura «de elementos psicológicos que acompanham a violação...» (p. 192). Para as particularidades da obrigação de reparação no direito romano clássico, ver P. VOCI, *L'estensione dell'obbligo di risarcire il danno nel diritto romano classico*, in *Studi di Diritto romano* I, Milano, 1985, pp. 21 e ss. (considerando que a *condemnatio pecuniaria* era fixada em função das repercussões do dano no património lesado).

[417] Relativamente às zonas particulares dos §§ 254 e 847 do BGB, DEUTSCH, *op. ult. cit.*, p. 78, considera que a análise das culpas exige a «consideração individualística própria do direito penal».

[418] Para esse desvio, ver J. ÁLVARES DE MOURA, *Compensação de culpas...*, in JP, *cit.*, ano 2.º, n.º 20, p. 116.

como elemento condicionante do «rateamento» (a que se referia o mesmo dispositivo) na responsabilidade solidária.

É claro que o nosso legislador não desconhecia a concepção romanista das «três culpas»[419], mencionada já no Livro IV, Título 53[420], das Ordenações Filipinas, a propósito do «contracto de emprestido, que se chama commodato», e posteriormente divulgada nos tratados dos nossos «sistemáticos». Se COELHO DA ROCHA[421], no domínio do ilícito, referia a distinção, feita no Título sexto do Código da Prússia de 1794, entre a indemnização plena por dolo ou culpa lata (*grobes Versehen*) e a mera indemnização por perdas, consequente a culpa leve (*mäßiges Versehen*) ou muito leve, salientando, ainda, a doutrina estabelecida nos §§ 18 a 21 (desse mesmo Título sexto) para a relação entre a indemnização e a «culpa» do lesado[422], CORRÊA TELLES divulgou a distinção, feita por POTHIER[423], entre os vários graus de

---

[419] ULPIANUS, *Digesto*, 9,2,44: «*In lege Aquilia et levissima culpa venit*». Para os graus de *culpa* e a complexidade da graduação nas fontes justinianeias, ver M. TALAMANCA, *Colpa civile (storia)*, ED VII, *cit.*, p. 520. PINTO COELHO, *op. cit.*, pp. 16 e ss., refere que não era pacífica, entre os romanistas, a tese de que se respondesse contratualmente só pela culpa lata e leve.

[420] Título 53,2 «... fica obrigado aquelle, a que se empresta, guarda-la com toda a diligencia , como se fôra sua. E não somente se lhe imputará o dolo e culpa grande, mas ainda qualquer culpa leve e levíssima, ...».

[421] *Instituições de Direito Civil Portuguez, cit.*, § 136, pp. 92-93. Repare-se que nesse parágrafo há referências à diversidade dos graus de culpa atinentes às condutas do «offensor» e do «offendido» e à responsabilidade de «muitos... offensores....».

[422] Ver também CORRÊA TELLES, *Digesto Portuguez ou Tratado dos Direitos e Obrigações Civis Accommodado às Leis e Costumes da Nação Portugueza; para servir de subsídio ao novo Código Civil*, tomo I, 4.ª ed., Coimbra, 1853, n.ᵒˢ 461, 462 e 464, p. 76. Segundo esses preceitos do Código Prussiano, a culpa do lesado não excluía a indemnização pelo dano imediato causado por dolo ou culpa grave (§ 18), a culpa lata ou dolo do lesado excluía a indemnização do dano causado por culpa leve ou muito leve (§ 20), a culpa lata do lesado em não evitar o dano excluía a indemnização do dano mediato e do lucro cessante (§ 19), e a indemnização do dano mediato e do lucro cessante causados com culpa leve ou muito leve era excluída, se o lesado podia ter evitado o dano empregando o cuidado normal (§ 21). Para a não adesão do BGB à «tripartição» (*Dreistufung*), ver MAYER-MALY, *Die Wiederkehr der culpa levissima*, in AcP 163 (1963), pp. 118 e ss..

[423] *Traité des Obligations, selon les regles tant du for de la conscience , que du for extérieur*, tomo I, Paris/Orleans, 1770. CORRÊA TELLES traduziu uma das edições dessa obra com o título *Tratado das obrigações pessoaes e recíprocas nos pactos, contractos, convenções, etc*, tomo I, 1849. Ver também o seu *Digesto Portuguez, cit.*, n.ᵒˢ 205 a 210, p. 37. Para o autor luso, *culpa larga* é a «falta de diligência, que ainda

Sentido e função do problema da conduta culposa e não culposa 149

culpa, ligando igualmente, no Título XII do seu *Digesto Portuguez* («*Dos direitos e obrigações, que derivão de delictos ou quasi delictos*»), a culpa leve à indemnização da «perda immediata»[424].

Não pode, porém, esquecer-se que a graduação tripartida da culpa, surgida, devidamente sistematizada, nas obras dos glosadores, aplicada indistintamente no quadrante das duas formas de responsabilidade[425], e recebida pelos jusnaturalistas dos séculos XVII e XVIII, não logrou obter a sua consagração no *Code Civil* de 1804 – mais preocupado em *reparar* o dano do que em *sancionar* a conduta[426] – a não ser, de certa forma, no domínio da *previsibilidade do dano* por incumprimento contratual. Conquanto o *Code Civil* tivesse sido mais sensível à distinção feita por LE BRUN, em 1764, no seu *Essai sur la prestation des fautes*, entre a culpa em concreto e a culpa em abstracto, autores como LAURENT[427], PLANIOL[428] e STARCK[429] e a própria jurisprudência da *Chambre civile*, desde 26 de Maio de 1913 (*maxime* quanto aos *danos morais*), viriam a defender a *moderação* indemnizatória, alicerçados na ideia sancionatória e preventiva da responsabilidade civil, vista como *peine civile*. Nos começos da década de 50, RIPERT/BOULANGER[430] irão admitir, parcialmente, o

---

as pessoas dissolutas costumão usar», *culpa leve* é a «falta de diligência que costuma fazer qulquer pai de famílias bem governado» e *culpa levíssima* é a «falta, que se não póde evitar, senão com uma habilidade tramcende ou com uma força de attenção maior que a commum». Ver, para distinções posteriores, mas muito semelhantes, MANUEL DE ANDRADE, *op. cit.*, p. 342, ANTUNES VARELA, *op. cit.*, p. 587, n.(1) e RUI DE ALARCÃO, *op. cit.*, pp. 266-267. Este último jurista, depois de relevar a importância da graduação da culpa, distingue apenas entre *negligência grave* e *negligência leve*, o que não deixa de corresponder às necessidades do moderno direito da responsabilidade.

[424] *Op. cit.*, n.° 458, p. 75 e n.° 514, p. 84.

[425] Cfr. G. PAOLO MASSETTO, in ED XXXIX, *cit.* (*supra*, n.306), p. 1127 e M. TALAMANCA, ED VII, *cit.*, pp. 523 e ss..

[426] Como observa A. TUNC (*Les problèmes contemporains...*, in RIDC n.° 4, 1967, *cit.*, p. 777, n.(99)), o projecto de Código Civil do 24 do Thermidor previa a moderação da indemnização na ausência de dolo.

[427] *Op. cit.* (*supra*, n.318), pp. 572-574. Entre as circunstâncias a ponderar, LAURENT refere a própria *culpa do lesado*, embora nos pareça que ela desempenhava uma função «penalística» ou de *diminuição* da culpa do lesante.

[428] Na 4.ª ed. do seu *Traité élémentaire de Droit Civil*, II, Paris, 1907, n.° 897, p. 295, n.(2), PLANIOL invoca JHERING, insurgindo-se contra o diferente tratamento da *faute délictuelle*.

[429] *Essai d'une tthéorie...*, *cit.*, pp. 355 e ss.. Ver ainda, *infra*, n.494.

[430] *Traité élémentaire de Droit civil*, de PLANIOL, II, 4.ª ed., Paris, 1952, n.ºs 1152 e s., p. 410. Cfr. igualmente RIPERT, *op. cit.*, pp. 343-344.

150 — A conduta do lesado

princípio, na base de certos *índices económicos* (por ex., existência de seguro de responsabilidade e montante do lucro obtido), enquanto BEU-DANT[431] e LALOU[432] hão-de invocar a graduação apenas como factor de uma responsabilidade qualificada ou elemento condicionante do regime dos acidentes de trabalho ou da prestação da seguradora[433].

À filosofia essencialmente reparadora do sistema da responsabilidade civil extracontratual do Código de Seabra[434], do *Codice Civile* de 1865[435]

---

[431] *Cours de Droit Civil Français*, IX, *bis* (*Les contrats et les obligations*), 2.ª ed., com a colaboração de R. RODIÈRE, Paris, 1952, pp. 51 e ss..

[432] *Traité pratique ..., cit.*, pp. 290-291 (relevando a atenuação por via do concurso de culpa do lesado e da concorrência da culpa do lesante com um caso de *força maior*) e 312 e ss.. A sua graduação é bastante complexa pois distingue entre a *«faute trés légère, légère, volontaire, inexcusable, intentionnelle et lourde»*. Esta última categoria distingue-se da anterior pela ausência de vontade danosa (cfr. *La gamme des fautes*, in D. 1940, *chron.*, p. 20), o que não significa, necessariamente, a rejeição da máxima justinianeia *«magna culpa dolo est»*, como o defende, aliás, G. VINEY, *Remarques sur la distinction entre faute intentionnelle, faute inexcusable et faute lourde*, in D. 1975, *chron.*, pp. 263-264. Mais realista (e suficiente) é a tripartição que PH. LE TOURNEAU, *op. cit.*, n.ᵒˢ 1215 e 1239 e ss., pp. 389-390 e 396 e ss., viria a defender entre o *dolo*, a *culpa grave*, a *culpa leve,* e a *culpa indesculpável* (ver *infra*, n.494).

[433] A Lei de 13 de Julho de 1930 (artigo 12.°), sobre o *contrato de seguro*, autorizava o seguro das *«fautes lourdes»*, mas já não das *«intentionnelles»*. Ver G. VINEY, *Les Obligations, cit.*, n.ᵒˢ 601 e ss., pp. 716 e ss., para a segunda parte do artigo L. 113-1 do *Code des Assurances* (de 16 de Julho de 1976), introduzido pela Lei n.° 81-5 de 7 de Janeiro de 1981, e onde se exclui a prestação do seguro para os danos resultantes de uma *«faute intentionnelle ou dolosive»*. Quanto aos *acidentes de trabalho*, já dissemos (*supra*, n.293) que o artigo 453-1 do Código da Segurança Social, de 17 de Dezembro de 1985, exclui a reparação ocorrendo *«faute intentionnelle»* e limita-a em caso de *«faute inexcusable»* (cfr. YVONNE LAMBERT--FAIVRE, *op. cit.*, n.ᵒˢ 290 e ss., pp. 241 e ss. e n.° 295, p. 245). A última categoria assume capital importância no direito francês (cfr. o artigo 3.°, 1 da Lei de 5 de Julho de 1985, relativa aos acidentes de viação e *infra*, n.° 26), sendo situada por G. VINEY (*op. ult. cit.*, n.ᵒˢ 613 e ss., p. 730 e D. 1975, *cit.*, pp. 264 e ss.) e PH. LE TOURNEAU (*op. cit.*, n.° 1215, pp. 389-390) entre o dolo e a culpa grave (*faute lourde*), mas mais próxima desta.

[434] Ver *supra*, n.° 10.

[435] GABBA, *Nuove questioni di Diritto civile*, 2.ª ed., I, Milano/Torino/Roma, 1912, pp. 178 e ss., começou por criticar o diferente tratamento dado pelo *Code* e pelo *Codice* ao dano contratual e extracontratual, considerando a previsibilidade dos efeitos danosos do acto culposo um critério *irracional* e *inidóneo* para determinar a extensão da responsabilidade . Ver, no entanto, *infra*, para a defesa de um critério *equitativo* no dano involuntário causado pela pessoa.

Quanto à justificação da exclusão do princípio da proporcionalidade, VENEZIAN,

Sentido e função do problema da conduta culposa e não culposa 151

(e de 1942), do Código civil espanhol de 1889[436] e do BGB de 1900[437], o legislador do ABGB de 1811 (§§ 1323 e 1324)[438] e do Código federal suíço das Obrigações de 1881 (artigo 51.°, 1)[439] e de 1911 (artigos 43.°, 1 e 44.°, 2), preferiu conferir um relevo excepcional à *proporcionalidade* entre a indemnização e a gravidade da culpa, introduzindo um *princípio moderador* ou de rejeição do «tudo ou nada». É de referir, no entanto, que o critério acolhido no direito suíço era (e é) mais *maleável* do que o consagrado no Código Civil austríaco, na medida em que ao relevar as «circunstâncias» e a situação económica do devedor, outorgou ao tribunal uma faculdade de redução baseada na *equidade*. O princípio da proporcionalidade entre a indemnização e o grau de culpa ou, pelo menos, o critério moderador, condicionado por outros referentes, foi igualmente acolhido na legislação penal dos países nórdicos e

---

Danno e risarcimento fuori dei contratti, in *Opere giuridiche* I, Roma, 1918, p. 302, invocou a necessidade de não recorrer a «elementos estranhos» ao princípio, defendido por si, da *produção causal objectiva*, e criticou mesmo a posição «sentimental» de LAURENT. VENEZIAN não deixou, contudo, de referir a aplicação jurisprudencial do princípio moderador e TEDESCHI, *Legittima difesa, stato di necessitá e compensazione delle colpe (appunti critici sul projetto italo-francese delle obbligazioni)*, in RDCDO I, 1931, p. 747, defendeu a ideia de que ele terá sido introduzido pela via da «compensação de culpas». Contra a proporcionalidade manifestaram-se, igualmente, CHIRONI, *op. cit.*, pp. 335 e 358 e ss. (chamando, no entanto, a atenção para uma certa rigidez da solução italiana) e GIUSIANA, *op. cit.*, p. 171.

[436] Ver M. ALBALADEJO, *Derecho Civil* II – *Derecho de Obligaciones*, vol. 2.°, 8.ª ed., Barcelona, 1989, p. 553 e LACRUZ BERDEJO/REBULLIDA/ECHEVARRIA/ /HERNANDEZ, *Elementos de Derecho Civil* II – *Derecho de Obligaciones*, vol. 1.°, 2.ª ed., Barcelona, 1985, p. 545. Para estes últimos juristas, a aplicação analógica do artigo 1103.° – que prevê a redução indemnizatória «según los casos» para o incumprimento negligente das obrigações – só poderá processar-se no plano causal.

[437] H. STOLL, *Die reduktionsklausel im Schadensrecht aus rechtsvergleichender Sicht*, in RabelsZ 34 (1970), p. 488, afirma que o princípio da proporcionalidade terá sido defendido por JHERING, BLUNTSCHLI e PFAFF. DEUTSCH, *op. ult. cit.*, p. 335, acrescenta o nome de GIERKE. e VAZ SERRA (*Obrigação de indemnização (Colocação, Fontes, Conceito e espécies de dano. Nexo causal. Extensão do dever de indemnizar. Espécies de indmnização). Direito de abstenção e de remoção*, in BMJ n.° 84, pp. 232- -233) cita VON TUHR.

[438] Para o princípio, ver GSCHNITZER, *op. cit.*, pp. 160 e ss., KOZIOL, *op. cit.*, pp. 188-189 e KOZIOL/WELSER, *Grundriß des bürgerlichen Rechts – Allgemeiner Teil, Schuldrecht* I, 9.ª ed., Wien, 1992, pp. 453 e ss..

[439] Segundo YUNG, *Principes fondamentaux et problèmes actuels de la responsabilité civile en droit suisse*, in *Colloque franco-germano-suisse...* (cit. supra, n.30), p. 129, trata-se de uma «regra antiga», já existente no Código Civil do Cantão de Zurique.

tornou-se, como diz SANILEVICI[440], «característica» dos direitos socialistas, a começar, desde logo, com o Código polaco de 1933[441].

Os comentadores do Código de Seabra e a nossa doutrina da primeira metade deste século não manifestaram estranheza pela *solução reparadora* acolhida nesse diploma, na medida em que esse princípio estava em consonância com a defesa da ideia de que a responsabilidade civil se converteria em *pena* ou tornar-se-ia *ineficaz*, na hipótese, respectivamente, de a indemnização ultrapassar o dano ou ficar aquém dele. Assim pensava o «germanista» GUILHERME MOREIRA[442], com o apoio doutrinário de GABBA e a recusa categórica da solução do direito suíço, vindo posteriormente a sua ideia central a ser sufragada por JOSÉ TAVARES[443], ao invocar um princípio de «justiça intuitiva», JAIME GOUVEIA[444], CUNHA GONÇALVES[445] e GOMES DA SILVA[446]. Não se estranha, sequer, que a maior parte desses juristas considerassem como *pena civil*, e portanto com um fim punitivo, o pagamento da chamada *pecunia doloris*, normalmente ligado à responsabilidade civil conexa com a criminal.

É de lembrar, no entanto, que nos primeiros diplomas que regularam a reparação dos prejuízos sofridos pelas «vítimas dos acidentes pessoais causados pelos meios de transporte», a indemnização era fixada «pelo prudente arbítrio do julgador, tendo em atenção não só a gravidade do acidente, circunstâncias em que se deu e suas consequências mas também a situação particular do ofendido»[447]. Tratava-

---

[440] RIDC, *cit.*, p. 828.

[441] Ver também STOLL RabelsZ *cit.*, pp. 489-490 e A. SZPUNAR, *La place de la responsabilité civile en droit polonais*, RIDC, 1967, pp. 871-872.

G. HOHLOCH, *op. cit.* (*supra*, n.213), p. 456, cita ainda o Código turco, mas é incorrecto na referência que faz ao sistema português, ao colocá-lo na dicotomia do «tudo ou nada» (pp. 454-455).

[442] *Estudo sobre a responsabilidade civil*, *cit.*, in RLJ, ano 38.° (1906), pp. 482- -483 e 513 e *Instituições...*, *cit.*, pp. 618-619.

[443] *Os princípios fundamentais do direito civil (Teoria Geral do Direito Civil)*, I, 1.ª parte, 2.ª ed., Coimbra, 1929, p. 529.

[444] *Op. cit.*, p. 117.

[445] *Tratado...*, *cit.*, XII, pp. 349,360,366-367 e 464.

[446] *Op. cit.*, p. 155. Para GOMES DA SILVA, o *suum cuique tribuere* era o «fundamento último da obrigação de indemnizar» e o prejuízo «... o fulcro de toda a responsabilidade» (pp. 155-156).

[447] Ver os artigos 5.° do Decreto n.° 4536 de 3 de Julho de 1918, 5.° do Decreto n.° 5646 de 10 de Maio de 1919 (revogou o diploma anterior), 32.° d) do Decreto n.° 14.988 de 30 de Janeiro de 1928 (instituiu o primeiro Código da Estrada) e 33.° do

Sentido e função do problema da conduta culposa e não culposa   153

-se, evidentemente, da concessão ao tribunal de um poder que lhe permitia *moderar* a indemnização, no quadro de um seguro meramente facultativo, e com o duplo objectivo de não onerar em excesso o responsável e de afirmar uma certa finalidade preventiva.

Importante, para determinadas opções doutrinárias e legislativas de cunho civilístico, foi a opção revelada pelo legislador do Código de Processo Penal de 1929, ao prever a fixação da indemnização «segundo o prudente arbítrio do julgador» e ao elevar a factores de decisão «a gravidade da infracção, o dano material e moral por ela causado, a situação económica e a condição social do ofendido e do infractor» (artigo 34.°, § 2.°)[448-449]. Na verdade, J. ÁLVARES DE MOURA[450] não hesitou em defender a aplicação, à responsabilidade civil, dos elementos contemplados no preceito do diploma processual penal, mas já CUNHA GONÇALVES[451] considerou aquela indemnização uma «pena civil» e não uma verdadeira reparação, e VAZ SERRA[452], alguns anos mais tarde, viria a manifestar-se algo céptico quanto às virtualidades do

---

Decreto n.° 15536 de 14 de Abril de 1928 (veio substituir o anterior Código). Este último diploma mandava atender à situação do «causador do desastre», e considerava, como «circunstância» atendível para a fixação da indemnização, o facto de o lesado «por sua culpa ou negligência» ter agravado os «resultados do acidente ou desastre». Quanto ao domínio dos *acidentes de trabalho*, o (antigo) artigo 22.° do Decreto n.° 5637, de 10 de Maio de 1919, e o artigo 27.° da Lei n.° 1942, conferiam ao *dolo* da entidade patronal um relevo especial.

[448] Esse preceito foi mandado aplicar pelo artigo 28.° do diploma (Decreto-Lei n.° 32171 de 29 de Julho de 1942) que veio regular a responsabilidade civil dos médicos. Também o artigo 138.° b) do Decreto n.° 18406 de 31 de Maio de 1930 (e que revogou o segundo Código da Estrada de 1928), ao reenviar a fixação da indemnização para o «prudente arbítrio do julgador», relevou alguns dos factores contidos no citado artigo 34.°, § 2.

[449] Sobre a diversidade de interpretações referentes ao preceito, e para a colocação da questão indemnizatória face à redacção do artigo 128.° do Código Penal de 1982 (correspondente ao artigo 129.° do texto aprovado em 1995), ver, por todos, J. RIBEIRO DE FARIA, *Da reparação do prejuízo causado ao ofendido – Reflexões à luz do novo Código Penal*, in *Para uma nova justiça penal*, Coimbra, 1983, pp. 143 e ss. e *O processo de adesão segundo o novo Código de Processo Penal*, separata do número especial do BFDUC – «Estudos em Homenagem ao Prof. Doutor RODRIGUES QUEIRÓ» – 1986, Coimbra, 1991, pp. 13 e ss..

[450] JP, *cit.*, ano 2.°, n.° 20, p. 116.

[451] *Op. ult. cit.*, p. 521 e *Tratado...*, XIII, *cit.*, pp. 134 e ss..

[452] *Obrigação de indemnização...*, in BMJ n.° 84, *cit.*, pp. 234-235. Para uma mesma interpretação do artigo 56.°, 2 do Código da Estrada de 1954, ver a sua anot. na RLJ, ano 98.°, pp. 310-311, n.(3), ao acórdão do STJ de 19 de Março de 1965, publ. no BMJ n.° 145, p. 374.

154 *A conduta do lesado*

preceito, duvidando da possibilidade de o juiz fixar uma indemnização inferior ou superior ao dano e aderindo à interpretação – quanto a nós, muito forçada – segundo a qual esse normativo se destinaria a auxiliar o tribunal, face à dificuldade de cálculo do dano real.

15. A posição inovadora de PEREIRA COELHO e a referência à defesa, em vários quadrantes, de um poder de redução da indemnização. Alusão particular à «cláusula redutora» de STOLL

Partindo da constatação de que, no sistema do Código de Seabra, só a culpa do lesado influenciava o *quantum* indemnizatório, PEREIRA COELHO[453], em inícios da década de 50, justificava a ausência do princípio da proporcionalidade com o «fim reparador da responsabilidade civil» e a natureza «objectiva» do dano, de conteúdo imutável, face à maior ou menor censurabilidade da conduta do lesante. Criticando VENEZIAN e antecipando um dos argumentos de VAZ SERRA[454] concernente à falta de razoabilidade do tratamento uniforme do lesante que procedeu com culpa leve ou com dolo, PEREIRA COELHO interrogava-se sobre a *justiça* de um critério (a culpa) que acabava por possibilitar, afinal, a «grave desproporção entre o grau de culpa e o montante do prejuízo a reparar»[455]. Conquanto o grau de culpa influenciasse mediatamente a extensão indemnizatória através do juízo de probabilidade causal e o «facto do lesado» ou de um terceiro – e continuamos a seguir o seu pensamento – pudesse explicar e atenuar de seguida a desproporção entre o prejuízo causado e a culpa do lesante, o ilustre jurista colocava a tónica na necessidade de a responsabilidade civil dever desempenhar simultaneamente uma função «social» (preventiva e repressiva)[456], rejeitando

---

[453] *Culpa do lesante...*, in RDES, ano VI, 1950-51, *cit.*, pp. 68 e ss..

[454] *Obrigação de indemnização..., cit.*, p. 229.

[455] *Culpa do lesante ...*, pp. 71-72.

[456] Na sua dissertação sobre *O nexo de causalidade na responsabilidade civil*, in BFDUC, supl. IX, 1951, pp. 108 e ss., PEREIRA COELHO parece ter em conta essa necessidade, não como «fim», mas como efeito lateral de uma responsabilidade civil reparadora. Nota-se, aliás, nessa obra, uma menor preocupação em defender a influência da culpa do lesante no *quantum* reparador, ao constatar-se que PEREIRA COELHO não acolhe convictamente a defesa da «punição» do lesante, considerando, por outro lado, factores adicionais à verificação do nexo de causalidade (pp. 143-144 e 145-146). A ênfase nessa faceta *social* da responsabilidade surge em 1965, no artigo já

uma aplicação «*odio delinquentis*», com o fim de tutelar o «lesante contra si mesmo». Sendo inconclusivo o seu estudo quanto à adopção do *critério da proporcionalidade* ou da *ponderação equitativa*[457], PEREIRA COELHO justificava ainda a sua posição de princípio com o receio – acautelado já, quanto a nós, pelo artigo 2398.°, § 2 – de o lesado vir a provocar ou a agravar o dano .

Embora o pensamento do jurista coimbrão tivesse fundamentalmente em conta a responsabilidade contratual, o que é certo é que o enunciado dos exemplos legais que refere como «brechas» à ausência de moderação, isto é, os artigos 2398.°,§ 2 do Código de Seabra[458], 28.° do Decreto n.° 32171 de 29 de Julho de 1942, 138.° b) do Código da Estrada de 1930 e mesmo o 34, § 2 do Código de Processo Penal, tinham manifesta incidência no âmbito extracontratual. Relativamente ao último normativo, PEREIRA COELHO[459] recorre a um argumento de maioria de razão, no sentido de transpor, para a responsabilidade civil, uma «ideia» em que subjaz a visão *personalista* do crime e do seu agente. Ao concluir pela necessidade de o tribunal poder usufruir de «amplos poderes» para fixar a «reparação mais justa»[460], PEREIRA COELHO anteviu a «generalização» do princípio já acolhido nas citadas zonas de moderação[461].

Até à entrada em vigor do Código Civil de 1966, e num ambiente jurídico de crescimento da responsabilidade objectiva e de desenvolvimento dos mecanismos de reparação colectiva, o princípio da redução equitativa da indemnização foi especialmente consagrado, como já dissemos, na legislação dos países socialistas, embora numa base pouco enfeudada ao grau de culpa[462]. Se, por exemplo, o artigo 56.°, 2 do

---

citado (*supra*, n.203) sobre *A causalidade na responsabilidade civil...* e, em 1967, nas *Obrigações, cit.*, p. 181, ao criticar o carácter «excessivamente lógico» da *teoria da diferença*.

[457] No seu *O problema da causa virtual..., cit.*, p. 297, defende a consagração do princípio mais flexível acolhido nos artigos 43.° e 99.° do Código suíço das Obrigações.

[458] PEREIRA COELHO não deixou de extrair desse normativo as consequências que comportava no concernente à responsabilidade solidária do lesante e de terceiros.

[459] *Culpa do lesante..., cit.*, pp. 84-86. Para a crítica da extensão, à responsabilidade civil, das «exigências de retribuição ou .expiação éticas que estão na base do direito penal», ver FIGUEIREDO DIAS, *Sobre a reparação de perdas e danos arbitrada em Processo Penal*, reimpressão, Coimbra, 1972, pp. 49-51.

[460] *Idem*, p. 87 e *A causalidade...*, in RDES, ano XII, n.°3, 1965, *cit.*, p. 56.

[461] MANUEL DE ANDRADE, *op. cit.*, p. 369, mostrou-se receptivo às ideias defendidas por PEREIRA COELHO.

[462] STOLL, RabelsZ 34 (1970), *cit.*, pp. 491 e 494, critica o sistema *exclusivamente* assente na maior ou menor gravidade da culpa.

156 A conduta do lesado

Código da Estrada de 1954, apesar de ter substituído a expressão «gravidade do acidente» por «grau de culpabilidade»[463], manteve, praticamente, o conteúdo essencial do artigo 138.° b) do Código da Estrada de 1930, já o Código Civil húngaro de 1959 (artigo 339.°, 2), o polaco (artigo 440.°), o checo (artigo 450.°) e o da URSS (artigo 458.°), todos de 1964, indicaram, como elementos decisivos de ponderação, as «circunstâncias do caso» (o caso polaco), a situação patrimonial das partes (ou do lesante) e a necessidade de evitar a ruína financeira do devedor[464].

Em França, no início dessa década de 60, ESMEIN[465], contra a tendência jurisprudencial[466], justificava como *sanção* e *pena* a condenação do lesante à reparação plena, e, em Itália, TRIMARCHI[467], no seguimento de ideias defendidas anteriormente por autores como BARASSI[468] e DE CUPIS[469], advogava a consagração de uma norma idêntica à do Código suíço, com um papel preventivo e «corrector» da possível desproporção entre a gravidade da culpa e o montante do dano. Perante este

---

[463] J. G. DE SÁ CARNEIRO, *Responsabilidade civil e criminal por acidente de viação*, in RT, ano 82.°, 1964, p. 251, viu essa substituição como um esvaziamento ao «conteúdo do preceito», já que, para ele, «a medida do risco é que deve dar a medida da responsabilidade».

[464] Para maiores desenvolvimentos, ver STOLL, *cit.*, pp. 491-492 e SANILEVICI, *rev. cit.*, p. 828. Nessa área dos direitos socialistas, o § 340 do Código Civil da Alemanha Oriental de 1976 (o ZGB) consagrou a redução equitativa, em função da situação económica do devedor e da existência de um dano particularmente elevado (cfr. K. WESTEN, *Das neue Zivilrecht der DDR*, Berlin, 1977, p. 260). O artigo 191.°, 1 da lei jugoslava das obrigações e contratos, de 1978, previa a redução nos casos de *culpa leve* e em atenção à situação económica do lesado e do responsável, e à repercussão (nesse mesmo responsável) de uma reparação plena (ver O. STANKOVIC, *La responsabilité civile selon la nouvelle loi yougoslave sur les obligations,* in RIDC, n.° 4, 1979, p. 771 e A. BENACCHIO, *La nuova legge jugoslava sulle obbligazioni e contratti*, in RDC I, 1983, pp. 92-93).

[465] *Peine ou réparation*, in Mélanges en l'honneur de PAUL ROUBIER, II, Paris, 1961, pp. 40-41 e D. 1964, *cit.* (*supra*, n.185), n.° 34, p. 215.

[466] Para a actualidade dessa tendência (*maxime* no âmbito dos danos não patrimoniais), ver, por último, CARBONNIER, *op. cit.*, p. 512, apesar de defender a «regra mais técnica que prática» da «indiferença da culpa».

[467] *Rischio...*, *cit.* p. 28.

[468] *Op. cit.* (*supra*, n.167), p. 558.

[469] Haja em vista o defendido, em 1946, na 1.ª ed. do seu *Il danno*, p. 148 (da edição reimpressa, sem alterações, em 1954). Ver, no mesmo sentido, p. 282, n.(134) da 3.ª ed., *cit.*, dessa obra.

Sentido e função do problema da conduta culposa e não culposa   157

quadro favorável, não foi de estranhar que CENDON[470] viesse a defender, como *princípio*, essa articulação entre o *quantum* reparador e o grau de culpa, princípio esse deduzível de normas, como as dos artigos 1227.° e 2055.°, e do regime – directamente proporcionado à intensidade culposa da ofensa – que deve presidir à compensação dos danos não patrimoniais e à lesão de certos direitos de personalidade. Partindo da ideia de que a responsabilidade se deve manter dentro de limites «razoáveis», para não retirar ao lesante a sua liberdade de acção, CENDON excluiu, desse tratamento indulgente, a conduta dolosa, colocando-se numa posição singular relativamente à doutrina – como é o caso de SALVI[471] – que partindo da função indemnizatória da responsabilidade civil, só aceita um *ius moderandi* nos casos (por ex., no acto dos inimputáveis) em que há necessidade de não privar o *lesado* de uma reparação justa.

Mesmo na Alemanha, assistiu-se, nos anos 60[472], à renovação de um movimento que tendeu a romper com o «lado frágil do direito alemão da responsabilidade civil»[473], ou seja, com o princípio do «tudo ou nada»[474], defendendo-se, ao lado dos casos excepcionais e que já

---

[470] *Danno imprevedibile e illecito doloso*, in *Risarcimento del danno contrattuale ed extracontrattuale*, sob a direcção de G. VISINTINI, Milano, 1984, pp. 23 e ss., *maxime* 29 e ss.. É de observar que o artigo de CENDON é anterior ao surgir da novidade que representou a inclusão da «gravidade da culpa» nos factores de fixação equitativa do *dano ambiental, ex vi* do artigo 18.°, 6 da Lei n.° 349 de 8 de Julho de 1986 (para a análise desse normativo, ver S. PATTI, *La valutazione del danno ambientale*, in RDC II, n.° 4, 1992, pp. 456 e ss.).

[471] *Risarcimento del danno*, in ED XL, *cit.*, pp. 1090-1091, e *Il danno extracontrattuale, cit.*, pp. 86-87. Ver também *supra*, n.364.

[472] Para o pensamento que esteve na génese da doutrina dessa época, ver RIEZLER, *Berufung auf eigenes Unrecht*, JhJb 89, 1941, p. 207, os autores dos anos 30 e 40 citados por WERNER, *Zum problem der Begrenzung der Haftung für schuldhaft verursachte Schäden*, in JR 1960, p. 282, n.(3) e *infra*, n. 631. Como solução alternativa à «cláusula de redução», embora, quanto a nós, de forma algo excessiva e desajustada, WERNER defendia, para os danos pessoais causados *com negligência*, a aplicação de *limites* idênticos aos da responsabilidade pelo risco.

[473] WERNER, *cit.*, p. 282.

[474] O legislador alemão terá pretendido excluir dos efeitos civis das acções ilícitas a consideração de elementos morais e penais, tutelando, ao mesmo tempo, o lesado inocente (ver, para a *ratio* de um princípio apenas atenuado pelos limites máximos existentes nos casos especiais de responsabilidade pelo risco, HOHLOCH, *Empfiehlt sich eine Neufassung..., cit.*, p. 385, n.(12), para a sua defesa, em razão da «força» do seguro, MEDICUS, *Schuldrecht*, I, *cit.*, § 53, p. 260 e, para a crítica desse regime severo, G. DAHM, *Deutsches Recht*, 2.ª ed., Stuttgart/Berlin/Köln/Mainz, 1963, p. 482).

158   *A conduta do lesado*

eram objecto de um tratamento particularizado[475], a consagração de uma *cláusula geral* que conferisse ao tribunal a possibilidade de reduzir a indemnização. Esse movimento, que teve como ponto mais alto o 43.° Congresso dos juristas alemães, realizado em Munique em 1960, e a que se ligaram os nomes de HERMANN LANGE, WILBURG e HAUSS, «recomendou» que se conferisse ao juiz a possibilidade de limitar a indemnização, atendendo à desproporção existente entre o grau de culpa e o dano verificado[476]. Como resultado dessa «recomendação», uma comissão ministerial propôs, em 1967, que fosse aditado

---

[475] Referimo-nos às situações decorrentes da aplicação dos §§ 254, 829 e 847, correspondendo os dois últimos preceitos, respectivamente, à indemnização por pessoa não inimputável e à compensação por danos não patrimoniais.

O BGHZ (18,154) salientou, aliás, a dupla função da chamada *pecunia doloris*, ou seja, a *compensação* (*Ausgleich*) e a *satisfação* moral (*Genugtuung*). Ver, para essa decisão, VAZ SERRA, in RLJ, ano 103.°, pp. 179-180, n.(3), em anot. ao acórdão do STJ de 28 de Fevereiro de 1969, publ. no BMJ n.°184, p. 267, DEUTSCH, *Schmerzensgeld und Genugtuung*, in JuS, 1969, pp. 197 e ss., LARENZ, *Lehrbuch des Schuldrechts*, Band II, *Besonderer Teil*, 12.ª ed., München, 1981, § 75, pp. 681-683 e LARENZ/ /CANARIS, *op. cit.*, § 83 III, pp. 591-592. Contrariamente a DEUTSCH, LARENZ e CANARIS não autonomizam o último elemento, vendo-o como mero factor condicionante da maior ou menor compensação, enquanto aquele (pp. 201-202) assinala à *Genugtuung* um efeito *sancionatório* e *preventivo*, condicionado à existência de um ilícito culposo, não abrangível pelo seguro e sujeito a diluir-se perante o *concurso de culpa do lesado* (cfr. igualmente o seu *Haftungsrecht, cit.*, pp. 90-92, *Grundmechanismen der Haftung nach deutschem Recht*, in JZ, 1968, p. 723 e *Haftungsrecht und Strafrecht*, in Festschrift für EDUARD WAHL zum 70. Geburtstag, Heidelberg, 1973, pp. 342-343). No direito alemão, essa «finalidade penal» da reparação por danos não patrimoniais é também defendida por H. LANGE, *op. cit.*, § 7, pp. 435-439 e W. GRUNSKY, *Il concetto della pena privata nel diritto del risarcimento dei danni nell'ordinamento tedesco*, in *Le pene private*, sob a direcção de F. BUSNELLI/G. SCALFI, Milano, 1985, p.368 (para as consequências daí decorrentes, ver B-RÜDIGER KERN, *Die Genugtuungsfunktion des Schmerzengeldes – ein pönales Element im Schadensrecht?*, in AcP 191 (1991), pp. 268 e ss.).

Em Itália, se DE CUPIS (*Sul tema del danno e del risarcimento*, in *Le Pene private, cit.*, p. 323) emite reservas quanto à finalidade punitiva, relevando mais a *soddisfazione*, já SALVI, *Risarcimento del danno*, in ED XL, *cit.*, pp. 1099-1101 e FRANZONI, *op. cit.*, p. 50, não deixam de acentuar o aspecto *sancionatório* da quantia fixada como reparação dos danos não patrimoniais.

[476] ROTHER, *op. cit.*, p. 288, criticou essa «recomendação», ao considerar que a maior sanção ao lesante grosseiramente culpado não previne, necessariamente, que o dano seja menor e ao rejeitar a relevância de factores económicos (por ex., a situação patrimonial) estranhos à culpa.

Sentido e função do problema da conduta culposa e não culposa   159

ao BGB o § 255 a[477], prevendo-se, nesse preceito, a limitação da indemnização para o caso de culpa leve, sempre que face a um «dano extraordinariamente elevado» e à razão da responsabilidade, a consideração dos interesses das partes justificasse, em nome da equidade, a redução. Na sua proposta de 1981, HOHLOCH[478], partindo do ideário de 1967, não deixou, contudo, de acentuar a necessidade de se reafirmar expressamente a possibilidade redutora, para a hipótese de o lesante (com culpa leve) ficar em situação económica precária, e não aceitou, como ROTHER, a tese «penalista» de fazer depender a moderação apenas da gravidade da culpa.

Não tendo vingado, até agora, qualquer dessas propostas, e continuando a ser o regime previsto para a « co-responsabilidade do lesado» (*Mitverantwortung des Geschädigten*) que relativiza, no fundo, o rígido princípio pandectista do «tudo ou nada»[479], também não é possível

---

[477] Ver, para esse aditamento, STOLL, in RabelsZ 34 (1970), *cit.*, p. 482, HOHLOCH, *cit.*, p. 460, WEITNAUER, *Rémarques ..., cit.*, in RIDC, 1967, pp. 820-821, KÖTZ, *Haftung für besondere Gefahr*, in AcP 170 (1970), pp. 37 e ss. (articulando essa «cláusula de redução» com a sua proposta de *cláusula geral* para a responsabilidade pelo risco) e K. GENIUS, *Risikohaftung des Geschäftsherrn*, in AcP 173 (1973), pp. 516-517 (em atenção à necessidade de evitar a «ruína» do dono do negócio, obrigado a ressarcir os danos derivados de uma intervenção gestória em seu benefício). STOLL (pp. 483-486) não deixou, aliás, de criticar a redacção desse § 255 a, considerando essa «cláusula de redução» um mero «tigre de papel», dada a sua falta de clareza e contenção de objectivos.

[478] *Op. cit.*, pp. 458 e ss. (*maxime* p. 475, para o § 254 a)) e na recensão ao livro de SALVI (*Il danno extracontrattuale*), in RDC, n.º 5, 1986, p. 519. HOHLOCH (p. 474, n.º 5 do § 253), propôs igualmente que na *Entschädigung*, correspondente aos danos não patrimoniais, fossem relevadas *circunstâncias*, como a gravidade da violação e a culpa.

[479] Nesse sentido, WEIDNER, *op. cit.*, p. 44 e MEDICUS, *Schuldrecht, I, cit.*, § 53, p. 259. Embora sem a natureza de proposta legislativa, é original o enquadramento *constitucional* em que CANARIS (*Verstöße gegen das verfassungsrechtliche Übermaßverbot im Recht der Geschäftsfähigkeit und im Schadenersatzrecht*, in JZ, 1987, pp. 995-996 e 1001-1002 e *Zur Problematik von Privatrecht und verfassungsrechtlichem Übermaßverbot*, in JZ 1988, p. 497) começa por colocar o problema da «cláusula de redução». Considerando violador dos direitos fundamentais da «liberdade de acção» e do «livre desenvolvimento da personalidade» a imposição ao lesante de uma indemnização «exorbitante» ou «ruinosa», o jurista alemão defende um «princípio da proporcionalidade» (*Verhältnismäßigkeitprinzip*), que valore, em primeiro lugar, a *situação patrimonial do lesante* (mesmo doloso) e do lesado e, secundariamente, a espécie e o grau de imputação do facto. A partir do momento em que o lesado reclame uma indemnização, contra as suas reais necessidades, e pondo em risco, pelo seu montante, a situação económica do lesante, CANARIS vê aí espaço para a invocação da

proceder-se a um alargamento funcional do § 254 do BGB de modo a integrar no sistema algo que ele rejeitou[480].

Apesar dessa «indiferença» do legislador germânico, é interessante repararmos no modo sistemático e «revolucionário» como STOLL caracterizou a «sua» «cláusula de redução», tanto mais que a sua perspectiva parece-nos importante e auxilia a «nossa» leitura do princípio geral consagrado no artigo 494.º, bem como a sua articulação com o regime do concurso de factos culposos do lesante e do lesado. Nunca perdendo de vista que se trata, na sua essência, de uma *decisão de equidade*, em que há que ponderar os interesses do lesante e do lesado, STOLL[481] considera a cláusula especialmente adequada aos casos em que a conduta do lesante não lhe pode ser censurada ou só o pode em pequena medida, como acontece nas situações de *imputabilidade diminuída* (ou na presença de outra causa desculpabilizante), na actuação lesiva no quadro de uma *prestação gratuita* ou na participação numa *competição desportiva*. Ponto importante é o enquadramento feito pelo autor germânico das hipóteses em que o dano foi produzido ou agravado por *circunstâncias acidentais* que concorreram com o acto lesivo. Partindo da norma ampla do artigo 44.º, 1 do Código suíço, e apresentando o problema como questão de imputação bilateral de certos riscos, STOLL aplica *extensivamente* o § 254, desde que «determinadas circunstâncias» tenham *peso contributivo* para o dano e possam ser atribuídas à «esfera de risco» do lesado[482]. Na concretização dessas «circunstâncias», não necessariamente culposas, o autor

---

excepção do «abuso de direito» (§ 242 do BGB). Para a colocação de reservas ao pensamento de CANARIS, ver MEDICUS, *Der Grundsatz der Verhältnismäßigkeit im Privatrecht*, in AcP 192 (1992), pp. 65 e ss.. Na decisão do OLG Celle, de 26 de Maio de 1989 (in JZ 1989, p. 294), considerou-se *inconstitucional* a responsabilidade ilimitada dos menores e dos jovens, cuja conduta levemente culposa tenha conduzido à aplicação do § 828 II do BGB e cuja responsabilidade possa incidir *gravemente* na sua situação económica futura. O mesmo CANARIS, num breve comentário à decisão (*Die Verfassungswidrigkeit von § 828 II BGB als Auschnitt aus einem größeren Problemfeld*, in JZ, 1990, pp. 679 e ss.), não deixou de criticar alguns aspectos da sentença, como a discriminação entre jovens e adultos, a limitação do problema à culpa leve e, sobretudo, o argumento – ligado àquela discriminação – de que os adultos podem evitar dificuldades financeiras, desde que celebrem um seguro de responsabilidade.

[480] Assim, WESTER, *op. cit.*, p. 284.

[481] RabelsZ 34 (1970), *cit.*, pp. 494 e ss. e, para as conclusões, pp. 501-502.

[482] *Idem.*, pp. 497-498.

Sentido e função do problema da conduta culposa e não culposa 161

germânico refere, principalmente, a predisposição para o dano, «o valor extraordinariamente elevado do bem lesado ou do rendimento auferido»[483] e a perturbação psíquica impeditiva de o lesado retomar o seu trabalho ou o trem usual de vida.

STOLL coloca ainda no âmbito de aplicação da «cláusula de redução» os casos de responsabilidade objectiva não sujeitos a qualquer limite máximo de indemnização, nem cobertos por um seguro voluntário ou obrigatório[484]. É de realçar, aliás, a ambivalência do *seguro* na «filosofia» da «cláusula» pensada por STOLL, na medida em que se, por um lado, a redução deixa de se justificar nas hipóteses em que o dano *está seguro* (ou foi provocado *dolosamente*), por outro, ela já se justifica, mesmo que exista um *seguro de danos contratado pelo lesado* (ou a reparação plena coloque o lesante em situação económica delicada)[485].

16. A cláusula geral do artigo 494.° e a sua leitura parcialmente «despenalizante»

Indiferente aos argumentos invocados contra um «princípio de redução da indemnização» e que se fundavam (e fundam) na incerteza do critério, na depreciação dos interesses do lesado, na valoração de aspectos estranhos ao dano causado e no menosprezo pela crescente influência do mecanismo do seguro, o legislador de 1966 consagrou uma *cláusula geral* que confere ao tribunal a faculdade de reduzir *equitativamente* a indemnização, atendendo ao grau de culpa, à situação económica do lesado e do lesante[486] e a outras circunstâncias do caso (artigo 494.°).

Na exposição de motivos referente a tal matéria, VAZ SERRA[487] justificou a cláusula com a necessidade de o lesante sem culpa ou com

---

[483] *Idem*, p. 498.

[484] É referido, em particular, o caso relativo ao § 833 I, correspondente ao nosso artigo 502.° (p. 499).

[485] *Idem*, pp. 499-502.

[486] Como informa U. RATTI, *Il risarcimento del danno... cit. (supra*, n.416), pp. 192-194, quer no direito romano clássico, quer no direito justinianeu, a medida da responsabilidade dependia tanto da situação económica do devedor («... *si minus idoneus sit, levius castigatur*») como da do credor (exemplificando com a destruição de mosaicos preciosos).

[487] *Obrigação de indemnização...*, in BMJ n.° 84, *cit.*, pp. 229-230.

culpa leve não ficar sujeito a um tratamento pouco racional, avocando, ainda, a «função preventiva e repressiva (dos factos ilícitos») cometida à indemnização[488]. Partindo, pois, dos argumentos sustentados, uns anos antes, por PEREIRA COELHO e da posição de VON TUHR sobre a questão, VAZ SERRA não deixou de considerar que havia «razões ponderosas» para se adoptar uma «solução análoga à do Código suíço»[489], acentuando que a norma proposta era «uma norma de protecção do lesante»[490], a que era alheia qualquer função punitiva *directa*, dada a circunstância de a indemnização não poder ultrapassar o dano real. E, na verdade, não nos parece que o legislador tenha pretendido instituir um meio de intimidação, tendente a prevenir a prática do ilícito e, de algum modo, visando *castigar* o lesante. A observação de VAZ SERRA, acerca da *ratio* da «cláusula de redução», revelava já um enquadramento não conectado preferencialmente a um escopo sancionatório, assente na mera proporção entre a gravidade da culpa e a extensão do dano, mas reflectia o mesmo *sentido de justiça*[491], a mesma adequação entre a gravidade da conduta e o peso da oneração que, numa dimensão algo diferente, viria a presidir ao regime do artigo 570.°,1 ou às normas atinentes à «correcção interna» da responsabilidade solidária[492].

Continuando as legislações mais recentes[493] ou os sistemas defen-

---

[488] *Idem,* pp. 229 e 237.

[489] *Idem*, p. 235.

[490] *Idem*, p. 236.

VAZ SERRA (pp. 238-239) propôs, para a norma, a seguinte redacção: «*O juiz pode, na hipótese de culpa simples do responsável, fixar a indemnização em quantitativo inferior ao do dano efectivo causado, baseando-se para tanto no grau de culpa do mesmo responsável, na situação económica deste e do prejudicado e nas demais circunstâncias do caso*». Como se vê, e aparece confirmado no artigo 474.° do Projecto (primeira Revisão Ministerial, in BMJ n.° 119, p.73), a redacção do artigo 494.° corresponde, com um ou outro aperfeiçoamento, ao proposto por VAZ SERRA.

[491] É claro que não subjaz à «cláusula de moderação» do artigo 494.° a mesma razão de ordem *natural*, que é uma das explicações do regime do artigo 570.°, 1.

[492] Como já vimos, *en passant*, há quem releve somente o aspecto *causalista* da solução correspondente à dos preceitos dos artigos 570.°,1 e 497.°, 2, afirmando que o dano suportado ou repartido é função do que cada um *causou* (cfr. SALVI, *op. cit.*, pp. XIX e 53).

[493] O parágrafo único do artigo 946.° do Projecto (de 1984) do Código Civil brasileiro prevê a redução equitativa da indemnização «se houver excessiva desproporção entre a gravidade da culpa e o dano» e o artigo 6:109 do novo Código Civil holandês de 1992 faculta a redução, verificadas certas circunstâncias, como, por ex., o tipo de responsabilidade, a situação económica das partes, a existência ou não de

Sentido e função do problema da conduta culposa e não culposa

didos por certos autores[494] a acolher uma *cláusula* do tipo da do nosso Código Civil, também é certo que o artigo 494.° está integrado num conjunto de disposições que, no seu apelo a um critério de *equidade*, visam *corrigir* o escopo estritamente reparador da «teoria da diferença». Estamos a falar de uma série de situações heterogéneas[495], cuja verificação pode conduzir à limitação ou à exclusão da indemnização, não recebendo, pois, o lesado, o resultado do juízo hipotético da *diferença* entre duas situações patrimoniais, tal como MOMMSEN o concebeu em 1855[496]. A decisão equitativa, que abrange o duplo aspecto do *an* e do *quantum*, enforma o regime daquelas hipóteses (as dos artigos 339.°, 2, 489.°, 496.°, 3 e 566.°, 3 do C.C. e 48.°, 3 do Decreto-Lei n.° 74/90 de 7 de Março, moldado no inovador artigo 18.°, 6 da lei ambiental italiana de 8 de Julho de 1986) que nessa perspectiva mais se aproximam da «cláusula de redução», embora, no caso dos danos não patrimoniais, seja a *natureza do dano* a justificar a ponderação e na «responsabilidade» dos inimputáveis relevem, sobretudo, factores de ordem económica[497].

---

seguros, e desde que a indemnização plena possa conduzir a resultados manifestamente indesejáveis (ver J.B.M. VRANKEN, *Einführung...*, in AcP 191 (1991), *cit.*, p. 424 e, para os trabalhos preparatórios, STOLL, RabelsZ, *cit.*, p. 493).

[494] PH. LE TOURNEAU, *op. cit.*, n.° 55, pp. 23-24 e *La verdeur de la faute...*, in RTDC n.° 3, 1988, *cit.*, p. 509, defende, no seu sistema «subjectivista» ou de «restauração» da culpa, o papel *moderador* do tribunal (e de *agravação*, na forma de *dommages-intérêts exemplaires*), reclamando, como fundamentos decisórios, a gravidade da culpa, a situação económica do lesante e a existência ou não de seguro. STARCK/ROLAND/BOYER, *op. cit.*, n.°ˢ 257, p. 148 e 1075-1076, pp. 557-558, justificam, com a «função repressiva» da responsabilidade civil, a maior «oneração» do agente que teve uma conduta culposa particularmente grave. Em geral, para as tentativas de fazer introduzir, no direito francês, uma «cláusula de redução», ver G. VINEY/ /B. MARKESINIS, *op. cit.*, pp. 51 e ss. Assinalando que a prática já procura evitar, para o lesante levemente culpado, *«un enfer de severité»*, esses autores não deixam de criticar o sistema legal, reputando-o «desigual», favorável aos mais ricos e prejudicial aos mais pobres, e potenciador da inércia dos lesados (pp. 51-52). Ver também *supra*, n.466.

[495] Ver, no direito alemão, a diferenciação que ROTHER, *op. cit.*, pp. 7 e ss., estabelece entre várias figuras conexionadas com a limitação de responsabilidade, a saber: a *adequação* e o *fim de protecção da norma violada*, o *concurso de culpas*, as *relações de cortesia*, o *«cuidado nos assuntos próprios»*, a *causa hipotética* e o *trabalho com propensão danosa*.

[496] Para essa teoria, ver, entre outros, ANTUNES VARELA, *op. cit.*, pp. 923 e ss., PEREIRA COELHO, *Obrigações*, *cit.*, pp. 177 e ss. e GALVÃO TELLES, *op. cit.*, pp. 387 e ss..

[497] Outras razões estão na base da redução ligada à existência de *limites máximos* de indemnização, previstos, por ex., nos artigos 508.° e 510.°, relacionada com a

A circunstância de o juiz, no quadrante do artigo 494.º, ao procurar a decisão mais razoável para o caso, não poder fazer tábua rasa dos elementos plasmados na lei ou dos interesses em presença, leva-nos a colocar algumas reticências à visão estritamente sancionatória de uma norma cuja finalidade básica foi (e é) a de poder constituir uma *barreira*, uma *correcção*, um *limite* a uma indemnização desproporcionada à gravidade da conduta[498]. Também aqui[499] temos dúvidas quanto ao proclamado escopo de *prevenção* (do ilícito futuro) e, quanto à faceta *repressiva* da norma do artigo 494.º, convém não esquecer que o tribunal não deixará de atender, pelo menos, ao seguro obrigatório existente[500]. Mesmo que se pudesse retirar essa concepção tradicional[501] da ampla estrutura interindividual da responsabilidade, a actual perspectiva *colectivística* da reparação enfraquece decisivamente esse enfoque, na medida em que a ponderação do tribunal pode ser orientada para a concessão de uma indemnização *mais generosa*, relegando para segundo plano o aspecto sancionatório[502]. No fundo, ressalta aqui a mesma ideia que leva a pôr em causa a existência de limites máximos para a responsabilidade objectiva ou que deve conduzir o juiz, na aplicação desse «factor de correcção da extensão indemnizatória»[503] que é a figura do concurso de factos culposos do lesante e do lesado, a *desculpabilizar* certas condutas do lesado e a ser mais liberal na

---

«indemnização social» equitativa (e limitada) referida no artigo 2.º do Decreto-Lei n.º 423/91, *cit.*, ou colimada à «compensação de vantagens» (cfr. PEREIRA COELHO, *Obrigações, cit.*, p. 180). Quanto à excepcional *relevância negativa da causa virtual*, aduz-se, como explicação, a necessidade de «desagravar» a posição do responsável (cfr. ANTUNES VARELA, *op. cit.*, p. 950, PEREIRA COELHO, *Obrigações, cit.*, pp. 184-185, ALMEIDA COSTA, *op. cit.*, pp. 670-671 e GALVÃO TELLES, *op. cit.*, pp. 420-421).

[498] ALBERTO DE SÁ E MELLO, *Critérios de apreciação da culpa na responsabilidade civil (Breve anotação ao regime do Código)* in ROA II, 1989, p. 541, vai ao ponto de afirmar, com algum exagero, que o artigo 494.º traduz a função reparadora da responsabilidade civil.

[499] Ver *supra*, n.º 11, no âmbito da prevenção da conduta autolesiva do lesado.

[500] CUNHA GONÇALVES, *Tratado...*, XIII, *cit.*, p.138, pensando na aplicação do artigo 138.º b) do Código da Estrada, então vigente, dava já importância à existência de seguro (*facultativo*), com o objectivo de a norma não ser aplicada como «pena civil».

[501] ANTUNES VARELA, *op. cit.*, p. 952, afirma, inequivocamente, que é a «função *sancionatória* ou *preventiva* da indemnização que *abertamente inspira* o disposto no artigo 494.º...» (o último sublinhado é da nossa autoria).

[502] Para quem defenda, como ANTUNES VARELA (*op. cit.*, p. 948), que o tribunal deverá atender *primacialmente* ao *grau de culpa* do lesante, a explicação sancionatória da norma continuará a prevalecer.

[503] U. MAGNUS, *Schaden und Ersatz*, Tübingen, 1987, p.6.

Sentido e função do problema da conduta culposa e não culposa 165

«cobertura» dos danos pessoais[504]. Quanto a nós, e em princípio, só perante o duplo requisito de uma responsabilidade individual *não segura* e da ponderação *exclusiva* do grau de culpa é que a norma poderia desempenhar com eficácia um escopo sancionatório puro.

Já dissemos que o legislador não consagrou um critério de redução aferido exclusivamente pela valoração da culpa, o que parece atenuar grandemente a carga sancionatória que se pretende para a norma do artigo 494.º. Esse «peso» – e voltamos a reafirmá-lo – só poderia ser defendido convictamente se a aplicação da norma dependesse *necessariamente* do requisito da culpa ou se não se tratasse de uma solução, que, como disse PEREIRA COELHO[505], deve ser utilizada «com prudência»[506] nos casos em que a reparação plena constitua uma patente *injustiça*, dada a relação entre o *quantum* do dano, a pequena intensidade da culpa e outras circunstâncias relevantes[507]. Num sistema de responsabilidade civil, como o nosso, cada vez mais receptivo à obrigatoriedade da celebração de um contrato de seguro, a diluição da responsabilidade directa do lesante – com o limite não eliminável do dolo – traduz a «despenalização» do direito civil, reflectindo-se no esvaziamento do conteúdo sancionatório do artigo 494.º e na contenção do seu espaço de aplicação.

Por outro lado, é preciso não esquecer que uma visão sancionatória e preventiva pura reclamaria, como tom mais intenso, que a indemnização pudesse *superar* o montante do dano efectivo (por ex., em

---

[504] Ver *supra*, n.º 1 e pp. 68 e 106-107.

[505] *Obrigações, cit.*, pp. 183-184. Ver, contudo, *O enriquecimento e o dano*, in RDES, ano XV, n.º4, 1968, *cit.*, p. 350, n.(69), para uma perspectiva mais voltada para a *prevenção*.

[506] ANTUNES VARELA, *op. cit.*, p. 948, parece criticar o recurso *excepcional* ao mecanismo do artigo 494.º, embora, no BFDUC, XLVIII, 1972, *cit. (supra*, n.3), p. 91, n.(1), reconheça o normal-natural papel reparador da responsabilidade civil e no *Parecer jurídico*, in BOA 22, 1984, pp. 10 e 13, afirme a *excepcionalidade* do preceito contido no artigo 494.º (no mesmo sentido, ALMEIDA COSTA, *op. cit.*, p. 438, n.(2)).

[507] Os casos de *culpa presumida* oferecem-nos um bom exemplo de situações em que a possível redução indemnizatória terá que se fundamentar em todos os elementos relevantes, *com excepção do grau de culpa do agente*. Parece-nos, assim, carecida de rigor científico a afirmação do Conselheiro PEREIRA DE MIRANDA, em voto de vencido ao acórdão do STJ de 17 de Dezembro de 1985, publ. no BMJ n.º 352, pp. 329 e ss., de que a culpa presumida é «... equiparável à mera (e mínima) negligência» (no mesmo sentido, cfr. DARIO MARTINS DE ALMEIDA, *op. cit.*, p. 327). Para a aplicação do artigo 494.º à responsabilidade do condutor-comissário, ver ANTUNES VARELA, *op. cit.*, pp. 673, 695, n.(2) e 703, n.(1) e *Parecer, cit.*, pp. 10 e 13 e ALMEIDA COSTA, *op. cit.*, p. 532, n.(1).

função do *lucro* obtido pelo lesante)[508], assumindo a natureza de *coima*, *pena privada*[509] ou, de acordo com a expressão anglo-saxónica, de *punitive or exemplary damages*[510]. Se a nossa doutrina[511] não estivesse de acordo quanto à proibição de se ultrapassar o limite do dano, estaría aí a prova da interpenetração das funções da responsabilidade civil e

---

[508] É o que sucede no artigo 6:104 do novo Código Civil holandês (cfr. J.B.M. VRANKEN, AcP 191 (1991), *cit.*, p. 425).

Coisa diferente é a defesa que se faça – havendo dolo ou culpa grave – de uma indemnização do valor subjectivo nunca inferior ao valor objectivo (cfr. ALMEIDA COSTA, *op. cit.*, p. 668, n.(2)).

[509] Sobre a «redescoberta», domínios de aplicação e as relações com a responsabilidade civil, ver a colectânea *Le pene private*, sob a direcção de F. BUSNELLI/G. SCALFI, Milano, 1985. Para o elenco das *penas privadas*, porventura acrescido da situação prevista no artigo 48.º, 3 da Lei de Bases do Ambiente, ver PINTO MONTEIRO, *Cláusula penal...*, *cit.*, p. 13, n.(37) e DE MARTINI, *op. cit.*, pp. 116 e ss., para o «paradoxo» do seu relevo e dificuldades de uma visão sistemática, ver PINTO MONTEIRO, *op. cit.*, pp. 659-666, n.(1536) e DE CUPIS, *Le antinomie del diritto civile*, in RDC II, 1984, pp. 482-483 (acentuando a contradição entre a *objectivação* da responsabilidade e o *revival* da pena privada), e para a natureza «penal» das *astreintes*, ver ANTUNES VARELA, *op. cit.*, p. 101, CALVÃO DA SILVA, *Cumprimento...*, *cit.*, pp. 393 e ss. e ALMEIDA COSTA, *op. cit.*, pp. 931 e ss.. FRANZONI, *op. cit.*, pp. 46 e ss., distingue as *penas privadas* das *sanções civis* que tutelam interesses públicos e privados, e considera que a responsabilidade civil não se confunde com nenhuma dessas categorias.

[510] Para uma primeira aproximação à figura, relevando a sua ambiguidade (mesmo no plano terminológico), ver JÚLIO GOMES, *Uma função punitiva...*, sep. da RDE 15 (1989), *cit.*, pp. 105 e ss.. Ver também PINTO MONTEIRO, *op. cit.*, pp. 651 e ss., n.(1525), DE MARTINI, *op. cit.*, pp. 116 e ss., S. PATTI, *op. cit.*, pp. 308 e ss. (na relação com o problema da sua cobertura pelo seguro existente), G. PONZANELLI, *I punitive damages nell' esperienza nordamericana,* in RDC I, 1983, pp. 435 e ss. e *I punitive damages, il caso Texaco e il diritto italiano,* in RDC II, 1987, pp. 405 e ss., STREET/BRAZIER, *op. cit.*, pp. 466-467 (distinguindo-os dos *aggravated damages*) e G. VINEY/B. MARKESINIS, *op. cit.*, pp. 57-59. Se os dois últimos autores, e mesmo PATTI, formulam reservas à figura, em nome da sua índole *penal*, estranha à doutrina continental da mera reparação civilística, JÚLIO GOMES, *cit.*, pp. 111-116, começando por combater as finalidades estritas da responsabilidade civil e penal, defende uma concepção *mais pragmática*, assente nas potencialidades das sanções civilísticas. Para esta ideia – que passa, quanto a nós, por uma certa leitura sancionatória da norma do artigo 494.º – ver PINTO MONTEIRO, *op. cit.*, pp. 668-669, n.(1537), com a atribuição dessa «ideologia» a PEREIRA COELHO.

[511] Entre outros, ver ANTUNES VARELA, *op. cit.*, p. 578, n.(1), PEREIRA COELHO, *Obrigações, cit.*, p. 183 e *O enriquecimento e o dano*, in RDES, ano XV, 1968, *cit.*, p. 350 e n.(70), VAZ SERRA, in BMJ n.º 84, *cit.*, p. 235 e MÁRIO DE BRITO, *Código Civil Anotado*, II, 1972, p. 186.

Sentido e função do problema da conduta culposa e não culposa 167

penal e o preceito do artigo 494.° assumiria *decisivamente* uma natureza *coercitiva* e *sancionatória*[512].

Não é de estranhar, contudo, que, mesmo nos ordenamentos, que dão guarida à figura da *pena privada*, haja vozes[513] que se pronunciam pela sua abolição, dada a confusão que introduz na distinção funcional entre a *civil and criminal law*, e que outros juristas, como RODOTÀ[514], achem «preocupante» o «renascer» do escopo sancionatório da responsabilidade civil, vendo nos «danos punitivos» um «desvio» a essa técnica.

Embora sem entrarmos em grandes desenvolvimentos, aqui desnecessários, há que dizer que o domínio do nosso direito comum da responsabilidade civil onde se acolheu esse desiderato sancionatório (*rectius,* «punitivo») foi, sem dúvida, o do artigo 496.°, 3, reconhecendo a doutrina nacional[515] (e estrangeira)[516], praticamente de forma unânime, a natureza *compensatória* e *punitiva* do regime respeitante aos danos não patrimoniais. Embora se possa discutir se os elementos a que o tribunal deve atender deverão ser os mesmos que possibilitam a redução da indemnização por danos patrimoniais, como, aliás, ficou consagrado na lei[517], o que é certo é que a *natureza* do dano em causa, a necessidade de se relevar a *intensidade da conduta culposa*

---

[512] Ver CENDON, *Responsabilità civile e pena privata*, in *Le pene private, cit.*, pp. 295 e ss. Para o jurista italiano, a sanção civilística ligada à conduta dolosa confunde-se com a *pena privada*. Parece-nos, contudo, que nessa hipótese, a responsabilidade civil desempenha a sua função *natural* ou *indemnizatória*, não tendo natureza *afflittiva*.

[513] É o caso de STREET/BRAZIER, *op. cit.*, p. 467.

[514] *Le nuove frontiere... cit. (supra,* n.28), pp. 30-31.

[515] Ver ANTUNES VARELA, *op. cit.*, p. 619 e RLJ, ano 123.°, *cit.*, n.° 7, p. 280, RUI DE ALARCÂO, *op. cit.*, p. 276 (embora recusando a qualificação de *pena*), J. RIBEIRO DE FARIA, *op, cit.*, I, pp. 492-493, PESSOA JORGE, *Lições..., cit.*, p. 594, GALVÃO TELLES, *op. cit.*, p. 385, n.(2), VAZ SERRA, in RLJ, ano 113.°, p. 105, em anot. ao acórdão do STJ de 23 de Outubro de 1979, publ. no BMJ n.° 290, p. 390, FIGUEIREDO DIAS/SINDE MONTEIRO, *Responsabilidade médica na Europa Ocidental – Considerações «de lege ferenda»*, in SI, tomo XXXIII, n.ºs 187-188, 1984, pp. 102-103 (recusando, nesse âmbito, a sua contenção) e *Responsabilidade Médica em Portugal*, BMJ n.° 332, pp. 41-42, PINTO MONTEIRO, *Cláusula penal..., cit.*, p. 655, n.(1526), e *Sobre a reparação dos danos morais*, in RPDC, n.°1, 1.° ano, 1992; p. 21 (embora sem se pronunciar a favor ou contra essa natureza «penal») e JÚLIO GOMES, *est. ult. cit.*, pp. 119 e ss..

[516] Ver *supra*, n.475 e PATTI, *op. cit.*, pp. 318-319.

[517] Era já essa a proposta de VAZ SERRA (*Reparação do dano não patrimonial*, in BMJ n.° 83, pp. 83 e ss. e 108) e que logrou acolhimento na redacção definitiva do artigo 496.°.

168   *A conduta do lesado*

e a circunstância da sua possível *não cobertura pelo seguro* são razões que parecem apontar para aquele escopo.

Cremos assim, e em síntese, ser defensável, no tocante ao critério moderador previsto no artigo 494.°, sustentar a tese de que se trata de uma solução *humana, equitativa* e *excepcional*, destinada a favorecer o lesante e para a qual o tribunal parte de pressupostos *heterogéneos e amplos*, sem uma necessária primazia da culpa. Na medida em que o agente da indemnização tende a ser cada vez menos o responsável[518], o

---

[518] Contrariamente à opinião de J. RIBEIRO DE FARIA, emitida no seu *Direito das Obrigações*, II, *cit.*, pp. 30-31, n.(2), e a propósito do seguro obrigatório, ANTUNES VARELA, *op. cit.*, p. 578, n.(1), defende convictamente que o tribunal considere a existência do seguro como «circunstância atendível». Cremos, contudo, que o ilustre jurista só estará a pensar no seguro facultativo. Para a (boa) doutrina, favorável à invocação do seguro, ver SINDE MONTEIRO, *Reparação dos danos pessoais em Portugal – A lei e o futuro* (*Considerações de lege ferenda a propósito da discussão da «alternativa sueca»*), in CJ, ano XI, tomo 4, 1986, p. 12, n.(27) e *Dano corporal* (*Um roteiro do direito português*), in RDE 15 (1989), p. 372.

Sobre a discussão que se gerou a propósito da expressão «situação económica... do responsável», referida no artigo 56.°, 2 do Código da Estrada de 1954, e que se traduziu em saber se a referência do preceito era ao dono (ou ao condutor) do veículo ou à seguradora, ver J.G. DE SÁ CARNEIRO, in RT, ano 83.°, *cit.*, p. 19, CARLOS LIMA, *Acidentes de viação. Aspectos da responsabilidade civil*, in Dir., ano 103.°, 1971, p. 259, e os acórdãos do STJ de 17 de Julho de 1964, publ. no BMJ n.° 139, p. 281, com anot. de VAZ SERRA na RLJ, ano 98.°, p. 85 (acentuando a necessidade de se diferenciar a situação do condutor e do comitente-dono) e de 20 de Fevereiro de 1969, publ. no BMJ n.°194, p. 173, com anot. de VAZ SERRA in RLJ, ano 104.°, p.48, n.(1). No domínio da aplicação do actual artigo 494.°, o Supremo continuou a entender que a situação económica a atender era a do *agente segurado* e não a da seguradora (cfr. o acórdão do STJ de 24 de Abril de 1973, publ. no BMJ n.° 226, pp. 208 e ss., com a afirmação de que o relevo dessa situação visa apenas a redução...). Para esse entendimento dominante, ver ainda o acórdão do STJ de 12 de Fevereiro de 1969, publ. no BMJ n.° 184, p. 151, anot. favoravelmente por VAZ SERRA na RLJ, ano 103.°, p. 176.

Quanto a nós, se já no âmbito do *seguro facultativo* não podia deixar de se atender a essa circunstância do responsável, a existência, no seio do seguro obrigatório, da *acção directa*, parece tornar sem sentido – a não ser quanto à parte do dano não coberta – a consideração do aspecto pessoal da situação económica. Por outro lado, a finalidade do *seguro obrigatório* faz colocar reservas aos receios manifestado por VAZ SERRA (in RLJ, ano 103.°, *cit.*, p. 181, n.(1)) à fixação de indemnizações «generosas», conquanto parta, na sua observação, da existência de um seguro... facultativo. Aspecto diverso é afirmar-se que a existência do seguro não pode levar o tribunal a ultrapassar a barreira do dano efectivo (ver, neste sentido, ANTUNES VARELA, *op. cit.*, p. 578, n.(1) e HONSELL/SCHNYDER, *op. cit.*, artigo 43.°, n.° 10, p. 327).

Sentido e função do problema da conduta culposa e não culposa 169

lesado *beneficia* com a ausência de justificação para a redução[519], e a «reserva sancionatória»[520] tende a ficar basicamente circunscrita à área das relações internas (na solidariedade), às condutas culposas não cobertas pelo seguro ou com limites de cobertura e ao âmbito dos danos não patrimoniais, desde que desprovidos de tutela reparadora colectiva.

17. A relativa afinidade de escopo e de método entre a norma do artigo 494.° e a norma do artigo 570.°, 1. Reservas à aplicação indiscriminada dos dois normativos

Se é certo que, para o pensamento dominante, as normas dos artigos 494.° e 570.° estão unificadas na sua finalidade *sancionatória*, parece-nos mais correcto traçar – em relação a elas – um elo de ligação formado por *outras* características comuns. Os dois critérios possuem uma «justiça natural», surgiram no seio da relação pessoal da responsabilidade civil, com o escopo de uma determinada *limitação* (mais ou menos complexa) da *indemnização, em proveito do lesante*[521], e sofrem, hoje, o «embate» do seguro, no seu papel decisivo de *conter*, em *benefício do lesado*, um afirmado, mas discutível, fim sancionatório ou, como aliás preferimos dizer, de *potenciar a faceta reparadora* (*canalizada para certos danos mais importantes*) *da responsabilidade civil*. E se do regime do artigo 494.° é possível retirar *um princípio* que cubra *a generalidade* das situações de responsabilidade civil extra-contratual e, porventura, certos casos mais clamantes da esfera contratual[522], não contemplados em qualquer *acordo limitativo*, também não

---

[519] SINDE MONTEIRO, *Dano corporal*, in RDE 15(1989), *cit.*, p. 372, afirma, com razão, que a existência de seguro torna sem sentido « a consideração pela situação económica do lesante». Ver *infra* n.° 22, para a aplicação da *ideia* do artigo 494.° à responsabilidade objectiva.
Ver *supra*, no texto, sobre a importância do seguro no «sistema» de STOLL. Ver ainda *supra*, n.493.
[520] Ver, aliás, para essa «reserva», SINDE MONTEIRO, *Estudos..., cit.*, pp. 77 e ss. e, contra a sua «residualidade», ver G.VINEY/B. MARKESINIS, *op. cit.*, p. 51.
[521] A invocação do preceito do artigo 570.° surge como um *meio de defesa* do lesante contra uma pretensão «irreal» do lesado.
[522] Se PESSOA JORGE, *Ensaio..., cit.*, pp. 365-366, invocando argumentos de natureza *sistemática* e de *igualdade de tratamento*, reclama uma aplicação *generalizada* do preceito (e não é outra a posição de ANA PRATA, *Notas..., cit.*, p. 213) contra a orientação dominante (ver ANTUNES VARELA, *Das Obrigações em Geral*, II, *cit.*,

170 *A conduta do lesado*

se afasta, *in limine*, a possibilidade de uma extensão do critério do artigo 570.°, 1 para lá do seu domínio típico e directo de aplicação[523]. Da mesma forma, o *processo* conducente a alcançar a limitação e a repartição mais justas, enquanto apela para uma determinada *liberdade do julgador* na valoração de certos factores de decisão, parece comungar da «ideia unitária»[524] de que temos vindo a falar. Há, no entanto, nesse plano, uma certa diversidade que não pode deixar de ser realçada.

---

p. 98 e ALMEIDA COSTA, *op. cit.*, p. 453 e *Responsabilidade civil pela ruptura das negociações preparatórias de um contrato*, Coimbra, 1984, p. 93), PINTO MONTEIRO, *Cláusulas...*, *cit.*, p. 95, n.(182), aplica *analogicamente* a norma do artigo 494.° (*maxime* aos casos atinentes à doutrina do chamado «limite do sacrifício») com o suporte da boa fé, e FIGUEIREDO DIAS / SINDE MONTEIRO, *Responsabilidade médica...*, in SI, tomo XXXIII, n.ºs 187-188, *cit.*, p. 103, n.(3), enveredam pela mesma via da aplicação *analógica* aos casos em que se verifique uma «... clara desproporção entre a gravidade da culpa e os prejuízos...». Também as hipóteses de «perpetuação da obrigação», referidas no artigo 807.°, podem, quanto a nós, colocar sérios problemas financeiros ao devedor, que se veja confrontado com uma indemnização muito elevada. Na linha da última tendência é de assinalar, pela sua novidade, o acórdão do STJ de 18 de Outubro de 1994, publ. na CJ, ano II, tomo 3, 1994, pp. 93 e ss., relativo ao incumprimento de uma cláusula contratual por parte de um Banco. No relatório do aresto (p. 96) diz-se, a determinada altura, que «a tradicional solução objectivista do «tudo ou nada» resolve, por vezes, mal os problemas da conturbada vida de hoje». Para uma aplicação cautelosa do artigo 43.°,1 do Código suíço à responsabilidade contratual, ver, por todos, HONSELL/SCHNYDER, *op. cit.*, n.° 6, pp. 324-325.

[523] Ver *supra*, n.° 2, para a invocação do artigo 570.° em qualquer pedido indemnizatório. É claro que, no texto, também nos referimos à possibilidade (ainda não comprovada) de a ideia contida nesse preceito poder extender-se a condutas não «culposas» do lesado.

[524] É de salientar que, em amplos sectores da doutrina e jurisprudência espanholas, a ausência de uma norma idêntica à do artigo 570.° é suprida com o recurso ao preceito (artigo 1103.° do Código Civil) que, na esfera contratual, prevê a moderação da responsabilidade em caso de mera culpa (ver LACRUZ BERDEJO/ /REBULLIDA/ECHEVARRIA/HERNANDEZ, *op. cit.*, p. 538 e C. RODRÍGUEZ MARÍN, RDP, *cit.*, (*supra*, n.161), pp. 117-118, n.(21)). Esta última jurista (p. 125) prefere aplicar o artigo 1902.° (correspondente ao nosso artigo 483.°) e ALBALADEJO, *op. cit.*, pp. 525- -526, em crítica à aplicação directa do artigo 1103.°, considera, e bem, que o pressuposto da sua invocação é a existência de um responsável não doloso.

Ver ainda KOZIOL, *op. cit.*, pp. 188 e ss., para a defesa de uma certa ligação entre o § 1304 e os §§ 1324 e ss. do ABGB, relativos à redução indemnizatória. Atente-se também na circunstância de o artigo 44.° do Código suíço ser antecedido da norma que consagra, em geral, o poder moderador. Esta «vizinhança» leva, por ex., H. DESCHENAUX/P. TERCIER, *La responsabilité civile*, 2.ª ed., Berne, 1982, pp. 242 e ss., a estudarem ambas as situações como factores de redução da indemnização. KUPISCH/ /KRÜGER, *op. cit.*, p. 75, adoptam uma atitude semelhante, ao começarem por enqua-

Sentido e função do problema da conduta culposa e não culposa   171

Na realidade, a extensão indemnizatória, no âmbito da aplicação do artigo 570.°, depende da consideração de um critério que *combina* o peso de duas condutas culposas com as consequências danosas delas resultantes, enquanto que, no seio do artigo 494.°, assiste-se, em regra, à ponderação de uma conduta negligente, avocando-se, para a *decisão equitativa*, elementos tão diversos como o grau de culpa, a situação económica, o enriquecimento obtido e o seguro existente. A circunstância de se tratar, no quadrante do primeiro preceito, de uma avaliação de, pelo menos, duas condutas concausais, não permite afirmar que, por ex., numa situação de *culpa leve bilateral*, a norma do artigo 494.° conduziria a resultado idêntico ao da aplicação da norma natural[525] ou que – como é sustentado em certos sectores da doutrina alemã[526] – da norma do «concurso de culpas» se poderia retirar uma «cláusula de redução».

A solução prevista no artigo 494.° parte, efectivamente, de um dano causado pelo lesante negligente e não de um dano para o qual concorrem, culposa ou dolosamente, o lesante e o lesado. Mesmo que o nosso sistema não tivesse acolhido a norma do artigo 570.°, 1, estaria excluída, *prima facie*, a possibilidade de uma aplicação *directa* da norma do artigo 494.°[527] à hipótese subjectiva e objectivamente mais complexa do concurso de condutas culposas do lesante e do lesado, tanto mais que a actuação dolosa (ou mesmo gravemente culposa) do lesante não se prestaria a esse enquadramento normativo. Se pudéssemos considerar a conduta do lesado nas «demais circunstâncias do caso», já seria possível, *primo conspectu*, extrair-se um critério que,

---

drar a solução derivada do § 254 no conjunto *mais geral* de uma redução indemnizatória dependente do grau de culpa.

Quanto à colocação sistemática do artigo 494.°, o local mais adequado seria, quanto a nós, o do capítulo referente à obrigação de indemnização.

[525] Ver já a seguir, no texto. Para essa diversidade de resultados, cfr. ROTHER, *op. cit.*, p. 289, n.(2).

[526] Para a defesa dessa «disfunção», ver WEIDNER, *op. cit.*, p. 46 e, em sentido contrário, WESTER, (cfr. *supra*, n.480).

[527] Em rigor, o preceito que integraria mais adequadamente a lacuna seria o do artigo 497.°, 2, em virtude da proximidade fáctica dos dois casos e de se tratar basicamente da imputação de um evento lesivo em função do *peso* da conduta. Ver, aliás, para essa ligação, ESSER/SCHMIDT, *op. cit.*, I, 2, § 35 I, p. 255, E. WOLF, *Lehrbuch des Schuldrechts* – Erster Band: *Allgemeiner Teil*, Köln/Berlin/Bonn/München, 1978, p. 265, HUBER, JuS, *cit.* (*supra*, n.352), p. 442 e A. CANDIAN, *Nozioni istituzionali di diritto privato*, Milano, 1949, p. 134. Ver *infra*, para outras considerações.

172 A conduta do lesado

embora se apresentasse menos rigoroso e menos objectivo do que o previsto no artigo 570.°, 1, seria mais flexível e mais «justo». Ao lado do grau de culpa do lesante e do lesado – erigido, para esse efeito, em elemento mais importante – a decisão *ex aequo et bono*[528] teria em conta a situação económica de ambos, os seguros existentes, a extensão danosa e a categoria dos danos. Perante este «quadro» amplo, jurídico e extrajurídico, o tribunal reduziria a indemnização, não a concederia ou condenaria o lesante a satisfazer toda a indemnização. Repare-se que, no tocante às duas últimas possibilidades, a norma do artigo 494.° exigiria forçosamente uma adaptação, já que ela, só por si, não prevê o «nada» indemnizatório, nem pode ser aplicada ocorrendo um comportamento grave do lesante. Convertida, assim, a norma do artigo 494.° em *paradigma* do nosso sistema de responsabilidade civil, dela derivaria, como corolário dessa amplitude, uma margem de liberdade bastante larga.

Aquilo que estamos aqui a configurar como mera hipótese, destinada a suprir uma possível lacuna do sistema, foi já realidade no período de vigência dos artigos 138.° b) e 140.° do Código da Estrada de 1930 e 56.°, 2 e 3 do Código da Estrada de 1954[529]. Efectivamente, mandando o n.° 2 deste último preceito atender ao «...prudente arbítrio do julgador...» na fixação da indemnização, a concorrência de «culpa do lesado e do condutor» parecia funcionar, para o n.° 3 do artigo, como *mais um factor* a juntar aos já relevados no n.° 2, ou seja, «ao grau de culpabilidade do agente, ao dano material e moral causado pelo acidente, à situação económica e à condição social do lesado e do responsável». Conquanto esta interpretação fosse discutível, pensando-se, sobretudo, na primitiva

---

[528] Ver RUI DE ALARCÃO, *Introdução ao Estado do Direito* (*Súmula das lições ao 1.° ano da Faculdade de Direito de Coimbra*), ed. policop., Coimbra, 1972-73, pp. 33-38, para a distinção entre a *decisão (jurídica) de equidade*, a *decisão arbitrária* e a *decisão baseada numa «convicção íntima» ou «no senso comum»*, e MENEZES CORDEIRO, *Da boa fé...*, II, *cit.*, pp. 1202 e ss., para a consideração da decisão equitativa como «materialmente intra-sistemática», e para o relevo de uma *especificidade* que tem a ver com a amplitude «dos pontos de vista a atender» e com o método da «justificação» da decisão (p. 1205). Em geral, sobre a equidade, ver CASTANHEIRA NEVES, *Curso de Introdução ao Estudo do Direito*, ed. policop., Coimbra, 1971-72, pp. 230 e ss., MENEZES CORDEIRO, *cit.*, pp. 1198 e ss. e *A decisão segundo a equidade*, in Dir., ano 122.°, II, 1990, pp. 261 e ss. e DE CUPIS, *Precisazioni sulla funzione dell' equità nel diritto privato*, in RDC I, 1971, pp. 633 e ss..

[529] Ver *supra*, n.447, para a referência ao artigo 33.° do Decreto n.° 15536 de 14 de Abril de 1928.

Sentido e função do problema da conduta culposa e não culposa

redacção do n.° 3 do artigo 56.° [530] – e ANTUNES VARELA [531] não hesitasse em apelidar de «vago» o critério(?) fixado no preceito – o que é certo é que essa interpretação fez carreira em determinada jurisprudência [532]. Do que fica dito, poderá afirmar-se que o critério previsto no artigo 570.°,1 é substancialmente idêntico ao do artigo 494.°, partilhando da mesma *indeterminação* que é apanágio deste último?

A resposta não pode ser dada sem alguma reflexão, até porque, mesmo relativamente à norma mais aberta do § 254 do BGB, se há [533] quem a considere uma autêntica *cláusula geral* ou *valorativa*, apta para uma solução individualizadora (em função das circunstâncias, da culpa e da causalidade), ou dando ao juiz, pelo menos, um necessário «espaço de discricionariedade» [534], há igualmente quem critique, pela sua com-

---

[530] Referimo-nos à redacção que lhe foi dada pelo Decreto-Lei n.° 39929 de 24 de Novembro de 1954: «Se houver, simultaneamente, culpa do lesado e do responsável ou deste e de terceiro, e ainda quando se mostre que o lesado ou terceiro deram causa, por sua culpa, ao agravamento do acidente, será diminuída a importância da indemnização de harmonia com o que, segundo as regras da experiência, se julgue causa adequada da lesão ou do seu agravamento».

À «mistura» a que nos referimos no texto não era alheio o pensamento de J. ÁLVARES DE MOURA, in JP ano 2.°, n.° 20, *cit.*, p. 116, ao sufragar a aplicação, ao critério do § 2 do artigo 2398.° do Código de Seabra, dos factores de decisão previstos no artigo 34.°, § 2 do Código de Processo Penal, e de VAZ SERRA, ao propor o recurso à faculdade geral redutora, para a hipótese de concurso de conduta *dolosa* (ou com *culpa lata*) do lesado (cfr. o artigo 576.°, 1 do Anteprojecto geral, BMJ n.° 100, p. 132 (*parte resumida*) e 544.°, 2 do Projecto saído da primeira Revisão Ministerial, BMJ n.° 119, p. 103).

[531] RLJ, ano 102.°, *cit.*, p. 55.

[532] Ver os acórdãos do STJ de 19 de Fevereiro de 1964, publ. no BMJ n.° 134, p. 358, de 17 de Julho de 1964, publ. no BMJ n.° 139, p. 284 (referindo-se incorrectamente ao «desconto da culpa concorrente» na graduação da culpabilidade do responsável), de 28 de Outubro de 1964, publ. no BMJ n.° 140, p. 326, de 12 de Outubro de 1966, publ. no BMJ n.° 160, p. 186 e de 18 de Outubro de 1972, publ. no BMJ n.° 220, p. 127.

[533] Assim, H.-E. HENKE, JuS, 1988, *cit.*, p. 756 e *Die Bewältigung des Mitverschuldens – eine anspruchvolle juristische Technik*, JuS, 1991, p. 265, KLAUSER, *Abwägungsgrundsätze zur Schadensverteilung bei Mitverschulden und Mitverursachung*, in NJW, 1962, p. 372, KELLER, *op. cit.*, pp. 16-17 e WESTERHOFF, *Ist die Entscheidung gerecht? – Methodische Wertung am Beispiel eines Reitunfalls*, in JR 1993, pp. 501-502.

[534] ESSER/SCHMIDT, *op. cit.*, I, 1, § 4 IV, p. 82 e I, 2, § 35 IV, p. 267, embora não abdicando da alusão à «natureza de cláusula geral» da norma. Os juristas alemães (p. 65) distinguem a «*Generalermessen*», inerente à aplicação dos §§ 254, 829 e 847, da decisão (*equitativa*) que pretende impedir «resultados intoleráveis» e cuja *sedes materiae* é o § 242, enquanto «norma-limite». DEUTSCH, *op. ult. cit.,* p. 326 e

174   *A conduta do lesado*

plexidade e dificuldade, essa concepção menos restritiva e que pretende fazer do § 254 uma «cláusula vazia», apta para decisões mais equitativas do que discricionárias[535].

Se é certo que, entre nós, a norma do artigo 570.°, 1 não coloca, como o § 254, o problema da conciliação entre a prevalência do critério da «preponderância causal» e a flexibilidade do apelo às «circunstâncias»[536], também não se pode pensar que a aparente «rigidez» literal do preceito afaste qualquer margem de liberdade do tribunal. A necessidade da valoração dos factores referidos no corpo do artigo, aliada à circunstância de o legislador permitir a opção por um de três resultados, demonstram a existência de um *certo espaço de liberdade* e de uma *decisão* orientada para a solução mais *justa*, em função do caso concreto. Mesmo na relação *pura* de responsabilidade civil essa liberdade existe, podendo, porventura, entrar em consideração com a *situação económica do lesante* (pode ser um imputável jovem) *e do lesado*, nos casos em que a aplicação estrita dos factores legais conduza à fixação de uma indemnização *desproporcionada*. Para quem não aceite a intervenção desse factor, cremos que se imporá valorar, pelo menos, *o seguro*[537] existente

---

Selbstopferung im Strassenverkehr, in AcP, 165 (1965), p. 196, defende uma ponderação equitativa «controlada», que dê relevo à situação económica das partes e à possível existência de seguro. No mesmo sentido, ver BÖHMER, *Zum Begriff der «Umstände» i. S. des § 254 BGB*, MDR 1962, pp. 442-443, pese a crítica que lhe veio a fazer KLAUSER no estudo *Zum Begriff der «Umstände» i.S. des § 254 BGB*, in MDR 1963, pp. 185-186.

[535] Ver, entre outros, DUNZ, *Abwägungskriterien bei der Schadensausgleichung*, in NJW, 1964, p. 2133 e s., WOLF, *op. cit.* (*supra*, n.527), pp. 267-268, LANGE, *op. cit.*, § 10 XII, p. 616, ERMAN/KUCKUK, *Handkommentar zum Bürgerlichen Gesetzbuch*, 1. Band, 9.ª ed., 1983, n.° 91, p. 627, PALANDT/HEINRICHS, *cit.*, § 254, n.°49, p. 296, e STAUDINGER/MEDICUS, *Kommentar zum Bürgerlichen Gesetzbuch mit Einführungsgesetz und Nebengesetzen* (§§ 243-254), 12.ª ed., Berlin, 1983, § 254, n.° 99, p. 211. Alguns destes autores valoram na *culpa* circunstâncias como a *gratuitidade* da acção do lesado ou a sua *juventude*.

[536] Essa aparente contradição era mais visível na redacção do § 222 do Projecto inicial do BGB, tendo mesmo SEUFFERT e HARTMANN (*apud* HONSELL, *op. cit.*, pp. 77-78) considerado dispensável o «esquematismo» do preceito, dada a relevância atribuída à consideração das «circunstâncias do caso» e, portanto, à «livre apreciação». Para o aplauso de HARTMANN a esse preceito, ver *Der Zivilgesetzentwurf, das Aequitätsprinzip und die Richterstellung*, in *Zum Allgemeinen Teil des Entwurfes eines deutschen bürgerlichen Gesetzbuches*, Freiburg, 1888, pp. 359-360.

[537] Pensando no «sistema móvel» de WILBURG (cfr. C.-W. CANARIS, *System-denken und Systembegriff in der Jurisprudenz*, 2.ª ed., Berlin, 1983, pp. 74 e ss.), a

Sentido e função do problema da conduta culposa e não culposa　　175

(obrigatório ou facultativo) como um elemento autónomo que deve permitir ao juiz «moderar» o quadro relativamente rígido ou determinado da lei, em ordem à decisão *mais razoável* e *socialmente mais justa*, orientada para a consideração *prioritária* dos interesses dos lesados (*rectius,* de certos lesados por danos corporais)[538]. Como veremos, é a *funcionalização* do seguro de responsabilidade que constitui a razão primacial para, mesmo intra-sistematicamente, se *desculpabilizarem* as pequenas faltas ou imprudências dos lesados, cometidas em situações de maior pressão e para se «corrigir», em medida maior ou menor, o resultado prático da ponderação legal.

Quanto a nós, a aplicação do artigo 570.°, 1 não se deve fazer segundo um modelo de decisão à MAGNAUD[539], nem tem a ver com uma *verdadeira* decisão equitativa[540-541], no sentido em que o é a do

---

existência ou não de seguro é a variável sem «peso especial», mas com valoração relevante. O livro de CANARIS está traduzido por MENEZES CORDEIRO sob o título *Pensamento sistemático e conceito de sistema na Ciência do Direito*, edição da Fundação Calouste Gulbenkian, Lisboa, 1989.

[538] O artigo 7.°, 1 do Decreto-Lei n.° 383/89 de 6 de Novembro (*responsabilidade civil do produtor*), em ordem a esse desiderato, valora, precisamente, «... todas as circunstâncias...», indo, assim, mais longe do que o estatuído no artigo 570.°,1.

[539] Tratou-se, segundo informa CARBONE (*op. cit.,* p. 41, n.(93)), de um juiz francês que, entre 1889 e 1904, ao julgar, «perguntava» o que decidiria um homem bom naquelas circunstâncias.

[540] A afirmação é correcta, se pensarmos no «modo de decidir extra-sistemático», na «margem lata de indeterminação» e nos «maiores empirismo e intuição» como referentes a que MENEZES CORDEIRO, *Da boa fé.....*, II, *cit.*, pp. 1203 e ss., e *est. cit.*, Dir., ano 122.°, 1990, p. 273, liga a decisão de equidade *proprio sensu*. Ao demarcar a «indeterminação», subjacente ao artigo 570.°, 1 (p. 1202), da «filosofia» inerente àquela decisão, MENEZES CORDEIRO coloca-se numa posição com melhor fundamento do que aquela que é traduzida por ANTUNES VARELA, BFDUC, XLVIII, 1972, *cit.,,* p. 89, n.(1), quando considera o artigo 570.° «de certo modo» atreito à equidade. Como quer que seja, a margem de liberdade do juiz, e que reclamamos para a aplicação do preceito, ultrapassa a mera indeterminação dos seus termos iniciais e finais.

Para a defesa de «decisões equitativas», ver os acórdãos do STJ de 18 de Outubro de 1972, publ. no BMJ n.° 220, p. 133 (cfr. também o seu sumário) e de 2 de Maio de 1975, publ. no BMJ n.° 247, pp. 146 e ss. No período de aplicação do artigo 56.°, 2 e 3 do Código da Estrada, o «prudente arbítrio do julgador» legitimava que se perguntasse se a maior «culpa» do lesado poderia ser «atenuada» pela melhor situação económica do lesante (cfr. o acórdão da RP de 10 de Outubro de 1962, in JuR ano 8.°, tomo IV, p. 783).

[541] Ver *infra* n.os 59 e 60, sobre a possibilidade de se decidir em termos de *equidade* (por analogia com o disposto no artigo 489.°) a partilha do dano para que concorreu o lesado inimputável.

artigo 494.°, dada a existência de um suporte normativo directo com factores *determinantes* pré-estabelecidos, a exigir uma sua explicitação objectiva e, portanto, a conter a margem de indeterminação. O artigo 570.°, 1 terá sido pensado pelo legislador como «sistema rígido» e norma fechada, apta para *reprovar* qualquer conduta «culposa» de qualquer lesado. No chamado *direito comum da responsabilidade*, a normal ausência de um seguro facultativo e o silêncio da lei acerca do papel a atribuir, *hic et nunc,* à situação económica, leva o julgador a procurar uma decisão que é *apenas* o resultado da concatenação dos dois factores assinalados na lei e com primazia dada, aparentemente, ao elemento subjectivo. A necessidade de se dever atingir a decisão mais *justa*, sem descurar a sanção-desvantagem para certas condutas graves, leva-nos, hoje, a propender para vermos a decisão resultante do concurso de condutas culposas (e não só) dotada de uma certa margem de discricionariedade, configurando-se o artigo 570.°, 1, na linguagem de WILBURG, como um «sistema móvel» onde – pelo menos quanto a certos danos – a presença do «elemento» *culpa* deve ser *temperada* pelo «elemento» objectivo constante da lei e em que a consideração da situação económica do lesante (e, eventualmente, do lesado) ou, pelo menos, do *seguro*[542], deve influir na fixação do *quantum* devido. É claro que a defesa de uma certa extensão do preceito, o seu desdobramento ou a afirmação do *princípio* que lhe está subjacente implicará a consideração de outros elementos de ponderação[543], como será o caso da maior ou menor *intensidade do risco criado*.

Se na decisão que é própria dos normativos dos artigos 570.°, 1 e 494.° encontramos, como pontos comuns, a ausência de soluções acabadas e a mobilidade dos «elementos» pré-determinados, já a existência de pressupostos fácticos diversos, a prossecução de objectivos semelhantes, mas não coincidentes, a diferente abertura a novos elementos de valoração – mais ampla no quadrante do artigo 494.° – e a margem desigual de «subjectivismo» – menor no âmbito do artigo 570.°,

---

[542] Ver, no entanto, VAZ SERRA, in RLJ ano 110.°, p. 186, anot. ao acórdão do STJ de 14 de Maio de 1976, publ. no BMJ n.° 257, p. 125, para a relevância do *lucro* conseguido (pelo promitente-vendedor).

[543] Para a defesa do «sistema móvel» do § 254 do BGB, e para o relacionamento desse «sistema» com as «cláusulas gerais» e a «previsão normativa rígida», ver CANARIS, *op. cit.*, pp. 78 e ss.. TRIMARCHI, *Rischio..., cit.*, pp. 24 e ss., é que se mostra crítico em relação ao sistema «gradativo» de WILBURG, achando-o inseguro, puramente quantitativo e demasiado genérico.

Sentido e função do problema da conduta culposa e não culposa   177

1, dada a sua tendencial operacionalidade dentro do sistema – afastam os «caminhos» dos dois preceitos.

A delimitação do espaço próprio das duas normas nem sempre tem sido observada por uma jurisprudência (*maxime* a criminal e a da segunda instância) que, na repartição do dano, «mistura» os dois critérios como se fossem perfeitamente homogéneos nas suas hipóteses e estatuições[544]. Embora o lugar natural de abordagem da questão seja o dos critérios de repartição do dano fixados no artigo 570.°, 1, não podemos deixar de salientar, desde já, que uma coisa é defender-se a possibilidade de o tribunal, para os fins da melhor aplicação do preceito, se socorrer de alguns dos factores a que o artigo 494.° dá acolhimento expresso ou implícito – estamos a pensar, como já vimos, na situação económica dos intervenientes[545] e no seguro de responsabilidade – e outra coisa, muito diferente, é, fazendo-se «tábua rasa» da *situação de concorrência* e do seu *critério global específico*, aplicar-se *exclusivamente* o critério do artigo 494.°[546], aplicar-se *cumulativamente* os dois preceitos[547], ou fazer do artigo 494.° um critério

---

[544] Correctamente – pelo menos no plano formal – terá decidido, por ex., o STJ, em acórdão de 18 de Maio de 1988, publ. no BMJ n.° 377, p. 275, ao aplicar o artigo 570.° à contribuição para os danos (perda de um dente e fractura de um outro, consequente a um soco) da lesada (discussão com o réu).

[545] Ver *supra*, n.518. Também no âmbito de incidência do artigo 497.°, 2 propendemos para se atender à situação económica dos obrigados em via de *regresso*, se nos lembrarmos que, por ex., OFTINGER, *op. cit.*, pp. 354-355, considera aplicáveis, às *relações de regresso*, os mesmos factores que integram a decisão equitativa prevista no artigo 43.°, 1 do Código suíço das Obrigações.

Questão algo diferente é a de saber se o comitente beneficia da *redução* de que veio a usufruir o comissário (por aplicação do artigo 494.°) pressuposta, naturalmente, a hipótese de ser aquele a pagar a indemnização dada a insolvência do comissário. A responsabilidade de *garantia* a cargo do primeiro (uma espécie de «segurador de responsabilidade») parece conduzir a uma resposta afirmativa (ver, aliás, ANTUNES VARELA, *op. cit.*, p. 651, n.(2) e o *Parecer cit.* (*supra*, n.506), p. 13, mas cremos que essa solução poderá ser demasiado lesiva para os lesados, «alterando» a *ratio* da responsabilidade e fazendo ainda beneficiar o comitente de um meio de defesa pessoal do comissário. No caso de serem ambos demandados, a situação económica a atender deverá ser a do comitente, para uma melhor tutela dos terceiros lesados.

[546] Ver o acórdão da RE de 31 de Março de 1992 (*Secção criminal*), in CJ, ano XVII, tomo II, 1992, p. 312 (danos causados na actividade de deslocação e transporte, por tractor, de toros de madeira).

[547] Ver os acórdãos da RL de 28 de Novembro de 1989 (*Secção criminal*) e de 17 de Janeiro de 1991, publ., respectivamente, na CJ, ano XIV, tomo V, 1989, pp. 150 e ss. e ano XVI, tomo I, 1991, pp. 131 e ss..

178   *A conduta do lesado*

supletivo que «desequilibre», a favor de uma ou outra das partes, uma possível igualdade das culpas[548]. Qualquer destas três vias é de criticar, na medida em que, e voltamos a reafirmá-lo, se ignora a *demarcação legal,* a *especificidade* e o *âmbito natural* de aplicação dos dois normativos, incidindo-se, pura e simplesmente, ou na mera análise de uma conduta do lesante, «observada» à margem da situação de concorrência, ou levando-se a cabo uma dupla ponderação, a favor ou contra o lesante (e o lesado). A separação das duas esferas parece conhecer, no entanto, uma zona menos autónoma.

Efectivamente, se para os *danos patrimoniais* existem critérios de cálculo perfeitamente definidos e cuja aplicação antecede a *repartição* a que tende, tipicamente, o critério acolhido no artigo 570.º, 1, já a natureza e o escopo dos *danos não patrimoniais* e a necessidade de se ter em atenção os *factores* para os quais reenvia o artigo 496.º, 3 parecem conduzir a uma via alternativa: ou a contribuição «culposa» do lesado (directo ou mediato) é um factor a ter em conta, ao lado da situação económica, do seguro existente, da gravidade do dano e da culpa do lesante, no conjunto a que se refere o artigo 494.º, ou procede--se a uma «liquidação» prévia do dano não patrimonial, seguida da consequente aplicação da «quota» de culpa fixada. Neste caminho, o artigo 570.º, 1 é sujeito a uma aplicação coordenada (com os artigos 496.º, 3 e 494.º) ou «enfraquecida», com o mero relevo do «papel do lesado» e em ordem à concessão, redução ou exclusão da «compensação». Diga-se, desde já, que nos parece melhor a *primeira* via[549], não só por ser mais adequada à especificidade dos danos em causa e a uma

---

[548] Ver o acórdão do STJ de 21 de Maio de 1974, publ. no BMJ n.º 237, pp. 216 e ss., com o relevo da *gratuitidade* dos serviços prestados pelo lesante (autor do projecto de uma «malhada», que ruiu antes da conclusão da obra) ao lesado.

[549] Nesse sentido, os acórdãos da RP de 20 de Maio de 1986, in CJ, ano XI, tomo III, 1986, pp. 196 e ss. e de 31 de Março de 1982, in CJ, ano VII, tomo 2, 1982, pp. 315 e ss. e, em sentido contrário, o acórdão do STJ de 15 de Junho de 1988, publ. no BMJ n.º 378, p. 677, ao aplicar, pura e simplesmente, a quota de responsabilidade do réu (70%) ao montante (fixado de forma pouco ortodoxa) dos danos não patrimoniais e da RP de 8 de Julho de 1987, in CJ, ano XII, tomo 4, pp. 256 e ss..

É essa também a tendência dominante da *Corte di Cassazione* (ver CENDON/VENCHIARUTTI, *Commentario al Codice Civile*, sob a direcção de P. CENDON, IV (artigos 1173.º-1654.º), Torino, 1991, artigo 1227.º, n.º 11, pp. 202-203 e G. BONILINI, *Il danno non patrimoniale*, in *Giurisprudenza sistematica di Diritto civile e commerciale – La responsabilità civile*, sob a direcção de ALPA/BESSONE, volume V, Torino, 1987, pp. 433-435) e da doutrina (ver R. PFEIFER, *Zur Berücksichtigung*

Sentido e função do problema da conduta culposa e não culposa 179

visão global desse problema parcelar, mas também porque o duplo factor (de ponderação) referido no corpo do artigo 570.°, 1 só terá sido pensado para a distribuição dos danos materiais e corporais. Por outro lado, é de rejeitar uma aplicação *cumulativa* dos preceitos dos artigos 496.°, 3 (e 494) e 570.°, 1, na medida em que uma possível *dupla valoração* da culpa do lesante poderia frustrar o aludido escopo «punitivo» da primeira norma e não lograria atingir a inegável finalidade compensatória que preside ao regime dos danos não patrimoniais.

18. Produção e agravamento do dano pelo concurso de eventos fortuitos e de «predisposições» do lesado. Aplicação do critério de repartição do artigo 570.°,1?

A constatação de que a norma do artigo 494.° visa evitar um tratamento «desumano» do lesante, cuja conduta e situação envolvam certas condicionantes, tendo ainda em conta a extensão do dano e a posição do lesado, leva-nos, agora, a perguntar, mantendo o «diálogo» com o preceito do artigo 570.°, qual desses normativos «atrai» para o seu círculo de aplicação certas *situações de concorrência* em que o dano (*agravado* ou não), não deriva, contudo, do concurso de condutas culposas (ou não) do lesante e do lesado. Mais concretamente, referimo-nos, desde logo, àqueles casos em que o dano é o resultado da *concorrência efectiva*[550] da conduta culposa do lesante com uma *circunstância exterior*, imprevisível ou inevitável[551]. Poderá esta cir-

---

des Mitverschuldens des Geschädigten bei der Festsetzung des Schmerzensgeldes, in NJW, 1964, pp. 1262-1263, ESSER/SCHMIDT, *op. cit.*,I, 2, § 35 IV, p. 270, LANGE, *op. cit.*, § 7 IV 4, p. 444, FIKENTSCHER, *op. cit.*, n.° 576, p. 343, STAUDINGER/SCHÄFER, *op. cit.* (§§ 833-853), 12.ª ed., Berlin, 1986, § 847, n.° 88, p. 1472, PALANDT/THOMAS, *cit.*, § 847, n.° 5, pp. 1027-1028 e SOERGEL/SIEBERT/MERTENS, *cit.*, § 254, n.°ˢ 8, p. 351, 110, p. 384 e 130, p. 390) e jurisprudência (sentença do BGH de 11 de Maio de 1971, in BGHZ 56, 163 e ss.) germânicas. Já G. KNÖPFEL, *Billigkeit und Schmerzensgeld*, in AcP 155(1956), p. 157, adere à «dupla redução», valorando a culpa do lesante em si e no seu confronto com a «culpa» do lesado (neste sentido *unitário*, ver KALLFELZ, *Kann ein Schmerzensgeldanspruch in einem Grundurteil (§ 340 ZPO) bruchteilsmässig gekürzt werden?*, in MDR 1964, pp. 722 e ss.).

[550] Pressupõe-se, pois, previamente resolvida e afirmada a questão da *concausalidade*, o que significa a inexistência de uma causa *única* ou *provocante*.

[551] Tratando-se de *acidentes de viação*, o detentor responde (dentro dos limites fixados no artigo 508.°) pelos casos fortuitos ou de força maior *inerentes* ao funcionamento do veículo (cfr. o artigo 505.°). Cfr. ainda ANTUNES VARELA, *op. cit.*,

180   *A conduta do lesado*

cunstância constituir mais um dos factores a valorar pelo tribunal no quadro dos (amplos) poderes que lhe são conferidos pelo artigo 494.° ou será viável defender-se uma aplicação *analógica* da norma do artigo 570.°, 1 ou do seu critério de repartição? A resposta ao quesito tem sido decisivamente influenciada, nos vários sistemas jurídicos, pela ausência ou presença de uma «cláusula de redução», como, aliás, se constata por uma breve referência comparativa.

Começando por observar o direito suíço, verifica-se que a *causa natural parcial* é considerada, aí, como um dos elementos de *redução da indemnização,* ao lado da culpa leve do lesante, da sua situação económico-social e da do lesado[552], da gratuitidade da prestação e da falta de previsibilidade da grandeza do dano. Estas «circunstâncias» desempenham um papel relevante no cálculo da medida da indemnização, sendo o seu maior ou menor *peso* fruto de um juízo equitativo que visa manter um determinado equilíbrio interindividual[553].

Já no sistema francês, e num quadro normativo diferente, a partir dos dois *arrêts Lamoricière* de 19 de Junho de 1951[554], certa jurispru-

---

p. 666, a propósito da conjugação entre o *perigo* do animal e o evento fortuito (ou o caso de força maior) que *actualize* essa perigosidade, e o artigo 10.°,1 do Decreto-Lei n.° 321/89, *cit. supra,* p. 42. Também no domínio dos *acidentes de trabalho* a concorrência entre o *risco especial* da tarefa cometida e a verificação de um evento natural inevitável não determina qualquer regime específico (ver o caso relatado no acórdão do STJ de 22 de Novembro de 1984, in BMJ n.°341, pp. 331 e ss.).

[552] Essa circunstância, em ligação com a protecção do seguro, é igualmente tida em conta como elemento que condiciona a redução ou exclusão da indemnização no quadrante do artigo 44.°,1 do Código suíço. Sobre este ponto, ver HONSELL/SCHNYDER, *cit.,* artigo 43.°, n.° 9, p. 326 e OFTINGER, *op. cit.,* p. 276.

[553] Para esses factores, ver KELLER/GABI, *op. cit.* (*supra,* n.216), pp. 96 e ss., (*maxime,* pp. 102-104, para o *Zufall*), H. DESCHENAUX/P. TERCIER, *op. cit.,* pp. 247-248, OFTINGER, *op. cit.,* pp. 261 e ss., e HONSELL/SCHNYDER, *cit.,* artigo 43.°, n.° 5 e ss., pp. 324 e ss. (*maxime* n.° 12, p. 327, para a «causa fortuita concorrente»).

[554] Tratou-se do naufrágio do paquete *Lamoricière,* ocorrido em 1942 no Mediterrâneo, e para o qual terão concorrido uma tempestade muito violenta e a má qualidade do carvão fornecido à companhia proprietária do navio, embora sem culpa do fornecedor (cfr. STARCK/ROLAND/BOYER, *op. cit.,* n.° 545, p. 283 e n.° 864--866, pp. 481-483 e M.L. RUFFINI, *Il concorso di colpa e di caso fortuito nella produzione del fatto dannoso: l'esperienza francese e il diritto italiano,* in RDCDO I, 1964, p. 40).

Em 13 de Março de 1957, a *Cour de Cassation* (a segunda *Chambre civile*), no *arrêt Houillères du Bassin du Nord et du Pas-de-Calais,* manteve a mesma jurisprudência numa factualidade em que se conjugou a violência de uma tempestade com a construção de um dique, destinado a impedir o escoamento normal das águas pluviais

Sentido e função do problema da conduta culposa e não culposa 181

dência passou a relevar, durante alguns anos[555], o *evento imprevisível*, como causa de exoneração parcial (mesmo de uma responsabilidade *du fait des choses*), admitindo, dessa forma, um critério traduzido no conceito (discutível) de *causalité partagée*. As críticas a este *revirement* não demoraram, tendo CHABAS[556] partido dessa jurisprudência de 1951 para afirmar que ela punha em causa os dois princípios básicos da dupla incindibilidade (das causas e do dano) e da «imputação» plena do dano à conduta pessoal. Anteriormente a 1951, e na ausência de uma norma como a do artigo 494.º, a jurisprudência francesa trilhava, em grande medida, a via do «*tudo*» (desde que se verificasse um facto *culposo*, condição do dano) ou do «*nada*» (face à completa exterioridade do acontecimento imprevisível). Dava-se, assim, lógica *prevalência* ao elemento subjectivo da responsabilidade, fazendo-se absorver pela *culpa* a outra causa determinante[557]. Um pouco à semelhança do que acontecia, entre nós, com a interpretação dada ao artigo 705.º do Código de Seabra[558], negava-se a possibilidade de se conjugarem duas causas autónomas do dano, na medida em que, ou o evento fortuito (o *fait de la nature*) surgia como *consequência* previsível da conduta, e, portanto, não relevava[559], ou aparecia como algo de *imprevisível* e *irresistível*, excluindo a responsabilidade. De acordo com a teoria dominante da *equivalência das condições* (sem o facto humano não

---

(para a decisão, ver STARCK/ROLAND/BOYER, *cit.*, n.ºˢ 867-868, p. 483 e a anot. crítica de H. e L. MAZEAUD, in RTDC, 1957, pp. 689-690).

[555] A jurisprudência da segunda *Chambre* retomou a orientação tradicional em quatro *arrêts* de 4 de Março de 1970 (cfr. H. e L. MAZEAUD/J. MAZEAUD/TUNC, *op. cit.*, n. 1612, p. 737). Ver igualmente a decisão de 5 de Maio de 1975, respeitante à morte de um ciclista pela queda, numa tarde de tempestade, de uma árvore «enfraquecida» (cfr. a RTDC, 1975, pp. 718-719).

[556] *L'influence de la pluralité de causes sur le droit a réparation*, Paris, 1967 e *Fait ou faute de la victime?*, in D. 1973, *cit.*, pp. 209-210. Ver igualmente, para as críticas à «causalidade parcial, J. LARGUIER, *La preuve d'un fait négatif*, RTDC 1953, p. 36, n. (143) (admitindo, contudo, o concurso da culpa do lesado), STARCK/ROLAND/ /BOYER, *cit.*, n.ºˢ 869-871, pp. 483-485 e J. THANH NHA, *L'influence des prédispositions de la victime sur l'obligation a réparation du défendeur a l'action en responsabilité*, in RTDC 1976, pp. 9-13, com o argumento da falta de critério para se «partilhar» a causalidade.

[557] Expressamente, PLANIOL/RIPERT/BOULANGER, *op. cit.*. p. 365.

[558] Ver PESSOA JORGE, *Ensaio...*, *cit.*, p. 128.

[559] Para essa *previsibilidade,* no transporte de objectos valiosos, ver REIS MAIA, *Direito Geral das Obrigações* , Parte I, *Das Obrigações em geral e dos contratos*, Barcelos, 1926, n.º 368, pp. 370-371.

teria havido dano...) – perspectiva em que se colocavam, por ex., STARCK e os irmãos MAZEAUD[560] – e com a justificação do regime externo das obrigações *in solidum*, não seria possível levar a cabo a tarefa *valorativa* própria do «concurso de culpas».

DE CUPIS[561] e SCOGNAMIGLIO[562] integram a corrente tradicional de pensamento que, em Itália, *não releva* o evento fortuito como factor de redução da indemnização, não só pela circunstância de não existir preceito que o autorize mas também por considerarem a solução contrária pouco adequada à tutela do lesado[563]. Diversamente, RUFFINI[564], depois de ter observado criticamente a posição tradicional da dogmática francesa, não vê obstáculo à cindibilidade *causal*, esgrimindo, desde logo, com a fisionomia do «concurso de culpas»[565]. No tocante ao proclamado princípio geral da *irrelevância da concausa fortuita*, defendido, com vigor, por FORCHIELLI, nos anos 60[566], ao partir da solução consagrada no artigo 1221.° do *Codice*[567] e ao integrá-la no âmbito da disciplina unitária da responsabilidade contratual e extracontratual[568],

---

[560] Ver *supra*, n.554 e *op. cit.*, n.ᵒˢ 1443, p. 537 e 1612, pp. 735-737.

[561] *Op. cit.*, p. 248. Em réplica a posições de BUSNELLI, contrárias à irrelevância das concausas e sustentadas em 1976 no estudo *Nuove frontiere della responsabilità civile*, in RISG, pp. 51-54, DE CUPIS, *op. cit.*, pp. 248-249, n.(1), põe em confronto a solução decorrente do regime da «concausalidade imputável» (artigo 2055.° do *Codice*) e a pretendida redução indemnizatória ligada à concausa natural.

[562] NDI XV, *cit..* p. 652.

[563] Para esse mesmo pensamento dominante, ver MAIORCA, ED XXXIX, *cit*, pp. 1028 (ao centrar a sua análise no papel *absorvente* da «força externa» ou da «força interna») e SALVI, *op. cit.*, pp. 53 e ss. e ED XXXIX, *cit.*, pp. 1256-1257 (ao retirar do artigo 2055.° e de seu regime *externo* a «regola generale» aplicável à concausa não imputável e justificada pelos interesses do lesado.

[564] RDCDO I, 1964, *cit.*, pp. 40 e ss..

[565] H. e L. MAZEAUD/J. MAZEAUD/TUNC, *op. cit.*, n.° 1612, p. 735, também começaram por questionar a possível aplicação, a esse concurso, da *partage* relativa à *faute de la victime*.

[566] *Il rapporto di causalità...*, *cit.*, p. 89. Ver também o seu *Responsabilità civile*, Padova, 1983, p. 29.

[567] É a norma que corresponde, em grande medida, ao artigo 807.° do Códgo Civil.

[568] Como exemplos referidos por FORCHIELLI (*Il rapporto...*, *cit.*, pp. 99 e ss.), em que a *superveniência* do evento fortuito não preclude a plena responsabilização do lesante, figuram os casos do ferido, que é vítima de um desastre da ambulância que o transporta, do incêndio no hospital ou da infecção vírica contraída nesse local. No plano da *adequação*, em que FORCHIELLI se movimenta, não pode dizer-se, a não ser porventura no caso da infecção (cfr., aliás, ESSER/SCHMIDT, *op. cit.* I, 2, § 33II, p. 222 e DEUTSCH, in NJW 1986, *cit. supra*, n.246, p. 758-759), que a lesão favoreça

Sentido e função do problema da conduta culposa e não culposa 183

RUFFINI considera – e cremos que bem – que esse normativo regula uma hipótese em que a «causa não imputável» actua numa fase posterior à verificação do ilícito culposo. Quanto aos argumentos retirados do regime da *solidariedade* e quanto às razões de «justiça, conveniência e de política legislativa»[569], justificativas desse regime e, naturalmente, ao serviço do reforço da tutela creditória, RUFFINI, depois de criticar a adesão de FORCHIELLI à doutrina da *conditio sine qua non*, especifica essa estrita concausalidade humana, explicando o seu regime pela ligação entre os vários devedores e pela *repartição final* do encargo inicialmente suportado. Em tese final, o jurista italiano[570] defende uma certa repartição do dano, invocando um argumento de identidade de razão, «extraído» do regime de uma norma – a do artigo 1227.º – que RUFFINI arvora em *preceito geral*. Nem é de admirar que, nessa altura, RUFFINI[571] criticasse a jurisprudência que fazia a aplicação *directa* da primeira parte do artigo 1227.º, ao dano concausado por um inimputável, com o recurso à «ficção» da chamada «culpa objectiva», quando, para ele, a via mais correcta consistiria na aplicação *analógica* do preceito.

Deste breve enunciado de posições, conclui-se que, na ausência de uma norma idêntica à do artigo 494.º, a orientação dominante franco-italiana[572] é no sentido de não atribuir relevância à concausa natural e que a valoração (a título excepcional)[573] do seu papel causal

---

especialmente a possibilidade de vir a ocorrer um evento natural agravante ou, por outras palavras, o maior dano não está conexionado com a situação criada pelo lesante, mas apenas com o chamado «risco geral de vida». Como quer que seja, FORCHIELLI não deixa de defender, *de lege ferenda* , um limite que, em nome da *justiça*, «impute parte do dano à concausa fortuita» (pp. 127 e ss.). Embora considerando como «solução mais natural» a aplicação da primeira parte do artigo 1227.º (p.136 e *Responsabilità civile*, *cit.*, p. 28), FORCHIELLI prefere utilizar um *critério causal*, assente na maior ou menor probabilidade do evento.

[569] FORCHIELLI, *Il rapporto..., cit.*, p. 153.

[570] *Rev. cit.*, p. 59.

[571] *Sul concorso di colpa del danneggiato incapace: «ratio decidendi»* e *«obiter dicta» di una decisione giudiziale*, in RDCDO II, 1966, pp. 97 e ss..

[572] Ver, no domínio do *Codice Civile* de 1865, F. GABBA, *op. cit.* (*supra*, n.435), pp. 188-189.

[573] É o caso, como vimos, de RUFFINI e mesmo de BUSNELLI, embora este jurista acentue, sobretudo, o aspecto da contribuição causal (ver o seu estudo na RISG 1976, *cit.*, pp. 51 e ss. e a decisão da *Corte di Cassazione*, que cita, de 25 de Outubro de 1974).

No direito espanhol, enquanto M. ALBALADEJO, *op. cit.*, p. 523, afirma tratar-se de matéria pertinente à temática do «concurso de culpas», DIEZ-PICAZO/A. GULLÓN,

184   *A conduta do lesado*

e a consequente «imputação» ao lesado da parte do dano devida ao evento fortuito não deixam de pressupor a extensão do princípio ou da norma similar à do artigo 570.°. Por outro lado, verificámos que autores adversos à relevância dessa concausa fortuita, como é o caso de FORCHIELLI, defendem, *de lege ferenda*, uma limitação ao princípio – que pode revelar-se excessivo – retirado do preceito (o artigo 1221.°) correspondente ao nosso artigo 807.°.

Quando, nos princípios da década de 50, defendeu a concessão ao tribunal de poderes que lhe permitiriam fixar a reparação mais adequada, PEREIRA COELHO [574] não se mostrou receptivo à possibilidade de o lesante poder beneficiar da verificação de circunstâncias fortuitas, pondo mesmo em causa a viabilidade dessa hipótese concausal. Alguns anos mais tarde, o jurista coimbrão [575] reafirmou a sua ideia, ao considerar que a responsabilidade integral do lesante se adequava melhor ao princípio da «perpetuação da obrigação» [576] e estava em sintonia com o regime da *predisposição patológica* nos acidentes de trabalho [577].

ANTUNES VARELA [578] invoca igualmente o «caso paralelo» do artigo 807.°, 1 [579] para não exonerar o detentor e o condutor culpados, mas já admite que a causa de força maior *concorrente* possa ser, nesse âmbito, uma das circunstâncias relevantes para a aplicação do artigo 494.°. O ilustre jurista abre, assim, uma certa brecha ao papel *absorvente* da culpa, tal como resulta do teor das suas considerações [580] e da posição da doutrina dominante relativamente ao concurso da conduta culposa do lesante e da conduta não «culposa» do lesado. Ao justificar o melhor tratamento do lesante, nas hipóteses descritas nos artigos

---

op. cit., p. 606, LACRUZ BERDEJO/REBULLIDA/ECHEVARRIA/HERNANDEZ, *op. cit.*, p. 533 e J. LETE DEL RÍO, *Derecho de Obligaciones*, II, Madrid, 1989, p. 159, admitem simplesmente uma *redução* do *quantum* indemnizatório, atendendo ao *agravamento* danoso. Para esta última perspectiva, ver também CARBONNIER, *op. cit.*, pp. 397 e 403, apesar de colocar reservas à equação causalidade parcial = responsabilidade parcial).

[574] RDES, ano VI, 1950, *cit..* pp. 82-83. Ver, no entanto, as reservas formuladas no seu *O problema da causa virtual...*, *cit.*, pp. 70-71, n.(18).

[575] RDES, ano XII, 1965, *cit.*, p.6.

[576] Nas *Obrigações, cit.*, pp. 171-172, n.(1), PEREIRA COELHO mantém a sua posição, arvorando a *norma geral* o preceito do artigo 807.°, 1.

[577] Cfr. a actual Base VIII 1. da Lei n.° 2127.

[578] *Op. cit.*, p. 690.

[579] Note-se que a fisionomia da situação descrita no preceito do artigo 807.°, 1 não coincide com a figura da concorrência simultânea de causas. Nem pode, por outro lado, invocar-se, neste último concurso, a relevância negativa da causa virtual.

[580] Ver, contudo, *supra*, p. 124.

Sentido e função do problema da conduta culposa e não culposa 185

492.º e 493.º, 1, com a circunstância de nelas concorrer igualmente um «facto acidental», ANTUNES VARELA parece querer admitir a necessidade de não se *onerar excessivamente* aquele que colocou apenas uma das condições do dano [581]. Parece-nos, no entanto, e salvo o devido respeito, que a única razão que explica o relativo melhor tratamento desses presumíveis lesantes – pensando mesmo na «fuga» das hipóteses descritas nos artigos 493.º, 2 e 503.º, 3 – é a necessidade de lhes ser permitido, nessas situações particulares, um encargo probatório suficientemente amplo. A não ser assim, esse favorecimento teria que ser alargado, e desde logo por *maioria de razão*, aos casos em que com a culpa do lesante concorresse simultaneamente um evento fortuito relevante.

Sendo certo que ANTUNES VARELA sufraga a tese da consideração *excepcional* da relevância negativa da causa virtual, também não parece que a valoração do preceito *corrector* do artigo 494.º possa ficar confinada à hipótese (mais importante) da condução ou detenção culposas, dado até o «carácter geral» que o ilustre professor outorga ao preceito [582]. Se ALMEIDA COSTA [583] e RIBEIRO DE FARIA [584] não excluem a aplicação do artigo 494.º num enquadramento idêntico ao de ANTUNES VARELA, já PESSOA JORGE [585] vai mais longe, não hesitando em admitir expressamente, e em *termos gerais*, a influência da concorrência em causa no *quantum* indemnizatório. E tal como vimos suceder, por ex., com RUFFINI, PESSOA JORGE *alarga* o regime do artigo 570.º,1 ao concurso de culpa do lesante com o caso fortuito ou de força maior. Esta posição *generalizante* de PESSOA JORGE não é de estranhar se pensarmos na sua concepção *objectivista* [586], traduzida na aplicação do preceito do artigo 570.º,1 sempre que «o acto do lesado foi concausa do prejuízo». O autor do *Ensaio sobre os pressupostos da responsabilidade civil* equipara o «facto do credor» e o «caso fortuito ou de força maior», como circunstâncias que *diminuem* a responsabilidade do devedor, aplicando ainda, na parte relativa à concausa não imputável, o princípio *casum sentit dominus*.

---

[581] *Op. cit.*, pp. 632 e 950. A tese central de ANTUNES VARELA resulta do que escreve nas pp. 910 e 950-952.

[582] *Op. cit.*, p. 948.

[583] *Op. cit.*, p. 537

[584] *Op. cit.*, II, p. 67.

[585] *Ensaio...*, *cit.*, p. 360 e *Lições...*, *cit.*, pp. 535-536 e 574.

[586] Ver *supra*, pp. 69, n. 161, e 102.

Diga-se, desde já, quanto a esse contributo de PESSOA JORGE, que não defendemos a sua perspectiva de ver o artigo 570.°, 1 com o escopo de diminuir a «culpabilidade do agente», na medida em que ele visa apenas *repartir* o dano, partindo de certos pressupostos atinentes à concorrência de condutas do lesante e do lesado, de modo a *imputar* o dano ou parte dele ao lesado. Mesmo o argumento de *identidade* ou *maioria de razão* a que PESSOA JORGE recorre, valorando o teor daquele preceito, merece-nos certas reservas, pois não há na hipótese que estamos a tratar *qualquer acto do lesado*. Se é natural e corresponde a um sentimento de justiça que, ao lesado, sejam *imputadas* as consequências das suas condutas descuidadas, *maxime* graves, mesmo após a verificação do dano (por ex., o lesado retarda intencionalmente a melhoria do seu estado de saúde), ou que o mesmo lesado, dentro de certos condicionalismos, possa suportar os efeitos de uma contribuição não «culposa» para o dano, não se vê – a não ser no plano lógico – como se possa partir dessa compreensível solução global para se imputar igualmente ao lesado a parte do prejuízo para a qual em nada contribuiu[587]. Na ausência de factos pertinentes à esfera da *autoresponsabilização* do lesado, parece-nos criticável esse alargamento do espaço de aplicação do artigo 570.°,1 , tanto mais que isso significaria converter o seu critério objectivo num critério predominantemente «sentimental» ou assente na pesquisa, impossível, da maior ou menor probabilidade (para o dano) de duas condições-causas heterogéneas, uma humana e outra de natureza inorgânica[588]. O que se poderia, como fazem certos autores[589], era enveredar por um procedimento inverso ao de PESSOA JORGE, ou seja, começar por defender-se a exoneração parcial do lesante (cuja culpa tenha concorrido com o evento imprevisível) e admitir, por *maioria de razão*, uma redução da indemnização, ocorrendo uma conduta «culposa» do lesado ou que o pudesse «auto-responsabilizar».

Contra as observações precedentes, pode dizer-se que, *prima facie*, não parece haver motivo para fazermos responder o lesante por todo o prejuízo, sabido que o legislador relevou, no domínio das

---

[587] É esse, aliás, o argumento-chave da tese de SALVI (in ED XXXIX, *cit.*, p. 1257), ao considerar que o problema não se resolve numa base lógica, mas só num plano – «normativo-funcional» – onde avulte a necessidade de tutela do lesado.

[588] Suponha-se ainda o caso de, com o evento fortuito ,concorrer uma culpa presumível do lesante.

[589] É o caso de KOZIOL, *op. cit.*, p. 238.

condutas dos responsáveis solidários e do lesante e do lesado, a maior ou a menor contribuição pessoal para o dano. Nem, por outro lado, parece justo que o lesante suporte a totalidade de um prejuízo, para o qual só concorreu em parte. Colocando-se o problema do *casus mixtus* no plano de um *conflito de interesses* a valorar, não hesitamos em fazer prevalecer, desde logo, a função reparadora da responsabilidade civil, dando primazia à pretensão do lesado, vítima de um dano, a que não foi alheia a conduta culposa do lesante. Mesmo numa perspectiva mais positivista, essa solução retira-se do sistema de responsabilidade civil, acolhido pelo nosso legislador, assente na *primazia* conferida ao elemento subjectivo da responsabilidade e na inerente *imputação* do dano *à esfera de liberdade* do responsável. Na perspectiva *normativa* ou *valorativa* em que também se deve colocar a questão da *adequação causal*[590], não deixa de ser razoável e legítimo imputar-se *objectivamente* o dano à conduta culposa do lesante, em atenção à opção responsabilizante, apesar da circunstância de essa acção não ter sido a única condição do dano ou do maior dano.

O argumento que a nossa doutrina dominante retira do artigo 807.°, 1 não merece contestação, conquanto se trate, como já dissemos, de uma hipótese em que a causa fortuita é *subsequente* e seja difícil explicar a sua solução à luz da doutrina da causalidade adequada, *maxime* adoptando a formulação positiva de TRAEGER[591], como, aliás, ANTUNES VARELA[592] reconhece ao aludir a uma mera «presunção de causalidade». Na realidade, não se pode dizer, em regra, que o dano

---

[590] Cfr. LARENZ, *op. cit.*, p. 439. Ver igualmente DEUTSCH, Festschrift für HÖNIG, *cit.* (*supra*, n.226), pp. 50-52. ANTUNES VARELA, *op. cit.*, pp. 910-911, ao imputar o prejuízo ao autor do ilícito que «criou a condição do dano», não deixa de relevar a função *sancionatória* da indemnização. Ver, no mesmo sentido, J. RIBEIRO DE FARIA, *op. cit.*, I, p. 505.

[591] Cfr. PEREIRA COELHO, *O problema da causa virtual..., cit.*, pp. 289-290, n.(72) e *Obrigações, cit.*, pp. 162-163.

[592] *Direito das Obrigações*, II, *cit.*, pp. 121-122 e PIRES DE LIMA/ANTUNES VARELA, *Código Civil Anot.*, II, 3.ª ed., Coimbra, 1986, p. 71. Cfr. igualmente J. RIBEIRO DE FARIA, *op. cit.*, II, p. 454. Para uma explicação sancionatória, ver MENEZES CORDEIRO, *Direito das Obrigações*, II, *cit.*, pp. 392-393 e, para uma visão mais *causalista*, recorrendo à ideia, já desenvolvida por MANUEL DE ANDRADE (*op. cit.*, p. 395, n.(1)), de *causalidade indirecta*, ver GALVÃO TELLES, *op. cit.*, pp. 299 e 422. De que se trata de mera «ligação causal», já VAZ SERRA o constatara (*Mora do devedor*, in BMJ n.° 48, 1955, pp. 238 e ss.), ao negar a adequação com recurso ao «crivo» menos apertado da *formulação negativa* de ENNECCERUS.

acidental seja um *efeito adequado* a imputar à conduta do devedor, isto é, que seja de esperar segundo o *normal* evoluir dos acontecimentos ou que essa causa mediata *especialmente* o favoreça[593]. Como quer que seja, na óptica dos interesses do lesado a possibilidade de, com a conduta culposa do lesante, poder concorrer um evento fortuito deve ser vista como *circunstância que não atinge o nexo de responsabilidade*, da mesma maneira que, nos casos da chamada «causalidade mediata» (*mittelbare Verursachung*), o lesante suporta as consequências prejudiciais de *determinadas* condições imediatas, *fortuitas*, imputadas a um *terceiro* ou materialmente ligadas a um certo estado de fragilidade do *lesado* (por. ex., a nova lesão em virtude do *handicap* resultante da primeira queda)[594]. Com o «*nada*», inerente ao princípio *casum sentit dominus*, coabita, assim, um *princípio geral* que, sendo o corolário da actuação culposa, é «retirado», pela nossa doutrina dominante, do regime da «perpetuação da obrigação».

Com o que fica dito, não se pense, contudo, que o lesante fique sempre sujeito a ter que arcar com o pagamento de uma indemnização, por mais elevados que tenham sido os danos resultantes da conjugação causal de que temos vindo a falar e cujo avolumar escapou à previsão do agente. Excluída a possibilidade de aplicarmos ao caso a *ideia* subjacente ao teor do artigo 570.°, 1, por não estarmos, sequer, perante um facto situado na *esfera de vida do lesado* e pelo qual deva responder, não há razões que impeçam a aplicação desse mecanismo *corrector* e de tutela do lesante que é o preceito do arigo 494.°. A inexistência, no *Codice Civile*, de uma norma semelhante e a procura de uma solução equitativa, com o recurso à aplicação analógica da primeira parte do artigo 1227.°, são atenuantes ao pouco rigorismo de um critério como o de RUFFINI.

A aplicação da *cláusula* geral do artigo 494.° deverá ser feita com o escopo já delineado de se evitar que o lesante, face à situação económica, à inexistência de seguro e à influência agravante da concausa fortuita, se veja confrontado com uma indemnização muito elevada, e cuja concessão, não seja, por outro lado, justificada pela

---

[593] Ver, aliás, *supra*, n.568.

[594] Para alguns exemplos e para os *limites* da imputação, ver ANTUNES VARELA, *op. cit.*, pp. 911, n.(1) e 914-915 e OFTINGER, *op. cit.*, pp. 105-106. Mais especificamente, sobre o *facto do lesado*, como circunstância que afecta o que DEUTSCH (*Haftungsrecht, cit.*, pp. 157 e ss.) chamou de «conexão de responsabilidade», ver *infra*, n.° 74.

Sentido e função do problema da conduta culposa e não culposa 189

boa situação económica do lesado ou por razões de censura pessoal. Como já salientámos, dado o fim *reparador* da responsabilidade, o poder equitativo do tribunal deverá ser utilizado a título excepcional e desde que o complexo de características do caso o exijam[595]. Mesmo nas hipóteses extracontratuais mais próximas do *Tatbestand* do artigo 807.°, 1, a desproporção do dano relativamente à gravidade da culpa (e a outras circunstâncias) poderá exigir a intervenção do mecanismo do artigo 494.°, funcionando, desse modo, como corrector de uma *adequação* jurídica, mais ou menos alargada[596].

Tendo por certo, por motivos de evidente razoabilidade, que não são de considerar no quadro do artigo 570.°, 1 – mesmo ultrapassando os seus limites naturais e vendo nele um «sistema móvel» – certas circunstâncias que, tendo a ver com a pessoa do lesado, se devem considerar *juridicamente* indiferentes[597], é agora altura de questionar se aquele normativo pode ser invocado sempre que o dano (ou o seu agravamento) resultem da concorrência da conduta culposa com *certas particularidades físico-psíquicas próprias do lesado*[598], designadas genericamente por «predisposições constitucionais»[599] ou, de acordo

---

[595] Não encontramos razões que impeçam, por ex., a aplicação do artigo 494.° aos casos em que o maior dano se tenha ficado a dever ao despoletar do *risco* da detenção de um animal por acção de forças naturais, ocorridas nesse momento (por hipótese, uma forte trovoada). Recorde-se que, para os casos submetidos à estatuição do artigo 502.°, não existem limites legais de responsabilidade .

[596] Ver, aliás, *supra*, n.522. Na hipótese clássica, a que ANTUNES VARELA (*op. cit.*, p. 920) se refere, e que tem a ver com a morte por contágio (ocorrido no hospital) da pessoa levemente ferida, cremos que o seu silêncio, no tocante à questão da possível redução indemnizatória, é apenas aparente.

[597] No caso sobre que versou o acórdão do STJ de 26 de Julho de 1968, publ. no BMJ n.° 179, p. 165, o transportador culpado quis invocar, como factor que diminuiria a sua responsabilidade (para efeitos de aplicação do artigo 56.°, 1 do Código da Estrada), a circunstância de a transportada ser «uma jovem de 19 anos de idade, solteira e com reais atributos de beleza». O Supremo, acertadamente, não considerou esse elemento como causa de «diminuição da culpabilidade» (!!) do condutor – homem casado e idoso – dado não se ter provado que a lesada tivese tido «atitudes impróprias ou menos correctas».

[598] Como *factores materiais* propícios a um agravamento do dano são ainda de considerar o valor excepcionalmente elevado do bem lesado, a vetustez da coisa ou os altos rendimentos auferidos pelo lesado.

[599] Cfr. *supra*, n.10.

com certa terminologia alemã, por «propensões para o dano» (*Schadensanfälligkeiten*[600]).

Os autores[601] definem a «predisposição constitucional» como a especial propensão do organismo humano para sofrer lesões ou reagir atipicamente aos eventos lesivos. Esses *estados de debilidade*, congénitos ou adquiridos, transitórios ou permanentes, são heterogéneos, quer na sua origem, quer na sua configuração, reconduzindo-se, numa visão estrita, a situações de fragilidade físico-psíquica (o caso do hemofílico, do diabético, do doente cardíaco, da pessoa alérgica, do neurótico, do indivíduo com uma estrutura óssea débil ou com tendências para o suicídio) que *favorecem* a lesão ou uma lesão *mais extensa* do que aquela que atingiria uma pessoa normal[602]. Tratando-se de uma questão importante e bastante complexa, sobretudo no plano da *diagnose etiológica* do dano, há necessidade, nesta fase da nossa dissertação, de equacionar alguns aspectos dessa problemática, com o fim de continuarmos a delimitar o espaço de aplicação do normativo do artigo 570.°. Refira-se, a propósito, que a nossa doutrina não aborda a questão em termos sistemáticos e que apenas o legislador laboral[603] se preocupou em traçar alguns princípios atinentes à incidência das «predisposições» no direito à reparação.

---

[600] *Münchener Kommentar*/GRUNSKY, *cit.*, introdução ao § 249, n.° 51, pp. 327-328. PALANDT/HEINRICHS, *cit.*, introdução ao § 249, n.° 67, p. 259, aludem a uma «*zum Schaden neigende Konstitution*».

[601] Ver, para o seu conceito ou caracterização, ANTUNES VARELA, *op. cit.*, p. 908, RUI DE ALARCÃO, *op. cit.*, p. 285, M.KELLER/S. GABI, *op. cit.* p. 104, OFTINGER, *op. cit.*, p. 102, HONSELL/SCHNYDER, *op. cit.*, art. 44.°, p. 333, STREET/BRAZIER, *op. cit.*, pp. 231-232, B. PUILL, in D. 1980, *cit.*, n.° 9, p. 159 e J. THANH NHA, RTDC 1976, *cit.* (*supra*, n.556), p. 3.

[602] A doutrina que se ocupa do tema inclui aqui as *deficiências anatómico-funcionais* (em regra taxadas com certa incapacidade) e as *doenças graves* «silenciosas» ou em curso de evolução negativa. Cfr., para estas «predisposições» em sentido lato, LANGE, *op. cit.*, § 10 IX 1, p. 568, WEIDNER, *op. cit.*, p. 48, DEUTSCH, *op. cit.*, p. 362, BONVICINI, *Il danno a persona* (*Il danno risarcibile e il suo accertamento*), Milano, 1958, p. 158 (incluindo no seu quadro a predisposição patológica, a doença curada ou silenciosa activadas, a doença em processo de tratamento, a lesão ou a doença incapacitantes) e MONTANIER, *op. cit.*, p. 20. LAPOYADE DESCHAMPS, *op. cit.*, pp. 7-8, vai demasiado longe, ao considerar, nas «predisposições», os peões e as crianças, face ao que ele chama de «inquietante agressividade da circulação automóvel».

[603] Ver a Base VIII da Lei n.° 2127 e os artigos 4.° e 5.° da anterior Lei n.° 1942 de 27 de Julho de 1936. O n.° 1 da Base VIII consagra, aliás, um regime particularmente favorável ao trabalhador, ao excluir o direito à reparação plena apenas nos casos

Sentido e função do problema da conduta culposa e não culposa 191

Sendo certo que as «predisposições» concorrem para uma certa diferença *quantitativa ou qualitativa* do dano, não é de estranhar que, por ex., a doutrina suíça tradicional[604] considere esses *estados patológicos* como uma espécie de *casos fortuitos*, valorando-os como circunstâncias de *redução indemnizatória*, quer no âmbito do artigo 43.°, 1 do Código das Obrigações, quer mesmo no quadrante mais complexo do preceito (artigo 44.°, 1)[605], correspondente ao nosso artigo 570.°, 1.

Também em França, como sequela da jurisprudência *Lamoricière*, não faltaram vozes que consideraram a «receptividade anormal da vítima»[606] uma forma de «força maior imperfeita», capaz de *exonerar parcialmente* o lesante culpado[607]. Essa repartição do dano não era, no entanto, perfeitamente líquida, já que, como assinalava J. THANH

---

de a predisposição patológica «...tiver sido causa única da lesão ou doença ou tiver sido dolosamente ocultada».

Seria extremamente interessante levar a cabo o estudo comparativo do regime das «predisposições» no direito civil e no direito do trabalho, tal como o fez, em França, JEAN-CLAUDE MONTANIER, numa obra, de 1981, intitulada *L'incidence des prédispositions de la victime sur la causalité du dommage, cit., supra,* n.10. Nas suas conclusões (pp. 495 e ss.), MONTANIER não encontra razões que o levem a pensar num tratamento mais favorável das «predisposições» no direito laboral (ver, entre nós, PEREIRA COELHO, *A causalidade ..., cit.,* in RDES, ano XII, n.° 3, 1965., p. 47). Trata-se, no entanto, de um sector onde o lesado beneficia de facilidades probatórias, como se verifica pela *presunção* afirmada no n.°4 da Base V da Lei n.° 2127 e no artigo 12.°, 1 do Decreto 360/71 de 21 de Agosto.

No âmbito *penal,* o artigo 362.° do Código Penal de 1886 dispunha em parte sobre essas circunstâncias pré-existentes, conquanto em termos algo imprecisos e que levaram EDUARDO CORREIA, *op. cit.,* I, pp. 289 e ss., a uma tentativa de conciliação com o pensamento da *adequação.*

[604] Ver, entre outros, OFTINGER, *op. cit.,* p. 102, M. KELLER/S. GABI, *op. cit.,* pp. 103-104 e P. H. DESCHENAUX/TERCIER, *op. cit.,* p. 248. Cfr. também TRIMARCHI, *Rischio... cit.,* pp. 310-311 e KOZIOL, *op. cit.,* p. 50 e s..

[605] Cfr. OFTINGER, *op. cit.,* p. 280 e HONSELL/SCHNYDER, *op. cit.,* art. 44.°, p. 333. Ver também *supra,* pp. 160-161, a posição de H. STOLL e a proposta de «alargamento» do § 254 do BGB.

[606] J. DESCHIZEAUX, *Influence du fait de la victime... cit. (supra,* n.18), p. 60.

[607] Cfr., sobre o argumento, H.-L. MAZEAUD/J. MAZEAUD/TUNC, *op. cit.,* n.° 1613, pp. 737-740 e, para a sua defesa, NAYRAL DE PUYBUSQUE (*apud* MONTANIER, *op. cit.,* p. 211). Um dos argumentos, que aqueles primeiros juristas utilizam para justificar uma redução da indemnização, é o recurso ao paralelismo com a situação do *lesante* «deficiente». Com o *arrêt Desmares,* de 21 de Julho de 1982, a equiparação das «predisposições» a um caso de força maior ganhou nova consistência, na medida em que, como já vimos, o lesante só se poderia exonerar plenamente provando a «imprevisibilidade e a irresistibilidade» desse factor.

NHA[608], em meados da década de 70, as três correntes jurisprudenciais existentes conferiam um estado de incerteza à questão.

Não se tratando de «um facto culposo do lesado» nem de uma sua qualquer conduta livre ou deliberada[609], na medida em que o dano é produzido ou agravado à margem desse pressuposto, o que é certo é que estamos perante um mero *facto*, uma *concausa pré-existente e acidental,* relativa a um elemento que tem a ver com a *esfera pessoal (ou real) do lesado*, parecendo assim, *prima facie, injusto*[610] imputar *apenas* ao lesante um resultado inesperado, dado o *risco* inerente à participação na sociedade dos portadores de anomalias orgânicas ou funcionais.

Na perspectiva causal (*rectius,* de imputação objectiva) em que a questão deve ser previamente colocada, e desde que se entenda que a «predisposição» pode ser uma circunstância *conhecida* do lesante ou *reconhecível* para um *observador experiente*[611], a adequação não é

---

[608] RTDC, *cit.*, p. 4. J.-THANH NHA refere como predominante a jurisprudência da *Chambre criminelle*, não defensora, como a segunda *Chambre civile* e a *Chambre sociale* da *Cour de Cassation*, da exoneração do lesante (cfr. igualmente B. PUILL, in D. 1980, *cit.*, n.º11, p. 160). Como informa DESCHIZEAUX, *op. cit.* , pp. 61 e ss., a jurisprudência anterior a 1934 só admitia a redução se a culpa fosse mera «causa ocasional» e se tivesse havido culpa do co-causador. Particularmente duvidosa era a posição jurisprudencial no tocante aos danos causados nos *vidros luxuosos* dos estabelecimentos comerciais (ver LAURENT, *op. cit.*, p. 520 e a alusão ao «exercício do direito» por parte do lesado).

[609] Nesse sentido, ROVELLI, *La responsabilità civile da fatto illecito*, Torino, 1965, pp. 105 e 139, LAPOYADE DESCHAMPS, *op. cit.* pp. 421 e ss. e WESTER, *op. cit.*, pp 176-177. Diferente é a hipótese, a que já aludimos, de o novo dano e o maior dano (por ex., o suicídio) se ficarem a dever a uma *decisão autónoma* do lesado, não provocada pela acção lesiva, e não tendo a ver, portanto, com a eliminação ou redução danosas.

[610] É precisamente nesse plano da *justiça* que ANTUNES VARELA (*op. cit.*, p. 629) coloca o exemplo da bofetada dada a quem sofre de doença cardíaca muito grave e desconhecida do agressor.

[611] Como se sabe, na valoração em geral da idoneidade do facto para o resultado, o julgador, na sua *prognose póstuma,* aprecia certas circunstâncias que o hão-de guiar na emissão do *juízo de probabilidade*, próprio da doutrina da *causalidade adequada*. A consideração, como circunstância relevante, do reconhecimento da predisposição por um *observador experiente* – fórmula utilizada por ANTUNES VARELA, *op. cit.*, p. 909, RIBEIRO DE FARIA, *op. cit.*, I, p. 504, RUI DE ALARCÃO, *op. cit.*, pp. 284-285, LARENZ, *op. cit.*, § 27 III, pp. 435 e ss. e *Zurechnung im Schadensersatzrecht*, in Festschrift für R. HÖNIG zum 80 Geburtstag, Göttingen, 1970, 82, e MEDICUS, *Schuldrecht* I, *cit.*, § 54 II, p. 267 – não afasta, porque dentro do mesmo espírito, a adesão a posições como as

Sentido e função do problema da conduta culposa e não culposa   193

duvidosa, nem se justificará qualquer posterior redução indemnizatória, desde que a própria *imputação subjectiva* revista certo grau de gravidade. Se o conhecimento efectivo ou o reconhecimento das circunstâncias anormais é o elemento «subjectivo» que justifica a formulação do juízo normativo de adequação, só a *previsibilidade* do decurso anormal do processo causal (ou de parte dele) é que permite afirmar a *imputação subjectiva* do dano à *conduta* do agente[612].

O problema torna-se mais complexo na ausência – nessa *prognose anterior objectiva* – desse elemento «subjectivo» delimitado (integrador das circunstâncias conhecidas pelo agente, reconhecíveis «pela generalidade das pessoas inteligentes e cuidadosas»[613] ou que são mesmo de esperar segundo a experiência da vida[614]), na medida em que a possível defesa do nexo de adequação, tendo por base as circunstâncias cuja existência não é *completamente improvável* ou que um «observador óptimo»[615] deve conhecer e reconhecer, alarga em

---

de ALMEIDA COSTA (no seu *Direito das Obrigações, cit.*, p. 655, alude a uma «pessoa normal») ou PEREIRA COELHO, RDES 1950, *cit.*, p. 73 e *O nexo de causalidade ...* , *cit.*, p. 219 (invocando TRAEGER, parte das circunstâncias reconhecíveis por «um homem de média sagacidade»). Esta referência a TRAEGER parece-nos, no entanto, fruto de um equívoco, tanto mais que no seu *O problema da causa virtual..., cit.*, pp. 224-226, n.(1) e na RDES, ano XII, n.º 3, 1965, *cit.*, p. 48, PEREIRA COELHO assinala justamente que o autor germânico defendia a «cognoscibilidade» do ponto de vista do mais perspicaz dos homens...

[612] Essa *quase* sobreposição de planos, de que falamos no texto, e a aderência a uma concepção «finalista», que cremos já não seguir actualmente, levou MENEZES CORDEIRO, *Direito das Obrigações*, II, *cit.*, pp. 338-339, a fazer *absorver* a questão do nexo causal pelo problema da *licitude* ou *ilicitude* da conduta. Também PESSOA JORGE, *Ensaio..., cit.*, pp. 399-400, considera *ilícito* e *causalmente adequado* o acto daquele, que, conhecendo o estado patológico do lesado, não o omite. GALVÃO TELLES, *op. cit.*, pp. 406-407, mais pragmaticamente, parece abandonar uma visão redutora, justificando a imputação do dano anómalo com a mera ideia da *adequação*, e não da *culpabilidade*. Ver, aliás, para a distinção entre a *negligência* e a *adequação*, PEREIRA COELHO, *O nexo de causalidade... cit.*, pp. 212-213 e RDES, ano XII, n.º 3, 1965, *cit.*, pp. 49-50, TRIMARCHI, *Causalità e danno*, *cit.*, pp. 38 e ss., DEUTSCH, *op. cit.*, p. 151, e VENZMER, *op. cit.*, pp. 21 e ss. (este jurista segue TRAEGER ao aferir o *juízo de adequação* pelo «favorecimento em geral (da condição) na perspectiva do observador óptimo», reservando para o *juízo de culpa* o «favorecimento em geral» na óptica da «pessoa razoável»).

[613] MANUEL DE ANDRADE, *op. cit.*, p. 357.

[614] Assim, LARENZ, *op. cit.*, p. 438, e Festschrift *cit.* (*supra*, n.611), p. 82.

[615] Para a crítica a esse «observador omnisciente e superprevidente», ver LARENZ, *op. cit.*, p. 439, KUPISCH/KRÜGER, *op. cit.*, § 6, pp. 51-52 e MEDICUS, *op. cit.*, § 54, p. 267. LINDENMAIER e TRAEGER (*apud* PEREIRA COELHO, RDES, ano XII, n.º 3,

194 A conduta do lesado

demasia esse mesmo nexo, se é que não preclude o próprio juízo de probabilidade, como sucedia, aliás, na *prognose posterior objectiva* de RÜMELIN, com a irrelevância do desconhecimento das condições pré-existentes. Daí as críticas dos que consideram esse «excesso de adequação» um dos pontos frágeis da doutrina da *causalidade adequada* e que levaram mesmo G. BERNERT[616] a falar da «fórmula vazia da adequação». PEREIRA COELHO[617], em meados da década de 70, não deixou de criticar a jurisprudência (*maxime* criminal) defensora de uma mera causalidade naturalística, em casos em que a *predisposição* não fora conhecida pelo lesante nem reconhecível para um «homem de média sagacidade» ou para a «generalidade das pessoas»[618].

1965, *cit.*, p. 48 e TRIMARCHI, *Causalità e danno, cit.*, p. 36 e n.(44)) formulavam, precisamente, o juízo de probabilidade, tendo em conta, respectivamente, as circunstâncias que ao tempo da acção não fossem de considerar *absolutamente improváveis* ou que devessem ser conhecidas por um *observador ideal prevenido*.

[616] *Die Leerformel von der «Adaequanz»*, in AcP 169 (1969), pp. 421 e ss..

[617] RDES, ano XII, n.° 3, 1965, *cit.*, pp. 47-48. PEREIRA COELHO cita os acórdãos do STJ de 2 de Julho de 1947, publ. no BMJ n.° 2, p. 136 (morte por peritonite consequente a ferimentos provocados por um tiro de espingarda), da RP de 7 de Janeiro de 1950, publ. no BMJ n.° 19, p. 167 (colapso cardíaco do lesado consequente a um traumatismo occipital e revelando a autópsia a existência de pericardite antiga) e do STJ de 7 de Outubro de 1959, publ. no BMJ, n.° 90, p. 404 (morte de doente cardíaco resultante da intervenção cirúrgica tornada necessária por lesões traumáticas).

Em sentido diverso, mais limitativo e com relevo na aplicação do tipo legal, o acórdão do STJ de 18 de Maio de 1962, publ. no BMJ n.° 117, p. 478, confirmou a condenação do condutor de um veículo automóvel como autor de um crime de ofensas corporais involuntárias, após a prova de que para a morte do atropelado tinham concorrido «a constituição e temperamento débeis da vítima e as perturbações latentes, de natureza mental e circulatória e digestiva que a afligiam» (p. 480). O mesmo STJ (acórdão de 6 de Março de 1991, publ. na CJ, ano XVI, t.2, 1991, p. 5 e ss.) defendeu, e cremos que bem, que a morte por traumatismo craniano e hemorragia de úlcera gástrica, após as duas fortes bofetadas do agressor, só seria de considerar como homicídio por negligência caso o lesante *conhecesse* a úlcera e a debilidade do lesado nos membros inferiores. Na mesma linha de pensamento, e por último, o acórdão da RE de 25 de Fevereiro de 1992, in CJ, ano XVII, t.1, 1992, pp. 293-294, não imputou a morte do dono de uma lancha ao dono de outra, falecimento esse ocorrido duas horas após o abalroamento, mas devido a um enfarte de miocárdio que «... nem o causador do acidente nem a própria vítima *tinham conhecimento da possibilidade de o mesmo se desencadear*». Nestas duas últimas decisões reflecte-se o pensamento de EDUARDO CORREIA, (*op. cit.*, I, pp. 258 e 262) – similar ao da nossa doutrina civilística – ao integrar, no juízo de adequação, «as circunstâncias concretas em *geral* conhecidas ... (e) que o agente *efectivamente* conhecia».

[618] RDES, ano XII, n.°3, *cit.*, p. 48 e *Obrigações, cit.*, p. 165.

Nestes casos, de que estamos a falar, em que há a propensão para o lesado sofrer danos elevados na sua pessoa ou nos seus bens, certa jurisprudência do RG e do BGH[619] e parte da doutrina alemã[620] só excluem a adequação em *casos contados*, no pressuposto de um decurso causal completamente anormal, revelado, por ex., numa sensibilidade muito especial do lesado ou numa sua resistência física mínima. Desde que o evento lesivo actue sobre a «predisposição» existente, criando, assim, uma pequena probabilidade de o dano ocorrer, o lesante suporta o risco de esse dano se revelar anormal ou consequência atípica. A inviabilidade de o lesante pretender ser tratado como se tivesse lesado uma pessoa normal, corresponde ao princípio clássico do direito anglo-americano reflectido em certas máximas e regras («*tortfeasor takes the victim as he finds him*», «*egg-shell skull rule*», «*egg-shell thin personality*»)[621] e entronca mais remotamente na velha fórmula do direito romano «*aliud alii*

---

[619] Ver *Münchener Kommentar/*GRUNSKY, *cit.*, introdução ao § 249, n.° 51, pp. 327-328 e PALANDT/HEINRICHS, *cit.*, introdução ao § 249, n.° 67, p. 259.

[620] Ver, entre outros, SOURLAS, *Adäquanztheorie und Normzwecklehre bei der Begründung der Haftung nach § 823 Abs. 1 BGB*, Berlin, 1974, p. 88, n. (56) e LANGE, *op. cit.*, § 3 X,1, pp. 129-133. Este autor germânico, partindo da ideia de que o lesante deverá contar com os *estados de debilidade* do lesado («*der Schädiger muß den Ersatzberechtigten... so akzeptieren, wie dieser ist*»), introduz, contudo, três ordens de limitações: a ausência de pressupostos responsabilizantes, que tem a ver, segundo pensamos, com o limite do «risco geral de vida», a necessidade de a predisposição não poder atingir níveis elevados de falta de sensibilidade ou de resistência (cfr., para este ponto, o seu artigo *Adäquanztheorie, Rechtswidrigkeitszusammenhang, Schutzzzwecklehre und selbständige Zurechnungsmomente*, in JZ, 1976, p. 207) e a aplicação do § 254 do BGB aos casos em que a pessoa se exponha, *sem necessidade*, a uma situação de perigo, não atinente, pura e simplesmente, à mera participação no tráfego.

Na doutrina francesa, J. FLOUR/JEAN-LUC AUBERT, *op. cit.*, n.° 178, p. 174, avocam o direito da pessoa de não «viver limitada», como justificação para o princípio geral da consideração causal exclusiva da culpa do lesante (neste mesmo sentido, ver HONORÉ, *op. cit.*, n.°182, p. 130).

[621] Ver, para a irrelevância causal dos *existing physical states*, FLEMING, *op. cit.*, pp. 181-182 e STREET/BRAZIER, *op. cit.*, pp. 231-232, citando, entre outros, os casos *Smith v. Leech Brain e Co. Ltd.* (morte de uma pessoa devida a um cancro, fruto da conjugação da queimadura num lábio, por accção negligente do lesante, e do estado pré-canceroso dos tecidos) e *Robinson v. Post Office* (após a lesão numa perna, o lesado veio a sofrer de encefalite provocada por alergia a uma injecção anti-tetânica, que lhe foi ministrada). Cfr. também HONORÉ, *op. cit.*, n.° 182, pp. 129-130, WEITNAUER, *Kausalitätsprobleme in rechtsvergleichender Sicht*, in Festschrift für E. WAHL zum 70 Geburtstag, Heidelberg, 1973, pp. 121-122 e WESTER, *op. cit.*, pp. 179 e ss..

mortiferum» [622]. Como se vê, e alguns autores [623] salientam, a imputação não é feita em função do grau de probabilidade, mas de considerações atinentes à necessidade de se proteger o lesado no seu dano corporal, só deixando de se justificar a imputação ao lesante a partir do momento em que a «predisposição» assume características *muito peculiares*, potenciando a *grande indiferença* da conduta culposa.

Estando aqui em causa o conflito entre o interesse do lesante de não ter que ressarcir um dano anormal e de todo em todo inesperado e o desejo das pessoas menos saudáveis de poderem circular livremente, não parece que este antagonismo possa ser resolvido, *em todos os casos*, a favor da adequação da conduta, dadas as reservas que se podem formular [624], e de que já fizemos eco, a esse juízo afirmativo de *probabilidade objectiva* do facto lesivo. Não se estando perante casos análogos aos que levam a canalizar para o lesante certas hipóteses de *causalidade mediata* – e nas quais o maior dano não pode ser considerado consequência inesperada ou surpreendente do facto inicial – a imputação do risco de uma «predisposição» – e a questão só se põe se é *desconhecida* ou *não reconhecível* para o mero «observador experiente» – explica-se *mais* pelo desejo de se tutelar o lesado e pelo efeito preventivo-repressivo da responsabilidade civil. Se repararmos bem, a questão centraliza-se em torno dos fundamentos da responsabilidade, pois faz-se *absorver* pela culpa e pela ilicitude [625] o factor condicio-

---

[622] ULPIANUS, *Digesto* 9,2,7,5: «*Sed si quis servum aegrotum leviter percusserit et is obierit, recte Labeo dicit lege Aequilia eum teneri, quia aliud alii mortiferum esse solet»*. Para este fragmento, ver FORCHIELLI, *Il rapporto di causalità..., cit.*, pp. 101-102 e U. VON LÜBTOW, *Untersuchungen zur lex Aquilia ..., cit.*, , p. 143.

[623] Por ex., KÖTZ, *op. cit.*, n.° 154, pp. 62-63 e DEUTSCH, *Unerlaubte Handlungen..., cit.*, § 6, pp. 32-33.

[624] Para essas reservas, ver SIDÓNIO RITO, *op. cit.*, p. 104 (embora no seio da doutrina da «equivalência das condições»), ANTUNES VARELA, *op. cit.*, p. 907, n.(2), RUI DE ALARCÃO, *op. cit.*, pp. 285-286, RIBEIRO DE FARIA, *op. cit.*, I, pp. 502 e ss., e, no direito italiano, TRIMARCHI, *op. cit.*, pp. 91 e ss., e *Causalità giuridica e danno*, in, *Risarcimento del danno contrattuale ed extracontrattuale*, sob a direcção de G. VISINTINI, Milano, 1984, p. 3, em crítica à jurisprudência defensora da imputação de efeitos anormais. O jurista italiano reputa essa imputação como «sanção excessiva» ao lesante, criticando, implicitamente, as concepções de BIANCA, *op. cit.*, pp. 252 e ss., de VISINTINI, *L'inadempimento delle obbligazioni*, in *Trattato di diritto privato* (sob a direcção de P. RESCIGNO), IX, Torino, 1986, pp. 203-204, n.(26) e de DE CUPIS, *op. cit.*, p. 235 (para quem o dano surge *directamente* como concretização do risco ligado a determinado antecedente).

[625] A nossa doutrina dominante não faz referência expressa às doutrinas da

Sentido e função do problema da conduta culposa e não culposa 197

nante não culposo. E embora se esteja perante um elemento atinente à esfera pessoal, ele é valorado, praticamente, como se se tratasse de um evento fortuito concorrente, isto é, *desvalorizando* o seu papel concausal. Repare-se, no entanto, que a explicação *sancionatória,* além de não fornecer uma compreensão global da imputação ao lesante, no caso de este ter actuado sem culpa, também conduz (ou pode conduzir) à imposição de um encargo económico que, em determinadas situações de debilidade económica, pode ser difícil de suportar. Mesmo que nestes casos, de difícil solução, se afirme a adequação ou a imputação (do maior dano), se releve a *natureza* da acção lesiva ou se valore o desejo de *proteger* «esse» lesado, não se afasta, obviamente, quer a aplicação do lenitivo que é a «cláusula geral» do artigo 494.°, quer o recurso aos *princípios gerais* relativos ao cálculo da indemnização (nos casos em que o agravamento do dano seja susceptível de ser quantificado, dada uma certa incapacidade já determinada ou sempre que o «dano» virtualmente existente se mostre acelerado ou revelado pela conduta lesiva) [626].

«conexão de ilicitude» e do «fim de protecção da norma violada» (ver, no entanto, *supra,* n.612 e a posição crítica de ANTUNES VARELA, *op. cit.* pp. 917-920) e que, em certos sectores do pensamento alemão, permitem justificar a imputação, ao autor do *ilícito,* de danos (anormais) para os quais também concorreram «predisposições» *tout court* do lesado. Ver, em geral, para essas doutrinas, LARENZ, *op. cit.,* § 27, pp. 439 e ss., KÖTZ, *op. cit.,* n.ᵒˢ 156 e ss., pp. 63 e ss. e MEDICUS, *Schuldrecht* I, *op. cit.,* § 54, pp. 268-269 e, para a sua aplicação à questão que estamos a discutir, KUPISCH/ /KRÜGER, *op. cit.,* § 6, pp. 51 e ss..

[626] Referimo-nos aos casos em que a *predisposição* existente (por ex., doença cancerosa, lesões sofridas num primeiro acidente ou prédio em ruína) já «desvalori- zou» o bem e desencadearia *inevitavelmente* o dano se não ocorresse, entretanto, a causa efectiva (cfr., aliás, ANTUNES VARELA, *op. cit.*p. 946, PEREIRA COELHO, *O problema da causa virtual, cit,*.pp. 55 e ss. e 133 n.(12), DEUTSCH, *Haftungsrecht, cit.,* p. 172, LANGE, *op. cit.,* § 4, pp. 176-177 e 188 e ss. (utilizando a designação de «*Anlagefälle*»), MEDICUS, *op. cit.,* § 54, p. 272, PALANDT/HEINRICHS,*op. cit.,,* introdução ao § 249, n.° 99, p. 264 e ESSER/SCHMIDT, I, 2, *op. cit.,* § 33 IV, p. 231.

Não se trata propriamente – nesses casos de causalidade «ultrapassante» – de relevar a causa virtual pré-existente, para exonerar o autor da causa efectiva, mas de atender ao valor (depreciado) do bem lesado, consequente ao efeito da *predisposição* e determinante da *diferença* patrimonial a fixar. A consideração da causa hipotética não conduziria, contudo, a resultados diversos, dado a indemnização ir compreender apenas o chamado «efeito de antecipação» (cfr. R. FRANK/ W. LÖFFLER, *Grundfragen der überholenden Kausalität,* in JuS, 1985, p. 692).

Se a causa hipotética, em vez de consistir numa determinada *propensão danosa,* pessoal ou real, tiver a ver com uma *conduta do lesado,* o problema da relevância

Quanto à questão que mais nos interessa aqui, e que é a de saber se *esse* lesado deverá «responder» igualmente pelo dano ou pelo maior dano – de que o seu *estado* foi uma concausa – não julgamos possível, à margem de *certas exigências*, invocar a aplicação do preceito do artigo 570.°, como o faz, por ex., STOLL[627], relativamente ao § 254 do BGB. Já dissemos, topicamente, que o critério imanente àquele preceito não pressupõe, necessariamente, o confronto entre uma conduta *estritamente* culposa e uma conduta *impropriamente* culposa, podendo, em determinados termos, estender-se aos casos em que haja, desde logo, uma actuação livre ou voluntária do lesado, mas com *perigo particular* para a sua pessoa ou os seus bens. Exige-se, assim, uma conduta, um comportamento *concorrente* do lesado, que mesmo sem revestir a característica da «culpa», lhe possa ser *imputado* e o *auto-responsabilize*, tornando *justa* a aplicação do critério (normal) de repartição consagrado naquele preceito. A circunstância de uma pessoa se mover no tráfego com uma calote craniana frágil ou com uma doença cardíaca, embora possa potenciar o *âmbito* de uma eventual responsabilidade, não constitui, *só por si*, motivo para se imputar, ao lesado, parte do dano anormal que venha a sofrer. Não concordamos, assim, com ROTHER[628], e com a sua concepção (demasiado ampla) da «esfera de risco» do lesado, integradora de uma responsabilidade pela própria existência, e com a consequência de se imputar ao lesado, no quadrante alargado do § 254 do BGB, esse dano superior, em razão do *aumento de risco* ligado à sua liberdade de movimentos. Não se justificando deslocar a questão para o âmbito do «concurso de condutas culposas», na ausência de uma conduta *consciente* de não adopção dos cuidados exigidos pelo estado de fragilidade da pessoa[629-630], o problema terá que ser resolvido *valorativamente* na sede *complexa* da imputação

---

negativa da causa virtual só se coloca em *termos plenos* se, por acaso, o processo causal hipotético não se tiver já iniciado (por ex., o dono de um prédio já o começara a demolir, quando o veículo embateu nele). Veremos *infra*, n.° 43, até que ponto se justificará, quanto ao hipotético comportamento do lesado, o pensamento *sancionatório* que parece estar no cerne da irrelevância negativa da causa virtual.

[627] Cfr. *supra*, p. 161. É de observar, contudo, que, nesses casos, a aplicação extensiva do § 254 do BGB fica a dever-se, segundo cremos, à inexistência, no sistema alemão, de um «correctivo» idêntico ao do artigo 494.°.

[628] *Op. cit.*, pp. 28-29, n.(4) e 87.

[629] Num caso sobre que se debruçou o BGH (decisão de 22 de Setembro de 1981, in NJW, 1982, p. 168), o lesado não se protegeu devidamente, apesar de ter perdido parte do intestino como efeito de um dano da guerra, vindo a ser mordido na

objectiva do dano, segundo a orientação geral que traçamos de uma certa *contenção* da adequação causal e em que o mecanismo do artigo 494.° funcionará como *corrector* para os casos em que o lesante, levemente culpado e sem meios de fortuna nem seguro de responsabilidade, se veja confrontado com uma indemnização anormal[631].

Contra as observações precedentes, poderá dizer-se que a aplicação do artigo 570.°, 1 à conduta «culposa» do lesado ou à sua vivência no tráfico com um *risco acrescido* de um maior dano seria a melhor solução nos casos em que se afirmasse a adequação, por duvidosa que fosse. Cremos, no entanto, e tornamos a afirmá-lo, que a aplicação desse preceito à exposição das pessoas, com *predisposições tout court,* a um risco que não deixa de ser normal, forçaria demasiadamente os limites que devem balizar a relevância do normativo ou do princípio que reflecte. Não sendo «culposa», nem especialmente perigosa, a

---

barriga por um cão, que se encontrava debaixo de uma mesa da sala de jantar de uma hospedaria.

A concepção perfilhada no texto corresponde ao pensamento dominante, como pode ver-se em KÖTZ, *op. cit.*, n.° 154, p. 63, WESTER, *op. cit.*, pp. 176-177 (contrapondo os casos de uma senhora deficiente ir a um local público, sem perigo evidente ou de utilizar uma rua molhada e um local particularmente perigoso), WEIDNER, *op. cit.*, p. 47 (embora, nas pp. 48-49, também impute ao lesado «fragilizado» o risco (acrescido) de se expôr a um «tráfego anormal»), e, na doutrina francesa, J. DESCHIZEAUX, *op. cit.*, p. 60, LAPOYADE DESCHAMPS, *op.cit.*, p. 433, n.(2), J. THANH NHA, *rev. cit.*, pp. 14-15 e 17 e ss. (criticando a valoração das «predisposições» como *fait non fautif de la victime*, dado constituírem um risco meramente passivo de um maior dano), VINEY, *op. cit.*, p. 517, e MONTANIER, *op. cit.*, pp. 219 e 257 e ss., *maxime*, 279-281 e 288. Este autor refere, como casos jurisprudenciais em que se concluiu pela «culpa», a travessia de uma rua, feita sem os necessários cuidados, por uma pessoa surda e o acidente sofrido por um *míope,* num elevador. Questão relacionada com a do texto é a da apreciação da «culpa» desses lesados «fragilizados» ou com certos tipos de deficiências (ver *infra*).

[630] Não se esquece que considerações de *política legislativa,* tendentes à melhor tutela de certos lesados (estamos a pensar nas «vítimas superprivilegiadas» da lei BADINTER), poderão conter essa relevância dos princípios subjacentes aos artigos 570.° e 505.°.

[631] É esse, precisamente, o caminho seguido por RUI DE ALARCÃO, *op. cit.*, pp. 285-286, enquanto, por ex., VINEY, *op. cit.*, p. 517, arvora a *predisposição* a «elemento objectivo da situação do lesado», ao lado da sua situação económica, e HEINRICH LANGE, *Herrschaft und Verfall der Lehre vom adäquaten Kausalzusammenhang,* in AcP 156 (1957), *cit.*, p. 135, considerando contrário à *boa fé* o pedido de uma indemnização anormal, face «às circunstâncias do evento danoso e à responsabilidade do lesante...», não deixa de defender a moderação do seu *quantum* (pp. 114 e 131 e ss.). Ver *infra,* n.° 40, para a relação da *boa fé* com o critério do artigo 570.°, 1.

200

A conduta do lesado

atitude do hemofílico ou do cego, que passeia numa rua com algum movimento, a circunstância de a sua movimentação lhe poder trazer, senão o maior risco de ser atropelado, pelo menos o risco de um dano superior à de qualquer outro peão, não é razão bastante para o tornar *autoresponsável* ou ver aí uma «assunção de risco»[632]. Mesmo TRIMARCHI[633], que, a propósito da possível «desproporção entre o encargo da responsabilidade e a gravidade do facto ilícito», derivada da frágil constituição do lesado ou do elevado valor do bem, e confrontado com o obstáculo da inexistência, no ordenamento italiano, de uma norma idêntica à do artigo 494.°, se vê na *necessidade* de lançar mão do preceito do artigo 1227.°, 1 do *Codice*, não abdica, pelo menos no exemplo que refere, da «culpa» na «exposição ao risco». Acresce, por fim, que exigindo o critério consignado no artigo 570.°,1 uma comparação entre duas condutas, com o objectivo típico de se fazer «prevalecer» uma sobre a outra, não se vê como avaliar, para esse efeito, a participação do factor *passivo* que concorreu com a conduta culposa do lesante ou com o possível risco da sua actividade.

As dificuldades começam no momento em que se pretendam valorar – para o fim da norma do artigo 570.°, 1 – condutas concausais de pessoas com um determinado estado doentio. Pensemos, por ex., nas hipóteses, apresentadas por MONTANIER[634], da pessoa *anósmica,* que entra num compartimento cheio de gás, originado numa fuga por defeito da canalização, e aí acende um cigarro e do cardíaco, que, ao atravessar com cuidado a estrada, é vítima de uma *síncope,* sendo atropelado. Desde logo, não devemos eliminar o problema da possível relevância das condutas, a que MONTANIER chama de «anormais» ou «defeituosas»[635], fazendo intervir uma qualquer razão de imputação subjectiva ao lesante, na medida em que não estamos perante uma causalidade exclusiva do

---

[632] Pelo contrário, ESMEIN, D. 1964, *cit.*, n.° 36, p. 216, ao «exagerar» o âmbito da «aceitação de riscos», considera como *risco relevante* o simples facto de qualquer pessoa atravessar uma rua. Mais realista é LAPPOYADE DESCHAMPS, *op. cit.*, p. 29, ao ver esse acto como assunção de um *risco normal* da vida de relação.

[633] *Causalità e danno, cit.*, pp. 89 e ss., e 105-106. No seu *Rischio..., cit.*, pp. 310 e ss., TRIMARCHI, partindo da norma do artigo 844.° do *Codice*, defendeu o princípio geral segundo o qual a «especial sensibilidade» da pessoa do lesado ou dos seus bens não poderia conduzir a uma responsabilidade (pelo risco) desproporcionada.

[634] *Op. cit.*, pp. 282-283.

[635] MONTANIER, *op. cit.*, pp. 287 e 290. A diferença que o autor francês estabelece entre os dois casos condu-lo a ver na conduta do anósmico um comportamento deliberado que um «bom pai de família não teria» nas mesmas circunstâncias e com a

Sentido e função do problema da conduta culposa e não culposa 201

facto lesivo. Tanto numa hipótese como noutra, o lesado concorreu para o seu dano – desde logo na insuficiente perspectiva naturalística da condicionalidade necessária – mas não houve qualquer conduta negligente, «culposa», nessa maior ou menor exposição ao perigo, gerada por essas «predisposições» *lato sensu*. No caso do cardíaco nem sequer existe uma conduta voluntária, um comportamento que lhe possa ser imputado, pois a *síncope* que o atingiu foi algo de irresistível e o *anósmico,* pese a voluntariedade da sua acção, não tem a posse plena das faculdades que lhe permitam ter consciência do perigo, ou seja, apesar de ter violado objectivamente uma regra técnica ou de conduta, não estava em condições de avaliar o conteúdo normativo da sua acção. A interferência activa do anósmico e o papel quase passivo desempenhado pelo cardíaco, «envolvido» na *perigosidade* da situação, serão razões suficientes para lhes imputar parte do dano, por aplicação analógica do artigo 570.º, 1 ou por invocação do princípio a ele subjacente?

MONTANIER[636] não hesita em relevar os dois casos como «comportamentos defeituosos», não culposos, vendo nesse duplo *fait non fautif* uma razão bastante – mesmo ocorrendo culpa do lesante – para uma *exoneração parcial*, por aplicação da ideia da *causalidade dividida*. Situando esses casos num ponto entre a concorrência de condutas culposas e a concorrência da imputação subjectiva ao lesante com um evento fortuito, também PESSOA JORGE[637] concluirá logicamente pela «diminuição» da responsabilidade do lesante. E o resultado útil não é diferente, embora o fundamento o seja, se pensarmos no conceito alargado de «culpa» do lesado, tal como o entende MENEZES CORDEIRO, ao relevar a «medida» do dano simplesmente «provocado» por «qual-

---

mesma debilidade e no *fait* do cardíaco uma situação «mecânica», comportando uma *especial perigosidade* (sublinhado nosso). Que o critério causal, adoptado tradicionalmente pela *Cour de Cassation* quanto ao papel mais geral das *choses*, tem a ver com o seu «comportamento» *normal* ou *anormal* (em termos de *perigosidade*), demonstrava-o já A. JOLY, *Vers un critère juridique du rapport de causalité au sens de l'article 1384, alinéa 1er. du Code Civil*, in RTDC 1942, pp. 257 e ss..

[636] *Op. cit.*, pp. 288 e 290.

[637] *Ensaio..., cit.*, p. 360 e *Lições..., cit.*, p. 574. (ver *supra*, pp. 102 e 185). Já a defesa que ALMEIDA COSTA, *op. cit.*, 535 e 536 e n. (1) e n.(2), faz do concurso da culpa do condutor com «um facto do próprio lesado» não nos parece em sintonia com a sua afirmação (p. 648) de que no seio do artigo 570.º não cabe o acto não censurável do lesado, a não ser que ALMEIDA COSTA esteja a pensar na aplicação analógica do preceito ou no «seu» princípio. Não é, contudo, certo, qual o âmbito que o ilustre jurista confere ao *facto não culposo do lesado.*

quer atitude do lesado»[638]. Este ilustre jurista parece admitir, desse modo, uma culpa sem responsabilidade ético-jurídica, imputando parte do dano àqueles que actuem contra as regras de prudência e de conduta, embora, *hic et nunc*, tudo pareça depender da extensão que possa ser dada às «atitudes do lesado».

No mesmo sentido discorre o pensamento de todos os autores, que, dissociando a *ratio* das normas idênticas à do artigo 570.° de uma ideia de reprovação da conduta e acentuando mais a questão da *repartição justa e adequada do dano* e menos a da procura de um fundamento responsabilizante unitário, chegam a conclusões que evidenciam um *princípio mais geral* de ordenação do dano, não fixado, necessariamente, em função de uma culpa do lesado em sentido ético-jurídico. Por ex., WEIDNER[639], ao analisar a hipótese do atropelamento de um peão, acometido de indisposição numa rua movimentada, arvora em «causa de imputação» (*Zurechnungsgrund*) a circunstância de o lesado se ter exposto a um *perigo especial,* radicado no acto de atravessar precisamente *aquela* via. Neste caso – e no do cardíaco – não parece, aliás, ausente a transposição, para o lesado, da ideia de «risco», tanto mais que WEIDNER imputa à «esfera de risco» ou à «individualidade» do lesado a «infelicidade», valorando – e bem – a falta de voluntariedade como circunstância atendível na ponderação. Mesmo nos casos em que a pessoa seja portadora de uma «predisposição», o jurista alemão continua a imputar ao lesado a sua contribuição concausal, desde que exponha essa «fragilidade» a uma participação no tráfego envolvendo um risco superior ao «normal»[640].

Não estamos ainda na posse de todos os elementos que nos permitam tomar uma posição definitiva sobre uma temática complexa, que não se circunscreve apenas a estes casos mais específicos, mas

---

[638] *Direito das Obrigações* II, *cit.*, p. 409 e n.(251). Ver *supra.*, pp. 71, n. 169, 74, n. 182 e 102.

[639] *Op. cit.*, pp. 47-49.

[640] *Ibidem.* WEIDNER (p. 49) cita os casos da *senhora deficiente,* que caia num local inseguro que visite, do *hemofílico,* que decide sair num fim de semana de intenso movimento e do *dono de um valioso cavalo de corrida,* que decide transportá-lo, por auto-estrada, no primeiro fim de semana das férias de Verão. É óbvio que, no primeiro exemplo, há «culpa», se a senhora foi descuidada ou teve ou devia ter tido consciência do perigo que poderia correr, assumindo o risco. Na p. 48, WEIDNER refere-se a uma decisão do OLG Celle, onde se considerou – quanto a nós incorrectamente – negligente a conduta de uma *senhora deficiente,* que foi atingida numa perna ao pisar uma grade de saneamento mal colocada.

Sentido e função do problema da conduta culposa e não culposa   203

abarca a hipótese mais importante da «*conduta*» *condicionada dos inimputáveis* (com dano para eles). A posição que se venha a adoptar quanto à relevância ou irrelevância das acções fácticas desses lesados constituirá, sem dúvida, um valioso, mas não único, ponto de referência para avaliarmos – nesta perspectiva da *imputação danosa* – as condutas não culposas de imputáveis «diminuídos» ou os eventos irresistíveis ligados à *constituição doentia* da pessoa ou ao seu *estado normal de humano*. Podemos, no entanto, e desde já, no plano dos princípios mais gerais e tendo em conta considerações precedentes, esboçar uma linha de resolução para essas hipóteses (mais específicas) de concorrência.

Não prescindindo, mais uma vez, da valoração dos interesses antagónicos em presença, os casos apontados confrontam um lesante, que tendo ou não criado a situação de perigo, não actuou diligentemente, e um lesado, que não estando em condições de acautelar os seus interesses, *concorreu* para ele de uma forma, ora activa, ora quase-passiva, inserido num quadro potencial de manifesta perigosidade. Este antagonismo, desde que não façamos intervir factores, que façam pender o fiel da balança para um lado ou para outro, ou excluam mesmo a concausalidade adequada – por ex., com a prova de que o cardíaco já estava morto quando sofreu o embate do veículo ou morreria mesmo sem o atropelamento – tem como corolário, num plano *geral* e de *justiça comutativa*, que não pareça justo, *sem mais*, a imputação de todo o dano ao lesante ou ao lesado[641]. Também já dissemos que não

---

[641] Quando se afirma, para efeitos de aplicação do artigo 505.°, que a conduta atribuível ao lesado exclui a responsabilidade objectiva do detentor, desde que aquela constitua *causa exclusiva do dano*, olvida-se o aspecto *teleológico* da questão, para se centrar a análise no puro plano causal (ver *infra*). Da interpretação tradicional do artigo 505.° pode, aliás, retirar-se um argumento (meramente formal ou lógico) a favor da *repartição* do dano, na hipótese de concorrerem para ele o risco do veículo e o facto do lesado. Persiste, no entanto, a dúvida de saber se, *para a lei*, a *imputação* do acidente ao lesado abrange os *actos reflexos* (por ex., a reacção instintiva de uma pessoa ao ladrar de um cão e consequente atropelamento) e as *contingências inesperadas* ocorridas na sua pessoa (por ex., desmaios, quedas fortuitas, ataques cardíacos, etc.) ou tem apenas a ver com a valoração causal – objectiva dos actos *voluntários* ou *livres* de imputáveis ou *involuntários* de inimputáveis. No estrito plano legal, a partir do momento em que não se possa imputar o acidente ao «risco geral de vida» do lesado, aquelas circunstâncias fortuitas terão de ser deslocadas para a zona da «força maior» (é paradigmático o exemplo aduzido por AMÉRICO MARCELINO, no seu estudo *O problema do concurso das responsabilidades a título de risco e de culpa*, in PJ IV, n.° 48, 1980, p. 5, da criança arrastada por uma forte rajada de vento).

A questão da interpretação a dar à expressão «...imputável ao próprio lesado...»

204   *A conduta do lesado*

devemos alargar excessivamente o âmbito de aplicação do critério de repartição-imputação do dano, previsto no artigo 570.°, 1, recorrendo à ficção de uma «culpa» do lesado, vista *objectivamente* ou equivalendo a um puro acto concausal. Por outro lado, já expressámos as nossas reservas à interpretação do pensamento dominante, de ver na *ratio* da norma o desejo de censurar o lesado, de reprovar a sua conduta «culposa». Quanto a nós, e nunca é demais repeti-lo, a exigência do pressuposto «culpa» não tem intenções preventivo-sancionatórias, mas funciona como critério autoresponsabilizante, *justificativo* da privação ao lesado de parte da sua indemnização, tendo em conta o maior ou menor «peso» da sua conduta, mas que não preclude que essa mesma privação se possa fazer a partir de outros *conteúdos da «autoresponsabilidade»*. Nesse círculo, de *relativa abertura*, que deve ser o do artigo 570.°, 1, o tribunal tem um papel importante e deve gozar de um determinado *espaço de liberdade* para encontrar as soluções mais *justas* e para aplicar da melhor forma os factores de ponderação.

Quanto aos chamados «casos fortuitos humanos» [642], a invocação do princípio naturalístico *casum sentit dominus* levaria a imputar ao lesado parte do dano ligado ao infortúnio, na medida em que a contingência (desmaio, síncope, paralisia momentânea dos membros inferiores) procede da sua «esfera de risco» [643]. E não é outro, segundo cremos, o plano em que se movem WEIDNER e PESSOA JORGE. Contudo, numa perspectiva jurídica, e mais global, o lesado não pode ser *autoresponsabilizado* por um acontecimento anormal, *involuntário*, sendo mais justo fazer imputar a dano do lesante esse outro risco (mais ou menos gené-

---

tem certa proximidade com o problema da delimitação da área da impossibilidade da prestação «...por causa imputável ao credor...», a que se refere o artigo 795.°,2. BAPTISTA MACHADO, RLJ, ano 116.°, *cit.*, pp. 197-198 e n.(25) e 360, n.(55), ao considerar que se trata, nesse preceito, de ponderar uma «conduta livremente adoptada», «imputável» (ALMEIDA COSTA, *op. cit.,* p. 945, refere-se a uma «conduta voluntária»), exclui, implicitamente, a actuação do credor psicótico ou com alguma psicopatia. Independentemente do problema da melhor localização sistemática dessa norma, parece-nos ainda que a sua aplicação carece da presença de uma conduta *deliberada* do credor, impeditiva da prestação, embora sem intuito de prejudicar o devedor (entre a venda das pedras de um muro, que ia ser reparado, e a sua destruição por um descuido do dono, ao conduzir um tractor, parece haver uma sensível diferença).

[642] RUSCONI, *Quelques considérations sur l'influence de la faute et du fait du lesée dans la responsabilité causale*, in ZSchwR I, 1963, p. 361.

[643] Ver BAPTISTA MACHADO, *Risco contratual e mora do credor*, RLJ, ano 116.°, *cit.*, p. 262, para a importância das «esferas» na repartição dos riscos envolvidos na perturbação contratual.

Sentido e função do problema da conduta culposa e não culposa 205

rico) de vida, tratando-se, como se trata, de danos pessoais, cuja cobertura, a não existir culpa, dificilmente seria abrangida, por ex., pelo círculo delimitador dos «riscos próprios» da condução. A ideia dominante e aqui potenciada, centrada na *melhor tutela do lesado*, aliada, por um lado, à sensibilidade do pensamento jurídico moderno relativamente à desculpabilização das próprias «culpas» veniais do lesado, e tendo em conta, por outro lado, a importância desse factor, que condiciona e é condicionado, e que é o seguro obrigatório de responsabilidade, poderão aqui (e continuamos a pensar nos casos do cardíaco e da pessoa que desfalece na rua)[644] fazer pender a imputação do dano na direcção do lesante. Embora se possa dizer que a ligação causal entre o facto responsabilizante e o dano está «enfraquecida»[645], a solução para esses casos *pode* e *deve* ser conseguida à margem da aplicação do princípio do artigo 570.°, 1, partindo-se de uma determinada *valoração global,* que relevando essencialmente a existência de seguro obrigatório e a possível intervenção do mecanismo *corrector* do artigo 494.° (para a hipótese de o dano se revelar de montante elevado ou não existir aquela garantia colectiva), deixe uma porta aberta para a eventual consideração dos benefícios, sociais ou outros, percebidos pelo lesado.

Parece-nos, desse modo, que a presença de uma mera *acção* ou de um *facto*, mesmo atípico, é insuficiente para valorar como *autoresponsabilizante* a contribuição causal do prejudicado e também não podemos, mediante a ampliação excessiva da «culpa», considerar toda e qualquer atitude do lesado. É precisamente a falta de um *critério delimitador* que encontramos como lacuna no pensamento de PESSOA JORGE e de MENEZES CORDEIRO, enquanto que MONTANIER e WEIDNER procuraram fixá-lo, recorrendo, respectivamente, à fórmula algo abstracta da «anormalidade ou defeituosidade» da conduta ou da situação[646] e à ideia,

---

[644] RUFFINI, *Sul concorso di colpa...*, RDCDO II, 1966, *cit.*, p. 103, refere o caso da pessoa que, no passeio, é atingida por uma telha que lhe paralisa os centros nervosos, deixando-a desorientada e levando-a a atravessar a rua de forma *mecânica,* sendo então atropelada. Ver *supra,* p. 183, para a sua defesa de uma aplicação analógica do preceito do artigo 1227.°, primeira parte, do *Codice Civile.* Lembre-se também a hipótese sobre que se pronunciou o acórdão do STJ de 5 de Dezembro de 1967, in BMJ n.° 172 p. 237, do atropelamento de uma pessoa *obrigada* a saltar para a faixa de rodagem devido a uma violenta vaga do mar.

[645] RUSCONI, *cit.*, pp. 362-363.

[646] Cfr. MONTANIER, *op. cit.*, n.° 297 e ss., pp. 282 e ss.. Para a «anormalidade» da conduta, como critério do *fait non fautif* do lesado, ver igualmente PUILL, D. 1980, *cit.*, n.° 13 e ss., pp. 161 e ss. (com reservas relativamente ao critério mais limitativo

mais conseguida, mas igualmente pouco definida e dependente de um certo conceito de «culpa», da «exposição a um perigo (de dano) acrescido». A tarefa de se fixar um critério valorativo, tal como o pensamento «geométrico» nacional o faz, na forma limitada de uma *autoresponsabilidade culposa*, tem bastantes escolhos neste domínio multiforme das cõndutas em que o lesado cria um determinado risco, dada a necessidade de se encontrarem parâmetros *exigentes* que não alarguem em excesso o âmbito de operacionalidade do princípio da repartição e do efeito típico da redução indemnizatória. Independentemente do critério a fixar, a norma do artigo 570.°,1 terá sempre de ser aplicada com adaptações à possível situação de *heterogeneidade* dos fundamentos de responsabilidade e de «autoresponsabilidade», num processo menos rigoroso e conservando, naturalmente, a sua «mobilidade».

Quanto ao critério delimitador, só mais tarde será possível a sua concretização definitiva, atendendo à influência marcante das questões relacionadas com o *conceito* e o *conteúdo* da «culpa» do lesado e com o preenchimento do princípio autoresponsabilizante. Independentemente da resposta que venha a ser dada a esses problemas delicados, parece-nos razoável defender, na perspectiva de uma *imputação e*

---

de BONJÉAN, do «comportamento activo e autónomo») e STARCK/ROLAND/BOYER, *op. cit.*, n.° 947 e ss., pp. 509 e ss., *maxime*, pp. 512 e ss. (demarcando a conduta autenticamente *fautif* da pretensamente *non fautif*). Para o relevo do «comportamento objectivamente *irregular*» do inimputável, ver J. FLOUR/JEAN-LUC AUBERT, *op. cit.*, *op. cit.*, n.ºs 176-177, pp. 172-173.

A jurisprudência defensora da exoneração parcial do lesante (presumido responsável, *ex vi* dos artigos 1384.°, 1 e 1385.° do *Code Civil*) iniciou-se com um *arrêt* da segunda *Chambre civile*, de 17 de Dezembro de 1963, numa hipótese em que um automobilista atropelou mortalmente um ciclomotorista, que se encontrava inconsciente na estrada. Esta jurisprudência da segunda *Chambre civile*, não concordante com a da primeira *Chambre*, foi criticada não só pela ausência de um critério preciso mas também pelo recurso ao princípio da *causalité partielle* (ver, para essas críticas, F. CHABAS, *Fait ou faute de la victime?*, in D. 1973, *cit.*, pp. 207 e ss., J. FLOUR/JEAN-LUC AUBERT, *op. cit.*, n.° 176, pp. 176-177 e STARCK/ROLAND/BOYER, *op. cit.*, n.° 971 e ss., pp. 517 e ss.). Estes últimos autores entendem mesmo que o abandono, em 1987, da jurisprudência *Desmares* – condicionante do papel exoneratório da «culpa» do lesado à exigência de ter em si características de *força maior* – terá representado a «eliminação» do *fait non fautif*. Como quer que seja – pensamos, aliás, que o próprio *arrêt* é que provocou esse efeito – a lei BADINTER *conteve*, no seu domínio de aplicação, a incidência da *faute* e do *fait* do lesado não condutor e *eliminou* a valoração das «culpas» dos lesados «superprivilegiados»: menores de 16 anos ou maiores de 70 anos e pessoas com incapacidade permanente ou com uma taxa de invalidez não inferior a 80% (ver *infra*).

Sentido e função do problema da conduta culposa e não culposa 207

repartição justas, que o lesado suporte, em maior ou menor medida, o efeito de eventos pessoais irresistíveis enquanto factores geradores do *risco daquelas actividades ou coisas*, cuja perigosidade provocou a tipificação de situações de responsabilidade objectiva[647]. Caminhar para lá dessa concessão natural ao chamado «paralelismo secundário», imputando sistematicamente ao lesado fragilizado, na falta de condicionantes específicas, o maior risco da liberdade da sua vivência social ou a «predisposição» material para a verificação da um dano mais elevado, equivale a converter esses elementos estruturais numa fonte ilimitada de *risco*. A transformação em fundamento geral auto-responsabilizante da relação entre a debilidade (*lato sensu*) e o maior perigo conduz a uma tutela mais desfavorável desses lesados, implica consequências negativas sobre a sua liberdade de movimentos e coloca num mesmo plano a actuação culposa do lesante e a maior aptidão autodanosa da «fragilidade». Mesmo que se verifique um processo de interferência causal adequada entre o dano e a «predisposição», não se vê que o exercício da liberdade da pessoa, em condições circunstanciais mais desfavoráveis, possa, por si, ser arvorado em critério de imputação, à margem de qualquer *conduta negligente*, de desconsideração pelos interesses próprios ou na falta de um *procedimento consciente* e *subjectivamente* valorador da relação entre a «fragilidade» e o perigo existente. Nesta última hipótese, o dano, a ocorrer, será imputado ao papel *interferente* da debilidade num quadro circunstancial de especial perigosidade (pensemos nos casos do deficiente que, por mera curiosidade, visite certo local privado, conhecendo as características adversas do terreno ou da pessoa que, apesar de ter uma calote craniana frágil, decida montar um cavalo nervoso) e não ao resultado de um «resposta» limitada ao evento lesivo. Por outras palavras: a existência de uma certa aptidão autodanosa em conjugação com o acréscimo conjuntural do perigo (por ex., maior movimento nas estradas ou nas ruas), que apenas potencia estatisticamente a ocorrência danosa, não é razão bastante para integrar o quadro *autoresponsabilizante*, na ausência de uma conduta pessoal que legitime a atracção total ou parcial do dano para a

---

[647] Na determinação do *quantum* devido pela conduta culposa de um condutor poderá vir a atender-se ao *risco concorrente* da condução de outro veículo, e que seja despoletado pela síncope ou desmaio de que seja vítima o seu condutor. Aspecto diferente, e a ver *infra*, n.º 42, é saber se será de imputar ao lesado o risco conectado com actividades ou coisas que o legislador não elevou a fundamento de responsabilidade pelo risco.

esfera do lesado. Excluída, assim, a aplicação-adaptação do critério do artigo 570.°,1, restará ao lesante, eventualmente confrontado com o pedido indemnizatório de um dano elevado, recorrer ao mecanismo corrector do artigo 494.°, cuja ausência, no sistema alemão, será porventura a justificação mais intensa da concepção abrangente de WEIDNER[648].

19. Síntese conclusiva

Do que ficou dito acerca da relação entre os normativos dos artigos 494.° e 570.°, pode extrair-se a conclusão de que aquela «cláusula de redução» é uma *válvula de segurança* do nosso sistema de indemnização, apta para cobrir aquelas áreas de concorrência de causas a que não se mostre apropriado, por razões jurídicas e outras, o critério do «concurso de condutas culposas». A necessidade de se circunscrever em certos termos – até agora apenas esboçados – o quadrante de aplicação desse critério faz avultar a importância do *mecanismo corrector,* no objectivo precípuo de evitar que ao lesante individual, economicamente débil, seja imposto o pagamento de uma indemnização desproporcionada à gravidade da sua conduta. A menor flexibilidade do sistema – comparada, por ex., com o do direito suíço – e a referida necessidade delimitadora levam a valorar no círculo, na filosofia e para os fins da norma do arigo 494.°, a concorrência da conduta lesiva com um *evento fortuito, natural* ou *provindo da esfera pessoal do lesado* e as hipóteses danosas agravadas pela existência de um *estado patológico do lesado*, mas sem papel decisivo na eclosão do dano, por

---

[648] Não subsumimos, assim, ao âmbito de aplicação do critério do artigo 570.°, 1, as hipóteses configuradas por WEIDNER (*supra*, n. 640), do *hemofílico*, do transporte do *cavalo de corrida* (ver, contudo, *infra*, n.° 27, para a possível relevância do «dever» de efectuar um seguro), o caso decidido pelo OLG Celle, a situação, que o jurista alemão retira de ESSER, do embate de um veículo numa *árvore apodrecida* pertencente ao lesado (pp. 49-50) e o exemplo, referido por MEDICUS (*est. cit.*, AcP 192 (1992), p. 68, n. 125), do passeio num carro *particularmente valioso*. Semelhantemente, no tocante à hipótese decidida pelo BGH (*supra*, n. 629), a *ausência de um colete ou de uma cinta protectora*, só deverá relevar desde que haja uma atitude *imprudente* ou a *exposição a um perigo* conhecido, reconhecível ou cuja existência não seja de afastar.

Quanto ao caso do *anósmico*, parece-nos que deverá ter, em princípio, o mesmo tratamento que será reservado ao acto dos inimputáveis, embora a deficiência física permanente, ao requerer da pessoa um maior cuidado, possa ser tida em consideração na apreciação de uma possível «culpa» (ver *infra*, n.° 64).

não ter gerado uma conduta «culposa» ou influído marcadamente num quadro com um certo grau de perigosidade. Apesar da assinalada diversidade de estrutura, de filosofia e de processos de actuação dos dois normativos, verifica-se uma *complementaridade*, tornada necessária não só pela rigidez do sistema, no tocante à apreciação da concorrência efectiva de causas, mas também porque a nossa atitude *mais flexível* não pode nem deve ultrapassar determinados limites.

CAPÍTULO III

RESPONSABILIDADE CIVIL OBJECTIVA, REPARTIÇÃO COLECTIVA DOS DANOS E SENTIDO DA CONDUTA DO LESADO

20. Sequência

Num sistema bifronte de responsabilidade civil, como é o caso português, interessa, agora, articular os princípios básicos que constituem *o ideário* da chamada responsabilidade objectiva com o papel que nela exerce o comportamento do prejudicado, desde logo com o objectivo de se estabelecer um confronto com a função que vimos ser desempenhada por essa mesma conduta no critério responsabilizante assente na culpa.

Estando nós perante um princípio de imputação, que vem sendo crescentemente afirmado, por necessária via legislativa, como resposta jurídica ao aumento do risco de vida e à premência de se garantir os direitos dos lesados, não se deverá prescindir, nesta visão global dos institutos, de uma referência ao *sentido* e aos *limites* desse critério objectivo e do seu suporte imprescindível que é o *seguro de responsabilidade*. Também aqui será importante estabelecer a incidência da «culpa» do lesado na responsabilidade objectiva tradicional, liberal ou *histórica*, recebida, com uma ou outra excepção, no nosso Código Civil de 1966, e ver até que ponto essa perspectiva de uma *justiça individual* não terá sofrido o efeito da *descaracterização* da responsabilidade, operada por aquela complexa técnica colectiva de reparação, e não deverá sofrer o impacto das soluções mais protectoras e acolhidas em legislação avulsa. Sem abstrairmos de um enquadramento global e comparativo do problema, há que reflectir sobre a ligação entre esse fenómeno da deslocação do dano para entidades colectivas e o papel originariamente *limitador* (da responsabilidade) da «culpa» do lesado, tal como surgiu num preceito – o do artigo 505.º – arvorado em espécie de «norma fundamental» (*Grundnorm*) dessa contenção. Estando a *heterogénea* responsabilidade objectiva ao serviço de uma exigência de tutela particular, dada a perigosidade das actividades ou dos mecanismos a que fundamentalmente se liga, é essencial indagar da aptidão daquele suporte financeiro para fazer face aos *danos pessoais* sofridos pelo lesado *pouco* culpado, com o desiderato de se questionar a interpretação rígida e puramente causalista que *exclui* a responsabilidade, verificada que seja uma qualquer conduta *imputável* ao lesado.

Advirta-se, desde já, que não é nossa intenção tratar aqui dos debates que, desde há algum tempo, se vem travando no seio do direito da responsabilidade civil e que, entre nós, SINDE MONTEIRO tão brilhantemente estudou. Move-nos apenas o propósito, mais sintonizado com o nosso tema, de discutir o importante problema desse tradicional factor de exclusão da responsabilidade objectiva que é a «culpa» do lesado. Adoptando o método que já seguimos no capítulo anterior, e antes de nos situarmos no quadrante actual da nossa responsabilidade civil objectiva, vamos começar por fazer uma «observação» sumária do pensamento objectivista de responsabilidade, tal como surgiu no século passado em ordenamentos jurídicos mais próximos do nosso, com a finalidade de se vislumbrarem possíveis influências no sistema de Seabra e na evolução posterior. Na última parte do capítulo, e antes de fixarmos os pontos conclusivos mais importantes, veremos que a *socialização* da reparação – na forma mais limitada de socialização directa – e a afirmação da natureza «previdencial» (o *Versorgungsprinzip* de que fala certa doutrina alemã) de certas prestações ressarcitórias implicam o afastamento parcial dos princípios próprios do direito da responsabilidade civil, com reflexos patentes quanto a uma cada vez menor projecção das condutas «culposas» dos lesados.

SECÇÃO I
A CONCEPÇÃO PROTECTORA
DA RESPONSABILIDADE OBJECTIVA
E O SEU MAIOR OU MENOR RELATIVISMO
COMO REFLEXO DA PRÓPRIA COMPREENSÃO
DA CONDUTA DO LESADO

> **Sumário:** 21 – As teorias de objectivação da responsabilidade na transição do século XIX para o século XX, o sistema fracamente objectivo do Código de Seabra e o pensamento dualista da doutrina nacional. A nova legislação de teor objectivista publicada a partir de 1913; 22 – A responsabilidade objectiva no Código Civil de 1966 e as suas principais características: excepcionalidade, relatividade e limitação do *quantum* indemnizatório. A legislação especial objectivista dos últimos anos e a associação com o dever de contratação de um seguro de responsabilidade; 23 – A relatividade do critério objectivo aferida pelo sentido originário da causa clássica respeitante à conduta do lesado. A compressão do sentido absorvente dessa conduta no regime especial dos acidentes laborais e a potenciação exoneratória na legislação estradal dos anos 30 e 50. A posição flexível de VAZ SERRA quanto às relações entre o risco e a conduta do lesado; 24 – O relevo da norma paradigmática do artigo 505.° e a sua interpretação tradicional. O sentido menos rígido da legislação especial mais recente e a sua importância para a defesa de soluções concursuais.

21. As teorias de objectivação da responsabilidade na transição do século XIX para o século XX, o sistema fracamente objectivo do Código de Seabra e o pensamento dualista da doutrina nacional. A nova legislação de teor objectivista publicada a partir de 1913

A partir do momento em que o desenvolvimento técnico gerou actividades empresariais e máquinas perigosas, susceptíveis de multiplicar, em termos de probabilidade, o número dos acidentes e a sua intensidade danosa[649], dificultando ou impossibilitando o funciona-

---

[649] Que é esse o duplo requisito, que identifica uma dada situação como perigosa, di-lo OFTINGER, *op. cit.*, p. 20. Para a influência, no sistema de

214 — A conduta do lesado

mento da culpa como critério de responsabilidade, o legislador sentiu necessidade de encontrar soluções compromissórias que tivessem em conta esse desenvolvimento e a crescente exposição das pessoas ao perigo de lesão. Numa época de crise das concepções do liberalismo económico e numa dinâmica social, em que as fontes do perigo já não eram tanto os animais e os edifícios, e em que o legislador torna lícitas certas actividades, como a produção de energia, o transporte aéreo ou ferroviário e a circulação de veículos automóveis, relega-se para segundo plano a ideia psicológica da responsabilidade-liberdade, criando-se uma espécie de *sujeição* limitada, em que o fundamento responsabilizante parece oscilar entre um« novo princípio moral»[650], estranho à *«bonne conduite»*, de que falava RIPERT[651], e à resignação do lesado, e a consagração de um puro critério objectivo, de uma «responsabilidade pelo resultado» (*Erfolgshaftung*), gerada na tolerância controlada da actividade perigosa.

Essa concepção, que ia contra o princípio subjectivo ou a imputação individual em que assentava, como vimos, a obra codificadora oitocentista, representava curiosamente o renascer das ideias de *damnum* e de *iniuria*, tal como tinham sido elaboradas pelo direito romano clássico. A «revolta do Direito contra o Código», a que viria a aludir G. MORIN, em 1920, começou a ser defendida, em França, por SALEILLES, JOSSERAND, TEISSEIRE e LAINÉ, em escritos publicados entre 1894 e 1910, com apelo às ideias do *risque-créé* e do *risque-profit*[652], tendo o

---

responsabilidade, do conflito entre a «estandardização» e o «individualismo», ver COMPORTI, *Esposizione al pericolo e responsabilità civile*, Napoli, 1965, p. 17, e para as condicionantes ideológicas e económico-sociais geradoras da responsabilidade sem culpa, ver ÁLVARES DE MOURA, in JP, ano 1.º, n.º 11, 1934, *cit.*, pp. 162 e ss., CUNHA GONÇALVES, *Tratado de Direito Civil*, XII, *cit.*, pp. 363 e ss., ANTUNES VARELA, *Das Obrigações em Geral*, I, *cit.*, pp. 642 e ss., ALMEIDA COSTA, *op. cit.*, pp. 443 e ss., J. RIBEIRO DE FARIA, *Direito das Obrigações*, II, *cit.*, pp. 1 e ss., SINDE MONTEIRO, *Estudos...*, *cit.*, pp. 17 e ss., PINTO MONTEIRO, *Cláusulas limitativas...*, *cit.*, p. 57 e s., FRANZONI, *op. cit.*, pp. 16 e ss. e SALVI, *Responsabilità extracontrattuale* (*diritto vigente*), in ED XXXIX, *cit.*, p. 1192 e s.. CARBONE, *Il rapporto di causalità*, in *La responsabilità civile*, *cit.* (*supra*, n.157), pp. 142-143, refere-se sugestivamente às oscilações do «pêndulo» da responsabilidade: de um período imoral passa-se para uma fase exclusivamente moral e desta para uma perda de confiança no princípio da culpa

[650] COMPORTI, *Considerazioni introduttive e generali*, in *op. cit.* (*supra*, n.28), p. 15.

[651] *Le régime démocratique...*, *cit.* (*supra*, n. 306), p. 341.

[652] Sobre o pensamento de JOSSERAND, além do posicionamento mais moderado, adoptado, em 1933, no seu *Cours de Droit Civil*, ver os artigos *La résponsabilité*

arrêt Teffaine[653] de 1896, e a propósito de uma questão laboral, consolidado esse quadro com o início daquilo que veio a designar-se como a *découverte* jurisprudencial do artigo 1384.°, primeira parte, do *Code Civil*, ou seja, com a autonomização do princípio geral da responsabilidade *du fait des choses*. A adesão não incondicional de SAVATIER[654] e as posições algo fluidas do RIPERT da fase não «moralista»[655], ao apelidar os objectivistas de «síndicos da falência da culpa», constituíram sinais evidentes dos receios do pensamento jurídico francês de que a nova filosofia pudesse substituir a tradicional. Mesmo o debate que, em 1934, colocou frente a frente JOSSERAND e ESMEIN[656], não deixou de reflectir o espírito da época e a discussão das ideias jurídicas mais modernas.

Paralelamente ao surgimento de diplomas onde aparece consagrada a responsabilidade objectiva[657], a jurisprudência tornou-se, em

---

envers soi-même, in D. 1934, *chron.*, *cit.*, e *Vers l'objectivation de la résponsabilité du fait des choses*, in D. 1938, *chron.*, pp. 65 e ss., em crítica, respectivamente, às segunda e terceira edições do *Traité* dos MAZEAUD. Para uma referência às suas teses iniciais, ver ÁLVARES DE MOURA, *loc. ult. cit.*, p. 162 e BARBOSA DE MAGALHÃES, *Reformas Jurídicas*, GRLx, ano 32.°, n.°17, 1918-1919, p. 263.

Para as teses de LAINÉ, em que TUNC certamente se inspirou para construir a ideia-chave da «inevitabilidade da falta», ver GUILHERME MOREIRA, *Estudo sobre a responsabilidade civil*, in RLJ, ano 38.°, *cit.*, p. 532.

[653] Tratou-se da explosão da caldeira do rebocador «*Marie*» e da consequente morte de um mecânico (cfr. MALAURIE/AYNÈS, *Droit Civil. Les Obligations*, Paris, 1985, p. 79).

[654] Ver *Vers la socialisation de la responsabilité et des risques individuels?* in D. 1931, *chron.*, pp. 9 e ss., *Prolétarisation du Droit Civil?*, in D. 1947, *chron.*, pp. 161 e ss. e *Les métamorphoses économiques et sociales du droit civil d'aujourd'hui*, 2.ª ed., Paris, 1952, pp. 246 e ss. (acentuando o círculo dos danos causados por animais e veículos).

[655] Cfr. as posições manifestadas no *La règle morale dans les obligations civiles*, 2.ª ed., Paris, 1927, n.°s 111 e ss., pp. 203 e ss., e no *Régime democratique... cit.*, pp.335-336 e PLANIOL/RIPERT/BOULANGER, *op. cit.* (*supra*, n.430), p. 322.

[656] *La cause étrangère et la théorie du risque dans la responsabilité civile*, in D. 1934, *chron.*, pp. 53 e ss.. Enquanto JOSSERAND defendia como exoneratória a causa *completamente estranha* ao círculo de actuação do lesante e do lesado, ESMEIN reputava de excessivo esse critério, advogando que a responsabilidade civil devia assentar numa «ordem sancionada». Cfr. também o seu artigo *La faute...*, in RTDC 1949, *cit.* (*supra*, n.304), pp. 481 e ss..

[657] Temos em vista, por ex., o artigo 74.°, 1 da Lei de 21 de Abril de 1810, sobre a *concessão de minas*, a Lei de 9 de Abril de 1898, em matéria de *acidentes de trabalho*, o chamado «Código aéreo» de 31 de Maio de 1924 (substituído, em 30 de Novembro de 1955, pelo *Código da Aviação civil e comercial*) e a Lei de 8 de Julho de 1941, relativo à *responsabilidade dos construtores ou exploradores de teleféricos*. Para os diversos casos legais de responsabilidade objectiva e para a sua heterogeneidade, ver

França, uma entidade dinâmica e inovadora, *objectivando,* em 1885, a responsabilidade *du fait des animaux,* «descobrindo», em 1896, como já dissemos, a responsabilidade *du fait des choses* do até então ignorado artigo 1384.°, e estendendo-a, como «presunção de responsabilidade»[658], aos acidentes de viação, com o *arrêt Jand'heur* de 13 de Fevereiro de 1930[659]. Apesar do inconveniente de se ter instalado o *casuísmo* no direito francês da responsabilidade civil, a ideia de se tutelar o lesado constituiu uma ideia-força na transição dos séculos, abrindo brechas justificadas num sistema que os compiladores tinham estruturado à volta da *faute,* numa época em que este critério era suficiente dada a natureza e a pouca gravidade dos danos.

Na Alemanha, e diversamente, a concepção objectiva de responsabilidade, com raízes em princípios do antigo direito saxónico, foi ganhando autonomia por via legislativa especial, na medida em que o BGB apenas consagrou dois casos de *Gefährdungshaftung,* os dos §§ 833 I e 835, com a particularidade deste último ter sido integrado, em 1934, na Lei da caça. O primeiro diploma a conhecer o princípio assente no *risco* terá sido a Lei prussiana de 1838[660], relativa ao transporte ferroviário, fonte directa da (mais restrita) Lei alemã de 1871 (a *Reichshaftpflichtgesetz*), a qual, por sua vez, terá influenciado a primeira Lei suíça de 1875, sobre a responsabilidade dos caminhos de ferro e dos barcos a vapor[661]. A partir daí, e não sem algumas críticas, assistiu--se ao aparecimento de uma série de diplomas enformados pelo *prin-*

STARCK/ROLAND/BOYER, *op. cit.,* n.° 32 e ss., pp. 21 e ss. e J. FLOUR/JEAN-LUC AUBERT, *op. cit.,* n.° 62, p. 64, n.(3). Sobre os diplomas de 1924, 1955 e 1941, ver desenvolvidamente H. e L. MAZEAUD/J. MAZEAUD/TUNC, *Traité théorique et pratique... cit.,* n.ᵒˢ 1369 e ss., pp. 458 e ss. e n.° 1393-2 e ss., pp. 477 e ss.. Em 1993, e no seio da responsabilidade derivada de produtos defeituosos, surgiu uma proposta de lei tendente a integrar no artigo 1386.° os n.ᵒˢ 1 e ss. (cfr. J. FLOUR/ /JEAN-LUC AUBERT, *op. cit.,* n.ᵒˢ 293 e ss., pp. 279 e ss.).

[658] Segundo J. FLOUR/JEAN-LUC AUBERT, *op. cit.,* n.° 230, p. 221, n.(4), tratava-se de uma fórmula «equívoca», não comprometida com a culpa nem com o risco. Ver, contudo, DESCHIZEAUX, *op. cit. (supra,* n.18), pp. 139 e ss., para a sua ligação à culpa.

[659] Para essa jurisprudência, ver CARBONNIER, *op. cit.,* n.° 255, pp. 466-467 e n.° 260, p. 476 e, para a *découverte* do artigo 1384.°, primeira parte, ver, entre outros, H. e L. MAZEAUD/J. MAZEAUD/TUNC, *op. cit.,* n.ᵒˢ 1138 e ss., pp. 192 e ss., e J. FLOUR/JEAN-LUC AUBERT, *op. cit.,* n.° 227 e ss., pp. 219 e ss..

[660] Para a Lei de 1838, sobretudo para o seu § 25, ver M. WILL, *Quellen erhöhter Gefahr,* München, 1980, pp. 2 e ss. e G. BRÜGGEMEIER, *Gesellschaftliche Schadensverteilung...,* AcP 182 (1982), *cit. (supra,* n. 315), p. 398.

[661] Ver H. DESCHENAUX/P. TERCIER, *op. cit.,* p. 31.

Sentido e função do problema da conduta culposa e não culposa 217

cípio comum de que quem cria ou mantém uma fonte de perigo deve indemnizar os danos que se compreendam tipicamente nesse círculo[662]. A dogmática de língua alemã, defensora das novas ideias objectivistas, e de que se recordam nomes como MATAJA, UNGER[663] – inspirador das posições de COVIELLO, BARASSI e SALEILLES – MAX e GUSTAV RÜMELIN[664] e JULIUS VON GIERKE – ligado a uma célebre polémica com WAHL[665], no início da década de 40 – também não escapou à crítica de pretender substituir o *Schuldprinzip*[666]. Mesmo em domínios a que a legislação especial não estendeu a sua influência, a jurisprudência não deixou de desempenhar um importante papel, ao exigir, como requisito da exoneração, a prova da máxima diligência e ao expandir a doutrina dos «deveres de segurança no tráfego»[667].

Atendendo a que o *Codice Civile*, de 1865, também não acolheu o princípio da responsabilidade sem culpa, a jurisprudência italiana manteve-se na linha do subjectivismo clássico, mostrando-se pouco receptiva aos escritos de DUSI, BRUGI[668], COZZI, e, sobretudo, de COVIELLO, BARASSI, CHIRONI[669], VENEZIAN[670] e GABBA[671].

---

[662] Para essa legislação, ver *supra*, n.82. É de destacar, ainda, a Lei automóvel de 3 de Maio de 1909 (*Kraftfahrgesetz*), antecedente do diploma de 1952. Refira-se que a primeira versão da *Luftverkehrsgesetz* é de 1922.

[663] É célebre o seu *Handeln auf eigene Gefahr* (1893), centrado no *risco* inerente à actuação directa ou por intermédio de pessoas que agem no interesse alheio. Para a teoria de UNGER, ver GUILHERME MOREIRA, *Estudo...*, RLJ, ano 38.°, *cit.*, pp. 530-531 (transcrevendo o pensamento que GABBA exprimiu na 1.ª ed. do seu *Nuove questioni di diritto civile*, I (1905) e manteve na 2.ª ed., datada de 1912, pp. 217 e ss.) e, mais criticamente, PINTO COELHO, *op. cit.*, pp. 99 e ss. e 107-108 (com ênfase na excessiva amplitude das concepções do jurista austríaco).

[664] GUSTAV RÜMELIN, num artigo intitulado *Culpahaftung und Kausalhaftung*, AcP 1898, pp. 285 e ss., chamou a atenção para a perigosidade inerente a certas actividades e para a «aptidão» (*Tragfähigkeit*) do empresário no tocante à efectivação de um seguro.

[665] BARBERO, *Criterio di nascita...*, RDC I, 1960, *cit.* (*supra*, n.332), pp. 574--575, n.(6), refere-se a esse debate e à crítica dirigida por WAHL à pretensão de J. VON GIERKE querer introduzir, recorrendo ao seguro, um princípio pleno e geral de responsabilidade objectiva.

[666] Para essa crítica, ver, por ex., LEONHARD, *op. cit.* (*supra*, n.356), pp. 424-425 e, mais recentemente, WEITNAUER, RIDC 1967, *cit.* (*supra*, n.477), p. 824, em nome da preservação da liberdade e da responsabilidade individuais.

[667] Cfr. *supra*, n.228.

[668] *Danni prodotti da animali*, in RDCDO II, 1911, pp. 852 e ss.. Depois de se ter referido à falta de coerência dos artigos 1151.° a 1156.° do *Codice*, BRUGI veio a considerar a pesquisa da culpa um «autêntico trabalho de Sísifo».

[669] Para o seu pensamento, ver GUILHERME MOREIRA, *Estudo...*, RLJ, ano 39.°, *cit.*, pp. 113-114.

VENEZIAN, partindo de uma concepção causal da *culp*a romana e do regime das acções noxais, «extirpou» do *«torto dannoso»* as suas referências psicológicas, vendo-o como *mera oposição ao direito* ou *pura realidade objectiva* e em que a própria contribuição do lesado para o dano deveria ser vista em função de uma mera *proporção causal,* o que, aliás, viria a ser recusado pelo corpo do artigo 1227.°, do *Codice Civile* de 1942. Na teoria veneziana do «dano objectivo», como lhe chamou PINTO COELHO [672], a *preponderância causal* atribuída à conduta do lesante, justificava, nessa óptica, a maior ou a menor oneração do seu *património,* independentemente da natureza dessa mesma causa. Já GABBA, depois de criticar a tese restritiva de UNGER e a concepção ampla de VENEZIAN, defendia um princípio geral (a ser adoptado *de lege ferenda)* de responsabilidade objectiva para o dano causado por *coisa alheia.* Ao introduzir, para o *dano pessoal* (como no exemplo de VENE-ZIAN, e que cita, da pessoa que escorrega na calçada, causando danos no património alheio), considerações de *equidade,* ligadas ao circunstancialismo do caso e à situação económica dos intervenientes, GABBA justificava o não ressarcimento ou a *«disgrazia»* em nome de uma certa «tolerância» e do «dever de convivência», o que, segundo cremos, envolvia uma ideia que não andava longe do pensamento posterior da «adequação social». A pretensão de afirmar o *nexo causal* como elemento necessário e suficiente da responsabilidade civil, tornando-a uma pura «responsabilidade pelo resultado» *(Erfolgshaftung)* e colocando, assim, o processo causal como razão responsabilizante, significava a exacerbação das críticas à doutrina da culpa – como se viu, por ex., em STROHAL, LOENIG e MERKEL [673] –, a centralização da análise no *facto*

---

[670] *Op. cit., supra,* n.435.

[671] *Nuove questioni di diritto civile,* I, 2.ª ed., *cit. (supra,* n.435), pp. 197 e ss., *maxime* 211 e ss.. PINTO COELHO, *op. cit.,* pp. 109 e ss., refere-se às teses de GABBA sob o nome de «theoria intermedia ou mixta».

[672] *Op. cit.,* p. 21.

[673] Cfr. GUILHERME MOREIRA, *Estudo...,* RLJ, ano 38.°, *cit.,* p. 531. Como veremos, se certa doutrina italiana (COMPORTI, *op. cit.,* pp. 43 e ss., CORSARO, *L'imputazione del fatto illecito,* Milano, 1969, pp. 83 e ss. e 127 e ss., RUFFOLO, *La responsabilità vicaria,* Milano, 1976, pp. 52-54 e 114-115 e os autores citados *supra,* n.332 e *infra,* no texto) procura justificar «objectivamente» os preceitos dos artigos 2049.° a 2054.°, 3 e 4, do *Codice Civile,* já, por ex., DEUTSCH, *Haftungsrecht, cit.,* pp. 32-33 e Festschrift für R. HÖNIG, *cit. (supra,* n.226), pp. 46-47, não deixou de criticar, com razão, o «amoralismo» da perspectiva causalista, dada a rejeição de uma qualquer valoração, defendendo-a apenas a *título excepcional* e como *critério de imputação* (ver, no entanto, o maior relevo dado por DEUTSCH à responsabilidade

Sentido e função do problema da conduta culposa e não culposa 219

lesivo e implicava, para o nosso tema, o tratamento perfeitamente *neutral* da responsabilidade e da autoresponsabilidade concausal.

Vemos assim, por este bosquejo, que, na altura em que entrou em vigor o Código de Seabra – um ano antes da célebre decisão da *House of Lords* no caso *Rylands v. Fletcher*[674] –, os ventos da responsabilidade objectiva sopravam com pouca força, não se estranhando que o nosso

---

causal» e ao «*Verursacherprinzip*» na NJW 1992, p. 73, num artigo intitulado *Das neue System der Gefährdungshaftungen: Gefährdungshaftung, erweiterte Gefährdungshaftung und Kausal-vermutungshaftung* e no seu *Unerlaubte Handlungen...*, *cit.*, § 22, pp. 173 e ss.).

Os excessos da posição, que VENEZIAN defendera, entre 1884 e 1886, explicam as críticas, maiores ou menores, de PINTO COELHO, *op. cit.*, pp. 22-24, GOMES DA SILVA, *op. cit.*, pp. 128 e ss., GABBA, *op. cit.*, pp. 221 e ss., e de TRIMARCHI, *Rischio...*, *cit.*, pp. 14 e ss. e compeliram certos autores, como REINHARDT (cfr. TRIMARCHI, *op. cit.*, p. 28, SCOGNAMIGLIO, NDI, XV, *cit.*, p. 637 e DEUTSCH, *Haftungsrecht*, *cit.* p. 312), a propor critérios genéricos alternativos, baseados na *equidade* e na situação económica das partes (*richesse oblige*), ou, como foi o caso de EHRENZWEIG, a procurar atribuir o risco a quem estivesse melhor colocado para efectuar o respectivo seguro (*assurance oblige*). Para uma crítica destas posições, ver TRIMARCHI, *op. cit.*, pp. 28 e ss..

Referência particular merece STARCK (*Essai d'une théorie...*, *cit.*, *supra*, n.160, pp. 37 e ss., *Domaine et fondement de la responsabilité sans faute*, in RTDC 1958, pp. 501 e ss., e STARCK/ROLAND/BOYER, *op. cit.*, n.os 57 e ss., pp. 38 e ss.), por se ter colocado na perspectiva de uma melhor tutela do *lesado inocente* e procurado, com a sua *teoria da garantia*, desvalorizar as noções clássicas de culpa e risco. O autor francês fundou a responsabilidade individual (mesmo dos inimputáveis) na violação dos direitos pessoais, constituindo o «*direito à segurança*» o contrapeso do direito de agir com dano. STARCK não fez tábua rasa da *faute* e da sua procura, na medida em que a considerava pressuposto da indemnização dos danos morais e económicos, fazendo influir ainda a sua *gravidade* no aumento do *quantum* indemnizatório – como pena privada – e na ponderação com a culpa do lesado. Este sistema híbrido terá tido alguma importância no pensamento de TUNC, se nos lembrarmos desse triplo aspecto da garantia dos direitos pessoais, do papel do seguro e da faceta preventivo-sancionatória de certas culpas (ver, aliás, o seu *La responsabilité civile*, *cit.*, pp. 154-155, a RTDC 1967, *cit. supra*, n.294, pp. 773-774 e *Fondements et fonctions...*, *cit.* (*supra*, n.30), pp. 41 e 43) e, mais incisivamente, nas concepções de LOUIS DE NAUROIS (*apud* JÚLIO GOMES, RDE 13(1987), *cit.* (*supra*, n.226), p. 108). Para uma visão crítica das teses de STARCK, ver LAPOYADE DESCHAMPS, *op. cit.*, pp. 333 e ss. e J. FLOUR/JEAN-LUC AUBERT, *op. cit.*, n.º 82, pp. 80-81 (em nome do fundamento plúrimo da responsabilidade) e, para a sua defesa, ver HUMBERTO LOPES, *Comentário aos anteprojectos do Código civil português* (*observações sobre o anteprojecto do direito das obrigações*) in JF, n.os 136--138, 1961, p. 320.

[674] Ver STREET/BRAZIER, *op. cit.*, pp. 344 e ss.. Tratou-se, nesse *case*, da inundação da mina do lesado, provocada pela negligência de empreiteiros, contratados, pelos réus, para construírem uma represa nas suas terras.

diploma de 1867 tivesse sido, com uma ou outra excepção[675], um fiel depositário do *primado da culpa* e que a doutrina, seguindo a tradição da nossa praxística oitocentista[676], não desse foro de cidadania ao princípio da responsabilidade sem culpa[677].

Que a teoria do risco, enquanto modelo alternativo, não foi muito bem aceite – apesar da defesa, em finais do século XIX, de reformas legislativas, sob a invocação do «socialismo evolucionista»[678] –, revelaram-no as posições críticas de PINTO COELHO[679], GUILHERME MOREIRA[680], JAIME GOUVEIA[681] e ÁLVARES DE MOURA[682], em contraste

---

[675] Cfr., por ex., os artigos 390, § 2 e 2380.°. BARBOSA DE MAGALHÃES, in GRLx, ano 33.°, n.° 9, 1919-1920, p. 140 (em anot. ao acórdão do STJ de 2 de Agosto de 1918), cita igualmente os artigos 1516.°, 1517.°, 2377.°, 2379.° e 2403.°.

[676] COELHO DA ROCHA, *op. cit.*, § 19, p.9, § 20, p. 10 e §§ 132 e ss., pp. 89 e ss. e CORRÊA TELLES *Digesto Portuguez, cit.*, n.os 456 e ss., pp. 75 e ss..

[677] Para salvar a face do sistema assente na culpa, GUILHERME MOREIRA, *Instituições..., cit.*, pp. 605-606 e *Estudo..., RLJ*, ano 39.°, *cit.*, p. 611 (artigo 10.° do seu Projecto de uma Lei de responsabilidade civil), defendia mesmo uma presunção de culpa *in eligendo* e *in instruendo* dos comitentes. Tratava-se de uma contrução algo artificial, com objectivos próximos dos que conduziriam a jurisprudência italiana e francesa a ver presunções absolutas de culpa, respectivamente, nos artigos 1154.°-1155.° do *Codice* e 1385.°-1386.° do *Code*, e nitidamente desmentida pela legislação laboral publicada posteriormente à República.

[678] Ver BARBOSA DE MAGALHÃES, *A revisão geral do Código Civil, a autonomia do direito comercial e o problema da codificação*, in ROA, ano 10.°, n.os 1-2, 1950, pp. 4-5. São aí referidos os nomes de JOSÉ BENEVIDES, AFONSO COSTA e ABEL ANDRADE.

[679] *Op. cit.*, pp. 121-124. Depois de ter analisado criticamente as teorias de VENEZIAN, ORLANDO, UNGER e GABBA, PINTO COELHO (p. 121) avoca as «exigências da justiça e da boa razão» para fundar a responsabilidade na culpa «... aproximando-a quanto possível da responsabilidade moral», mas sem deixar de outorgar à *equidade* – como concessão a GABBA – o papel determinante do *an* e do *quantum* da indemnização sem culpa. PINTO COELHO mostra-se mais comedido no estudo sobre *A responsabilidade civil do transportador..., cit. (supra,* n. 17), pp. 580-582, ao temperar a afirmação de que não é um «partidário decidido da teoria da responsabilidade objectiva», com a defesa, em proveito do lesado, de uma inversão do ónus da prova da culpa e que não resultava do teor apertado do artigo 2398.°.

[680] Ver, sobretudo, o seu *Estudo..., RLJ*, anos 37.°, 38.° e 39.°, *cit.*, e as *Instituições..., cit.*, pp. 585 e ss..

[681] *Op. cit., (supra,* n.228), pp. 14 e 26 e ss..

[682] *Compensação de culpas..., in JP*, ano 1.°, n.° 12, 1934, *cit.*, p. 178. ÁLVARES DE MOURA, conferindo relevo à circunstância de o agente ter retirado ou não «benefício» do seu acto não culposo, considerava, na segunda hipótese, ser contrário à «moral e à equidade» que aquele suportasse o dano. O «risco-lucro» é que já justificaria, na sua perspectiva, e em nome da mesma equidade, a atribuição de responsabilidade ao não

Sentido e função do problema da conduta culposa e não culposa 221

com a constatação pragmática, feita mais tarde por MANUEL DE ANDRADE, de um sistema codificado de responsabilidade subjectiva.

Não esquecendo que JAIME GOUVEIA se refere já ao «amoralismo» de uma responsabilidade assente na «lei da causalidade», que despreza a ideia da equidade (até pelo exemplo, de VENEZIAN, do dano causado ao vestido de uma senhora, manchado pelo sangue resultante da queda fortuita de uma pessoa com poucos recursos, e cuja referência é uma constante na doutrina da época) e que procura impor um encargo semelhante a um «imposto» [683], é particularmente influente, em vários aspectos, o pensamento de GUILHERME MOREIRA.

O antigo professor de Coimbra começa por considerar que a consagração de um princípio geral de responsabilidade sem culpa seria um «retrocesso» que poria em causa a «equidade e a stricta justiça» (*maxime* quanto aos danos causados por menores e aos resultantes de colisões de veículos devidas ao culpado), não atingiria os intentos da «solidariedade social» e converteria a responsabilidade numa mera função de «garantia dos direitos». Não deixando de criticar, como já fomos referido, as teses de UNGER e LAINÉ, bem como o recurso *genérico* à equidade, tal como tinha sido defendido por GABBA [684], GUILHERME MOREIRA não se cansou de acentuar que o direito é «...uma lei não de causalidade mas de finalidade» [685] e que a sujeição do homem e das suas acções ao estrito determinismo é contrária «.... aos dictames da justiça, que penetraram na consciência social e nella se gravaram em caracteres de tal forma indeleveis, que as novas theorias não conseguirão apaga-los» [686].

As concepções de GUILHERME MOREIRA foram importantes como fundamentação teórica do regime mediatizado por VAZ SERRA [687], no

---

culpado. A sua posição é manifestamente subjectivista, criticando o positivismo, o materialismo, o socialismo, enquanto substratos ideológicos do novo princípio jurídico.

[683] Curiosamente, JAIME GOUVEIA tem já a percepção de que um sistema assente na culpa não é «simples, seguro e rápido» (*op. cit.*, p. 28).

[684] No artigo 2.° do seu Projecto de Lei (RLJ, ano 39.°, *cit.*, p. 610), GUILHERME MOREIRA faz uma certa concessão à equidade, relativamente aos actos dos *menores, surdos-mudos, alienados* e *das pessoas transitoriamente «privadas do uso da razão»*, em termos muito próximos dos que constituem o núcleo dos artigos 491.° e 489.° do actual C.C..

[685] *Instituições..., cit.*, p. 589.

[686] *Estudo..., cit.*, RLJ, ano 38.°, p. 547.

[687] Na p. 17 do BMJ n.°90 (*Fundamento da responsabilidade civil (em especial, responsabilidade por acidentes de viação terrestre e por intervenções lícitas)*, 1959, VAZ SERRA pugna pela «estimulante e educativa» responsabilidade subjectiva e pela consagração *excepcional* de uma responsabilidade objectiva dotada de um *seguro*.

concernente à estrutura excepcional da responsabilidade objectiva, tal como viria a surgir em 1966, embora com uma extensão seguramente maior do que aquela a que se referia o autor das *Instituições,* ao remeter para os «casos e termos fixados na lei»[688] e ao profetizar a inexistência, no futuro, de um princípio geral de responsabilidade pelo risco. Na realidade, ao fundar a teoria da imputação moral apelando para os «sentimentos da solidariedade nacional», GUILHERME MOREIRA defendia uma espécie de «adequação social» *genérica,* ao justificar as lesões involuntárias como «... uma consequência necessária da convivência social»[689], o que representava uma adesão ao pensamento mais parcelar de GABBA. Falar-se, hoje, da natureza pouco aberta do pensamento de GUILHERME MOREIRA é tarefa fácil, mas é também esquecer, obviamente, o tempo e a época que lhe estavam subjacentes, e não ter na devida conta que o jurista coimbrão pretendeu questionar o problema *do fundamento* da responsabilidade civil.

Ao colocarem em dúvida que o Código de Seabra fosse a « arca santa digna de religioso respeito»[690], CUNHA GONÇALVES[691] e JOSÉ TAVARES[692] foram mais «modernos» e ousados na sua visão do diploma oitocentista, em contraste com as posições mais cautelosas e realistas de BARBOSA DE MAGALHAES[693], CABRAL DE MONCADA[694] e, já nas

---

[688] Cfr. o § único do artigo 1.º do seu Projecto (RLJ, ano 39.º, *cit.*, p. 610).

[689] *Instituições..., cit.*, p. 589. O princípio geral do seu sistema consta do artigo 1.º do seu Projecto, numa formulação «germanista»não muito distante da que viria a integrar o artigo 483.º,1 do C.C. de 1966: «*Aquelle que intencionalmente ou por negligencia lesa injustamente um direito de outrem constitue-se na obrigação de indemnisar o lesado por todos os prejuízos que lhe causa*».

[690] DIAS FERREIRA, *apud* BARBOSA DE MAGALHÃES, ROA, ano 10.º, 1-2. *cit.*, p.1.

[691] *Evolução do movimento operário*, 1905 (*cit.* na p. 365, n.(1) do volume XII do seu *Tratado de Direito Civil..., cit.*) e *Tratado...,* XII, *cit.*, pp. 357 e ss..

[692] *Op. cit. (supra,* n.443), pp. 533 e ss..

[693] Ver a GRLx, anos 33.º, n.º 9, 1919-1920, *cit.* (*supra*, n. 675) e 44.º, n.º3, 1930, pp. 34 e ss. (*Responsabilidade civil – Excerpto duma consulta*) e a crítica aos argumentos de JOSÉ TAVARES. No artigo que viria a publicar na ROA em 1950, 1-2, *cit.*, p. 6, BARBOSA DE MAGALHÃES, ao aludir ao seu *Seguro contra acidentes de trabalho,* parece menos categórico numa «fé» subjectivista, afirmada categoricamente, nesse ano de 1950, por SOARES MARTINEZ, na mesma ROA, ano 10.º, 3-4, pp. 314-315, num artigo intitulado *O direito moderno e os seus sistemas de responsabilidade. Leis velhas e Doutrinas novas.*

[694] *Lições de Direito Civil (Parte geral)* II, Coimbra, 1932, pp. 462 e ss.. Ao admitir, como hipóteses de responsabilidade objectiva, os artigos 2377.º-2379.º, 2396.º-2397.º e 2403.º, não se estranha a crítica que faz aos «extremismos» de JAIME GOUVEIA, CUNHA GONÇALVES e de JOSÉ TAVARES (pp. 481-484, n.(1)).

décadas de 40 e de 50, de GOMES DA SILVA[695], SIDÓNIO RITO[696], PEREIRA COELHO[697] e de MANUEL DE ANDRADE[698].

Enquanto JOSÉ TAVARES, «aproveitando-se» da fragilidade da letra do artigo 2361.° do Código de Seabra, não hesitou em afirmar que o legislador adoptara, *como regra*, um modelo de responsabilidade assente na *causalidade*[699], CUNHA GONÇALVES, começando por salientar o «empirismo» do Código e criticar o «voluntarismo» da responsabilidade subjectiva e as teses de JAIME GOUVEIA, estabeleceu uma distinção entre a esfera do «risco criado» (nos acidentes de trabalho e de viação) e a esfera do «dano objectivo» (por inspiração em VENEZIAN?), na pressuposição do carácter *excepcional* das situações legais referenciadas pela «culpa subjectiva».

Sendo certo que o nosso comentarista estava «sensibilizado» pela problemática do «risco», é de assinalar a sua preocupação em trazer, para primeiro plano, a «vítima inocente»[700] e a sua posição crítica relativamente ao chamado «sentimento invertido»[701], destinado a tutelar os lesantes não culpados. Esta concepção de CUNHA GONÇALVES, que, no fundo, pretendia procurar mais «o actor e não o autor»[702], assinalava já ao direito da responsabilidade a faceta que muitos autores modernos defendem, ao relevarem esse elemento fulcral, que é o *dano,* e ao par-

---

[695] Para a defesa de um regime legal basicamente subjectivista, ver o seu *O dever de prestar e o dever de indemnizar*, I, *cit.*, pp. 142 e ss..

[696] Apesar de se referir ao «carácter acentuadamente objectivo da responsabilidade civil delitual do cód. civil», cremos que SIDÓNIO RITO, *op. cit. (supra*, n.17), pp. 93-94, tinha mais em vista a defesa de uma culpa abstracta e de um ilícito objectivo (em relação aos actos dos inimputáveis) do que a contestação formal do fundamento genérico da responsabilidade civil.

[697] *O nexo da causalidade..., cit.*, p. 140.

[698] *Capacidade civil das pessoas colectivas,* in RLJ, ano 83.°, 1950-1951, pp.213 e 258, *Teoria Geral da Relação Jurídica*, I, 2.ª reimpressão, Coimbra, 1966, pp. 135-136, e *Teoria geral das Obrigaçõs, cit.*, p. 339.

[699] Mesmo na hipótese do artigo 2394.° – caso evidente de presunção de culpa, como afirma ANTUNES VARELA no BFDUC, *cit. (supra*, n.3), p. 86, n.(2) – JOSÉ TAVARES «retirava» a responsabilidade objectiva da circunstância da não ilisão da presunção (!), o que não deixava de ser uma construção incorrecta e demasiado artificiosa.

[700] Cfr. *supra*, n.16.

[701] *Tratado...,* XII, *cit.*, p. 381.

[702] F. TERRÉ, *Propos sur la responsabilité civile*, in Archives de Philosophie du Droit, tomo 22, *cit. (supra*, n.304), p. 38.

224 *A conduta do lesado*

tirem dele em direcção à questão da *imputação*[703]. Nem se pode esquecer que mesmo autores, como GUILHERME MOREIRA[704], não punham em causa os princípios objectivos no âmbito mais particular dos *acidentes de trabalho*, tendo por pano de fundo a sensibilidade do legislador às mutações económicas e sociais verificadas nos fins do século XIX e inícios do século XX, e a promulgação, em 1913, da já citada Lei n.º 83[705]. Segundo BARBOSA DE MAGALHÃES[706], não foi apenas nesse

---

[703] Para a defesa dessa via metodológica, ver MENEZES CORDEIRO, *Direito das Obrigações*, II, *cit.*, pp. 265 e 280-282, DE CUPIS, *Il danno, cit.*, CARBONE, *Il fatto dannoso nella responsabilità civile, cit.*, pp. 131 e ss., SCOGNAMIGLIO, *Responsabilità civile*, in NDI XV, *cit.*, p. 638 e *Risarcimento del danno*, in NDI XVI, *cit.*, pp. 5 e 21, RODOTÀ, *Modelli e funzioni della responsabilità civile*, in RCDP, 1984, *cit.*, p. 598, DE MARTINI, *I fatti produttivi di danno risarcibile, cit.*, p. 18, FRANZONI, *Colpa presunta e responsabilità del debitore, cit.*, p. 69, e C. SALVI, *Il danno extracontrattuale. Modelli e funzioni, cit.*, pp. 86-87, (obra assente na contraposição entre o dano patrimonial e o dano não patrimonial), *Responsabilità extracontrattuale (dir. vig.)* in ED XXXIX, *cit.*, pp. 1189, 1200 e 1259 e *Risarcimento del danno*, in ED XL, *cit.*, p. 1086.

[704] Cfr. *Estudo..., RLJ*, ano 38.º, *cit.*, pp. 563-564.

[705] Cfr. *supra*, n.293. Em 1919, o artigo 1.º do Decreto n.º 5637 de 10 de Maio, instituiu, para todas as actividades profissionais, o *seguro (privado) social obrigatório* contra acidentes de trabalho. Este diploma, que representou um avanço relativamente à mera *faculdade* de transferência da responsabilidade, como resultava do artigo 3.º da Lei n.º 83 e 4.º do Decreto n.º 4288 de 22 de Maio de 1918, viria a ser revogado, em 1936, com a publicação da Lei n.º1942 de 27 de Julho, que viria a perdurar até à entrada em vigor da actual Lei n.º 2127 de 3 de Agosto de 1965. Ver também *infra*.

[706] *Reformas Jurídicas*, in GRLx, anos 32.º, 1918-1919, *cit.*, pp. 262-264, 33.º, 1919-1920, *cit.* (em anot. ao acórdão do STJ de 2 de Agosto de 1918, favorável à tese da presunção de culpa), pp. 139-140, e 41.º, n.º23, 1927-1928 (em anot. à sentença do juiz, da 2.ª Vara Cível do Porto, de 27 de Outubro de 1927), p. 360.
Para o problema no seu conjunto, ver a resposta «objectivista» dada pela RLJ, ano 64.º (1931-1932), pp. 323 e ss. e, para a defesa da *presunção de culpa*, ver PINTO COELHO, *est. cit.,* pp. 572-573 (ao equiparar o caso fortuito à força maior e ao manter a sua posição quanto ao Código da Estrada de 30 de Janeiro de 1928), o acórdão da RP de 10 de Novembro de 1928 (e a tenção de DIOGO ALCOFORADO, publ. na GRLx, ano 43.º, 1929-1930, p.5), confirmado pelo acórdão do STJ de 24 de Janeiro de 1930 (num caso em que terá havido *precipitação* do lesado), publ. na GRLx, ano 44.º, 1930-1931, p.15, mas criticado por TITO ARANTES na GRLx, *Caso fortuito e de fôrça maior*, ano 43.º, 1929-1930, pp. 2 e ss. e o aresto do STJ de 13 de Novembro de 1931 (decidido com base no Decreto n.º 15536 e sujeito a uma crítica «objectivista» de PALMA CARLOS, publicada na Forum, n.º 3, 1932, pp. 40-42, mas alicerçada na fragilidade decorrente da invocação do artigo 35.º). Em sentido contrário, além da RLJ, CUNHA GONÇALVES, *Tratado XIII, cit.*, pp. 125-126, os acórdãos do STJ, de 30 de Março de 1943, publ. no BOMJ, ano III, n.º 16, p. 77 e de 21 de Fevereiro de 1961, publ. no BMJ

Sentido e função do problema da conduta culposa e não culposa 225

domínio que o legislador nacional terá entendido acolher a doutrina do «risco», ao defender a ideia de que, possivelmente no Decreto n.º 4536 de 3 de Julho de 1918, e de certeza no Decreto n.º 5646 de 10 de Maio de 1919, terá sido consagrada a *responsabilidade objectiva* no círculo dos «desastres» causados aos terceiros por qualquer « veículo ou meio de transporte terreste em circulação». Esta posição de BARBOSA DE MAGALHÃES, basicamente alicerçada na técnica utilizada pelo legislador, mas pouco adequada a enformar uma *presunção de culpa* (por comparação com os preceitos do Código de Seabra que utilizaram essa «inversão»), era, quanto a nós, duvidosa, atendendo não só à exposição de motivos (com nítidas referências subjectivistas) do diploma de 1918, mas também por não entender que a *culpa do lesado*, a *força maior* e o *dolo de terceiro*[707] podiam funcionar como eventos que excluíam uma presunção de culpa, desde que provada a sua *exclusividade*, mantendo-se a responsabilidade relativamente a qualquer outra causa desconhecida ou à conduta concorrente, mas não culposa, dos inimputáveis. Não negamos – e nisto terá tido razão o Director da Gazeta da Relação de Lisboa – que o legislador estradal de 1918 terá pecado pela falta de sintonia entre o preâmbulo e o articulado do diploma, já que, *prima facie*, o § único do seu artigo 3.º parece compreender-se em ligação com a responsabilidade objectiva, pois a culpa não surge como elemento formativo da hipótese, nem como facto modificativo da estatuição[708]. Apesar da sucessiva publicação, entre

---

n.º 104, p. 417 (todos com referência ao artigo 138.º do Decreto n.º 18406 de 31 de Maio de 1930), o acórdão da RP de 25 de Janeiro de 1956, in JuR, ano 2.º, tomo I, p. 146 e a tenção de CARLOS ALVES ao acórdão da RP de 22 de Abril de 1931, publ. na RT, ano 49.º, pp. 172-173, ao defender, perante o Decreto n.º 5646, que os casos de isenção eram «excepções e não contraprovas da presunção».

[707] Cfr. o artigo 3.º e seu § único dos Decretos de 1918 e 1919. Segundo esse parágrafo, não era devida a indemnização quando se provasse «... ter sido o acidente devido a caso de fôrça maior, ou dolosamente provocado por terceiro... ou pelo próprio lesado...». Por sua vez, o corpo do artigo 3.º (na redacção do Decreto n.º 5646) via na «culpa do ofendido» matéria probatória conducente à exoneração do «autor do acidente, ou seus corresponsáveis».

[708] No quadrante *contratual*, a técnica utilizada nos dois diplomas parece encontrar-se igualmente nos artigos 677.º e 705.º do Código de Seabra (cfr. também o artigo 2393.º, segunda parte), 382.º, § 2.º e 383.º do Código Comercial, a propósito do *transporte de objectos*, e nos artigos 66.º e 70.º do Decreto-Lei n.º 39780 de 21 de Agosto de 1954, *cit. (supra*, n.80), relativo ao *Regulamento para a Exploração e Polícia dos Caminhos de Ferro*, não parecendo haver dúvidas de que, nessas hipóteses, mais do que a prova de uma diligência normal, é (ou seria) necessário provar positiva-

1928 e 1930, de três Códigos da Estrada e de o segundo deles (Decreto n.º 15536 de 14 de Abril de 1928) ter eliminado a *força maior* do elenco das causas exoneratórias, potenciando os problemas interpretativos e tornando a sua leitura menos subjectivista, cremos que a doutrina da responsabilidade objectiva só terá sido consagrada inequivocamente, para os acidentes de trânsito, com o Assento de 4 de Abril de 1933[709], firmado com simples maioria de um voto, e com a consequente harmonização interpretativa do artigo 140.º do terceiro Código da Estrada (Decreto n.º 18406 de 31 de Maio de 1930), em ligação com o seu artigo 138.º, correspondente ao artigo 30.º do Código da Estrada (Decreto n.º 15536 de 14 de Abril de 1928) vigente à data dos acidentes que motivaram os acórdãos conflituosos.

Tomando a liberdade de abrir aqui um parêntese, há que dizer que estas incertezas interpretativas, compreensíveis numa fase de evolução legislativa marcada ainda pelos princípios clássicos, não ocorreram só entre nós, pois, em Itália, a entrada em vigor do *Codice Civile* de 1942 e as reminiscências subjectivas de certos preceitos (*maxime* dos artigos 2051.º e 2052.º) potenciaram, como já referimos *en passant*[710], a querela que já tinha sido aberta em torno de certas normas do *Codice* de 1865. Por ex., VALSECCHI[711], ao questionar-se sobre a filosofia conservadora do novo diploma ou sobre o objectivismo das suas estatuições, criticou a leitura subjectivista, permitida, segundo ele, pela equivocidade e confusão sistemática do Título IX do *Codice*. Apelidando essa interpretação de «agnosticismo míope» e de «beatice jurídica», VALSECCHI viu no «caso fortuito» o sinal da consistência objectiva daqueles dois preceitos, recusando a prova da ausência de culpa nessas hipóteses e nas dos artigos 2049.º, 2053.º e 2054.º, 3 e 4.

---

mente a *causa concreta* do dano. No caso da responsabilidade da empresa ferroviária (anterior a 1966), PESSOA JORGE, *A limitação convencional da responsabilidade civil*, in BMJ n.º 281, p. 30, n.(41), não deixa de a sintonizar com uma *presunção de culpa*.

[709] «A reparação de prejuízos por desastre de viação em qualquer meio de transporte é devida sempre que o desastre não fôr imputável ao lesado ou a terceiro ou a fôrça maior estranha ao funcionamento do veículo» (cfr. a RLJ, ano 66.º, pp. 26-27). O Assento seguiu assim a doutrina que tinha sido firmada no acórdão do STJ, de 19 de Abril de 1932, publ. na RLJ ano 65.º, pp. 109-110.

[710] Ver *supra*, n.º11 e a n.332. Para as coordenadas precisas do debate, ver FRANZONI, *op. cit.*, pp. 78 e ss..

[711] *Responsabilità aquiliana oggettiva e caso fortuito*, in RDCDO I, 1947, pp. 160 e ss. e *Responsabilità per rovina dell' edificio e contenuto della prova liberatoria*, in RDCDO II, 1948, pp. 220 e ss..

Parece haver um certo exagero na leitura de VALSECCHI, na medida em que ela não parte de bases sólidas, antes revela um determinado dogmatismo que faz tábua rasa das motivações que o legislador italiano não deixou de expressar no relatório que acompanhou o *Codice Civile*. Como quer que seja, a partir dos anos 50 e 60 a jurisprudência italiana «intromete-se» no debate, sem o clarificar, começando a aludir, na sua ânsia de objectivar a responsabilidade e de superar a «velhice» do *Codice* – mas com atraso relativamente à sua congénere francesa – às presunções absolutas de culpa[712] e de responsabilidade[713]. É sobretudo a partir desses anos 60, acompanhando o *boom* da responsabilidade civil do produtor nos Estados Unidos[714], que autores, como TRIMARCHI[715], COMPORTI[716], RODOTÀ[717], DE MARTINI[718], e,

---

[712] Para a crítica ao artifício ou à ficção que procurava conservar o princípio da culpa, ver DE CUPIS, *Il danno*, 1.ª ed., *cit.* (*supra*, n.469), p. 68 e 3.ª ed., I, *cit.*, p. 147 e II, *cit.*, p. 157, TRIMARCHI, *Rischio...*, *cit.*, pp. 21-22, 58 e 184, COMPORTI, *Esposizione...*, *cit.*, pp. 94 e ss. e *La responsabilità civile in Italia*, in RIDC 1967, p. 841, CARBONE, *op. cit.*, pp. 62-63 e n.(10), MAIORCA, *Responsabilità* (*teoria generale*), ED XXXIX, *cit.*, p. 1009 (aludindo ao seu significado «totémico-ideológico») e FRANZONI, *op. cit.*, pp. 249-250.

[713] Ver, na doutrina espanhola, DIEZ-PICAZO/A. GULLÓN, *op. cit.*, p. 630, M. ALBALADEJO, *op. cit.*, pp. 550-551, e SANTOS BRIZ, *La responsabilidad civil. Derecho sustantivo y derecho procesal*, II, 7.ª ed., Madrid, 1993, p. 961, para a defesa jurisprudencial da resposabilidade objectiva por danos causados por animais (artigo 1905.º do Código Civil).

[714] BUSNELLI, *Modelli e tecniche di indennizzo del danno alla persona. L'esperienza italiana a confronto con «l'alternativa svedese»*, in RISG n.º 3, 1986, pp. 222--223, refere-se, contudo, ao *atavismo* da dogmática jurídica italiana, pouco receptiva às *novidades*. Num artigo publicado na mesma revista, em 1976 (*cit. supra*, n.561), BUSNELLI não terá escapado a esse «tradicionalismo», ao criticar o papel excessivo do seguro.

[715] *Rischio... cit.*, *maxime*, pp. 9-10 e 31 e ss..

[716] *Esposizione... cit.*, pp. 136 e ss. e RIDC 1967, *cit.* (*supra*, n.712), pp. 841--843. A aglutinação das normas dos artigos 2049.º a 2054.º do *Codice*, sob o princípio jurídico comum da «*exposição ao perigo*» ou da «*potencialidade danosa*», num sistema, que sem renunciar à culpa, não procura tanto sancionar quanto *reagir* ao dano, se conduziu o jurista italiano a relevar elementos, que também predominam nas teses de G. RÜMELIN (cfr. *supra*, n.664) e ROTHER (ver nesta mesma nota), não o poupou a certas críticas de SCOGNAMIGLIO (NDI XV, *cit.*, pp. 636-637) e levou FRANZONI (*op. cit.*, pp. 186-187) a falar do critério «metajurídico» de COMPORTI..

No sistema unitário de responsabilidade, que ROTHER explicitou num artigo publicado no Festschrift für KARL MICHAELIS, *cit.* (*supra*, n.376), pp. 250 e ss., a responsabilidade pelo risco só se distingue da subjectiva em função da maior ou menor possibilidade de se verificar um dano, dada a sua congregação nesse «conceito

mais tardiamente, ALPA, BESSONE[719], GALGANO[720] e FRANZONI[721], advogam concepções *objectivistas*, de fundamento teórico heterogéneo e recorrendo, em regra, para a colocação das questões do «risco», a um enquadramento económico. Quer nos princípios de «solidariedade social» de RODOTÀ, quer na «eficiente» repartição das perdas, com que FRANZONI funcionaliza a responsabilidade civil, encontra-se a negação do papel primário da culpa, reduzindo-se a *cláusula geral* do artigo 2043.º do *Codice* a um mero enunciado objectivo. Estas duas posições exemplificativas estão longe do pragmatismo de ROVELLI[722], ao considerar que as normas controversas do *Codice* apenas visaram favorecer o lesado no plano da prova.

Foi talvez TRIMARCHI quem levou mais longe a fundamentação económica do *princípio do risco,* ao «construir» um sistema autonomizado de responsabilidade civil empresarial, desenvolvendo ideias que já tinham sido pensadas por ESSER no começo dos anos 40. Ao excluir

---

superior» *(Oberbegriff)* da *Gefährdung* (p. 254), considerada como equivalente a «toda a conduta com propensão danosa». Segundo ROTHER, existe uma determinada «escala de perigosidade», no vértice da qual se encontra a acção intencional, mas que engloba igualmente outras actividades ou a detenção de objectos potencialmente perigosos. Independentemente da maior ou menor perigosidade de cada acção ou objecto, é importante averiguar-se a maior ou menor capacidade de evitar o dano por parte dos detentores das coisas, dos que exercem as actividades e dos terceiros, postos em confronto com elas. ROTHR recorre aqui a uma ideia de «interrupção do nexo causal», de sentido invertido, ou seja, dizendo respeito à contenção da própria propensão danosa. A maior censura do que age com culpa, relativamente à actuação «com risco próprio» *(auf eigene Gefahr)*, integra, para o jurista alemão, uma importante «escala de censurabilidade» e da qual faz parte a *própria exposição do lesado ao perigo*. A concepção de ROTHER, aqui exposta sumariamente, se assume aspectos interessantes, ao colocar a tónica na conjugação de factores *quantitativos* e *qualitativos*, fornecendo ainda bases para uma certa *ponderação* das condutas do lesante e do lesado, perde pelo seu *casuísmo* e por um *unilateralismo* de sentido contrário à procura de um princípio normativo de imputação, negando, praticamente, o relevo do *acaso*, ao acentuar a prevenção.

[717] *Op. cit.*, pp. 101 e ss. e 177 e RCDP 1984, n.º3, *cit.*, pp. 600 e ss..

[718] *Responsabilità per danni da attività pericolosa e responsabilità per danni nell' esercizio di attività pericolosa*, in GI 1973, I, 2, col. 968 e ss..

[719] ALPA/BESSONE, *I fatti illeciti*, *cit.*, pp. 301 e ss. e BESSONE, *La ratio legis dell' art. 2053 cod. civ. e i principi di responsabilità oggettiva per i danni causati da rovina di edificio*, RDCDO II, 1982, pp. 47 e ss. e *Responsabilità oggettiva per danni da cose in custodia*, RDCDO II, 1982, pp. 121 e ss..

[720] *Diritto privato cit.* (*supra*, n.332), p. 350.

[721] *Op. cit.*, pp. 19 e 42.

[722] *Op. cit.* (*supra*, n.609), pp. 44-45.

Sentido e função do problema da conduta culposa e não culposa 229

do seu sistema as chamadas «actividades biológicas», TRIMARCHI defendeu a imputação, ao empresário, do risco normal (ou calculado) da sua actividade, risco esse susceptível de ser transferido para uma seguradora e o seu custo repercutido no preço dos produtos. Ao assinalar à responsabilidade civil a função de *repartir os riscos*, o jurista italiano também não deixa de acentuar, como já vimos[723], o seu *papel preventivo*[724], orientado, *hic et nunc*, para uma determinada racionalização do mercado e para a adopção de processos de produção mais seguros, com reflexos no custo dos prémios e na sua incidência final no preço.

As correntes objectivas, de inspiração económica ou não económica, foram criticadas por *subjectivistas* como DE CUPIS[725], POGLIANI[726] ou ROVELLI[727] ou por juristas que, como SALVI[728], ao reagirem à «crise paradoxal» ou ao «excesso de *inputs*» da responsabilidade civil (repartição das perdas, redução dos custos, ressarcimento, prevenção, etc.)[729], acentuaram a função «compensatória» da indemnização, mas sem rejeitarem que a própria teorização da responsabilidade civil pudesse implicar um determinado leque de funções.

DE CUPIS é, sem dúvida, o representante mais qualificado da corrente que entronca na articulação entre o princípio geral do artigo 2043.° e as hipóteses «culposas» consignadas nos artigos 2050.° a 2052.°. Para o conhecido jurista italiano, o sistema de responsabilidade civil do

---

[723] Ver *supra*, n.° 12.

[724] Cfr., entre nós, ALMEIDA COSTA, *op. cit.*, pp. 445-447 e n.(2) da p. 446 e MENEZES CORDEIRO, *Direito das Obrigações*, II, *cit.*, p. 278, para a defesa desse escopo, embora numa visão mais restritiva e com incidência numa conduta pessoal, que, neste âmbito, é manifestamente atípica. Mais rigorosamente, ANTUNES VARELA, *Das Obrigações em Geral*, I, *cit.*, p. 646, reconduz a prevenção ao «aperfeiçoamento da empresa». Ver, entre outros, para essa faceta preventiva, CINELLI, *Contributo e contraddizioni...*, RDC II, 1970, *cit.* (*supra*, n.314), pp. 460 e 462, LARENZ, *Lehrbuch des Schuldrechts*, Band II, *cit.*, § 77 I, p. 704 e DEUTSCH, *Das neue System...*, NJW 1992, *cit.*, p. 75, e *Unerlaubte Handlungen...*, *cit.*, § 22, p. 174 (ligando a criação do risco à possibilidade económica de o suportar).

[725] *Il danno*, 1.ª ed., *cit.*, pp. 72 e ss. e 3.ª ed., I, pp. 155 e ss. e II, pp. 182 e ss..

[726] *Op. cit.* (*supra*, n.332), pp. 102 e ss..

[727] *Op. cit.*, pp. 49-50 e n.(2).

[728] *Il paradosso...*, RCDP 1983, *cit.*, pp. 132 e 163 e *Risarcimento...*, ED XL, *cit.*, p. 1103. Cfr., aliás, *supra*, n.364. FRANZONI, *op. cit.*, pp. 25-26, também critica as funções «económicas», defendidas por ALPA, em nome da «perda de identidade» da responsabilidade civil.

[729] Para essa pluralidade funcional, ver TUNC (*supra*, n.406).

230   *A conduta do lesado*

Codice, repousando no primado da culpa, vista como censura ético-
-jurídica, valora, em certos casos, o «risco» ou, mais excepcionalmente,
a equidade. A «fé» de DE CUPIS levou-o mesmo a um aceso debate com
RODOTÀ [730], ALPA [731] e TRIMARCHI, que o acusaram de aderir «cegamente» ao princípio da culpa e de ser um «teólogo do direito». Este
confronto, que constituiu uma verdadeira amostragem do «duplo
dogmatismo» [732] reinante, não teve vencedores dada a conservação do
chamado «*doppio binario*» [733]. De qualquer modo, o classicismo de DE
CUPIS lembra a defesa que LE TOURNEAU [734] faz da responsabilidade
subjectiva e do seu «*verdeur*», num sistema baseado numa culpa «pro-
teiforme», e em que o «sentimento de responsabilidade» surge «integrado» no «património genético do mundo ocidental».

22. A responsabilidade objectiva no Código Civil de 1966 e as suas principais características: excepcionalidade, relatividade e limitação do *quantum* indemnizatório. A legislação especial objectivista dos últimos anos e a associação com o dever de contratação de um seguro de responsabilidade

O sistema de responsabilidade civil objectiva, acolhido pelo
nosso legislador de 1966, corresponde curiosamente ao modelo de
pensamento de DE CUPIS, na medida em que se parte da *excepcionalidade* de tal critério, arvorando-se como *fontes de risco* a actuação
de pessoas em proveito alheio (artigos 500.° e 501.°), a detenção de
coisas perigosas (animais e veículos) e o exercício de certas actividades, seleccionadas pelo legislador (artigo 509.°) [735], representando a

---

[730] Cfr. DE CUPIS, *Il danno* I, *cit.*, pp. 167 e ss. e *In tema di responsabilità civile*,
in Rassegna DC, n.°3, *cit.*, 1985, pp. 634 e ss..

[731] Ver *Responsabilità del produttore, rischio d'impresa e sistemi di
assicurazione no fault*, in GI, IV, 1978, col. 54 e ss..

[732] CASTANHEIRA NEVES, *Nótula...*, *cit.* (*supra*, n.7) p. 383, alude a um «dogma
de conservação» e a um «dogma de progresso».

[733] CARBONE, *Il rapporto di causalità, cit.*, p. 161.

[734] *La responsabilité civile, cit.*, n.os 40 e ss., pp. 17 e ss. e *La verdeur de la
faute...*, RTDC, n.° 3, 1988, *cit.*, pp. 506-507. Ver também *supra*, n.494. Até certo
ponto, essa posição do jurista francês lembra a tese «subjectivista» de CALVÃO DA
SILVA, *Responsabilidade civil...*, *cit.*, pp. 109 e ss. e 377, ao proclamar «a permanência
da culpa como grande princípio geral do direito».

[735] Parte da nossa doutrina (RUI DE ALARCÃO, *op. cit.*, pp. 291-292 e 295-296,
n.(1) e ALMEIDA COSTA, *op. cit.*, p. 515, n.(4)) contrapõe a genuína responsabilidade

Sentido e função do problema da conduta culposa e não culposa   231

conservação do princípio geral da culpa o reflexo histórico da recusa de qualquer rompimento abrupto com a nossa orientação tradicional.

Conquanto, noutros ordenamentos, a responsabilidade objectiva abarcasse já outras áreas[736], podia aceitar-se a opção concretizadora do legislador, tanto mais que esse quadro era completado por diplomas avulsos[737] (contendo ou não convenções internacionais aprovadas)[738],

---

pelo risco (a «*Gefährdungshaftung*», na originária denominação de MAX RÜMELIN) à responsabilidade objectiva (ou pelo risco genérico), que não prescinde de certas referências subjectivas. Esta influência da culpa é de aceitar *na filosofia* que presidiu à elaboração do direito da responsabilidade no Código Civil de 1966, pois, por um lado, o «risco automóvel» está *coberto* e, por outro, o comitente individual, sem seguro e sem possibilidade de exercer um *direito de regresso*, ficaria demasiado exposto. Esta explicação de fundo «histórico» não parece adequar-se, hoje, aos casos em que o comitente (*maxime* não individual) esteja garantido por uma cobertura colectiva, sendo justificável uma alteração do preceito no sentido de o tornar, nesse âmbito, mais consonante com a *ratio* da responsabilidade sem culpa.

Para uma visão mais alargada da responsabilidade objectiva, no pressuposto da ausência de ilicitude, ver MENEZES CORDEIRO, *Direito das Obrigações* II, *cit.*, pp. 272-273.

[736] Sobre a legislação especial alemã, ver *supra*, n.las 82 e 662 e G. BRÜGGE-MEIER, AcP 182 (1982) *cit.*, pp. 400-401, e, para as características comuns das diversas leis suíças, ver OFTINGER, *L'évolution de la responsabilité civile et de son assurance dans la legislation suisse la plus récente*, in Mélanges offerts à R. SAVATIER, Paris, 1965, pp. 723 e ss.. Relativamente ao acervo de hipóteses objectivas, OFTINGER, *Schweizerisches Haftpflichtrecht* I, *cit.*, p. 20 e Mélanges..., *cit.*, p. 724 e YUNG, *Princi-pes fondamentaux..., cit.* (*supra*, n.30), pp. 95 e 97, distinguem a *Gefährdungshaftung* da chamada *gewöhnliche Kausalhaftung*, integrante de casos como os dos artigos 56.° e 58.° do Código suíço.

Ao observar, mais recentemente, a introdução no sistema alemão de novos casos de responsabilidade sem culpa, DEUTSCH (NJW 1992, *cit.*, pp. 75 e ss. e *Unerlauble Handlungen..., cit.*, § 22, pp. 174-175) alude significativamente a uma «*Vielspurigkeit*», distinguindo entre a «*enge Gefährdungshaftung*» (dos veículos, dos transportes aéreos, etc.), a «*erweiterte Gefährdungshaftung*» (dos produtos e dos medicamentos) – carac-terizada pela falta de coincidência entre o risco específico e a responsabilidade e pela menor rigidez das causas de exclusão – e a «*Kausalvermutungshaftung*» (no seio dos danos ambientais ou como resultado do emprego de técnicas genéticas). Para a respon-sabilidade ambiental, ver o seu artigo *Umwelthaftung: Theorie und Grundsätze*, in JZ, 1991, p. 1099.

[737] Referimo-nos à já citada Lei n.° 2127 de 3 de Agosto de 1965, regulamen-tada pelo Decreto n.° 360/71 de 21 de Agosto, às Bases LIII e LIV da Lei n.° 2132 de 26 de Maio de 1967 (*danos causados no exercício da caça*), regulamentada pelo Decreto n.° 47847 de 14 de Agosto de 1967 e posteriormente revogada pela Lei n.° 30/86 de 27 de Agosto.

[738] Por ex., a Convenção de Paris de 29 de Julho de 1960, sobre a *responsa-*

surgindo ainda o regime subjectivo agravado das «actividades perigosas» (artigo 493.°, 2) como reflexo de uma sociedade mais complexa e com potencialidades para cobrir certos domínios mais carecidos de tutela. No tocante à fundamentação teórica, que esteve na origem da consagração dessa responsabilidade objectiva circunscrita, a nossa doutrina dominante [739] aceitou o pensamento tradicional, que já transparecia num fragmento de PAULUS [740], de imputar os «incómodos» à pessoa que *cria* e *domina* o perigo ou cujo interesse é satisfeito com a actuação de certos dependentes. A consideração dos *interesses do lesado*, não necessariamente ligados ao *ter* e ao *ser*, estava obviamente no pensamento do legislador, se nos lembrarmos dos já referidos sinais de *objectivação* dentro do próprio critério da culpa (alargamento dos deveres de conduta, apreciação em abstracto da culpa, presunções de culpa), com a consequente *diluição* do seu conteúdo tradicional, mas sem afastamento do requisito consolidado da *imputabilidade*.

Não querendo introduzir no sistema, tal como, aliás, não o fez o legislador do novo Código Civil holandês, uma norma global do tipo da do artigo 493.°, 2, um princípio geral de responsabilidade pelo risco ou um preceito com a dimensão da do artigo 8.° do Decreto-Lei n.° 48051, o nosso legislador não descurou a função social do direito e a moderna *função reparadora* da responsabilidade civil. Seguindo a via escolhida noutros ordenamentos, e na sua contribuição para o chamado «direito em migalhas», o legislador nacional elaborou um quadro normativo, que foi acompanhando, até certo ponto, o surgir de novas fontes de perigo ou a danosidade social de certos comportamentos, tornando

---

bilidade civil no domínio da energia nuclear, modificada pelo Protocolo Adicional assinado em Paris, em 28 de Janeiro de 1964, e aprovada para ratificação pelo Decreto n.° 33/77 de 11 de Março (substitutivo do Decreto n.° 339/72 de 25 de Agosto), e a Convenção internacional de 10 de Outubro de 1957, sobre o *limite de responsabilidade dos proprietários dos navios de alto mar,* aprovada para ratificação pelo Decreto-Lei n.° 48036 de 14 de Novembro de 1967. Atente-se ainda, nesse domínio normativo do *nuclear*, que os Decretos n.ºs 69/83 de 24 de Agosto e 24/84 de 15 de Maio, aprovaram, respectivamente, para ratificação, o Protocolo de 16 de Novembro de 1982, que modificou a Convenção resultante do Protocolo Adicional de 1964 e, para adesão, a Convenção de Bruxelas de 31 de Janeiro de 1963.

[739] Ver ANTUNES VARELA, *Das Obrigações em Geral* I, *cit.*, pp. 646-647, RUI DE ALARCÃO, *op. cit.*, pp. 224-225 e 289, ALMEIDA COSTA, *op. cit.*, p. 514, J. RIBEIRO DE FARIA, *Direito das Obrigações* II, *cit.*, pp. 3-4 e SINDE MONTEIRO, *Estudos... cit.*, p. 10.

[740] *Digesto* 50,17,10: «*Secundum naturam est commoda cuisque rei eum sequi, quem sequentur incommoda*».

Sentido e função do problema da conduta culposa e não culposa   233

assim mais ténue a contraposição entre a *regra* e a *excepção* e permitindo «fugir» à *pessoalidade* do critério da culpa. Diga-se, a este propósito, que, no direito francês, essa mesma evolução revestiu uma faceta basicamente *pretoriana,* e, em Itália, a tutela de novos interesses ligados à pessoa, ao ambiente, à informática e à economia, pôde fazer-se, em grande medida, graças às virtualidades da cláusula geral do artigo 2043.º [741] (ou à natureza atípica do ilícito) [742] e à sua concretização pela jurisprudência.

Para lá da sua *excepcionalidade,* o critério da responsabilidade objectiva, tal como surgiu em 1966, reveste certas características, como a da *atribuição do dano a uma esfera de risco particularizada* – que não tem em si subjacente qualquer ideia de ilicitude [743], mas que não

---

[741] Ver DE MARTINI, *I fatti produttivi...*, *cit*, pp. 6-8 e 12, SALVI, *Il danno...*, *cit.*, pp. 169 e ss., GALGANO, *Le mobili frontiere del danno ingiusto*, in CeIm, 1985, n.º 1, pp. 1 e ss., VISINTINI, *Itinerario dottrinale sulla ingiustizia del danno*, in CeIm, 1987, n.º 1, pp. 73 e ss., LIBERTINI, *Le nuove frontiere del danno risarcibile*, in CeIm, 1987, n.º 1, pp. 87 e ss., e ALPA/BESSONE, *I fatti illeciti, cit.*, pp. 68 e ss..

[742] É esse, aliás, o título de uma das mais importantes obras de GUIDO ALPA e MARIO BESSONE (*Atipicità dell' illecito*, 2.ª ed., Milano, 1980).

[743] Não se tratando, em regra, de valorar uma acção humana voluntária, mas de analisar a relação entre os *perigos*, colimados à detenção-domínio de coisas ou ao exercíco de actividades, e o *dano*, tem-se entendido, e que cremos que bem, que estamos perante uma responsabilidade em que está ausente o ilícito (*Unrecht*), pelo menos no seu sentido mais moderno ligado à culpa. A tónica na inexistência de uma conduta objectivamente reprovável não é, contudo, sustentada por aqueles que defendem um conceito autónomo de *ilicitude (objectiva)*, desprendido da culpa, conectado ao efeito jurídico (*Erfolg* ou *accadimento*), ao resultado *causal* (*Erfolgsverursachung*), no fundo, à própria violação de um bem absolutamente tutelado. Se esta concepção mais tradicional está historicamente ligada ao pensamento romano da *iniuria* e serviu (e serve) para afirmar a «ilicitude» da actuação dos inimputáveis, já a primeira concepção, aderindo ou não ao finalismo, nega que o *erlaubtes Risiko* implique, por si, qualquer *desvalor da acção*.

Para a posição dominante, apesar de algumas *nuances* teóricas no concernente ao próprio conceito de ilicitude e à interpretação do texto do n.º 1 do artigo 483.º, ver SIDÓNIO RITO, *op. cit.*, pp. 27-28, PEREIRA COELHO, *Obrigações, cit.*, p. 36, ANTUNES VARELA, *Das Obrigações em Geral*, I, *cit.*, p. 649 (sem abdicar, em geral, de uma visão do ilícito ligada ao *facto* e ao *resultado,* e que defende na p. 540) e RLJ, ano 118.º, pp. 208-209, n.(1) (realçando a questão da «assunção dos riscos»), em anot. ao acórdão do STJ de 25 de Fevereiro de 1982, publ. no BMJ, n.º 314, p. 298, RUI DE ALARCÃO, *op. cit.*, p. 225, ALMEIDA COSTA, *op. cit.*, p. 515 (embora na n.(2) das pp. 513-514 comece por formular algumas reservas e cite mesmo o regime, para nós *especial*, de «responsabilidade» dos inimputáveis), MENEZES CORDEIRO, *Direito das Obrigações*, II, *cit.*, pp. 271-273, 277, 303-304, n.(2), 324 e ss. e 367 e ss. (valorando o ilícito como

afasta uma ideia de *imputação*[744], no sentido kelseniano de uma «responsabilidade pelo resultado» –, a da *relatividade* responsabilizante, derivada da relevância de alguma das causas clássicas exoneratórias, a da existência, nos casos mais importantes, de *limites quantitativos* de indemnização, e a da *preclusão do afastamento convencional do critério protector,* por força da *generalização* do pensamento que presidiu à redacção do artigo 504.°, 3[744-a].

Deixando para depois a referência mais detalhada à *relatividade* do critério objectivo, diga-se, desde já, que a existência de *limites quantitativos*[745], com uma filosofia inicial não muito distante da que

---

«um comportamento voluntário anti-normativo» e considerando estar-se aqui perante uma «repartição de riscos»), PESSOA JORGE, *Ensaio..., cit.*, pp. 36 e 68 e *Lições..., cit.*, p. 634, J. RIBEIRO DE FARIA, *Direito das Obrigações* II, *cit.*, p. 2, n.(1) e *Algumas notas sobre o finalismo..., cit.*, pp. 205-206 e a n. (432), SINDE MONTEIRO, *Estudos..., cit.*, p. 127, n.(139) e *Responsabilidade por conselhos..., cit.*, pp. 300 e ss., *maxime* 306-307, CASTRO MENDES, *Teoria Geral cit.* (*supra*, n.364), p. 336, OLIVEIRA ASCENSÃO, *A teoria finalista e o ilícito civil*, in DJ (volume de homenagem ao Prof. Doutor CAVALEIRO DE FERREIRA), II, 1981/1986, p. 96, e, na literatura estrangeira, LARENZ, *Lehrbuch...*, Band II, *cit.*, § 77 I, p. 699 e n.(1) e *Rechtswidrigkeit und Handlungsbegriff im Zivilrecht*, in Festschrift für HANS DÖLLE, Band I, Tübingen, 1963, pp. 174-175 (acentuando a «imputação de um risco de dano»), LARENZ/CANARIS, *op. cit.*, §§ 75 I, p. 352 e 84 I, p. 610, U. HUBER, *Verschulden, Gefährdung und Adäquanz*, in Festschrift für E.WAHL, Heidelberg, 1973, pp. 304-305 e 330, DEUSTSCH, *Haftungsrecht, cit.*, p. 367 e CARBONE, *Il fatto dannoso..., cit.*, p. 62.

Para a concepção *finalista*, ver DEUTSCH, Festschrift für WELZEL *cit.* (*supra*, n. 244), e sobre a concepção ligada à própria «injustiça do dano», à ilicitude do evento ou à responsabilidade pelo resultado, de que falava KELSEN, na sua *Teoria pura do Direito*, 2.ª ed., I, (tradução de BAPTISTA MACHADO), Coimbra, 1962, p. 238, ver CUNHA GONÇALVES, *Tratado...*, XII, *cit.*, p. 440, OFTINGER, *op. cit.*, p. 134 e ss., FORCHIELLI, *Il rapporto di causalità... cit.* (*supra*, n.363), p. 22 e s., DEVOTO, *La concezione analitica...*, RDC I, 1965, *cit.*, pp. 499-501, STARCK, *op. cit.* (*supra*, n.160), p. 111 e PALMER, *Trois principes de la responsabilité sans faute*, in RIDC, n.° 4, 1987, pp. 831-832.

[744] Que a responsabilidade pelo risco é mais do que pura responsabilidade causal é sustentado, por ex., por RUI DE ALARCÃO, *op. cit.*, pp. 225 e 290-291, MENEZES CORDEIRO, *Direito das Obrigações* II, *cit.*, p. 410, LARENZ, *op. ult. cit.*, § 77 I, p. 698 e *Lehrbuch...* Band I, *cit.*, § 27 III, p. 456, LARENZ/CANARIS, *op. cit.*, § 84 I, p. 608, DEUTSCH, in Festschrift für HÖNIG, *cit.* (*supra*, n.226), p. 44 e *op. ult. cit.*, p. 372, ROTHER, in Festschrift für MICHAELIS, *cit.* (*supra*, n.376), pp. 252 e ss. e GERNHUBER, *op. cit.*, p. 376.

[744-a] Ver *infra*, n. 2809-a.

[745] Nesse aspecto, o artigo 508.° é mero «continuador» da filosofia que já presidia à alínea a) e ao § 4 do artigo 138.° do Código da Estrada de 1930 e ao n.° 2, segunda parte, do artigo 56.° do Código da Estrada de 1954.

Sentido e função do problema da conduta culposa e não culposa 235

presidiu à criação do mecanismo corrector do artigo 494.°, não causa estranheza numa responsabilidade enunciada sem o complemento do seguro obrigatório. Com a adopção das normas dos artigos 508.° e 510.°, o legislador terá pretendido evitar um determinado imobilismo, não impondo um encargo excessivo para o criador das forças danosas e permitindo, por outro lado, a cobertura do risco[746], mesmo na fase, mais recente, da obrigatoriedade da celebração do seguro de responsabilidade. Essa limitação quantitativa, *ex vi legis*[747-748], deve ser completada, quanto a nós, com o recurso ao critério do artigo 494.° nos casos – os dos artigos 500.° a 502.° – em que o legislador não entendeu estabelecer tais limites e sob o pressuposto da normal inexistência de um seguro de responsabilidade[749]. Dado o peso de uma determinada tradição, e desde que o sistema articule convenientemente os limites de responsabilidade[750] com os mínimos legais de cobertura pelo seguro, tenha em conta a selecção dos danos mais importantes e um determinado espaço para a aplicação do artigo 494.°, não parece que haja necessidade de acolher, entre nós, a ideia que levou KÖTZ[751] a introduzir no sistema alemão a sonhada *cláusula de redução* (para os casos de o dano ser muito elevado e não existir a cobertura do seguro),

---

[746] No novo Código Civil holandês, os limites máximos fixados coincidem com os limites do próprio seguro (cfr. VRANKEN, AcP 191(1991), *cit.*, p. 424).

[747] Para a rigidez dessa limitação, ver o acórdão do STJ de 17 de Maio de 1990, publ. no BMJ n.° 397, p. 484, ao recusar a influência da inflação.

[748] Na Alemanha, a limitação foi introduzida, em 1909, com a *Kraftfahrzeuggesetz*, pois a Lei de 1871 (a *Reichshaftpflichtgesetz*) não estabelecia qualquer limitação (cfr., mesmo para uma visão comparativa, KÖTZ, *Haftung für besondere Gefahr*, in AcP 170(1970), *cit.*, pp. 37 e ss.).

[749] Para uma mesma ideia, colocando a questão da possível inconstitucionalidade do § 833 do BGB (correspondente, em parte, ao nosso artigo 502.°), do § 22 I da *Wasserhaushaltsgesetz*, na redacção de Outubro de 1976, e do § 31 da *Atomgesetz*, na reformulação feita em 1985 (na linha do artigo 3.°, 1 da Lei suíça de 1983), ver CANARIS, JZ 1987 *cit.* (*supra*, n.479), pp. 1001-1002 e *Systemdenken... cit.* (*supra*, n.537), p.128 e s..

[750] Sobre as diversas metodologias aplicáveis à alteração dos limites do artigo 508.° e a crítica ao referente-alçada, ver SINDE MONTEIRO, *Alteração dos limites máximos da responsabilidade pelo risco*, sep. do BMJ, n.° 331, Lisboa, 1983, pp. 27 e ss..

[751] AcP 170(1970) *cit.* e *Gefährdungshaftung*, in *Gutachten und Vorschläge.zur Überarbeitung des Schuldrechts*, Band II, Köln, 1981, pp. 1825 e ss.. Ver ainda, para essa «cláusula de redução», as teses de STOLL, a que nos referimos *supra*, n.° 15. DEUTSCH, *Haftungsrecht, cit.*, p. 381 e *Unerlaubte Handlungen..., cit.*, § 22, pp. 178-179, defende igualmente a supressão das *Höchstsummen*.

fazendo tábua rasa da proclamada *natureza congénita*[752] da limitação. Por outras palavras, não vemos razão suficiente para se substituir, por ex, os artigos 508.° e 5l0.° por uma norma análoga à do artigo 494.° ou proceder a uma reformulação deste último normativo. Vejamos, no entanto, um pouco mais detidamente, a intervenção, neste domínio, dessa «válvula de segurança».

Embora a norma do artigo 494.° – essa «grande inovação», nas palavras de PESSOA JORGE[753] – pareça apenas aplicável, por razões literais e sistemáticas, ao âmbito da responsabilidade subjectiva, a doutrina dominante[754], colocando o acento no não muito conclusivo argumento retirado do preceito (remissivo) do artigo 499.°, tem visto no regime do artigo 494.° um princípio transponível para o sector da responsabilidade pelo risco (*maxime* por acidentes de viação). Em princípios da década de 70, ANTUNES VARELA[755] proclamava, inequivocamente, a *amplitude* desse nomativo, ao afirmar que os princípios nele contidos eram «ideias-força» de validade geral, sustentando, contra a posição particularmente ponderada de VAZ SERRA[756], que, nos acidentes de viação causados culpamente ou não, a indemnização «...poderá ser sempre *inferior ao valor do dano real,* desde que o justifiquem alguns dos elementos discriminados na parte final do artigo 494.° ou o conjunto de todos eles»[757]. A posição restritiva de VAZ SERRA – possibilidade redutora na hipótese da indemnização, devida pelo

---

[752] Contestando essa natureza e, implicitamente, o ponto de vista de DE CUPIS, *Il danno* I, 3.ª ed., *cit.*, p. 413, n.(1), ver SINDE MONTEIRO, *Estudos...,cit.*, p. 141, n.(182) e *Alteração dos limites..., cit.*, p. 24 (com a apologia da ideia do «mal necessário»).

[753] *Ensaio... cit.*, pp. 363-364.

[754] Cfr. ANTUNES VARELA, *Das Obrigações em Geral* I, *cit.*, pp. 706-707, ALMEIDA COSTA, *op. cit.*, pp. 453, 506, n.(1), 514-515, n.(1), 532, 544 e 670, J. RIBEIRO DE FARIA, *Direito das Obrigações* I, *cit.*, p. 514 (com certas cautelas), GALVÃO TELLES, *op. cit.*, p. 198, n.(1) e, implicitamente, PEREIRA COELHO, *Obrigações cit.*, pp. 183-184.

[755] *Rasgos inovadores...,* in BFDUC, XLVIII, 1972, *cit.*, p. 100. Ver, no mesmo sentido, *ob. ult. cit.*, p. 948 e, com mais contenção, o *Parecer jurídico cit.* (*supra*, n.506).

[756] RLJ, ano 103.°, *cit.* (*supra*, n.518), pp. 172-173, e, mais desenvolvidamente, ano 109.°, pp. 112 e ss., em anot. favorável ao acórdão do STJ de 14 de Fevereiro de 1975, publ. no BMJ n.° 244, p. 258. Já aludimos, à *vol d'oiseau* (*supra*, pp.153-154 e n.452), ao cepticismo de VAZ SERRA quanto a uma interpretação do antigo n.° 2 do artigo 56.° do Código da Estrada, conducente à fixação pelo tribunal de um *quantum* inferior ao dano real, posição essa contrária à expressa por PEREIRA COELHO no seu *Obrigações, cit.*, p. 183.

[757] *Ob. ult. cit.*, p. 707.

culpado, superar os limites consignados no artigo 508.º[758] – tinha na sua base o «peso» representado pelo factor *culpa* no artigo 494.º e a razão de ser de uma norma que pretendia evitar o tratamento distorcido dos fundamentos (a culpa leve e o risco) que constituem uma verdadeira «zona cinzenta». VAZ SERRA destacava a diferente filosofia dos dois critérios de responsabilidade, justificando a sua rigidez com o efeito danoso da própria responsabilidade pelo risco e remetendo para o «dever livre» de contratação do seguro de responsabilidade a «correcção» dos possíveis excessos de uma responsabilidade sem culpa.

Quanto a nós, a defesa de uma aplicação prudente do mecanismo previsto no artigo 494.º, e existente para a tutela do lesante *levemente culpado,* não parece poder seguir-se nos sectores de responsabilidade (sem culpa) *limitada* e dotados de *seguro obrigatório* ou em que tenha sido celebrado um *seguro facultativo* suficientemente alto. Se na fase da não obrigatoriedade, o lesante era já protegido pelos limites de responsabilidade fixados na lei e o artigo 494.º podia ser considerado no âmbito dos acidentes culposos, desprovidos de cobertura ou com uma cobertura insuficiente, uma espécie de «válvula de segurança» do sistema, para obviar à distorção entre a gravidade objectiva do dano e a pequena gravidade da culpa, parece-nos que os dados actuais do regime de responsabilidade, mais preocupado com uma *função reparadora,* nos impelem para uma aplicação desse normativo que não «enfraqueça o direito da responsabilidade»[759] e se limite a evitar, *em certos casos,* um peso indemnizatório excessivo. Na realidade, no seio da responsabilidade objectiva submetida a um *tecto* e garantida por um seguro de responsabilidade, há que *limitar* essa limitação, pois não vemos razões decisivas para que possa ser defendida uma nova barreira[760], tanto mais que a viabilidade de uma *acção directa* contra a

---

[758] Era já essa a orientação de J.G. de SÁ CARNEIRO, in RT, ano 82.º, *cit.*, p. 254, relativamente à aplicação do artigo 56.º, 2 do Código da Estrada.

[759] OFTINGER, *op. cit.*, p. 275.

[760] Para a não aplicação do artigo 494.º à responsabilidade pelo risco nos acidentes de viação, ver DARIO MARTINS DE ALMEIDA, *op. cit.*, pp. 106 e 291, CARLOS LIMA, *Acidentes de viação... cit.* (*supra*, n.518), p. 270 (baseado num «texto com marcada sugestão subjectivista») e RODRIGUES BASTOS, *Das Obrigações em Geral* (*segundo o Código Civil de 1966*) II, Lisboa, 1972, p. 107 e *Notas ao Código Civil*, II, Lisboa, 1988, p. 293.

Igual tendência é adoptada no direito suíço quanto à aplicação do artigo 43.º do Código das Obrigações, como pode ver-se em H. DESCHENAUX/P. TERCIER, *op. cit.* (*supra*, n.524), p. 244, OFTINGER, *op. cit.*, pp. 264-265 e M. KELLER/S. GABI, *op. cit.*

seguradora deixa sem sentido a valoração da situação económica do lesante[761]. O mesmo poderá ser dito quanto a certos casos mais particulares, se pensarmos que as perdas de consciência dos condutores devem ser relevadas como risco e que o mecanismo do artigo 494.º conservará a sua potencialidade de intervenção.

Se é verdade que ANTUNES VARELA e ALMEIDA COSTA, na aplicação que fazem do artigo 494.º aos acidentes de viação, parecem pensar apenas na existência de um mero seguro facultativo, hoje em dia, a introdução, no sistema, de uma via redutora ilimitada não corresponde já ao centro de gravidade do direito da responsabilidade. Mesmo nos acidentes (e não só) *culposos,* a *excepcionalidade* redutora toca apenas as situações relativas à parte do dano não coberto pelo seguro[762] ou em que o responsável individual e com uma situação patrimonial frágil não goze dessa cobertura (por ex, no dano causado por um ciclista).

A finalidade que atribuímos ao preceito do artigo 494.º, e que tem a ver com a correcção de determinadas injustiças, tem aqui pleno cabimento se o responsável sem culpa[763] for confrontado com uma indemnização excessiva, tendo em conta a situação económica dele e do lesado, no pressuposto da *inexistência de limites*[764] de indemnização

---

(*supra*, n.216), p. 97. A existência de culpa, na chamada *Kausalhaftung*, associada, por ex., à situação de precariedade económica em que ficaria o responsável, é que já pode conduzir, excepcionalmente, à aplicação do artigo 44.º, 2 ou mesmo do artigo 43.º (cfr. OFTINGER, *op. cit.*, pp. 261, 264, n.(9), 272 e 275 e H. HONSELL/SCHNYDER, *op. cit.*, artigo 43.º, n.º8, p. 326 e artigo 44.º, n.º 9, pp. 334-335).

[761] Cfr. *supra*, n.518.

[762] *De jure condendo*, para casos extremos e baseados numa concepção rigorosamente *redutora* do artigo 494.º, não nos repugnaria defender a limitação para as condutas graves, não cobertas pelo seguro, tendo em conta a debilidade económica do agente e a grandeza do dano.

[763] Ou , caso se justifique , do «responsável» por actos lícitos.

[764] Parece-nos infeliz a remissão que o artigo 33.º, 1 da Lei n.º30/86 (*Lei da Caça*) de 27 de Agosto faz para os artigos 503.º e ss. do C.C., no tocante aos danos causados por *armas de fogo*. Trata-se de um reenvio, que apesar de tradicional (cfr. a Base LIII da Lei n.º 2132 de 26 de Maio de 1967 e o artigo 233.º do Decreto-Lei n.º47847 de 14 de Agosto de 1967), se revela pouco compreensível, dada a diferente natureza e periculosidade dos veículos e das armas, e que cria dificuldades de harmonização. A questão da aplicação (sugerida por esse artigo 33.º) ou não do artigo 508.º integra ainda a circunstância de o legislador ter fixado, no artigo 20.º do Decreto-Lei n.º 251/92 de 12 de Novembro, o limite efectivo do seguro obrigatório. Teria sido mais correcta uma via que, prescindindo da técnica do reenvio, tivesse reafirmado com autonomia o princípio de imputação e retirado todas as consequências da fixação desse limite do seguro. Para os argumentos favoráveis ou contrários à aplicação do artigo

Sentido e função do problema da conduta culposa e não culposa 239

ou de um *seguro de responsabilidade* (como será, em regra, o caso do artigo 502.° ou do comitente individual). Quanto à sequela do eventual melhor ou igual tratamento do responsável culposo relativamente ao responsável não culposo (no quadro de aplicação do artigo 502.° ou num domínio em que exista seguro obrigatório), cremos que essa possibilidade só poderá ser parcialmente atenuada desde que os limites legais se aproximem ou coincidam com os montantes de cobertura do seguro[765], como sucede na mais recente legislação especial de sinal objectivista.

Quanto à característica da *excepcionalidade,* a doutrina nacional[766] e estrangeira[767] dominantes ligam-na à selecção legislativa dos *casus* que levam à transferência do dano do lesado. A circunstância hodierna do surgir de novas fontes de perigo e a necessidade de evitar uma proliferação legislativa com princípios nem sempre harmónicos conduzem, por um lado, a colocarmos algumas reservas à proclamada excepcionalidade[768] e, por outro, a olharmos com algum interesse as

---

508.°, mas no domínio da anterior legislação, ver SINDE MONTEIRO, *Alteração dos limites..., cit.,* pp. 20 e ss., e, para a defesa jurisprudencial da não invocação desse preceito, em nome da sua *excepcionalidade,* ver os acórdãos da RC de 10 de Dezembro de 1985 e de 12 de Março de 1991, publ., respectivamente, na CJ anos X, tomo 5, 1985, p. 34 e XVI, tomo 2, 1991, pp. 75 e ss. e do STJ de 26 de Fevereiro de 1987, sum. na TJ n.° 31, 1987, p. 28. É de notar que, no artigo 233.° do referido Decreto-Lei n.° 47847, já se havia consagrado a *responsabilidade objectiva* para os danos causados por *armas de fogo* ou *outros instrumentos de caça,* estabelecendo-se no seu artigo 9.° a obrigatoriedade do respectivo seguro.

[765] Ao equiparar, para efeitos de *igual tratamento,* o agente culposo e o não culposo, e num quadro que parece ser, pelo menos, o do seguro facultativo, J. RIBEIRO DE FARIA, *Direito das Obrigações,* II, *cit.,* pp. 95-96, não evita a possibilidade de os *elementos económicos* gerarem um resultado diverso daquele que se procurou conseguir.

[766] Cfr. ANTUNES VARELA, *Das Obrigações em Geral,* I, *cit.,* pp. 531 e 648-649 e no BFDUC, XLVIII, 1972, *cit.,* p. 88 (apesar da leitura aberta do artigo 483.°, 2), ALMEIDA COSTA, *op. cit.,* pp. 444 e 513, RUI DE ALARCÃO, *op. cit.,* pp. 287 e 290, PEREIRA COELHO, *Obrigações, cit.,* p. 37, GALVÃO TELLES, *op. cit.,* p. 202 e SINDE MONTEIRO, *Estudos..., cit.,* pp. 124-125, n.(129), ao criticar, à luz do novo C.C., o recurso à analogia, defendido por PEREIRA COELHO, em 1950, no seu *O nexo de causalidade... cit..*

[767] Ver, entre outros, DE CUPIS, *Il danno* I, *cit.,* p. 172 e *Tradizione e rinnovamento...,* in RDC II, 1979, *cit.,* p. 325, GIUSIANA, *op. cit.,* p. 174, BARASSI, *La teoria generale..., cit.,* p. 514, ALBALADEJO, *Derecho Civil* II – *Derecho de Obligaciones, cit.,* pp. 515-516 e 533 e J. FLOUR/JEAN-LUC AUBERT, *op. cit.,* n.° 78, p. 77.

[768] DEUTSCH, in NJW 1992, *cit.,* p. 74, considera ultrapassada, nesta era industrial, a defesa da excepcionalidade. Reflexos de um pensamento mais moderno,

propostas que defendem a consagração de uma *cláusula geral* de tipo objectivo, apesar dos obstáculos que uma formulação necessariamente indeterminada parece envolver[769]. Consciente ou não dessas dificuldades, sobretudo atinentes ao problema da delimitação do campo de incidência dos dois critérios de responsabilidade, o que é certo, e já o dissemos, é que o nosso legislador de 1966 não introduziu um princípio geral de responsabilidade objectiva (*maxime* pelo risco). Ciente da possibilidade da norma do artigo 493.° 2 poder suprir, de certa forma, a inelutável desactualização do sistema[770], e da sua capacidade em poder reagir, com maior ou menor celeridade, às novas esferas de periculosidade, o legislador não seguiu o pensamento teórico, surgido na Alemanha a partir dos anos 40 – como reacção contra a estreiteza objectivista do sistema – e potenciado, nas décadas de 60 e 80, em juristas comprometidos com o seu tempo, como aconteceu com WEITNAUER[771], M. WILL[772], KÖTZ[773] e

---

encontramo-los, por ex., em MENEZES CORDEIRO, *Direito das Obrigações* II, *cit.*, p. 272, ao referir-se ao «progressivo apagamento da culpa», em PESSOA JORGE, *Lições... , cit.*, p. 635 e CALVÃO DA SILVA, *Responsabilidade civil do produtor, cit.*, pp. 370-371, ao crismarem de *especial* a responsabilidade sem culpa, e em H. HÖRSTER, *A parte geral do Código Civil português, cit.*, n.° 121, p. 73, quando *autonomiza* o critério objectivo. Ver ainda, para a defesa da não residualidade do critério objectivo, KÖTZ, *Gefährdungshaftung, cit.*, p. 1828, TRIMARCHI, *Rischio... , cit.*, p. 40, COMPORTI, in RIDC 1967, *cit.* (*supra*, n.712), p. 846, BUSNELLI, *Nuove frontiere...*, in RISG, 1976, *cit.* (*supra*, n.561), pp. 45 e 63, GALGANO, *Diritto privato, cit.*, p. 349 (pese o excesso da afirmação de que o princípio geral é agora «residual») e H. DESCHENAUX/P. TERCIER, *op. cit.* , pp. 31-33.

[769] LARENZ, *Lehrbuch...*, Band II, *cit.*, § 77 I, p. 702, GERNHUBER, *op. cit.*, p. 382 e YUNG, *cit.* (*supra*, n.439), pp. 139-141, são alguns dos juristas que tomaram consciência desses limites.

[770] Para a defesa das virtualidades dessa norma, ver ANTUNES VARELA, in BFDUC, XLVIII, 1972, *cit.*, pp. 77 e ss., SINDE MONTEIRO, *Estudos... , cit.*, pp. 53-54, n.(148) e 124-125, n.(129) e *Reparação dos danos pessoais...,* in CJ, ano XI, tomo 4, *cit.*, p.7 e o acórdão da RL de 31 de Janeiro de 1991, publ. na CJ, ano XVI, tomo 1, 1986, pp. 151 e ss. (ao proclamar o «conceito aberto» previsto no preceito e ao sustentar a interpretação actualista).

[771] *Apud* M. WILL, *op. cit.*, p. 265, n.(1).

[772] *Op. cit.*, pp. 327-328 (para as conclusões).

[773] AcP 170(1971), *cit*, pp. 19 e ss. e 41, *Deliktsrecht, cit.*, pp. 147-149 e, sobretudo, *Gefährdungshaftung, cit.*, pp. 1785 e ss.. Depois de assinalar as razões justificativas de um princípio geral (igualdade de tratamento para os diferentes riscos, eliminação das injustiças e menor actividade legiferante) e de emitir reservas à formulação de DEUTSCH, KÖTZ, nas suas propostas, reparte, respectivamente pelos §§ 835 e

Sentido e função do problema da conduta culposa e não culposa 241

DEUTSCH[774-775] (adepto da «transplantação» da cláusula geral para a esfera de risco do lesado[776]).

Entre nós, é sobretudo a partir dos anos 80 que o legislador começa a mostrar-se sensível ao risco do quotidiano e a esse «universo em expansão que é a área do dano individual», nas palavras felizes de GALGANO[777]. Efectivamente, o direito especial chamou a si a defesa dos direitos das pessoas contra os perigos ligados ao funcionamento de certas *instalações* e ao exercício de determinadas *actividades perigosas*[778] e à

---

835 a, os riscos ligados aos meios de transporte a motor e os riscos inerentes à produção, detenção ou transporte de explosivos, coisas venenosas, corrosivas ou genericamente perigosas (pp. 1832-1833). No seu estudo de 1970 (AcP, *cit.*, p.41) e de uma forma mais simplista, KÖTZ pensara, para o § 835, numa redacção («*Der Inhaber einer Anlage, deren Betrieb mit einer besonderen Gefahr verbunden ist, hat, wenn die Gefahr sich verwirklicht und dadurch ein Mensch getötet oder der Körper oder die Gesundheit eines Menschen verletzt oder eine Sache beschädigt wird, den daraus entstehenden Schaden zu ersetzen. Die gleiche Verantwortlichkeit trift den Besitzer einer Sache oder eines Stoffes, von dem eine besondere Gefahr ausgeht.*) que não se afastava muito da dos outros proponentes, mesmo no que dizia respeito ao elenco das causas clássicas de exoneração (praticamente reduzidas à *força maior*, a não ser na proposta mais tradicional de DEUTSCH).

[774] *Haftungsrecht, cit.*, pp. 30 e 384-386, *Unerlaubte Handlungen..., cit.*, § 22, p. 179, *Grundmechanismen der Haftung...*, in JZ 1968, *cit.* (*supra*, n.475), p. 724 e Festschrift für HÖNIG, *cit.*, p. 44.

[775] OFTINGER, *op. cit.*, p. 32, GILLIARD/E. STARK (*apud* H. DESCHENAUX/P. TERCIER, *op. cit.*, pp. 189-190) e H. LESER, *Zu den Instrumenten...*, AcP 183(1983), *cit.*, pp. 599-600 (reclamando urgência na concretização da *cláusula geral* de KÖTZ), são outros defensores do mesmo procedimento, enquanto LARENZ/CANARIS, *op. cit.*, § 84 I, pp. 601-602, mostram maior inclinação pelo «*Enumerationsprinzip*».

[776] *Haftungsrecht cit.*, § 20, pp. 324-325. DEUTSCH mostra-se, no entanto, mais contido no seu *Unerlaubte Handlungen... cit.*, § 13, pp. 88-89.

[777] *Le mobili frontiere...*, in Celm, n.° 1, 1985, *cit.*, p. 14.

[778] Cfr. o Decreto-Lei n.° 441/85 de 25 de Outubro, *cit.* (*supra*, n.25), e que veio substituir o Decreto-Lei n.° 399/83 de 8 de Novembro, bem como o artigo 10.° do Decreto-Lei n.° 348/89 de 12 de Outubro, contendo *normas e directivas de protecção contra as radiações ionizantes*. Ver igualmente a Base XVI do Decreto-Lei n.° 33/91 de 16 de Janeiro (contém as Bases de *concessão de exploração, em regime de serviço público, das redes de distribuição regional de gás natural*), a Base XVIII do Decreto--Lei n.° 274-C/93 de 4 de Agosto (aprova as *Bases de concessão do serviço público de importação de gás natural e do seu transporte e fornecimento através da rede de alta pressão*), o artigo 69.°, 1 do Decreto-Lei n.° 109/94 de 26 de Abril (estabelece o regime jurídico das *actividades de prospecção, pesquisa e produção de petróleo*) e a cláusula 21.ª, 3 e 4, do contrato-tipo de compra de energia eléctrica pela EDP a produtores independentes (Portaria n.° 416/90 de 6 de Junho). São ainda de considerar, como complemento ao disposto no artigo 509.°, os Decretos-Leis n.ᵒˢ 183/95, 184/95 e 185/95

242   *A conduta do lesado*

verificação de «danos significativos» no *ambiente*[779], enquanto bem jurídico heterogéneo, com matriz constitucional e com aptidão para uma fruição colectiva e difusa[780]. A reacção perante o *dano ecológico*, que não se esgota na pretensão indemnizatória, mas engloba uma assinalável faceta preventiva e repressiva[781] e um leque diversificado

---

de 27 de Julho, respectivamente sobre o *regime jurídico das actividades de produção, distribuição e transporte de energia eléctrica* no âmbito do Sistema Eléctrico do Serviço Público e do Serviço Eléctrico não vinculado. O último diploma aprova igualmente as *Bases de concessão da exploração da Rede Nacional de Transporte de Energia Eléctrica.*

[779] Cfr. o já citado artigo 41.°, 1 da Lei n.° 11/87 de 7 de Abril, pois, estranhamente, o n.°4 do artigo 40.° e o artigo 48.°, 1 do Decreto-Lei n.° 74/90 de 7 de Março, *cit.* (*supra*, n.248) não abdicam da exigência da culpa, da sua prova e da do nexo causal, seguindo, nesse e noutros aspectos, o artigo 18.° da Lei italiana (do ambiente) n.° 349 de 8 de Julho de 1986 (para uma visão deste diploma, ver E. BRIGANTI, *Considerazioni in tema di danno ambientale e responsabilità oggettiva*, in Rassegna DC, n.° 2, 1987, pp. 289 e ss. e ANNA MOLLE, *Il danno ambientale nella legge 349 del 1986*, in RDCDO, n.°ˢ 3-4, 1989, pp. 196 e ss.). Para uma certa interpretação daquele artigo 41.°, 1, ver ARAÚJO DE BARROS, *Direito Civil e Ambiente*, in SI, tomo XLII, n.°ˢ 241- -243, 1993, pp. 116-117. Quanto à *poluição sonora,* é de referir, até pela sua faceta preventiva, o Decreto-Lei n.° 251/87 de 24 de Junho, e de que se pode ver uma análise feita por ANDRÉ FOLQUE no BOA, n.° 3, 1993, pp. 28-30.

[780] Para o direito de *petição* e de *acção populares*, consignado no artigo 52.° da Constituição, ver a Lei n.° 83/95 de 31 de Agosto. Nos artigos 22.° e 23.° do diploma é reafirmada a responsabilidade civil subjectiva e objectiva para tutela dos interesses referidos no artigo 1.°. Quanto à definição, distinção do interesse colectivo e público e tutela processual do «interesse jurídico reconhecido de uma pluralidade determinada ou indeterminada de sujeitos», ver L. COLAÇO ANTUNES, *Para uma tutela jurisdicional dos interesses difusos*, in BFDUC, LX, 1984, pp. 191 e ss.. Relativamente ao aspecto, que nos interessa mais, COLAÇO ANTUNES alude a um «ressarcimento fluido» (p. 217), não muito compatível com a aplicação do artigo 570.°, 1.

GOMES CANOTILHO, *Procedimento Administrativo e Defesa do Ambiente*, in RLJ, anos 123.°, p. 293 e 124.°, p. 364, em anot. ao acórdão do STA de 28 de Setembro de 1989, publ. no BMJ n.° 389, pp. 411 e ss. e *O caso da Quinta do Taipal (Protecção do ambiente e direito de propriedade)*, anot. à sentença do tribunal judicial de Montemor-o-Velho de 31 de Maio de 1990 e aos acórdãos da RC de 30 de Junho de 1992, do STJ de 9 de Dezembro de 1993, da RC de 17 de Maio de 1994 e do STJ de 17 de Janeiro de 1995, in RLJ, ano 128.°, pp. 49-50, mostra-se, contudo, bastante céptico, quanto ao que designa pela «sibilina categoria» dos interesses difusos, tendo em conta não só a natureza (parcialmente) *publicística* do bem ambiental mas a inadequação de tal categoria no contencioso vicinal.

[781] Para a perspectiva *delitual* da agressão ambiental, projectada normativamente nos artigos 278.° a 280.° da actual versão do Código Penal, ver FIGUEIREDO DIAS, *est cit.* (*supra*, n.411), J. MIGUEL SARDINHA, *Introdução ao direito penal ecoló-*

Sentido e função do problema da conduta culposa e não culposa

de opções (mesmo reconstitutivas), integra aquele núcleo que se vai apelidando de «terceira geração dos direitos do homem» [782], ao lado dos direitos reais e de personalidade, enquanto efeito da superação de uma visão circunscrita às relações reais de vizinhança, como se reflecte no disposto no artigo 1346.°. A natureza «personalista» do direito à qualidade do ambiente, dissociada desses círculos mais íntimos, como são, por ex, *o direito à saúde* [783], *à tranquilidade* e ao *repouso* [784], foi equacionada por GOMES CANOTILHO [785], tendo, no entanto, o jurista coimbrão, numa perspectiva mais realista, chegado à conclusão de que a «subjectividade inalienável» e constitucionalmente fundada desse direito não absorve a sua natureza mais complexa ou bipolar. Num enquadramento mais geral, e que tem ainda a ver com a preservação ambiental, não pode ser esquecida a tutela contra os danos decorrentes do emprego da *energia nuclear* [786] ou devidos à poluição resultante de *fugas ou de descargas de hidrocarbonetos* provindas de navios [787].

---

gico, in ROA, ano 48.°, II, 1988, pp. 449 e ss. e R. BAJNO, *Proposte di utilizzazione dello strumento penale in prevenzione del danno «ecologico»*, in RDCDO, n.ºs 5-6, 1978, pp. 196 e ss..

[782] ANNA MOLLE, *cit.* (*supra*, n.779), p. 196.

[783] Para a problemática do *direito à saúde*, não dissociável, na dogmática jurídica italiana, do chamado *dano biológico*, ver, por todos, C. SALVI, *Il danno extracontrattuale, cit.*, pp. 201 e ss..

[784] A nossa jurisprudência, mesmo da segunda instância, desde os célebres casos do Metropolitano de Lisboa (cfr. o acórdão do STJ de 28 de Abril de 1977, publ. no BMJ n.° 266, p. 165), tem defendido a prevalência desse direito relativamente às «agressões» resultantes da «poluição sonora». A esta verdadeira corrente protectora (cfr., mais recentemente, o acórdão do STJ de 13 de Março de 1986, publ. no BMJ n.° 355, p. 356), só fez «resistência» o também célebre acórdão do STJ de 6 de Maio de 1969 (ruídos provocados por galinhas junto a uma clínica), firmado com os esclarecidos votos de vencido de CORREIA GUEDES e ALBUQUERQUE ROCHA e publ. no BMJ n.°187, p. 121, com anot. crítica de VAZ SERRA na RLJ, ano 103.°, pp. 374 e ss..

[785] *Procedimento Administrativo..., cit.*, RLJ, anos 123.°, pp. 289-293 e 124.°, pp. 8 e ss.. Nesses lugares, GOMES CANOTILHO aborda as «pré-compreensões», a visão mista da tutela ambiental e a natureza do direito ao ambiente. Ver também GOMES CANOTILHO/VITAL MOREIRA, *op. cit.* (*supra*, n.65), anot. ao artigo 66.°, II, p. 348.

[786] Cfr. *supra*, n.738.

[787] Ver a *Convenção internacional sobre a responsabilidade civil pelos prejuízos devidos à poluição por hidrocarbonetos, cit. supra*, n.83. Para uma visão comparativa, ver LEITE DE CAMPOS, *Poluição industrial e responsabilidade civil*, in ROA, ano 42.°, III, 1982, pp. 703 e ss..

Relacionado com a «esfera tecnológica», o legislador teve ainda em conta o potencial danoso inerente ao *processo produtivo estandardizado*[788], ao risco decorrente da utilização de certos *meios de transporte*[789], à execução de *actividades* que implicam o uso de meios mecânicos[790] ou – como caso mais atípico e não ligado necessariamente a um perigo específico – à sujeição de uma pessoa *a intervenções de colheita de orgãos ou tecidos* e a *ensaios clínicos*[791].

Os diplomas que concretizam juridicamente as esferas de maior perigosidade são depositários *tendenciais* das características que encontramos nos «tipos» codificados de responsabilidade pelo risco. A associação entre a responsabilidade pelo perigo inerente a esses círculos de actividades e a *obrigatoriedade*[792] da celebração de um seguro

---

[788] Ver o já aludido Decreto-Lei n.º 383/89 de 6 de Novembro e que transpôs a Directiva n.º 85/374/CEE, do Conselho, de 25 de Julho de 1985. Para as orientações defendidas anteriormente, a partir do Código Civil, ver CALVÃO DA SILVA, *op. cit.*, pp. 181 e ss. e J. C. MOITINHO DE ALMEIDA, *A responsabilidade civil do produtor e o seu seguro*, in SI, tomo XXII, n.ᵒˢ 120-121, 1973, pp. 117 e ss..

[789] Quanto ao *transporte aéreo,* ver o Decreto-Lei n.º 321/89 de 25 de Setembro (alterado pelo Decreto-Lei n.º 279/95 de 26 de Outubro, *cit.*), e, relativamente à utilização de *ultraleves*, o Decreto-Lei n.º 71/90 de 2 de Março. Refira-se que esta preocupação de tutela (*maxime dos terceiros*) vem já das Convenções de Roma de 29 de Maio de 1933 e de 7 de Outubro de 1952 e que, quanto aos *transportados,* o artigo IV do Protocolo da Guatemala de 1971 *objectiva* a responsabilidade do transportador (cfr. G. BACCELLI, RDC n.º4, 1989, *cit. supra*, n.83, pp. 401-402).

[790] Cfr. o artigo 21.º do Decreto-Lei n.º 166/89 de 19 de Maio (*Regulamento Geral do Serviço de Pilotagem dos Portos e Barras*).

[791] Sobre esses riscos, ver, respectivamente, os artigos 9.º, 1 da Lei n.º12/93 de 22 de Abril (*colheita e transplante de orgãos e tecidos de origem humana*) e 14.º, 1 do Decreto-Lei n.º 97/94, de 9 de Abril (regime dos *ensaios clínicos a realizar em seres humanos*). Em relação ao risco terapêutico, M. LOPES DA ROCHA, *Responsabilidade civil do médico – Recolha de Orgãos e Transplantações*, in TJ, n.º 3, 1990, pp. 47-49 advogava, com o enquadramento do Código Civil, uma responsabilidade médica ligada à prática de *actividades perigosas*. Para a defesa da *responsabilidade objectiva* das instituições, que levam a cabo *experiências médicas* ou *novas formas de tratamento*, ver o relatório PEARSON (*apud* TUNC, *Le rapport Pearson sur la responsabilité civile et l'indemnisation des dommages corporels*, in RIDC 1978, pp. 507 e ss.). Em França, a Lei n.º 88-1138 de 20 de Dezembro, referente à protecção das pessoas que se prestem a *investigações biomédicas*, consagra um critério objectivo, pressuposta a ausência de uma finalidade terapêutica (cfr. YVONNE LAMBERT-FAIVRE, *op. cit.*, n.º 602, pp. 435-436).

[792] Ver os artigos 3.º, 3 do Decreto-Lei n.º 449/85, 11.º do Decreto-Lei n.º 348/89, *cit.* (*supra*, n.778), 17.º e 18.º do Decreto-Lei n.º 321/89, 43.º da Lei n.º 11/87 (e 24.º da Lei n.º 83/95, *cit. supra*, n.780), 15.º, 1 do Decreto-Lei n.º 71/90, 5.º, 2 do

Sentido e função do problema da conduta culposa e não culposa   245

confere, no entanto, à legislação especial uma faceta peculiar ligada a uma filosofia de *acentuada tutela* dos lesados. Essa articulação – anteriormente restrita à área dos acidentes laborais e de trânsito – condiciona mesmo as características gerais da responsabilidade sem culpa, sendo os seus reflexos mais aparentes a *contenção da relatividade responsabilizante, a expressa* proibição do afastamento ou da limitação da responsabilidade [793] e *a aderência* entre os limites máximos indemnizatórios e os montantes da cobertura colectiva.

A «inflação» da obrigatoriedade da contratação de um seguro (ou de outra garantia com finalidade idêntica) [794] constitui, aliás, um dado evidente do nosso actual direito da responsabilidade civil, não se coibindo o legislador de estender o dever a *actividades profissionais* susceptíveis de provocar danos, em resultado de actos normalmente culposos [795]. Ao

---

Decreto-Lei n.° 374/89 de 25 de Outubro (estabelece o regime do *serviço público de importação de gás natural liquefeito e gás natural, da recepção, armazenagem e tratamento do gás natural liquefeito, da produção de gás natural e dos seus gases de substituição e do seu transporte e distribuição*), a Base XVI, 2, do Decreto-Lei n.° 33/91, *cit.* (*supra*, n. 778), 18.° do Decreto-Lei n.° 274-B/93 de 4 de Agosto (regime jurídico do procedimento de ajuste directo a que obedece a *adjudicação da concessão da exploração do serviço público da importação do gás natural e do seu transporte e fornecimento através da rede de alta pressão*), a Base XVIII, 2 do Decreto-Lei n.° 274-C/93, *cit.* (*supra*, n.778), o artigo 9.°, 2 da Lei n.° 12/93, o artigo 14.°, 2, do Decreto-Lei n.° 97/94, o artigo 44.° do Decreto-Lei n.° 183/95, o artigo 45.° do Decreto-Lei n.° 184/95 e a Base XVII, 2 do Decreto-Lei n.° 185/95, todos cit.°ˢ *supra*, n.778. Os artigos 35.°, 2 da Lei n.° 25/89 de 2 de Agosto e 29.° do Decreto-Lei n.° 294/90 de 21 de Setembro, relativos ao *Instituto Português do Sangue*, estabelecem a obrigatoriedade do *seguro do dador* para «cobrir situações anómalas resultantes da dádiva» e, embora já num «corte» marcado de *seguro de acidentes pessoais*, para prevenir os danos resultantes de acidentes relacionados com a deslocação do dador. Veja-se ainda a defesa, feita por MÁRIO RAPOSO (*Sobre a respondabilidade civil do produtor e a garantia do seguro*, in BMJ, n.° 413, p. 27), da obrigatoriedade de contratação de seguro pelo produtor.

[793] Cfr. os artigos 3.°, 1 do Decreto-Lei n.° 449/85 e 10.° do Decreto-Lei n.° 383/89.

[794] Cfr., por ex., para a exigência de *caução* ou outra *garantia financeira*, os artigos 10.° do Decreto n.° 33/77, *cit.*, VII, 1, da *Convenção internacional sobre a responsabilidade civil pelos prejuízos devidos à poluição por hidrocarbonetos, cit.* e 74.°, 4 do Decreto-Lei n.° 109/94 de 26 de Abril, *cit.* (*supra*, n. 778). Neste último caso, e ao que parece, o regime de responsabilidade decorrente do seu artigo 69.° é o correspondente às *actividades perigosas*, embora se justificasse uma solução mais gravosa.

[795] Para a importância do seguro nesses domínios, e para a ampla bibliografia de um tema que CUNHA GONÇALVES, *Tratado...*, XII, *cit.*, pp. 753 e ss., não deixou de tratar desenvolvidamente, ver ALMEIDA COSTA, *op. cit.*, pp. 448-449 e n.(1). G. VINEY/B. MARKESINIS, *op. cit.*, p. 25, informam que, em França em 1985, existiam

246   *A conduta do lesado*

acautelar os efeitos danosos da actuação do *médico*[796], do *revisor oficial de contas*[797], do *garagista*[798], do *mediador de imóveis*[799], do *inspector das instalações eléctricas*[800], do *operador portuário*[801], das *agências de viagens e turismo*[802], das *entidades instaladoras e montadoras de redes*

---

cerca de cinquenta actividades sujeitas à obrigatoriedade de seguro. Ver também G. BRÜGGEMEIER, AcP 182(1982), *cit.*, pp. 414.

Quanto aos *advogados*, o Código Deontológico dos Advogados da CEE, adoptado em Estrasburgo, em 28 de Outubro de 1988, e aprovado pelo Conselho Geral da Ordem, prevê, no seu artigo 3.°,9, a celebração de um seguro de responsabilidade, com limites razoáveis. Para os contornos de um seguro desse tipo, ver L.P MOITINHO DE ALMEIDA, *Responsabilidade civil dos advogados*, Coimbra, 1985, pp. 25 e ss., com a referência a casos de concorrência de condutas culposas, extraídos da jurisprudência francesa (pp. 33-34).

[796] A Base XL, 4 da *Lei de Bases da Saúde cit.* (*supra*, n.402) prescreve a *obrigatoriedade* do seguro para os profissionais de saúde em regime liberal pelos actos médicos ou da equipa médica. Para a defesa dessa obrigatoriedade, ver FIGUEIREDO DIAS/SINDE MONTEIRO, *Responsabilidade médica...*, in SI, *cit.* (*supra*, n.515), pp. 101 e 106, SINDE MONTEIRO, *Responsabilidade médica*, sep. da RDE n.ºs 6-7, 1980-1981, p. 344 (citando H-L WEYERS) e *Reparação dos danos pessoais...*, CJ ano XI, tomo 4, *cit.* (*supra*, n.518), p. 12 (apoiando a criação do «seguro do doente» feito pelo médico) e J.C. MOITINHO DE ALMEIDA, *A responsabilidade civil do médico e o seu seguro*, in SI, tomo XXI, 1972, pp. 348 e ss.. YVONNE LAMBERT-FAIVRE, *op. cit.*, n.ºs 594 e ss., pp. 430 e ss. e *L'indemnisation des victimes post-transfusionnelles du Sida: hier, aujourd'hui et demain...*, in RTDC 92(1), 1993, pp. 27 e ss., advoga mesmo uma responsabilidade objectiva pelo «risco médico», como enquadramento da «*obligation contractuelle de securité*», remetendo para a valoração danosa a incidência das «predisposições» (cfr. o artigo 6.° da sua proposta).

[797] Cfr. o artigo 63.° do Decreto-Lei n.° 422-A/93 de 30 de Dezembro, *cit.* (*supra*, n. 336).

[798] Cfr. o artigo 2.°, 3 do Decreto-Lei n.° 522/85 de 31 de Dezembro.

[799] Ver o artigo 9.°, 1 do Decreto-Lei n.° 285/92 de 19 de Dezembro (regula o *exercício da actividade de mediação imobiliária*) e a Portaria n.° 371/93 de 1 de Abril, sobre o conteúdo mínimo obrigatório do seguro.

[800] Cfr.. o artigo 13.° c) do Decreto-Lei n.° 272/92 de 3 de Dezembro (contém as normas relativas às *associações inspectoras de instalações eléctricas*).

[801] Ver os artigos 9.°, 2 b), 22.° e 23.° do Decreto-Lei n.° 298/93 de 28 de Agosto, relativo ao *novo regime das operações portuárias* e a Portaria n.° 303/94 de 18 de Maio.

[802] Ver os artigos 40.°, 1, 49.° e 50.° do Decreto-Lei n.° 198/93 de 27 de Maio. Ao admitir a cobertura dos próprios danos não patrimoniais sofridos pelo cliente (artigo 40.°, 2 c)), o legislador integra-se na melhor corrente de pensamento, mesmo jurisprudencial, como pode ver-se em PINTO MONTEIRO, *Sobre a reparação...*, in RPDC n.° 1, 1.° ano, 1992, *cit.* (*supra*, n.515), pp. 21-25. Para a *apólice uniforme* do seguro, «provocada» pelo anterior Decreto-Lei n.° 264/86 de 3 de Setembro, ver a Portaria n.° 936/91 de 16 de Setembro.

de gases combustíveis[803], das que se dedicam à *adaptação de veículos para utilização de gases de petróleo liquefeito*[804] e das *empresas de segurança privada*[805], o legislador mostra-se sensível ao movimento mais amplo de tutela do *consumidor de serviços*[806], como resultava da proposta de Directiva comunitária de 9 de Novembro de 1990, mas sem que esta ultrapassasse, contudo, o critério subjectivo (embora agravado) de imputação[807].

23. A relatividade do critério objectivo aferida pelo sentido originário da causa clássica respeitante à conduta do lesado. A compressão da força absorvente dessa conduta no regime especial dos acidentes laborais e a potenciação exoneratória na legislação estradal dos anos 30 e 50. A posição flexível da VAZ SERRA quanto às relações entre o risco e a conduta do lesado

A circunstância de a responsabilidade objectiva ter começado por estar ligada à criação de riscos com menor potencial danoso (no duplo aspecto qualitativo e quantitativo), num quadro de actividades exercidas com também menores condições de segurança e em que a existência de um seguro de responsabilidade era tida, em princípio, por «imoral», conferiu à *conduta do lesado* uma função diversa da que lhe assinalámos no domínio da imputação subjectiva.

No plano de uma certa *justiça individual*, que não é dissociável da responsabilidade objectiva dos primeiros passos, e face ao «apelo» da *unidade do sistema* e da *harmonia lógica* das soluções, se o concurso de culpa do lesado conduzia à normal redução indemnizatória e se a culpa presumida era absorvida pela prova da culpa do lesado, impunha-se como consequência natural que o responsável sem culpa *não suportasse, nem parcialmente*, o risco da ocorrência de danos provindos da conduta do lesado. Nessa compreensão «individualística», fruto do

---

[803] Cfr. o artigo 5.º, 1 do Decreto-Lei n.º 263/89 de 17 de Agosto.

[804] Cfr. o artigo 5.º da Portaria n.º 982/91 de 26 de Setembro.

[805] Ver o artigo 26.º b) do Decreto-Lei n.º 276/93 de 10 de Agosto.

[806] Para esse movimento, embora num quadrante contratual menos indiferenciado, ver o nosso *Do incumprimento..., cit.*, pp. 46 e ss..

[807] A propósito dos motivos que levaram ao afastamento do critério, que presidiu à Directiva de 1985 sobre a responsabilidade do produtor, ver F. BUSNELLI/F. GIARDINA/G. PONZANELLI, *La responsabilità del prestatore di servizi nella proposta di direttiva comunitaria del 9 Novembre 1990 e nel diritto italiano*, in Qua n.º 2, 1992, p. 428.

liberalismo ainda reinante – e contrário aos novos «ventos» – e da manutenção de um certo enfeudamento à culpa[808], a *culpa* do lesado (e não só) *absorvia* naturalmente a responsabilidade, em virtude do seu *primado,* e como *contrapartida* ou *lenitivo* da redução do espaço ocupado pelo critério subjectivo. Mesmo que o critério objectivo tenha surgido com um escopo tutelar, face aos novos riscos da industrialização, a conduta do lesado refreava esse desiderato como se revelava, aliás, no pensamento de JOSSERAND, GABBA ou STARCK. A aludida menor intensidade de perigos e dos danos e a inexistência da garantia de um suporte financeiro, justificavam, porventura, essa maior rigidez.

Paralelamente a essa compreensão jurídica, é de salientar que, no direito anglo-saxónico, nessa fase de expansão da indústria, a amplitude dos meios exoneratórios era tida como uma condição imprescindível para a redução dos chamados custos de produção[809]. O surgimento de «técnicas» de *defence,* como a *assumption of risk* e a *contributory negligence rule,* não deixava de projectar uma filosofia sancionatória e preventiva – na *perspectiva do lesado* – levada ao extremo de desproteger o trabalhador[810] (da sociedade «dickensiana») e depositária de uma «moralidade» rígida e da dualidade do «*tudo* ou *nada.*». Da mesma forma que, no liberalismo contratual, o *pot de fer* estava mais protegido do que o *pot de chair,* também na área do dano extracontratual havia necessidade de tutelar os mais «fortes», retirando todas as consequências da conduta do lesado, no duplo plano da culpa e do processo causal. Como referem ALPA/BESSONE[811], esse «proteccionismo» jurídico-económico «justificava» a inclusão, no transporte aéreo, de cláusulas de exclusão e limitação de responsabilidade e para-

---

[808] Citando HÜBNER, JÚLIO GOMES, *Responsabilidade subjectiva...,* RDE, ano XIII, 1987, *cit.,* p. 107, refere-se a uma «quase-culpa» ou a uma «culpa imperfeita». Já aludimos ao recurso (conservador) à ficção da culpa (*maxime* com o expediente da presunção absoluta), como técnica cara a certos sectores da doutrina e jurisprudência francesas e italianas.

[809] E. VON CAEMMERER, *Das Verschuldensprinzip...,* in RabelsZ 42(1978), *cit.,* pp. 8-9 e C. SALVI, *Responsabilità extracontrattuale (dir. vig.),* ED XXXIX, *cit.,* p. 1193, acentuam a importância dos *limites à responsabilidade* no desenvolvimento do capitalismo inicial.

[810] Para a «crueldade» da última *rule,* ver FLEMING, *op. cit.,* pp. 242-243 e *supra,* p. 119. Segundo o mesmo FLEMING (*op. cit.,* pp. 268-269) e STREET/BRAZIER, *op. cit.,* pp. 250-251 e 283, essa desprotecção (do trabalhador) atenuou-se a partir do caso *Smith v. Baker and Sons* (1891), ao desvalorizar-se, como *defence,* a «assunção de riscos» pelo trabalhador.

[811] *I fatti illeciti, cit.,* pp. 15-16.

Sentido e função do problema da conduta culposa e não culposa   249

lisava, por outro lado, os direitos dos lesados, com argumentos retirados da *utilidade* das empresas poluidoras ou de razões circunstanciais como o *risco* da escolha da habitação numa zona industrial. Não é de estranhar, assim, que nas primeiras leis consagradoras de regimes objectivos de responsabilidade – a já referida Lei ferroviária prussiana de 1838, a *Reichshaftpflichtgesetz* de 1871 e a Lei ferroviária suíça de 1875[812] –, a culpa do lesado funcionasse, ao lado de outros factores, como *causa de exoneração* da responsabilidade. Não podendo o criador do risco exonerar-se pela demonstração da falta de culpa, a prova da conduta do lesado, culposa (ou não culposa), muito ou pouco culposa, ou do «agir em risco próprio», afastava a responsabilidade, desde que tivesse sido a causa determinante do acidente, «interrompendo, assim, em *termos causais,* a relação objectiva intercedente entre a esfera de risco e o dano[813]. Afastava-se, desse modo, com o «tudo ou nada», o critério de repartição previsto já nalguns códigos oitocentistas,para o concurso de condutas culposas do lesante e do lesado.

Essa rigidez de princípios, a que o próprio concurso de condutas culposas não esteve imune, dado o maior revelo conferido à «culpa» do lesado, veio a atenuar-se com a entrada em vigor do § 254 do BGB, pois a sua aptidão generalizante (numa dupla perspectiva) e a elasticidade do seu critério fundamental da «preponderância causal», criaram as bases para uma jurisprudência mais sensibilizada com o significado do «risco de actividade» (*Betriebsgefahr*) e defensora da circunscrição da causa exoneratória (do § 1 da Lei de 1871) às *culpas graves* do lesado[814]. A

---

[812]   Para o confronto entre os artigos 1.° da Lei de 1875 e da (nova) Lei de 1905, que veio alargar a responsabilidade, ver F. HÄBERLIN, *Das eigene Verschulden des Geschädigten im schweizerischen Schadenersatzrecht*, Diss., Bern, 1924, pp. 87 e 88-89.

[813]   Cfr. também os artigos 1905.° do Código Civil espanhol de 1889 e 53.° da lei francesa de 31 de Maio de 1924, respeitante à responsabilidade do explorador de aeronaves.

[814]   Ver M. WILL, *op. cit.*, pp. 8-9, para esse confronto entre a rigidez do RG (*maxime* antes de 1902) e a abertura manifestada pelo BGH, com a decisão de 25 de Junho de 1951 (BGHZ 2, 355 e ss.), ao defender a ponderação (*Abwägung*) causal entre a culpa e o risco. Para a jurisprudência anterior à entrada em vigor do § 254, ver WENDT, *op. cit.*, pp. 166, 172 e 176 e HONSELL, *op. cit.* (*supra*, n.322), pp. 62 e ss. e, para uma defesa não estritamente jurídica da ponderação, ver LEONHARD, *op. cit.*, pp. 191-192 (pensando, sobretudo, nos danos causados por animais, o jurista alemão considerava «justo» que a culpa leve do lesado não precludisse toda a indemnização). Em sentido crítico, ver FRIESE, *Das Reichshaftpflichtgesetz und § 254 BGB*, in NJW 1951, pp. 336 e ss. (argumentando com a *especialidade* do diploma de 1871) e DUNZ, *Abwägungskriterien...*, NJW 1962, *cit.*, p. 2134 (para quem, confrontar contribuição causal e culpa é

250   *A conduta do lesado*

partir de 1909[815], a valoração da doutrina do § 254, no seio da legislação especial, tornou-se uma constante – como, aliás, já tivemos oportunidade de afirmar[816] – com todas as consequências favoráveis (ao lesado) ligadas a tal articulação.

Por outro lado, os riscos, a que passaram a estar sujeitos os trabalhadores de uma indústria nascente e de precárias condições de segurança, originaram movimentos legislativos[817] de tutela dessa classe,

---

como «somar maçãs com pêras») e, para a dificuldade (*maxime* no confronto entre o risco e a culpa grave), ROTHER, *op. cit.,* pp. 71 e ss. e *Die Begriffe Kausalität, Rechtswidrigkeit und Verschulden in ihrer Beziehung zueinander*, Festschrift für K. LARENZ zum 80. Geburtstag, München, 1983, p. 537.

[815] Ver o § 9 da *Kraftfahrgesetz* de 3 de Maio. Cfr. igualmente o § 20 da *Luftverkehrsgesetz*, na redacção de 1922 e 1936, o § 3 da *Sachschadenhaftpflichtgesetz* de 1940 e o § 1 a (4) da *Reichshaftpflichtgesetz* na redacção de 1943. Para as duas últimas, ver W. FILTHAUT, *Haftpflichtgesetz*, 3.ª ed., München, 1993, pp. 549 e 545.

Como assinala HÄBERLIN, *op. cit.*, p. 88, também na segunda lei ferroviária (de 28 de Março de 1905) os artigos 1.° e 5.° pareciam diferenciar as situações em que a «*eigene Verschulden*» do lesado actuava com força exclusiva ou como mera concausa. Particularmente expressivo era, nessa época, o § 27 da *Elektrizitätsgesetz* de 24 de Junho de 1902, ao circunscrever a exclusão de responsabilidade à «*grobes Verschulden des Verletzten*» (cfr. HÄBERLIN, *cit.*, pp. 89-90). Segundo COURVOISIER, *Responsabilité causale et faute de la victime*, in Revue Suisse de Jurisprudence, n.ᵒˢ 4-5, Zürich, 1934, pp. 54-55, a jurisprudência dos três primeiros decénios foi *extremamente benévola* na aplicação da legislação ferroviária, não retirando toda a indemnização aos lesados «pouco sensatos» perante a perigosidade do veículo em causa. A partir da lei automóvel de 1932, e do seu artigo 37.°, a jurisprudência passou a exonerar o responsável em situações de *culpa grave* (por ex., atravessamento repentino por embriagado, passageiro que se lança imprevistamente à via, criança de 15 anos que toca em catenária). Na Itália é que houve toda uma tradição legislativa, iniciada com a lei automóvel de 1912 e inspirada na lei austríaca de 1908, de ligar a responsabilidade a uma presunção de culpa (cfr. ROVELLI, *op. cit.*, pp. 18-21, para os antecedentes do artigo 2054.° do *Codice Civile*).

[816] Ver *supra*, n.82. Por último, para a projecção do § 254 no § 11 da *Umwelthaftungsgesetz*, ver BÄLZ, *Ersatz oder Ausgleich? Zum Standort der Gefährdungshaftung im Licht der neuesten Gesetzgebung*, JZ 1992, pp. 61 e 68.

[817] Entre outros, os diplomas alemães de 1883, 1884 e 1889, respectivamente, sobre os seguros de doença, de acidentes e de invalidez-velhice, e unificados, em 1911, com a *Reichsversicherungsordnung*, os *Workmen's Compensation Acts*, publicados a partir de 1897 e abolidos, em 1946 pelo *National Insurance Act* (cfr. WINFIELD/ /JOLOWICZ/ROGERS, *On Tort*, 12.ª ed., London, 1984, pp. 23 e 177-178), a lei francesa de 1898 (fruto das ideias de SAUZET, SAINCTLETTE, SALEILLES e THEVENET e incorporada, em 1946, no sistema da *Segurança Social*), a lei italiana de 1898 (substituída em 1935), a lei espanhola de 1900, a lei suíça do *seguro de acidentes e de doença*, de 1911 e a nossa Lei n.° 83 de 24 de Julho de 1913. Sobre este último diploma e os modelos

Sentido e função do problema da conduta culposa e não culposa   251

vítima das tarefas rotineiras e de uma imprudência inevitável, conectada ao desempenho das suas funções. E se bem que SCHILCHER[818] justifique o regime protector mais com um «sentimento de pena» e a «injustiça da sua sorte» do que com uma filosofia jurídica e ALPA/BESSONE[819] ponham em destaque a pressão sindical, o que é certo é que o movimento que, entre nós, se inicia com a Lei n.° 83 de 24 de Julho de 1913, da autoria do republicano ESTÊVÃO DE VASCONCELOS, derivou de um conjunto de factores que tiveram a ver com razões de *justiça social,* com a natureza do *risco profissional-industrial* e com a criação de *suportes financeiros (seguros sociais*[820]*, Fundos de Garantia* ou, como foi em grande medida o nosso caso, *seguros facultativos)* ainda incipientes, mas sintonizados com o regime substantivo e ao serviço do duplo interesse dos empregadores e dos trabalhadores[821].

A filosofia particular dos *acidentes laborais,* que se traduzia, basicamente, na exclusão da compensação pelo dano causado *voluntariamente*[822], não deixou de ser criticada, entre nós, por PINTO COELHO

---

que seguiu, ver JOÃO SERRA, *Da responsabilidade nos acidentes de trabalho,* ROA, ano 11.°, 1-2, 1951, pp. 321 e ss.. Para a tutela jurisprudencial dos trabalhadores, anterior ao surgimento do diploma francês de 1898, ver J. DESCHIZEAUX, *op. cit.,* pp. 46-48, e, para a aplicação, favorável aos trabalhadores «culpados», da *lei alemã da responsabilidade* de 1871, cfr. HONSELL, *op. cit.,* pp. 62 e ss..

[818] *Theorie der sozialen Schadensverteilung,* Berlin, 1977, p. 15.

[819] *I fatti illeciti, cit.,* p. 12.

[820] Ver *supra,* n.705.

[821] Para as razões do aparecimento da legislação laboral protectora, ver, entre nós, FERNANDO ROGEIRO, *Acidentes de trabalho,* ROA, ano 13.°, 3-4, 1953, pp. 134 e ss..

[822] Por ex., no artigo 20.° da Lei francesa de 1898, no artigo 64.°, 1 da Lei de 1946 e no actual *Código da Segurança Social,* o trabalhador não tinha (e não tem) direito ao *forfait* indemnizatório na *«faute intentionnelle»,* enquanto na *«faute inexcusable»* esse *forfait* era (e é) reduzido. Este regime foi adoptado pelo artigo 98.° da Lei suíça de 1911 (cfr. HÄBERLIN, *op. cit.,* pp. 92 e ss.) e pela jurisprudência espanhola pós-1903, como reacção à circunstância de o texto da lei se limitar a referir a «força maior» (ver, para uma evolução que culminou, em 1966, com a integração dos acidentes de trabalho na Segurança Social, e com a projecção, no artigo 84.° do diploma integrador, da dupla relevância do *dolo* e da *imprudência particularmente grave* do trabalhador, MIGUEL RODRIGUEZ-PIÑERO, *Culpa de la victima y accidente de trabajo,* in ADC, tomo XXIII, I, 1970, pp. 545 e ss.).

Mais especificamente, quanto aos primórdios da nossa legislação laboral e à sua evolução posterior, é de referir que, entre a Lei n.° 83 e a Lei n.° 1942 de 27 de Julho de 1936, o nosso legislador manteve o mesmo fundamento de exclusão da responsabilidade, que começou por existir no artigo 17.° do primeiro diploma («... acidente dolosamente provocado pela vítima ou que esta se recusa a cumprir as prescrições clínicas do médico que a trate...») e no artigo 172.º, 3 do Decreto (regulamentar) n.º 4288, de 22 de Maio de 1918, e transitou depois para o artigo 21.º do Decreto n.º 5637 de 10 de Maio de 1919.

De técnica mais apurada terá sido a citada Lei n.º 1942 (sucessora do diploma de 1919), ao considerar «*descaracterizadora*» do acidente laboral a circunstância (tradicional) da *provocação intencional* (artigo 2.º,1). Ao comentar o preceito, A. MENDONÇA BRAGA, *Da responsabilidade patronal por acidentes de trabalho*, ROA, ano 7.º, 3-4, 1947, pp. 216-217, defendia, contudo, e com evidente justeza, que os herdeiros do trabalhador, que cometera suicídio num acesso de loucura posterior ao acidente, deveriam conservar o direito à pensão. Como quer que seja, era óbvio que a denegação da indemnização, nos casos em que o trabalhador actuava com intenção de causar danos a si mesmo, repousava em razões de *justiça* e de *moralidade*, constituindo aquele limite mínimo irrecusável e comum às diversas legislações laborais.

Embora a natureza *facultativa* da transferência de responsabilidade (artigo 11.º) mantivesse, no fundo, os mecanismos da responsabilidade civil, discutiu-se se o fundamento da lei era o *risco profissional* (CUNHA GONÇALVES, *Tratado...*, XIII, *cit.*, p. 248, JOÃO SERRA, *cit.* (*supra*, n.817), pp. 309 e ss., e a RLJ, ano 53.º, 1920-1921, pp. 91-94) ou o *risco de autoridade*, como defendia, ao que parece, A. MENDONÇA BRAGA, *est. cit.*, pp. 185-186. Para um confronto com a legislação antecedente, no aspecto da garantia do pagamento das pensões, ver RUY CORRÊA MELLO, *Sistemas da organização da responsabilidade nos acidentes de trabalho nas principais legislações europeias*, ROA, anos 14.º, 15.º, 16.º, 1954-55-56, pp. 106 e ss..

Voltando ao artigo 2.º da Lei n.º 1942, apresentava-se como inovador o fundamento descaracterizador referido no seu n.º 2 e respeitante ao «... acto ou omissão da vítima contra ordens expressas, e logo propositadamente infringidas, das pessoas a quem estiver profissionalmente subordinada, ou de acto... em que se deminuam as condições de segurança do trabalho estabelecidas pela entidade patronal ou exigidas pela natureza particular do trabalho». A factualidade deste normativo tinha certamente a ver com o *comportamento particularmente grave* ou a categoria da «*faute inexcusable*», adoptada pelo legislador francês. E que era assim, parecia demonstrado pelo amplo comentário de CUNHA GONÇALVES (*Tratado...*, XIII, *cit.*, pp. 411 e ss.), ao integrar, no citado preceito, aquelas «temeridades inúteis, indesculpáveis», sem relação imediata com a função do trabalhador, e que o levavam a assumir, de forma *consciente* e *sem razão justificativa*, riscos enormes (por ex., nos casos – que cita – do operário que atravessa a linha de caminho de ferro com a locomotiva a menos de um metro, do pedreiro que aposta saltar de um andaime ou do empregado que sobe ao telhado da fábrica para observar um incêndio), sem que existisse um «impulso instintivo e altruísta».

O diploma de 1936 – parcialmente aplicável aos servidores do Estado, por força do Decreto-Lei n.º 38523 de 23 de Novembro de 1951 – era mais completo no tocante às *atitudes* do trabalhador face às lesões sofridas, e isto porque o artigo 25.º excluía toda a indemnização no *agravamento voluntário*, na contribuição com «manifesto desleixo» para esse agravamento, na falta de observância das prescrições do médico

Sentido e função do problema da conduta culposa e não culposa

assistente, na escolha (não permitida) de «... outra entidade que não seja o médico assistente que lhe tiver sido indicado pela entidade responsável...» e na falta de apresentação «... ao médico assistente sempre que lhe fôr indicado...». Ver *infra*, sobre a recusa a intervenções cirúrgicas no quadro dos artigos 15.° e ss. do Decreto n.° 27649 de 12 de Abril de 1937, e que regulamentou a Lei n.° 1942. Favorável ao trabalhador era, sem dúvida, o princípio geral, consignado no artigo 4.°, da irrelevância da «predisposição patológica da vítima» que não tivesse contribuído «...fundamentalmente para o aparecimento da lesão ou manifestação da doença».

A Base VI da actual Lei n.° 2127 de 3 de Agosto de 1965 (ver também o artigo 12.° da Portaria n.° 642/83 de 1 de Junho, relativa ao regulamento da *Caixa Nacional de Seguros de Doenças Profissionais*) conservou, praticamente, os mesmos fundamentos descaracterizadores do acidente laboral que se encontravam no referido artigo 2.° da Lei de 1936, sem que a substituição da expressão «intencionalmente provocado» por «dolosamente provocado» ou a síntese (necessária?) revelada pela segunda parte do n.° 1.° a), em confronto com a redacção mais extensa do anterior artigo 2.°, 2.°, modificassem esse dado objectivo. As grandes novidades do diploma de 1965 terão sido, por um lado, a consagração da figura do acidente devido *exclusivamente* a *falta grave e indesculpável* da vítima (n.° 1 b) da referida Base VI), expressão cara ao ordenamento laboral (e não só) francês, e já constante do artigo 20.° das Leis de 1898 e de 1946 e, por outro lado, a instituição de um *Fundo de Garantia e Actualização de Pensões* e o ressurgir da *obrigatoriedade* da transferência de responsabilidade, não para o seguro social, como em 1919 (cfr. *supra*, n.292), mas para as companhias de seguros (Base XLIII e ss.). Nota-se ainda, quanto ao tratamento das «predisposições patológicas» (Base VIII), um melhor afinamento conceitual na manutenção do princípio genérico da sua irrelevância (com as excepções da *ocultação dolosa* ou da *força causal exclusiva*) e a *harmonização* (ver *infra*) do regime da sujeição dos sinistrados a tratamentos e intervenções cirúrgicas (Base XIII).

Quanto à novidade do n.°1 b) da Base VI, como se tratava de um conceito sem precedentes o legislador entendeu por bem, não propriamente caracterizá-lo, mas circunscrevê-lo pela negativa, ao excluir da figura «... o acto ou a omissão resultante da habitualidade ao perigo do trabalho executado, da confiança na experiência profissional ou dos usos e costumes da profissão» (artigo 13.° do Decreto n.° 360/71 de 21 de Agosto, diploma regulamentador da Lei n.° 2127). Independentemente do problema da possível redundância da segunda parte do n.° 1 a), face à formulação genérica da alínea b) (a não observância dos preceitos sobre a utilização de equipamentos e vestuário protector ou a exposição consciente a radiações não integrará o quadro do último normativo?), é mais interessante, para o nosso tema, uma análise mais detida dessa alínea b).

Ao exigir a *exclusividade* da actuação grosseira do trabalhador, o legislador deixa sem resposta a questão de saber se o direito à reparação se mantém (e em que termos) na hipótese de aquele ter *concorrido gravemente* para o seu dano (por ex., a entidade patronal não se opõe à utilização de uma máquina perigosa, que o próprio trabalhador conhece mal). Nas páginas iniciais desta dissertação colocámos a hipótese da possível aplicação do princípio subjacente ao artigo 570.°, 1, questionando, assim, o frágil argumento *a contrario* (favorável ao trabalhador) retirável da letra desse n.° 1 b), e conducente a deixar intocada a participação do trabalhador no acidente. Dissemos também na altura (*supra*, n.90) que o STA, em acórdão de 17 de Dezembro de 1974, se pronunciara contra a aplicação desse artigo 570.°, 1, mas numa hipótese efectivamente não merecedora dessa aplicação, dado o acidente ter resultado, ao que parece, de imprudência «habitual» do trabalhador (*in casu*, e para caiar uma adega, o lesado encostara uma escada na calha de zinco do telhado e não na parede). Da leitura desse acórdão, e à margem do caso concreto, parecem insuficientes os argumentos ligados à *especialidade* do regime laboral, assim como a mera defesa da prevalência sistemática do risco sobra a culpa do trabalhador.

Em segundo lugar, há que referir que a nossa jurisprudência laboral aplica com *uniformidade* essa alínea b), ao caracterizar a «*falta grave e indesculpável*» como «*um comportamento temerário, inútil, indesculpável e reprovado por um elementar sentido de prudência*», afastando, assim, as negligências vulgares relacionadas com os perigos da actividade ou as condutas mais ou menos temerárias, mas justificadas (ver, entre muitos, para essa caracterização, os acórdãos do STJ de 30 de Janeiro de 1987, publ. no BMJ n.° 363, pp. 378 e ss., de 3 de Março de 1988, in AD n.°322, p. 1297, de 13 de Janeiro de 1989, in BMJ n.° 383, p. 456 – recorrendo pela negativa à ideia de «comportamento culposamente inconsciente ligado à execução do trabalho – , de 12 de Maio de 1989, in BMJ n.° 387, p. 400, de 19 de Maio de 1989, in BMJ n.° 387, p. 415 – com uma alusão à «negligência grosseira» – e de 3 de Julho de 1991, in AD, n.° 374, p. 215 e, na doutrina, ver J. DA CRUZ CARVALHO, *Acidentes de trabalho e doenças profissionais*, 2.ª ed., Lisboa, 1983, p. 52).

Essa delimitação não se afasta muito da caracterização feita – em relação à culpa do empregador – pelo Pleno da *Cour de Cassation* , em 15 de Julho de 1941, e retomada em 1980, da expressão «*faute inexcusable*», ao identificá-la com uma «*culpa de gravidade excepcional, derivada de um acto ou omissão voluntárias, da consciência do perigo que devia ter o seu autor, da falta de causa justificativa e sem natureza intencional*» (cfr. STARCK/ROLAND/BOYER, *op. cit.*, n.° 637, p. 342 e J.-J. DUPEYROUX, *Droit de la securité sociale*, 12.ª ed., Paris, 1993, n.° 439, p. 455). Sendo patente a influência da legislação francesa na redacção dessa alínea b), também não se estranha que, em alguns arestos, se procure salientar a exigência da *voluntariedade da conduta* ou do «*periculum in me accipio*» (cfr. os acórdãos da RP de 4 de Fevereiro de 1980, in CJ, ano V, tomo 1, 1980, pp. 84 e ss. e de 12 de Maio de 1980, in CJ, ano V, tomo 3, 1987, pp. 137 e ss. e do STJ de 12 de Maio de 1989, *cit. supra*, ao retirar a uma hipotética *derrapagem* automóvel essa natureza).

Dessa uniformidade jurisprudencial também faz parte a asserção de que a «culpa grave e indesculpável» se aplica *em concreto, casuisticamente*, em relação a *cada caso particular* e não em relação a um tipo abstracto de comportamento (cfr. os já *cit.*[os] acórdãos do STJ de 30 de Janeiro de 1987, de 3 de Março de 1988, de 12 de Maio de 1989

Sentido e função do problema da conduta culposa e não culposa   255

e de 19 de Maio de 1989). Deparamos, agora, com um problema semelhante a uma das questões mais importantes da teoria da conculpabilidade do lesado e que consiste em saber se a conduta «culposa» do prejudicado é aferida em função do mesmo *standard* objectivo com que se aprecia a conduta do lesante ou em face de um *critério subjectivo* em que se relevam as circunstâncias pessoais de cada lesado. Transposto este enunciado para a actuação *grosseira* do trabalhador e para um domínio onde pode não haver um lesante e, consequentemente, comparação de condutas, há que saber se a apreciação *em concreto*, a que se refere a jurisprudência, tem só a ver com as circunstâncias objectivas de cada acidente ou também com as circunstâncias de natureza pessoal desculpabilizante, ou, se afinal, esse relevo do circunstancialismo do caso não prescinde de um *padrão de referência,* tipicizado na «elementar diligência usada pela generalidade das pessoas para precaver a ocorrência de acidentes» (cfr. o n.º II do sumário do acórdão do STJ de 12 de Maio de 1989, *cit.*). Não temos dúvidas em afirmar que é esta última a interpretação mais correcta do modelo defendido pela jurisprudência, como também se conclui, aliás, por decisões da segunda instância, que aludem expressamente ao critério civilístico da *culpa em abstracto* (ver o acórdão da RE de 8 de Outubro de 1987, in CJ ano XII, tomo 4, 1987, p 321 e s., relativo a um caso de atropelamento de um trabalhador com problemas auditivos), que tomam por referência a culpa de um homem *extraordinariamente desleixado* (cfr. o acórdão da RL de 15 de Junho de 1988, in CJ, ano XIII, tomo 3, 1988, p. 201 – confirmado pelo acórdão do STJ de 12 de Maio de 1989, *cit.* – referente a um acidente de viação provocado por tentativa de ultrapassagem do lesado numa recta e com veículos vindos em sentido contrário e em fila contínua) ou que avaliam a «culpa grave e indesculpável» «... pelo procedimento habitual de um homem de sensatez média», tendo ainda em conta o plano concreto da conduta do lesado (acórdão da RP de 15 de Julho de 1985, in CJ, ano X, tomo 4, 1985, p. 273, num caso em que o sinistrado apostara que conseguia içar, de um poço com 10 metros, um balde cheio de terra e com o peso de 80 quilos). É claro que, nesta última decisão, o padrão utilizado é estranhamente o que serve para afirmar, em geral, uma culpa leve. O defender-se, aqui, uma *valoração objectiva* da conduta qualificada do trabalhador, tomando por bitola o cuidado de uma pessoa minimamente sensata e prudente, não afasta, como vimos, o relevo das *circunstâncias objectivamente concretas* ou «externas» ou de certos estados de privação de consciência (cfr. a alínea c) do n.º 1 da Base VI), mas não desculpa o trabalhador por condutas graves resultantes de uma *exposição insensata ao perigo,* devida a deficiências físicas, ignoradas pela entidade patronal, mas de que o lesado tinha consciência, mas não «compensou» devidamente. Daí as reservas que nos merece o voto de vencido ao acórdão da RE de 8 de Outubro de 1987, *cit.*, quando se afirma que «... é facto *quase natural* a travessia de um trabalhador meio surdo, em *condições de perigo...*» (sublinhados nossos).

Exemplos concretos da consideração das tais circunstâncias objectivas, parecem-nos ser os casos decididos pela RE, no acórdão de 7 de Janeiro de 1988, in CJ ano XIII, tomo 1, 1988, p. 286, numa hipótese de morte de um pastor alentejano, atingido por um raio atraído por um guarda-chuva, que trazia ao ombro. Embora se tivesse chegado a alegar que o pastor não deveria ter usado o guarda-chuva ou, pelo menos, um guarda-chuva com ponta metálica, a configuração da planície alentejana e a utilização habitual desse acessório funcionaram como factores de exclusão da gravidade da conduta, bem assim como o não afastamento do comportamento *daquele* pastor do que teria tido um pastor prudente. A este propósito, a invocação, que se faz no relatório do acórdão, de que «... dado o grau de cultura da vítima não lhe era exigível que soubesse que o guarda-chuva... podia... agravar os riscos de ser colhido por um raio...» (p. 287), parece querer valorar, *prima facie*, uma *circunstância intrínseca* do lesado, embora, no caso, a categoria «pastor alentejano minimamente prudente» pareça abarcar essa mesma ignorância. Também no acórdão do STA de 9 de Dezembro de 1975, publ. nos AD, n.° 170, p. 284, e relativamente à atitude de um trabalhador alentejano, que foi atropelado por um tractor à sombra do qual dormia, foi considerado que o «costume do trabalhador rural da charneca alentejana» descansar à sombra das máquinas é «justificado» pela configuração do próprio local («sem sombras, sem arvoredo que as provoque...»). Esta decisão merece-nos certas reservas, tendo em conta a situação particularmente perigosa (de dano para si) a que o trabalhador se expôs ao descansar «... com a cabeça colocada no enfiamento do rodado...» do tractor, não podendo, por outro lado, ver-se nesse costume do trabalhador alentejano o «costume profissional», a que se refere a parte final do artigo 13.° do Decreto-Lei n.° 360/71.

Como hipóteses jurisprudenciais, em que acertadamente se considerou verificada uma «culpa grave e indesculpável», podemos referir, entre muitas outras, as dos acórdãos da RP de 15 de Julho de 1985 e do STJ de 12 de Maio de 1989, cit.[os], do STJ de 30 de Novembro de 1979, publ. no BMJ n.° 291, pp. 373 e ss. (transporte de 10 toneladas de cimento num veículo conduzido em ponto morto, numa descida de acentuada inclinação, sendo a estrada sinuosa), de 11 de Junho de 1980, publ. no BMJ n.° 298, pp. 187 e ss. (o lesado seguia de pé no atrelado de um tractor, não agarrado a qualquer apoio e arremessando batatas a um cão), da RE de 3 de Fevereiro de 1981, in CJ, ano VI, tomo 1, 1981, pp. 128 e ss. (trabalhador, que ao conduzir uma bicicleta motorizada, não parou num sinal de *Stop*, entrando sem precaução num cruzamento com muito trânsito), da RC de 21 de Janeiro de 1986, in CJ, ano XI, tomo 1, pp. 67-68 (tractor que se voltou, ao ser conduzido por um trabalhador com taxa de alcoolemia de 0,7 g/l) e do STJ de 20 de Setembro de 1988, in AD, n.° 324, pp. 1594 e ss. (condução de «vespa» com taxa de alcoolemia duas vezes superior à legal e manobra brusca do condutor, guinando para a esquerda ao ser ultrapassado).

Na sua ânsia legítima de tutelar os trabalhadores sinistrados, libertando-os de uma «autoresponsabilidade» já de si circunscrita, a nossa jurisprudência laboral tem ido longe de mais em situações merecedoras, quanto a nós, do sinal descaracterizador, dada a *temeridade* das condutas e o *acréscimo intolerável* de perigo de dano para o trabalhador. Eis dois exemplos desse excesso: no acórdão da RL de 30 de Maio de 1984, publ na CJ, ano IX, tomo 3, 1984, pp. 234-235, considerou-se apenas negligente a conduta de um trabalhador, que, incumbido da tarefa de caiar uma cabine de transformação de corrente de alta tensão, foi electrocutado ao cair de uma tábua, que colocara nos suportes das porcelanas dos cabos por ter verificado que a escada não

Sentido e função do problema da conduta culposa e não culposa

(em crítica a ORLANDO)[823], ao aludir à regra pomponiana e ao imputar a *risco do trabalhador* as suas imprudências, distracções, os seus esquecimentos e desleixos, fruto de um certo relaxamento e da insensibilidade a um perigo rotineiro. Conhecido o núcleo do pensamento subjectivista de PINTO COELHO, não causa estranheza a invocação de um «sentimento natural de justiça» e da precariedade económica do

---

chegava ao cimo da cabine, e no acórdão do STJ de 30 de Janeiro de 1987, *cit.*, decidiu-se o caso de atropelamento de um menor de 15 anos que, ao atravessar uma estrada nacional dentro de uma povoação, e com o trânsito aberto aos veículos, terá recuado depois de ter atingido o eixo da via. Valorando o duplo argumento da idade do lesado e da «habituação ao intenso tráfego automóvel de uma via que atravessa a povoação onde trbalha...» os Conselheiros, com o voto de vencido de DIAS DA FONSECA, concluíram pela ausência de «culpa grave e indesculpável», confirmando o acórdão da RL de 18 de Dezembro de 1985, publ na CJ, ano X, tomo 5, 1985, pp. 162 e ss., o qual, paradoxalmente, justificara a conduta com o «panorama que... se observa nas ruas das grandes cidades», arvorando assim como padrão a conduta de um peão... descuidado. Os argumentos utilizados pelo Supremo também não nos parecem felizes, na medida em que, como veremos, a tendência protectora dos menores-peões que concorreram para os danos, e com excepção da lei BADINTER, não vai ao ponto de os tutelar contra imprudências (*Fehlverhalten*) ou ilícitos contravencionais cometidos numa faixa etária em que já se justifica a «confiança» na sua correcta participação no tráfego e, por outro lado, a «habituação», de que fala o relatório do acórdão, não pode servir para esvaziar de sentido um conceito que pressupõe, precisamente, uma exposição consciente e voluntária ao perigo, com uma elevada propensão autodanosa, como aconteceu no caso *sub judice*.

A situação decidida pelo Supremo leva-nos para as hipóteses mais específicas de acidentes, simultaneamente de viação e de trabalho, no âmbito das quais já o artigo 570.º pode funcionar, verificada que seja uma hipótese concursual (por ex., culpa do atropelante e do atropelado). Não podendo a entidade patronal invocar contra o seu trabalhador o risco de um possível despiste, também é certo que a aplicação do artigo 505.º poderá privar o lesado do benefício da pluralidade de responsáveis. A ausência de motivos legais preclusivos de um dos fundamentos de responsabilidade traz para o primeiro plano quatro questões essenciais: a da prioridade conferida ao *risco* do veículo atropelante, a da *não coincidência* entre o conteúdo das duas indemnizações (pela relevância do preceituado nos artigos 494.º, 508.º e 570.º, 1), a da efectivação do *direito* de *subrogação* da entidade patronal (cfr. a Base XXXVII da Lei n.º 2127), nos casos em que o terceiro causador responda limitadamente, e a do possível relevo do *risco* do veículo onde ia o lesado. Para o importante problema de saber se o motorista, o cobrador e o mecânico são terceiros beneficiários do regime de responsabilidade pelo risco, ver VAZ SERRA, RLJ, ano 102.º, pp. 28-29 (sem articular com o regime dos acidentes de trabalho), em anot. ao acórdão do STJ de 30 de Janeiro de 1968, publ. no BMJ n.º 173, p. 275, ALMEIDA COSTA, *op. cit.*, pp. 532-533, J. RIBEIRO DE FARIA, *Direito das Obrigações*, II, *cit.*, pp. 57-58, n.(2) e DARIO MARTINS DE ALMEIDA, *op. cit.*, pp. 341-342.

[823] *Op. cit.*, pp. 57-58.

258   *A conduta do lesado*

causador para combater a tese progressista, de ORLANDO, de fazer recair sobre o atropelante o dano resultante da negligência do lesado[824].

No nosso ordenamento, à margem do justificado regime desculpabilizante dos acidentes laborais, a conduta do lesado surgiu na responsabilidade objectiva como uma das causas clássicas da sua exclusão (ao lado da *força maior* e da *conduta de terceiro*)[825], outorgando-lhe a conhecida característica da *relatividade,* sem embargo de ser situada num (discutível) enquadramento exclusivamente causal. No domínio ainda pouco sensível dos *acidentes de trânsito,* se no § 7 (2) da Lei alemã de 1909 (e a que sucedeu a *Straßenverkehrsgesetz* de 1952) estava prevista a exclusão da responsabilidade desde que o acidente fosse causado por um «evento inevitável» (*unabwendbares Ereignis)* relacionado, por ex., com a conduta do lesado[826], e se a jurisprudência francesa, a partir dos anos 30, começa a afirmar uma ainda indefinida *presunção de responsabilidade,* só vencida *plenamente* com a demonstração de uma *cause etrangère non imputable*[827], nos nossos

---

[824] O caso de que parte PINTO COELHO (*op. cit.,* pp. 90-91) é o do acidente resultante da conjugação de determinados riscos (cavalos que se espantam ou «impossibilidade de os segurar numa certa inclinação») com a distracção do atropelado. Ao imputar a este último o acidente, como consequência forçosa da sua conduta, PINTO COELHO não resolve convenientemente a questão causal e desloca todo o problema para o domínio da culpa.

[825] Ver GUILHERME MOREIRA, *Instituições..., cit.,* p. 600, JOSÉ TAVARES, *op. cit.,* pp. 532-533 e MANUEL DE ANDRADE, *Teoria Geral da Relação Jurídica,* II, 2.ª reimpressão, Coimbra, 1966, pp. 6-7.

[826] Sobre esse § 7 ver, entre outros, MEDICUS, *Schuldrecht,* II, *cit.* (*supra,* n.335), § 146, pp. 404-405 e DEUTSCH, *Haftungsrecht, cit.,* p. 376 e *Gefährdungshaftung: Tatbestand und Schutzbereich,* in JuS 1981, pp. 317 e ss. (criticando a aplicação aos peões – crianças de um conceito demasiado próximo dos contornos da *força maior).*

[827] Até 1934 era dominante a ideia de que a *culpa do lesado* e a própria «aceitação dos riscos» afastavam as discutíveis *presunções de responsabilidade* constantes dos artigos 1384.°, 1 e 1385.° (cfr., para esse período, H. CAPITANT, *Les passages cloutés,* in D., 1931, *chron.,* pp. 18-19 – criticando uma decisão da *Chambre des Requêtes* de 25 de Novembro de 1924, defensora de uma solução de «partilha», apesar da imprudência do lesado que, sem abrir as janelas, iluminara com uma vela um aposento com cheiro a gás, originado numa ruptura da canalização – e DESCHIZEAUX, *op. cit.,* pp. 141 e ss., e, para a defesa de uma simples *culpa presumida,* LAPOYADE DESCHAMPS, *op. cit.,* pp. 218 e ss., J. FLOUR/JEAN-LUC AUBERT, *op. cit.,* n.° 269, pp. 257-258, VINEY, *L'indemnisation des victimes...,* in D. 1982, *chron., cit.,* p. 203 e G. WIEDERKEHR, *Les incidences du comportement de la victime sur la responsabilité en droit français,* in *Entwicklung des Deliktsrechts in rechtsvergleichender Sicht,* Frankfurt am Main, 1987, pp. 113 e ss.).

Sentido e função do problema da conduta culposa e não culposa   259

primeiros diplomas de teor objectivo surge afirmada categoricamente a força *neutralizadora* da conduta culposa ou não culposa do lesado.

Relativamente às dúvidas já equacionadas e suscitadas pelos nossos primeiros diplomas estradais quanto à consagração ou não de um regime de responsabilidade pelo risco[828], se os diplomas de 1918, 1919 e de 1928, terão pretendido consagrar mais uma presunção de responsabilidade ou uma responsabilidade objectiva do que uma presunção de culpa, já dissemos que o conservadorismo jurídico da época, a ausência de argumentos suficientemente conclusivos a favor daqueles

---

Com o *arrêt Durrand Frase* da *Chambre des Requêtes* (13 de Abril de 1934) e um *arrêt* de 1936 da *Cour de Cassation*, a jurisprudência, no círculo da *responsabilité du fait des choses*, passa a conferir *força exoneratória plena* à culpa do lesado, que se apresente como *cause étrangère non imputable*. Ao recorrer a esta fórmula, «requisitada» ao domínio contratual, e ao identificá-la com a ausência dos elementos subjectivos da *imprevisibilidade* e da *inevitabilidade*, a jurisprudência francesa não separou convenientemente as diversas *causes etrangères*, contentando-se (*maxime* a partir de 1940) em retirar da prova daqueles elementos a *exclusividade* causal da condição colocada pelo lesado. TUNC (*La Securité Routière*, *cit.*, n.° 39, p. 36) não deixou de criticar essa visão simplista do acidente, mesmo na fase da chamada *ligne souple*, «inaugurada», em 1963, com uma decisão da segunda *Chambre civile*, referente a um caso em que uma criança foi mordida por um cão, que ela mesmo tinha açulado (para uma análise crítica, ver o mesmo TUNC, RTDC, 1964, pp. 325-326). Essa visão menos radical e mais propícia à ponderação das condutas, resultante da exigência – como condição exoneratória – de uma mera imprevisibilidade *normal*, terá tido um efeito contrário ao da pretendida simplificação. Como quer que seja, a nota característica do período, que vai até ao célebre *arrêt Desmares* de 21 de Julho de 1982 (ver *infra*, n.° 26), é caracterizada pela admissibilidade de uma *partage de responsabilité* (mesmo que apodada de «subjectivista» e «arbitrária» por parte de J. FLOUR/JEAN-LUC AUBERT, *op. cit.*, n.° 270, p. 260, dada a ausência de duas condutas culposas) para os casos em que a culpa do lesado não podia ser (normalmente) previsível (CARBONNIER, *op. cit.*, n.° 269, p. 486, é que não deixou de considerar esse «arabesco jurídico» como critério prejudicial para as «vítimas-peões»). Mesmo no plano legal, é de referir o acolhimento da solução geral de repartição no artigo 6.° da Lei de 8 de Julho de 1941 (*responsabilité du fait des télépheriques*) e no parágrafo segundo do artigo 141.° do Decreto de 30 de Março de 1967, substitutivo do artigo 53.° do «Código aéreo» de 1924. Já vimos (*supra*, n.646), como é que a partir de uma decisão da segunda *Chambre civile* da *Cour de Cassation* (o *arrêt Berthier* de 17 de Dezembro de 1963) a jurisprudência passou a admitir, como medida tuteladora do *gardien*, a eficácia parcialmente exoneratória do mero *fait non fautif*, traduzido numa *conduta anormal concorrente* (mesmo das crianças), assumindo igualmente a defesa de uma *faute objective*. Para uma crítica a esse «equilíbrio» de posições, reflexo da jurisprudência *Lamoricière* e desconhecedor do papel do seguro, ver J. FLOUR/JEAN-LUC AUBERT, *op. cit.*, n.ºs 271-273, pp. 260 e ss. e os autores *cit.^{os}* *supra*, n.646.

[828] Ver *supra*, pp. 225-226.

critérios e os dados inequívocos do preâmbulo do Decreto n.º 4536 – não infirmados nos diplomas posteriores, depositários da mesma técnica de exigência da *prova positiva* da diligência – conduzem-nos a pensar que a doutrina objectiva só terá surgido, e mesmo assim sem a sua devida compreensão, com a harmonização interpretativa do artigo 140.º do terceiro Código da Estrada, feita pelo Assento de 4 de Abril de 1933 [829], e posteriormente confirmada, e precisada, no artigo 56.º do Código da Estrada de 1954. Consequentemente, enquanto que, nos diplomas de 1918 [830], 1919 [831] e 1928 [832], a *«culpa do ofendido»* e a *actuação dolosa do lesado* funcionavam como circunstâncias preclusivas do que nos parecia ser mais uma presunção de culpa e o *agravamento culposo* dos efeitos do acidente relevava para a fixação do *quantum* indemnizatório, com o Assento de 4 de Abril o «dolo ou culpa do ofendido», a que se referia o artigo 140.º do Código da Estrada de 1930, integrava a trilogia das causas clássicas exoneratórias («...sempre que o desastre não for imputável ao lesado»...), como expressão da filosofia do artigo 138.º daquele Código, dotado de um escopo prevalentemente protector dos *interesses do condutor* e recorrendo a uma técnica de formulação não muito distante da utilizada no artigo 705.º do Código de Seabra [833].

Que era esse o pensamento central que presidira à elaboração dessa legislação, ressaltava não só da ausência de esteios normativos que, à margem da simultaneidade da «culpa do lesado e do condutor do veículo», permitissem defender uma via alternativa à da atracção--absorção, mas também da própria visão *causal* do acidente, segundo a qual qualquer conduta do lesado, independentemente do grau de culpa, da maior ou menor consciência do perigo ou da existência de qualquer deficiência física, podia funcionar como *factor de exclusão* do critério objectivo previsto no artigo 138.º [834]. Notava-se, contudo, no seio de

---

[829] Ver *supra*, n.709. Exemplo de jurisprudência «saudosista» é o caso do acórdão do STJ de 22 de Março de 1960, publ. no BMJ n.º 95, p. 231, ao afirmar que o Assento tinha partido de uma presunção de culpa.

[830] Cfr. o artigo 3.º e o seu § único do Decreto n.º 4536.

[831] Cfr. o artigo 3.º e o seu § único e o § 2 do artigo 4.º do Decreto n.º 5646.

[832] Cfr. o artigo 35.º e o seu § único do Decreto n.º 14988, de 6 de Fevereiro de 1928 e o artigo 32.º e o seu § único do Decreto n.º 15536 de 14 de Abril de 1928.

[833] Ver igualmente a segunda parte do artigo 2393.º e a sua remissão para o artigo 705.º.

[834] Num sentido ainda preso à letra do artigo 140.º, ver CUNHA GONÇALVES, *Tratado...*, XIII, *cit.*, pp. 162 e ss..

Sentido e função do problema da conduta culposa e não culposa   261

certa doutrina e jurisprudência, e em contradição com os corolários que um critério objectivista comportava, uma *interpretação subjectivista* da doutrina do Assento, ao fazer coincidir a expressão «...desastre imputável ao lesado» com a fórmula «dolo ou culpa do ofendido»[835], empregue no artigo 140.° do diploma rodoviário de 1930. Esta anomalia interpretativa, sinal inequívoco das hesitações e contradições da época, redundava reflexamente na tutela dos lesados não culpados (*maxime* os menores inimputáveis), mas com comportamentos objectivamente imprevidentes[836], invocando-se mesmo, em nome de um certo «geometrismo», a ausência, em relação a esses lesados, do princípio da responsabilidade sem culpa[837]. Potenciador desse compreensível desiderato protector do condutor era a *natureza facultativa* do seguro de responsabilidade, não estatuindo a alínea d) do artigo 138.°, do diploma de 1930, algo de diferente[838] do que já tinha sido consagrado no

---

[835] GOMES LEÃO, *A menoridade inimputável perante o Código da Estrada*, in ROA, ano 10.°, 1-2, 1950, pp. 431 e ss., era precisamente da opinião de que o Assento de 1933 não tinha querido dar à palavra «imputável» um sentido diverso do da exigência culposa – feita no artigo 140.° do Código da Estrada – o que significava colocar a tónica na «garantia» dada pelo autor do acidente.

Quanto à jurisprudência, se ainda não é significativo o acórdão da RP de 22 de Abril de 1931 (atropelamento de um menor de 10 anos quando atravessava a rua a correr, estando o veículo atropelante a cerca de 8/10 metros), publ. na RT, ano 49.°, pp. 169 e ss., já não oferece dúvidas a tendência que resulta dos acórdãos do STJ de 16 de Janeiro de 1948 (menor de 8 anos atropelado quando saía a correr da escola), publ. no BMJ n.°5, pp. 235-237 e 23 de Março de 1954 (atropelamento de um menor de 4 anos dentro de uma povoação), publ. no BMJ n.° 42, p. 265-268, apesar da solução contrária e *causalista*, expressa no acórdão de 22 de Março de 1960, *cit. supra*, n.829, e referente ao atropelamento de um menor de 7 anos, em local próximo da escola. Prova patente das hesitações de que falamos no texto, é, por ex., a circunstância de, no relatório do acórdão de 16 de Janeiro de 1948, *cit.*, se encontrar uma alusão simultânea à responsabilidade objectiva e à presunção de culpa.

[836] Para a afirmação da *culpa* de um menor de 6 anos, que «entrou a correr na estrada no intuito de se agarrar» a uma camioneta, ver o acórdão do STJ de 30 de Março de 1943, publ. no BOMJ, ano III, n.° 16, p. 77. Essa decisão revela, contudo, uma certa falta de sintonia entre a interpretação subjectivista da doutrina do Assento e a conclusão retirada pelo Conselheiro MAGALHÃES BARROS. Como veremos (*infra*, n.840), PEREIRA COELHO não hesitaria em aplaudir a decisão, partindo do seu conceito «abstracto» de culpa.

[837] Expressamente nesse sentido, ver o acórdão do STJ de 16 de Janeiro de 1948, *cit.* (*supra*, n.835), p. 236.

[838] Inovadora era não só a alínea a) desse artigo 138.°, ao estatuir o máximo de 200 contos para os danos causados sem «intenção criminosa», mas também o § 2.° desse mesmo artigo, ao prescrever praticamente a *obrigatoriedade* da celebração do

artigo 8.° do Decreto n.° 4536 de 1918 ou que viria a fixar-se no artigo 57.° do Código da Estrada de 1954.

A última parte do parágrafo inicial do artigo 56.°, 1 do Código de 1954 acolheu textualmente a doutrina do Assento, ao condicionar a exclusão de uma inequívoca responsabilidade objectiva[839] à prova dos fundamentos que tinham sido afirmados em 1933. A ausência de um preceito «perturbador», similar ao do artigo 140.° do Código anterior, implicava que se retirassem duas conclusões da redacção dada ao primeiro normativo. Em primeiro lugar, estranha mas compreensívelmente, como contrapeso do critério objectivo e da sua filosofia, ter-se-á alargado o leque das condutas exoneratórias aos *comportamentos culposos e não culposos*[840] – embora *alheios* aos riscos de utilização do veí-

---

seguro para os transportes colectivos de passageiros. E se estas novidades foram consagradas, respectivamente, nos artigos 56.°, 2 e 57.°, 2 do Código da Estrada de 1954, a manutenção da natureza facultativa do seguro viria a justificar a validação jurisprudencial de cláusulas relativas à irresponsabilidade da seguradora pelos danos derivados de acidentes provocados por *embriaguez* do condutor (cfr. o acórdão do STJ de 10 de Fevereiro de 1960, publ. no BMJ n.° 94, p. 125).

[839] Cfr. o n.° IV do preâmbulo ao Decreto-Lei n.° 39672 de 20 de Maio.

[840] Para esse entendimento, ver VAZ SERRA, *Culpa do devedor ou do agente*, BMJ n.° 68, *cit.* (*supra*, n.95), pp. 96-98, n.(143), embora no estudo publicado no BMJ n.° 90, *cit.* (*supra*, n.687), pp. 164 e ss., pareça mais comedido e com maiores dúvidas, e no *Conculpabilidade do lesado*, *cit.*, p. 160, identifique «imputável» com «facto doloso ou culposo». Ver igualmente J. G. DE SÁ CARNEIRO, *Responsabilidade civil e criminal...*, RT, ano 81.°, 1963, *cit.*, pp. 249-250, o Parecer n.° 16/63, da Procuradoria--Geral da República, de 28 de Março, publ. no BMJ n.° 128, pp. 311 e ss. (invocando a diferente redacção do artigo 56.°, 1, relativamente ao artigo 140.° do Código de 1930, o sentido das chamadas «causas estranhas» à criação do risco e a discutível paridade de tratamento entre o lesante e o lesado inimputáveis) e, na jurisprudência, os acórdãos da RL de 21 de Abril de 1961, in JuR, ano 7.°, tomo II, p. 326 (perfilhando a doutrina da «concorrência de culpas» do condutor imprevidente e «do menor de 4 anos, através dos pais», que tinham negligenciado a vigilância do filho, deixando-o brincar numa estrada movimentada), do STJ de 17 de Julho de 1964, publ. no BMJ n.° 139, pp. 281 e ss. (na p. 284 é afirmado que, para aplicar o artigo 56.°,3, é bastante «a acção ou omissão... do lesado – *in casu*, um menor de 4 anos – que concorra para o acidente...), e do STJ de 5 de Dezembro de 1967, publ. no BMJ n.° 172, p. 237, anot. favoravelmente por ANTUNES VARELA na RLJ, ano 101.°, *cit.* (*supra*, n.342), pp. 251 e ss. (ao considerar «violenta» a jurisprudência que subjectivou o artigo 140.° do Código de 1930 e ao parificar, numa atitude que reputamos de excessiva, ao dolo e à culpa grave do trabalhador as condutas (objectivamente) graves dos inimputáveis). Diversamente, num sentido favorável aos lesados inimputáveis, o acórdão da RC de 28 de Junho de 1966, in JuR, ano 12.°, tomo III, pp. 582-583, recusou configurar qualquer conduta ou «facto» concorrente do menor inimputável – não discordamos da negação do concurso

Sentido e função do problema da conduta culposa e não culposa   263

culo –, mesmo que certos lesados (como o caso dos inimputáveis) revelassem insensibilidade face ao perigo de sofrerem danos. Em segundo lugar, e pese o silêncio da lei, a eficácia exoneratória da conduta do lesado era condicionada à *exclusividade causal*[841] (para o dano) do seu comportamento, nada se dizendo, contudo, acerca da admissibilidade[842] ou do regime de uma solução concursual, de tipo diferente das previstas no n.º 3 do artigo 56.º («...culpa do lesado e do condutor... e ainda quando os resultados do acidente se tenham agravado por culpa do lesado...»).

Nessa mesma década de 50, nos trabalhos preparatórios do novo Código Civil e ao discutir os fundamentos teóricos da responsabilidade pelo risco, VAZ SERRA[843], não deixando de salientar a ligação entre a *ratio* desse critério e a sua *relatividade*, e sob a influência de soluções aceites na dogmática germânica e suíça, sustentava a «repartição» do dano resultante do *concurso* entre o perigo efectivo inerente à circulação automóvel e a conduta culposa ou não culposa do lesado. O ilustre

---

de causas, dada a velocidade excessiva do veículo atropelante, a distância a que se encontrava do ponto do acidente e a circunstância de o menor de 5 anos ter sido colhido a um metro do passeio que queria atingir – embora com a afirmação, que não consideramos correcta, de que o dever de vigilância paterno só diz respeito aos terceiros lesados!!!

PEREIRA COELHO, *A causalidade na responsabilidade civil...*, RDES, ano XII, n.º 4, 1965, *cit.* (*supra*, n.203), p. 3, e num sentido aparentemente oposto à jurisprudência predominante, identificava «imputável» com culpa, embora tivesse desta uma compreensão «abstracta», integrante das condutas do lesado «... cego, surdo, ou até, menor ou demente sem o uso da razão...».

[841] Cfr. os acórdãos do STJ de 5 de Dezembro de 1967, *cit.*, pp. 239-240 e de 17 de Janeiro de 1962, publ. no BMJ n.º 113, p. 352. Neste último aresto, não causa estranheza que nem sequer se tenha hipotizado a questão da eventual tutela do atropelado (pessoa de 77 anos e que se deslocava com o auxílio de uma bengala).

[842] Para a negação da «concorrência de culpa com o risco», ver os acórdãos do STJ de 14 de Junho de 1966, publ. no BMJ n.º 158, pp. 305 e ss. e de 7 de Junho de 1967, publ. no BMJ n.º 168, p. 207.

[843] *Fundamento da responsabilidade civil...*, BMJ n.º 90, *cit.*, pp. 166-169 e 308 (artigo 3.º, 3 e 6) e *Conculpabilidade do prejudicado*, BMJ n.º 86, *cit.*, pp. 160-161, 166-167 e 171 (artigo 7.º, 3). No tocante às condutas dos *inimputáveis*, VAZ SERRA exigia, para a sua relevância, um duplo requisito: que o comportamento tivesse sido «inferior ao dos homens cuidadosos» e que se justificasse, em nome dos mesmos «motivos de equidade», que VAZ SERRA avocava como legitimadores da responsabilidade dos inimputáveis, a aplicação dos princípios propostos para o concurso de culpas. Atente-se que os dois requisitos são emanações do pensamento «geométrico», a que nos temos referido com frequência.

jurista afirmava, assim, uma posição de repúdio ao unilateralismo do Código de 1954 e à rigidez das suas soluções. Distinguindo os casos em que o acidente devia ser considerado *exclusivamente* atribuível à conduta do lesado e aqueles em que o risco devia ser sopesado como *relevante factor concausal,* VAZ SERRA não hesitava em aplicar, a estas últimas hipóteses, o próprio artigo 56,3, mediante o processo integrador referido ao artigo 16.° do Código oitocentista[844]. Ao concretizar o seu pensamento, VAZ SERRA não se manteve fiel a essa demarcação objectiva (causalidade exclusiva-concausalidade), introduzindo no seu critério elementos subjectivos, atinentes à *maior* ou *menor gravidade* da conduta culposa do lesado. Desta conjugação parecia resultar uma solução satisfatória no plano da tutela devida aos lesados, embora com o sacrifício, não dissimulado, de um certo rigorismo jurídico. Na realidade, VAZ SERRA considerava que *a culpa leve* do lesado implicava necessariamente a consideração concausal dos riscos da utilização do veículo e que só a conduta, que reunisse as características da *exclusividade causal* com a *gravidade da culpa,* teria uma eficácia exoneratória plena[845].

As propostas «reparadoras» de VAZ SERRA, a que voltaremos mais à frente e que começaram por influenciar SÁ CARNEIRO[846], tiveram nitidamente em apreço os dados do direito suíço dos acidentes de trânsito e a prática jurisprudencial de relevar, como «causa interruptiva» (*Unterbrechungsgrund*), a *intensidade* e a *importância* da causa colocada pelos participantes no tráfego. Projectando a um plano mais elevado, em atenção ao seu escopo protector, a responsabilidade inerente à actividade geradora de risco, a dogmática suíça sustenta que só uma *«culpa grave do lesado» (schweres Selbstverschulden)* tem «força» suficiente para «abalar» juridicamente aquela responsabilidade[847]. Este

---

[844] Ver a RLJ, ano 99.°, pp. 364 e ss. (*maxime* pp. 372-373), em anot. ao acórdão do STJ de 14 de Junho de 1966, *cit. (supra,* n.842). Em abono da sua posição concursal, VAZ SERRA discorre sobre os regimes francês, alemão, suíço e espanhol referentes a essa matéria.

[845] *Ibidem*, pp. 372-373.

[846] Ver *infra*, n.° 99.

[847] Para uma visão mais global e sem esquecer o que se diz *supra*, n.815, ver OFTINGER, *op. cit.,* pp. 92 e ss. e 121-124 (emitindo reservas ao conceito alemão--austríaco do «evento inevitável») e *L'évolution de la responsabilité civile..., cit.* (*supra,* n.736), p. 725, H. DESCHENAUX/P. TERCIER, *op. cit.,* pp. 85, 182 e 186 (com alusão ao artigo 59.°, 1 da lei automóvel de 1958 e a outras leis especiais), H. MAURER, *op. cit. (supra,* n.216), pp. 30 e ss., e ENGEL, *Traité des Obligations en droit suisse,*

Sentido e função do problema da conduta culposa e não culposa 265

apelo a um *facto preponderente,* a uma *culpa qualificada,* ligada a uma patente irreflexão e ligeireza, que remonta originariamente à filosofia dos acidentes laborais, em conjugação com a consolidação, em 1932, do seguro de responsabilidade, criado em 1914, permitiu desculpabilizar as faltas leves, outorgando à responsabilidade pela condução dos veículos, e não só, o seu verdadeiro fundamento jurídico e o seu estatuto social.

É, no fundo, essa *public policy* e a necessidade de não fazer prevalecer a tradicional *contributory negligence rule* sobre a *strict liability* que, no direito americano [848], mesmo fora do círculo privilegiado dos *statutes* laborais e do sistema *no fault,* vigente em diversos Estados para os acidentes de trânsito, levam a não admitir a mera *contributory negligence* como *defence* (na responsabilidade objectiva), a não ser que o lesado actue *intencionalmente* (*wilfully*), se *exponha voluntária e desnecessariamente* ao perigo de lesão (por ex, como *trespasser*) ou *assuma,* expressa ou tacitamente, *o risco* de sofrer danos (por ex, como domador de animais). O direito da *common law,* a partir do caso *Caswell v. Powell* (1940), e o direito da *civil law,* desde o *Law Reform (Contributory Negligence) Act* de 1945, não vão, em regra [849], tão longe, se pensarmos que, por ex., o último *statute* é aplicado à *strict liability* resultante da *Rylands v. Fletcher rule* [850] (1866), não é alheio à legisla-

---

Nêuchatel, 1973, n.° 141, p. 373. RUSCONI, *rev. cit.* (*supra,* n.642), pp. 342 e ss., levanta reservas à concepção tradicional ou causalista, assente na consideração da *culpa grave* como factor interruptivo, preferindo fundar «moralmente» a solução preclusiva. Quanto aos lesados inimputáveis, o *Bundesgericht* é favorável à *redução* da indemnização, aplicando analogicamente o artigo 54.°, 1 do Código suíço, correspondente ao nosso artigo 489.° (cfr. RUSCONI, *cit.,* p. 353, para uma solução não aceite pacificamente na doutrina).

[848] Cfr., por ex., os §§ 402A, 484, 511, 515, 523 e 524 do *Restatement of the Law of Torts,* II, (§§ 281-503) e III (§§ 504-707A), *cit.* (*supra,* n. 140), para o relevo, na posse de animais, de propriedades e nas actividades perigosas, do «*voluntarily and unreasonably encountering a known risk*» e do «*voluntary assumption of the risk*», e ver ainda os comentários de W. PROSSER nas pp. 356 e 541 do 2.° volume e 20-21, 25-27 e 50-51 do 3.°.

[849] Ver, relativamente à «*very gross misconduct by a worker*», consistente ou não num *breach of statutory duty,* FLEMING, *op. cit.,* pp. 488-489. Para o regime menos protector existente no sistema laboral inglês, ver WESTER, *op. cit.,* pp. 244-245 e, para a necessidade de os tribunais serem prudentes na admissão de uma *contributory negligence* face ao *breach of statutory duty* do empregador, ver WINFIELD/JOLOWICZ/ /ROGERS, *op. cit.,* pp. 156-157.

[850] Ver WINFIELD/JOLOWICZ/ROGERS, *op. cit.,* pp. 446-447 e STREET/BRAZIER, *op. cit.,* pp. 354-355, e cfr. *supra,* n.674.

266 *A conduta do lesado*

ção ambiental mais recente[851] ou integra o conteúdo de diplomas como o *Animals Act* de 1971[852] ou o *Consumer Protection Act* de 1987[853].

24. O relevo da norma paradigmática do artigo 505.º e a sua interpretação tradicional. O sentido menos rígido da legislação especial mais recente e a sua importância para a defesa de soluções concursuais

A entrada em vigor do Código Civil de 1966 não representou qualquer «corte» com o sentido amplo, dado pelo artigo 56.º, 1 do Código da Estrada, pelo Assento de 1933 e, sobretudo, pela doutrina objectivista à expressão «imputável ao lesado». Na realidade, no sector de normas dedicadas aos *acidentes de viação,* o legislador manteve, no artigo 505.º, a trilogia clássica das causas exoneratórias, afirmando concretamente a exclusão da responsabilidade do detentor para o caso de o acidente ter sido «imputável ao lesado». Não querendo fugir a um certo «simetrismo» e continuando a partir do papel prioritário conferido à culpa, o legislador tratou com favor o responsável sem culpa ao fazer *absorver* o fundamento objectivo pela demonstração da *autonomia* ou da *independência* da condição-causa ligada à conduta do lesado. Que o artigo 505.º, num sistema que continuava a não exigir seguro obrigatório e se mantinha fiel aos limites máximos indemnizatórios consagrados nos diplomas estradais, nada inovou, em confronto com a sua fonte mais directa, continuando a valorar todas as condutas imputáveis (*lato sensu*)[854] ao lesado, foi bem demonstrado pela doutrina e

---

[851] Ver WINFIELD/JOLOWICZ/ROGERS, *op. cit.*, pp. 459-461.

[852] Ver WINFIELD/JOLOWICZ/ROGERS, p. 467 e STREET/BRAZIER, *op. cit.*, pp. 360-361. O parágrafo 5(1) e (2) do *Animals Act* exclui, por outro lado, a indemnização, se o dano foi *exclusivamente* devido à *culpa* do lesado ou se este *aceitou voluntariamente o risco.*

[853] Cfr. o parágrafo 6(4) e STREET/BRAZIER, *op. cit..* p. 308.

[854] Para o duplo sentido da *imputação*, como referência voluntária ou culposa e como referência material, objectiva, ver, entre outros, PEREIRA COELHO, *O nexo de causalidade..., cit.*, pp. 125, n.(2) e 138, RUI DE ALARCÃO, *op. cit.*, pp. 223-224, PESSOA JORGE, *Lições..., cit.*, pp. 559-560, MENEZES CORDEIRO, *Direito das Obrigações*, II, *cit.*, pp. 310-311 e DEVOTO, *L'imputabilità e le sue forme nel diritto civile*, Milano, 1964, pp. 155 e 279.

Sentido e função do problema da conduta culposa e não culposa 267

pelos comentadores civilísticos[855], ao explicarem racionalmente o relevo dessa *amplitude causal* com os «fins em que se inspira a responsabilidade pelo risco» e com a natureza «estranha» (ao risco da utilização do veículo) da conduta do lesado (imputável e inimputável). Por outras palavras, a circunstância do detentor do veículo não beneficiar com a prova da sua falta de culpa ou da sua actuação com uma diligência média ou qualificada fazia deslocar a questão, como puro problema *técnico,* para o domínio da *causalidade* e para a prova de eventos susceptíveis de *interromperem o nexo de causalidade*[856].

---

[855] Ver ANTUNES VARELA, RLJ, anos 101.°, pp. 90, n.(1) e 93, em anot. ao acórdão do STJ de 7 de Junho de 1967, publ. no BMJ n.° 168, p. 207 e pp. 251 e ss., *cit.*, e 118.°, *cit.*, p. 211, *Das Obrigações em Geral*, I, *cit.*, pp.690-691, PIRES DE LIMA/ANTUNES VARELA, *Código civil Anotado*, I, *cit.*, pp. 518-519 (artigo 505.°, n.° 3), ALMEIDA COSTA, *op. cit.*, p. 535, RUI DE ALARCÃO, *op. cit.*, p. 328, J. RIBEIRO DE FARIA, *Direito das Obrigações*, II, *cit.*, pp. 72-74, PESSOA JORGE, *Lições...*, *cit.*, pp. 637-638(III), DARIO MARTINS DE ALMEIDA, *op. cit.*, p. 152, MÁRIO DE BRITO, *op. cit.*, p. 216 e J. RODRIGUES BASTOS, *Notas...*, *cit.*, p. 308 (artigo 505.°, n.°1).

[856] Ver o que já dissemos *supra*, n.641. Por todos, para esse enquadramento, ver ANTUNES VARELA, *op. cit.*, p. 692 e RLJ, ano 118.°, *cit.*, pp. 211-212 (aludindo à «quebra» de adequação entre os riscos próprios do veículo e o acidente). É de assinalar, contudo, que o ilustre jurista evidencia, por vezes, a *amplitude do círculo de riscos,* em função do fim visado pela própria norma (*op. cit.*, p. 910, n.(1)e RLJ, ano 118.°, *cit.*, p. 208).

Na doutrina estrangeira, e numa perspectiva mais genérica, o critério baseado na «interrupção do nexo de causalidade» é aceite, como vimos, pela doutrina suíça e encontra-se em autores, como GALGANO, *op. cit.*, pp. 349-350, SALVI, *op. cit.*, pp. 48-49, n.(25) e *Responsabilità extracontrattuale (diritto vigente)*, in ED, XXXIX, *cit.*, pp. 1249--1250, C. RODRÍGUEZ MARÍN, RDP 1992, *cit.*, pp. 124-125 e 130, ALBALADEJO, *op. cit.*, p. 535, e SANTOS BRIZ, *op. cit.*, II, p. 119. A dogmática germânica e alguma doutrina nacional, mais do que de «interrupção do nexo de causalidade», vincam a ideia de que se trata de uma «quebra da conexão de responsabilidade, do risco ou da perigosidade», falando mesmo LARENZ em «limites imanentes a uma racional imputação pelo risco» (*Lehrbuch des Schuldrechts*, Band II, *cit.*, § 77 I, p. 701). Estes *limites* circunscrevem pela negativa a própria «esfera do risco» (da condução, laboral, etc.), o seu *conteúdo* e o âmbito de tutela da norma responsabilizante, podendo dizer-se que a sua verificação impede a realização da eficácia protectora da mesma norma (como nos exemplos clássicos do peão que choca com um veículo parado ou do animal que é arremessado com intuito agressivo). Para a valoração do «sentir social» na apreciação da «adequação abstracta», ver MENEZES CORDEIRO, *Direito das Obrigações*, II, *cit.*, p. 370 e, para a defesa de uma «conexão de responsabilidade, de risco ou de perigosidade», ver GERNHUBER, *op. cit.*, pp. 376 e 391, DEUTSCH, *Haftungsrecht, cit.*, pp. 154, 158 (criticando o termo «interrupção») e 372, Festschrift für HÖNIG, *cit.*, p. 51, JuS 1981, *cit.*, p. 322, NJW 1992, *cit.*, p. 75, e *Uner laubte Handlungen...*, *cit.*, § 22, p. 177, KÖTZ,

Se é verdade que a fórmula utilizada no artigo 505.° só aparentemente parecia não exigir a demonstração (probatoriamente complexa) da *exclusividade causal* da conduta do lesado[857], também não condicionava a exclusão da responsabilidade à prova de um acto *pessoal e voluntário*[858], abrangendo, pois, os *comportamentos mecânicos, ditados por um medo invencível ou por uma reacção instintiva*[859], bem

---

op. cit., n.° 359, pp. 142-143, M. WILL, *op. cit.*, p. 30 e LARENZ/CANARIS, *op. cit.*, § 84 I, p. 604. Já no domínio do Código de Seabra, GOMES DA SILVA (*op. cit.*, pp. 147 e ss.) articulava o nexo causal com o fundamento da responsabilidade.

[857] Os próprios defensores da «absorção» exigiam (e exigem) essa *exclusividade*, embora sem retirarem efeitos úteis das situações de concausalidade real. Ver, para essa exigência, ANTUNES VARELA, *op. cit.*, p. 689 n.(2) e, inequivocamente, no *Código Civil Anotado*, I, *cit.*, pp. 517-519 (artigo 505.°, n.ºs 1 e 3) e na RLJ, ano 118.°, *cit.*, p. 213, n.(2), ALMEIDA COSTA, *op. cit.*, p. 535, MÁRIO DE BRITO, *Código Civil anotado*, II, *cit.*, p. 216 (artigo 505.°) e, sufragando teses menos fechadas, PEREIRA COELHO, *Obrigações, cit.*, p. 170, n.(4) e J. G. DE SÁ CARNEIRO, *Responsabilidade civil..., cit.*, RT ano 85.°, 1967, p. 441. Na jurisprudência, cfr. os acórdãos do STJ de 10 e Maio de 1979, publ. no BMJ n.° 287, pp. 214 e ss. e, mais recentemente, de 5 de Novembro de 1985, publ. no BMJ n.° 351, pp. 371 e ss.. e de 18 de Maio de 1989, in BMJ n.° 387, p. 553.

Mais rigorosamente, o artigo 1.°, 2 do Decreto 1301/86 de 28 de Junho, que modificou parcialmente a lei espanhola de 1962 (refundida em 1968) sobre o *Uso y Circulación de Vehículos de Motor*, bem como o artigo 12.°, 2 a) do Regulamento do seguro de responsabilidade civil, aprovado pelo Decreto 2641/86 de 30 de Dezembro, condicionaram a exclusão de responsabilidade à prova da *culpa exclusiva* do lesado (cfr. DIEZ-PICAZO/A. GULLÓN, *op. cit.*, pp. 637, 643 e 644, estas últimas relativas à utilização da mesma técnica de formulação nos artigos 33.°, 5 da Lei da Caça de 4 de Abril de 1970 e 25.° da Lei 26/1984 de 19 de Julho, sobre a *Defensa de los Consumidores y Usuarios*). O artigo 436.° do Código Civil polaco de 1964 exigia igualmente a *exclusividade* da culpa do lesado, como factor exoneratório de responsabilidade do possuidor do veículo (cfr. A. SZPUNAR, *L'indemnisation des victimes des accidents de la route en droit polonais*, RIDC, n.°1, 1976, pp. 68-69, e a defesa que faz da «intensidade quantitativa e qualitativa» como requisito para *afastar* a responsabilidade).

[858] Ver *supra*, n.641. Diversamente, o STJ, no acórdão de 11 de Dezembro de 1970, publ. no BMJ n.° 202, p. 192, a RL, no acórdão de 29 de Maio de 1974, sum. no BMJ n.° 238, p. 281 e, ao que nos parece, o mesmo STJ, no acórdão de 13 de Maio de 1986, publ. no BMJ, n.° 357, pp. 399 e ss., valoram antes uma «acção pessoal consciente e livre» do lesado.

[859] É paradigmático – apesar de ter sido decidido ao abrigo do artigo 56.°, 1 do Código da Estrada de 1954 – o caso, já aludido, do peão colhido por um automóvel, ao ser «obrigado» a descer o passeio para fugir a uma violenta vaga do mar e que constituiu a matéria fáctica do acórdão do STJ de 5 de Dezembro de 1967, publ. no BMJ n.° 172, pp. 237 e ss., anot. favoravelmente por ANTUNES VARELA na RLJ, ano 101.°, *cit.*,

Sentido e função do problema da conduta culposa e não culposa   269

como os *factos dos inimputáveis*[860] e os *eventos fortuitos* relacionados com o «destino» do lesado (desmaios, quedas). De *lege lata*, era bastante que, apesar da ausência de «culpa» e da imputação *tout court*, o dano tivesse surgido por um facto inesperado, anormal, ligado à esfera de risco» e de actuação do lesado.

Na sua tecnicidade fria e lógica e no seu desiderato de tutela de um detentor, já de si *excepcionalmente* responsável, a doutrina do artigo 505.° enfraquecia a *ratio* do princípio consignado no artigo 503.°, 1[861], parecendo indiferente à *injustiça* da solução de fazer recair exclusivamente sobre o lesado as consequências lesivas de eventos para os quais os riscos dos veículos não tinham sido completamente indiferentes. Por razões de ordem *literal* (o silêncio do artigo 505.°), *sistemática* (a primazia da culpa provada, no seio do artigo 570.°, 2, e nas relações internas conectadas às hipóteses de solidariedade passiva, converte forçosamente o «risco» em critério responsabilizante mais fraco), *histórica* e *teleológica* (o escopo *relativamente* protector do legislador) e num sistema que continuava divorciado do seguro obrigatório, a doutrina[862] e a jurisprudência dominantes[863] não admitiam (e

---

pp. 250 e ss., e merecedor da aprovação de J. RIBEIRO DE FARIA, *Direito das Obrigações*, II, *cit.*, p. 73.

[860] Contrariamente ao que propunha VAZ SERRA, ANTUNES VARELA, *op. cit.*, p. 691 e J. RIBEIRO DE FARIA, *loc. ult. cit.*, p. 73, utilizam num sentido *completamente desfavorável* aos (lesados) inimputáveis o regime (existente para tutela deles ou dos lesados?) que lhes é aplicável enquanto lesantes.

[861] Como referem, e bem, LAPOYADE DESCHAMPS, *op. cit.*, p. 211, V. PALMER, in RIDC, 1987, *cit.*, p. 837 e OFTINGER, *op. cit.*, p. 121, a força protectora de cada norma responsabilizante afere-se pelo maior ou menor número de causas exoneratórias.

[862] Ver ANTUNES VARELA, RLJ, ano 101.°, *cit.*, pp. 217, n.(2), 250-251, n.(1) e 102.°, *cit.*, pp. 56-57, *op. cit.*, pp. 687-690 (e na 1.ª ed., 1970, pp. 472-474), PIRES DE LIMA/ANTUNES VARELA, *Código civil Anotado*, I, *cit.*, pp. 517-518 (artigo 505.°, n.° 1 e na p. 350 da 1.ª ed., Coimbra, 1967), ALMEIDA COSTA, *op. cit.*, p. 536, n.(1)e, menos categóricamente, pp. 672 e 674, RUI DE ALARCÃO, *op. cit.*, pp. 329-330 (separando, contudo, os planos *de lege data* e *de lege ferenda*), PINTO MONTEIRO, *Cláusulas limitativas...*, *cit.*, p. 93, n. (176), MÁRIO DE BRITO, *op. cit.*, p. 217 (artigo 505.°), PEDRO DE MAGALHÃES, *Responsabilidade civil por acidente de viação – o falso problema da admissibilidade da concorrência entre o risco do veículo e facto do lesado e a omissão do momento da causalidade*, in PJ, ano II, n.° 15, 1977, pp. 9 e ss. e J. RODRIGUES BASTOS, *Notas...*, *cit.*, pp. 308-309 (mas situando a questão numa perspectiva que exclui, de per si, a concorrência). Note-se, no entanto, que ANTUNES VARELA, além de «admitir que a culpa do lesado vigilante pode *reduzir* (ou excluir) a indemnização baseada no princípio do artigo 502.° (*op. cit.*, p. 665, n.(2)) e de na RLJ, ano 118.°, *cit.*, p. 211, parecer admitir a concorrência aqui em equação, defendia, em finais da década

270 — A conduta do lesado

ainda não admitem) a concorrência entre os riscos próprios dos veículos e a conduta culposa do lesado, furtando-se a preencher uma possível *lacuna* ou recusando considerações de *política de direito* centradas numa melhor repartição do dano. Quer pela via da produção causal exclusiva[864], à margem de qualquer qualificação ou intensidade da conduta do lesado, quer pela simples prova de uma *culpa ligeira*[865], preclusiva do risco inerente, por ex., ao despiste, ao rebentamento de um pneu, à manobra mais complexa, ao erro de condução, ao peso e às dimensões do veículo, o lesado, peão, ciclista ou condutor, e os seus herdeiros, sofriam (e sofrem) os efeitos lesivos, mais ou menos graves, de um comportamento, quantas vezes não culposo ou fracamente culposo.

---

de 60, o concurso entre a culpa do condutor e o acto do inimputável (RLJ, anos 101.º, *cit.*, pp. 218, n.(2) e 254, n.(4) e 102.º, *cit.*, p. 61, n.(2)), com a aplicação expressa, no primeiro local citado, da «doutrina do artigo 570.º», mas revelando mais cautelas no lugar referenciado por último). Essa última posição, se não era de estranhar no pensamento global de Antunes Varela, dada a aproximação que fazia entre o lesado e o lesante inimputáveis, não se compreendia inteiramente dado o «peso» que o ilustre jurista conferia à culpa e, de qualquer modo, não surge explicitada no seu *Das Obrigações em Geral*, I, p. 692, onde a referência a «facto da vítima» parece equivaler, até pelo exemplo dado na mesma página, a *facto culposo*.

Também Almeida Costa (*op. cit.*, pp. 535-536 e n. (1) da p. 536) admite o concurso da conduta culposa do condutor com «um facto do próprio lesado...», submetendo-o ao regime do artigo 570.º, 1, mas não cremos que esse facto seja um facto diverso do facto culposo, como aparentemente parece ser, dado Almeida Costa exigir a «culpa do prejudicado» no quadrante do artigo 570.º (p. 673) e não referir, naquele primeiro local, o critério da *analogia* ou a aplicação do *princípio* subjacente àquele normativo (cfr. *supra*, n.637).

[863] Cfr., entre outros, os acórdãos do STJ de 11 de Dezembro de 1970, publ. no BMJ n.º 202, p. 190, de 7 de Novembro de 1978, publ. no BMJ n.º 281, p. 291 (com a alusão a um equívoco «fim social» do artigo 505.º) e de 18 de Maio de 1989, *cit. supra*, n.857.

[864] Na RLJ, ano 103.º, p. 27, em anot. ao acórdão do STJ de 15 de Outubro de 1968, publ. no BMJ n.º 180, p. 279, Antunes Varela justificava com «a maior proximidade» causal do facto do lesado a exclusão da responsabilidade pelo risco, em termos análogos aos que explicam o chamado *escalonamento* de responsabilidades no acidente simultaneamente de viação e de trabalho.

[865] Apesar da margem estreita existente entre o risco criado e a culpa leve do lesante, a culpa leve do lesado excluía (e exclui) sistematicamente o primeiro fundamento. E como se vê dos exemplos construídos por Dario de Almeida, *op. cit.*, pp. 163-165, o pensamento dominante não admite a «coexistência simultânea da culpa e do risco». Acerca desses exemplos, ver, contudo, *infra*, n.899.

Na óptica em que se colocou o legislador de 1966, também não podia retirar-se, do silêncio dos artigos 502.° e 509.°, a conclusão de que, nesses âmbitos, se teria procurado uma determinada intenção reguladora num sentido menos relativo ou identificado com um critério objectivo puro (*maxime* na hipótese do primeiro normativo)[866]. A circunstância de não haver razões substanciais, justificadoras de um melhor tratamento do lesado «culpado», mordido por um cão perigoso, que açulou, ou de quem se aproximou em demasia, ou vítima de electrocussão, por ter entrado em contacto com um cabo de alta tensão, não pode conduzir-nos a outra perspectiva que não seja a da inviabilidade de extrairmos desse silêncio o sentido de uma irrelevância da conduta do lesado, o que equivale a concordarmos com a doutrina[867] que, mormente em relação ao «tipo legal» do artigo 509.°, sempre defendeu a *relevância* da «culpa» e do facto do lesado[868].

No conjunto de diplomas publicados nos últimos anos, consagradores de critérios objectivos de responsabilidade, em articulação com a obrigatoriedade da celebração de um seguro obrigatório, para cobertura dos danos respectivos, o legislador especial conservou a característica da *relatividade* daquele critério, acentuando-a, mais ou menos, de acordo com a menor ou a maior perigosidade da actividade em causa. No concernente à função desempenhada pelo *comportamento do lesado* nesses novos tipos de responsabilidade pelo risco, nota-se uma diferença (despicienda?) entre a redacção do artigo 1.°, 2 do diploma de 1985[869] e a redacção dada aos artigos 13.°, 2 do Decreto respeitante à responsabilidade civil do transportador aéreo e do proprietário e explorador de aeronaves e 14.°, 1 do diploma referente ao regulamento das aeronaves

---

[866] O argumento da ausência de limites indemnizatórios para o dano verificado no círculo protector do artigo 502.° não é conclusivo, já que, em regra, a um menor *risco* corresponderão danos menos graves e, de qualquer modo, não está afastado, como já dissemos, a aplicação do mecanismo corrector do artigo 494.°.

[867] Cfr. ANTUNES VARELA, *Das Obrigações em Geral*, I, *cit.*, pp. 726-727, ALMEIDA COSTA, *op. cit.*, p. 549, J. RIBEIRO DE FARIA, *Direito das Obrigações*, II, *cit.*, p. 110 e MÁRIO DE BRITO, *Código Civil Anotado*, II, *cit.*, p. 226, n.(486) (anot. ao artigo 509.°). Para maiores desenvolvimentos, ver *infra*, n.° 97.

[868] As posições de ANTUNES VARELA, *loc.cit.,* e de J. RIBEIRO DE FARIA, *cit.*, p. 110, parecem menos amplas do que as dos outros juristas e da defendida no texto, dado referirem-se apenas à «culpa da vítima». Como já vimos *supra*, o artigo 1.°, 2, do Decreto-Lei n.° 449/85 de 25 de Outubro, exclui a responsabilidade objectiva se o acidente for «... imputável ao próprio lesado...».

[869] Decreto-Lei n.° 449/85, *cit.* na nota precedente.

ultraleves utilizadas em actividades de desporto e recreativas[870], pois enquanto aquele primeiro normativo alude, na esteira do artigo 505.°, simplesmente à *imputação* do acidente ao lesado, os dois últimos preceitos exigem a prova da «culpa exclusiva do lesado». Esta diversidade formulativa, aparentemente inexplicável, leva-nos, desde já, à seguinte interrogação: terá pretendido o legislador, nos dois últimos casos, reforçar a tutela dos lesados perante actividades com elevado grau de risco, comprimindo, desse modo, o círculo de relevância das condutas do lesado às suas condutas «culposas»? Num plano de ponderação de interesses e de justiça distributiva, atendendo à circunstância de nas duas situações ser obrigatória a celebração de um seguro de responsabilidade, uma resposta afirmativa, que nos parece de sufragar, implica, necessariamente, a «correcção» do diploma de 1985[871], dada a periculosidade da actividade regulamentada e a (natural) exigência de um seguro.

É evidente, por outro lado, que essa «leitura» proteccionista está ainda condicionada não só pelas maiores exigências que sejam feitas pela lei à *intensidade* da conduta culposa do lesado – semelhantemente ao que se passa nos acidentes laborais, o lesado estará tanto mais protegido quanto mais desculpabilizado for o seu comportamento – mas também pela própria compreensão «subjectiva» do conceito de «culpa» do lesado. Eis-nos, assim, perante dois outros quesitos: é suficiente qualquer grau de «culpa exclusiva», para «quebrar» a chamada «conexão responsabilizante»? Essa «culpa exclusiva» abrange os actos «abstractamente» culposos dos inimputáveis? *De lege lata*, a resposta à primeira interrogação não pode deixar de ser afirmativa, e, quanto à segunda, uma perspectiva estritamente objectiva ou *causalista* logra obter a mesma conclusão[872].

Em terceiro lugar, a referência à *exclusividade* da conduta culposa, omitida no artigo 505.° e no Decreto de 1985, se não representa uma novidade para a doutrina que já exigia, na aplicação do primeiro normativo, esse requisito, parece permitir, não tanto por um frágil e

---

[870] Cfr., respectivamente, o Decreto-Lei n.° 321/89 de 25 de Setembro e o Decreto-Lei n.° 71/90 de 2 de Março.

[871] É de salientar que também nos artigos 43.°, 2 e 44.°, 2, respectivamente, dos Decretos-Leis n.ᵒˢ 183/95 e 184/95, cit. (*supra*, n.778), a responsabilidade é excluída «... nos casos devidamente comprovados de culpa ou de negligência exclusiva do lesado». Como se vê, a formulação reflecte um tom oitocentista, certamente existente em diplomas antigos sobre a matéria.

[872] Ver, no entanto, *infra*.

Sentido e função do problema da conduta culposa e não culposa 273

equívoco argumento *a contrario*[873], mas pelo escopo que presidiu à actividade legiferante, que se defenda uma solução de *concorrência* para a hipótese de o responsável não conseguir demonstrar aquela imputação unilateral ao lesado[874]. Nem se esqueça que este concurso do «facto culposo do lesado» com a perigosidade criada surge expressamente afirmado no regime jurídico da responsabilidade do produtor, prevendo-se no artigo 7.°, 1, do Decreto Lei n.° 383/89, *a redução* ou a *exclusão* da indemnização para essa hipótese concausal.

O corolário mais evidente das considerações que fizemos, a propósito da legislação especial, parece ser a constatação – já considerada *en passant*[875] – de um sistema *desarmónico,* resultante, em grande medida, da *décalage* temporal existente entre o Código Civil e as leis mais recentes. Essa falta de sintonia, que não parece repousar noutra razão essencial, que não seja a do pensamento *mais protector* subjacente ao regime global dessa última legislação e, no fundo, com a própria *falta de unidade* do critério objectivo, é revelada basicamente por duas diferenças essenciais. Em primeiro lugar, e com a perspectiva da doutrina e jurisprudência dominantes, a responsabilidade objectiva codificada (e a do diploma de 1985, ao integrar uma hipótese análoga à descrita no enunciado do artigo 509.°) pode ser afastada pela prova de um *qualquer* facto culposo ou não culposo do lesado (imputável ou

---

[873] Se, por ex., o proprietário da aeronave não conseguir provar que o dano foi exclusivamente devido à conduta culposa do lesado, responde *integralmente*, responde numa situação de *concorrência* ou pura e simplesmente *não responde*, dada a primazia da «culpa»?

[874] Para a negação da culpa do lesado, como *causa única* do acidente, ver AMÉRICO MARCELINO, *Para uma nova lei da responsabilidade civil* (artigo publ. no jornal *Expresso* de 20 de Dezembro de 1980). L. MUÑOZ SABATÉ, *La prueba imposible de la culpa exclusiva de la víctima*, in RJC, ano 73.°, 1, 1974, pp. 339 e ss., também chama a atenção para a «alogia» da prova da culpa exclusiva, a propósito do teor do artigo 1.°, 2 da Lei automóvel de 1962 (ver *supra*, n.857). O jurista espanhol, partindo, ao que julgamos, de uma compreensão subjectiva do preceito, próxima de uma presunção de culpa (p. 343), sustenta que tal demonstração não é compatível com os «factos indefinidos negativos», chegando a propor uma responsabilidade objectiva *plena* (p. 353), quando bastaria introduzir uma culpa qualificada. No que a doutrina espanhola parece de acordo é no não afastamento, pelo preceito, da chamada «compensação de culpas» (cfr., a este respeito, M. FERNANDEZ-GRANIZO, *La compensación de culpas y el texto refundido de 21 de Marzo de 1968*, in ADC, tomo XXIII, I, 1970, pp. 260 e ss. e M. MEDINA CRESPO, *Operatividad de la compensación de culpas en el ambito del seguro obligatorio de la responsabilidad civil derivada del uso y circulación de vehiculos terrestres de motor*, in BI, ano XLI, n.° 1470, 1987, pp. 3011 e ss.).

[875] Ver *supra*, pp. 42 e ss..

inimputável), que surja, *em princípio,* como *causa exclusiva* do dano, enquanto que a responsabilidade objectiva do transportador, proprietário e explorador de aeronaves e do proprietário e piloto de ultraleves só é precludida pela prova da *culpa exclusiva* do lesado. Com segundo desvio, se, naquele primeiro núcleo de hipóteses, não há lugar para situações concursuais, fazendo-se prevalecer *liminarmente* a desatenção mais ligeira ou mesmo o facto do lesado sobre o risco concorrente, já no segundo quadrante não parece afastar-se uma *ponderação superveniente* entre as duas condições-causas relevantes e, de todo o modo, essa avaliação é inequivocamente afirmada no regime da responsabilidade do produtor.

A necessidade de se harmonizar o sistema, dado o desequilíbrio gerado entre, por ex., a tutela do consumidor[876], a do participante no tráfego rodoviário (como trabalhador ou não trabalhador) e a do que utiliza (ou é vítima do) transporte aéreo[877], poderá ser conseguida *intrasistematicamente* desde que se reúnam argumentos favoráveis – o principal dos quais parece ser o da existência de seguro obrigatório automóvel – para uma interpretação menos radical do artigo 505.º e se dê um sentido mais restrito à expressão «imputável ao próprio lesado». Este caminho metodológico[878] não evita(ria), contudo, a «força» causal de uma qualquer culpa exclusiva, representando, por outro lado, a defesa política de uma *culpa* particularmente *qualificada* uma ultrapassagem do sistema e do intuito harmonizador presente no nosso espírito.

Outro processo possível ou, como lhe chama SINDE MONTEIRO[879], outro «arranjo interno do sistema de responsabilidade», mais de acordo com os dados legais, consistiria em começar por interpretar a norma do artigo 570.º,1 para além do seu teor imediatista, vendo nele um princípio de repartição do dano resultante de duas condutas *imputáveis (rectius,* pelas quais é *justo* que se responda) e reservando o artigo 505.º para o domínio da *causalidade exclusiva.* Atente-se, no entanto, que esta via também não seria suficientemente «harmonizadora», já que subsistiria a amplitude de sentido patente no último normativo.

---

[876] Ver *infra,* n.º 98.

[877] KÖTZ, *cit.* (*supra*, n.751), p. 1799, reclama um regime idêntico para os danos causados pelos meios de transporte motorizados e, no mesmo sentido, YVONNE LAMBERT-FAIVRE, *op. cit.*, n.º 747, p. 518, advoga, para os acidentes relacionados com o *transporte de pessoas*, um sistema «coerente» em que a *faute de la victime* só elimine ou reduza a indemnização «em circunstâncias excepcionais».

[878] Cfr., aliás, RUI DE ALARCÃO, *op. cit.*, p. 329.

[879] *Reparação dos danos..., cit.*, p. 153.

Sentido e função do problema da conduta culposa e não culposa 275

A premência de se tutelar o lesado, inserido, cada vez mais, num tráfego automóvel perigoso e caótico, e sujeito a poder cometer certos descuidos ou precipitações, foi e tem sido sustentada entre nós, mais ou menos vigorosamente, por juristas como JOAQUIM CRISÓSTOMO, VAZ SERRA, SÁ CARNEIRO, PEREIRA COELHO, RIBEIRO DE FARIA, AMÉRICO MARCELINO, JÚLIO GOMES e, sobretudo, SINDE MONTEIRO, invocando argumentos que serão analisados mais tarde[880] quando tratarmos sistematicamente a influência da conduta do lesado no critério objectivo de responsabilidade. Diga-se, no entanto, e desde já, que perpassa em todos esses autores uma «ideia protectora», explicada pela necessidade de uma maior *justiça material* e reflectida na defesa de uma *repartição mais complexa do dano*[881] partindo de factores factores que não se excluem reciprocamente, mas que são colocados num certo plano de paridade.

Numa época em que a relação pura de responsabilidade, nos domínios do perigo criado por certas actividades, se enfraqueceu decisivamente, não parece compreensível, a não ser por preconceitos lógico-formais, excluir liminarmente o concurso de uma conduta culposa (ou mesmo não culposa) do lesado[882], levando-se a proclamada *excepcionalidade* do critério objectivo às últimas consequências. O encarar-se a tutela (?) do lesado, partindo da prevalência da sua culpa leve e de puros parâmetros causalistas, de teor quantitativo e qualitativo indiferenciado, é fazer tábua rasa do pensamento que justifica o *risco* – como esfera tendencialmente expansiva de responsabilidade e com um conteúdo diferenciado em função do perigo e das garantias de indemnização – e da sua *ratio* protectora[883]. Dito de outro modo, a posição tradicional, porventura justificada em certo momento, esquece, hoje, que, por ex, o peão e o ciclista (esse «proletariado do tráfego» de que alguém falava) são vítimas de danos, resultantes, muitas vezes, de *reacções defeituosas ou pequenos descuidos,* inerentes ao seu contacto

---

[880] Ver *infra,* n.º 99.

[881] Para OFTINGER, *op. cit.*, p. 34, n. (121), a *repartição do dano* coloca problemas sociais, económicos e éticos.

[882] Sinal evidente desse formalismo é, por ex., o acórdão da RC de 5 de Julho de 1988, publ. na CJ, ano XIII, tomo 4, 1988, pp. 50 e ss., num caso em que se entendeu fazer excluir o risco pela culpa do lesado, apesar de se ter verificado que o veículo do réu, devido à sua *largura*, ocupara parte da meia faixa de rodagem por onde circulava o autor.

[883] Para a sua devida valorização neste contexto, ver AMÉRICO MARCELINO, *Acidentes de viação e responsabilidade civil*, 2.ª ed., rev. e ampl., Lisboa, 1984, pp. 14 e 89-90 e, na doutrina alemã, ROTHER, *op. cit.*, pp. 71 e ss..

permanente e habitual com os perigos da circulação[884], de *comportamentos reflexivos ou necessitados* (face aos inúmeros obstáculos colocados nas «suas» vias) ou de *«condutas» sem consciência do perigo (maxime* de crianças) e a cuja danosidade não é alheio o próprio risco da condução[885-886]. O que parece é poder dizer-se que esse risco da condução compreende ainda esses outros «riscos-comportamentos» ou que estes não lhe são, em princípio, *estranhos*[887]. A visão mais realista e justa do relacionamento entre o risco automóvel e a conduta do lesado[888], encontrou, entre nós, a expressão mais desenvolvida em SINDE MONTEIRO[889], ao propor a alteração do artigo 505.°, num ideário em que não esquece o requisito da *causalidade exclusiva* – o que, até certo ponto, recorda parte da postura de VAZ SERRA[890] – e ao avocar o

---

[884] Para a identidade, que cremos *relativa*, do comportamento autodanoso dos participantes no tráfego e dos trabalhadores, ver SINDE MONTEIRO, *Estudos...*, *cit.*, p. 160, no contexto da sua via metodológica de defender a aproximação do regime jurídico dos acidentes de trânsito e de trabalho.

[885] Há que distinguir entre o *risco «impróprio»* (por ex., no caso sobre que versou o acórdão do STJ de 4 de Junho de 1978, publ. no BMJ n.° 258, pp. 233 e ss., um peão foi atingido por sacas de batatas caídas da caixa do veículo estacionado) e o *risco «próprio»*, *abstracto* ou *concreto*, *activo* ou *passivo*, inerente não só ao acto de se possuir e conduzir um veículo com determinadas características físicas (peso, velocidade, conformação mais ou menos normal) e capaz de causar danos a bens com ou sem essas particularidades, mas relacionado igualmente com *circunstâncias fortuitas* ligadas à condução, ao condutor e às vias de circulação. Para a duplicidade do *risco activo* e do *risco passivo*, ver STAUDINGER/MEDICUS, *op. cit.*, n.° 96, p. 210.

[886] Mesmo antes da jurisprudência *Desmares* e da lei BADINTER, os tribunais franceses protegiam, até certo ponto, os estudantes das escolas, os peões, os ciclistas e as crianças que, estando nos passeios ou junto à estrada, atravessavam repentinamente as vias.

ALPA, *Tipicità e atipicità dell'illecito*, in *Responsabilità civile e assicurazione obbligatoria*, *cit.*, pp. 41-42, refere o afastamento (pela *Corte di Cassazione*) do artigo 1227.° do *Codice,* num caso em que um menor, quando brincava junto a uma via férrea, foi projectado contra um pilar pela deslocação de ar provocada pela passagem de um comboio.

[887] CUNHA GONÇALVES, *Tratado...*, XIII, *cit.*, p. 164, considerava *caso fortuito*, dada a «aparência» da culpa, o atropelamento do peão que tivesse escorregado ou tropeçado.

[888] É precisamente o «jogo de interesses reais em presença» que leva J. RIBEIRO DE FARIA, *Direito das Obrigações*, II, *cit.*, p. 70 e n.(2) a olhar com «simpatia» uma solução menos rígida do que a que resulta do artigo 505.°.

[889] *Estudos...*, *cit.*, pp. 148 e ss., 198 e 201, *Reparação dos danos pessoais...*, CJ XI, 4, *cit.*, p. 11 e *Dano corporal(Um roteiro do direito português)*, RDE 15 (1989), *cit.*, p. 374.

[890] Ver *supra*, pp. 263-264.

Sentido e função do problema da conduta culposa e não culposa   277

regime desculpabilizante dos acidentes de trabalho, num quadro conjugado com a concepção do seguro como *encargo social* e sem a eliminação do efeito preventivo, ligado acessoriamente à responsabilidade civil. Deixando para mais tarde[891] uma referência mais detalhada às concepções de SINDE MONTEIRO e o desenvolvimento e consolidação da nossa posição, podemos dizer, por agora, que essa maior justiça nos leva a propender para uma fundamental *solução de compromisso*, construída no plano da correcção intra-sistemática, formulada, como proposta de aditamento normativo, para o seio da regulamentação sobre o concurso de condutas culposas do lesante e do lesado, concebida de forma mais abrangente do que a alteração balizada de SINDE MONTEIRO, e que conduz a não excluir imediatamente de uma ponderação, nem a conduta natural das pessoas sem discernimento do perigo, nem o peso contributivo das condutas praticadas sem intenção autodanosa ou não reconduzíveis à manifesta gravidade culposa. Relativamente à concepção mais radical de SINDE MONTEIRO do *tudo* ou do *nada* (para a «falta grave e indesculpável do lesado»)[892], reconhecemos que a menor rigidez do nosso esboço de proposta comporta maiores exigências para a jurisprudência, mas pode ser, desde já, exequível, se se defender o *duplo* alargamento (quanto aos *fundamentos de imputação autodanosa* e quanto aos *factores de ponderação*) do artigo 570.º, 1 – considerado, assim, como verdadeira expressão de um princípio mais geral – e se reservar para o quadrante do preceito do artigo 505.º as condutas «imputáveis» (*rectius*, culposas) *deliberadas* e as que, pela sua *gravidade (não justificada)*[893], justifiquem uma imputação unilateral do dano ao lesado.

Pese a natureza mais problemática desta última circunscrição, até por implicar uma solução de favorecimento para o dano sofrido pelos inimputáveis, pensamos que a consagração de um *critério avaliador*, com aptidão para resolver qualquer situação concursual (ou considerada como tal) não regulada, permitirá um tratamento mais justo das diferentes hipóteses. A necessidade de vermos adoptado tal critério radica não só na *heterogeneidade* casuística, em função do *maior ou do*

---

[891] Ver *infra*, n.º 99.

[892] Cfr. os locais citados *supra*, n. 889.

[893] No confronto com a perspectiva dominante, afastamos, assim, a relevância exoneratória da *culpa leve exclusiva* (*e concorrente*), vendo-as, por razões materiais, em ligação com o risco criado, o que significa uma adesão a parte do pensamento de VAZ SERRA (cfr. *supra*, p. 264).

278 A conduta do lesado

menor perigo ligado à conduta do lesado e do *risco associado às actividades* em causa (atente-se, por ex., na diferente escala de perigo ligado à utilização de comissários, à detenção de animais, à condução de veículos, à caça com armas de fogo, à poluição ambiental), mas também na premência da *maior ou menor protecção de certos lesados* e na inevitabilidade de uma valoração de *diferentes factores circunstanciais*. A inexistência de «ilhas protectoras» ou de uma categoria de lesados «super-privilegiados», como acontece na lei BADINTER, não é obstáculo a que a ponderação judicial possa e deva fazer-se num sentido favorável aos lesados mais fragilizados[894] ou que possam ser desvalorizadas, após uma averiguação sumária da sua ocorrência, as chamadas «reacções erradas» ou as «culpas» mais ligeiras, desde que aquelas ou estas se conexionem com um meio (*maxime* o da circulação rodoviária) particularmente perigoso, ou a natureza do dano e a situação económica do lesante permitam «justificar» essa desculpabilização. Como já dissemos, serão de excluir do critério ponderativo, por carência de razão distributiva, as condutas *intencionais* ou *voluntariamente autolesivas,* as que, pela sua «intensidade», revelem uma *culpa grave injustificada*[895-896] e, obviamente, aquelas a que o círculo protector do

---

[894] Para o problema em geral e os dados desse favorecimento, ver *infra*, n.º 60.

No círculo dos *acidentes de viação*, onde a questão se coloca com mais acuidade, a solução francesa de um regime altamente protector para os menores de 16 anos – e que é a idade com que em França se atinge a emancipação – , a prática jurisprudencial holandesa de não imputar «culpa» aos menores de 14 anos (cfr. J.B. VRANKEN, AcP (191), 1991, *cit.*, p. 426) ou a proposta do 29.º «*Verkehrsgerichtstag*» de excluir essa imputação relativamente às crianças com menos de 10 anos (cfr. E. SCHEFFEN, *Zur Reform der (zivilrechtlichen) Deliktsfähigkeit von Kindern ab dem 7. Lebensjahr* (§ 828,I,II BGB) in ZRP 1991, p. 461), poderão servir de «modelo» para a futura adopção de um princípio autoresponsabilizante não necessariamente coincidente com o escalão etário da presunção de imputabilidade. É claro que o tratamento desses lesados está ainda dependente do problema jurídico relativo à conduta dos seus possíveis *vigilantes.*

[895] O adjectivo é útil, na medida em que pode haver condutas objectivamente graves, embora *desculpáveis* (por ex., num acto de auxílio, de solidariedade, ou numa situação de receio, de medo).

A adopção de uma conduta evitável e não necessária, cuja periculosidade foi dada a conhecer, prévia e eficazmente, por escrito («cuidado com o cão» ou «pare, escute e olhe») ou oralmente (por ex., conselho para não ser utilizado certo local como ponto de passagem, devido à presença de um animal perigoso) aos potenciais lesados, configura, pelo contrário, uma conduta *manifestamente grave*, pela não adopção de cuidados que afastariam o dano (no caso decidido pelo STJ em 26 de Junho de 1962, publ. no BMJ n.º 118, p. 565, uma pessoa invadiu a pista de aviação, estando em curso

Sentido e função do problema da conduta culposa e não culposa 279

risco também não se estende por serem *absolutamente estranhas* a esse mesmo círculo ou perante as quais o *risco criado* não eleva a possibilidade de ocorrer o dano ou o maior dano (por ex, o atropelamento de uma pessoa que sofreu uma síncope mortal). Mas também são de excluir, embora agora com um diferente sinal protector, as *reacções instintivas* ou os *estados de passividade* daqueles lesados, vítimas (por queda) da passagem repentina do veículo ou do embate de um objecto que aquele fez deslocar. Aquelas *reacções* e estes *estados* são, respectivamente, gerados e «perturbados» pelo risco criado.

Casos de tratamento jurídico mais duvidoso, e já referidos num contexto em que se partia da culpa do lesante[897], parecem ser os dos atropelamentos de pessoas sujeitas a *perdas de consciência* (epilépticos e diabéticos) ou que, pura e simplesmente, *desmaiem* ou sejam acometidas de um *ataque cardíaco não mortal*. Não se tratando de «culpa» desses lesados, mas de *riscos* particulares (predisposições) ou genéricos (próprios da condição humana), atinentes à «esfera do lesado», que não teriam consequências relevantes se não fosse a concorrência do risco, maior ou menor, do veículo atropelante, não nos parece *justa* uma imputação exclusiva dos danos a esses outros riscos, verdadeiros casos fortuitos humanos, mas pelas razões já expostas noutro lugar[898] e por uma compreensão mais adequada da «esfera de responsabilidade pelo risco», é defensável uma solução *de princípio,* que tenda a imputar a «responsabilidade» à seguradora do atropelante, apesar da concausalidade existente. Dado o merecimento dos bens a tutelar, e apesar de o ponto ser discutível, cremos insuficiente a defesa de uma solução de mera *redução da indemnização,* mesmo nas hipóteses mais vincadas em que o futuro lesado tenha começado por criar *involuntariamente* um

---

uma operação de descolagem já iniciada e, no aresto de 2 de Junho de 1977, publ. no BMJ n.º 268, pp. 208 e ss., um peão atravessou, de noite, a via férrea, com as cancelas fechadas e a sinalização acústica a funcionar. Do mesmo modo, o atropelamento de uma pessoa, que esteja deitada numa auto-estrada, não deve responsabilizar, em princípio, o condutor, independentemente das razões que possam explicar essa «situação» do lesado.

[896] Há, assim, uma coincidência com as causas que excluem o risco da seguradora num seguro de acidentes pessoais. Sobre esta «aproximação», ver G. BACCELLI, RDC II, 1989, *cit. (supra,* n.85), p. 415.

[897] Ver *supra,* n.º18.

[898] *Supra,* n.º18. Não parece que o *diverso* fundamento responsabilizante precluda o chamar à colação ideias que tem a ver com a tutela dos lesados, a desculpabilização das pequenas faltas e a existência de seguro obrigatório de responsabilidade.

foco de perigo para si (não relacionado, evidentemente, com qualquer risco da condução, como um despiste), «concretizado» posteriormente pelo dinamismo ou pelo risco concorrente do veículo atropelante. A defesa de um critério mais flexível, concebível, para nós, apenas no pressuposto da inexistência de seguro de responsabilidade e nos casos em que, por ex., o risco da perda de consciência do lesado integra e dinamiza o risco do veículo (como acontece no desmaio do condutor), envolverá, de todo o modo, dificuldades de concretização, pois a ausência de uma conduta «culposa» ou, pelo menos, *avaliável* do lesado, tornando problemática a aplicação do princípio do artigo 570.°, 1, exigirá, pelo menos, o recurso ao preceito corrector da norma do artigo 494.°, com o fim de se permitir ao julgador a fixação da indemnização, tendo em conta as circunstâncias do caso, a contribuição para o dano, o seguro pessoal existente, a situação económica do lesante e do lesado, etc.

Com o que fica dito acerca do relacionamento entre o risco e a conduta do lesado[899], parece conseguir-se um *certo* equilíbrio e coesão

---

[899] Quanto à célebre hipótese sobre que incidiu o acórdão do STJ de 5 de Dezembro de 1967, e a que começámos por aludir *supra,* n.644, a *reacção instintiva* da pessoa à vaga de mar, e que levou ao seu atropelamento, justificaria, hoje, uma imputação *plena* do dano ao atropelante, apesar da inexistência de um risco do veículo, *legitimador* dessa mesma reacção.

Escolhendo um pouco ao acaso, também pensamos que o conjunto de princípios, que formulámos permitiria resolver diferentemente casos como o decidido pelo STJ, no acórdão de 20 de Março de 1957, publ. no BMJ n.° 65, pp. 351 e ss. (relevou--se, aí, duplamente, a *«culpa» mínima* de um menor de 8 anos). Inovador para a época, apesar de uma certa incorrecção no plano da fundamentação, terá sido o caso resolvido pelo mesmo STJ, em acórdão de 8 de Julho de 1959, publ. no BMJ n.° 89, pp. 397 e ss., ao imputar a culpa exclusiva ao condutor do camião atropelante «... não obstante para o evento tenha concorrido *um ligeiro movimento em falso da vítima...*». O acerto da decisão tornou-se a revelar, por ex., na hipótese sobre que versou o acórdão da RP de 23 de Julho de 1976, in CJ, ano I, tomo 3, 1976, pp. 616 e ss., relativa ao atropelamento de uma menor de 14 anos por um autopesado, numa via pouco frequentada por veículos e sem que o condutor tivesse avisado da sua aproximação. Apesar da vítima *caminhar de costas para o veículo* e se ter *desviado um pouco para a esquerda, para evitar um monte de areia e entulho*, a Relação entendeu não haver culpa do lesado, tanto mais que este não se terá apercebido da aproximação do veículo. A nossa única dúvida, mas que não alteraria a solução indemnizatória, consiste em saber se não terá havido uma *culpa leve* da vítima, pela circunstância de caminhar de costas para a circulação.

Quanto aos exemplos referidos por DARIO MARTINS DE ALMEIDA, *op. cit.,* pp. 163-165, pensamos que no caso 1), do peão que é colhido na faixa de rodagem por um veículo cuja barra de direcção se partiu, no caso 2), do ciclista que desce uma rampa em velocidade contravencional, não podendo parar, e vindo a colidir com um veículo

Sentido e função do problema da conduta culposa e não culposa 281

entre o regime codificado e o regime criado pela legislação especial objectiva. Essa harmonização diferenciada, pressupõe, por um lado, que se sintonize o preceito do artigo 505.º – considerado na sua compreensão mais restrita – com as normas que, naquela legislação, aludem à «culpa exclusiva» do lesado, e que, por outro, se veja no artigo 570.º, 1 (ou no seu desdobramento, numa perspectiva *de lege ferenda*) o «lugar» do *concurso de condutas culposas,* do *concurso do risco e da conduta «culposa» ou errada do lesado* e mesmo, para quem o possa defender, do *concurso do risco com os riscos inerentes à condição humana do lesado.*

A contenção *proporcionada* [900] da *autoresponsabilidade* do lesado tem a ver, portanto, com a grandeza do perigo criado [901], com a consequente diluição da *relatividade* – perda de influência do *facto de terceiro* [902] e compressão desse limite natural que é a *força maior* [903], vista

---

que lhe barra a passagem, por rebentamento de um pneu, no caso 5), do ciclista que conduz sem luz e é atropelado por um veículo que ficou, de repente, sem luzes, e no caso 6), do ciclista que desce uma rampa em velocidade contravencional, colidindo com um veículo «que *brusca e inesperadamente* lhe intercepta a marcha, por ter rebentado um pneu»), não se pode afastar imediatamente a concorrência causal, fazendo prevalecer só a «culpa» (casos 1) e 2)) ou o risco (casos 5) e 6)).

[900] Já assinalámos *supra* os perigos de uma tutela excessiva do lesado «culpado».

[901] Se DEUTSCH, JuS 1981, *cit.*, p. 324, se refere a um «*besonders drastische Gefahren»,* tem razão, por outro lado, ROTHER, in Festschrift für MICHAELIS, *cit.*, p. 257, ao estabelecer, como já vimos, uma *escala* de *perigosidade* (cfr. *supra*, n.716).

[902] Ver SINDE MONTEIRO, *Estudos..., cit.*, pp. 160-161, para a consideração do *facto de terceiro,* mesmo doloso, como «risco do tráfego». Para a desvalorização desse facto, ver também os artigos 7.º, 2 do Decreto-Lei n.º 383/89, *cit.*, 14.º,1 do Decreto-Lei n.º 321/89, *cit.*, e, ao que parece, 14.º, 1 do Decreto-Lei n.º 71/90, *cit.* (com a mera referência à «culpa exclusiva do lesado»). No artigo 26.º, § 2 c) das *Regras Uniformes relativas ao Transporte Internacional Ferroviário de Passageiros e Bagagens, cit.* (supra, n.83), parece haver uma certa diluição dessa causa exoneratária.

[903] Deixaram, assim, de ser válidas as palavras de GUILHERME MOREIRA, *Estudo..., RLJ, ano 39.º, cit.*, p. 50, ao considerar o *caso de força maior* como «isenção necessária». *De jure condendo,* defendendo para a *força maior* um regime de ponderação análogo à do «concurso de culpas», ver DEUTSCH, *Unerlaubte Handlungen..., cit.*, § 22, p. 179.

No plano legislativo, para essa descaracterização da *força maior,* ver o artigo III da *Convenção internacional sobre a responsabilidade civil pelos prejuízos devidos à poluição por hidrocarbonetos, cit.,* o artigo 9.º do Decreto n.º 33/77, *cit.,* ao irresponsabilizar o explorador somente pelos danos devidos «... a actos de conflito armado, hostilidade, guerra civil ou de insurreição» e, embora não forçosamente, «a cataclismos naturais de carácter excepcional» e os artigos 10.º, 1 e 13.º, 1 do Decreto-

282 A conduta do lesado

agora em função dos perigos inerentes à actividade em causa – nalguns tipos de responsabilidade (como é o caso paradigmático da que resulta do *emprego pacífico da energia nuclear*)[904] e com razões de *justiça material,* qualitativa. Estando conexionada a defesa dessa «fuga» da responsabilidade civil ou da estrita lógica jurídica, causalista ou não, com a consequente melhor tutela dos lesados «culpados», na zona mais sensível dos *danos corporais,* com a filosofia mais profunda da ideia de *risco* e com a circunscrição do espaço exoneratório, ela justifica-se, decisivamente, com a *despersonalização* da responsabilidade, inerente à *diluição social do dano,* mesmo na forma mais comum em que um

---

Lei n.° 321/89, *cit..* O silêncio do regime legal da responsabilidade do produtor, não significa, para CALVÃO DA SILVA (*op. cit.,* pp. 737-738) e MÁRIO RAPOSO, *est.. cit* , p. 21, n.(40), que o legislador tenha querido afastar o relevo da *força maior.* Um tanto ou quanto estranhamento, mas, quanto a nós, sem colidir com o disposto no n.° 2 do artigo 509.°, os artigos 43.°, 2 e 44.°, 2, respectivamente dos Decretos-Leis n.°s 183/95 e 184/95, cit. (*supra,* n.778), referem-se «nostalgicamente» a «caso fortuito ou de força maior». Para um exemplo da irrelevância de uma *força maior abstracta* (rajadas de vento muito fortes), ver o acórdão do STJ de 5 de Junho de 1985, publ. no BMJ n.° 348, pp. 397 e ss..

[904] Na exposição de motivos da Convenção de Paris, remeteu-se para cada legislação e jurisdição nacionais a relevância ou não do papel contributivo da culpa do lesado (ver DEPRIMOZ *Quelques problèmes posés par le droit de la responsabilité nucléaire,* in RGAT, tomo 45, 1, 1974, pp. 183-184, e a manifestação da sua estranheza pelo silêncio revelado pela Convenção a esse propósito). Pensando nós, que só a *culpa intencional* ou *com determinada gravidade* do lesado deve excluir a responsabilidade, não tendo, em regra, a *culpa leve,* eficácia redutora da indemnização, é de observar que essa maior tutela – num domínio onde é preponderante a ideia da «canalização» da responsabilidade – foi acolhida no parágrafo 13(6) do *Nuclear Installations Act* de 1965, na medida em que a «culpa» do lesado só *reduz* a indemnização se o dano for causado *intencionalmente* ou houver *manifesta indiferença* pelas suas consequências (cfr. WINFIELD/JOLOWICZ/ROGERS, *cit.,* pp. 457-458) e, segundo ANNAMARIA PRINCIGALLI (*La responsabilità illimitata dell' esercente nucleare nella novella tedesca del 1985,* in RDC I, 1987, pp. 70-71), no artigo 18.°,4 a) do Decreto n.° 519 de 1975, ao permitir uma leitura centrada apenas no *dolo* do lesado. Mais comedidos terão sido o § 27 da *Atomgesetz* alemã, na redacção de 1985, e o artigo 45.°, 2 da Lei espanhola de 1964, ao admitirem a relevância da culpa concorrente do lesado (ver, para o diploma espanhol, DIEZ-PICAZO/A. GULLÒN, *op. cit.,* p. 642 e SANTOS BRIZ, *op. cit.,* II, pp. 700 e ss.), abstraindo da ideia de «garantia social» de que fala FRANZONI, *op. cit.,* p. 266, e, quanto ao preceito alemão, como acentua ANNAMARIA PRINCIGALLI, *cit.,* p. 72, acolhendo uma solução não sintonizada com a abolição dos limites de responsabilidade (cfr. o § 31).

determinado grupo de lesantes garante, *na maior medida possível,* o grupo dos lesados(*maxime* os mais expostos). Como vamos ver, já a seguir, é precisamente essa a pedra de toque de um sistema mais humano, menos radical, mais voltado para o lesado e dotado de uma *esfera de autoresponsabilidade* mais moderada.

SECÇÃO II

A DILUIÇÃO SOCIAL DO DANO COMO PRESSUPOSTO DA REDUÇÃO DA ESFERA DA AUTORESPONSABILIDADE NOS ACIDENTES COM DANOS CORPORAIS: SEGURO DE RESPONSABILIDADE, SOCIALIZAÇÃO DIRECTA DA REPARAÇÃO E INDEMNIZAÇÃO SOCIAL

> **Sumário:** 25 – O dualismo responsabilidade – seguro de responsabili-
> dade, o seguro obrigatório e as consequências do enfraquecimento
> da relação pessoal responsabilizante: «despersonalização» parcial
> da autoresponsabilidade e reconversão do escopo sancionatório;
> 26 – A perspectiva comparativa: referências doutrinárias, jurispru-
> denciais e legislativas sufragadoras do papel menos intenso da
> culpa do lesado no ressarcimento dos danos; 27 – O quadro nacio-
> nal da socialização directa e a função desempenhada pelo seguro
> feito pelo potencial lesado. Da existência de um possível ónus de
> efectuar o seguro. Culpa do lesado e conteúdo da sub-rogação ou
> do reembolso da entidade pagadora; 28 – Descaracterização poten-
> ciada da conduta do lesado nas prestações a cargo do Estado e da
> Segurança Social; 29 – Súmula das considerações precedentes e
> justificação do seguimento da exposição.

25. O dualismo responsabilidade – seguro de responsabilidade, o seguro obrigatório e as consequências do enfraquecimento da relação pessoal responsabilizante: «despersonalização» parcial da autoresponsabilidade e reconversão do escopo sancionatório

A posição que deixámos delineada quanto à função desempenhada pela conduta do lesado no seio da plúrima responsabilidade
objectiva (e mesmo na responsabilidade subjectiva), não parece reflectir a circunstância das próprias *condicionantes* desse mecanismo principal de repartição dos danos que é o *seguro de responsabilidade*. Colocando a questão de outra forma, pode, na verdade, perguntar-se se a
natureza e a *lógica* do seguro de responsabilidade são compatíveis com
a indemnização dos danos que resultem da defesa de uma ponderação-
-partilha *mais favorável* ao lesado ou em que não se consideram as suas
culpas leves ou as suas reacções defeituosas. Será que a *moderna*

286   *A conduta do lesado*

concepção do seguro favorece a defesa desse círculo, maior ou menor, de desculpabilização?

Constatando-se que, pelo menos no plano formal, é a existência de um vínculo prévio entre o lesante e o lesado que legitima a intervenção do seguro de responsabilidade, parece poder concluir-se que os *princípios estritos da responsabilidade pessoal* (reduções indemnizatórias resultantes da ponderação das culpas, exclusões e limites de responsabilidade) enformam o *conteúdo* dessa garantia financeira[905]. A lógica da responsabilidade civil e o seu modelo interindividual constituem os seus próprios limites intrínsecos, tratando-se, como se trata, de um sistema reparador, condicionado à existência de um facto responsabilizante. Mais concretamente, e quanto ao aspecto que nos interessa, se pensarmos num acidente de viação ocorrido e «liquidado» antes de 1979[906], provada a «culpa» do lesado ou «respondendo» este pelo risco, o montante a pagar pela seguradora, não existindo qualquer exclusão de responsabilidade, estaria sempre dependente do *quantum* resultante da ponderação-partilha efectuada nos termos dos artigos 570.°, 1 ou 506.°, 1.

A mera existência de um seguro não parece constituir, *prima facie*, base suficiente para se afirmar que a cobertura colectiva deva assumir o pagamento dos danos correspondentes à quota de participação culposa

---

[905] Expressamente, os artigos 76.° da Lei espanhola do contrato de seguro e 12.°, 2 a) do Regulamento espanhol do seguro de responsabilidade civil automóvel, *cit.* (*supra*, n.857), autorizam a seguradora a invocar a «*culpa exclusiva*» do lesado. Mais limitados e modernos são os dizeres do artigo 13.° do Projecto de lei italiano, n.° 1071/84, ao consagrar como único limite à *acção directa* a «conduta intencional autolesiva» (cfr. E. QUADRI, *Indennizzo e assicurazione*, in *Responsabilità civile e assicurazione obbligatoria, cit., supra*, n.28, pp. 107-108, n.(45) e a crítica de G. SCALFI, *Problemi assicurativi e questioni non risolte sulla assicurazione obbligatoria della responsabilità civile*, in *Responsabilità civile..., cit.*, pp. 167 e ss., ao que ele chama de «espécie de seguro do lesado», dada a cobertura das situações de *força maior, caso fortuito* e de *facto de terceiro*). Ver também *infra*, n.927.

[906] Como se sabe, apesar de ter sido previsto no Decreto-Lei n.° 165/75 de 28 de Março, foi só em 1979 (dez anos antes tinha sido criado o seguro italiano e quarenta anos antes o alemão), com o Decreto-Lei n.° 408 de 25 de Setembro, que foi introduzido o seguro obrigatório de responsabilidade civil automóvel. Note-se, contudo, que o primeiro projecto (de SAUDADE E SILVA), tendente à sua consagração, data de 1935 e que VAZ SERRA, nos trabalhos preparatórios, propôs a sua obrigatoriedade e a instituição do Fundo de Garantia, numa filosofia próxima da que inspira a actual legislação (ver o seu *Fundamento da responsabilidade civil...*, BMJ n.° 90, *cit.*, pp. 215 e 238 e ss., e os artigos 778.°, 1 e 2 e 779.°,3 do Anteprojecto, in BMJ n.° 101 (*parte resumida*), pp. 154-156). Para certos aspectos do debate acerca da obrigatoriedade do seguro, ver J. G. de SÁ CARNEIRO, RT, ano 81.°, *cit.*, pp. 247-249.

Sentido e função do problema da conduta culposa e não culposa 287

do lesado e resultantes das suas reacções erradas ou mesmo dos riscos humanos inerentes à sua participação no tráfego. Caracterizado que seja o seguro, como *seguro pessoal* ou *limitado* de responsabilidade, parece que a «transferência» do débito para a seguradora não poderá deixar de reflectir o conteúdo indemnizatório resultante da *estrita* responsabilidade do lesante. Esta última asserção é, aliás, traduzível nos dois corolários clássicos afirmados em relação ao seguro facultativo de responsabilidade, isto é, o seguro só responde *se* o responsável responder e na *medida* da sua responsabilidade[907]. Mas será forçosa esta visão estática, que funcionaliza o seguro relativamente ao seu tomador? Ou devemos retirar todas as consequências do desiderato da melhor tutela do lesado – enquanto escopo central da própria responsabilidade civil – e do duplo efeito colateral ligado ao mecanismo do seguro (*maxime* obrigatório)?

Enquanto que na sociedade pouco desenvolvida da segunda metade do século XIX se discutia a validade de um seguro contra as actuações *culposas* do lesante, o potencial lesado tinha interesse em *prevenir o dano* através da protecção do seguro e os trabalhadores eram tutelados legalmente, em muitos países, mediante *seguros sociais*, o século actual marca a crescente expansão do *seguro obrigatório*[908] enquanto instrumento que permite a efectivação da responsabilidade objectiva pelos riscos criados essencialmente por entidades morais economicamente fortes e com possibilidades de «internalizar» o preço do

---

[907] Para essa aderência, ver, entre nós, CUNHA GONÇALVES, *Tratado...*, XIII, *cit.*, p. 193, ANTUNES VARELA, *op. cit.*, p. 721, J. RIBEIRO DE FARIA, *op. cit.*, I, p. 312, n.(1) e II, p. 581, n.(1), SINDE MONTEIRO, *Reparação dos danos...*, *cit.*, p. 47 e *Estudos...*, *cit.*, p. 48 e M. CLARA LOPES, *Seguros obrigatórios de responsabilidade civil*, in TJ n.os 32/33, 1987, pp. 2 e 4. Ver também, para esse *assurance de dette*, YVONNE LAMBERT-FAIVRE, *op. cit.*, n.° 376 e ss., pp. 303 e ss. e RTDC 86(1), 1987, *cit.*, p. 7 (mas com a referência ao «direito do lesado a ser indemnizado») e, para o «princípio da separação» (*Trennungsprinzip*), ver KÖTZ, *op. cit.*, n.° 326, p. 130 e n.° 378, p. 151, DEUTSCH, *Haftungsrecht, cit.*, pp. 404-405, MEDICUS, *Schuldrecht*, I, *cit.*, § 60 II, p. 315, C. VON BAR, AcP 181 (1981), *cit.*, pp. 311 e ss. e G. BRÜGGEMEIER, AcP 182 (1982), *cit.*, p. 413.

Na jurisprudência, apesar da caracterização, não sem dificuldades, como *contrato a favor de terceiro*, ver os acórdãos do STJ de 13 de Fevereiro de 1976, publ. no BMJ n.° 254, pp. 208 e ss., de 20 de Junho de 1978, publ. no BMJ n.° 278, pp. 189 e ss., de 4 de Fevereiro de 1982, publ. no BMJ n.° 314, p. 328 e anot. por ANTUNES VARELA, na RLJ, ano 118.°, pp. 224, 253-256 e 270-271, de 2 de Dezembro de 1982, in BMJ n.° 332, pp. 315 e ss., de 8 de Junho de 1988, publ. no BMJ n.° 378, pp. 723 e ss., de 30 de Março de 1989, publ. no BMJ n.° 385, pp. 563 e ss. e de 2 de Maio de 1991, publ. no BMJ n.° 407, pp. 507 e ss..

[908] Para esse desenvolvimento e para a natureza «individualista» do seguro do séc. XIX, ver J. C. MOUTINHO DE ALMEIDA, *op. cit.*, pp. 8-9.

seguro. Para lá da sua tarefa legislativa neste domínio, e que já tivemos oportunidade de referir[909], o Estado deve favorecer a celebração de seguros de responsabilidade em domínios mais particulares (como é o caso da responsabilidade do produtor[910]) e estimular as pessoas para a contratação *de seguros pessoais de doença,* enquanto forma embrionária das soluções mais gerais e marcadamente sociais do regime sueco, para já não falar do «seguro nacional de acidentes», vigente na Nova Zelândia, e que não se «interessa» pela imediata pesquisa das culpas. Se essa expansão potencia o desenvolvimento da responsabilidade civil e modifica as suas funções secundárias, é a configuração do seguro como a «terceira via» (*Dreispurigkeit),* a que alude KÖTZ[911], que permite vê-lo como instrumento básico de tutela dos lesados, insensível, em maior ou menor medida, às razões responsabilizantes.

Sabe-se também que o mecanismo do seguro (*maxime* do obrigatório) gera como efeitos colaterais importantes o *amolecimento* da carga sancionatória e preventiva associada à responsabilidade civil – com sequelas visíveis ao nível da aplicação do artigo 494.° – e o *enfraquecimento*[912] (ou o «declínio», para usarmos a expressão de VINEY) da

---

[909] Ver *supra,* n.° 22.

[910] Para as particularidades desse seguro, ver MOITINHO DE ALMEIDA, *A responsabilidade civil do produtor e o seu seguro, est. cit.,* pp. 136 e ss. e CALVÃO DA SILVA, *Responsabilidade civil..., cit.,* pp. 534 e ss..

[911] *Op. cit.,* p. 5. Ver, no entanto, para os diferentes sentidos de uma expressão cuja paternidade cabe a ESSER, na forma simplificada de «*Zweispurigkeit»,* G. BRÜGGE-MEIER, AcP 182 (1982), *cit.,* p. 392 e n.(15).

[912] Já em 1931, SAVATIER (*Vers la socialisation...,* D. 1931, *chron., cit.,* p. 12) se referia criticamente ao «desaparecimento do sentimento da responsabilidade individual» (cfr., igualmente, o seu *Les métamorphoses..., cit.,* p. 258). Para esse amolecimento-enfraquecimento, de que falamos no texto, ver ALMEIDA COSTA, *op. cit.,* p. 446, SINDE MONTEIRO, *Estudos...,* pp. 30-31 e n.(64) e 77, PINTO MONTEIRO, *Cláusulas limitativas..., cit.,* pp. 134-135, LARENZ, *Lehrbuch des Schuldrechts,* Band I, *cit.,* § 27 I, p. 423, ESSER/SCHMIDT, *op. cit.,* I, 2, § 30 II, p. 160, LANGE, *op. cit.,* p. 10, SCHIEMANN, *Verhältnis zwischen der deliktischen Haftung und den Systemen privater und öffentlicher Vorsorge,* in *Entwicklung der Deliktsrecht in rechtsvergleichender Sicht,* Frankfurt am Main, 1987, p. 50, VINEY, *Le déclin..., cit.,* p. 206, LAMBERT--FAIVRE, *De la dégradation juridique des concepts de «responsable» et de «victime» (à propos des arrêts de l'Assemblée plénière du 3 juin 1983),* in D. 1984, *chron.,* pp. 51 e ss. TRIMARCHI, *Rischio...,* p. 41 (desvalorizando a perda da carga preventiva), G. FANELLI, *I problemi fondamentali dell' assicurazione obbligatoria della responsabilità civile per i rischi della strada con particolare riferimento al progetto governativo,* in RDCDO I, 1966, pp. 347 e ss. e BUSNELLI, in RISG 1976, *cit.* (*supra,* n.561), pp. 60-61 (apontando os perigos de um excesso de cobertura colectiva).

Sentido e função do problema da conduta culposa e não culposa 289

relação (codificada) individual responsabilizante, traduzida no facto de o responsável não assumir ou não assumir unilateralmente o débito indemnizatório. Ao observarmos o regime legal correspondente ao recorte dos nossos seguros obrigatórios de responsabilidade (*maxime* o que vigora na circulação automóvel), verifica-se, por ex., que a existência do *dolo* ou da *culpa grave*[913] do segurado não é motivo de oponibilidade ao lesado, da mesma forma que as excepções internas (invocáveis nas relações seguradora-segurado)[914] não o são. Sem deixarmos de relevar a imposição de *apólices uniformes* ou a possível não circunscrição da garantia colectiva à responsabilidade do tomador do seguro[915], é, sobretudo, a outorga desse direito autónomo, que é a *acção directa*[916], e que coloca frente a frente a seguradora e o lesado, bem como a instituição, com um inequívoco escopo protector, dessa espécie de seguro social da estrada, que é o *Fundo de Garantia*[917], que conferem ao seguro obrigatório uma marcada faceta pública, previdencial.

----

[913] Cfr., sem saírmos do círculo do *risco criado*, os artigos 8.°, 2 e 3 e 19.° a) do Decreto-Lei n.° 522/85 de 31 de Dezembro (para uma interpretação bastante limitativa, ver DARIO MARTINS DE ALMEIDA, *op. cit.*, p. 470) e 19.°, 1 b) do Decreto-Lei n.° 321/89, *cit.*.

[914] Cfr. o artigo 14.° do Decreto-Lei n.° 522/85. Quanto à falta de pagamento dos prémios nos contratos de seguro obrigatório, a revogação do Decreto-Lei n.° 162/84 de 18 de Maio, pelo Decreto-Lei n.° 105/94 de 23 de Abril, representa a consagração de um regime *menos protector* para os lesados por acidente de viação, em confronto com as vítimas de acidentes laborais (cfr. o artigo 6.° dos dois diplomas).

[915] Cfr., por ex., os artigos 8.° do Decreto-Lei n.° 522/85 e 19.° do Decreto-Lei n.° 321/89.

[916] Cfr. os artigos 29.°, 1 a) e 6,7 e 8 (acção contra o *Fundo de Garantia Automóvel*) do Decreto-Lei n.°522/85, 20.°, 1 do Decreto-Lei n.° 321/89 (com laivos de *canalização* de responsabilidade) e 20.° do Decreto-Lei n.° 251/92 de 12 de Novembro (quanto aos danos da caça, já o artigo 9.° A, introduzido no Decreto-Lei n.° 47847 de 14 de Agosto de 1967, pelo Decreto-Lei n.° 116/75 de 8 de Março, admitira essa *acção directa*).

[917] Cfr. os artigos 21.° (com as alterações introduzidas pelo Decreto-Lei n.° 130/94 de 19 de Maio) a 28.° do Decreto-Lei n.° 522/85. Para a finalidade protectora do *Fundo*, ver SINDE MONTEIRO, *Estudos...*, *cit.*, p. 28, n.(55) e DARIO MARTINS DE ALMEIDA, *op. cit.*, p. 481.

Em Itália, no Projecto de lei n.° 669/84, previa-se que o «Fundo de Garantia» pagase determinada quantia aos lesados culpados, que sofressem danos graves e que tivessem uma situação económica precária (cfr. BUSNELLI, RISG e n.° 3, 1986, *cit.*, pp. 229-230, n.(33) e 238 e a sua proposta, com um certo sabor a socialização directa, de transformar o *Fondo di garanzia* num «*generale strumento di indennizzo (parziale) di tutti i danni alla persona...*»).

A natureza *social*[918] do seguro obrigatório (e de que é paradigma, entre nós, o seguro automóvel), ao provocar a *secundarização* da pessoa do responsável, parece legitimar a defesa de uma certa atrofia do círculo da «autoresponsabilidade» do lesado[919], em sintonia com a função predominantemente reparadora do nosso direito da responsabilidade civil. Contra a visão estática da doutrina dominante, há que defender uma nova concepção *funcional* do seguro, visto como instrumento colectivo de tutela dos lesados[920] e considerado como uma espécie de seguro de acidentes *avant la lettre*. Neste aspecto, o seguro de acidentes de trabalho, pese a sua natureza privatística, acolhe, desde há muito, a projecção da ideia desculpabilizante de certos comportamentos do lesado.

Como acentuaram autores oriundos do pensamento jurídico francês, e entre os quais se destaca TUNC[921], não tem sentido defender-se uma «oposição paradoxal» (ou o *«monde à l'envers»* de que fala VINEY)[922] entre as situações do lesante culpado, protegido pelo seguro, e do lesado «culpado», desfavorecido quanto a qualquer falha ou culpa mais pequena. Ou, por outras palavras, e já não falando, por discutível, do argumento «geométrico» que pode ser retirado do artigo 494.º, não é justo que da aludida despersonalização da responsabilidade não se retirem efeitos benéficos para o próprio lesado «culpado», invocando razões técnicas menores, ligadas a um possível aumento dos prémios

---

[918] Ver, para uma alusão expressa, o preâmbulo do Decreto-Lei n.º 522/85 e, para a defesa de ideias modernas acerca da função do seguro obrigatório, ver os acórdãos da RP de 2 de Fevereiro de 1989, in CJ, ano XIV, tomo 1, 1989, p. 188, da RL de 18 de Junho de 1991, publ. na Revista do Conselho Distrital do Porto da Ordem dos Advogados, n.º3, 1993, pp. 4 e ss., e de 4 de Julho de 1991, in CJ, ano XVI, tomo 4, 1991, p. 165.

[919] Para a «lógica» do seguro obrigatório excluir as causas exoneratórias nos acidentes de viação e para o «obstáculo» (à eficácia desse mecanismo) representado pela *partage* da indemnização, no caso de «culpa» do lesado, ver, respectivamente, J. FLOUR/JEAN-LUC AUBERT, *op. cit.*, p. 260, n.(2) e G. VINEY, *La faute de la victime...*, in JCP 1984, I, 3155, *cit.* (*supra*, n.134), n.º 25.

[920] Para a evolução do seguro de responsabilidade, como seguro de concepção «egoística» (num direito de responsabilidade civil marcadamente preventivo) e como *seguro a favor do lesado*, ver C. VON BAR, AcP 181 (1981), *cit.*, pp. 311 e ss. e 325.

[921] Ver, entre outros escritos, *Accidents de la circulation: faute ou risque?* D. 1982, *chron.*, p. 103 e *Les paradoxes du régime actuel de la responsabilité de plein droit* (*ou: Derrière l'écran des mots*), D. 1976, *chron.*, p. 16.

[922] JCP 1984, I, 3155, *cit.*, n.º 25. Trata-se de uma expressão empregue por TUNC no seu estudo *Accidents de la circulation..., cit.*, p. 103.

Sentido e função do problema da conduta culposa e não culposa

ou a falsos motivos de prevenção. Num sistema crescentemente assente nessa garantia colectiva, que é o seguro obrigatório, não se compreende que devam funcionar os mesmos *contrapesos* (exclusões e reduções indemnizatórias, ponderação estrita das culpas, etc.) que existem, com certa rigidez, no seio da responsabilidade pessoal ou dotada de um seguro concebido de forma tradicional, «privatístico».

É sabido, no entanto, que essa cobertura social – pelo menos com a estrutura que conserva entre nós – não elimina os inconvenientes de integrar uma solução particularizada, algo complexa, aleatória[923], probatoriamente exigente para o demandante[924]. Esta constatação implica que a contenção do espaço da *autoresponsabilidade* nos danos corporais ou a desvalorização parcial da conduta do lesado é potenciada na *ausência ou na simplificação de contencioso* sobre a ocorrência de faltas pouco graves (*maxime* no seio dos *grandes riscos*)[925]. A influência que uma concepção social do seguro obrigatório pode ter numa tarefa legislativa modernizada, na defesa intra-sistemática de soluções mais flexíveis, na sensibilização jurisprudencial, sem «perversão das noções da responsabilidade civil»[926], e no próprio valor económico do seguro facultativo, será tanto maior quanto mais maleável se mostrar o regime jurídico do próprio seguro[927]. Face ao classicismo doutrinário e juris-

---

[923] É a «*forensic lottery*», a que já se referia impressivamente ISON em meados dos anos 60 (*apud* TUNC, D. 1969, *Jurisp.*, p. 127, em anot. à decisão da *Cour d'Appel* de Lyon de 29 de Setembro de 1967).

[924] Cfr. em geral, para as «fraquezas» do direito da responsabilidade civil, SINDE MONTEIRO, *Reparação dos danos..., cit.*, pp. 54 e ss., e *Estudos..., cit.*, p. 94 (sem nos esquecermos da ênfase que SINDE MONTEIRO coloca no «automatismo» da solução desculpabilizante que prefere), AMÉRICO MARCELINO, *op. cit.*, pp. 11 e ss. e 89-90 (assinalando a circunstância de a sorte do lesado estar dependente da pequena margem que existe entre a falta de culpa e a culpa leve), TUNC, *La Securité Routière, cit.*, pp. 20 e ss., LARROUMET, *op. cit.*, p. 27 e SCHILCHER, *op. cit.*, pp. 78 e ss..

[925] Ver, aliás, *supra*, p. 278, para a defesa, em certas áreas, de critérios suficientemente flexíveis e de execução mais célere.

[926] B. MARKESINIS, *La perversion des notions de responsabilité civile délictuelle par la pratique de l'assurance*, in RIDC, n.° 2, 1983, pp. 301 e ss..

[927] Haja em vista as disposições concernentes ao seguro e ao Fundo de Garantia (criado em 1951) constantes da lei BADINTER (artigos 7.° e ss.) e do Decreto n.° 21 de 7 de Janeiro de 1986 (ver F. CHABAS, *Le droit des accidents..., cit.*, pp. 201 e ss., para um amplo comentário a esses textos), e as alterações introduzidas em Itália, por um diploma de 29 de Janeiro de 1992, à disciplina do seguro obrigatório de responsabilidade civil de veículos a motor (Lei de 24 de Dezembro de 1969). Para lá de aspectos ligados à celeridade do pagamento das indemnizações, ao ressarcimento do dano biológico e do dano moral (em termos mais alargados) e à legitimação activa da pessoa que

prudencial reinantes [928], será díficil, à margem de alterações legislativas substanciais (por ex., no seio dos artigos 505.° e 570.°) e de uma maior flexibilidade do mecanismo do seguro, ver realizada aquela melhor tutela de certos lesados «culpados», tal como a concebemos na teoria do direito da reparação dos danos.

Como quer que seja, a *libertação da responsabilidade individual*, não sendo uma solução plenamente satisfatória, permite, quanto ao aspecto que mais nos interessa, não só retirar ao artigo 494.° parte da sua «carga penalística» [929], mas também propicia a *diluição* social ou uma melhor repartição dos danos [930], que o sistema «fechado» de responsabilidade, numa visão individualizada do concurso da conduta «culposa» do lesado, não lograria ou só lograria parcialmente. Este *plus* protector, conseguido à custa de uma técnica específica, não converte a responsabilidade civil em instrumento meramente reparador, na medida em que o seguro conserva, pelo menos teoricamente, a necessidade sancionatória e preventiva [931] – relativamente às *culpas mais graves dos lesantes* – pela via oblíqua, ou adaptada, do *direito de regresso* [932] ou de

---

vivia em união de facto com o lesado falecido, queremos salientar a «garantia autónoma» de que passou a gozar o *condutor*, em casos de morte ou de invalidez permanente superior a 50%, mesmo que tenha tido «*colpa esclusiva o concorsuale, in misura almeno pari al 75 per cento*». Para um comentário às alterações de 1992, ver CIAN/ /TRABUCCHI, *Commentario breve al Codice Civile*, II, 4.ª ed., Padova, 1992, pp. 2610- -2611. No tocante à tutela do *condutor legítimo*, é de realçar que, entre nós, o Decreto- -Lei n.° 130/94, *cit.* (*supra*, n. 917), ao alterar o disposto no artigo 7.° do Decreto de 1985, continua a não outorgar a «garantia do seguro» para as *lesões* corporais sofridas pelo condutor do veículo, titular ou não da apólice.

[928] ANTUNES VARELA, *op. cit.*, pp. 531, n.(2) e 643, mostra-se reservado quanto à «fuga» da responsabilidade civil, certamente em nome da *justiça comutativa* e de uma concepção do seguro em moldes tradicionais. Para uma jurisprudência mais realista, ver *supra,* n.918.

[929] Ver *supra* , n.° 16.

[930] Cfr. ESSER/SCHMIDT, *op. cit.*, I, 2, § 30 II, p.161, para a «*Entideologisierung*» do «direito dos danos».

[931] No tocante às *responsabilidades profissionais*, há que ter ainda em conta, como factores preventivos, as possíveis *sanções disciplinares* e o que SAVATIER (*Securité humaine et responsabilité civile du médecin*, in D. 1967, *chron.*, pp. 43-44) chama de ausência de «cobertura moral» do seguro.

[932] Cfr. os artigos 19.° do Decreto-Lei n.° 522/85 (mais limitativo do que o do artigo 19.° do Decreto-Lei n.° 408/79) e 19.°, 3 do Decreto-Lei n.° 321/89. Ver ALFREDO GASPAR, *A alcoolémia do condutor do veículo seguro e o reembolso da seguradora*, in TJ, n.° 3, 1990, pp. 95-96, para a análise dessa causa fundante do *direito de regresso*. Para a complexidade deste último direito, ver SINDE MONTEIRO, *Estudos... , cit.,*

Sentido e função do problema da conduta culposa e não culposa 293

sub-rogação[933] e pela aplicação ao segurado de certas «penalidades», próprias do direito dos seguros (por ex., preclusão de certos danos, elevação de prémios e previsão de franquias)[934].

Topicamente, pode dizer-se que a importância real do seguro, se influencia a própria *expansão* da responsabilidade civil, também a converte numa técnica basicamente preocupada com o regime dessas vias «estabilizadoras» do dano[935] e com a repartição daquelas perdas que não são cobertas integralmente pelo mecanismo colectivo ou que este excluiu, reservando-se fundamentalmente para o «direito da mera ordenação social» e para o seu leque diversificado de sanções a tarefa preventivo-sancionatória[936]. Concomitantemente, há que trazer para o primeiro plano o *direito* do lesado a uma maior justiça material, estimulando uma *política legislativa* que faça perder à «culpa» do lesado parte do seu conteúdo individual, vendo-a (sobretudo no círculo dos acidentes de viação) como algo de heterónomo, com menos aspectos

---

pp. 40-42, e, para o conjunto de questões (*maxime* restrições ao seu exercício) debatidas no direito alemão, ver DEUTSCH, *Haftungsrecht, cit.*, pp. 486 e ss., MEDICUS, *Schuldrecht*, I, *cit.*, § 60, pp. 318-320 e LANGE, *op. cit.*, § 11, pp. 686 e ss.. Autores como VINEY, *Responsabilité personnelle...*, in *Archives..., cit.*, p. 19 (com uma posição mais reservada do que a emitida em 1965), MEDICUS, *cit.*, p. 320, e BRÜGGEMEIER, AcP 182(1982), *cit.*, p. 416, mostram-se cépticos quanto à utilidade do exercício do *regresso*, defendendo mesmo o último jurista a sua «completa eliminação».

[933] Cfr. os artigos 25.° do Decreto-Lei n.° 522/85 e 20.°, 2 do Decreto-Lei n.° 321/89.

[934] Para esses aspectos preventivos, ver, entre outros, TUNC, *La responsabilité civile, cit.*, pp. 138-139, E. VON CAEMMERER, RabelsZ 42(1978), *cit.*, p. 19 e MEDICUS, *op. cit.*, § 60, pp. 314-315.

[935] Os autores germânicos referem-se expressamente à conversão do direito da responsabilidade num «direito dos pressupostos do regresso» (cfr. GERNHUBER, *op. cit.*, pp. 376 e 463 e KÖTZ, *op. cit.*, n.° 211, p. 87) ou num direito das «grandezas aritméticas», como refere SCHIEMANN, *cit.* (*supra*, n.912), p. 50. A propósito desses «cálculos», é curioso recordar que VAZ SERRA, no artigo 779.°, 3 do seu Anteprojecto, BMJ n.° 101, p. 642 (*parte resumida*), admitia o «reembolso» total no dolo, de 50% na culpa grave e de 10% na culpa simples. Na parte em que VAZ SERRA chega a conceber a exclusão do reembolso (para a culpa leve), reflecte-se a aplicação da ideia central que viria a conformar o disposto no artigo 494.°.

[936] Ver, aliás, os artigos 6.°, 2 da Portaria n.° 371/93 de 1 de Abril (relativo ao conteúdo mínimo obrigatório do seguro da actividade de mediação imobiliária), 12.°, 3 do Decreto Regulamentar n.° 11/92 de 16 de Maio, na redacção dada pelo Decreto Regulamentar n.° 32/92 de 28 de Novembro (referente ao seguro de responsabilidade dos projectistas e construtores civis) e 2.°, 2b) da Portaria n.° 303/94 de 18 de Maio (seguro da empresa de estiva), para a exclusão do pagamento, pelo seguro, de *multas* e *coimas*.

«morais» e em ligação com o papel preponderante (na efectivação dessa maior justiça) que o seguro de responsabilidade vai assumindo entre nós. Esta ideia, que faz suportar pelo seguro certas «franjas» de «autoresponsabilidade», como é o caso das pequenas culpas ou das reacções infelizes, permite ainda defender que os tribunais, sempre no pressuposto da intensidade do perigo ou da acção lesiva[937], e no exercício da «sua» liberdade, sejam menos exigentes na apreciação das «culpas» dos lesados mais «frágeis», tratem com ductilidade a contribuição danosa de pessoas não conscientes dos perigos ou encontrem, como resultado da sua ponderação, um efeito mais favorável ao lesado. Do mesmo modo, ao ser demandada directamente ou ao não colocar entraves a um acordo extrajudicial, a seguradora não deveria aproveitar-se de toda e qualquer falta cometida pelo lesado, de forma a sintonizar-se com a sua verdadeira função.

O limite até onde pode ir essa *desculpabilização* não poderá, obviamente, ser mais amplo do que aquele que é admitido nos acidentes de trabalho, o que equivale a excluir as *atitudes dolosas* ou *intencionais* do lesado em sofrer danos, tendo disso consciência, mas também aquelas condutas «culposas» que, pela sua *gravidade,* legitimem uma atribuição *exclusiva* do dano ao lesado. Na ausência de dados positivos, que reflictam inequivocamente essa concepção protectora, já dissemos que a necessidade de tutela é mais premente nos círculos onde os danos são mais frequentes e graves, o que significa proteger mais o peão (criança ou adulto) do que o consumidor de produtos defeituosos. *De iure condito*, a aplicação actualizada do critério do artigo 570.º, 1 fornece ao tribunal um quadro que não poderá fazer tábua rasa da existência de um seguro (mesmo facultativo) como factor que permite, tendo em conta o risco criado, a intensidade do dano e a escassa gravidade da «culpa» do lesado, fixar uma indemnização imune a essa pequena falta. Não se eliminando, pois, e em regra, a ponderação de uma situação danosa para a qual tenham concorrido um risco particular e uma «culpa» do lesado, as circunstâncias do caso, a existência da cobertura colectiva, o grau de culpa, a gravidade do dano e, eventualmente, a precariedade da situação económica do lesado poderão conduzir o tribunal a conceder uma indemnização total ou parcial, «fugindo», assim, a uma pura consideração da desigualdade dos «contrários».

---

[937] WIEDERKEHR, *Les incidences du comportement..., cit. (supra,* n.827), p. 136, é favorável à aplicação do regime geral, desde que a «importância do risco» não justifique a tutela do lesado culpado.

As maiores dificuldades para a jurisprudência, antes de uma reforma legislativa desejável e clarificadora, terão a ver com a delimitação (face às verdadeiras culpas) dessa zona algo fluida do «erro estatisticamente inevitável» e com a circunscrição da «culpa grave injustificada» e da «culpa grave e indesculpável», numa terminologia «importada» do regime dos acidentes de trabalho. A aplicação desta última expressão, merecedora das simpatias de SINDE MONTEIRO, tem a vantagem de possibilitar o aproveitamento dos subsídios já existentes na prática jurisprudencial laboral[938], mas envolve certas reservas, como veremos.

Na zona da *responsabilidade objectiva sem seguro obrigatório*, a existência de um seguro facultativo ou, eventualmente, de factores económicos favoráveis ao lesado, *poderão* levar, igualmente, a desculpar a pequena «culpa» do lesado (quer no atropelamento por um ciclista, quer na lesão provocada por um animal)[939]. Na parte do dano eventualmente não coberta pelo mecanismo do seguro, e perante a ponderação favorável ao lesado, não vemos aqui razões válidas para não aplicarmos bilateralmente, e na relação interindividual, o pensamento *corrector* que preside ao artigo 494.º, com a finalidade de obstar a indemnizações desproporcionadas. Mas a estes pontos voltaremos mais à frente.

26. A perspectiva comparativa: referências doutrinárias, jurisprudenciais e legislativas sufragadoras do papel menos intenso da culpa do lesado no ressarcimento dos danos

O esbatimento da dimensão humana da responsabilidade, na componente ligada à desculpabilização de certas condutas do lesado (*maxime* relacionadas com os acidentes de trânsito), tem sido apanágio de certas correntes jurisprudenciais, de determinadas reformas ou propostas legislativas e tem presidido, mais recentemente, ao pensamento de numerosos juristas (TUNC, VINEY, LAPOYADE DESCHAMPS, TRIMARCHI, HOHLOCH, KÖTZ, DEUTSCH, BARTSCH[940], WILL, SANTOS

---

[938] Ver *supra*, n.822.

[939] É evidente que as circunstâncias económicas (favoráveis) do lesado, mesmo inimputável, poderão alterar essa solução, o que adquire importância, como vimos, quanto à aplicação dos artigos 500.º e 502.º (ver também *infra*, n.º 60).

[940] *Die Harmonisierung des Kraftfahrhaftungsrechts – ein Beispiel europäischer Rechtspolitik*, in ZRP 1975, p. 243.

BRIZ[941], C. RODRÍGUEZ MARIN[942] e FLETCHER[943], entre outros), geralmente em consonância, mais ou menos nítida, com a defesa da função social do seguro, concebido mais como *seguro directo de acidentes* do que como «seguro adverso»[944], de responsabilidade. Na realidade, a maioria desses autores e projectos legislativos, ao reflectirem a teoria da «selecção natural», defendida por J. SMITH em 1914[945], conceberam sistemas alternativos ao binómio seguro-responsabilidade, advogando formas de cobertura colectiva, por vezes já na raia da Segurança Social, com a consequência importante do menor relevo dado à consideração das culpas. Por outro lado, e antes de uma alusão sumária aos referentes principais desse movimento protector, há que advertir que, nesse conglomerado de posições, há *nuances* quanto ao âmbito objectivo, à delimitação e aos efeitos da *esfera da autoresponsabilidade* irrelevante.

Na Alemanha, mesmo antes de HOHLOCH[946] e KÖTZ[947] terem proposto com carácter geral, isto é, independentemente do critério responsabilizante, e nos estudos tendentes à reforma do direito dos danos, a *redução* ou a *exclusão* da indemnização por danos pessoais,

---

[941] *La compensación de culpas. Su aplicación en el seguro de suscripción obligatoria de automoviles*, in RDP 1988, p. 772 e *op. cit.*, I, p. 119. Seguindo muito de perto a doutrina alemã, SANTOS BRIZ admite a concorrência entre a culpa e o risco, defendendo o papel exoneratório da *culpa grave* do lesado se o risco tiver tido um «papel totalmente secundário» (como na hipótese de se subir para um comboio em andamento). No mesmo sentido, ver M. MARTIN-GRANIZO, ADC, *cit. (supra*, n. 874), p. 264, n.(8) e, *de jure condendo*, SOTO NIETO, RDP 1968, *cit. (supra*, n.268), p. 426.

[942] RDP *cit. (supra*, n.161), pp. 118 e ss., apesar da ênfase que coloca na *exclusividade* da conduta do lesado, o que não é de estranhar pois corresponde ao pensamento doutrinário e jurisprudencial dominantes (cfr. DIEZ-PICAZO/A. GULLÓN, *op. cit.*, pp. 606-607 e 637-639).

[943] Para a sua doutrina, ver JÚLIO GOMES, RDE 13(1987), *cit.*, pp. 121-122 e ALPA/BESSONE, *I fatti illeciti, cit.*, p. 38. Na concepção de FLETCHER, do «paradigma da reciprocidade», o risco criado só deixa de justificar a reparação quando o lesado «...*imposes excessive risks on the defendant...*».

[944] B. MARKESINIS, RIDC, n.°2, 1983, *cit.*, p. 306.

[945] *Apud* BUSNELLI, RISG, n.°3, 1986, *cit.*, pp. 219-220.

[946] Cfr. *Empfiehlt sich eine Neufassung..., cit.*, pp. 471-472, e, para o articulado (como n.° 3 do § 254), p. 475 («*Im Falle der Tötung eines Menschen oder der Verletzung des Körpers oder der Gesundheit darf die Verpflichtung zum Ersatz nur dann gemindert oder ausgeschlossen werden, wenn der Schaden durch mindestens grobe Fahrlässigkeit des Geschädigten mitverursacht worden ist*»).

[947] *Op. cit.*, pp. 166-167 (advogando a *redução* indemnizatória para a conduta dolosa ou gravemente culposa do acidentado rodoviário) e *Gefährdungshaftung, cit.*, pp. 1821-1822 e 1834, para uma proposta legal praticamente idêntica à de HOHLOCH.

Sentido e função do problema da conduta culposa e não culposa 297

para a hipótese de o lesado ter concorido com «culpa grave» (*grobes Eigenverschulden*) ou *dolo*, ou de DEUTSCH[948] se ter referido à «injustiça social» de a seguradora poder invocar qualquer concurso de culpa do lesado[949], já E. VON HIPPEL[950] apresentara, em 1968, um projecto de reforma para os «acidentes do tráfego», partindo do compromisso entre a responsabilidade civil e o seguro. Abreviando razões, E. VON HIPPEL,

---

[948] *Haftungsrecht, cit.*, pp. 326 e 405 e ss., *Unerlaubte Handlungen..., cit.*, § 13, pp. 86 e 90-91 (assinalando a faceta «social» da «culpa do lesado»), *Grundmechanismen der Haftung..., JZ* 1968, *cit.*, p. 727, *Gefährdungshaftung..., JuS* 1981, *cit.*, p. 325 e, principalmente, *Einschränkung des Mitverschuldens..., ZRP* 1983, *cit.*, pp. 137 e ss.. DEUTSCH, combinando o direito da responsabilidade com o mecanismo de um seguro amplo, defende a irrelevância da *culpa* leve do lesado e do *seu risco de actividade*, propondo a limitação da invocação do concurso de culpa à *culpa grave* ou uma aplicação «equitativa» do § 254 do BGB, que considere a desigualdade (a superar) entre o lesante e o lesado, na sua relação com o seguro. O jurista alemão faz, aliás, um confronto entre essa necessidade de um tratamento igualitário e a ponderação de todas as circunstâncias (incluindo o seguro) na aplicação dos §§ 829 e 847 do BGB. Para estes últimos casos, ver FUCHS, AcP 191(1991), *cit.*, pp. 327-328 e 339 e a valoração que faz do seguro, como meio de proteger o lesado (cfr. ainda SCHIEMANN, *cit.*, pp. 44-45 e o posicionamento mais cauteloso de LARENZ/CANARIS, *op. cit.*, § 84 VII, p. 652).

[949] WESTER, *op. cit.*, pp. 283-284, defendeu, em 1976, a não consideração, na partilha do dano, da conduta causal (*mas leve*) do lesado, referindo o exemplo do dono que *facilita* o roubo do carro. Também E. VON CAEMMERER, *Reform der Gefährdungshaftung*, Berlin/New York, 1971, pp. 6 e 21 e ss. e RabelsZ 42(1978), pp. 20-21, viu na «desatenção ligeira» um «risco típico», sustentando a redução indemnizatória apenas para a *culpa grave*.

[950] Ver, sobretudo, o seu *Schadensausgleich bei Verkehrsunfälle (Haftungsersetzung durch Versicherungsschutz), cit.*. Ver também, além de outros, os artigos publicados na NJW (*Schadensausgleich bei Verkehrsunfällen*, 1967, pp. 1729 e ss. e *Internationale Entwicklungstendenzen des Schadensrechts*, 1969, p. 681, onde se inclina para um «seguro geral» de tipo social («*Volksunfallversicherung*») e na ZRP (*Schadensausgleich bei Verkehrsunfällen – mögliche Wege einer Reform*, 1973, pp. 27 e ss., onde adopta posições mais conservadoras). Mais especificamente, quanto aos *transportados a título gratuito*, E. VON HIPPEL (*Die Haftung bei Gefälligkeitsfahrten – Zugleich ein Beitrag zur Bedeutung des Versicherungsgedankens für das Schadensrecht*, in Festschrift für F. VON HIPPEL, Tübingen, 1967, pp. 240 e ss.), propôs a irrelevância do concurso da *culpa leve* do transportado, invocando o escopo protector do seguro. Para uma análise das teses de E. von HIPPEL, ver SINDE MONTEIRO, *Reparação dos danos..., cit.*, pp. 127 e ss. e 142, SCHILCHER, *op. cit.*, pp. 107-109 (nas pp. 76-77 refere-se a TRENDEL, KOENIGS, MÖLLER, SIEG, HANNAK e GÜLLEMANN, como autores que, a partir dos anos 30, sustentaram a irrelevância da culpa do lesado) e PÉDAMON, *Le projet de réforme du droit des accidents de la circulation*, de M. EIKE VON HIPPEL, in RIDC, 1968, pp. 151 e ss..

no seu sistema de um *seguro geral de acidentes de viação,* propôs a indemnização integral de todas as vítimas dos riscos da circulação (terceiros, transportados, condutores, familiares destes, pessoas que prestam socorros), considerando irrelevantes os «erros perdoáveis» (*Fehlleistungen*), recusando a indemnização aos que causaram *intencionalmente* o dano ou em resultado de uma *conduta grave* (por ex, condução em estado de embriaguês ou sem carta de condução) e sustentando a sua redução para *a* «culpa indesculpável» (*unverzeihliches Eigenverschulden*) comprovada penalmente[951], ou para o *risco adicional criado* (como no caso do condutor míope que não utiliza óculos). Particularmente quanto à *conduta indesculpável* do lesado, E. VON HIPPEL destacou o duplo efeito, preventivo e distributivo, ligado à redução indemnizatória.

Os resultados atingidos por E. VON HIPPEL, e não só, terão sido até certo ponto influenciados por A. TUNC e pela cruzada que este jurista francês levou a cabo, a partir dos anos 60 – na linha de projectos apresentados no primeiro terço do século por A. COLIN e M. PICARD –, a favor de uma reforma do direito dos *acidentes de viação,* ao propor um projecto de reforma que condensou no seu célebre *La Sécurité Routière,* publicado em 1966. Vejamos, em síntese, e quanto ao aspecto que mais nos interessa, o pensamento que o renomado jurista explanou em inúmeros artigos[952], alguns dos quais já referimos.

---

[951] Trata-se de um pressuposto complexo no sistema de E. VON HIPPEL (igualmente presente no artigo 13.° do primeiro Projecto TUNC) e que não se justifica, como aliás o demonstram SINDE MONTEIRO, *Reparações dos danos...*, *cit.*, p. 165 e STARCK, *Les rayons et les ombres...*, RTDC 1966, *cit.*, pp. 675-676 (na crítica que faz ao Projecto TUNC).

[952] Da obra de TUNC, ver *Logique et politique dans l'elaboration du droit, spécialement en matière de responsabilité civile*, in Mélanges en l'honneur de JEAN DABIN I, 1963, pp. 327-329, *Les problèmes contemporains...*, RIDC 1967, *cit.*, pp. 757 e ss., *Sur un projet de loi en matière d'accident de la circulation*, RTDC 1967, pp. 82 e ss. (em resposta a STARCK), *La réforme du droit des accidents de la circulation: le message du Président Johnson, les projets du Président Bédour et du Professeur Street*, RIDC, 1968, pp. 513 e ss., *Les causes d'exonération...*, D. 1975, *chron.*, *cit.*, p. 83, *Fondements et fonctions...*, *cit.* (*supra*, n.30), JCP 1975, II, 18080 (em anot. a uma decisão do tribunal de Grenoble de 6 de Dezembro de 1974, que considerou único responsável de um atropelamento mortal o condutor de um veículo, conduzido com excesso de velocidade dentro de uma povoação, apesar do «erro de apreciação» do peão sobre essa mesma velocidade), *Les paradoxes...*, D. 1976, *chron.*, *cit.*, p. 13, *Le droit en miettes*, in Archives de Philosophie du Droit, tomo XXII, *cit.* (*supra*, n.304), pp. 33 e ss., *La responsabilité civile*, *cit.*, Paris, 1981 (utilizámos uma 2.ª ed., de 1989,

Tunc, colocando-se num plano que entende ser o da *justiça* e não o da *lógica* (ou dos meros princípios), avocando o ideário de um moderno direito da responsabilidade, tributário, segundo ele, da obra de J. Dabin, e afirmando as virtualidades do seguro[953] e a consequente perda do valor preventivo da responsabilidade subjectiva, considera *injusto* que o lesado possa ser privado da indemnização só porque a ordem jurídica pretende julgar *moralmente* qualquer *erreur*, seja ele um *momento de fadiga* ,uma *desatenção momentânea*, uma *reacção infeliz*, um *reflexo natural* ou um *erro de juízo*[954]. No prefácio ao livro mais conhecido de G. Viney, Tunc não hesita em reconhecer que esse julgamento só compete a Deus e que perante os homens terá que ter a ver com condutas *conscientes, intencionais* (por ex., condução com excesso de velocidade ou sob o efeito do álcool, prática de uma manobra perigosa ou entrada na propriedade alheia para roubar, apesar da existência de uma placa avisando da perigosidade do cão de guarda). Repudiando os métodos da chamada «jurisprudência do sentimento», Tunc entende que a melhor justiça deve ser procurada a partir de certos *princípios*

---

embora a única novidade consista na existência de um pós-fácio), *Accidents de la circulation: faute ou risque?* D. 1982, *cit.*, p. 103, *Les récents développements du droit français*, in *Responsabilità civile e assicurazione obbligatoria, cit.* (*supra*, n.28), pp. 187 e ss. e *Responsabilité civile et droit des accidents,* in Festschrift für W. Lorenz zum siebzigsten Geburtstag, Tübingen, 1991, pp. 817 e ss. (com a análise da lei Badinter).

[953] No pós-fácio à 2.ª ed. do seu *La responsabilité civile, cit.*, pp. 177-179, Tunc, mostrando preferência pelos modelos sueco e neo-zelandês, propõe, como solução mais realista, a adopção de um seguro *no fault*.

[954] No *La Securité Routière, cit.*, n.ᵒˢ 37 e ss., pp. 33 e ss, Tunc define os *erreurs* como «*toutes les inadvertences, erreurs de jugement, inattentions d'instant, réactions malheureuses à un évenement inattendu...*» (cfr. também *Fondements et fonctions..., cit.*, p. 23 e *La responsabilité civile, cit.*, pp. 114 e ss.). Como exemplos concretos de «erros», Tunc refere, por ex., os casos do peão que *desmaia* ou que *desce o passeio* para se afastar de um carrinho de bébé, sendo atropelado, ou do ciclista que *perde o equilíbrio* à passagem de um automóvel, sendo atropelado por um segundo veículo (cfr. *La Securité Routière, cit.*, p. 28, *Logique et politique..., cit.*, pp. 327-329 e a anot. referida *supra*, n. 923).

A categoria «maior» de Tunc foi acolhida, entre nós, por Sinde Monteiro, *Reparação dos danos..., cit.*, pp. 55, n.(36) e 63 (frisando a «irrelevância moral dessas culpas») e *Estudos..., cit.,* pp. 48-49, 67-68, n.(205) e 230-231, e encontrou eco na «culpa insignificante», de que fala Dario Martins de Almeida, *op. cit.*, pp. 40-41 e 421-422. Antunes Varela, RLJ, ano 119.º, p. 126 e n. (1), em anot. ao acórdão do STJ de 17 de Junho de 1982, publ. no BMJ n.º 318, pp. 437 e ss., é que se mostra algo crítico em relação à projecção *contratual* da figura, vendo na defesa da «inevitabilidade» (no caso, erros e omissões na lista de assinantes dos TLP) algo de «antipedagógico» e «fatalista».

específicos da indemnização dos danos corporais, como os do *ressarcimento automático* e *célere* dos lesados e da *desculpabilização* das «faltas inevitáveis que todos cometem», inerentes às *fraquezas* e aos *limites* do agir humano. Esta visão de TUNC, a que não terá sido alheia a doutrina defendida por LAINÉ, em 1906[955], relativa à inevitabilidade dos erros humanos e das faltas de atenção, surge, por outro lado, sustentada por uma concepção *objectiva* e *social* da culpa, com cambiantes de «bom cidadão» e extensível à «responsabilidade» das pessoas não passíveis de qualquer censura de ordem moral.

Entendendo-se bem as intenções de TUNC em questionar a rígida visão tradicional sobre o conteúdo da *faute* do lesado, há que salientar que, para lá de uma compreensão demasiado lata da chamada «conexão responsabilizante» e que lembra o conceito de «implicação» da lei BADINTER, a maior dificuldade do seu critério parece residir, precisamente, no seu ponto sintomático, ou seja, na distinção entre a categoria dos *erros*[956], das *falhas humanas* e o círculo das verdadeiras «culpas», ligadas imediatamente por TUNC a comportamentos *censuráveis, indesculpáveis.* Se não levantamos objecções à relevância desta *culpa qualificada* – correspondente no direito americano à *willfull misconduct* – e à ideia de desculpar, pelo menos em certas áreas, as *pequenas faltas,* parece-nos difícil ver, por vezes, na prática (e não apenas a ligada aos acidentes de viação) onde acaba a zona do «erro»[957]

---

[955] *Apud* GUILHERME MOREIRA, *Estudo...*, *cit.*, RLJ, ano 38.º, pp. 532 e 545.

Segundo nos conta G. LÉGIER (*La faute inexcusable de la victime d'un accident de la circulation régi par la loi du 5 juillet 1985,* D. 1986, *chron.,* p. 98), os deputados BESNARD e DAUTHY chegaram a propor, em 1906, o relevo exoneratório da *faute lourde,* A. COLIN, em 1907, deu relevo à *culpa grave* e, em 1932, LALOU integrou na trilogia exoneratória a *faute inexcusable.* Também RIPERT, no seu *Le régime démocratique..., cit.,* p. 333, chegou a advogar a irrelevância da *culpa leve* na previsão que faz de uma futura lei dos acidentes de trânsito.

[956] J. PENNEAU, na sua obra mais divulgada (*Faute et erreur en matière de responsabilité médicale,* Paris, 1973), não hesitou em acolher a figura e, mesmo entre nós, ela surge referida, mais recentemente, em certos domínios profissionais, como no artigo 8.º do Decreto Regulamentar n.º 11/92 de 16 de Maio, na redacção que lhe foi dada pelo Decreto Regulamentar n.º 32/92 de 28 de Novembro (*âmbito do seguro obrigatório de responsabilidade civil extracontratual do industrial de construção civil*) e nos artigos 38.º-40.º do Decreto-Lei n.º 405/93 de 10 de Dezembro (*regime de empreitadas de obras públicas*).

[957] Tratamento não coincidente com o dos *erros* humanos deverá ser reservado para os casos, já apontados, em que o risco das máquinas se associa ao risco inerente à fragilidade da condição humana (ver *supra,* n. 647, e *infra,* n. 2675).

Sentido e função do problema da conduta culposa e não culposa 301

e começa uma zona intermédia integrante de condutas «culposas», com *certo* grau de importância, e que poderão ser ponderadas no quadro do preceito do artigo 570.°, 1. Mesmo no plano conceitual, é de perguntar se alguns dos «erros» (estamos a pensar, por ex, no peão que desce o passeio, no cansaço e adormecimento do condutor[958], e na distracção causada pelo passageiro lesado) não serão, em rigor, culpas, mais ou menos graves[959], até porque TUNC, certamente num sentido especioso, não deixa de empregar expressões como *«faute ordinaire»* ou mesmo *«faute»*[960]. É claro que a preocupação de separar teoricamente os dois conceitos tem reflexos práticos menos evidentes para aqueles que, com o suporte da doutrina tradicional, continuem a fazer uma aplicação *sistemática* do artigo 505.°, à margem da voluntariedade da acção. Num sistema mais flexível, como aquele que perfilhamos, os «erros» e as culpas ligeiras não conduzem à preclusão imediata da responsabilidade objectiva, mas também não sabemos até que ponto não será menos complexa e mais adequada a simples contraposição entre a ausência de culpa e a zona necessariamente *gradativa* dessa mesma culpa.

De qualquer modo, não negamos, até porque já o afirmámos, a inevitabilidade de um certo casuísmo nesta matéria, sendo evidente que a possível existência de uma certa «flutuação» jurisprudencial, em virtude da *apreciação dos interesses*, é o preço (natural) a pagar pela necessidade de se tutelar o lesado. A consagração de critérios doutrinários e legais que salvaguardem uma determinada uniformidade de julgados e orientem o julgador para a separação do «trigo do joio», minimizará os possíveis inconvenientes da aplicação do critério (algo

---

[958] A afirmação de que o sono é inerente à natureza humana encontra-se igualmente em LAPOYADE DESCHAMPS, *op. cit.*, pp. 349-350. Há que observar, no entanto, que no Parecer n.° 20/68, da Procuradoria-Geral da República, de 30 de Maio, publ. no BMJ n.° 192, pp. 115 e ss., as vinte e sete horas consecutivas de serviço de um médico hospitalar, vítima de um acidente *in itinere* por despiste do seu veículo, não afastaram a qualificação de uma *culpa grave*.

[959] STARCK, *est. cit.*, n.° 101, p. 674, pergunta, precisamente, qual é o critério que permite considerar a culpa como não venial. Entre nós, as dúvidas afloram em SINDE MONTEIRO, *Reparação dos danos...,cit.*, p. 108 e *Estudos...*, p. 175, e em AMÉRICO MARCELINO, *op. cit.*, p. 90 (ao aludir à «censura ligeira»). Posição realista, independentemente do problema da sua concretização relativamente ao lesado, parece ser a de RUI DE ALARCÃO, *op. cit.*, p. 266, ao negar a *autonomização* do «erro» e ao advogar um «critério objectivo» que permita qualificar o «erro» como culposo ou não.

[960] Há referências aos diferentes graus de culpa no seu *La Securité Routière...*, *cit.*, n.° 78, p. 62, embora a distinção com o *erreur* surja feita, por ex., no seu estudo *Les causes d'exonération...*, D. 1975, *chron., cit.*, p. 85.

302   *A conduta do lesado*

fluido) de TUNC e permitará o surgimento de correntes jurisprudenciais mais definidas. A circunscrição da «culpa« do lesado com sentido relevante – potenciada no último Projecto TUNC – é , assim, um ponto nevrálgico, que retomaremos mais à frente.

É sabido que o autor do *La Securité Routière* pretendeu, num processo semelhante ao dos acidentes de trabalho, *desculpar* as reacções infelizes (*maxime* dos peões), resultantes da inserção numa sociedade motorizada perigosa e geradora do risco de danos, esgrimindo com a «força» do seguro (enquadrado mais como *seguro de danos)* e pensando, como já vimos[961], o *instinto de conservação* como factor preventivo de uma menor *autoresponsabilidade* ou de uma possível maior imprudência, mas sem nunca ultrapassar esse marco individual da culpa *intencional* ou *voluntária* e mesmo da penalmente comprovada[962]. Pese embora algumas críticas oriundas do seio da doutrina francesa (como as de STARCK[963] e SAVATIER)[964], pouco receptiva à

---

[961] Ver *supra*, n.° 12.

[962] TUNC, no artigo 10.°, 2 do seu primeiro Projecto (*La Securité Routière..., cit.*, p. 71) e no artigo 9.° do Projecto de 1981 (cfr., sem abdicar de certas reservas, CHABAS, *Le droit des accidents de la circulation..., cit.*, pp. 69-71 e BUSNELLI, *Riflessioni sul «Projet Tunc» per una riforma del sistema di indennizzo delle vittime della strada*, RcP, 1981, pp. 301 e ss.), *excluía* a indemnização (com reflexos nos familiares e herdeiros do lesado) ocorrendo culpa *voluntária* ou *intencional* (é esta a expressão que surge no segundo Projecto). É de referir que TUNC encontrou dificuldades na transposição (*maxime* para o condutor) do conceito laboral da «*faute inexcusable*» (cfr. n.° 63, pp. 53-54 e o exemplo do «louco do volante»), o que o levou a exigir, noutro preceito, como sinal da *gravidade* da culpa, uma condenação penal a pelo menos 15 dias de prisão.

Também em 1968, no Projecto BÉDOUR (Presidente do Senado), a *culpa intencional* teve esse tratamento, apesar de se partir da distinção entre as «culpas veniais» e as «culpas indesculpáveis». Estas últimas não exluíam o pagamento das despesas médico-farmacêuticas e só reduziam a metade as somas devidas a incapacidade de ganho (*apud* LAPOYADE DESCHAMPS, *op. cit.*, pp. 375-376, TUNC, RIDC 1968, *cit.*, pp. 518-521 e CHABAS, *op. cit.*, pp. 72-73). Este jurista, *op. cit.*, pp. 71-75, refere ainda o projecto, de 1968, da Comissão CHENOT (com a distinção entre uma «*faute inexcusable*», praticamente preclusiva de toda a indemnização, e uma «*faute ordinaire*», conducente a uma *partage* em desfavor – pelo menos 75% – do criador do risco), a proposta apresentada, em 1977, pelo Senador CHAZELLE e inspirada em TUNC (a «culpa intencional» dos terceiros e a «culpa indesculpável» do condutor como condições de inexistência da indemnização) e o projecto, de 1981, BERR/GROUTEL/ /JOUBERT-SUPIOT (assentando no melhor tratamento dos lesados não culpados ou dos pouco culpados relativamente aos mais culpados).

[963] Ver *Les rayons et les ombres...*, RTDC 1966 *cit.*, pp. 634 e ss.. STARCK terá sido o maior crítico do primeiro projecto TUNC, ao apelidá-lo de «revolucionário» e ao

Sentido e função do problema da conduta culposa e não culposa 303

desvalorização da culpa, as teses de TUNC e, sobretudo, a sua categoria dos «erros de conduta» encontraram eco particularmente favorável em LAPOYADE DESCHAMPS[965]. Criticando a jurisprudência, por sancionar as faltas leves e onerar os lesados com o peso da *autoresponsabilidade* despicienda, e constatando a falta de sintonia entre o mecanismo do seguro e a noção (rígida) de culpa do lesado, o autor do *La responsabilité de la victime* defendeu *de jure condendo* (*maxime* para os acidentes de viação) um *princípio geral de irresponsabilidade do lesado* – vítima de um dano coberto pelo seguro – num quadro paralelo ao dos acidentes de trabalho e com o limite da *faute inexcusable*. O jurista francês procurou, assim, o equilíbrio entre a necessidade de uma sociedade se mostrar *solidária*[966] na cobertura dos danos e a conservação daquele «mínimo de autoresponsabilidade».

---

considerá-lo com «incertezas e soluções discutíveis». Manifestando certo conservadorismo quanto ao papel da culpa (e daí que acuse TUNC de destruir o «mito da culpa») e quanto à função do seguro, STARCK centra a sua crítica nos problemas de causalidade, considerando que TUNC terá eliminado o papel *causal* (exclusivo) e *concausal* da conduta do lesado (e de outros eventos) e do risco do veículo, enquanto «causa geradora» ou «instrumento do dano». Partindo, e bem, da insuficiência do critério «mecânico» atinente à mera «participação» do veículo no acidente, como o perspectivou TUNC, STARCK, dando certo relevo aos aspectos da *prevenção* (geral e individual), considera *injusto* que, por ex., um ciclista, rodando de noite, sem luzes, tenha direito a uma indemnização plena, mesmo que para o acidente tenha concorrido outro condutor, propendendo, em regra, para uma *redução* da indemnização, sempre que o lesado (por ex., ao descer de um passeio estreito) ponha em causa, de forma mais grave ou menos grave, a «garantia» dos seus direitos. Se esta última posição global de STARCK não parece valorar suficientemente a importância do seguro e a própria natureza do «risco da circulação», o excesso causalista que transparece nas suas críticas a TUNC priva, evidentemente, de indemnização, aqueles que, tendo sido vítimas de um mal-estar ou de um ataque cardíaco não mortal, venham a ser atropelados (ver, aliás, a referência que faz, na p. 648, ao célebre *arrêt* da segunda *Chambre civile* de 17 de Dezembro de 1963, já por nós mencionado *supra*, n.[tas] 646 e 827).

[964] *Securité routière et responsabilité civile à propos du «Projet Tunc»*, in D. 1967, *chron.*, pp. 1 e ss.. SAVATIER insurge-se contra a *despersonalização* da responsabilidade no seio de certa «imposição» do seguro. Ver também *supra*, n.912.

[965] *Op. cit.*, pp. 346 e ss. (para uma súmula, pp. 381-382) e 626 e ss..

[966] O ponto é destacado pelo «*avocat général*» CHARBONNIER nas brilhantes conclusões ao *arrêt Desmares* (cfr. D. 1982, *Jurisp.*, p. 450) e até o «subjectivista» PH. LE TOURNEAU, *op. cit.*, n.° 766, p. 258, vê no seguro o factor de afastamento da *partage* nos acidentes de viação, com o limite (meramente redutor) da *faut* inexcusable.

Entre nós, as ideias de TUNC foram divulgadas por SINDE MON-TEIRO[967] e pelo menos a sua mensagem principal, atinente à visão menos rígida da «culpa» do lesado, terá influenciado não só as propostas reformistas do mesmo SINDE MONTEIRO, mas, como veremos a seu tempo, o pensamento de DARIO MARTINS DE ALMEIDA (no aspecto da *contenção* da culpa do lesado, ponderada com a culpa do lesante)[968] e o de AMÉRICO MARCELINO (na defesa da concorrência entre o risco e a «culpa», leve ou grave, do lesado)[969].

As críticas às soluções mais modernas de TUNC não impediram que a jurisprudência francesa, de caso pensado ou inconscientemente, tivesse iniciado uma fase de excessiva rarefacção do relevo exoneratório da culpa e da conduta do lesado. Referimo-nos ao *arrêt Desmares,* da segunda *Chambre civile* da *Cour de Cassation,* de 21 de Julho de 1982, e que tendo surgido a propósito de um acidente de viação[970], com a preocupação imediata de tutelar os peões, foi posteriormente aplicado a outros domínios, numa generalização bastante discutível. Essa jurisprudência eliminou o critério tradicional da *partage,* concebendo a solução indemnizatória nos termos da alternativa do «tudo ou nada». Ao só exonerar plenamente o *gardien* desde que este demonstrasse a *imprevisibilidade e a inevitabilidade da culpa do lesado,* isto é, a natureza de *força maior* da conduta, o *arrêt* rompeu decisivamente com os quadros clássicos do direito da responsabilidade, transformando implicitamente o seguro obrigatório em seguro *no fault* ou de acidentes[971]. Ao essencializar o risco assumido pelo *gardien,ex vi do* artigo 1384,1 do *Code Civil,* ao não atender a qualquer processo causal, mais

---

[967] *Reparação dos danos..., cit.,* pp. 87 e ss. e 103 e ss..

[968] *Op. cit.,* pp. 153, n.(1) e 421-422.

[969] *Op. cit.,* pp. 83-97, *Do concurso do risco e da culpa. Alguns aspectos da responsabilidade civil,* in SI, n.ºs 169-171, 1981, pp. 122 e ss. e o artigo citado *supra,* n.874.

[970] Tratou-se do atropelamento de um casal que, ao anoitecer, atravessava uma avenida com quatro faixas de circulação e com iluminação normal. O que não ficou provado foi se o casal atravessava na *passadeira* ou na sua proximidade. Para uma visão geral do *arrêt,* ver, entre outros, CARBONNIER, *op. cit.,* n.° 258, pp. 472-473, STARCK/ROLAND/BOYER, *op. cit.,* n.° 933 e ss., pp. 503 e ss., e F. CHABAS, *Le droit des accidents de la circulation..., cit.,* n.ºs 47-50, pp. 26-29 (no JCP 1982, II, 19861, refere mesmo a «má qualidade» do *arrêt* e as suas deficiências «técnicas» e «humanas»).

[971] J. BIGOT, *L'arrêt Desmares: retour au néolithique,* JCP 1982, I, 3090, alude, curiosamente, a uma «*sécurité sociale routière*».

Sentido e função do problema da conduta culposa e não culposa   305

ou menos qualificado, nem à natureza do dano ou à existência de seguro e ao eliminar, no fundo, as situações concursuais, a jurisprudência *Desmares* criou dois círculos extremos: de um lado, o «nada» para a atitude *intencional* do lesado ou para o comportamento configurável (para o lesante) como de *força maior* e, do outro, o «tudo» para os *faits* ou as *fautes* (de jovens, de crianças, de adultos, de idosos) dos lesados (que, por ex., não utilizaram o cinto de segurança ou o capacete de protecção, não atravessaram com sinalização adequada, recusaram certo tratamento médico ou assumiram conscientemente certo risco), por mais graves que sejam.

O *arrêt Desmares* provocou no pensamento francês um amplo debate e gerou sentimentos contraditórios entre aqueles que o consideraram como um «electrochoque no direito da responsabilidade civil»[972], «uma verdadeira provocação ao legislador»[973], «contra a lógica (do sistema da responsabilidade civil) e a equidade»[974] ou, numa visão ainda mais conservadora, o produto do «regresso ao neolítico»[975]. Se alguns desses autores compreenderam, de certa maneira, o radicalismo protector (extensível aos lesados mediatos e aos danos materiais) da doutrina do *arrêt,* como solução que eliminava as dificuldades da concorrência causal – no duplo aspecto da *concausalidade* e da *ponderação* das condutas – sobretudo na área complexa dos acidentes de viação, por outro lado, não deixaram, e com razão, de o considerar como preço demasiado elevado para minorar aquilo, a que VINEY[976] apelidara de «bizantinismo confuso do direito da responsabilidade civil». Na realidade, no acervo de críticas ao *arrêt* de 21 de Julho de 1982, a doutrina não deixou de salientar os *efeitos perversos* do melhor tratamento («partilha da responsabilidade») do lesante culpado, e do antagonismo paradoxal entre o regime de uma culpa leve do lesado, configurável como situação de força maior, e os efeitos de uma conduta com certa gravidade, previsível e evitável para o lesante. Não causou, assim, estranheza, que VINEY[977], partindo do ideário caro a TUNC, da relevância do seguro (de

---

[972] YVONNE LAMBERT-FAIVRE, *Pour un nouveau regard sur la responsabilité civile*, D. 1983, *chron.*, p. 102.

[973] JEAN-LUC AUBERT, *L'arrêt Desmares :une provocation... à quelles réformes?*, D. 1983, *chron.*, p. 1.

[974] CH. LARROUMET, D. 1982, *Jurisp.*, p. 455 (em anot. ao *arrêt Desmares*).

[975] J. BIGOT, JCP 1982, *cit.*

[976] D. 1982, *cit.* (*supra*, n.405), p. 210.

[977] *La faute de la victime...,* JCP 1984, I, 3155 (*maxime* n.º 32 e ss.) e D. 1982, *cit.*, p. 203.

«riscos da circulação») e da carência de aptidão preventiva (mesmo para o lesado) da responsabilidade civil, tivese proposto uma «revisão» do regime de indemnização dos danos corporais resultantes de acidentes. Tendo consciência da incoerência jurisprudencial[978], VINEY começou por outorgar ao Pleno da *Cour de Cassation* uma missão unificadora, baseada numa opção entre a relevância parcial da *faute intentionnelle* e da *faute inexcusable* ou a consideração das efectivas potencialidades do *seguro obrigatório*. Mas também na sua proposta reformista, onde faz sobressair a necessidade de sancionar, penal e civilmente[979], as «culpas graves», VINEY advogou alterações ao mecanismo do seguro automóvel, no sentido de proibir à seguradora invocar, como meios de defesa, o *fait* e a *faute* do lesado. O leque de críticas à jurisprudência *Desmares* não deixou de surtir os seus efeitos, se pensarmos que «cedeu» com a entrada em vigor de um diploma – a lei BADINTER – do qual terá sido um antecedente premonitório, e foi abandonada, em 1987, por uma série de *arrêts* da segunda *Chambre civile*[980].

Mais coerente e mais racional do que a jurisprudência *Desmares*, mas menos «avançada» do que o Projecto TUNC, e devidamente articulada – pelo menos teoricamente – com a existência de um regime de cobertura dos danos pelo seguro, onde se deu primazia à *«offre d'indemnité»*, a lei BADINTER[981] veio criar um regime mais favorável, ten-

---

[978] A Assembleia Plenária da *Cour de Cassation*, nos *arrêts Derguini e Lemaire* de 9 de Maio de 1984, concedeu a exoneração parcial, respectivamente, para a conduta «culposa» de uma menor de 5 anos (atravessamento súbito da rua) e de um menor de 13 anos que substituiu uma lâmpada sem «cortar» a corrente (cfr. WIEDERKEHR, *Les incidences..., cit.*, pp. 119 e ss. e os anexos I e II do *est. cit.* de VINEY no JCP).

[979] VINEY, JCP 1984, n.(79) é, por ex., favorável à maior ou menor incidência, no lesado culpado, do *malus* imposto pela seguradora e à manutenção do efeito (preclusão-redução) da «culpa» na indemnização dos outros danos, que não os corporais.

[980] Nos *arrêts Dame Chauvet* (peão ferido por um menor que guiava uma bicicleta), *Belzedghone* (um adolescente entrou num estaleiro, pôs em marcha uma máquina e esmagou uma mão), *Mettetal* (uma rapariga aproximou-se imprudentemente de um monte de ervas, na altura em que o proprietário deitava um produto inflamável) e *Bardèche* (apesar de avisada, uma pessoa resolveu ficar perto de uma árvore, que o seu dono se preparava para podar, e foi atingida pela queda de um ramo), a *Cour de Cassation partilhou* o dano, baseada na *faute* do lesado. Ver, para esses casos, STARCK/ /ROLAND/BOYER, *op. cit.*, n.º 943 e 943-1, pp. 506-507 e, para uma crítica fundada ao *arrêt Mettetal*, ver CARBONNIER, *op. cit.*, n.º 269, p. 488.

[981] Em geral, sobre a Lei de 5 de Julho de 1985, entre muitos, ver J. FLOUR/ /JEAN-LUC AUBERT, *op. cit.*, n.º 307 e ss., pp. 287 e ss., CARBONNIER, *op. cit.*, n.º 270

Sentido e função do problema da conduta culposa e não culposa 307

dente a indemnizar com celeridade os *danos corporais* (e *morais*) resultantes da *implicação*[982] no acidente de viação de um veículo terrestre motorizado. Reabrindo um pouco a porta das causas clássicas (com aptidão para excluir a responsabilidade ou atenuar o *quantum* indemnizatório), e apenas no tocante à conduta de certas vítimas, o diploma francês de 1985 estabeleceu um tratamento *diferenciado* para os possíveis lesados de um acidente de tráfego: oponibilidade de *qualquer culpa ao condutor*, oponibilidade às chamadas *«victimes irréprochables»*[983] (jovens com menos de 16 anos, idosos com mais de 70 anos e incapacitados permanentes ou com invalidez superior a 80%) *apenas* da sua *faute volontaire*[984] e oponibilidade aos *restantes lesados* (transportados

---

e ss., pp. 489 e ss. e, sobretudo, F. CHABAS, *Le droit des accidents de la circulation...*, *cit*, com referências aos trabalhos preparatórios e com uma análise exaustiva do diploma (no duplo aspecto das normas sobre a indemnização e o seguro). No JCP 1985, I, 3205, *cit. (supra*, n.292), F. CHABAS resume a 1.ª edição dessa obra.

[982] Radica na aplicação desse termo uma das principais dificuldades de aplicação do diploma, como se revela pela série de interrogações colocadas por CARBONNIER (*op. cit.*, n.º 272, pp. 493-494, 278, pp. 499-501 e 280, pp. 502-503), a propósito do possível sentido da expressão (*maxime* na sua aplicação ao *estacionamento*). J. FLOUR/JEAN-LUC AUBERT, *op. cit.*, n.º 318, p. 299, ao sustentarem que a «implicação» é o «laço de conexão do veículo ao dano, sendo o veículo um antecedente necessário ou simplesmente eventual do acidente», negam a interferência negativa da causalidade na fixação da «implicação». E como se vê pela análise de decisões jurisprudenciais mais recentes (cfr. G. VINEY, *Responsabilité civile*, JCP 1994, I, 3773, p. 310) essa ideia é verdadeira e significa, aliada à exigência da «perturbação» do tráfego, o abandono do critério do *rôle passif*, ainda admitido nos primeiros anos de aplicação do diploma (cfr. o mesmo VINEY, *Réflexions après quelques mois d'application des articles 1er à 6 de la loi du 5 juillet 1985 modifiant le droit à indemnisation des victimes d'accidents de la circulation*, D. 1986, *chron*., pp. 211-212 e P. JOURDAIN, in RTDC 1988, n.º4, pp. 778 e ss.).

[983] STARCK/ROLAND/BOYER, *op. cit.*, n.º 615, p. 325. F. ALT-MAES, *Une résurgance du passé: la présomption d'irresponsabilité de l'art. 3, al. 2 et 3, de la loi du 5 juill. 1985*, D. 1990, *chron.*, p. 220, alude ao «estatuto de vítima privilegiada ou vulnerável», justificado pelas mesmas razões determinantes do regime das incapacidades jurídicas ou da protecção contra actos de terrorismo. O que nos parece inexacto é a insistência de ALT-MAES de que a lei de 1985 criou uma «presunção de irresponsabilidade» a favor dos lesados superprivilegiados.

[984] BLOCH, *La loi du 5 juillet* 1985 *tendant à l'amélioration de la situation des victimes d'accidents de la circulation et l'accéleration des procédures d'indemnisation. Point de vue sur certaines de ses dipositions après première lecture*, JCP 1985, I, 3223, critica o termo, por entender que na *faute inexcusable* há igualmente voluntariedade. No sentido de que o legislador pretendeu referir-se a *faute intentionnelle*, ver F. CHABAS, *op. cit.*, p. 164, n.(1). O jurista francês é da opinião, que nos parece correcta,

ou não) de uma *faute inexcusable (ou volontaire)* com «características» de *cause exclusive* do acidente.

Apesar dos seus méritos, a lei BADINTER não escapou a determinadas críticas conectadas essencialmente com o excesso de «casulos» diferenciadores e com a arbitrariedade do critério (*maxime* etário) escolhido[985]. O «*pot-pourri*»[986] das graduações da culpa (indesculpável, voluntária e ordinária), a falta de harmonia de certas soluções[987] e a desprotecção do condutor[988], implicitamente onerado com a celebração de um seguro autónomo, constituíram outros alvos preferenciais de reserva. Na sua *intenção,* a lei – considerada por alguns[989] mais de indemnização do que de responsabilidade – é de aplaudir, pois pretendeu tutelar mais amplamente aquele leque de lesados mais expostos ao risco de lesões, instituindo em relação a eles uma *garantia* indemnizatória análoga à de um sistema de Segurança Social. Parece-nos, contudo, criticável, que

---

de que é apenas «indesculpável» a culpa da pessoa, que se coloca diante de um veículo, cercado por outros manifestantes, com o propósito de impedir o seu avanço (cfr. a n.(2) da p. 164 e a diferente decisão da *Cour* de Rennes).

[985] D. LANDRAUD, *Remarques sur la faute et l'indemnisation des victimes d'accidents de la circulation* (*loi du 5 juillet 1985*), JCP 1985, I, 3222, compara a atitude do menor de 16 anos e 1 mês com a do menor de 15 anos e 11 meses, e que, em estado de embriaguez, sejam atropelados por um automóvel. De acordo com o artigo 3.º, segunda parte, da lei BADINTER, o primeiro não será indemnizado, enquanto que o segundo verá os danos corporais plenamente ressarcidos. Curiosamente, LANDRAUD mostra-se favorável a um sistema mais progressista, de «segurança social dos acidentes da circulação», com eliminação da *faute* do lesante e do lesado.

[986] TUNC, *Responsabilité civile et droit des accidents, est.cit.*, p. 820.

[987] Por ex., enquanto o condutor não pode opor os «casos de força maior» e o facto de terceiro, já o ciclista o poderá fazer. Aliás, se este último for atropelante de um menor de 16 anos, ficará sujeito a um regime bastante mais gravoso do que o do condutor com seguro (cfr. YVONNE LAMBERT-FAIVRE, *op. cit.*, n.º 508, pp. 374-375, e a defesa que faz da contratação de um *seguro de responsabilidade civil familiar* para cobrir os casos em que os danos são provocados pelos «superprivilegiados»). Para essas e outras injustiças do diploma, mesmo em relação às condutas dos *menores*, ver F. CHABAS, *op. cit.*, n.º 182, p. 163.

[988] A rigidez da solução legal revela-se com evidência no exemplo dado por F. CHABAS JCP I, 3205, *cit.*, n.º 17, do comissário-condutor que, transportando o seu comitente, passe num sinal vermelho por indicação deste último. Em caso de acidente, enquanto a culpa do condutor reduzirá a indemnização a que tenha direito, já o comitente beneficiará da circunstância de não ter cometido uma *faute inexcusable...* exclusiva. Perante a discriminação de tratamento entre o condutor e o *gardien* não condutor, CHABAS (n.º 21) advoga a obrigatoriedade de o condutor efectuar um *seguro de acidentes pessoais.*

[989] Ver STARCK/ROLAND/BOYER, *op. cit.*, n.º 640-13, p. 363.

Sentido e função do problema da conduta culposa e não culposa   309

se tivesse enveredado por uma solução protectora *de plano* ou *automática*, que faz tábua rasa da sindicância de certos comportamentos graves do lesado não mercedores da tutela plena (pensemos, por ex, no atravessamento de uma estrada movimentada por um inválido ou por uma pessoa de 70 anos, expondo-se a um perigo acrescido que poderiam ter evitado com o auxílio de terceiros). É claro que – e o exemplo de LANDRAUD [990] não deixa de impressionar – a introdução de critérios quantitativos como a idade e o grau de incapacidade reflecte sempre alguma arbitrariedade e uma determinada álea, sobretudo nas zonas etárias ou de invalidade próximas da escolhida, mas também nos parece que se trata de uma fragilidade comum a outro tipo de quadrantes (idade núbil, de começo da maioridade, de tutela locativa, ou de presunção de imputabilidade, etc).

Quanto à graduação da «culpa» do lesado, aceite pelo diploma, não se tratou propriamente de uma novidade, se nos lembrarmos da mais antiga legislação laboral francesa, mas traduziu, de qualquer forma, uma ideia que, já em 1940, LALOU tinha potenciado com a sua «*gamme des fautes*», mas que o *Code Civil* não recebera, ao «manter-se» fiel às críticas que LE BRUN fizera à teoria clássica da tripartição da culpa contratual, sistematizada por POTHIER. Particularmente quanto à noção de «culpa indesculpável» – conceito importante e com alguma projecção entre nós [991] – trata-se de uma forma de culpa que vem a ser caracterizada (*maxime* quanto ao empregador e ao transportador aéreo) desde há muito – e não sem dificuldades – pela doutrina e jurisprudência francesas [992], e que tendo sido recebida, como vimos, no pensamento de

---

[990] Ver *supra*, n.985.

[991] O principal reflexo legal dessa expressão é, como já sabemos, a fórmula «falta grave e indesculpável», utilizada pela Base VI e pelo artigo 13.° da actual legislação sobre acidentes de trabalho (respectivamente, Lei n.° 2127 e Decreto n.° 360/71), e que SINDE MONTEIRO acolhe na sua proposta de alteração do artigo 505.°. Quanto ao responsável, é de assinalar que o artigo 25.° da Convenção de Varsóvia de 1929, substituído, sucessivamente, pelo artigo XIII do Protocolo da Haia de 1955, pelo artigo X do Protocolo da Guatemala de 1971 e pelo artigo IX do Protocolo de Montréal, n.° 4, de 1975, afasta a aplicação dos limites máximos desde que o dano resulte de um facto da entidade transportadora realizado «...*temerariamente e com a consciência de que... resultaria provavelmente de um acto ou omissão...*» (sublinhado nosso).

[992] Cfr. *supra*, n.433. Para as origens legislativas e para a fixação jurisprudencial da noção (anteriormente à lei BADINTER), ver G. BRIÈRE DE L'ISLE, *La faute inexcusable* (*Bilan et perspectives*), D. 1970, *chron.*, p. 73 e ss., VINEY, D. 1975, *cit.*, pp. 264 e ss. e LÉGIER, D. 1986, *cit.*, pp. 99-100.

autores como TUNC, LAPOYADE DESCHAMPS, LE TOURNEAU, VINEY, JEAN-LUC AUBERT e PENNEAU[993], permite delimitar através dos seus quatro elementos estruturais, de tipo subjectivo e objectivo (*conduta não intencional, activa ou omissiva, consciência do perigo de dano, gravidade excepcional* e *falta* de *causa justificativa*)[994], os comportamentos do lesado merecedores de uma reacção desfavorável por parte da ordem jurídica.

Sem grandes aprofundamentos há que dizer que o escopo protector do diploma de 1985 conduziu a jurisprudência da *Cour de Cassation* a uma aplicação *restritiva* da noção, exigindo uma «gravidade excepcional» da conduta do lesado e desculpando, concomitantemente, os comportamentos, mais ou menos temerários, que, hoje em dia, caracterizam a participação da maioria dos peões no tráfego. Num sistema menos «avançado», como é aquele que propomos, ou numa leitura razoavelmente proteccionista do nosso direito da responsabilidade, sem demasiados exageros, e que não pode ignorar o sentido *autoresponsável* de certos comportamentos, nem certos condicionalismos financeiros das seguradoras, não abdicamos de considerar *bastante graves*[995]

---

[993] Nos artigos 12.º 13.º do seu Projecto, PENNEAU protege mais a vítima que concorra com «culpa indesculpável» para a verificação do acidente, do que aquela que manifeste *vontade intencional* na ocorrência do dano (cfr. SINDE MONTEIRO, *Responsabilidade médica*, sep. da RDE 6/7, *cit.*, p. 347, e, para certas reservas, ver MALAURIE//AYNES, *op. cit.*, p. 26).

[994] Em 20 de Julho de 1987, a segunda *Chambre civile* da *Cour de Cassation* considerou, em onze decisões, que, para efeitos da aplicação do artigo 3.º da lei BADINTER, só era «indesculpável» «...*la faute voluntaire d'une exceptionnelle gravité, exposant sans raison valable son auteur à un danger dont il aurait dû avoir conscience*» (cfr., para essa definição, E. BLOCH, *La faute inexcusable du piéton* (*deux ans de jurisprudence et le coup d'arrêt de la Cour de Cassation le 20 juillet* 1987), JCP 1988, I, 3328, LÉGIER, D. 1986, *cit.*, pp. 100 e ss.).

Para as características tidas em conta pela *Cour de Cassation*, «importadas», em grande medida, da legislação social, e, para a dificuldade da distinção relativamente à *faute lourde* contratual, correspondente, ao que cremos, à figura da «culpa grosseira», e com um teor mais objectivo, ver, LALOU, D. 1940, *cit.*, p. 19 e *Traité...*, *cit.*, pp. 314--315, VINEY, *Les Obligations, cit.*, n.ºs 613 e ss., pp. 730 e ss., D. 1975, *cit.*, pp. 266-267 (salientando a progressiva *objectivação* da noção de «culpa indesculpável») e PH. LE TOURNEAU, *op. cit.*, n.ºs 1222 e ss., pp. 392-395. Para certas considerações de fundo à «*optique maximaliste*» da *Cour de Cassation*, ver CH. MOULY, *Faute inexcusable: trois notes en marge d'une interprétation*, D. 1987, *chron.*, p. 234 e ss..

[995] A *Cour de Cassation* não considerou, por ex., «indesculpável» a conduta do ciclista, que não respeitou o sinal de *Stop*, ou virou à esquerda sem prestar atenção, e a culpa do peão, que atravessou a rua em estado de embriaguez e com sinal impeditivo,

Sentido e função do problema da conduta culposa e não culposa 311

esses hábitos dos peões (como a falta de respeito pelos sinais luminosos) ou a assunção consciente de certos riscos (como o aceitar ser transportado por um condutor embriagado). Parece-nos que, entre a zona da «culpa indesculpável», tal como é entendida por essa jurisprudência, praticamente nas margens da procura intencional do dano, e a zona da culpa leve e do «erro», há uma faixa – a que a lei francesa, na sua preocupação de reduzir o contencioso, não dá relevo – de comportamentos voluntários *graves*, mais ou menos temerários, com manifesto perigo para os seus agentes e para os outros, e que em concurso ou não com o risco criado pelos veículos não devem conduzir ao «tudo» indemnizatório, ou seja, a uma solução favorável aos lesados. Havendo igualmente, quanto a estas condutas, uma nítida *escala de perigosidade* ou, para quem o prefira, de «culpa contra si», aferida pelas circunstâncias, somos da opinião que, na ausência de um sistema *no fault* ou ainda mais social, o comportamento do que atravessa de noite uma autoestrada movimentada, e com veículos a aproximar-se, o acto do que atravessa uma rua distraído ou sem utilizar a passadeira colocada a alguns metros e a atitude, quantas vezes inconsciente, do que desce momentaneamente um passeio estreito, não podem ser tratados num plano de igualdade, mesmo apelando para a *funcionalização* do seguro obrigatório e para a *fragilidade* da situação de peão. E se a esfera das condutas desculpáveis parece de demarcação mais acessível, também

---

ou decidiu fazê-lo na altura em que os veículos gozavam de prioridade luminosa e sem prestar atenção ao que o veio a colher. Ver, para estes e outros casos, em que o lesado *atravessou a correr, surgiu de repente* ou *retrocedeu a meio* da travessia, E. BLOCH, JCP, *cit.*. Para as duas tendências anteriores ao *revirement* de 1987, ver STARCK/ROLAND/ /BOYER, *op. cit.*, n.º 637-2, p. 343-344 e F. CHABAS, *op. cit.*, pp. 167-169, n. (8) e n.(9) e, para a hesitação das instâncias quanto à intensidade culposa do atravessamento com desrespeito da sinalização, ver C. LARHER-LOYER, *Le sort des victimes d'accidents de la circulation après la loi du 5 juillet 1985. Analyse de jurisprudence*, D. 1986, chron., pp. 207-208.

«Indesculpável» foi julgada a atitude de um peão, que resolveu atravessar, de noite, uma via dupla mal iluminada, não o fazendo numa passagem protegida, existente a 75 metros (*arrêt* da *Cour d'Appel* de Rouen de 29 de Maio de 1986) ou a conduta do peão, que atravessou a correr, à saída de um túnel reservado aos veículos, sem que houvesse visibilidade para o lesado e para os condutores (*arrêt* da segunda *Chambre civile* de 15 de Junho de 1988 – cfr. J. FLOUR/JEAN-LUC AUBERT, *op. cit.*, p. 308, n.(5). CARBONNIER, *op. cit.*, n.º 281, p. 504, refere alguns *arrêts* relacionados com comportamentos de peões nas auto-estradas, tidos por «indesculpáveis», mas a que se tentou, em nome da filosofia marcadamente *previdencial* do diploma de 1985, colocar reservas(!!), relacionadas com a «familiaridade enganosa adquirida por aqueles que vivem na vizinhança do monstro».

312   *A conduta do lesado*

não ignoramos as maiores dificuldades atinentes à separação dos *comportamentos indesculpáveis* (*stricto sensu*) das condutas que ainda comportam um *grau considerável de «recepção» do perigo.*

Feitas estas observações à lei BADINTER, e retomando o fio a um discurso centrado numa referência breve a propostas doutrinárias e a experiências legislativas, que retiraram à «culpa» do lesado parte do seu conteúdo, há que afirmar que, antes da Lei francesa de 1985, um dos primeiros passos protectores terá sido dado pela *Convenção Europeia sobre a Responsabilidade Civil por Danos Causados por Veículos a Motor,* aprovada pelo Conselho da Europa, em 14 de Maio de 1973. Para lá da sua intenção harmonizadora, a Convenção afastou-se conscientemente do Projecto TUNC, enveredando por um modelo mais *tradicional* de responsabilidade, embora num quadro menos rígido[996]. Este «enfraquecimento», quanto ao ponto aqui em equação, implicou uma *contenção* das causas exoneratórias clássicas, na medida em que o artigo 5.°,1 deu apenas relevância à *culpa do lesado,* prevendo-se a *exclusão* ou a *redução* da indemnização, ponderadas as «circunstâncias do acidente»[997].

Não falando já do *Accident Insurance Act* (1946), da província canadiana do Saskatchewan[998], nas décadas de 60 e 70 encontramos, por ex., em certos países europeus[999], como na Suécia[1000] e na Ingla-

---

[996] Para a análise e justificação da «solução» global escolhida, numa época em que só a Nova Zelândia tinha um sistema integrado de protecção pelo seguro («*24 hour insurance for every member of the work force... for all the risks of the day*»), ver BARTSCH, ZRP 1975, *cit.,* pp. 241-242, DE CUPIS, *Convenzione europea di Strasburgo sulla responsabilità civile automobilistica: aspetti privatistici,* RDCDO I, 1974, pp. 98-99 e SINDE MONTEIRO, *Estudos..., cit.,* pp. 137-138 e 158-159 (sobre o artigo 5.°, 1).

[997] Há uma nítida proximidade literal entre esse preceito e o do artigo 8.°, § 2 da Directiva n.° 85/374/CEE de 25 de Julho de 1985, relativa à responsabilidade do produtor.

[998] Cfr. SINDE MONTEIRO, *Reparação dos danos..., cit.,* p. 80 e ALPA/BESSONE, *I fatti illeciti, cit.,* pp. 357-358.

[999] *En passant,* já aludimos *supra* (n.ᵒˢ 23 e 24) ao regime protector da legislação suíça (o artigo 37.° da Lei federal automóvel de 1932, ao exigir a *culpa grave* do lesado como factor exoneratório, corresponde ao actual artigo 59.°, 1, da Lei de 1958, na redacção de 1975), à interpretação doutrinária e à aplicação jurisprudencial do § 7 da Lei alemã de 1952 (quanto à «inevitabilidade» do facto do lesado) e às soluções mais clássicas, que se vislumbram nos artigos 1.° da Lei espanhola de 1986 e 436.° do Código Civil polaco (de 1964), um e outro relevando, como circunstância exoneratória, a *culpa exclusiva* do lesado. A exigência de uma *culpa grave* do lesado consta igualmente do artigo 86.°, 1 da Lei turca do tráfego de 1983 (ver E. ÖZSUNAY, *Die Haftpflicht des Motorfahrzeughalters nach türkischem Recht,* in VersR 1993, p. 801).

[1000] Referimo-nos à Lei sueca (de 1972) sobre a responsabilidade civil (a

Sentido e função do problema da conduta culposa e não culposa 313

terra[1001], em certos Estados americanos[1002], no Québec[1003] e em Israel[1004], um tratamento especial para os acidentes de trânsito, traduzido, em regra, na concessão de uma indemnização automática e não integral para os danos corporais, num quadro que ainda conjuga o direito da responsabilidade com o mecanismo do seguro obrigatório ou dá *acentuada ou exclusiva* importância a este último, concebido como sistema *no fault*[1005]

Skadeståndslag), completada e modificada por diplomas de 1974 e 1975. Sobre esta legislação, tributária dos estudos de STRAHL e HELLNER, ver A. TUNC, *L'indemnisation des victimes d'accidents de la circulation: la loi suèdoise du* 15 *décembre* 1975, RIDC 1977, pp. 775-776 e, para o § 1 I do capítulo 6.°, da Lei de 1975, e o sistema de *seguro social*, ver SINDE MONTEIRO, *Estudos..., cit.*, pp. 120-121, n.(113) e 144-150 e CJ, ano XI, tomo 4, *cit.*, p. 9.

[1001] O pensamento de Lord PARKER e os estudos de ELLIOT e STREET influenciaram o *Road Traffic Act* de 1972, assente basicamente num ideário «subjectivista», mesmo no que toca ao relevo da *contributory negligence*, mas conservando a responsabilidade relativamente ao passageiro que tenha *aceite* o risco da negligência do condutor (cfr. STREET/BRAZIER, *op. cit.*, p. 254). Em Dezembro de 1972, foi criada uma comissão, presidida por Lord PEARSON, com o fim de reformar o sistema. O relatório, apresentado em 1978, propondo um regime de indemnização automática ou *no fault*, foi criticado pela circunstância de não ter irradicado a *contributory negligence rule*. Ver, para esses aspectos, SINDE MONTEIRO, *Estudos..., cit.*, pp. 55-56, 150 e n.(208) e 187-189, TUNC, *Le rapport Pearson..., cit.*, RIDC 1978, pp. 507 e ss. e JOLOWICZ, *L'indemnisation des victimes d'accidents de la circulation en droit anglais, cit.*, RIDC, 1985, pp. 275 e ss..

[1002] Foi o caso, inicialmente , dos sistemas *no fault* introduzidos no Massachussets (1971) e no Delaware (1971), sob influência do projecto R. KEETON/J. O'CONNELL de 1965. Para este projecto (que fez concessões à culpa) e para o confronto entre o sistema anterior e o introduzido no Estado de Massachussets, ver, respectivamente, A. TUNC, *Le projet de loi sur les accidents de la circulation des professeurs Keeton et O'Connell,* RIDC n.°2, 1966, pp. 439 e ss. e *L'assurance automobile permettant l'indemnisation des victimes indépendamment de la faute dans le Massachussets,* RIDC n.°1, 1971, pp. 115 e ss..

[1003] Para a «lei sobre o seguro automóvel» de 1977, ver J.L. BAUDOUIN, *La nouvelle législation québécoise sur les accidents de la circulation,* RIDC n.° 2, 1979, pp. 381 e ss..

[1004] Ver, para a Lei 5735 de 1975, U. YADIN, *La nouvelle loi israélienne sur l'indemnisation des victimes d'accidents de la circulation,* RIDC n.° 3, 1976, pp. 475 e ss., A.L. MILLER, *Le droit israélien des accidents de la circulation: vers un système d'assurance sociale?,* RIDC n.° 1, 1983, pp. 51 e ss. (propondo *de lege ferenda* a substituição do seguro privado por um seguro social de extensão progressiva).

[1005] Para as coordenadas comuns do *no fault system*, ver SINDE MONTEIRO, *Estudos..., cit.*, pp. 86 e ss., ALPA/BESSONE, *I fatti illeciti, cit.*, pp. 377 e ss., ALPA, *Responsabilità del produttore, rischio d'impresa e sistemi di assicurazione no fault, cit.*, GI, IV, 1978, col. 59 e ss. e ZENO-ZENCOVICH, *op. cit.*, pp. 6, 60-61 e 235 e ss..

ou seguro de acidentes. Na grande maioria dessa legislação específica surge consagrada uma política desculpabilizante das condutas culposas dos lesados, vítimas de danos corporais, com o limite natural da *atitude dolosa autolesiva* e de certas condutas *indesculpáveis* ou *manifestamente graves*, como a condução sob o efeito do álcool ou sem carta de condução[1006]. Mais longe foi o *Accident Compensation Act* (entrado em vigor em 1974)[1007] da Nova Zelândia, ao abolir, por influência da Comissão WOODHOUSE, a acção comum do direito da responsabilidade (e o próprio *direito de regresso* na culpa grave) e ao consolidar-se como *sistema de reparação automática* de acidentes (de viação ou não), com o único limite (o do artigo 137.º) da atitude intencional autolesiva, (*maxime* o suicídio sem ligação causal com um acidente anterior)[1008]. A faceta essencialmente *previdencial* do sistema da Nova Zelândia admite a concessão de uma reparação às pessoas a cargo do suicida e mesmo, pese a natureza chocante de tal solução, aos lesados mediatos que invoquem o seu direito a partir da prática de um acto criminoso (por ex, furto de veículo e consequente despiste)[1009].

[1006] Cfr. o § 1 I do capítulo 6.º da Lei sueca, o § 7.º da Lei israelita e o artigo 3.º da Lei do Québec.

[1007] Em geral, acerca do avançado sistema da Nova Zelândia, ver RUI DE ALARCÃO, *op. cit.*, pp. 227-230, SINDE MONTEIRO, *Estudos..., cit.*, pp. 51-52 e 87 e ss. (criticando a supressão do *direito de regresso* na culpa grave), DEUTSCH, *Unfallversorgung statt Haftung im Neusland*, in RabelsZ 44(1980), pp. 487 e ss., ALPA/BESSONE, *I fatti illeciti, cit.*, pp. 390-393 e TUNC, *L'indemnisation des dommages corporels subis par accident: le rapport de la commission royale néo-zélandaise*, RIDC n.º4 1968, pp. 697 e ss., *L'indemisation des accidents corporels accidentels: le projet néo-zélandais*, RIDC 1971, pp. 449 e ss, *La responsabilité civile, cit.*, pp. 79 e ss. e *Quatorze ans après: le système d'indemisation néo-zélandais*, RIDC n.º 1, 1989, pp. 139 e ss. (com referência ao relatório da Comissão WOODHOUSE e das suas propostas de simplificação e de contenção dos custos do sistema).

[1008] Cfr. M. VENNELL, *L'indemnisation des dommages corporels par l'État: les résultats d'une expérience d'indemnisation automatique en Nouvelle-Zelande*, RIDC n.º 1, 1976, p. 81.

[1009] M. VENNELL, *cit.*, p. 82.

Sentido e função do problema da conduta culposa e não culposa 315

27. O quadro nacional da socialização directa e a função desempenhada pelo seguro feito pelo potencial lesado. Da existência de um possível ónus de efectuar o seguro. Culpa do lesado e conteúdo da sub-rogação ou do reembolso da entidade pagadora

Vimos nos números anteriores que o problema da culpa tende a perder importância num sentido directamente proporcional à substituição--marginalização da responsabilidade civil pela protecção do seguro, concebido, sobretudo, como seguro legal de acidentes. Também já salientámos que o nosso sistema de responsabilidade surge articulado com um mecanismo colectivo que, se integra características que o tornam mais próximo dos interesses dos lesados, não afasta o compromisso com regras do direito da responsabilidade, como sucede com o plano do *direito de regresso* e, numa perspectiva teórica maximalista ou radical, com a *oponibilidade da «culpa» do lesado,* vista esta com contornos sancionatórios ou não. Mas não conhecerá o nosso sistema casos de *socialização directa da reparação,* traduzida na possibilidade de o segurado, mesmo culpado, ser um credor «indemnizatório» da sua seguradora?

Estando o seguro obrigatório de responsabilidade em expansão, o caso mais frisante e próximo de um seguro directo, circunscrito apenas aos *danos materiais,* é a chamada *Indemnização Directa ao Segurado,* de que beneficia, desde 1991, e em complemento da garantia por *danos próprios,* o subscritor de um seguro obrigatório automóvel, mas que não prescinde do jogo das regras da responsabilidade[1010]. Já no quadrante mais importante dos *danos corporais* dos não trabalhadores – e o seguro (privado) de acidentes laborais não é propriamente de respon-

---

[1010] No artigo preliminar da *Convenção inter-Seguradoras para a regularização de sinistros de automóveis* diz-se expressamente que é a «medida da responsabilidade do outro interveniente» que «comanda» a liquidação aos segurados. A chamada IDS abrange apenas, nos termos dos artigos 202.º a 204.º da Convenção, os *danos materiais* (incluindo o dano da imobilização do veículo) resultantes da colisão entre dois veículos, sujeitos ao seguro obrigatório, e desde que o acidente não seja «atribuível» a um terceiro. O artigo 205.º da Convenção prevê a existência de situações em que a responsabilidade seja «imputável exclusivamente a um segurado» (neste caso, a seguradora pagará os danos do veículo do não responsável num quantitativo não superior a determinado limite) ou «repartida entre os dois intervenientes» (o valor a ressarcir abrange o mesmo limite da primeira hipótese, mas se essa barreira for ultrapassada já será necessário determinar o *grau de responsabilidade* dos intervenientes).

316 *A conduta do lesado*

sabilidade – sendo utópico defender, como grande objectivo futuro, a existência ou a obrigatoriedade da adesão a um *seguro de acidentes* [1011], mais amplo ou mais sectorizado, exceptuando os casos do *seguro escolar* [1012], do *seguro desportivo* (de participantes e outros agentes desportivos, bem como de participantes em provas desportivas [1013]), e do *seguro do dador* de sangue, de orgãos e tecidos (na parte relativa à «assistência médica») [1014], não encontramos muito mais exemplos demonstrativos de uma mais lata obrigatoriedade [1015] de celebração de *seguros de acidentes pessoais*. E nem se esqueça que, nesses três grupos de casos, o beneficiário do seguro não é, em regra, o seu contratante.

Se é certo que o Estado deve *estimular* os cidadãos para a celebração de certos seguros (e o *seguro de saúde* [1016] é o exemplo mais perfeito desse interesse recíproco), cabe, naturalmente, à *iniciativa* ou à opção das pessoas o desejo de *prevenirem* ou *mitigarem* os efeitos danosos decorrentes de acções lesivas ou de eventos fortuitos. Sendo também verdade que a celebração de um seguro de acidentes (ou de

---

[1011] PH. LE TOURNEAU, *op. cit.*, p. 12, considera utópico reservar esse papel para uma Segurança Social do futuro (ver a observação que é feita *supra*, p. 91 e n.229). Não faltam vozes, em França, que, talvez por essa razão, advogam a *obrigatoriedade* de um seguro privado de acidentes pessoais (é o caso de YVONNE LAMBERT-FAIVRE, *op. cit.*, n.º 317, p. 270 e de MOURGEON, *Pour la suppression de la responsabilité civile en cas d'accident et son remplacement par l'assurance de dommages*, JCP 1981, I, 3050, n.º 12 e ss., ao propor um duplo seguro obrigatório, *contra terceiros* e *contra danos próprios*). Interessante é a defesa que F. CHABAS, JCP 1982, II, (*Jurisp.*), 19861, faz dos seguros pessoais e de danos, como forma de complementar os seguros de responsabilidade (no pressuposto da eliminação do cúmulo) e de consciencializar os eventuais lesados para a necessidade de estarem rodeados de maiores garantias de cobertura.

[1012] Esse seguro, inicialmente pensado para o ensino técnico profissional, foi criado pelo Decreto n.º 20420 de 20 de Outubro de 1931, e regulamentado pelo Decreto n.º 20934 de 25 de Fevereiro de 1932.

[1013] Cfr. a legislação *cit. supra*, n.230.

[1014] Cfr. *supra*, n.792.

[1015] ANTUNES VARELA, RLJ, ano 118.º, *cit.*, p. 210, formula reservas quanto a essa obrigatoriedade, considerando mais justo uma extensão da cobertura colectiva da responsabilidade.
Nos Estados Unidos, onde a obrigatoriedade do seguro automóvel por danos a terceiros (*Bodily Injury*) só abarca 32 Estados e os limites máximos de cobertura são baixos, um certo número de Estados tornou obrigatório uma *Personal Injury Protection* contra danos próprios (ver, para estes dados, e para a adopção, por 42 Estados, da *comparative negligence*, G. PRIEST, *L'assicurazione obbligatoria per la circolazione degli autoveicoli negli Stati Uniti*, in Qua, n.º 1, 1990, pp. 35 e ss..

[1016] Ver *supra*, n.402.

Sentido e função do problema da conduta culposa e não culposa 317

danos) não está ao alcance de todas as bolsas, dada a circunstância de não poder ser repercutido, já referimos [1017] que a existência desse *first--party insurance* tem múltiplas vantagens para o segurado – mesmo que beneficie, por ex, de um regime de Segurança Social —, pois deixa de ter interesse sindicar as suas «culpas» – com o limite inderrogável do *acto intencional* [1018] ou *manifestamente grave* —, afastam-se os «espectros» da insolvência de um lesante sem seguro (ou com seguro limitado) e da inexistência de um responsável (o caso particular do condutor que se despiste fortuitamente), evitando-se ainda as demoras, os encargos probatórios (por ex, do transportado a título gracioso) e a álea decorrente do recurso imediato à técnica de um seguro «adverso», que cubra, eventualmente, a responsabilidade do possível lesante. Acrescente-se, sem novidade, que a existência de um seguro de acidentes pessoais [1019] não impede a cumulação – enriquecimento [1020] com as pretensões derivadas da acção de responsabilidade (ou da *acção directa*), dado o escopo que levou à sua contratação, não podendo, pois,

---

[1017] *Supra*, p. 139.

[1018] Ver *supra*, n.[las] 57 e 402 e J.C. MOITINHO DE ALMEIDA, *O contrato de seguro...*, *cit.*, pp. 383 e ss e 399-400 (para a não cobertura do suicídio no *seguro de vida* e para a sua exclusão convencial no *seguro de acidentes pessoais*).

[1019] Diversamente, no *seguro de danos*, a responsabilidade do terceiro é limitada à parte não coberta pela seguradora, podendo esta inclusivamente *sub-rogar-se* nos direitos do seu segurado (cfr. o artigo 441.º do Código Comercial). O exercício dessa faculdade, reconhecida no artigo 1916.º do *Codice Civile*, no próprio âmbito do seguro de acidentes pessoais, coloca a questão, a que nos iremos referir, do conteúdo da sub-rogação, nos casos em que o lesado-segurado tenha concorrido para o seu dano.

No seu Anteprojecto (cfr. artigo 779.º no BMJ n.º 101 (*parte resumida*)), VAZ SERRA defendeu uma concepção menos protectora, ao imputar na indemnização do responsável (por acidente de viação) «*os créditos de seguros... de qualquer espécie...*», o que teve a ver com a influência, exercida no nosso civilista, pelo § 4 da Lei alemã de responsabilidade civil, nas redacções de 1871 e 1943 (cfr. VAZ SERRA, BMJ n.º 90, *cit.*, pp. 254-255 e ver W. FILTHAUT, *Haftpflichtgesetz, cit.*, § 5, n.ºs 32-35, pp. 281-283, para a diferente colocação actual da questão). A imputação de um «... seguro de vida, montepio ou qualquer pensão...» tinha já sido consagrada, embora episodicamente, no § único do artigo 33.º do nosso primeiro Código da Estrada (Decreto n.º 14998 de 6 de Fevereiro de 1928).

[1020] Excepcional, mas compreensivelmente, o n.º 2 do artigo 2.º do Decreto-Lei n.º 423/91 (*indemnização estadual às vítimas de crimes violentos*) remete para a *equidade* a eventual consideração dos *seguros pessoais* existentes. Nos sistemas *no fault* ou de seguro directo de acidentes, é que se defende, em geral, uma articulação racional com as outras fontes reparadoras.

318 — A conduta do lesado

para proveito do lesante, imputar-se esse «lucro» a título de «compensação de vantagens» [1021], nem retirar da conclusão do contrato uma renúncia implícita à efectivação do mecanismo da responsabilidade [1022]. Este leque de benefícios não deve ser impeditivo de, na zona interindividual da responsabilidade civil, o próprio lesante *economicamente débil* poder «aproveitar» esse seguro facultativo, com incidência na fixação do *quantum* indemnizatório, consequente não só a um concurso de condutas culposas – o que tem a ver com a aplicação relativamente flexível do artigo 570.°,1 [1023] – mas também resultante da criação de um risco não coberto pelo seguro (*maxime* obrigatório) ou do acto de um inimputável, «responsável» subsidário nos termos do artigo 489.° [1024].

Uma interrogação que pode ser colocada aqui, e a que já aludimos [1025], é a que consiste em saber se a ausência de um *seguro de acidentes* e de *danos* pode ser considerada como «violação» de um *ónus*, com a *desvantagem* de gerar uma menor protecção do lesado, «culpado» por essa omissão. «Devia» o potencial lesado ter-se prevenido contra a eclosão de um dano? Repare-se, desde já, que o quesito pode ser adaptado para a área do *seguro facultativo de responsabilidade* como forma de o lesante, mesmo inimputável, não sofrer ou suportar só parcialmente no seu património os efeitos da acção lesiva. E também pensamos que esse tipo de interrogações é, até certo ponto, o afloramento de uma questão mais geral, e que tem a ver com o núcleo de situações em que ao lesado se pode «impor» a adopção de *medidas preventivas* que evitem o perigo de danos ou de maiores danos («deverá», por ex., o proprietário de um prédio murá-lo, para impedir o acesso de estranhos, adultos ou crianças?).

[1021] Além dos autores citados *supra,* n.400, ver, entre muitos outros, LARENZ, *Lehrbuch...,* Band I, *cit.*, § 30 II, p. 533, *Münchener Kommentar* /GRUNSKY, *cit.*, introdução ao § 249, n.° 101, p. 353, LANGE, *op. cit.*, § 9, VIII 4, pp. 521-522 (salientando a indiferença de o lesado ter sido ou não tomador do seguro, o que não era, como se sabe, a opinião de VAZ SERRA manifestada na RLJ, ano 108.°, *cit.*, p.39), M. FUCHS, AcP 191 (1991), *cit.*, p. 322, F. GSCHNITZER, *op. cit.*, p. 163, OFTINGER, *op. cit.*, p. 381 e DE CUPIS, *Il danno*, I, *cit.*, p. 319.

[1022] Como projecção dessa ideia, ver o princípio consagrado no artigo 504.°, 3 do C.C. (ver *infra,* n. 2809-a).

[1023] Ver *supra*, n.° 17.

[1024] A irrelevância de seguro pessoal do lesado é defendida pela doutrina alemã dominante (cfr. LARENZ/CANARIS, *op. cit.*, § 84 VII, p. 652), mas, para quem sustente a aplicação analógica ao lesado, que concorreu para o dano, do artigo 489.° (ou do § 829), nada parece obstar a que se valore a existência de um *seguro directo* no seu património. Ver, contudo, as reservas manifestadas por FUCHS, AcP *cit.*, p. 324.

[1025] Ver *supra,* n.399.

Quanto ao ponto concreto equacionado, somos da opinião de que é excessivo partir-se da *mera possibilidade da celebração do seguro* pelo potencial lesado (a *Versicherbarkeit* de que falam os juristas germânicos) como elemento de desfavor (*maxime* no círculo dos danos corporais) para as hipóteses não cobertas por qualquer seguro de responsabilidade, mas em que o lesante seja titular de uma *boa situação económica*. Mesmo que se possa falar de «culpa» do lesado – e sinceramente não o pensamos – essa «falta» não pode conduzir a uma redução da indemnização que não seja justificada por outro tipo de «culpa» do lesado ou por uma menor culpa do lesante[1026]. Há, contudo, autores, como C. VON BAR[1027], que, colocando-se num plano *económico,* vão mais longe, não hesitando em sustentar que o lesado deverá suportar as consequências de não ter feito um seguro, nos casos em que o «devia» ter feito, por atenção ao seu *menor custo*, à sua *maior praticabilidade* e à sua *exigibilidade*. O próprio FUCHS[1028], recorrendo a uma análise de «eficiência económica», que joga com a relação entre os custos das medidas que evitariam o dano (*cheapest cost avoider*) e do próprio seguro (*cheapest insurer*), discorrendo num quadro mais geral de «euforia pela repartição colectiva» do dano e repudiando as teses jurisprudenciais da «exclusão tácita de responsabilidade»[1029], considera, como *excepção* reconduzível ao quadrante do § 254 do BGB, a falta de seguro do lesado (por *danos materiais*), no pressuposto da reunião dos requisitos da *culpa leve do lesante, da previsibilidade da verificação de um «risco típico», da possibilidade de o lesado ter podido fazer um seguro mais económico* e da «*normalidade e exigibilidade*» inerentes ao seguro em causa. Alargando a questão ao âmbito do *dano corporal*, há que perguntar, efectivamente, se existe o *ónus* de qualquer potencial lesado contratar um seguro, que o proteja contra danos que vier a sofrer, ou se, como sustenta FUCHS[1030], é possível defender-se uma

---

[1026] Assim, OFTINGER, *op. cit.*, p. 160. No plano algo diferente do seguro de responsabilidade civil, CANARIS, JZ 1990, *cit.*, p. 680, não aceita que se releve a *ficção* da existência de um seguro, pois não existe o dever, nem a *Obliegenheit* da sua celebração.

[1027] AcP 181(1981), *cit.*, p. 327.

[1028] AcP *cit.*, pp. 339 e ss.. Cfr. também *supra*, p. 134. Para a defesa de um seguro de incêndio, que previna as consequências de certas brincadeiras dos menores, ver T. RAUSCHER, *Haftung der Eltern für ihre Kinder* – BGH, NJW 1984, 1958, in JuS 1985, p. 763.

[1029] Ver *infra*, n.º 68.

[1030] AcP *cit.*, p. 340.

Obliegenheit (no sentido que lhe deu REIMER SCHMIDT) de fazer um seguro de acidentes ou de danos.

Não parecendo caminhar a evolução do nosso direito da reparação dos danos para uma «socialização» mais intensa, à margem da solução compromissória entre as regras da responsabilidade civil e o mecanismo do seguro obrigatório, é natural que a inexistência de uma mentalidade, mais ou menos difusa, a que podemos chamar de «propensão ao seguro», permita justificar a ausência de uma espécie de «censura» para a não realização de um seguro pelo lado do lesado. Mesmo que na tese economicista de FUCHS só seja de considerar a *Versicherbarkeit* relativamente às pessoas de maiores rendimentos, fica ainda a existir um conjunto não despiciendo de motivos (como a ignorância) que podem conduzir a essa não celebração do seguro. É claro que não desconhecemos que há situações mais propícias ao dano do que outras – e o próprio FUCHS exemplifica com o convite para uma «viagem de experimentação» (*Probefahrt*) –, relativamente às quais não parece duvidosa a *conveniência* da contratação do seguro[1031]. Só que, e estamos a pensar sobretudo nos *danos corporais*, entre essa utilidade e a cominação de efeitos desvantajosos, «justificados» pelo recurso, de utilização sempre indesejável, a uma ficção ou à pseudo existência do seguro, existe uma distância apreciável.

Não parece, contudo, irrazoável estabelecer uma linha de separação entre a zona praticamente intangível dos danos corporais e a esfera menos carecida de protecção dos danos materiais – no fundo o objecto

---

[1031] FUCHS refere ainda a «condução graciosa» (*Gefälligkeitsfahrt*) no interesse do detentor e os casos em que certo objecto é confiado a alguém para certa finalidade (por ex., vigilância), mas a questão interessa, igualmente, para o vendedor do veículo, acompanhante do interessado na sua compra, para a pessoa que aceita (ou pede para) ser transportada por um ciclista ou por um condutor (num veículo sujeito ao seguro obrigatório). O interesse desta hipótese radica, como se sabe, na circunstância de o seguro só intervir havendo culpa do condutor-transportador.

Se relativamente à «viagem de experimentação», e quanto aos danos causados no veículo pelo condutor, FUCHS (AcP *cit.*, pp. 342, n.(151)) não deixa de valorar em termos económicos a falta de seguro pelo lado do vendedor-dono (ver, para uma acentuação da «exigibilidade» ou não do seguro e para o «concurso de culpa» do vendedor comerciante, LANGE, *op. cit.*, § 10 XVI 2, pp. 651-652 e, para a irrelevância da sua existência ou não, J. STRÖFER, *Die Haftung bei Probefahrten mit einem Gebrauchtwagen*, in NJW 1979, p. 2555), já em relação à outra hipótese que coloca (a da pessoa, que a pedido do detentor-lesado, acede a conduzir o veículo), o professor de Erlangen não tem dúvidas em colocá-la sob a alçada do princípio do *venire contra factum proprium*, em possível sintonia com a aplicação do § 254 do BGB (p. 342).

Sentido e função do problema da conduta culposa e não culposa   321

do discurso de FUCHS –, domínio onde já se poderá justificar, eventualmente, a relevância contra o lesado do seguro de danos existente ou da sua «exigibilidade» (pensamos, precisamente, na *experimentação* de um veículo feita pelo interessado na sua compra), quanto mais não seja como circunstância atendível para efeitos da aplicação do artigo 494.º [1032], pois não reputamos de muito rigorosa a posição que vê na falta do seguro uma «culpa» do lesado, valorável para a ponderação fixada no artigo 570.º, 1. No plano hipotético, a aplicação deste normativo conduziria a uma solução nas margens da equidade, dada a dificuldade de quantificação da «gravidade» da «culpa» do lesado, mas teria a vantagem de poder conduzir a uma exclusão indemnizatória [1033]. Quanto ao quadrante dos danos corporais, a possível intervenção desse normativo (quer haja ou não seguro de responsabilidade que proteja o lesado-transportado gratuitamente) não deve ficar dependente da possibilidade da existência de um seguro, mas apenas de um comportamento concausal do lesado para o acidente, ou para o dano, que não seja subsumível (subjectivamente) à pequena gravidade da sua «culpa».

Questão diversa é a de saber se as entidades pagadoras, como a seguradora (no seguro directo de danos ou no seguro de acidentes de trabalho), o Fundo de Garantia Automóvel, a Segurança Social e o Estado, sofrem ou não, no exercício da *sub-rogação* [1034] (*improprio*

[1032] O tratamento diferenciado dos danos materiais envolve, quer o exemplo concreto de C. VON BAR (o dono de um objecto *extremamente valioso* expõe-no aos riscos do tráfico, resultando daí um dano por força de uma acção ilícita), quer a existência de contratos (por ex., de depósito) em que esteja envolvida a entrega, em detenção precária, de *coisas valiosas*, como será o caso de metais preciosos. Ver também algumas das hipóteses referidas *supra*, n. 640.

Numa perspectiva mais geral, concordamos com DUNZ, *est. cit.* (*supra*, n.355), p. 410, quando critica uma decisão do RG que só atribuiu parte da indemnização ao dono de um terreno agrícola, por danos sofridos nas suas culturas e relacionados com o exercício da caça. Ao argumento do tribunal, de que o proprietário não protegera devidamente as culturas, DUNZ considerou não representar essa omissão – a não ser havendo uma conduta contrária à boa fé, que «jogasse» com o «especial valor» das culturas – qualquer factor de «perturbação» da conduta do lesante.

[1033] É criticável que a RL, em acórdão de 3 de Abril de 1981, publ. na CJ, ano VI, tomo 2, 1981, p. 188, tivesse defendido a necessidade do processo especial do artigo 68.º do Código da Estrada de 1954, num caso em que um automóvel emprestado ficou quase destruído por condução negligente do comodatário, vindo o comodante exigir o pagamento dos prejuízos materiais sofridos.

[1034] Para a outorga do reembolso ou da «sub-rogação», ver os artigos 441.º do Código Comercial (*seguro contra riscos*), e 18.º do Decreto-Lei n.º 522/85 (*acidente de viação e de trabalho*), a Base XXXVII da Lei n.º 2127 (o «direito de

322   *A conduta do lesado*

sensu), a incidência da *medida de responsabilidade* imputável ao terceiro lesante [1035]. A análise dos textos legais, que atribuem esse direito ou o *reembolso* não permite, em princípio, resolver o problema, atendendo a que neles se estabelece apenas o *limite superior* que não deve ser ultrapassado no exercício das pretensões e unicamente para a hipótese de a responsabilidade não ser influída pela conduta do lesado [1036].

Fundamentalmente, a opção parece ser entre a solução maximalista, de fundo nitidamente político, economicista – e, como tal, protectora da entidade pagadora – de lhe ser concedida a recuperação do que pagou ao lesado, à margem de uma visão global ou da influência da situação concursual, mas dentro dos limites indemnizatórios abstractos pelos quais seria demandado o terceiro, ou o critério que contempla o reembolso ou a sub-rogação sem prescindir da configuração da responsabilidade do lesante na sua relação com o comportamento do lesado. O primeiro termo da alternativa não parece estar de acordo com o escopo que preside à intervenção dessas entidades, ou seja, com o cum-

---

regresso» contra terceiros ou companheiros da vítima é o «sucessor» da «sub-rogação legal» prevista no artigo 7.º da Lei n.º 1942), o artigo 25.º do Decreto-Lei n.º 522/85 (*Fundo de Garantia Automóvel*), os artigos 16.º da Lei n.º 28/84 de 14 de Agosto (*Lei de Bases da Segurança Social*), 7.º, 3 e 8.º do Decreto-Lei n.º 132/88 de 20 de Abril (*reembolso das instituições de Segurança Social* contra os responsáveis por incapacidade determinante da atribuição do *subsídio de doença*), 1.º a 4.º do Decreto-Lei n.º 59/89 de 22 de Fevereiro (*reembolso das instituições de Segurança Social* contra terceiros cujos actos determinaram «...*incapacidade temporária ou definitiva para o exercício da actividade profissional, ou morte...*»), 9.º do Decreto-Lei n.º 423/91 (*sub-rogação do Estado* contra o autor dos actos violentos e responsáveis civis) e 9.º e ss. do Decreto-Lei 329/93 de 25 de Setembro (*reembolso das instituições de Segurança Social* contra terceiro responsável pela incapacidade fundante da atribuição da *pensão de invalidez*). Para o reembolso entre seguradoras, ao abrigo da Convenção IDS, ver os artigos 301.º e ss. do diploma referido *supra*, n.1010.

[1035] Para a questão, simultaneamente mais geral e mais específica, e à margem do problema do concurso de condutas culposas, de saber se os responsáveis por acidentes de viação devem reembolsar as instituições que tenham pago «*subsídio por doença*» ou prestado *assistência médica ou medicamentosa*», ver ANTUNES VARELA, *Das Obrigações em Geral*, I, *cit.*, pp. 715-717 e o Parecer n.º 50/90, da Procuradoria-Geral da República, de 24 de Abril de 1991, publ. no BMJ n.º 409, pp. 9 e ss..

[1036] Os textos mais sugestivos são os relativos ao reembolso das instituições de Segurança Social, notando-se, contudo, falta de sintonia entre os artigos 16.º da Lei n.º 28/84, 4.º do Decreto-Lei n.º 59/89 (a «sub-rogação» e o reembolso são afirmados até ao *limite do valor das prestações satisfeitas*) e o artigo 8.º,3 do Decreto-Lei n.º 132/88 (o reembolso pelo pagamento provisório do subsídio de doença conhece o duplo limite das *prestações* e da *indemnização*).

Sentido e função do problema da conduta culposa e não culposa   323

primento antecipado da obrigação do chamado responsável primário. Dito de outra forma, apesar da normal não coincidência entre o dano sofrido e o valor das prestações pagas, a funcionalização do pagamento provisório não pode reclamar uma recuperação pura e simples, mesmo argumentando com a circunstância de a conduta do lesado, salvo casos excepcionais, não interferir com os montantes desembolsados pelos pagadores.

Cépticos quanto à pretensão dessas entidades procurarem eliminar o «dano» sofrido (o que é patente, e desde logo, no seguro de danos [1037], atendendo às contribuições do segurado) e querendo evitar que o lesante fique sujeito a um tratamento de desfavor, em comparação com aquele que teria se fosse demandado pelo lesado, não temos dúvidas em fazer repercutir no reembolso e na sub-rogação a *estrutura* da situação responsabilizante que desencadeou a intervenção provisória. À luz da coerência e dos bons princípios, não se justifica que o conteúdo do reembolso *lato sensu* «fuja» à medida da participação concreta do lesante no evento lesivo, o que equivale a dizer que a própria participação do beneficiário-segurado «culpado» influi nas relações de «compensação» entre o pagador e o lesante. Aliás, se dos textos legais resulta um determinado «tecto» (valor das prestações pagas, com o limite da indemnização) para os casos em que a responsabilidade do terceiro não conhece limites [1038], por maioria de razão a recuperação do prestado deverá suportar o *peso* da responsabilidade parcial do terceiro e, eventualmente, a sua inexistência. A nossa dúvida radica apenas no *modus faciendi* do «efeito de repercussão», já que é pensável que o limite indemnizatório seja considerado na sua faceta «líquida», ou seja, como quantitativo devido *efectivamente* pelo lesante [139], mas também é

[1037] Para a *ratio* e a *especialidade* da sub-rogação prevista no artigo 441.° do Código Comercial, ver VAZ SERRA, *Sub-rogação do segurador* (*a propósito do acórdão do STJ de 8 de Janeiro de 1960*), in RLJ, ano 94.°, pp. 225 e ss.. VAZ SERRA (p. 228) não deixa, aliás, de acentuar a função de *garantia* inerente ao seguro e conexa à responsabilidade de terceiros.

[1038] Cfr., por ex., o n.° 3 do artigo 8.° do Decreto-Lei n.° 132/88.

[1039] Foi essa a concepção acolhida pela *Corte di Cassazione*, no âmbito do seguro, numa decisão de 16 de Maio de 1958 e que recolheu o apoio da jurisprudência posterior e de autores como POGLIANI, *op. cit.*, pp. 258-259 (argumentando com o silêncio do artigo 1916.° do *Codice Civile* e com as diferentes regras do contrato de seguro e da fonte que responsabiliza o terceiro). Essa tese, que introduz como único limite o *quantum concreto* devido pelo terceiro (cfr. CIAN/TRABUCCHI, *Commentario breve...*, *cit.*, artigo 1916.°, n.° IV, p. 1560, CENDON/VENCHIARUTTI, *Commentario al*

324 *A conduta do lesado*

concebível que seja relevado em termos de *percentagem* ou de *quota contributiva* sobre a quantia efectivamente desembolsada[1040]. Apesar de a primeira solução ser aquela que corresponde melhor aos dizeres da lei, à finalidade (mitigada) da antecipação e à estrutura da sub-rogação, parece-nos que a segunda via é mais favorável para o lesado, na medida em que conserva o direito a um complemento indemnizatório mais extenso, sem que se possa falar, em rigor, de um prejuízo injustificado daquelas entidades, e está mais de acordo com a normal fisionomia parcelar das prestações pagas[1041].

28. Descaracterização potenciada da conduta do lesado nas prestações a cargo do Estado e da Segurança Social

Os procedimentos de socialização directa, a que nos referimos, seriam potenciados a partir do momento em que o ente colectivo por excelência – o Estado – assumisse, por razões de solidariedade ou por imperativo para com os cidadãos, a reparação dos danos pessoais derivados de qualquer acidente. Nessa hipótese, a responsabilidade civil ficaria *atrofiada*[1042], na exacta medida em que deixaria de interessar a

---

Codice Civile, cit., artigo 1227.°, n.° 9, pp. 200-201 e BIANCA, *op. cit.*, p. 447, n.(1)), foi criticada por juristas como ROVELLI, *op. cit.*, p. 388, n.(2), e, sobretudo, por A. GENOVESE, *I limiti della surroga dell' assicuratore*, in GI, IV, 1971, col. 145 e ss., ao acentuar a função estrita (destinada a «cobrir» a antecipação de pagamento) da *surrogazione.*

[1040] Cfr., para a solução prevista no § 116 III,1 da *Sozialgesetzbuch – Teil X*, LANGE, *op. cit.*, § 11 C II 7, p. 713, LARENZ, *Lehrbuch...*, Band 1, *cit.*, § 32, pp. 563-564 e DEUTSCH, *Unerlaubte Handlungen..., cit.*, § 43, p. 257 (e p. 255, para o seguro privado).

[1041] Enquanto ANTUNES VARELA na RLJ, ano 103.°, *cit.*, p. 29, parece propender para o primeiro caminho considerado no texto, embora sem colocar em concreto o problema que aqui se discute, já o STJ, em acórdão de 28 de Janeiro de 1988, publ. no BMJ n.° 373, pp. 52 e ss., a propósito do reembolso, por uma instituição de Segurança Social, do *subsídio de funeral*, defendeu a tese da *proporção da responsabilidade* dos réus no acidente.

[1042] Para a defesa da conservação do direito da responsabilidade e para uma súmula das relações entre a Segurança Social e a responsabilidade civil, ver SINDE MONTEIRO, *Estudos..., cit.*, respectivamente pp. 125-126 e 23-24, n.(38). Sobre o sentido, nesse último contexto, das pretensões de responsabilidade, ver MEDICUS, *op. cit.*, § 60,4, p. 320. Contra a hipertrofia dos mecanismos públicos de reparação pronuncia-se, por ex., S. DAVID-CONSTANT, *L'influence de la Securité Sociale sur la responsabilité*

Sentido e função do problema da conduta culposa e não culposa 325

imputação pessoal do dano, passando a relevar a integração social da pessoa e o estabelecimento de círculos com consistência protectora.

Já vimos abundantemente que num sistema como o nosso, não muito diferente do de países que nos estão geográfica e culturalmente próximos, como é, por ex, o caso italiano [1043], o Estado-Providência terá sempre um papel modesto, não sendo por isso de esperar uma *optimização* da tutela dos lesados, nem muito menos que se cumpra a profecia de alguns [1044] de ver o Estado como *segurador colectivo*. Mais concretamente, se exceptuarmos o domínio mais clássico das chamadas *prestações sociais* (de doença, invalidez, desemprego e velhice) [1045], a «santa aliança» entre a responsabilidade e o mecanismo do seguro só surge «quebrada» pelo papel interventor do Estado no que toca à ocorrência de *eventos naturais* com graves consequências danosas, de danos *da guerra* [1046], ou de *catástrofes nucleares,* na parte não coberta pela «canalização» de responsabilidade, e, mais recentemente, cobrindo parcialmente o dano relacionado com *certos infortúnios,* como sucede com as *vítimas de acidentes de viação* sem responsável conhecido, solvente ou com seguro válido e eficaz, com as *vítimas de crimes violentos* [1047]

---

civile, in Mélanges offerts à R. SAVATIER, Paris, 1965, p. 247, ao formular basicamente as mesmas reservas que, já em 1948, P. RAYNAUD (*De la responsabilité civile à la Securité Sociale*, D. 1948, *chron.*, p. 96) emitira profeticamente contra a «desumanização» da responsabilidade, contra «*l'automatisme des machines à calculer devant lesquelles la vieille balance de Thémis fera figure de vestige...*».

[1043] BUSNELLI, RcP *cit.* (*supra*, n.962), p. 803, refere diversas tentativas, a partir de 1973, de introduzir um sistema de indemnização directa aos lesados (por danos pessoais), com a justificação de uma igualdade constitucional com o regime dos acidentes de trabalho.

[1044] J.-L. BAUDOIN, *Traité élémentaire de Droit Civil, La responsabilité civile délictuelle*, Montréal, 1973, p. 10.

[1045] Ver a Lei n.° 28/84 de 14 de Agosto (*Lei de Bases da Segurança Social*), *cit.* Curioso é o sistema que VINEY, RTDC 1970, *cit.* (*supra*, n.408), p. 253, propõe acerca da *doença mental,* ao considerá-la como *risco social* que devia conduzir à existência de um Fundo especial, de um seguro obrigatório ou de uma obrigação de «assistência» em que, paralelamente ao estatuído no nosso artigo 489.°, se atendesse à situação económica do lesado e do lesante.

[1046] Cfr. as Bases XXVI e XXIX da Lei n.° 2084 de 16 de Agosto de 1956 (*Organização da Nação em tempo de guerra*) e, sobre esse «risco social», ver GOMES CANOTILHO, *O problema da responsabilidade ..., cit.*, pp. 256-262.

[1047] Ver o já citado (*supra*, n.14) Decreto-Lei n.° 423/91 de 30 de Outubro e o Decreto Regulamentar n.° 4/93 de 22 de Fevereiro. Também a Lei n.° 61/91, de 13 de Agosto, consagra uma tutela especial das *mulheres vítimas de crimes violentos* (*maxime,* crimes sexuais, rapto, sequestro, ofensas corporais). Aquele primeiro diploma, no

e com as pessoas *infectadas com o vírus da imunodeficiência humana*[1048].

Se naquelas prestações sociais, mais atinentes a razões de necessidade e de repartição social, não se está, em rigor, ou em todos os casos, perante danos, deixando, pois, de se justificar a análise do comportamento pessoal, também nas outras situações deixa de interessar, em princípio, que se sindiquem as condutas dos lesados com o objectivo de se introduzirem limites à tutela. Esta «despersonalização» nada tem de anómalo desde que pensemos na *ratio* dessa intervenção estadual, ligada a motivos de auxílio, de «solidariedade social», preclusivos, pois, de uma atitude que, em geral, procure «censurar» aqueles comportamentos. Não se esqueça, contudo, que, mesmo neste domínio, há que considerar, pelo menos, aquele *limite último* que integra o conteúdo mínimo ou elementar de qualquer *autoresponsabilidade* e que tem a ver com a *autoria intencional*[1049] do dano, sob pena de assistirmos a um esvaziamento completo da ideia de moralidade e do próprio sentido da liberdade, não «exigido» por aquilo a que CASTANHEIRA NEVES[1050] chamou sintomaticamente de «dogmatismo do progresso».

Apesar dessa irrelevância quase-total do clássico concurso da conduta culposa do lesado neste âmbito do *direito social da reparação*, o legislador não pode ignorar, em determinados círculos, certas situações, que, embora estejam afastadas da tradicional conduta concorrente, tornariam *injusta* a concessão de toda ou de parte da indemnização. Tratando-se, até certo ponto, de um reflexo da ideia da contribuição do comportamento culposo do lesado, pode até suceder que essa *projecção* não se distancie muito das características que enformam o papel concausal (para o dano ou para o acidente) do acto do lesado. Estas

---

tocante à parte propriamente indemnizatória (artigos 1.º, 2.º e 3.º), contém princípios coerentes e modelares, apropriados para constituírem a base de uma possível futura lei de indemnização directa dos acidentes pessoais.

[1048] O Decreto-Lei n.º 273/93 de 3 de Julho, ao reconhecer a «inadequação» dos princípios da responsabilidade civil, pretendeu apoiar as *convenções de arbitragem* com esses doentes. Está-se, de qualquer forma, longe da Lei francesa n.º 91-1406 de 31 de Dezembro, que criou um Fundo *ad hoc* para indemnizar directa e integralmente as vítimas da SIDA, em consequência de transfusões de sangue infectado (cfr. YVONNE LAMBERT-FAIVRE, RTDC n.º 1, 1993, *cit.*, pp. 1 e ss., *maxime*, pp. 16 e ss.).

[1049] Para a mesma filosofia denegatória, embora no âmbito contratual-social do direito ao arrendamento, ver o artigo 109.º do Decreto-Lei n.º 321-B/90 de 15 de Outubro (criação *intencional* dos pressupostos do direito de denúncia).

[1050] *Nótula, cit.* (*supra*, n.7), p. 5.

Sentido e função do problema da conduta culposa e não culposa 327

considerações são especialmente aplicáveis ao regime de indemnização, por parte do Estado, das vítimas de *actos intencionais de violência*[1051], pois, ao inspirar-se no artigo 8.° da *Convenção Europeia Relativa ao Ressarcimento das Vítimas de Infracções Violentas* (1983), o legislador nacional veio a distinguir, no artigo 3.°, 1 do Decreto-Lei n.° 423/91, entre a «conduta da vítima ou do requerente, antes, durante ou após a prática dos factos...» – hipótese pouco demarcada da situação concursual típica relativa ao acto do lesado (por ex, provocação ou exposição consciente a um perigo) – e «....as relações com o autor ou o seu meio ou se [a indemnização] se mostrar contrária ao sentimento de justiça ou à ordem pública»[1052]. Sendo esta distinção algo teórica, na medida em que a estatuição se traduz, em qualquer dos casos, na *redução* ou na *exclusão* indemnizatória, parece que a consequência mais radical será de outorgar, em princípio, a uma situação que pouco tem a ver com o genuíno concurso de condutas culposas, como acontece sempre que «...a vítima for um membro do agregado familiar do autor ou pessoa que com ele coabite em condições análogas...».

29. Súmula das considerações precedentes e justificação do seguimento da exposição

Antes de prosseguirmos o rumo da nossa investigação, impõe-se, em forma conclusiva, realçar as ideias-chave que deixámos expostas nos capítulos anteriores e que serão consolidadas mais à frente.

Genericamente, vimos que a conduta (*maxime* culposa) do lesado tem relevado, no nosso direito da responsabilidade civil, como facto que, por um lado, torna juridicamente irrelevante a conduta lesiva, *excluindo* a imputação do dano à pessoa considerada (pelo lesado) responsável e, por outro, como comportamento concausal, com aptidão para influir no *quantum* indemnizatório e «completar», de certo modo, a norma responsabilizante. Nesta sua faceta mais típica, o comportamento do lesado sobressai numa norma – a do artigo 570.°, 1 – a que preside um

---

[1051] Cfr. *supra*, n.58.

[1052] Para a especificidade desses «fundamentos de recusa» (*Versagungsgründe*), consagrados igualmente no § 2 da *Entschädigungsgesetz für Opfer von Gewalttaten* (1976), ver W. RÜFNER, *Die Entschädigung für Opfer von Gewalttaten,* NJW 1976, p. 1250 e os exemplos aí referidos de danos sofridos no decurso de uma acção criminosa ou resultantes do «acerto de contas entre criminosos».

escopo limitador (da responsabilidade do lesante) não muito distante do que subjaz ao normativo do artigo 494.°, ao pretender-se, ali, adequar a indemnização à efectiva co-participação do lesado no seu dano. É essa bipolaridade que condiciona o conteúdo da nossa temática, pois se no primeiro referente surge acentuada a componente causal, já na hipótese, a que preside o critério do artigo 570.°, verifica-se a deslocação para o que WILBURG[1053] apelidou de «centro nervoso do direito privado, ou seja, a obrigação de indemnização».

Tal como surgiu (e recordemos o § 2.° do artigo 2398.° do Código de Seabra), e foi sendo reafirmado, o critério de imputação do dano ao lesado «culpado» «construiu-se» rigidamente (com excepção da zona privilegiada dos acidentes laborais), fazendo-se prevalecer a «culpa», e qualquer «culpa», sobre a ausência de culpa do lesante e, perante a identidade do critério (*culposo*) responsabilizante e autoresponsabilizante, sustentando-se, como solução normal, a decisão salomónica da «repartição» (*Verteilung* ou *partage*). Esta concepção sancionatória foi traduzida, pelo legislador de 1966, num regime de simetria com o do lesante, sustentada numa norma – a do artigo 570.°, 1 – aparentemente dotada da estrutura responsabilizante visível no princípio do artigo 483.°, e num preceito «carismático» – o do artigo 505.° – demasiado «pesado» para o lesado, embora não incompreensível dada a ausência de um mecanismo obrigatório de cobertura colectiva. Na realidade, abrindo-se a relação interindividual, sem esse suporte financeiro que é o seguro de responsabilidade, uma solução de imputação ao lesado de todo e qualquer «risco», derivado de uma actuação contrária aos seus interesses, ou de «responsabilidade» pelas consequências de condutas, mais ou menos graves, e que, numa perspectiva objectiva, causal, pudessem ser valoradas como causa exclusiva do dano, não deixava de ser natural, lógica. Essa «construção legislativa fez eco nos nossos juristas, se pensarmos no seu compromisso com uma visão «sancionatória», preventiva, da teoria do «concurso de culpas»[1054] e com um enquadramento do seguro, «desfuncionalizado» ou dependente do conteúdo da responsabilidade.

[1053] *Apud* GERNHUBER, *op. cit.*, p. 374.

[1054] Na doutrina alemã, LARENZ, *Richtiges Recht. Grundzüge einer Rechtsethik*, München, 1979, p.110, vai bastante longe na sustentação do escopo preventivo, ao valorar a *culpa leve* e ao mostrar cepticismo quanto a um sistema desligado do direito da responsabilidade.

Sentido e função do problema da conduta culposa e não culposa   329

Contudo, consumado o «assalto à cidadela», de que fala PROSSER [1055], e num sistema que, apesar de bipolar ou de praticar o «*mariage de raison*», a que alude sugestivamente STARCK [1056], mostra interesse crescente pela objectivação da responsabilidade e pelo fenómeno associado da diluição social do dano, parece errado continuarmos a aplicar, rígida e indiscriminadamente, soluções pensadas para critérios puros ou interindividuais de responsabilidade. Para lá da mentalidade hodierna, é, sem dúvida, o *mecanismo colectivo de reparação do dano* (*maxime* o obrigatório) que permite, nos círculos danosos mais carentes de tutela – mesmo na direcção dos lesados mediatos –, desviar a nossa atenção do limite individual de responsabilidade, patente, genericamente, nos artigos 570.° e 505.°, para, numa base menos lógico-formal, relevar positivamente a conduta do lesado de acordo com *determinado grau de intensidade* (*conduta intencional, grave ou acentuadamente grave*) e segundo as circunstâncias do caso [1057]. O «amolecimento» do regime ou esta aplicação flexível dos critérios legais significa rejeitar soluções imediatistas do tipo «tudo ou nada» [1058] ou «partilhas» mecânicas, lógicas, do dano, à margem de certos elementos relevantes ou sem atender a certas categorias de lesados, mais fragilizados. E não se receie por este alargamento da «reserva de liberdade de acção» [1059] ou por esta contenção na avaliação do comportamento do lesado, na medida em que o *instinto de conservação* é a barreira natural a uma «procura» acrescida do dano. É curioso notar que nos próprios sistemas – como foi o caso do direito inglês – que conservaram durante mais tempo a força preclusiva da chamada *contributory negligence rule*, se alude, há já algum tempo, ao seu «declínio» ou à «suavização» da análise da conduta do lesado, propiciada pela existência do seguro [1060]

[1055] *Apud* BUSNELLI, RISG, 1976, *cit.*, p. 44, n.(12).

[1056] *Essai d'une théorie générale..., cit.*, p. 32, n.(46).

[1057] Quanto à fixação das três «esferas» («culpa» leve, grave, muito grave), a jurisprudência deve assumir um importante papel, devidamente auxiliada pela doutrina e pelo próprio legislador (ver, aliás, a tipificação adoptada no artigo 139.° do actual Código da Estrada).

[1058] Num sistema de indemnização não automática dos danos, não se evitará a indagação de certos factos, como sucedeu, por ex., na hipótese sobre que recaiu o acórdão do STJ de 13 de Maio de 1986, publ. no BMJ n.° 357, pp. 399 e ss.. Nesse caso, procurou saber-se, se o lesado, trucidado por um comboio, terá saltado da carruagem em que viajava ou terá sido projectado para a linha, devido ao embate que o «seu» comboio sofreu por estar parado devido a uma avaria.

[1059] Cfr. DEUTSCH, *Haftungsrecht, cit.*, p. 318.

[1060] Ver FLEMING, *op. cit.*, pp. 241 e 247.

Um ponto que nos parece importante, e que deixámos formulado[1061], é a circunstância de essa procura de uma decisão mais *flexível* ou *equilibrada* poder ser, nalguns casos, transposta para o domínio da relação pura de responsabilidade, desde que a natureza do dano, a situação económica e o grau de «culpa» do lesado *favoreçam* essa solução. Desde que a relação interindividual não sofra a incidência de factores económicos «perturbadores» e as culpas sejam sensivelmente iguais, já não se justifica a maior intensidade protectora. Estaremos também, em regra, perante situações em que o dano já não resulta de actividades perigosas, nem do perigo de máquinas com que temos que conviver quotidianamente, nem da fragilidade da pessoa, demasiado exposta ao risco criado[1062] (como acontecerá nos exemplos clássicos da queda na escada não iluminada e que se desceu com imprudência e da entrada no recinto alheio não vedado)[1063]. Noutra vertente, a diluição do dano, por maior que seja, não afasta a necessidade de se circunscrever o círculo das condutas impeditivas da transferência do dano, sob pena de se violarem os princípios elementares e se atentar contra a consciência ético-jurídica do cidadão comum. O que podemos admitir, por razões económicas e jurídicas, é uma certa contenção e adaptação desses limites à medida que o critério reparador se desliga da responsabilidade civil – como é o caso dos *seguros directos* – ou sempre que o dano, situando-se num contexto mais específico, seja reparado pelo Estado.

Na primeira parte da nossa dissertação valorámos a conduta do lesado, vendo-a funcionalmente em ligação com os critérios de responsabilidade e de reparação. A acentuação de factores económico-financeiros, ligados fundamentalmente ao lesante, permitiu circunscrever o leque de condutas do lesado desprovido de implicações no conteúdo indemnizatório, mitigar a rigidez dos critérios legais avaliadores (e os seus efeitos) e criar os pressupostos para uma correcção intra-sistemática ou para futuras e adequadas alterações legislativas. Pouco dissemos, no entanto, sobre o próprio *regime* positivo do chamado «concurso de culpa do lesado», nos vários aspectos em que se desdobra, e cuja abordagem é necessária para confirmarmos certos pontos, completarmos outros ou tratarmos *ex professo* questões que só foram enuncia-

---

[1061] Ver *supra*, pp. 174 e 295.

[1062] Para a importância da «peculiariedade e o carácter específico do risco», ver SINDE MONTEIRO, *Estudos...*, *cit.*, p. 218.

[1063] Ver *infra*, n.ºs 48 e 49, no domínio das presunções de culpa.

Sentido e função do problema da conduta culposa e não culposa 331

das. Efectivamente, a resposta à questão da *autonomia dogmática* pressupõe o estudo do que se poderá chamar da *estática* do concurso de condutas culposas do lesante e do lesado, em ordem a conhecermos, por ex., os *limites subjectivos e objectivos* e os *critérios de aferição* da *autoresponsabilidade* do lesado (*quando* e *como* se é «culpado» e *quem* pode ser «culpabilizado»). Tratando-se, a partir de agora, de observar as soluções *qua tale* e a sua filosofia com uma necessária visão reflexiva, há que ver se a própria positividade do concurso de condutas culposas do lesante e do lesado não conterá em si elementos, que, conjugados ou «estimulados» pelos factores que destacámos nesta primeira parte, favoreçam a *posição* e os *direitos* do lesado «culpado».

PARTE II

ORIGENS DO PRINCÍPIO PREVISTO NO ARTIGO 570.°, 1, FUNDAMENTO DO SEU CRITÉRIO E CONCEITUAÇÃO DO TRIPLO PRESSUPOSTO LEGAL DO CONCURSO DE CONDUTAS CULPOSAS DO LESANTE E DO LESADO

CAPÍTULO I

DA REGRA POMPONIANA À «COMPENSAÇÃO DE CULPAS» E AO PRINCÍPIO DE REPARTIÇÃO DO DANO CONSAGRADO NAS CODIFICAÇÕES MODERNAS

30. Sequência

Como acabámos de afirmar, a perspectiva em que nos colocámos na Parte I desta dissertação, e que nos conduziu a situar a «culpa» do lesado por referência ao critério dualista da responsabilidade civil, tem que ser completada por um estudo *a se* da figura com o objectivo de se conseguir obter respostas a dois problemas, que considerámos metodologicamente importantes, como são o do fundamento do critério plasmado no corpo do artigo 570.°, 1 e a *vexata quaestio* da natureza da «culpa» do lesado que contribuiu para o surgimento do dano unitário. Temos por seguro que essa dupla temática traduz aspectos complementares, na medida em que a *ratio* do preceito está condicionada pelo sentido que puder ser dado a essa «culpa». Acresce ainda a circunstância de o problema da «conculpabilidade do lesado» só se colocar desde que se verifiquem determinadas exigências ou *pressupostos,* já que, para lá do pressuposto relativo à *unilateralidade do dano*, a hipótese típica descrita no artigo 570.°,1 coenvolve a verificação cumulativa dos dois requisitos *específicos* da *concorrência causal efectiva* das condutas do lesante e do lesado e da natureza *«culposa»* dos mesmos comportamentos.

Sabe-se, contudo, que o teor de uma norma, como a do artigo 570.°,1, não surgiu *ex abrupto*, mas foi o resultado de uma determinada evolução doutrinária e legislativa – com início, entre nós, no § 2.° do artigo 2398.° do Código de Seabra, já numa fase posterior à formação do moderno direito privado português – e da reacção dos juristas e das codificações do século XIX ao pensamento romanista e à Pandectística da primeira fase. É precisamente este aspecto – a que AUMANN dedicou uma interessante monografia – que interessa começar por abordar para conhecermos as *origens* da doutrina e do princípio referido no artigo 570.°,1. Longe de ter um valor meramente heurístico, a importância do discurso histórico radica na demonstração da influência do *jusnaturalismo racionalista* e de uma fase em que o pensamento jurídico revelou, de uma forma geral, mais afeição pelas soluções abstractas e pela lógica formal do que pela procura de critérios de justiça.

SECÇÃO I
O PRINCÍPIO «*QUOD QUIS EX CULPA SUA...*», O PENSAMENTO DA PANDECTÍSTICA E A CONSAGRAÇÃO DA RELEVÂNCIA JURÍDICA DA CONCULPABILIDADE COMO FRUTO DAS CONCEPÇÕES JUSNATURALISTAS

Sumário: 31 – O relevo negativo da «*culpa*» do lesado em determinados fragmentos do *Digesto* e a ausência de qualquer «compensação de culpas»; 32 – A construção dogmática do princípio da «compensação de culpas» feita pela Pandectística alemã; 33 – A influência do pensamento jusracionalista na consagração do princípio da «ponderação das culpas» nas codificações dos séculos XVIII e XIX. A tendência dominante da doutrina e da jurisprudência francesas e italianas; 34 – A conservação do princípio tradicional do «tudo ou nada» no direito anglo-americano e a importância do *Law Reform (Contributory Negligence) Act* (1945).

31. O relevo negativo da *culpa* do lesado em determinados fragmentos do *Digesto* e a ausência de qualquer «compensação de culpas»

A primeira pergunta que surge imediatamente no nosso espírito é a de saber se o direito romano[1064] terá conhecido o princípio de que a «culpa» do lesado pode atenuar ou excluir o efeito indemnizatório decorrente da responsabilidade do autor do dano. Os juristas romanos da época clássica e pós-clássica, ao analisarem a «responsabilidade» aquiliana pelo dano causado aos donos dos escravos[1065], preocuparam-se com casos similares aos que hoje colocam o problema da conculpabilidade do

---

[1064] R. KELLER, *op. cit.* (*supra*, n.54), p. 4, assinala que, já anteriormente ao direito romano, a «culpa» do lesado tinha sido considerada na legislação dos Hititas e de Esnunna (capital de um dos Estados surgidos do desmembramento do Império da III dinastia de Ur e que se situava a norte do rio Tigre).

[1065] Em geral, a propósito da condição jurídica dos escravos, ver SANTOS JUSTO, *A situação jurídica dos escravos em Roma*, in BFDUC, LIX, 1983, pp. 133 e ss..

338   *A conduta do lesado*

lesado, como se conclui pela análise de alguns fragmentos do *Corpus Iuris Civilis*[1066].

Um dos mais conhecidos desses fragmentos é, sem dúvida, um texto de ULPIANUS[1067], em que se nega, ao *dominus,* a protecção da *Lex Aquilia,* para o dano físico sofrido pelo escravo, que atravessou o «*campus iaculatorius*» na altura em que alguém lançava «jabalinas»[1068]. A exposição ao perigo, a imprudência do *servus,* traduzida na circunstância de ter atravessado *intempestivamente* um local destinado ao exercício ou ao divertimento («...*quia non debuit per campum iaculatorium iter intempestive facere...*»), tornava a *iniuria* imputável à *culpa*[1069] do escravo, na ausência de uma intenção lesiva por parte do jogador («... *qui tamen data opera in eum iaculatus est, utique Aquilia tenebitur*»).

Numa outra hipótese próxima, com um certo enquadramento contratual, e constante de um outro fragmento de ULPIANUS[1070], tratou-se de um caso – relatado por FABIUS MELA – em que um escravo foi morto por um barbeiro, ao desfazer a barba num local contíguo a um «*campus*» onde se jogava a «péla» – a mão do barbeiro, que segurava uma navalha, ao ser atingida por uma «péla», impelida com violência, terá causado a morte do escravo. Enquanto PROCULUS, contrariamente ao entendimento mais lato de MELA («... *in quocumque eorum culpa sit...*») de responsabilizar igualmente o jogador que *causara* o desvio

---

[1066] Utilizámos a recolha feita por MOMMSEN/KRUEGER (*Corpus Iuris Civilis*, I, *Institutiones*, 18.ª ed., Berolini/Turici, MCMLXV).

[1067] *Digesto*, 9, 2, 9, 4: «*Sed si per lusum iaculantibus servus fuerit occisus, Aquiliae locus est: sed si cum alii in campo iacularentur, servus per eum locum transierit, Aquilia cessat, quia non debuit per campum iaculatorium iter intempestive facere. qui tamen data opera in eum iaculatus est, utique Aquilia tenebitur*».

[1068] Um caso parecido, citado por SASSO (*Causalità e concorso di colpe*, GI, I, 1, 1967, col. 1317-1318) e decidido pela *Corte di Cassazione*, em 12 de Outubro de 1964, teve como circunstancialismo a perda da vista de um jovem, atingido por um disparo, ao passar nas proximidades de um campo de tiro ao voo.

[1069] Ver também o fragmento de PAULUS, *Digesto*, 9, 2, 10: «*nam lusus quoque noxius in culpa est*».

[1070] *Digesto*, 9, 2, 11: «*Item Mela scribit, si cum pila quidam luderent, vehementius quis pila percussa in tonsoris manus eam deiecerit it sic servi, quem tonsor radebat, gula sit praecisa adiecto cultello: in quocumque eorum culpa sit, eum lege Aquilia teneri. Proculus in tonsore esse culpam: et si ibi tondebat, ubi ex consuetudine ludebatur vel ubi transitus frequens erat, est quod ei imputetur: quamvis nec illud male dicatur, si in loco periculoso sellam habenti tonsori se quis commiserit, ipsum de se queri debere*».

Origens do princípio previsto no artigo 570.°, 1

da mão do barbeiro, era da opinião de imputar o dano a este último, por estar a trabalhar num local habitualmente destinado ao jogo ou à passagem («...*ubi ex consuetudine ludebatur vel ubi transitus frequens erat...*»), já ULPIANUS excluía a protecção patrimonial [1071] da *Lex Aquilia* pela circunstância de, tal como no caso precedente, o escravo ter resolvido frequentar um local perigoso («... *si in loco periculoso sellam habenti tonsori se quis commiserit, ipsum de se queri debere*») [1072], tornando-se, assim, causa prevalecente ou única do dano.

Num outro caso, mais complexo, e que se encontra relatado num fragmento interpolado de ALFENUS [1073], é referido o roubo de uma lam-

---

[1071] Para o sentido plúrimo de *damnum,* nas fontes romanas, ver G. CRIFÒ, *Danno* (*storia*), ED XI, *cit.*, pp. 616 e ss..

[1072] O fragmento provocou entre os romanistas, e não só, as opiniões mais desencontradas, notando-se uma corrente favorável à decisão de ULPIANUS (por ex., FERRINI, *Delitti e quasi-delitti,* DI, *cit.*, n.° 74, p. 765, P. RASI, *La volontà del danneggiato nei rapporti di amicizia e di cortesia,* RcP, 1952, pp. 196-197 e AUMANN, *op. cit.,*, p.7, embora RASI, para este e para o caso anterior, coloque a tónica na *vontade do lesado*, FERRINI na possibilidade de o escravo *ter evitado o dano* e AUMANN na *exposição a uma situação de perigo* não constitutiva de uma censura aquiliana) e outra mais propensa para aceitar a dualidade de culpas do barbeiro e do escravo (é o caso do nosso ALVARES DE MOURA, JP, *cit.*, ano 2.°, n.° 19, pp. 97-98, situando a hipótese como «compensação de culpas» , de BENIGNI, *La cosidetta compensazione delle colpe*, *cit.* (*supra*, n.319), p. 104, com a *nuance* de afirmar apenas um «concurso aparente de culpas», e de CANDICE, *op. cit.,* (*supra,* n. 205), pp. 76 e ss., ao ver na conduta do escravo «uma imprudência grave».

R. ZIMMERMANN, *The Law of Obligations, Roman foundations of the civilian tradition*, München, 1990, pp. 1011-1013, é que coloca a questão de saber se a culpa do barbeiro é «compensada» pela culpa preponderante do escravo, se a conduta do escravo «quebra» o nexo causal, ao ter funcionado como *last clear chance,* ou se, como acaba por preferir, não haverá uma *exposição voluntária ao risco* por parte do barbeiro e do escravo, desligada de uma componente culposa (neste último sentido, recusando ver como *iniuria* a atitude de ambos, ver WOLLSCHLÄGER, *Eigenes Verschulden des Verletzten*, in SZ, Band 93, 1976, pp. 131 e ss.).

Para uma referência mais descomprometida ao fragmento, ver U. VON LÜBTOW, *op. cit.*, pp. 106-107 (considerando o «... *de se queri debere*» como uma «glosa primitiva»), HÄBERLIN, *op. cit.*, p. 49 (embora pareça aceitar, neste e no fragmento anterior, a ideia de uma *culpa do lesado*), THEO MAYER-MALY, *De se queri debere, officia erga se und Verschulden gegen sich selbst*, in Festschrift für MAX KASER zum 70. Geburtstag, München, 1976, pp. 247-248 (assinalando o aspecto, que, aliás, nos parece importante, da *Mitverschulden* do escravo se repercutir no *dominus*).

[1073] *Digesto*, 9, 2, 52, 1: «*Tabernarius in semita noctu supra lapidem lucernam posuerat: quidam praeteriens eam sustulerat; tabernarius eum consecutus lucernam reposcebat, et fugientem retinebat: ille flagello, quod in manu habebat, in quo dolor inerat, verberare tabernarium coeperat, ut se mitteret; ex eo maiore rixa facta taber-*

340 *A conduta do lesado*

parina que tinha sido colocada por um logista numa pedra defronte da sua loja. O logista perseguiu e agarrou o ladrão, intimando-o a devolver a lamparina, mas, para se libertar, o ladrão começou a chicotear o «*tabernarius*», tendo este, no decorrer do confronto, atingido com gravidade um dos olhos daquele. ALFENUS recusou, ao autor do roubo, a tutela aquiliana pela razão de ter sido ele a desencadear toda a situação («... *non videri damnum iniuria fecisse, culpam enim penes eum, qui prior flagello percussit, residere*»). Em linguagem jurídica moderna, a resistência (com agressão) oposta pelo ladrão à *acção directa* do dono da coisa, e tendente à sua recuperação, outorgava-lhe a *legítima defesa*[1074], justificativa do dano causado, desde que desligada de uma conduta intencionalmente lesiva.

Noutros fragmentos de PAULUS[1075] e de ALFENUS[1076], alude-se, respectivamente, ao caso de um caminhante que ficou ferido ao ser atingido pelos ramos de uma árvore que estava a ser podada e do escravo

---

narius ei qui lucernam sustulerat, oculum effoderat, consulebat, num damnum iniuria non videtur dedisse, quoniam prior flagello percussus esset. respondi, nisi data opera effodisset oculum non videri damnum iniuria fecisse, culpam enim penes eum, qui prior flagello percussit, residere».

[1074] Nesse sentido, DEMELIUS, *Ueber Kompensation der Kulpa, cit.* (*supra*, n.115), p. 61, PERNICE, *Labeo – Römisches Privatrecht im ersten Jahrhunderte der Kaiserzeit*, 2. Band, 1. Abt., 2.ª ed., Halle, 1895, p. 98, n.(3), em ligação com a regra pomponiana, e BENIGNI, *est. cit.*, p. 103. Diversamente, para CANDICE, *op. cit.*, pp. 66-67, a *culpa* ou é do ladrão (no caso de o logista ter sido provocado ao pretender recuperar a lamparina) ou é do logista (ao perseguir e agredir o ladrão), para L. VON BAR (*apud* HONSELL, *op. cit.*, *supra*, n.322, pp. 31-32, n.(145)), não há legítima defesa, tendo de se analisar a acção não culposa do logista à luz da *Regelwidrigkeit* e, para FERRINI, DI, *cit.*, n.º 75, p. 765, o nexo entre a culpa do logista e a lesão é paralisado pelos «ilícitos» cometidos pelo ladrão.

[1075] *Digesto* 9, 2, 31: «*Si putator ex arbore ramum cum deiceret vel machinarius hominem praetereuntem occidit, ita tenetur, si is in publicum decidat nec ille proclamavit, ut casus eius evitari possit. sed Mucius dixit, etiam si in privato idem accidisset, posse de culpa agi: culpam autem esse, quod cum a diligente provideri poterit, non esset provisum aut tum denuntiatum esset, cum periculum evitari non possit. secundum quam rationem non multum refert, per publicum an per privatum iter fieret, cum plerumque per privata loca vulgo iter fiat. quod si nullum iter erit, dolum dumtaxat praestare debet, ne immittat in eum, quem viderit transeuntem: nam culpa ab eo exigenda non est, cum divinare non potuerit, an per eum locum aliquis transiturus sit*».

[1076] *Digesto*, 9, 2, 52, 4: «*Cum pila complures luderent, quidam ex his servulum, cum pilam percipere conaretur, impulit, servus cecidit et crus fregit: quaerebatur, an dominus servuli lege Aquilia cum eo, cuius impulsu ceciderat, agere potest. respondi non posse cum casu magis quam culpa videretur factum*».

que, ao intrometer-se entre vários jogadores para apanhar uma «péla», foi empurrado por um deles, partindo uma perna.

No texto de PAULUS, onde surge com nitidez a subjectivação da *culpa*, ligada à falta de previsibilidade do evento (atribui-se a Q. MUCIUS SCAEVOLA a máxima *«culpam autem esse, quod cum a diligente provideri poterit, non esset provisum»*), o podador é responsável se cortou o ramo junto a uma via pública ou privada sem as devidas precauções, mas já não o seria na hipótese de o ter cortado na sua propriedade, não havendo ninguém nas proximidades da árvore. A partir do momento em que não é usual que estranhos utilizem a propriedade alheia como ponto de passagem, a irresponsabilidade radicaria na ausência de *culpa* do *putator* (*«nam culpa ab eo exigenda non est, cum divinare non potuerit, an per eum locum aliquis transiturus sit»*), desde que, e mais uma vez, não tivesse havido intencionalidade da sua parte (*«quod si nullam iter erit, dolum dumtaxat praestare debet, ne immitat in eum, quem viderit transeuntem»*)[1077]. No segundo caso, a *opinião* de ALFENUS não é muito explícita, mas a ausência de *iniuria* relaciona-se mais com os «riscos próprios do jogo» e a sua assunção implícita (*«cum casu magis quam culpa videretur factum»*)[1078]. Conexionado ainda com a figura a que hoje chamamos de «assunção do risco», é de referir um texto de PAULUS[1079] que responsabilizava o caçador se um

---

[1077] Sobre o fragmento de PAULUS, ver VENEZIAN, *op. cit.*, p. 315, BENIGNI, *est. cit.*, p. 102, R. ZIMMERMANN, *op. cit.*, pp. 1010-1011 e W. KUNKEL, *Exegetische Studien zur aquilischen Haftung*, in SZ, Band 49, 1929, pp. 180 e ss. (imputando aos juristas bizantinos a dicotomia *culpa – dolus*).

[1078] Para essa explicação, ver U. VON LÜBTOW, *op. cit.*, pp. 108-109 e P. RASI, RcP *cit.*, p. 194. Este último autor alude, simultaneamente, a um texto de PAULUS (*Digesto*, 9, 2, 45, 3: *«Cum stramenta ardentia transilirent duo, concurrerunt amboque ceciderunt et alter flamma consumptus est: nihil eo nomine agi, si non intellegitur uter ab utro eversus sit»*), em que duas pessoas saltam em conjunto uma fogueira, caindo uma delas e não podendo salvar-se. RASI distingue este caso e o de ALFENUS daquelas hipóteses em que o dano se identifica com as *«lesioni sportive»*, dando como exemplo um passo de ULPIANUS (*Digesto*, 9, 2, 7, 4: *«Si quis in colluctatione vel in pancratio, vel pugiles dum inter se exercentur alium occiderit, si quidem in publico certamine alius alium occiderit, cessat Aquilia, quia gloriae causa et virtutis, non iniuriae gratia videtur damnum datum»*). RASI (p. 195) analisa criticamente o último passo do fragmento de ALFENUS (a ponto de o atribuir a um «amanuense de escassa cultura jurídica») acentuando uma ideia – a da *assunção das consequências lesivas de quem participa num jogo* – que, segundo ele, terá sido «compreendida» por ULPIANUS no fragmento relativo à luta.

[1079] *Digesto*, 9, 2, 28, pr. *«Qui foveas ursorum cervorumque capiendorum causa faciunt, si in itineribus fecerunt eoque aliquid decidit factumque deterius est, lege*

342   *A conduta do lesado*

escravo caísse em armadilhas, para ursos e veados, colocadas num local público ou num local apropriado para tal, mas sem os necessários avisos. Pelo contrário, se os avisos foram colocados ou o lesado conhecia ou devia prever a existência das armadilhas, e nada fez para evitar o perigo («...*si evitare periculum poterit*»), já não havia recurso à *actio* aquiliana [1080].

Para lá dos fragmentos referidos, e que se relacionam com a incidência da conduta «culposa» do *servus* na *produção danosa ex delicto*, encontramos nas fontes romanas vários textos atinentes ao *agravamento* do dano. O mais conhecido é, sem dúvida, o de PAULUS [1081], relatando o caso de um escravo que veio a falecer, não da agressão não letal, mas da incúria («...*negligentia*...») do seu dono em o tratar devidamente [1082]. A «*actio de occiso*» já teria lugar no caso, descrito por ALFENUS [1083], de a morte resultar *imediatamente* das lesões sofridas. Mais adiante havemos de tornar a contactar com estes fragmentos.

Pode afirmar-se que a síntese do pensamento contido nos textos a que aludimos surge lapidarmente expressa no importante fragmento, atribuído ao jurista pós-clássico POMPONIUS [1084], e já nosso conhecido: «*Quod quis ex culpa sua damnum sentit, non intellegitur damnum sentire*» («não se considera que sofra um dano quem o sofre por sua própria culpa»). Este autêntico «princípio geral», nas palavras de

---

Aquilia obligati sunt: at si in aliis locis, ubi fieri solent, fecerunt, nihil tenentur. Haec tamen actio ex causa danda est, id est si neque denuntiatum est neque scierit aut providere potuerit: et multa huiusmodi deprehenduntur, quibus summovetur petitor, si evitare periculum poterit».

    [1080] Para a concordância com a opinião inserida no fragmento, ver ÁLVARES DE MOURA, JP *cit.*, ano 2.°, n.° 18, p. 81, CANDICE, *op. cit.*, pp. 64-65, BRASIELLO, *op. cit.*, pp. 305-306, AUMANN, *op. cit.*, p. 7, n.(1) (embora seja céptico quanto à ilação *genérica* que possa ser retirada da «previsibilidade danosa») e ZIMMERMANN, *op. cit.*, p. 1011.

    [1081] *Digesto*, 9, 2, 30, 4: «*Si vulneratus fuerit servus non mortifere, neglegentia autem perierit, de vulnerato actio erit, non de occiso*».

    [1082] Ver, para esse fragmento, ÁLVARES DE MOURA, *loc. cit.*, p. 82 (negando qualquer «compensação de culpas»), CANDICE, *op. cit.*, p. 70, BENIGNI, *est. cit.*, p. 111 (em crítica à interpretação «subjectivista» de MOMMSEN e DEMELIUS acentua o aspecto da «imputação causal») e U. VON LÜBTOW, *op. cit.*, p. 64 (num enquadramento causal extensivo ao fragmento referido na nota seguinte).

    [1083] *Digesto*, 9, 2, 52, pr.: «*Si ex plagis servus mortuus esset neque id medici inscientia aut domini negligentia accidisset, recte de iniuria occiso eo agitur*».

    [1084] BENIGNI, *est. cit.*, p. 101, parece atribuí-lo a QUINTUS MUCIUS, jurisconsulto do século I A.C..

Origens do princípio previsto no artigo 570.°, 1   343

KELLER [1085], ou esse «cânone de suprema razão jurídica», segundo F. MORATO [1086], não consta, curiosamente, do Livro IX do *Digesto*, mas da parte intitulada «*De diversis regulis iuris antiqui*» (*Digesto*, 50, 17, 203). Como refere AUMANN [1087], o fragmento pomponiano não se terá relacionado, na sua génese, com qualquer acção indemnizatória ou com a culpa bilateral, na medida em que terá sido utilizado, a propósito de *questões sucessórias*, para negar ao legatário a *actio ex testamento*, tendo os compiladores justinianeus convertido o texto em *regula*, aplicada ao domínio contratual e extracontratual.

O preceito «*quod quis...*» transparece, aliás, noutros passos de POMPONIUS [1088] e mesmo em situações – acolhidas pelas codificações dos séculos XVIII e XIX – não dependentes da *culpa* do lesante, mas em que o *damnum* causado (pelo animal) resultou de uma *acção exterior* (excitação) ou foi o resultado do *acaso* (pessoa que, ao fugir de um *magistratus*, foi mordida por um cão, que se encontrava devidamente preso na *taberna* onde o fugitivo se refugiara) [1089]. O que tem sido discutido entre os autores é a extensão subjectiva do fragmento, parecendo reunir um justificado maior consenso a tese de que a «*culpa sua*» tinha apenas a ver com uma «culpa» do próprio lesado [1090].

[1085] *Op. cit.*, p. 6. No mesmo sentido, CANDICE, *op. cit.*, pp. 80-81.

[1086] *Da compensação de culpa*, in RF, 1939, p. 13.

[1087] *Op. cit.*, pp. 30-31. No mesmo sentido, WOLLSCHLÄGER, *est. cit.*, pp. 118 e ss..

[1088] Por ex., *Digesto* 13, 6, 23: «*Si commodavero tibi equum, quo utereris usque ad certum locum, si nulla culpa tua interveniente in ipso itinere deterior equus factus sit, non teneris commodati: nam ego in culpa ero, qui in tam longum iter commodavi, qui eum laborem sustinere non potuit*». BENIGNI, *est. cit.*, p. 101, acha provável que também este texto possa ser de QUINTUS MUCIUS.

[1089] Cfr., respectivamente, dois fragmentos de PAULUS, *Receptae Sententiae*, I, 15, 3: «*Ei qui irritatu suo feram bestiam vel quamcunque aliam quadrupedem in se proritaverit, itaque damnum ceperit, neque in eius dominum, neque in custodem actio datur*» e *Digesto*, 9, 1, 2,1: «*Si quis aliquem evitans, magistratum forte, in taberna proxima se immisisset ibique a cane feroce laesus esset, non posse agi canis nomine quidam putant: at si solutus fuisset, contra*».

Embora CANDICE, *op. cit.*, p. 68, não hesite, neste último caso, e contra a opinião de BENIGNI, *cit*, p. 105, em negar qualquer culpa do lesado, pensamos que, se o acto do fugitivo pudesse ser visto como introdução ilegítima na propriedade alheia, haveria aí uma nítida «assunção do risco». Parece-nos, por isso, algo ousada a posição de KELLER, *op. cit.*, p. 5, ao admitir, segundo cremos, uma genérica «exposição ao perigo». Sobre o segundo fragmento, ver WENDT, JhJb, 31, *cit.*, p. 142 e a explícita ligação com a *regula* pomponiana.

[1090] Ver, aliás, *supra*, Parte I, n.° 7, para uma *certa* aplicação da máxima pomponiana. No sentido dominante, ver BENIGNI, *cit.*, p. 108, CANDICE, *op. cit.*, pp. 44 e 75,

344 *A conduta do lesado*

O quesito principal, sugerido pelo fragmento de POMPONIUS, tem a ver com a questão de saber se ele seria a expressão de um *princípio geral e abstracto* do qual se pudesse retirar a conclusão de que os juristas romanos tinham conhecido e teorizado a ideia de uma «compensação de culpas», no seu sentido, tradicional e impróprio, de uma das culpas (neste caso a do lesado) poder «eliminar» a outra.

A resposta mais correcta à interrogação é de teor negativo, não podendo extrair-se da síntese pomponiana e dos outros fragmentos – de interpretação duvidosa e com interpolações – uma ideia conscientemente elaborada, tradutora, no seio dos *delicta*, do papel *concorrente* ou *absorvente* da conduta culposa do lesado. Efectivamente, a natureza casuística dos textos, a simplicidade algo rígida[1091], o realismo das suas soluções e a ausência de uma ponderação *proprio sensu* não autorizam outra conclusão, pese o diverso entendimento do pensamento dominante. Por outro lado, os fragmentos não falam de «culpa do lesado», mas contêm expressões como «*de se queri debere*» ou «*culpa sua*», e acentuam mais o *damnum*[1092], em função da existência da «*culpa*» do lesante («*damnum contra ius*»)[1093] *ou* da sua ausência («*quod quis... non intellegitur damnum sentire*»). Exceptuando o relevo da conduta dolosa, a alternativa era apenas entre o «tudo ou nada» (*tertium non datur*), não se concebendo que o lesado pudesse *concorrer*[1094] para o dano com a sua imprudência. A recusa da *actio damni iniuriae* derivava, precisamente, da circunstância de ter sido o lesado a *única causa*

BRASIELLO, *op. cit.*, p. 375, H.-L./J. MAZEAUD/TUNC, *op. cit.*, n.° 1449, p. 543, PH. LE TOURNEAU, *op. cit.*, n.° 759, p. 255 e AUMANN, *op. cit.*, p. 41, n.(1). Para um sentido, que não exclui a culpa do lesante, ver PACCHIONI, *Diritto civile italiano, Parte seconda, IV* (*Dei delitti e quasi delitti*), Padova, 1940, p. 152, KELLER, *op. cit.*, p. 6 e WENDT, *Eigenes Verschulden*, JhJb, *cit.* (*supra*, n.214), pp. 138 e 152, e, para uma posição algo peculiar, preclusiva da consideração delitual do fragmento, ver ENDEMANN (*apud* HONSELL, *op. cit.*, pp. 42-45).

[1091] Sugestivamente, AUMANN, *op. cit.*, p. 121, fala de «doutrina das algemas» (*Lehre die Fesseln*), a propósito do pensamento romanista, herdado dessa rigidez. Já DESCHIZEAUX, *op. cit.*, p. 11, n.(2), explica a «*equité rustique*», contida no fragmento de POMPONIUS, com a envolvência *penal* das soluções romanas.

[1092] Para a acentuação da ausência de um dano em sentido jurídico, ver PACCHIONI, RDCDO II, 1910, *cit.* (*supra*, n.320), p. 1032 (na p. 1034 considera a *regula* pomponiana apenas como uma «máxima jurisprudencial, que terá surgido por razões de conveniência e de oportunidade») e DE CUPIS, *op. cit.*, I, pp. 10 e 24 (cfr. *supra*, n.255).

[1093] ULPIANUS, *Digesto*, 9, 2, 5, 1: «*sed quod non iure factum est, hoc est contra ius, id est si culpa occiderit*».

[1094] Diversamente, KELLER, *op. cit.*, p. 6, parte da «culpa concorrente do lesado e do lesante».

Origens do princípio previsto no artigo 570.°, 1   345

(a *causa causans*) do dano, ao não o ter evitado («...*si evitare periculum poterit*», «...*quia non debuit per campum iacularentur...*» [1095]). O «nada», reflectido na frase de POMPONIUS, surgia como resultado de não se ter evitado o evento lesivo, como fruto da imputação ao lesado (*rectius*, à esfera jurídica do «*dominus*») de consequências (posteriores ou não) patrimonialmente desvantajosas, ligadas à «*culpa*» [1096]. Esta «*culpa*» condicionava a própria juridicidade do dano (*damnum iniuria facere*), enquanto pressuposto de uma *actio* cujas características penais só mais tarde iriam desaparecer.

É exacto que se encontram nas fontes romanas determinados textos [1097] que se referem à *compensação*, mas o intérprete avisado e prudente não poderá deixar de indagar o seu verdadeiro sentido. Um dos mais interessantes é um fragmento de ULPIANUS [1098], relativo a uma hipótese de *negligência equivalente* cometida por dois sócios na gestão dos assuntos sociais, mas há que referir ainda, pela sua importância, três textos de PAULUS [1099], PAPINIANUS [1100] e MARCIANUS [1101], atinentes,

---

[1095] A *culpa*, na compilação justinianeia, e por influência do pensamento grego, terá perdido o seu significado clássico de *imputação objectiva* para se converter em sinónimo de *falta de diligência*, como nota U. VON LÜBTOW, *op. cit.*, p. 105, referindo-se, entre outros, ao «caso do podador» (ver, contudo, *supra*, n.307 e a posição de TALAMANCA).

[1096] Defendendo a ausência de qualquer «compensação de culpas» no direito romano, ver ÁLVARES DE MOURA, JP *cit.*, pp. 66, 81-82 e 97 (influenciado por CANDICE, ao exceptuar o «caso do barbeiro»), AUMANN, *op. cit.*, pp. 18, 29 e 41, n.(1), ROTHER, *op. cit.*, p. 31, THEO MAYER-MALY, *cit.*, pp. 247-248 (ao analisar os fragmentos que utilizam a expressão «*de se queri debere*» conclui que não resulta daí a «doutrina da culpa contra si mesmo») e WOLLSCHLÄGER, *est. cit.*, pp. 117 e ss. e, para uma síntese, pp. 136-137 (reconduzindo aos glosadores a teorização do princípio).

[1097] Para esses fragmentos, ver CUTURI, *La compensazione nel diritto privato italiano, cit.*, pp. 425 e ss..

[1098] *Digesto* 16, 2, 10, pr. (*De Compensationibus*): «*Si ambo socii parem neglegentiam societati adhibuimus, dicendum est desinere nos invicem esse obligatos ipso iure compensatione neglegentiae facta*».

[1099] *Digesto*, 18, 1, 57, 3 (*De contrahendo emptione*): «*Quod si uterque sciebat et emptor et venditor domum esse exustam totam vel ex parte, nihil actum fuisse dolo inter utramque partem compensando et iudicio, quod ex bona fide descendit, dolo ex utraque parte veniente stare non concedente*». Ver igualmente *supra*, n.112.

[1100] *Digesto* 24, 3, 39 (*De soluto matrimonio*): «*Viro atque uxore mores invicem accusantibus, causam repudii dedisse utrumque pronuntiatum est: id ita accepi debet ut ea lege, quam ambo contemserunt neuter vindicetur, paria enim delicta mutua compensatione dissolvuntur*».

[1101] *Digesto*, 4, 3, 36 (*De dolo*): «*Si duo dolo malo fecerint, invicem de dolo non agent*». Ver também *supra*, n.112.

respectivamente, aos efeitos de um contrato de compra e venda de uma casa total ou parcialmente incendiada, sendo este facto do conhecimento dos contraentes, à recusa da «*retentio propter mores*» ao marido, perante a «*actio rei uxoriae*» da mulher e a existência de uma infidelidade recíproca, e à recusa da «*actio de dolo*» para duas pessoas que causaram dolosamente danos recíprocos.

Como referem ROTHER [1102] e AUMANN [1103] terá sido a partir dos textos desses compiladores que J. FRIEDRICH EISENBACH, um dos cultores do «*usus modernus pandectarum*», e numa dissertação de 1778 (*De compensatione circa maleficia, vel quasi, occasione legis XXXVI Dig. de dolo malo*), terá começado a teorizar a chamada «compensação de culpas» [1104]. Só que, segundo os mesmos juristas, EISENBACH não terá sido muito feliz nessa tarefa, na medida em que ao tentar distinguir «*compensação de culpas*», *compensação de delitos* e *culpas recíprocas*, «misturou» as hipóteses que originaram os fragmentos de PAULUS, PAPINIANUS e MARCIANUS com o «caso do barbeiro», utilizando para todas elas a mesma metodologia, a partir da regra estatuída no texto de MARCIANUS. É certo que EISENBACH terá elaborado a ideia de uma «*compensatio culpae (doli) ipsius*», sob o condicionalismo de uma reciprocidade danosa ou de uma mesma ilicitude, e ao justificar com a *equidade* a «*compensatio*» e, consequentemente, a recusa da pretensão indemnizatória, EISENBACH também não deixou de conceder a reparação nos casos em que fosse patente para o julgador a *preponderância* da culpa do agente.

Cremos, no entanto, que esse pensador terá ido longe de mais, quer na sua atitude unificadora, quer na defesa de uma «compensação de culpas» que os referidos textos não comportam, dada a singeleza dos seus enunciados. De facto, se, no fragmento de ULPIANUS, está em causa a «compensação» *tout court* [1105] entre créditos e dívidas recíprocas, relacionadas com a mesma relação societária, nos textos de PAULUS, PAPINIANUS e MARCIANUS é recusada a «*actio de dolo*» ao lesado em virtude do seu próprio comportamento doloso («...*dolo ex utraque parte*

[1102] *Op. cit.*, p. 31.

[1103] *Op. cit.*, p. 57 e, mais especificamente sobre o pensamento de EISENBACH, ver as pp. 53-58.

[1104] LORENZ, JuS 1972, *cit.*, pp. 312-313, situa o desenvolvimento dessa doutrina em começos do século XVII.

[1105] No Título LXXVIII, do Livro IV, das Ordenações Filipinas, é dito que «compensação quer dizer desconto de huma divida a outra; e foi introduzida com rasão e equidade, ...».

Origens do princípio previsto no artigo 570.°, 1   347

veniente...», «... *invicem de dolo non agent*») ou delitual («...*paria enim delicta...*»). Quer na verdadeira *compensação de prestações pecuniárias*, do mesmo montante ou de montante diverso, quer nos casos em que a acção era influída por uma *mesma causa perturbadora recíproca* (enquanto tradução, no fundo, do pensamento *tu quoque* ou do adágio *nemo auditur...*) [1106], não se tratava, evidentemente, de qualquer «compensação de culpas», quer no sentido tradicional de «*anulação*» de uma culpa por outra, quer no seu significado mais rigoroso e moderno de um *processo de ponderação de culpas* e de *consequente deslocação do dano* [1107]. Aliás, e segundo a perspectiva de CUTURI [1108], a ideia da «compensação de culpas» terá sido fruto da lógica escolástica e da interpretação meramente exegética feita pelos glosadores. Aos pós-glosadores, como BÁRTOLO e BALDO, terá cabido a tarefa de explicitarem uma genérica «compensação de culpas» e, na parte que nos interessa, de mostrarem a influência de uma *eadem causa* na eficácia da acção, a partir da contrariedade à moral e à ordem jurídica de um procedimento processual relativamente ao qual o lesado não tinha «as mãos limpas».

32. A construção dogmática do princípio da «compensação de culpas» feita pela Pandectística alemã

Os intérpretes alemães do *Corpus Iuris Civilis*, integrados na escola dos séculos XVIII e XIX que ficou conhecida pela «ciência das Pandectas» [1109], e na linha iniciada pela chamada Escola Histórica [1110] –

[1106] Ver *supra*, n. 116.

[1107] Se, por ex., CANDICE, *op. cit.*, pp. 76-77, viu no «caso do barbeiro» uma hipótese de «compensação de culpas» (e num duplo sentido), AUMANN, *op. cit.*, pp. 29 e 41, n.(1), considera que o único caso do direito romano pós-clássico em que se pode falar em «compensação de culpas» (no sentido patente no § 254 do BGB) é o relatado no fragmento de PAULUS (*Digesto*, 18, 1, 57, 3), mas apenas na hipótese da casa vendida ter sido consumida *parcialmente* pelo fogo, tendo o comprador (*e único lesado*) *conhecimento* desse facto.

[1108] *Op. cit.*, pp. 428 e ss.. É também essa a opinião de WOLLSCHLÄGER (cfr. *supra*, n. 1096).

[1109] Para o enquadramento histórico da Pandectística, ver ALMEIDA COSTA, *História do Direito Português, cit.*, pp. 390 e ss. e, para a natureza, função e expansão dessa corrente, ver F. WIEACKER, *op. cit.*, pp. 491 e ss..

[1110] Sobre a teorização da *culpa do lesado* por autores, como SCHWEPPE, KRUG, HEIMBACH e, sobretudo, WENING-INGENHEIM, que terá influenciado MOMMSEN ao

348 *A conduta do lesado*

com a reacção ao pensamento jusracionalista e o estudo das fontes romanas originárias – procuraram afirmar, na sua lógica teorético-conceitualista, um princípio *geral* ou *superior* de «compensação de culpas», «retirado» de uma interpretação equívoca da *regula* pomponiana e no sentido, já tido em conta por EISENBACH, de uma «anulação» da culpa do lesante pela do lesado e de «preclusão» da culpa menos grave pela mais grave.

De uma forma geral, pode dizer-se que os pandectistas tiveram o mérito de terem «purificado» o conceito e cindido a «compensação de culpas» nos problemas da *extensão danosa* e do *concurso da culpa do lesado* com o *critério de responsabilidade*, conquanto, no seu abstraccionismo, tenham *subvalorizado* esta última componente. Como se sabe, é nos pandectistas da última fase, como WENDT, que se encontra o pensamento cuja contribuição foi influente na formulação do princípio que haveria de constituir o corpo do § 254 do BGB. Mas vejamos o núcleo do ideário de alguns desses juristas.

No quadrante de uma explicação que apela, simultaneamente, para a *equidade* e para a *causalidade*, começou por se situar MOMMSEN, quando, em 1855, publicou o seu *Beiträge zum Obligationenrecht*. MOMMSEN [1111] considerava que a conduta do lesado podia «concorrer» simultaneamente com a do lesante (embora sem efeitos positivos) ou, pura e simplesmente, influir no nexo entre o evento responsabilizante e o próprio dano. Segundo o autor da «teoria da diferença», a regra pomponiana corrigiria esse nexo, suportando o lesado (imputável ou não) a maior extensão do dano, desde que não adoptasse, no seu «dever de remoção», o cuidado *exigível* a um *bonus pater familias* («*Denn nichts ist natürlicher, als dass jeder die Folgen der eigenen Nachlässigkeit selbst zu tragen hat*»).

---

defender a relevância da *omissão culposa do lesado no não afastamento dos efeitos da lesão*, ver AUMANN, *op. cit.*, pp. 80 e ss..

[1111] Na reconstituição do seu pensamento servimo-nos dos excertos de HONSELL, *op. cit.*, pp. 4 e ss., AUMANN, *op. cit.*, pp. 97-101 (apelidando MOMMSEN de «dogmático»), G. LAPP, *Eigenes und fremdes Verschulden in § 254 des Bürgerlichen Gesetzbuches*, Diss., Mainz, 1952, pp. 7-8 e BENIGNI, *est. cit.*, pp. 117-119 (emitindo reservas à redução da causalidade às *acções*, bem como à construção do *dever de agir* a cargo do lesado). Note-se que o pensamento de MOMMSEN foi seguido, em parte, por WINDSCHEID (ver o vol. II, da parte primeira, do seu *Diritto delle Pandette*, tradução de FADDA/BENSA, Torino, 1904, § 258, p. 45, n.^{tas}(17) e (18)) e COHNFELDT, o qual, segundo AUMANN, *op. cit.* pp. 107 e ss., terá sido o primeiro jurista a falar de «interrupção» do nexo causal.

DEMELIUS[1112], depois de criticar o Código da Prússia, ZEILLER e o ABGB de 1811, em nome da justiça e da razão, teve a excelência de ligar a «compensação de culpas» e o princípio de POMPONIUS aos casos em que *um e o mesmo dano derivam da culpa do lesante e do lesado*, contrapondo-os às hipóteses relatadas por ULPIANUS (*Digesto*, 9, 2, 9, 4), PAULUS (*Digesto*, 9, 2, 28, pr.) e ALFENUS (*Digesto*, 9, 2, 52, 1), bem como aos casos em que DEMELIUS considerava haver uma «compensação própria» (*Ausgleichung*), como nas situações em que os contraentes, mediante um ilícito contratual, causavam danos um ao outro (e que exemplifica com a omissão pelo lesado do *dever* (*ex bona fides*) de avisar o lesante acerca do valor de certo objecto[1113]). Quanto ao fragmento de MARCIANUS (*Digesto*, 4, 3, 36), DEMELIUS veio a excluir uma compensação de pretensões recíprocas, para admitir uma *compensação do dolo bilateral* e, implicitamente, a supressão de qualquer pedido.

Criticando, por restritiva, a explicação «racional» de MOMMSEN, DEMELIUS, ao articular o dano extracontratual com a *vontade ilícita* do lesante («... *seines rechtswidrigen Willens*»), «justificava» a vontade danosa a partir do momento em que, não havendo dolo do lesante, se pudesse afirmar que também o lesado *tinha desejado o dano* («*volenti non fit iniuria*»)[1114]. Ao exemplificar o seu pensamento, DEMELIUS afastou da sua construção os casos referidos por PAULUS (*Digesto*, 9, 2, 30, 4) e ALFENUS (*Digesto*, 9, 2, 52, pr.), aplicando-o só ao «caso do barbeiro».

A objecção[1115] principal que é feita a DEMELIUS imputa-lhe a identificação entre a «culpa» do lesado e a aceitação tácita de efeitos patrimoniais desvantajosos, e, na realidade, não se vê que a circunstância de o lesado não ter evitado certa conduta e as suas sequelas possa ser tida como manifestação volitiva ou de aceitação dessas mesmas desvanta-

---

[1112] *Est. cit.* (*supra*, n.115), pp. 52 e ss..

[1113] Diversamente das posições menos liberais de MOMMSEN, DEMELIUS, VON BAR e WENDT (JhJb 31, *cit.*, pp. 163-164), relativamente à defesa de um «dever» do lesado remover ou evitar o dano, não encontramos em PERNICE, BRINZ, COHNFELDT, LEVISON, DERNBURG (em parte) e ENDEMANN (*Lehrbuch des Bürgerlichen Rechts*, Band I, 9.ª ed., Berlin, 1903, § 132, pp. 758 e ss.) a defesa de um «dever» com esse conteúdo (cfr. HONSELL, *op. cit.*, pp. 21, 30, 33, 35).

[1114] *Est. cit.*, pp. 67-68.

[1115] Além de PERNICE, também VON BAR (*apud* AUMANN, *op. cit.*, p. 116, n.(4)), WENDT, JhJb, *cit.*, pp. 153-154, BENIGNI, *est. cit.*, p. 120, FERRINI, DI, *cit.*, p. 765 e PACCHIONI, RDCDO, *cit.*, p. 1034, emitiram críticas à tese *volitiva* de DEMELIUS.

gens. Por outras palavras, DEMELIUS alargou excessivamente o âmbito natural do «consentimento do lesado» derimindo o concurso das duas vontades («... *weil der Geschädiger wollte» konkurrirt ein «weil der Geschädigte wollte»...*) [1116] pelo sentido decisivo da vontade do lesado.

Numa linha de análise causal mais profunda do que a de MOMMSEN situou-se PERNICE, sobretudo na fase [1117] do seu pensamento em que procurou justificar a «compensação de culpas» de idêntica gravidade com a ideia da «interrupção» do nexo entre a culpa e o evento lesivo. Sendo certo que essa sua noção podia aplicar-se aos casos em que interviesse uma segunda causa desencadeada pelo lesado – chega mesmo a invocar o princípio *«quod quis...»* para a *«culpa»* do *dominus* que não tratou o escravo – a sua concepção não explicava a prevalência do dolo do lesante relativamente à culpa do lesado. Em 1878, na 1.ª edição do *Labeo* [1118], PERNICE tornou as suas teses mais *nuancées*, negando que os juristas romanos tivessem construído um pensamento unitário sobre a *Culpakompensation* e admitido uma *concorrência culposa*. Citando os casos do «barbeiro» e da «lâmpada de azeite», bem como o fragmento de POMPONIUS (*Digesto*, 13, 6, 23), PERNICE parte da existência de «lesões ilícitas», que, contudo, *não responsabilizam* o lesante dado não ter sido o único causador culpado (*«...nicht als Schuldvoll kausal...»*) [1119]. Não se trata, pois, para PERNICE, de ponderar as culpas, mas de «eliminar» a conexão causal entre a acção lesiva e os danos, atendendo à possibilidade que o lesado teve de os evitar (*«quod quis...»*). O pandectista não deixa, aliás, de aplicar essa mesma construção aos casos (como o do «escravo ferido») em que se gera o mero agravamento do dano. Na linha clarificadora de DEMELIUS, também PERNICE distinguiu as hipóteses de «compensação de culpas», atinentes à existência da culpa do lesado, dos casos em que se verificava uma *communis malitia* e era possível levar a cabo uma «compensação» (*Aufrechnung*). Há que notar, no entanto, que PERNICE, acentuando para o primeiro núcleo a ideia de uma «decisão desfavorável ao lesado» (*...zu seinem Ungunsten den Auschlag* [1120]), acabou por não prescindir da ideia «compensadora», ao «afastar» a culpa do lesante pela culpa do lesado.

[1116] *Est. cit.*, p. 68.
[1117] Ver, para a sua obra de 1867 (*Zur Lehre von den Sachbeschädigungen nach römischen Recht*), AUMANN, *op. cit.*, pp. 112-114 e HONSELL, *op. cit.*, pp. 22-25.
[1118] Ver as pp. 97 e ss. da 2.ª ed. de 1895, *cit.* (*supra*, n.1074).
[1119] *Idem*, p. 98.
[1120] *Op. cit.*, p. 101.

Origens do princípio previsto no artigo 570.°, I

O pensamento de L. VON BAR[1121] é, quanto a nós, importante, não só por ter feito a distinção entre *causa* (a conduta do lesado contrária à *diligentia diligentis*)[1122] e *condição*, mas também quando afastou a «quebra de imputação causal» para as condutas *erradas* do lesado ou «objectivamente inadequadas» (dando o exemplo da pessoa que saltou de uma carroça ao serem espantados os cavalos). Por outro lado, VON BAR interpretou a máxima pomponiana com a ideia da «interrupção» do nexo causal, ao considerar que o *damnum* não resultava da conduta «regular» do lesante, mas da negligência do lesado[1123]. O seu pensamento é ainda interessante, pela circunstância de ter ido um pouco mais longe do que MOMMSEN, DEMELIUS e PERNICE, ao admitir uma concorrência causal na actuação *simultânea* do lesante e do lesado, a derimir pela ideia da «compensação de culpas», e ao situar a culpa do lesado em momentos temporais diferentes, de forma a abranger a própria omissão de afastamento do dano.

É sobretudo com WENDT[1124], num plano iniciado com DERNBURG – crítico do «nada» indemnizatório, menos apegado às concepções até aí prevalecentes da «interrupção» do nexo causal e defensor da ideia da «causa principal»[1125] – e LEVISON (ao sufragar a valoração do caso concreto e ao considerar a culpa concorrente do lesado como factor «correctivo» do concurso causal)[1126], que se nota a demarcação das fontes romanas e a entrada no vestíbulo da «jurisprudência dos inte-

---

[1121] *Apud* HONSELL, *op. cit.*, pp. 27 e ss. e AUMANN, *op. cit.*, pp. 114 e ss..

[1122] A distinção será retomada por BRINZ (*apud* HONSELL, *op. cit.*, pp. 32-33) ao falar do dano que o lesado *provoca* a si mesmo, na ausência de culpa do lesante. Distinguindo, apoiado em VON BAR, entre *imputação, causação-ocasião* («*bloße Veranlassung*») e «*causação*» – *provocação do dano* («*gestifteten Schaden*»), BRINZ defende a «quebra» do nexo causal, desde que um segundo facto (*in casu*, a negligência do lesado) se mostre adequado para provocar o dano. No «caso das armadilhas», a pessoa que as colocou, com os necessários avisos, só dá *ocasião* ao dano, mas este resulta da «*causação*» – *provocação* imputável ao próprio lesado. Semelhantemente, no «caso do escravo ferido» (*Digesto*, 9, 2, 30, 4), o *dominus* provoca o seu dano, ao ser negligente no tratamento (*apud* WENDT, *est. cit.*, p. 160).

[1123] Por ex., no «caso do barbeiro», a «*Regelwidrigkeit*» deste último teria sido «interrompida» pela culpa posterior do escravo.

[1124] *Eigenes Verschulden*, in JhJb, 31 Band, *cit.*, pp. 137 e ss..

[1125] Ver, do seu *Pandekten,* a tradução de F. CICALA do vol. II, 6.ª ed., sob o título *Diritto delle Obbligazioni*, Torino, 1903, § 45, p. 182, n.(11). DERNBURG, criticando MOMMSEN e WINDSCHEID, aplica a sua tese da «causa principal do dano» aos fragmentos do *Digesto*, 9, 2, 52, 4 e 9, 2, 9, 4.

[1126] *Apud* HONSELL, *op. cit.*, pp. 35-36 e AUMANN, *op. cit.*, pp. 121-123.

resses». WENDT analisa o problema da chamada «compensação de culpas» como «*ponderação*» de duas grandezas, como influência da culpa do lesado no efeito jurídico da culpa do lesante, e não como domínio da «interrupção» causal. Partindo da necessária separação, feita por LEVISON, entre «causação» e culpa, criticando PERNICE, e mesmo DERNBURG, WENDT retoma a ideia de *equidade*, reflectida, segundo ele, na *regula* pomponiana e na expressão «*de se queri debere*», utilizada no fragmento de ULPIANUS. Segundo WENDT, a culpa do lesado «justifica» a libertação do responsável sem culpa, mas não «apaga» a culpa do lesante, já que aquela primeira culpa não tem todas as características da culpa do lesante, não sendo a «compensação de culpas» mais do que uma «contrapesagem».

WENDT teve, quanto a nós, a nítida percepção da exacta dimensão do problema em causa, mas não soube dar o necessário segundo passo [1127], numa altura em que já se conhecia o § 222 do Projecto inicial do BGB. Ao negar a pretensão indemnizatória, para o lesado que teve uma culpa de *idêntica* ou *superior* gravidade («*Hauptschuld*»), recorrendo a um critério baseado na *equidade* e na *valoração das circunstâncias* [1128], WENDT, teve, pelo menos, o mérito – «aproveitado» por ENDEMANN, VON LEYDEN, GOTTSCHALK e outros – de ter abandonado o quadro *rígido* e *formal* da «compensação de culpas», pondo a tónica na importância (relativizada) da avaliação das condutas, e na chamada para plano saliente da decisão equitativa, conquanto num sistema bastante fechado. Ponto relevante no pensamento de WENDT é ainda a defesa da culpa do lesado com características parcialmente idênticas à culpa do lesante (quanto ao pressuposto da imputabilidade, ao critério de apreciação e às causas desculpabilizantes) [1129].

Para terminarmos esta breve excursão sobre os defeitos e as virtudes da Pandectística alemã, no estudo que certos juristas mais representativos fizeram da figura a que chamaram «compensação de

---

[1127] Mesmo assim, parece-nos excessiva a afirmação de AUMANN, *op. cit.*, p. 124, ao dizer que WENDT não trouxe nada de novo.

[1128] Ver igualmente o seu estudo *Die im Werkehr erforderliche Sorgfalt*, AcP 1897, p. 442.

[1129] No que toca ao requisito da imputabilidade (*Zurechnungsfähigkeit*), WENDT (pp. 176 e ss. do *est. cit. supra*, n. 1124) remete, mais uma vez para a *equidade*, a decisão dos casos em que há responsabilidade objectiva e o dano resulta da conduta da criança ou do demente. Pelo contrário, ENDEMANN, *op. cit.*, § 132, p. 757, ao ter da «culpa» uma concepção ampla (culpa = dar ocasião a), não deixa de considerar os «*actos positivos*» dos inimputáveis.

culpas», há que referir os eventos legislativos inspirados nesse pensamento (*maxime* o da primeira fase). O mais importante terá sido o Código da Saxónia de 1863, revelando o seu § 688 – ao dizer que, com excepção do dolo do agente, o lesado não tinha direito a indemnização se podia ter evitado o dano com a *diligentia diligentis* – uma nítida influência de MOMMSEN, e traduzindo o § 781 uma patente «marca» romanista (o lesado por ilícito extracontratual, que tivesse provocado o dano em cooperação com o lesante, só gozava do direito de indemnização em caso de dolo)[1130]. Tributários dessa influência terão sido igualmente o chamado Projecto de Dresden de 1866 (o seu artigo 221.º seguiu praticamente a redacção daquele § 781, a não ser no aspecto em que, por um lado, equipara o dano causado pelo lesado a si mesmo com o dano *consentido* por ele e, por outro, retira a indemnização ao lesado que tenha *previsto* a actuação dolosa do lesante)[1131] e o § 737 do Código Comercial alemão de 1861, ao fazer *suportar* por cada navio os danos causados em virtude de colisão culposa, e que era, aliás, como veremos, a solução consagrada no artigo II do n.º 1568 do Código Comercial de FERREIRA BORGES.

33. A influência do pensamento jusracionalista na consagração do princípio da «ponderação das culpas» nas codificações dos séculos XVIII e XIX. A tendência dominante da doutrina e da jurisprudência francesas e italianas

A perspectiva em que se colocou WENDT, nos finais do séc. XIX, de uma necessária apreciação da «qualidade» e da intensidade culposas, já tinha tido projecção no *Allgemeines Landrecht für die Königlichen preussischen Staaten* de 1794, ao aferir, nos §§ 18 a 21[1132], a *extensão* do dano e a *responsabilidade*, pelo diferente grau de culpa do lesante e do lesado. Os enunciados contidos nesses preceitos não se afastavam completamente das soluções do direito romano – o que era patente na redacção do § 18 – comportando ainda uma filosofia redu-

---

[1130] Cfr. KELLER, *op. cit.*, p. 9, AUMANN, *op. cit.*, pp. 153 e ss. e BENIGNI, *est. cit.*, p. 276.

[1131] Cfr. AUMANN, *op. cit.*, p. 156.

[1132] Esses quatro parágrafos integravam o Título sexto, relativo às acções ilícitas, e estavam agrupados sob a epígrafe «*Em que medida a culpa do lesado liberta o lesante da indemnização*».

tora *sui generis* para a conduta gravemente culposa («*grobes Versehen*») do lesado no não afastamento do dano (mesmo que relacionado com o dolo ou a culpa grave do lesante) ou para a omissão, por parte dele, do «cuidado ordinário» com que o poderia ter evitado (§§ 19 e 21). Como contraponto simétrico do disposto no § 18, o § 20 excluía a indemnização para a conduta gravemente culposa do lesado, na hipótese de o dano ter surgido por culpa leve ou ligeira do lesante.

Esse casuísmo, algo complexo e desequilibrado[1133], reflectia sem parcimónia os conceitos utilizados pelo direito romano-canónico e por certos cultores da Escola Histórica, como WENING-INGENHEIM, mas, ao tornar necessário a *comparação* das diferentes «tonalidades» das culpas, revelava já o influxo do pensamento jusnaturalista dos séculos XVII e XVIII, apesar da «distância» em relação ao critério de repartição do dano, constante, quase cem anos depois, do § 222 do Projecto inicial do BGB. Mas qual tinha sido, afinal, o contributo dado à nossa questão pelos jusnaturalistas[1134]?

Se GROTIUS, como autor do primeiro trabalho teórico sobre a responsabilidade civil, na aplicação que faz da *regula* pomponiana não se afasta muito das soluções romanistas, imputando o dano a quem o *causou*[1135], é PUFENDORF quem, pela primeira vez, e no seu «*Die iure naturae et gentium*» de 1672, admitiu a existência de uma culpa bilateral, defendendo a necessidade de uma avaliação da respectiva grandeza. Ao situar-se num plano que articulava a culpa do lesado unicamente com o surgimento do *pedido* indemnizatório, PUFENDORF não ultrapassou, contudo, a solução do «tudo ou nada», fazendo depender esta última da maior gravidade da culpa do lesado relativamente à culpa levíssima do lesante («*si non eius magis, qui damnum accipit, quam qui dat, culpa versetur*»)[1136].

[1133] AUMANN, *op. cit.*, p. 68, critica a identidade de efeitos resultante dos §§ 19 e 21.

[1134] Para a doutrina de GROTIUS, PUFENDORF e WOLFF, ver, por todos, AUMANN, *op. cit.*, pp. 38 e ss., e que seguimos de muito perto. Em geral, sobre os contributos dos jusnaturalistas para a evolução da responsabilidade extracontratual, ver os autores citados *supra*, n.306.

[1135] «*At qui causam dedit cur vim pati aut metu cogi debeat habet quod sibi imputet nam involuntarium ex voluntario ortum habens moraliter pro voluntario habetur*» (*apud* AUMANN, *op. cit.*, p. 39).

[1136] Cfr. AUMANN, *op. cit.*, p. 40.

Terá sido, no entanto, CHRISTIAN WOLFF, a quem WIEACKER[1137] chamou de «pai da jurisprudência dos conceitos», que, em 1754, no seu «*Institutiones iuris naturae et gentium*» e, em 1764, no «*Ius naturae methodo scientifico pertractatum*», quem quebrou, em grande medida, as correntes que, por ex., tinham prendido GROTIUS às rígidas soluções romanistas, elaborando certos princípios gerais, deduzíveis de um critério superior («*nemo est laedendus*»), aplicáveis a qualquer pedido indemnizatório. Principiando por separar os casos de *culpa exclusiva* do lesado daqueles em que o dano resulta da culpa do agente e do lesado («... *pro causa libera damni...*»), WOLFF[1138] imputa ao lesado o dano resultante da primeira situação, mas já não o faz na segunda, por entender tratar-se de um problema de *quantificação* da indemnização. Como critério para esta determinação, WOLFF utiliza, pela primeira vez, um método de partilha, fundado na *igualdade de tratamento*[1139] e cujo resultado admite a *redução* indemnizatória. Esse método consistia em valorar a chamada «*ratio culpae*» («*damnum igitur inter vos dividendum est in ratione culpae*») com a finalidade de ser reparada uma extensão maior ou menor do dano, a fixar *logicamente* ou sem uma valoração discricionária.

A filosofia teorética do jusnaturalismo veio a influenciar o movimento alemão, que ficou conhecido pela designação de «*usus modernus pandectarum*»[1140] e que procurou estudar as fontes romanas numa perspectiva prática ou concreta, de modo a orientar a própria *Praxis*. Quanto ao ponto que mais nos interessa, e começando por destacar os nomes de LAUTERBACH, LEYSER e do já referido EISENBACH, há que dizer que os resultados do seu pensamento[1141] ficaram aquém dos

---

[1137] *Op. cit.*, pp. 361 e ss.. WIEACKER refere-se, aí, à importância que a lógica dedutiva teve na obra de WOLFF.

[1138] *Apud* AUMANN, *op. cit.*, pp. 42 e ss..

[1139] Na filosofia jusnaturalista de WOLFF (e de PUFENDORF) há um perfeito equilíbrio entre os «*officia erga omnes*» e os «*officia erga se*» ou deveres que cada homem tem em relação a si mesmo (*maxime* o de omitir o suicídio) e à sua propriedade (cfr. G. PAOLO MASSETTO, *Responsabilità extracontrattuale* (*dir. interm.*), ED XXXIX, *cit.*, p. 1161, AUMANN, *op. cit.*, pp. 47-48 e E. LORENZ, *Die Lehre von den Haftungs – und Zurechnungseinheiten und die Stellung des Geschädigten in Nebentäterfällen*, Karlsruhe, 1979, pp. 35-36, e MAYER-MALY, *est. cit.*, pp. 261 e ss. (com o relevo da posição de THOMASIUS, negadora dos «deveres do homem contra si mesmo»).

[1140] Em geral, sobre o «Uso Moderno», ver ALMEIDA COSTA, *História...*, *cit.*, pp. 348-350.

[1141] Ver AUMANN, *op. cit.*, pp. 50 e ss..

conseguidos por WOLFF, pois não se libertaram, de uma forma geral, das velhas concepções romanistas. Se, como diz AUMANN[1142], tiveram o mérito de conservar a ideia generalizadora dos racionalistas, bem como a «valoração equitativa» do caso particular (*maxime* comparando a intensidade da culpa), nota-se, por outro lado, um recuo e uma certa confusão conceitual. Isso é patente em LAUTERBACH, quando começa por desenvolver o princípio pomponiano e admitir claramente a «concorrência das culpas», para logo a seguir recusar a acção («*ubi itaque talis abest culpa, ibi non locum habet Lex Aquilia... si culpa agentis interveniat et concurrat culpa patientis... ex proprio enim delicto... actio non competit per regulam* D. 50, 17, 203»)[1143], ao fazer comungar da mesma característica de *ilicitude* («*... ex proprio... delicto*») os comportamentos do lesado, relacionados com o fragmento pomponiano e com o texto de MARCIANUS (*Digesto*, 4, 3, 36)[1144]. Mas também já aludimos[1145] à duvidosa generalização feita por EISENBACH da «*compensatio culpae (doli) ipsius*», na aplicação que fez às hipóteses de condutas ilícitas recíprocas com danos bilaterais e aos casos mais próximos da figura a que hoje chamamos de «concurso de facto culposo do lesado e do lesante».

Feita esta breve incursão, e lendo o § 1304[1146] do ABGB de 1811, nota-se o acolhimento manifesto do pensamento jusnaturalista (*maxime* de WOLFF) e a primeira expressão moderna do princípio da «concorrência de culpas»[1147]. O preceito austríaco – ligado ao racionalista F. VON ZEILLER[1148] – consagra basicamente um critério assente na *proporcionalidade* (das culpas)[1149], em ordem a repartir o dano resultante do concurso de condutas e estabelece, como solução subsidiária, por influên-

---

[1142] *Op. cit.*, p. 58.

[1143] AUMANN, *op. cit.*, p. 51.

[1144] Cfr. *supra*, n.1101.

[1145] *Supra*, p. 57, n. 119.

[1146] Para a sua redacção, ver *supra*, n.19.

[1147] Não tem, pois, razão N. DI PRISCO, *op. cit.*, p. 41, ao dizer que o primeiro preceito a receber tal «modernidade» terá sido o § 254 do BGB.

[1148] A ideia central de ZEILLER, acolhida nesse § 1304, parte manifestamente do princípio da *igualdade* de tratamento: se é justo que o lesante e o lesado suportem o dano *exclusivamente* devido à sua conduta, é igualmente *justo* que o dano seja partilhado em caso de *concurso de culpas* (cfr. KELLER, *op. cit.*, p. 10, AUMANN, *op. cit.*, p. 78 e LAPP, *op. cit.*, pp. 8-10).

[1149] AUMANN, *op. cit.*, pp. 76-77, critica que num diploma sem referência aos diversos graus de culpa, o § 1304 a tenha tornado implícita, originando dificuldades práticas evidentes.

Origens do princípio previsto no artigo 570.°, 1   357

cia do Projecto MARTINI[1150] (discípulo de WOLFF), uma partilha *em partes iguais*[1151]. Conquanto o teor do § 1304 sugira, como resultado da proporcionalidade, uma mera *redução* da indemnização, a liberdade de decisão (a *Billigkeitslösung*) conferida implicitamente ao juiz permite afirmar, com o apoio dos comentários de ZEILLER ao parágrafo[1152], que o resultado da aplicação do preceito podia implicar a *exclusão* ou a *concessão plena* do *quantum* indemnizatório.

A conjugação causal da conduta do lesado e de lesante e a afirmação de um critério de repartição do dano estabelecido em moldes semelhantes ou próximos dos do § 1304 surgiu, sucessivamente, no § 2.° do artigo 1.° do capítulo VI do Código Penal sueco de 1864[1153], no § 2 do artigo 2398.° do Código de Seabra de 1867[1154], no artigo 51.°,2 do Código suíço das Obrigações de 1881[1155] – correspondente ao artigo 44.°,1 do Código de 1911[1156] – no § 1 II, do capítulo IX, do Código

---

[1150] Para o § 20 desse Projecto, ver AUMANN, *op. cit.*, p.71.

[1151] Esse critério salomónico (*subsidiário*), e que CUTURI (*op. cit.*, p.434) criticou, foi igualmente acolhido no § 968 do Código Civil do Cantão de Berna de 1824, no artigo 213.° do «Projecto de um Código Civil para o grande Ducado de Hessen» de 1844, e no § 791 do Projecto de Código da Saxónia de 1853, sendo ainda consagrado, a esse mesmo título, na legislação comercial de certos países, como a Alemanha (§ 736 do Código Comercial de 1913) e a França (a partir da lei de 15 de Julho de 1915), para a colisão culposa de embarcações (ver, respectivamente, ROTHER, *op. cit.*, p. 39, n.(5) e H.-L./J. MAZEAUD TUNC, *op. cit.*, n.° 1456, p. 547). Para os preceitos referidos na primeira parte da nota, ver AUMANN, *op. cit.*, pp. 141, 145-146 e 161.

[1152] *Apud* AUMANN, *op. cit.*, p. 75, n.(1). Para a interpretação e aplicação actuais do preceito, ver GSCHNITZER, *op. cit.*, pp. 164-165 e RUMMEL/REISCHAUER/*Kommentar zum Allgemeinen bürgerlichen Gesetzbuch*, 2. Band (§ 1090-1502), Wien, 1984, anot. ao § 1304, n.° 5, pp. 2252-2253.

[1153] Cfr. HELLNER, *Développement et rôle de la responsabilité civile délictuelle dans les pays scandinaves*, RIDC 1967, p. 790 e N. DI PRISCO, *op. cit.*, pp. 34-35, n.(4). Ponto importante e original desse preceito é a expressa desvalorização da culpa *muito leve*.

[1154] Ver *infra*, a Secção II.

[1155] Para a sua redacção, ver HONSELL, *op. cit.*, p. 72, n.(20). Relativamente ao § 1304 do ABGB, nota-se uma diferença *sistemática* (no diploma suíço, o n.° 2 do artigo 51.° é precedido da norma que permite ao juiz moderar a indemnização de acordo com a gravidade da culpa e outras circunstâncias) e de *formulação* do preceito (o artigo 51.°, 2 admite expressamente a *redução* ou a *exclusão* da indemnização). Contrariamente a AUMANN, *op. cit.*, p. 166 e CANDICE, *op. cit.*, p. 87, não cremos que esse «nada» indemnizatório seja uma solução provinda do direito romano, já que é perfeitamente concebível que a exclusão resulte da própria ponderação judicial.

[1156] Como se conclui pela sua redacção (ver *supra*, n.20), e em comparação com a norma semelhante do artigo 51.°, 2, o actual preceito tem uma redacção mais «objectivada» e não alude ao critério proporcional.

358 A conduta do lesado

Penal finlandês de 1889[1157] e no § 254 do BGB, em 1896[1158-1159]. Dada a importância que teve, pelas soluções encontradas e pela influência exercida sobre os autores e os próprios legisladores – o artigo 300.° do Código grego[1160] e o nosso regime do concurso de condutas culposas são bons exemplos desse influxo –, vejamos um pouco da «história» do § 254 do BGB.

[1157] Cfr. STOLL, RabelsZ, cit., p. 498.

[1158] No concernente à *colisão culposa de navios*, a legislação comercial alemã evoluiu do regime «pandectístico» do § 737 do Código de 1861, passando por um critério idêntico ao do § 254, estabelecido no § 735 II do Código de 1897, até à solução prevista no § 736 do Código de 1913, com uma redacção próxima da do § 1304 do ABGB. Para a *ratio* dessa evolução, mesmo em relação à teorização de GROTIUS e ao seu critério da repartição igualitária, defendido no *De iure belli ac pacis*, ver AUMANN, *op. cit.*, pp. 157-159.

[1159] Entrando já em conta com as codificações do século XX, e numa catalogação incompleta e algo discutível, pela heterogeneidade de critérios, HONORÉ, *op. cit.*, n.° 146, pp. 94 e ss., considera *cinco* sistemas distintos: os que não acolheram expressamente a relevância positiva da «culpa» do lesado, como a França, os que aceitaram a regra pomponiana, como a Argentina (artigo 1111.° do Código de 1869) e Portugal (no artigo 570.°, 2 do Código de 1966), os que admitiram explicitamente a «conculpabilidade do lesado», mas com *nuances* diversas no que toca aos critérios e efeitos da repartição, como por ex., a Áustria, a Alemanha, a Suíça, a Grécia (artigo 300.° do Código de 1940), a Polónia (artigo 362.° do Código de 1964), a Checoslováquia (artigo 441.° do Código de 1964) e Portugal (artigo 570.°, 1), os que distinguiram entre a redução e a exclusão indemnizatórias, como a Itália (artigo 1227.° do *Codice Civile* de 1942) e os que exigiram uma *culpa qualificada* do lesado, para essa redução ou exclusão, como a União Soviética (artigo 458.° do Código de 1964). Pelo seu interesse, ver o quadro inserido na p. 18 do livro *Faute et lien de causalité dans la responsabilité délictuelle (étude comparative dans les pays du Marché Commun)*, sob a direcção de R. RODIÈRE, Paris, 1983.

Há que acrescentar ainda ao quadro apresentado por HONORÉ, o § 341 do *Zivilgesetzbuch* da antiga RDA (era aí afirmada a exclusão da parte indemnizatória devida à «co-responsabilidade» do lesado para o dano ou à sua omissão em afastar ou reduzir o dano), o artigo 1189.° do Código Civil da Venezuela de 1982 (prevendo a redução indemnizatória em função da *medida contributiva* do lesado), o artigo 947.° do Projecto de Código civil brasileiro de 1984 (valorando a *gravidade das culpas*) e o artigo 6:101 do Código Civil holandês de 1992, com o relevo de uma contribuição causal devidamente «controlada», nos seus efeitos, pela equidade (cfr. J.B. VRANKEN, AcP 191, cit., p. 426 e o relatório de BARON A.J. VON WASSENAER VAN CATWIJCK, in *Faute et lien de causalité ..., cit.*, pp. 102-103).

[1160] Cfr. N. DIALINAS, *Das Mitverschulden des Minderjährigen, seiner gesetzlichen Vertreter und Erfüllungsgehilfen im deutschen, französischen und griechischen Recht*, München, 1982, p. 145.

Origens do princípio previsto no artigo 570.°, 1   359

Seguindo a orientação traçada pelo ABGB e pelo Código suíço, o § 222 do Projecto inicial do BGB de 1888[1161] reclamava-se igualmente do posicionamento da jurisprudência e da doutrina francesas, ao estatuir um critério *subjectivista* (no duplo aspecto dos pressupostos e da própria repartição do dano), cometendo ao juiz *amplos* poderes discricionários para decidir do *an* e do *quantum* indemnizatórios, em função da prevalência da culpa. Tratava-se, assim, de um critério de valoração da conduta (mesmo da omissiva) mais perfeito do que o consagrado no § 1304 do ABGB e no artigo 51.°,2 do Código suíço, pois não adoptava a partilha igualitária (*Quotierung*) do primeiro, nem certas soluções imediatistas, de sabor romano, do Código da Prússia.

Face a certas críticas[1162], no mesmo ano (1892) em que foi publicado o estudo de WENDT sobre a *Eigenes Verschulden*, o § 217 do segundo Projecto[1163] substituiu o critério jusnaturalista da ponderação das culpas pelo critério – que o § 254 da versão definitiva consagraria – da *preponderância causal* («...*inwieweit der Schaden vorwiegend von dem einem oder dem anderem Teile verursacht ist*»), extensível, ao que parece, à fase do agravamento do dano, com a consequência de se poder partir da sua globalidade[1164], sem necessidade de se separar as duas séries causais e levar a cabo um mero «desconto» (*Anrechnung*) do dano evitável pelo lesado. A viragem para a *causalidade*, justificada, de certa forma, pelos ventos que sopravam a favor da consagração do critério objectivo de responsabilidade, e teoricamente fundada na doutrina da «causa mais activa» de BIRKMEYER – acolhida por DERNBURG ao lado da culpa –, tinha, aliás, implicações importantes, na medida em que se estabelecia um critério desfasado da relação entre o *an* e o *quantum* da indemnização e a ponderação da *gravidade subjectiva* das condutas, como tinha sido apanágio dos códigos de influência jusnaturalista, entre os quais se integrara o nosso Código de 1867.

É de salientar, contudo, e como veremos, que o critério da *preponderância causal* não equivalia à graduação do não graduável, isto é, não se podia conceber, no plano da *causalidade pura*, que condições

---

[1161] Para uma análise desse § 222, ver HONSELL, *op. cit.*, pp. 69 e ss. e AUMANN, *op. cit.*, pp. 175 e ss..

[1162] Para um acervo dessas críticas de feição «objectivista», ligadas a juristas como JAKUBEZKY e SEUFFERT, ver HONSELL, *op. cit.*, pp. 76-77 e 82 e AUMANN, *op. cit.*, pp. 181-183.

[1163] Cfr., para a sua redacção, HONSELL, p. 80.

[1164] Nesse sentido, COHN, *est.cit.* (*supra*, n.75), pp. 110 e ss., embora já baseado no texto do § 254.

360   *A conduta do lesado*

homogéneas, integrantes de uma conexão concausal sem hiatos, pudessem ser objecto de uma diferenciação qualitativa[1165]. As dificuldades criadas pelo teor literal do § 254 levaram autores, como LABOWSKY[1166], GOTTSCHALK[1167] e TRAEGER[1168], a interpretar o referido critério, conferindo primazia à «preponderância culposa», o que teve directa repercussão na atitude jurisprudencial. Mas não tendo sido esse, decerto, o pensamento do legislador, ao ter afastado a adopção de um critério «subjectivo», não é de estranhar que outros juristas[1169] tivessem procurado uma solução compromissória, articulando a culpa com a «causação» (*Verursachung*), ou tivessem acentuado a ideia de que a «preponderância» legal não significava mais do que a indagação da maior ou menor *probabilidade objectiva* de cada causa ou da sua *adequação* para o resultado danoso.

A entrada em vigor do § 254 – essa «regra abençoada», como alguém referiu – «cortou» com certa jurisprudência imbuída ainda da ideia pandectística da «compensação de culpas», na sua desprotecção ao lesado não exclusivamente culpado[1170]. Por outro lado, esse mesmo § 254, acolhendo o pensamento de pandectistas, como MOMMSEN, não deixou de relevar a omissão culposa do «dever» do lesado *afastar* ou *reduzir* o dano – o que na altura não podia deixar de ser considerado como solução rigorosa – seguindo ainda WINDSCHEID na consagração de um «dever» do credor *avisar* o devedor para a possibilidade de um dano muito elevado[1171].

[1165] Assim, em geral, BENIGNI, *est. cit.*, p. 280, HÄBERLIN, *op. cit.*, p. 34 e CANDICE, *op. cit.*, p. 44.

[1166] *Apud* HÄBERLIN, *op. cit.*, p. 34.

[1167] *Apud* ROTHER, *op. cit.*, p. 45, n.(2). Este jurista é, aliás, um dos principais críticos do critério fixado na lei, como se pode ver no arttigo *Die «vorwiegende Verursachung»*, in VersR, 1983, pp. 793 e ss..

[1168] *Apud* VENZMER, *op. cit.*, pp. 136-137 e HONSELL, *op. cit.*, pp. 99-100.

[1169] Ver os autores citados por ROTHER, *est. cit.*, p. 794, n.(2) e *op. cit.*, pp. 45 e ss., n.(2).

[1170] Cfr. HENKE, JuS 1988, *cit.*, p. 757 e HONSELL, *op. cit.*, pp. 60-61. Este último relata decisões desfavoráveis de 1894 e 1890 (pedido de indemnização por danos sofridos em prédios com escadas não iluminadas), de 1875 (num caso em que um cavalo, que tomou o freio nos dentes, veio a colidir com outro, deixado sem vigilância, em estrada aberta) e de 1891 (atropelamento de um deficiente auditivo). Cfr. também M. WILL, *op. cit.*, pp. 8-9, para a jurisprudência do «tudo ou nada» no domínio da chamada «lei da responsabilidade» de 1871.

[1171] Cfr., para a sua redacção,*supra*, n.43. Para a *ratio* desse «dever», cfr. AUMANN, *op. cit.*, pp. 188-189.

Na segunda metade do século XIX, para lá das codificações que acolheram expressamente o princípio da relevância positiva da co-produção causal e culposa, deparamos com sistemas codificados (os casos do *Code Civil* de 1804, do *Codice Civile* de 1865 e do Código espanhol de 1889)[1172] que não consagraram qualquer regra geral sobre aquele princípio. Como já dissemos, *en passant*[1173], a lacuna do Código napoleónico não impediu que, pelo menos desde 1857, a jurisprudência dominante, como eco da doutrina nacional e do pensamento jusracionalista, aplicasse um critério de repartição do dano baseado na «extensão» das culpas[1174]. Doutrinalmente, é de referir o pensamento de LAURENT[1175], ao defender a aplicação da *regula* pomponiana[1176] aos casos de *culpa exclusiva dos lesados* e ao entender que o tribunal deveria indagar preferentemente a existência da *culpa do lesante* – o jurista francês parte do exemplo do dano que é sofrido por alguém ao entrar

---

[1172] A doutrina e a jurisprudência espanholas defendem, desde há muito, a *redução* da indemnização por concurso de culpa do lesado, servindo-se da aplicação analógica de uma norma – a do artigo 1103.° – que prevê uma redução indemnizatória para a responsabilidade «... *que proceda de negligencia... en el cumplimiento de toda clase de obligaciones*» (ver, por todos, DIEZ-PICAZO/A. GULLÓN, *op. cit.*, pp. 606-607 e as observações feitas *supra*, n.524). É de assinalar, contudo, o relevo expresso dado pelo Código espanhol, no artigo 1905.°, à culpa do lesado (danos causados por animais).

[1173] Ver *supra*, pp. 117-118.

[1174] DESCHIZEAUX, *op. cit.*, pp. 42-43, refere as dificuldades práticas que adviriam da adopção de um critério baseado na *medida causal* de cada culpa, servindo-se, para tal, da curiosa espécie, decidida pela *Chambre des Requêtes* em 22 de Abril de 1873, do proprietário que plantara legumes perto de um local infestado de coelhos e sem que o dono destes tivesse adoptado medidas de diligência.
O jurista de Grenoble não deixa de aludir às tendências, visíveis na jurisprudência francesa da segunda metade do século XIX, de acolhimento da doutrina da *causalidade adequada*, para determinação da relação causal entre a culpa e o dano (nas pp. 49-50 cita decisões em que determinadas transgressões das regras de circulação não foram consideradas causas ou concausas do dano). É de salientar que o próprio DESCHIZEAUX criticou a adopção de um critério «subjectivo» puro, mostrando-se favorável a um sistema que não deixasse de considerar a «possibilidade objectivamente danosa de cada culpa» (p. 55). Menos felizes terão sido HENRI e LÉON MAZEAUD, ao advogarem um critério de partilha de acordo com o... número das culpas e dos culpados (cfr. o *Traité théorique et pratique...*, *cit.*, n.°s 1455, p. 546 e 1443, pp. 535-537).

[1175] *Op. cit.*, pp. 515 e ss..

[1176] Como referem H.-L../JEAN MAZEAUD/TUNC, *op. cit.*, n.° 1450 p. 543, BOURJON e DOMAT terão defendido a aplicação da máxima pomponiana aos casos relacionados com a circunstância de o lesado ter *açulado* um animal (cfr., aliás, *supra*, n.318).

num terreno alheio – e a sua *gravidade*[1177]. Apesar de refutar a ideia de uma «compensação de culpas», esgrimindo, acertadamente, com o argumento de que uma culpa não elimina a outra, LAURENT entendia, no entanto, que a culpa do lesado funcionava como *«cause d'excuse»* da culpa do lesante, o que, para nós, traduzia um pensamento não inteiramente correcto e apenas válido para a esfera penal. Também DEMOLOMBE[1178] se referiu ao problema da «compensação de culpas», conquanto de uma forma menos clara do que a de LAURENT. Na realidade, se é certo que DEMOLOMBE defendia um critério de *graduação* da diversidade culposa do lesante e do lesado, já para a hipótese de igualdade das culpas não parecia estranha ao seu pensamento a ideia de uma «compensação-eliminação». Cremos, contudo, que, pelo contexto das suas afirmações, o jurista francês tinha apenas em vista a compensação *tout court*, relativa a danos causados reciprocamente e envolvendo, pois, duas responsabilidades contrapostas.

A indecisão manifestada nesses anos (fins do século XIX e inícios do século XX) quanto ao melhor rumo para o nosso tema, reflectiu-se manifestamente no seio da doutrina italiana, saída do *Codice Civile* de 1865. Apesar de certos indícios mais antigos[1179], juristas como FERRINI, COPPA-ZUCCARI, PACCHIONI, BRUNETTI[1180], BENIGNI e GIUSIANA, partindo de construções dogmáticas diferentes, mas «acomodados» ao silêncio da codificação, viriam a *negar* o relevo indemnizatório do concurso da conduta culposa do lesado. Enquanto o primeiro[1181], criticando as teses «interruptiva» de PERNICE e «voluntarista» de DEMELIUS, justificava, com razões de «economia jurídica», a *«compensatio culpae»* (a possibilidade que o lesado tinha tido de evitar o

---

[1177] Entre os casos decididos pela jurisprudência, LAURENT refere decisões da *Cour* de Lyon de 16 de Fevereiro de 1826 (danos causados a uma pessoa pela explosão numa pedreira, com horário afixado e estando presente um agente policial para impedir a passagem) e de Paris de 6 de Julho de 1867 (atropelamento de uma senhora que, ao atravessar rapidamente uma praça parisiense, caíu na altura em que punha o pé no passeio) e de 20 de Agosto de 1879 (*in casu*, o condutor de um *tramway* – com lotação excessiva – não ligou ao pedido de paragem e um passageiro caíu ao descer do veículo em andamento).

[1178] *Op. cit.*, n.ºs 502 e ss., pp. 434 e ss..

[1179] Como referem G. CRIFÒ, ED XI, *cit.*, p. 620 e P. MASSETTO, ED XXXIX, *cit.*, p. 1103, n.(30), a ideia da *autoresponsabilidade* surge aplicada nos escritos de autores medievais como ROTARI e LIUTPRANDO.

[1180] *Apud* VALERI, *Ancora sulla colpa comune*, RDCDO II, 1913, p. 369.

[1181] DI, *cit.*, n.º 73, p. 765.

Origens do princípio previsto no artigo 570.º, 1　　　363

dano precludia o recurso ao «meio secundário e artificial» da reparação), e se COPPA-ZUCCARI [1182], apesar do mérito de ter distinguido a *culpa técnica* da *culpa própria*, defendia a absorção desta por aquela e generalizava a solução «pomponiana» prevista, no artigo 662.º do Código Comercial de 1882, para a colisão culposa de navios, PACCHIONI [1183] começou, acertadamente, por considerar «absurda» a expressão «compensação de culpas» [1184], vindo, contudo, a defender a *exclusão* da responsabilidade do lesante, recorrendo a uma «recepção virtual» do fragmento pomponiano «*quod quis...*» no artigo 1151.º do

---

[1182] *Apud* CANDICE, *op. cit.*, pp. 45 e ss. (numa alusão crítica ao seu conceito *social* de culpa do lesado), VALERI, *Sulla colpa comune* (em recensão ao livro de COPPA-ZUCCARI, *La compensazione delle colpe*, Modena, 1909), RDCDO I, 1910, pp. 152 e ss. e ÁLVARES DE MOURA, JP *cit.*, n.º 17, pp. 65-66.

[1183] RDCDO II, 1910, *cit.*, pp. 1032 e ss.. O artigo de PACCHIONI é igualmente uma anotação (desfavorável) à decisão de 1 de Agosto de 1910, da *Corte di Cassazione* de Florença, e que se pronunciou a favor da *redução* indemnizatória, num caso em que para a lesão sofrida num cotovelo por um passageiro, que viajava com o braço apoiado na janela, concorrera a circunstância de um outro comboio circular com uma porta aberta.

[1184] Apesar de as obras e os escritos dessa altura utilizarem sistematicamente essa expressão, é bastante longa a lista de autores italianos (mais ou menos recentes) que se insurgiram contra a pouca correcção da fórmula. Ver assim, para essa crítica, entre outros, G. CONSOLO, *Trattato sul risarcimento del danno in materia di delitti e quasi delitti*, Torino, 1908, pp. 307-308, BENIGNI, *est. cit.*, § 9, p. 116 (assinalando a natureza «imagética» da figura e, baseeado em WENDT, a inexistência de culpas homogéneas), VALERI, RDCDO II, 1908, *cit.* (*supra*, n.205), p. 263 (apodando a expressão de «metáfora perigosa», susceptível de criar «ilusões arbitrárias» tendentes à aplicação dos princípios da compensação *tout court*), BRUGI, RDCDO II, 1908 *cit.* (*supra*, n.319), p. 17, CANDICE, *op. cit.*, pp. 9-10 (ligando com clareza a fórmula ao «concurso de culpas» dada a inexistência de créditos e débitos recíprocos), CARAVELLI, *Teoria della compensazione e diritto di ritenzione*, Milano, 1940, p. 158, DE CUPIS, *op. cit.*, pp. 249-250 e 253 (e na reedição de 1954, p. 128) e *Sulla riduzione del risarcimento per concorso del fatto del danneggiato incapace*, FI, I, 1958, col. 935-936, ROVELLI, *op. cit.*, p. 100, *Il risarcimento del danno alla persona*, 2.ª ed., Torino, 1965, p. 136, BRASIELLO, *op. cit.*, pp. 311-312, BIANCA, *op. cit.*, p. 404 e DE MARTINI, *op. cit.*, p. 144, n.(142). Ver ainda as decisões da *Corte di Cassazione* citadas por P. BONICELLI, *Rassegna critica della giurisprudenza sul contratto di trasporto per ferrovia* (*anni* 1926-1930), in RDCDO I, 1931, p. 637 e, fora do direito italiano, SCHÄFER, *op. cit.*, pp. 123 e ss. (alegando que o § 254 não se relaciona com um pedido contra o lesado), SOTO NIETO, RDP 1968, *cit.*, p. 411 e ALBALADEJO, *op. cit.*, p. 526. Já que referimos juristas espanhóis, é de assinalar que o emprego corrente da expressão «*compensación de culpas*», feito pela doutrina e pela jurisprudência, não significa – como se pode ver em HIRSCHFELD, *Ensayo sobre temas varios de derecho de daños*, RDP 1979, p. 1044 – utilizá-la no seu sentido tradicional.

Codice.... Anos mais tarde[1185], PACCHIONI iria reforçar a sua orientação, ao considerar a solução pomponiana a «mais lógica, prática e coerente» e ao colocar a tónica na indivisibilidade do dano e na ausência de critérios seguros para a sua eventual partilha[1186].

É, contudo, em BENIGNI[1187] que se encontra uma das teorizações mais completas da solução do «tudo ou nada» e do problema da «culpa» do lesado, ao notar-se, no autor de *La cosidetta compensazione delle colpe*, a preocupação em abordar as questões principais que essa temática avoca, como sejam os problemas da imputabilidade, da natureza da «culpa» concorrente e agravante e da oponibilidade dessa «culpa» aos lesados mediatos. Depois de examinar as soluções romanistas e de criticar as teses *causalistas* de PERNICE e ENDEMANN, o jurista considera essencial a análise das *condutas*, repudia que se possa falar de culpa (antijurídica) do lesado – e daí a crítica feita aos §§ 1304 e 254 – e de comparação de culpas, vendo como *«fatale»*, e a suportar pelo lesado, o dano que venha a ocorrer pelo facto de aquele *não atingir o mínimo de «diligência e perspicácia»* que a ordem jurídica «exige» de cada um de nós na vivência social. O lesante, segundo BENIGNI, não tem *direito* a que o lesado *evite* ou *afaste* os efeitos da sua conduta, sendo de lhe imputar todas as consequências *adequadas* da acção culposa (não só actos reflexos do lesado, mas também a recusa em se submeter a certas intervenções médicas), a não ser que o *dolo* ou a *conduta anormal* do lesado afastem a responsabilidade. De acordo com a sua concepção de «culpa» do lesado, BENIGNI considerava irrelevante a indagação da imputabilidade (dando o exemplo de um embriagado atropelado) e da culpa dos vigilantes, contentando-se em analisar a *conduta* do lesado na sua relação com a culpa do lesante. Ao retirar argumentos para as suas teses do silêncio do *Codice Civile* e dos seus princípios reguladores da indemnização, *maxime* o da norma do artigo 1228.° (limitativa da indemnização aos danos previsíveis ou que podiam ter sido previstos), o jurista italiano só afastava do círculo de responsabilidade aqueles efeitos danosos (sobretudo ulteriores) não relacionados com uma *«somma probabilità generica»*[1188] do evento lesivo.

Embora a ideia de «culpa» do lesado desenvolvida por BENIGNI seja de aceitar, enquanto a vê como conduta não ilícita, mas «anormal»

[1185] *Op. cit.*, pp. 151 e ss..
[1186] *«Here is the rub»* é a curiosa expressão utilizada por PACCHIONI.
[1187] *Est. cit.*, pp. 99 e ss..
[1188] *Idem*, p. 293.

e, como tal, desencadeadora de certos efeitos jurídicos, cremos que o jurista italiano, por um lado, não terá retirado todas as consequências dessa sua posição, e por outro, terá retirado efeitos excessivos. Recusando uma análise das condutas no plano concausal e colocando a tónica quase exclusivamente na observação da *culpa do lesante* e da *adequação* das suas consequências danosas, BENIGNI *secundarizou* e *adulterou* o papel contributivo (para o dano) da «conduta anormal» do lesado, concedendo-lhe uma feição, ora discreta e de marcada passividade (reduzida a uma mera *circunstância factual*), ora «absorvente». BENIGNI, se entendemos correctamente o seu pensamento, não chega a passar do estádio do «tudo ou nada», quando poderia ter sido conduzido a resultados diferentes, de feição não unilateral, repartindo de outra forma as «fatalidades» que fez impender sobre os lesados.

Numa perspectiva ainda mais *desvalorizadora* da conduta do lesado e dos seus efeitos, apesar de já escrever no domínio do *Codice Civile* de 1942, ter-se-á colocado GIUSIANA[1189] ao *responsabilizar o lesante* – apesar do concurso de culpa do lesado – com o argumento da *manutenção do nexo causal* entre a acção e o resultado lesivos. Situando-se numa posição favorável à doutrina da «equivalência das condições», GIUSIANA considerava absurdo partilhar o dano segundo um critério de eficiência causal. Retomando, certamente, a tese nuclear de DEMELIUS, o jurista só afastava a responsabilidade desde que o lesado *tivesse querido* o dano ou *tivesse actuado* numa situação da qual se pudesse retirar essa vontade. Criticando a solução do artigo 1227.° do *Codice* e a noção de ZITELMANN do «dever contra si mesmo», o autor do *Il concetto di danno giuridico* identificou a «*culpa*» pomponiana com a *vontade do lesado* (imputável), acabando por aderir à «abertura» do direito romano de exceptuar o *dolo* do lesante, para o que invocou mesmo o fragmento de ULPIANUS (*Digesto*, 9, 2, 9, 4).

Apesar dessas vozes discordantes, era dominante a doutrina e a jurisprudência, que, ao não admitirem uma «compensação de culpas», estavam a «preparar» o futuro artigo 1227.°[1190]. Nos autores que se

---

[1189] *Op. cit.* (*supra*, n.364), pp. 69 e ss. e 185, n.(7).

[1190] A «ponte» que pode ser estabelecida entre as teses dominantes e o preenchimento, em 1942, da lacuna legal, levou a *Corte di Cassazione*, em 27 de Outubro de 1954 (*apud* BONASI BENUCCI, *La responsabilità civile* (*esposizione critica e sistematica della giurisprudenza*), Milano, 1955, p. 50), a aplicar a casos anteriores o critério do artigo 1227.° com o argumento de ser a «emanação legislativa de um princípio tradicional universalmente reconhecido».

É de atentar que a «culpa» do lesado não tinha sido esquecida pelo Projecto

366 A conduta do lesado

manifestaram a favor do relevo positivo (*maxime* redutor da indemnização) da culpa do lesado, e entre os quais podemos colocar VENEZIAN, CUTURI, CONSOLO, CANDICE, CHIRONI, VALERI, BRUGI e CANDICE, nota-se, contudo, uma certa diversidade, não só quanto à escolha do *marco* que permite fundar tal relevância, mas também quanto ao *critério ponderativo*. Das posições desses juristas parece poder retirar-se três linhas distintas de orientação, embora num caso ou noutro não seja possível descortinar-se o peso particular de uma determinada opção. É o que se passa, por ex., com CUTURI[1191], ao reconduzir ao artigo 1229.° (correspondente ao actual artigo 1223.°) a consideração causal da conduta do lesado (de que não parece afastar a ilicitude), ao atribuir ao juiz a faculdade de decidir do *an* e do *quantum* indemnizatórios[1192] e ao relevar igualmente a *boa fé*, na transposição que faz para o pedido formulado pelo lesado. Em VENEZIAN[1193], já se nota claramente o relevo dos princípios objectivos da *causalidade*, ao imputar ao lesado, mesmo criança ou demente, o dano a que deu causa. Não articulando a «culpa» do lesado com qualquer dever jurídico, mas apenas com um dever moral, VENEZIAN privava o lesado da indemnização se a «sua» concausa estivesse em «*sproporzione enorme*» com a do lesante. Nas hipóteses em que, segundo VENEZIAN, o lesado colocara uma *causa concorrente* (e cita os exemplos do *passageiro clandestino*, da *exposição de coisas* ao risco de lesão alheia, do *agravamento* danoso, e da *evitabilidade* do dano)[1194], o jurista italiano propendia em geral (com excepção do caso do *duelo*) para a defesa de uma *redução* indemnizatória.

---

franco-italiano de um Código das Obrigações e dos Contratos de 31 de Outubro de 1927, ao prever-se, no seu artigo 78.°, a *redução* indemnizatória para o facto contributivo do lesado e na *medida dessa contribuição*. Para a justificação desse preceito e para a sua crítica, ver TEDESCHI, RDCDO I, 1931, *cit.* (*supra*, n.435), pp. 714 e ss..

[1191] *Op. cit.*, pp. 425 e ss.. Nas pp. 437-438, CUTURI refere uma série de decisões que reconheceram a influência da culpa do lesado na fixação do quantitativo indemnizatório e na exclusão da respnsabilidade pela detenção de animais (para essas decisões, ver também BENIGNI, *est. cit.*, pp. 286 e ss., n.(3)).

[1192] Para a defesa do *prudente arbítrio* do tribunal na denegação e na fixação do *quantum* indemnizatório, ver BRUGI, RDCDO II, 1908, *cit.*, p. 18.

[1193] *Op. cit.*, pp. 307 e ss..

[1194] Nesse ponto, VENEZIAN cita o fragmento de PAULUS (*Digesto*, 9, 2, 31), relativo ao «caso do podador» (p. 314). A sua visão *causalista* levou-o a defender a responsabilidade *parcial* do dono de uma propriedade pelos danos aí sofridos por um visitante não autorizado.

Origens do princípio previsto no artigo 570.°, 1   367

Um fio de pensamento que parte de uma determinada identificação entre a natureza do concurso de condutas culposas do lesante e do lesado e as características peculiares da *soliariedade passiva* parece unir o pensamento de MOSCA [1195] VALERI [1196], CHIRONI [1197], CARAVELLI [1198], e, até certo ponto, de CANDICE [1199], se bem que o ponto de partida legal não seja o mesmo, situando-se, ora na faceta *externa*, ora na *interna* da solidariedade. Essa orientação, ao parificar a situação do lesado-lesante conculpado à situação de cada devedor-lesante solidário, encontrou aí a *ratio* da redução indemnizatória, embora recorrendo a um critério baseado na *eficácia* danosa de cada culpa, dada a ausência, no sistema italiano, de uma «cláusula geral» moderadora.

Como veremos mais em pormenor, a identidade de regimes de dois institutos não significa, necessariamente, que a sua natureza seja a mesma [1200]. Na verdade, se no sistema italiano (e em outros ordenamentos como o nosso, o alemão e o inglês) é uma realidade a existência de um critério idêntico para a repartição do dano entre o lesante e o lesado e entre os vários lesantes-devedores solidários, isso não significa que o lesado possa ser considerado como *devedor de si mesmo* ou *co-lesante do seu dano*, com direito a pedir apenas a quantia resultante da *dedução* dessa quota participativa. O que nos parece exacto é afirmarmos um princípio comum de repartição, ligado a dois fenómenos próximos de

---

[1195] *Nuovi studi e nuove dottrine sulla colpa nel diritto penale e amnistrativo*, Roma, 1986, pp. 57 e 59.

[1196] RDCDO II, 1908, *cit.*, pp. 262 e ss., RDCDO I, 1910, *cit.*, p. 158 e RDCDO II, 1913, *cit.*, pp. 368 e ss. (em réplica a PACCHIONI e à aplicação que este faz do artigo 662.° do Código Comercial). VALERI separa com nitidez a questão da *culpa* do problema da *adequação* ou *inadequação* do efeito resultante do acto ilícito e da intervenção do lesado.

[1197] *Op. cit.* (*supra*, n. 367), pp. 556-557. CHIRONI distinguia os casos em que a culpa do lesado funcionara como causa única do dano (invocando a regra pomponiana e o aforísmo *volenti non fit iniuria*) e os casos em que concorrera com a do lesante.

[1198] *Op. cit.*, p. 162.

[1199] Mais recentemente, articulam o artigo 1227.°, primeira parte, com o disposto, para a solidariedade, no artigo 2055.°, ROVELLI, *Il risarcimento del danno alla persona, cit.*, pp. 136-137, CANDIAN, *op. cit.*, p. 134, RUFFINI, RDCDO II, 1966, *cit.*, p. 99, n.(16), FORCHIELLI, *Il rapporto..., cit.*, pp. 81-82, CARBONE, *op. cit.*, pp. 334-335 e *Il rapporto di causalità, cit.* (*supra*, n.649), p. 165 e BIANCA, *op. cit.*, pp. 405-406.

[1200] Para lá de PACCHIONI, também BENIGNI, *est. cit.*, p. 115, n.(10) (em crítica a MOSCA) e, mais recentemente, LISERRE, *In tema di concorso colposo del danneggiato incapace*, RTDPC 1962, p. 353 e CORSARO, *Concorso di colpa dell' ucciso e diritto dei congiunti al risarcimento del danno*, RDC II, 1967, pp. 480-482, emitiram reservas a essa afirmada identidade estrutural.

concorrência causal, norteado por considerações de *justiça* impeditivas da atribuição imediata do dano só ao lesado, só ao lesante ou só a um dos devedores solidários.

CANDICE[1201] e CONSOLO[1202] colocaram-se, pelo contrário, numa linha a que podemos chamar «natural», ao fundarem o relevo positivo da culpa do lesado em razões de *justiça*, de *bom senso*, conquanto o primeiro não tenha renunciado a valorar certos princípios «solidarísticos». No tratamento do tema, CONSOLO é bastante sintético, pois limita-se praticamente a evidenciar o pensamento de LAURENT, a chamar a atenção para a impropriedade da expressão «compensação da culpa» e a pôr em realce, contra a orientação dominante, a necessidade de se ponderarem as duas culpas, como concausas distintas, embora concorrentes para o dano[1203].

CANDICE, na sua monografia sobre a «compensação de culpas», procede a uma análise dos pressupostos que condicionam a figura (o nexo causal entre as condutas e o dano, a culpa do lesante e do lesado e a unicidade do dano), levando-o a uma compreensão do «concurso de culpas» como poucos juristas italianos tiveram nessa primeira parte do século XX. O autor do *La compensazione delle colpe nel diritto civile* não deixa de separar as duas culpas, embora, estranhamente, confira à culpa do lesado uma natureza jurídica (ou antijurídica) tal, que a aproxima, quanto a nós, da culpa técnica do lesante[1204]. Efectivamente, ao defender, apoiado em GOTTSCHALK, que cada um de nós *deve* agir de modo a não frustrar a expectativa dos outros quanto a essa conduta, CANDICE acaba por *responsabilizar* o lesado face ao lesante, vendo na pretensão do *tudo* indemnizatório a lesão de interesses legítimos do mesmo lesante. Não se estranha assim que CANDICE considerasse como *abuso do direito* e como conduta contra a sociedade e a ordem jurídica a destruição de bens pelo próprio titular. Deixemos, contudo, e por agora, essa parte do seu estudo, já que ela merece ser tratada criticamente noutro enquadramento.

Quanto aos aspectos que mais nos interessam focar, tendo presente que CANDICE surge nesses princípios do século XX como um dos representantes mais importantes do pensamento dominante, há que

---

[1201] *La compensazione delle colpe...*, *cit.*

[1202] *Op. cit.*, pp. 307 e ss..

[1203] Na p. 311, CONSOLO exemplifica com o caso clássico do pai que deixa o filho na via pública sem a necessária vigilância.

[1204] *Op. cit.*, pp. 49 e ss..

Origens do princípio previsto no artigo 570.º, 1 369

frisar que o jurista italiano considerava *injusto* – dada a «força» decorrente da norma geral responsabilizante – que o *efeito «paralisador»* da culpa do lesado pudesse privá-lo de toda a indemnização. Criticando o princípio geral que COPPA-ZUCCARI pretendeu retirar de um artigo (o 662.º do Código Comercial), que teria mais a ver com uma compensação *tout court*, CANDICE defendeu uma *partilha* em moldes análogos à das obrigações solidárias, de acordo com a *proporção das culpas*, embora não chegasse a dizer se essa ponderação se limitava apenas a avaliar a sua gravidade[1205], como sucedera no § 1304 do ABGB, no artigo 51.º,2 do Código suíço e mesmo, como veremos, no § 2.º do artigo 2398.º do Código de Seabra.

34. A conservação do princípio tradicional do «tudo ou nada» no direito anglo-americano e a importância do *Law Reform (Contributory Negligence) Act* (1945)

O relevo positivo da «culpa» do lesado, acolhido pelas codificações do século XIX e recebido posteriormente na legislação civilística deste século, não foi aceite imediatamente no direito inglês e americano dos *torts*. Como reflexo do direito comum, a *contributory negligence rule* vigorou, em Inglaterra, pelo menos desde 1809 (com o caso *Butterfield v. Forrester*)[1206] e, nos Estados Unidos, a partir de uma decisão de 1854, relativa a uma *injury* causada por «*mutual default of the both parties*» (*Railroad v. Aspell*)[1207]. Com excepção, tal como no direito romano, da hipótese da conduta dolosa (*intentional or wrongful injury*)[1208] e, por equiparação igualmente «penalizante», do comportamento temerário ou indesculpável do lesante (*reckless conduct*)[1209], a culpa contributiva do lesado, essencializada no «dever», de sabor romanístico, de evitar o

---

[1205] *Idem*, pp. 95 e ss..

[1206] O lesante, por causa da contrução de uma casa, deixara um barrote de madeira na via pública. Ao anoitecer , e com fracas condições de visibilidade , o lesado caiu do seu cavalo, conduzido à rédea solta, por não ter visto aquele obstáculo (ver STREET/BRAZIER, *op. cit.*, p. 238). É interessante o comentário crítico que BENIGNI, *est. cit.*, p. 274, n.(1), fez à decisão do caso.

[1207] Cfr. o § 467 do *Restatement of the Law, cit.* (*supra*, n.140), bem como os seus §§ 463 (ver *supra*, n.140) e 466, respectivamente, para o conceito e os tipos de *contributory negligence*.

[1208] Ver o § 481 do *Restatement*.

[1209] Ver os §§ 482, 500 e 503 do *Restatement*.

370 *A conduta do lesado*

perigo criado pela culpa alheia era – e continua a ser em alguns Estados americanos – uma *complete defence* contra o *tort* da *negligence*, paralisando a acção e fazendo com que *«the loss lies where it falls»*, para citarmos LORD ELLENBOROUGH [1210].

Para a *fundamentação dogmática* dessa velha *rule* do direito anglo-saxónico, entre várias teorias, expostas criticamente por WESTER [1211], invocou-se quer um *duty of care* a favor do lesante ou contra o próprio lesado [1212], quer a (equívoca) ideia clássica da «compensação» delitual (*«paria enim delicta...»*), que aflorava no fragmento de PAPIANUS (*Digesto*, 24, 3, 39), quer a teoria penalizadora, de fundo moral, associada à antiga doutrina das *clean hands* (*ex turpi causa...*), surgida num *dictum* de LORD WILMOT no caso *Collins v. Blantern* (1767) e de (duvidoso) escopo preventivo [1213]. Numa época de forte desenvolvimento industrial e numa sociedade imbuída de liberalismo, a rigidez da *rule* parecia servir adequadamente o desejo de se *autoresponsabilizar* a pessoa e de não criar escolhos à «libertação» industrial. Diga-se, no entanto, que a explicação mais divulgada na literatura jurídica anglo-americana é de natureza *causalista*, ligando-se a uma construção bastante complexa, inspirada em BACON (*«in jure non remota, sed proxima causa spectatur»*), e que é designada por regra da *«last opportunity»* ou da *«last clear chance»*. Essa teoria, que procurava a relevância causal, de tipo *interruptivo*, da conduta imediatamente antecedente ao dano, terá sido afirmada, em Inglaterra, no *leading case Davies v. Mann* (1842) e foi concretizada, mais tarde, no caso *British Columbia Electric Rly. Co. Ltd. v. Loach* (1916) [1214]. É de observar, no entanto, e a ideia é já patente no primeiro *case*, que a regra da *proximate cause*, na sua aplicação bilateral,

---

[1210] *Apud Butterfield v. Forrester*. Em geral, sobre a *contributory negligence rule*, ver STREET/BRAZIER, *op. cit.*, pp. 238 e ss., FLEMING, *op. cit.*, pp. 241 e ss., WINFIELD/JOLOWICZ/ROGERS, *op. cit.*, pp. 147 e ss. e WESTER, *op. cit.*, pp. 17 e ss. (numa perspectiva de comparação com o direito alemão).

[1211] *Op. cit.*, pp. 21 e ss. e 102 e ss..

[1212] É a tese minoritária da chamada *«tortius conduct»*, sustentada por CROOK (*apud* WESTER, *op. cit.*, pp. 21 e 88-89).

[1213] Cfr. *supra*, n.325.

[1214] Cfr. STREET/BRAZIER, *op. cit.*, pp. 239 e ss..

No caso *Davies v. Mann,* um jumento, que tinha sido deixado na via pública, com as patas dianteiras presas por uma corda, veio a ser atingido mortalmente por um veículo de tracção animal conduzido com velocidade excessiva. No *case* de 1916, um comboio, com os travões mal afinados, colidiu com uma viatura imprudentemente parada na via férrea (cfr. FLEMING, *op. cit.*, p. 244, para a *«constructive last opportunity»* derivada desse caso).

Origens do princípio previsto no artigo 570.°, I

permitiu atenuar (*maxime* no direito americano) [1215] a rigidez decorrente da *contributory negligence rule* nas situações em que, precisamente, a «última oportunidade» pertencera ao lesante.

Sem grandes observações, há que dizer, por agora, que essa doutrina, aplicada por FORCHIELLI e JORIO à interpretção do artigo 1227.° do *Codice Civile*, enferma das críticas que costumam ser apostas à tese limitativa da «condição mais próxima», as principais das quais residem na dificuldade de se saber (por ex., num acidente de viação com culpas simultâneas) qual foi, efectivamente, a última causa, bem como no menosprezo pela diferente desproporção (quanto ao aspecto da gravidade) que pode existir entre a última condição e uma condição anterior [1216]. Mesmo na literatura anglo-americana, essa doutrina não deixou de ser criticada por autores que a consideraram «ilógica» [1217] ou que – ao retirarem das decisões dos tribunais uma interpretação de cunho mais «subjectivista» – não hesitaram em afirmar que, em muitas delas, o que estava realmente em causa era a *maior culpa* do lesante e a *desculpabilização* da conduta do lesado [1218].

Pelo menos no plano legal, foi só em 1945 que, em Inglaterra, se pôs termo à velha *rule*, introduzindo-se, com o *Law Reform (Contributory Negligence) Act* [1219], o critério continental da partilha (*apportionment*) do dano, efectuada de forma «justa e equitativa» e atendendo

---

[1215] Por ex., nos §§ 479 e 480 do *Restatement*, a não observância, por parte do lesado, do «*ordinary care for his own safety*», não é impeditiva da indemnização, se o lesante, *conhecendo* (ou *devendo conhecer*) o perigo que envolvia o lesado e a sua inaptidão para o descobrir e evitar, foi negligente na adopção de medidas que evitariam o dano. Nos §§ 334, 335 e 339 essa ideia é aplicada ao «*possessor of land*» pelos danos sofridos por crianças.

[1216] Nesse sentido, MENEZES CORDEIRO, *Direito das Obrigações*, II, *cit.*, p. 335. Ver igualmente as críticas de DESCHIZEAUX, *op. cit.*, pp. 32 e ss., a uma teoria que ele apelida de «*trop brutale*» (na p. 33, n.ᵗᵃˢ(1) e (2) critica a decisão do caso *Butterfield v. Forrester* e a «correcção», obtida à custa do lesante, no caso *South Railway Co. v. Wahl*, numa hipótese em que uma locomotiva trucidou um homem embriagado, deitado na via férrea).

[1217] WINFIELD/JOLOWICZ/ROGERS, *op. cit.*, p. 148.

[1218] Assim, FLEMING, *op. cit.*, pp. 243 (vendo a fundamentação *causalista* como um «*abracadabra*») e 250.

[1219] «*Where any person suffers damage as the result partly of the fault of any other person or persons, a claim in respect of that damage shall not be defeated by reasons of the fault of the person suffering the damage, but the damages recoverable in respect thereof shall be reduced to such extent as the court thinks just and equitable having regard to the claimant's share in the responsability for the damage*» (Parágrafo 1(1)).

à contribuição culposa (*comparative negligence*) do lesante e do lesado. Como parece resultar dos princípios afirmados por LORD REID no caso *Stapley v. Gypsum Mines Ltd.* (1953), o critério que preside à repartição reveste uma feição mista, aliando a *intensidade culposa* à *eficiência causal* da conduta do *defendant* e do *plaintiff* (a «*causative potency of the act*») [1220]. A nova *defence* parcial não deixou de influir na regra cronológica da *last clear chance*, tendo a doutrina dominante [1221] emitido uma opinião favorável à sua eliminação, dado o desaparecimento da finalidade «mitigadora», em proveito quase exclusivo do lesado. Quanto à prática [1222], se o respeito pelo *case law* não afastou as *rules of causation*, o que é certo é que o *Act* de 1945 levou os tribunais a incidir a sua análise nos aspectos da *delimitação* da conduta contributiva do lesado e da *ponderação* da possível diferente *intensidade* das duas condutas culposas e concausais, com o escopo de se chegar a uma possível *redução* indemnizatória.

[1220] Nesse sentido, STREET/BRAZIER, *op. cit.*, pp. 247-248 e N. GRAVELLS, *Three heads of contributory negligence*, in LQR, vol. 93, 1977, pp. 594 e ss.. Com maior insistência no elemento subjectivo e no relevo dos diferentes graus de culpa (desde a *trivial inadvertence* até à *grossest recklessness*), ver FLEMING, *op. cit.*, pp. 245-247.

[1221] Ver, por todos, FLEMING, *op. cit.*, pp. 250-252. É de salientar que, já desde o *Maritime Conventions Act* de 1911, a regra da *last clear chance* tinha perdido impacto, não sendo aplicada no caso *Admiralty Commissioners v. SS Volute* (1922) e sendo recusada, de uma forma geral, pela *House of Lords*, em 1931, no caso *Swadling v. Cooper* (na colisão de um veículo automóvel com uma motorizada, procurou-se avaliar a aptidão contributiva de cada conduta). Para esses *cases*, ver STREET/BRAZIER, *op. cit.*, pp. 240-241.

[1222] Cfr. as diferentes posições de LORD PORTER em *Stapley v. Gypsum Mines Ltd.* (1953) e de LORD PEARCE, em *The Miraflores and The Abadesa* (1967), *apud* WINFIELD/JOLOWICZ/ROGERS, *op. cit.*, p. 158, n.(62).

SECÇÃO II
A EVOLUÇÃO DO REGIME LEGAL
DO CONCURSO DA CONDUTA CULPOSA DO LESANTE
E DO LESADO DESDE O CÓDIGO CIVIL
DE SEABRA ATÉ AO CÓDIGO CIVIL DE 1966

> **Sumário:** 35 – O § 2.° do artigo 2398.° do Código Civil de 1867 e as influências doutrinárias e legislativas que nele se projectaram. A análise do preceito feita por ÁLVARES DE MOURA e CUNHA GONÇALVES; 36 – A consagração do concurso da conduta culposa do lesante e do lesado na legislação rodoviária publicada até meados da década de 50; 37 – Coordenadas da figura da «culpa do lesado» no Código Civil de 1966, enquadramento doutrinário do artigo 570.° e confronto com preceitos análogos de outros ordenamentos.

35. O § 2.° do artigo 2398.° do Código Civil de 1867 e as influências doutrinárias e legislativas que nele se projectaram. A análise do preceito feita por ÁLVARES DE MOURA e CUNHA GONÇALVES

Embora não tivesse havido, entre nós, uma recepção do direito romano, como houve em Itália ou na Alemanha, o que é certo é que esse direito foi considerado, nos séculos XVI e XVII (e mesmo antes), como direito subsidiário[1223] ou «comum», a par da *communis opinio* e da *praxe* dos tribunais. Não temos, contudo, notícia de uma reflexão feita sobre os fragmentos do *Corpus Iuris Civilis* que tocam a nossa temática.

Ao tempo do Marquês de Pombal, o jusnaturalismo e a escola do «*usus modernus pandectarum*» eram as grandes correntes europeias de pensamento[1224], não admirando que a Lei da Boa Razão de 1769

[1223] Sobre a importância do direito subsidiário, ver BRAGA DA CRUZ, *História do Direito Português*, ed. policop., Coimbra, 1955, pp. 412 e ss. e ALMEIDA COSTA, *História...*, *cit.*, pp. 304 e ss..

[1224] Para a influência que tiveram na Reforma pombalina, ver BRAGA DA CRUZ, *op. cit.,* pp. 432 e ss. e 441 e ss. e RUI MARCOS, *A legislação pombalina*, in BFDUC, suplemento XXXIII, 1990, pp. 9 e ss., e, para a importância, entre nós, do «*usus*

considerasse aplicável o direito romano, desde que fosse conforme à *recta ratio* e não fosse contrário às «leis práticas» ou aos «estilos da Corte». Quando, em 1850, ANTÓNIO LUÍS DE SEABRA foi incumbido de redigir o Projecto de um futuro Código Civil – numa época de marcado individualismo liberal – não se desconhecia, certamente, o pensamento de PUFENDORF, WOLFF ou EISENBACH, nem sequer as soluções híbridas do Código prussiano de 1794 ou desse diploma marcadamente jusracionalista que foi (e é) o ABGB de 1811 ou mesmo a doutrina francesa mais antiga – de LAROMBIÈRE, BOURJON e DOMAT – defensora da relevância positiva da culpa do lesado. O espírito dessa época permitiu também que os principais executores da Reforma pombalina, como MELLO FREIRE[1225] e o «sintético» MANUEL DE ALMEIDA E SOUSA (LOBÃO), tivessem tido preocupações tendentes à construção de princípios gerais e à modernização do direito privado pátrio. A adaptação e a sistematização das regras legadas pelo jusnaturalismo[1226] e pelo «*usus modernus*» ao individualismo liberal foi feita por jurisconsultos eminentes, entre os quais queremos destacar não só o referido MANUEL DE ALMEIDA E SOUSA – com o mérito de ter preconizado a aplicação das codificações modernas como direito subsidiário – mas sobretudo COELHO DA ROCHA e CORRÊA TELLES.

Concretamente, e quanto à influência da culpa do lesado no direito à reparação, COELHO DA ROCHA[1227] e CORRÊA TELLES[1228], se

---

modernus pandectarum» como factor de «racionalização e modernização», ver M. REIS MARQUES, *Elementos para uma aproximação do estudo do «usus modernus pandectarum» em Portugal*, in BFDUC, LVIII, 1982, pp. 801 e ss. – Estudos em homenagem aos Profs. Doutores M. PAULO MERÊA e G. BRAGA DA CRUZ, II.

[1225] É de destacar o seu *Institutiones Juris Civilis Lusitani, cum Publici tum Privati* em quatro volumes e publicado entre 1789 e 1793. No § III do Título I (*De Obligationibus*) do Livro IV (*De Obligationibus et Actionibus*), MELLO FREIRE, citando GAIUS, não deixou de referir a «*prima obligationis divisio*»: *Oritur obligatio non solum contractu, et ex delicto, vel quasi delicto, sed etiam ex pacto, et conventione nuda, et ex variis tandem causarum figuris...*».

[1226] Segundo BRAGA DA CRUZ, *Formação histórica do moderno direito privado português e brasileiro*, in SI, n.ºs 16/17, 1955, p. 250, o Código Civil de 1867 sofreu uma influência tripartida: das Ordenações e da legislação (contida em tratados ou não) anterior a meados do século XVIII, da legislação da segunda metade desse século e do pensamento jusracionalista e da legislação liberal. Ver igualmente ALMEIDA COSTA, *História...*, *cit.*, pp. 345 e ss., 381 e ss. e 420 e ss., para o enquadramento do movimento codificador na área do direito privado.

[1227] *Op. cit.*, § 136 («*Graduação da indemnização*») da Secção 7.ª («*Das Obrigações resultantes dos actos illicitos*), p. 92. Eis a parte mais interessante do

Origens do princípio previsto no artigo 570.º, 1   375

bem que sem grande rigor sistemático, divulgaram, entre nós, as soluções consagradas nos §§ 18 a 21 do Código da Prússia, soluções essas que, como dissemos, reflectiram ainda, até certo ponto, a *regula* pomponiana. O último jurisconsulto [1229] também não deixou de referir aquelas hipóteses que terão gerado o equívoco da expressão «compensação de culpas», ao cotejar os fragmentos de PAPINIANUS (*Digesto*, 24, 3, 39) e de MARCIANUS (*Digesto*, 4, 3, 36) [1230]. Para lá do manifesto interesse do conhecimento de um regime que relevava uma certa relação entre os diversos graus de culpa e a extensão qualitativa e quantitativa do dano, tanto COELHO DA ROCHA [1231] como CORRÊA TELLES [1232] deram ainda notícia de algumas antigas soluções do direito

---

parágrafo: «A indemnização varia confome os diferentes gráus de culpa:...; 3.º a culpa leve do offendido não extingue a obrigação do offensor, que obrou com dolo, ou culpa lata. *Id* (refere-se ao Código da Prússia) art. 18; 4.º mas, se este obrou com culpa leve, e da parte do offendido houve culpa lata, cessa a obrigação d'aquelle. *Id* art. 20, L. 203, *D. de reg. jur.*; 5.º se o offendido com uma attenção ordinária podia evitar o damno sómente póde pedir as perdas. *Id* art. 21».

[1228] *Op. cit.*, p. 76, n.ᵒˢ 461 («Não se livra o offensor de pagar a perda immediata, causada por culpa grave, por isso que da parte do offendido interveio tambem culpa grave»), 462 («Se o offendido teve culpa grave, e o offensor culpa leve sómente, aquelle não póde pedir a este indemnisação alguma») e 464 («Se o offendido com uma attenção mediana, que fizesse, teria evitado o damno, não pode pedir a perda mediata, nem os lucros cessantes» do Título XII («*Dos direitos e obrigações, que derivão de delictos, ou quasi delictos*»). É de observar que a citação feita por CORRÊA TELLES do artigo 18.º do Código da Prússia, a propósito da solução contida no n.º 461, deve entender-se feita para o artigo 19.º.

[1229] *Idem*, pp. 76-77, n.ºs 465 («Se duas ou mais pessoas *fizerão o damno um ao outro*, cada qual deve responder pelo que fez, conforme o gráo de culpa») e 466.º («Se duas pessoas emprehendendo um *acto prohibido* forão *causa reciproca do damno um do outro*, cada qual deve sofrer o que lhe aconteceo»). Refira-se que os sublinhados são nossos e que ambos os números são uma transcrição fiel dos §§ 22.º e 23.º do Código da Prússia.

[1230] Ver *supra*, n.º 31.

[1231] *Op. cit.*, p. 90, § 133 («... se o animal de um provocou o animal de outro, a indemnização é devida pelo dono do provocante; *e não póde este pedi-la, se o seu animal foi o damnificado*»). O itálico é da nossa autoria.

[1232] *Op. cit.*, p. 80, n.ºs 488 («Se o damnificado foi o provocante do animal, não se póde pedir indemnisação») e 489 («... Se o animal provocante sofreo o damno, não póde o dono pedir indemnisação»). É de atentar que no § 1.º do artigo 2672.º do Projecto de Seabra de 1857 e nas revisões de 1863 (§ 1.º do artigo 2446.º) e de 1864 (§ 1.º do artigo 2435.º) ainda figurava a solução da *irresponsabilidade* do dono do animal «... que fizer o prejuízo... incitado por outro animal, e este for o prejudicado...».

romano, enquanto projecções, no âmbito dos *danos causados por animais*, da máxima pomponiana.

A obra de COELHO DA ROCHA é importante a um outro título, na medida em que nas suas *Instituições*[1233], e apoiado em DELVINCOURT, não deixou de enumerar uma série de «direitos naturaes», como os da *liberdade* e da *igualdade*, e de «obrigações do homem no estado social», como a obrigação de indemnização. Quanto ao aspecto mais valorativo, é evidente que a ideia igualitária e da «liberdade natural» tinha conotações jurídicas interessantes, conexionadas com o pensamento de WOLFF. Por outras palavras, a afirmação desses direitos gerava o enquadramento jurídico para um tratamento similar do lesado e de lesante, ao considerar-se o primeiro como alguém que podendo «dispôr da sua pessoa, acções e bens da maneira, que julgar mais conforme à sua felicidade», deveria, em qualquer caso, «... não ofender os seus deveres para com Deus, para *consigo*, nem para com os outros»[1234].

A não consagração, no Código de Seabra e no domínio estrito da responsabilidade civil, de regras moderadoras idênticas às previstas nos §§ 10 e ss. do Código prussiano ou de um princípio geral análogo ao que veio a ser adoptado no artigo 51.°,1 do Código suíço das Obrigações de 1881, não obstou a que o nosso legislador introduzisse no diploma de 1867 uma norma (a do § 2.° do artigo 2398.°)[1235-1236]

[1233] §§ 13 e ss., pp. 6 e ss..

[1234] COELHO DA ROCHA, *op. cit.*, § 13, pp 6-7.

[1235] «*Se, para a existência do damno, ou prejuízo, concorreu também culpa, ou negligencia da pessoa prejudicada, ou de outrem, a indemnisação será, no primeiro caso, diminuida, e no segundo rateada, em proporção d'essa culpa, ou negligencia, como fica disposto no artigo 2372.°, §§ 1.° e 2.°*».

Como informa DIAS FERREIRA, *Codigo civil portuguez annotado*, IV, *cit.*, pp. 304-305, o preceito não figurava no Projecto inicial de ANTÓNIO LUÍS DE SEABRA, nem nos dois primeiros projectos da comissão revisora. Na verdade, só na versão de 1865 (§ 2.° do artigo 2400.°) é que surge consagrada tal disposição.

[1236] No Código Comercial de FERREIRA BORGES de 1833, e por inspiração no artigo 407.° do Código francês de 1807, consagrava-se, quanto aos danos causados *por abalroação* com culpa «dos dous capitães», um regime que fazia suportar por cada navio o seu dano (artigo II do n.° 1568). Reflexo do dever de evitar o dano e de o minorar era o artigo XV do n.° 1581, ao recusar a indemnização ao capitão do navio amarrado (e que sofreu danos ao ser abalroado por um «navio à vela ou seguindo») que «... estivesse em estado de prevenir a abalroação, ou de diminuir o dano, manobrando ou picando a amarra...».

contendo o regime do concurso de culpa do lesado, de modo a completar, de certa forma, o relevo que o artigo 705.° dava ao «facto» do credor. Para lá de uma localização sistemática deficiente e da sua aparente circunscrição a certo âmbito – a norma figurava no Título (IV) dedicado à *«responsabilidade por perdas e damnos, provenientes da inobservancia de regulamentos, ou por desleixo ou imprudencia»* – o § 2.° do artigo 2398.° reflectia certas dificuldades dogmáticas, ao colocar sob o seu «manto» o regime da conculpabilidade do lesado e o regime «interno» das obrigações solidárias. A nosso ver, essa opção legislativa foi o reflexo de certos postulados metodológicos de que havia partido o legislador austríaco (ao enquadrar o § 1304 do ABGB), que tinham orientado a redacção dos artigos 790.° e 791.° do Projecto de Código Civil da Saxónia [1237] e que não tinham sido postos de lado por COELHO DA ROCHA e CORRÊA TELLES, ao fazerem preceder o regime dos casos em que «muitas pessoas causarão damno» [1238] das hipóteses relacionadas com a «culpa do offendido». Já dissemos, noutro ponto, que os pressupostos, a estrutura e a *ratio* da solidariedade passiva não são idênticas às do concurso de condutas culposas do lesante e de lesado, até porque nesta última figura não se trata da hipótese de várias pessoas concorrerem activamente para o dano de um terceiro, estranho a elas, mas apenas da concorrência, para o dano do lesado, da *sua* conduta e da do lesante [1239]. Esta diversidade estrutural, que culmina com a constatação de que o lesado não é co-responsável perante si mesmo,

---

Uma solução mais *coerente* e *justa* foi depois consagrada no artigo 666.° do Código Comercial de 1888, ao admitir-se o critério – próximo do civilístico – de *proporcionar* a indemnização «à gravidade da culpa de cada um». Este regime era consonante com aquele que viria a ser adoptado no artigo 4.° da Convenção de Bruxelas de 23 de Setembro de 1910, aprovada pela Lei de 7 de Maio de 1913, confirmada e ratificada pela Carta de 12 de Agosto de 1913, com publicação no Diário do Governo da mesma data. Essa mesma Convenção terá feito sentir o seu «peso» na redacção dada ao § 736 do Código Comercial alemão de 1913, aos artigos 407.° do Código Comercial francês (na alteração de 15 de Julho de 1915) e 484.° («*Urto per colpa comune*») do Código da Navegação italiano de 1942 (a par da influência do teor dado ao artigo 1227.°, primeira parte, do *Codice Civile*) e ao artigo 63.° do Decreto--Lei n.° 439/75 de 16 de Agosto, publ. apenas no Diário do Governo de 21 de Outubro, e relativo ao *Regulamento Provisório das Embarcações de Recreio*.

[1237] Cfr. AUMANN, *op. cit.*, pp. 145 e ss..

[1238] CORRÊA TELLES, *op. cit.*, n.° 467, p. 77.

[1239] Ver *supra*, p. 367. A necessidade de *repartição do dano*, comum à solidariedade passiva e ao «concurso da conduta culposa do lesante e do lesado», é que justifica o que dissemos *supra*, n. 527.

não deixou, aliás, de ser relevada por VAZ SERRA[1240], ao recusar ver o regime do artigo 2372.° em ligação com a conculpabilidade do lesado.

Quanto ao *modelo* em que o nosso legislador oitocentista se terá inspirado, não temos trabalhos preparatórios com valor suficiente para orientar a nossa compreensão do preceito e explicar a sua inserção tardia. Esse § 2.°, quanto a nós, consagrava uma solução algo original, se não na adopção do critério *proporcional*, pelo menos na limitação, não compreensível, dos efeitos da ponderação à *diminuição* da indemnização[1241]. Pode, contudo, afirmar-se, sem erro, que o legislador terá tomado por modelo o § 1304 do ABGB, mesmo quanto à forçosa admissão *implícita* do critério *subsidiário* de uma partilha igualitária.

Sendo certo que a redacção do § 2.° do artigo 2398.° deixava subsistir alguma dúvida («Se, para a existência do damno... concorreu tambem culpa, ou negligencia...»), o argumento sistemático e a filosofia «subjectivista» do Código de Seabra tornavam mais plausível a defesa da exclusividade de uma *ponderação de culpas*. Esta tese era, aliás, inatacável, desde que se pudesse sustentar – o que não era inteiramente líquido numa interpretação exegética – a aplicação, ao corpo do preceito, da expressão «... em proporção d'essa culpa ou negligencia...»[1242]. No tocante à referência dual que se fazia no texto da lei (e noutros lugares do diploma) à «culpa ou negligencia», a dúvida consistia em saber se o legislador tinha sido redundante ou se a contraposição tinha algum significado útil. Também aqui pode assentar-se, sem equívocos, que essa dualidade correspondia à distinção feita pelos glosadores entre a *culpa*, entendida como *conduta positiva*, violadora de um dever de abstenção, e a *negligência*, considerada como *comportamento omissivo*[1243], não tendo, pois, mais qualquer outro realce.

[1240] RLJ, ano 98.°, *cit.* (*supra*, n.518), pp. 74-75.

[1241] Na perspectiva restritiva do nosso legislador , não têm razão H.-L./J. MAZEAUD/TUNC, *op. cit.*, n.° 1454, n.(1), p. 545, ao colocarem o § 2.° do artigo 2398.° ao lado do artigo 44.°,1 do Código suíço de 1911, no tocante à amplitude de poderes conferidos ao tribunal.

[1242] Para a defesa da «concorrência de culpa do lesado com a culpa do autor do facto», ver PINTO COELHO, *est. cit.*, p. 567 e PEREIRA COELHO, RDES, anos VI, 1950, *cit.*, p. 68, n.(1) e XII, 1965, *cit.*, pp. 1-2.

[1243] Ver TALAMANCA, *Colpa civile* (*storia*), ED VII, *cit.* pp. 524-525 e as posições inequívocas de DIAS DA SILVA, *op. cit.*, p. 132 e n.(1) e CUNHA GONÇALVES, *Tratado...*, XII, *cit.*, p. 460.

Em legislação da década de 60, encontra-se a referência a essa bipartição, como aconteceu no parágrafo único do artigo 151.° do Decreto n.° 43335 de 19 de Novembro

De forma genérica, pode afirmar-se que o § 2.° do artigo 2398.° reflectia o «espírito» moderno do instituto, acolhendo o pensamento jusracionalista da *repartição do dano* em função do grau de culpa do lesante e do lesado, o que traduzia a consagração de um rígido mas inequívoco critério subjectivo [1244], sem «alianças» causais – para lá das determinantes da própria *concorrência* das condutas culposas – e com possibilidade de alargamento às consequências danosas *posteriores* do evento. Mas detenhamo-nos um pouco sobre a análise que a doutrina mais significativa fez do preceito.

Enquanto GUILHERME MOREIRA[1245] e JOSÉ TAVARES[1246], em considerações breves, deslocaram a questão do relevo da culpa da «vítima» para o âmbito da causalidade, com o propósito de «isentar» de responsabilidade o autor do ilícito, JAIME GOUVEIA[1247] e SIDÓNIO RITO[1248] mostraram maior interesse pela análise do aspecto *concausal* da figura, conquanto o primeiro partisse, para a repartição do dano, da mais do que duvidosa natureza *ilícita* de cada «acto» e o segundo, ao ver o § 2.° como *limitativo* da eficácia causal do comportamento do lesante, não tivesse tido a percepção de que a situação concausal decorrente das condutas do lesante e do lesado colocava problemas específicos diferentes dos da *concausalidade solidária*.

É, no entanto, em ÁLVARES DE MOURA que, nos começos dos anos 30 e numa série de artigos publicados na *Justiça Portuguesa*, sob o título «*Compensação de culpas no Direito Civil*»[1249], vamos

---

de 1960, relativo às causas de exclusão da responsabilidade dos concessionários, proprietários ou exploradores de qualquer instalação eléctrica. Mais recentemente, o legislador ignorou o desuso da expressão, voltando a acolher essa dicotomia num âmbito relacionado, precisamente, com o escopo daquele diploma de 1960 (ver *supra*, n. 871).

[1244] Como vimos (*supra*, pp. 154-155), PEREIRA COELHO interpreta a norma como um dos sinais reveladores da não vinculação do legislador a um pensamento puramente indemnizatório da responsabilidade civil.

[1245] RLJ, ano 38.°, *cit.*, pp. 4 e 450 e *Instituições...*, I, *cit.*, p. 600.

[1246] *Op. cit.*, pp. 532-533.

[1247] *Op. cit.*, pp. 129-130.

[1248] *Op. cit.*, pp. 120-121.

[1249] O estudo começou a ser publicado, em 1934, no n.° 11 (ano 1.°) da revista, tendo tido a sua conclusão, em 1935, no n.° 20 (ano 2.°).

ÁLVARES DE MOURA teve consciência da equivocidade da expressão «compensação de culpas», mas também não resistiu ao seu emprego, referindo-se mesmo na p. 19 do n.° 14 aos «foros de cidade» adquiridos pela fórmula. Estranhamente, nas pp. 178 do n.° 12 e 65 do n.° 17, parece dar uma noção que tem mais a ver com a causalidade exclusiva.

380   *A conduta do lesado*

encontrar um estudo mais aprofundado da figura. O jurista nacional teve consciência da distinção entre a compensação *tout court* e a chamada «compensação de culpas» (ou «culpa comum»), não só porque, apoiado em CANDICE, recusou à «compensação» qualquer natureza *neutralizadora*, mas também porque, à semelhança do autor italiano, exigiu, como seus pressupostos, o nexo de causalidade entre as culpas e o dano, a «culpa comum» e o dano do lesado [1250].

Confrontado com a questão, já por nós equacionada, do *âmbito de aplicação* do § 2.° do artigo 2398.° (princípio geral ou de alcance circunscrito aos contornos do preceito?), ÁLVARES DE MOURA entendeu, acertadamente, que a norma em questão era de aplicação *geral* [1251], embora fundasse a sua opinião em meras «razões de lógica jurídica», esquecendo que a relevância positiva do concurso da conduta culposa do lesado traduzia um *princípio fundamental* do próprio direito da responsabilidade civil [1252]. Quanto à maior dificuldade suscitada pelo teor do preceito, ou seja, relativamente ao *critério* e aos *efeitos* da sua aplicação, ÁLVARES DE MOURA, partindo da remissão *global* do § 2.° para o artigo 2372.°, *adaptou* este normativo à «compensação de culpas», embora tendo o cuidado de salientar que o lesado não era um devedor de si mesmo. O nosso jurista não se limitou a retirar dos parágrafos do artigo 2372.° a ideia da valoração da «gravidade das culpas», mas foi mais longe quando, ao sopesar a circunstância, por ele defendida, de que o § 2.° do artigo 2372.° teria sido alterado pelo artigo 34.° do Código de Processo Penal de 1929, entendeu, sem considerar a

---

Entre os juristas que recorreram à expressão, contam-se GOMES DA SILVA, *op. cit.*, p. 95, MANUEL DE ANDRADE, *op. cit.*, p. 363 e CUNHA GONÇALVES, *Tratado...*, XII, *cit.*, p. 592. VAZ SERRA, BMJ n.° 86, *cit.*, p. 132, e ANTUNES VARELA, RLJ, ano 102.°, *cit.*, p. 54, n.(2), não deixaram, contudo, de assinalar o pouco rigor da designação. Ver *supra*, n. 1184.

[1250] JP, ano 2.°, n.° 14, p.20. É de observar que ÁLVARES DE MOURA adere à doutrina da «equivalência das condições», enquanto critério «simples e práctico», e que, ao permitir a repartição do dano pelos vários responsáveis, estaria ao serviço do escopo *preventivo* da responsabilidade civil (cfr. *rev. cit.*, ano 2.°, n.° 16, pp. 49-50).

[1251] Nas pp. 115-117 da *rev. cit.*, ano 2.°, n.° 20, cita DIAS DA SILVA e o seu *Estudo sobre a responsabilidade civil connexa com a criminal*, para melhor afirmar o «princípio geral de compensação de culpas». A natureza *geral* do normativo veio a ser igualmente reconhecida na RLJ, ano 15.°, 1882-1883, p. 474, n. 2, e por CUNHA GONÇALVES, *Tratado...*, XII, *cit.*, p. 595, PEREIRA COELHO, RDES anos VI, 1950, *cit.*, p. 68, n.(1) e XII, 1965, *cit.*, pp. 1-2, e VAZ SERRA, RLJ, anos 95.°, *cit.*, p. 22, 98.°, *cit.*, p. 74, n.(1) e 99.°, *cit.*, p. 364 e BMJ n.° 86, *cit.*, p. 134.

[1252] Cfr. *supra*, n.° 2.

Origens do princípio previsto no artigo 570.°, I   381

natureza da indemnização arbitrada no processo penal, que na repartição proporcional poderiam intervir, subsidiariamente, os factores de decisão (situação económica, condição social) valorados pelo § 2.° daquele preceito[1253] e que o artigo 138.° b) do Código da Estrada de 1930 também acolhera.

Pensamos, no entanto, que o contributo que o artigo 2372.° dava para a nossa hipótese, e dando por assente que se estaria perante uma remissão envolvendo as duas situações contempladas no § 2.° do artigo 2398.°, era escasso e meramente de ordem processual, dada a inadequação das características e do escopo subjacentes à solidariedade passiva. Aliás, desde que se retirassem todos os efeitos da parte da norma que se referia à «proporção d'essa culpa», não parece que houvesse necessidade de uma *adaptação* ao nosso caso dos §§ 1.° e 2.° do artigo 2372.°, válido em rigor, e apenas, para a responsabilidade civil conexa com a criminal[1254]. Quanto à invocada aplicação subsidiária do § 2.° do artigo 34.° do Código de Processo Penal, a existência, na década de 30, de legislação estradal que valorava factores semelhantes, indiciava uma política legislativa favorável à repartição do dano de uma forma mais flexível, *maxime* no quadrante da imputação culposa de responsabilidade ao lesante. Entre a aplicação do critério salomónico ou da divisão igualitária, a outorga da decisão à mera discricionariedade do juiz ou a ponderação, a título subsidiário, de factores económico-sociais, era mais razoável e mais justa esta última opção, tal como o defendia, *ex vi legis*, ÁLVARES DE MOURA. Não se vislumbra, no entanto, que no período anterior a essa flexibilidade legislativa pudesse ser adoptado outro critério subsidiário que não o da partilha por partes iguais, como havia sido consagrado no Código austríaco.

[1253] JP, ano 2.°, n.° 20, *cit.*, pp. 115-116. ÁLVARES DE MOURA propende, no entanto, para uma solução subsidiária igual à do § 1304 do ABGB (cfr. p. 117 e a p. 114 do n.° 19).

[1254] CUNHA GONÇALVES, *Tratado...*, XII, *cit.*, pp. 502 e 589, era da opinião que o *regresso* deveria efectuar-se de acordo com uma proporção resultante do estabelecimento, na condenação, da *gravidade da culpa* e do *número dos co-responsáveis*, não aplicando, pois, o artigo 2372.° à responsabilidade meramente civil. Contra esta última restrição pronunciou-se VAZ SERRA, RLJ, ano 98.°, *cit.*, pp 75 e 76, n.(1), embora sem deixar de dizer que «... o artigo 2372.° e o *assento* de 9-12--1959 nada têm que ver com a hipótese de o acidente ser devido a culpas concorrentes do condutor do veículo e do *lesado,* pois este não é responsável para consigo mesmo...» (p. 74).

CUNHA GONÇALVES [1255] foi outro dos nossos juristas da primeira metade do século XX a tratar com certo pormenor da incorrectamente chamada figura da «compensação de culpas». O comentarista do Código de Seabra, apoiado em autores franceses e italianos de princípios do século, como DEMOGUE, CANDICE, VALERI e CHIRONI, começa por distinguir os casos em que a conduta imprudente do lesado (mesmo inimputável) é *causa exclusiva* do dano ou «facto extintivo» – e CUNHA GONÇALVES não se esqueceu de citar a *regula* pomponiana – das hipóteses, correspondentes à estatuição do § 2.° do artigo 2398.°, atinentes a uma «culpa comum» [1256], «compensação de culpas» [1257] ou «concurso de culpas». Ao abordar o problema, que já preocupara ÁLVARES DE MOURA, do processo mais adequado à repartição do dano, CUNHA GONÇALVES aceita o critério consignado no § 2.°, não sem antes defender o «preciosismo» jurídico, de validade duvidosa, de que havendo um só lesado não se poderia falar em partilha mas só de *redução*. Conquanto sem grandes explicitações, mostra-se um adepto convicto de uma solução (subsidiária) igualitária, embora, quanto a nós, a transposição do critério (defendido por VALERI e CHIRONI) de apreciar a «gravidade da culpa» segundo o seu «grau de causalidade» [1258] fosse desprovida de base legal de apoio [1259]. Nem CUNHA GONÇALVES parece mostrar-se muito fiel a esse «objectivismo», quando faz o «balanço» das culpas, denegando a indemnização para a actuação *dolosa* do lesado e admitindo (implicitamente) a concessão do «tudo» para a sua culpa leve [1260].

[1255] *Tratado...*, XII, *cit.*, n.°s 1905, pp. 588-592 («*facto de terceiro e da vítima*») e 1906, pp. 592-601 («*culpa comum ou compensação de culpas*») e XIII, n.° 1977, pp. 162-167 («*culpa do lesado ... no acidente automobilístico e seus efeitos*»).

[1256] Embora na p. 601 do *Tratado...* XIII, CUNHA GONÇALVES pareça separar a «culpa comum» (ver *supra*, n. 205, para a pouca clareza da expressão) das «culpas recíprocas», geradoras de duas responsabilidades opostas e potencialmente compensáveis na sua expressão pecuniária, na p. 595 prefere aludir a «culpa comum», a propósito de situações de *colisão* em que «ambas as partes sofreram danos» e na p. 589 utiliza o termo como sinónimo de *solidariedade*.

[1257] Na p. 593 nota-se, estranhamente, uma certa sedução por uma compensação – eliminação (de culpas ou de créditos?), sob o duplo pressuposto de uma *mesma intensidade culposa* e de *danos bilaterais*.

[1258] *Op. cit.*, p. 594.

[1259] VAZ SERRA (RLJ, ano 95.°, *cit.*, p. 22, n.(1) col. da direita) vai ainda mais longe ao reclamar, para o seio do § 2.° do artigo 2398.°, a aplicação dos elementos constantes do artigo 1227.°, primeira parte, do *Codice Civile* e que o n.° 1 do artigo 570.° «recebeu».

[1260] *Op. cit.*, p. 596.

No tocante ao ponto – omisso no referido § 2.º – de saber se a *imputabilidade* era ou não uma condição para se afirmar a «culpa própria» e levar, consequentemente, à aplicação do normativo, contrariamente ao simetrismo de ÁLVARES DE MOURA [1261], CUNHA GONÇALVES [1262], ao colocar a tónica mais no aspecto da *contribuição causal* para o dano do que na presença desse pressuposto subjectivo da culpa, defendia, invocando a aplicação analógica dos artigos 2377.º a 2379.º, a redução indemnizatória precisamente nos casos em que se tivesse provado a «imprudência» do inimputável [1263].

Apesar de o § 2.º do artigo 2398.º ser lacunoso quanto ao tratamento a dar aos casos de *agravamento* do dano inicial por «culpa» do lesado, CUNHA GONÇALVES [1264] já se referia a «tôda a diligência» que o lesado deveria empreender «... para evitar o agravamento do seu mal, ..., nos limites das suas possibilidades». Terá sido, contudo, PEREIRA COELHO [1265], quem terá tido maior mérito na chamada de atenção para essa fase *posterior* ao facto lesivo e ao dano, a partir do momento em que considerou o problema do «concurso de culpas» como questão atinente à *extensão indemnizatória* e combinou a «culpa» com a «adequação». Neste quadrante [1266], em que já não há propriamente a conjugação causal das duas condutas para um mesmo dano, mas o dano inicial *não é evitado*, *expande-se* ou é *agravado*, a nossa doutrina da primeira metade do século XX não deixou de colocar em sede *causal* (por referência ao critério do artigo 707.º) o problema da *passividade* do lesado, recordando o fragmento de PAULUS (*Digesto, 9, 2, 30, 4*) [1267] e dissecando o exemplo clássico, inspirado

---

[1261] JP, ano 2.º, n.º 20, *cit.*, p. 115 (de acordo com a lição de DEMOGUE).

[1262] *Op. cit.*, p. 597.

[1263] Não parece ser outra a interpretação dada por PEREIRA COELHO (RDES, ano XII, 1965, *cit.*, p. 3) à exigência legal de «culpa, ou negligência da pessoa prejudicada», quando invoca o duplo argumento da apreciação «em abstracto» da conduta do lesado e do relevo bidireccional das normas dos artigos 2377.º a 2379.º (cfr., aliás, *supra*, n.327).

[1264] *Op. cit.*, p. 592. DIAS DA SILVA (*op. cit.*, p. 201) foi mais longe, ao admitir configurar esse agravamento no seio do próprio § 2.º.

[1265] RDES, ano VI, 1950, *cit.*, p. 68, n.(1).

[1266] Não se compreende a lacuna do Código de Seabra, se pensarmos que a culpa do lesado no agravamento do dano ou na sua eclosão havia sido considerada no Código prussiano, no § 968 do Código Civil para o Cantão de Berna (1824), no § 792 do Projecto de Código Civil da Saxónia (1853) e no § 688 do Código da Saxónia (1868). Para a codificação no Cantão suíço, ver AUMANN, *op. cit.*, p. 161.

[1267] Cfr. SIDÓNIO RITO, *op. cit.*, pp. 119-120.

num texto do mesmo PAULUS (*Digesto*, 19, 1, 29,3), do não fornecimento de grão para uma sementeira[1268].

Pode dizer-se, numa breve síntese, que o § 2.º do artigo 2398.º era, simultaneamente, uma norma «progressista», adoptando um critério aceitável, mas incompleto, de repartição do dano e com o escopo de prosseguir uma lógica *comutativa*, e uma norma algo rígida (quanto aos efeitos do critério), misturando, desnecessariamente, «conculpabilidade do lesado» e «concausalidade solidária» e aparentemente destinada apenas ao concurso de condutas culposas e não ao agravamento danoso.

36. A consagração do concurso da conduta culposa do lesante e do lesado na legislação rodoviária publicada até meados da década de 50

Ao lado do preceito mais geral do § 2.º do artigo 2398.º, o legislador nacional não se esqueceu de regular expressamente a relevância positiva da «conculpabilidade do lesado» nos diplomas sobre *acidentes de viação* surgidos a partir de 1918. Tendo por fundo o Decreto n.º 4536 bem como aquele que se lhe seguiu menos de um ano depois (Decreto n.º 5646, de 10 de Maio de 1919), era plausível a defesa de uma *determinada* contraposição, apesar do teor legal algo limitativo. Na realidade, a «culpa do ofendido», vista como causa (exclusiva) que permitia ao «autor do acidente ou aos seus correspon-sáveis»[1269] ilidir uma *presunção de culpa* que, ao que cremos[1270], derivava do artigo 1.º dos dois diplomas, não parecia excluir o confronto com uma culpa do lesado *concorrente* com a do lesante ou *sucessiva* ao acidente e conducente a uma maior ou menor indemni-zação[1271]. Por outro lado, não se estabeleceu nessas fontes legais

---

[1268] Cfr. GUILHERME MOREIRA, *Instituições do Direito Civil Português*, II, *Das Obrigações*, Coimbra, 1911, pp. 151-152, a transcrição que dele faz MANUEL DE ANDRADE, *op. cit.*, p. 365 e a citação feita por PEREIRA COELHO, *O nexo de causalidade...*, *cit.*, pp. 231-232 e RDES, ano XII, 1965, *cit.*, pp. 42-43.

[1269] Cfr. o artigo 3.º e o parágrafo único dos Decretos n.ᵒˢ 4536 de 3 de Julho de 1918 e 5646 de 10 de Maio de 1919.

[1270] Ver *supra*, pp.225 e 260.

[1271] Cfr. o artigo 3.º do Decreto n.º 4536 e os artigos 3.º e 5.º, § 2.º do Decreto n.º 5646, embora o normativo do diploma de 1918 seja mais explícito.

Origens do princípio previsto no artigo 570.º, I   385

qualquer critério de repartição idêntico ao do § 2.º do artigo 2398.º, remetendo-se para o «prudente arbítrio do julgador» a fixação da indemnização, tendo em conta certas circunstâncias como a «gravidade do acidente, ..., suas consequências e a situação particular do ofendido»[1272].

O primeiro Código da Estrada[1273], de teor mais «objectivista», e que teve um curto período de vigência, conservou as soluções daqueles primeiros diplomas, «ressuscitando» a norma do artigo 3.º e § único do Decreto de 1918[1274] e mantendo o reenvio da fixação da indemnização para os amplos poderes do juiz. A sua substituição por um novo Código da Estrada[1275] não alterou o acervo de ideias geradas em 1918, tendo o legislador adoptado, praticamente, a redacção do antigo artigo 3.º e seu parágrafo único do Decreto de Maio de 1919[1276]. No que diz respeito à fixação da indemnização, a única novidade consistiu no alargamento do leque de factores conducentes à ponderação judicial, tendo em conta a valoração da «situação particular do causador do desastre»[1277].

Há que reconhecer, todavia, que a nossa interpretação do regime estabelecido na legislação estradal que existiu até ao Código da Estrada de 1930, e consistente numa possível distinção entre uma *culpa exclusiva* do lesado e um *concurso de culpas* do lesante e do lesado, não resulta com nitidez de uma leitura despreocupada dos diplomas, os quais, *prima facie*, terão apenas considerado a primeira hipótese (e até com certa redundância de regime) e o mero «agravamento dos resultados do acidente».

Viragem significativa, mesmo quanto ao inequívoco alargamento do critério de imputação (*maxime* após a harmonização interpretativa resultante do Assento de 5 de Maio de 1933)[1278], ocorreu com o nosso terceiro Código da Estrada[1279], ao editar uma regulamentação explícita e mais completa, e da qual resultava *claramente* a separação dos casos em que a indemnização (*rectius*, a responsabilidade) poderia ser

---

[1272] Cfr. o artigo 5.º e parágrafo único do Decreto de 1918 e o artigo 5.º e seus §§ 1.º e 2.º do diploma de 1919.

[1273] Aprovado pelo Decreto n.º 14988 de 30 de Janeiro de 1928.

[1274] Cfr. o artigo 35.º e o parágrafo único e a introdução do advérbio «respectivamente».

[1275] Aprovado pelo Decreto n.º 15536 de 14 de Abril de 1928.

[1276] Cfr. o seu artigo 32.º e o parágrafo único.

[1277] Cfr. o artigo 33.º.

[1278] Ver *supra*, pp. 226 e 260 e ss..

[1279] Aprovado pelo Decreto n.º 18406 de 31 de Maio de 1930.

afastada pela prova da *conduta dolosa ou culposa do ofendido que tivesse sido causa exclusiva do acidente*[1280] e as hipóteses de *concurso simultâneo de culpas* e de *agravamento culposo* dos resultados do acidente[1281].

Também quanto aos critérios de fixação da indemnização, a par da valoração da «condição social do lesado e dos responsáveis»[1282], certamente por influência do § 2.° do artigo 34.° do Código de Processo Penal, sujeitou-se o concurso simultâneo de condutas culposas ao mesmo regime do agravamento, considerando-os como «*circunstâncias*»[1283] susceptíveis de influir na fixação discricionária da indemnização. Esta posição legislativa terá, pois, consolidado aquela interpretação que, segundo cremos, já poderia fazer-se com base na anterior legislação, rejeitando, de qualquer modo, a aplicação do *modus faciendi* estabelecido no § 2.° do artigo 2398.°, ao consagrar, como critério geral, uma solução que, como vimos, ÁLVARES DE MOURA advogara como subsidiária. Pese o facto de considerarmos a aplicação desse critério *flexível*[1284] particularmente adequada à fixação da indemnização por danos pessoais resultantes dos acidentes de viação, pensamos que o legislador de 1930 não foi motivado por qualquer razão de *política legislativa* ou de *tutela específica* dos lesados «culpados». Ao reafirmar o critério «pessoalizado», estabelecido no § 2.° do artigo 34.° do Código de Processo Penal, o legislador não teve a intenção de dotar a jurisprudência com um quadro amplo de poderes que lhe permitisse atingir aquele (hipotético) desiderato. Curiosamente, essa amplitude permitia, em teoria, que o tribunal, se estivesse sensibilizado para tal, decidisse *justamente* certos casos, num procedimento análogo ao por nós defendido no âmbito dos danos pessoais[1285]. É claro que a homogeneização de todos os elementos, a sua colocação no mesmo plano, descaracterizava a faceta peculiar do concurso de condutas, *secundarizando a sua ponderação específica* e

---

[1280] Para a irrelevância da maior ou menor culpa, bem como das deficiências orgânicas ou psíquicas do lesado, ver CUNHA GONÇALVES, *Tratado...*, XII, *cit.*, p. 164.

[1281] Cfr. o artigo 140.° e os §§ 1.°, 2.° e 3.° do Decreto n.° 18406.

[1282] Cfr. o artigo 138.° b).

[1283] Cfr. os artigos 140.°, § 2.° e 138.° b).

[1284] Ver, para a sua explicitação, CUNHA GONÇALVES, *Tratado...*, XIII, *cit.*, pp. 134 e ss.. O comentarista não deixa de ser algo crítico quanto à elasticidade do critério, chegando mesmo a falar da possível «imprudência» do prudente arbítrio judicial (p. 166).

[1285] Ver *supra*, pp. 172-173.

Origens do princípio previsto no artigo 570.°, 1 387

possibilitando o jogo, mais ou menos arbitrário, dos elementos relevantes [1286].

A desvalorização do concurso de condutas culposas terá sofrido alguma retracção no Código da Estrada de 1954, no capítulo I do Título dedicado à responsabilidade civil. Começando por adoptar no n.°1 do artigo 56.° – a fonte legal do artigo 505.° do C.C. – a fórmula mais aperfeiçoada do Assento de 1933, o legislador considerou, aí, os casos em que o acidente era *exclusivamene* imputável ao lesado, remetendo para o n.° 3 do mesmo preceito, e numa redacção bastante próxima da do § 2.° do artigo 140.° do Código da Estrada de 1930 [1287], as hipóteses *concursual* e de *agravamento* culposo do dano, sujeitas ao mesmo valor *circunstancial* que vimos ter constado desse diploma.

Relativamente ao aspecto do *quantum* indemnizatório, a inovação não despicienda que encontramos no corpo do n.°2 do artigo 56.°, e que se liga à consideração do «grau de culpabilidade do agente», equivalia à «abertura de uma porta» – às vezes «mal utilizada» [1288] – conducente à aplicação de um critério mais ajustado à realidade do concurso e à necessidade de um juízo ponderativo [1289]. A ausência de critérios

---

[1286] Como se vê pelo acórdão do STJ de 3 de Dezembro de 1957, publ. no BMJ n.° 72, pp. 321 e ss. (no caso *sub judice*, tratou-se da colisão entre uma camioneta, que virou bruscamente de direcção e uma motocicleta, que seguia com velocidade excessiva e não atendeu ao sinal de mudança de direcção), a necessidade de o tribunal partir, para a sua decisão, de um critério *menos indeterminado* revelou-se pela referência à «proporcionalidade» do artigo 2398.° do Código de Seabra e pelo relevo dado à contribuição causal (p. 384).

[1287] A afirmação feita no acórdão do STJ de 9 de Fevereiro de 1968, publ. no BMJ n.° 174, p. 193, de que «a concorrência de culpa não afasta a responsabilidade e apenas a divide», só se compreende, ao que pensamos, pela circunstância de na redacção do n.°3 do artigo 56.° se ter eliminado a referência, que se fazia no § 2.° do artigo 140.°, à manutenção da responsabilidade do condutor e proprietário do veículo. O mesmo poderá ser dito quanto a idêntica afirmação feita no acórdão do mesmo Supremo de 21 de Julho de 1967, publ. no BMJ n.° 169, p. 222, e relativo a uma hipótese de colisão decidida correctamente (no duplo aspecto da avaliação-partilha).

[1288] Por ex., o Supremo, no acórdão de 17 de Julho de 1964, publ. no BMJ n.° 139, p. 284, ao articular os n.°s 2 e 3 do artigo 56.° afirma incorrectamente que na «graduação da culpabilidade... tem de entrar ... o *desconto* da culpa concorrente de outrem». Seria mais correcto, como o fez VAZ SERRA na anot. ao aresto (RLJ, ano 98.°, *cit.*, p. 74), dizer-se que a culpa do lesado *atenuava os efeitos* da responsabilidade do lesante.

[1289] No sentido inquestionável de que a aplicação do artigo 56.°, 2 dependia do prévio apuramento da gravidade das culpas, ver J. G. DE SÁ CARNEIRO, RT, ano 83.°, 1965, *cit.*, p. 72.

suficientemente definidos[1290], que enquadrassem uma efectiva avaliação das condutas[1291], e os perigos de um precário nivelamento dos elementos de decisão mantiveram-se como características patentes da nova legislação , não sendo de estranhar que, em certas decisões, se tivesse colocado a questão de saber se a situação patrimonial do lesado (ou do lesante) poderia *agravar* ou *atenuar* o grau de culpa do lesante (ou do lesado)[1292]. Juridicamente mais adequada, pese o facto de enfermar de alguma rigidez «objectivista», a que talvez não tivesse sido alheio o pensamento de CUNHA GONÇALVES, era a redacção dada inicialmente ao n.°3 do artigo 56.°[1293], na medida em que criava um regime *próprio* para a repartição do dano, ao prever a *diminuição* da indemnização «... de harmonia com o que, segundo as regras de experiência, se julgue *causa adequada* da lesão ou do seu agravamento»[1294 1295].

Há que dizer ainda que, a partir desses anos 50, começa a entrar em desuso, na doutrina, a utilização da expressão «compensação de

---

[1290] Para a alusão a essa vaguidade, ver ANTUNES VARELA, RLJ, ano 102.°, *cit.*, p. 55.

[1291] A mesma observação que fizemos na n. 1286 pode fazer-se relativamente à decisão do STJ de 21 de Fevereiro de 1964, publ. no BMJ n.° 104, p. 417, ao ponderar a gravidade das culpas (*in casu*, o lesado, ao subir para um eléctrico em andamento, ficou entalado entre este e um camião, parado por avaria em local proibido). Independentemente do acerto da decisão, até porque julgamos mais correcta a conclusão da segunda instância e o voto de vencido do Desembargador SOUSA MONTEIRO, no sentido da atribuição de *culpa exclusiva* ao lesado, vê-se que o Supremo coloca a ênfase na contribuição *predominante* do lesado para o acidente e socorre-se das «regras da experiência» para aquela fixação.

[1292] Ver as observações que fazemos *supra*, pp. 172-173, e a referência feita na n. 540 ao acórdão da RP de 10 de Outubro de 1962. Ver igualmente o acórdão da RL de 21 de Abril de 1961, in JuR, ano 7.°, tomo II, 1961, p. 326.

[1293] Referimo-nos à redacção dada ao preceito antes da alteração introduzida pelo Decreto-Lei n.° 40275 de 8 de Agosto de 1955.

[1294] Para efeitos de *responsabilidade criminal* (graduação da *pena*), o artigo 58.°, 5 valorava a «...contribuição da culpa do agente... em relação ao resultado final». O preceito era também importante porque, ao lado da «concorrência de culpas», admitia, pelo menos para o *seu* fim, a concorrência «de culpa com facto não imputável» ao lesado.

[1295] A existência de uma *repartição da indemnização* estava prevista nos artigos 75.°, 2 e 76.° c) do Decreto-Lei n.° 39780 de 21 de Agosto de 1954, *cit.* (*Regulamento para a Exploração e Polícia dos Caminhos de Ferro*), para a hipótese de atropelamento, em passagem de nível, de veículo, animal ou peão, estando a passagem fechada, e tendo sido aberta *a pedido do lesado*.

Origens do princípio previsto no artigo 570.°, 1   389

culpas», e mesmo os autores que a referem têm dela uma compreensão rigorosa, longe do seu significado tradicional, assinalando-lhe, acertadamente, o sentido de uma ponderação entre «estados» não homogéneos.

37. Coordenadas da figura da «culpa do lesado» no Código Civil de 1966, enquadramento doutrinário do artigo 570.° e confronto com preceitos análogos de outros ordenamentos

Ao editar uma norma geral – a do artigo 570.° – que veio substituir, no aspecto aqui debatido, o § 2.° do artigo 2398.° e os n.ᵒˢ 2 e 3 do artigo 56.° [1296] do quarto Código da Estrada, o legislador do Código Civil de 1966 fê-lo em termos inovadores relativamente às soluções do Código oitocentista e do diploma estradal. Sem nos determos, por agora, em considerações que serão desenvolvidas noutros lugares, há que dizer que o n.°1 do artigo 570.° reproduziu, com pequenas alterações formais, o primeiro parágrafo do artigo 1.°,1 do Anteprojecto VAZ SERRA [1297], parágrafo esse em que se notavam as influências do artigo 56.°,3 do Código da Estrada de 1954 e do § 254 I do BGB, mas sobretudo do artigo 1227.°, primeira parte, do *Codice Civile* de 1942 [1298]. Vejamos, para já, as principais inovações trazidas pelo artigo 570.° e pelos outros normativos que completam o regime substantivo do concurso da conduta culposa do lesado e do lesante [1299].

Continuando a separar os casos em que o comportamento do lesado foi *causa (exclusiva) do dano* – o artigo 505.° surgiu por directa

---

[1296] A doutrina do n.° 2 do artigo 56.°, de direcção tipicamente unilateral, terá sido recebida pelo artigo 494.°.

[1297] Artigo 1.°,1: «*Quando um facto culposo do prejudicado concorreu para a produção do dano ou para o agravamento dele, cabe ao juíz ponderar, atendendo à gravidade das culpas de ambas as partes e às consequências que delas resultaram, se a indemnização deve ser totalmente concedida, reduzida ou até excluída*» (BMJ n.° 86, *cit.*, p. 168). Ver igualmente os artigos 576.°,1 do Anteprojecto, *parte resumida* (BMJ n.° 100, pp. 132-133) e 544.°,1 do Anteprojecto saído da primeira Revisão Ministerial (BMJ n.° 119, p. 103). É só na segunda Revisão que surge a redacção definitiva do artigo 570.°,1.

[1298] Não é de estranhar, assim, que haja uma certa coincidência nos problemas que os dois normativos colocam à dogmática jurídica.

[1299] Para as diferenças entre os artigos 570.° do Código Civil e 56.°,3 do Código da Estrada, ver ANTUNES VARELA, RLJ, ano 102.°, *cit.*, pp. 54-58.

inspiração no artigo 56.°,1 do Código da Estrada – e *causa cooperante* (ou concausa), o legislador demarcou a «culpa do lesado» da outra hipótese concausal com que «conviveu» nos artigos 2398.° do Código de Seabra, 140.° § 2.° do Código da Estrada de 1930 e 56.°,3 do Código da Estrada de 1954, limitando-se a regular, em conjunto, apenas o concurso do «facto culposo do lesado... para a produção[1300] ou agravamento dos danos» e deixando o regime estrito da «concorrência activa» para outros normativos como, por ex., o do artigo 497.°. A dúvida que aqui se poderá colocar, e a que havemos de voltar, é a de saber se o critério do artigo 570.° permitirá resolver aqueles casos em que a conduta concausal provenha imediatamente de pessoas que respondam solidariamente com outras.

Para compreendermos o exacto alcance do duplo facto «culposo» a que se refere o n.°1 do artigo 570.° – numa redacção que lembra a do artigo 300.° do Código Civil grego[1301] – parece-nos correcto começarmos a esboçar uma distinção que ultrapassa o teor restritivo da norma e que não faz presa num critério puramente temporal. Sendo este um aspecto a que a nossa doutrina não tem dado a devida atenção, cremos ser possível distinguir entre a actuação do lesado que concorre, activa ou passivamente, para o *surgimento do dano*[1302] (ao não evitar a acção e o evento lesivos ou ao não afastar ou minorar as previsíveis consequências do facto danoso em curso[1303]) e o comportamento autónomo que apenas agrava, não elimina ou não atenua o *prejuízo já verificado*. O sintetismo da formulação legal não ajuda a sua interpretação e cria dificuldades, se pensarmos que nos trabalhos preparatórios, e na esteira do legislador alemão, VAZ

[1300] Divergindo da opinião de ANTUNES VARELA (RLJ, ano 102.°, *cit.*, p. 56) e PIRES DE LIMA/ANTUNES VARELA (*Código Civil Anotado*, I, *cit.*, n.° 2, p. 588), de que o artigo 570.°,1 prevê a *«colaboração»* do lesado no «facto ilícito causador dos danos», parece-nos mais rigoroso afirmar que a conduta do lesado pode concorrer, simultaneamente ou não, para o dano (e o exemplo apresentado pelo ilustre jurista, da pessoa que «aceita» ser transportada por um condutor sem carta, não foge a essa asserção) e para o seu agravamento posterior.

[1301] A parte inicial da formulação do n.° 1 do artigo 570.° também não se afasta muito da do § 968 do Código Civil do Cantão de Berna (1824) (para esta redacção, ver AUMANN, *op. cit.*, p. 161).

[1302] Que essa concorrência pressupõe a existência de *duas culpas provadas*, parece demonstrá-lo o disposto no n.° 2 do artigo 570.°. Ver, contudo, *infra*, n.° 49.

[1303] É sugestivo o exemplo f), retirado de JORIO, Temi, XVIII, n.° 1, 1963, *cit.* e referido *supra*, p. 27.

SERRA[1304] distinguia o concurso na produção do dano e o seu agravamento da omissão do seu não afastamento ou diminuição, bem como da falta de aviso relativamente ao «perigo de um dano extraordinariamente elevado».

Inspirando-se manifestamente no artigo 1227.º, primeira parte, do Código Civil italiano, o nosso legislador, ao pôr de lado a proporcionalidade culposa do § 2.º do artigo 2398.º, não deixou dúvidas quanto à interligação dos *dois factores* – *a gravidade das culpas* e as *consequências delas resultantes* – que deviam enquadrar o tribunal na fixação das contribuições de responsabilidade e de autoresponsabilidade. Ao cindir a solução uniforme consagrada no artigo 56.º,2 e 3 do Código da Estrada em dois critérios – os dos artigos 494.º e 570.º,1 – definidos com escopo e âmbito próprios e com uma diversa margem de liberdade de decisão[1305], o legislador terá tornado *mais objectiva* e algo menos complexa a tarefa do julgador, na exacta medida em que também circunscreveu os elementos de decisão. E se, em geral, o critério fixado para a situação concursal em causa é adequado para resolver justamente os casos da vida também já vimos que em certos domínios (*maxime* naqueles em que, como nos acidentes de trânsito, o equilíbrio entre a segurança devida e a autoprotecção exigida está, de antemão, perturbado), e relativamente aos danos mais sensíveis, há necessidade de fazer ressurgir, em *certos termos*, o procedimento equívoco, mas flexível e aberto, que tinha o seu assento nos diplomas estradais. Essa flexibilidade projectou-se no *resultado* da tarefa ponderativa, pois, como já vimos, diversamente do estatuído no § 2.º do artigo 2398.º e do (aparente) silêncio do artigo 56.º,2 do Código da Estrada, o legislador de 1966 veio a prever a opção por um efeito de *redução*, de *exclusão* ou de *concessão* da indemnização.

No que diz respeito aos *fundamentos* que condicionam o surgimento do concurso das condutas, a *interpretação declarativa* do artigo 570.º,1 e 2 não parece revelar um círculo de aplicação que possa ir além da prova dos comportamentos *culposos* do lesante e do lesado[1306]. Não é agora ocasião para voltarmos a este assunto, mas já

[1304] BMJ n.º86, *cit.*, pp. 146-147 e 168 (artigo 1.º, 1 e 2, primeira parte).

[1305] Ver *supra*, n.º 17.

[1306] Expressa e convictamente, ANTUNES VARELA, RLJ, ano 102.º, *cit.*, pp. 56--57 e PIRES DE LIMA/ANTUNES VARELA, *Código Civil Anotado*, I, *cit.*, p. 588 (artigo 570.º, n.º 2). Ver, contudo, o que se diz *supra*, n.342.

Na n.(1) da p. 57 da RLJ, quando ANTUNES VARELA é «forçado» a admitir uma

fomos referindo que o artigo 570.º,1 deve valer pelo *princípio* que reflecte, aplicando-se aos casos em que do lado do lesante ou do lesado não se «responda» subjectivamente, o que, aliás, não é desmentido legalmente [1307] se atendermos imediatamente à redacção dada ao artigo 7.º,1 do Decreto-Lei n.º 383/89 [1308] e, até certo ponto, ao artigo 571.º, de utilização não condicionada à presença de culpa do lesado imediato.

Ponto importante, e que por falta de percepção do problema havia sido omitido no Código de Seabra e na legislação estradal, terá sido a adopção, por directa influência do diploma grego e do § 254 do BGB (mais do seu princípio do que do seu regime), de um critério de *equiparação* para os actos culposos daquelas pessoas que, como auxiliares ou representantes legais, actuem *no interesse* do lesado, à margem de qualquer vinculação prévia deste.

Se quisermos fazer, agora, um juízo comparativo entre as características que resultam dos preceitos do nosso Código e as normas análogas do § 254 do BGB e dos artigos 44.º,1 do Código suíço, 1227.º do *Codice Civile* e 300.º do Código grego, a que conclusões podemos chegar?

Há, desde logo, um primeiro ponto que nos parece importante, e que tem a ver com a circunstância da elaboração desses normativos ter permitido evitar a desordem e o excessivo casuísmo, típicos de sistemas, como o francês, que não acolheram expressamente normas idênticas. Depois, e no plano *sistemático*, à colocação «amorfa» do § 2.º do artigo 2398.º sucedeu a integração, pelo legislador de 1966, do regime da «culpa» do lesado no seio das normas respeitantes à fixação do conteúdo da obrigação (unitária) de indemnização, na linha do propugnado nos trabalhos preparatórios [1309]. E se, por ex., nos Códigos suíço, alemão, grego e holandês, este último enquadramento foi respeitado, já é mais discutível a técnica utilizada pelo legislador italiano, o qual, ao colocar o artigo 1227.º como norma indiscriminada no quadrante dos preceitos relativos ao «incumprimento das Obriga-

---

situação danosa originada em responsabilidade sem culpa mas com *posterior agravamento culposo* do lesado, o ilustre jurista resolve a questão indemnizatória no *plano causal*, à margem do artigo 570.º.

[1307] No domínio estrito do «risco» automóvel, a norma do artigo 506.º parece «fugir» ao âmbito potencial de aplicação do artigo 570.º, 1 (ver, no entanto, *infra*, n.º 95). Para a colisão de aeronaves, ver o artigo 15.º do Decreto-Lei n.º 321/89, *cit.*.

[1308] «Quando um facto culposo do lesado tiver concorrido para o dano...». Ver a «leitura» que fizemos *supra*, n.º 24, da legislação mais recente de teor «objectivista».

[1309] Cfr. Vaz Serra, BMJ n.º 86, *cit.*, p. 173, n.(73).

Origens do princípio previsto no artigo 570.°, I 393

ções» (Capítulo III do Título I do *Codice Civile*), viu-se na necessidade de, noutro normativo (o do artigo 2056.°), declarar aplicável à responsabilidade extracontratual o preceito do «concurso de culpas».

Começando por ser o artigo 570.° o referente legal da hipótese concursual, a aplicação do seu critério integra uma fase posterior à do cálculo do respectivo dano patrimonial [1310][1311]. É porventura a partir desta constatação que a nossa doutrina dominante enquadra a «conculpabilidade do lesado» como uma das excepções (*rectius*, correcções) à lógica da chamada «teoria da diferença» [1312][1313], ao lado

---

[1310] É a fase a que OFTINGER, *op. cit.*, pp. 66-67, chama de «limitação da indemnização» (*Schadensersatzbemessung*).

[1311] Já observámos *supra,* n. 524 que a melhor colocação sistemática do artigo 494.° seria no seio das normas sobre a obrigação de indemnização.

[1312] Ver, para esse posicionamento, ANTUNES VARELA, *Das Obrigações em Geral*, I, *cit.*, p. 934, ALMEIDA COSTA, *op. cit.*, p. 671, RIBEIRO DE FARIA, *Direito das Obrigações*, I, *cit.*, pp. 511 e 522, PEREIRA COELHO, *Obrigações*, *cit.*, pp. 180-181 e PINTO MONTEIRO, *Cláusulas limitativas...*, *cit.*, p. 91. No seio do Código de Seabra, SIDÓNIO RITO, *op. cit.*, p. 120, tinha já considerado o § 2.° do artigo 2398.° no «quantitativo da indemnização» e após a questão da «extensão do nexo de causalidade».

[1313] É esse – no conteúdo da obrigação de indemnização – o tratamento da *Mitverantwortung des Verletzten* feito pela doutrina alemã mais antiga (DERNBURG, *op. cit.*, § 45, p. 182 e *Das Bürgerliche Recht des Deutschen Reichs und Preußens*, II Band – 1 Ableitung, *Die Schuldverhältnisse*, 3.ª ed., Halle, 1905, § 32, p. 80 e SIBER, *Grundriß des Deutschen Bürgerlichen Rechts*, 2-Schuldrecht, Leipzig, 1931, pp. 41--42) e mais moderna, como sucede, por ex., com LARENZ, *Lehrbuch...*, *cit.*, § 31, p. 539, MEDICUS, *Schuldrecht, cit.*, § 59, p. 306, FIKENTSCHER, *op. cit.*, § 55 VII, p. 340, GERNHUBER, *op. cit.*, p. 402, KÖTZ, *op. cit.*, n.° 552 p. 212 e H. LANGE, *op. cit.*, § 10, p. 535.

Esse enquadramento teórico é igualmente localizável em juristas austríacos, como KOZIOL, *op. cit.*, p. 233, e suíços, como OFTINGER, *op. cit.*, p. 158, DESCHENAUX/TERCIER, *op. cit.*, p. 242, KELLER/GABI, *op. cit.*, p. 96, num espectro bastante amplo e complexo de factores de redução ou exclusão da indemnização (cfr. HONSELL/SCHNYDER, *op. cit.*, pp. 324 e ss.).

A assinalada deficiência do *Codice Civile* e a redacção dada ao artigo 1227.° levam a maioria da doutrina a estudar o *«concorso di fatto colposo»* antes da determinação do dano e como critério que, ao lado ou correcção do artigo 1223.°, permite delimitar *causalmente* o círculo do dano indemnizável. Ver, assim, FORCHIELLI, *Responsabilità civile, cit.*, pp. 20 e ss., BIANCA, *op. cit.*, p. 403, SCOGNAMIGLIO, NDI XV, *cit.*, p. 653, RESCIGNO, *Manuale del diritto privato italiano*, 3.ª ed., Torino, 1977, p. 607, POGLIANI, *op. cit.*, pp. 78 e ss. (no capítulo das «limitações

de preceitos como os dos artigos 494.º e 497.º, 2, com a consequência de introduzir aqui, como vimos, uma *finalidade sancionatória* que parece estranha – pelo menos no seu sentido mais rigoroso – ao verdadeiro fundamento do regime, à conceituação da «culpa», ao âmbito de aplicação da *ideia* contida no artigo 570.º,1 e mesmo ao leque de efeitos decorrentes da ponderação[1314]. Neste aspecto é diferente, como já dissemos, a orientação metodológica de PESSOA JORGE[1315], ao estudar o acto concausal do lesado como *factor de diminuição da culpabilidade do agente*[1316]. Quanto a nós, não se trata, e voltamos a reafirmá-lo, de um enquadramento correcto, pois temos por certo que a «culpa» do lesado não reduz a culpa do agente, sendo mais rigoroso dizer-se que condiciona os efeitos (indemnizatórios) da responsabilidade do lesante, mesmo que as culpas sejam de igual gravidade. Aliás, e a dado passo das suas considerações, PESSOA JORGE[1317] refere-se à diminuição da responsabilidade (e ao *quantum*

---

da responsabilidade» e ao lado do «estado de necessidade»), VISINTINI, *L'inadempimento delle obbligazioni*, in *Trattato di diritto privato* (sob a orientação de P. RESCIGNO), IX, *cit., pp.* 200-201.

   Também juristas como SALVI, ED XXXIX, *cit.*, p. 1254 e s., LISERRE, *est. cit.*, p. 354, e DE CUPIS, *Il danno*, I, *cit.*, pp. 247-248 e 271, n.(108), consideram o artigo 1227.º como excepção ao princípio da «irrelevância das concausas». O último jurista, numa visão não aceitável, começa por imputar o dano apenas ao lesante, ponto de vista esse rejeitado por autores como RUFFINI, *est. cit.*, RDCDO I, 1964, pp. 58-59 (cfr. *supra*, p. 183) e BUSNELLI, RISG 1976, *cit.*, pp. 52-54, defensores de um *princípio geral* que proporciona a eficácia causal da conduta à culpa e cujas manifestações visíveis radicam, precisamente, nos artigos 1227.º e 2055.º.

   A integração obsessiva nos problemas do nexo da causalidade é também apanágio da doutrina francesa, ao colocar a *faute de la victime* como *cause étrangère*, a par da «força maior» e do «facto de terceiro», e no capítulo das «condições da responsabilidade civil». Para este enquadramento, ver CARBONNIER, *op. cit.*, pp. 395 e ss., J. FLOUR/JEAN-LUC AUBERT, *op. cit.*, n.ºs 169 e ss., pp. 163 e ss., STARCK/ /ROLAND/BOYER, *op. cit.*, n.os 926 e ss., pp. 500 e ss. e, na doutrina espanhola, DÍEZ-PICAZO/A. GULLÓN, *op. cit.*, pp. 606-607.

   [1314] Ver *supra*, n.º11.

   [1315] *Ensaio..., cit.,* p. 360 e *Lições..., cit.*, pp. 573-374. PESSOA JORGE, na p. 118 do seu *Ensaio...* e no capítulo dedicado à «análise do acto ilícito», arvora o artigo 570.º como causa que *exclui o ilícito*, quando, na verdade, o pressuposto concausal que condiciona a aplicação do preceito não o permite.

   [1316] RIBEIRO DE FARIA, *op. cit.*, p. 511, parece sustentar uma ideia próxima, embora menos equívoca do que a de PESSOA JORGE, quando afirma que o agente pode ser *desculpabilizado* pela circunstância de o lesado ter tido participação no seu dano.

   [1317] *Ensaio...*, p. 360 e *Lições...*, pp. 574 e 608.

Origens do princípio previsto no artigo 570.°, 1 395

indemnizatório) tornando, pois, menos equívoca aquela sua primeira asserção.

Numa perspectiva híbrida ter-se-á colocado MENEZES COR-DEIRO[1318], ao partir do enquadramento tradicional, mas abolindo a condicionante «ideológica» ou *sancionatória* da doutrina dominante e afirmando que o problema do artigo 570.° é apenas o da «delimitação» dos danos, por aplicação do ideário da causalidade. Sob reserva de uma interpretação excessiva das suas palavras, parece-nos que a visão metodológica de MENEZES CORDEIRO implica o duplo efeito de colocar a tónica numa concepção «objectivista» do «concurso de culpas», à margem do problema da «imputação culposa» e com um regime aplicável a *toda e qualquer* concorrência causal de condutas, e de desvalorizar e anular o escopo e o critério de *repartição do dano*, convertendo o artigo 570.° numa norma «antecedente» e «delimitadora» do dano real.

Contrariamente à exigência literal de um «facto culposo do lesado», visível na redacção do artigo 570.°, 1 e nas normas dos artigos 1227.°, primeira parte, do Código italiano, 300.° do Código grego e, em certa medida, do § 254 do BGB, os artigos 44.°,1 do Código suíço e 6:101 do Código holandês «fugiram» a um espartilho que nunca se colocou à jurisprudência francesa (pelo menos até ao *arrêt Desmares*)[1319], ao partirem da mera consideração de «*circunstâncias*», culposas ou não, que *autoresponsabilizam* o lesado[1320]. A deficiente redacção do BGB, aliada a outros postulados que não interessa referir por agora, não tem impedido certa doutrina[1321] de «actualizar» o § 254, vendo-o como um *princípio geral de redução* aplicável a *todas as causas responsabilizantes*, bem como aos casos (de não muito fácil concretização) em que o lesado incorre num «risco próprio» (*Eigengefahren*), à margem da culpa[1322].

[1318] *Direito das Obrigações*, II, *cit.*, pp. 408-409 e *Da boa-fé...*II, *cit.*, pp. 768, n.(457) e 841.

[1319] Para um maior radicalismo de tipo «subjectivista», ver PH. LE TOURNEAU, *op. cit.*, n.°786, p. 264 e J. FLOUR/JEAN-LUC AUBERT, *op. cit.*, n.° 176, pp. 172-173.

[1320] É de referir, no entanto, que DESCHENAUX/TERCIER, *op. cit.*, p. 86 e ENGEL, *op. cit.*, n.° 120, p. 344, não deixam de aludir à «culpa concomitante», embora os primeiros (na p. 88) venham a relevar a «assunção de riscos», as predisposições, «o risco de actividade» (*Betriebsgefahr*) e a actuação dos inimputáveis (no mesmo sentido, RUSCONI, *est. cit.*, p. 338).

[1321] Ver, por todos, DEUTSCH, *Haftungsrecht, cit.*, pp. 324-325 e *est. cit.*, in ZRP 1983, pp. 137-138.

[1322] Cfr. *supra*, n. 82.

A dupla referência à conduta do lesado que concorre para a produção do dano e para o agravamento ulterior do dano ocorrido surge nos artigos 44.°,1 do Código suíço e 1227.° do *Codice Civile*, embora quanto a este nem todos os autores estejam de acordo quanto ao modo de conexão das duas partes do preceito [1323]. Particularmente completo,

---

[1323] Se a doutrina e a jurisprudência dominantes entendem que a segunda parte do artigo 1227.° se refere aos *danos posteriores* ou *danos-consequências*, ligados exclusivamente à condùta do lesado, pressuposta uma prévia interrupção do nexo causal, *ex vi* do artigo 1223.°, e a primeira parte se liga ao concurso na *lesão inicial* ou *dano-evento*, ou seja, à violação de uma situação jurídica protegida, já BIANCA, *op. cit.*, pp. 258 e 407-409, numa interpretação mais realista, articula o primeiro parágrafo com o concurso *activo* do lesado na produção do *dano*, reservando, para o segundo, os casos em que o dano, apesar de ser *causalmente* imputável apenas ao lesante, poderia ter sido *evitado* pela «cooperação» do lesado. Também SCOGNAMIGLIO, NDI XVI, *cit.*, p. 13, e CARNELUTTI, *Perseverare diabolicum*, in FI 1952, IV, col.97 e ss., entre outros, emitem idênticas reservas à distinção feita por GORLA (*Sulla cosidetta causalità giuridica: «fatto dannosò e consequenze»* in RDCDO I, 1951, pp. 405 e ss.) entre o *dano-evento* (ou facto danoso) e os *danos-consequências*, chamando a atenção para a cisão que isso representa do nexo causal. Para a doutrina dominante, ver, apesar de certas *nuances* de pensamento, MENGONI, *Rassegna critica di giurisprudenza*, in Temi, 1946, pp. 576 e ss. (embora com uma deficiente aplicação dos factores referidos no artigo 1227.°), N. DI PRISCO, *op. cit.*, pp. 46 e ss., POGLIANI, *op. cit.*, pp. 19-20 e 91, SALVI ED XL, *cit.*, pp. 1088-1089, CARBONE, *Il fatto dannoso...*, *cit.*, pp. 334 e ss. e *Il rapporto di causalità, est. cit.*, p. 165 (afirmando que a segunda parte tem a ver com a causalidade hipotética), CENDON/VENCHIARUTTI, *op. cit.*, artigo 1227.°, primeira parte, p. 197, e, para a jurisprudência, VISINTINI, *L'inadempimento...*, *cit.*, p. 205 e PESCATORE/RUPERTO, *Codice Civile annotato*, I, 8.ª ed., Milano, 1986, pp. 1437 e 2741-2742.

FORCHIELLI, *Il rapporto di causalità...*, pp. 57 e ss. e 71 e ss., *La ripartizione fra più responsabili del «danno iniziale» e dell' «aggravamento»*, in Studi in onore di A. ASQUINI, II, 1965, pp. 483 e ss., *cit.*, apesar de equacionar a distinção entre *concausalidade contemporânea* (prevista no primeiro parágrafo do artigo 1227.° sob a forma de *concurso* ou de *agravamento*) e *não contemporânea* (inerente à segunda parte do mesmo preceito), tem uma posição algo particular, partindo da crítica ao conceito de DE CUPIS de «dano mediato e irregular» e do sufrágio da ideia romanista da «causa mais próxima» para imputar ao lesado culpado os danos *evitáveis* (nas pp. 61-62, n.(12), dá o exemplo do dano sofrido pelo locatário ao descer às escuras as escadas, com *corrimão*, de um prédio, que o senhorio deveria ter iluminado. Já não seria evitável a queda dada pelo inquilino, na falta de corrimão, ou pelo hóspede num pavimento aparentemente pouco encerado, pois nesses casos estaríamos perante o que FORCHIELLI chama de «situações-armadilha»). No seu *Responsabilità civile, cit.*, pp. 30 e ss., o jurista italiano parece aderir igualmente à doutrina da *causalidade adequada*, pois considera que, na segunda parte do artigo 1227.°, a conduta do lesado é «causa adequada dos danos ulteriores». Para uma crítica da tese de FORCHIELLI, ver

Origens do princípio previsto no artigo 570.º, 1

mas sem evitar dúvidas interpretativas, é o § 254 do BGB, ao relevar, como já vimos, a *falta de aviso* ao lesante do perigo de um dano extraordinariamente elevado – incorporada pelo Código grego no seu artigo 300.º – e ao autonomizar a *omissão de evitar e de reduzir* o dano [1324]. Algo estranha é apenas a «mistura», que se encontra no corpo do artigo 44.º,1 do Código suíço, entre o «facto concorrente do lesado» e o «consentimento» (do lesado) na acção danosa [1325].

No concernente aos critérios estatuídos para a ponderação das condutas, pode dizer-se, em síntese, que se abandonou o critério da *proporcionalidade culposa*, ainda consagrado no § 1304 do vigente ABGB, em favor de sistemas mistos, ora mais «subjectivos», ora mais «objectivos», consoante o elemento prevalecente [1326]. Efectivamente, se os artigos 570.º do nosso Código e 1227.º do *Codice Civile* combinam o factor *subjectivo* da «gravidade das culpas» com o aspecto *objectivo* das «consequências a elas ligadas», já o § 254 do BGB e o artigo 6:101 do Código holandês partem da *medida da contribuição causal*, mas sem fechar a porta à utilização, a título *complementar,* do elemento da *culpa* (o caso alemão) ou sem excluir o recurso correctivo à equidade, como acontece na codificação holandesa. Os efeitos da avaliação das condutas, pese embora o teor mais amplo, como no § 254, ou menos amplo, como sucede no artigo 1227.º do *Codice Civile* [1327], não podem deixar de admitir a *amplitude* decisória que o

---

SCHLESINGER na recensão que faz ao *Il rapporto di causalità...* na RDC I, 1961, p. 412 e, para uma certa aproximação, JORIO, *est. cit.*, Temi XVIII, n.º1, 1963, pp. 556 e ss. (mas com a exigência de que o lesado *conheça* o dano inicial).

[1324] Ver, no entanto, *infra* (n.ºs 72 e ss.), para a controvérsia, na doutrina alemã, a propósito da exacta extensão da segunda parte do § 254 II. A dogmática italiana também se preocupa com o âmbito e o sentido da actuação do lesado na fase pós--danosa (*infra*, n.ºs 75 e ss.).

[1325] Cfr. ENGEL, *op. cit.*, n.º 120, p. 344 e DESCHENAUX/TERCIER, *op. cit.*, p. 86.

[1326] Como exemplos mais sumários, por partirem de um critério demasiado circunscrito e, portanto, elevando a margem de discricionariedade, são de referir os artigos 947.º do Projecto brasileiro (o *quantum* é aferido em função da *gravidade* das culpas) e 1189.º do Código Civil venezuelano (redução em função da *contribuição* para o dano).

[1327] O mero efeito da *exclusão* da indemnização, previsto na segunda parte do artigo 1227.º, e que não se encontra no artigo 570.º,1 nem no § 254, não constava, como lembra CARBONE, *Il fatto dannoso..., cit.*, p. 33, do artigo 23.º,2 do Projecto de 1940, pois previa-se aí, ao lado da exclusão, a redução indemnizatória. F. BOCHICCHIO, RCDP, *cit.*, p. 23, é que não deixa de colocar lado a lado, e para a hipótese do primeiro parágrafo, a *exclusão* e a *redução* da indemnização.

nosso artigo 570.°,1 acolheu, ao possibilitar a opção por um de três resultados possíveis.

Não se esqueça, todavia, que, admitido o concurso entre o «risco» e o «facto culposo do lesado», não é possível aplicar *directamente* o artigo 570.°,1, como, aliás, é patenteado no artigo 7.°,1 do diploma sobre a responsabilidade do produtor, ao admitir que o tribunal valore «todas as circunstâncias». Vê-se já por este normativo que o legislador pode «dosear» a liberdade deixada ao juiz na importante e complexa tarefa de julgar (*maxime* das hipóteses concursuais que reunem critérios heterogéneos de imputação), não se esquecendo ainda que a defesa de uma aplicação mais lata do artigo 570.°, em razão do seu próprio fundamento[1328], exige à jurisprudência maior capacidade de análise e decisão. Entre sistemas menos abertos, como o nosso e o italiano, mais «libertadores», como o alemão (o § 254 valora as «circunstâncias de cada caso»), o inglês (ao reclamar um «*apportionment just and equitable*»), o holandês (com a referência expressa às «razões de equidade») ou aqueles que já «incorporaram» a ideia de só autoresponsabilizar o lesado a partir de uma *dada gravidade da conduta*, como o suíço, existe uma diferença sensível, mas que deve ser atenuada, como já vimos a propósito do nosso sistema[1329], nas situações em que por razões de *justiça*, de *política jurídica*, e outras, se faça sentir a necessidade protectora de certos lesados. Como salienta HENKE[1330], discorrendo sobre a «cláusula geral» (*Generalklausel*) do § 254 do BGB, mas num discurso manifestamente «universalista», há que «libertar» o tribunal para que possa ser encontrada a melhor decisão a partir de uma «descoberta mais humana e mais flexível do direito», mas sem que isso envolva, e dizemo-lo nós, a assunção pelo juiz de uma liberdade não condicionada.

[1328] Ver *infra*, n.° 42.
[1329] Ver *supra*, n.° 24.
[1330] JuS 1988, *cit.*, p. 756.

CAPÍTULO II

O FUNDAMENTO DO CRITÉRIO DE REPARTIÇÃO DO DANO CONSAGRADO NO ARTIGO 570,1

Sumário: 38 – Significado e condicionantes da questão; 39 – As doutrinas de conteúdo objectivo ou de feição lógica; 40 – A teoria dominante ou subjectivista assente na reprovação da conduta do lesado; 41 – As concepções valoradoras de um princípio de justiça e do exercício inadmissível da pretensão indemnizatória do lesado; 42 – O nosso ponto de vista: a defesa de um princípio valorativo de autoresponsabilidade como *ratio* do critério plasmado no artigo 570.°,1.

38. Significado e condicionantes da questão

A concepção algo flexível que temos defendido a propósito do influxo da «culpa» do lesado no seu direito de indemnização e que nos levou, quer a retirar do âmbito do artigo 570.° certos «estados de risco» da pessoa e eventos irresistíveis relacionados com a natureza humana, quer a desculpabilizar condutas do lesado pouco significativas, em situações em que o meio em que a pessoa se move acentua a sua fragilidade individual, tem, obviamente, que ser confrontada e mostrar--se em *sintonia* com a *razão de ser* do critério afirmado no artigo 570.°,1. Trata-se, pois, de um ponto importante e a cuja abordagem não devemos renunciar com o argumento simples de que o «princípio distributivo» se impõe por si mesmo.

É claro que não estamos perante uma matéria inteiramente nova, na medida em que, por necessidade de exposição, já deixámos transparecer aquela que julgamos ser a posição mais correcta[1331]. Iremos, pois, agora, consolidar e reafirmar o nosso pensamento, confrontando-o com enquadramentos diversos, já aludidos ou trazidos expressamente para o debate.

[1331] Ver *supra*, pp. 68 e ss. e, em especial, o n.° 11.

Um problema como o do *fundamento* que preside à solução de repartição do dano prevista no artigo 570.°,1 não pode receber um tratamento definitivo antes de considerarmos essa outra e mais controversa questão da natureza da «culpa» do lesado. Efectivamente, se por hipótese essa «culpa» puder ser concebida como culpa técnica, condicionada à existência de um qualquer ilícito, ou apenas como culpa subjectiva, a resposta ao problema que nos vai agora ocupar parece que não poderá deixar de orientar-se por uma ideia (simétrica) de *reprovação* ou de *censura* da conduta do lesado. É precisamente esta «interferência» que leva autores, como WESTER [1332] e SCHÄFER [1333], a tratar simultaneamente as duas matérias ou justifica a posição cautelosa de HERMANN LANGE [1334], ao condicionar a resposta à questão do fundamento jurídico da «conculpabilidade» (*Mitverschulden*) à análise do problema do conceito de «culpa» do lesado.

Embora se possa dizer que a pesquisa desta última conceituação não é uma condicionante forçosa da resposta ao problema do fundamento, há que reconhecer uma certa ligação entre as duas temáticas. Sinal inequívoco de que a natureza da «culpa» do lesado não assume aqui, forçosamente, um papel prévio e decisivo demonstra-o, desde logo, a atitude de um observador descomprometido e que, colocado perante a questão da sorte jurídica da contribuição do lesado para o seu dano, entenda como *natural* e *razoável* que o mesmo lesado o suporte parcialmente, lembrando-se até do aforismo popular «quem comeu a carne que roa o osso», relevado por DUNZ («*Wer den guten Tropfen hat, muß auch den bösen haben*») [1335] e que se aproxima da máxima «*ubi commoda ibi incommoda*». Como quer que seja, a «interferência» é recíproca, parecendo-nos muito mais importante o contributo esclarecedor ou «iluminador» que a resposta a este tema da *ratio* do critério consagrado no artigo 570.°,1 possa dar ao assunto que veremos ulteriormente.

Uma outra condicionante da questão que é objecto deste capítulo diz respeito à estrutura do próprio artigo 570.°,1, composto por duas *fattispecies* distintas, como são o concurso na produção do dano e o agravamento danoso. Relacionado com esta dualidade, surge,

---

[1332] *Op. cit.*, pp. 5 e ss..

[1333] *Op. cit.*, pp. 28 e ss. (ao discutir a articulação do § 254 do BGB com o princípio da boa fé).

[1334] *Op. cit.*, § 10 ,V, 2, p. 548.

[1335] *Est. cit.*, NJW 1986, p. 2234.

Fundamento do critério previsto no artigo 570.°, 1   401

naturalmente, o quesito atinente à existência ou não de um mesmo fundamento dogmático, tendo em conta que o nosso legislador não deixou de consagrar uma estatuição unitária para as duas hipóteses. Por razões metodológicas, a nossa atenção irá incidir, por agora, na situação concursual típica, deixando para mais tarde o tratamento da hipótese que tem a ver com a contenção ou o agravamento do dano causado pelo lesante. Antecipando considerações posteriores, pode dizer-se, em jeito de súmula, que a *filosofia* que preside à norma do artigo 570.°,1 é a mesma nesses dois casos, embora a sua justificação teórica se apresente algo diversificada.

Há que dizer ainda, nesta espécie de introdução ao problema do fundamento jurídico da solução de partilha consignada no artigo 570.°,1, que não é pensável acolher um determinado critério justificador, afastando, pura e simplesmente, todos os demais [1336]. Como vamos ver, é possível encontrar um *marco orientador,* sem que essa escolha obste à sua conciliação com outros referentes. Isto mesmo é observável no pensamento da dogmática que se preocupou com o tema, ao constatarmos a aglutinação de vários pontos de vista na explicação da «raiz» de normas análogas às do artigo 570.°,1.

39. As doutrinas de conteúdo objectivo ou de feição lógica

A fundamentação que parta dos princípios gerais que regem a obrigação de indemnização e particularmente do axioma *casum sentit dominus* [1337] é, porventura, a explicação mais natural e aquela que surge imediatamente ao espírito para justificar a relevância positiva do concurso da conduta «culposa» do lesado. Trata-se de uma tentativa *lógica* de tentar compreender o critério legal da conculpabilidade do lesado, esgrimindo com um argumento de *maioria de razão*: a partir do momento em que o titular dos bens suporta os prejuízos fortuitos relacionados com a sua esfera de domínio (princípio da *Sachzuständigkeit*) [1338], isso significa que deverá suportar, pelo menos *parcialmente*, os danos resultantes da conjugação da sua conduta com a do lesante. Este pensamento é sufragado na doutrina alemã por uma

---

[1336] É o que H. LANGE, *op. cit.*, § 10, V, p. 547, reconhece expressamente e que já observámos na parte introdutória.

[1337] Sobre o axioma, ver *supra*, n.°5.

[1338] Cfr. WESTER, *op. cit.*, p. 47 e GERNHUBER, AcP 152, *cit.*, p. 77.

série de juristas[1339], embora em alguns deles comece por ser apenas um ponto de partida.

A principal crítica que se pode fazer a essa doutrina, para lá da fragilidade do seu teor lógico, é a circunstância de não ter em conta os pressupostos legais que condicionam a relevância da conduta do lesado. Ao não ponderar que as consequências decorrentes da actuação do lesado são «medidas» em função de certos factores, essa teoria acaba por fazer tábua rasa da «qualidade» das condutas, não fazendo apelo a qualquer ideia *valorativa* ou de justificação teleológica do regime análogo ao do artigo 570.°,1.

Próxima desse enquadramento mais «primitivo» está a justificação que, invocando ou não a regra pomponiana[1340], parte do relevo da *conexão causal* das condutas, da contribuição material do lesado e do lesante. De acordo com esta posição *causalista*, se a pessoa suporta os danos que causa a si mesma, por maioria de razão deverá suportar, em parte, os danos que apenas causou parcialmente. Independentemente de qualquer outro requisito, desde que a conduta (*lato sensu*) do lesado tenha contribuído ou concorrido para o seu dano, deverá influir, em maior ou menor medida, no seu direito de indemnização.

Em certa medida, essa posição, pela sua estrutura igualmente lógica, sofre as reservas que já emitimos a propósito da doutrina

---

[1339] Ver, entre outros, ADRIANI, *op. cit.*, pp. 22-23, WESTER, *op. cit.*, p. 147, WEIDNER, *op. cit.*, pp. 5-6, 26-27, GERNHUBER, AcP, *cit.*, pp. 77-78 e *op. cit.*, p. 403, ROTHER, *op. cit.*, pp. 54 e 87 (cfr. *supra*, n.° 18, p. 198), WOLF, *Allgemeiner Teil..., cit.*, p. 480, ESSER/SCHMIDT, *op. cit.*, I, 2, (na p.255 identificam o *casum*... com «um factor de risco mais específico provindo da esfera de domínio do lesado», embora recusem a construção de um «princípio natural» adveniente da ideia de uma autolesão), REIMER SCHMIDT, *op. cit.*, p. 105 e 110 e ss., SOERGEL/SIEBERT/R. SCHMIDT, *op. cit.*, § 254, n.°s 14 e 15, p. 940 (preferindo partir da ideia da «esfera jurídica pessoal» em vez do axioma «natural» *casum sentit dominus*), SOERGEL/SIEBERT/MERTENS, *op. cit.*, § 254, n.°2, pp. 348-349, KELLER, *op. cit.*, pp. 21-22, LANGE, *op. cit.*, § 10 V, 2, p. 547 e MAGNUS, *op. cit.*, p. 15. Este último jurista tem uma posição algo particular, na medida em que, ao observar que o § 254 está integrado no seio das normas que *limitam* a obrigação de indemnização, entende que o lesante não deve indemnizar os danos que não se relacionem com a conduta «normal» do lesado (pp. 16-17).

[1340] Para essa alegação, embora em ligação com a solução «exclusivista» do artigo 1227.°, segunda parte, do *Codice Civile*, ver BONVICINI, *est. cit.*, RcP 1967, pp. 219 e 230. Essa invocação é feita também por DE CUPIS (*op. cit.*, I, pp. 10, n.(7), 24, 248-249, n.(71) e 250-251), conquanto num enquadramento complexo e que não prescinde da imputação *culposa* estrita.

anterior, sobretudo se se mostrar fechada a outros contributos «correctivos». Abdicando, em princípio, do *modus* de repartição estabelecido na lei, essa posição demite-se, em regra, de procurar um critério menos abstracto, menos lógico, colocando a tónica na mera partilha ou delimitação causal, à margem de qualquer outra particularidade do comportamento do lesado. Por outras palavras, na sua «objectividade» não lhe interessa saber se a contribuição do lesado teve a ver com uma «predisposição», com uma conduta negligente, com a «assunção do risco», com o acto involuntário de um imputável ou de uma criança.

É evidente que na faceta em que se reclama da pura «equivalência das condições», a posição causalista não tem em conta a própria indivisibilidade do processo causal *qua tale*. Como acertadamente nota CATTANEO[1341], o concurso de «culpa» do lesado coloca o problema da repartição de um dano unitário, para o qual concorreram duas condutas, e não o da «divisão de um facto, ou de um evento único». Mesmo na sua versão mais correcta, e que parte da valoração da adequação causal das condutas, há, naturalmente, que sindicar a existência de outros referentes legais. Podendo, certamente, conseguir efeitos de repartição coincidentes com os prescritos no artigo 570.°,1, o *iter* seguido por essa concepção é diferente, sendo, por outro lado, limitadora do exercício da liberdade de vivência social e «despreocupada» realtivamente a razões de política jurídica, ou outras, justificativas da tutela de certos lesados mais carecidos de protecção.

Como já dissemos em mais do que um lugar[1342], PESSOA JORGE e MENEZES CORDEIRO parecem integrar-se nessa linha de pensamento, embora assumindo perspectivas não inteiramente coincidentes. Se o autor do *Ensaio sobre os pressupostos da responsabilidade civil* releva o *acto concausal do lesado* e invoca o princípio *casum sentit dominus* para estender o regime «distributivo» do artigo 570.°,1 à concorrência da *culpa* com o *caso fortuito* ou de *força maior*, MENEZES CORDEIRO é peremptório na afirmação de que o artigo 570.° não questiona a culpa mas a *causalidade*. Sintetizando o que já tivemos ocasião de afirmar relativamente ao pensamento dos dois juristas, parece-nos que a amplitude dada à nota comum da incidência do facto do lesado no *iter* causal conducente ao dano desvaloriza a norma do artigo 570.°,1, torna sem interesse o escopo e o processo de repartição atinentes a esse normativo e centraliza a análise na mera imputação causal.

[1341] *Est. cit. (supra*, n.5), p. 43.
[1342] Cfr. *supra*, n.161, p. 69 e o n.° 37.

A concepção a que temos vindo a fazer referência serviu, em certa medida, para alguma Pandectística afastar a responsabilidade do lesante, foi aplicada à interpretação do § 254 do BGB pelos primeiros comentadores, como ENDEMANN[1343], e é sustentada por vários juristas italianos[1344] (*maxime* com referência à segunda parte do artigo 1227.º do *Codice*), tributários do pensamento de VENEZIAN[1345], e com consideração ou não de outras teses «correctivas» ou «integradoras».

40. A teoria dominante ou subjectivista assente na reprovação da conduta do lesado

A concepção que parte de um certo paralelismo ou «geometrismo igualitário» entre as posições do lesante e do lesado, que coloca a tónica na valoração de uma conduta prejudicial para o lesante e que não abdica do pressuposto «culpa», entendido em termos «responsabili- zantes», corresponde, como já sabemos[1346], ao pensamento dominante entre nós, na tentativa de fundamentar o critério do artigo 570.º,1. A «justiça» que se pretende obter com essa explicação é conseguida com o tratamento *paritário* do lesante e do lesado culpados, sob a perspectiva comum da *censurabilidade* das condutas. Ao fazer da norma do artigo 570.º,1 uma «cópia» imperfeita da do artigo 483.º,1, a

---

[1343] Ver, *op. cit.*, § 132, p. 756 (embora recusando um critério matemático).

[1344] Ver, por ex., DE CUPIS, *op. cit.*, I, pp. 248-249, n.(71) e 250-251, *Teoria y Prática del Derecho Civil* (tradução de J-MARTINEZ VALENCIA da obra *Teoria e Pratica nel Diritto Civile*, 1955), Barcelona, 1960, p. 325 e *Il problema giuridico del quantum respondeatur*, in RDC I, 1967, pp. 518-520 (assinalando ao artigo 1227.º a natureza de *excepção* à *irrelevância concausal*, em conjugação com considerandos relativos à exigência de uma conduta subjectivamente culposa do lesado e à juridicidade do dano, bem como a razões de equidade), SALVI, *op. cit.*, pp. 53, n.(42) e 56 (em coligação com a ideia da «autoresponsabilidade») e ED XXXIX, *cit.*, pp. 1255-1256, BIANCA, *op. cit.*, pp. 405 e 413 e *Diritto civile V – La responsabilità*, Milano, 1994, pp. 136 e ss., RUFFINI, *est. cit.*, in RDCDO I, 1964, pp. 58-59 (cfr. *supra*, pp. 182-183), FRANZONI, *op. cit.*, p. 397, BUSNELLI, *est cit.*, in RISG 1976, p. 53, POGLIANI, *op. cit.*, p. 79, G. GIANNINI, *Il danno da sinistro stradale*, 2.ª ed., Milano, 1987, p.41 e F. BOCHICCHIO, *est. cit.*, in RCDP, 1, 1992, pp. 23 e ss. Na doutrina francesa, ver J. FLOUR/JEAN-LUC AUBERT, *op. cit.*, n.º 177, p. 173, n.(6), embora no pressuposto de certas condicionantes do direito positivo francês.

[1345] Ver *supra*, pp. 150-151, n. 435, e 366.

[1346] Ver *supra*, pp. 70, 105 e ss. e 126 e ss., e os argumentos já aí aduzidos contra essa corrente de pensamento.

doutrina predominante exige, mais[1347] ou menos[1348] explicitamente, que haja um *nexo de imputação* do facto ao lesado, como condição da reprovação da conduta autolesiva. Esta perspectiva *sancionatória* pode comportar ainda uma faceta *preventiva*[1349] (relevada por autores, como CATTANEO e TRIMARCHI), ao ver-se no regime do «concurso da conduta culposa do lesante e do lesado» uma ameaça, uma forma de pressão propiciadora da limitação dos comportamentos autodanosos.

A visão «autoresponsabilizante» estrita que se encontra em juristas, como ANTUNES VARELA e ALMEIDA COSTA, não sendo pura, na medida em que também invocam, respectivamente, motivos de *justiça*[1350] e de *razoabilidade*[1351], corresponde ao núcleo de um pensamento inequívoco, como se conclui de determinadas afirmações sintomáticas. Se ANTUNES VARELA não retira todas as consequências de uma afirmada normal inexistência de ilicitude na conduta do lesado, considerando a sua culpa como equivalendo a uma «actuação deficiente, censurável, reprovável, abstraindo da pessoa do destinatário do dever violado»[1352], ALMEIDA COSTA[1353], omitindo o postulado objectivo de que parte ANTUNES VARELA, comunga mais explicitamente da ideia de «um juízo de reprovação ou censura», exigindo «que o facto do prejudicado apresente as características que o tornariam responsável, caso o dano tivesse atingido um terceiro»[1354].

A concepção que parte da «culpa» e da tónica de uma conduta reprovável, não associada, aparentemente, a qualquer censura *objectiva*, é a explicação que parece mais conforme ao *texto da lei*, face

---

[1347] É o caso de J. RIBEIRO DE FARIA, *Direito das Obrigações*, I, *cit.*, p. 524.

[1348] Ver *supra*, pp. 124-125 e a n. 862, para o posicionamento não inteiramente conclusivo de ANTUNES VARELA e de ALMEIDA COSTA. Da afirmação de GALVÃO TELLES, *op. cit.*, pp. 352-353, n.(1), segundo a qual a culpa do lesado tem a ver com a factualidade de ele ter agido «... em condições tais que, se a sua conduta fosse ilícita, haveria que considerá-la culposa, no verdadeiro sentido da expressão», é que se retira, implicitamente, a exigência do requisito da *imputabilidade*.

[1349] Ver *supra*, n.º 12.

[1350] ANTUNES VARELA, RLJ, ano 102.º, *cit.*, p. 61.

[1351] ALMEIDA COSTA, *op. cit.*, pp. 672-673.

[1352] RLJ, ano 102.º, *cit.*, p. 60. Ver igualmente o seu *Das Obrigações em Geral*, I, *cit.*, p. 935, n.(1).

[1353] *Op. cit.*, p. 673.

[1354] No mesmo sentido, GALVÃO TELLES, *op. cit.*, pp. 352-353, n.(1), embora, curiosamente, não se refira, pelo menos expressamente, à conduta *reprovável* do lesado.

à *primazia* conferida ao critério subjectivo de imputação (e de que a solução prevista no n.° 2 do artigo 570.° é ainda um reflexo notório), e mais adequada à correlativa contenção do círculo da «autoresponsabilidade». Este *tratamento simétrico*, cujo correspondente *objectivo* traz à colação a norma do artigo 506.°, está particularmente sintonizado com determinado relevo *repressivo* da responsabilidade civil e com uma sua concepção individual – como relação interpessoal – extensível ao relacionamento *interno* entre os vários responsáveis solidários. Terá estado na *mente* do legislador o desejo de «contruir» uma norma rigorosa e restritiva, centrada na *censura* da conduta do lesado?

Segundo cremos, a referência à «culpa» não traduz uma estigmatização da figura, mas revela *apenas* certas condicionantes históricas e a faceta «subjectiva» com que surgiu, no Código de 1966, o nosso direito da responsabilidade civil. Para lá desta observação «externa», e pensando na componente «reprovadora» da concepção, não podemos deixar de reafirmar determinadas reservas a um pensamento bastante divulgado, mesmo em autores não nacionais [1355], sobretudo na sua

---

Na jurisprudência, o «juízo de reprovação» ou de «censura» é avocado nos acórdãos da RP de 20 de Março de 1984, publ. na CJ, ano IX, tomo 2, 1984, pp. 222 (o lesado omitiu executar a sentença que condenara a ré a restituir uma parcela de terreno arrendada) e do STJ de 15 de Junho de 1988, in BMJ n.° 378, p. 677 (o lesado «dormia na via pública..., à sombra de uma baleeira, tendo um pé estendido fora do volume do barco») e de 15 de Junho de 1989, in BMJ n.° 388, p. 495, aderindo expressamente ao pensamento revelado por ANTUNES VARELA na RLJ, ano 102.°, *cit.*.

[1355] Além dos juristas citados *supra*, n.160, ver TRIMARCHI, *Causalità e danno, cit.*, pp. 129-131, N. DI PRISCO, *op. cit.*, pp.160 e ss. e 232 e ss. (preferindo falar em «responsabilidade negativa» do lesado, igualmente sancionada), CORSARO, *Concorso di colpa e danneggiato incapace*, RTDCP 1965, p. 481 (vendo no artigo 1227.°, primeira parte, uma *sanção* para a violação de *normas* de prudência), LISERRE, *est. cit.*, RTDPC 1962, p. 354 (mas sem admitir qualquer ilicitude), A. MARCHIO, *Concorso di colpa del minore incapace danneggiato nella produzione dell' evento dannoso* (e *questioni relative alla liquidazione del danno*), GI I, 1, 1974, col. 1404-1405, LEONHARD, *op. cit.*, § 82, p. 188, SCHÄFER, *op. cit.*, pp. 93 e ss., K. WESTEN, *Zur frage einer Garantie – und Risikohaftung für sogenannte «Verkehrspflichtverletzungen»*, in Festschrift für F. VON HIPPEL, Tübingen, 1967, p. 619 (aderindo à posição menos moderna de LARENZ), GREGER, *est. cit.*, NJW 1985, pp. 1133 e ss. (relevando a «violação censurável da obrigação jurídica de evitar ou reduzir o dano» e comparando os «deveres do tráfego» com os «deveres de conduta» do potencial lesado, decorrentes de uma «*Sozialpflichtigkeit*»), E. LORENZ, *op. cit.*, pp. 35 e ss. (ao defender uma espécie de responsabilidade do lesado por factos lícitos), WOCHNER, *op. cit.*, p. 182 (assinalando, como já vimos *supra*, n.350, que o § 254 do BGB tem a mesma

formulação mais «crua» ou ligada à existência de um ilícito ou de um quase-ilícito na conduta do lesado. Já não falando do duvidoso sucesso da função *educativa* do critério[1356], não cremos plausível justificar a redução ou a exclusão indemnizatórias a partir da censura ou da reprovação de uma conduta... impropriamente culposa e num espaço jurídico cada vez mais subtraído à relação pura de responsabilidade. Sabendo-se que a nossa doutrina dominante nega, com mais ou menos clareza, a natureza ilícita do acto do lesado, não se vê como censurar uma conduta que, em regra, não é normativamente enquadrada e cujo resultado é a lesão da esfera jurídica do próprio lesado. Mesmo que se aceitasse a presença de uma ideia *retributiva tout court*, não seria possível aplicar o escopo sancionatório aos *lesados mediatos* («atingidos» pela conduta «culposa» do lesado imediato), nem aos lesados cujo dano proviesse, afinal, do comportamento dos seus representantes legais ou de auxiliares bem escolhidos e orientados. Nem o pensamento subjectivista releva, em virtude do seu próprio conteúdo fechado, possíveis comportamentos não «culposos», mas em que se justifique igualmente uma repartição do dano, para o caso de o lesado ter colocado em perigo os seus próprios bens.

Diga-se ainda que o pensamento da «co-responsabilidade culposa», ao considerar não lacunosa a norma do artigo 570.°, não permite uma atitude de valoração dos interesses em presença, parecendo incompatível, dada a sua rigidez, com uma aplicação mais flexível ou integrada do critério do artigo 570.° ou com a tutela de certos lesados, cujas condutas concorram para o dano em condições propiciadoras de um juízo de desculpabilização. O falar-se de uma «autoresponsabilidade» do lesado, como o faz, por ex., CATTANEO, tem sentido desde que afastemos a nota preconcebida ou estrita da censurabilidade e vejamos esse «critério» com um conteúdo mais amplo, colimado não só em função da «culpa», mas de outras formas *delimitadas* de imputação pessoal, que tornem *justa* a *paralisação, total ou parcial,* dos efeitos indemnizatórios conectados ao ilícito cometido pelo lesante.

«estrutura» que a norma do § 823), JOSSERAND, D. 1943, *cit.*, p. 76, HONORAT, *L'idée d'acceptation des risques dans la responsabilité civile,* Paris, 1969, pp. 17, n. (3) 24, n.(7), avocando a tese de HALLER, escrita em 1926, e LAPOYADE DESCHAMPS, *op. cit.,* pp. 15, 19-20 e 156.

[1356] Ver *supra*, n.° 12.

408   *A conduta do lesado*

41. As concepções valoradoras de um princípio de justiça e do exercício inadmissível da pretensão indemnizatória do lesado

Uma outra explicação racional para o regime da «conculpabilidade do lesado», advogada por uma série de autores[1357] que perfilham também outros pontos de vista, faz apelo a uma certa lógica intuitiva, à ideia de justiça, simultaneamente distributiva e comutativa, vendo a solução de repartição como um critério *equilibrado, razoável, justo*.

Pelo que toca à nossa doutrina, e como já dissemos atrás[1358], encontramos em ANTUNES VARELA[1359] e ALMEIDA COSTA alusões à «justiça» e à «razoabilidade» da solução «limitadora» prevista no artigo 570.°,1[1360], certamente em homenagem a uma «ideia» ou princípio de «proporcionar» os efeitos das condutas concorrentes

---

[1357] Ver, na literatura alemã, DERNBURG, *Das Bürgerliche Recht..., cit.*, § 32, p. 80. BLOMEYER, *Allgemeines Schuldrecht*, 4.ª ed., Berlin/Frankfurt, 1969, p. 181, MEDICUS, *op. cit.*, § 54, p. 264, ROTHER, *op. cit.*, p. 160, KUPISCH/KRÜGER, *op. cit.*, pp. 77 e 79 (em ligação com a boa fé), HEINRICH LANGE, *est. cit.*, NJW 1953, p. 968, KSOLL, *Schuldverhältnisse, Allgemeiner Teil*, 5.ª ed., Düsseldorf, 1966, p. 99, PALANDT/HEINRICHS, *op. cit.*, § 254, n.°s 1 e 2, pp. 289-290, DEUTSCH, *Haftungsrecht, cit.*, p. 319, *est. cit.*, in ZRP, 1983 e *Unerlaubte Handlungen..., cit*, § 13, p. 86 (sem prescindir da referência ao *venire contra factum proprium*), SCHÄFER, *op. cit.*, pp. 99 e ss. (conjugando a «igualdade de tratamento» com uma ordenação *justa* dos efeitos danosos) e ERMAN/KUCKUK, *op. cit.*, § 254, n.° 3, p. 611; entre os autores austríacos, KOZIOL, *op. cit.*, p. 237 e RUMMEL/REISCHAUER, *op. cit.*, § 1304, n.° 1, p. 2250 e n.° 37, p. 2286, no direito suíço, HÄBERLIN, *op. cit.*, pp.61-62 e OFTINGER, *op. cit.*, pp. 159 e 271 e na literatura italiana, SCOGNAMIGLIO, *est. cit.*, RDCDO I, 1954, pp. 108 e ss. (em crítica à ideia da «responsabilidade contra si mesmo» e à concepção causalista), BARASSI, *op. cit.*, p. 549, CARBONE, *op. cit.*, p. 336, JORIO, *est. cit.*, Temi, XVIII, n.°1, 1963, p. 554, FORCHIELLI, *Il rapporto di causalità..., cit.*, p. 145 e FRANZONI, *op. cit.*, p. 71. Em França, CHABAS, *L'influence..., cit.*, pp. 159-160 e em Espanha, SOTO NIETO, *est. cit.*, in RDP 1968, p. 416, SANTOS BRIZ, *est. cit.*, RDP 1988, pp. 771-772 (no seu *La responsabilidad civil, cit.*, pp. 115 e ss., parece aderir prioritariamente a uma ideia causalista, o que, aliás, é indiciado pela compreensão ampla da «culpa») e C. MARIN, *est. cit.*, RDP 1992, pp. 114 e 122, n.(34), não deixam de salientar, da mesma forma, um *fundamento ético*.

[1358] *Supra*, p. 70.

[1359] Como se vê na p. 61 da RLJ, ano 102.°, *cit.*, ANTUNES VARELA, apoiado em LARENZ, não prescinde da exigência de uma «reprovabilidade bilateral». Na p. 60, o ilustre jurista critica as teorias da «interrupção do nexo causal», da proibição do *venire contra factum proprium* e a concepção «preventiva» de CATTANEO.

[1360] Invocando o mesmo princípio, ver PINTO MONTEIRO, *Cláusulas limitativas..., cit.*, p. 92 e DARIO MARTINS DE ALMEIDA, *op. cit.*, p. 146.

Fundamento do critério previsto no artigo 570.°, 1 409

(*maxime* se tiverem na sua base o mesmo fundamento de imputação), numa óptica *ponderativa* (do que deve ser suportado pelo lesante e pelo lesado) ou, num discurso mais impreciso, tendo em conta o que a cada um deve ser atribuído, segundo o brocardo clássico de ULPIANUS (*Digesto*, 1, 1, 10, 1) do *suum cuique tribuere*.

Um número muito considerável de juristas alemães [1361], trazendo, para este âmbito, o princípio ordenador da boa fé (do § 242 do BGB) – essa «coluna» do sistema positivo, como lhe chama TRABUCCHI [1362] – procura explicar a solução de repartição do § 254 com a proibição de *venire contra factum proprium*. A faceta *obstaculizante* da boa fé

[1361] Ver, entre outros, ENNECCERUS/LEHMANN, *op. cit.*, § 16, p. 76, FISCHER (*apud* SCHÄFER, *op. cit.*, p. 281), ADRIANI, *op. cit.*, pp. 22 e ss. (tutelando o lesante com uma «*Arglisteinwand*»), DUNZ, *est. cit.*, JZ 1961, p. 408 e NJW 1986, pp, 2234 e ss., ROTHER, *op. cit.*, p. 142, HEINRICH LANGE, AcP 156, *cit.*, p. 135, KELLER, *op. cit.*, pp. 24-25, REIMER SCHMIDT, *op. cit.*, pp. 110-111 e SOERGEL/SIEBERT/R. SCHMIDT, *cit.*, 254, n.° 45, p. 947, DEUTSCH, *Haftungsrecht*, *cit.*, p. 319 e *Unerlaubte Handlungen...*, *cit.*, § 13, p. 86, BROX, *op. cit.*, § 27, p. 215, FIKENTSCHER, *op. cit.*, §§ 52, p. 309 e 55 VII 2b, p. 342, STAUDINGER/MEDICUS, *op. cit.*, § 254, n.° 3, pp. 180-181, ERMAN/SIRP, *Handkommentar...*, *cit.*, 8.ª ed., 1989, § 254, n.° 4, p. 620, PALANDT/HEINRICHS, *op. cit.*, § 254, n.° 2, p. 290, e HENKE, *est. cit.*, JuS 1988, pp. 753-754 e JuS 1991, p. 269.

Em certas decisões, a jurisprudência alemã fez-se igualmente eco desse enquadramento, como pode ver-se no BGHZ 34, 355 (sentença de 14 de Março de 1961 e percursora de uma nova visão dogmática do *Handeln auf eigene Gefahr*). Na espécie sobre que versou a decisão do BGH de 22 de Setembro de 1981 (cfr. *supra*, n. 629), e contrariamente à consideração, pelo tribunal de apelação, da culpa do lesado (1/4), o tribunal superior entendeu *não ir contra a boa fé* o pedido de indemnização total, apesar de o lesado ter «agravado o risco da responsabilidade do lesante» (cfr. a NJW 1982, p. 168). Como dissemos na referida nota, o lesado, que não trazia um colete ou uma cinta que protegesse uma lesão intestinal derivada de um acidente de guerra, foi mordido por um cão, que se encontrava debaixo de uma mesa da sala de jantar de uma hospedaria. Num caso anterior (decisão do BGH de 21 de Setembro de 1971, in NJW 1972, p. 334), valorou-se igualmente como procedente o pedido de indemnização de uma pessoa, que viu o seu dano (relacionado com um acidente a si atribuível) agravado por negligência médica. O autor da negligência pretendeu invocar a culpa do lesado, situando-a na *origem* do dano.

Ver ainda os autores citados por H. DETTE, *Venire contra factum proprium nulli conceditur*, Berlin, 1985, p. 99, n.(451), para a ligação entre o § 351 do BGB (correspondente ao nosso artigo 432.°,2) e o *venire....* (cfr., sobre o ponto, o nosso *A resolução do contrato no direito civil. Do enquadramento e do regime*, Coimbra, 1982, n.° 8, pp. 215 e ss. e, para uma primeira articulação entre o *venire...* e o *Handeln auf eigene Gefahr*, ver o mesmo DETTE na p. 103).

[1362] *Istituzioni di Diritto Civile*, 36.ª ed., Padova, 1995, p. XII do prefácio.

410 *A conduta do lesado*

concretiza-se, nessa concepção, na falta de sintonia entre a conduta concorrente do lesado (o *factum proprium*) e a pretensão de colocar todo o dano a cargo do lesante. Recordando, até certo ponto, o pensamento das regras *tu quoque* ou *nemo auditur...* [1363], a teoria em análise vê como *abusivo* o exercício do direito de indemnização, colocando a tónica, não tanto na conduta do lesado, mas na sua *reacção* [1364] ao dano que sofreu. Acentua-se assim, e aqui, a falta de concordância entre o direito em abstracto e o direito em concreto [1365], avocando-se a faceta *negativa* da boa fé e o «fracasso» da «colaboração intersubjectiva» de que fala MENEZES CORDEIRO [1366] ou da «moral social activa» («*impegno di solidarietà*», segundo as palavras de BIANCA [1367]).

Sendo certo, como veremos, que a boa fé é importante na fase da evolução danosa ou face à previsibilidade de um *certo* dano pelo credor (e potencial lesado) [1368], uma das críticas que se faz à concepção agora considerada, e que teve, entre nós, acolhimento por parte de CALVÃO

[1363] Ver *supra*, n.° 2.

[1364] É a «segunda conduta» de que fala REIMER SCHMIDT, *op. cit.*, p. 114.

[1365] Sinais patentes e teórico-práticos dessa «falta de concordância» radicam na pretensão desvinculativa do contraente que tenha insistido na inobservância das regras formais (ver, para o problema, MOTA PINTO, *Teoria Geral..., cit.*, pp. 435-438 e BAPTISTA MACHADO, *Tutela da confiança...,* RLJ, ano 118.°, *cit.*, pp. 10-11) e, por ex., nas situações decididas pelos acórdãos da RE de 26 de Novembro de 1987, in CJ, ano XII, tomo V, 1987, pp. 268 e ss. (despejo pretendido pelo senhorio, invocando cláusula do contrato relativa ao tempo de pagamento da renda, apesar de, durante sete anos, a ter recebido fora do prazo), da RL de 8 de Maio de 1990, in CJ, ano XV, tomo III, 1990, p. 112 (o vendedor de um imóvel veio invocar, como excepção, o decurso do prazo referido no artigo 917.°, embora tivesse aceite fazer determinadas reparações) e da RP de 15 de Maio de 1990, in CJ, ano XV, tomo III, 1990, p. 194 (certos proprietários vieram requerer que os seus vizinhos tapassem as janelas, que tinham sido abertas sobre o prédio daqueles com sua autorização, apesar de, durante bastante tempo, não terem reagido à situação).

[1366] *Direito das Obrigações*, I, *cit.*, p. 141.

[1367] *La nozione di buona fede quale regola di comportamento contrattuale*, in RDC 1983, p. 206.

[1368] Para essa ligação, ver MANUEL DE ANDRADE, *op. cit.*, p. 363, ANTUNES VARELA, *Das Obrigações em Geral*, I, *cit.*, p. 956 e n.(3) e CANNATA, *Le obbligazioni in generale*, in *Trattato di diritto privato,* sob a direcção de P. RESCIGNO, IX, Torino, 1986, pp. 42 e ss. (vendo o regime do segundo parágrafo do artigo 1227.° como reflexo das «*regole della correttezza*»). LARENZ, na 9.ª ed., p. 180, do seu *Lehrbuch des Schuldrechts*, 1968, defendia que o lesado, que não afastasse um dano iminente ou não reduzisse um dano verificado, violava um «dever jurídico» derivado da boa fé.

Fundamento do critério previsto no artigo 570.°, 1　　　411

DA SILVA[1369], tem a ver com a constatação de que a conduta do lesado não tem em si virtualidades que criem no lesante a *expectativa* ou a *confiança*[1370] de que não haverá pedido de indemnização. Para lá da discutível ligação da boa fé a uma esfera responsabilizante em que não existe nem se prepara qualquer *vínculo de juridicidade*, e em que, portanto, falta uma «situação de relacionamento específico entre as pessoas»[1371], avulta aqui a reserva de que não há que proteger *especialmente* alguém (o lesante) que também deu causa para a alegada contraditoriedade da pretensão do lesado. Não tendo tido o lesado uma «conduta comunicativa»[1372] geradora, no lesante, de uma expectativa quanto a um comportamento posterior «admissível»,

---

1369 Ver o seu *Responsabilidade civil do produtor, cit.*, pp. 733-734.

Na jurisprudência, no caso que motivou o acórdão do STJ de 8 de Novembro de 1984, publ. no BMJ n.° 341, p. 418, o réu, responsável pelos danos causados ao veículo do autor, invocou o *abuso* do pedido de indemnização perante a alegada *incúria* atribuída ao lesado no *agravamento* dos danos.

[1370] Aspecto diferente, à margem da temática da proibição do *venire...*, é a *confiança* na actuação «normal» do potencial lesado (por ex., o condutor «confia» que o peão não atravesse com o sinal vermelho – *signa sunt servanda*).

[1371] MENEZES CORDEIRO, *Da boa fé...*, I, *cit.*, p. 648. Na p. 268 do seu *Direito das Obrigações*, II, *cit.*, não deixa, contudo, de projectar a boa fé na responsabilidade civil. Para a exigência de um *vínculo* existente ou em gestação, ver ANTUNES VARELA, *Das Obrigações em Geral*, I, *cit.*, p. 275, LARENZ, *Lehrbuch des Schuldrechts*, I, 14.ª ed., *cit.*, §§ 10, p. 122 e 31, p. 541, GALOPPINI, *Appunti sulla rilevanza della regola di buona fede in materia di responsabilità extracontrattuale*, in RTDPC 1965, pp. 1399 e ss. e CATTANEO, *Buona fede obbiettiva e abuso del diritto*, in RTDPC 1971, pp. 626 e ss..

Em geral, sobre o princípio da boa fé como *regra de conduta*, ver MENEZES CORDEIRO, *Da boa fé...*, I, *cit.*, pp. 527 e ss., *maxime*, pp. 632 e ss. e ALMEIDA COSTA, *op. cit.*, pp. 88 e ss., e, para os dois sentidos básicos (*lealdade* e *cooperação*) em que se desdobra, ver RUI DE ALARCÃO, *op, cit.*, pp. 115-117. Mais especificamente, para a conceituação e caracterização da figura do *venire contra factum proprium*, ver, entre nós, MENEZES CORDEIRO, *Da boa fé...*, II, *cit.*, pp. 742 e ss., 768 (a propósito do artigo 570.°) e 843 (na relação com o *tu quoque*), ANTUNES VARELA, *op. ult. cit.*, p. 555 e RLJ, ano 127.°, pp. 236-237, em anot. ao acórdão do STJ de 12 de Julho de 1994, BAPTISTA MACHADO, RLJ, anos 117.°, *cit.*, pp. 363-365 e 118.°, *cit.*, pp. 9-14, 101-105, 169-172 e 227-229 e H. HÖRSTER, *op. cit.*, pp. 285-286. Entre os juristas não nacionais, ver, entre outros, as obras de DETTE, *cit.*, e M. GRIESBECK, *Venire contra factum proprium. Versuch einer systematischen und theoretischen Erfassung*, Diss., Würzburg, 1978 e referências em SOERGEL/SIEBERT/TEICHMANN, *op. cit.*, § 242, n.°s 312 e ss., pp. 140 e ss. e CATTANEO, *est. cit.*, RTDPC 1971, pp. 639 e ss..

[1372] BAPTISTA MACHADO, RLJ, ano 117.°, *cit.*, p. 265.

também não é razoável «censurar» *a priori* o pedido do lesado, fruto muitas vezes de uma autodesculpabilização ou de um erro de juízo. Não se negando que o lesado possa pedir a indemnização dos prejuízos sofridos, desde que estejam reunidos os pressupostos materiais que condicionam esse pedido, o lesante não tem direito a qualquer «compensação», mas *só* tem a pretensão de ver a sua conduta ponderada com a do lesado, de modo a poder ver «afastado», em maior ou menor medida, o peso económico do dano. Que a questão do tratamento do pedido do lesado não é um quesito liminar, demonstra-o ainda a circunstância de ser intolerável que o lesante, face a uma sua actuação «intensa», pudesse beneficiar do «nada» correspondente à sanção do «exercício intolerável» por parte do lesado[1373]. E já que falamos desse «nada», convém não esquecer que o leque de efeitos prescritos na parte final do n.° 1 do artigo 570.° não se adequa, por inteiro, à sanção preclusiva conexa à proibição do *venire...*

Um dos críticos mais incisivos da concepção *ética* do fundamento do «concurso de culpa» terá sido GREGER[1374], ao reagir à corrente jurisprudencial que procura resolver os casos, que suscitam a problemática que é objecto desta dissertação, com o recurso à boa fé e com a conversão do critério do § 254 do BGB numa pura *decisão de equidade* ou de mero relevo das circunstâncias. Partindo da decisão do BGH, referente ao caso da «mordedura do cão»[1375], e historiando a origem algo nebulosa e a progressiva autonomização do pensamento

---

[1373] Dos autores alemães, que movem críticas à transposição da *Treu und Glauben* e da proibição de *venire...*, destacam-se LARENZ, *op. cit.*, § 31, p. 541 (ver, contudo, *supra*, n.1368), STOLL, *Das Handeln auf eigene Gefahr*, Berlin/Tübingen, 1961, pp. 315-317 (valorando a *especialidade* da norma do § 254), WESTER, *op. cit.*, pp. 9-10 e 33 (afirmando a *legitimidade* do pedido), VENZMER, *op. cit.*, pp. 71 e ss. (em crítica a ADRIANI e chamando a atenção para a inadequação do § 242 aos problemas de causalidade), WEIDNER, *op. cit.*, pp. 9 e 21-23 (para quem a «repartição» tem um valor *constitutivo* e não certificativo), SCHÄFER, *op. cit.*, pp. 31 e ss. (criticando ADRIANI e salientando os perigos do recurso às «cláusulas gerais»), HONSELL, *op. cit.*, p. 123, n.(13), *Münchener Kommentar*/GRUNSKY, *cit.*, § 254, n.° 2, p. 432, SOERGEL/SIEBERT/MERTENS, *op. cit.*, § 254, n .°4, p. 350, M. GRIESBECK, *op. cit.*, pp. 97-98, DETTE, *op. cit.*, pp. 104-105, ESSER/SCHMIDT, *op. cit.*, I, 2, § 35 I, p. 258, e H. LANGE, *op. cit.*, § 10 V 2, pp. 548-549. Ver também, para essas críticas, ANTUNES VARELA (cfr. *supra*, n.1359), CATTANEO, *est. cit.*, RDC I, 1967, p. 476 e N. DI PRISCO, *op. cit.*, pp. 200-201, n.(100).

[1374] *Est. cit.*, NJW 1985, pp. 1130 e ss..

[1375] Cfr. *supra*, n.1361.

Fundamento do critério previsto no artigo 570.°, 1 413

que critica, GREGER move-se na linha das objecções que já ficaram descritas – e que estende ao § 254 II – acentuando, em particular, a *desconformidade* entre o tratamento efectivo e, em regra, *redutor*, a que a lei sujeita o pedido do lesado, na base de certos factores relevantes, e o «estigma» colocado na pretensa conduta (desleal) do lesado. Em réplica a GREGER, DUNZ[1376], recuperando o núcleo do pensamento de ADRIANI e de REIMER SCHMIDT, veio reafirmar a sua «fé» no princípio da proibição da «contradição própria» (*Selbstwiderspruch*), embora com a *nuance* de não considerar absolutamente necessária a conexão *directa* do «concurso de culpa» com o normativo do § 242 do BGB. Segundo DUNZ, a proibição do *venire...* deve ser considerada num quadrante não necessariamente ligado à tutela de qualquer confiança do lesante ou à existência de um determinado vínculo pessoal. Não aceitando o ponto de vista de GREGER e o seu enquadramento *normativo* (*rectius*, censurável) da conduta culposa do lesado, DUNZ parte da liberdade da pessoa[1377] e das consequências da sua conduta «irregular», «desvaliosa» («*sachwidrig*», «*wertwidrig*»), acentuando a importância da «decisão de equidade» («*ein konkretes Billigkeit-surteil*») no seio do § 254 do BGB, com o escopo de o lesante, pouco culpado, não ser onerado com o pagamento de toda a indemnização[1378].

[1376] *Est. cit.*, NJW 1986, pp. 2234-2237.

[1377] DUNZ, como se vê até em trabalhos anteriores (JZ 1961, *cit.*, pp. 406 e ss. e NJW 1964, p. 2135), considera, em geral, «juridicamente indiferente» a autolesão, valorando apenas a *conduta imputável e voluntária do lesado* «perturbadora» da condição-causa colocada pelo lesante.

[1378] Em oposição à opinião de GREGER, de que no caso «*Hundebiß*» o lesado estava *obrigado* a proteger-se para evitar que o lesante arcasse com «riscos imprevisíveis» (NJW 1985, *cit.*, p. 1134), DUNZ (NJW 1986, p. 2237) não valoriza a favor do lesante a falta de protecção, mesmo que «naquele dia as condições do tráfego fossem favoráveis a que o lesado se tivesse protegido». Semelhantemente, DUNZ não considera «perturbador» para o condutor desatento a circunstância deste poder atropelar um *deficiente*, cuja prótese não lhe permitiu atravessar a rua a tempo (JZ 1961. pp. 407-408 e 410 e, para um exemplo semelhante, NJW 1986, p. 2236).

Quanto a nós, apesar desse último lesado poder beneficiar de uma certa desculpabilização, cremos que seria de considerar a sua participação no acidente, desde que se provasse que a maior «fragilidade» do atropelado tinha *concorrido culposa* e *adequadamente* para o dano (ver, aliás, *supra*, p. 207). E se DUNZ resolve esses casos apelando, em parte, para o «seu» «sentimento jurídico», só é adequado tratarmos esses lesados favoravelmente na hipótese de a sua reacção (limitada) ao perigo ter sido *provocada* pelo descuido ou desatenção do condutor. Já concordamos inteiramente com DUNZ, quando considera «culposa» a conduta do embriagado, que tropeça na

Ao querer evitar aquilo a que chama uma «decisão matemática», e que, ao que julgamos, está igualmente ausente do pensamento (mais rígido) de GREGER, DUNZ transforma o critério do § 254 num complexo e difícil «exercício jurisprudencial», preocupado como está em salvaguardar *toda e qualquer injustiça*. O colocar a ênfase, afinal, num fundamento «móvel» – o que, aliás, a letra desse parágrafo não afasta completamente – é gerador de uma certa insegurança, até porque, na concepção de DUNZ, a alternativa continua a ser entre a proibição do *venire...* e o «tudo» indemnizatório.

Pensando agora na norma do artigo 570.º, se é certo que não deve ser negada uma certa liberdade do tribunal para procurar, *em certos casos*, a decisão mais justa, *adaptando e integrando* aquele normativo, não julgamos possível, por outro lado, considerar *abusivo* o pedido do lesado ou sujeitar à boa fé a sindicância dos seus comportamentos «culposos». A substituição do critério de ponderação previsto no artigo 570.º por uma genérica «decisão de equidade» representaria a criação de um segundo artigo 489.º, levaria aquele preceito para o seio do mais puro direito judicial e não esgotaria as virtualidades da existência da norma «correctora» do artigo 494.º. Mas qual será, então, a razão de ser do preceito do artigo 570.º? É o que iremos ver no número seguinte.

42. O nosso ponto de vista: a defesa de um princípio valorativo de autoresponsabilidade como *ratio* do critério plasmado no artigo 570.º,1

Já dissemos que, não sendo o artigo 570.º,1 uma *norma de comportamento*, como é a do artigo 483.º,1, a sua função não deixa de reflectir um preceito que pretende repartir (*Teilungsnorm*) o dano resultante da conjugação de duas condutas «culposas». Está assim subjacente a esse normativo o escopo típico de limitar, em maior ou menor medida, o conteúdo da obrigação de indemnização[1379], numa finalidade que afirmámos ser relativamente próxima da do artigo 494.º. Ao consagrar uma solução equilibrada, «natural» e justa, cujo referente simétrico é, no seio do «risco», a norma, pouco linear, do artigo 506.º, é plausível afirmar-se que uma hipotética falta de regulamentação do

---

estrada e parte uma perna, sendo, logo de seguida, atropelado por um automóvel que se aproximava do local (NJW 1986, p. 2236).

[1379] DIALINAS, *op. cit.*, p. 6, refere-se a uma espécie de «força contrária».

Fundamento do critério previsto no artigo 570.º, 1   415

«concurso de condutas culposas do lesado e do lesante» não deixaria de ser preenchida pelo regime da hipótese que, do ponto de vista factual, mais se aproxima daquele, ou seja, o da *compensação* interna entre os vários devedores solidários [1380]. Menos concretizável, devido à sua abstracção, seria a integração da «lacuna» pela afirmação de um princípio retirado da interpretação da norma do artigo 483.º,1 [1381], enquanto que uma determinada leitura do artigo 494.º não lograria atingir um critério suficientemente prestável [1382].

Analogamente ao realismo manifestado pela maioria dos autores que reflectiram sobre a razão de ser do afastamento do princípio romanista – sintetizado, para alguns, na fórmula de POMPONIUS – também pensamos que está condenada a um certo insucesso a centralização da análise num único quadrante fundamentante. Sob este pressuposto, uma primeira ideia válida a reter é a de que a norma que, no nosso sistema jurídico, «resolve» o problema da impropriamente chamada «concorrência de culpas» integra um *princípio elementar de justiça*, requerido pela própria consciência ético-jurídica, estatuindo, com *naturalidade*, determinadas consequências ligadas à repercussão patrimonial do dano para que concorreu a conduta «culposa» do lesado. A norma do artigo 570.º integra, assim, um conjunto de soluções legais norteadas por uma patente ideia do «justo» e de que também comungam, por ex., o regime do artigo 494.º, o relevo negativo excepcional da causa virtual ou a «responsabilidade» subsidiária dos inimputáveis. Não seria razoável, mas pouco natural, que a pessoa que concorreu adequadamente para o seu dano, que lesou os seus bens pessoais ou materiais por não ter tido certo cuidado – e não interessa ver agora se essa conduta era ou não normativamente exigível – pudesse *deslocar todo o dano para a esfera do lesante* ou tivesse que suportar esse mesmo dano, por ex., em nome do «achado» romanista de ter podido

---

[1380] A ideia de justificar desse modo o regime do «concurso de culpa do lesado» encontrou eco favorável em juristas italianos, face ao silêncio do *Codice Civile* de 1865 (ver *supra*, p. 367) e encontra-se presente em autores alemães, como H. LANGE, *op. cit.*, § 10 V 2, p. 549, ERMAN/KUCKUK, *op. cit.*, § 254, n.º2, p. 611 e ERMAN/SIRP, *cit.*, § 254, n.º2, p. 620. Ver ainda ROTHER, *Adäquanztheorie und Schadensverursachung durch mehrere*, NJW 1965, p. 181.

[1381] Embora num ideário «adverso» ao relevo positivo da «culpa» do lesado, WENDT, JhJb, 31. Band, *cit.*, p. 152, viu na «naturalidade» da regra pomponiana razão bastante para a falta de acolhimento legislativo expresso da figura.

[1382] Ver, aliás, o que dissemos *supra*, pp. 171-172.

416 — *A conduta do lesado*

evitar a condição colocada pelo lesante. A solução de repartição corresponde, sem dúvida, e desde logo numa lógica interindividual, a uma *correcta ordenação do dano*, independentemente de a podermos considerar simultaneamente enfraquecida e potenciada pela intervenção, em certos domínios, de entidades de substituição do lesante, com capacidade para suportar mais adequadamente o encargo patrimonial e de dotar o critério de partilha de uma necessária componente *social*.

Na perspectiva do *tratamento igualitário* do lesante e do lesado em que se colocou o legislador, a compreensão mais imediata da norma do artigo 570.º parece implicar uma «leitura» *sancionatória, repressiva*, em função da conduta *culposa* do lesado. Ao não considerar suficiente o mero envolvimento causal das condutas, o legislador nacional terá pretendido, por um lado, afirmar um regime assente na maior ou menor *censurabilidade* dos comportamentos – em sintonia com a primazia conferida pelo sistema à imputação culposa – e, por outro lado, *limitar* a esse critério subjectivo o círculo de aplicação da norma. Por outras palavras, o legislador terá partido do princípio de que só se legitimaria a (normal) redução indemnizatória, a partir do momento em que o lesado e as pessoas utilizadas na sua esfera de acção tivessem tido uma conduta com características subjectivas *análogas* às da do lesante. Já emitimos reservas a esse enquadramento «paralelo» da «culpa» do lesado, pouco sintonizado com a concepção autonómica dessa culpa, para já não falarmos da sua inadequação face à crescente superação da relação interindividual de responsabilidade e à defesa de soluções desculpabilizantes, assentes numa correcta valoração dos interesses e numa aplicação mais flexível dos factores estabelecidos na lei.

De acordo com a interpretação que fazemos do artigo 570.º, e que prescinde de considerações desenvolvidas em torno de uma pretensa *reprovação* da conduta do lesado ou de uma visão puramente *causalista,* parece-nos mais coerente com a autonomia dogmática da «culpa» do lesado explicar o fundamento desse normativo recorrendo à ideia jurídica de uma *autoresponsabilidade do lesado*[1383], não na

---

[1383] Como veremos na parte relativa à *evolução do dano* (agravamento, não redução), dado o «contacto» estabelecido entre o lesante e o lesado e entre este e o dano, poderá relevar uma explicação mais *heterogénea*, composta por considerações causais , valorativas (atinentes à boa fé ou ao «limite de sociabilidade», a que se referem SOERGEL/SIEBERT/MERTENS, *op. cit.*, § 254, n.º3, p. 349 e H. LANGE, *op. cit.*, § 10 VI 1, p. 554) e económicas.

Fundamento do critério previsto no artigo 570.º, 1   417

compreensão estrita de CATTANEO, mas no sentido de uma *imputação* das consequências patrimoniais decorrentes de opções *livres* que tomou e que se revelaram *desvantajosas para os seus interesses*, dada a sua aptidão autolesiva. Não estando, *em geral,* a conduta do lesado enquadrada em moldes normativos, cremos melhor fundada uma perspectiva que faça *imputar* ao lesado os efeitos negativos da sua acção contributiva, consista ela em se ter exposto *descuidada e injustificadamente* ao perigo de sofrer o dano, quer tenha resultado da falta de observância de certas medidas de segurança, cujo cumprimento reduziria ou evitaria o dano. O «desvalor» da conduta não radica pois numa reprovação estrita, mas nesse «responder» (na acepção de se suportar as consequências), em maior ou menor medida, e, em primeiro lugar, pelas acções pessoais «culposas». Nem cremos incorrecto falar-se aqui de uma *dupla imputação*, ora de feição mais *objectiva* (a imputação danosa) ora de conteúdo mais *pessoal* (a imputação da conduta à acção livre e «culposa» do lesado) [1384].

A referência *autoresponsabilizante*, que defendemos para explicar a *ratio* do artigo 570.º, parte da aplicação ao lesado «culpado» da ideia de imputação-autoresponsabilidade, tal como BAPTISTA MACHADO [1385] a começa por caracterizar ao tratar da questão na proibição de *venire contra factum proprium*. Recusando imputar *à pessoa* o que decorre da «pura causalidade», BAPTISTA MACHADO valora uma culpa que não surge identificada com uma «negligência censurável», mas com «uma espécie de culpa do agente perante si próprio, no sentido de que conscientemente assim se quis conduzir....» [1386]. Quando, noutro contexto [1387], o saudoso jurista se refere à norma do artigo 570.º como critério de imputação do dano, apesar de citar a máxima pomponiana não deixa de salientar a mesma ideia de «culpa perante si próprio», relacionada com uma deficiente autoprotecção dos nossos interesses e a que é alheia qualquer reprovação jurídica.

Nem é outro o pensamento de LARENZ, sobretudo se confrontarmos o modo como teoriza actualmente o seu «princípio da

---

[1384] O regime legal da «culpa» do lesado, ao *equiparar* às condutas pessoais deste último as acções culposas dos seus auxiliares e representantes legais, além de «quebrar» essa dupla imputação, trata como «culpa do lesado» uma culpa (alheia) que pode ter (e tem) cambiantes diversas.

[1385] RLJ, ano 118.º, *cit.*, pp. 169-171.

[1386] *Idem*, p. 171, col. da esquerda.

[1387] RLJ, ano 121.º, *cit.*, pp. 135-136.

A conduta do lesado

responsabilidade» com as concepções (mais rígidas) que advogou na década de 60 e nas quais ANTUNES VARELA se baseou para sustentar a ideia de um *tratamento simétrico*. Enquanto que em edições menos recentes do seu *Lehrbuch*[1388] LARENZ defendia a imputação ao lesado da sua conduta «culposa», em virtude de ter agido contra um «imperativo de autoconservação» («*Gebot der Selbsterhaltung*»), não observando o cuidado exigível no tráfego «para se proteger a si e aos outros de lesões» («*um andere oder auch sich selbst vor Schädigungen zu bewahren*»[1389]), na edição mais recente do seu Manual[1390], o jurista germânico, se continua a fundar o § 254 I numa «co-responsabilidade do lesado pelo seu dano» («*Mitverantwortlichkeit des Geschädigten für seinen Schaden*»), derivada de uma conduta livre, já não aceita falar de uma «culpa contra si mesmo» ou de um «encargo ou incumbência» (*Obliegenheit*), e mesmo quanto às hipóteses descritas no § 254 II já não se refere a qualquer «culpa pura».

Regressando ao nosso discurso, e centrando agora um pouco a nossa atenção sobre o requisito legal da «culpa», há que dizer que, em princípio, só é concebível que alguém «responda» pelo seu actuar, desde que tenha *consciência* desse agir *pouco cuidadoso*[1391] e das suas potencialidades autodanosas, o que significa a exclusão genérica, relativamente aos inimputáveis, do *princípio da autoresponsabilidade*, tal como foi conceituado[1392].

Essa ideia de *autoresponsabilidade*, tal como a concebemos, não parte de uma pré-compreensão que situa lado a lado duas culpas[1393], não tem subjacente o postulado lógico da primazia radical conferida ao critério subjectivo, nem se fecha à valoração de condutas não culposas, mas em que o lesado desenvolva uma actividade ou utilize aquelas coisas perigosas que justificam a tipificação dos casos de responsabilidade pelo risco. Se, em rigor, o *princípio de autoresponsabilidade* permite tratar a norma do artigo 570.°,1 como hipótese principal que

---

[1388] *Op. cit.*, 9.ª ed., 1968, § 15, pp. 177-178 e n.(1).

[1389] *Idem*, p. 178.

[1390] *Op. cit.*, 14.ª ed., § 31, p. 540.

[1391] Como já sabemos, esse actuar negligente na zona de confluência da actividade alheia é *gradativo*, sendo a sua intensidade directamente proporcional ao *modo* como o lesado coloca em perigo a sua pessoa ou os seus bens (ver, aliás, *supra*, p. 311).

[1392] Ver para um primeiro esboço da nossa posição, *supra*, pp. 103 e ss. e 127 e ss. e, em definitivo, *infra*. n.° 60.

[1393] Ver, aliás, o que já dissemos a propósito do concurso resultante do «risco» e da «culpa»do lesado.

Fundamento do critério previsto no artigo 570.°, 1

não exclui a sua própria superação, mesmo que nos quedemos na perspectiva algo fechada, em que se colocou o legislador a hermenêutica interpretativa que tenha em conta o disposto no artigo 506.° e a *situação* temporal da nossa codificação não pode deixar de valorar em relação ao lesado *os mesmos «riscos»* que foram afirmados legalmente no tocante ao responsável. Este novo conteúdo do círculo da *autoresponsabilidade*, em que o lesado *«responde» pelo «risco»* da sua actuação ou de coisas perigosas (por ex., animais) que utilize, parece poder derivar da *extensão analógica* desse outro precipitado que é a norma do artigo 506.°, visa uma mesma *repartição* do dano e reflecte, no fundo, uma necessária concessão ao «simetrismo» de segundo grau.

Porque não vemos a referência semântica da «culpa» como barreira interpretativa, enquanto argumento *a silentio legis completae* ou reflectindo uma determinada opção legislativa de tipo casuístico, também não cremos que a ligação do lesado ao risco *tout court* configure uma lacuna imprópria, «sinal» de uma aparente completude do sistema. Somos até da opinião que, na ausência das virtualidades expansivas do artigo 506.°, aquela hipótese concursual poderia ser reconduzida ao critério (adaptado) do artigo 570.°,1 – enquanto norma *filiada* na ideia da autoresponsabilidade —, atendendo ao paralelismo essencial das situações e à necessidade de coerência regulativa. Quer isto dizer que a não consideração genérica – relativamente ao lesado – dos mesmos tipos legais do risco responsabilizante deve ser considerada como «lacuna teleológica» *patente*, a preencher por *analogia* ou pela consideração da norma – afloramento daquele princípio, sem necessidade de uma correcção *de lege ferenda*[1394].

O reconduzirmos ao princípio de *autoresponsabilidade* as situações de risco semelhantes às que justificaram a tipologia legal, codificada ou não, leva-nos a considerar, obviamente, os detentores de veículos de circulação terrestre[1395], os que utilizam ultra-leves e

---

[1394] Sobre o ponto e a explicação *histórica* da lacuna no BGB, ver LARENZ, *Metodologia...*, *cit.*, pp. 469-470, e, para a via metodológica do recurso à *analogia*, ver BAPTISTA MACHADO, *Introdução...*, *cit.*, pp. 326 e ss. e *Risco contratual...*, *cit.*, RLJ, ano 117.°, pp. 44-45, ao realçar *uma* «extensão teleológica», a que o artigo 570.° se mostra sensível.

[1395] A ausência de veículos, no sentido clássico do termo, a natureza relativamente perigosa da actividade e a secundarização do risco da «coisa transportadora», são razões suficientes para não subsumirmos ao normativo do artigo 506.° a colisão entre esquiadores, patinadores ou praticantes de *skate*. Negando, por razões de «simetrismo», a imputação pelo chamado *Betriebsgefahr*, ver H. LANGE,

420   *A conduta do lesado*

aeronaves, bem como – à margem do «simetrismo», que não da razoabilidade – o risco conexo à viação fluvial e marítima (por ex., de recreio), em regra coberto pelo seguro [1396] [1397] [1397-a]. Sendo esta última

op. cit., § 10 VII, p. 560 e SOERGEL/SIEBERT/MERTENS, *op. cit.*, § 254, n.° 25, p. 356, e, para o afastamento de uma recondução à «*Verschulden*» do § 254, ver BÖHMER, *Ist Skifahren ein Verschulden i. s. des § 254 BGB?*, in MDR 1960, pp. 18-19 (numa hipótese próxima à que motivou o artigo de BÖHMER, o tribunal de Apelação de Bolonha, em 26 de Fevereiro de 1972 – cfr. a GI, I, 1973, col. 964 e ss. –, recusou considerar «culpado» um esquiador, que estava a colocar os *skis* e que foi lesado por um esquiador principiante, quando este descia uma encosta sem as devidas cautelas e com uma técnica incipiente).

A questão a que estamos a aludir tem sido muito discutida em França (cfr. STARCK/ROLAND/BOYER, *op. cit.*, n.° 247, pp. 142-143), notando-se, aí, uma tendência jurisprudencial favorável à aplicação da primeira parte do artigo 1384.° e que colheu o sufrágio de TUNC em duas anotações na RTDC 1962, pp. 319-322 e 1963, pp. 732 e 734.

[1396] No diploma italiano (lei de 24 de Dezembro de 1969) sobre o seguro de responsabilidade civil, a obrigatoriedade da cobertura abrange as próprias embarcações (artigos 1.° e 2.°).

[1397] Relativamente aos «riscos» da condução do não detentor e da viação fluvial e marítima de recreio, não relevados legalmente como causa de responsabilização, a doutrina e a jurisprudência alemãs dominantes respeitam o princípio da «igualdade de tratamento» (cfr. BÖHMER, *Analoge Anwendung des § 7 StVG?*, in MDR 1963, pp. 184--185, *Findet § 254 BGB auch auf den Schuldlosen Kraftfahrer, der nicht Halter ist, Anwendung?*, in MDR 1963, p. 559, H. LANGE, *op. cit.*, § 10 VII-1-2, pp. 557-561, DEUTSCH, *Unerlaubte Handlungen...*, *cit.*, § 13, pp. 88-89 e SOERGEL/SIEBERT/ /MERTENS, *op. cit.*, § 254, n.°25, p. 356). DEUTSCH, no seu *Haftungsrecht*, *cit.*, § 20, pp. 324-325, adopta uma posição bastante mais aberta, ao defender uma espécie de «*cláusula geral*» *de autoresponsabilidade do lesado* pela chamada «*Mitgefährdung*» (exemplificando com os caçadores, os esquiadores e os saltadores aquáticos). Ver também, para uma imputação autodanosa suficientemente ampla, WEIDNER, *op. cit.*, pp. 43 e ss. (cfr. *supra*, n.°18). Num sentido mais restritivo, sustentando a *analogia* com os próprios casos de responsabilidade pelo risco, ver ESSER/SCHMIDT, *op. cit.*, I, 2, § 35I, p. 261 (com os exemplos do barco a motor e da grua assente sobre carris) e o aval dado por RÜßMANN, *op. cit.*, § 254, n.°7, pp. 195-196.

Tradutor de uma necessária «medida das coisas» é o relatório da decisão do OLG Hamburg de 20 de Abril de 1977 (NJW 1977, pp. 1348-1349), ao ser afirmado que não há qualquer «concurso de culpa» ou «risco de actividade» ligados ao funcionamento de um estabelecimento de «auto-serviço» e justificativos da imputação ao seu proprietário de determinados «riscos patrimoniais» (furtos decorrentes da maior «exposição ao perigo») e das despesas ligadas à adopção de medidas preventivas. Nesse sentido, ver a anot. de W. MERTINS (*Zum Umfang des Schadensersatzes beim Ladendiebstahl*, in JR 1980, p. 358) à decisão do BGH de 6 de Novembro de 1979.

[1397-a] Ver *infra*, n. 2809-a.

Fundamento do critério previsto no artigo 570.º, 1

asserção reveladora de uma recusa em fazermos uma aplicação integral e abstracta da «solução paritária»[1398], o desvio potencia-se se chamarmos para este âmbito, e em diversas hipóteses, o risco da condução do comissário, excluído, como se sabe, no plano das relações com os terceiros lesados.

Deixando para mais tarde o regresso ao tratamento dessa expressão mais radical da autoresponsabilidade do lesado, e que é a zona de influência do artigo 505.º, há que acentuar que as notas caracterizadoras daquele princípio, ao relevarem uma conduta contributiva assente em critérios ponderados, justificam, em nome da justiça material e da razoabilidade, a aplicação da solução de repartição prevista nos artigos 570.º,1 (e 506.º,1). Tendo sempre presente que, em certos domínios, esta repartição pode fundar-se menos na ideia autoresponsabilizante e mais na intervenção do princípio da *reparação colectiva*, convém não esquecer que o conteúdo valorativo da autoresponsabilidade do lesado afasta o relevo do chamado *risco genérico do peão* (pessoa normal ou com deficiências físicas[1399]), mas já poderá «compreender» aqueles casos mais particulares, em que, na ausência de uma conduta «culposa» rigorosa, o acto *deliberado* do lesado envolva, por necessidade económica ou para satisfação de outros interesses seus, uma *colocação em perigo*, à margem do referente subjectivo da possibilidade autodanosa. Estando agora um pouco mais diluída a chamada «adesão volitiva» do lesado, a circunstância de nos situarmos numa zona difícil de demarcar (mais da «culpa» do que da «assunção do risco») faz aumentar as dificuldades, até pela necessidade de não alargarmos em demasia a ideia da autoresponsabilidade. O estarmos perante um terreno movediço, demonstrado pela dificuldade em solucionar certos casos afins[1400],

---

[1398] Apesar do disposto no artigo 33.º,1 da Lei n.º 30/86 (*Lei da Caça*), não é possível aplicar ao *caçador* lesado a ideia do risco *tout court*. *Mutatis mutandis*, o mesmo vale para o *consumidor* de produtos defeituosos (cfr., aliás, *supra*, n. 82), face à inoponibilidade do critério constante do artigo 1.º do Decreto-Lei n.º 383/89. O que um e outro sector podem suscitar é a aplicação da ideia (diferente) da «assunção do risco» (pensamos no caso do caçador que resolva caçar numa área que ele saiba estar a ser utilizada por outros caçadores). Ver também *infra*, n.ºs 70 e 71.

[1399] Ver *supra*, p. 207, para a faceta da *exposição ao perigo* mediatizada pela *concreta influência* do comportamento do lesado «fragilizado» (por ex., com uma deficiência física) na danosidade da situação de perigo.

[1400] Referimo-nos às situações colocadas por certos autores, como WEIDNER, e a que já aludimos *supra*, n.º 18.

implica a necessidade de uma maior ponderação, a análise mais completa da situação, a relevância de dados do próprio sistema (pensamos na norma do artigo 494.°) e a correcta aplicação dos factores jurídicos e económicos da repartição. O apelo que é feito ao julgador para alcançar uma *resolução justa potencia a sua discricionariedade*, «exigindo-se» dele uma tarefa mais delicada, quer no «doseamento» dos elementos que presidem à repartição do dano (a intensidade da culpa do lesante, o dano significativo do lesado, o motivo da conduta, o seguro feito por um ou por outro), quer mesmo na admissão da situação concursual.

Sinal da riqueza e da complexidade dessa «zona cinzenta» foi o debate que a decisão do BGH de 2 de Julho de 1991 [1401] abriu na doutrina alemã, ao pretender *autonomizar* a categoria, necessariamente

---

Como exemplos de *colocação em perigo,* com alguma dificuldade de solução, podemos indicar duas hipóteses apresentadas por DUNZ, respectivamente, na JZ 1961, *cit.,* p. 407 e na NJW 1986, *cit.,* pp. 2235-2236: na primeira, um condutor ligou indevidamente os máximos do seu veículo, cegando e provocando a queda de um trapezista, que, por *razões monetárias,* executava um «salto mortal» na *praça de certa cidade* e na segunda, um «artista», *por falta de espaço na sua habitação,* decidiu colocar uma obra na *cave comum* do prédio onde habitava, sendo, aí, danificada pela desatenção de um condómino e numa altura em que um coleccionador tinha já oferecido por ela um preço elevado. Em ambas as situações, DUNZ considera «equitativo» que o lesante *levemente culpado* não suporte (integralmente?) uma «maior exposição ao perigo» por parte do lesado. Quanto a nós, a consideração destas duas hipóteses no quadro mais alargado do artigo 570.°,1 só poderá fazer-se desde que se demonstre a *consciência do perigo,* a *particular aptidão autodanosa* da conduta do lesado. Quer a realização de um «salto mortal», sem rede, ao ar livre, e na praça de uma cidade, quer a colocação de um objecto, potencialmente valioso, na cave comum de um prédio, se não vão em rigor contra os interesses do lesado, dada a *necessidade* da conduta, parecem inculcar manifestamente aquela *aptidão,* pese uma natural ausência de previsibilidade do resultado autodanoso.

[1401] Em virtude do estrondo provocado por uma colisão de veículos e do pânico que se gerou nos porcos e porcas, que certo proprietário criava num regime de *criação intensiva* e em pocilgas situadas a certa distância do local do acidente, uns morreram e outras deram à luz precocemente. O BGH excluiu a responsabilidade do detentor do veículo causador da colisão, por entender que esses danos não eram abrangidos pelo «fim de protecção» do § 7 da *Straßenverkehrsgesetz* mas explicavam-se pelo *risco relacionado com a criação intensiva* (cfr. a JZ 1992, pp. 95 e ss. e a anotação de DEUTSCH, bem como as objecções colocadas por KÖTZ, *op. cit.,* n.° 360 b, p. 144 e por LARENZ/ /CANARIS, *op. cit.,* § 84 III, pp. 621-622). É de atentar que CANARIS, para lá de considerações relativas ao respeito por uma «decisão empresarial» *corrente,* coloca a tónica na imputação à «esfera de risco» do lesante dessa *sensibilidade dos animais ao ruído.*

Fundamento do critério previsto no artigo 570.º, 1 423

ampla, da «concretização do risco colocado pelo lesado» («*selbst gesetzte Risiko*»). E se DEUTSCH viu aí, com alguma razão teórica, um «novo caminho», uma nova limitação da «conexão de imputação», ultrapassante da que deriva do mero «geometrismo secundário», já para ROTH [1402], aquilo a que ele chama, imprecisamente, de «risco geral da vida» não pode limitar os efeitos danosos – como sucede com a *Mitverschulden* ou pode suceder com a aplicação da «doutrina do fim da protecção» (*Schutzzwecklehre*) – a não ser partindo de uma aplicação analógica e lata do § 254 do BGB.

Questão não menos problemática, como já várias vezes temos assinalado, é a da «sorte» jurídica da «acção» contributiva dos inimputáveis, na vertente do dano sofrido por eles. Não tendo *discernimento* e *liberdade de determinação* para *evitar* os «actos» que os conduzem para a esfera da autolesão, não é possível, em relação a esses lesados, falarmos de autoresponsabilidade. Sendo exacto que a sua «entrada directa» no âmbito de aplicação do artigo 570.º,1 só poderia ser feita tendo da «culpa» do lesado uma concepção natural, causalista («culpa» = causar, dar ocasião a) ou vendo esse requisito à margem da imputação pessoal, como equivalendo, pura e simplesmente, a uma *falta objectiva de cuidado*, quer isso significar que as consequências da «conduta» dos inimputáveis «escapam» à natureza compromissória da norma do artigo 570.º,1? Formulando o quesito de outra forma, será que a «imputação» do dano sofrido pelos inimputáveis só poderá fazer-se pela via *mediata* da *censura* feita aos seus vigilantes?

Sem embargo de ulteriores desenvolvimentos, há que dizer que a «natureza» desses lesados, dada a ausência da chamada capacidade de «segurança passiva», potencia a verificação de danos em relação a eles. A sua «fragilidade» (*maxime,* a que decorre da sua inserção num tráfego rodoviário complexo) reclama nitidamente do sistema e da política jurídica uma maior protecção, fazendo-se suportar, *em regra*, pelo lesante (normalmente, com seguro de responsabilidade) essa exposição *inconsciente* ao perigo. Mas também é pensável que, nos domínios em que a necessidade protectora não seja tão intensa, possa vir a aceitar-se uma *decisão* mais *flexível* (no duplo aspecto do *an* e do *quantum*), próxima da filosofia que subjaz à norma do artigo 489.º.

[1402] *Das «selbst gesetzte Risiko» als Argument im Schadensrecht* – BGHZ 115, 84, in JuS 1993, pp. 716 e ss..

CAPÍTULO III

O TRÍPLICE PRESSUPOSTO LEGAL DO CONCURSO DA CONDUTA CULPOSA DO LESANTE E DO LESADO

SECÇÃO I
O NEXO DE CONCAUSALIDADE E OS CRITÉRIOS DA SUA AVALIAÇÃO

Sumário: 43 – As premissas legais do requisito concausal e o tratamento da causa virtual relacionada com a conduta do lesado; 44 – A insuficiência da teoria da *equivalência das condições* e das concepções qualificadas; 45 – O critério dominante da *concausalidade adequada*. O recurso à via do *fim específico da norma violada* e condicionalismos à sua invocação; 46 – As tendências jurisprudenciais na aplicação dos critérios da indagação concausal; 47 – O problema colocado pelo artigo 570.°, 2 em função das raízes do preceito; 48 – Elementos estruturais comuns às presunções legais de culpa e conteúdo da prova do contrário (*maxime* da atinente à conduta do lesado). Alusão ao concurso de presunções de culpa; 49 – A prova da «culpa» do lesado, no seio do artigo 570.°,2 como demonstração da ausência de conexão concausal e os corolários da falência probatória.

43. As premissas legais do requisito concausal e o tratamento da causa virtual relacionada com a conduta do lesado

Semelhantemente ao que acontecia com o §2.° do artigo 2398.° do Código de Seabra, o enunciado do n.° 1 do artigo 570.° não deixa dúvidas quanto à necessidade de uma indagação prévia relativa à *concorrência*, para o dano, do «facto culposo lesado» (e do lesante). Se o nexo de causalidade entre o facto responsabilizante e o efeito danoso – a «relação de connexidade», a que se referia GUILHERME

MOREIRA[1403] – é um dos pressupostos da responsabilidade civil, a partir do momento em que o legislador *valora* um dano, resultante de determinados comportamentos do lesante e do lesado, esse pressuposto perde a sua linearidade tornando-se mais complexo e passando a integrar a chamada *concausalidade* ou *concorrência causal*[1404]. Estamos agora perante uma hipótese em que, no plano etiológico, o dano não surge apenas pela causa colocada pelo responsável, mas também pela causa desencadeada pelo lesado. Não se podendo dizer que esse dano resulta em parte de cada uma das contribuições causais[1405], é mais rigoroso afirmar-se que o dano não ocorreria sem a articulação causal das duas condutas (por ex., da desatenção do atropelado e do excesso de velocidade do condutor atropelante). Corolário manifesto desse considerando é a afirmação de que a hipótese prevista no artigo 570.°, 1 integra a chamada concorrência *real, efectiva* ou *necessária* de causas[1406], o que significa que o nexo entre a acção lesiva e o dano não é

[1403] *Instituições...*, I, *cit.*, p. 594.

[1404] De concausalidade poderá falar-se igualmente quando haja, por ex., comparticipação no mesmo acto ilícito, sempre que vários responsáveis pelo dano respondam com base numa mesma norma ou em normas diferentes (com idêntico ou diferente fundamento responsabilizante) ou desde que com a conduta do lesante concorra um evento fortuito ou de força maior (ver, aliás, *supra*, n.° 18).

Em geral, sobre *a concorrência real* de causas, ver PEREIRA COELHO, *O problema da causa virtual..., cit.*, pp. 7 e ss., ANTUNES VARELA, *op. cit.*, pp. 938-941 e MENEZES CORDEIRO, *Direito das Obrigações*, II, *cit.*, pp. 413 e ss., conquanto não prescinda da *imputação* do evento danoso (na terminologia que adopta, a nossa hipótese, pelo menos na sua configuração típica, parece integrar a figura do «concurso objectivo homogéneo necessário»). Ver ainda, para a «*Konkurrenz von Schadensursachen*», M. KELLER/S. GABI, *op. cit.*, pp. 17 e ss..

[1405] Daí que não consideremos correcto o teor do §1(1) do *Law Reform (Contributory Negligence) Act*, ao referir-se ao «...*damage as the result partly of the fault of any other person or persons...*». No sentido de que o decisivo é a contribuição do lesado para o *dano*, ver WINFIELD/JOLOWICZ/ROGERS, *op. cit.*, p. 151.

[1406] A terminologia não se apresenta sedimentada, pois há quem se refira apenas a uma «concorrência de causas» (DARIO MARTINS DE ALMEIDA, *op. cit.*, p. 143, CANDICE, *op. cit.*, p. 40 e ESSER/SCHMIDT, *op. cit.*, I, 2, §35 I, p. 256), enquanto outros aludem, com maior rigor, a «concorrência efectiva» (é o caso de PEREIRA COELHO, *op. ult. cit.*, pp. 8-9, n.(5) e 212, embora no *Obrigações, cit.*, fale de «concausalidade *stricto sensu*»), a causalidade cumulativa» ou «necessária» (cfr. SCHÄFER, *op. cit.*, p. 99, ROTHER, *op. cit.*, p. 51 e LANGE, *op. cit.*, §3 XII 2, pp. 158-159), a «causalidade conjunta» (cfr. ADRIANI, *op. cit.*, pp. 1-2 e OFTINGER, *op. cit.*, p. 104) ou a «causalidade combinada» (cfr. GOTTSCHALK, *apud* ADRIANI, *op. cit.*, p. 1 (n.2)).

O tríplice pressuposto legal do concurso 427

afastado pela condição cumulativa colocada pelo lesado, nem esta se apresenta, por ex., como uma «derivação» daquela acção.

De acordo com o teor do n.° 1 do artigo 570.°, o entrelaçamento das duas condutas (como hipótese mais simples) verifica-se não apenas na *produção* do dano (como na falta recíproca de capacetes de protecção) mas também quando o facto do lesado *agrava* um efeito danoso causado exclusivamente pelo lesante ou derivado ainda de uma actuação bilateral. Esta outra forma de concorrência, que não tem a ver, em regra, com a possível sequência da cadeia causal atribuída ao lesante (e que deve abarcar as possíveis *faltas leves* cometidas pelo lesado na eliminação ou redução do dano), tem como particularidade, não tanto o estar associada a um comportamento *posterior*[1407] (desleixo no tratamento prescrito pelo médico) ao dano, quanto o estar ligada à possível *autonomização* da conduta do lesado e ao significado que pode ter enquanto *medida* do prejuízo[1408]. No tocante à falta de sincronismo entre as condições colocadas pelo lesante e pelo lesado, é de observar que também no concurso para a produção do dano, e para lá da hipótese da *simultaneidade causal*, a causa gerada no lesado pode situar-se *antes* (o transportado viaja com um condutor fatigado, o lesado é portador de uma fragilidade patológica ou provocou uma pessoa emotiva) ou *depois* da condição colocada pelo lesante (alguém acende um cigarro num local em que há gás libertado pela acção negligente de um terceiro)[1409].

A exigência de uma *causalidade efectiva* do facto do lesante e do lesado é feita igualmente noutros ordenamentos dotados de normas idênticas à do n.° 1 do artigo 570.° – estamos a pensar, por ex., no §254 do BGB, no artigo 1227.° do *Codice Civile* e no §463 do *Restatement*

[1407] É o domínio do que DARIO MARTINS DE ALMEIDA (*op. cit.*, pp. 144 e 163-
-164), certamente por inspiração na doutrina francesa (cfr. J. FLOUR/JEAN-LUC AUBERT, *op. cit.*, n.° 180, p. 175), apelida de «causalidade sucessiva».

[1408] Recordem-se, a esse propósito, os fragmentos de PAULUS, *Digesto* 9,2,30,4 e de ALFENUS, *Digesto*, 9,2,52, pr. (*supra*, n.ᵗᵃˢ 1081 e 1083).

[1409] Para essa amplitude temporal, ver CANDIAN, *op. cit.*, pp. 131-132, VENZMER, *op. cit.*, pp. 82 e 90 (ao rejeitar a visão de duas condições «correndo» lado a lado), LANGE, *op. cit.*, §10 VIII, pp. 561-562, STAUDINGER/MEDICUS, *op. cit.*, §254, n.° 68, p. 201 e HÄBERLIN, *op. cit.*, pp. 71-72.

Já aludimos *supra*, n.1323, à posição particular de certos juristas italianos, como FORCHIELLI (e a que POGLIANI adere no seu *Responsabilità..., cit.,* pp. 19,85 e 89), de reservar a doutrina da primeira parte do artigo 1227.° do *Codice Civile* para a *con-causalidade concomitante*.

428   *A conduta do lesado*

of the Law [1410] – e a doutrina nacional [1411] e estrangeira [1412] é sintónica em avocar o requisito concausal. O n.° 1 do artigo 570.°, ao valorar o concurso para a produção e o agravamento dos danos (reais e patri-moniais) e ao pretender regular uma questão que toca o conteúdo da obrigação de indemnização, não exige que seja feita a distinção elabo-rada pela dogmática alemã, desde MOMMSEN e WINDSCHEID, entre uma «causalidade fundante da responsabilidade» (*haftungsbegrün-dende Kausalität*) e uma«causalidade limitativa da responsabilidade» (*haftungsausfüllende Kausalität*) [1413]. Se essa ligação causal, estabe-

---

[1410] «...*a legally contributing cause co-operating with the negligence of the defendant in bringing about the plaintiff's harm*».

[1411] Relativamente ao estatuído no artigo 140.°, §2.° do Código da Estrada de 1930, ver CUNHA GONÇALVES, *Tratado...*, XIII, *cit.*, p. 166.

Nos trabalhos preparatórios do Código Civil de 1966, VAZ SERRA, apoiado em ENNECCERUS, foi muito explícito na afirmação do pressuposto, como resultava, aliás, do seu articulado: «..., *é necessário que o facto do prejudicado possa considerar-se como causa do dano ou do aumento dele, em concorrência com o facto do responsável, causa também do dano...*» (artigo 1.°, 3, in *Conculpabilidade do prejudicado*, BMJ n.° 86, *cit.*, pp. 169 e 135-136). A nossa doutrina mais recente manteve-se nessa linha de pensamento, como pode ver-se em J. G. DE SÁ CARNEIRO, RT, ano 86.°, *cit.*, p. 259, PIRES DE LIMA/ANTUNES VARELA, *Código Civil Anotado*, I, *cit.*,artigo 570.°, n.° 2, pp. 587-588, ALMEIDA COSTA, *op. cit.*, pp. 672-673, J. RIBEIRO DE FARIA, *Direito das Obrigações*, I, *cit.*, p. 523, PINTO MONTEIRO, *Cláusulas ...*, *cit.*, pp. 91-92 e RODRIGUES BASTOS, *Das Obrigações em Geral*, III, *cit.*, artigo 570.°, p. 106 e *Notas ao Código Civil, cit.*, artigo 570.°, n.° 1, p.42.

[1412] Entre outros, ver CARBONE, *op. cit.*, p. 355 e *Il rapporto di causalità...*, *cit.*, pp. 165-166, BONASI BENUCCI, *op. cit.*, p. 47, BARBERO, *Sistema istituzionale del diritto privato italiano*, II, 5ª ed., Torino, 1958, p. 809, DE CUPIS, *op. cit.*, I, pp. 247--248, CENDON/VENCHIARUTTI, *op. cit.*, artigo 1227.°, n.° 3, p. 198, WESTER, *op. cit.*, pp. 52 e ss., MEDICUS, *Schuldrecht, cit.*, §59 I, p. 308, H. LANGE, *op. cit.*, §10 VIII, pp. 561-563, HENKE, JuS 1988, *cit.*, p. 759, H. e L. MAZEAUD/J. MAZEAUD/TUNC, *op. cit.*, n.° 1460, p. 549, SANTOS BRIZ, *op. cit.*, p. 115, FLEMING, *op. cit.*, pp. 252-253 e HONORÉ, *op. cit.*, n.°159, pp. 108-109.

[1413] Cfr. LARENZ, *Lehrbuch...*, Band I, *cit.*, §27 III a, pp. 432-433 (no exemplo que refere parece autonomizar a questão da aplicação do §254), H. LANGE, *op. cit.*, §3 II, pp. 77-78 (chamando a atenção para as *nuances* que a distinção assume em certos autores e que se traduzem na articulação entre a conduta e a lesão inicial e entre esta e os danos posteriores), DEUTSCH, *Haftungsrecht, cit.*, pp. 140-142, *Unerlaubte Handlungen...*, *cit.*, §5, pp. 25-26 e *Beweis und Beweiserleichterungen des Kausal-zusammenhangs im deutschen Recht*, in Festschrift für H. LANGE zum 70. Geburtstag am 24 Januar 92, Stuttgart/Berlin/Köln, 1992, pp. 434-435 e ESSER/SCHMIDT, *op. cit.*, 2, §35 II, pp. 262-263 (separando as «fases do fundamento da responsabilidade e da sua

O tríplice pressuposto legal do concurso

lecida, respectivamente, entre a acção lesiva e o direito ou interesse violados e entre estes eventos e a lesão efectiva, parece ter correspondência na separação feita por certos autores italianos (como GORLA[1414]) entre o *dano-evento* e os *danos-consequências*, ela surge aqui deslocada dado o seu escopo (a primeira conexão destina-se a afirmar o critério responsabilizante, integrando o próprio *Tatbestand*) e o papel «final»[1415] que é chamado a desempenhar o normativo do artigo 570.°,1 ao repartir o dano (de cálculo) resultante da contribuição causal do lesante e do lesado. Esta função básica pressupõe verificada a responsabilidade do lesante e a *autoresponsabilidade* do lesado, bem como a delimitação e o cálculo de um dano (que será ou não indemnizado) que não é, em princípio, «descontado», só pela circunstância de poder ter surgido por acção do lesado e após o evento lesivo. Mais significativo do que o acolhimento de uma *secção* do nexo de causalidade, que entre nós não tem tradição[1416], é a dupla problemática da

---

extensão»). Para as *nuances* referidas por LANGE, ver KÖTZ, *op. cit.*, n.° 159, p. 66 e a separação que faz entre a «primeira lesão» e os «danos consequentes».

Como o próprio LANGE refere, trata-se de uma duplicidade que nem todos aceitam, como pode comprovar-se em SOURLAS, *op. cit.*, p. 77 e P. GOTTWALD, *Schadenszurechnung und Schadensschätzung*, München, 1979, pp. 81 e ss.

[1414] Cfr. *supra*, n.1323. Para lá de GORLA (na p. 415, n.(12) da RDCDO I, 1951, *cit.*, parece defender, para o âmbito do artigo 1227.°, essa dupla relação acção-evento e evento-consequências), cfr. igualmente GIUSIANA, *op. cit.*, p. 59, RESCIGNO, *Libertà del «trattamento» sanitario e diligenza del danneggiato*, Studi in onore di A. ASQUINI, IV, 1965, p. 1646 e BONVICINI, RcP 1967, *cit.*, p. 219 (para quem os artigos 1223.° e 1227.° visam os efeitos danosos da relação facto-evento). Também em Itália a contraposição é posta em causa por SCOGNAMIGLIO, NDI XV, *cit.*, p. 650 (falando de «artifício lógico»), CARBONE, *op. cit.*, pp. 227 e ss. e 277 e ss. e *Il rapporto di causalità, cit.*, pp. 144,149 e 152-153 (referindo a sua inutilidade e complexidade), FORCHIELLI, *Il rapporto..., cit.*, pp. 5,21, e 25 e SALVI, *op. cit.*, p. 48 e EDXXXIX, *cit.*, p. 1250. A posição deste último autor é particularmente realista ao negar a existência do duplo nexo e ao relevar os dois momentos da imputação de responsabilidade e da determinação do *quantum* indemnizatório.

[1415] Por isso, e com acerto, CARBONE, *Il rapporto..., cit.*, p. 156, considera o artigo 1227.° como «*norma di chiusura*», enquanto VENZMER, *op. cit.*, p. 81, liga o §254 I ao «evento responsabilizante», ou seja, «ao corte causal que termina na verificação do evento lesivo» (*Erfolg*). Quanto a nós, esta última asserção só é correcta se com ela VENZMER se quiser referir ao dano real (ver, aliás, a p. 26 do seu *Mitverursachung..., cit.*). É evidente, por outro lado, que uma norma do tipo da do nosso artigo 570.° não «fecha» apenas um certo processo concausal, mas enumera os pressupostos típicos da repartição do dano (é a «*Eröffnungsnorm*» de que fala WOCHNER, *op. cit.*, p. 168).

[1416] Ver, no entanto, CUNHA GONÇALVES, *Tratado..., XII, cit.*, p. 441, J. RIBEIRO DE FARIA, *Direito das Obrigações*, I, *cit.*, p. 507 e SINDE MONTEIRO, *Responsabilidade*

incidência causal da conduta do lesado no critério subjectivo e objectivo de responsabilidade e da necessária «correcção» valorativa da imputação ao lesado («fragilizado» ou não) da sua «culpa».

Visando a norma'do artigo 570.°, 1 apenas as hipóteses concausais estruturadas em torno de pelo menos duas condutas *efectivas* do lesante e do lesado, ficam naturalmente à margem desse preceito os casos em que o dano foi provocado pelo lesante, mas sê-lo-ia pelo lesado se não tivesse ocorrido aquela causa. Referimo-nos às situações em que a conduta do lesado funciona como causa meramente *hipotética* ou *virtual*[1417] do seu dano (alguém destrói ou danifica parcialmente um objecto alheio que, por ex., o dono *decidira* destruir, doar ou não utilizar; o lesante prova que o lesado tinha concebido um processo infalível de suicídio) e que se demarcam daquelas outras em que o facto do lesado surge como *causa alternativa* do seu dano (numa brincadeira de crianças uma delas fica ferida numa vista, não se sabendo se a lesão não terá sido devida a um gesto seu)[1418]. Neste último caso, relacionado com a *possibilidade* de o lesado ter sido o causador do seu próprio

---

por conselhos..., cit., p. 270. Para um caso de recepção do duplo nexo causal pelo STJ, ver o seu acórdão de 12 de Maio de 1989, publ. nos AD, n.ᵒˢ 332-333, pp. 1135-1139, partindo de uma interpretação discutível do n.° 1 da Base V da Lei n.° 2127.

[1417] Para a noção de *causa hipotética*, ver, por todos, PEREIRA COELHO, *O problema da causa virtual..., cit.*, pp. 7 e ss..

A terminologia causalidade «antecipada» ou «ultrapassante» (*überholende Kausalität*), utilizada por autores germânicos, como DEUTSCH (*Unerlaubte Handlungen..., cit.*, §6, p.38), é criticada, entre nós, por PEREIRA COELHO, *O problema da causa virtual..., cit.*, p. 23 e ANTUNES VARELA, *op. cit.*, I, pp. 942-943, n.(1) – mostrando-se ainda pouco receptivo à expressão «*Reserveursache*» que, por ex., MEDICUS, *Schuldrecht*, I, *cit.*, §54III 2, p. 271, adopta – e, na doutrina alemã, por LANGE, *op. cit.*, §4 I, p. 176, n.(1) e ESSER/SCHMIDT, *op. cit.*, I, 2, §33 IV, p. 229. Neste plano conceitual, é de referir que a preferência pela expressão «causalidade interrompida» (cfr. PEREIRA COELHO, *op. ult. cit.*, pp. 13 e ss. e *Nexo de causalidade..., cit.*, pp. 225--226, apesar de não a considerar rigorosa, ALMEIDA COSTA, *op. cit.*, p. 658 e GALVÃO TELLES, *op. cit.*, p. 414) é posta em causa, com uma certa razão, por ANTUNES VARELA, *loc. cit.*.

[1418] No caso decidido, em 1950, pelo OLG Celle, com base na aplicação combinada dos §§ 830 I, 2 e 254 do BGB, tratou-se, precisamente, da lesão numa vista causada a uma criança de 7 anos, que estava a brincar (arremesso de pedras) com outras duas (cfr., para uma análise crítica da decisão, favorável ao lesado, G. BRAMBRING, *Mittäter, Nebentäter, Beteiligte und die Verteilung des Schadens bei Mitverschulden des Geschädigten*, Berlin, 1973, p. 182). Ver ainda o exemplo referido por ROTHER, *op. cit.*, p. 54, de o próprio dono dos peixes mortos ter podido despejar águas residuais no curso de um rio, onde existem mais duas empresas fabris.

O tríplice pressuposto legal do concurso 431

dano, a inexistência no nosso sistema de uma norma idêntica à do §830I, 2 do BGB, destinada a facilitar a tarefa probatória do lesado, e que poderia dar algum efeito útil ao argumento que GOTTWALD[1419] retira da mera participação do lesado numa rixa, a ausência de um quadro concausal e culposo semelhante ao que é pressuposto no artigo 570.° e a falta de outras bases jurídicas favoráveis (presunção de culpa ou de causalidade) fazem imputar o dano ao próprio lesado[1420 1421], não se justificando uma solução salomónica ou outra tutela mais protectora.

No concernente ao primeiro grupo de hipóteses[1422], como a sua resolução não recebeu nenhum tratamento legal específico[1423], é

[1419] *Op. cit.*, p. 120.

[1420] Se PEREIRA COELHO, *op. ult. cit.*, pp. 8-9, n.(5) e ANTUNES VARELA, *Das Obrigações em Geral* I, *cit.*, p. 923, n.(1), criticam explícita e implicitamente a solução adoptada pelo §830 I, 2, MENEZES CORDEIRO, *Direito das Obrigações*, II, *cit.*, pp. 416--417, não acolhe a aplicação analógica do artigo 497.°.

[1421] Na doutrina alemã, contraposta à posição de autores como F. BYDLINSKI, *Probleme der Schadensversursachung nach deutschen und österreichischen Recht*, Stuttgart, 1964, p. 87, REINELT, *Schadensverantwortlichkeit mehrerer gegenüber einem mitschuldigen Verletzten*, 1969, p. 43, DEUTSCH, *Unerlaubte Handlungen..., cit.*, §12, p. 83 e GOTTWALD, *op. cit.*, pp. 119-121, defensores de uma repartição do dano mediante a aplicação analógica dos §§830 I, 2 e 254 do BGB, existe uma tendência dominante – a que se ligam nomes como WEIDNER, *op. cit.*, pp. 6-7, ROTHER, *op. cit.*, p. 54, BRAMBRING, *op. cit.*, pp. 181 e ss., *maxime* p. 188, MEDICUS, *Schuldrecht*, II, *cit.*, §151, p. 428, e cujo referente jurisprudencial é a decisão do BGH de 30 de Janeiro de 1973 (BGHZ 60, 177) – que parte da regra da «*Sachzuständigkeit*» e que vincula a *ratio* do §830 I, 2 à comprovada titularidade do direito de indemnização (para uma hipótese em que não se apurou qual dos dois agressores tinha causado maiores lesões ao agredido, mas ficou provado o «concurso de culpa» do lesado relativamente a um deles, ver a decisão do BGH de 15 de Junho de 1982, publ. na NJW 1982, p. 2307). A *Corte di Cassazione* também já aplicou o artigo 1227.° do *Codice* a um caso em que se apurou a participação do lesado numa manifestação colectiva (cfr. CIAN/TRABUCCHI, *op. cit.*, artigo 2055.°, n.° 8, p. 1704).

[1422] Se, por ex., o veículo de alguém sofreu uma colisão e o dono tem um *novo* acidente, em que *agrava* os danos iniciais, há naturalmente um concurso *efectivo* de causas. Algo próximos das hipóteses referidas no texto são aqueles casos, a que já aludimos *supra*, n.626, em que o próprio *estado* do lesado (gravemente doente) ou de bens seus (prédio ou árvore com propensão a ruir ou a cair) é valorado não tanto como *causa virtual* do dano mas mais como «elemento» que influi no *quantum* indemnizatório.

[1423] VAZ SERRA, *Obrigação de indemnização ...*, BMJ n.° 84, *cit.*, p. 54, apesar de considerar «estranho» que, no exemplo que coloca, retirado de ENNECCERUS/ /LEHMANN (o inquilino, após ter demolido a parede da casa arrendada, demonstra que o senhorio a deitaria abaixo), o locador possa ter direito de indemnização, não deixa de sustentar a tese tradicional de que a verificação da causa virtual não perturba, no plano da *causalidade*, a eficácia da causa real (p. 66). Contudo, ao autonomizar a

necessário sopesar os argumentos que confluem, em geral, no problema da causalidade virtual. Na perspectiva tradicional em que se coloca a nossa doutrina dominante de não relevar, em regra, a causa virtual, *sancionando* [1424], concomitantemente, o autor do ilícito cometido, a circunstância de existir uma conduta hipotética do lesado não justifica um tratamento diverso daquele que é dado à causa virtual *fortuita* ou desencadeada por um *terceiro*. Afirmada, pois, a *causalidade real* e situado o crédito do lesado no *momento da prática do ilícito,* não se permite ao lesante a demonstração de certas atitudes virtuais do lesado em relação ao bem, com o escopo de procurar a exoneração. Como também sabemos, a mesma doutrina dominante, para lá do realce das hipóteses legais que acolheram a relevância negativa da causa virtual, não chega a abrir propriamente outra excepção nos casos em que a *predisposição* da pessoa ou de bens do lesado, por existir à data da lesão, já produzira determinados efeitos negativos [1425]. O relevo do

---

questão do *conteúdo indemnizatório,* VAZ SERRA adopta uma posição *flexível,* em sintonia com o tratamento dado à *gravidade* da culpa do lesante (pp. 88 e ss.). Esta concepção parece ser ainda integrada com a natureza *provisória* ou *definitiva* do destino a dar (ou já dado) pelo dono à coisa atingida ilicitamente por terceiro (nas pp. 173-176, VAZ SERRA defende, em princípio, o direito do dono da coisa ao seu *valor objectivo,* mesmo que tenha decidido *destruí-la, prometido vendê-la* ou *doá-la*).

[1424] Para essa justificação clássica, ver PEREIRA COELHO, *O problema da causa virtual..., cit.,* pp. 294-297 (embora alargando a relevância da causa virtual aos casos que reclamem tratamento idêntico ao dos contemplados nos artigos 496.° e 1371.° do Código de Seabra), *Obrigações, cit.,* p. 185, e *A causalidade...,* RDES, XII, 3,4,1965, *cit.,* p. 54, ALMEIDA COSTA, *op. cit.,* pp. 669-671 e GALVÃO TELLES, *op. cit.,* p. 419. MENEZES CORDEIRO, *Direito daas Obrigações,* II, *cit.,* pp. 421-423, advogando a mesma solução final da irrelevância do «concurso virtual», funda-a, contudo, na ideia da «imputação», no escopo central ou *reparador* da responsabilidade e na não conciliação entre aquela ideia e a «teoria da diferença». É de salientar, no entanto, que MENEZES CORDEIRO não entende esta teoria como concepção *dinâmica,* valoradora do prejuízo económico ocorrido no património do lesado.

[1425] Ver, para a incidência do *valor depreciado* do bem na obrigação de indemnização a cargo do autor da causa (parcialmente) real, PEREIRA COELHO, *op. ult. cit.,* pp. 59 e ss., ANTUNES VARELA, *op. cit.,* pp. 946 e 954, SÁ CARNEIRO, *est. cit.,* RT, ano 86.°, pp. 216-217 e GALVÃO TELLES, *op. cit.,* p. 416. Quanto à jurisprudência, como se retira da decisão referida por PEREIRA COELHO, *op. cit.,* p. 65, n.(10) e do acórdão do STJ de 4 de Janeiro de 1963, in BMJ n.° 123, p. 460 (*in casu,* o lesado sofria de leucemia mielóide aguda, tendo um período máximo de vida calculado em seis anos), a tendência parece ser a de não considerar a «depreciação» do bem.

A solução «redutora» é também a posição adoptada na literatura alemã em relação a esses *Anlagefälle,* desde que, na realidade, o bem tenha já sido *atingido* no seu valor (cfr. os autores *cit. supra,* n.626). Maiores problemas suscitam os casos

O tríplice pressuposto legal do concurso 433

chamado «dano pré-existente» (*Verfrühungsschaden*), *naturalmente* justificado dada a maior ou menor desvalorização do bem atingido, tem assim a ver, em rigor, com uma causalidade real dupla e com a *contenção* do conteúdo indemnizatório.

Deixando o plano (mais pacífico) da causalidade e centrando a nossa atenção na realidade danosa, a relevância da causa hipotética surge como um efeito forçoso da *diferença mommseniana*. A colocação da tónica na avaliação do património global do lesado impele o julgador a sopesar o desenvolvimento causal hipotético, que se verifique até ao momento decisivo da liquidação. É precisamente a ausência do dano patrimonial que seduz PESSOA JORGE[1426] a recusar a explicação *sancionatória* da posição dominante[1427] e a considerar como «lógica» a solução da relevância negativa da causa virtual. Aplicando esta ideia aos comportamentos hipotéticos do lesado, a consideração de uma *doação* ou de um *acto de destruição* do bem lesado, caso não tivesse ocorrido a sua danificação por terceiro, implica a ausência de um dano económico (*quanti interest*), da mesma forma que uma *vantagem* adquirida pelo lesado pode «anular» *numericamente* o prejuízo sofrido[1428].

---

clássicos em que a causa virtual não se «projectou» já no bem, parecendo no entanto ganhar cada vez mais adeptos a concepção que, colocando a questão no plano da *imputação danosa*, só valora negativamente a causa virtual no tocante às *consequências patrimoniais* decorrentes da lesão (ver, para a tríade de posições existentes no pensamento alemão, FIKENTSCHER, op. cit., § 55 IV, n.os 557 e ss., pp. 334 e ss., e, para a teoria considerada – já visível em NEUNER e com alguma adesão em ANTUNES VARELA, *op. cit.*, p. 954 –, ver LARENZ, *op. cit.*, §30 I, pp. 522 e ss, MEDICUS, *op. cit.*, §54, p. 272 e *Bürgerliches Recht, cit.*, §33 V, pp. 520-521, com a *nuance* de introduzir a distinção entre *danos imediatos* e *danos mediatos*, e LANGE, *op. cit.*, §4 IX, p. 189).

[1426] *Ensaio..., cit.*, pp. 417-418. PESSOA JORGE, nas pp. 382-383, não deixa, no entanto, de emitir críticas à «teoria da diferença». Segundo MENEZES CORDEIRO, *op. ult. cit.*, p. 420, n.(263), TEIXEIRA DE SOUSA adere igualmente à concepção que releva a causa virtual.

[1427] Para uma crítica à «*Sanktionsfunktion*», «estimulada» pelos dados do BGB, ver LEMHÖFER, *Die überholende Kausalität und das Gesetz*, in JuS 1966, p. 339.

[1428] Como assinala SALVI, *op. cit.*, p. 103 e *Risarcimento del danno*, ED XL, *cit*, p. 1085, na base da concepção patrimonial está a *condemnatio pecuniaria* romana, alijada da componente penal primitiva e enquadrada numa economia de troca.

Para o núcleo e o tom «lógico» da «teoria da diferença», ver, por todos, PEREIRA COELHO, *op. ult. cit.*, pp. 258-260 e 277 e *Obrigações, cit.*, pp. 177-179 e 181, e, para a sua crítica, surgida na literatura alemã a partir dos anos 20, ver, entre outros, NEUNER, *Interesse und Vermögensschaden*, in AcP 1930, pp. 237 e ss., MEDICUS, *Schuldrecht, cit.*, §54 I, pp. 264-265 e *Münchener Kommentar*/GRUNSKY, *cit.*, introdução ao §249, n.° 7, pp. 299-300.

Oscilando o tratamento dado à causa virtual, na sua ligação com uma possível exoneração do autor da causa real, em função da assinalada função *sancionatória* ou da concepção que se advogue acerca do *próprio dano*, há que saber, na verdade, se o dado de existir uma *conduta do lesado* introduz algum elemento novo na questão. Juristas como HECK[1429], LEHMANN[1430] e KNAPPE[1431], estabelecendo critérios diferenciadores, consoante as características da causa hipotética, não deixaram de advogar a relevância da causa virtual – conduta do lesado, invocando argumentos diferentes, ligados, respectivamente, à lógica reparadora da «teoria da diferença», à «injustiça» da responsabilização e à conjugação daquela lógica (na sua pretensão de não favorecer o enriquecimento do lesado) com o pensamento sancionatório. Concretamente quanto à concepção de KNAPPE, o jurista alemão chegou mesmo a defender a aplicação analógica do §254 do BGB[1432], cometendo ao juiz a tarefa de *repartir o dano* consoante a maior ou a menor culpa do autor da causa real.

O desiderato de KNAPPE terá sido acolhido por VAZ SERRA[1433], embora num enquadramento mais rigoroso, à margem da ideia da «conculpabilidade», e advogando, precisamente, o pensamento que iria constituir o núcleo da norma do artigo 494.°. E o próprio PEREIRA COELHO[1434] não deixou de assumir uma idêntica posição de reserva ao criticar o recurso (analógico) de KNAPPE a uma norma que na realidade pressupõe uma *concausalidade real*[1435,] exigida pela necessidade de se valorar o efectivo peso contributivo das condutas do lesante e do lesado. O nosso jurista foi mesmo mais longe ao retirar, do *limitado* §2.° do artigo 2398.° do Código de Seabra, um *argumento de maioria de razão* a favor da *irrelevância* do facto virtual do lesado[1436]. Apesar

---

[1429] *Apud* PEREIRA COELHO, *O problema..., cit.*, pp. 122-123, n.(3), e 170.

[1430] *Apud* PEREIRA COELHO, *op. cit.*, pp. 122-123, n.(3) e 213.

[1431] *Apud* PEREIRA COELHO, *op. cit.*, pp. 122-123, n.(3) e 206 e ss..

[1432] Para uma aplicação analógica do §1304 do ABGB, ver KOZIOL, *op. cit.*, p. 86 (com a ideia de que o lesado «culpado» deve arcar em maior medida com o dano do que na ocorrência de um caso fortuito).

[1433] *Obrigação de indemnização* ..., BMJ n.° 84, *cit.*, pp. 88-90.

[1434] *Op. cit.*, pp. 211-212.

[1435] No mesmo sentido crítico, relativamente à invocação do §254, ver ROTHER, *op. cit.*, p. 211, n.(1) e DEUTSCH, *Haftungsrecht, cit.*, p. 172.

[1436] O argumento já não colheria face ao mais complexo artigo 570.°, 1 ou retirando certas sequelas lógicas da conjugação da conduta do lesante com uma situação fortuita.

da solução final de valorar o conceito *real* de dano, em determinados trechos da sua dissertação e noutros estudos [1437] PEREIRA COELHO parece mostrar alguma «simpatia» pelo modo como, em geral, KNAPPE aborda a questão, chegando a afirmar que a resolução justa do problema não prescinde da consideração do *interesse* do lesado, da *culpa do lesante* e da sua *projecção no conteúdo indemnizatório*.

Na perspectiva em que nos temos colocado de conseguir, mediante a valoração dos interesses em conflito, uma repartição justa do dano, não cremos que esse escopo possa ser conseguido advogando, sem mais, a lógica redutora da «teoria da diferença» ou colocando exclusivamente a tónica num fundamento sancionatório, sufragador de uma indemnização sem dano. Sendo certo, por outro lado, que uma mera deliberação de destruição ou de abandono de um certo bem feita pelo seu titular (é o caso do dono de um automóvel antigo ter decidido abandoná-lo) não chama, em rigor, a hipótese para o círculo das «coisas depreciadas» *(Anlagefälle)*, também é artificiosa e complexa, apesar de sedutora, a tese mais recente de GRUNSKY [1438] – a que não parece alheio o pensamento de VEITH e de VON CAEMMERER – de considerar a causalidade hipotética como «subcaso» *(Unterfall)* de «compensação de vantagens» (o dano da eficácia da causa real parece gerar a *vantagem* da preclusão da causa virtual) e, como tal, submetido ao tratamento *particularizado* que é apanágio daquela, com a consequência de conduzir à imputação ou não do *lucro* («*sonstig Vorteil*») consoante o sentido da obrigação de indemnização [1439].

[1437] Cfr. as pp. 123 e 295-297 do seu *O problema..*, *cit.* e a n.(63), pp. 345-346, do *O enriquecimento e o dano, cit.*, RDES, ano XV, n.º 4, 1968.

[1438] *Hypothetische Kausalität und Vorteilsausgleichung,* in Festschrift für HERMANN LANGE zum 70. Geburtstag am 24 Januar 92, Stuttgart/Berlin/Köln, 1992, pp. 469 e ss. É de observar que o ponto de partida de GRUNSKY, e que representa a desvalorização do argumento formal retirado, em escritos anteriores, da «diferença patrimonial», é colocado em causa por aqueles autores que, como TRIMARCHI (*Condizione sine qua non, causalità alternativa ipotetica e danno*, in RTDPC, 1964, p. 1453) e LANGE, *op. cit.*, §9 I4, p. 485, não consideram que a subtracção do bem à eficácia da causa hipotética represente propriamente uma vantagem. Ver, contudo, para as reservas a tal asserção, PEREIRA COELHO, *op. cit.*, pp. 196-197, ao analisar criticamente as teses de VEITH.

[1439] No *Münchener Kommentar, cit.*, introdução ao §249.º, n.º 85, p. 344, GRUNSKY considera irrelevante, para isentar o lesante, o destino que o lesado daria à coisa lesada (cfr. também as pp. 476-477 do *est. cit.* na nota anterior, num caso em que o lesante destruiu garrafas de vinho que o lesado iria *consumir*).

Tendo consciência de que se trata, no seu conjunto, de uma problemática muito complexa, com alguma similitude com a da fixação dos requisitos do *enriquecimento sem causa,* e que exigiria um estudo idêntico ao que PEREIRA COELHO empreendeu na década de 50, não poderemos ter outras intenções que não sejam as de equacionar alguns tópicos sobre o regime que segundo a nossa óptica deverá ser reservado para a causa virtual aqui considerada. A nossa posição «bebe» inequivocamente na *finalidade* e no *núcleo* do pensamento de KNAPPE, mas sem enquadrarmos a hipótese na norma do «concurso de culpas» ou darmos grande realce ao argumento sancionatório. Partindo da ideia de que aquele que violou culposamente ou não culposamente bens juridicamente tutelados não poderá libertar-se invocando a ocorrência, mais ou menos casual, de certos comportamentos virtuais do lesado, parece-nos que se imporá, nalguns casos, a *correcção* desse resultado, actuando directamente sobre o montante indemnizatório. A dificuldade reside, contudo, na via mais adequada para se conseguir a necessária *solução compromissória* entre o desejo de fazer responder o autor do acto lesivo e o propósito de evitar uma reparação «excessiva». Entre atender ao *valor subjectivo* do bem lesado, entrar em conta com a ficção de uma *desvalorização pré-existente* ou aplicar a *ideia* contida no artigo 494.º, cremos mais acertada esta última possibilidade. Na verdade, a análise da situação no seu conjunto, ou seja, a valoração da maior ou menor gravidade da conduta do lesante, bem como do *sentido* de uma conduta do lesado que, embora não chegando a atingir o patamar de uma *autoresponsabilidade,* pode revelar, precisamente, uma *inequívoca vontade autolesiva,* deve levar o julgador a uma ponderação cuidadosa de cada hipótese, norteada pela filosofia do critério que preside ao artigo 494.º e cuja *adaptação* a este caso permite considerá-lo como a *verdadeira correcção* de um *quantum* indemnizatório, já de si depurado, em regra, dos lucros cessantes. Não nos parecendo inteiramente justas as posições de princípio, como as de ROTHER [1440] (apoiado em HECK) e de BYDLINSKI [1441], que fazem tábua

---

[1440] *Op. cit.*, pp. 213-214. ROTHER dá, contudo, o exemplo de uma *lesão parcial* (o lesante quebrou um globo existente na casa do lesado, sendo certo que este iria deitar fora o candeeiro). Independentemente da actuação dolosa ou negligente do lesante e do lesado, o autor germânico não concede ao lesado direito a pedir a quantia que permitiria substituir o globo.

[1441] *Op. cit.*, pp. 107-108. No tocante aos danos mediatos (lucros cessantes) ou ao maior valor subjectivo do bem lesado, BYDLINSKI já valora a conduta *intencional* ou *negligente* do lesado. Cfr. igualmente TRIMARCHI, *Causalità e danno, cit.,* pp. 178-179.

O tríplice pressuposto legal do concurso 437

rasa dessas condicionantes, apelando, respectivamente, para a ausência de dano patrimonial e para a contraposição, já sustentada por NEUNER, entre o dano imediato e o dano mediato, o caso típico merecedor do tratamento mais favorável (*redução* da indemnização do valor objectivo) será aquele que possa combinar, na relação intersubjectiva, a culpa pouco significativa (ou o risco responsabilizante) e a situação económica desfavorável (do lesante) com o patente comprometimento negativo do lesado com os seus bens [1442] (projectado na deliberação de *abandono* ou de *destruição* e ausente, em maior ou menor medida, na mera *renúncia* ao uso ou consumo, na *impossibilidade de utilização* de um bem ou mesmo na actuação virtual *negligente* por parte do lesado) e o eventual benefício resultante (para o lesado) do acto lesivo. Esse melhor tratamento do lesante – englobante, no limite, da *exclusão* indemnizatória – deixará de se justificar, verificada que seja uma maior gravidade subjectiva da conduta do lesante, a eventual cobertura colectiva do acto real e a falta de vontade autolesiva por parte do lesado.

44. A insuficiência da teoria da *equivalência das condições* e das concepções qualificadas

A questão mais complexa que é colocada pela concausalidade de que estamos a tratar tem a ver com a *afirmação jurídica* desse mesmo processo causal, e, consequentemente, com a identificação dos *critérios* que permitam ao julgador concluir pela concorrência *efectiva* de causas. É claro que a norma do artigo 570.°, 1 não resolve o problema, na medida em que só afirma a necessidade da conjugação

---

[1442] Sinais da necessidade de um juízo ponderativo encontram-se em AMÉRICO MARCELINO, *Questões de responsabilidade civil*, in SI, tomo XXX, 1982, pp. 277-279, quando, partindo do exemplo da destruição de um tractor, que o seu dono «jamais poderia usar ou explorar», considera «a privação da possibilidade de o usufruir» como um dano (substancial?) a indemnizar de acordo com um critério bastante indeterminado e de difícil concretização («...haverá de se atender ao prejuízo efectivo, real, doseando a indemnização em conformidade com este»). Diga-se também que não é preciso que a atitude do lesado revista as componentes que surgem no exemplo de FRANK/LÖFFLER, JuS 1985, *cit.*, p. 692 (alguém danifica culposamente a porta de um celeiro, que, na noite seguinte, seria queimado pelo lesado, *com o fim de receber o dinheiro do seguro*). Os dois juristas, ao equipararem estas situações «deliberadas» aos chamados *Anlagefälle*, isentam o lesante de qualquer indemnização (p. 693), enquanto H. LANGE, *Zum Problem der überholenden Kausalität*, in AcP 152 (1952), p. 163, reconduz a «conduta desejada» à proibição de *venire contra factum proprium*.

concausal do facto «culposo» [1443] do lesado, em ordem a uma adequada repartição do dano. Esse silêncio legitima um discurso interrogativo: será suficiente *qualquer* comportamento do lesado para que se possa afirmar que foi igualmente causa do dano que sofreu? O conduzir sem carta, embriagado, com as luzes traseiras apagadas, o estacionar em local proibido, o atravessar fora da «passadeira», o ir na berma errada, a abertura da porta de um elevador ou a utilização de sapatos inadequados [1444], implicam, de per si, a configuração do pressuposto concausal? E poderão ser transpostos para este âmbito, na lógica «geométrica» afirmada por certos autores, os mesmos critérios que enquadram a conexão causal entre o facto lesivo e o dano? Uma outra dúvida que se pode colocar é a de saber se a delimitação concausal se projecta na fase da repartição do dano, como sucede, por ex., no seio do §254 do BGB. Deixando para mais tarde a resposta a esta última questão, há que advertir previamente que não vamos fazer o estudo crítico do nexo de causalidade ou a exposição minuciosa dos seus fundamentos e resultados, mas move-nos apenas o propósito de observar, do lado do lesado «culpado», uma questão, a que PEREIRA COELHO [1445] chamou de «fisiologia da relação de causalidade», ao contrapô-la às vertentes «anatómica» e «patológica».

A mera admissão de uma «causação» (*Verursachung*) em termos puramente *naturalísticos* ou materiais, tal como foi enunciada por STUART MILL [1446] na primeira metade do século XIX, não logra fornecer qualquer critério idóneo de identificação concausal, na medida em que se move no plano das *coincidências* ou das simples *referências espaciais* ou *temporais* (o estar ou o passar naquele local, o atravessar

---

[1443] O nosso legislador teve o cuidado de evitar a expressão «culpa causal» dada a sua incorrecção, como, aliás, o demonstram ADRIANI, *op. cit.*, p. 4, VENZMER, *op. cit.*, p. 93, n.(1), WOCHNER, *op. cit.*, p. 169, LANGE, *op. cit.*, §10III, p. 537, ROTHER, Festschrift für K. LARENZ, *cit.*, pp. 551-552 e PRISCO, *op. cit.*, p. 63. Para o uso de «culpa causal», ver os acórdãos do STJ de 22 de Maio de 1980, BMJ n.º 297, p. 325 e da RC de 31 de Outubro de 1990, in CJ, ano XV, tomo 4, 1990, p. 102.

[1444] No caso *City of Montreal v. Miggins*, e que nos é relatado por BAUDOUIN, *op. cit.*, pp. 140-141, tratou-se da queda dada por uma senhora num passeio em mau estado.

[1445] *O nexo de causalidade..., cit.*, p. 224 e *A causalidade...*, RDES, 1965, *cit.*, p. 40.

[1446] Cfr. o seu *A System of Logic Ratiocinative and Inductive,* pp. 323 e ss. (vol. VII das obras de S. MILL coligidas por J. M. ROBSON/R. F. MCRAE, Toronto, 1974). Ver também, para essa causalidada física, CANDICE, *op. cit.*, pp. 17-19.

O tríplice pressuposto legal do concurso 439

a rua ou o possuir o animal). A versão *jurídica* desta concepção, e que é a teoria da «equivalência das condições», parece adaptável à nossa hipótese, ao identificar *causa* com todo e qualquer antecedente humano *sem a verificação do qual não ocorreria o dano*. Como todas as condições (*sine qua non*) são equivalentes e decisivas, tanto é concausa o acto imprudente do lesado (independentemente da sua possível justificação), como a sua «predisposição» ou o ter descurado o tratamento de uma ferida ligeira[1447]. Na doutrina[1448] elaborada por VON BURI, retomada por VON LISTZ, e que começou por ser dominante no direito penal, quer a condição colocada pelo lesante, quer a condição colocada pelo lesado, são consideradas, na sua conjugação, como tendo causado todo o efeito, o que significa que nenhuma delas tem «força» suficiente para afastar a outra. Nesta «regra fáustica», nas palavras de LARENZ[1449], só não é afirmado o nexo de concausalidade desde que, na ausência daquela conduta do lesante ou daquele facto do lesado, o dano real não deixasse de ocorrer[1450].

A natureza positivista dessa concepção causal, o seu excesso de lógica e a excessiva amplitude conferida à noção de causa, dada a ausência de uma perspectiva valorativa, provocaram uma crítica generalizada à teoria da *conditio sine qua non*[1451]. A posição global de

---

[1447] Ou, como no exemplo aduzido por CUNHA GONÇALVES (*Tratado...*, XII, *cit.*, p. 598), e que já se encontra em DEMOLOMBE (*op. cit.*, n.° 507, pp. 439-440), do passageiro que se encontrava indevidamente na carruagem que descarrilou.

[1448] Para os postulados essenciais da teoria da «equivalência das condições», ver, por todos, ANTUNES VARELA, *Das Obrigações em Geral*, I, *cit.*, pp. 897 e ss..

[1449] *Lehrbuch...*, *cit.*, §27 III, p. 433.

[1450] Nesse sentido, DESCHIZEAUX, *op. cit.*, pp. 15-16 e RUMMEL/REISCHAUER, *op. cit.*, §1304, n.° 12, p. 2260. Para uma aplicação dessa indagação, ver ROTHER, *op. cit.*, p. 52. O jurista germânico, perante a hipótese de alguém sair apressadamente da sua casa e cair na camada de gelo que não foi removida, como deveria ter sido, coloca as seguintes interrogações: mesmo que a camada de gelo tivesse sido retirada, o lesado teria sempre sofrido o dano? Era a camada de gelo tão espessa, que um transeunte cuidadoso também teria escorregado? A resposta negativa a qualquer das duas perguntas equivale à conclusão de que as duas condições são *antecedentes necessários* do dano sofrido. Cfr. igualmente MEDICUS, *Schuldrecht, cit.*, §59, p. 308, para a «valoração» da *equivalência*, a propósito da embriaguez de um condutor lesado e da falta de atenção para um *placard* pouco explícito e ESMEIN, *Trois problèmes de responsabilité civile*, in RTDC 1934, pp. 324-325 e *op. cit.*, (*supra*, n.205), n.° 540, p. 734. Para o jurista francês, defensor de uma concepção estrita de «causalidade moral», a culpa do ciclista, que conduz de noite, sem luzes, não é causa do dano, se o condutor do veículo, que embateu na bicicleta, a podia ter visto, devido à circunstância de o local ser iluminado.

[1451] Entre nós, para essa crítica, ver CUNHA GONÇALVES, *Tratado...*, XII, *cit.*,

reserva, demonstrativa da *insuficiência* do critério, é potenciada no tocante à repartição do dano que deriva da concausalidade de que estamos a tratar, na medida em que a consequência lógica da identidade das condições não pode ser outra senão a da *repartição igualitária*[1452] desse dano, apesar de, em concreto, as condições poderem não ter sido iguais (como acontecerá, por ex., se o peão, além de não ter olhado o trânsito ao atravessar a rua, padecer de surdez).

Não sendo possível eliminar o facto do lesante ou do lesado, sob pena de desaparecer a hipótese a que se refere o artigo 570.°,1, também não parecem adequadas à fixação de um critério identificador as chamadas doutrinas *selectivas*[1453], já que, apesar de irem mais longe na análise causal, são movidas ainda, e em grande parte, pelo objectivo de fixar uma *causalidade exclusiva*. Na sua pretensão de distinguir juridicamente a mera *condição* da *causa*, duas das mais conhecidas dessas doutrinas procuram o ponto de referência na *condição mais próxima* (considerada a mais «idónea» para o dano) e na *condição mais eficaz*. Se a primeira, entroncando na máxima de BACON «*in iure non remota causa sed proxima*», encontrou acolhimento favorável no direito inglês para *mitigar*, arbitrariamente, a rigidez da *contributory negligence rule* com o auxílio de certos «aditivos» subjectivos[1454], já a

---

pp. 443 e ss., SIDÓNIO RITO, *op. cit.*, p. 104, PEREIRA COELHO, *O nexo de causalidade...*, *cit.*, pp. 188 e ss., ANTUNES VARELA, *op. cit.*, pp. 899-901, ALMEIDA COSTA, *op. cit.*, p. 653, RUI DE ALARCÃO, *op. cit.*, pp. 278-279, e, com menor rigidez, PESSOA JORGE, *Ensaio...*, *cit.*, p. 390 e *Lições...*, *cit.*, pp. 584-585. Para a injustiça da doutrina, na sua aplicação à *faute de la victime*, ver DESCHIZEAUX, *op. cit.*, pp. 20 e ss..

[1452] Que a repartição do dano terá que ser feita com base num critério não causal é o que já surge afirmado em JAIME GOUVEIA, *op. cit.*, pp. 129-130 (cfr. *supra*, 379), CUNHA GONÇALVES, *Tratado...*, XII, *cit.*, p. 446 e VON LEYDEN (*apud* VENZMER, *op. cit.*, p. 136). Para a defesa da partilha, em função do número das condutas, ver H. e L./J. MAZEAUD/TUNC, *op. cit.*, n.° 1443, p. 537, PLANIOL/RIPERT/ESMEIN, *op. cit.*, n.° 570, p. 791 (admitindo o critério da gravidade das culpas) e WOLF, *Allgemeiner Teil...*, *cit.*, pp. 480-481 e *Lehrbuch des Schuldrechts, cit.*, p. 265 (sem negar, contudo, nesta última obra, a possível diversidade da dupla «*Begründungszusammenhang*») e, para a sua crítica, ver DESCHIZEAUX, *op. cit.*, pp. 26 e ss..

[1453] Para uma visão de conjunto das posições principais, ver PEREIRA COELHO, *O nexo de causalidade, cit.*, pp. 194 e ss., ANTUNES VARELA, *op. cit.*, pp. 901-903, e, para uma enunciação mais completa, ver C. SASSO, in GI, *cit.* (*supra*, n.1068), col. 1309 e ss. (no seu artigo refere as concepções de BINDING, OERTMANN, BIRKMEYER, ANTOLISEI, GRISPIGNI e PUNZO).

[1454] O *leading case* da *constructive last opportunity rule* é, como sabemos, o *British Columbia Electric Rly Co. v. Loach* (1916). Ver *supra,* p. 370 e a n.1214.

O *tríplice pressuposto legal do concurso* 441

segunda doutrina qualificada, que CUNHA GONÇALVES[1455] parece ter adoptado e SIDÓNIO RITO[1456] considerou consagrada no artigo 4.° do diploma laboral de 1936, sendo baseada na *diversidade quantitativa* estabelecida por BIRKMEYER entre as diversas condições do evento danoso[1457] terá inspirado o critério de repartição do dano previsto no §254 do BGB.

É redundante insistirmos, aqui, no acervo de críticas dirigidas a essas duas concepções, e que se centram, quanto à última, na inexistência de um verdadeiro critério avaliador e, no tocante à primeira, no arbítrio e na injustiça de colocar a tónica «interruptiva» numa última condição, *provocada* não raras vezes por uma condição antecedente[1458] (pensamos na chamada *«agony of the moment»*) e de implicar – ainda no plano da «concausalidade culposa» – o «desconhecimento» da *simultaneidade* causal e uma *normativização* da conduta do lesado, de contornos dogmáticos muito discutíveis, ao fazer deste último uma espécie de «anjo da guarda» do lesante.

45. O critério dominante da concausalidade adequada. O recurso à via do *fim específico da norma violada* e condicionalismos à sua invocação

Para poder ser afirmada a situação concausal descrita no artigo 570.°,1 não basta dizer que o dano só ocorreu pela conjugação das condições colocadas, simultaneamente ou não, pelo lesante e pelo lesado, mas é necessário demonstrar a sua *verdadeira natureza causal*. Na realidade, para sairmos do círculo vicioso, a que nos conduz a doutrina da «equivalência das condições» (se o peão não tivesse atravessado descuidadamente...), é necessário trabalharmos com um critério mais elaborado e humano que nos permita ultrapassar e restringir o

---

[1455] Para a sua doutrina da «causa geradora ou eficiente», baseada, ao que cremos, na distinção, feita por STOPPATO, entre *causa eficiente, ocasião e condição*, ver o *Tratado...*, XII, *cit.*, pp. 448-449. Segundo CUNHA GONÇALVES, essa concepção seria mais *justa* por permitir, por ex., retirar as «predisposições» da causalidade. Na aplicação da sua doutrina à «culpa comum», o nosso comentador (p. 594) recorreu à *gravidade da culpa*, enquanto critério *objectivo* aferidor da eficiência de cada causa.

[1456] *Op. cit.*, p. 118.

[1457] Cfr. PEREIRA COELHO, *op. ult. cit.*, pp. 198 e ss. e CANDICE, *op. cit.*, pp. 31-32.

[1458] Para essa observação, MENEZES CORDEIRO, *Direito das Obrigações*, II, *cit.*, p. 335.

442 — A conduta do lesado

mero plano da *antecedência necessária concreta* em que se move a doutrina da «equivalência»[1459].

A nossa doutrina dominante[1460] não tem dúvidas em aplicar à relação causal entre a condição colocada pelo lesado e o dano o critério que, desde fins do século XIX, tem sido considerado mais apropriado para a análise causal da conduta do lesante e cuja teorização se ficou a dever ao fisiólogo VON KRIES. Tendo surgido com o escopo de flexibilizar a responsabilidade penal, a doutrina da *causalidade adequada*, apesar de ter recebido uma série de formulações e correcções que nos recordam imediatamente nomes como TRAEGER, MAX RÜMELIN e ENNECCERUS/LEHMANN[1461], coloca sistematicamente a seguinte interrogação: aquele facto do lesante era, *em abstracto*, causa adequada daquela espécie de danos? A colocação pelo lesado de uma determinada condição cooperante torna esse quesito mais complexo, dada a necessidade de ser afirmado um *juízo de adequação entre as condutas* (em regra, culposas) *do lesante e do lesado e o dano real sofrido por este.* Sendo escopo fundamental da doutrina da adequação excluir imediatamente da imputação (objectiva) determinados danos, pode afir-

---

[1459] Essa necessidade de *corrigir* o puro enquadramento condicional manifestou-se patentemente ao pensarmos nas alegações dos réus no caso decidido pelo STJ, no acórdão de 23 de Outubro de 1979, publ. no BMJ n.° 290, p. 390. Nessa espécie, a queda do vidro da clarabóia do prédio onde habitava o lesado provocou-lhe lesões graves numa das vistas, pela circunstância de o choque do vidro com o corrimão ter originado uma série de estilhaços. Nas alegações que serviram de base à contestação, os réus vieram invocar a comparticipação causal do lesado *por este ter demorado a entrar no seu andar, conquanto soubesse das obras que se realizavam no prédio...*

[1460] Cfr. PEREIRA COELHO, *Culpa do lesante ...*, RDES 1950, *cit.*, pp. 68, n.(1), 74 e 81-82 (a propósito do §2.° do artigo 2398.° do Código de Seabra), PIRES DE LIMA/ /ANTUNES VARELA, *Código Civil Anotado*, I, *cit.*, p. 587 (artigo 570.°, n.° 2), DARIO MARTINS DE ALMEIDA, *op. cit.*, pp. 144-145 e 422 e RODRIGUES BASTOS, *Das Obrigações em Geral*, III, Lisboa, 1972, p. 106.

No plano legal, a opção pela «adequação causal» transparecia, inequivocamente, e como critério de repartição, na redacção primitiva do n.°3 do artigo 56.° do Código da Estrada de 1954, ao admitir-se a redução da indemnização «... de harmonia com o que, segundo as regras da experiência, se julque causa adequada da lesão ou do seu agravamento».

[1461] Para essas e outras formulações, ver PEREIRA COELHO, *O nexo de causalidade...*, *cit.*, pp. 201 e ss.. É de assinalar a preferência que PEREIRA COELHO demonstra pela formulação *positiva* de TRAEGER (pp. 218 e ss. e RDES 1950, *cit.*, p. 73), no que é acompanhado por GALVÃO TELLES, *op. cit.*, pp. 404-405. Ver também o acórdão da RP de 3 de Maio de 1988, sum. no BMJ n.° 377, p. 546, e o conceito de *causa* que é dado aí.

O tríplice pressuposto legal do concurso 443

mar-se que, na adaptação a essa concausalidade efectiva, a sua função essencial é a de *delimitar o dano a imputar bilateralmente*.

A orientação manifestada pelos nossos juristas tem raízes na posição adoptada por VAZ SERRA[1462] nos trabalhos preparatórios do Código Civil, e inspirada em ENNECCERUS/LEHMANN[1463], de defender a apreciação da contribuição causal do lesado nos mesmos termos da do acto responsabilizante. Conquanto na redacção definitiva do artigo 563.° do Código Civil – e que já constava do Projecto saído da segunda Revisão Ministerial – o legislador tivesse optado pela fórmula alternativa[1464] de VAZ SERRA, mais chegada ao pensamento manifestado por PEREIRA COELHO[1465] no início dos anos 50, mas porventura mais equívoca dada a sua ligação à própria função da indemnização, é seguro que, com aquele preceito, se pretendeu consagrar a doutrina da *causalidade adequada*[1466].

A exigência da *adequação causal*, como pressuposto da imputação ao lesado do seu dano, sendo igualmente sufragada por um número considerável de autores estrangeiros[1467], reconduz-se, *hic et nunc*, e de

---

[1462] *Conculpabilidade do prejudicado*, BMJ n.° 86, *cit.*, pp. 135-136 e 169 (artigo 1.°,3). Quanto a um dos exemplos apresentados por VAZ SERRA para testemunhar a concausalidade («A, conduzindo um automóvel com certa velocidade, buzina a pequena distância de B, que, indeciso, é atropelado»), é de perguntar se o acto do condutor não será, hoje em dia, uma conduta normal com que o peão terá que contar e que, consequentemente, não justifica, em regra, uma reacção daquele género. Mesmo que a resposta seja negativa, é de recusar à «indecisão» do peão o qualificativo de «culpa».

[1463] *Op. cit.* (*supra*, n.214), §16, p. 77 («*Als ursächlich kommt auch hier nur ein Verhalten in Betracht, das dem Schaden adäquat ist*»).

[1464] No artigo 569.° do Anteprojecto global (*parte resumida*), BMJ n.° 100, p. 127, VAZ SERRA propôs uma formulação inspirada em ENNECCERUS: «*A obrigação de indemnização não existe quando o facto que a determinaria era, segundo a sua natureza geral e as regras da vida corrente, indiferente para que surgissem danos da espécie dos produzidos, de sorte que, apenas por circunstâncias extraordinárias, se tornou tal facto uma condição dos mesmos danos. Tomam-se em conta, para este efeito, as circunstâncias que, na data do facto, eram conhecidas ou o podiam ser*».

[1465] Cfr. *op. ult. cit.*, pp. 214 e ss..

[1466] Para a demonstração desse desiderato ver, por todos, PEREIRA COELHO, *Obrigações, cit.*, pp. 163-164 e n.(1) e ANTUNES VARELA, BFDUC, XLVIII, *cit.*, p. 98.

[1467] Cfr. RÜMELIN (*apud* HONSELL, *op. cit.*, pp. 97-98), ADRIANI, *op. cit.*, p. 1, VENZMER, *op. cit.*, pp. 28-29, ROTHER, NJW 1966, *cit.*, pp. 327-328 e *op. cit.*, pp. 52, n.(1) e 90, n.(4), apesar de analisar *individualmente* a adequação de cada conduta, MEDICUS, *Schuldrecht, cit.*, §59, p. 308, STAUDINGER/MEDICUS, *op. cit.*, §254, n.°s 63--65, pp. 199-200 e *Studienkommentar zum BGB*/MEDICUS, *cit.*, §254, n.° 2, p. 172, WESTER, *op. cit.*, p. 60, KSOLL, *op. cit.*, p. 102, PALANDT/HEINRICHS, *op. cit.*, §254,

444 A conduta do lesado

uma forma simplificada, à formulação de um *juízo objectivo de probabilidade*[1468], em que se questiona, de acordo com «as regras da experiência», o «curso ordinário dos acontecimentos»[1469] e as circunstâncias conhecidas do lesado ou reconhecíveis por um «observador experiente», se o seu acto (por ex., não trazia cinto de segurança, atravessou a rua descuidadamente, fez uma manobra brusca de mudança de direcção, provocou o lesante, entrou num prédio em ruína ou aventurou-se de

---

n.° 14, p. 291, ERMAN/SIRP, *op. cit.*, §254, n.° 22, p. 623, ERMAN/KUCKUK, *op. cit.*, §254, n.° 22, pp. 613-614, KOZIOL, *op. cit.*, p. 238, RUMMEL/REISCHAUER, *op. cit.*, §1304, pp. 2250-2251 (embora ficcionando a conduta ilícita do lesado), DESCHIZEAUX, *op. cit.*, pp. 45 e ss. (com uma análise jurisprudencial), SOTO NIETO, RDP, *cit.*, pp. 410 e ss. e SANTOS BRIZ, *op. cit.*, p. 115.

Ver ainda os §§463 (cfr. *supra*, n.1410) e 465 do *Restatement of the Law, cit.* (com o relevo do «*substantial factor*» da culpa do lesado) e VINEY/MARKESINIS, *op. cit.*, p. 19, para o critério causal inglês – mais equívoco – da «*reasonable foreseeability*», consagrado no caso *Wagon Mound* (1961). Tratou-se, aí, de danos provocados por um incêndio, para o qual se conjugou a negligência de trabalhadores que, ao carregarem um petroleiro, deixaram cair nas águas do porto de Sidney certa quantidade de nafta e a acção de partículas de metal em fusão provindas de operações de soldadura num estaleiro naval situado a pouca distância do local onde atracara o petroleiro. FORCHIELLI, *Causalità e prevedibilità*, RDC II, 1963, p. 309, considerou esse *case* como um retrocesso em relação à doutrina da *causalidade directa*, firmada no caso *Re Polemis and Furness, Withy and Co.* de 1921 (para ele, ver CORTES ROSA, *A delimitação do prejuízo indemnizável em direito comparado inglês e francês*, RFDUL, XIV, 1960, pp. 355 e ss.). Para a evolução posterior do critério, ver STREET/ /BRAZIER, *op. cit.*, pp. 227 e ss., e, para a sua não interferência nos chamados «estados físicos pré-existentes», ver *supra*, n.621.

[1468] Em geral, para as coordenadas principais da *causalidade adequada*, ver PEREIRA COELHO, *op. ult. cit.*, pp. 201 e ss., ANTUNES VARELA, *op. cit.*, pp. 903 e ss., ALMEIDA COSTA, *op. cit.*, pp. 654 e ss., RUI DE ALARCÃO, *op. cit.*, pp. 281 e ss., MENEZES CORDEIRO, *Direito das Obrigações*, II, *cit.*, pp. 335 e ss. (ver, no entanto, *supra,* n.612) e, na doutrina alemã, LARENZ, *Lehrbuch...*, *cit.*, §27, pp. 434 e ss. e H. LANGE, *op. cit.*, §3 VI, pp. 83 e ss..

[1469] É o que GIGER, *Analyse der Adäquanzproblematik...*, *cit.* (*supra*, n.223), p. 156, chama de «critérios gerais de valoração» e LANGE, *op. cit.*, §3 VI, p. 83, de «saber nomológico», por contraposição ao «saber ontológico» relacionado com o factualismo do caso (cfr. igualmente PEREIRA COELHO, RDES, 1950, *cit.*, p. 73).

Como já vimos, a propósito dessas condições não activas que são as «predisposições» (*supra*, n.°18), as diferentes formulações da *causalidade adequada* divergem quanto à amplitude desse «*ontologisches Wissen*», como se conclui da posição mais lata de RÜMELIN, das concepções mais limitativas de VON KRIES, TRAEGER (e VENZMER) e da perspectiva conciliatória de LARENZ (*op. cit.*, §27, pp. 435-436), aceite, entre nós, por ANTUNES VARELA, *op. cit.*, p. 909 e ALMEIDA COSTA, *op. cit.*, p. 655.

O tríplice pressuposto legal do concurso 445

noite, sem luz, num local desconhecido), tendo em conta a condição colocada pelo lesante, *favorecia* a produção de um dano daquela espécie, surgindo este, pois, como um efeito *provável* ou *típico* daquele facto.

É de observar que não nos parece correcto apelar-se, na chamada *prognose objectiva*, para a formulação menos limitativa da *causalidade adequada*, dada a finalidade específica que pretende desempenhar relativamente ao acto *ilícito* do lesante. Por outro lado, no plano geral e abstracto em que se coloca a questão da conexão causal, a resposta ao quesito formulado só parece conhecer a alternativa da *adequação* ou da *inadequação*. Para a emissão do juízo positivo ou negativo há autores [1470] que defendem uma resposta *gradativa*, situada entre os extremos da *certeza* e da *impossibilidade*, e susceptível de se fixar na *probabilidade-quase certeza*, na *máxima probabilidade*, na *alta probabilidade*, na *grande probabilidade*, na *probabilidade*, na *pequena probabilidade*, na *possibilidade*, na *improbabilidade*. Tratando-se, como se constata, de um critério complexo e de difícil aplicação, contrariamente à maior exigência de GIGER, e coincidente com o estalão da «alta probabilidade» [1471], não vemos que deixe de ser razoável começar a fazer-se coincidir a ideia de «favorecimento» (do processo causal na sua relação com o resultado lesivo) com uma «resposta» menos intensa.

O relevo da chamada *prognose objectiva*, em que se rejeita uma análise causal «subjectiva» ou baseada apenas nas circunstâncias conhecidas ou reconhecíveis pelo agente ou por uma pessoa normal colocada no seu lugar, afasta o juízo de *adequação* do juízo de *previsibilidade* «subjectiva» [1472], apenas essencial no domínio penal. Quanto ao ponto que nos interessa, a *previsibilidade em concreto do perigo e do dano* pelo lesado pode integrar, como requisito não essencial, o *plus* da «culpa» [1473] que acresce à imputação objectiva. Se é verdade que

---

[1470] Estamos a pensar em GIGER, *est. cit.*, pp. 157-158.

[1471] *Ibidem*, p. 158. Para GIGER, a *mera probabilidade* situa-se já na «escala» da negação da adequação.

[1472] Para a demarcação do «juízo geral e abstracto» da *adequação* relativamente ao juízo «subjectivo-objectivo» da *culpa*, além dos autores citados *supra*, n.612, ver CUNHA GONÇALVES, *Tratado...* XII, *cit.*, pp. 390-391, 440 e 446, VAZ SERRA, RLJ, ano 99.°, p. 212 (anot. ao acórdão do STJ de 16 de Novembro de 1965) e BMJ n.° 84, *cit.*, p. 31, MANUEL DE ANDRADE, *op. cit.*, p. 363, MÁRIO DE CASTRO, *Causa e culpa na responsabilidade emergente de desastres de automóveis*, in ROA, ano 1.°, 2-3, 1941, pp. 245-246, ALMEIDA COSTA, *op. cit.*, p. 657, PESSOA JORGE, *Ensaio...*, *cit.*, pp. 397--398 e *Lições...*, *cit.*, pp. 589-590 e DE CUPIS, *Il danno*, I, *cit.*, pp. 215 e 237-238.

[1473] Ver *infra*, n.° 56. DEUTSCH, Festschrift für HÖNIG, *cit.*, p. 34 e *Unerlaubte*

uma maior intensidade culposa se repercute na distribuição do dano e pode mesmo tornar *inadequada* uma imputação baseada no critério objectivo de responsabilidade, não se pode dizer, por outro lado, que essa maior gravidade culposa gere necessariamente uma maior probabilidade causal e uma maior extensão danosa[1474]. Longe de se poder afirmar, com CHABAS[1475], que a *causalidade adequada* não se demarca da culpa, é inquestionavelmente mais correcta a asserção de que o «filtro» da negligência *simplifica* o problema da *adequação*[1476] e *corrige* a resposta positiva dada ao juízo objectivo de autoresponsabilidade. Como veremos mais à frente, as instâncias não separam devidamente os planos da culpa e da relação causal, notando-se na análise desta última uma nítida conjugação-confusão com a questão da culpa (*maxime* na relacionada com ilícitos contra-ordenacionais).

Nem sempre o juízo causal conduz à conclusão de que as condições colocadas pelo lesante e pelo lesado foram adequadas à produção do dano (ou ao seu agravamento) pois, nos casos de *concausalidade aparente*, o dano pode ser imputado *exclusivamente* ao lesado em virtude da *adequação* de uma conduta que funciona, assim, como *causa autónoma* e *juridicamente decisiva*[1477]. A não deslocação do dano para o lesante, dada a exclusão liminar da sua responsabilidade, é justificada tradicionalmente com a chamada *interrupção do nexo de causalidade*[1478] ou com a *excepcionalidade* – aferida pelos parâmetros equívocos da «inevitabilidade» e da «imprevisibilidade» – da conduta, embora, quanto a nós, e como veremos, possa também ter (ou tenha mais) a ver com determinados *critérios valorativos* atinentes à particular *intensidade* da conduta autodanosa do lesado, à *esfera do risco*

Handlungen..., cit., p. 2, «subjectiviza» a análise da «culpa» do lesado, considerando-o tal como ele é, com as suas debilidades e, portanto, sujeito a uma censura maior ou menor. Veremos mais tarde o sentido dessa concepção «pessoalizante».

[1474] O artigo 570.°,1 combina acertadamente o elemento subjectivo e gradativo das culpas e a sua incidência na verificação danosa.

[1475] *L'influence de la pluralité des causes..., cit.*, pp. 93 e ss..

[1476] Assim, GERNHUBER, *op. cit.*, p. 389.

[1477] Como sabemos, o conceito de *causalidade exclusiva*, associado à ideia de *culpa indesculpável*, releva no seio do artigo 3.° da lei BADINTER para excluir a indemnização dos danos corporais sofridos pelos lesados (não condutores) ordinários. Para a complexidade do conceito, aferido, em regra, em função das notas subjectivas da *imprevisibilidade* e da *irresistibilidade* do acidente para o *gardien*, ver F. CHABAS, *Le droit des accidents..., cit.*, n.ᵒˢ 188-189, pp. 170-174.

[1478] Cfr. *supra*, n.856, para uma certa impropriedade da expressão.

O tríplice pressuposto legal do concurso

responsabilizante, à *desnecessidade de uma maior tutela* dos lesados, à sua *hipersensibilidade*, etc. No tocante, por ex., ao que LIMPENS[1479] apelida de «medida do volume das causas», o acto daquele que se lança à linha do metro com intenção suicida «absorve» a perigosidade genérica ligada à circulação desse meio de transporte. A marginalização da condição colocada pelo autor material do dano – e que é a problemática inerente aos preceitos dos artigos 505.°[1480] e 570.°,2 – ocorre, outrossim, nos casos em que a conduta do lesado, ou porque põe em movimento o processo «provocador» do acto lesivo, ou porque não está especificamente ligada à situação de perigo criada pelo terceiro, justifica a *imputação unilateral* do dano (por ex., passageiro que sobe para o comboio em andamento[1481], peão embriagado que se deita na faixa de rodagem[1482], condutor ou peão que decide atravessar uma passagem de nível apesar dos sinais acústicos avisadores da apro-

---

[1479] *Est. cit.* (*supra*, n.334), p. 581.

[1480] Ver *supra*, n.°24.

[1481] Abstraindo da questão da provável ausência de culpa por parte do maquinista, o exemplo é análogo ao caso polémico apresentado por TRAEGER (*apud* JORIO, *cit.*, p. 518, n.(2) e FORCHIELLI, *Il rapporto di causalità..., cit.*, pp. 64-65, n.18), do passageiro que procurou saltar para terra aproveitando, a circunstância das barreiras estarem abertas, mas já depois de o barco ter deixado o ancoradouro. Também aí, mas com algumas dúvidas, nos parece que a morte do passageiro não resulta da conjugação causal adequada das duas condutas culposas, sendo de imputar *exclusivamente* ao lesado. Já na hipótese factual que serviu de base ao acórdão do STJ de 15 de Abril de 1993 (o arrendatário de uma casa construída clandestinamente, e cujo telhado distava 1 metro de um cabo de alta tensão, sofreu graves lesões ao montar uma antena de televisão na varanda do imóvel, dado ter tocado com ela naquele cabo), publ. na Novos Estilos, n.° 4, 1993, pp. 85-86, a negação da causalidade material e da *adequação* entre o acto dos réus-senhorios e os danos sofridos pelo lesado, parece-nos excessiva (mesmo no plano sancionatório) pois cremos não poder considerar-se *completamente indiferente* o «perigo da armadilha definitiva» colocada pelos demandados, pese a possível verificação do *descuido* do autor. Este caso tem certa analogia com a factualidade decidida em favor do lesado pela *Corte di Cassazione*, na sentença de 29 de Maio de 1989, in GI, I, 1990, col. 234, já que o autor, ao procurar montar a antena num terraço, tocou em fios colocados a uma altura inferior à regulamentar.

[1482] No caso decidido pela RP, no acórdão de 2 de Maio de 1984, in CJ, ano IX, tomo 3,1984, pp. 287 e ss., o condutor, circulando apenas com um farol aceso, ao evitar atropelar quatro pessoas com que deparou à saída de uma curva, e que ocupavam parte da faixa de rodagem, desviou-se para a esquerda, vindo a atropelar um embriagado que se encontrava deitado na mesma faixa. É evidente que as alegações de que a posição da vítima era apenas contravencional e *inadequada à produção do evento* não poderiam ser procedentes.

ximação do comboio[1483], pessoa que sobe para cima de uma composição ferroviária e toca nos cabos de alta tensão da catenária, condutor que vira de direcção quando outro veículo está já a curta distância).

Já não pertencem ao círculo da *imputação objectiva exclusiva*, embora o dano possa vir a ser todo deslocado do lesado, aquelas situações em que o acto do lesante *favorece* ou *propicia* a ocorrência da conduta do lesado ou do dano (é o caso de alguém ficar ferido, ao deter, com certa imprudência, um cavalo que o dono deixou fugir, da reacção precipitada do peão à aproximação de um veículo com andamento excessivo e que o levou a ser atropelado[1484] ou do ataque sofrido pelo cardíaco e causado pelo medo sentido perante um cão indevidamente solto) ou em que por razões de *protecção* dos lesados mais expostos (*maxime* os inimputáveis) há necessidade de não ver, em princípio, nos seus actos de participação no tráfego uma causa *paralisadora* de uma responsabilidade dotada de um suporte financeiro. Diferentes dessas situações são aquelas em que o decurso causal que o lesante iniciou não é «interrompido» ou «absorvido» pela condição traduzida num mero *risco genérico*[1485] (por ex., do peão que circula na berma da estrada ou

---

[1483] No acórdão da RL de 16 de Maio de 1973, in BMJ n.º 227, pp. 211-212, tratou-se precisamente da conduta de um peão que atravessou «uma passagem de nível fechada, com os sinais luminosos impeditivos a funcionar e sem ter em conta a aproximação do comboio, visível a 25 metros, pelo menos...».

[1484] É parecido o caso descrito por A WEILL/F. TERRÉ, *Droit Civil – Les Obligations*, 4ª ed., Paris, 1986, n.º 735, p. 748, do passageiro que, *aterrorizado* pela eminência de um naufrágio e perante a manobra defeituosa do piloto, saltou para a água.

[1485] Na espécie sobre que versou o acórdão do STJ de 25 de Julho de 1978, publ. no BMJ n.º 279, pp. 160 e ss., o adormecimento súbito do condutor de um veículo de carga provocou o atropelamento do autor que estava «... junto do seu velocípede a motor, a colocar neste uma lata de tinta, na faixa de rodagem, à sua direita e próximo do passeio». No acórdão do mesmo tribunal de 12 de Janeiro de 1983, publ. no BMJ n.º 323, pp. 360 e ss., tendo-se provado que a vítima e os outros lesados seguiam «em fila indiana e encostados à parede... caminhando... sem prejudicar o trânsito...» (p. 365), parece-nos correcta a decisão de imputar objectivamente os danos à conduta do réu, que, na altura do acidente, conduzia, à velocidade de 30/40 km, um tractor, de dois metros de largura, por um caminho com dois metros e oitenta, de piso irregular de paralelipípedos, ladeado por muros e paredes em pedra e sem bermas. Também no acórdão menos recente do mesmo STJ de 24 de Julho de 1963, in BMJ n.º 129, pp. 238 e ss., face à matéria provada nas instâncias (que o lesado «caminhava tranquilamente, pela sua mão e pela berma da estrada» e que o lesante «... em pleno dia... sendo o local uma curva ligeira, com boa visibilidade... se apercebeu perfeitamente da vítima e da sua posição, a uma distância de cerca de cinquenta metros e nunca inferior a vinte e cinco metros»), o Supremo veio a confirmar a *exclusividade* da conduta culposa do condutor atropelante.

O tríplice pressuposto legal do concurso

do deficiente que atravessa numa «passadeira») e que, por isso, devem ser avocadas para a esfera da imputação objectiva unilateral, mas, agora, do lesante. Este último círculo atrai, do mesmo modo, aquelas factualidades em que a conduta do lesado (mesmo não contra-ordenacional) não representa, *na situação*, um factor *perturbador* concorrente, por se poder dizer que nos deveres de conduta do lesante (por ex., como condutor de um veículo ou guarda da passagem de nível) figurava o de evitar aquele dano (atente-se na hipótese típica do peão que atravessa *com cuidado* uma rua, mas fora da «passadeira», ou nos casos do utente que solicita a abertura da passagem de nível fechada ou o transporte no veículo lotado).

As dificuldades veiculadas por certas situações e a assinalada necessidade de nos libertarmos, por vezes, de certas «amarras», ligam-se às reservas que, sobretudo no seio da dogmática alemã, foram colocados à doutrina da *adequação*[1486] com o intuito de repudiar a sua tónica estatística, assente na medida da probabilidade, e de salientar a sua inadequação relativamente ao critério objectivo de responsabilidade. A atracção dessa doutrina por uma certa *rigidez matemática* foi colocada em causa, entre nós, por PEREIRA COELHO[1487], ao reclamar a necessidade de se deixar ao julgador uma margem suficiente de decisão, e tem hoje como contraponto a defesa de *critérios valorativos de decisão*[1488], na base de imputações objectivas *justas*. Esta perspectiva,

---

[1486] Para essas objecções, ver LARENZ, Festschrift für HÖNIG, *cit.*, pp. 80-83, SOURLAS, *op. cit.*, pp. 94 e ss., SCHILCHER, *op. cit.*, pp. 35 e ss., KÖTZ, *op. cit.*, n.os 153--155, pp. 62-63., GERNHUBER, *op. cit.*, p. 390, HEINRICH LANGE, AcP 156 (1957), *cit.*, p. 114 (aludindo à *«Zauberformel»*), HERMANN LANGE, *Adäquanztheorie, Rechtswidrigkeitszusammenhang...*, *cit.*, JZ 1976, pp. 198 e ss. (assinalando a fraqueza do limite da «probabilidade abstracta») e *op. cit.*, §3 VI, pp. 92 e ss, BERNERT (cfr. *supra* n.616), HUBER, *Verschulden, Gefährdung und Adäquanz*, in Festschrift für E. WAHL, *cit.*, pp. 311 e 330 e ss. (salientando a falta de correspondência entre o «risco lícito» e a adequação, bem como a discricionariedade inerente à «medição» da *Gefährdung*), PALANDT/HEINRICHS, *op. cit.*, introdução ao §249, n.os 61-62, p. 259 (acentuando a não adequação da doutrina às «zonas cinzentas») e *Münchener Kommentar*/GRUNSKY, *op. cit.*, introdução ao § 249, n.º 42, pp. 323-324.

[1487] *O nexo de causalidade...*, *cit.*, pp. 209 e ss..

[1488] Para a defesa da *adequação*, como *critério de imputação à vontade* de fundo filosófico hegeliano, ver, entre nós, ANTUNES VARELA, *op. cit.*, p. 906, n.(1) e, na doutrina germânica, LARENZ *Lehrbuch...*, *cit.*, §27, p. 435, Festschrift für HÖNIG, *cit.*, pp. 79 e ss. e JuS 1965, *cit.*, p. 379, SOURLAS, *op. cit.*, pp. 30 e ss., GOTTWALD, *op. cit.*, §6, pp. 102 e ss., GERNHUBER, *op. cit.*, p. 389, DEUTSCH, *Haftungsrecht, cit.*, pp. 142 e 151, *Unerlaubte Handlungen...*, *cit.*, §5, pp. 28 e ss. e Festschrift für HÖNIG, *cit.*,

que converte o preceito do artigo 563.° num conceito indeterminado[1489], permite *ampliar* ou *reduzir* o círculo da concausalidade, justifica a imputação ao lesante de certos danos anormais (conectados às «predisposições» do lesado) e autoriza que se confira ao círculo protector de certas normas a sua *máxima extensão*.

Na Alemanha, as objecções emitidas contra a insuficiência, em certos casos, da teoria da *causalidade adequada* tiveram a ver igualmente com o sucesso obtido, desde fins da década de 50, pela doutrina do «fim de protecção» ou do «escopo da norma» (*Schutzbereichslehre*). Esta concepção «teleológica», que parte da função das normas responsabilizantes, cuja teorização é «facilitada» pela formulação de preceitos como o do nosso artigo 483.° [1490] e que está consagrada, ao lado da conexão causal assente na equidade, no novo Código Civil holandês[1491], foi transposta igualmente para o domínio da «culpa» do lesado por autores como GRUNSKY, HERMANN LANGE, MERTENS, DEUTSCH e MEDICUS e é considerada até certo ponto, neste mesmo âmbito, no direito anglo-americano, sob a forma do *scope of risk*.

Começando por este último, há que dizer que estamos perante um requisito (ao lado dos aspectos *contributivo* e *culposo*) relativo à relação entre o dano sofrido pelo lesado e a *esfera de perigo* a que ele

---

pp. 33 e ss. (definindo essa *Zurechnung* como um «poder-responder e um dever--responder»).

Em sentido contrário, advogando um recurso crescente à *probabilidade percentual*, como forma de evitar julgamentos contraditórios, ver MICHELE DEL RE, *Probabilità: l'uso giuridico*, in Diritto e Società, n.° 3, 1987, p. 365.

[1489] Nesse sentido, RUI DE ALARCÃO, *op. cit.*, p. 281.

[1490] Para a ligação da doutrina à existência de «leis de protecção», ver BARCELLONA, «*Scopo della norma violata*», *interpretazione teleologica e tecniche di attribuzione della tutela aquiliana*, RDC I, 1973, p. 315 e LANGE, *op. cit.*, §3 IX, pp. 104 e ss. e, para a sua inadequação ao teor do artigo 2043.° do *Codice*, ver CARBONE, *op. cit.*, pp. 90 e ss.. ROVELLI, *La responsabilità civile..., cit.*, pp. 192-193 e TRIMARCHI, *Causalità e danno, cit.*, pp. 65 e ss., não deixam, no entanto, de defender essa doutrina.

Em geral, sobre essa técnica (*maxime* na sua relação com a «adequação»), ver SINDE MONTEIRO, *Responsabilidade por conselhos..., cit.*, pp. 269 e ss., WERNER, *est. cit.* (*supra*, n. 472), p. 282 e ss., LANGE, *op. cit.*, §3 IX, pp. 104 e ss., GOTTWALD, *op. cit.* pp. 104-108, e, criticamente, BARCELLONA, *cit.*, pp. 311 e ss., sobretudo para o problema da sua fundamentação dogmática, face à doutrina da «conexão de ilicitude» e tendo em conta a sua extensão ao «risco», à conexão de culpa, etc.

[1491] Cfr. o artigo 6:163 e, para a conexão causal equitativa (em função do critério responsabilizante e do tipo de dano), o artigo 6:98 (ver VRANKEN, AcP 191, *cit.*, p. 417 e HARTKAMP, RabelsZ 1993, *cit.*, p. 672).

O tríplice pressuposto legal do concurso 451

se expôs ao actuar negligentemente[1492]. Recorde-se, aliás, a propósito da questão conexa contributiva[1493], que se antes de 1945 os tribunais ingleses desvalorizavam o aspecto da contribuição causal do lesado, após o *Law Reform (Contributory Negligence) Act* a tendência foi a de secundarizar a *last clear chance* e de aplicar, mesmo em relação ao lesado e preferentemente, os princípios da chamada «implicação» de condutas negligentes, fixados no *Admiralty Commissioners v. SS Volute* (1922) e em *cases* posteriores[1494].

A projecção que os referidos juristas alemães fazem da teoria do «escopo de protecção» ao quadrante do concurso de culpa[1495] tem a ver com a necessidade de se conseguir uma delimitação mais rigorosa e completa do papel causal do lesado, atendendo à estrutura abstracta e às dificuldades de adaptação à «culpa» do lesado da *causalidade adequada*. Se WEIDNER[1496], preocupado pela circunstância da análise da *adequação* da conduta do lesante poder levar à exclusão da deslocação do dano, prefere valorar diversas «razões de imputação» (como a «*conduta defeituosa objectiva*» e a «*exposição acrescida ao perigo*», com ou sem consciência) para fazer suportar pelo lesado certos danos anormais, se GRUNSKY[1497] adopta exclusivamente a doutrina do «fim de

---

[1492] Para outros desenvolvimentos, ver WINFIELD/JOLOWICZ/ROGERS, *op. cit.*, p. 151 e STREET/BRAZIER, *op. cit.*, pp. 238-239. No *leading case* de 1952 (*Jones v. Livox Quarries Ltd.*), onde foi consagrada a teoria, esteve em causa o dano sofrido por um trabalhador que, contra ordens expressas, ia para a cantina na plataforma de um reboque, embatido, entretanto, por outro veículo (para o caso, ver HONORÉ, *op. cit.*, p. 109).

[1493] Cfr. *supra*, pp.370 e ss..

[1494] Entre outros, os casos *Henley v. Cameron* de 1949 (o réu deixou o seu veículo às escuras e o autor, conduzindo uma motorizada sem o devido cuidado, colidiu com o veículo), *Davies v. Swan Motor Co.* de 1949, referente a uma hipótese parecida com a do caso *Jones v. Livox Quarries* (o lesado colocou-se nas escadas exteriores do camião do lixo) e *Harvey v. Road Haulage Executive* de 1952 (colisão entre uma motorizada, conduzida com excesso de velocidade atento o nevoeiro existente, e uma camioneta atravessada na estrada). Para esses e outros *cases*, ver STREET/BRAZIER, *op. cit.*, pp. 239-243 e GRAVELLS, *est. cit.* (*supra*, n.1220), pp. 584 e ss..

[1495] Segundo DESCHIZEAUX, *op. cit.*, p. 48, já PLANIOL, no seio das disposições laborais (e não só), retirava ilações do fim de tutela dessas normas.

[1496] *Op. cit.*, p. 3 e ss. e 14-15 (em crítica a ROTHER).

[1497] Cfr. o *Münchener Kommentar, cit*, §254, n.° 20, p. 439. GRUNSKY invoca a decisão do BGH de 21 de Setembro de 1971, já referida por DUNZ, JZ 1961, *cit.*, pp. 408 e 410 e DEUTSCH, *Haftungsrecht, cit.*, §20, p. 320, relativa à alegação da culpa do lesado na necessidade de tratamento médico para justificar o erro médico cometido (segundo GRUNSKY, o «dever» do lesado de cuidar da sua saúde não *visa*

452 · A conduta do lesado

protecção», se DEUTSCH[1498] vê nela mais um elemento do «princípio da igualdade de tratamento» e se MERTENS[1499] não exclui a teoria da *adequação*, é em LANGE e, particularmente, em MEDICUS que encontramos o tratamento mais conseguido dessa inter-relação entre a norma da conculpabilidade e a teoria do «fim de tutela».

O autor do *Schadensersatz*[1500] parte da conduta do lesado como mera *condição* do seu dano (ou do seu agravamento) para acentuar, logo de seguida, que a natureza específica (de circunscrição das sequelas danosas «inadequadas») da teoria da *adequação* não se compatibiliza muito bem com a análise da dupla contribuição causal, dada a eventualidade de conclusões diferenciadas. O que leva, no entanto, HERMANN LANGE a sufragar a *Schutzzwecklehre* é a dupla circunstância da resposta pouco satisfatória que a *adequação* pode dar quando *o lesado não observa medidas e prescrições de segurança* e a ausência de resposta nos casos de «autoresponsabilidade pelo risco». LANGE[1501] não se demite mesmo de aplicar à violação do *dever* de colocar o cinto de segurança o pensamento – tipologicamente próximo

---

proteger o médico de possíveis erros). Cfr., para uma hipótese semelhante (culpa do dono do animal e erro de tratamento do veterinário), a decisão do OLG Oldenburg referida em ERMAN/KUCKUK, *op. cit., §254, n.° 33, p. 615.

[1498] *Op. ult. cit.*, §20, p. 320, e *Unerlaubte Handlungen..., cit.*, §13, pp. 89-90 (aludindo à «*Verhinderungsbereich der Obliegenheit*»). DEUTSCH considera a *adequação* como um critério *auxiliar* tendente a facilitar a «descoberta» do «círculo protector». Para as limitações da «adequação», no tocante à violação de «normas de conduta», ver o seu *Unerlaubte Handlungen..., cit.*, §5, p. 31.

[1499] Cfr. SOERGEL/SIEBERT/MERTENS, *cit.*, §254, n.os 32-33, pp. 358-359. Entre os casos jurisprudenciais (do BGH) destacados por MERTENS, além do já indicado na n.1497, e que levaram à *exclusão* do concurso de conduta culposa do lesado, são de referir os seguintes: um veículo estacionado em local proibido foi atingido por neve que caiu de um telhado; um depósito de combustíveis transbordou, sendo alegado que tinha uma válvula de ventilação em condições irregulares; uma embarcação não respeitou as normas de proibição de deslocação no nevoeiro, vindo a colidir com outra quando se encontrava a chegar a um ancoradouro.

[1500] *Op. cit.*, §§10 VIII, pp. 561-563 e 3 IX, pp. 123-124 e JZ 1976, *cit.*, p. 205. Nas pp. 147 e ss. do seu *Schadensersatz*, LANGE afasta do *círculo protector da norma* os danos derivados do chamado (e impreciso) «risco geral de vida» (*allgemeines Lebensrisiko*), como sucede no caso da pessoa sofrer novo acidente no percurso entre o hospital e a sua casa, bem como os casos que suscitam a consideração de um eventual «risco acrescido» (ferido que é transportado com urgência numa ambulância, vindo a ocorrer novo acidente). Para os problemas colocados por esta última situação, ver KÖTZ, *op. cit.*, n.° 169, p. 71.

[1501] *Ibidem*, §4 XII, p. 198.

O tríplice pressuposto legal do concurso

do *da causalidade hipotética* – da «conduta alternativa lícita»[1502-1503], perante a alegação pelo lesado que, caso não tivesse violado a *Obliegenheit*, teria sofrido as mesmas lesões. Diga-se, a este propósito, e *en passant*, que a transposição para o círculo da autoresponsabilidade desse pensamento, de teorização controversa, na medida em que pressupõe a verificação fictícia do acto omitido, não parece colocar aqui só um problema de «conexão de ilicitude», já que se os danos *sempre* ocorreriam, mesmo que o lesado tivesse adoptado o comportamento conforme à norma, é de duvidar, mesmo no plano da *conditio sine qua non*, da sua contribuição causal para aquele (seu) dano. Mas também não se vê que, para chegarmos à conclusão de que o lesado não deve ser privado dessa indemnização, seja necessário prescindir, por ex., da doutrina do «fim de protecção», por não se poder dizer que a colocação do cinto de segurança ou do capacete protector teria evitado o dano prevenido em abstracto.

MEDICUS, quer no seu *Schuldrecht*[1504], quer, sobretudo, num estudo mais completo sobre o tema[1505], considera, com primazia, essa teoria da imputação danosa (atribuída a RABEL, mas anterior a ele)[1506] e parte igualmente da *interpretação da norma* e do *círculo de danos* que pretende evitar com a conduta, activa ou omissiva, prescrita. Começando por abordar o modo como esses dois aspectos se colocam no preceito do §254 do BGB, MEDICUS desenvolve os pontos de vista sintetizados no seu Direito das Obrigações, tendo por base o caso clássico do «erro médico». Enquanto DUNZ[1507] considera que a situação em que o lesado se colocou, de ter que procurar cuidados médicos, é apenas um «ponto de partida» que não exerce influência *perturbante* na

---

[1502] Para essa mesma aplicação, tendo por enquadramento a defesa que faz da relevância negativa da causa virtual, ver ROTHER, *op. cit.*, p. 115, e o exemplo da explosão que atingiu a pessoa, que entrara indevidamente numa área vedada, e que também a atingiria se não tivesse entrado. Ver *infra*, n. 1528.

[1503] Em geral, para essa «excepção», ver SINDE MONTEIRO, *op. ult. cit.*, pp. 286-291 (separando-a da *causalidade virtual*, o que revela uma atitude que não se encontra na restante doutrina), LANGE, *op. cit.*, §4 XII, pp. 197 e ss. e DEUTSCH, *Unerlaubte Handlungen...*, cit. §7, pp. 40-41 (distinguindo-a da *causalidade hipotética*).

[1504] *Cit.*, pp. 308-309 (referindo o caso a que se aludiu *supra*, n.1497). Ver igualmente STAUDINGER/MEDICUS, *op. cit.*, §254, n.os 66-67, pp. 200-201.

[1505] *Zum Schutzzweck schadensabwehrender Pflichten oder Obliegenheiten*, in Festschrift für HUBERT NIEDERLÄNDER zum siebzigsten Geburtstag am 10. Februar 1991, Heidelberg, 1991, pp. 329 e ss..

[1506] Para esse entendimento, ver GOTTWALD, *op. cit.*, p. 105.

[1507] JZ 1961, *cit.*, p. 410.

conduta do lesante, MEDICUS vê na «violação», pelo lesado, da «norma de comportamento no tráfego» algo que não se «desliga» dele e que o «deve» levar a minorar as consequências do dano. Para o autor germânico, o lesado já não beneficiaria do «escopo protector» se, por acaso, o seu estado físico tivesse favorecido a possibilidade do erro médico (não se trata, aqui, de um apelo às regras da *adequação*?) ou descurasse a observância das indicações médicas. Noutro caso real de que parte, e a que alude sucintamente no *Schuldrecht* – o BGH considerou ter existido «culpa» da pessoa que, ao «depositar» o seu carro num parque municipal de uma autoestrada, deixou no veículo uma bolsa de documentos, no interior da qual se encontrava uma valiosa miniatura de marfim, que veio a desaparecer –, MEDICUS não vê, na violação da *Obliegenheit* do lesado em ser cuidadoso com um objecto valioso, o escopo de evitar a sua perda e de afastar o «risco da responsabilidade» daquelas pessoas cuja função é, precisamente, a de evitar o dano[1508].

Quanto a nós, e desde logo, a deslocação da teoria do «escopo de protecção» para a área da «culpa» do lesado deve ser vista como possível critério destinado a completar a doutrina da *adequação* e não a repudiá-la[1509]. Na realidade, se pensarmos, por ex., no caso profusamente citado do «erro médico», não vemos necessidade em recorrer à doutrina do *escopo protector,* se chegarmos à conclusão de que a conduta «culposa» do lesado não aumentava ou favorecia a probabilidade de ocorrer aquela espécie de dano, não se apresentando este como efeito *típico* daquela conduta. Não se vê, aliás, como é que essa doutrina possa delimitar em concreto os efeitos económicos do dano real, se pensarmos que ela procura circunscrever genericamente o evento danoso prevenido, fazendo-o num plano *diluído* ou *integrado*

[1508] *Est. cit.*, pp. 338-340. Embora pareça defender que o dono da miniatura deveria ter avisado os funcionários do parque do valor especial da peça, MEDICUS não retira dessa omissão o significado «culposo» que dela retirou o BGH. Numa asserção que recorda WEIDNER (ver *supra*, n.º 18) e que reputamos duvidosa, MEDICUS (pp. 331 e 338) já considera relevante o desleixo do dono da miniatura na hipótese de um outro condutor vir a embater no automóvel, danificando a peça, dado entender que o lesante não tem o «dever de afastar os perigos que ameaçam» a coisa.

[1509] É esse o ponto de vista de ANTUNES VARELA, *op. cit.*, pp. 918-919 e de SINDE MONTEIRO, *op. cit.*, pp. 271 e 280. Repare-se que o primeiro jurista não coloca de parte a «causalidade teleológica» no tocante à responsabilidade pelo risco, como se conclui pelas considerações da p. 910, n.(1).

O tríplice pressuposto legal do concurso 455

com o da fixação do pressuposto responsabilizante, que é o *nexo de ilicitude*[1510] ou, como diria GOMES DA SILVA[1511], com a «verificação concreta do fundamento da responsabilidade», o que neste quadrante concursual é crismado por alguns autores com o designativo similar ou sucedâneo de um «nexo de irregularidade material» (*Sachwidrigkeitzusammenhang*[1512]) ou de um «nexo de comportamento deficiente» (*Fehlverhaltenzusammenhang*[1513]). Mas o obstáculo mais importante que se pode colocar a uma aplicação generalizada da *Normzwecklehre* à esfera da «culpa» do lesado relaciona-se com a circunstância de o artigo 570.°, 1 não se apresentar como *norma de conduta*, com uma *finalidade proibitiva ou impositiva*, destinada a tutelar os interesses do lesado, pois não se vislumbra, na interpretação que se faça do preceito, um conteúdo preenchido por uma proibição abstracta de o dono dos bens os colocar em perigo. Já dissemos, em vários pontos, que a conduta «culposa» do lesado não se liga à violação censurável de uma norma consagradora de um qualquer *dever jurídico* da pessoa evitar o perigo e mesmo que se diga que estes argumentos visam afastar mais o *nexo de ilicitude* entre a conduta do lesado e o evento do que a relação entre este e os danos subsequentes, persiste a

---

[1510] Conquanto o próprio MEDICUS, *op. cit.*, §54, p. 268, e LANGE, *op. cit.*, §3 IX, p. 106, considerem a doutrina do «fim de protecção da norma» mais ampla do que a questão da «conexão de ilicitude» (enquanto nexo entre a conduta e o resultado), é necessário manter separados os dois quadrantes, tendo o cuidado de acentuar a relação que se pretende estabelecer entre o evento e o dano. E mesmo no tocante à conduta do lesado a jurisprudência alemã tem presente essa necessidade de purificação conceitual, já que na decisão do OLG Bamberg de 16 de Dezembro de 1986, in VersR 1988, pp. 585-586 (contra uma disposição legal o lesado era transportado num velocípede, que veio a colidir com um veículo automóvel por desatenção do primeiro condutor), começa por afirmar que a «ausência de conexão de ilicitude entre o evento responsabilizante e o dano» afasta a «co-responsabilidade» do lesado, para logo a seguir citar GRUNSKY e ligar essa conexão à ideia do «fim de protecção».

Para uma visão crítica da «causalidade teleológica», basicamente alicerçada na diluição a que nos referimos no texto, ver, entre outros, LARENZ, *op cit.*, §27, p. 444, SOURLAS, *op. cit.*, pp. 51 e ss., GERNHUBER, *op. cit.*, p. 387, BYDLINSKI, *op. cit.*, pp. 63-64, PALANDT/HEINRICHS, *op. cit.*, introdução ao §249, n.° 62, p. 259 e BIANCA, *op. cit.*, pp. 254 e ss. e *Diritto civile, cit.*, p.129 e, entre nós, RIBEIRO DE FARIA, *Direito das Obrigações*, I, *cit.*, pp. 424-425.

[1511] *Op. cit.*, pp. 147 e ss..

[1512] Cfr. KLAUSER, NJW 1962, *cit.*, p. 372 e DUNZ, NJW 1986, *cit.*, p. 2236. De «nexo de conculpabilidade» (*Mitverschuldenzusammenhang*) falam RUMMEL/ /REISCHAUER, *op. cit.*, §1304, p. 2252.

[1513] WEIDNER, *op. cit.*, p. 14.

456 A conduta do lesado

dificuldade interpretativa de podermos chegar à conclusão de que o legislador *quis* que o lesado evitasse aquele tipo de danos. Por outras palavras, esta averiguação não dispensa a indagação prévia sobre a natureza *protectora* da norma e sobre o comprometimento do legislador na qualificação, mais ou menos impositiva, da conduta do lesado, numa metodologia idêntica à que levou GREGER à sua concepção «normativista».

Se da norma do artigo 570.°,1 não se pode retirar a existência de um *dever genérico* de o lesado se autorespeitar, mas apenas um princípio de repartição-imputação do dano, verificados certos pressupostos e feita determinada ponderação, ou a cominação de desvantagens ligadas a condutas «culposas» do lesado, inseridas na sua esfera de interesses, é de salientar, no entanto, que existem domínios normativos – *maxime* o das contra-ordenações estradais – em que a *prescrição* de condutas (para os participantes no tráfego), atingindo os potenciais lesados, enquanto condutores ou passageiros, tem por escopo proteger desde logo os bens pessoais dessas pessoas, de modo a serem evitados os eventos danosos aí previstos. Embora para juristas, como WESTER [1514], o essencial radique no facto de o lesado, mesmo nessas hipóteses, *descurar os seus interesses*, pode questionar-se a existência de uma conduta ilícita do lesado, tendo até em conta que o legislador acautela nesses normativos (atinentes, por ex., à utilização de cintos de segurança) *outros interesses*. Como quer que seja, e retornaremos ao ponto mais à frente, desde que o *escopo* dessas normas (e de outras normas de conduta) possa ser trazido à luz, não vemos impedimento à aplicação da doutrina do *fim de protecção* [1515], desde que consiga resolver problemas que a *causalidade adequada* só aborde com dificuldade.

[1514] *Op. cit.*, p. 149.

[1515] Para a sustentação da doutrina, nesse círculo restrito, ver AMÉRICO MARCELINO, *op. cit.*, pp. 124-125, dando os exemplos da colisão entre um veículo que, de noite e sem luzes, inverta a marcha numa curva fechada e um veículo que circule com excesso de velocidade e do despiste de um outro veículo que colida com um automóvel avariado na berma da autoestrada. Nos dois casos, e segundo AMÉRICO MARCELINO, só há responsabilidade pelos danos causados se a *ratio* das proibições visava impedir aquele tipo de prejuízos.

46. As tendências jurisprudenciais na aplicação dos critérios da indagação concausal

Cabendo aos tribunais preencher o quadro teorético da delimitação causal, em ordem ao estabelecimento dessa conexão objectiva, mais ou menos complexa, o procedimento utilizado para tal repousa naturalmente na análise dos factos e das circunstâncias concretas provadas. Tratando-se, assim, de *questão de facto* a fixação da conexão entre as condutas e o evento danoso[1516], o Supremo Tribunal de Justiça[1517] não resiste, por vezes, a considerar *questão jurídica* a aplicação do artigo 563.°, invocando o argumento, pouco consistente, de que é necessário «indagar a causa jurídica de certo evento»[1518]. Ao entender que o problema causal só é matéria de facto «quando é possível estabelecer uma relação directa e necessária de causa para efeito entre o evento e a conduta do lesante»[1519], não se vê como é que, para o Supremo, aquela conexão possa ser algo de diverso desta última. Mesmo que se queira falar da qualificação jurídica[1520] do critério da *causalidade adequada*, não parece que isso possa desvirtuar a natureza *fáctica* do problema concausal, na sua articulação com a formulação de *juízos valorativos* sobre os factos provados. Como afirma ANTUNES VARELA, só se compreende a posição de sindicância do Supremo a partir do momento em que o bom senso que comanda esta matéria deva ceder o lugar à «formação especializada do julgador»[1521] e, portanto,

---

[1516] Para a defesa da natureza *fáctica* da conexão causal, ver, entre outros, os acórdãos do STJ de 23 de Outubro de 1979, *cit.* (*supra*, n.1459) e anot. criticamente por VAZ SERRA na RLJ, ano 113.°, *cit.*, p. 95, de 15 de Janeiro de 1980, in BMJ n.° 293, p. 279, de 12 de Janeiro de 1983, in BMJ n.° 323, p. 360 e de 5 de Junho de 1985, in BMJ n.° 348, p. 397. O tom de dúvida de VAZ SERRA é reafirmado no mesmo ano da RLJ, p. 271 (anot. ao acórdão do STJ de 10 de Janeiro de 1980), ao conferir a nota de juridicidade às chamadas «regras de experiência».

[1517] Acórdão de 26 de Novembro de 1987, publ. no BMJ n.° 371, pp. 402 e ss. e cujo relator foi o Conselheiro LIMA CLUNY. No caso *sub judice*, tratou-se da colisão entre um velocípede a motor, conduzido a 70/80 km/h e que derrapou ao descrever uma curva, e um veículo pesado que, devido à sua largura, ocupava, numa via com 5 metros, a sua faixa e mais 0,5 metros da outra.

[1518] *Ibidem*, p. 406.

[1519] *Ibidem*, p. 406.

[1520] Para a defesa da natureza *jurídica* do problema, ver PH. LE TOURNEAU, *op. cit.*, n.° 629, p. 206.

[1521] RLJ, ano 122.°, p. 220, em anot. ao acórdão do STJ de 8 de Novembro de 1984, publ. no BMJ n.° 341, pp. 388 e ss.. Ver, nesse mesmo local, as pp. 219 e ss.para

458   *A conduta do lesado*

dizemo-lo nós, à averiguação-compreensão do critério (algo equívoco) plasmado no artigo 563.°. Não sendo, contudo, e tipicamente, a avaliação da conexão de concausalidade um problema *de direito*, não sabemos até que ponto é que o plano jurídico de averiguação em que se coloca o tribunal para graduar as culpas relacionadas com condutas contra-ordenacionais não conduzirá inconscientemente o Supremo a pronunciar-se sobre aquela conexão.

Ao analisarmos os casos decididos pelos nossos tribunais e atinentes à esfera da conculpabilidade, para lá do uso de uma terminologia pouco rigorosa («culpa causal», «concorrência de culpas»), nota-se o recurso tendencial à doutrina da *causalidade adequada*[1522], num *modus operandi* que parte frequentemente do tratamento coincidente das questões da *culpa* e do *nexo causal*, acabando, por vezes, por omitir o problema prévio contributivo[1523]. Efectivamente, sendo certo

---

a distinção entre os «meros factos», os «juízos de valor sobre a matéria de facto» e as «questões de direito».

[1522] Entre outros, ver os acórdãos da RL de 16 de Maio de 1973, *cit. (supra*, n.1483), e da RP de 26 de Abril de 1979 in CJ, ano IV, tomo 2, 1979, p. 481 (sobre a possível imputação ao condutor de um veículo do dano causado à lesada, mas sem a prova de um embate inicial ou da queda natural da vítima), do STJ de 2 de Julho de 1975, publ. no BMJ n.° 249, pp. 421 e ss. (as instâncias, pese a transgressão pelos lesados do artigo 40.°,1 do Código da Estrada de 1954, veriam nesse facto uma condição necessária mas indiferente ou não adequada ao resultado lesivo, provocado pela perda do domínio de um veículo de carga por distracção do condutor e excesso de velocidade), de 6 de Março de 1980, in BMJ n.° 295, pp. 382 e ss. (apesar do peão seguir na berma, em contravenção ao artigo 40.°, 1 do Código da Estrada, entendeu-se não ter concorrido para o seu atropelamento «dentro dos princípios da causalidade adequada...», embora não se compreenda o porquê da repartição do dano nos termos 90-10), de 15 de Junho de 1989, in BMJ n.° 388, pp. 495 e ss. (danos causados num automóvel, fruto da concorrência do derrube do muro de uma capela e da atitude provocatória do lesado que, para impedir a demolição, começou por estacionar o veículo a cerca de 20 metros da capela e, posteriormente, junto à parede) e de 15 de Abril de 1993, *cit. (supra*, n.1481).

[1523] Por ex., no acórdão de 31 de Outubro de 1990, in CJ, ano XV, tomo 4, 1990, p. 100, a Relação de Coimbra (Secção criminal), a propósito do atropelamento de um peão, que se encontrava «entre a berma e o início do alcatrão da estrada», insistiu prevalentemente na culpa do atropelado, retirando da sua negligência a «comparticipação» causal no acidente e não deixando de a fixar numa quota (1/4). No caso decidido pela Relação de Lisboa, em acórdão de 29 de Maio de 1974, in BMJ n.° 238, p. 281, relativo ao atropelamento de um menor, seria suficiente, para se afirmar o papel contributivo do lesado, dizer-se que ele «avançou um pé sobre o asfalto da estrada»? Também a Relação, no aresto que motivou o acórdão do STJ de 18 de Outubro de 1972, publ. no BMJ n.° 220, pp. 127 e ss., se limita a afirmar a «convergência», para

O tríplice pressuposto legal do concurso

que é possível indicarmos um leque de decisões[1524] em que as instâncias utilizaram uma metodologia acertada na análise das questões, com abandono da mera constatação da *conditio sine qua non*[1525], também não deixa de ser verdade que os nossos tribunais mostram uma preocupação maior pelos aspectos da *ilicitude* e da *culpa*, secundarizando o problema central e decisivo da *adequação* entre as condutas e o dano, o que certamente terá a ver com a constatação de que uma resposta positiva à questão da culpa facilitará a formulação do juízo causal. A diluição desta análise pode conduzir, aliás, a decisões pouco acertadas – tendo em conta os juízos de valor que deveriam ser retirados do factualismo provado – e ditadas, por vezes, por um mero «sentimentalismo protector»[1526].

---

os danos sofridos pelo lesado, da sua conduta (conduzia distraído um velocípede) e da do responsável (conduzia uma carroça sem qualquer iluminação). Provado, quanto à matéria de facto que serviu de base ao acórdão do STJ de 9 de Maio de 1991, publ. na CJ, ano XVI, tomo 3, 1991, pp. 10 e ss., que a lesada conduzia um carro de mão, vestia roupas escuras e seguia pela faixa do lado direito da estrada, e que o lesante conduzia o seu veículo com iluminação insuficiente e viu a vítima a cerca de 10 metros, não se compreende como é que a Relação pôde afirmar a «concorrência de culpas», atribuindo 1/4 de culpa à lesada. Em sentido correcto decidiu o Supremo no citado (*supra*, n.1517) acórdão de 26 de Novembro de 1987, ao considerar (confirmando o julgado da Relação de Lisboa) a questão concausal como prejudicial relativamente à questão da culpa (*in casu*, a ocupação de meio metro da outra semi-faixa de rodagem).

[1524] Estamos a pensar, a título de exemplo, no acórdão da RC de 7 de Janeiro de 1976, e que motivou, por via de recurso, o acórdão do STJ de 18 de Novembro de 1976 (na espécie em causa, considerou-se causa adequada do acidente a conduta culposa do lesado, que circulava fora de mão e com velocidade excessiva e a do lesante que, apesar de deparar com obstáculos no seu sentido de marcha, não reduziu a velocidade), no acórdão do STJ de 9 de Março de 1978, publ. no BMJ n.º 275, pp. 191 e ss., relatado por RODRIGUES BASTOS, onde ressalta a conjugação feita entre uma hipotética conduta culposa dos lesados (queda das motorizadas em que seguiam, por interferência de uma novilha tresmalhada) e a sua (prévia) relevância concausal e no acórdão do mesmo STJ de 15 de Junho de 1989, *cit.* (*supra*, n.1522).

[1525] Para a defesa de uma solução *condicionalista*, ver, por ex., a sentença do Juiz de Elvas de 30 de Novembro de 1936, in JP, ano 4.º, 1937, pp. 23-25, num caso em que um comboio, circulando numa recta com mais de 1000 metros e sem arvoredo, veio a colher um trabalhador que seguia pelos carris (demarcando-se, contudo, as questões da *culpa* e da causalidade), o voto de vencido de ÁLVARES DE MOURA ao acórdão do STJ de 4 de Abril de 1978, in BMJ n.º 276, p. 199 (se o lesado não tivesse utilizado o lado esquerdo da via não teria sido atropelado...) e o já citado acórdão do STJ de 23 de Outubro de 1979 (ver *supra*, n.1459).

[1526] Por exemplo, no acórdão do STJ de 21 de Fevereiro de 1961, *cit.* (*supra*, n. 1291), proferido com base no Código da Estrada de 1930, o afirmar-se que o

460   *A conduta do lesado*

Se a tendência dos nossos tribunais inferiores traduz uma adesão predominante à doutrina da *causalidade adequada*, também é possível vislumbrar um padrão de decisão assente na *finalidade da norma infringida* [1527], o que tem por pressuposto uma tomada de posição prévia

---

condutor de um camião, parado por avaria num local proibido, devia ter adoptado medidas «... para evitar que os transeuntes, ao subirem para os eléctricos, fiquem entalados entre estes' e o dito veículo, pela insuficiência do espaço deixado disponível», não é sensato (no caso em apreço, a primeira instância graduou a culpa do lesante em 1/4), sendo bastante mais razoável o voto de vencido de SOUSA MONTEIRO. A filosofia excessivamente tutelar do Supremo vai ao ponto de dizer que «a subida para um eléctrico em andamento não constitui facto imprevisível dada a sua frequente verificação» (p. 422). A irrazoabilidade do julgado é confirmada pela forma como a RL, em acórdão de 29 de Outubro de 1965, in JuR, ano 11.°, tomo IV, p. 663, valorou a conduta da pessoa que, viajando no estribo de um eléctrico, bateu com uma das pernas num automóvel parado.

Temos igualmente algumas dúvidas no acerto do acórdão da RL de 15 de Junho de 1977, confirmado pelo STJ, em acórdão de 16 de Março de 1978, e em que não foi considerado causalmente adequada para o acidente «a circunstância de o peão iniciar a travessia da estrada, ficando no meio dela...», se pensarmos que o local era «... uma recta muito prolongada, com trânsito rodoviário quase permanente, em comboios de veículos...», que se tratava da EN n.° 1 e que o atropelamento ocorreu às 19.15 (ver, aliás, a hipótese próxima, e que serviu de base ao acórdão do STJ de 28 de Janeiro de 1988, publ. no BMJ n.° 373, pp. 520 e ss., relativa ao atropelamento de um peão, que atravessou sem cuidado a EN n.° 14, mas no qual foi afirmado a concorrência de condutas culposas). Também na hipótese, a que se referiu o acórdão do STJ de 23 de Junho de 1972, in BMJ n.° 218, pp. 239 e ss., provado que o lesado «seguia desatento, alheio ao trânsito, e surgiu subitamente, de entre os veículos encostados ao passeio, em frente do veículo atropelante», e que o condutor atropelante conduzia o seu automóvel «junto ao eixo delimitativo das duas metades da faixa de rodagem» e sem velocidade excessiva, não podia a Relação de Lisboa «supor» que ambas as condutas tinham concorrido para o dano, hipotizando a desatenção ou a imperícia daquele condutor (e daí o acerto da decisão revogatória do Supremo).

[1527] Invocando-se, no caso sobre que versou o acórdão da RL de 5 de Fevereiro de 1969, in JuR, ano 15.°, tomo 1, pp. 238-240, a falta de sinalização acústica por parte de um condutor que atropelou um peão – atravessou a via de repente e a correr – entendeu-se tal não ser relevante, dado, *in casu, o peão não ter constituído perigo para o condutor*. Já no acórdão da RP, de 22 de Dezembro de 1976, publ. na CJ, ano I, tomo 3, 1976, p. 720, foi excluída a conculpabilidade do lesado, que seguia montado num jumento em contravenção do disposto no artigo 5.°,2 do Código da Estrada e foi colhido por um veículo, que se aproximou demasiado da berma, com o argumento de que o *fim da norma* (trânsito de animais pela direita) não se destina a evitar acidentes do tipo do sofrido pelo lesado. Hipótese parecida foi julgada pela mesma Relação, no acórdão de 11 de Dezembro de 1981, publ. na CJ, ano VI, tomo 5, 1981, pp. 247 e ss. (atropelamento de um menor – caminhava pela faixa de rodagem – por um veículo que transitava junto à berma), não tendo o tribunal considerado causal a violação do artigo

O tríplice pressuposto legal do concurso 461

– nem sempre fácil, dada a possível pluralidade «finalística» da norma – relativa ao *escopo* do preceito violado. Desde que essa via hermenêutica leve a concluir que a norma tinha por *fim específico* evitar que o lesado sofresse *determinados* danos (por ex., lesões crânio-encefálicas, no caso do capacete protector), já dissemos que a omissão da observância normativa não poderá justificar a falta de indemnização desses danos, se vier a provar-se que a ausência das medidas de segurança não foi causalmente determinante para a ocorrência das lesões [1528].

5.°,3 do Código da Estrada, atendendo ao fim do preceito, ou seja, ao seu escopo básico de tutelar os peões que seguem nas bermas (como se vê pela leitura do relatório do acórdão, p. 275, há uma manifesta incongruência quando, a dado passo, se diz que só é possível «... imputar-se o evento à ... infracção, *em termos de causalidade adequada*, quando puder *concluir-se que o dever infringido visava obstar à sua produção*»). O sublinhado é da nossa autoria.

Também no caso sobre que recaiu o acórdão da RP de 28 de Janeiro de 1988, publ. na CJ, ano XIII, tomo 1, 1988, pp. 196-198 (danos causados a um veículo, que sofreu o embate de uma clarabóia e de pedra projectada pela explosão de uma garrafa de gás, utilizada no restaurante da ré), esta última, nas alegações de recurso, pretendeu excluir a sua responsabilidade, alegando que o veículo estava *estacionado em contravenção*. O tribunal não chegou, contudo, a apreciar este ponto do recurso (aliás mal formulado, porque cingido à *inadequação* dos danos sofridos, e, portanto, sem a percepção de que se colocava a tónica na doutrina da *conditio sine qua non*), pois considerou procedente a alegação de que a hipótese em causa não preenchia o tipo do artigo 509.°,1, segundo o enquadramento do autor.

Num outro caso bastante interessante, e que originou o acórdão da RC de 26 de Novembro de 1991, CJ, ano XVI, tomo 5, 1991, pp. 69 e ss., a pretensão do lesado de ser indemnizado pelos danos causados no seu aviário (morte de galinhas poedeiras e frangos de recria devida à interrupção, por 14 horas, do fornecimento de energia eléctrica) soçobrou, provada que foi a inobservância de um preceito regulamentar que «obrigava» certos utentes a precaverem-se, com um «grupo de emergência», contra a possibilidade de falhas de fornecimento de energia.

[1528] Se o STJ, em acórdão de 6 de Outubro de 1982, publ. no BMJ n.° 320, pp. 319 e ss., defendeu que o uso de capacete de protecção tem por fim exclusivo «a protecção física» das pessoas a quem esse uso é imposto, o acórdão da RC de 9 de Abril de 1985, in CJ, ano X, tomo 2, 1985, pp. 52 e ss., coloca, precisamente, essa questão da eficácia causal da falta de capacete. Perante a alegação dos réus de que se o lesado tivesse capacete não teria sofrido as lesões crânio-encefálicas que lhe determinaram a morte, a Relação colocou a questão de saber se o lesado, mesmo com capacete, não teria sofrido as mesmas lesões (p. 55). A partir da constatação (duvidosa) de que a obrigatoriedade do uso de capacete visa igualmente «os demais utentes das rodovias... na medida em que pode, porventura, fazer diminuir-lhes a culpabilidade», a Relação do Porto, em aresto de 12 de Novembro de 1986, in CJ, ano XI, tomo 5, 1986, pp. 248 e ss., limitou-se a ligar as lesões crânio-encefálicas (no caso, um ciclomotorista embateu em duas vacas, que invadiram, repentinamente, a meia faixa de rodagem em que aquele

462 A conduta do lesado

47. O problema colocado pelo artigo 570.°,2 em função das raízes do preceito

Da consagração, pelo n.° 2 do artigo 570.°, de um princípio geral de consunção da presunção de culpa do lesante pela «culpa» do lesado – considerado «justificado» por ALMEIDA COSTA [1529] – parece derivar imediatamente a conclusão de que o legislador quis afastar, na situação hipotizada, a existência de um nexo de concausalidade num processo semelhante ao que teve a ver com a relevância do *facto imputável ao lesado* no âmbito da norma do artigo 505.°. Na concepção de responsabilidade civil perfilhada pelo nosso legislador e que dá prevalência ao critério da culpa, um dos seus corolários lógicos ou naturais é a absorção dos fundamentos «fracos» de responsabilidade (culpa presumida e risco) pelo elemento «forte» («culpa» provada do lesado). Parece propagar-se, assim, neste quadrante, e com maior rigorismo, a mesma fragilidade que a doutrina tradicional confere ao recurso ao critério objectivo de responsabilidade e numa pretensão indemnizatória relativa a um dano a que o próprio lesado não foi estranho. Estaremos, dessa forma, condenados a tirar a ilação de que a norma do artigo 570.°,2 não coloca mais do que uma hipótese de produção causal *exclusiva* do dano? Ou será preferível *flexibilizar* essa primeira leitura, defendendo uma conjugação entre os dois factores em causa, de modo a não ser coarctada a hipótese *concausal*? Perante um preceito original, que não encontra correspondência no elenco normativo dedicado por outros ordenamentos ao instituto do concurso da conduta culposa do lesante e do lesado, vejamos primeiramente como é que a norma [1530] foi

---

circulava) ao desrespeito do artigo 31.°,3 do anterior Código da Estrada, concluindo incorrectamente que, com essa omissão, o lesado concorrera para a produção do acidente (cfr. a conclusão IV do sumário do acórdão).

No tocante à omissão de se colocar o cinto de segurança, mas no plano, algo diverso, do recurso à «conduta alternativa lícita», o OLG Karlsruhe, em decisão de 23 de Agosto de 1989, decidiu que o êxito da prova feita pelo lesado (de que, sem a omissão, teria sofrido lesões de *igual gravidade*) não conduz à sua «co-responsabilidade». Ver sobre um ponto que o jurista diz tocar a «conexão de ilicitude», R. WEBER, *Nachweis der Kausalität zwischen Nichtanschnallen des Kraftfahrzeuginsassen und dessen Verletzungen*, in NJW 1986, p. 2675.

[1529] *Op. cit.*, p. 673.

[1530] A redacção do preceito manteve-se, com ligeiras alterações formais, desde o Anteprojecto parcelar até à versão definitiva. Segundo o n.° 4 do artigo 7.° daquele Anteprojecto «se a responsabilidade se basear numa presunção de culpa, a culpa do prejudicado exclui, em regra, o dever de indemnização» (BMJ n.° 86, *cit.*, p. 172). Ver

O tríplice pressuposto legal do concurso 463

concebida e se há subsídios para a explicação do que parece ser uma ausência intencional de concausalidade.

Nas escassas linhas que VAZ SERRA, nos trabalhos preparatórios [1531], dedicou à questão, mais do que a constatação de que se quis consagrar um princípio *relativo*, ressalta a «origem» francesa da solução, ao ser citado expressamente o *Traité pratique* de PLANIOL/RIPERT/ /ESMEIN. Conquanto o efeito preclusivo (da presunção de culpa) da «culpa» do lesado não entrasse em conflito com o regime (de inspiração alemã) [1532] que VAZ SERRA advogava para o «concurso de facto do prejudicado nos casos de responsabilidade sem culpa», dada a maior exigência protectora conexionada à última hipótese, convém não esquecer que, na data em que foi publicado aquele *Traité*, a jurisprudência e a doutrina francesas não ignoravam a importância do *arrêt Jand'heur* [1533], pese embora a circunstância de o «subjectivista»

também os artigos 578.°,3 do Anteprojecto global (BMJ n.° 100, p. 132) e 546.°, 1 do Anteprojecto saído da primeira Revisão Ministerial (BMJ n.° 119, p. 103).

Já no articulado (artigo 6.°) relativo à responsabilidade do comitente (cfr. *Responsabilidade contratual e responsabilidade extracontratual*, BMJ n.° 85, *cit.*, p. 207), VAZ SERRA, apoiado em ENNECCERUS/LEHMANN (*op. cit.*, p. 697 e as n.(12) e (13)), admitia o afastamento *total* ou *parcial* daquela responsabilidade pela culpa do lesado (ou de auxiliares deste), pressupondo certamente a prova efectiva das duas culpas e a valoração de uma diferente gravidade, embora o que diz nas pp. 198-199 não permita retirar, sem alguma dúvida, essa conclusão. No artigo 745.° do Anteprojecto global (cfr. o BMJ n.° 101, p. 127), VAZ SERRA foi mais sintético, frisando apenas que a culpa a ponderar seria a do *comitente* e não a do comitido. Nas suas observações ao Anteprojecto, HUMBERTO LOPES, *op. cit.*, pp. 292-293, não deixou de considerar com razão que, a ser consagrada, como veio a ser, a responsabilidade objectiva do comitente, a culpa a relevar seria a do *comissário*.

[1531] Cfr. o BMJ n.° 86, *cit.*, p. 167.

[1532] Ver o n.° 3 do artigo 7.° do respectivo articulado (BMJ n.° 86, *cit.*, pp. 171- -172).

[1533] Recordando algumas ideias (ver *supra*, pp. 258-259 e a n.827), é de salientar que o *arrêt* de 13 de Fevereiro de 1930 veio considerar que a presunção de responsabilidade, estabelecida no artigo 1384.°,1, não poderia ser ilidida com a mera prova da ausência de culpa, tornando-se necessário demonstrar a existência de um *caso fortuito*, de uma situação de *força maior* ou de uma *causa estranha* não imputável ao *gardien* (cfr. CARBONNIER, *op. cit.*, n.° 255, pp. 466-467 e J. FLOUR/JEAN-LUC AUBERT, *op. cit.*,, n.os 261 e ss., pp. 250 e ss.). Quanto ao nosso problema, o corolário mais evidente dessa jurisprudência, aplicada extensivamente a outros domínios responsabilizantes (como o do artigo 1386.° do *Code*), e da que resultou do *arrêt* da *Chambre des Requêtes* de 13 de Abril de 1934, terá sido o da defesa de uma solução de *repartição do dano*, na ausência da prova da imprevisibilidade e da inevitabilidade da culpa do lesado.

Anteriormente a 1930, qualquer culpa do lesado afastava a presunção de culpa

ESMEIN se referir, no capítulo [1534] que «inspirou» VAZ SERRA, a uma *«présomption de faute ou de responsabilité»*. Mais explicitamente, pode dizer-se que a norma do artigo 570.°,2 encerra em si todo o debate travado na literatura francesa acerca da verdadeira natureza das presunções (ou de algumas delas) que o *Code Civil* terá pretendido consagrar com uma «carga» subjectiva [1535]. A «fuga» para o seio das chamadas «presunções de responsabilidade», mais ligadas à ideia do *risco* do que da *culpa* e justificadas pela «velhice» do *Code*, teve naturais reflexos na «objectivação» do conteúdo probatório necessário para afastar a presunção, dada a insuficiência da prova da ausência de culpa. Já vimos [1536] que esse processo teve correspondência no direito italiano como resultado de certos equívocos do seu sistema de responsabilidade civil, mormente da articulação entre a «cláusula geral» do artigo 2043.° do *Codice* e as hipóteses particulares [1537] que não contêm referências explícitas à culpa como objecto da chamada prova liberatória. O confronto a que se assistiu (e assiste) – quanto ao fundamento subjacente às normas dos artigos 2050.° e seguintes do *Codice* – entre a defesa de uma presunção de culpa, de uma presunção de responsabilidade [1538] e de uma responsabilidade objectiva relativa, tendo a ver com a própria concepção do preceito central do artigo 2043.°, ora mais subjectivizada, ora mais desprendida da culpa, influi decisivamente a tomada de posição sobre o *conteúdo da prova*, acabando por originar

---

do artigo 1384.°,1, tendo pois o lesado necessidade de demonstrar a culpa do lesante (cfr. LAPOYADE DESCHAMPS, *op. cit.*, pp. 219 e ss. e CAPITANT, D. 1931, *cit.*, p. 19).

[1534] PLANIOL/RIPERT/ESMEIN, *op. cit.*, n.° 571, p. 792.

[1535] Referimo-nos não à inequívoca presunção de culpa do artigo 1384.°,4 (responsabilidade dos pais) mas às situações descritas nos n.ᵒˢ 1 e 5 do artigo 1384.° (para o abandono do fundamento clássico da responsabilidade do comitente, ver CARBONNIER, *op. cit.*, n.° 243, p. 442), e nos artigos 1385.° (segundo a doutrina francesa, como pode ver-se em CARBONNIER, *op. cit.*, n.° 250, p. 456, a responsabilidade *du fait des animaux* terá sido «objectivada» com um *arrêt* de 27 de Outubro de 1885) e 1386.° (ver J. FLOUR/JEAN-LUC AUBERT, *op. cit.*, n.ᵒˢ 291-292, pp. 278-279, para a defesa da «ideia do risco» na responsabilidade *du fait des bâtiments*).

[1536] Ver *supra*, pp. 226 e ss..

[1537] VALSECCHI, RDCDO I, 1947, *cit.*, p. 156, referiu-se mesmo à «perniciosa promiscuidade» do legislador italiano, ao englobar na categoria unitária dos «factos ilícitos» situações diversas.

[1538] Que a expressão não coincide com uma presunção de culpa e se identifica mais com a responsabilidade objectiva demonstram-no DE MARTINO, GI 1973, *cit.*, col. 975 e ss. e BERNARDINI, *La responsabilità oggettiva nella più recente giurisprudenza* (*rassegne*), RTDPC 1967, p. 1171.

nas decisões judiciais, como nota FRANZONI[1539], falta de sintonia entre o *obiter dictum* e a *ratio decidendum*. Mais concretamente quanto àquele conteúdo, nota-se uma linha dominante que *objectiviza* o «caso fortuito», vendo-o como facto alheio inevitável e autónomo, englobante do facto de um terceiro e da *culpa do lesado*, e cuja prova visa «quebrar» a relação causal entre, por ex., a detenção da coisa perigosa e o dano. Urge, contudo, questionar qual a ligação entre estas considerações e o problema colocado pelo artigo 570.º, 2. Não terá sido esta norma concebida como uma mero desdobramento da hipótese colocada pelo artigo 505.º? Não procederão ambas de uma mesma raiz?

Sendo certo que no nosso direito legal da responsabilidade há uma demarcação, mais ou menos nítida, entre as hipóteses de presunção de culpa e os casos que o legislador tipificou como de responsabilidade objectiva, a dificuldade que aquele primeiro preceito levanta é, precisamente, a da articulação entre o quadrante bem circunscrito das presunções de culpa (*maxime* os artigos 491.º, 492.º e 493.º) e uma norma onde a prova da culpa do lesado surge como meio (atípico) de afastar a presunção de... culpa. Mesmo que VAZ SERRA tenha tido a convicção de estar a introduzir no sistema uma norma balizada por dois factores «puros» (a presunção de culpa e a culpa do lesado), o que é exacto é que a sua aplicação coloca interrogações que transcendem essa «pureza»: é bastante a prova de que o presumível culpado não teve culpa? Ou (também) é necessário demonstrar a «culpa» do lesado como evento alheio preclusivo? E não será preciso provar a *exclusividade causal*[1540] dessa conduta «culposa»? Poderá funcionar uma hipótese *concursual* para a situação plausível de o lesante não conseguir afastar a presunção de culpa nem conseguir demonstrar a exclusividade causal da conduta do lesado? Ou é suficiente, para afastar automaticamente a presunção de culpa, a prova da «culpa» e de qualquer «culpa» do lesado?

Cremos que a correcta interpretação e a fixação do âmbito do artigo 570.º,2 tem muito a ver com a necessidade de fixarmos o *sentido*

[1539] *Danno da cose in custodia nei supermercati e «obiter dicta» della giurisprudenza*, in Celm, n.º 1, 1987, pp. 50-51.

[1540] Como salientaram PLANIOL/RIPERT/ESMEIN, *op. cit.*, n.º 571, p. 792 (local citado por VAZ SERRA), a jurisprudência exigia como circunstância exoneratória a prova da ausência de culpa ou, na sua insuficiência, a demonstração da imprevisibilidade e da inevitabilidade da conduta do lesado, ou seja, da sua natureza (causal) *exclusiva*. Que o inêxito dessa dupla prova implicava uma *partage de responsabilité*, apesar de só haver uma culpa provada (a do lesado), é reafirmado no n.º 620-2, pp. 871-872. Para uma crítica à «presunção de responsabilidade», ver ESMEIN, RTDC 1949, *cit.*, pp. 486 e ss..

466   *A conduta do lesado*

das presunções de culpa, tanto mais que no nosso sistema positivo há um leque de «delitos complexos»[1541] (artigos 491.°, 492.°, 493.° e 503.°,3) ligados a essa técnica e que são, portanto, os domínios privilegiados, mas não os únicos[1542], em que se projecta a doutrina do artigo 570.°,2.

48. Elementos estruturais comuns às presunções legais de culpa e conteúdo da prova do contrário (*maxime* da atinente à conduta do lesado). Alusão ao concurso de presunções de culpa

Na análise do recorte das presunções de culpa – essa «maquilhagem dogmática do direito» como lhe chamou BRANCA[1543] – é possível identificar algumas características comuns que tipificam um expediente jurídico, a que já se referia MELLO FREIRE[1544] quando, a propósito das «provas artificiais» («*argumenta ex facti visceribus eruta...*»), afirmava que «*juris praesumtio ea dicitur, quam lex inducit et probat, quamque pro vero habet, donec contrarium ab adversario probatum fuerit*». A «técnica presuntiva» parte do chamado facto conhecido ou facto-base (a *relação material* entre o acto ilícito do vigiado, o facto do animal, o vício da construção e o dano), «dá» como existente e provado, segundo um juízo lógico, o facto desconhecido (o *nexo jurídico* de culpa) e «considera» desencadeados certos efeitos jurídicos (de tipo responsabilizante) caso o «presumido culpado» não consiga demonstrar o *contrário*[1545]. À formação, por via indutiva, da convicção judicial, não é

    [1541] MENEZES CORDEIRO, *Direito das Obrigações*, II, *cit.*, p. 351.

    [1542] Haja em vista, por ex., a presunção de culpa estabelecida no artigo 15.° do Decreto-Lei n.° 349/86 de 17 de Outubro (*contrato de transporte de passageiros por mar*).

    [1543] RTDCP 1950, *cit.*, p. 259.

    [1544] *Institutiones Iuris Civilis...*, IV, §§ VI e VII, p. 159.

    [1545] Para o «funcionamento» da prova indirecta resultante das presunções legais, ver, entre nós, ANTUNES VARELA/MIGUEL BEZERRA/SAMPAIO E NORA, *Manual de Processo Civil*, 2ª ed., Coimbra, 1985, pp. 465-466 e 500-504 e ANTUNES VARELA, RLJ, ano 122.°, *cit.*, pp. 217-218, n.° 6 e, na literatura italiana, entre outros, R. SACCO, *Presunzione, natura costitutiva o impeditiva del fatto, onere della prova (aspetti diversi di un fenomeno unico o fenomeni autonomi?*), RDC I, 1957, pp. 399 e ss. (com a crítica à «sua» lógica persuasiva) e G. TOMBARI, *Note in tema di presunzioni legali*, RTDPC 1991, pp. 917 e ss..

    Os mesmos autores e, por ex., MANUEL DE ANDRADE, *Noções elementares de processo civil* (com a colab. de ANTUNES VARELA), nova edição revista e actualizada

O tríplice pressuposto legal do concurso   467

alheia uma probabilidade danosa que tem essencialmente a ver com a violação dos chamados *deveres de segurança no tráfico* ou, como prefere ANTUNES VARELA[1546], com a omissão do «dever de prevenção do perigo». Enquanto que na *fattispecie* descrita no artigo 491.° a necessidade preventiva nasce da assunção legal ou convencional do dever de vigilância, nas situações hipotizadas nos preceitos dos artigos 492.° e 493.° a presunção de culpa articula-se com o «dever de não expor os outros a mais *riscos* ou *perigos* de dano do que aqueles que são, em princípio, inevitáveis»[1547]. Mais do que o perigo inerente às

---

por HERCULANO ESTEVES, Coimbra, 1976, pp. 191-192 e 214-215 e M. TARUFFO *Presunzioni, inversioni, prova del fatto*, RTDPC 1992, pp. 738 e ss., não deixam de salientar a falta de coincidência entre essas presunções de direito e as *presunções naturais ou judiciais* («*hominis, quae ab homine ex variis rerum circunstantiis inducitur*», nas palavras de MELLO FREIRE, *op. cit.*, §VII, p. 159), assentes nas «regras práticas da experiência» e que se destinam a facilitar a prova da culpa e da conexão de causalidade (é a chamada *Anscheinbeweis* ou prova *prima facie*, de que fala a dogmática alemã, a *res ipsa loquitur* da *common law* ou a *faute virtuelle* aplicada pela jurisprudência francesa, como pode ver-se em MALAURIE/AYNÈS, *op. cit.*, p. 37 e em J. LARGUIER, *est. cit.* (*supra*, n. 556), n.° 32, p. 26). Os domínios principais em que os nossos tribunais tem recorrido ou devem recorrer a essa prova relacionam-se com o campo dos *erros médicos* (cfr. F. DIAS/SINDE MONTEIRO, *Responsabilidade médica em Portugal*, sep. do BMJ n.° 332, *cit.*, pp. 30-32 e *Responsabilidade médica na Europa Ocidental – Considerações «de lege ferenda»*, in SI, n.ºs 187-188, *cit.*, pp. 105-106), com a *responsabilidade do produtor* (cfr. CALVÃO DA SILVA, *Responsabilidade civil do produtor, cit.*, pp. 387 e ss. e 712-713) e com a violação (mesmo pelo lesado?) das regras de trânsito (cfr., entre outras decisões, os acórdãos do STJ de 3 de Março de 1990, BMJ n.° 395, p. 534 e da RP de 7 de Novembro de 1991, CJ, ano XVI, tomo 5, 1991, pp. 182 e ss., e, para certas dificuldades teóricas surgidas no seio da doutrina alemã, no tocante à aplicação da *Anscheinbeweis* às «leis de protecção», ver DEUTSCH, *Beweis und Beweiserleichterungen des Kausalzusammenhangs..., cit.* (*supra*, n. 1413), SINDE MONTEIRO, *Responsabilidade por conselhos..., cit.*, pp. 283 e ss.).

[1546] RLJ, ano 114.°, *cit.*, p.77 (anot. ao acórdão do STJ de 26 de Março de 1980, publ. no BMJ n.° 295, pp. 426 e ss.).

[1547] ANTUNES VARELA, *loc ult. cit.*, pp. 77-78. Cfr. igualmente o seu *Das Obrigações em Geral* I, *cit.*, p. 560 e o *Código Civil Anotado*, I, *cit.*, p. 488 (artigo 486.°, n.° 3).

A figura dos *Verkehrspflichten* (ver *supra,* n. 228) não foi ignorada por VAZ SERRA nos trabalhos preparatórios (*Obrigação de indemnização ..., BMJ n.° 84, cit.*, pp. 108-112) e no seu Anteprojecto (ver, respectivamente, o artigo 5.°,2 e 3 do mesmo BMJ n.° 84, p. 126 e o artigo 738.°,2 e 3, onde se referia, desde logo, que «*aquele que abre uma fonte de perigos tem o dever de adoptar as cautelas indispensáveis para os impedir, mesmo que não sejam impostas pelos regulamentos administrativos*»), mas foram, sobretudo, ANTUNES VARELA, MENEZES CORDEIRO (ver o seu *Da boa fé..., II, cit.*, pp. 828 e ss.) e SINDE MONTEIRO (*op. cit.*, pp. 307 e ss.) que divulgaram e

468   *A conduta do lesado*

coisas ou às actividades, pelas quais se pode responder, é relevante o factor *subjectivo* da não evitabilidade (para terceiros) do perigo abstracto ligado a elas (por ex., não se proíbe a entrada no prédio em ruínas, deixam-se animais em liberdade, não se corta uma árvore seca, não se protege um terraço, não se impede a utilização de um elevador deficiente, não se assinala a presença de um poço ou a abertura de uma vala numa ruela escura). O papel desse factor subjectivo conduz, por isso, a fazer repousar a presunção (de culpa) num *facto próprio* [1548] ou *directo*, mesmo que a sua relevância dependa naturalmente do «ilícito» de um menor (*maxime* inimputável) ou da *materialidade* conexa à «acção» da coisa, do animal ou do edifício.

Para lá da reconhecida *excepcionalidade* [1549] das presunções legais de culpa, a derrogação que introduzem ao princípio geral *actori incumbit probatio* visa favorecer o *lesado* [1550] contra o risco de não provar ou de não conseguir provar plenamente os factos que levou à causa de pedir. Tendo, pois, por escopo principal beneficiar os *terceiros lesados* e por finalidade secundária *prevenir* a ocorrência danosa, há que

---

teorizaram, entre nós, os «deveres de segurança no tráfico». No plano jurisprudencial, é de salientar, por último, a aplicação que a RP, no acórdão de 5 de Maio de 1988, CJ, ano XIII, tomo 3, 1988, pp. 207 e ss., faz da figura a uma hipótese relacionada com uma *passagem forçada momentânea*.

[1548] Nesse sentido, para os vigilantes do artigo 491.°, ver VAZ SERRA, *Responsabilidade de pessoas obrigadas a vigilância*, BMJ n.° 85, p.398, ANTUNES VARELA, *op. cit.*, p. 601 e *Código Civil Anotado* I, *cit.*, p. 493 (artigo 491.°, n.°4) e RUI DE ALARCÃO, *op. cit.*, p. 268 (cfr. igualmente GUILHERME MOREIRA, RLJ, ano 38.°, *cit.*, pp. 481-482). Para a ideia algo diversa da «propagação de responsabilidade», ver BARBERO, RDC I, 1960, *cit.* pp. 581 e ss. e, para a defesa de uma responsabilidade indirecta, ver SCOGNAMIGLIO, *Responsabilità per fatto altrui*, NDI XV, p. 694.

[1549] Assim, SOUSA RIBEIRO, *O ónus da prova da culpa na responsabilidade civil por acidente de viação*, Coimbra, 1980, p. 108 (sep. do número especial do BFDUC «Estudos em homenagem ao Professor Doutor TEIXEIRA RIBEIRO», Coimbra, 1979), DE CUPIS, *Il danno*, *cit.*, p. 140, POGLIANI, *op. cit.*, pp. 282 e ss., CONSOLO, *op. cit.*, p. 327 e CORSARO, *op. cit.*, p. 29.

[1550] Assinalando esse *favor legis*, ver SOUSA RIBEIRO, *cit.*, pp. 68-69 (para a presunção do artigo 503.°,3), e, na literatura estrangeira, MEDICUS, *Schuldrecht – Besonderer Teil, cit.*, §144, p. 390, FRANZONI, *op. cit.*, pp. 429-430 e P. CENDON/P. ZIVIZ, *L'inversione dell'onere della prova nel diritto civile*, RTDPC 1992, p. 784 (embora realçando a sua *heterogeneidade funcional*). DIEZ-PICAZO/A. GULLÓN, *op. cit.*, p. 608, colocam a questão interessante da possível *inconstitucionalidade* (presunção de culpa *versus* presunção constitucional de inocência) dessa técnica probatória, referindo que, nas soluções divergentes do Supremo Tribunal e do Tribunal Constitucional, o último mostra-se favorável a tal inconstitucionalidade.

O tríplice pressuposto legal do concurso

concluir que elas não prejudicam os próprios vigilantes (*lato sensu*), os comissários-condutores[1551], os que exercem actividades perigosas na qualidade de comissários, as pessoas a quem caiba o encargo de conservar o prédio[1552], relativamente aos danos sofridos por sua «culpa», mas também não parecem aproveitar aos lesantes ou aos responsáveis[1553] para avocar o regime do artigo 570.° ou exercer um direito de regresso, fundados numa presunção de culpa dos ... lesados. Se, relativamente àquele leque de prejudicados, não poderá deixar de ser provada a sua culpa, resolvendo-se o problema do seu dano convocando os princípios próprios dos acidentes laborais, a «assunção do risco», o *risco* contributivo inerente às coisas (*maxime* animais) danosas e o regime que derive da interpretação do contrato existente[1554], já no segundo quadrante não se prescinde da prova da culpa efectiva do vigilante[1555]

[1551] Excluindo expressamente a aplicação do artigo 503.°,3 ao «terceiro--comissário», cujo veículo se despiste, ver o acórdão da RE de 14 de Julho de 1983, in CJ, ano VIII, tomo 4, 1983, pp. 311-313. Em sentido contrário, submetendo àquele normativo um servidor do Estado, que teve um acidente quando conduzia o seu veículo, ver o Parecer n.° 35/80, da Procuradoria-Geral da República, de 4 de Abril (BMJ n.° 302, p. 114, *maxime* pp. 118-119). Como se sabe, o Assento 1/83 de 14 de Abril veio firmar a doutrina de que a presunção de culpa do comissário-condutor só vale nas relações entre ele e o lesado. Assim sendo, na eventualidade de um comissário-condutor ficar ferido pela conduta de um peão imprudente, este não poderá prevalecer-se do disposto no artigo 503.°,3, primeira parte. Não respeitando essa doutrina, a Relação do Porto, em acórdão de 24 de Setembro de 1991, publ. na CJ, ano XVI, tomo 4, 1991, pp. 254 e ss., veio aplicar o normativo aos danos sofridos pelo comitente do condutor de um comboio.

[1552] Para uma hipótese em que um arrendatário continuou a usar o palheiro, apesar de ter avisado o senhorio de que o soalho oferecia perigo, ver a decisão da *Corte di Cassazione* de 13 de Julho de 1964, in FI I, 1964, col. 1784-1786, e o apelo que é feito ao regime do artigo 1227.°.

[1553] Não sendo de excluir que a lesão provenha da pessoa ou do animal vigiados, é evidente que a conduta culposa e omissiva do vigilante-lesado será um factor que influirá, respectivamente, na dupla decisão equitativa do artigo 489.° (se o lesante for um inimputável) e na responsabilidade objectiva do detentor.

[1554] Ver *infra*, n.° 68, sobre as convenções de exclusão de responsabilidade.

[1555] Cfr., entre nós, VAZ SERRA, BMJ n.° 85, *cit.*, p. 424, PIRES DE LIMA/ /ANTUNES VARELA, *Código Civil Anotado*, I, *cit.*, pp. 488 (artigo 486.°, n.°2) e 493 (artigo 491.°, n.°5), MÁRIO DE BRITO, *op. cit.*, II, p. 178 e o acórdão do STJ de 17 de Janeiro de 1980, in BMJ n.° 293, pp. 308 e ss. e, na doutrina italiana, ROVELLI, *La responsabilità civile...*, *cit.*, pp. 47,102 e 213, M. MANTOVANI, *Resposabilità dei genitori, dei tutori, dei precettori e dei maestri d'arte*, in *La responsabilità civile*, sob direcção de ALPA/BESSONE, II, tomo 1, Torino, 1987, p. 32 e CIAN/TRABUCCHI, *op. cit.*, artigo 2047.° I, p. 1686.

470   *A conduta do lesado*

ou do dono do prédio[1556], o que, aliás, e quanto à primeira hipótese, parece ter interesse para a aplicação do artigo 571.°.

Quanto ao aspecto mais interessante do *relativismo* da presunção e do *conteúdo* (não uniformizado) da prova liberatória, pode afirmar-se que, com excepção das hipóteses mais específicas ligadas ao regime das actividades perigosas e à condução do comissário, ela integra *dois* grandes núcleos de factos impeditivos, para já não falarmos da possibilidade de o onerado pôr em causa o próprio facto-pressuposto da presunção. Diversamente do que acontece naqueles dois casos particulares, em que, atenta a necessidade de uma melhor tutela do lesado e a existência de uma garantia da responsabilidade (canalizada no comitente), o legislador não enfraqueceu a presunção, dado não ter estendido a esses domínios a relevância negativa da causa virtual, já nas restantes hipóteses é possível provar essa relevância ou demonstrar a diligência da conduta.

Perante a imputação (presumida) a certa pessoa da sua culpa omissiva (e da relação causal com o dano), esse responsável presumido poderá fazer uma prova, ao mesmo tempo *directa* e *genérica*, tendente a *negar* o facto presumido (*a conexão de culpa*), o que significa, por outras palavras, que o conteúdo próprio, específico, dessa tarefa probatória, não tem a ver com a alegação de circunstâncias alheias ou estranhas ao *comportamento* do presumível culpado. O provar-se que o acto do menor foi inesperado[1557], que se ignorava o vício do animal, ou

---

[1556] Ver LANGE, *op. cit.*, §10 IX, n.(140) e a decisão, que cita, do BGHZ 79, 259, relativa a um caso (o chamado «*Hubschrauberfall*») de ruína parcial de um telhado, cujas causas foram atribuídas, pelas partes, a deficiências de reparação e ao sobrevoo de um helicóptero.

[1557] Quanto ao afastamento da culpa «das pessoas obrigadas à vigilância de outrem» (recurso já existente no artigo 113.° do Código Penal de 1852), a nossa jurisprudência conjuga o aspecto mais geral da prova da *educação-prevenção* (particularmente importante na faixa etária da adolescência e concretizando-se, por ex., nas *instruções* dadas relativamente à utilização de ciclomotores e à não utilização ou à utilização cuidadosa de certos instrumentos perigosos) com a faceta mais concreta, e manifestamente adequada aos menores inimputáveis, da *vigilância*. Se a tentativa de afastamento da culpa pelo recurso ao critério mais elástico da educação (a «vigilância preventiva», de que falava CUNHA GONÇALVES, *Tratado...*, XII, *cit.*, p. 662) parece tutelar menos o lesado, também o tribunal não pode ser demasiado exigente quanto à vigilância *tout court*, sob pena de ir contra a lei e converter a presunção de culpa numa responsabilidade objectiva. O conteúdo da prova é nitidamente heterogéneo, reflectindo, como se sabe, certas concepções sociais dominantes e todo um *circunstancialismo* inerente às condições sociais, locais, familiares, ambientais, aos

O tríplice pressuposto legal do concurso 471

a vetustez da árvore, que se desconhecia o defeito de construção, que se encarregou uma pessoa de confiança para conservar o edifício, preenche nitidamente aquele conteúdo, sendo certo, por outro lado, que a natureza relativa da presunção articula-se com a maior ou a menor

---

hábitos, à maior ou menor perigosidade do vigiado e à necessidade da sua maior ou menor liberdade (como sucede no tratamento psiquiátrico *open door*). Para este último ponto, ver A. Bregoli, *Trattamenti open door e responsabilità civile degli ospedali psichiatrici per gli atti dannosi dei loro pazienti*, RDC II, 1973, pp. 76-77, para a concretização das duas vertentes da *educação* e da *vigilância*, ver Rovelli, *op. cit.*, pp. 248 e ss. e Mantovani, *op. cit.*, pp. 26 e ss. (as normas dos artigo 2047.°,1 e 2048.° do *Codice* correspondem ao nosso artigo 491.°) e, para uma amostragem jurisprudencial do *modus faciendi* da ilisão da culpa, ver os acórdãos do STJ de 2 de Março de 1978, publ. no BMJ n.° 275, p. 170, de 11 de Julho de 1978, in BMJ n.° 279, p. 141, de 17 de Janeiro de 1980, publ. no BMJ n.° 293, p. 308 e de 13 de Fevereiro de 1979, publ. no BMJ n.° 284, p. 187.

Um certo sector da doutrina estrangeira (ver, entre outros, Deutsch, *Unerlaubte Hndlungen...*, *cit.*, §20, p. 164, Kötz, *op. cit.*, n.°s 316 e 322, pp. 126 e 133 (invocando von Hippel), Scheffen, *est. cit.*, p. 463, Patti, *L'illecito del «quasi maggiorenne» e la responsabilità dei genitori: il recente indirizzo del Bundesgerichtshof*, em RDCDO, 1-2-3-4,1984, p. 33, e *op. cit.*. pp. 279 e ss. e 328 e Baudouin, *op. cit.*, pp. 196-197) não deixa, contudo, de salientar o «anacronismo» e as dificuldades de aplicação da solução tradicional «solidarística» (cfr. Corrêa Telles, *Digesto Portuguez, cit*, n.° 471, p. 77), patente na «subjectivização» da responsabilidade paterna, defendendo a sua *objectivização*, em nome da alteração qualitativa do poder paternal e da eficácia da técnica do seguro obrigatório ou da própria Segurança Social. A nível legislativo, como corolário desse desiderato, são de referir os artigos 6: 164.° e 6: 169.° do novo Código Civil holandês, consagradores de uma *responsabilidade objectiva* dos pais pelos actos dos menores de 14 anos (a presunção de culpa só vale para os actos dos menores com 14, 15 ou 16 anos e não se afasta a responsabilidade dos deficientes físicos ou mentais) e a introdução em 1968, no *Code Civil*, do artigo 489.°,2, relativo à responsabilidade dos doentes mentais. Mesmo no tocante à «responsabilidade» dos inimputáveis, a jurisprudência francesa tem *objectivado* a sua *faute* (o que foi reivindicado por X. Blanc-Jouvan, *La responsabilité de l'«infans»*, in RTDC 1957, pp. 51 e ss. e veio a ser criticado, entre outros, por J.-F. Barbieri, *Inconscience et responsabilité dans la jurisprudence civile: l'incidence de l'article 489-2 du Code Civil après une decennie*, JCP 1982, I, 3057, G. Viney, *La réparation des dommages causés sous l'empire d'un état d'inconscience: un transport nécessaire de la responsabilité vers l'assurance*, JCP 1985, I, 3189 e por Yvonne Lambert-Faivre, RTDC 86 (1), 1987, *cit.*, pp. 6-7) e com o *arrêt Fullenwarth* de 9 de Maio de 1984 a Assembleia plenária da *Cour de Cassation objectivou* a responsabilidade dos pais de um menor de sete anos, autor de uma lesão ocular numa outra criança, devido à utilização de um arco de flechas (cfr. Starck/Roland/Boyer, *op. cit.*, n.° 742, pp. 423-424). É de salientar a ênfase que G. Viney, *cit.*, n.°s 22-24 coloca, *de iure condendo*, no mecanismo do seguro, na sua *dupla* função de garantir a indemnização dos danos causados pelo inimputável (bem ou mal vigiado) e de o tutelar contra as sequelas da sua própria autoresponsabilidade.

intensidade da prova, mas já não se sintoniza com a exigência de uma prova negativa completa ou de uma *probatio plena*.

Surge, no entanto, aqui, a dúvida que fez «arrastar» a questão do artigo 570.°,2 para este capítulo da conexão concausal: a prova *positiva, precisa,* da circunstância da «culpa» do lesado ou de uma conduta autoresponsabilizante e, como tal, estranha ao comportamento do presumido culpado, não integrará já o plano *objectivo* da relação causal? Ou poderá ser ainda uma forma *indirecta, oblíqua,* de demonstrar a ausência de culpa?

No tocante às presunções de culpa previstas no Código de Seabra (por ex., as dos artigos 2379.° e 2394.°), CUNHA GONÇALVES[1558] era do parecer de que seria bastante a prova negativa da ausência de culpa, não sendo preciso demonstrar a existência de um «caso fortuito ou de força maior». Ao negar que, nesses casos, o «arguido» tivesse necessidade de provar a «imprevisibilidade, a irresistibilidade ou a inevitabilidade» do facto danoso, CUNHA GONÇALVES perfilhava, ao que pensamos, uma concepção *objectiva* desses mesmos *caso fortuito* ou de *força maior*[1559], tanto mais que não afastava a sua prova como indicador *causal* do dano[1560]. Mais concretamente, quanto à «culpa da vítima», o nosso comentarista reclamava, acertadamente, a necessidade da prova da «absoluta ausência de culpa», o que, para CUNHA GONÇALVES[1561], teria a ver com a «relação de causalidade». Nos princípios deste século, GUILHERME MOREIRA[1562] contestava a suficiência da prova genérica da ausência de culpa nas presunções relacionadas com os danos dos animais e das coisas inanimadas, advogando a demonstração de factos *específicos* e *positivos* (como a culpa de terceiro), aptos a afastar a responsabilidade[1563]. Não bastaria, assim, para o nosso antigo civilista, que o lesante provasse que o evento fortuito tinha sido inevitável, apesar do seu esforço de diligência, devendo, antes, *precisar* o facto estranho, humanamente imprevisível e, sobretudo, inevitável[1564]. A asserção

---

[1558] *Tratado...* XII, *cit.*, pp. 567-568 e 585.

[1559] Ao falarmos dessa *objectivação* estamos a pensar na diversidade estabelecida por JAIME DE GOUVEIA, *op. cit.*, pp. 463 e ss..

[1560] *Op. cit.*, p. 568.

[1561] *Ibidem*, p. 592.

[1562] Ver o *Estudo..., cit.*, RLJ, ano 39.°, p. 115, o artigo 12.° do seu Projecto de Lei (p. 611) e *Instituições...*, II, *cit.*, p. 126.

[1563] Para a defesa desse agravamento probatório, ver também JOSÉ TAVARES, *op. cit.*, pp. 532-533, com a referência expressa ao «facto da própria vítima».

[1564] A formulação clássica de VINNIUS («*casum fortuitum definimus omne, quod*

de GUILHERME MOREIRA estava, aliás, em consonância com determinada interpretação do artigo 705.° do Código de Seabra, nos termos da qual o devedor necessitaria de provar *positivamente* uma das causas estranhas referidas no preceito[1565]. Conquanto este agravamento probatório fosse comum à filosofia – que considerámos *subjectivista* – dos nossos primeiros diplomas estradais[1566], pelo menos no círculo das presunções de culpa do Código de 1867 não existiam entraves aos meios de ilidir a presunção.

A redacção dos artigos 491.°, 492.°, 493.°,1 e 503.°,3 do Código actual, se não deixa dúvidas quanto à eficácia de uma *prova directa* (pela positiva ou pela negativa) da ausência de culpa, também não preclude (implicitamente) a alegação e a prova de eventos estranhos à conduta do presumido culpado (por ex., um facto de terceiro ou uma circunstância fortuita[1567]), desde que *dirigidas* à demonstração da inexistência da culpa[1568]. Concretamente quanto à «culpa» do lesado, parece-me inequívoco que o sentido útil que se retira da norma do artigo 570.°,2 nos impele a pensar que a presunção de culpa só será

---

humano captu preavidere non potest, nei cui praeviso potest resistit»), que transparece nos escritos de COELHO DA ROCHA, *op. cit.*, §124, p. 84 («acaso é todo o acontecimento que o homem não póde prever, nem desviar naturalmente...»), integra as características essenciais da noção lata de caso fortuito, como se pode ver em GOMES DA SILVA, *op. cit.*, pp. 179 e ss e MANUEL DE ANDRADE, *Teoria Geral das Obrigações, cit.*, pp. 419 e ss.. No domínio extracontratual do direito dos acidentes de viação e da zona dos danos causados por instalações de energia eléctrica ou gás e nos acidentes de trabalho, essa noção é mais restritiva, pois só relevam, como «causa de força maior», os eventos *estranhos* ou *exteriores* às respectivas fontes de perigo.

[1565] Ver, para essa interpretação e para a sua crítica, PESSOA JORGE, *Ensaio...*, *cit.*, pp. 131-133.

[1566] Ver *supra*, pp. 225-226 e 259 e ss..

[1567] Se, relativamente ao condutor-comissário, deve considerar-se a impossibilidade de ilidir a presunção demonstrando a existência de um «caso fortuito subjectivo ou objectivo», já a prova positiva que ele faça de alguma das circunstâncias aludidas no artigo 505.° repercute-se favoravelmente na responsabilidade (objectiva) do detentor.

[1568] ANTUNES VARELA, *op. cit.* I, p. 603, a propósito da *fattispecie* do artigo 492.°, refere, precisamente, a prova de um *caso fortuito* ou de um *facto de terceiro* como eventos conducentes a afastar a presunção de culpa. Na RLJ, ano 122.°, *cit.*, p. 217, n.(1), e quanto à hipótese do artigo 493.°,2, o insigne civilista valora a «*culpa» do lesado* ou de *terceiro* como «causas de exclusão da ilicitude», o que, salvo o devido respeito, nos merece reservas, dado não podermos parificar um comportamento «culposo» do lesado com um eventual *consentimento* para o dano. Para a defesa (genérica) dessa ideia de exclusão da ilicitude, ver PESSOA JORGE, *Ensaio...,, cit.*, p. 118.

474   *A conduta do lesado*

paralisada pela prova da *suficiência causal* (para o dano) da conduta do lesado, e, portanto, pela ausência de um nexo de concausalidade adequada. Sob pena de esvaziarmos de significado a disposição daquele preceito, não vemos como é que a presunção de culpa possa ser afastada subsistindo dúvidas quanto à sua ilisão. E, quanto a nós, essa incerteza só cede a partir do momento em que fique demonstrado que o lesado foi o causador único do seu dano, «quebrando» assim a conexão entre a conduta culposa presumida e esse mesmo prejuízo. Antes de precisarmos o nosso pensamento, vejamos primeiramente as formas mais correntes de «interferência» da conduta «culposa» do lesado nos *Tatbestände* dos artigos 491.° e seguintes.

No círculo da responsabilidade por facto próprio, prevista no artigo 491.°, a «culpa» do lesado que se pondera é a que concorre com o acto *ilícito* do vigiado, dela se aproveitando o vigilante, admitido a provar o nexo causal exclusivo entre o dano sofrido pelo lesado e a sua conduta. É claro que, se o inimputável responder a título *subsidiário*, a prova da conduta «culposa» do lesado será relevante para a aplicação do normativo do artigo 489.°[1569], não se estranhando que se possa concluir pela *exclusão* indemnizatória, desde que justificada *equitativamente* ou como resultado da avaliação causal.

Quanto à *fattispecie* do artigo 492.°, cuja aplicação não dispensa a prova, pelo lesado, do «vício de construção ou defeito de conservação»[1570], VAZ SERRA, no artigo 1.°,5 do seu articulado parcelar[1571],

---

[1569] Cfr. *supra*, n.1553.

Nos termos do §1308 do ABGB, a circunstância do lesado ter dado causa culposa ao dano afasta a responsabilidade do deficiente mental e do menor, não se aplicando igualmente o regime do §1304 (cfr. RUMMEL/REISCHAUER, *op. cit.*, §1308, n.° 5, p. 2307).

[1570] A questão que esse ónus implica leva a formular os seguintes quesitos: se a lei presume, por ex., que o proprietário foi negligente na contrução ou na conservação do edifício, tem sentido atribuir ao lesado o ónus (eventualmente só ao alcance de peritos) de provar a relação entre esse vício e a ruína, fazendo impender sobre ele a causa desconhecida dessa mesma ruína? O provar-se que determinado muro aluiu por defeito de construção (falta de prumo), não equivale a provar a culpa? Não seria mais razoável «retirar» do facto conhecido (a ruína) a presunção do vício da construção e exigir, apenas, ou nem isso, a prova da conexão causal entre o evento e o dano? Mesmo que se concentre o âmbito da prova, a cargo do lesado, no mero plano da *ilicitude* – como faz ANTUNES VARELA, *op. cit.*, I, pp. 598 e 604 – tudo ficará a depender da maior ou menor exigência que seja feita no preenchimento desse elemento objectivo.

[1571] *Responsabilidade pelos danos causados por edifícios ou outras obras*, BMJ n.°88, p. 59. Na n.(36) da p. 39, VAZ SERRA cita CARBONNIER e a doutrina deste jurista

O tríplice pressuposto legal do concurso	475

considerava aplicável «*a doutrina legal sobre a conculpabilidade do prejudicado*», o que já não sucede no seu estudo[1572] sobre os danos causados por coisas e por actividades perigosas. A hipótese mais vulgar de um comportamento imprudente do lesado consiste na entrada, sem razão justificada, num edifício que *ostente* sinais de pouca solidez[1573], mas a nossa jurisprudência já se pronunciou sobre as consequências danosas de desmoronamentos parciais de prédios, relativamente aos quais o presumível responsável veio a alegar, como concausa, *vibrações* provindas do exterior, e que teriam influído naquela ruína[1574]. Em sistemas de jurisprudência mais rica, como a italiana, e em conexão com uma filosofia que parte do *perigo* associado à «*rovina di un edificio o di altra costruzione*», já foram considerados os casos da pessoa que chocou com violência no parapeito de uma varanda em deficiente estado de conservação , da ponte que cedeu à passagem do veículo, do corrimão da escada que não suportou o apoio do lesado, do reboco do prédio que danificou um veículo parado em local proibido, do soalho que cedeu pela presença de um número excessivo de pessoas e do menor que, ao subir para um monumento, provocou a queda de uma placa de mármore[1575].

Ao consagrar uma presunção de culpa idêntica à do artigo 2394.º do Código de Seabra[1576] – numa técnica semelhante à do artigo 56.º do

---

respeitante à eficácia *limitativa* (quanto ao *quantum* da indemnização) da culpa do lesado (ver, aliás, o seu *Droit Civil, cit.*, n.º 251, p. 459).

[1572] Cfr. as pp. 379-380 do BMJ n.º 85 (*Responsabilidade pelos danos causados por coisas ou actividades*).

[1573] Para esse exemplo, ver VAZ SERRA, BMJ n.º 88, *cit.*, p. 39 e J. RIBEIRO DE FARIA, *op. cit.*, p. 475. A doutrina francesa moderna, partindo, embora, da ideia de *risco* (cfr. J. FLOUR/JEAN-LUC AUBERT, *op. cit.*, n.ºˢ 291-292, pp. 278-279), *reparte* a indemnização, se o proprietário não *avisou* do perigo que representava o edifício (no mesmo sentido, ver CARBONNIER, *op. cit.*, n.º 251, p. 459).

[1574] Ver os acórdãos do STJ de 20 de Março de 1970, publ. no BMJ n.º 195, p. 214 (apesar do caso ter sido decidido com base na norma do artigo 2395.º do Código de Seabra, concluiu-se que as vibrações provenientes de um baile tinham tido um papel meramente *condicional*) e de 5 de Maio de 1970, publ. no BMJ n.º 197, p. 274 (mais uma vez, foi a falta de escoramento das paredes de um prédio em demolição que foi considerada a *causa decisiva* do evento).

[1575] Para esses casos, ver ROVELLI, *op. cit.*, pp. 431-432, n.(3) e 438-439, CIAN/TRABUCCHI, *op. cit.*, artigo 2053.º, VI, p. 1699 e R. SPECIALE, *La responsabilità per rovina di edificio*, in *La responsabilità civile*, sob a direcção de ALPA/BESSONE, II, tomo 2, *cit.*, p. 573.

[1576] Cfr. CUNHA GONÇALVES, *Tratado...*, XIII, *cit.*, pp. 7-8 e JAIME DE GOUVEIA, *op. cit.*, pp. 427 e ss.. Para a tradição da solução, ver CORRÊA TELLES, *op. cit.*, n.º 486, pp. 79-80.

Código suíço das Obrigações e do §834 do BGB – e incidindo sobre os *vigilantes*[1577] dos animais, o artigo 493.°,1 não afasta, obviamente, a possibilidade de os presumíveis culpados provarem a «culpa» do lesado[1578], como conduta adequada à produção do dano. VAZ SERRA, nos trabalhos preparatórios[1579], só colocou a questão da relevância dessa «culpa» e da «exposição ao perigo», na pressuposição da responsabilidade pelo risco, pensando, porventura, na solução italiana da reunião, na *fattispecie* do artigo 2052.°, das hipóteses diferenciadas dos nossos artigos 493.°,1 e 502.°.

Relativamente aos danos causados por coisas móveis ou imóveis, mais ou menos perigosas, detidas sob vigilância, em uso profissional ou não, como é o caso, por ex., das *ruínas de um prédio*, dos *explosivos*, das *caldeiras*, dos *elevadores*, do *material pirotécnico*, das *escadas rolantes*, das *seringas*, dos *venenos*, de certas *máquinas*[1580] e das *árvores*[1581], continuamos a reafirmar a viabilidade de o vigilante demonstrar, para afastar plenamente a sua responsabilidade, que o lesado foi o causador único ou exclusivo do seu dano. Outrossim, e neste âmbito, a doutrina italiana[1582] vem acentuando a importância da

---

[1577] Para o elenco dos que não tiram *commoda* dos animais, ver VAZ SERRA, *Responsabilidade pelos danos causados por animais*, BMJ n.° 86, pp. 55 e ss. e 66 e ss..

[1578] Já vimos *supra*, n.° 31, o relevo que os textos romanos conferiam ao acto de «provocar» o animal (cfr. também *supra*, n.° 35 e a n. 1232).

[1579] BMJ n.° 86, *cit.*, pp. 62-66 e 97 (no artigo 3.°, n.°4, do articulado parcelar, apelava-se para a observância do regime da «*conculpabilidade do prejudicado*»).

[1580] Ver o acórdão da RL de 23 de Março de 1993, in CJ, ano XVIII, tomo 2, 1993, p. 121 (danos causados por máquinas utilizadas na abertura de valas).

[1581] No caso sobre que versou o acórdão da RC de 30 de Maio de 1989, publ. na CJ, ano XIV, tomo 3, 1989, p. 74, uma árvore seca, não escorada, e com 35 cm de diâmetro, veio a atingir o veículo do autor.

Como se relata na RTDC 1972, p. 402, com comentário de DURRY, a jurisprudência francesa (no caso, o tribunal de Caen, em sentença de 29 de Janeiro de 1970) já decidiu uma hipótese em que se partiu o ramo de uma ameixoeira, na altura em que o lesado colhia ameixas, a pedido da mulher do dono da árvore. Na situação, discutiu-se se o lesado tinha sido imprudente (por imperícia ou por percepção do mau estado da ameixoeira ou da sua fragilidade) ou se a responsabilidade devia pender sobre o *gardien*.

[1582] Entre outros, ver ROVELLI, *op. cit.*, p. 355, V. D'ORSI, *In tema di danno cagionato da cosa in custodia e di rilevanza del comportamento del danneggiato*, in Giust. civ. 1974, I, pp. 1139-1141 (em anot. à decisão da *Corte di Cassazione* de 13 de Outubro de 1973, relativa aos danos sofridos por uma pessoa, ao utilizar uma saída perigosa de um estabelecimento comercial, pese a existência de avisos aconselhando a sua não utilização), TRIMARCHI, *Rischio...*, *cit.*, pp. 217 e 223 e FRANZONI, *est. cit.*, in

O tríplice pressuposto legal do concurso 477

culpa do lesado como factor causal autónomo do dano, dando notícia de decisões jurisprudenciais – nem sempre coerentes quanto à valoração do limite do «caso fortuito» – relativas a casos em que o prejudicado, em trânsito, fez ceder um terreno, tocou nos fios de uma rede electrificada, sofreu danos num elevador, penetrou sem autorização num prédio alheio não evitando a um poço não protegido, caiu na escada rolante[1583], em degraus degradados ou num pavimento escorregadio ou viu o seu veículo danificado por queda de neve acumulada nos telhados dos prédios[1584].

CeIm, 1987, p. 31 e *op. cit.*, p. 197 (na p. 199, reclama, para o facto do lesado, as características da *autonomia*, da *excepcionalidade*, da *imprevisibilidade* e da *idoneidade* para provocar o dano). É bastante interessante o comentário de D'ORSI à sentença da *Corte di Cassazione*, ao *relativizar* a conduta negligente do lesado (distracção, impaciência), em atenção às *condições* em que se movia, e ao chamar a atenção para a *previsibilidade* desse comportamento.

A jurisprudência alemã, começando por imputar ao lesante a violação de um «dever do tráfico», tem defendido a aplicação do §254 do BGB aos casos em que o lesado utilizou *conscientemente* escadas ou locais não iluminados ou perigosos, não adoptou os cuidados necessários num pavimento acabado de encerar, utilizou mal o elevador ou foi imprevidente num local onde havia material de construção mal colocado (cfr. SOERGEL/SIEBERT/MERTENS, *op. cit.*, §254, n.os 39 e 42, pp. 361-362 e ERMAN/KUCKUK, *op. cit.*, §254, n.ºs 44-45, pp. 619-620 e, para aspectos da relação entre o maior ou menor conteúdo dos «deveres do tráfico» e o comportamento do lesado, ver SINDE MONTEIRO, *op. cit.*, pp. 320 e ss.).

[1583] Para um caso em que não se provou qualquer conduta negligente do lesado, sendo a lesão fruto do *movimento* (os tribunais franceses falariam de «papel activo» da coisa) da escada rolante, ver FRANZONI, *est. ult. cit.*, p. 33, ao referir-se à decisão do tribunal de Apelação de Milão de 2 de Novembro de 1982 e, para uma situação em que os danos foram imputados ao *descuido* da lesada, e não a um defeito de funcionamento da escada, ver a sentença do tribunal de Milão de 15 de Junho de 1989, in RcP 1990, pp. 448-450, anot. criticamente por ANNA DASSI (*Responsabilità per danni causati da cose o da animali in custodia*) com o argumento de se ter subsumido ao «caso fortuito» um «momento de distracção, normalíssimo numa pessoa idosa...» e de se ter desvalorizado a existente presunção de responsabilidade (p. 454).

[1584] Sendo bastante abundante a jurisprudência sobre essa matéria, são de referir aqui, como mera amostragem, as decisões do tribunal de Milão de 31 de Janeiro de 1987, in RcP 1987, n.º 6, p. 853, com anot. de F. BOSETTI (*La caduta di neve dai tetti degli edifici e i danni consequenti: art. 2051 c.c. o art. 2043 c.c.?*) e de 2 de Novembro de 1988, in RcP 1989, n.º 1, pp. 148 e ss., com anot. de F. CHIAVEGATTI (*Responsabilità per danni causati dalla caduta di neve o ghiaccio dai tetti*). No conjunto de decisões, é possível descortinarmos uma linha de pensamento uniforme relativamente à possível ligação entre o dano e o facto de o lesado ter colocado o seu veículo nas proximidades dos imóveis. Assim, os tribunais italianos recusam ver qualquer «culpa» do lesado no acto de estacionamento, dado não originar, na

478 *A conduta do lesado*

A nossa jurisprudência, apesar da sua menor riqueza, também tem sido chamada a solucionar casos em que o factor desencadeador da potencialidade danosa de certas coisas (*maxime* dos elevadores) tem radicado, total ou parcialmente, numa conduta do lesado[1585], o que representa, até certo ponto, a concretização do pensamento de CUNHA GONÇALVES[1586], sabendo-se que este considerava «absolutamente injustas e infundadas» as indemnizações de danos relacionados com o «tropeçar numa *carpette,* escorregar num *parquet* ou no mármore de dum vestíbulo...».

Um aspecto importante, e que ainda não relevámos neste contexto, é a circunstância de os lesados poderem ser, também aqui, aquelas pessoas (sobretudo *crianças*) que não possuem aquele mínimo de aptidão psíquica e intelectual para velarem pela sua segurança e

---

falta de avisos ou barreiras protectoras, qualquer risco específico, mas mostram-se indecisos quanto à «exigibilidade» ou não ao lesado *da previsão da negligência do dono do prédio.* Quanto a este ponto, ROVELLI (*Responsabilità per la caduta di neve e di ghiaccio dal tetto degli edifici,* in GI I, 2, 1969, col. 471-472) não deixa de salientar, com certa razão, que a queda de neve dos telhados «escapa» ao dever geral de prudência e diligência, nos limites da *normalidade,* e que, aqui, incidiria sobre o potencial lesado.Como quer que seja, o circunstancialismo concreto (colocação do veículo junto ao imóvel, após uma queda muito intensa de neve, indiferença face à previsibilidade do o veículo vir a ser atingido e «assunção do risco», apesar da presença de um cartaz inequívoco) pode conduzir, sem dificuldade, à emissão de um juízo afirmativo de imputação «culposa» do dano ao lesado.

[1585] No acórdão da RC de 27 de Junho de 1989, in CJ, ano XIV, tomo 3, 1989, p. 90, não se provou, contudo, que a porta do elevador tivesse sido aberta com *violência anormal (in casu,* o autor, ao visitar a mãe, internada num Hospital Distrital, deu uma queda mortal, ao abrir a porta do elevador que devia ter parado em determinado piso, mas que, por estar avariado, se encontrava no rés-do-chão). Hipótese algo parecida, mas com consequências menos trágicas, foi decidida pela RL em acórdão de 18 de Abril de 1991, publ. na CJ, ano XVI, tomo 2, 1991, pp. 176 e ss.. No factualismo que serviu de base ao aresto, a proprietária do elevador pretendeu (mas apenas no recurso para a Relação) imputar o dano ao próprio lesado, alegando a sua condição de *invisual* e a circunstância de a vítima ter sido pessoalmente avisada dos problemas do elevador (p. 177).

Para nós, e caso o tribunal pudesse ter tido em consideração esses dados (mais o segundo do que o primeiro), seria de defender a exclusão da responsabilidade, desde que se provasse que, na realidade, o lesado fora avisado para não utilizar o elevador. Quanto à situação «pessoal» ou de maior fragilidade do invisual, a natural «desadaptação» à situação de perigo não traz consigo qualquer contrapeso que possa ser colocado à falta de segurança criada. Por outras palavras, a deficiência do lesado não foi decisiva para a concretização do dano, não podendo, pois, arvorar-se como concausa *adequada* do dano (ver, aliás, *supra,* p. 207).

[1586] *Tratado...,* XIII, *cit.,* p.30.

O tríplice pressuposto legal do concurso   479

adoptarem as cautelas mais adequadas ao afastamento do dano. A sua maior fragilidade e a propensão para a exposição ao perigo reclamam, naturalmente, dos presumidos responsáveis a adopção daqueles cuidados e medidas *especiais* que já não são tão exigíveis em relação àquelas pessoas capazes de, com um pouco de prudência e atenção, evitarem o perigo. A projecção que se faz, neste quadrante da responsabilidade subjectiva agravada, do princípio *da tutela desses lesados*[1587], sempre solícitos a brincadeiras e explorações perigosas, corresponde, no fundo, embora com um sinal menos intenso, à perspectiva, hoje dominante, da protecção desses inimputáveis, face aos perigos patentes da circulação automóvel.

[1587] Cfr. SINDE MONTEIRO, *Responsabilidade por conselhos..., cit.*, p. 325, MEDICUS, *Bürgerliches Recht, cit.*, §25II, n.° 652, p. 398, STOLL, *op. cit.*, pp. 91 e s. e 265 e ss., SCHWAB, *Die deliktische Haftung bei widerrechtlichen Verweilen des Verletzten im Gefahrenbereich*, in JZ 1967, pp. 19-20 e J. SCHRÖDER, *Verkehrssicherungspflicht gegenüber Unbefugten*, in AcP 179 (1979), p. 583 e LARENZ/CANARIS, *op. cit.*, §76 III, p. 415 (resalvando a existência de uma *situação de perigo* não constitutiva de uma «chamariz»).

Já sabemos que os tribunais franceses não hesitam em proclamar a *faute objective* das crianças, como sucedeu, por ex., no *arrêt* da *Cour de Cassation* de 10 de Julho de 1978, relativo a um caso em que uma criança foi esmagada pelo *desmoronamento de parte de um muro*. Apesar de se ter provado que a cavalariça, onde a criança brincava com outras,*ameaçava ruir*, o tribunal exonerou o proprietário ao atribuir a causa do acidente à «culpa» da criança, traduzida no facto de ter retirado pedras do muro (cfr STARCK/ROLAND/BOYER, *op. cit.*, n.° 586, p. 306 e J. FLOUR/JEAN-LUC AUBERT, *op. cit.*, n.° 292, p. 279, n.2). Mais flexível terá sido o tribunal de Riom na decisão de 16 de Janeiro de 1962 (in RTDC 1962, pp. 338-339), num caso em que um menor de seis anos, após ter entrado numas *ruínas não vedadas ao público,* caiu da verga de uma porta, para onde tinha subido. O tribunal atribuiu 3/4 de responsabilidade ao lesado, mas TUNC, na anot. à sentença, embora coloque a ênfase na noção de «culpa objectiva», não deixa de questionar a *gravidade* do acto da criança e a sua *natureza infantil*. Num outro caso, julgado pela *Cour de Cassation* em 20 de Dezembro de 1972, in RTDC 1974, pp. 411-412, um adolescente de quinze anos retirou detonadores de uma cabana, *cujo postigo não oferecia segurança bastante*, vindo a sofrer lesões, em virtude da explosão de um deles. Ao anotar a decisão, desfavorável ao lesado, DURRY, em termos sensatos, coloca a tónica no facto de o adolescente ter *penetrado num local fechado*, devendo saber que não o podia fazer e que o estado precário do postigo não significava um qualquer «convite» a entrar na cabana. É de assinalar que a própria jurisprudência italiana recorre, por vezes, à «objectivação» da «culpa» da criança, como sucedeu na hipótese, relatada por CIAN/TRABUCCHI, *op. cit.*, artigo 2052.°, III, p.1698, da menina que agarrou o rabo de um cão, e no caso, menos recente, em que uma criança subiu para uma pia de água-benta, em estado deficiente de conservação, vindo a cair e a sofrer lesões (decisão da *Corte di Cassazione* de 25 de Março de 1957, in FI I, 1958, col. 933-938).

480 — *A conduta do lesado*

No que concerne à zona de responsabilidade, ainda mais agravada, do n.° 2 do artigo 493.°, relativo às actividades perigosas [1588], a dúvida principal, afastada que está, entre nós, a fundamentação objectiva do preceito [1589], é a de saber qual a *intensidade* probatória neces-

---

[1588] Para os conceitos indeterminados de *perigosidade* e de *actividade perigosa*, ver os autores citados por M. VIALE, *Brevi riflessioni in tema di responsabilità per esercizio di attività pericolose*, RDCDO, 1984, p. 220, n.(2), e FRANZONI, *op. cit.*, pp. 82 e ss. e *Il danno da attività pericolose nella giurisprudenza*, in Celm, 1985, pp. 155 e ss. (assinalando a existência de zonas de fronteira com a responsabilidade das «*cose in custodia*», como sucede nos exemplos, que enuncia, da queda numa *fossa de cal viva* existente no estaleiro de uma construção ou da derrocada de *troncos de madeira*, empilhados num depósito anexo a uma serralharia eléctrica). Para lá dos exemplos (de actividades perigosas) considerados pela jurisprudência italiana e que ROVELLI, *op. cit.*, pp. 333 e ss. refere, as decisões mais recentes dos nossos tribunais, que avocaram certas hipóteses para o quadrante do artigo 493.°,2, reportaram-se às actividades de *colocação de revestimento com aglomerado de cortiça* (acórdão do STJ de 4 de Outubro de 1984, in BMJ n.° 340, p. 370), de *monda química* (acórdão da RE de 10 de Outubro de 1985, in CJ, ano X, tomo 4, 1985, p. 293), de *construção de barragens* (acórdão da RP de 28 de Janeiro de 1988, CJ, ano XIII, tomo 1, 1988, p. 202), de *descarga de detritos inflamáveis e explosivos numa pedreira* (acórdão da RP de 21 de Abril de 1988, in CJ, ano XIII, tomo 2, 1988, p. 217), de *captação, condução e transporte de água potável* (acórdão da RL de 6 de Abril de 1989, ano XIV, tomo 2, 1989, p. 119), de *fabrico de produtos pirotécnicos* (acórdão da RL de 13 de Novembro de 1990, in CJ, ano XV, tomo 5, 1990, p. 49) de *acidente em rally* (acórdão da RP de 5 de Novembro de 1991, sum. no BMJ n.° 441, pp. 647-648), de «*deslocação e transporte de toros de árvores... com recurso a um tractor e a cabos de aço de 120m*» (acórdão da RE de 31 de Março de 1992, in CJ ano XVII, tomo 2, 1992, p. 310), de *abate de árvores* (acórdão da RL de 25 de Março de 1993, in CJ, ano XVIII, tomo 2, 1993, p. 124), de *emprego de explosivos visando o rebentamento de rochedos para permitir a abertura de uma estrada* (acórdão da RP de 14 de Dezembro de 1993, in CJ, ano XVIII, tomo 5, 1993, p. 242), de *lançamento de foguetes simples ou de artifício* (acórdão do STJ de 7 de Julho de 1994, publ. na CJ, ano II, tomo 3, 1994, pp. 47 e ss.) e de «*escavação para implantação de fundações de um edifício levada a cabo em terreno com bastante declive após um período prolongado de chuvas copiosas*» (acórdão da RE de 7 de Dezembro de 1994, in CJ, ano XIX, tomo 5, 1994, p. 288).

[1589] Não é o que acontece, em certos sectores da doutrina e da jurisprudência italianas, relativamente ao preceito-fonte do artigo 2050.° do *Codice*. A ligação causal do dano ao puro exercício da actividade, e como quer que se essa relação se teorize, encontra-se bem caracterizada em autores como GALGANO, *op. cit.*, p. 351 (relevando o aspecto organizativo), FRANZONI, *est. ult. cit.*, pp. 185 e ss., TRIMARCHI, *Rischio...*, *cit.*, pp. 48-49, 271 e ss. e 276 e ss. (numa óptica manifestamente empresarial), RUFFOLO, *op. cit.*, pp. 62 e ss., COMPORTI, *op. cit.*, pp. 255 e ss. (integrando a hipótese da norma no seu conceito-maior de «exposição ao perigo»), SCOGNAMIGLIO, NDI XV, *cit.*, p. 647 e CINELLI, *Contributi e contraddizioni...*, RDC II, 1970, *cit.*, pp. 172 e ss. (evidenciando a jurisprudência que, para «quebrar» o nexo de causalidade, reclama a exclusividade do caso fortuito, do facto de terceiro e do facto do lesado).

O tríplice pressuposto legal do concurso 481

sária para ser afastada a presunção de culpa. O quesito é pertinente, não só em virtude da redacção particularmente exigente da norma, em confronto com a *prova genérica* da ausência de culpa referida nos artigos precedentes, mas também porque não se colhe nos trabalhos preparatórios uma tomada de posição suficientemente inequívoca[1590].

Se é verdade que a jurisprudência[1591] e a doutrina[1592] que, entre nós, se têm pronunciado sobre a questão, defendem a tese segundo a qual, no artigo 493.°,2, não existe um agravamento do padrão ordinário de diligência, mas uma sua *adaptação* à periculosidade da actividade, convém não esquecer que estamos perante *esferas* que se situam na raia do *risco* e cuja probabilidade e intensidade danosas ninguém deve olvidar. A autonomização e a integração na zona do critério objectivo de responsabilidade de certas actividades perigosas, em detrimento de

---

[1590] Nas pp. 376 e ss. do BMJ n.° 85 (*Responsabilidade pelos danos causados por coisas...*), *cit.*, VAZ SERRA, ao considerar «razoável» a doutrina que emanou da «*Relazione*» ao artigo 2050.° do *Codice Civile* e ao articular a periculosidade com a exigência de «um especial dever de diligência», parece sufragar um critério particularmente rigoroso de apreciação da culpa. Ao anotar, mais tarde, na RLJ, ano 102.°, pp. 318-319, o acórdão do STJ de 26 de Julho de 1968, VAZ SERRA, apoiado em MENGONI, não vai tão longe, ao dizer que o critério do artigo 493.°,2 não ultrapassa a «... diligência do bom pai de família, adaptada ao caso de actividade perigosa...» (p. 319). No ano 112.°, p. 272, da mesma RLJ, em anot. ao acórdão do STJ de 27 de Março de 1979 (danos materiais provocados pela utilização de uma locomotiva a carvão), VAZ SERRA parece regressar ao seu rigorismo inicial, ao falar de «... um regime particularmente severo...», como justificação do preceituado no n.° 2 do artigo 493.°.

[1591] Cfr., por ex., os acórdãos da RL de 1 de Junho de 1977, in CJ ano II, tomo 3, 1977, pp. 643-644 e do STJ de 4 de Outubro de 1984, *cit.* (*supra*, n.1588). No sumário deste último, afirma-se que «as providências idóneas... são ditadas pelas normas técnicas ou pelas regras da experiência comum, as quais se aferem pela diligência de um bom pai de família» (p. 370 do BMJ n.° 340).

[1592] Ver ALMEIDA COSTA, *op. cit.*, p. 493, n.(2), J. RIBEIRO DE FARIA, *op. cit.*, I, p. 480, n.(5), ao emitir reservas à posição de VAZ SERRA, sustentada na anot., que referimos, ao acórdão do STJ de 27 de Março de 1979, e, mais desenvolvidamente, SOUSA RIBEIRO, *O ónus da prova...*, *cit.*, pp. 36-38. Na doutrina italiana, que importa conhecer dada a «filiação» do n.° 2 do artigo 493.°, nota-se a mesma dominância da tese que *não agrava* a responsabilidade do agente de actividades perigosas (cfr. ROVELLI, *op. cit.*, p. 343, POGLIANI, *op. cit.*, p. 118, FORCHIELLI, *La colpa lievissima*, in RDC I, 1963, pp. 206 e ss., CINELLI, *est. cit.*, pp. 175-176, n.(41), M. BIANCA, *Negligenza* (*diritto privato*), NDI, XI, p. 195 e *Diritto civile, cit.*, p. 710 e DE MARTINI, *op. cit.*, pp. 250 e ss.), mas autores como DE CUPIS, *op. cit.*, II, pp. 184-185, n.(219), para já não falar dos «objectivistas», vão mais longe, ao considerarem que o agente deverá ser «extremamente meticuloso», podendo responder mesmo pelas faltas mais leves.

outras, cria naturais problemas de tensão e de carência de uma tutela eficaz dos lesados, tendo, pois, de questionar-se a elasticidade ou a suficiência do critério geral de apreciação da culpa. É claro que, entre a exigência de uma *probatio diabolica*, traduzida na prova de que foram adoptadas todas as medidas que, *abstractamente*, poderiam evitar o dano, e a defesa do percurso natural, que o legislador tem seguido, de ir alargando a *zona do risco* à custa da compressão do âmbito do artigo 493.º,2 [1593], não hesitamos em aplaudir este último termo da opção. Continua, contudo, a persistir no nosso espírito a dúvida sobre a possibilidade de adaptação do critério do artigo 487.º,2 ao *necessário rigorismo* – que não é sinónimo de prova impossível – que deve presidir ao ónus da prova dos factos contrários. Quando SOUSA RIBEIRO [1594] afirma que pode «variar o metro» da culpa, sem que «concomitantemente, varie o critério que a ele conduziu», pode retirar-se daí a conclusão de que, no círculo das actividades perigosas, o *bonus pater* é o que actua segundo a medida da normal diligência? E a máxima objectivação do critério da «culpa em abstracto» cobrirá as *pequenas falhas*, susceptíveis de provocarem danos enormes?

O particular dinamismo e periculosidade de cada actividade perigosa (*maxime* a de feição empresarial e com uma determinada organização de meios) parecem exigir mais do que aquela *tensão normal* de cuidado cujo padrão paradigmático, não andando longe do fornecido pelo teor da parte final do n.º 1 do artigo 509.º, tem um conteúdo que parece ficar aquém da adopção de todas as medidas, normativizadas ou não, exigidas pelo estado actual da ciência e da técnica. Mais do que uma tomada de posição categórica, parece-nos importante formular a seguinte interrogação: a necessidade de tutela dos lesados e a normal cobertura pelo seguro da maioria das actividades, como argumento suplementar, mas não menos impressivo, não justificam a concepção de um critério de diligência *mais específico, mais agravado* e directamente proporcional à perigosidade de cada actividade?

O agente de actividades perigosas pode, naturalmente, demonstrar a ocorrência de condutas do lesado com idoneidade bastante para

---

[1593] Estamos a pensar, entre outros, nos regimes «objectivos» de responsabilidade do produtor (apesar do «relativismo» revelado no artigo 5.º do diploma de 1989), do transportador aéreo e do poluidor ambiental (cfr. expressamente para o último, J. MANUEL ARAÚJO DE BARROS, *Direito Civil e Ambiente, cit.*, in SI, tomo XLII, n.ᵒˢ 241-243, p. 117). Sobre a globalidade da questão, ver *supra*, n.º 22.

[1594] *Est. cit.*, p. 37.

se poder concluir pela atribuição do dano à *esfera do prejudicado*. A não observância, pelos potenciais lesados, de *instruções* e *avisos* dados por altura da explosão numa pedreira[1595], o desrespeito de *sinais* de *perigo* colocados em trabalhos estradais ou a imprudência cometida, apesar da *proibição* de se penetrar numa zona onde se trabalha com explosivos ou radiações, o colocar-se na curva perigosa de uma competição automóvel não respeitando as indicações da organização, são alguns exemplos de comportamentos do lesado[1596-1597] susceptíveis de conduzirem a uma isenção, total ou parcial, de responsabilidade. Neste âmbito poderá ser tida em conta a «assunção do risco» pelo lesado, revelada, por ex., na *indiferença* perante um perigo conhecido (como no caso, relatado pela imprensa, da exposição de banhistas ao sol numa praia situada na direcção de fogo de uma carreira de tiro) ou na *curiosidade* em assistir de perto a uma actividade desportiva perigosa. Diga-se ainda e é importante acentuá-lo, que, mais do que noutro qualquer campo de presunção de culpa, não é suficiente alegar-se que se «confiou» na não «interferência» do lesado, mas que esta conduta se verificou apesar de o responsável ter adoptado medidas protectoras *razoáveis,* impeditivas da colocação em perigo, e de ter advertido as pessoas

---

[1595] No acórdão da RL de 1 de Junho de 1977, *cit. (supra*, n.1591), provou-se que o réu avisara as pessoas (incluindo o lesado) para se afastarem do local onde ia ocorrer o rebentamento de rocha. Apesar desses avisos, o lesado voltou a aproximar-se do local para ir buscar uma arma caçadeira, ocorrendo, nessa altura, a deflagração. É claro que não bastaria ao réu dizer que o lesado não se afastara, mas que isso acontecera depois de avisado, da convicção da percepção e entendimento do aviso e da verificação do efectivo afastamento das pessoas (*in casu*, mais do que a observação do afastamento das pessoas, era exigível ao autor da explosão que se certificasse do efectivo resguardo e distanciamento do local perigoso).

[1596] No julgamento do caso sobre que versou o acórdão da RL de 6 de Abril de 1989, *cit.* (inundação da cave do prédio onde o autor guardava material eléctrico, em consequência do rebentamento de uma conduta de água), discutiu-se o relevo de uma possível «culpa» do lesado, traduzida no não funcionamento de uma electro-bomba e na existência de fendas no prédio. Quanto ao primeiro aspecto, não parece possível defender-se uma *autoresponsabilidade* do lesado, pela falta de prevenção *antecipada* de um dano *eventual*.

[1597] A jurisprudência francesa, a propósito da evolução de aviões, que ultrapassaram a barreira do som e provocaram a derrocada de prédios e o aparecimento de nevroses, apreciou o papel «interferente» da deficiente conservação desses imóveis, bem como a construção de habitações perto de centros de instrução aeronáutica. Para estas questões, ver as decisões da *Cour d'Appel* de Paris de 27 de Fevereiro de 1961, e da *Cour de Cassation* de 12 de Outubro de 1971, referidas, respectivamente, na RTDC 1962, pp. 326-327 e 1972, pp. 601-602.

para o perigo efectivo que corriam[1598]. É claro que no processo de repartição do dano a «balança» perde o equilíbrio em desfavor daquele que não «quis» evitar o evento lesivo, pese o cumprimento do *conteúdo de protecção*.

Antes de completarmos este número, referente ao conteúdo da prova atinente à elisão das presunções de culpa, *maxime* quando a atitude do lesado não foi indiferente para o dano, há que dizer algo sobre o regime das chamadas *presunções bilaterais de culpa* ou *concurso de presunções*. Com esta designação, não estamos a relevar as situações em que sobre o mesmo responsável recaem presunções de culpa de fundamento diverso[1599], mas visamos as hipóteses em que o dano (unilateral ou bilateral) é o produto do concurso de duas condutas culposas presumidas (pensamos, por ex., nas lesões sofridas por dois menores em consequência de uma brincadeira perigosa, na refrega entre dois animais sob vigilância ou na colisão entre veículos conduzidos por comissários). Num segundo momento depurativo, há que restringir o âmbito do verdadeiro concurso de presunções à *bilateralidade danosa* na medida em que se o dano é unilateral o relevo da co-participação do lesado no seu dano depende da prova efectiva da sua culpa ou da do seu vigilante[1600]. O considerando parece mais duvidoso naqueles domínios, como a colisão de veículos conduzidos por comissários, em que, independentemente da acidentalidade de um dano meramente unilateral, existe um processo causal recíproco em que esse mesmo prejuízo parece surgir como resultado das condutas cuja culpa se presume. A questão que aqui se coloca é, assim, a da conjugação desse processo de causalidade recíproca com o sentido natural, de favorecimento do lesado, da presunção de culpa.

[1598] Nesse sentido, ver FRANZONI, *op. cit.*, p. 123. A *intromissão* do lesado, apesar do cumprimento dos «deveres de protecção», leva STOLL, *op. cit.*, pp. 264 e 355, à consideração autónoma de um puro *Handeln auf eigene Gefahr*.

[1599] O quadrante das «conexões entre as estipulações normativas» foi, entre nós, objecto de estudo por parte de M. TEIXEIRA DE SOUSA no seu *O concurso de títulos de aquisição da prestação*, Coimbra, 1988.

[1600] No caso sobre que versou o acórdão de 17 de janeiro de 1980, *cit.* (*supra*, n.1557), relativo a um acidente com uma motorizada, conduzida por um menor de quinze anos e que vitimou outro menor da mesma idade, nela transportado, o Supremo não deixa de salientar a necessidade de ser provada a culpa dos pais do lesado, quando a Relação «deduziu» essa culpa da circunstância da participação voluntária da vítima «... na aventurosa corrida nocturna da motorizada» (p. 313 do BMJ n.° 293).

O *concurso de presunções de culpa* gera, evidentemente, o problema do seu regime jurídico, já que não parece razoável, apesar da ausência da prova efectiva das culpas, truncar-se a hipótese recorrendo à ideia clássica e simplista de uma *neutralização-compensação*[1601], com o resultado de cada lesado suportar os respectivos danos, na base da «ficção» do «nada jurídico» da presunção e da possível existência de uma igualdade danosa[1602]. No caso mais importante da *colisão de veículos*, conduzidos por comissários, e consolidado que está, por influência manifesta do pensamento *unitário* de ANTUNES VARELA[1603], aquilo que pode ser designado como o *tríptico*[1604] do regime de

---

[1601] Foi essa a solução defendida em França, para a colisão de veículos, apesar da duvidosa natureza da presunção consignada no artigo 1384.°, 1 do *Code* e que vigorou até ao momento (começo da década de 30) em que a *Cour de Cassation*, primeiro quanto ao dano unilateral e depois no tocante aos danos bilaterais, começou a defender a possibilidade da invocação cruzada de cada presunção, na ausência da prova da natureza causal exclusiva de uma das condutas ou das características exigidas para a verificação de uma solução de «repartição». Para a evolução descrita, ver BEUDANT, *op. cit.*, pp. 151 e ss., LAPOYADE DESCHAMPS, *op. cit.*, pp. 267 e ss., H.-L./J. MAZEAUD/ /CHABAS, *op. cit.*, n.° 599, pp. 685-686, H.-L./J. MAZEAUD/TUNC, *op. cit.*, n.ºs 1532 e ss., pp. 651 e ss. e CARBONNIER, *op. cit.*, n.° 279, pp. 501-502.

Em Itália, antes da entrada em vigor do *Codice Civile*, certos autores e certa jurisprudência defenderam igualmente a *anulação* das presunções de culpa, na ausência da prova da culpa efectiva de cada lesante, contra o pensamento daqueles juristas que defendiam a coexistência-compensação (de créditos) das duas presunções (cfr. ROVELLI, *op. cit.*, p. 475 e CIAN, *L'illegittimità costituzionale parziale dell' articolo 2054 c.c.*,, RDC II, 1973, pp. 524-525).

[1602] Para a crítica, entre nós, dessa «anulação recíproca», ver VAZ SERRA, RLJ, ano 102.°, *cit.*, p. 23, n.(1).

[1603] O insigne civilista tem defendido, sem qualquer hesitação, o regime subjectivo (*presunção de culpa*) de responsabilidade do condutor-comissário e os corolários (aplicação à colisão de veículos e não sujeição aos limites da responsabilidade do artigo 508.°) daí derivados, como pode ver-se no seu *Das Obrigações em Geral*, I, *cit.*, pp. 671-676, 695, n.(2) e 703, n.(1), num *Parecer Jurídico, cit.*, publ. no BOA, 22, 1984, p. 8, e na RLJ, anos 121.°, pp. 31-32 e 45-59, em anot. aos acórdãos do STJ de 7 de Julho de 1983 e de 12 de Janeiro de 1984, pp. 279 e ss, em anot. ao acórdão do STJ de 7 de Dezembro de 1983, 122.°, p. 179, em anot. aos acórdãos do STJ de 27 de Junho de 1984 e de 17 de Julho de 1984 e 124.°, pp. 285-288, em anot. ao acórdão do STJ de 17 de Dezembro de 1985.

Contrariamente à opinião mais crítica de J. RIBEIRO DE FARIA, *op. cit.*, II, pp. 42--43, ALMEIDA COSTA, no seu *Direito das Obrigações, cit.*, pp. 530-531, n.(1), manifesta a sua concordância à concepção unitária de ANTUNES VARELA.

[1604] Referimo-nos aos Assentos interpretativos n.ºs 1/83 de 14 de Abril (cfr. *supra*, n.1551), 3/94 de 26 de Janeiro (aplicação da presunção de culpa, estabelecida no n.° 3 do artigo 503.°, à colisão de veículos) e 7/94 de 2 de Março (inaplicabilidade

486   A conduta do lesado

responsabilidade do condutor-comissário, surge a dúvida de saber qual o regime mais adequado para fixar a sua solução jurídica.

Face a um mero *dano unilateral*, mesmo que causado por ambos os veículos, o critério de só se fazer valer a presunção de culpa em proveito do lesado pode encontrar justificação na sua melhor tutela perante a maior perigosidade concreta inerente ao veículo não danificado[1605-1606]. Nesse âmbito, tem pois interesse a prova que o lesante consiga fazer do concurso da conduta culposa do lesado, o que poderá conduzir à exclusão da indemnização, desde que aquela seja revestida de determinada gravidade. Contudo, e sob pena de valorarmos em demasia o elemento fortuito da unilateralidade danosa, cremos razoável, sem excepção ao chamado «simetrismo secundário», que o lesante possa invocar, no tocante aos danos materiais, e tendo em vista a aplicação do critério do artigo 570.°, o próprio *risco contributivo* do veículo envolvido no acidente, como reflexo da consideração do «grupo unitário» comissário-detentor. Quanto aos danos do *comissário*, e à margem das implicações laborais do acidente, sendo problemática a aplicação da ideia jurídica do *risco*, o acaso unidireccional do dano não deve

---

dos limites fixados no n.° 1 do artigo 508.° à responsabilidade por culpa presumida do comissário). A doutrina dos dois últimos Assentos correspondia já à orientação jurisprudencial dominante (*maxime* após a força vinculativa decorrente do acórdão das duas Secções cíveis do STJ de 17 de Dezembro de 1985, publ. no BMJ n.° 352, pp. 329 e ss.).

[1605] Nesse sentido, o acórdão da RC de 19 de Maio de 1978, in CJ, ano III, tomo 3, 1978, pp. 999-1001, embora partindo da aplicação do artigo 493.°,2.

[1606] A *Corte Costituzionale*, por decisão de 29 de Dezembro de 1972, considerou violador do artigo 3.° da Constituição o n.° 2 do artigo 2054.° do *Codice Civile* (consagra-se aí uma presunção de igual concurso de culpa na colisão de veículos), na interpretação dada pela *Corte di Cassazione* de o não aplicar à colisão com *danos unilaterais* (ver, para a defesa desta posição, ROVELLI, *op. cit.*, p. 479 e, para o conjunto do problema, CIAN, *est. cit.*, pp. 523 e ss., com importantes considerações metodológicas acerca do papel «criador» da jurisprudência).

Já se suscitou entre nós a questão da possível *inconstitucionalidade material* do Assento 1/83, mas o Supremo, pelo menos em duas ocasiões (acórdãos de 10 de Novembro de 1989, publ. no BMJ n.° 391, pp. 580 e ss. e de 14 de Janeiro de 1993, in CJ, ano I, tomo 1, 1993, pp. 34 e ss.), e a Relação numa (acórdão da RC de 20 de Maio de 1992, sum. no BMJ n.° 417, p. 826) afirmaram a sua *constitucionalidade*, face ao prescrito nos artigos 13.° e 18.° da Constituição. Já depois desses arestos, o Tribunal Constitucional (acórdãos n.os 226/92 de 17 de Junho, publ. no BMJ n.° 418, pp. 420 e ss. e 149/93 de 28 de Janeiro, probl. no BMJ n.° 423, pp. 138 e ss.), invocando a lição de ANTUNES VARELA, não considerou o Assento de 1983 violador do princípio da igualdade. Não hesitamos em afirmar que o Assento n.° 3/94 irá colocar novamente a questão.

O tríplice pressuposto legal do concurso 487

precludir a consideração do *papel contributivo* do lesado ou a solução pontual mais ousada, típica dos danos bilaterais, e com projecção ao artigo 570.º1, de relacionar as presunções de culpa com o *acidente* e as *suas sequelas.*

Por maioria de razão, na *bilateralidade danosa,* tendo o acidente que ser visto na sua unicidade, não parece possível conceber-se uma solução que faça tábua rasa do papel concausal das duas condutas, como se cada presunção de culpa pudesse ter uma eficácia autónoma, compensando-se, afinal, e num mero plano atomístico, os danos resultantes de duas relações causais independentes (entre a conduta do condutor A e o dano causado a B e entre a conduta do condutor B e o dano causado a A). A partir do momento em que as duas presunções «jogam» no mesmo plano, deixando de se justificar a aplicação do regime – *unilateral* e *mais gravoso* para o comissário – regulador da colisão de veículos, em que um deles é conduzido pelo seu detentor, e que se funda na lógica legal da primazia do critério subjectivo da culpa (presumida) sobre o «risco» contributivo, parece claro que não é possível abdicar do *contributo real* de ambas as condutas e da influência recíproca das duas presunções na colisão e nos danos dos intervenientes, considerados no papel simultâneo de lesante-lesado e de lesado-lesante. Esta dupla «face» não representa senão a consideração da autolesão e da lesão alheia, mas não reflecte em toda a sua extensão um concurso de culpas *tout court.* Rejeitada, pois, uma solução maximalista e arbitrária, que coloca a tónica na «força» cruzada de cada presunção e na sua relação linear com o dano que se «ficciona» ter causado urge situar *legalmente* o critério desse concurso de presunções, aplicável subsidiariamente se, por ex., nenhum dos condutores conseguir provar a ausência de culpa relativamente aos danos que causou ou que houve uma conduta culposa como *causa exclusiva* da colisão.

VAZ SERRA[1607], partindo da sua conhecida posição crítica ao Assento 1/80, fazia responder cada condutor «... pelos danos causados ao outro, salvo se essa presunção foi ilidida, ou salvo a exclusão ou atenuação do disposto no artigo 570.º». Numa posterior anotação na Revista de Legislação e de Jurisprudência, VAZ SERRA[1608] não parece

---

[1607] RLJ, anos 113.º, p. 173, n.(1) da col. da esquerda, em anot. ao Assento de 21 de Novembro de 1979. Ver também a p. 119 da RLJ, ano 112.º, em anot. ao acórdão do STJ de 17 de Outubro de 1978, publ. no BMJ n.º 280, p. 266.

[1608] RLJ, ano 114.º, p. 256, em anot. ao acórdão do STJ de 28 de Fevereiro de 1980, publ. no BMJ n.º 294, p. 333.

488 *A conduta do lesado*

defender exactamente a mesma solução, na medida em que a centra decisivamente no normativo do artigo 570.°, admitindo quanto à hipótese de *dano unilateral* uma redução ou exclusão da indemnização «em consequência da culpa do lesado». Relativamente a este último ponto, VAZ SERRA não esclarece, contudo, se «essa» culpa também devia ser considerada presumida (o que implicaria fazê-la valer *contra* o lesado) ou carecia de ser provada.

O Supremo Tribunal de Justiça[1609], em reunião das duas Secções cíveis, ao pronunciar-se sobre o problema, e na linha da orientação que certa jurisprudência[1610] já perfilhava (ao aplicar o artigo 493.°,2 aos acidentes de viação), situou legalmente a hipótese no quadrante da parte final do n.°2 do artigo 506.°, o que significou, em última análise, a defesa da *repartição igualitária* do dano. E não parece ser outra a posição de ANTUNES VARELA[1611], quando, na anotação ao aresto em que o Supremo sufragou aquela opinião, o ilustre jurista aplaude tal orientação ou, pelo menos, não lhe coloca reservas. Esta posição do insigne jurista coabita, no entanto, com uma diferente perspectiva do regime jurídico da *colisão culposa comprovada*, construído sob a «tutela» do artigo 570.°.

A posição do Supremo padece, quanto a nós, da rigidez inerente ao seu critério estrito, assente na pura repartição igualitária e pressupõe, na sua aplicação, a demonstração de que a segunda parte do n.° 2 do artigo 506.° não estabelece um critério subsidiário de determinação da medida das *culpas efectivas*. Mesmo que assim seja[1612], e não o

---

[1609] Acórdão *cit.* (*supra*, n. 1604).

[1610] Por ex., no acórdão do STJ de 25 de Janeiro de 1978, publ. no BMJ n.° 273, pp. 260 e ss..

[1611] RLJ, anos 121.°, *cit.*, p. 58, e 124.°, *cit.*, pp. 285 e ss..

Quando DARIO MARTINS DE ALMEIDA, *op. cit.*, p. 361, situando a questão no seio do artigo 506.°, e portanto, como *colisão não culposa* (cfr. a p. 368), defende uma repartição «na proporção das culpas», está a pensar na parte final do n.° 2 do mesmo preceito? Já J. RIBEIRO DE FARIA, *op. cit.*, II, pp. 79-80, ao integrar no artigo 570.° a hipótese de ambos os condutores terem tido culpa, deixa em aberto a questão da amplitude dessa mesma culpa.

[1612] ANTUNES VARELA, na RLJ, ano 124.°, *cit.*, p. 287, e num pensamento bastante mais expressivo do que aquele que parece derivar do que afirma no seu *Das Obrigações em Geral*, I, *cit.*, p. 695 e no *Código Civil Anotado*, I, *cit.*, artigo 506.°, n.° 4, p. 521 («Dando-se como assente a culpa de ambos os condutores...»), interpreta *latamente* o n.°2, segunda parte, do artigo 506.°, conferindo-lhe a função de fixar a igualdade contributiva (para a produção danosa) das condutas culposas (provadas ou presumidas). O Supremo, em acórdão de 24 de Novembro de 1977, relatado por ABEL DE CAMPOS e publ. no BMJ n.° 271, pp. 229 e ss., invocou, precisamente, a doutrina

O tríplice pressuposto legal do concurso 489

temos por certo, pensamos que a melhor solução para este problema concreto – e só dele curamos – seria enquadrá-lo na norma mais flexível do artigo 570.°,1, o que permitiria «corrigir» a própria presunção natural da igualdade da «gravidade das culpas» com a valoração da contribuição *activa* e *passiva* para as consequências danosas resultantes da colisão. Esse assento legal, que não integra a massificação dos danos, nem sequer a aplicação *analógica* do critério previsto na segunda parte do n.° 2 do artigo 506.°, é também mais coerente se pensarmos que a consideração das implicações recíprocas das duas presunções e a dupla condição de cada condutor (como lesante e como lesado) encontra no preceito do artigo 570.°,1 uma melhor referência[1613], sem embargo de a norma visar tipicamente uma *unilateralidade danosa* e duas *culpas provadas*.

49. A prova da «culpa» do lesado no seio do artigo 570.°, 2 como demonstração da ausência de conexão concausal e os corolários da falência probatória

Depois de termos enunciado algumas das formas possíveis de comportamento do lesado no seio das presunções de culpa, e sem embargo de ulteriores considerações a propósito da relação entre a «assunção do risco» e os «deveres de protecção» subjacentes às presunções, urge explicitarmos agora uma posição já equacionada e que toca a questão do *sentido* e da *interpretação* do preceito do artigo 570.°,2.

A leitura mais imediata da norma parece afastar, como já dissemos, a possibilidade de uma coexistência entre a presunção de culpa e a «culpa» do lesado, dada a aparente natureza antitética desses termos. Na lógica subjectiva e interindividual do Código, extensível ao problema da tensão entre o *risco* e a culpa do lesado, a prova do «pólo» mais forte afasta automaticamente o «pólo» mais fraco e ao rejeitar o concurso dos «desiguais» o legislador protege o responsável presu-

---

dos últimos lugares citados, para defender a tese mais limitativa. E não cremos ser outra a posição de ALMEIDA COSTA, (*op. cit.*, p. 541).

[1613] Na *Relazione* ao artigo 2054.°, 2 do *Codice Civile*, como referem ROVELLI, *op. cit.*, pp. 477-478, n.(4), e POGLIANI, *op. cit.*, pp. 171 e ss., é afirmada a aproximação ao regime do artigo 1227.° do mesmo diploma. Ver ainda, para essa aplicação, M. DUNI, *Concorso di presunzioni di colpa*, in RGCT 1971, pp. 374-377, em anot. à sentença da *Corte di Cassazione* de 9 de Dezembro de 1970 (colisão numa auto-estrada entre um cão que se escapou e um veículo).

mido, alijando o dano sobre o lesado «culpado», certamente como «preço» que este paga pelo «benefício» da presunção.

Não nos parece, contudo, que o «purismo» possa prevalecer, dada a injustiça patente nesse automatismo, ao possibilitar-se ao lesante a prova de qualquer «culpa» do lesado, mesmo que essa demonstração não permita concluir pelo afastamento da presunção. Afirmada a primazia da posição do lesante, não resultaria daí outra conclusão que não fosse a de que o legislador estaria a estigmatizar a conduta do lesado, enfraquecendo, afinal, a responsabilidade do lesante, dada a «facilidade» exoneratória. Uma solução que não exija ao presuntivo culpado a prova (pela positiva) de que o dano foi *exclusivamente devido* à conduta do lesado só pode conceber-se na perspectiva de uma concepção rígida, demasiado voltada para o lesante e indiferente à sua real co--participação no dano [1614]. Como compreender, a não ser partindo desse hermetismo, que uma *pequena* «culpa» do lesado possa afastar, de plano, uma culpa presumida, cujo valor não é igual a zero e que o legislador até fez incidir sobre os agentes de actividades perigosas?

A colocação sistemática do n.º 2 do artigo 570.º, a *ratio* da presunção de culpa e a necessidade, sempre reafirmada, de uma adequada

---

[1614] Cremos que, na hipótese sobre que incidiu o acórdão da RC de 27 deJunho de 1989, *cit.* (*supra*, n.1585), se terá reflectido essa rigidez, quando a entidade encarregada de conservar os elevadores do Hospital pretendeu afastar a responsabilidade mediante a prova da «culpa» do lesado (*in casu*, alegando que o lesado tinha forçado a abertura da porta do elevador, violando o sistema de segurança), independentemente de se saber se essa conduta tinha sido *causa exclusiva* do acidente mortal (queda do 6.º andar por ausência da caixa do elevador) ou *concorrera* com a incúria daquela entidade. Sendo certo que esta não alegara factos tendentes a demonstrar a sua falta de culpa, a abertura, com *alguma* violência, da porta do elevador poderá ter sido *facilitada* pelas deficiências técnicas existentes.

Também no acórdão da RP de 29 de Abril de 1977, publ. na CJ, ano II, tomo 2, 1971, pp. 486 e ss. (atropelamento por comissário de dois guardas da PSP em local mal iluminado, numa noite escura e quando aqueles, vestindo roupas escuras, atravessavam uma rua citadina), apesar de se ter feito a prova da culpa «patente e exclusiva» dos guardas, é afirmado no sumário e no relatório do aresto que a «culpa do lesado (ainda que só parcial)» afasta a presunção de culpa. Este ponto de vista parece encontrar projecção no acórdão do STJ de 17 de Maio de 1990, in BMJ n.º 397, p. 484, na forma como se alude à culpa do lesado enquanto via de elisão da presunção de culpa do comissário. Outrossim, no caso decidido pelo acórdão da RE de 31 de Março de 1992, *cit.* (*supra*, n. 1588), não podiam, obviamente, o condutor do tractor e o seu ajudante, tendo-se apercebido da presença do lesado – estava a cerca de 50 metros recolhendo «bicas de resina» –, provar a culpa exclusiva (*rectius*, assunção culposa de risco) daquele (*in casu*, tratava-se de remover pinheiros por tracção, utilizando um cabo de aço).

O tríplice pressuposto legal do concurso

tutela dos lesados, conduzem-nos a pensar que a norma só ganha um verdadeiro sentido útil desde que se exija ao presumível culpado a prova, mais ou menos qualificada, da *exclusividade causal* do comportamento «culposo» do lesado. Na realidade, e segundo o nosso ponto de vista, a maior perigosidade da actividade lesiva (*maxime* no círculo de aplicação dos artigos 493.°,2 e 503.°,3) parece incompatível com o efeito exoneratório ligado à demonstração de uma *culpa leve e exclusiva* do lesado [1615].

A *correcção interpretativa* do preceito em análise equivale, no fundo, à exigência da dissipação de quaisquer dúvidas sobre o papel contributivo do responsável ou, por outras palavras, a demonstração da ausência de um nexo de causalidade é uma forma *indirecta* de o presumível culpado afastar a conexão presuntiva de culpa. Se, por hipótese, a parede de uma determinada construção ruir por «defeito de conservação», não é pela circunstância de o proprietário provar que uma das suas visitas penetrou na construção e a parede caiu que o deve exonerar. Quanto a nós, só se justifica a exoneração do presuntivo culpado se o dono do imóvel demonstrar que, apesar do local estar *protegido,* de existir um *aviso inequívoco* ou *sinais* facilmente perceptíveis do perigo, o lesado *assumiu o risco* ou foi imprudente, sofrendo o dano por sua «culpa» exclusiva. Do mesmo modo, a prova feita pelo maquinista de que o veículo acidentado atravessava, na altura, a via férrea não elimina a culpa daquele, se não accionou os sinais sonoros ou reduziu a velocidade do comboio como era exigido pela configuração da passagem de nível, sem guarda nem cancelas.

Não logrando o lesante vencer o ónus da prova nos termos que ficaram descritos, mas demonstrando, apenas, a «culpa» do lesado, também não vemos que este último careça em absoluto de provar a culpa do lesante, para poder funcionar a solução concursual prevista no artigo 570.°, 1 embora seja inegável o interesse dessa comprovação. Pese a maior delicadeza teórica e prática de uma hipótese que «pondere» uma culpa presumida e uma culpa provada, é possível alinhar argumentos favoráveis à relevância desse confronto, conquanto, *de iure constituto*, possa ser duvidosa a sua admissibilidade.

Em primeiro lugar, e embora o argumento não seja válido em toda a sua extensão, não nos parece justo que a prova de *uma qualquer falta*

[1615] Um dos quadrantes mais sintomáticos da maior exigência probatória é, sem dúvida, o do *transporte* e *condução ferroviários*.

do lesado possa conduzir à exoneração plena de um responsável, detentor-vigilante de coisas ou animais perigosos ou agente de actividades económicas ou biológicas não menos perigosas e possuidor, muitas vezes, de um seguro de responsabilidade, obrigatório ou não, ou de uma situação económica forte. O acento que colocámos – e temos vindo a colocar – numa aplicação flexível e relativamente aberta da norma do artigo 570.°,1 torna-se menos intenso nos domínios em que a perigosidade seja menor e o lesante não veja a sua responsabilidade secundarizada ou «suportada» por outrem.

Nem se diga, e em segundo lugar, contra a hipótese concursual, que a norma do concurso de condutas culposas do lesante e do lesado não pode «funcionar» desde que num dos termos da ponderação radique uma culpa presumida[1616]. Embora certa jurisprudência mostre alguma confusão quanto ao valor desta culpa[1617], a nossa doutrina mais qualificada não mostra hesitações na parificação que faz entre a culpa provada e a culpa presumida, aplicando indistintamente a ambas, quer o mecanismo «corrector» do artigo 494.°, quer o regime externo da solidariedade passiva. Mesmo que se admita, e cremos que sim, que a culpa presumida não comporta graus, o afastamento da presunção de igualdade leva a defender que deva *ceder* face a uma «culpa» grave, mas que já não possa ser «absorvida», sem mais, por uma «culpa» leve do mesmo lesado. É, precisamente, na análise deste dado certo da «culpa» do lesado e das suas consequências que a tarefa jurisprudencial de aplicação do critério do artigo 570.°,1 se revela particularmente importante e adquire a necessária dimensão *construtiva*. Diga-se ainda que a

---

[1616] O que não pode é o lesante querer minorar a sua responsabilidade com base numa presunção de culpa do... lesado (ver, para este entendimento, o sumário e o relatório do acórdão do STJ de 19 de Fevereiro de 1987, publ. no BMJ n.° 364, pp. 845 e ss. e, na doutrina alemã, DEUTSCH, *Haftungsrecht, cit.*, p. 297, LANGE, *op. cit.*, §10 IX, p. 563 e §10 XII, pp. 613-614 e PALANDT/HEINRICHS, *op. cit.*, §254, n.° 47, p. 296). Como vimos *supra*, no regime da colisão de veículos sem culpa provada de nenhum dos comissários, o lesante-demandado, ao invocar a presunção de culpa do condutor-demandante, pretende apenas um tratamento igualitário, justificado pelos contornos do acidente.

[1617] Enquanto PEREIRA DE MIRANDA, em voto de vencido ao acórdão do STJ de 17 de Dezembro de 1985, *cit.*, equiparou a culpa presumida «à mera (e mínima) negligência», já no acórdão do STJ de 14 de Janeiro de 1993, *cit.*, é afirmada, mais realisticamente, a sua *indeterminação* gradativa (neste mesmo sentido, ver o acórdão da RC de 26 de Abril de 1990, publ. na CJ, ano XV, tomo 2, 1990, p. 77). Cfr. igualmente *supra*, n.507.

O tríplice pressuposto legal do concurso   493

tendência da doutrina e da jurisprudência francesas[1618] e italianas[1619] é no sentido de acolher a solução concursual, apesar de esgrimirem com um enquadramento teórico algo diverso e que a própria legislação comunitária[1620] não partilha da rigidez do efeito de consunção, subjacente ao nosso direito codificado da responsabilidade civil.

A concepção pragmática que reclama para o seio da norma do artigo 570.°,2 a necessidade de se provar o *facto positivo* e *absorvente* da conduta «culposa» do lesado ou, nas palavras de MAIORCA[1621], a «circunstância determinante ... que interrompe o circuito da imputação», é defendida, entre nós, por AMÉRICO MARCELINO[1622], quando afirma, com muita convicção, que só «quando os danos forem devidos totalmente a culpa do lesado, porque o seu acto foi a causa adequada, suficiente e única do evento... é que vale o n.° 2 do artigo 570.°»[1623]. Utilizando em sentido inverso um argumento que a nossa doutrina tradicional[1624] retira do preceituado no artigo 570.°, 2, para concluir pela natureza antitética do risco da condução e do facto imputável ao

---

[1618] Ver as hipóteses concursuais apresentadas por CARBONNIER, *op. cit.*, n.ºs 250, p. 456, 251, p. 459 e 258, pp. 472 e 473 e a posição divergente de DESCHIZEAUX, *op. cit.*, p. 145.

[1619] CENDON/VENCHIARUTTI, *op. cit.* , n.° 10, p. 201, referindo decisões jurisprudenciais em que o dano foi imputado *exclusivamente* ao lesado (os casos do caçador, que entrou numa *propriedade murada* e aí foi ferido por animais que pastavam e da rapariga que, apesar de *proibida*, penetrou no pátio de um vizinho e foi mordida por um cão que estava preso), aludem igualmente a sentenças em que foi afirmado um nexo concausal (colisão entre um veículo conduzido com velocidade excessiva e um cão deixado em liberdade). Como assinala ROVELLI, *op. cit.*, pp. 141-144, as *Sezioni Unite* da *Corte di Cassazione*, em 17 de Fevereiro de 1964 (cfr. a GI I, 1, 1964, col. 684), admitiram o concurso causal entre a presunção de culpa prevista no artigo 2054.°, 1 do *Codice Civile* e a «culpa objectiva» de um lesado inimputável.

[1620] Diversamente da versão inicial do artigo 6.°,2 da Proposta de Directiva relativa à responsabilidade do prestador de serviços, em que havia uma referência ao papel exoneratório da *culpa exclusiva* do lesado, a redacção formulada em 9 de Novembro de 1990 admite a *redução* ou a *exclusão* de responsabilidade para a hipótese de dano causado por culpa do lesado e do prestador de serviços. Como já notámos (*supra*, n.85), o artigo 1.°,2 da Proposta consagra uma *presunção de culpa* sobre aquele prestador e nada faz crer que o primeiro normativo exija a prova da sua culpa. Ver, para uma referência, SANTOS BRIZ, *op. cit.*, pp. 939-940.

[1621] ED XXXIX, *cit.* p. 1031.

[1622] *Op. cit.*, pp. 188-193, *A concorrência da culpa efectiva com a culpa presumida*, in PJ, ano IV, n.° 42, 1980, pp. 19 e ss. e *Do concurso do risco e da culpa...*, SI, 1981, *cit.*, p. 127.

[1623] *A concorrência da culpa...*, *cit.*, p. 20 e *op. cit.*, p. 190.

[1624] Ver ANTUNES VARELA, *op. cit.*, I, p. 689, n.(2).

lesado, AMÉRICO MARCELINO parte da solução legal do artigo 505.° para daí derivar a ideia de que o critério subjectivo de imputação (a culpa presumida) não deve ceder *automaticamente* no confronto com a «culpa» do lesado. É, sobretudo, uma correcta perspectiva de *justiça* que norteia o pensamento do jurista, sendo patente, na transposição que faz de um ideário que também avoca para o domínio das relações entre o risco automóvel e a «culpa» do lesado, o desejo, de que também comungamos, de se evitar o *nada* indemnizatório resultante da prova de uma *qualquer* contribuição «culposa» do lesado. Nessa consonância, não é de estranhar que AMÉRICO MARCELINO valore a «análise do caso», propendendo, de qualquer modo, e razoavelmente – descontada a improprieade da expressão –, para «penalizar» mais o «efectivamente culpado» [1625].

Pode, pois, dizer-se, em suma, que a presença de uma conduta do lesado *agrava* o ónus probatório do presumível culpado, na exacta medida em que a norma do n.° 2 do artigo 570.° só adquire a sua verdadeira funcionalidade desde que se pense que esse «culpado» deverá provar a sua maior ou menor diligência e a «culpa» do lesado [1626] ou, na alternativa que acabámos de salientar, a existência de um *nexo causal exclusivo* entre essa conduta «culposa» e o dano sofrido pelo lesado. E daí que se possa concluir por uma certa sintonia problemática com a hipótese descrita no artigo 505.°.

[1625] *Op. cit.*, pp. 192-193, e *A concorrência da culpa...*, *cit.*, p. 21.

[1626] Foi essa a via escolhida pela ré no caso sobre que versou o acórdão do STA de 18 de Maio de 1978, publ. na CJ, ano III, tomo 3, 1978, pp. 1102 e ss.. Na hipótese *sub judice*, o dono de um veículo pesado reclamou uma indemnização pelos danos sofridos em consequência do aluimento do piso de um armazém, anexo a um matadouro, e ocorrido na altura em que amarrava dez toneladas de couros verdes. Na contestação, a ré pretendeu provar que «a cova estava coberta com uma pesada e resistente lousa, pavimentada com paralelipípedos...» e que a pedra se terá quebrado por *excesso de carga*.

Numa decisão da primeira instância (do tribunal de Mondim de Basto, em 17 de Junho de 1992), publ. in Corpus Iuris, ano I, n.° 4, 1992, pp. 4 e ss., a invocação e prova pelos lesantes (presumidos culpados da falta de vigilância de duas vacas) de que o lesado (embatido no seu veículo motorizado por um dos animais) não levava capacete protector apenas conduziu o tribunal à aplicação ponderadados artigos 494.° e 496.°, quando o caso era subsumível ao enquadramento normativo do artigo 570.°.

SECÇÃO II
A CONEXÃO DE «CULPA» AO LESADO E OS PROBLEMAS DA SUA CONCEITUAÇÃO, DOS SEUS REQUISITOS E DA SUA APRECIAÇÃO

SUBSECÇÃO I
A QUESTÃO DA EVENTUAL ILICITUDE DA CONDUTA «CULPOSA» DO LESADO

Sumário: 50 – Enunciação do problema e referência às concepções simétricas ou unitárias; 51 – A concepção da «culpa contra si mesmo» (*Verschulden gegen sich selbst*) de ZITELMANN e as suas implicações no pensamento posterior centrado na lesão lícita de interesses do lesado; 52 – A ligação da «culpa» do lesado ao «encargo ou incumbência» (*Obliegenheit*) de afastamento do dano; 53 – O pensamento da doutrina nacional dominante e as posições mais particulares de MENEZES CORDEIRO e de BAPTISTA MACHADO; 54 – A nossa posição quanto ao ponto em discussão: negação (absoluta?) da contrariedade jurídico-normativa da *conduta* «culposa» autolesiva e propensão para o seu enquadramento na figura do *ónus jurídico*.

50. Enunciação do problema e referência às concepções simétricas ou unitárias

A dupla referência que encontramos no conjunto de normas dos artigos 570.° a 572.° à «culpa do lesado» e ao « facto culposo do lesado» coloca-nos perante esse verdadeiro «nó górdio» da dogmática do concurso da conduta culposa do lesante e do lesado que é o pressuposto típico da «culpa» (do lesado) [1627]. Com o estudo sistemático deste factor «subjectivo» vai procurar explicar-se o porquê da utilização

---

[1627] Divergindo da maior amplitude literal dos artigos 44.°,1 do Código suíço (ver, contudo, DESCHENAUX/TERCIER, *op. cit.*, p. 87, para a sua restrição – «subjectivização») e 6:101 do Código Civil holandês, os §§ 1304 do ABGB, 254 do ABGB e 463 do *Restatement of the Law* e os artigos 300.° do Código Civil grego, 1227.°,

496   *A conduta do lesado*

continuada das aspas e como que se fecha o círculo das questões que considerámos metodologicamente decisivas para um enfoque moderno e coerente de uma figura bastante complexa.

Tendo em conta – sem desenvolvimentos aqui impensáveis – o binómio tradicional da *ilicitude* e da *culpa*, aceite no nosso sistema jurídico por directa influência de um pensamento jurídico (como o de GUILHERME MOREIRA[1628]) que «bebeu» na dogmática conceitualista alemã[1629] da segunda metade do século XIX, poderá afirmar-se que, na subjacência da conduta «culposa» do lesado, existe uma actuação ilícita, reprovada pelo direito, e, enquanto tal, submetida a um juízo ético-jurídico de censura[1630]? Ou colocando o quesito de outra forma: a

---

primeira parte, do *Codice Civile* e 947.° do Projecto brasileiro de 1984 são explícitos na exigência de culpa do lado do lesado.

Relativamente ao §254 do BGB, para uma explicação da *Verschulden* como reflexo das normas consagradas nos Códigos da Prússia (artigo 21.°) e da Saxónia (artigo 688.°) e implicando uma ideia próxima da *culpa* pomponiana, ver ESSER, *Die Verantwortlichkeit des Verletzen für mitwirkendes Verschulden seiner Hilfspersonen*, JZ 1952, p. 258 e HERETH, *Nochmals zur analogen Anwendung des §829 im Fall des §254 BGB*, MDR 1963, p. 273.

[1628] No seu *Instituições...*, I, *cit.*, p. 590, o jurista nacional distinguia a «injuria objectiva», ligada à ofensa de «poderes ou interesses... garantidos por lei», da «injuria subjectiva», traduzida na «relação de connexidade moral entre o danno e o seu auctor material». Já anteriormente, no artigo 1.° do seu Projecto de lei de responsabilidade civil (RLJ, ano 39.°, p. 610), GUILHERME MOREIRA proclamava que «aquelle que intencionalmente ou por negligencia lesa injustamente um direito de outrem constitue-se na obrigação de indemnisar o lesado por todos os prejuizos que lhe causa» (cfr. igualmente a RLJ, ano 38.°, p. 466 e o seu *Instituições...*, *cit.*, p. 585).

A demarcação da *culpa* e da *ilicitude* é uma constante nos juristas nacionais da primeira metade deste século, como pode ver-se em CUNHA GONÇALVES, *op. cit.*, XII, pp. 400-401, em SIDÓNIO RITO, *op. cit.*, pp. 27 e ss. e em GOMES DA SILVA, *op. cit.*, pp. 112-113. Numa posição mais chegada ao conteúdo da *faute*, ter-se-á colocado PINTO COELHO, *op. cit.*, pp. 1 e ss..

[1629] Segundo CIAN, *op. cit.*, p. 38, a consideração autónoma da *exterioridade* da componente ilícita do acto e do aspecto psicológico da culpa terá ficado a dever-se a JHERING, ao tratar da posse de boa fé. Como se pode ver em CARBONNIER, *op. cit.*, n.° 220, p. 405, a *faute,* ao integrar os elementos da «conduta humana», da «vontade» e da «ilicitude», aproxima-se mais da «iniuria» romana (cfr. V. VON LÜBTOW, *op. cit.*, pp. 83 e ss. e G. CRIFÒ, *Illecito (diritto romano)*, NDI VIII, pp. 154 e ss.).

[1630] Para a visão *normativista* da culpa, contraposta à sua mera consideração *psicológica,* ver MAIORCA, *Colpa civile (teoria gen.)*, ED VII, pp. 535 e ss., R. VENDITTI, *Colpevolezza*, NDI III, pp. 557 e ss, e, para a sua defesa, ver ANTUNES VARELA, RLJ, ano 102.°, *cit.*, p. 59, MENEZES CORDEIRO, *Direito dos Obrigações*, II, *cit.*, pp. 308-309 e PESSOA JORGE, *Ensaio...*, *cit.*, pp. 315 e ss..

«culpa» do lesado tem implicada uma natureza desvaliosa idêntica à que é inerente à culpa do lesante? A necessária referência ao elemento objectivo na análise da culpa, e que remonta à concepção «imperativista – normativista», projecta-se no domínio da conduta autolesiva, no círculo de cada esfera individual?

Como já aludimos, *a vol d'oiseau*, o saber se o ordenamento jurídico impõe a cada um de nós o *dever* de adoptarmos comportamentos que nos afastem do dano e que seja prescrito em proveito dos potenciais lesantes, titulados a exigir o seu cumprimento, sob uma cominação sancionatória estrita, é uma questão dogmática que tem preocupado os juristas alemães, desde o surgimento do §254, e que constituiu o objectivo central de obras de maior fôlego, como as de H. SCHÄFER e do italiano N. DI PRISCO.

A circunstância de na norma fundamental da nossa problemática se omitir a referência ao elemento da ilicitude (quer formal, quer material) e se colocar a tónica no dano sofrido, não nos deve levar a truncar um problema com aspectos práticos importantes. O dado legal que nos é dado (a culpa do lesado) não deve precludir um esforço de análise em ordem a averiguarmos da possível ilicitude da conduta, já que o sintetismo da lei não significa que a *sua* culpa (a do artigo 570.°) não pressuponha uma conduta contrária aos valores tutelados normativamente ou, pelo menos, um elemento análogo à ilicitude. A partir do momento em que se possa afirmar que o núcleo da «autoresponsabilidade» (*maxime* o culposo) está igualmente conectado à «aderência» da culpa à ilicitude, a tarefa de precisar os requisitos e o conteúdo da culpa do lesado ficará simplificada, convertendo-se a norma do artigo 570.°,1 no reverso simétrico da do artigo 483.°,1. Diversamente, face a uma resposta de não sintonização entre a ilicitude e a culpa do lesado, há, naturalmente, que levar a cabo uma tarefa de elaboração-concretização de um conceito mais específico.

A escolha de uma via metodológica que considera a ilicitude como pressuposto da culpa, se bem que nos pareça adequada ao modo como a nossa doutrina mais moderna teoriza os elementos estruturais do critério subjectivo de responsabilidade[1631], pode prestar-se a certas

---

[1631] Para uma autonomia «sintonizada» da ilicitude e da culpa, ver ANTUNES VARELA, RLJ, ano 102.°, *cit*, pp. 58-60 e *Das Obrigações em Geral*, I, *cit.*, pp. 595 e ss., ALMEIDA COSTA, *op. cit.*, p. 485 (aludindo a um «relacionamento íntimo»), RIBEIRO DE FARIA, *op. cit.*, I, pp. 427-428 e 466-467, PESSOA JORGE, *Ensaio...*, *cit.*, p. 65 e GALVÃO TELLES, *op. cit.*, pp. 341 e 352-353, n.(1).

498   *A conduta do lesado*

críticas directamente relacionadas com a «junção» de dois elementos, conceitual e funcionalmente diferentes. É por isso que WOCHNER [1632], relativamente à «norma de abertura» *(Eröffnungsnorm)* do §254, não condiciona a questão da culpa à da ilicitude, defendendo, pragmaticamente, uma conexão *rigorosa* de culpa, situada no §276, e submetida, quanto ao lesado, aos mesmos critérios de apreciação [1633]. O jurista alemão tem certa razão na forma como aborda o problema, mas a sua atitude simplificadora e a defesa de uma autonomia não coordenada dos conceitos da ilicitude e da culpa acaba por diluir a especificidade do fenómeno da culpa do lesado, absorvido num juízo unitário de culpa, não conseguindo, por outro lado, manter-se coerente (*maxime* quanto à participação das pessoas no tráfego) com a sua via inicial redutora. Mas é, sobretudo, na literatura jurídica de fins do século XIX e das primeiras décadas deste século que encontramos autores que, na ânsia de elaborarem um *conceito unitário de culpa,* conceberam a culpa do lesado como refracção da violação de um *dever* para com ele, para com o lesante ou tendo a sociedade como destinatária protegida.

Se SCHWARZ e NEUMANN [1634], numa perspectiva mais voltada para os aspectos patrimoniais, e certamente como reacção às teses tradicionais do individualismo fundiário, entendiam que a pessoa devia «cuidar diligentemente dos seus bens» *(Eigenfürsorgepflicht),* o que também reflectia, como lembra E. LORENZ [1635], a paridade, estabelecida pelo jusnaturalista WOLFF, entre a violação do dever de conservação dos bens próprios e de preservação dos alheios, GOTTSCHALK [1636] afir-

---

[1632] *Op. cit.,* pp. 170 e ss..

[1633] Não é muito diferente o caminho seguido por ROVELLI, *Il risarcimento del danno..., cit.,* pp. 136-137, ao valorar a lesão dos bens jurídicos e ao criticar que se fale de «culpa imprópria» só porque não existe uma norma proibitiva da autolesão. Também CORSARO, *est. cit.,* RTDPC 1965, pp. 477 e 481, n.(38), critica as expressões «culpa em sentido impróprio» e «culpa contra si mesmo», ao ver na conduta dos lesados a violação de regras de prudência tuteladoras daqueles (os potenciais lesantes) cuja actuação pode interferir com a dos primeiros.

[1634] *Apud* ADRIANI, *op. cit.,* p. 10.

[1635] *Op. cit.,* p. 38. Ver *supra,* p. 355, n. 1139.

[1636] *Apud* ADRIANI, *op. cit.,* p. 14, REIMER SCHMIDT, *op. cit.,* p. 109, SCHÄFER, *op. cit.,* p. 46 e s. (criticamente) e WEIDNER, *op. cit.,* pp. 7-8.

Em Itália, CANDICE, *op. cit.,* pp. 49 e ss., na crítica que faz à visão «extrajurídica» (da culpa do lesado) de COPPA ZUCARI, aderiu ao pensamento de GOTTSCHALK ao defender que cada pessoa tinha o *dever* de não frustrar as expectativas que os outros colocaram na sua conduta.

mava claramente que a aplicação do §254 pressupunha uma *censura* dirigida ao lesado. Para o autor do *Das mitwirkende Verschulden des Geschädigten bei Schadensersatzansprüchen nach dem BGB* (1903), o começo do limite do direito à livre disposição real e pessoal situava-se, precisamente, no ponto de contacto entre a conduta autolesiva e a sua projecção negativa nos interesses do lesante. Por outras palavras, e para GOTTSCHALK, a conduta do lesado não se fechava sobre si, mas representava também a «infracção» (*Verstoß*) de deveres do tráfego perante o lesante.

Nesta linha de pensamento, que identifica a ilicitude com a *perturbação* da esfera jurídica do lesante, colimada, no fundo, ao pedido indemnizatório do lesado e que se potencia no círculo danoso atinente à «abertura» da *relação* de indemnização, viria a incluir-se, já nos anos 60, VENZMER[1637] ao cometer ao lesado o dever de evitar o evento responsabilizante. Para lá de certos excessos causalistas, a defesa de VENZMER de uma culpa pura do lesado aproxima o §254 das normas responsabilizantes e converte o lesado num *responsável perante o lesante* pelo dano que lhe causou, ao interferir na sua esfera jurídica. Nem é muito diferente o pensamento simétrico de SCHÜNEMANN[1638], quando não condiciona a ilicitude à heterolesão e quando, mesmo na perspectiva «finalista» do «ilícito de conduta» *(Verhaltensunrecht)*, faz comungar a autolesão das mesmas características do acto responsabilizante (reconduzível, pois, ao §823 I), pela circunstância de incorporar simultaneamente «o quadro virtual de uma lesão alheia».

Se GOTTSCHALK, VENZMER e SCHÜNEMANN partiram de uma concepção simétrica, transformando estranhamente o lesado num lesante e *comprometendo-o*, assim, com a sua conduta, autores houve que, num plano já explorado, em parte, por TRAEGER[1639], J. KOHLER[1640] e pelos referidos SCHWARZ e NEUMANN, partiram do enquadramento-vinculação social da pessoa, do seu posicionamento condicionado face à

[1637] *Op. cit.*, pp. 102 e ss..

[1638] *«Mitwirkendes Verschulden» als Haftungsgrund bei Fernwirkungsschäden*, in VersR 1978, pp. 116 e ss..

[1639] *Apud* VENZMER, op. cit., p.112.

[1640] *Apud* SCHÄFER, *op. cit.*, p. 59.

[1641] Ver para essa posição, mais ou menos criticamente, ANTUNES VARELA, RLJ, ano 102.°, p. 60, n.(1), VAZ SERRA, BMJ n.° 86, *cit.*, p. 137, n.(13), LAPP, *op. cit.*, p. 6-7, ESSER, JZ 1952, *cit.*, p. 258, n.(13), WESTER, *op. cit.*, p. 12 e SCHÄFER, *op. cit.*, pp. 55 e ss..

sociedade. Foi o caso de LARENZ[1641], em meados da década de 30 e nas primeiras sete edições do seu *Lehrbuch des Schuldrechts*, ao ver a culpa (autêntica) do lesado como produto da exigência colectiva de adopção das medidas tendentes a evitar ou a eliminar o dano, e, mais recentemente, de SCHÄFER[1642] e de GREGER[1643], conquanto num discurso menos publicístico.

O autor do *Rechtswidrigkeit und Verschulden im Rahmen des §254 BGB*, depois de seriar os casos em que o próprio lesado viola normas protectoras do lesante ou age no seio da relação obrigacional surgida após a lesão, transpõe para o quadrante do §254 a sua ideia de «ordenação social». Ao funcionalizar o exercício dos direitos subjectivos e ao conceber a vivência social no pressuposto de uma justiça igualitária, reflectida na reciprocidade do que se reclama do outro e do que nos é exigido, SCHÄFER identifica a ilicitude da conduta do lesado com a circunstância de este, ao «ultrapassar a esfera dos seus bens» *(Überschreitung der immanenten Schranke des Rechtsgutes)*, «contactar» com a esfera alheia. A colocação em crise do princípio da «atribuição jurídica dos bens» *(Rechtsgüterzuweisung)* reclama, *ex vi* do §254, uma «imputação social dos efeitos danosos» e constitui o *leit motiv* da caracterização culposa e ilícita da conduta do lesado e da sua sujeição aos requisitos, critérios e causas de exclusão atinentes à culpa do §276.

Na visão «normativista» de GREGER, e que DUNZ[1644] tanto critica, a culpa do lesado tem subjacente um *dever geral de evitar o perigo* e concretiza-se na violação de normas que tutelam os interesses do lesado, do lesante ou mesmo de ordem mais geral (como no caso da prescrição sobre o uso do cinto de segurança). É patente no professor de Munique uma ideia de co-responsabilidade do lesado, resultante da violação censurável de um dever plasmado nas normas legais (de segurança ou administrativas) e nas regras de conduta aceites em geral no relacionamento social com risco de dano[1645].

[1642] *Op. cit.*, pp. 93 e ss. e, para uma súmula do seu pensamento, pp. 128-131.

[1643] NJW 1985, *cit.*, pp. 1130 e ss..

[1644] Cfr. NJW 1986, *cit.*, p. 2235 e *Gegenseitige Haftung bei gemeinschaftlichem Leichtsinn*, in VersR 1988, p. 4. DUNZ tece fortes críticas ao núcleo do pensamento de GREGER, avocando situações em que a ausência de censura não é preclusiva de uma repartição do dano. Ver *supra*, n.1398.

[1645] Quer no caso do «parque de estacionamento» (cfr. *supra*, n.127), quer no caso da «mordedura do cão» (cfr. *supra*, n.[tas] 629 e 1361), GREGER defende a adopção de «deveres» de cuidado, análogos aos «deveres do tráfico», para evitar um sacrifício desproporcionado do lesante (NJW *cit.*, pp. 1133-1134).

51. A concepção da «culpa contra si mesmo» *(Verschulden gegen sich selbst)* de ZITELMANN e as suas implicações no pensamento posterior centrado na lesão lícita de interesses do lesado

Em 1900, na parte geral do seu célebre *Das Recht des Bürgerlichen Gesetzbuches*, ZITELMANN adoptou uma posição menos radical do que a sustentada pelos adeptos do «simetrismo», visualizando apenas na culpa do lesado um elemento *análogo* à ilicitude. Começando por distinguir a «culpa própria» do § 278 do BGB, a «culpa alheia» e a «culpa própria» do lesado, ZITELMANN, apoiado em JHERING, reservou para esta última o qualificativo de uma «culpa contra si mesmo», «esvaziada» de ilicitude subjectiva ou objectiva, dada a ausência de um dever de actuação. Pese esse «enfraquecimento», o autor germânico considerava *reprovável* a conduta autolesiva, por violação de um *dever ético da pessoa para consigo*, ligado, porventura, à referência cristã do dever de conservar a vida, como dom divino, e à concepção aristotélica da *injustiça*. A reprovação da conduta do lesado é feita na perspectiva dos seus próprios interesses, «contra si mesmo», justificando-se, nessa sintonia, a desvantagem sofrida.

O corolário mais evidente do pensamento de ZITELMANN radica na delimitação subjectiva da «culpa contra si», construída, em parte, especificamente (o critério dessa «culpa» afere-se pelo *cuidado pedido ao homem prudente e avisado para tratar dos seus próprios interesses*) e, em parte, pelo recurso (analógico) aos elementos da culpa técnica (como a imputabilidade)[1646].A formulação de ZITELMANN, se teve o mérito de colocar a questão da *especificidade* da culpa do lesado, provocou, no entanto, um conjunto de críticas centradas na necessária referência *moral* ou *extrajurídica* do dever ético e na impropriedade de um conceito (o de «culpa contra si»), inadaptado a certas situações (*maxime* na exposição ao perigo em favor de terceiros) e que faz presa numa ideia que não abdica da conduta cogente[1647].

[1646] Para o pensamento de ZITELMANN, ver, entre outros, e criticamente, LAPP, *op. cit.*, pp. 4 e 10-12, ADRIANI, *op. cit.*, pp. 10-12, WESTER, *op. cit.*, pp. 10-11 (aproveitando a expressão «culpa contra si»), SCHÄFER, *op. cit.*, pp. 22 e ss., REIMER SCHMIDT, *op. cit.*, p. 107, PRISCO, *op. cit.*, pp. 74 e ss. e MAYER-MALY, *est. cit.*, pp. 229--232 e 264 (com a aproximação aos *«officia erga se»* do direito natural).

[1647] Além dos autores citados na nota precedente, ver GIUSIANA, *op. cit.*, pp. 72--73, LEONHARD, *op. cit.*, p. 184, VENZMER, *op. cit.*, p.99, ROTHER, *op. cit.*, pp. 83-84 e HENKE, JuS 1991, *cit..*, p. 269.

502 *A conduta do lesado*

Como quer que seja, não estaremos longe da verdade se dissermos que o pensamento de ZITELMANN foi acolhido, desde logo, sob duas formas distintas. Por um lado, influiu directamente nos defensores de uma *responsabilidade do lesado perante si mesmo*, fundada numa censura de tipo moral, como sucedeu com JOSSERAND [1648], FOSSEREAU [1649], DESCHE-NAUX/TERCIER [1650] e, até certo ponto, com DABIN [1651] e LAPOYADE DES-CHAMPS [1652], e, por outro, foi determinante no pensamento daqueles juristas que, como VON TUHR [1653], MAX RÜMELIN [1654], OERTMANN [1655] ou ZEUNER [1656], procuraram encontrar na «culpa contra si mesmo» um elemento análogo à ilicitude, mas com uma coloração jurídica [1657]. Cremos,

---

[1648] No D. 1934, p.73, refere-se a uma *«responsabilité envers soi-même»*, apelidada pelos seus críticos de «monstruosidade jurídica» como pode ver-se em PALLARD, *L'exception de nécessité en droit civil*, Paris, 1949, p. 185.

[1649] *L'incidence de la faute de la victime sur le droit à réparation de ses ayants cause agissant a titre personnel*, RTDC 1963, p. 34. Colocando a questão de saber se os parentes podem responsabilizar o culpado *«envers soi-même»* pela sua temeridade ou pela violação de um possível *dever* de preservar os seus bens, FOSSEREAU nega essa responsabilidade ao invocar apenas uma responsabilidade moral.

[1650] *Op. cit.*, pp. 87 e 245.

[1651] *Faute dommageable envers soi-même ..., cit..* As *nuances* que encontramos em J. DABIN ligam-se à desvalorização ética 'da *«faute envers soi-même»* e ao sentido pomponiano implícito na rejeição da acção do lesado.

[1652] *Op. cit.*, pp. 335 e ss..

[1653] *Der Allgemeine Teil des Deutschen Bürgerlichen Rechts*, I, Berlin (reedição), 1957, pp. 93, n.(2) e 100, n.(27) e II-2, pp. 493 e ss..

[1654] *Die Verwendung der Kausalbegriffe in Straf-und Zivilrecht*, in AcP 90, p. 312.

[1655] Enquanto RÜMELIN substituiu o ilícito pela ideia de uma «irregularidade» (*Ordnungswidrigkeit*), OERTMANN acolheu o conceito semelhante de *«Normwidrigkeit»* (*apud* ADRIANI, *op. cit.*, p. 13).

[1656] Para a sua *«rechtliche Wertwidrigkeit»*, traduzida numa conduta do lesado contra interesses seus, valiosos, e, como tais, valorados pela ordem jurídica, ver JZ 1966, *cit.*, p.2. ZEUNER é partidário de um critério unitário de culpa, aplicado ao exemplo, de que parte, da pessoa que, trazendo no bolso um livro que não lhe pertence, é atropelada por uma bicicleta ao atravessar a rua sem cuidado.

[1657] DE CUPIS, *op. cit.*, I, pp. 251-252 (e 132 da 1ª edição de 1946, *cit.*) e FI 1958, *cit.*, col. 934, negando, é certo, o sentido técnico da «culpa do lesado», não deixa de ver na conduta um *estado psicológico de reprovação,* análogo à culpa *tout court*. Neste aspecto, é bastante diferente a concepção daqueles que, como BIANCA, *op. cit.*, pp. 406 e ss., aderem a uma ideia de *negligência objectiva* (ou em contraste com as normas ou as regras de conduta no tráfico), desprovida de um *«atteggiamento psichico»*. Para esta «conduta anormal», já teorizada por BENIGNI, *est. ult. cit.*, §16 e ss, pp. 202 e ss., ao acentuar a ofensa dos «pressupostos essenciais da vida em comum» (*supra*, pp. 364-365), ver VALERI, RDCDO II, 1908, *cit.,* pp. 266-267 e TEDESCHI, *est. cit.*, p. 745.

no entanto, que o principal mérito da concepção «reprovadora» de ZITELMANN foi o de ter lançado os alicerces para um pensamento posterior elaborado a partir da ideia *neutra* da «culpa contra si mesmo», isto é, à margem de qualquer dever ético e desprovida de qualquer resquício ou elemento de ilicitude. Se é certo que este ideário se complementa, por vezes, com o recurso à *Obliegenheit* do lesado evitar o dano, os autores[1658] mais representativos e a jurisprudência alemã dominante[1659] recusam ver a «culpa» do lesado com a «marca» de um qualquer desvalor objectivo, acentuando a tónica do comportamento «lícito» (mas imprudente) contra os interesses do próprio lesado.

Paradigmático deste pendor unidireccional é o pensamento de LARENZ[1660], ao recusar transpor para a esfera da conduta autolesiva os conceitos de ilicitude e de culpa *proprio sensu* e ao justificar a «co-responsabilidade do lesado» e a repartição do dano com «uma conduta pessoal a ele imputável» (...*ein persönlich zurechenbares Verhalten...*)[1661]. LARENZ não deixa, aliás, de ser coerente, ao emitir reser-

---

[1658] Ver, entre outros, WOLF, *Allgemeiner Teil...*, *cit.*, pp. 178, 428 e 480 e *Lehrbuch des Schuldrechts, cit.*, pp. 259-260 (ao referir-se à *Obliegenheit* do lesado, retira dela o «dever» que surgiu na teorização de REIMER SCHMIDT), WESTER, *op. cit.*, pp. 15 e ss., BROX, *op. cit.*, §27, n.º 358, p. 214, KÖTZ, *op. cit.*, p. 213 (aludindo a uma «*Fehlverhalten*»), ERMAN/KUCKUK, *op. cit.*, §254, n.º 3, p. 611, H. LANGE, *op. cit.*, §10 VI, p. 553 (a «culpa contra si mesmo» surge identificada com uma «culpa natural») e ESSER/SCHMIDT, *op. cit.*,I, 2, pp.113-114, e I, 2, p. 258 (na formulação ampla de «culpa» colocam a tónica, como já vimos, num «específico aumento do perigo»). É de salientar que, na 1ª edição do *Lehrbuch des Schuldrechts*, Karlsruhe, 1949, §79, p. 77, ESSER criticou as concepções «totalitárias» e o pensamento liberal de ZITELMANN, aderindo, para a factualidade descrita no §254 II, à ideia (como uma espécie de «dever do tráfico») de um «*dever* de consideração perante cada participante do tráfico social». Fora da doutrina germância, a natureza «imprópria» da culpa do lesado é sufragada, por ex., por HÄBERLIN, *op. cit.*, pp. 55 e 65, OFTINGER, *op. cit.*, p. 158, KOZIOL, *Die Schadensminderungspflicht*, in JBl 1972, p. 225 («*Mitverschulden bedeutet... sorglosigkeit gegenüber den eigenen Güter*»), KOZIOL/WELSER, *op. cit.*, p. 457, FLEMING, *op. cit.*, p. 241, HONORÉ, *op. cit.*, p. 99 («*fault of injury party is not unlawful...*») e SANTOS BRIZ, *op. cit.*, p. 116 e RDP 1988, *cit.*, p. 772 (sendo visível a influência de ESSER/SCHMIDT, VENZMER e ZEUNER, talvez por isso mesmo o pensamento do jurista espanhol não se apresente muito claro, desde logo quando afirma que «...*no es preciso que la conducta sea culposa, es suficiente que sea antijurídica y originadora de daños para otra persona...*»).

[1659] Cfr., por ex., o BGHZ 57, 145 (decisão de 14 de Outubro de 1971, relativa à anulação de um contrato de compra e venda).

[1660] *Lehrbuch...*, *cit.*, §31, p. 539.

[1661] Ver *supra*, n.º 42, para um posicionamento menos liberal, advogado em anteriores edições da sua obra mais conhecida.

vas[1662] à formulação da *Obliegenheit*, tal como surge (na «raia» do dever jurídico) em REIMER SCHMIDT, e ao não acolher, por demasiado *sugestiva*, a expressão «*Verschulden gegen sich selbst*».

52. A ligação da «culpa» do lesado ao «encargo ou incumbência» *(Obliegenheit)* de afastamento do dano

Disputando a primazia à linha de pensamento enunciada no número anterior, orientada para a mesma direcção em que se move a concepção da «lesão lícita», mas menos *liberal* para o lesado e teoricamente mais complexa, é uma corrente doutrinária alemã que enquadra a conduta «culposa» do lesado na figura heterogénea e imprecisa da *Obliegenheit*. Refira-se, topicamente, que as *Obliegenheiten* são «deveres» necessários para adquirir ou conservar uma determinada vantagem jurídica, mas sem que a inobservância da conduta proposta lese outra pessoa ou faça surgir qualquer obrigação de indemnização. A «inobservância» *(Mißachtung)* da conduta por parte do lesado e a consequente «violação» dos seus interesses geram uma desvantagem, na subjacência da qual não se encontra qualquer ideia de sanção-censura[1663].

A construção dogmática, que transpôs essa figura do âmbito privilegiado do direito dos seguros para a esfera da conduta do lesado, que é aceite com certa amplitude na literatura alemã mais actual[1664] e recebeu grande difusão na jurisprudência, se deveu a sua elaboração

---

[1662] Ver o seu *Allgemeiner Teil...*, *cit.*, pp. 205-206 e a adesão, na esteira de WIELING, a uma «exigência de conduta no próprio interesse» (*Verhaltensanforderung im eigenen Interesse*) Cfr. *infra*, n.º 52.

[1663] Para a *ratio*, o regime genérico da *Obliegenheit* e a sua distinção do «ónus» (*Last*) processual, ver REIMER SCHMIDT, *op. cit.*, pp. 102 e ss. e 89 e ss. e SOERGEL/ /SIEBERT/REIMER SCHMIDT, *op. cit.*, §254, n.º 20, p. 941. Ver igualmente ESSER/ /SCHMIDT, *op. cit.*, I, 1, p. 115, para a integração da figura no conceito mais geral dos «ónus» (*Lasten*).

[1664] Ver, entre outros, FIKENTSCHER, *op. cit.*, n.os 32, pp. 37-38, 56, p. 56 e 570, pp. 341-342, GOTTWALD, *op. cit.*, pp. 110-111, MEDICUS, *Schuldrecht, cit.*, §59, p. 307 («...*Erfüllung von Geboten des eigenen Interesses*») e STAUDINGER/MEDICUS, *op. cit.*, §254, n.º 30, p. 188, *Münchener Kommentar*/GRUNSKY, *op. cit.*, §254, n.º 2, p. 432, PALANDT/HEINRICHS, *op. cit.*, §254, n.º 2, p. 290, e *Bürgerliches Gesetzbuch*/TEICHMANN, *op. cit.*, §254, n.º 1, p. 219. Na doutrina menos recente, ENNECCERUS/LEHMANN, *op. cit.*, §16, p. 77 e BLOMEYER, *op. cit.*, pp. 181-182, aderiam também a essa conceituação, embora os primeiros não afastassem a «culpa contra si mesmo» de ZITELMANN.

teórica a REIMER SCHMIDT,[1665] nos princípios da década de 50, terá tido o seu embrião quando LEONHARD[1666] reclamou o comportamento cuidadoso do lesado como condição de aquisição do «direito» atinente ao §254 do BGB. Efectivamente, o jurista alemão, criticando a concepção que identificava a culpa do lesado com a lesão de interesses próprios, referiu-se à ao «dever» *(Aufgabe)* do lesado afastar o perigo de dano como uma «pré-condição para uma vantagem jurídica» *(Vorbedingung für einen Rechtserwerb),* [1667] numa concepção semelhante à da *Obliegenheit* do credor aceitar a prestação. É de notar que a consideração dos interesses do lesante encontra-se já enunciada em LEONHARD, quando articula a observância da *«Aufgabe»* com os interesses *prioritários* do lesado e com o seu reflexo na maior ou menor «suavização» do *status* do devedor da indemnização.

REIMER SCHMIDT também não concebeu a «culpa» do lesado como violação de um dever jurídico de evitar o dano (*«eine Verbindlichkeit, Selbstschädigungen zu vermeiden, läßt sich jedoch nicht allgemein begründen»*), mas «dirigiu-a» para o núcleo dos interesses do próprio lesado (*«die mitwirkende Selbstchädigung verstößt gegen die eigenen Interessen des Geschädigten»*). Ao não adequar a sua conduta de forma a evitar o dano, ao não observar o «encargo de afastamento do dano» *(Schadensfernhaltungsobliegenheit),* o lesado veria repercutido no seu pedido indemnizatório essa sua «indiferença».

A especificidade do pensamento de REIMER SCHMIDT traduziu-se na circunstância de ter construído um conceito de *Obliegenheit* próximo do dever jurídico (*«ein teleologischer Rechtszwang minderer Wirkung»*) próximo do dever jurídico, avocando, como consequência, uma ideia de *ilicitude relativa* ou *enfraquecida*. Ao considerar que a observância da *Obliegenheit* serve igualmente os interesses do lesante e da colectividade, REIMER SCHMIDT não retira do seu «dever menos intenso» o pressuposto para a emanação de um juízo de censura ao lesado. Na realidade, e radica aqui outra particularidade da concepção do jurista germânico, a reprovação radica na «segunda conduta», na

---

[1665] *Op. cit.*, pp. 105 e ss. e 312 e ss. e SOERGEL/SIEBERT/REIMER SCHMIDT, *op. cit.*, §254, n.ᵒˢ 17-20, pp. 940-941.

[1666] *Op. cit.*, §82, pp. 184 e ss..

[1667] Não nos parece rigorosa a crítica movida por ENNECCERUS/NIPPERDEY, *Lehrbuch des Bürgerlichen Rechts, Allgemeiner Teil des Bürgerlichen Rechts*, I Band, II Halbband, 15ª ed., Tübingen, 1960, §213, p. 1326 n.(35), ao atribuírem a LEONHARD a defesa de uma culpa pura.

506 *A conduta do lesado*

pretensão do lesado de ser indemnizado «contra» a sua conduta anterior. Com o apoio de RIEZLER, a proibição do *venire contra factum proprium* surge, assim, na tese de REIMER SCHMIDT, como a explicação mais profunda das sequelas geradas pela não observância da *Obliegenheit*.

O relevo que a reprovação da «segunda conduta» teve em REIMER SCHMIDT não traduziu, aliás, uma ideia inovadora, se pensarmos que já ADRIANI[1668], ao partir do «ónus» *(Last)* do lesado de afastar ou de não concorrer para o dano, deslocava a *censura* para o pedido (não justificado) do «tudo» indemnizatório. Em ADRIANI, a conduta do lesado só adquiria relevância, como «excepção de má fé» *(Arglisteinwand)*, na fase do pedido, mediante uma espécie de «prognose póstuma», em que se exigia ao tribunal a valoração de um circunstancialismo algo complexo, em ordem a uma decisão equitativa. Nos anos 60, a proibição da conduta contraditória foi sufragada, por ex., por DUNZ[1669], ao valorar, no momento petitório, o «evento perturbador» *(Störfaktor)* colocado pelo lesado e aumentativo da perigosidade da situação e DEUTSCH[1670] foi um dos juristas que aderiu mais convictamente às teses de REIMER SCHMIDT, quer na forma ampla como concebe a *Obliegenheit* («... *ein Verhaltensprogramm mit einer Verbindlichkeit minderen Grades* ...»), quer na adesão ao pensamento do *venire contra factum proprium...*

N. DI PRISCO terá sido, em Itália, quem melhor recebeu a doutrina de REIMER SCHMIDT, ao escrever uma monografia[1671] sobre a culpa do lesado, se bem que, quanto a nós, se trate mais de uma obra sobre a culpa do lesante e o relacionamento de conceitos como os de *dovere, obbligo, onere, diligenza* e *danno ingiusto*. Afastando a existência de um dever do lesado perante o lesante, por falta dos necessários pressupostos, mas repudiando, igualmente, uma concepção abusiva da liberdade (no duplo aspecto da liberdade pessoal e da liberdade de utilização dos bens), PRISCO acolheu a formulação de REIMER SCHMIDT figurando a conduta culposa do lesado sob a perspectiva de um *«dovere particolare»*, de um *«onere di correttezza»* ou de um *«stato*

[1668] *Op. cit.*, pp. 17 e ss.. Ver também *supra*, n.º 41.

[1669] JZ 1961, *cit.*, p. 406.

[1670] *Fahrlässigkeit und erforderliche Sorgfalt, cit.*, pp. 56 e ss. e 348 e ss., *Haftungsrecht, cit.*, §20, pp. 318-320 e *Unerlaubte Handlungen..., cit.*, §13, pp. 87-88.

[1671] Referimo-nos ao já citado *Concorso di colpa e responsabilità civile*, Napoli, 1973, e de que se pode ver uma recensão de ANNA MARCHIO, in RDC I, 1977, pp. 112 e ss..

di soggezione attenuato» [1672]. Cremos, no entanto, que, em PRISCO, a ideia de *ilicitude atenuada* surge potenciada, não só porque o jurista italiano não prescinde de um conceito unitário de culpa, articulado com a violação do *dever de diligência*, mas também porque, e sintonicamente, o comportamento do lesado surge funcionalizado face à «confiança» *(affidamento)* que o potencial lesante deposita na chamada *«segurança passiva».*

O modo «pesado» como REIMER SCHMIDT concebeu a *Obliegenheit* e a sua aplicação a um quadrante parcialmente desprovido de uma vinculação prévia – estamos a pensar no dualismo concurso para o dano – agravamento do dano – não escapou às críticas de parte da dogmática alemã [1673]. Um dos pontos mais equívocos na concepção de REIMER SCHMIDT radica, precisamente, na adesão (tal como DEUTSCH e FIKENTSCHER [1674]) à «teoria da vinculação« *(Verbindlichkeitstheorie)* e não à teoria a que MENEZES CORDEIRO [1675] chama de «teoria do encargo» *(Obliegenheitstheorie).* Na ligação que faz entre a «culpa contra si mesmo» e a *Obliegenheit,* H. WIELING [1676], não deixando de assinalar as dificuldades de conceitualização da figura, mostra preferência por um seu recorte mais fechado e, quanto a nós, mais *natural* – igualmente visível em LARENZ [1677] – ao vê-la como uma «exigência de conduta no próprio interesse» *(Verhaltensanforderung im eigenen Interesse),* cujas características dominantes residem na ausência de indemnização e de um cumprimento coercitivo (para a inobservância da conduta), bem como na «sanção» peculiar *(rectius,* desvantagem ou privação de situação jurídica favorável), não concebível como sanção- -censura *tout court.* Recusando ligar a «violação» da *Obliegenheit* a

---

[1672] *Op. cit.,* pp. 67 e ss., 166, 170, 236 e 294 e ss..

[1673] Ver WESTER, *op. cit.,* pp. 11-12, WEIDNER, *op. cit.,* pp. 19 e ss., SCHÄFER, *op. cit.,* pp. 41 e ss. (chamando a atenção, acertadamente, para o facto de REIMER SCHMIDT não ter retirado todas as consequências, no plano da conduta, do seu «dever menos intenso»), GERNHUBER, *op. cit.,* p. 135, LARENZ, *Lehrbuch..., cit.,* §31, I, p. 540, n.(2), ESSER/SCHMIDT, *op. cit.,* I, 2, §35, p. 259 (nas pp. 42-44 da 5ª edição não colocavam reservas à aplicação da *Obliegenheit* à hipótese do §254 I), LANGE, *op. cit.,* §10 VI, pp. 552-553 (colocando a ênfase na heterogeneidade da figura) e SOERGEL/ / SIEBERT/MERTENS, *op. cit.,* §254, n.°4, pp. 349-350.

[1674] *Op. cit.,* pp. 37-38 e 56.

[1675] *Da boa fé...,* II, *cit.,* p. 766.

[1676] *Venire contra factum proprium...,* AcP (176), 1976, *cit.,* p. 347. Para uma súmula crítica do artigo de WIELING, ver MENEZES CORDEIRO, *op. ult. cit.,* pp. 761 e ss..

[1677] *Op. ult. cit.,* §31 I, p. 540, n.(2) e *Allgemeiner Teil..., cit.,* p. 205. Para o sentido mais restritivo, ver igualmente DETTE, *op. cit.,* p. 100 e GERNHUBER, *op. cit.,* p. 135.

508 *A conduta do lesado*

qualquer ideia de culpa pura ou «contra si mesmo», WIELING acaba, contudo, por identificar a «culpa» do §254 com a ideia vulgar de *causação* (o que representa o regresso a posições clássicas como as de ENDEMANN, DERNBURG e CROME), deslocando para a proibição do *venire contra factum proprium...* a ligação da culpa à «*Obliegenheitsverletzung*» [1678]. Já vimos [1679], no entanto, que esta ligação do §254 à boa fé, mediatizada pelo recurso à proibição do aproveitamento de uma conduta contraditória, e que também se encontra no núcleo do pensamento de REIMER SCHMIDT, é fortemente contestada no seio de certa doutrina alemã e não alemã.

53. O pensamento da doutrina nacional dominante e as posições mais particulares de MENEZES CORDEIRO e de BAPTISTA MACHADO

O problema da natureza lícita ou ilícita da conduta «culposa» autolesiva tem sido abordado entre nós, de forma mais ou menos sumária, desde o estudo [1680] de ÁLVARES DE MOURA, já por nós referido noutros lugares. Nas curtas linhas que dedicou à questão, e numa crítica feita à tese «proteccionista» de COPPA ZUCCARI, o jurista nacional, depois de defender que «o facto da lesão duma coisa própria, considerado em si mesmo, não interessa ao direito» [1681] – ÁLVARES DE MOURA cita mesmo o artigo 2315.° do Código de Seabra, onde se aludia à faculdade do dono da coisa «... de destruir a substancia de cousa propria» – vê simplesmente como «prejuízo» para o lesante a irrelevância da «negligência da vítima» [1682]. Um pouco na mesma linha ter-se-á colocado CUNHA GONÇALVES [1683], na medida em que, sem grandes considerações teóricas e com alguma falta de rigor, articulou a concepção liberal dos direitos subjectivos com a «culpa contra si mesmo» – expressão que, aliás, considerou incorrecta, dado ninguém poder *responder* perante si –, situada, segundo o jurista, fora da linha de fronteira «entre o direito e o não direito».

[1678] AcP *cit.*, pp. 349 e 351.
[1679] Ver *supra*, n.° 41.
[1680] *Compensação de culpas no Direito Civil, cit.*
[1681] *Est. cit.*, JP, ano 2.°, n.° 17, p. 65.
[1682] *Ibidem*, p. 66.
[1683] *Op. cit.*, XII, p. 403 e 596 e ss..

Mais esclarecido terá sido VAZ SERRA[1684], quando, nos trabalhos preparatórios do novo diploma civilístico, alude à questão em termos mais adequados. Começando por salientar a *impropriedade* da expressão «facto culposo do prejudicado», apoiado nas concepções de ENNECCERUS/LEHMANN e de VON TUHR, negadoras, como vimos, embora com pressupostos diferentes, da existência para o lesado de um dever de evitar sofrer danos, VAZ SERRA não deixa de divulgar as ideias defendidas por LARENZ nesses finais da década de 50 e não libertas ainda da influência marcante de REIMER SCHMIDT. Diga-se, contudo, que VAZ SERRA se preocupou mais em delinear a faceta subjectiva da «culpa» do lesado[1685], não conseguindo fugir, ao que pensamos, ao «peso» da doutrina de LARENZ, apesar de este estar ainda «marcado» pelas suas concepções da «juventude».

Foi, no entanto, ANTUNES VARELA quem, numa anotação publicada na *Revista de Legislação e de Jurisprudência*[1686], se referiu com maior desenvolvimento ao problema, ao colocar a ênfase na «relativa impropriedade», no sentido «figurado» da expressão *culpa do lesado*, avocando, para tal, a interligação entre a ilicitude e a lesão de interesses alheios, bem como a subjacência à culpa *tout court* de um juízo de censura assente num «nexo de imputação ético-jurídico», colocado por ANTUNES VARELA, e sob a influência de um discurso normativista da culpa, entre o ilícito e a vontade. Partindo, contudo, da natureza *tendencialmente*[1687] *não ilícita* da conduta do lesado, já vimos[1688] como o renomado jurista acaba por restringir à «culpa» o espaço de aplicação do preceito do artigo 570.° e colocar como tónica dessa mesma «culpa» uma nota de *censurabilidade*[1689-1690], aferida pelo

---

[1684] *Conculpabilidade do prejudicado*, BMJ n.° 86, *cit.*, pp. 136-138.

[1685] No artigo 1.°,4 do articulado parcelar (BMJ n.° 86, p. 169) considera verificada a «culpa», no caso de o lesado «*ter omitido, contra o que podia e devia ter feito, a diligência necessária e corrente para evitar o dano*» (ver *infra*, n.° 63).

[1686] Ano 102.°, *cit.*, p. 60. Ver também a p. 667 da 1ª ed. (1970) do seu *Das Obrigações em Geral* e a p. 935 da 8ª ed., *cit.*

[1687] Cfr. a n.(1) da p. 935 do seu *Das Obrigações em Geral*, I, *cit.*.

[1688] Ver *supra*, pp. 70, 124-126 e o n.° 40.

[1689] Não pode esquecer-se que ANTUNES VARELA cita na p. 60 da RLJ *cit*, CATTANEO E LEONHARD.

[1690] Ver, para essa ideia, os acórdãos do STJ de 15 de Junho de 1988, in BMJ n.° 378, p. 677 e de 15 de Junho de 1989, in BMJ n.° 388, pp. 495 e ss.. Cfr. igualmente, apesar da alusão equívoca a «culpa própria», o acórdão da RP de 20 de Março de 1984, CJ, ano IX, tomo 2, 1984, p. 221 e s..

«prejuízo do próprio» e que recorda, de certa forma, a concepção dos autores que procuraram um elemento substitutivo da ilicitude.

Se bem que não chegue a colocar formalmente a questão da «regularidade» ou da «irregularidade» do facto do lesado, ALMEIDA COSTA[1691], numa atitude simétrica que não revela a especificidade da figura, reivindica, para a «culpa» do lesado, uma ideia de *reprovação* ou de *censura*, comprovada sintomaticamente ao exigir para «essa» conduta «as características que o tornariam responsável caso o dano tivesse atingido um terceiro»[1692-1693].

A ausência de ilicitude, contra o lesado ou contra o lesante, é também sustentada, entre nós, por RIBEIRO DE FARIA[1694] e RODRIGUES BASTOS[1695] e, mais desenvolvidamente, por GALVÃO TELLES[1696] e PESSOA JORGE[1697]. Se o penúltimo jurista, sintonizando a ilicitude com a conduta do lesante, salienta o «sentido translato» da expressão *culpa do lesado* («não pode com propriedade falar-se da violação de direitos ou interesses *próprios*») e acolhe, como ponto inovador e marcante, a figura do *ónus* (de o lesado evitar a ocorrência danosa), também PESSOA JORGE reitera a afirmação do «uso incorrecto» de «culpa do lesado»[1698] e estabelece a ligação entre «essa» culpa e a «omissão de uma conduta estabelecida em termos de *ónus*»[1699]. Não havendo, pois, para o jurista e de acordo com a sua terminologia, um «desvalor social ou ético--jurídico» na conduta do lesado, também é certo que PESSOA JORGE (e GALVÃO TELLES), na linha de uma orientação tradicional, não deixam de atribuir a essa «culpa» uma «certa ideia de reprovação», o que nos parece, aliás, pouco compatível com a referência à figura do *ónus*.

[1691] *Op. cit.*, 1ª ed., 1968, p. 260 e 6ª ed., pp. 672-673.

[1692] *Op. cit.*, p. 673.

[1693] Para a defesa do sentido «impróprio ou vulgar» da culpa do lesado e de um juízo de reprovação idêntico ao da conduta culposa do lesante, ver DARIO MARTINS DE ALMEIDA, *op. cit.*, pp. 145-146 e 421.

[1694] *Op. cit.* I, p. 523.

[1695] *Notas..., cit.*, artigo 570.° n.°2, p. 42.

[1696] *Op. cit.*, pp. 352-353, n.(1).

[1697] *Ensaio..., cit.*, pp. 318 e 360 e *Lições..., cit.*, p. 574.

[1698] PESSOA JORGE, *Ensaio..., cit.*, p. 318, indica como normas em que a *culpa* não pressupõe um ilícito as dos artigos 291.°,3, 638.°,2, 1006.°,2, 1167, *d*), 1269.° e 1552.°,2.

[1699] *Ibidem*, p. 318.

Formulação mais particular e mais complexa é a de MENEZES CORDEIRO[1700], não só quando, na referência crítica que faz ao estudo de WIELING, e perante a fórmula condicional adoptada, não parece categórico na identificação da «culpa» do artigo 570.° com a «culpa contra si próprio», ou seja, com «a «culpa» que o Direito exija, no não acatar dos *encargos*[1701], para a actuação das sanções respectivas»[1702], mas também quando *objectiviza* a norma, retirando-lhe, como já sabemos[1703], qualquer componente de reprovação ou qualquer referente subjectivo, como aquele que surge, por ex., na concepção de ANTUNES VARELA.

Se bem entendemos o pensamento de MENEZES CORDEIRO, parece clara, em primeiro lugar, uma atitude de rejeição da natureza ilícita e reprovável da «culpa do lesado» (o distanciamento em relação à «culpa em sentido próprio» é patente) e, em segundo lugar, é incontroversa uma opção que vincula a norma do artigo 570.° a um critério de mera «delimitação de danos»[1704], ao considerar «culposas» as condutas não voluntárias ou lícitas do lesado. Esta contenção funcional da norma da «conculpabilidade do lesado» é reafirmada por MENEZES CORDEIRO no passo em que não coloca como pressuposto necessário dessa culpa «um acto humano»[1705], o que tem a ver, ao que cremos, com a forma como teoriza a problemática do «risco»[1706].

Para concluirmos o bosquejo sobre o estado, na nossa doutrina, do problema da licitude ou ilicitude da conduta autodanosa, importa dar merecido destaque ao modo correcto como BAPTISTA MACHADO colocou a questão e que, aliás, já pusemos a descoberto[1707]. A tese do saudoso professor desdobra-se, quanto a nós, em dois planos intimamente relacionados: quando começa por coordenar o princípio da auto-responsabilidade do lesado com o «ónus de cuidar com prudência e

---

[1700] *Direito das Obrigações*, II, *cit.*, pp. 345 e 409 e *Da boa fé...*, II, *cit.*, pp. 766--768 e 841.

[1701] É o termo com que MENEZES CORDEIRO traduz a expressão *Obliegenheiten*, e que resulta da consideração dos *ónus* como adstritos apenas à satisfação dos *interesses dos onerados*.

[1702] *Da boa fé..., cit.*, p. 767.

[1703] Ver *supra*, n.tas 161, 169, 182 e 358 e as pp. 102, 201-202, 395 e 403.

[1704] *Op. ult. cit.*, p. 768, n.(457).

[1705] *Ibidem*, p. 768.

[1706] Ver a p. 273 do seu *Direito das Obrigações*, II, *cit.*.

[1707] Ver *supra*, p. 417.

512 A conduta do lesado

diligência dos … próprios interesses, protegendo-os contra danos»[1708], para, logo de seguida, e como resultante da não outorga ao titular dos bens lesados de um «dever jurídico de cuidar devidamente dos seus interesses»[1709], não hesitar em reafirmar a ligação da «culpa perante si próprio» ou da conduta «imputável» ao lesado a esse «imperativo do próprio interesse» que é o *ónus jurídico*[1710].

54. A nossa posição quanto ao ponto em discussão: negação (absoluta?) da contrariedade jurídico-normativa da *conduta* «culposa» autolesiva e propensão para o seu enquadramento na figura do *ónus jurídico*

Feito o balanço das diversas formulações elaboradas sobre a questão da natureza «regular» ou «irregular» da conduta «culposa» do lesado, urge avançar, agora, para a nossa tomada de posição sobre o problema.

Há que dizer, antes de mais, que a questão, a que nos temos vindo a referir, não é um puro problema de construção jurídica, meramente teórico, como pensam CATTANEO[1711] e RUMMEL/REISCHAUER[1712], mas apresenta importantes sequelas práticas, na medida em que uma resposta que situe a «culpa» do lesado no âmbito do *antijurídico* tem implicações no tocante à aplicação directa e imediata dos *requisitos* subjectivos da culpa e das *causas de justificação* do ilícito (relacionado, por ex., com o dano sofrido no afastamento, em *legítima defesa*, de uma agressão iminente)[1713], cobre uma intervenção de terceiros que

---

[1708] RLJ, ano 121.°, *cit.*, pp. 135-136.

[1709] *Ibidem*, p. 136.

[1710] Também H. HÖRSTER, *op. cit.*, n.° 383, pp. 234-235, liga o artigo 570.°,1 com as «incumbências», expressão com que traduz *Obliegenheiten*, mas dando-lhe um sentido que tem mais a ver com a figura dos *ónus* do que com os «encargos», a que se refere MENEZES CORDEIRO. Diga-se, a este propósito, que ANTUNES VARELA (*Das Obrigações em Geral*, I, *cit.*, p. 58) alude a «meras incumbências ou encargos» como sinónimo de *ónus*, o que revela a indefinição conceitual patente na doutrina sobre essa matéria.

[1711] RDC I, 1967, *cit.*, p. 472. Em sentido contrário, ver N. DI PRISCO, *op. cit.*, pp. 199, n.(97) e 352.

[1712] *Op. cit.*, §1304, p. 2251.

[1713] Ver, para essa aplicação, DEUTSCH, *Unerlaubte Handlungen..., cit.*, §13, p. 88.

O tríplice pressuposto legal do concurso

pretendam *defender* o titular do bem de o agredir e autoriza a afirmação de uma inequívoca *censura subjectiva* ao lesado.

Neste plano *objectivo* ou de *tutela jurídica* em que estamos a considerar a «culpa» do lesado, há que partir do dado inquestionável da faceta *pluriforme* da conduta e da sua estratificação. Começando pela «camada» em que o facto do lesado tem implicações danosas directas, para ele mesmo e para outros, não é duvidoso um círculo de actuação *objectivamente desvalioso* ou *ilícito*, dado revelar a violação de direitos subjectivos ou de normas protectoras de interesses alheios. Num domínio, em que a autolesão se cruza com a heterolesão e a conjugação das condutas culposas origina *danos recíprocos* (como numa colisão de veículos [1714-1715], numa agressão mútua ou numa provocação com excesso culposo de legítima defesa [1716]), a esfera do lícito e do ilícito «perde a sua fronteira», com as palavras de HENKE [1717], mas não cremos, como pretende ZEUNER, que o ilícito civil ou penal adquira uma espécie de *dupla dimensão*, tornando antijurídica a conduta na sua relação com a

---

[1714] No acórdão do STJ de 17 de Janeiro de 1980, BMJ n.° 293, pp. 292 e ss., cujo relator foi o Conselheiro COSTA SOARES, e num caso em que o autor e o réu violaram, respectivamente, os artigos 7.°,1 e 2 *f*) e 3.°,3 do Código da Estrada de 1954, afirma-se, equivocamente, que ambos tiveram culpa por terem tido uma *conduta ilícita* (ver, no mesmo sentido, o acórdão do mesmo tribunal de 4 de Julho de 1991, publ. no BMJ n.° 409, p. 751). Desde há muito que ANTUNES VARELA (RLJ, anos 101.°, *cit.*, p. 216 e 102.°, *cit.*, pp. 58-59) se vem insurgindo, com razão, contra certa prática jurisprudencial (ver, para um novo exemplo, o acórdão do STJ de 15 de Abril de 1970, publ. no BMJ n.° 196, p. 212) de *misturar* a avaliação do acto imprudente com o ilícito contravencional e de inferir imediatamente a culpa da violação normativa. É de assinalar, no entanto, a corrente jurisprudencial norteada pela preocupação de distinguir a culpa da ilicitude, e de que constituem bons exemplos os acórdãos do STJ de 4 de Abril de 1978 (relatado por AQUILINO RIBEIRO), publ. no BMJ n.° 276, p. 119, de 15 de Janeiro de 1980 (relatado por FERREIRA DA COSTA), publ. no BMJ n.° 293, p. 285 e de 26 de Novembro de 1980, publ. no BMJ n.° 301, pp. 401-402 (neste aresto, relatado por RUI CORTE REAL, procurou-se sindicar as *circunstâncias concretas* do atropelamento de um peão, para lá da estrita violação do n.°3 do artigo 40.° do antigo Código da Estrada).

[1715] Para a defesa, nesse âmbito, de uma «ilicitude» (*Rechtswidrigkeit*) ou de uma «*Pflichtwidrigkeit*» por parte do lesado, ver, entre outros, VENZMER, *op. cit.*, p. 121, MEDICUS, *Schuldrecht, cit.*, §59, p. 307 e LARENZ, *Lehrbuch..., cit.*, §31 I, p. 540.

[1716] Para um caso em que a ofendida começou por injuriar o réu e agredir a mulher deste, ver o acórdão da RC de 22 de Janeiro de 1986, in CJ, ano XI, tomo 1, 1986, pp. 56 e ss. e que é, aliás, uma das poucas espécies jurisprudenciais onde se aflora a questão do possível relevo do *acto provocatório do lesado* no conteúdo da indemnização.

[1717] JuS 1991, *cit.*, p. 268.

autolesão [1718]. Mesmo que o âmbito típico desta acção «bifronte» tenha a ver com a violação de regras de prudência ou de deveres concretos contidos nas normas que disciplinam o trânsito de veículos, animais e peões, e cujo escopo é evitar toda a exposição ao perigo que não resulte do chamado «risco inevitável», a natureza genérica (visando a segurança do tráfego) [1719] desse quadro normativo ou a ausência, como seu fundamento, da *salvaguarda directa e precípua de interesses próprios*, leva-nos a admitir apenas um ilícito civil e (ou) penal (de cada lesante em relação a cada lesado) [1720] e um ilícito de mera ordenação mais ou menos grave (atendendo ao valor dos preceitos violados [1721]) e uma conduta «culposa» contributiva (de cada lesado em relação a si mesmo).

Essa qualificação não se altera nos casos em que o dano surge *unilateralmente* – é a hipótese típica que suscita a aplicação do artigo 570.°,1 – tendo na sua origem uma mesma inobservância das regras do tráfico, ditadas com a finalidade de uma protecção *indiscriminada* de interesses alheios e próprios (numa palavra, no interesse da segurança na circulação). Não se colocando, nestes casos, a questão do dever de indemnização do lesado (lesante) em relação a terceiros, a particularidade de o lesado sofrer o dano por não ter cumprido, por ex., as normas sobre o trânsito de peões [1722], a condução de veículos de duas rodas, de

---

[1718] Nesse sentido, ver H. LANGE, *op. cit.*, §10 VI, pp. 550 e SOERGEL/SIEBERT//MERTENS, *op. cit.*, §254, n.° 2, p. 349.

[1719] Para os «deveres dos utentes» no atravessamento de passagens de nível, ver o artigo 24.° do Decreto-Lei n.° 156/81 de 9 de Junho, e, para as «proibições» dirigidas aos passageiros que utilizem o transporte ferroviário, ver o artigo 42.° do Decreto-Lei n.° 39 780 de 21 de Agosto de 1954. Quanto aos primeiros «deveres», já o artigo 31.° do Regulamento de 31 de Dezembro de 1864 prescrevia que «Nenhum indivíduo... pode transitar pelo caminho, demorar-se n'elle ou atravessa-lo, não havendo passagens de nivel, ou estando estas fechadas...».

[1720] A Relação do Porto, em acórdão de 20 de Julho de 1982, publ. na CJ, ano VII, tomo 4, 1982, pp. 219 e ss., considerou procedente a acção intentada contra um peão-lesado, considerado culpado por ter atravessado indevidamente uma via pública. Numa outra espécie diferente, o senhorio danificou a porta do arrendado para causar danos ao inquilino (acórdão da RL de 4 de Maio de 1983, publ. na CJ, ano VIII, tomo 3, 1983, pp. 163 e ss.).

[1721] Ver os artigos 135.° e ss. do novo Código da Estrada e, particularmente, a distinção que é feita entre contra-ordenações *leves, graves* (as do artigo 148.°) e *muito graves* (as do artigo 149.°).

[1722] Ver os artigos 102.° e ss. do Código da Estrada.
Para uma alusão equívoca à *conduta ilícita* do peão, «que atravessa uma passagem de nível fechada, com os sinais luminosos impeditivos a funcionar...», ver o

O tríplice pressuposto legal do concurso 515

animais, ou o transporte de passageiros, não autoriza que se afirme a existência de uma conduta ilícita *tout court*, tratando-se apenas do incumprimento de deveres legais com um escopo mais ou menos unitário, *rectius*, o desejo da segurança rodoviária.

Continuando a seriar os comportamentos antinormativos do lesado, suscita-se agora a questão do enquadramento daqueles casos em que se pode dizer que a norma de conduta parece procurar defender *manifesta* e *directamente* intereses próprios. Sendo patente nessas *disposições autoprotectoras* a imposição aos potenciais lesados de um dever de protegerem a sua integridade física, será lícito dizer-se que, para lá do *ilícito secundário*, estamos perante um *ilícito civil contra si mesmo*? As hipóteses que colocamos neste quadrante relacionam-se com o incumprimento das *normas laborais* que prescrevem a utilização de aparelhos de protecção individual (capacetes, óculos, máscaras, luvas)[1723] e, sobretudo, com os preceitos do Código da Estrada, relativos à obrigatoriedade de utilização do *cinto de segurança*[1724] e do *capacete protector*[1725].

Essa intervenção legal protectora, sob a cominação de *coimas*, que privilegia bens essenciais da pessoa[1726] e que se reclama, quanto à

---

acórdão da RL de 16 de Maio de 1973, sum. no BMJ n.° 227, pp. 211-212. Curiosamente, a RL, no aresto de 21 de Julho de 1976, sum. no BMJ n.° 261, pp. 208-209, não deixou de considerar que o peão, que circula pela esquerda quando não há bermas, vai contra o «dever genérico de segurança própria» de caminhar de frente para os veículos.

A mesma afirmação indiscriminada (sem separação dos planos da autolesão e do perigo colocado a terceiros), de que o lesado teve uma *conduta ilícita e culposa* (*in casu*, estava a dormir à sombra de uma baleeira e em local destinado ao trânsito de peões e de veículos), é feita no acórdão do STJ de 15 de Junho de 1988, *cit.* (*supra*, n.1690).

[1723] Cfr. *supra*, p. 109.

[1724] Ver o artigo 83.° do diploma e o artigo 3.° da Portaria n.° 850/94 de 22 de Setembro. É de salientar que as *isenções* ao dever de utilizar o cinto de segurança, e que constavam dos n.°⁵ 9 e 10 do artigo 35.° do anterior Código da Estrada, figuram agora nos artigos 7.° e 10.° da Portaria n.° 850. Sobre a irrelevância dos motivos subjectivos pouco intensos, como o chamado «*Fesselungsangst*», ver a decisão do BGH de 29 de Setembro de 1992, in NJW 1993, pp. 53-54.

Pelo seu interesse, ver o estudo de E. SOUSA/S. ARÊDE/P. LOURO/ANA NETO sobre *A utilização do cinto de segurança*, in *O Problema Rodoviário* (*Actas do Seminário Multidisciplinar sobre Segurança e Sinistralidade Rodoviária*), Lisboa, 1993, pp. 43 e ss..

[1725] Ver o artigo 94.°. No artigo 65.° do Decreto n.° 439/75 de 16 de Agosto, *cit.*, é imposto «o uso, pelo esquiador, de cinto de salvação ou outro meio de flutuação apropriada».

[1726] Para uma autoprotecção, actuada por pessoas diferentes das protegidas, ver

516   *A conduta do lesado*

utilização do capacete, da sua eficácia (entre 80 a 90%) na redução das lesões crânio-encefálicas, e, no tocante ao cinto de segurança, na mesma tónica preventiva (num coeficiente de redução de lesões graves, situado nos 70% para o condutor e em 50% para o transportado) e numa percentagem desprezível de risco, parece fazer surgir um nítido *dever de evitar o dano*[1727] por parte do potencial lesado, sem necessidade de pesquisarmos outros possíveis interesses – e a «punição» reflecte um desejo mais difuso de autoprotecção – associados à prescrição da obrigatoriedade. Quem se colocar numa perspectiva apenas *punitiva*, como é o caso de COSTA ANDRADE[1728], tenderá, antes, a valorar os interesses comunitários, sujeitando esse tipo de normas à filosofia da chamada «penalização normal». Antes de precisarmos a nossa ideia, diga-se, a título parentético, que sendo inquestionável, para o pensamento dominante, o concurso de culpa para os danos corporais ligados causalmente à omissão do dever de usar capacete protector, tem sido colocada, quanto à utilização dos cintos de segurança, uma interessante questão de filosofia jurídico-constitucional e que consiste em saber se a *obrigatoriedade* é compatível com determinados direitos fundamentais, como o da liberdade. O problema já foi colocado, entre nós, pela jurisprudência[1729], que o resolveu no sentido da *constitucionalidade* do diploma[1730] que instituiu a obrigatoriedade de uso do cinto de segu-

---

os artigos 55.º,3 e 4 (transporte de passageiros), 79.º (transporte de crianças) e 89.º (transporte de menores nos motociclos e ciclomotores e de passageiros nos velocípedes) do Código da Estrada, e os artigos 5.º e 6.º da Portaria n.º 850, *cit.* (utilização por crianças do cinto de segurança ou de um «sistema de retenção»).

[1727] No sentido de que o uso dos capacetes protectores visa *proteger* os obrigados e não propriamente afastar a responsabilidade dos causadores dos acidentes, ver o acórdão do STJ de 6 de Outubro de 1982, publ. no BMJ n.º 320, pp. 319 e ss..

[1728] Cfr. o seu *Consentimento e Acordo..., cit.*, pp. 205-206, n.(94) e a tónica colocada na «valência sistémico-social». No mesmo sentido, e expressamente para o caso do cinto de segurança, ver UDO EBERT, *Verbrechensbekämpfung durch Opferbestrafung?* in JZ 1983, p. 634.

[1729] O acórdão da RL de 13 de Novembro de 1985, in CJ, ano X, tomo 5, 1985, pp. 122 e s., considerou não haver violação dos direitos consignados nos artigos 27.º, 26,1, 44.º e 62.º da Constituição, sustentando ainda tratar-se de uma «elementar regra de segurança, de âmbito circunscrito e adequada a evitar a produção de perigos». O Parecer emitido no processo (assinado pelo Procurador E. MAIA COSTA) e onde se salienta apenas o aspecto da *segurança*, associado à obrigatoriedade, foi publicado na RMP, ano 7.º, n.º 27, 1986, pp. 99-101.

[1730] Referimo-nos à Portaria n.º 758/77 de 15 de Dezembro, embora a obrigatoriedade da instalação dos cintos remonte à Portaria n.º 604/70 de 26 de Novembro.

O tríplice pressuposto legal do concurso 517

rança, e o próprio Tribunal Constitucional [1731] não deixou de equacionar sumariamente o assunto.

Na Alemanha, onde a partir dos anos 60 se abriu o debate acerca da obrigatoriedade ou não da utilização dos cintos de segurança e a jurisprudência se começou a confrontar, na ausência do dever legal [1732], com uma «culpa» conexionada à não utilização, autores, como W. SCHMIDT [1733], manifestaram a sua contestação à imposição da obrigatoriedade, dado colocar em causa a «liberdade pessoal» e não estar em jogo a «segurança do tráfego», recusando, por outro lado, a caracterização de «culpa» para a omissão de utilização de um acessório não completamente seguro [1734-1735].

Depois da entrada em vigor da obrigatoriedade de utilização do cinto de segurança, o debate começou a incidir mais sobre os aspectos constitucionais, mantendo-se a polémica entre os defensores do dever,

---

[1731] Acórdão n.º 433/93, publ. no DR de 13 de Agosto de 1993, p. 4330 (cfr. o n.º 8).

[1732] O *Gurtanlegepflicht* foi introduzido em 1 de Janeiro de 1976, e estendido, em Julho de 1984, aos passageiros que viajam no banco traseiro. Ver, para o *dever*, PALANDT/HEINRICHS, *op. cit.*, §254, n.º 22, pp. 292-293, *Münchener Kommentar/ /Grunsky, op. cit.*, §254, n.º 24, p. 440, H. LANGE, *op. cit.*, §10 IX, *cit*, pp. 568 e ss., e KÖHLER, *op. cit.*, pp. 263-264.

No sentido de que o *airbag* não substitui o uso do cinto já se pronunciou o OLG Celle, em 2 de Novembro de 1989 (*apud* FILTHAUT, *op. cit.*, §4, n.º 47, p. 232).

[1733] *Mitverschulden bei Nichtbenutzung von Sicherheitsgurten?* VersR 1967, pp. 218-219.

[1734] ROTHER, NJW 1966, *cit.*, p. 328, recusa o «concurso de culpa», ao observar que a omissão não implica, por si, um maior dano, na ausência de uma conduta alheia (para a crítica desta posição, ver o primeiro estudo de KNIPPEL, citado *infra,* n.1736).

[1735] Para o estado da questão nos anos 70, ver o comentário de K. HÄNDEL à decisão do BGH de 10 de Março de 1970, in NJW 1970, pp. 944 e ss. e o seu artigo *Zur Anwendung des Sicherheitsgurt – Urteils des Bundesgerichtshofs*, in NJW 1979, pp. 2289 e ss., com interesse para as questões causais e de responsabilidade por danos atinentes à própria utilização do cinto de segurança.

Na Inglaterra, a defesa da *contributory negligence*, para a omissão de utilização do cinto no período anterior à sua obrigatoriedade legal, consolidou-se decisivamente, em 1976, no caso *Froom v. Butcher*, decidido pela *Court of Appeal,* tal como, relativamente ao uso de capacete, tinha sido decisivo o caso *O'Connell v. Jackson* de 1972. Para a evolução da jurisprudência inglesa, desde o caso *Geier v. Kujawa* (1970) e para a submissão da hipótese omissiva ao quadro normativo do artigo 1227.º, primeira parte, do *Codice Civile*, ver CRISCUOLI «*Cinture di sicurezza*»..., *cit.* (*supra*, n.323), pp. 506 e ss.. Ver ainda, sobre o casuísmo inglês, N. GRAVELLS, *est. cit.*, pp. 592-594 e STREET/BRAZIER, *op. cit.*, pp. 195-196 e 244.

como KNIPPEL[1736] e INGO VON MÜNCH[1737], e os seus adversários, como STREICHER[1738] e JAGUSCH[1739]. Enquanto o primeiro alia, como seus argumentos, a *tutela* dos obrigados e os necessários reflexos económicos (da liberdade de não utilização do cinto) sobre a comunidade dos segurados[1740], STREICHER considera inconstitucional (por ofensa ao direito ao livre desenvolvimento da personalidade) a referida obrigatoriedade, alegando não estarem em causa «direitos alheios, a ordem constitucional ou mesmo os bons costumes» – o jurista não hesita mesmo em avocar o exemplo, bastante impreciso, da falta de punibilidade do suicídio – e valorando a necessária intangibilidade da esfera de liberdade e de autoresponsabilidade num domínio em que não tem justificação (por não interferir com a segurança da circulação) a intromissão pública. Um pouco nesta linha de STREICHER, embora colocando a ênfase nos riscos associados à utilização do cinto (agravamento de lesões, obstáculo à libertação em caso de incêndio ou de queda na água) e nos prejuízos económicos gerados pelos fumadores e pelos alcoólicos, JAGUSCH recusa a *Obliegenheit* de usar o cinto, em nome da soberania da pessoa e do direito à sua infelicidade.

Se é certo que, na Alemanha, a cada vez maior eficácia dos modernos cintos de segurança levou o BGH[1741] e o Tribunal Constitucional[1742] a emitirem juízos favoráveis à constitucionalidade da «obrigatoriedade do uso do cinto de segurança» *(Gurtanlegepflicht)*[1743], o «paterna-

---

[1736] Desde a década de 60 que KNIPPEL se mostra crítico em relação a decisões do BGH negadoras do «concurso de culpa», como pode ver-se em *Mitverschulden bei Nichtbenutzung von Sicherheitsgurten*, NJW 1966, pp. 1204-1205 e, numa fase mais recente, nos estudos *Irrwege um den Sicherheitsgurt*, NJW 1976, pp. 884-885 e *Gurtanlegezwang-Kein Grundrechtsproblem*, NJW 1977, pp. 939-940, em crítica ao estudo de STREICHER, citado a seguir.

[1737] Ver *supra,* p. 99.

[1738] *Gurtanlegezwang-Grundrechtsverletzung?*, NJW 1977, pp. 282 e ss..

[1739] *Der Sicherheitsgurt-Nutzen und Zumutung*, NJW 1977, pp. 940-941.

[1740] KNIPPEL, NJW 1977, *cit.*, p. 940, não coloca no mesmo plano a liberdade da pessoa, que recusa ser operada a um tumor, e a liberdade da não utilização do cinto, com o argumento da diversidade do *risco* implicado nas duas decisões.

[1741] Decisão de 20 de Março de 1979, in NJW 1979, pp. 1363 e ss..

[1742] Decisão de 24 de Julho de 1986, in NJW 1987, p. 180. Para a constitucionalidade do *Schutzhelmpflicht*, ver a decisão do mesmo Tribunal de 26 de Janeiro de 1982, in NJW 1982, p. 1276.

[1743] Questão específica, com interesse para a aplicação dos critérios de repartição do dano, é a de saber se a omissão do dever de utilizar o cinto deve ser considerada como falta grave ou não. Para um contacto com o problema, ver C. LAND-

O tríplice pressuposto legal do concurso

lismo», a recusa da neutralidade, ou a defesa da pessoa contra si mesma, que surgiu como um dos «cavalos de batalha» nos escritos de STREICHER e de JAGUSCH, e que corresponde ao reconhecimento, para COSTA ANDRADE[1744], «de um novo e complementar princípio de legitimação do direito penal», foi assumido criticamente, em França, por MORANGE[1745], no seio de uma jurisprudência dividida quanto ao alcance da omissão[1746]. Desvalorizando as consequências sociais ligadas aos maiores danos conexos à falta de utilização do acessório e colocando em dúvida a sua eficácia, MORANGE contesta a função tutelar do Estado, a sua intervenção limitadora, em nome de uma pretensa «segurança pública», acabando por responsabilizá-lo pelos danos consequentes à utilização do cinto e defender um «direito de não uso», «justificado» pela *assunção consciente do risco*.

Tendo sido nossa intenção equacionarmos um debate, hoje em dia menos intenso, e não propriamente discutirmos uma questão com acentuados aspectos constitucionais, reputamos, todavia, como mais adequada a via que se proclama da *constitucionalidade* do dever de usar o cinto de segurança. Mais importante, para os objectivos desta parte da dissertação, é a conclusão, eventualmente sujeita a objecções, de que mais do que noutras normas, ditadas primacialmente no *interesse genérico* de uma circulação rodoviária segura, há neste domínio das medidas individuais de segurança uma «imposição de autoprotecção» *(Selbstwahrungsgebot)*, *a cominação* de condutas concretas tendentes à protecção de partes vitais do corpo humano, para *defesa prioritária da própria pessoa*, independentemente de se poder concluir pela tutela *acessória* de interesses comunitários e, da mesma forma reflexa, do eventual lesante[1747]. Se na fase em que o violador da

---

SCHEIDT, *Schadenersatz und Sicherheitsgurt-Gedanken zum Mitverschuldenseinwand*, in NZV 1988, pp. 7 e ss. e *infra*, n. 2568.

[1744] *Op. cit.*, pp. 205-206, n.(94).

[1745] *Réflexions sur la notion de sécurité publique (A propos d'une prescription contestée de la police de la circulation: l'obligation du port de la ceinture de securité)*, in D. 1977, *chron.*, pp. 61 e ss. e D. 1977, *Jurispr.* p. 470 (anot. à decisão da *Cour de Cassation* de 16 de Março de 1977).

[1746] A obrigatoriedade de uso do cinto de segurança foi introduzida pelo Decreto n.º 73-561 de 28 de Junho.

[1747] No relatório da citada decisão do Tribunal Constitucional alemão é referida a maior disponibilidade (para socorrer outros participantes no acidente) da pessoa que, usando o cinto, não sofreu danos e a circunstância de, numa colisão, a utilização do cinto evitar lesões entre os que se fazem transportar nos veículos.

norma se coloca em perigo é justificada a mera «punição» secundária, pese a neutralidade ético-social da contra-ordenação, ocorrido o dano ou o maior dano, com ou sem colisão com outro veículo, cremos ser possível falar-se de um *ilícito contra si mesmo*, e que sujeita o lesado *qua tale* a uma censura estrita. Afastada a existência de um ilícito «favorável» ao potencial lesante, as dúvidas quanto à defesa de um ilícito simétrico ou *contra o lesado* prendem-se inelutavelmente com a exacta delimitação do âmbito protector das normas (é o eventual lesado o alvo exclusivo ou prioritário da esfera subjectiva de tutela?) e com a ausência de uma norma de preclusão do dano causado à própria pessoa (o que justifica, em rigor, a falta de punibilidade para as agressões pessoais ao bem da vida).

Mais pacífica é a observação de que esse possível círculo restrito da conduta autolesiva, objectivamente desvaliosa, não se confunde, obviamente, com aquelas situações danosas *relacionadas* com acções *ilícitas* (por ex., furto de veículo ou entrada ilegítima em propriedade alheia) do lesado[1748], mas em que não há, *concretamente*, um comportamento «culposo» ou contra os interesses da pessoa. Não podendo exigir-se do «detentor» da fonte de perigo que «conte» com essas intromissões ilícitas nos seus bens (*maxime* em relação a pessoas com entendimento e capacidade de querer), o dano sofrido por quem cometeu uma acção ilícita e culposa deve, em princípio, «permanecer» onde se encontra[1749], o que revela a prevalência da imputação ao lesado dos efeitos danosos da conduta, em associação com a carga negativa do «desvio de comportamento» *(deviance)*. O problema reúne, no entanto, várias vertentes (a maior ou a menor extensão dos «deveres do tráfico», o maior ou menor conteúdo do «princípio da confiança», a relação de adequação entre a conduta ilícita e o dano sofrido), ficando para os

---

[1748] Eis alguns exemplos que suscitam a questão: o veículo furtado tem os travões desafinados, o ladrão é mordido por um cão de guarda, cai nas escadas demasiado enceradas do prédio ou é vítima de uma explosão de gás, originada numa fuga por desleixo do locatário ausente; o passageiro clandestino sofre um acidente; a criança entra numa construção não vedada e cai numa estrutura de ferro. Para esses e outros casos, ver D. SCHWAB, *est. cit.* (*supra*, n. 1587), JZ 1967, p. 14, J. SCHRÖDER, *est. cit.* (*supra*, n. 1587), AcP (179), 1979, p. 568, ROTHER, *op. cit.*, pp. 106 e ss., KÖTZ, *op. cit.*, n.° 250, pp. 101-102, LAPOYADE DESCHAMPS, *op. cit.*, pp. 83 e ss. e *infra*, n.° 61.

[1749] Para a desprotecção genérica do *passageiro clandestino*, por razões alheias à ausência de uma concausalidade adequada, ver os artigos 19.° do Decreto-Lei n.° 349/86 de 17 de Outubro (*transporte marítimo*) e 2.° l) do Decreto-Lei n.° 321/89 de 25 de Setembro (*transporte aéreo*). Ver igualmente *infra*, n. 1920.

O tríplice pressuposto legal do concurso 521

problemas valorativos da «culpa» uma referência à eventual *relevância positiva* da «culpa» do lesado.

Para lá dos casos específicos, e não sem dúvidas, atinentes à utilização do cinto de segurança e do capacete protector e das situações – situadas à margem do «contacto rodoviário» – em que a liberdade individual, activa ou omissiva, vai contra a ordem pública, a saúde individual e os direitos alheios ou não garante a segurança de certas pessoas [1750], não existe no sistema positivo nenhum *dever genérico*, análogo ao *neminem laedere*, que obrigue a pessoa a evitar danos para si. O dado tópico de a ordem jurídica não proibir, por ex., o consumo do álcool ou do tabaco revela a indiferença perante cada opção individual, enquanto resultante do direito de conformação pessoal, mantendo-se a neutralidade desde que a zona de liberdade não «abra» posteriormente um conflito de interesses conexionado com a deslocação do «dano» e o afastamento ou a minimização da «autoresponsabilidade». Nem o exercício «negativo» da liberdade afasta de cada um de nós, enquanto ser-com-os-outros, o eventual cumprimento do «dever de solidariedade social», em ordem a *inverter* o sentido de uma possível autocolocação em perigo.

Já noutro lugar [1751] deixámos expressa a nossa posição centrada na recusa de um princípio de *funcionalização* dos direitos [1752] ou de uma visão *fortemente solidarística* da esfera de liberdade pessoal. Na verdade, e desde logo quanto à «esfera das coisas», se, por um lado, a visão moderna do direito de propriedade coloca apenas algumas limitações [1753] ao poder de soberania do titular e justifica, dada a escassez dos

---

[1750] O Decreto-Lei n.º 115/94 de 3 de Maio, para segurança dos condutores de veículos ligeiros de passageiros de aluguer, prescreve a *obrigatoriedade*, sujeita a coacção indirecta, de instalação de «... um *separador* entre os habitáculos do condutor e dos passageiros transportados» (artigo 1.º).

[1751] Ver *supra*, n.º 7.

[1752] N. DI PRISCO, *op cit.*, pp. 82 e ss., apoiado, em parte, em autores como BONVICINI e SANTORO PASSARELLI, e em certos textos constitucionais, refuta uma concepção ampla de liberdade pessoal, compreensiva de actos abusivos ou prejudiciais, e defende uma visão «comunitária» (*«la libertà é, perciò, espressione della sfera di interessi della persona, inserita nella trama delle relazioni intersoggettive»*) ou vinculada, com «um conteúdo não naturalístico».
Para uma crítica à teoria dos «direitos-funções», ver ORLANDO DE CARVALHO, *op. cit.*, pp. 41 e ss. e H. HÖRSTER, *op. cit.*, n.º 455, pp. 278 e ss..

[1753] No período legislativo pós-revolução de Abril, as *vinculações* atingiram, sobretudo, os prédios urbanos (na forma de arrendamento compulsório) e rústicos (cfr., por ex., o artigo 39.º,1 da antiga Lei 77/77 de 29 de Setembro, contendo as *Bases*

522 A conduta do lesado

bens e os interesses de terceiros, normas como as dos artigos 89.° da Constituição e 227.° e 228.° do Código Penal, por outro, não elimina a *licitude* do exercício de um poder de disposição «anormal», egoístico, em suma, «negativo». No que toca à «esfera pessoal», a norma programática do artigo 64.°,1 da Constituição (dever de defender a saúde) não preclude a recusa autoprotectora (*lato sensu*), ou seja, a liberdade da disposição *imediata* do bem da *vida*, a escolha de se viver doente, o consumo de certas drogas, a automutilação, a colocação da vida e da integridade física em risco, a renúncia a receber cuidados excepcionais, a recusa do consentimento para um acto médico.

No plano, mais complexo, do concurso de condutas culposas, a normal reversão dos efeitos do acto imputável ao lesado e a ausência, como vimos, de um dever geral, simultaneamente de respeito e de auto-respeito, não provoca a reprovação ou a censura que é inerente a qualquer conduta ilícita [1754] (a vontade do lesado não se manifesta contrária aos valores, mas apenas em relação aos *seus interesses*), nem a avaliação ético-jurídica ou o desvalor (da conduta e do resultado) que são próprios da conduta subjectivamente culposa. Parece-nos, aliás, ilegítimo visualizar, neste domínio, uma «ilicitude de substituição» (a «*Sachwidrigkeit*», a «*Wertwidrigkeit*», a «*Umwerturteil*» de que fala SCHÄFER[1755], ou o «dever contra si mesmo», a que se referiu ZITEL-MANN, e que não era imune à ideia «reprovadora» da *Mißbilligung*, ou, apesar da conduta pouco «solidária» do lesado, fazer subsumir ao princípio de *venire contra factum proprium* um comportamento com uma estrutura e uma eficácia reconhecidamente inadequadas para tal.

A lesão dos interesses pessoais, que na perspectiva do lesado nem sempre representa um acto «anormal» ou privado de utilidade, ou essa «culpa contra si mesmo», de sentido menos rigoroso do que o de ZITEL-MANN, e que comporta diversas gradações, consoante as *capacidades*

Gerais da Reforma Agrária). Para limitações mais recentes, ver os artigos 10.°,3 do Decreto-Lei n.° 384/88 de 25 de Outubro (prevendo a integração na «reserva de terras» de «terrenos declarados em situação de abandono ou mau uso») 20.°,3 do Decreto-Lei n.° 385/88 de 25 de Outubro (regime do *arrendamento rural*), relativo ao dever de «exploração directa» do senhorio denunciante e 72.°,2 de Decreto-Lei n.° 321-B/90 de 15 de Outubro («dever» de habitação do senhorio denunciante do contrato de arrendamento). Para outros limites públicos, ver H. HÖRSTER, *op. cit.*, n.° 389, p. 239 e n.° 457, p. 280.

[1754] Já SIDÓNIO RITO, *op. cit.*, p. 52, afirmava que a culpa do lesado não representava um facto objectivamente perigoso para os direitos alheios.

[1755] *Op. cit.*, p. 100.

da própria pessoa e o *circunstancialismo* concreto que rodeia a ocorrência do dano, não interfere, contudo, com a esfera jurídica alheia, como quer VENZMER ou SCHÜNEMANN, tratando-se, como se trata, de uma actuação *lícita*. A particularidade de o dano, na «culpa» do lesado, não surgir, em regra, na esfera alheia, apesar de estar relacionado com a conduta do lesante, também não pode conduzir, como já vimos, à «fuga» do lesado à sua *autoresponsabilidade*[1756] ou às consequências do seu *agir consciente*, «*imputável*». A expectativa social e do potencial lesante de que a pessoa não coloque em perigo ou «lese» os seus bens não tem, contudo, a intensidade suficiente para se *normativizar* toda a conduta do lesado, como defende GREGER, ao aludir a um «dever de conduta», derivado da «sociabilidade» *(Sozialbezogenheit)* da pessoa[1757], ou para a ordem jurídica *valorar* juridicamente a autolesão *qua tale*, subordinando a liberdade pessoal ao desejo (ilegítimo) de *sancionar* a falta de autoprotecção.

Nas diversas camadas de actuação do lesado é possível distinguirmos a conduta que lesa simultaneamente bens próprios e bens alheios, a actuação antinormativa que conduz à lesão de bens pessoais, o comportamento antinormativo que origina a lesão de bens pessoais tutelados directamente e contra a vontade do seu titular, e a conduta livre que lesa bens disponíveis do titular, mais ou menos valiosos. Enquanto no primeiro grupo de situações há um *ilícito contra o terceiro* e no segundo verifica-se, apenas, um *ilícito de mera ordenação*, já no terceiro parece poder falar-se, com reservas, de um *ilícito contra si mesmo*, não havendo, no último leque de casos, qualquer ilícito, próprio ou impróprio, mas somente um *acto contra os próprios interesses*, sujeito, apenas, a uma reprovação social ou a um desvalor moral.

Como já dissemos, a desvantagem, a sanção *lato sensu*, atinente à perda total ou parcial de tutela jurídica (ao nível da indemnização dos danos)[1758], equivale, no fundo, ao «olhar» jurídico, ao «controlo» sobre a liberdade pessoal autodanosa, reflectindo a sequela negativa dessa opção livre, como uma espécie de *valoração posterior* (ao nível do resultado e da ponderação intersubjectiva) de uma conduta «culposa»

[1756] A propósito da criação de uma *situação de confiança*, BAPTISTA MACHADO, *Tutela da confiança..., cit.*, RLJ, ano 118.°, p. 171, considera como um *venire contra factum proprium* «a tentativa de escapar à autovinculação».

[1757] NJW 1985, *cit.*, p. 1133.

[1758] «*...so soll sie dessen nachteilige Folgen doch nicht auf einen... Dritten abwälzen können*», como é afirmado por ESSER/SCHMIDT, *op. cit.*, I, 2, §35 I, p. 259.

ou portadora de *risco*, mas objectivamente não desvaliosa. Sendo certo que a natureza não ilícita da acção autodanosa não coloca em crise o interesse que cada pessoa tem em evitar sofrer danos, a não observância de uma conduta, tipificada ou não, com esse conteúdo (e que não seja objecto de uma particular tutela legal ou ditada por interesses alheios) parece fazer sintonizar a nossa ideia de uma *autoresponsabilidade* do lesado com a violação de um *ónus jurídico* [1759-1760], pelo menos no círculo das actuações «culposas» daquele. Na medida em que a imputação do dano, implicada na *autoresponsabilidade*, tem por perímetro o espaço decisivo dos *interesses do lesado*, parece curial a defesa de um *peso*, de uma *«missão»* de se ser cuidadoso com os bens próprios, afastando-se ou reduzindo-se o perigo de uma autolesão. E cremos ser a figura dogmática de um *ónus jurídico* aquela que melhor se adapta ao recorte da «culpa» do lesado, tanto mais que a perda de tutela jurídica não pode ser vista como sanção *tout court*, mas como pura *desvantagem*. Por outro lado, não nos parece inteiramente exacto falar-se aqui de «encargos» ou de «incumbências» [1761], se com essas expressões se quer designar uma *Obliegenheit* – termo caro, como vimos, a certa dogmática alemã que trata do instituto da *Mitverschulden* do lesado – com o sentido que lhe foi atribuído por REIMER SCHMIDT, sintonizado com um certo elemento valorativo-vinculativo (ou em função do interesse do lesante) [1762], e que justificava, no fundo, a consideração de *venire contra factum proprium*. Para nós, e no quadrante típico do critério do artigo 570.°, o cumprimento do *ónus serve precipuamente o interesse do lesado*, deixa na sombra o interesse (juridicamente não tutelado) do potencial lesante, só

[1759] Para essa articulação, ver PUGLIATTI, ED IV, *cit.*, p. 452 e SCOZZAFAVA, *Onere (nozione)*, ED XXX, p. 102. Este último entende mesmo que a observância do ónus derime o «conflito entre interesses do sujeito».

[1760] Sobre a figura, ver ROGÉRIO SOARES, *Interesse público, legalidade e mérito*, Coimbra, 1955, pp. 24 e ss. (separando o ónus da *Obligenheit* e acentuando a nota do «...sacrifício que vai beneficiar um *interesse...*» – p. 34), MANUEL DE ANDRADE, *op. cit.*, pp. 3-4, ANTUNES VARELA, *Das Obrigações em Geral* I, *cit.*, pp. 57-60 e RIBEIRO DE FARIA, *op. cit.*, I, pp. 23-25. Para a importância processual do ónus, ver PALERMO, *Onere*, NDI XI, pp. 916 e ss., e a comparação que faz do *princípio dispositivo* com o *princípio da autoresponsabilidade* e o artigo 1227.° do *Codice*.

[1761] Como já dissemos (*supra*, n.1710), ANTUNES VARELA e H. HÖRSTER utilizam as expressões num sentido equivalente ao do ónus, identificando esta figura com a *Obliegenheit*.

[1762] N. DI PRISCO, *op. cit.*, pp. 135 e 160, refere-se a um *«dovere»* no interesse do lesado e do lesante e considera a perda de tutela uma verdadeira sanção.

se repercutindo intersubjectivamente, e por puro reflexo, na fase ponderativa e de repartição do dano. MENEZES CORDEIRO[1763], ao partir da distinção entre o *ónus* (funcionalizado em função do mero interesse do onerado) e o *encargo* ou a *Obliegenheit* («*dever* de comportamento que, funcionando embora também no interesse de outras pessoas...»), introduz nesta última figura uma nota de alteridade – próxima da fisionomia que lhe conferiu REIMER SCHMIDT e a que LARENZ reagiu – adequada, porventura, à caracterização das *hipóteses legais contratuais* com que a exemplifica, mas que não parece poder harmonizar-se com a nossa visão do sentido que deve ser dado à *opção livre* do lesado. Quanto a nós, o interesse do potencial lesante em não ser demandado ou em ser devedor do menor conteúdo de indemnização não é, em geral, atendido *ex ante* pela lei, a ponto de se poder afirmar que a conveniência da pessoa ser cuidadosa consigo mesma existe igualmente no interesse daquele. E desta última asserção já decorre o motivo que leva alguns juristas a limitarem a *Obliegenheit* ao seu domínio natural, ou seja, o contratual.

[1763] *Da boa fé...* II, *cit.*, pp. 766-767, n.las (448) e (450).

SUBSECÇÃO II
CAPACIDADE DE IMPUTAÇÃO
E CULPA DO LESADO

Sumário: 55 – A necessidade de uma valoração autónoma da culpa do lesado; 56 – A natureza bifronte do problema da imputabilidade do lesado culpado e a enunciação das principais orientações quanto à sua resolução. Referência à situação jurídica do inimputável «heteroresponsável»; 57 – A concepção clássica defensora do requisito da imputabilidade do lesado conculpado; 58 – A doutrina objectivista e a sustentação do papel concorrente do facto do lesado inimputável; 59 – A flexibilização da orientação clássica e os contornos do recurso à correcção equitativa; 60 – A necessidade de tutela dos lesados inimputáveis como argumento determinante da defesa de uma autoresponsabilidade conectada à existência de uma conduta consciente e livre. Lenitivos a esse desiderato.

55. A necessidade de uma valoração autónoma da culpa do lesado

Com o problema colocado nos números anteriores não obtivemos ainda o recorte completo da «culpa» do lesado, sendo, pois, necessário avançarmos mais, questionando os *pressupostos subjectivos* e o *conteúdo* dessa conduta «lícita» ou contrastante com a defesa dos bens pessoais. Diga-se, aliás, que essa contrariedade com os interesses pessoais ou patrimoniais do lesado, pode traduzir-se em *diversos tipos de actuação*, de expressão *activa* ou *omissiva* [1764], concorrendo para o próprio *evento* ou simplesmente para o *dano* (ou o maior dano), e situando-se *temporalmente*, como já assinalámos a propósito do nexo

---

[1764] CUNHA GONÇALVES, *Tratado...*, XII, *cit.*, p. 597, refere, como exemplo de acção, a exposição imprevidente «a um dano provável» e, como caso de omissão, a inércia em adoptar os cuidados razoáveis para reduzir os efeitos danosos. Para os mesmos exemplos, ver VAZ SERRA, BMJ n.º 86, *cit.*, p. 140. Para uma hipótese interessante de «culpa» omissiva (*in casu*, o dono dos bens penhorados não usou a faculdade de vender produtos deterioráveis), ver ALMEIDA COSTA, *Ilicitude na guarda da coisa penhorada – Venda antecipada* (Parecer), CJ, ano X, tomo 2, 1985, pp. 21 e ss..

de concausalidade[1765], em *simultaneidade* com o facto responsabilizante (como sucede tipicamente na colisão de veículos), com *anterioridade* em relação a ele (como na provocação e na falta de previsibilidade da conduta culposa do lesante[1766 1767]) ou numa fase *posterior* àquele facto, com ou sem concretização danosa (respectivamente, o caso típico da omissão de tratamento da lesão e o não afastamento perante certa fonte de perigo activo). Independentemente do tipo concreto de actuação ou do momento em que ocorre, prevalece esse ponto comum e decisivo que é a existência de uma determinada conexão com o dano sofrido, não podendo, contudo, concordar-se com autores, como SCOGNAMIGLIO[1768], que desvalorizam a análise temporal da conduta do lesado, desde que pensemos, imediatamente, nas implicações causais que certos comportamentos anteriores do lesante podem ter no desenvolvimento de sequelas danosas «activadas» pelo lesado.

Não estando a «culpa» do lesado ligada, em geral, à prática de um ilícito, também não se traduz numa pura acção causal ou fáctica, num genérico «pôr-se em perigo»[1769]. Para lá dos casos em que a «autocolocação em perigo» *(Selbstgefährdung)* está associada ao *risco concreto* criado pelo próprio lesado (por ex., como condutor), a autoresponsabilidade deve circunscrever-se a um tipo de conduta culposa, que justifique, à margem da reprovação ou da censura *tout court*, a imputação – repartição do dano. Por outras palavras: independentemente do problema da regularidade objectiva da conduta «culposa» do lesado, há que fixar ainda os seus *contornos subjectivos* e o seu *conteúdo*, com o escopo de se delimitar os comportamentos relevantes e de se aferir do valor das condutas objectivamente contrastantes com os interesses do lesado. Afastada a ideia da reprovação da conduta pela ordem jurídica,

---

[1765] Ver *supra*, n.° 43.

[1766] Ver *supra*, pp. 477-478, n.1584, para os casos de queda de neve nos veículos indevidamente estacionados, e *infra*, n.° 61, para a questão de saber se a culpa do lesado depende forçosamente da previsibilidade do evento danoso.

[1767] VAZ SERRA, BMJ n.° 86, *cit.*, p. 138, porventura influenciado pelos dizeres dos diplomas estradais (como os do artigo 56.°,3 do Código de 1954), só alude às «culpas simultâneas» e às «culpas sucessivas» (cfr. igualmente PIRES DE LIMA/ANTUNES VARELA, *op. cit.*, I, artigo 570.°, n.°4, p. 588).

Para uma maior amplitude, ver ENGEL, *op. cit.*, n.° 120, p. 345 e CENDON/VENCHIARUTTI, *op. cit.*, artigo 1227.°, n.° 5, p. 199.

[1768] *Responsabilità civile*, NDI XV, *cit.*, p. 653.

[1769] Exemplo de uma conduta lícita, com uma mera imputação material, é o caso de alguém entrar num serviço público e aí ser mordido por um cão.

O tríplice pressuposto legal do concurso 529

também não se trata de construir um critério que permita reprovar subjectivamente o lesado, como pensa a nossa doutrina dominante e corresponde, por ex., ao pensamento de um WOCHNER ou de um ESMEIN. O repúdio da culpa *(Schuld)* do lesado ou do sentimento de se ser *guilty of contributory negligence,* como entendia o direito inglês mais antigo, leva-nos a construir um *critério próprio*, que afaste uma valoração causal indiscriminada [1770] e que reúna *tipicamente* os *pressupostos subjectivos mínimos* para permitir formular um juízo coerente de imputação danosa. A autonomia do critério surge assim colocada ao serviço da própria *razão de ser* da autoresponsabilidade do lesado, o que significa que a defesa que, por ex., se possa fazer do requisito da *imputabilidade*, não tem a ver com a transposição pura e simples dos princípios que comandam a heterorresponsabilidade ou com a emissão de um juízo de censura, mas com o *problema valorativo da deslocação do dano.* Mais concretamente, e quanto a essa *vexata quaestio* da imputabilidade, não é preciso partir-se de uma culpa *tout court* do lesado para excluirmos as pessoas que não tem «capacidade de pecar» [1771], já que a sua inconsciência perante o perigo ou a ausência de um acto livre e controlado impele-nos a situar a questão em sintonia com a imputação do dano e a necessidade da sua protecção equilibrada. Antes de vermos, propriamente, a questão do *conteúdo – apreciação* de uma conduta, que revela genericamente uma falta de cuidado, e de averiguarmos as *motivações «desculpabilizantes»* que podem ter presidido a essa aparência de culpa, há que começar por caracterizar o lado *interno* da conduta culposa.

56. A natureza bifronte do problema da imputabilidade do lesado culpado e enunciação das principais orientações quanto à sua resolução. Referência à situação jurídica do inimputável «heterorresponsável»

Questão das mais delicadas na teoria do concurso da conduta culposa do lesante e do lesado é, inquestionavelmente, a de saber se o juízo de *culpa* do lesado tem como pressuposto a verificação prévia do elemento subjectivo da *imputabilidade*. Formulando de outra forma a

---

[1770] Assim, ESSER/SCHMIDT, *op. cit.*, I, 2, §35 I, p. 259. Sobre o ponto, ver, aliás, *supra*, n.º 42.

[1771] BAPTISTA MACHADO, *Tutela da confiança...*, RLJ ano 117.º, *cit.*, p. 266.

interrogativa, há que questionar se a capacidade de *culpa* do lesado depende da presença do elemento que condiciona a heteroresponsabilidade culposa.

A exigência, mais ou menos explícita, que temos vindo a fazer, de uma conduta humana livre e voluntária, consciente dos perigos e dos danos a evitar, e que se sintoniza com o modo como entendemos o critério plasmado no artigo 570.°, parece truncar, de imediato, o alcance e as dificuldades do problema enunciado. Essa «desvalorização» não afasta, contudo, e como é óbvio, a necessidade de debatermos essa matéria e de reunirmos argumentos justificativos da exigência de uma conduta livre e consciente como pressuposto da repartição-imputação do dano. Nem, por outro lado, nos devemos contentar com a aparente linearidade simétrica que parece resultar do teor conjugado dos artigos 570.° e 571.°, na medida em que o dado literal que favorece *implicitamente* a tese da necessidade de uma capacidade natural de entender e de querer é explicado pela lógica de um sistema que dá primazia à culpa, tendo, pois, a ver com razões de censurabilidade da conduta. Daí a natureza inconclusiva do argumento para quem, como nós, não aceite uma explicação «geométrica» da culpa do lesado.

A complexidade desta zona problemática tem a ver, no fundo, com o cruzamento da *concausalidade* e da *culpa*, sendo certo que se abre aqui um conflito com interesses contrastantes: de um lado, um *pensamento protector* de pessoas fragilizadas, cuja idade, patologia mental ou estado de inconsciência não permitem compreender o sentido e valorar o alcance da sua atitude, «caindo» facilmente no perigo de dano [1772], e, do outro, a necessidade de *não se onerar em demasia* o lesante, face ao dado inequívoco de um facto, de uma «acção» humana causalmente contributiva e, não raras vezes, *objectivamente* grave [1773]. O pensamento jurídico (*maxime* estrangeiro) reflecte bem esses pólos do conflito, notando-se três grandes linhas de orientação [1774], ditadas,

---

[1772] Ver *supra*, pp. 418, 423 e 478-479, para um desiderato de tutela em que temos insistido ao longo desta dissertação.

[1773] Fora desse círculo protector figuram as hipóteses em que o lesante tenha previsto e contado com o acto do inimputável, podendo evitá-lo, o que não acontece, manifestamente, no caso do menor que trepa a um poste de alta tensão para ir tocar nos respectivos fios.

[1774] Reveste características específicas uma posição como a de ADRIANI (*op. cit.*, §7, pp. 30 e ss.), ao relevar a *exceptio doli* e uma apreciação casuística, que exemplifica com os casos da criança, que irritou um cão não perigoso e foi mordida e do doente mental, que se lançou à linha do caminho de ferro com intenção suicidária.

O tríplice pressuposto legal do concurso 531

no fundo, por uma diferente reflexão quanto ao *fundamento* dos preceitos análogos ao do nosso artigo 570.°.

Num primeiro quadrante, e por via directa ou analógica, é *defendida a imputabilidade* por autores que consideram a culpa do lesado como culpa técnica ou com características próximas (como sucede na concepção de *Obliegenheit* de REIMER SCHMIDT) e por juristas que outorgam todo o significado à expressão «culpa do lesado», não a assimilando a um puro facto material concorrente [1775] (é o caso de alguns pensadores nacionais, pese, como já sabemos, alguma inconclusão). Num segundo círculo, com ampla aderência em sectores doutrinários e jurisprudenciais italianos e franceses, inscreve-se um pensamento valorador da *contribuição causal* e de uma visão *abstracta* da culpa do lesado, traduzida numa «conduta objectivamente contrastante com normas positivas e de normal prudência» [1776]. Há ainda uma subconcepção de feição mista, defendida mesmo *de lege ferenda*, e sustentada, basicamente, por alguns adeptos do primeiro quadrante orientador, no propósito de evitar soluções excessivas ou menos justas. Trata-se, aí, de recorrer à aplicação analógica de normas idênticas à do artigo 489.°, transpondo para este plano, numa metodologia «simétrica», o «remédio» *equitativo* que é apanágio da «responsabilidade» dos inimputáveis lesantes. Independentemente da questão do mérito ou demérito dessa metodologia, a preocupação de procura das soluções mais razoáveis revela, quanto a nós, o significado autónomo e o tratamento específico que devem nortear a problemática aqui discutida.

Antes de confrontarmos os argumentos aduzidos por cada uma das orientações referidas, e porque tal nos é «sugerido» pela concepção que crismámos de mista, cremos importante, como elemento a introduzir no debate, uma tomada de posição prévia sobre o modo como o nosso legislador encarou a situação jurídica «responsabilizante» dos inimputáveis.

Chamado a solucionar o conflito entre a tutela das pessoas privadas de entendimento e de liberdade de determinação e das pessoas lesadas com a acção desses inimputáveis, o legislador nacional partiu

---

[1775] O raciocínio é simples: concorrendo um facto culposo com uma «acção» não culposa, o maior «peso» do primeiro conduz à desvalorização da segunda, considerada, assim, como circunstância fortuita irrelevante.

[1776] Cfr. o relatório da decisão do Pleno da *Corte di Cassazione*, de 17 de Fevereiro de 1964, in GI, I, 1964, col. 684 e ss. (tratou-se do atropelamento nocturno de um menor de 6 anos por um camião) e CENDON/VENCHIARUTTI, *op. cit.*, artigo 1227.°, n.° 6, p. 199.

532 A conduta do lesado

da distinção entre a zona da *inimputabilidade presumida* (marcada pelo egocentrismo dos menores de sete anos, pela ausência de lucidez dos interditos por anomalia psíquica e pela existência teórica de uma obrigação de vigilância) ou *provada* e a zona da *imputabilidade*, potencialmente abrangente dos actos dos chamados «grandes menores» e situada numa bitola etária abaixo da da responsabilidade penal. Começando por declarar irresponsáveis os inimputáveis, o legislador chamou para o primeiro plano a responsabilização *directa* e *subjectiva* dos vigilantes, mas admitiu no artigo 489.°, a título *subsidiário* e numa linha «naturalista», que entronca no Código da Prússia e deixou marcas nos §§1310 do ABGB e 829 do BGB [1777] e nos artigos 54.°,1 do Código suíço e 2047.°,2 do *Codice Civile* [1778], a oneração dos inimputáveis com

---

[1777] É o chamado «*Millionärsparagraph*» de que fala KÖTZ, *op. cit.*, n.° 325, p. 129. Nos trabalhos preparatórios do BGB (§752 do segundo Projecto de 1896) pretendeu-se, aliás, formular um princípio mais amplo, aplicável aos casos de responsabilidade sem culpa (para a defesa *dessa* extensão do §829, ver ENNECCERUS/ /NIPPERDEY, *Lehrbuch...*, *cit.*, §214, p. 1329).

[1778] No direito espanhol, DIEZ-PICAZO/GULLÓN, *op. cit.*, p. 625, aplicam analogicamente certas normas do Código Penal relativas à responsabilidade civil dos menores de 16 anos (em sentido crítico ver, contudo, ALBALADEJO, *op. cit.*, pp. 544-545). É de referir que, nos textos romanos (ULPIANUS, *Digesto* IX,2,5,2), o *infans* (menor de 7 anos) e o *furiosus* eram considerados irresponsáveis, sendo o seu acto equiparado ao acontecimento fortuito ou *casus* (ver MOMIGLIANO, *Il risarcimento del danno extracontrattuale cagionato da persona priva di discernimento*, in RDC 1937, pp. 200 e ss. e F. WAREMBOURG-AUQUE, RTDC 1982, *cit.*, pp. 329-330). Esse princípio romanista, que conhecia um certo desvio relativamente ao possível discernimento do *pubertati proximus* e do impúbere, foi acolhido pela doutrina e jurisprudência francesses, por influência de POTHIER (apesar da oposição de juristas como SALEILLES e PLANIOL, segundo nos dá notícia GUILHERME MOREIRA, *Estudo...*, *cit.*, RLJ, ano 39.°, pp.4-5), foi divulgado entre nós por CORRÊA TELLES (*Digesto Portuguez*, *cit.*, n.°s 471--474, pp. 77-78) e COELHO DA ROCHA (*op. cit.*, §134, p. 91), tendo tido uma consagração legislativa particularmente rígida no artigo 113.° do Código Penal de 1852. Diversamente, o nosso Código Civil oitocentista seguiu uma via «naturalista», podendo afirmar-se que, pelo menos quanto aos «desassisados», o regime prescrito não se afastava muito do consagrado no actual Código. Esta aproximação é, aliás, potenciada, se pensarmos que GUILHERME MOREIRA, *Estudo...*, *cit.*, RLJ, ano 38.°, p. 17, CUNHA GONÇALVES, *Tratado...*, XII, *cit.*, pp. 471 e ss. e VAZ SERRA, *Culpa do devedor...*, BMJ n.° 68, *cit.*, pp. 109-110, n.(66), propendiam para a aplicação aos menores do preceituado no artigo 2378.°. Como já vimos (*supra*, n.684), o autor das *Instituições do Direito Civil Português*, no artigo 2.° do seu Projecto de Lei (RLJ, ano 39.°, p. 610), cominava uma obrigação de indemnização, fixada *equitativamente*, a cargo dos menores, surdos-mudos, alienados e pessoas «acidentalmente privadas do uso da razão» (ver igualmente as pp. 17-19 e 33-36).

O tríplice pressuposto legal do concurso

uma indemnização maior ou menor. A aplicação desta «sanção», que o direito dos países da «*common law*» não deixou de potenciar, relativamente à *insanity*, e que surge como uma espécie de corpo estranho ao critério subjectivo de responsabilidade, é duplamente condicionada pela *equidade* e está dependente, segundo o entendimento tradicional, da comprovação da «reprovabilidade» do ilícito cometido[1779]. O relevo do que HÖCHFTER[1780] já entendia como aferido pela «conduta que teria tido um homem normal, imputável», e que fazia tábua rasa da filosofia kantiana, foi, entre nós, posto em causa por CABRAL DE MONCADA[1781], ao considerar essa aferição como uma «ficção» e um «ilogismo», e por VAZ SERRA[1782], ao insurgir-se contra a ponderação abstracta de uma conduta não discernida. E se MOMIGLIANO[1783] não deixou de tecer comentários excessivos à estreiteza do critério, advogando a sua aplicação geral, ao lado do critério da culpa, em atenção ao risco criado pela vivência social dos inimputáveis, a posição tradicional em que se coloca ANTUNES VARELA, e que corresponde ao pensamento de JAIME GOUVEIA[1784] e PEREIRA COELHO[1785], continua a merecer reservas por parte dos «objectivistas»[1786] ou daqueles[1787] que, pura simplesmente, e

---

[1779] Ver ANTUNES VARELA, *op. cit.*, pp. 574-575 e o BFDUC, XLVIII, *cit.*, p. 87, n.(1) e LARENZ, *Lehrbuch...*, II, *cit.*, §71 II, p. 598.

[1780] *Grenze der Haftung Unzurechnungsfähiger* (§829 BGB), AcP 104 (1909), p. 434.

[1781] *Op. cit. (supra,* n.693), pp. 472-473, n.(1). A circunstância de não prescindir da *culpa psicológica* levou CABRAL DE MONCADA a uma explicação *objectivista* dos artigos 2377.°-2379.°, baseada na equidade ou numa ideia de compensação entre os riscos e os benefícios (cfr. as pp. 471 e 474-475, n.(3)).

[1782] BMJ n.° 68, *cit.*, pp. 106-107 e 158, n.(a).

[1783] RDC *cit.*, pp. 244 e ss.. O jurista italiano parte do exemplo do dano causado pela queda de uma pessoa que perca a consciência, identificando-o com o caso do prejuízo provocado pela telha do telhado da casa de uma *pessoa rica,* e que a ventania levou.

[1784] *Op. cit.*, pp. 37-38.

[1785] *O problema da causa virtual...*, *cit.*, pp. 295-296, n.(76).

[1786] Para a rejeição da responsabilidade subjectiva especial, defendida, entre nós, por RIBEIRO DE FARIA, *op. cit.*, I, p. 454 (apesar da reserva manifestada no seu *Algumas notas sobre o finalismo...*, *cit.*, pp. 221-222) e, ao que cremos, por RUI DE ALARCÃO, *op. cit.*, p. 250, na Alemanha, por ex., por DEUTSCH, in Festschrift für HÖNIG, *cit.*, p. 47, *Zurechnungsfähigkeit und Verschulden*, in JZ 1964, p. 89 e, na Itália, entre outros, por RESCIGNO, ED XXIX, *cit.*, p. 157 e DEVOTO, *op. cit.*, pp. 12 e 43 e ss., ver as concepções «objectivistas» de VAZ SERRA, BMJ n.° 68, *cit.*, pp. 89 e ss. e BMJ n.° 90, p. 288, de ALMEIDA COSTA, *op. cit.*, p. 487, n.(1) (conquanto não renuncie à possível ilicitude do acto do inimputável), de PESSOA JORGE, *Ensaio...*, *cit.*, p. 333 e

porventura com maior realismo, assinalam a natureza *especial* da «responsabilidade» em causa e a sua inequívoca referência à equidade.

Não podendo aceitar-se uma tese, como a de BARBERO, negadora de um facto humano no acto dos inimputáveis, quando o que está em causa é a ausência de um elemento intelectual ou volitivo, parece indesmentível, por outro lado, que o legislador valorou o duplo aspecto da sua inserção social e da atribuição do dano ao sujeito economicamente mais forte. Mesmo que se fale em responsabilidade, sobretudo para quem defenda que o comportamento do inimputável deve revelar matizes que responsabilizariam, nas mesmas circunstâncias, um imputável, não se duvida que a norma reparadora do artigo 489.º possui natureza *especial*, tratando-se de um remédio (uma espécie de segunda garantia [1788]) destinado a *favorecer os lesados*, e a comprimir, assim, a esfera do *casum sentit dominus*. E se julgamos que o legislador pretendeu encontrar uma solução *equilibrada*, também nos parece que os autores que exigem a prática de um ilícito e a comprovação de uma «culpa abstracta» não deixarão, no fundo, de questionar o princípio-regra da subsidiariedade e o apelo à equidade, o que, aliás, revelará o desejo de se *normalizar* o regime indemnizatório resultante dos actos danosos dos inimputáveis [1789]. Esta *normalização*, que, na perspectiva dos interesses do lesado, passa por uma aplicação mais protectora do preceituado nos artigos 491.º e 489.º, poderá ser conseguida, hoje, desde que se incentive o recurso à celebração de um seguro de responsabilidade [1790] ou não se ignore a possível existência de um seguro obrigatório (com importância

---

Lições..., cit., p. 641 (pese a articulação que faz entre o *risco* e a «suposição» da «omissão de um dever») e de MENEZES CORDEIRO, *Direito das Obrigações*, II, *cit.*, p. 392. Para a questão da existência ou não de ilicitude, ver também CIAN, *op. cit.*, pp. 335 e ss., DE CUPIS, *op. cit.*, I, pp. 16 e ss. e 32-33 e LARENZ/CANARIS, *op. cit.*, §75 I, p. 354 e §84 VII, p. 653 (aproximando o §829 do BGB da *Gefährdungshaftung*).

[1787] Parece ser o caso de CASTRO MENDES, *Teoria Geral...*, II, *cit.*, pp. 335-336, quando considera sem valor a *ilicitude objectiva*.

[1788] Para a maior garantia dada por normas idênticas às do artigo 491.º, no pressuposto de um seguro obrigatório e em atenção às dificuldades hodiernas de cumprir o dever de vigilância, ver PATTI, RDCDO 1984, *cit.*, p. 32 e *supra*, n.1557.

[1789] Sobre o ponto, ver C. SALVI, *La responsabilità civile dell'infermo di mente*, in *Un altro diritto per il malato di mente (Esperienze e soggetti della trasformazione)*, Napoli, 1988, pp. 821 e ss. e a valoração que faz do «efeito terapêutico» conexionado ao regime do artigo 2047.º,2 do *Codice*.

[1790] Para o relevo da sua existência, no quadrante da aplicação do §829 do BGB, ver KÖTZ, *op. cit.*, n.º 328, pp. 130-131, DEUTSCH, *Unerlaubte Handlungen..., cit.*, §11, p. 76 e LARENZ/CANARIS, *op. cit.*, §84 VII, p. 652.

no quadro da aplicação do artigo 503.°,2). Numa época em que se assiste a uma quebra da autoridade paternal, se modificam os problemas entre pais e filhos, se constata a independência mais precoce dos jovens, «atirados» para a rua, participando em brincadeiras perigosas e utilizando veículos potencialmente danosos, as vantagens do mecanismo colectivo de reparação não deixam de transpor para o artigo 489.° as mesmas interrogações que vimos colocar-se em relação à norma do artigo 494.°.

E o que nos «mostra», agora, o direito comparado, relativamente à assinalada necessidade de uma melhor tutela dos lesados?

Em França, e como já vimos[1791], essa aludida *normalização* fez--se, para os deficientes mentais, a partir de 1968, com a «pequena revolução jurídica»[1792] que foi a introdução no *Code* do artigo 489.°-2, e, para os menores, por via jurisprudencial, com determinados *arrêts* de 1984, da Assembleia Plenária da *Cour de Cassation*[1793], defensores da relevância da produção causal directa do dano e da secundarização da perspectiva do acto objectivamente ilícito ou da *faute* objectiva. Sabe-se, contudo, que a inovação «crua» daquele preceito suscitou posições críticas no seio da doutrina francesa[1794], ao ver nessa solução maxi-

---

[1791] *Supra*, n.1557.

[1792] N. GOMAA, RTDC 1971, *cit.*, p. 42. A propósito da norma do artigo 489.°-2, ver ZENO-ZENCOVICH, *La colpa oggettiva del malato di mente*, in *Un altro diritto...*, *cit.*, pp. 854 e ss. (sobre o dilema americano em tutelar a *insanity* sem descurar o problema da inserção social), PATTI, *Ancora sul favor del diritto civile per gli incapaci (e su una innovazione, di segno opposto, dell'ordinamento francese)*, RDC II, 1983, p. 646 (assinalando o desequilíbrio da solução) e A. VENCHIARUTTI, *La responsabilità civile degli infermi di mente in Francia*, in *Un altro diritto...*, *cit.*, pp. 863 e ss..

[1793] Referimo-nos ao *arrêt Fullenwarth* (ver *supra*, n.1557), a uma decisão de 14 de Novembro do mesmo ano, relativa ao incêndio de uma pilha de feno por acto de um menor de 11 anos (cfr. HUET, RTDC 1986, p. 119) e ao arrêt *Gabillet*, ainda de 9 de Maio, numa espécie em que uma criança de 3 anos atingiu com um pau a vista de um companheiro de brincadeira (cfr. STARCK/ROLAND/BOYER, *op. cit.*, n.° 498, p. 261).

[1794] Ver, entre outros, N. GOMAA, *est. cit.*, pp. 37 e ss. e 57, YVONNE LAMBERT--FAIVRE, *op. cit.*, n.ᵒˢ 339 e 344, pp. 283 e ss. e RTDC 86(1), 1987, *cit.*, p. 3 (falando sugestivamente de uma responsabilidade civil «desenraízada», «sem cérebro»), PH. LE TOURNEAU, RTDC, *cit.*, p. 510 (em nome da *sua* «culpa moral»), STARCK/ROLAND/ /BOYER, *op. cit.*, n.° 52, pp. 36-37, e n.ᵒˢ 75 e ss., pp. 45-46 e VINEY, RTDC 1970, *cit.*, p. 260. Mais concretamente, para as reservas colocadas ao «passo em frente» da *Cour de Cassation*, ver DEJEAN DE LA BÂTIE, JCP 1984 II (*Jurisp.*), 20255 e H. e L. MAZEAUD/J. MAZEAUD/CHABAS, *op. cit.*, n.° 494, p. 526 e, para a sua defesa, H. MAZEAUD, *La «faute objective» et la responsabilité sans faute*, D.1985, *chron.*, p. 14, ao entender que a Assembleia Plenária não se terá afastado do «rumo» da valoração de uma *«faute objective»*.

536 *A conduta do lesado*

malista concessões manifestas à objectivação da culpa e os perigos – que se revelaram reais – da sua possível extensão, bem como, no tocante aos menores de dezoito anos, da objectivação da sua responsabilidade e da maior oneração da responsabilidade paternal.

Apesar de ter fixado uma solução excessiva, desde que não articulada com mecanismos colectivos de reparação, o teor do artigo 489.°-2 do *Code Civil* «seduziu»certa doutrina italiana[1795], tanto mais que a reforma de 1978, referente ao regime «aberto» de tratamento dos deficientes mentais, veio inseri-los socialmente e provocar uma tomada de posição médica e jurídica defensora da sua responsabilização[1796] e contestatária do requisito tradicional da imputabilidade[1797].

Mais realisticamente, no tocante aos actos lesivos dos menores, o novo Código Civil holandês[1798], potenciando as virtualidades do mecanismo do seguro, enquanto justificação para a responsabilidade dos deficientes[1799], declarou irresponsáveis os menores de catorze anos, fazendo responder os pais, independentemente de culpa. E não deixa de ser este o caminho trilhado na Alemanha por autores, como VON HIPPEL, KÖTZ[1800], KUHLEN[1801], e SCHEFFEN[1802], quer quando defendem a abolição da presunção de culpa que incide sobre os pais[1803], quer quando propõem, em consonância com esse dado e numa óptica que não

---

[1795] Pensamos, por ex., em SALVI, *est. cit.*, (*supra*, n.1789), pp. 823-824, e em ZENO-ZENCOVICH, *est. cit.* (*supra*, n.1792), pp. 858-860, ao defenderem, em articulação com o seguro, a adopção de uma norma idêntica à francesa e ao pugnarem por uma aplicação mais *aberta* do artigo 1227.° do *Codice*. Ver também CATTANEO, *La responsabilità civile dello psichiatra e dei servizi psichiatrici*, in Qua 1986, n.° 2, pp. 253 e ss..

[1796] Para os reflexos, no direito da responsabilidade, da equiparação crescente entre o deficiente e a pessoa normal e para a importância do seguro feito pelas instituições que tratam os doentes mentais, ver CENDON, *Profili dell'infermità di mente nel diritto privato*, in *Un altro diritto...*, *cit.*, pp. 66 e ss..

[1797] Daí o quesito de VISINTINI: *La nozione di incapacità serve ancora?* in *Un altro diritto...*, *cit.*, p. 94.

[1798] Ver os artigos 6:154 e 6:169.

[1799] Cfr. VRANKEN, AcP 1991, *cit.*, p. 419. No diploma holandês, a responsabilidade decorrente do artigo 6:165 pode ser atenuada com o recurso à norma (6:109) que desempenha no sistema a função do nosso artigo 494.°.

[1800] *Op. cit.*, n.° 316, p. 126 e n.° 332, p. 133.

[1801] *Strafrechtliche Grenzen der zivilrechtlichen Deliktshaftung Minderjähriger?* in JZ 1990, pp. 273 e ss., *maxime* p. 276.

[1802] *Est. cit.* (*supra*, n.894).

[1803] VON HIPPEL (*apud* KÖTZ, *op. cit.*, n.° 332, p. 133) defende a extensão analógica do regime de responsabilidade objectiva dos detentores de veículos em ligação com a obrigatoriedade do seguro.

O tríplice pressuposto legal do concurso   537

prescinde da tutela dos próprios menores, o começo da imputabilidade para uma idade não inferior aos dez anos, ou que pode situar-se mesmo nos doze ou nos catorze. No sistema alemão, como é sabido, a tutela excessiva do lesado cria uma distorsão entre o possível «nada», resultante da aplicação do §829 do BGB e o possível «tudo» a que pode ficar sujeito o menor imputável, dada a ausência de uma norma idêntica à do artigo 494.°. E é por isso que vemos KUHLEN, no seu estudo acerca do relacionamento entre a imputabilidade penal e civil, partir de uma nova compreensão social das crianças e dos jovens, desmistificando o «pequeno adulto» de sete anos, que sabe ler e escrever, e propor, em alternativa à vaguidade de uma norma equitativa, a aproximação dos mínimos etários de começo das duas imputabilidades[1804].

Também entre nós, o equilíbrio das soluções, transmitido pelo preceituado nos artigos 489.° e 494.° e que se estende à chamada inimputabilidade esporádica, pode ceder face à existência de seguro e não deve prevalecer sobre as vantagens, que resultariam para os lesados, da *objectivação – socialização* da responsabilidade cominada no artigo 491.° (*maxime* para os vigilantes paternos), com a dupla consequência da diluição do tratamento diferenciado dos vigilantes do lesante e do lesado e de o limite etário da presunção de inimputabilidade poder vir a alargar-se, num necessário desejo de harmonia legislativa[1805]. *De lege ferenda*, não nos repugnaria mesmo a adopção de um quadro de soluções idêntico ao consagrado no novo Código Civil holandês, porventura com uma diminuição da faixa etária da irresponsabilidade nele consignada[1806].

[1804] Como se sabe, no direito da responsabilidade do Código de Seabra estava explicitada, quanto aos menores, uma parificação com os limites etários do artigo 48.° do Código Penal (irresponsabilidade até aos 10 anos e entre os 10 e os 14, no caso de falta de discernimento).

[1805] Como informa DIALINAS, *op. cit.*, p. 154, o artigo 916.° do Código Civil grego situa o começo da imputabilidade nos 10 anos. Já o ABGB, no seu §153, só considera imputáveis os menores a partir dos seus 14 anos (cfr. KOZIOL/WELSER, *op. cit.*, pp. 60 e 450).

[1806] É de acrescentar que, segundo o diploma, pode haver responsabilidade conjunta dos pais e dos menores que tenham 14 ou 15 anos (mas com possibilidade de os pais afastarem a sua responsabilidade) e que só a partir dos 16 anos aqueles respondem plenamente.

Nos Estados Unidos, segundo F. PARISI (*est. cit.*, pp. 588-589), a jurisprudência adopta, em geral, uma divisão etária tripartida: até aos 6 anos (faixa dotada com uma presunção absoluta de inimputabilidade), dos 7 aos 14 (fase de presunção relativa de inimputabilidade) e dos 15 aos 21 anos (jovens susceptíveis de imputação subjec-

538   *A conduta do lesado*

Conclui-se, assim. e de qualquer modo, que há uma tendência para uma melhor tutela dos lesados, «vítimas» de actos de inimputáveis, não necessariamente ligada à responsabilização de todo e qualquer inimputável, e que o conjunto (mais conservador) de disposições do nosso Código não afasta o desejo daquele escopo prioritário, nem a sua potenciação, relevado que seja o mecanismo do seguro.

57. A concepção clássica defensora do requisito da imputabilidade do lesado conculpado

Para quem veja a culpa do lesado como culpa técnica ou a integre no quadrante da *Obliegenheit*, a aplicação dos critérios de partilha idênticos aos do artigo 570.°,1 não poderá fazer-se relativamente aos lesados cuja contribuição para o dano não assente numa conduta consciente, com percepção do perigo e da possibilidade de evitar o dano. Esta exigência surge fundada num princípio de *tratamento igualitário* das culpas do lesante e do lesado, como em ENNECCERUS/LEHMANN [1807] ou DEUTSCH [1808], não lhe sendo igualmente alheia a ausência de *um sentimento de censura (reproche)* ou de reprovação no acto autolesivo do inimputável [1809] e, sobretudo, uma *tónica proteccionista* que reflecte a transposição do argumento da sua própria tutela, enquanto autor de danos causados a terceiros. Esta ultima ideia é, por ex., sufragada por KÖTZ [1810], quando, em crítica a ESSER/SCHMIDT, invoca o «princípio da tutela da menoridade», a incapacidade de autoprotecção e a ineficácia preventiva do §254 como razões justificativas da maior oneração do lesante. A deslocação do dano para o lesante culpado conexiona-se

---

tiva). Ver igualmente M. BUSSANI, *La colpa soggettiva – Modelli di valutazione della condotta nella responsabilità extracontrattuale*, Padova, 1991, pp. 173-176.

[1807] *Op. cit.*, §16, n.°3 a), pp. 77-78.

[1808] *Haftungsrecht, cit.*, §20, p. 320 (invocando, concomitantemente, a aplicação analógica do regime da «*actio libera in causa*») e *Unerlaubte Handlungen...*, *cit.*, §§11, pp. 72-73, 12, pp. 76-77 e 13, p. 88. Cfr. ainda PRISCO, *op. cit.*, p. 375, OFTINGER, *op. cit.*, p. 165, DESCHENAUX/TERCIER, *op. cit.*, p. 87, KOZIOL, *op. cit.*, p. 239 (ver, contudo, KOZIOL/WELSER, *op. cit.*, p. 457, para a aplicação analógica do § 1310), e SOTO NIETO, RDP 1968, *cit.*, p. 413.

[1809] Assim, VON TUHR, *op. cit.*, §89, p. 495.

[1810] *Op. cit.*, n.° 559, p. 215 e n.° 319, pp. 127-128. No mesmo sentido, ver KUPISCH/KRÜGER, *op. cit.*, §9, p. 79.

O tríplice pressuposto legal do concurso   539

ainda, e ao que cremos, com o princípio, já enunciado [1811], da *quebra da confiança* em esperar-se uma conduta «normal» por parte das pessoas sem capacidade de discernimento e de autocontrolo[1812]. Será esta a orientação que se colhe nos nossos textos legais e no tratamento doutrinário da questão?

Já salientámos a falta de harmonia do nosso sistema, quando se confronta a interpretação dominante do artigo 505.° (na parte relativa à imputação do acidente-dano ao lesado) e a prática jurisprudencial com o quadrante mais protector resultante da leitura dos artigos 570.° e 571.°. Efectivamente, se, naquele primeiro domínio, a responsabilidade é *excluída* desde que o inimputável tenha dado causa ao acidente, desvalorizando-se por inteiro a *ratio* subjacente ao risco automóvel [1813], já no último sector, e pese certa jurisprudência «unificadora» [1814], a mesma conduta *não gera consequências desfavoráveis* para o lesado, a não ser pela via mediata da culpa de algum vigilante.

[1811] Ver *supra*, n.° 48.

[1812] É previsível (subjectiva e objectivamente) o auto danoso e autodanoso de um demente, a quem seja entregue uma arma carregada, ou de crianças, a quem sejam vendidos fósforos ou explosivos ou que costumam brincar nas proximidades de uma zona de desaterro mal vedada ou de um local onde caiu um fio de alta tensão. Para considerações interessantes sobre a avaliação da culpa do vendedor (num caso de venda de fósforos a um menor), ver T. RAUSCHER, JuS 1985, *cit.*, (*supra*, n.1027) e a decisão do OLG Stuttgart de 8 de Junho de 1983, in NJW 1984, p. 182. RAUSCHER, *cit.*, pp. 762-763, em anot. à sentença do BGH de 28 de Fevereiro de 1984 (in NJW 1984, p. 1958), não deixa de aplicar ao lesado (no caso, vítima de um incêndio, num celeiro mal fechado, provocado por duas crianças de 10 anos) esse princípio da «desconfiança», perante dados indiciadores da futura eclosão danosa (conhecimento da presença das crianças, das suas brincadeiras, etc.).

[1813] Ver *supra*, n.° 24, para as reservas formuladas a essa desvalorização, tendo em conta a propensão dos inimputáveis em não evitar o perigo e a justiça inerente à solução de os próprios criadores do risco suportarem os seus efeitos prejudiciais (*maxime* no tocante aos danos nas crianças).

É de salientar que, na fase de vigência do artigo 56.°,1 do Código da Estrada, vemos, por ex., o Parecer n.° 16/63, *cit.* (*supra*, n.80) a argumentar com uma discutível leitura «sancionatória» dos artigos 2377.°-2379.° do Código de Seabra, mas também vimos GOMES LEÃO (*supra*, n.835) proceder a um enfoque mais favorável aos lesados inimputáveis.

[1814] É o caso paradigmático dos acórdãos da RL de 28 de Fevereiro de 1975, sum. no BMJ n.° 244, p. 306, e da RE de 9 de Dezembro de 1981, sum. no BMJ n.° 314, p. 382, ao interpretarem a expressão «culpa do lesado» num sentido causalista (no sentido de uma imputação objectiva), isto é, idêntico ao da fórmula «imputável ao lesado», empregue no artigo 505.°.

Esta última orientação é a que se colhe, não tanto de uma letra da lei inconclusiva, (o «facto culposo do lesado» não poderá ter a ver com uma «culpa objectiva»?), mas da coerência ordenativa das normas (*prima facie,* o regime do artigo 571.° propicia uma interpretação do artigo 570.°,1 favorável ao «tudo» indemnizatório), da lógica do próprio sistema de responsabilidade, assente na primazia da culpa (efectiva ou presumida) e da pretensão de se construir um critério paralelo ao do lesante. Curiosamente, numa altura em que na Alemanha se pensava aplicar o §254 aos inimputáveis e, em França, surgia a inovação do artigo 489.°-2 do *Code Civil,* o nosso legislador de 1966 chamou para primeiro plano a responsabilidade dos representantes legais (e dos vigilantes)[1815], acolhendo implicitamente, no texto do artigo 570.°,1, a exigência da imputabilidade, tendo até em conta a ausência da tradição de acolhimento de uma culpa «despida» desse requisito. Indo um pouco mais longe, cremos ser possível afirmar que a *necessidade* do elemento subjectivo se prende com a forma «fechada» como foi construído o conceito de «culpa» do lesado, retirando-se, inequivocamente, essa conclusão do teor dos trabalhos preparatórios, face ao tratamento igualitário pretendido por VAZ SERRA para as duas culpas[1816] e que também passava, sem contestação, pela aplicação, ao lesado inimputável, da filosofia correspondente ao actual artigo 489.°.

Anteriormente a esse posicionamento notou-se na doutrina uma certa divisão, pois enquanto ÁLVARES DE MOURA[1817], seguindo a lição de DEMOGUE, exigia que o lesado tivesse consciência do seu acto, já a «leitura» responsabilizante dos artigos 2377.° a 2379.° do Código de Seabra e a sua projecção na norma do artigo 140.°, §4 do terceiro Código da Estrada, levou CUNHA GONÇALVES[1818] a transpor essa interpretação para a esfera do «facto do incapaz... vítima da sua imprudência». Mesmo PEREIRA COELHO, embora tivesse começado por emitir reservas à «culpa» dos inimputáveis e formular um sentido estrito de

---

[1815] A principal dúvida que é colocada pelo teor do artigo 571.° é, precisamente, a do seu âmbito de aplicação, dado só se compreender a «equiparação», e em rigor, no âmbito correspondente ao do artigo 800.°.

[1816] É elucidativa a passagem das pp. 153-154 do BMJ n.° 86, *cit.,* bem como a proposta legislativa prevista no artigo 5.°,1 do seu Anteprojecto parcelar («*Para que seja culposo... devem verificar-se... os requisitos, de que depende a culpa pròpriamente dita*»).

[1817] *Est. cit.,* in JP, ano 2.°, p. 115.

[1818] *Tratado...* XII, *cit.,* p. 597.

culpa do lesado[1819], ao proceder à extensão do critério da «culpa objectiva», mediante uma argumentação analógica retirada do regime dos artigos 2377.° a 2379.° do Código antigo, acabou por objectivar aquela *culpa* (do lesado) integrando nela as condutas do menor e do demente[1820].

No domínio do Código actual, é possível vislumbrar uma tendência mais favorável à concepção sustentada por VAZ SERRA, embora tenhamos certas dúvidas acerca de qual seja a verdadeira posição de alguns autores.

Se RIBEIRO DE FARIA[1821] se pronuncia explicitamente pela exigência da imputabilidade, e CALVÃO DA SILVA[1822] também o faz, embora numa esfera mais limitada, já a ausência de uma abordagem da questão no seu *Das Obrigações em Geral*, não nos permite saber, em definitivo, qual seja a posição actual de ANTUNES VARELA. Embora pareça sustentável admitir, em coerência com a forma como o ilustre jurista conceitualiza a culpa do lesado,uma exigência *implícita* da imputabilidade[1823], não nos podemos esquecer que ANTUNES VARELA já defendeu a aplicação do artigo 570.° à concorrência da culpa com um «facto» atribuível ao lesado inimputável»[1824] e que, num outro local[1825], num pensamento menos categórico, acolheu, para este círculo, a ideia de «culpa objectiva», no pressuposto de uma conduta do inimputável desviada daquele «... mínimo de diligência, prudência ou destreza exigível do comum das pessoas».

[1819] Cfr. o seu *O nexo de causalidade...*, *cit.*, p. 150.

[1820] Cfr. *supra*, n.[tas] 327 e 840 e *O problema da causa virtual...*, *cit.*, pp. 295--296, n.(76).

[1821] *Op. cit.* I, p. 524.

[1822] *Responsabilidade civil...*, *cit.*, pp. 732-733.

[1823] Da forma como é construído o exemplo, referido no *Código Civil Anotado*, I, *cit.*, p. 588 (artigo 571.°), do pai que deixou «... imprudentemente, um menor num local de grande circulação de automóveis...», parece poder retirar-se mais um argumento a favor dessa tese.

[1824] Ver a RLJ, ano 101.°, *cit.*, pp. 218, n.(2) e 254, n.(4) e *supra*, pp. 124 e 269--270, n.862. No último lugar citado, e embora num enquadramento atinente ao âmbito do «risco automóvel», ANTUNES VARELA não retira do regime do artigo 489.° um argumento favorável à tutela do lesado inimputável, fazendo recair nos «encarregados da vigilância» a «necessidade social de proteger as pessoas incapazes...».

[1825] RLJ, ano 102.°, *cit.*, p. 61, n.(2). ANTUNES VARELA não considera prejudicial à questão, que versa sumariamente, a defesa de um fundamento «subjectivo» para o critério do artigo 570.°,1, assente na «reprovabilidade ou censurabilidade da conduta...».

542 *A conduta do lesado*

Idênticas dificuldades para chegarmos a um resultado conclusivo se nos deparam quando avaliamos o pensamento de ALMEIDA COSTA e de GALVÃO TELLES, embora nos pareça que do conjunto das suas considerações deriva, igualmente, uma adesão *implícita* à exigência da imputabilidade do lesado [1826]. Na realidade, ALMEIDA COSTA [1827], começando por admitir a concorrência da culpa do condutor com um «facto do próprio lesado, culposo ou não», no capítulo dedicado à «culpa do lesado» [1828] não deixa de afirmar, por um lado, que o artigo 570.° afasta as condutas que «... não mereçam um juízo de reprovação ou censura», face à inexigibilidade de outro comportamento do lesado, e, por outro, exige «que o facto do prejudicado apresente as características que o tornariam responsável, caso o dano tivesse atingido um terceiro». Dado não haver qualquer referência ao artigo 489.° ou à eventual transposição da sua doutrina e dos seus pressupostos, não é possível vermos na última asserção de ALMEIDA COSTA a recepção do conceito de «culpa objectiva».

Se olharmos para sistemas próximos do nosso, como o italiano, essa exigência da voluntariedade e da consciência da conduta é feita por juristas [1829] que partem não só de uma argumentação literal mas de uma filosofia de tutela do inimputável, vendo o preceituado no artigo 2047.°,2 do *Codice* como solução especial, e que assinalam a necessidade de preservar a faceta preventiva da norma do artigo 1227.°. Esta orientação, doutrinariamente importante, surge vigorosamente sustentada por DE CUPIS [1830], ao apontar razões literais (adversas à rejeição do

---

[1826] Ver o que dizemos *supra*, n.1348, sobre GALVÃO TELLES.

[1827] *Op. cit.*, p. 536 e n.(1). Ver *supra*, pp. 124-126, 405 e as n.[tas] 637 e 862.

[1828] *Ibidem*, pp. 672-673.

[1829] Ver CATTANEO, RDC I, 1967, *cit.*, pp. 460, 473 e 509 e ss. e *Concorso di colpa..., cit.*, pp. 48-49, POGLIANI, *op. cit.*, pp. 80 e ss. e *Irrilevanza del concorso del fatto dell'incapace sulla diminuzione della responsabilità del debitore per fatto illecito*, in Temi, n.° 1, 1961, pp. 600 e ss., PUGLIATTI, ED IV, *cit.*, pp. 464 e ss., SCOGNAMIGLIO, *Responsabilità civile*, NDI XV, *cit.*, p. 653, TRIMARCHI, *Causalità e danno, cit.*, p. 131, A. MARCHIO, *Concorso di colpa del minore incapace...*, in GI I, 1, *cit.* (*supra*, n.1355), VISINTINI, *I fatti illeciti..., cit.*, p. 476 e M. BUSSANI, *op. cit.*, pp. 168-169.

[1830] *Op. cit.*, p. 253, FI 1958 I, *cit.* (*supra*, n.1184), col. 933-938 (em anot. crítica à decisão da *Corte di Cassazione* de 25 de Março de 1957, relativa ao caso, já por nós aludido *supra*, n.1587, da «pia de água benta»), *In tema di concorso del fatto colposo del danneggiato*, in FI, I, 1959, col. 967, *Ancora sulla riduzione del risarcimento per concorso del fatto del danneggiato incapace*, in FI, I, 1962, col. 1499 e ss. (anot. criticamente a sentença da *Corte di Cassazione* de 28 de Abril de 1962),

O tríplice pressuposto legal do concurso   543

elemento subjectivo da culpa), tradicionais (ligadas à figura da «compensação de culpas» e à «excepcionalidade daquela última norma do *Codice*), teleológicas (relacionadas com a injustiça de o lesante poder aproveitar-se de um mero *acto material* e com o desiderato da tutela da «imaturidade e inconsciência») e lógicas (atinentes à equiparação que faz, como concausas irrelevantes, do facto do inimputável e do caso fortuito), justificativas de um entendimento do *«concorso del fatto colposo»* contrário ao propugnado pela *Corte di Cassazione (maxime* a partir da década de 60, com o *leading case* de 1964) e pela jurisprudência dominante. A convicção do acerto da concepção tradicional levou mesmo o conhecido jurista a mover críticas incisivas a alguns dos adeptos da tese contrária, como GENTILE, TROVATELLI e ONDEI, mas motivou, naturalmente, a reacção daqueles que, como RUFFINI[1831], colocaram reservas à excepcionalidade da norma do artigo 1227.º e consideraram «tautológica» a equiparação do facto do inimputável ao caso fortuito (para dela ser «extraída» a irrelevância concausal daquela conduta), ou dos que, como BIANCA[1832], o criticaram por não ter sido coerente com a *sua* formulação da culpa do lesado.

Como já vimos no início deste número, o pensamento jurídico alemão acolhe a concepção que temos vindo a equacionar, sendo dominante, mesmo na prática judicial, a exigência de uma «imputabilidade» *(Zurechnungsfähigkeit)* delimitadora do âmbito (subjectivo) de aplicação do §254 do BGB. Para lá dos juristas já referidos, como DEUTSCH ou KÖTZ, a transposição dos §§ 827 e 828[1833] para a esfera da «autores-

---

Postilla sulla riduzione del risarcimento per concorso del fatto del danneggiato incapace, in RDC II, 1965, pp. 62 e ss. (a propósito da «argumentação débil» da célebre decisão do Pleno da *Corte di Cassazione* de 17 de Fevereiro de 1964) e *Problemi e tendenze....,* RDCDO I, 1970, *cit.,* p. 101.

A argumentação de DE CUPIS foi seguida pela *Corte di Cassazione,* na sua decisão de 3 de Junho de 1959, num caso de lesões sofridas por um menor de 8 anos, a quem foram vendidos explosivos contra a proibição legal. Numa sentença posterior, de 10 de Fevereiro de 1961, e relativa ao caso do abandono de uma granada, no decorrer de exercícios militares, parificou-se a um *caso fortuito* o acto não culposo de um menor (para as duas factualidades, ver BUSSANI, *op. cit.,* p. 169).

[1831] *Est. cit.,* RDCDO I, 1964, p. 59, n.(42) e *L'equiparazione «fatto dell'incapace-fortuito» come preteso fondamento dell'irrelevanza del comportamento concorrente dell'incapace danneggiato,* in RDCDO I, 1966, p. 131 e n.(3).

[1832] *Op. cit.,* p. 418.

[1833] Na zona do que PESSOA JORGE (*Lições..., cit.,* pp. 639-640 e *Ensaio..., cit.,* p. 332) chama da «semi-imputabilidade», e que no §828 II abarca apenas os surdos-mudos e a faixa dos menores que têm 7 anos (ou mais) e menos de 18 anos, será

544   *A conduta do lesado*

ponsabilidade» é feita por autores tão diversos, como BLOMEYER[1834], LARENZ[1835], KÖHLER[1836], GRUNSKY[1837], HENKE[1838] ou LANGE[1839]. Há que relevar o pensamento realista deste último, quer quando envereda pela «linha» proteccionista de KÖTZ, reflectida na alusão a uma «zona de tutela» intangível, atinente à conduta dos mais pequenos, quer quando coloca algumas dificuldades à concepção que defende, relacionadas com o princípio *casum sentit dominus* e com o regime de favor de que pode beneficiar a criança lesada, em detrimento da criança lesante[1840].

58. A doutrina objectivista e a sustentação do papel concorrente do facto do lesado inimputável

Na orientação que dialoga com a concepção subjectivista, a existência de uma conduta material, contributiva para o resultado danoso, ou a defesa de uma noção *abstracta* de culpa, desprovida do requisito da imputabilidade, são suficientes para fazer funcionar o critério de repartição do dano, projectado em normas do tipo da do artigo 570.°. Negando a identificação da culpa do lesado com a culpa responsabilizante e desvalorizando, em consonância, o elemento subjectivo da imputabilidade, os «objectivistas» não partem de uma ideia estrita de culpa ou de um pensamento sancionatório, preferindo retirar consequências lógicas do axioma *casum sentit dominus*. Tendo da culpa do lesado uma concepção «causalista», a valoração que é feita do resul-

---

decisiva, para o potencial lesado, a sua capacidade de discernimento, a consciência da perigosidade da ameaça danosa (cfr. LANGE, *op. cit.*, §10 VI 3, pp. 555-556, HENKE, JuS 1991, *cit.*, pp. 267-268 e os casos apresentados por KSOLL, *Schuldverhältnisse, Allgemeiner Teil, cit.*, pp. 100 e 128, do menor de 8 anos, lesado numa debulhadora e que não seguiu a proibição paterna, e do menor de 9 anos, que não obedeceu à ordem de descer de um carro publicitário, que difundia música e lançava balões, e foi atropelado por esse mesmo veículo.

[1834] *Op. cit.*, p. 182.
[1835] *Op. cit.*, §31 I, p. 541.
[1836] *Op. cit.*, p. 258.
[1837] In *Münchener Kommentar, cit.*, §254, n.° 21, p. 439. Ver, no mesmo sentido, outros comentadores, como ERMAN/KUCKUK, *op. cit.*, §254, n.° 25, p. 614 e PALANDT/HEINRICHS, *op. cit.*, §254, n.°13, p. 291.
[1838] JuS 1988, *cit.*, p. 755, n.(16) e 1991, *cit.*, p. 267.
[1839] *Op. cit.*, §10 VI, pp. 554-556.
[1840] Para os contornos do problema, ver KÖTZ, *op. cit.*, n.° 320, p. 128.

tado, e não do «seu» processo interno, surge na perspectiva de evitar a oneração do lesante com o peso de um dano não imputável apenas à sua culpa. Invocando ainda a recusa de uma equiparação entre a conduta humana do inimputável e o caso fortuito[1841], e chamando à colação aspectos colaterais relacionados com a preclusão de um enriqueci-mento sem causa, os partidários da solução «redutora» não deixam de ter uma leitura *responsabilizante*[1842] das normas idênticas à do artigo 489.° ou de fazer convergir em favor da sua tese a *ratio* (parcialmente subjacente a essas normas) da tutela do inimputável: se não responde directamente perante terceiros, deve «responder» perante si mesmo .... Sendo certo que a prevalência da conjugação concausal implica uma menor tutela do lesado inimputável, dado não recair sobre o potencial lesante a «garantia» dos riscos inerentes à ausência de capacidade intelectual e volitiva, os «objectivistas» não deixam de justificar a sua opção como sequela do *risco social* inerente à inserção comunitária dos inimputáveis. Os corolários mais evidentes desta tese «expansiva» radicam na menor necessidade de se *corrigirem* excessos, atendendo a que a própria orientação em causa os procura eliminar, na diluição da outra «válvula de segurança», relevada pela concepção clássica, atinente à possível valoração da culpa dos representantes legais (e dos vigilantes) do inimputável e na «objectivação» do factor «gravidade das culpas», identificado, pura e simplesmente, com uma maior ou menor negligência.

Para lá de PEREIRA COELHO, e como resulta de considerações já expendidas[1843], nota-se em MENEZES CORDEIRO e em PESSOA JORGE um posicionamento favorável à orientação agora equacionada – se bem que com uma fundamentação diversa – mostrando-se o pensamento de DARIO DE ALMEIDA[1844] com um escopo similar, ao transpor, para a conduta do inimputável, o princípio do artigo 489.° e ao interpretar a

---

[1841] Tratando-se de um argumento invocado contra aqueles que, como DE CUPIS, consideraram irrelevante a concausa natural e humana não culposa, há que dizer que a equação positiva do caso fortuito concorrente (ver *supra,* n.° 18) favorece, por maioria de razão, a solução de tutela do lesante (como acontece em PESSOA JORGE).

[1842] O argumento apresenta a sua máxima força no sistema positivo francês, face ao regime do artigo 489.°-2 do *Code Civil* (cfr. J. FLOUR/J.-L. AUBERT, *op. cit.,* n.° 177, p. 173). Ver igualmente RUSCONI, *est. cit. (supra,* n.642), p. 353.

[1843] Ver *supra,* pp. 71, n. 169, 74, n. 182, 102, 128, n. 358, 185, 201-202, 395 e 403.

[1844] *Op. cit.,* p. 147.

546   *A conduta do lesado*

expressão «facto culposo» com um sentido *abstracto*[1845], a que não parece alheia uma certa harmonização com a visão dominante (causalista) do artigo 505.°[1846].

É, sobretudo, no seio do pensamento jurídico italiano e francês, que encontramos teorizados os «pilares» em que assenta a concepção objectiva, como pode ver-se nessa espécie de Assento que foi a decisão da *Corte di Cassazione* de 17 de Fevereiro de 1964[1847], e que, curiosamente, não se esqueceu de invocar a regra pomponiana. E se a constitucionalidade da primeira parte do artigo 1227.°, na sua aplicação indiscriminada ao imputável e ao inimputável, não deixou de ser afirmada posteriormente[1848] e no enquadramento de uma jurisprudência consolidada, já as críticas movidas por DE CUPIS[1849], VISINTINI[1850] e ALPA/BESSONE[1851] à compreensão de uma culpa centrada no relevo externo da conduta não foram suficientes para abalar «objectivistas» como BIANCA[1852],

---

[1845] Não entendendo bem a articulação feita por DARIO DE ALMEIDA entre a sua ideia de «culpa em abstracto» e a aplicação do artigo 571.°, propendemos para pensar que, na sua concepção, este último preceito só relevará subsidiariamente.

[1846] Ver *supra*, n.1814. Mais recentemente, o Supremo, em acórdão de 28 de Janeiro de 1992, publ. no BMJ n.° 413, pp. 554-555, parte, precisamente, da leitura responsabilizante do artigo 489.°, defendendo a «inculpação» (?) do inimputável lesado (atropelamento de uma criança de 5 anos, quando, assustada com um cão, fugiu para a estrada), «para excluir a responsabilidade de outrem, subjectiva e objectiva».

[1847] Se recuarmos no tempo, e pese certas oscilações jurisprudenciais, encontramos um conjunto maioritário de sentenças «alimentadas» pelos mesmos princípios em que veio a repousar a decisão de 1964 (cfr. POGLIANI, *op. cit.*, pp. 80-81 e ROVELLI, *Il risarcimento del danno..., cit.*, pp. 147 e ss.). Por ex., numa sentença de 28 de Abril de 1962 (FI, I, 1962, col. 914 e ss.), é expressamente afirmado que o artigo 1227.° reflecte um «princípio geral de justiça distributiva», limitativo da indemnização e para o qual é irrelevante o elemento interno da conduta.

[1848] Referimo-nos à sentença da *Corte Costituzionale* de 23 de Janeiro de 1985 (cfr. o FI ,I, 1985, col. 934-936 e a nota de PARDOLESI).

[1849] A sua alusão (RDC II, 1965, *cit.*, p. 69) ao «absurdo» ou à «extravagância» da «culpa objectiva» não está longe do ponto de vista de CORSARO, *est. cit.*, RTDPC 1965, *cit.*, p. 483.

[1850] *I fatti illeciti, cit.*, pp. 476 e 480, com a citação abundante de CATTANEO e a alusão às reservas de RUFFINI à decisão de 1964, e *La nozione di incapacità..., cit.*, pp. 94-95.

[1851] *I fatti illeciti, cit.*, pp. 292-293. Os dois juristas fazem uma interessante ponte entre o seu ponto de vista crítico e a evolução das concepções contratuais relativas à *aparência*.

[1852] *Dell'inadempimento..., cit.*, pp. 418 e 431. É de notar que nas pp. 419-420 BIANCA já se mostra sensível, *de jure condendo*, a uma flexibilização do critério do ar-

SALVI[1853], TRABUCCHI[1854], RECCHIONI[1855], GENTILE[1856], RUFFINI[1857], LISERRE[1858] e ONDEI[1859].

Mais do que em LISERRE, que se limita a defender uma «culpa abstracta», consonante com uma visão da culpa do lesado despojada de considerações éticas, é possível encontrar no pensamento de RUFFINI[1860] e de ONDEI algumas particularidades que importa ponderar. Embora o primeiro não pareça colocar objecções de fundo à solução erigida pela *Corte di Cassazione* (com a «dilatação do conceito de culpa por compressão do disposto no artigo 2046.°»), o que é certo é que não deixa de questionar a «ficção» da «culpa objectiva», interrogando-se sobre o verdadeiro sentido que o tribunal lhe pretendeu conferir. Parecendo-lhe que a *Cassazione* terá relevado apenas a falta de consciência e de vontade, relacionada com «condições internas e pessoais», RUFFINI não deixa de mostrar lucidez, ao perguntar, por ex., pela sorte jurídica do lesado, vítima de um evento fortuito (queda de uma telha e consequente paralisação do sistema nervoso) que o leve a «agir» mecanicamente e a atravessar uma rua onde seja atropelado. Entendendo RUFFINI que, em rigor, a hipótese seria coberta pela ideia da «culpa objectiva», uma determinada visão da sentença do tribunal leva-o a adoptar a via da *aplicação analógica* do artigo 1227.°, em ordem a circunscrever a responsabilidade do lesante.

Vê-se, contudo, na preocupação de RUFFINI (e dos outros objectivistas) em tutelar o lesante, uma atitude excessiva de querer levar para a ponderação formas de «comportamento» do lesado onde está ausente *qualquer* elemento volitivo e onde se pode afirmar, somente, a existência de uma concausa, mais material do que humana. Onde reside a

---

tigo 1227.°, e que, quanto à hipótese descrita na segunda parte do preceito, o jurista italiano condiciona a eficácia do «*dovere di corretteza*» à existência da imputabilidade (p. 431).

[1853] ED XXXIX *cit.*, pp. 1224 e 1256.

[1854] *Op. cit.*, p. 211, n.(2).

[1855] *Est. cit.* (*supra*, n.218), p. 642.

[1856] *Il concorso di colpa dell'incapace*, in RcP 1962, pp. 233 e ss.. GENTILE dá uma importância acentuada à *iniquidade* patente na concepção clássica, com a sua rejeição de uma justiça distributiva.

[1857] *Est. cit.*, RDCDO I, 1964, pp. 58-59 e RDCDO II, 1966, pp. 97 e ss..

[1858] *Est. cit.*, RTDPC 1962, *cit.*, pp. 347 e ss..

[1859] *Il fatto illecito del non imputabile*, in FI, I, 1964, col. 1546 e ss. e *Nota sulla responsabilità civile dei non imputabili*, RDC II, 1965, p. 462 e ss..

[1860] Ver *supra*, pp. 182-183, para a articulação que faz da *ratio* do artigo 1227.° com o princípio mais geral de repartição indemnizatória, colimado ao relevo das «concausas humanas imputáveis».

«culpa abstracta» da criança, que, num estado de sonambulismo ou vítima de um desmaio, se pica numa seringa infectada e abandonada? E poderá afirmar-se como «conduta» humana contributiva, geradora da aplicação analógica do artigo 570.°, o facto da criança (ou da pessoa idosa), «arrastadas» para a rua em virtude de uma rajada de vento? Ou o facto do doente de Parkinson, que sob o efeito de medicação recente, aja por impulsos que não controla? É que não se vê em qualquer uma dessas situações base bastante para uma imputação danosa ao lesado, dada a pura *materialidade* dos eventos. Nem em relação aos recém-nascidos se vislumbra como poderá ser aplicado o conceito de «culpa objectiva», dada a ausência de um mínimo de vontade [1861].

Embora se note em ONDEI a preocupação de separar esses «factos», essas hipóteses, daquelas em que a consciência e a vontade existem, mas a motivação é anómala, também não se pode dizer que a sua tese do «conteúdo psicológico rudimentar» ou da «ilicitude imperfeita», apesar de sugestiva, possa ser aplicada, sem obstáculos, a este domínio. A crítica que ONDEI começa por fazer à teoria a que chama «moralística» e a contraposição de que parte entre a *Schuld* e a *Haftung* [1862] levam-no a separar a imputabilidade da culpa e a admitir uma «culpa» (sem responsabilidade) daqueles (mesmo menores ou dementes) que *actuam* intencionalmente ou contra as regras objectivas de prudência. A depuração que ONDEI faz do conceito de «culpa objectiva» e a perspectiva não sancionatória ou moderadora (da responsabilidade do lesante) que tem do artigo 1227.° conduzem-no a aplicar este normativo a qualquer «facto humano, objectivamente injusto», em que, independentemente de o lesado valorar o seu comportamento, é bastante o *seu conhecimento* da conduta. Quanto a nós, o mérito depurador de ONDEI surge «inquinado» por um pressuposto com uma relevância fáctica e jurídica muito discutível – o da afirmação de uma consciência e vontade anormais, o relevo de um mínimo de vontade nos menores e nos dementes – e o seu desiderato de «moderar» a indemnização leva-o a conceber o artigo 1227.° despido de um enfoque valorativo mais

---

[1861] No caso decidido pela Relação de Lisboa, no acórdão de 6 de Dezembro de 1989, in CJ, ano XIV, tomo 5, 1989, p. 176, em que se provou ter uma enfermeira colocado um recém-nascido numa mesa estreita e sem guardas laterais, é absurdo dizer-se que houve «culpa objectiva» do lesado ao cair da mesa, dada a «grande vitalidade» revelada nos seus primeiros 10 minutos de vida.

[1862] Para um outro sentido das expressões, ver ANTUNES VARELA, *op. cit.*, I, pp. 147 e ss..

global. Colocadas as coisas no seu devido lugar, não cremos que, em última análise, o pensamento de ONDEI se afaste muito do de outros «objectivistas».

No sistema jurídico francês, e no círculo do artigo 1382.°, a defesa [1863] do relevo da *faute* do deficiente mental surgiu como sequela lógica da inovação introduzida pelo artigo 489.°-2 do *Code Civil* e, quanto aos menores, a objectivação dessa *faute*, operada pelo Pleno da *Cour de Cassation*, em Maio de 1984, com os *arrêts Derguini v. Tidu* e *Lemaire v. Declercq* [1864], serviu manifestamente o desiderato de tutela do lesante e funcionou como argumento *a fortiori* (para uma sua aplicação aos deficientes mentais lesados) para aqueles que, como P. JOURDAIN [1865], circunscreveram o âmbito daquele normativo à esfera da heteroresponsabilidade. A manutenção de um estado de coisas desfavorável para os lesados «fragilizados» [1866] – e que apenas veio a conhecer a excepção da lei BADINTER –, mediatizada pelo recurso a uma culpa sem imputabilidade, foi, contudo, objecto de críticas por parte de LAPOYADE DESCHAMPS [1867], YVONNE LAMBERT-FAIVRE [1868] e VINEY [1869], tendo este último chamado a atenção para a contraditoriedade dessa jurisprudência relativamente à tendência moderna de *desculpabilizar* certas faltas do lesado.

[1863] Ver H. e L. MAZEAUD/J. MAZEAUD/TUNC, *Traité...*, *cit.*, n.° 1468, pp. 557- -558 e J. FLOUR/JEAN-LUC AUBERT, *op. cit.*, n.° 177, p. 173.

[1864] No primeiro caso, tratou-se do atropelamento, numa passadeira, de uma criança de 5 anos, a qual, perante a aproximação iminente do veículo, retrocedeu instintivamente para o passeio, e, no segundo, um menor de 13 anos foi electrocutado, quando procedia à substituição de uma lâmpada sem «cortar» a corrente (ver, para ambos, STARCK/ROLAND/BOYER, *op. cit.*, n.ºs 363 e ss., pp. 199 e ss. e 756, p. 429).

[1865] JCP 1984 II (*Jurisp.*) 20256 (anot. aos *arrêts Derguini v. Tidu* e *Lemaire v. Declercq*).

[1866] Para a crítica à doutrina do *fait non fautif*, sustentada por uma jurisprudência, «causalista» ou não, desfavorável às crianças, e, para a defesa da «irresponsabilidade» destas últimas, ver WAREMBOURG-AUQUE, RTDC 1982, *cit.*, pp. 352 e ss.. Ver também *supra*, n.827.

[1867] *Op. cit.*, pp. 395 e ss.. O jurista francês, além de restringir o alcance do artigo 489.°-2, tece uma série de considerações favoráveis à protecção das crianças, mesmo no âmbito da responsabilidade *du fait des choses*.

[1868] *Op. cit.*, n.ºs 339 e 344, pp. 283-284.

[1869] *La responsabilité: conditions*, *cit.*, pp. 508 e ss. e *La faute de la victime...*, JCP 1984 I, *cit.*, n.° 13.

550 — A conduta do lesado

Um sector minoritário da doutrina alemã[1870] faz comunicar à temática deste número a sua concepção de ligar o §254 à *imputação de certos riscos* ou a uma «culpa» identificada com a *colocação em perigo*, como sucede, respectivamente, com ESSER/SCHMIDT[1871] (ao repudiar o argumento literal, aparentemente desfavorável, e a pretensa intenção de uma igualdade de tratamento do lesante e do lesado) e com WEIDNER[1872]. E, se em ROTHER[1873], se encontra explicitada, com o recurso suplementar a princípios causalistas e à equidade, a ideia de que o Direito não pode tutelar por inteiro os danos causados a certos lesados fragilizados, também não é muito diferente o pensamento dos que, como MEDICUS[1874], RÜßMANN[1875] ou WOLF[1876] (numa certa fase da sua teorização), preferem partir do princípio naturalístico da «imputação do dano à esfera de domínio».

59. A flexibilização da orientação clássica e os contornos do recurso à correcção equitativa

Se partimos da ideia, que nos parece certa, de que a lógica do nosso sistema responsabilizante acabou por proteger os lesados inimputáveis, também não se pode esquecer que o nosso legislador valorou, como «válvula de segurança», a culpa dos seus representantes legais. Independentemente do exacto alcance da norma, o abandono da

---

[1870] Como representantes mais antigos, ver ENDEMANN, *op. cit.*, p. 757, n.(6), CROME e CROISSANT (*apud* HÄBERLIN, *op. cit.*, p. 56 e n.(2) e ADRIANI, *op. cit.*, pp. 31-33).

[1871] *Op. cit.*, I, 2, §35 I 3b), pp. 260-261. Para uma adesão ao seu pensamento, ver SANTOS BRIZ, RDP 1988, *cit.*, pp. 771-772 e *op. cit.*, pp. 115-116 e 118 (ao aludir à «*concausación imputable*»).

[1872] *Op. cit.*, pp. 47 e ss. e 55 e ss..

[1873] *Op. cit.*, pp. 85 e ss.,95 e 98.

[1874] Cfr. STAUDINGER/MEDICUS, *op. cit.*, §254, n.° 74, pp. 202-203, conquanto no *Schuldrecht* I, *cit.* (§59, pp. 307-308) pareça aderir à orientação germânica dominante. No seu *Bürgerliches Recht, cit.*, §33 VIII, n.os 868-869, pp. 529-530, além de remeter para aquele primeiro lugar, MEDICUS acolhe a ideia da «*Fehlverhalten*» de ESSER/SCHMIDT, apesar de assinalar, como os últimos, o desejo de uma política que proteja as crianças no tráfego automóvel.

[1875] *Op. cit.*, §254, n.os 3-5, pp. 194-195.

[1876] Enquanto no seu *Allgemeiner Teil...*, 1976, *cit.*, §15, p. 480, WOLF exigia uma mera «capacidade de acção», já no *Lehrbuch des Schuldrechts, cit.*, §4, p. 261, n.(389) abandona essa posição, aplicando analogicamente os §§ 827 e 828 do BGB.

O tríplice pressuposto legal do concurso

culpa pessoal, no artigo 571.°, não resolve, contudo, todos os problemas, mesmo que interpretado no sentido mais favorável ao lesante e, de qualquer modo, não se mostra muito sintonizado com a crise hodierna da chamada «solidariedade familiar». O que não deixa de ser interessante, embora nos pareça desajustada da realidade actual, é a perspectiva em que se colocam juristas, como CORSARO[1877], ao colocarem prioritariamente a sua análise na observação da conduta dos vigilantes, num sistema positivo que desconhece uma norma idêntica à do artigo 571.°. A estes pontos dedicaremos a nossa atenção mais à frente.

Um outro paliativo é trazido para o debate por alguns partidários da orientação clássica, como instrumento corrector de uma responsabilidade individual do lesante, onerado com uma indemnização excessiva, atendendo, por ex., ao grau de culpa e à sua situação patrimonial, bem como à circunstância de um dano causado preponderantemente por um inimputável, economicamente abastado. Referimos-nos à *aplicação analógica* das normas (§§ 1310 do ABGB e 829 do BGB e artigos 2047.°, segunda parte, do *Códice Civile*, e 54 I do Código suíço) que desempenham uma função idêntica à do artigo 489.°, o que, entre nós, chegou a ser advogado por VAZ SERRA[1878], sob influência do rígido pensamento de ENNECCERUS/LEHMANN[1879]. O recurso a uma norma com uma filosofia moderadora próxima da do artigo 494.° serviu, manifestamente, o desejo de contenção da doutrina[1880] e da

---

[1877] *Est. cit.*, RTDPC 1965, *cit.*, pp. 476 e ss..

[1878] Cfr. o BMJ n.° 86, *cit.*, p. 154 e o artigo 5.°,2 (p. 171) do articulado parcelar («Se o prejudicado não for imputável, o facto de contribuir para causar o dano... exerce a influência prevista nos artigos anteriores, *caso existam as condições a que está subordinada a responsabilidade dele*»). O sublinhado é da nossa autoria.

Essa doutrina manteve-se no n.°3 do artigo 576.° (BMJ n.° 100, p. 132) do Anteprojecto global (*parte resumida*), não figurando no artigo 544.° do Projecto resultante da primeira Revisão Ministerial (BMJ n.° 119, p. 103), o que mereceu a aprovação de HUMBERTO LOPES, *est. cit.*, p. 277. Cfr. ainda as pp. 98, n.(143) do BMJ n.° 68, *cit.* e 166-167, n.(317) do BMJ n.° 90, *cit.*, como lugares onde VAZ SERRA aplica a mesma ideia ao cálculo da indemnização referida no artigo 56.°,3 do Código da Estrada de 1954, e o BMJ n.° 86, *cit.* (*Responsabilidade pelos danos causados por animais*), p. 65, para um mesmo relevo do «facto» do lesado inimputável, embora num discurso não coincidente com o das pp. 153-154 (relativas à *Conculpabilidade do prejudicado*).

[1879] *Op. cit.*, §16, p. 78.

[1880] Ver, entre outros, BLOMEYER, *op. cit.*, p. 182, LEONHARD, *op. cit.*, §81, p. 182, HERETH, *est. cit.*, MDR 1963, p. 273 (em réplica à tutela plena pretendida por BÖHMER), LARENZ, *op. ult. cit.*, §31 I, p. 541, LANGE, *op. cit.*, §10 VI, pp. 556-557

jurisprudência[1881] alemãs dominantes, imbuídas ou não de um pensamento propenso, em geral, a uma aplicação flexível do §254. Diversamente, a inexistência, no *Codice Civile*, de uma norma geral «correctora» impulsionou «subjectivistas», como CATTANEO[1882] e, até certo ponto, TRIMARCHI[1883], a afastarem-se, nesse aspecto, de DE CUPIS[1884] e VISINTINI[1885] [1886], pronunciando-se contra a aplicação analógica do artigo 2047.°, segunda parte, em nome da sua natureza especial.

Os adversários à aplicação do remédio equitativo, quando não esgrimem com a concepção objectiva da culpa do lesado ou com a incompatibilidade entre o critério do «concurso de culpa do lesado» e o círculo da equidade moderadora[1887], salientam, precisamente, a direcção unilateral (a alienidade da lesão e a tutela do terceiro lesado) e o condicionalismo específico (a relação entre a fixação da indemnização e a questão dos alimentos) subjacentes às normas do tipo da do artigo 489.° [1888].

(com a extensão, não possível entre nós, do §829 ao círculo da conduta não culposa do imputável), DEUTSCH, *Haftungsrecht, cit.*, §20, p. 320 e *Unerlaubte Handlungen..., cit.*, §13, p. 88, FIKENTSCHER, *op. cit.*, n.° 512, p. 342 e n.° 1340, p. 799, KÖTZ, *op. cit.*, n.°s323, p. 129 e 329, p. 131 (ressalvando a hipótese da existência de um seguro de responsabilidade) e HENKE, JuS 1991, *cit.*, p. 268.

[1881] Cfr. o BGHZ 37,102 (decisão de 10 de Abril de 1962), relativo ao caso do atropelamento, por um ciclista, de uma criança de 3 anos que jogava a bola num passeio e a tentou apanhar na rua.

[1882] RDC I, 1965, pp. 511-512.

[1883] *Causalità e danno, cit.*, pp. 131-132, n.(125). TRIMARCHI admite, a título excepcional, a intervenção correctora se se verificar a existência de um *enorme desequilíbrio* entre a gravidade da culpa e o dano.

[1884] FI, I, 1958, col. 937 e s..

[1885] *Op. ult. cit.*, p. 480 e *La nozione..., cit.*, p. 95.

[1886] Para a defesa da aplicação analógica do artigo 54 I do Código suíço, ver OFTINGER, *op. cit.*, p. 166, KELLER/GABI, *op. cit.*, p. 98 e DESCHENAUX/TERCIER, *op. cit.*, pp. 87, 137 e 247 e, para uma mesma aplicação do §1310 do ABGB, ver KOZIOL/ /WELSER, *op. cit.*, p. 457 e RUMMEL/REISCHAUER, *op. cit.*, §1310, n.° 14, p. 2322, mas com o condicionalismo da ausência de um vigilante ou da sua culpa.

[1887] Ver, para os dois argumentos, ESSER/SCHMIDT, *op. cit.*, 6ª ed., §35 I, p. 575 (nas pp. 260-261 da 7ª ed. encontra-se uma posição mais flexível, mais atenta à fragilidade das *crianças* e dos *jovens*), WEIDNER, *op. cit.*, p. 57 e BIANCA, *op. cit.*, pp. 419--420 e, para uma conclusão contrária, partindo, precisamente, do *princípio* da «culpa objectiva», ver HÖCHFTER, AcP 1909, *cit.*, p. 432.

[1888] Nesse sentido, com a saliência da natureza excepcional do artigo 2047.°, segunda parte, do *Codice* e do §829 do BGB, ver, respectivamente, GENTILE, *est. cit.*, pp. 233-234 e DERNBURG, *op. cit.*, p. 708, n.(16), ROTHER, *op. cit.*, p. 96, REIMER

O tríplice pressuposto legal do concurso 553

60. A necessidade de tutela dos lesados inimputáveis como argumento determinante da defesa de princípio de uma autoresponsabilidade conectada à existência de uma conduta consciente e livre. Lenitivos a esse desiderato

Feita a exposição das orientações que debatem entre si o problema da imputabilidade no seio da culpa do lesado, é agora altura de tomarmos posição sobre essa questão sensível.

Há, desde logo, um primeiro ponto que não nos parece duvidoso, mesmo perante o nosso direito positivo, e que diz respeito à possibilidade de se afirmar em *concreto* o contributo de uma conduta culposa de um menor de sete anos ou de um interdito por anomalia psíquica, desde que a análise factual possa revelar a dualidade de uma vontade e consciência esclarecidas e uma conduta desnecessária e contrária aos seus interesses [1889]. Para quem entender, como LANGE [1890], que o instinto de conservação e a percepção do perigo não exigem um desenvolvimento intelectual análogo ao exigido para a imputabilidade responsabilizante, é evidente que tenderá a colocar em questão aquele marco etário [1891]. Aquilo que este ponto prévio verdadeiramente nos mostra é que, nesta *vexata quaestio*, mais do que a imputabilidade como requisito da heteroresponsabilidade, está em causa a valoração autónoma da ausência de entendimento e de vontade dos lesados, face a situações reais ou potenciais de perigo e ao modo de *gestão* de um dano evolutivo. Esta autonomia conduz-nos a não sopesar, em excesso, uma argumentação *simétrica*, evitando cairmos assim numa posição rígida ou formal – como é, em grande parte, apanágio da orientação clássica – traduzida no postulado imediatista de que o legislador terá querido tutelar o lesado inimputável, em termos semelhantes aos que o artigo

---

SCHMIDT, *op. cit.*, p. 118 e, sobretudo, BÖHMER, *Kann §829 BGB auch im fall des §254 BGB analog angewendet werden?* MDR 1962, pp. 778-780.

Entre nós, a Relação de Lisboa, em acórdão de 28 de Fevereiro de 1975, sum. no BMJ n.º 244, p. 306, afirmou expressamente a aplicabilidade dos artigos 489.º e 491.º *apenas* ao lesante inimputável.

[1889] No direito inglês, a ausência de uma norma idêntica à do artigo 488.º, tem conduzido, desde o caso *Lynch v. Nurdin* (1841), a uma apreciação casuística da «contribuição culposa» (cfr. CRISCUOLI, *est. cit.*, RTDPC 1977, pp. 543 e ss.).

[1890] *Op. cit.*, §10 VI, p. 555, citando a decisão do OLG Celle de 20 de Junho de 1968 (ver a NJW 1968, p. 2146).

[1891] Será por isso que DIALINAS, *op. cit.*, pp. 41 e ss., reduz à faixa etária que vai até aos 3 anos o círculo de protecção dos menores?

489.º reflecte em relação ao lesante inimputável. Para lá do tom falacioso dessa conclusão – se pensarmos na interpretação dominante do artigo 505.º e virmos aquele preceito num ângulo «responsabilizante», pode perfeitamente entender-se que está subjacente ao normativo do artigo 570.º,1 um mero escopo de repartição do dano – é patente a diluição da natureza especial da nossa questão, até porque a defesa do requisito da imputabilidade não pode ter aqui a mesma função que possui no artigo 488.º,1.

As nossas reservas ao *geometrismo dominante* são igualmente válidas para as conclusões que se pretendam retirar da letra da lei, face ao peso relativo que o argumento literal tem na hermenêutica interpretativa, sobretudo quando não há, como sucede no teor do artigo 570.º,1, elementos decisivos e irrefutáveis que nos apontem uma dada solução («um facto culposo do lesado» tem a ver com o mero processo causal, com a negligência, com a culpa subjectiva ou com a culpa objectiva?). Também não parece poder retirar-se uma resposta válida argumentando com o eventual «preço» da liberdade de movimentos do inimputável, com o princípio natural – individual do chamado «risco geral de vida» ou com a irrelevância das concausas fortuitas [1892].

Não duvidamos, afinal, como condicionante importante da questão, de que estamos perante um daqueles problemas sensíveis, conflituosos, destinados a colocar e a dirimir interesses contrastantes (*in casu*, o do lesante imputável em não indemnizar plenamente um dano para o qual só concorreu em parte e o do lesado inimputável em não sofrer a imputação de uma autoresponsabilidade, dado ser menor, deficiente mental, ter «agido» em estado de sonambulismo, de hipnose, de epilepsia, de delírio, sob o efeito de medicamentos de eficácia imprevisível ou sido vítima de uma perda momentânea de consciência). No leque dos inimputáveis, os menores-crianças representam a classe dos lesados com maior atracção pelo perigo (*maxime* o rodoviário [1893-1894]), tendo em

---

[1892] Ver o que dizemos *supra*, n.18.

[1893] Antes dos 9-10 anos as crianças sentem o trânsito de forma diferente, têm condutas impulsivas ou apressadas, imitam os comportamentos perigosos dos adultos, têm uma percepção do movimento e da velocidade do veículo diferente da do adulto, ouvem menos, são menos atentas e o seu ângulo visual periférico é mais reduzido.

[1894] Num estudo de Helena Faria sobre *Vulnerabilidades específicas na matriz rodoviária: a criança enquanto peão*, in *O Problema Rodoviário, cit.* (*supra*, n.1724), pp. 89-91, é apresentada uma estatística, referente a 1987, que nos mostra que 19% dos 81066 acidentes envolveram peões e que 22% (desses 19%) atingiram crianças e jovens entre os 5 e os 14 anos.

O *tríplice pressuposto legal do concurso*   555

conta a sua propensão em participar em brincadeiras perigosas, em ingerir substâncias tóxicas mal guardadas, em «brincar» com animais, em usar brinquedos de forma «anormal», em entrar em terrenos alheios, em utilizar foguetes não rebentados...

Se «subirmos» da letra da lei à *ratio* do critério do artigo 570.º, não causa estranheza a perspectiva metodológica de condicionar o resultado da ponderação do conflito a uma certa visão daquele fundamento, ora mais voltado para os contornos *éticos, subjectivos*, da culpa do lesado, ora conferindo primazia dogmática à faceta objectiva, à *contribuição causal para o dano*. Se ao primeiro enquadramento não é estranho um pensamento que não se demarca de uma ideia de *censura*, já na segunda construção é levada até ao fim a natureza não ilícita daquela culpa – mesmo que sob a capa dessa figura discutível que é a «culpa objectiva» – e a limitação decorrente da dupla concorrência causal, independentemente de, num dos pólos, não ter havido avaliação do sentido do acto.

Não são essas, como vimos[1895], as nossas posições quanto ao fundamento do artigo 570.º, já que a nossa ideia de *autoresponsabilidade* parte da liberdade opcional, assentando numa imputação da conduta à *acção consciente e livre* do lesado, como justificação válida da desvantagem – «sanção» patente naquele normativo. Como dissemos na altura[1896] «... só é concebível que alguém «responda» pelo seu actuar, desde que tenha *consciência* desse agir *pouco cuidadoso*, e das suas potencialidades autodanosas...». Não tendo os inimputáveis discernimento e vontade, sendo incapazes de controlar os seus movimentos e de salvaguardar a sua segurança, mesmo sabendo ler «avisos de perigo», nem possuindo o esclarecimento necessário para uma possível contenção do dano sofrido, impõe-se a defesa de um princípio de tutela desses lesados, fazendo-se recair sobre o culpado os *riscos* dessa fragilidade. Tratando-se de uma tutela, que, como se sabe, se projecta e potencia na esfera negocial[1897] e de gestão dos bens, e que é «exigida» pela *relação de perigo* existente entre essas pessoas e determinadas situações e pela normalidade dos «erros» cometidos, encontra apoio importante na existência do mecanismo do seguro,

---

[1895] Ver *supra*, n.º 42.

[1896] *Supra*, p. 418.

[1897] Cfr., a propósito da «justiça contratual» material, BAPTISTA MACHADO, *Tutela da confiança...*, RLJ, ano 117.º, *cit.*, pp. 268-269 e, num quadrante mais específico, o nosso *Do incumprimento do contrato-promessa..., cit.*, n.º 5.

como forma de diluir o possível excesso de uma responsabilidade individual[1898]. Não esquecendo que a chamada *intencionalidade autodanosa* não revelará, neste enquadramento, e em regra, uma decisão valorativa sobre o acto, também não parece ter sentido a defesa global de soluções de favorecimento dos lesantes, precisamente na zona mais sensível e mais carecida de tutela, numa época de recurso acrescido (*maxime, ex vi legis*) a suportes financeiros de tipo colectivo.

O desejo de uma efectiva política de protecção das pessoas «incapazes» de evitar o perigo (e que se comunica, como vimos, ao problema interpretativo do artigo 505.° e à necessidade de comprimir o seu alcance literal) é, aliás, sufragado, como já fomos referindo, por um conjunto de juristas em que avultam os nomes de AMÉRICO MARCELINO, KÖTZ, LANGE, HENKE, SCHEFFEN, SCHRÖDER, DE CUPIS, VINEY e LAPOYADE DESCHAMPS. Concretamente, SCHEFFEN[1899], na zona particularmente delicada da relação entre a criança e o sistema rodoviário, defende a abolição, para os menores de dez anos, da causa exoneratória do «evento imprevisível», prevista no §7 II da «lei do tráfego rodoviário» *(Straßenverkehrsgesetz[1900])*, e dá o seu aval (até com um âmbito mais alargado) à exigência, feita no 29.° *Verkehrsgerichtstag*, da supressão da excepção do «concurso de culpa» do lesado menor de dez anos. *De jure condendo*, os pontos de vista de SCHEFFEN deviam merecer atenção do nosso legislador[1901], tanto mais que se

---

[1898] Cfr. a Secção II da Parte I.

[1899] *Est. cit.*, ZRP 1991, pp. 461 e ss..

[1900] Para essa mesma perspectiva, ver ESSER/SCHMIDT, *op. cit.*, I, 2, §35 I, p. 261 e G. MÜLLER, *Besonderheiten der Gefährdungshaftung nach dem StVG*, in VersR 1995, p. 491. Embora com maior interesse para o problema da avaliação «culposa», SCHEFFEN cita uma decisão do BGH de 13 de Fevereiro de 1990 (in JZ 1990, pp. 499--500), onde se defendeu que a prevalência da imputação ao «risco da condução» do *Gefahrenkreis* da actuação das crianças só deve ceder face à averiguação de uma conduta grave, *subjectivamente* censurável. E é, por isso, que, pese certa compreensão e algum aplauso, merece reservas a defesa da «culpa mínima» de uma criança, de 8 anos, que atravessou a rua «por sua natural imprevidência» (cfr. o acórdão do STJ de 20 de Março de 1957, in BMJ n.° 65, p. 355).

[1901] Uma legislação mais flexível «ajudaria» a resolver de forma diferente casos como aquele que foi decidido pela Relação do Porto, no acórdão de 15 de Janeiro de 1960 (in JuR, ano 6.°, 1960, p. 104), num caso em que uma criança de 14 meses, que se encontrava debaixo de uma camioneta que carregava cascos de aguardente, foi atropelada quando o veículo arrancou.

O legislador, *em casos pontuais,* e num escopo marcadamente *preventivo*, não deixa de se mostrar sensível perante a «fragilidade» dos mais jovens, como acontece

inserem numa tendência normativa mais geral, se nos lembrarmos, quer da lei BADINTER, com a irrelevância, para os danos corporais, da *faute inexcusable* dos menores de dezasseis anos, quer da prática jurisprudencial holandesa (e que o artigo 6:101 do Código não veio pôr em causa) de não imputar «culpa» aos menores de catorze anos[1902].

Mesmo nas «cidadelas» defensoras do relevo da «culpa objectiva», como é o caso da jurisprudência italiana, alguns «sinais de fraqueza» levam certa doutrina[1903] a referir-se, precisamente, a uma *«timida ma risoluta inversione di tendenza ...»*, enquanto que uma ou outra decisão mais equívocas da segunda *Chambre civile* da *Cour de Cassation*[1904] parecem colocar em causa a jurisprudência mais restritiva da Assembleia Plenária.

A nossa posição «proteccionista», localizada obviamente no círculo dos *danos corporais*, forma um todo coerente com o tratamento *desculpabilizante* de certas culpas do lesado, ocorridas no seio do critério objectivo de responsabilidade, e com as reservas colocadas à interpretação lata e causalista do artigo 505.º. Mas também se encontra em sintonia com a ponderação daqueles casos em que concorrem para o dano certos eventos fortuitos (síncopes, desmaios), provindos da esfera pessoal do lesado ou determinadas fragilidades físicas ou psíquicas (a chamada «propensão para o dano» ou *Schadensanfälligkeit).* Por outro lado, a consideração do inimputável *qua tale* e o desiderato de uma sua tutela terão que se articular devidamente com o regime da culpa *in*

---

nos artigos 79.º,1 (*proibição de transportar crianças com menos de doze anos no banco da frente*) e 89.º,1 (*proibição de transportar nos motociclos e ciclomotores passageiros com menos de sete anos*) do Código da Estrada (cfr., para a *ratio* das duas disposições, o preâmbulo do Decreto-Lei n.º 424/88 de 17 de Novembro, diploma onde surgiram inicialmente). Ver também *supra,* n.397.

[1902] Cfr. *supra,* n.894.

[1903] É o caso de ZAMPOLLI, na anotação que faz no FI, 1993, col. 1974-1977, à decisão da *Corte di Cassazione* de 7 de Março de 1991. Criticando o recurso tendencial à «culpa objectiva» e apoiando a distinção, feita na decisão, entre a conduta do menor e a dos pais (no caso, a demora de 2 meses a consultar um especialista que observasse uma lesão ocular mal diagnosticada), ZAMPOLLI centra a sua anotação no regime da *responsabilidade do produtor,* chamando a atenção para o primitivo texto do artigo 10.º,3 do Decreto de 24 de Maio de 1988, protector dos consumidores («culpados») menores de 12 anos.

[1904] Na decisão de 4 de Julho de 1990 (in RTDC 1991, p. 123, com anotação de P. JOURDAIN), e numa hipótese em que um menor de 9 anos fez explodir um engenho pirotécnico, julgado utilizado, a *Cassation* parece colocar em causa a ideia de *faute objective*, ao questionar a falta de discernimento.

vigilando (na sua direcção de prevenir danos aos vigiados)[1905], sob pena de uma excessiva responsabilização neste último quadrante (e pensamos, essencialmente, no caso dos pais) poder frustrar aqueles objectivos.

Não se pense, no entanto, que somos partidários de uma posição de estrita rigidez, abstraindo, pura e simplesmente, da posição do lesante ou da situação danosa em causa. Mais do que aplicar simetricamente o artigo 489.° ou questionar a sua aplicação analógica, como o faz certo sector da orientação clássica, é razoável começarmos por pensar que a «ideia equitativa», determinante deste último preceito, e de que também comunga a norma correctora do artigo 494.°, pode ser recebida no seio de um critério – o do artigo 570.°,1 – entendido com alguma flexibilidade. Na verdade, a premência de uma verdadeira justiça material, que nos leva a «corrigir» certos excessos do princípio *pro damnato*, não requer, necessariamente, uma (duvidosa) aplicação analógica do artigo 489.°, até porque entendemos não dever enfatizar-se, aqui, o requisito da subsidiariedade, nem exigir os pressupostos atinentes à verificação de uma «culpa objectiva» ou a indagação dos efeitos patrimoniais previstos no seu n.° 2.

Contudo, se é certo que o desiderato correctivo podia ser satisfeito com uma *integração-adaptação* do artigo 570.°,1, também não podemos esquecer que ele funcionaria para um escopo atípico – evitar o "tudo" indemnizatório – e com uma decisão truncada da valoração do facto contributivo do inimputável. Por outras palavras, o critério daquele normativo seria aplicado numa situação que manifestamente, e segundo o nosso entendimento, não o deve avocar, por insuficiência de pressupostos. Assim sendo, a tarefa ponderativa deve ser, mais uma vez, reservada para o âmbito do artigo 494.°, concebendo-se como hipótese sintomática ou merecedora da aludida correcção a que, no seio dos *danos corporais*, possa congregar uma culpa ligeira do lesante, um domínio responsabilizante sem cobertura pelo seguro (mesmo facultativo) ou por um Fundo de Garantia, situações patrimoniais contrastantes (sem esquecer a existência de seguros a favor do lesado) e a gravidade das consequências danosas[1906].

Apesar da situação do lesante receber do direito positivo uma resposta moderadora, cremos que, *de jure condendo,* se imporia a

---

[1905] Ver *infra*, n.° 85.

[1906] Como se vê, trata-se, *em grande medida,* dos mesmos factores que vimos poderem conduzir ao melhor tratamento de *determinadas* culpas do lesado.

O tríplice pressuposto legal do concurso 559

introdução, no artigo 570.°, de um novo número que tratasse com clareza o problema debatido nesta subsecção (mesmo em relação ao critério da responsabilidade pelo risco) e revelasse os factores determinantes da eventual ponderação correctiva. Nesse novo normativo poderia regular-se o caso do dano co-causado por dois inimputáveis, na medida em que o artigo 489.° e, sobretudo, o artigo 570.°,1, não se mostram capazes, por razões diferentes, de resolver uma situação que reclama, nitidamente, um tratamento *particularmente ponderado*[1907]. Mesmo a hipótese diversa de um dano co-causado por um inimputável-lesante e por um lesado culpado (vigilante ou não) era igualmente merecedora de uma atenção por parte do legislador, na medida em que não é isenta de dúvidas – face à alternativa de uma aplicação *flexível* do artigo 570.°,1 – a defesa que fizemos, no afloramento da questão, do seu tratamento normativo no quadrante «natural» do artigo 489.°.

[1907] Estamos a pressupor a existência de uma relação interindividual, o que pode não suceder, *maxime* fora do âmbito de incidência do artigo 503.°,2. A propósito deste normativo, é de colocar a questão de saber se será de aplicação (simétrica) ao caso em que o *inimputável-lesado* tenha concorrido para o acidente com o risco de um outro veículo. Uma resposta negativa, e que nos parece acertada, também não deverá conduzir à aplicação «correctora do artigo 506.°, dado não podermos considerar o inimputável *qua tale,* e em rigor, um *criador do risco* (para a defesa, em geral, desta última ideia, ver VAZ SERRA, *Fundamento..., cit.,* BMJ n.° 90, p. 83 e LARENZ/CANARIS, *op. cit.,* §84 I, p. 609). Para nós, a possível tutela do outro condutor só poderá fazer-se pelo mesmo processo de que falamos no texto ou pelo recurso à via do *regresso* sobre o vigilante. É claro que o favorecimento do lesado só nos parece correcto, desde que se continue a proteger o inimputável *contra a sua propensão para o perigo.*

SUBSECÇÃO III
OS PARÂMETROS DE APRECIAÇÃO DO FACTO CULPOSO DO LESADO

> **Sumário:** 61 – A questão da previsibilidade do evento autodanoso; 62 – A importância do «princípio da confiança» na circunscrição da culpa do lesado; 63 – Aplicação-adaptação ao lesado do critério objectivo de avaliação da culpa predisposto para o lesante? A resposta afirmativa do pensamento jurídico sufragador da «igualdade de tratamento» ou da aderência das culpas do lesante e do lesado. A posição subjectivista de CATTANEO e a orientação menos objectivista de DEUTSCH; 64 – A nossa inclinação para a defesa de um critério objectivo flexibilizado e para a ponderação de certos estados subjectivos do lesado; 65 – Tipologia da conduta culposa (negligente) do lesado e das causas justificativas do comportamento autodanoso (em especial nas situações de exposição ao perigo em benefício alheio).

61. A questão da previsibilidade do evento autodanoso

Vimos no número anterior que o pressuposto essencial para se poder emitir uma «declaração» de *culpa* do lesado tem a ver com a presença de uma *conduta* humana, *livre* e *consciente* (a «*freies Willensbestimmung*» de que fala REIMER SCHMIDT [1908]), o que significa afastarmos, deste âmbito, a mera «materialidade contributiva» e mesmo, pelo menos como fontes gerais, as noções, caras a certos autores [1909], do «perigo acrescido» e da «esfera de risco do lesado». Por maioria de razão, a inexistência de uma *acção imputável* (por ausência de conduta ou por falta de vontade) exclui do âmbito material do artigo 570.° os eventos danosos relacionados genericamente com o perigo inevitável ou fortuito, susceptível de atingir a pessoa do lesado [1910], dada a

---

[1908] SOERGEL/SIEBERT/REIMER SCHMIDT, *op. cit.*, §254, n.° 18, p. 940.

[1909] Cfr. WEIDNER, *op. cit.*, pp. 47-48.

[1910] Pensamos, por ex., nas hipóteses do desmaio, do desfalecimento repentino, do «acto» reflexo e da queda não culposa (para esta última situação, ver CATTANEO, *Concorso di colpa..., cit. supra*, n.5, p. 44).

carência de fundamento capaz de justificar a «desvantagem» da privação de tutela jurídica.

Sendo pacífico que o lesado não carece de conhecer os efeitos que o ordenamento jurídico liga à sua acção[1911], pode questionar-se, afirmada que seja a capacidade de compreensão e de volição, a necessidade de uma *efectiva previsibilidade do resultado autodanoso*, como componente do próprio juízo da «culpa» do lesado. A resposta é positiva para aqueles juristas[1912] que, de uma forma mais ou menos impressiva, emitem um juízo de reprovação do acto do lesado, em termos análogos aos suscitados pela conduta do lesante, mas também os autores[1913] que partem de uma perspectiva autónoma acabam, nalguns casos, por sufragar idêntico entendimento, ao sujeitarem a «culpa» do lesado à aplicação de determinados princípios «comuns».

Quanto ao ponto agora em análise, se é certo que a previsibilidade e a adesão ao resultado danoso integram o conteúdo do comportamento doloso, e que também não parece oferecer dúvidas o estado de «culpa» daquele que não é prudente, face à evidência *objectiva* do perigo ou que, *conhecendo* ou *podendo conhecer* determinado quadro específico de perigosidade, não adequa a sua conduta em função dessa posição subjectiva[1914], já é menos nítido o tratamento que deve ser dado aos casos em que o lesado sofra o dano, desconhecendo *em concreto* o perigo que existia para os seus bens. Esta factualidade coloca-se sintomatica-

---

[1911] Assim, VON TUHR, *op. cit.*, §89, p. 495 e LEHMANN/HÜBNER, *Allgemeiner Teil des Bürgerlichen Gesetzbuches*, 16ª ed., Berlin, 1966, §41 III, p. 355.

[1912] Cfr. CATTANEO, RDC I, 1965, *cit.*, p. 485, n.(74), LAPOYADE DESCHAMPS, *op. cit.*, pp. 25 e ss. e os autores citados por ADRIANI, *op. cit.*, p. 35, n.(142). Ver igualmente, para a *«foreseeability of harm to oneself»*, afirmada no caso *Jones v. Livox Quarries Ltd.* (1952), GRAVELLS, *est. cit.*, p. 583.

[1913] Entre outros, ENNECCERUS/LEHMANN, *op. cit.*, §16, p. 77 e VAZ SERRA, BMJ n.°86, *cit.*, pp. 153 e 171 (artigo 5.°,1).

[1914] Pense-se no *risco assumido* pelo geólogo que acampe no sopé de uma falésia, na pessoa que se aproxime de um cão, apesar de avisada sobre a sua natureza perigosa, ou no condutor que estacione o veículo junto a um prédio em obras. Já a *ignorância* da presença de um animal perigoso num local a que se pode ter acesso, não permite, em princípio, considerar culpado o lesado pelos danos sofridos (ver, a propósito, a decisão do tribunal de Pordenone de 10 de Abril de 1989, in FI, I 1989, col. 2950, num caso em que um touro feriu mortalmente um electricista que prestava serviços numa cavalariça). Ver um comentário crítico a esta sentença feito por ANNA DASSI na RcP 1990, *cit. (supra*, n. 1583), pp. 450 e ss., dado o tribunal ter excluído a responsabilidade pela mera circunstância de não se ter previsto a conduta do lesado.

O tríplice pressuposto legal do concurso

mente na zona, já aflorada[1915], de certos ilícitos contra o património alheio, vindo o agente, na sua comissão, a ser atingido nos seus direitos pessoais. Não podendo nessas hipóteses dizer-se, em rigor, e em todos os casos, que o acto do lesado era em geral adequado à produção de um dano do tipo do sofrido ou que o mesmo prejudicado actuou «culposamente» ou contra os seus interesses, na ausência de indicações *bastantes* ou *inequívocas* sobre o perigo existente, os pontos decisivos contendem não só com o conteúdo do «princípio da confiança» e o âmbito protector do chamado «dever de prevenção do perigo» mas também com a potencialidade autodanosa «encerrada» na conduta ilícita e com a *desprotecção* «procurada» por quem desencadeou a possibilidade de se vir a expor danosamente a uma fonte de perigo existente, mas desconhecida em concreto. Da articulação destes dois últimos aspectos, que não inculcam a afirmação de qualquer manifestação volitiva tácita (do prejudicado) na lesão ou na consumação do perigo (uma e outra meramente eventuais), deriva uma ideia, que importa acentuar, em que se releva não tanto, ou não só, a relação da conduta do lesado com um perigo «enunciado», mas sobretudo a não demissão de poder colocar em perigo os seus próprios interesses, numa actuação não isenta de riscos[1916] ou, como diria SCHRÖDER[1917] numa linguagem algo equívoca, fazendo tábua rasa daquele «mínimo pedido pela ordem jurídica para se evitar a autolesão». Divergindo da posição dominante da dogmática germânica[1918] e tendente a não alargar a essas situações os «deveres de

---

[1915] Ver *supra*, p. 520, e a n.1748. ADRIANI, *op. cit.*, pp. 35-36, refere-se criticamente a uma decisão do RG que concedeu indemnização a um caçador furtivo, atingido por um guarda florestal, com fundamento no *desconhecimento* (valorado pelo tribunal) acerca da *previsão* (pelo lesado) *da lesão* como efeito possível do ilícito praticado. Para uma mesma crítica, ver ROTHER, *op. cit.*, p. 107.

[1916] Em rigor, o apelo feito por STOLL, *op. cit.*, pp. 264 e ss. e 355, WESTER, *op. cit.*, pp. 208 e ss., WEIDNER, *op. cit.*, pp. 42-43 e TRIMARCHI, *Rischio..., cit.*, p. 320 (apoiado em STOLL), à doutrina do *Handeln auf eigene Gefahr* não é isento de dúvidas, se pensarmos na normal ausência do *conhecimento* da situação de perigo por parte do «intruso» (cfr, aliás, para essa observação, SCHWAB, *est. cit.*, pp. 14-15, e a tónica colocada numa estrita «repartição do risco», como explicação do enquadramento feito por STOLL).

[1917] AcP 179(1979), *cit.*, pp. 572-573 e 581.

[1918] Expressamente para a exclusão protectora, ver SINDE MONTEIRO, *Responsabilidade por conselhos..., cit.*, p. 315, n.(501), LARENZ, *Lehrbuch des Schuldrechts*, Band II, 12ª ed., *cit.*, §72 I, p. 617, LARENZ/CANARIS, *op. cit..*, §76 III, pp. 423-425 (com a ressalva dos «focos de perigo anormal» não assinalados e dos casos em que a «intromissão» não traga consigo um «acréscimo de risco»), ESSER/SCHMIDT, *op. cit.*, I, 2,

prevenção do perigo» (directos ou indirectos)[1919], SCHRÖDER começa por *limitar* o círculo de liberdade do proprietário e *desvalorizar* o dado da «não autorização» *(Unbefugtheit)* da acção, «corrigindo», com a aplicação do §254 do BGB, a extensão dos «deveres do tráfego» aos terceiros que entrem ilicitamente na chamada «zona de controle e de domínio» *(Herrschafts-Bestimmungs-bereich)*. Retirando desse pensamento correctivo a autolesão dos inimputáveis e os casos em que a «acção não autorizada não conduz a nenhum aumento do risco»[1920], o jurista alemão, partindo do pressuposto discutível de ver no ilícito penal a «marca» da *ilicitude* da acção autodanosa, em confronto com a *violação* dos «deveres do tráfego», defende, com algum excesso protector, uma *Mitverschulden* nas hipóteses mais lineares de *proibição* da conduta, de *aviso* inequívoco do perigo, de conhecimento de *sinais concretos* reveladores dessa perigosidade e na situação, aqui mais interessante, mas dogmaticamente mais controversa, de o lesado não ter *omitido* uma conduta que se veio a revelar autodanosa[1921].

---

§33 III, pp. 228-229 (sem excluir a necessidade de algum «aviso»), KÖTZ, *op. cit.*, n.º 250, pp. 101-102 (estendendo a falta de tutela aos *curiosos*), DEUTSCH, *Unerlaubte Handlungen...*, *cit.*, §17, p. 138, WEIDNER, *op. cit.*, p. 42, LANGE, *op. cit.*, §§3 IX, pp. 116 e 10, IX, p. 572 (menos restritivo relativamente ao que afirmava no §10 X, p. 360 da 1ª ed. – 1979 – do seu *Schadensersatz*), K. WESTEN, *est. cit.*, in Festschrift für F. VON HIPPEL, *cit.*, 1967, p. 610, SCHWAB, *est. cit.*, pp. 19-20 (com as excepções, que nos parecem razoáveis, decorrentes da «aparência» de «domínio público» e da «abertura ao tráfego», bem como da natureza *particularmente perigosa* dos locais), MEDICUS, *Bürgerliches Recht*, *cit.*, n.º 652, p. 398 e PRISCO, *op. cit.*, p. 415. Para a forma mais maleável como se coloca a questão dos *uninvited entrants*, face ao *Occupier's Liability Act* de 1984, ver STREET/BRAZIER, *op. cit.*, pp. 270-271.

[1919] Para essa tipologia, ver MENEZES CORDEIRO, *Da boa fé...*, II, *cit.*, p. 834 e SINDE MONTEIRO, *op. ult. cit.*, pp. 320 e ss..

[1920] AcP *cit.*, pp. 582-583. Sendo certo que o nosso direito positivo trata «pior» o *passageiro clandestino* (cfr. *supra*, n.1749), a falta de tutela para os danos derivados do «transporte» ou relacionados com os perigos existentes no meio utilizado não pode ser justificada pela oponibilidade de um círculo «vazio» de «deveres de segurança» e, muito menos, pela referência a uma *adequação* causal... inexistente. A utilidade daqueles deveres é, no entanto, evidenciada por STOLL (*op. cit.*, pp. 302-305), surgindo a recusa genérica de uma desprotecção imediata, justificada, por LARENZ/CANARIS (*op. cit.*, §76 III, pp. 424-425), com a ausência de um «acréscimo de perigo» (a hipótese de que partimos não é, contudo, parificável aos exemplos aduzidos, da queda dada pelo ladrão na escada rolante insegura e da lesão sofrida por um espectador, sem bilhete, ao ruir a bancada de um recinto desportivo).

[1921] Ver as críticas de SCHWAB, *est. cit.*, p. 14, à qualificação «conculposa» e a contra-argumentação do próprio SCHRÖDER (*est. cit.*, p. 580, n.(43)). A ênfase na

Mesmo na perspectiva da «confiança» na adopção de comportamentos «normais», assim como o ladrão não pode *contar* que a sua vítima adopte medidas preventivas do dano, também o que se «intromete» numa relação matrimonial não pode *confiar*, em regra, com uma «reacção de amizade» por parte do cônjuge «traído», mas com uma reacção particularmente emotiva[1922]. É claro que – e o ponto nem merece grande discussão – nesse plano da «confiança» não poderá invocar-se a conduta «anormal» daqueles potenciais lesados (sobretudo as crianças) cuja entrada na esfera do perigo seja de contar (será o caso típico da obra de construção e do depósito de materiais perigosos situados nas proximidades de uma escola ou de um parque infantil) e relativamente aos quais é insuficiente o cumprimento dos *deveres indirectos* de aviso e de proibição[1923].

Mais do que pretender resolver o problema com o recurso a uma duvidosa «quebra» do nexo causal, há que dizer que o dano sofrido pelo «intruso» está, em regra, fora do círculo protector dos «deveres do tráfego», considerando-se o lesado exclusivamente «autoresponsável» quando não respeite os *sinais* (*lato sensu*) indicadores da *possibilidade* do perigo (por ex., o cadeado colocado num portão de acesso ou as placas indicativas da «assunção do risco» ou da proibição de entrada a estranhos) e imputando-lhe o dano (à margem de uma qualificação estrita de «culpa»?), precisamente porque, num plano *objectivo*, está presente a eventualidade autodanosa – dado o *perigo* envolvido numa conduta não necessária –, mesmo que *subjectivamente* a *consciência do perigo* possa não ser acompanhada da previsibilidade do resultado. E se é certo que uma maior concretização dos aludidos *sinais* indiciadores do perigo permitirá sintonizar ambos os factores, também é verdade – como o assinala SCHRÖDER[1924] – que nos casos mais puros existe uma assinalável diferença entre essa possibilidade de verificação de um dano e a mera possibilidade estatística de cada um de nós, como peões,

---

Mitverschulden do lesado é também assumida por WOCHNER (*op. cit.*, p. 188), ao «partilhar» o dano na pressuposição de uma conduta *dolosa* daquele.

[1922] Ver, a título de exemplo, a decisão do OLG Köln de 28 de Abril de 1982, in NJW 1982, p. 2260 (o amante, com receio da atitude ameaçadora do marido, saltou de um 2.º andar) e o interessante comentário feito por HENKE, JuS 1988, *cit.*, pp. 754-755, bem como a valoração que faz da conduta (contrária à boa fé) do autor-lesado. Ver igualmente ROTHER, *op. cit.*, pp. 108 e ss., para a questão da *reacção excessiva* por parte do cônjuge «enganado».

[1923] Ver *supra*, pp. 478-479 e os autores citados na n.1587.

[1924] AcP, *cit.*, pp. 580-581.

566   *A conduta do lesado*

e no uso cuidadoso da liberdade de movimentação, podermos ser atingidos na nossa pessoa.

O recorte mais particular das hipóteses em que o lesado tem *consciência do perigo* coenvolve uma ideia que não é nova, na medida em que, na zona do chamado «contacto social» lícito, já vimos [1925] que é de imputar ao lesado, quer a referência *subjectiva* (e não essencial) da *previsibilidade* de uma situação de perigo e de dano [1926], revelada, por ex., pela equação estabelecida entre o perigo e a *desconsideração* pelas «fragilidades» da pessoa [1927], quer a *autocolocação voluntária em perigo, que encerre em si uma determinada aptidão para «receber» um dano, e que envolva, em última análise, um comportamento objectivamente contrário aos interesses do lesado.*

[1925] *Supra,* pp. 207-208 e 421-422.

[1926] Uma área de feição contratual, pré-contratual ou mesmo extracontratual (DERNBURG, *op. cit.*, p. 81, exemplifica com o vidro valioso *não assinalado* e partido por um transeunte e HEINRICH LANGE, *Mitwirkendes Verschulden des gesetzlichen Vertreters und Gehilfen außerhalb eines Verpflichtungsverhältnisses (§254 BGB)*, in NJW 1953, p. 968, refere-se ao caso de um fragilizado craniano avisar os participantes de uma festa de Carnaval para não lhe baterem na cabeça), em que releva a previsibilidade de um certo dano é a que se relaciona com a «necessidade» de o potencial lesado avisar o devedor (ou o potencial lesante) para o perigo de um dano muito elevado, que conhece ou devia conhecer. Esta «*Warnungsobliegenheit*», na designação de HERMANN LANGE (*op. cit.*, §10 X, p. 574), ou esse «*echt Rechtspflicht*», a que alude LARENZ (*Lehrbuch...*, I, *cit.*, §31 I, p. 543) no seu enquadramento contratual, é, como já sabemos, uma das hipóteses figuradas no segundo parágrafo do §254 do BGB (ver, para a sua história, ENDEMANN, *op. cit.*, p. 758, n. 12 e LAPP, *op. cit.*, pp. 21 e ss. e para o seu regime, *maxime* sobre o conteúdo do dano, da omissão causal e da forma do aviso, ver PALANDT/HEINRICHS, *op. cit.*, §254, n.º 34, p. 294) e que foi recebida no artigo 300.º do Código grego. A ligação que encontramos, por ex., em DEMELIUS (cfr. *supra*, p. 349) entre a «compensação de culpas», esse dever e a boa fé (explicada basicamente pela recusa em conferir relevo causal à omissão), foi retomada, entre nós, por MANUEL DE ANDRADE (*op. cit.*, p. 363), PEREIRA COELHO, *O nexo de causalidade..., cit.*, p. 222 e *A causalidade..., cit.*, RDES 1965, p. 50 e PESSOA JORGE, *Ensaio..., cit.*, p. 401, surgiu em BAPTISTA MACHADO, *A cláusula do razoável, cit.*, RLJ, ano 121.º, p. 137, n.(180), directamente articulada com o «pensamento do ... artigo 570.º»», mas foi infundadamente desvalorizada por ANA PRATA, *Notas..., cit.*, p. 163, n.(379).

[1927] Parece-nos sintomático o juízo de *culpa*, quer nos casos referidos *supra*, p. 207 (as hipóteses de um *hemofílico*, que decida passar a noite num bar, onde costumam ocorrer rixas frequentes, e do *operado ao tórax*, que resolva brincar com um cão corpulento, acrescem à exemplificação), quer nas situações em que a aludida *desconsideração da fragilidade* não se relacione com um perigo tão concreto (como sucederá se uma pessoa *deficiente*, devidamente autorizada, pretender explorar um lugar desconhecido e pouco iluminado).

62. A importância do «princípio da confiança» na circunscrição da culpa do lesado

Dada a menor incidência do comportamento *intencionalmente* dirigido à recepção danosa, o conceito de «culpa» do lesado centraliza-se na nota constante da *falta de cuidado*, da *imprudência* cometida ou, como já foi afirmado pela nossa jurisprudência, na omissão do «dever genérico de segurança própria» ou do «dever geral de previdência»[1928]. Podendo dizer respeito ao concurso directo para o dano, à não adopção de medidas (legais ou não) prévias que evitariam o dano (ou a sua maior extensão), ao não afastamento de perigos existentes, à exposição desnecessária ao risco de uma lesão ou à falta de reacção tendente à contenção do dano já sofrido, a culpa do lesado projecta-se particularmente na zona ampla e sensível da participação no tráfego rodoviário (o que tem a ver, por ex., com a observação da conduta do peão, do condutor ou do passageiro) e em domínios relacionados com o consumo de bens, a prestação de serviços, a utilização de locais inseguros ou o contacto com coisas perigosas. Na medida em que o conjunto de acções a levar a cabo pelo potencial lesado depende do comportamento do potencial lesante e sendo certo que uma maior autoprotecção atenua os deveres de conduta exigíveis a este último, reveste uma certa importância (*maxime* no círculo normativizado da circulação rodoviária), como elemento atendível na delimitação-negação da culpa do lesado, a invocação do chamado «princípio da confiança»[1929] na actuação *regu-*

[1928] Ver, respectivamente, os acórdãos da RL de 21 de Julho de 1976, sum. no BMJ n.º 261, p. 208 e s. e de 14 de Janeiro de 1976, publ. na CJ, ano I, tomo 1, 1976, pp. 75-76 (a propósito da falta de capacete do transportado num velocípede).

[1929] Para o princípio ver, entre nós, ANTUNES VARELA, *op. cit.*, I, p. 590, EDUARDO CORREIA, *op. cit.*, I, p. 424, n.(1), AMÉRICO MARCELINO, *op. cit.*, p. 78 e, na doutrina alemã, ROTHER, *op. cit.*, pp. 120-122 e NJW 1966, *cit.*, p. 329 (assinalando-lhe o escopo de afastar a «condução desconfiada» (*Miβtrauensfahren*) e de reduzir o «encargo de prevenir a autolesão» (*Obliegenheit zur Verhütung eigenen Schadens*)), LANGE, *op. cit.*, §10 IX, pp. 566-567 e BÖHMER, *est. cit.* (*supra*, n.1395), a propósito da *confiança* de um esquiador (lesado) na actuação cuidadosa dos outros esquiadores. A nossa jurisprudência estradal tem invocado o princípio, como pode ver-se nos acórdãos do STJ de 12 de Outubro de 1966, in BMJ n.º 160, p. 173, de 4 de Abril de 1978, in BMJ n.º 276, p. 193 (o menor de nove anos surgiu inesperadamente e cortou a linha de marcha do veículo, quando este se encontrava a 10 metros dele), de 28 de Maio de 1980, in BMJ n.º 297, p. 142, de 29 de Novembro de 1989, in BMJ n.º 391, p. 606, de 4 de Julho de 1991, in BMJ n.º 409, pp. 756-757 (analisando a «confiança» do lado do condutor que não respeitou um sinal de *Stop*) e de 29 de Outubro de 1991,

lar do outro ou dos outros participantes na vida de relação. Assim como o condutor *conta* que o peão atravesse na «zebra» ou não atravesse com indicação luminosa proibitiva e que um outro condutor respeite o sinal de *stop*, também o transeunte *confia* que o condutor reduzirá a velocidade ao vê-lo atravessar a estrada[1930] ou respeitará as zonas de passagem protegida. No «contacto social» não submetido a regras estritas de conduta, a «confiança» na conduta surge mais diluída, devendo, em todo o caso, ter como critério a *razoabilidade* do que possa ser «pedido»ao potencial lesado[1931].

Um dos corolários mais significativos da «confiança», e que já aflorámos, traduz-se nos seus próprios *limites*, face ao comportamento «natural» de certos utentes do tráfego (rodoviário ou não), como é o caso das crianças, dos idosos e dos deficientes, físicos ou psíquicos. Perante a normalidade da conduta «anormal» dessas pessoas, o potencial lesante deverá dispender uma maior intensidade de atenção e cuidado, particularmente se há sinais manifestos, anunciadores da possibilidade de ocorrer essa *anormalidade*[1932]. É claro que, quanto a algumas daquelas «fragilidades», e como veremos, o lesante poderá escudar-se na demonstração da culpa do lesado por não ter afastado, com medidas *razoáveis*, a conduta «natural». O que não é legítimo, em geral, mesmo numa perspectiva sancionatória, é que o lesante procure *justificar* a sua conduta ilícita e culposa com a não adopção pelo lesado daquelas acções

---

in BMJ n.° 410, pp. 769 e 774 (ao negar a culpa do condutor-autor por não ter *contado* que, estando a 30 metros de outro veículo, o seu condutor mudaria de direcção para a esquerda).

[1930] No acórdão do STJ de 9 de Janeiro de 1976, publ. no BMJ n.° 253, pp. 157 e ss., foi considerada a ausência de «culpa» do lesado por não ter previsto a colisão de dois veículos e o despiste do que o atropelou, na altura em que estava prestes a atravessar certa rua.

[1931] Ver *supra*, n.1584, para uma aplicação concreta.

[1932] Nesse sentido, ver ANTUNES VARELA, RLJ, ano 101.°, *cit.*, p. 253 n.(2), AMÉRICO MARCELINO,. *op. cit.*, p. 78 (com o exemplo clássico da bola que invade a estrada) e OLIVEIRA MATOS, *op. cit.*, pp. 189-190 e 521, embora só o segundo jurista estude a questão no plano da *política legislativa*. Para uma jurisprudência formalista, que não integra na necessidade de previsão do condutor os actos das crianças, dos inimputáveis, dos idosos ou dos deficientes naturais, ver os acórdãos do STJ de 7 de Novembro de 1978, in BMJ n.° 281, p. 294, da RL de 6 de Dezembro de 1974, sum. no BMJ n.° 242, p. 352 e da RE de 16 de Junho de 1981, sum. no BMJ n.° 310, p. 347. Mais moderna para o seu tempo era a doutrina que brotava do teor do acórdão do STJ de 23 de Março de 1954, *cit.* (*supra*, n.835), ao *negar* a imprevisibilidade da conduta repentina de uma criança, de quatro anos, que saltou do passeio para a rua.

O tríplice pressuposto legal do concurso

que... teriam prevenido ou minimizado o dano [1933]. Mesmo que o lesante queira deslocar a questão para o seio da «repartição» do prejuízo, são de considerar irrelevantes ou atitudes omissivas do lesado, que não sejam de incluir no seu *ónus* de afastar ou limitar um dano [1934], provada a sua inadequação ou concreta dispensabilidade, atendendo ao tipo de dano verificado [1935], à perspectiva remota da sua eclosão [1936], às opções e possibilidades financeiras do lesado e ao próprio circunstancialismo do caso [1937].

Um outro limite, menos intenso e mais controvertido, ao «princípio da confiança» reside na maior ou menor relatividade no exercício no tráfego dos chamados *direitos prioritários*. E falamos de relatividade, porque o peão, que atravessa a faixa de rodagem nas passagens a ele destinadas, e o condutor, com prioridade de passagem, não devem «confiar» no respeito absoluto dos seus direitos, devendo observar, pois, *algum cuidado* [1938] na concretização da sua posição de primazia.

[1933] Ver o exemplo referido *supra*, n.1497, e o caso, relatado por LANGE (*op. cit.*, §10 IX, p. 572), do charlatão vir a alegar que o cliente podia ter conhecido a sua falta de preparação. WESTER, *op. cit.*, p. 136 e ROTHER, *op. cit.*, p. 122, emitem reservas à imputação do «concurso de culpa» ao que *facilita* o furto, dado o favor dessa solução para o agente doloso.

[1934] Será, por ex., o caso do lesado não ter colocado um alarme ou um extintor no seu veículo, não ter recorrido a um vidro mais grosso na sua loja, não possuir vigilância electrónica ou um corpo de vigilantes no seu estabelecimento comercial. Veremos *infra*, n.º 73, se o lesante deverá suportar ou não o pagamento das chamadas «despesas de prevenção» (*Vorsorgekosten*).

[1935] Estamos a pensar na indiferença da falta de cinto de segurança, relativamente aos danos causados no veículo.

[1936] Como afirma GRUNSKY, *op. cit.*, §254, n.º19a), p. 438, não se justifica que o peão proteja a cabeça com um capacete se não é propenso a quedas.

[1937] No caso sobre que incidiu o acórdão do STJ de 3 de Março de 1944, in BOMJ, ano IV, 1944-1945, pp. 188-189, perguntou-se se o ciclista-lesado, com prioridade na aproximação a um cruzamento (onde foi embatido por um camionista), devia ter buzinado. As instâncias não consideraram relevante a omissão, considerando que seria difícil ouvir o sinal sonoro dado o «barulho e a trepidação própria de uma camioneta» (p. 189).

[1938] Ver, para o cuidado do condutor prioritário, o artigo 29.º,2 do Código da Estrada e, para uma constante afirmação jurisprudencial (com base no artigo 8.º do anterior Código), cfr., entre outros, os acórdãos do STJ de 8 de Junho de 1977, publ. no BMJ n.º 268, pp. 218 e ss. (num caso de aparente renúncia «imperfeita» à prioridade) e de 6 de Julho de 1989, publ. no BMJ n.º 389, pp. 565 e ss.. A RP, em acórdão de 24 de Setembro de 1991, publ. na CJ, ano XVI, tomo 4, 1991, p. 254, «relativizou» a «prioridade absoluta de passagem», consagrada no artigo 3.º do *Regulamento das Passagens de Nível*, numa hipótese em que as *características* da passagem exigiriam a redução da velocidade e a sinalização acústica.

570 *A conduta do lesado*

A necessidade de o condutor com prioridade não esquecer *alguma* imprevidência alheia ou de um peão não se mostrar totalmente indiferente à circulação [1939] (*maxime* se exerce o seu direito em condições de perigosidade atinentes ao perfil dos locais ou ao próprio trânsito), se tem a vantagem de afastar uma conduta conculposa [1940] traduzida, de qualquer forma, e em caso afirmativo, num grau normalmente diminuto, potencia, no entanto, o conteúdo da diligência do potencial lesado.

O índice de que estamos a falar, e que pode aproveitar ao potencial lesado para ver negada a sua conduta culposa [1941] e fazer imputar o dano ao lesante, é, contudo, insuficiente para fixar um *critério* que permita, em geral, orientar o julgador na circunscrição desse desvio voluntário e contrastante com a defesa da esfera pessoal. Importando, pois, encontrar o «barómetro» que permita separar a *culpa* da ausência de *culpa*, o quesito que surge, imediatamente, é o de saber se, afinal, não deverá ser aplicado ao lesado o *mesmo critério* que é utilizado para aferir a culpa do lesante.

[1939] Para a defesa, em termos justificadamente mais radicais, da primazia do peão nas «passadeiras», ver o acórdão da RP de 8 de Janeiro de 1986, in CJ, ano XI, tomo 1, 1986, pp. 190 e ss. (o condutor, que conduzia dentro da cidade, a 60 km/h e se apercebeu do peão à distância de 15 metros, alegou o atravessamento «abrupto e imprevisível» por parte de uma senhora de 85 anos).

A jurisprudência alemã (cfr. as decisões do BGH de 20 de Abril de 1966, in NJW 1966, pp. 1211 e ss. e de 8 de Junho de 1982, in NJW 1982, p. 2384) refere-se, a propósito das cautelas inerentes ao *Vorrecht* do peão, aos «deveres de observação» (*Beobachtungspflichten*) ou à necessidade de um «olhar de relance» (*beiläufig Blick*). Cfr. igualmente LANGE, *op. cit.*, §10 IX, pp. 565-566 e *Münchener Kommentar*/GRUNSKY, *op. cit.*, §254, n.° 26, p. 441.

[1940] Para essa possível contribuição por parte do condutor com prioridade, mas imprudente, ver DARIO MARTINS DE ALMEIDA, *op. cit.*, p. 530 (numa visão da questão, que, quanto a nós, não prescinde da *relatividade* do direito) e, para uma situação de «culpas concorrentes», ver os acórdãos da RC de 8 de Janeiro de 1975, sum. no BMJ n.° 244, p. 321 e do STJ de 6 de Julho de 1989, *cit.* (*supra*, n.1938).

[1941] O que não podemos aceitar é a defesa de um agravamento da responsabilidade com o argumento sistemático de que o lesante deveria contar com a conduta... «anormal» do lesado. A visão deturpada da «confiança» foi sufragada no acórdão do STJ de 21 de Fevereiro de 1961, publ. no BMJ n.° 104, p. 417 e já *cit.* (*supra*, n. 1526), ao considerar-se *normal* que se suba para os eléctricos em andamento e fora das paragens ou que o passageiro se «debruce profundamente das janelas ou que viaje no estribo pojando corpo» (p. 422).

O tríplice pressuposto legal do concurso

63. Aplicação-adaptação ao lesado do critério objectivo de avaliação da culpa predisposto para o lesante? A resposta afirmativa do pensamento jurídico sufragador da «igualdade de tratamento» ou da aderência das culpas do lesante e do lesado. A posição subjectivista de CATTANEO e a orientação menos objectivista de DEUTSCH

O problema que colocámos no fim do número anterior não recebeu resposta no diploma de 1966, dado o legislador ter omitido, para o lesado culpado, uma norma do tipo da do artigo 487.º,2. Parece-nos, assim, metodologicamente correcto que se pergunte se a conduta do lesado será de apreciar de acordo com o modelo ou o protótipo, particularmente *abstracto,* do comportamento de uma pessoa normal, medianamente sensata, cuidadosa, prudente, inteligente, conhecedora, apta, agindo no mesmo circunstancialismo externo do lesado, independentemente, pois, das reais capacidades pessoais deste último ou se, pelo contrário, o referente hipotético a considerar é o modelo da *diligência habitual, quam in suis,* do lesado, em função das suas debilidades físicas (cegueira, miopia, surdez, anosmia, gravidez, incapacidade) e da sua estrutura psíquica e intelectual (emotividade, imaturidade, pouca instrução, inexperiência, imperícia, curiosidade, carência de reflexos, etc.). Na concretização do critério abstracto *puro* a pessoa individual dilui-se dentro do círculo de actuação ou de actividade do «homem médio» tipificado (como peão, condutor, consumidor, proprietário) e as chamadas características «internas»são desvalorizadas.

Diversamente, numa apreciação *concreta* ou *individualizada,* a tensão usual de esforço do debilitado ou do jovem é influída, necessariamente, pelas suas próprias características físicas, intelectuais e psíquicas, numa avaliação não parificável com a própria *flexibilização do critério abstracto*, quando este releva algumas características pessoais (a idade e as anomalias sensitivas e do aparelho locomotor) apenas como factores típicos que moldam o *padrão normal de actuação de uma pessoa com aquelas características*[1942].

[1942] Para o *standard* objectivo de avaliação da culpa do lesante e a tipificação dos *Verkehrskreisen* ou da *Gruppenfahrlässigkeit*, ver, entre nós, ANTUNES VARELA, *op. cit.*, I, pp. 583 e ss., RUI DE ALARCÃO, *op. cit.*, pp. 253 e ss. e GALVÃO TELLES, *op. cit.*, pp. 348-349 e, na literatura alemã, ESSER/SCHMIDT, *op. cit.*, I, 2, §26 II, pp. 79-80, MEDICUS, *Schuldrecht* I, *cit.*, §29, pp. 145 e ss. e KÖTZ, *op. cit.*, n.ᵒˢ 112 e ss., pp. 47 e ss.. A aplicação desse critério conduz, por ex., à culpabilização do condutor por *falta*

Que a este problema continua a não ser alheio o conceito e o fundamento da *culpa* do lesado, é demonstrado pela doutrina (nacional e estrangeira) que acolhe um regime *simétrico* entre as culpas do lesado e do lesante ou que sufraga uma construção teórica em que as duas culpas surgem com características idênticas ou semelhantes. Repudiando, de uma forma geral, a visão individualizada (à medida das características físico-psíquicas de cada lesado) da conduta autolesiva, e rejeitando, por igual, a aludida suavização ou a construção de um critério específico, o pensamento jurídico dominante parte, em regra, do metro clássico do *bonus pater familias*, afirmando a *culpa*, quando, nas mesmas circunstâncias externas em que agiu o lesado, aquele não teria descurado omitir o cuidado, a diligência, a prudência e a perícia necessárias para não sofrer o dano. Sob este pressuposto, e entre nós, VAZ SERRA[1943], nos trabalhos preliminares do Código Civil, «recebeu» a doutrina de ENNECCERUS/LEHMANN, caracterizando como culposo o facto do lesado sempre que este omitisse «...*contra o que podia e devia ter feito, a diligência necessária e corrente para evitar o dano*». Mas também PEREIRA COELHO[1944] segue a via «geométrica», ao remeter para o critério geral de apreciação da culpa, independentemente de o lesado ser «cego, surdo ou, até, menor...», DARIO MARTINS DE ALMEIDA[1945] adopta o «padrão do artigo 487.°,2» e RODRIGUES BASTOS[1946], menos enfeudado a essa ligação, não deixa de aludir à «conduta incongruente que toda a pessoa razoável evita, ou deve evitar, no seu próprio interesse». Nesta última linha de maior prudência, mas com a contrapartida de não fornecer um critério preciso, encontra-se RIBEIRO DE FARIA[1947], ao referir-se simplesmente à omissão da «diligência com que [o lesado] poderia ter impedido o dano», e só JÚLIO GOMES[1948] se inquieta com a tendência da equiparação, considerando-a paralisante

---

de concentração, cansaço ou *desconhecimento de uma anomalia visual* (para esta e outra exemplificação, ver RUI DE ALARCÃO, *cit.*, pp. 259 e 263, LARENZ, *Lehrbuch...*, *cit.*, §20, p. 285 e OFTINGER, *op. cit.*, p. 146).

[1943] BMJ n.° 86, *cit.*, pp. 136-138 e 169 (artigo 1.°, 4).

[1944] *Est. cit.*, RDES 1965, p. 3. O ilustre jurista formula o seu pensamento tendo por base os artigos 2398.°, §2 do Código de Seabra e 56.°,1 do anterior Código da Estrada, mas ao analisar o artigo 570.° (pp. 9-10) não modifica a sua doutrina.

[1945] *Op. cit.*, pp. 146 e 421.

[1946] *Notas...*, II, *cit.*, artigo 570.°, n.°2, p. 42.

[1947] *Op. cit.*, I, pp. 523-524.

[1948] *Est. cit.*, RDE 1987, pp. 103-104.

O tríplice pressuposto legal do concurso

da actividade do lesado «menos capaz» (*lato sensu*) e com um efeito «paradoxal». Diga-se, no entanto, que estas reservas, sendo merecedoras de atenção, são mais válidas no seio do critério germânico do «cuidado exigível no tráfego» e só procedem plenamente se concebermos um modelo comparativo *inteiramente* abstracto, sem qualquer «compaixão» pelas «fragilidades» mais marcantes. Se analisarmos algumas decisões judiciais onde o assunto mereceu referência, encontramos acolhida uma mesma orientação que reclama implícita ou expressamente, para a culpa do lesado, o critério do artigo 487.°,2 [1949] ou que avalia *objectivamente* o comportamento dos lesados menos capazes [1950].

Também na doutrina germânica, desde a concepção de ZITEL-MANN de uma «culpa contra si», vemos um certo número de autores [1951]

[1949] Para uma invocação explícita, ver os acórdãos da RP de 20 de Março de 1984, *cit.* (*supra*, n.1354) e do STJ de 16 de Fevereiro de 1993, in Novos Estilos, n.° 2, 1993, p. 35 (*in casu*, o motorista de um veículo pesado atravessou uma passagem de nível sem guarda, nem cancelas, sem as necessárias precauções) e, para uma alusão implícita, o aresto do STJ de 15 de Junho de 1988, *cit.* (*supra*, n.1354), onde se afirma (no n.° IV do respectivo sumário e numa formulação inspirada em LARENZ) que «... a culpa do autor e do réu... funda-se no facto de terem devido e terem também podido agir de outra forma, ou seja, de terem agido inconvenientemente, embora lhes tivesse sido possível, com o cuidado exigível, a diligência devida ou, com boa vontade, comportar-se em termos convenientes» (recorde-se que, na hipótese *sub judice*, o lesado estava a dormir na via pública, à sombra de uma baleeira, e com um pé estendido fora do volume do barco).

[1950] Por ex., no caso decidido pela RP, em 25 de Janeiro de 1956, in JuR, ano 2.°, tomo 1, 1956, p. 146 (menor atropelado por camioneta quando caminhava no passeio de uma ponte) «viu-se» a culpa do menor como «acção ou omissão que uma pessoa prudente não praticaria...». Nos acórdãos do STJ de 7 de Junho de 1961, in BMJ n.° 108, p. 211 (atrapalhação e descordenação de movimentos de uma atropelada «*velha, surda* e *cega do olho esquerdo*»), de 17 de Janeiro de 1962, in BMJ n.° 113, p. 352 (atravessamento inesperado da faixa de rodagem por uma *pessoa de 77 anos e que devido a uma antiga luxação precisava de bengala*), de 21 de Fevereiro de 1962, in BMJ n.° 114, p. 330 (atropelamento de *um viúvo, de 72 anos, que atravessava obliquamente uma via movimentada*) e de 8 de Fevereiro de 1979, publ. no BMJ n.° 284, pp. 160 e ss. (atropelamento de *uma senhora, de 73 anos, por «não ter considerado a aproximação do veículo ao atravessar a estrada...»*), não se nota igualmente qualquer melhor tratamento na avaliação da «culpa» desses lesados. Parecendo acolher como elemento desculpabilizante a idade (8 anos) de um menor, atropelado por um condutor culpado, e a sua «natural imprevidência», é de referir o acórdão do STJ de 20 e Março de 1957, *cit.* (*supra*, n.1900).

[1951] Entre outros, ver WOLF, *Lehrbuch des Schuldrechts, cit.*, §4, pp. 260-261, LARENZ, *op. ult. cit.*, §31, p. 540 e n.(1) (na 9ª ed. do seu *Lehrbuch, cit.*, §15 I, p. 178,

574　　　　　　　　　　*A conduta do lesado*

e, sobretudo, a jurisprudência do RG e do BGH, a defenderem, com algumas *nuances*[1952], um critério objectivo balizado pela «falta daquele cuidado e diligência que o homem prudente e avisado emprega para se proteger dos danos». Esta formulação, que representava (e representa), para a hipótese especial da *Mitverschulden,* uma «adaptação» do critério previsto no §276 I do BGB, para a «culpa contra outrem», fez ressurgir, de certa maneira, o debate que se travara por altura da elaboração dos trabalhos preparatórios daquele parágrafo[1953]. Por essa razão, mas essencialmente pela concepção «paritária» de culpa que se encontra, como sabemos, em VENZMER, SCHÄFER, ZEUNER e WOCHNER, ou pela conceituação da «culpa» do lesado com o recurso à figura da *Obliegenheit,* um largo sector da dogmática alemã[1954], e que inclui, obviamente, os mesmos VENZMER[1955] e WOCHNER[1956], não hesitou na «colagem» ao §276 I, criticando a amplitude da formulação tradicional (o que é patente em ROTHER[1957] e WOCHNER[1958]) e tirando ilações da aparente dualidade de critérios.

---

o jurista germânico era mais incisivo, na medida em que se referia «à falta do cuidado, que é necessário no tráfego, para a protecção *alheia* ou *própria* de danos), SOERGEL/ /SIEBERT/MERTENS, *op. cit.,* §254, n.º 23, p. 355, HENKE, JuS 1991, *cit.,* p. 267 e PALANDT/HEINRICHS, *op. cit.,* §254, n.º 12, p. 291.

[1952] Cfr. ROTHER, NJW 1966, *cit.,* p. 326.

[1953] Para o debate e a refutação das críticas ao critério do «bom pai de família», ver CARLO FADDA, *Il buon padre di famiglia nella teoria della colpa,* in Labeo (Rassegna di diritto romano), 1, 1968, pp. 75 e ss..

[1954] Ver VON TUHR, *op. cit.,* §89, p. 495, ENNECCERUS/LEHMANN, *op. cit.,* §16, p. 77, BLOMEYER, *op. cit.,* p. 182, MEDICUS, *Schuldrecht,* I, *cit.,* §59, p. 307, ERMAN/KUCKUK, *op. cit.,* §254, n.º 24, p. 614, KUPISCH/KRÜGER, *op. cit.,* §9, p. 78 e ESSER/SCHMIDT, *op. cit.,* I, 2, p. 259, apesar de não perfilharem, pelo menos quanto ao *Tatbestand* do §254 I, a ideia da *Obliegenheit* (cfr., contudo, *supra,* n.1658).

[1955] *Op. cit.,* pp. 109-110 e 144. Como se vê no seu *La responsabilidad civil, cit.,* p. 118, e na RDP 1988, *cit.,* p. 772, onde invoca a aplicação do artigo 1104.º do Código Civil espanhol (correspondente, em parte, ao nosso n.º 2 do artigo 487.º), SANTOS BRIZ inspira-se fortemente em VENZMER e em ESSER/SCHMIDT.

[1956] *Op. cit.,* pp. 173 e ss..

[1957] NJW 1966, *cit.,* pp. 326 e ss.. O autor germânico procura limitar com o «princípio da confiança» o que considera ser (com exemplos judiciários) uma exigência excessiva ao «dever» de cuidado do lesado.

[1958] Depois de criticar a figura do *bonus pater familias,* avocando as expressões com que BRODMANN a crismou («*homunculus*» e «*Vogelscheuche*»), WOCHNER (*op. cit.,* pp. 174 e ss.) não deixa de questionar, como ROTHER, uma jurisprudência que entende ser algo exigente para os peões e inadequada aos casos da «exposição ao perigo em proveito alheio».

Que a apreciação da culpa (*rectius*, negligência) do lesado em moldes semelhantes aos que presidem à culpa do lesante é uma base dominante do pensamento jurídico, vê-se ainda em representantes autorizados de outros ordenamentos – em sintonia com concepções mais «sociais» da culpa do lesado[1959] – e na forma como o direito angloamericano[1960] trata a *contributory negligence*. Na realidade, se os §§ 463 e 464(1) do *Second Restatement of Torts* fazem apelo, no quadrante do «*care for his own safety*», ao padrão objectivo (predisposto no §283 para a «*negligence*») e jurídico[1961] do «*reasonable man*» ou do «*man of ordinary prudence*» e se no §464(2) a conduta das crianças é aferida «objectiva e subjectivamente» pelo que faria um «*reasonable man of like age, intelligence and experience under like circumstances*»[1962], no direito inglês a adopção do mesmo «*standard of care in negligence*» permite tutelar o *defendant* e proteger o potencial lesado, ao delimitar as esferas de actuação merecedoras da «desvantagem» da privação indemnizatória[1963].

Contra a orientação uniforme dominante, levantaram-se vozes mais sensibilizadas com a necessidade de se defender um critério justo de apreciação da «culpa», menos exigente do que em relação ao lesante e em sintonia com a condição de lesado. Não estamos a pensar

---

[1959] Assim, BIANCA, *op. ult. cit.*, pp. 414 e ss. (ao fazer avultar o «*parametro normativo o sociale di comportamento*»), N. DI PRISCO, *op. cit.*, pp. 218 e ss., 268 e 354, SALVI, ED XXXIX, *cit.*, p. 1256, H. e L/J. MAZEAUD/TUNC, *op. cit.*, n.º 1467-2, p. 557, J. FLOUR/JEAN-LUC AUBERT, *op. cit.*, n.º 177, p. 177 e OFTINGER, *op. cit.*, pp. 158-160. Para a objectivação da *faute* do *infans* e do *aliené*, consolidada pela Assembleia Plenária da *Cour de Cassation*, ver *supra*, p. 549.

[1960] Ver amplamente WESTER, *op. cit.*, pp. 152 e ss. e 168 e ss..

[1961] Para os antecedentes, a evolução e o confronto do critério com a chamada «*Hand Formula of Negligence*», firmada, como vimos *supra*, n.386, no *United States v. Caroll Towing Co.* (1947), ver F. PARISI, *est. cit.*, RDC I, 1990, pp. 563 e ss..

[1962] F. PARISI, *cit.*, pp. 581 e ss. assinala essa quebra de rigor na apreciação da *culpa contributiva* dos menores, dos idosos e dos deficientes físicos (cegos, míopes e surdos). Cfr. também FLEMING, *op. cit.*, pp. 258-259. A resposta é mais complexa quanto à *insane person*, como se constata do comentário feito por PROSSER (p. 509 g)) ao §464 (2) do *Restatement* (cfr. BUSSANI, *op. cit.*, pp. 161-163).

[1963] Ver STREET/BRAZIER, *op. cit.*, pp. 243 (com a referência ao *Nance v. British Columbia Electric Ry Co Ltd*) e 202 (para a atenuação do critério em relação às crianças), GRAVELLS, *est. cit.*, p. 583 (com a ideia de que, após 1945, não se justifica uma análise restritiva da *contributory negligence*) e RICHARD KIDNER, *The variable standard of care, contributory negligence and volenti*, in LS, 1, 1991, pp. 3 e ss. e 21 (com a ênfase na *assumption of risk*).

576 A conduta do lesado

tanto em LEONHARD [1964] e ESMEIN [1965], na sua preocupação de valorar a «inferioridade» dos idosos ou dos deficientes, ou mesmo em LAPOYADE DESCHAMPS [1966] ou DEJEAN DE LA BATIE [1967], aquele, colocando reservas a uma analogia «*un peu rapide*», este, questionando a relação entre os interesses gerais e a apreciação concreta da culpa do lesado, mas mais nos juristas que, como CATTANEO [1968], SICA [1969] e BUSSANI [1970], defendem um critério tendencialmente *subjectivo* de apreciação ou que, como sucede com um leque de autores alemães [1971], em que sobressai DEUTSCH, não prescindindo de um padrão objectivo *flexibilizado*, remetem para a fase da *ponderação das culpas* a consideração dos factores individuais.

Enquanto BUSSANI tem um discurso mais centrado sobre a conduta do lesante, dando relevo à necessidade da integração social dos mais frágeis, e SICA invoca a «funcionalização da responsabilidade civil» para defender (*maxime* em relação à «terceira idade») «*una sogge-tivizzazione della colpa del danneggiato*» com reflexos na interpretação do próprio artigo 1227.º, CATTANEO faz derivar a defesa da con-

---

[1964] *Op. cit.*, §83, p. 188. LEONHARD considerava «injusto» recusar a indemnização aos lesados com um *handicap* físico ou mental, mas que *procuraram evitar o dano*. Cfr., no mesmo sentido, ENNECCERUS/NIPPERDEY, *op. cit.*, §213, pp. 1324 e 1327, em nome do *direito à liberdade* e da necessidade de não fazer incidir sobre o lesado o «risco social».

[1965] *Op. cit.*, n.º 517, pp. 700-701. A recusa da comparação com o «*type d'un adulte normal*» é defendida para os actos das crianças, dos dementes, dos deficientes, dos idosos, e de certas pessoas inexperientes.

[1966] *Op. cit.*, pp. 77-78.

[1967] Cfr. *Appréciation in abstracto et appréciation in concreto en droit civil français*, Paris, 1965, n.º 6, p. 76 e JCP 1977, II (*Jurisp.*), 18624, em anot. à sentença do tribunal de Metz de 14 de Abril de 1975, relativa à possível culpa de um *sauveteur*.

[1968] RDC I, 1967, *cit.*, pp. 501 e ss..

[1969] *Anziani e responsabilità civile: a proposito del concorso di colpa del danneggiato*, in Rassegna DC, 1989, pp. 857 e ss.. No seu artigo, SICA critica o arbítrio e os condicionalismos sócio-culturais da lei BADINTER (no tocante à tutela dos idosos), emitindo reservas quanto à protecção especial e de plano dos mais frágeis.

[1970] *Op. cit.*, pp. 168-169 (para as crianças) e 196 e ss. (para os idosos e os deficientes físicos). No tocante à «*vittima-disabile*», BUSSANI distingue a «conduta perigosa e imprevisível» daqueles casos em que o risco criado pelo *handicap* não é significativo.

[1971] Ver LEHMANN/HÜBNER, *op. cit.*, §41 I, pp. 352-353, LARENZ, *op. ult. cit.*, §20, p. 287 e n.(31) e §31 I, p. 550, LANGE, *op. cit.*, §10 VI, p. 554, HENKE, JuS 1988, *cit.*, p. 757, n.(54), STAUDINGER/MEDICUS, *op. cit.*, §254, n.ºˢ 70, p. 201 e 94, pp. 209- -210 e, com alguma dúvida, *Münchener Kommentar*/GRUNSKY, *cit.*, §254, n.º 61, p. 455.

O tríplice pressuposto legal do concurso 577

cepção «subjectiva» não só da *ratio* preventiva em que funda, como sabemos, o *onere* previsto no artigo 1227.° do *Codice*, mas também da especificidade dos argumentos que, como a tónica reparadora da responsabilidade, a exigência da «confiança», o princípio da igualdade, são aduzidos a favor da concepção «abstracta» da culpa do lesante. Ao entender que a pessoa «com um defeito físico, idosa, com uma amputação, pouco inteligente ou com falta de dinheiro» está mal colocada para *prevenir* os eventos danosos, não se estranha que CATTANEO, sintonizado com certa valoração *moral* da culpa, dê manifesta importância aos aspectos psicológicos (como a depressão), à aptidão, à falta de discernimento e de vontade e à debilidade monetária do lesado.

Há que dizer, no entanto, que a posição do jurista italiano, apesar da sua racionalidade, só se afasta em parte da «tipificação» que é inerente ao «abstraccionismo», padece de uma certa excessividade (em prejuízo do lesante) e sofre da «fraqueza», que já apontámos, inerente ao fundamento preventivo da «autoresponsabilidade culposa». Pode mesmo dizer-se que, se o leque de «fragilidades» pessoais (e nem pensamos sequer nas causas patológicas que afectam a vontade) não deve proteger a pessoa contra a sua heteroresponsabilidade, daí não resulta, necessariamente, uma óptica protectora (em favor do lesado «diminuído» ou pouco perspicaz) justificada por considerações globais de tipo preventivo.

Não indo tão longe, DEUTSCH [1972] começa por não prescindir da «pedra de toque» do seu «princípio da igualdade de tratamento» *(Gleichbehandlungsgrundsatz)*, na medida em que faz depender o pedido do lesado da observância do «cuidado objectivamente exigível no tráfico». No entanto, o renomado jurista não se conserva plenamente fiel ao critério do «protótipo abstracto», pois além de suavizar o critério tipo em relação aos *idosos* e aos *jovens*, recorre ao «fim da norma» do §254 [1973] (na sua relação com o lesado) para fazer repercutir, na *ponderação* das culpas, as «capacidades físicas, intelectuais e emocionais» do lesado. Não seguindo caminhos coincidentes, CATTANEO e DEUTSCH colocam, afinal e pragmaticamente, os verda-

---

[1972] Ver *Fahrlässigkeit und erforderliche Sorgfalt, cit.*, pp. 362 e ss. e 404 e ss., *Privilegierte Haftung und Schadensfolge*, in NJW 1966, p. 708, *Grundmechanismen...*, JZ 1968, *cit.*, pp. 721 e ss., *Haftungsrecht..., cit.*, in Festschrift für E. WAHL, p. 345, *Finalität... cit.*, in Festschrift für M. WELZEL, p. 237, *Haftungsrecht, cit.*, pp. 94, 281--282, 321 e 325, *Der Begriff der Fahrlässigkeit im Obligationsrecht*, in Festschrift für M. KELLER, *cit.*, p. 111 e *Unerlaubte Handlungen..., cit.*, §10, p. 67 e §13, p. 88.

[1973] Para uma mesma desvalorização da «tutela do tráfego» *(Verkehrsschutz)*, ver LARENZ, *Lehrbuch...*, I, *cit.*, §20 III, p. 287.

578 *A conduta do lesado*

deiros termos da alternativa: valoração da «culpa» do lesado de uma forma não rigidamente «objectivada» ou segundo um modo basicamente «subjectivado»?

64. A nossa inclinação para a defesa de um critério objectivo flexibilizado e para a ponderação de certos estados subjectivos do lesado

Prima facie, o modelo abstracto *puro* da pessoa normalmente diligente e apta não parece justificar-se para a conduta negligente do lesado, contra os seus próprios interesses, dado não se verificarem em relação a ela as razões (ou as principais razões) que determinaram, para o lesante, a potenciação do critério «romanista» [1974] recebido no artigo 487.°,2. Não sendo o lesado culpado, em geral, sujeito passivo de uma indemnização, nem estando em causa «as exigências da *segurança social*, bem como os *interesses gerais* da contratação e do comércio jurídico» [1975], a sua posição de prejudicado parece reclamar, não uma «imputação social dos efeitos danosos» [1976], mas uma maior ou menor tutela, em função da aplicação de um critério valorativo menos intenso. O afastamento, em relação ao lesado, da chamada «criptoculpa», inerente à avaliação de uma conduta rigorosamente desvaliosa, teria, pois,

---

[1974] O recurso legislativo à figura que MENGER (*apud* FADDA, *est. cit.*, p. 76) apelidara de «mesquinha» não foi bem acolhido, como se demonstra quando vemos CUNHA GONÇALVES, *op. cit.*, XII, p. 452, considerá-la uma «fantasia inadaptada à realidade», PEREIRA COELHO (*O nexo de causalidade..., cit.*, p. 151) a apodar o critério de «arbitrário», GALVÃO TELLES (*op. cit.*, p. 348) a vê-la como «fórmula anacrónica» e ALBERTO DE SÁ E MELLO (*est. cit. supra*, n.498, p. 534) a referir-se a uma «ficção de contornos indefinidos». Na literatura estrangeira, ressalvado o panegírico feito por FORCHIELLI ao que considera ser um modelo «*storicamente insostituibile*» (*Difendiamo il «buon padre di famiglia»*, in RTDPC 1989, pp. 531 e ss.), nota-se uma mesma «alergia» à «*odiosa creatura*» (HERBERT, *apud* PARISI, *est. cit.*, p. 545), em nome da «cristalização do seu significado» e da sua referência estatística (RODOTÀ, *Diligenza* (*dir. civ.*), ED XII, *cit.*, pp. 544 e ss.), da sua «inutilidade» (MAIORCA, *Colpa civile*, ED VII, *cit.*, n.° 39, p. 580) e da ausência de «universalismo» (OFTINGER, *op. cit.*, p. 147). Ver, contudo, e com razão, as reservas formuladas por VAZ SERRA, BMJ n.° 68, *cit.*, pp. 40-41, RIBEIRO DE FARIA, *op. cit.*, I, p. 462 e M. GIORGIANNI, *Buon padre di famiglia*, in NDI II, p. 596 (sem deixar de falar numa «*fortunata formula*») à proclamada nota de «normalidade estatística» do *bonus pater*.

[1975] ANTUNES VARELA, *op. cit.*, I, p. 589.

[1976] SCHÄFER, *op. cit.*, p. 100.

a ver com o desiderato de não afectar em demasia a sua pretensão indemnizatória, não se justificando uma solução *simétrica* ditada por uma visão sancionatória-responsabilizante ou pelo desejo de uma espécie de «pena exemplar», uma e outro não adaptados à culpa do lesado.

A defesa integral do critério «concreto» parece, contudo, pouco razoável, se pensarmos que isso implicaria a deslocação para o lesante de todo um círculo danoso relacionado com a desatenção *usual* do lesado, o seu comportamento físico-psíquico *habitual* e com faltas de aptidão (sensitivas ou não) não supridas com a diligência aplicada. Uma tal concepção representaria, pelo seu tom excessivo, a própria negação do sentido que assinalámos à «autoresponsabilidade» e à própria norma do artigo 570.° – como limite natural à extensão da responsabilidade e critério *equilibrado* e *justo* de repartição do dano –, na medida em que se perderia o balanceamento ponderado dos interesses, alargando-se em demasia a «zona de protecção» para lá daquela *esfera natural*, protegida com a exigência do requisito da capacidade de «culpa». A defesa de uma solução que não olvide os argumentos aduzidos conduz-nos a sufragar um *critério objectivo flexibilizado*, aplicado sem demasiado rigorismo, mas também sem afastar, desde que se mostre justificado, a consideração de *factores pessoais* do lesado. Esta óptica relativamente protectora, e que surge potenciada no regime dos acidentes de trabalho[1977], deve projectar-se à fase da ponderação das culpas (ou do risco com a culpa do lesado), tendo presente a consideração de elementos (*maxime* o enquadramento concreto da hipótese autodanosa) que possam conduzir o julgador a uma atitude jurídica desculpabilizante ou com um efeito de repartição favorável .

O não prescindirmos da comparação da conduta do lesado com a que teria tido, naquela situação de perigo ou de possível dano, uma pessoa medianamente cuidadosa e prudente, dotada de inteligência, conhecimentos e aptidão normais, tem o seu referente principal no círculo de actuação em que o potencial lesado «deve» acatar normas

---

[1977] Como vimos *supra*, n. 822, esse melhor tratamento conexiona-se com a irrelevância das faltas que não sejam *graves* e *indesculpáveis* (e o artigo 13.° do Decreto-Lei n.° 360/71 não deixa de desvalorizar as condutas reveladoras «da habitualidade ao perigo do trabalho» ou decorrentes «da confiança na experiência profissional») e com o critério, mais particularizado, de apreciação da «gravidade indesculpável» (ver, contudo, as observações que fazemos à prática jurisprudencial e as reservas que nos merecem certas decisões).

técnicas de conduta (como condutor, peão, utente dos caminhos de ferro ou de outros transportes públicos) e em que o perigo de dano lhe «impõe» medidas elementares de autoprotecção aceites, em geral, pela consciência social (o que pode ser o caso do capacete protector em relação ao ciclista e ao cavaleiro, que circulem em estradas movimentadas, mas já não quanto ao simples peão). Sendo certo que nesse domínio «normativizado» devem ser desculpabilizadas as pequenas faltas, as imprevidências «microscópicas», determinadas pelas condições globais em que se processa hodiernamente o trânsito dessas pessoas, seria anómalo, por outro lado, deixarmos de autoresponsabilizar o *condutor*, a quem faltam reflexos, destreza[1978], experiência[1979] ou boa capacidade de visão, o *peão*, por ter o hábito de atravessar com sinalização luminosa proibitiva[1980] ou o *passageiro*, por subir e descer do comboio em andamento ou viajar no estribo do eléctrico[1981]. Neste âmbito, de perigosidade acentuada, seria estranho que se procedesse a uma apreciação desculpabilizante dos hábitos grosseiros (mesmo generalizados)[1982] ou da leviandade usual do lesado, não nos parecendo sequer acolhedora de apoio a posição «suavizante» de ROTHER[1983], ao restringir o conteúdo da conduta da pessoa normalmente prudente e cautelosa,

---

[1978] No acórdão do STJ de 2 de Maio de 1975, in BMJ n.° 247, pp. 146 e ss., considerou-se circunstância agravante o ser a condutora-lesada «neófita na condução».

[1979] Para uma hipótese de *falta de perícia* de um motociclista, que não se desviou de um veículo automóvel, ver o acórdão da RP de 8 de Março de 1984, publ. na CJ, ano IX, tomo 2,1984, pp. 204 e ss..

[1980] No caso decidido pelo acórdão da RP de 10 de Novembro de 1928, publ. na GRLx, ano 43.°, 1929-1930, p. 8, provou-se que o peão atropelado tinha o costume «de andar cabisbaixo, olhando para o chão...».

[1981] Para o tratamento desculpabilizante dessa hipótese, vendo-a num certo contexto social como «consequência do defeituoso aparelhamento da própria empresa», ver AGUIAR DIAS, *op. cit.*, pp. 813 e ss..

[1982] Ver *supra*, n.^tas 1291 e 1526, para uma factualidade em que se considerou normal, «dada a sua frequente verificação», o subir para um eléctrico em andamento. Quanto à possível irrelevância das «práticas de risco», mais ou menos difusas, e no tocante à utilização de capacete protector, na fase da não obrigatoriedade legal, já a RP, no aresto de 14 de Janeiro de 1976, in CJ ano I, tomo 1, 1976, pp. 75-76, relevava a imprudência cometida pelo transportado e o BGH, em decisão de 9 de Fevereiro de 1965, in NJW 1965, p. 1075, fazia sobressair a *razoabilidade* da medida protectora e a sua aceitação social (cfr. *Münchener Kommentar*/GRUNSKY, *cit.*, §254, n.° 24 b), pp. 440--441), em contraste com a flutuação jurisprudencial (de que foi exemplo a decisão do OLG Celle de 3 de Março de 1975, sum. na NJW 1975, p. 2249, com nota crítica de KNIPPEL) atinente à «culpa» na não utilização do cinto de segurança.

[1983] NJW 1966, *cit.*, p. 329.

O tríplice pressuposto legal do concurso 581

dispensando-a, em nome da «confiança», de ter que contar com alguma imprevidência alheia[1984].

A flexibilização do critério abstracto ou o apelo a um certo subjectivismo encontra a sua zona de eleição na actuação dos lesados jovens, idosos ou portadores de anomalias físicas, na medida em que a conduta do cego, do surdo ou do deficiente (que se desloca numa cadeira de rodas ou que caminha com bengala ou apoiado em canadianas) deverá ser apreciada por confronto com o cuidado e a diligência normais que teria tido uma pessoa com as mesmas *debilidades*[1985]. Na ausência de um regime automático de protecção, como o da lei BADINTER, e numa sociedade complexa que vive em torno da «pessoa normal» (com carros estacionados nos passeios, obras mal assinaladas e outros obstáculos à circulação pessoal) o único «preço» a pagar pelo direito de vivência social dos mais «frágeis» deve ser apenas o de tentarem suprir a sua debilidade pessoal com um maior cuidado. Se não devemos, assim, culpabilizar o cego diligente, mas vítima da sua deficiência[1986], o anósmico, por ter consumido alimentos putrefactos, embora dentro do prazo de validade, o idoso ou o incapaz atentos, mas com falta de ligeireza no atravessamento de uma «passadeira»[1987], ou o menor, de nove anos, por desconhecer o perigo de um foguete não rebentado ou por ter avaliado mal a distância de aproximação do veículo, já devemos valorar negativamente a conduta daqueles lesados que expuseram a sua «aptidão autodanosa», apesar de

---

[1984] A maior ou menor «confiança» dependerá, naturalmente, da intensidade do perigo e da menor ou maior diligência que seja de esperar dos potenciais lesantes (como condutores, empreiteiros, produtores de bens de consumo ou fornecedores de divertimentos).

[1985] Para essa atenuação ou excepção, como a considera DEUTSCH (*Unerlaubte Handlungen..., cit.*, §10, p. 67), ver, entre nós, RUI DE ALARCÃO, *op. cit.*, p. 264 e, na doutrina germânica, KÖTZ, *op. cit.*, n.ᵒˢ 115-116, pp. 48-49 (exemplificando com o atravessamento de uma via movimentada, ao anoitecer, por uma criança de sete anos e com dificuldades auditivas), MEDICUS, *Schuldrecht, cit.*, §29, p. 147 e ESSER/SCHMIDT, *op. cit.*, I, 2, §26 II, p. 85.

[1986] Ver *supra*, n.1585 e o caso decidido pela Relação de Lisboa. BUSSANI (*op. cit.*, pp. 212-213) refere o caso *Haley v. London Electricity Board* (1965), julgado pela *House of Lords* e relativo à queda de um cego num buraco, existente num passeio, não assinalado devidamente pelos trabalhadores de uma empresa, tendo em conta a passgem de invisuais. Pelo seu interesse, para essa relação entre a chamada «*insidia stradale*» e a menor capacidade de certas pessoas, ver a sentença da *Pretura* de Bari de 13 de Maio de 1992 e o comentário feito por G. DE MARZO no FI, I, 1993, col. 2731-2732.

[1987] DUNZ, JZ 1961, *cit.*, p. 410 e NJW 1986, *cit.*, p. 2236, considera não «perturbadora» a conduta dos deficientes, independentemente da sua «culpa» na génese da debilidade.

582 A conduta do lesado

saberem não ter capacidade de adaptação a certa situação de perigo ou de possível perigo[1988]. O argumento «educativo», que funda a concepção de uma culpa avaliada abstractamente, e que tem reflexos sociais manifestos, é aqui neutralizado pela constante observação de que as pessoas com «mobilidade reduzida» deverão ser *mais cuidadosas* do que as «pessoas normais»[1989], compensando a sua «inferioridade» com a aplicação diligente de outras qualidades[1990] e evitando, em último termo, locais desconhecidos ou com sinais patentes de perigo[1991]. A maior dificuldade reside, naturalmente, na delimitação de um «acréscimo de cuidado», prévio ou não, que só a particularidade de cada caso poderá determinar, tendo sempre presente uma determinada razoabilidade e o direito fundamental de liberdade física – «deverá» o cego estar acompanhado[1992] ou ser auxiliado por um cão? O menor, com deficiências auditivas importantes, «deverá» ser acompanhado sempre que atravessa uma rua? «Deve» o deficiente físico fazer um desvio considerável para evitar utilizar um acesso complicado? A que estão «obrigados» os idosos que procurem descer de uma carruagem, parada fora do cais da estação?

[1988] Essa «assunção da culpa» (*Übernahmeverschulden*) é, por ex., afirmativa, se já houve indícios de má audição ou visão, se o potencial lesado toma medicação com efeitos perniciosos, ou se não segue os conselhos médicos após ter sido acometido de um enfarte (cfr. ERMAN/KUCKUK, *op. cit.*, §254, n.º 37, p. 616). Para esses «sinais de premunição», ver BUSSANI, *op. cit.*, pp. 225-226.

[1989] Para esse *natural* acréscimo de cuidado, ver WESTER, *op. cit.*, p. 181, DEUTSCH, *Fahrlässigkeit...*, *cit.*, p. 362, DUNZ, JZ 1961, *cit.*, p. 410, ESSER/SCHMIDT, *op. cit.*, I, 2, §35 II, p. 263 e LANGE, *op. cit.*, §10 IX, p. 568.

[1990] Ver *supra*, n. 629, para o caso da «mordedura do cão». No caso (de dano material) sobre que versou o acórdão do STJ de 28 de Janeiro de 1945, in BOMJ, ano V, n.º 27, 1945, p. 32, foi considerado culpado o condutor «aleijado, sem movimento nas pernas», por não ter adequado a velocidade do veículo à necessidade de ter que recorrer a instrumentos manuais. Na situação, objecto do acórdão do STA de 25 de Julho de 1985, *cit.* (*supra*, n.76), o lesado não compensou com uma maior diligência a limitação do seu ângulo de visão, face às *características* do veículo em que se fazia transportar. BUSSANI (*op. cit.*, pp. 198-199) refere decisões do direito anglo-saxónico que consideraram culpado o lesado pela sua negligência, apesar da posse, em abstracto, de uma debilidade.

[1991] O hemofílico deverá afastar-se de locais tumultuosos, o epiléptico não deverá conduzir ou aceitar trabalhos que requeiram a utilização de andaimes, o «grande deficiente» deverá evitar pisos gelados (cfr. LANGE, *op. cit.*, §10 IX, p. 568), o idoso, que ande de bicicleta, terá vantagens em usar capacete, etc.

[1992] A *Cour* de Paris, em decisão de 10 de Fevereiro de 1961 (*apud* ESMEIN, *est. cit.*, *supra*, n.126, p. 5), confirmada pela *Cour de Cassation* (cfr. a RTDC 1965, p. 364), considerou em *faute* o cego que utilizava sózinho o metropolitano, e que, ao pôr um pé no «vazio», caiu na via e foi esmagado pela composição.

O tríplice pressuposto legal do concurso 583

Nas zonas de «contacto social» mais específico poderão ter um tratamento mais favorável, mas sem exclusão da «culpa», aquelas imprevidências que poderiam ter sido evitadas com um maior esforço, diligência ou atenção, apesar do *estado psíquico* do lesado ou da sua *pouca instrução*. Nesta última hipótese, configurável quanto aos *avisos de perigo* e à «mensagem» que não pode ser recebida ou entendida, sendo de afastar, quer a invocação desculpabilizante de factos cujo conhecimento integra o «património intelectual de cada pessoa minimamente inteligente»[1993], quer o desconhecimento de regras elementares de autoprotecção[1994], já não nos repugna aceitar, em determinados casos, a invocação plenamente relevante do *desconhecimento técnico*[1995] (pessoa que não valore devidamente certo sintoma ou lesão), do *não conhecimento desculpável* de um perigo oculto[1996] ou a *ignorância* da «mensagem» de perigo, encerrada num escrito e não «recebida» pelo analfabeto, na ausência de outros indícios «avisadores». Para lá dessa dupla relevância, podem verificar-se ainda outras razões, internas ou

---

[1993] PARISI, *est. cit.*, pp. 592-593. Na hipótese da «antena de televisão», que focámos *supra,* n.1481, não seria de questionar o «dever de conhecimento» sobre a perigosidade dos cabos eléctricos de alta tensão.

[1994] Será o caso do «dever» do passageiro, que viaja de pé, de agarrar-se aos apoios existentes, do espectador de um *rally* de não ficar numa curva perigosa, ou do campista não acampar na base de uma falésia, patentemente perigosa. Como se afirma no acórdão do STJ de 4 de Março de 1980, publ. no BMJ n.º 295, p. 364, não é culposa a atitude do passageiro, que seguia de pé no autocarro (ia sair na paragem seguinte) e foi projectado para o exterior, atendendo a que o veículo circulava com a porta aberta e o condutor, ao não reduzir a velocidade à entrada de um cruzamento, foi obrigado a uma travagem brusca. Estranhamente, o tribunal atibuiu 1/8 de culpa ao lesado...

[1995] Cfr., aliás, DEUTSCH (*Die Fahrlässigkeit als Außerachtlassung der äußeren und der inneren Sorgfalt*, in JZ 1988, p. 996), para a integração desse aspecto naquilo, a que o jurista alemão, numa linguagem colhida em ENGISCH, apelida de «*innere Sorgfalt*». O desconhecimento técnico, identificado com a *falta de experiência*, é que já não poderá ser alegado como razão desculpabilizante nos domínios em que sejam essenciais tais conhecimentos, como no caso de alguém praticar caça, montar um cavalo ou conduzir um automóvel (ver *supra,* n.1978). Ver, a propósito do relevo da posse de qualidades físico-psíquicas *superiores à média*, BUSSANI, *op. cit.*, pp. 215 e ss..

[1996] Sirva de exemplo o caso subjacente ao acórdão do STJ de 7 de Julho de 1994, in CJ, ano II, tomo 3, 1994, pp. 47 e ss., do menor, de 13 anos, lesado pela explosão de um foguete, que havia encontrado e tinha sido lançado por ocasião de festejos. Num caso análogo, que chegou ao nosso conhecimento, já seria de considerar a culpa de um menor, conhecido pelo «Bombista». A. BORRELL MACIA, *Responsabilidades derivadas de culpa extracontratual civil*, 2ª ed., Barcelona, 1958, p. 97, cita uma decisão relativa a um caso em que o lesado *não sabia* que um poste de alta tensão, que servia de apoio a um estendal de roupa, não estava em condições regulamentares.

584   *A conduta do lesado*

com certos contornos externos, susceptíveis de desculpar condutas com dano próprio e que, de outro modo, mereceriam a chancela da negligência. Efectivamente, e como veremos melhor[1997], o nervosismo, a precipitação e a perda de sangue-frio são desculpáveis para uma actuação do lesado numa situação de *emergência* ou de *pressão-provocação*; a liberdade pessoal, o receio, o medo, a idade e a falta de meios pecuniários poderão levar à negação da natureza culposa da conduta omissiva do lesado (*não redução ou eliminação do dano sofrido*); e a necessidade de angariar meios de subsistência pode tornar *relativamente* «culposa» a exposição do lesado ao perigo de uma lesão provável[1998]. Quanto aos reflexos que as decisões de consciência (*maxime* por motivações do étimo religioso do lesado) poderão ter na não adopção de medidas de segurança[1999] ou na renúncia à eliminação do dano (o caso paradigmático da Testemunha de Jeová que recuse uma intervenção cirúrgica ou uma transfusão de sangue[1999-a]), mesmo que não estejamos, em rigor, perante condutas culposas desses lesados, não será razoável, só por essa *motivação de consciência* (quase sempre irracional), fazer-se deslocar para o lesante todo o peso da indemnização. A esta questão mais complexa havemos de voltar adiante.

65. Tipologia da conduta culposa (negligente) do lesado e das causas justificativas do comportamento autodanoso (em especial nas situações de exposição ao perigo em benefício alheio)

Se quisermos, agora, e em complemento do que dissemos no número anterior, sistematizar e *tipificar*[2000] as formas mais vulgares de

---

[1997] *Infra*, n.º 65.

[1998] Ver o caso do «trapezista»», a que se aludiu *supra*, n.1400. Para uma outra motivação material, ver o caso relatado por DUNZ na JZ 1961, *cit.*, p. 407 (exemplo 1. a)), do proprietário confinante com uma fábrica de produtos inflamáveis e que, ao adiar, por *razões económicas,* a construção de um muro protector, veio a sofrer as incidências de um incêndio entretanto ocorrido.

[1999] INGO VON MÜNCH, *est. cit.*, p. 117, refere o problema, que surgiu em Inglaterra, da recusa «ideológica» dos *sikhs* em retirar o turbante para cumprirem a regra de utilização do capacete protector.

[1999-a] Há que referir que o progresso tecnológico, visível na alternativa da «autotransfusão de sangue autólogo em processo contínuo», pode retirar à recusa o seu significado bíblico e fazer deslocar o eixo da questão.

[2000] Ver a tipificação e a exemplificação abundante que se encontra em LANGE,

O tríplice pressuposto legal do concurso585

actuação negligente do lesado, podemos afirmar que ela pode integrar a *não actuação sobre uma fonte de perigo criada pelo potencial lesante e potenciada ou não por um fenómeno natural* (pessoa que entra num prédio arruinado, desce, às escuras, escadas em mau estado, utiliza uma varanda insegura, atravessa a correr um local público com indícios de nele haver óleo derramado ou coloca um depósito de palha junto a uma via onde circula um comboio a carvão [2001]); a *não observância de avisos de perigo ou de recomendação dadas por profissionais competentes* (o lesado omitiu a leitura de instruções relativas à utilização do produto, aproximou-se de um animal perigoso, não utilizou o caminho recomendado, não se afastou da zona de perigo anunciado [2002] ou omitiu exames médicos aconselhados [2003]); a *não adopção de medidas cautelares que evitariam o dano ou o maior dano* (a lesada usava saltos altos [2004], curvou-se sobre um aparelho de *grill* [2005], estacionou o seu veículo junto a um local onde se podava uma árvore); a *colocação em perigo derivada da inobservância das medidas elementares de prudência ou das regras predispostas para a segurança, exclusiva ou não, dos peões, dos condutores e dos passageiros* (o condutor não coloca cinto de segurança ou capacete protector, ultrapassa sem a devida margem de segurança [2006], após um acidente nocturno não encosta o seu veículo à

---

op. cit., §10 IX, pp. 563 e ss., PALANDT/HEINRICHS, *cit.*, §254, n.ᵒˢ 16 a 31, pp. 291-294 e ERMAN/KUCKUK, *op. cit.*, §254, n.°ˢ 27 a 48, pp. 614 e ss.. Para uma ampla casuística no domínio dos acidentes de trânsito, ver H. e L./J. MAZEAUD/TUNC, *op. cit.*, n.ᵒˢ 1471 a 1474, pp. 565 e ss..

[2001] Cfr., para esse exemplo, BORRELL MACIA, *op. cit.*, pp. 101 e 112.

[2002] Ver *supra*, n.ˡᵃˢ 1582, 1585 e 1595. Não concordamos com a decisão do STJ (acórdão de 11 de Outubro de 1994, in CJ, ano II, tomo 3, 1994, pp. 89 e ss.) de não ter considerado conculpado o motociclista, que «invectivou» o guardador de algumas ovelhas, que o fizeram cair, e que, ao levantar a motorizada, veio a ser atropelado por um veículo conduzido com excesso de velocidade.

[2003] A decisão do BGH de 30 de Junho de 1992, in MDR 1992, p. 1130, versou, precisamente, sobre um caso de esterilização masculina fracassada, tendo sido alegada a omissão de exames que deviam ter sido realizados decorrido um certo lapso de tempo.

[2004] Cfr. ESSER/SCHMIDT, *op. cit.*, 6ª ed., §35 II, p. 577. Contrariamente ao que vemos afirmado pelo STJ, no acórdão de 26 de Julho de 1968 (*supra*, n.597), o ser «jovem, solteira, com reais atributos de beleza» não deve levar à declaração de «culpa» ou de «conduta criticável» só porque era transportada por um homem... casado e idoso.

[2005] O OLG Düsseldorf, em sentença de 30 de Agosto de 1990, publ. na MDR 1990, pp. 1117, considerou culpado o lesado por se ter curvado sobre o *grill,* na altura em que outra pessoa deitava álcool no carvão ainda incandescente.

[2006] Para essa hipótese, ver, por ex., o acórdão do STJ de 2 de Maio de 1975, in BMJ n.° 247, p. 146, e, para o início da marcha com sinalização vermelha e a falta de

berma; o peão[2007] surge inesperadamente, atravessa a via numa zona escura, com má visibilidade ou a ler o jornal, não utiliza, numa via de tráfego intenso, uma «passadeira» situada a curta distância[2008] ou uma passagem superior, veste, de noite, roupas escuras[2009]; o passageiro não utiliza a passagem subterrânea existente na estação ferroviária ou sobe com o comboio em andamento); e, por fim, a *escolha de pessoas inadequadas para a realização de certas tarefas* (o comitente escolhe um condutor inexperiente ou contrata um trabalhador sem a qualificação necessária para a actividade pretendida)[2010].

A apreciação do factualismo envolvido nas condutas do lesante e do lesado pode levar a excluir a «culpa» com que aparentemente o

---

cautela de um veículo prioritário, ver, respectivamente, os acórdãos do STJ de 7 de Fevereiro de 1985, in BMJ n.° 344, pp. 416 e ss. e da RC de 8 de Janeiro de 1975, sum. no BMJ n.° 244, p. 321.

[2007] Para uma análise da jurisprudência relativa à *faute* do peão e para os índices de imprevisibilidade, favoráveis ao *gardien*, como a *obscuridade*, a *hesitação*, a *falta de visibilidade* e o *aparecimento súbito*, ver IVAINER, *La faute du piéton, source d'exonération de responsabilité du gardien*, JCP 1975 I, 2703, n.ºˢ 3 e ss..

[2008] No caso sobre que recaiu o acórdão do STJ de 9 de Junho de 1976, publ. no BMJ n.° 258, pp. 157 e ss., o peão atravessou perpendicularmente, com passo normal, indiferente ao trânsito e em local não sinalizado, e na hipótese do acórdão do mesmo STJ de 7 de Novembro de 1978, in BMJ n.° 281, p. 291, atravessou uma avenida movimentada, a 20 metros da «passadeira», numa altura em que era «aberto» o trânsito.

[2009] O *tom do vestuário* do lesado foi alegado pelo lesante em alguns arestos, embora, por ex., na hipótese que constituiu a base fáctica do acórdão da RP de 29 de Abril de 1977, *cit. (supra*, n.1614), a culpa dos dois guardas, que vestiam «capotes negros», estivesse mais relacionada com a circunstância de terem atravessado uma rua «em noite escura, em local de fraca iluminação...». Se em relação à «negritude» da indumentária dos dois polícias ainda se podia falar de «vestuário obrigatório», já no caso que originou o acórdão da RC de 27 de Abril de 1988, publ. na CJ, ano XIII, tomo 2, 1988, pp. 100 e ss. (após um acidente nocturno, três agentes da PSP, fardados de *cinzento* e apenas com um bastão luminoso, ao procurarem regular o trânsito foram atropelados por um veículo pesado), a *falta de cintos* ou de *coletes reflectores* foi considerada circunstância relevante. Quanto ao atropelamento de peões, o 1/4 de culpa atribuído ao lesado (que vestia «roupas escuras») pelas instâncias, e confirmado pelo STJ, em acórdão de 9 de Maio de 1991, publ. na CJ, ano XVI, tomo 3, 1991, pp. 10 e ss., terá resultado antes da violação do artigo 40.°, n.°3, §2 do Código da Estrada de 1954. Invulgar é o caso judicial, relatado por CRISCUOLI, *est. cit.*, pp. 548-549, do seminarista que, ao procurar num jardim uma bola perdida, sofreu lesões por ter ficado com a sotaina presa numa das lanças da grade protectora.

[2010] Como afirma LANGE, *op. cit.*, §10 IX, p. 571, a «culpa» do lesado não reside tanto no recurso ao chamado «trabalhador clandestino» (*Schwarzarbeiter*), mas no facto de não ter sido verificada a sua aptidão.

O tríplice pressuposto legal do concurso

lesado terá actuado ou, pelo menos, considerar com pouca gravidade uma conduta autolesiva, mais ou menos «provocada». A «união» da heteroresponsabilidade e da autoresponsabilidade, que vimos defendida em certos quadrantes doutrinários, faz avocar aqui a transposição *directa*[2011] ou *analógica*[2012] das chamadas *causas de justificação do ilícito*, como o estado de necessidade[2013], mas, para a nossa perspectiva não *geométrica* ou com um (relativo) geometrismo, devidamente justificado, há que fazer incidir a análise na conduta bilateral e no circunstancialismo externo e interno subjacente à «atitude» autodanosa, independentemente de qualquer juízo objectivo atinente à licitude da acção ilícita do lesado! Também aqui, e mais uma vez, a questão essencial é a da repartição justa do dano e o «seu» critério não pode derivar de puras considerações dogmáticas.

Assim como foi possível tipificar, aliás sem exaustão, o leque de condutas negligentes do lesado, é também admissível fazê-lo relativamente aos *comportamentos* do lesado que merecem, em geral, um *juízo desculpabilizante*.

Em primeiro lugar, essa desculpabilização pode ter a ver com um quadro circunstancial, fortuito ou culposo, que leve o futuro lesado a um comportamento de *emergência* (a «*agony of the moment*» ou o «*dilemma principle*» de que falam os autores anglo-saxónicos[2014]) , não ponderado e com risco próprio, mas tornado necessário face ao perigo eminente criado para os seus bens pessoais[2015]. A atitude impulsiva ou

---

[2011] É o caso de SCHÄFER (*op. cit.*, pp. 115 e ss.), ao invocar um argumento *a maiori ad minus* (se alguém actua em «estado de necessidade defensivo», e é ferido, não lhe pode ser oposta a excepção do §254). Ver *supra*, n. 183.

[2012] Assim, DEUTSCH, *Unerlaubte Handlungen...*, *cit.*, §13, p. 88 (exemplificando com a lesão sofrida por quem agiu em *legítima defesa*, mas sem omitir a referência ao *estado de necessidade* e à *adequação social*), REIMER SCHMIDT, *op. cit.*, p. 115 e CATTANEO, *est. cit.*, RDC I, 1967, pp. 487-488.

[2013] Retomando os exemplos, colhidos em fontes inglesas, da *pessoa excessivamente obesa* e da *grávida*, CRISCUOLI, *est. cit.*, pp. 550-551, considera, acertadamente, que essas duas situações integram o *estado de necessidade*, enquanto excludentes da «culpa» do passageiro que não coloca o cinto de segurança. Diversamente, e como já aludimos (*supra*, n. 1730), serão irrelevantes as razões atinentes a *queixas subjectivas insignificantes*.

[2014] Cfr. STREET/BRAZIER, *op. cit.*, p. 244, e o caso (mais famoso) *Jones v. Boyce* (1816): perante a ameaça de uma carruagem virar, por falta de resposta dos travões, o lesado saltou do veículo, partindo uma perna.

[2015] Atente-se nos casos da pessoa que se lança à água para escapar aos efeitos do incêndio num navio carregado de explosivos (ver também *supra*, n. 1484), da

588 *A conduta do lesado*

não reflectida por parte do lesado pode relacionar-se, ainda, com o seu papel de participante no tráfego e com a «resposta natural» à ocorrência de situações inesperadas (como no caso clássico do peão que, «impulsionado» pelo surgimento de um veículo, se desvia, acabando por ser atropelado por outro[2016]).

Em segundo lugar, a conduta autodanosa do lesado pode estar relacionada com uma espécie de imperícia, *suscitada*, em regra, por um facto alheio culposo e traduzida num *juízo errado*[2017] ou numa reacção de *medo*[2018], *perturbação*[2019] ou *atrapalhação-indecisão*[2020] do preju-

---

passageira que salta do veículo para escapar à agressão sexual do condutor (hipótese que serviu de base à decisão da *Cour* d'Angers de 16 de Outubro de 1985 e é apresentada por STARCK/ROLAND/BOYER, *op. cit.*, n.° 637-3, p. 345) e do transportado que se atira do comboio, que descarrila, ou da viatura que se inclina com o excesso de peso. Os exemplos são-nos referidos, respectivamente por LAPOYADE DESCHAMPS, *op. cit.*, p. 44, TRIMARCHI, *Causalità...*, *cit.*, p. 131, n.(123) e LALOU, *op. cit.*, p. 241.

[2016] Para a defesa da ausência de culpa nas decisões *imediatas* reclamadas por situações anómalas, ver VAZ SERRA, BMJ n.° 90, *cit.*, p. 166, n.(314).

Na motivação orientadora do acórdão do STJ de 8 de Julho de 1959, publ. no BMJ n.° 89, pp. 397 e ss., nem sequer se considerou concorrente para o dano o «cambalear» da vítima para a faixa de rodagem, dado o condutor conduzir«quase completamente sobre a berma da estrada» e aquela ter ficado encandeada pelos faróis do veículo. O cambalear do peão, por embriaguez, já não justificou o mesmo tratamento numa hipótese análoga, decidida no acórdão do STJ de 15 de Janeiro de 1980, in BMJ n.° 293, p. 285. É de voltar a referir, aqui, o caso da «violenta vaga de mar» (cfr. *supra*, n.[tas] 644, 859 e 899), colocando reservas à defesa pelas instâncias e pelo Supremo de uma *culpa exclusiva do lesado* (*ex vi* do artigo 40.°,3 do anterior Código da Estrada), com o argumento de o lesado não ter sabido «dominar o instinto de defesa de modo a não invadir a faixa, em fuga desordenada, sem atenção ao trânsito...». Estando com AMÉRICO MARCELINO (*op. cit.*, p. 95) na recusa da qualificação culposa para o «gesto mecânico» do lesado, parece-nos, por outro lado, que se terá partido da (estranha) exigência de uma reflexão irrealista, fora do alcance da pessoa normalmente cuidadosa e previdente. É certo que ANTUNES VARELA (RLJ, ano 101.°, *cit.*, p. 251) considerou justificada a atitude instintiva do lesado, mas veio a imputar-lhe «alguma culpa» pela forma «desordenada» como reagiu.

[2017] No caso decidido pelo acórdão da RC de 16 de Dezembro de 1981, publ. na CJ, ano VI, tomo 5, 1981, pp. 94 e ss., o peão *calculou mal* a velocidade (excessiva) do condutor, não suspendendo a travessia e apressando-a, apesar da sinalização acústica.

[2018] É de questionar, com LANGE (*op. cit.*, §3 X, p. 132), se o *psiquismo extremamente sensível* de uma senhora pode justificar a sua queda perante a presença de um cão inofensivo, mas já será de imputar ao dono do cão o dano consequente a mordedura, numa situação em que o *instinto de defesa* do ameaçado o tenha levado a estender a perna (caso decidido pela *Corte di Cassazione* em 16 de Maio de 1958, in FI, I, 1958, col. 1387).

[2019] Cremos que o tribunal (acórdão do STJ de 28 de Outubro de 1964, in BMJ

O tríplice pressuposto legal do concurso 589

dicado. É claro que o discurso tomará outra direcção se o próprio lesado «abriu» uma fonte de perigo para si, que inclua a possibilidade de uma qualquer dessas atitudes (pensamos no caso da pessoa que, seguindo para casa junto à linha férrea, se *assuste* com o sinal sonoro de um comboio e se precipite para a mesma linha).

Num terceiro quadrante, podemos incluir os casos em que a exposição ao perigo por parte do potencial lesado está sintonizada com um determinado *agere licere*, a cujo exercício não pode renunciar, dada a inexistência de alternativas razoáveis[2021] (atente-se na hipótese quotidiana do peão confrontado com os obstáculos existentes nos pas-

---

n.° 140, pp. 326 e ss.) terá sido severo ao fixar 75% de responsabilidade para o condutor de uma motorizada que, «ao ver que o camião invadia com o rodado do lado esquerdo a metade esquerda da estrada»..., «entrou a fazer zigue-zagues...».

[2020] Ver, como concretizações, o caso hipotizado por VAZ SERRA (*supra*, n.1462), a situação subjacente ao acórdão do STJ de 22 de Março de 1961, publ. no BMJ n.° 105, p. 541 (atropelamento de um peão, autor de uma reacção infeliz – saltou do passeio para a rua – em consequência da perda de domínio do veículo pelo condutor atropelante, galgando o passeio e tornando a guinar para a faixa de rodagem) e da RP de 12 de Novembro de 1986, in CJ, ano XI, tomo 5, 1986, pp. 248 e ss. (a passividade ou a demora na reacção ao «espanto e admiração» provocados por duas vacas, ao invadirem «súbita e imprevistamente» a estrada, originou uma colisão com um motociclista). Diga-se ainda, relativamente ao caso decidido pelo Supremo, que o lesado veio a precipitar-se da janela do hospital, durante o internamento, e que a primeira instância, apesar de ter valorado uma *culpa bilateral,* deixou sem resposta a questão de saber se ela se referia ao primeiro dano ou ao seu agravamento.

[2021] Figure-se o caso decidido pela RL (*Secção criminal*) no acórdão de 28 de Novembro de 1989, publ. na CJ, ano XIV, tomo 5, 1989, pp. 150 e ss.: o maquinista parou parte do comboio fora do cais de acesso e uma passageira, de 55 anos, *precisando* de sair numa determinada estação, saltou um desnível de 80 cm, vindo a sofrer graves lesões. Apesar de se ter provado que o comboio estava cheio e que a lesada não podia ter utilizado outra saída, o tribunal considerou ter havido uma «concorrência de culpas», em partes iguais, o que veio a ser confirmado pelo STJ no acórdão de 20 de Junho de 1990, publ. na CJ, ano XVIII, tomo 1, 1990, pp. 22-24. A decisão merece-nos sérias reservas, face ao factualismo provado, notando-se, mais uma vez, uma certa impreparação dos Juízos Criminais para resolver adequadamente as questões cíveis (e, no caso, a «inadequação» abarca mesmo a fase da fixação do conteúdo indemnizatório). Para nós, a inexistência de uma alternativa válida para a lesada e a situação de «pressão» em que foi colocada teriam justificado a imputação do dano exclusivamente ao maquinista (e à CP) ou, pelo menos, à fixação de uma quota inferior de co-participação «culposa» da lesada. A invocação inequívoca do artigo 570.° e, eventualmente, o afastamento do pressuposto concausal, só poderiam legitimar-se caso se tivesse provado que a lesada, perante outra alternativa não perigosa, quis assumir o risco do seu afastamento (o ponto é, aliás, aflorado no rígido voto de vencido do

seios). Neste âmbito, o juízo de desculpabilização dependerá, essencialmente, da presença rígida desses pressupostos, sendo de considerar *culposa* a conduta do lesado sempre que não opte pela via razoável ou quando a vantagem pretendida não justifique a exposição ao perigo [2022].

Num quarto círculo tipológico deparamos com um conjunto de situações nas quais a conduta do lesado não surge, como nos dois primeiros quadrantes, em conexão forçosa, necessária ou natural com um facto alheio criador de perigo, mas é *motivada, impelida* ou «*provocada*» [2023] por um diferente estado de perigo, criado, em geral, por um terceiro, e destinando-se a intervenção a afastar esse mesmo perigo. Neste enunciado genérico englobam-se figuras de grande riqueza

---

Desembargador ATAÍDE LOBO, ao relevar-se a *pressa* como determinante da conduta da autora). A propósito da relatividade da «pressa», ver *supra*, n.1582.

Para decisões da jurisprudência francesa em casos análogos,e favoráveis ao transportado, ver ESMEIN, D. *cit.* (*supra*, n.126), p. 4, e para as ilações que RODIÈRE faz derivar, relativamente aos *accidents de quai*, da *obligation de résultat de sécurité*, ver o seu comentário no JCP 1976, II (*Jurisp*), 18477, à decisão da *Cour de Cassation* de 27 de Abril de 1976 (lesões sofridas por uma passageira, ao descer do comboio, em virtude de ter *escorregado* no estribo humedecido pela chuva). Relevando, em casos análogos ao que referimos, o *dever de prevenção* por parte dos responsáveis, ver BUSSANI, *op. cit.*, pp. 208 e ss.. CATTANEO (*est. cit.*, p. 495) dá-nos como exemplo de uma «exposição forçosa ao perigo» o caso do inquilino que, para entrar na habitação, *tem* de usar uma escada em mau estado, e no *case Clayards v. Dethick and Davis* (1848) o dono de uma cavalariça sofreu a morte de um dos seus cavalos ao utilizar uma passagem perigosa (mas *única*), resultante da abertura negligente de uma vala (cfr. STREET/BRAZIER, *op. cit.*, p. 245, n.(7) e WESTER, *op. cit.*, p. 161).

[2022] No caso do «trapézio» (*supra*, n.1398), a necessidade económica poderá servir apenas como «circunstância atenuante». Mais complexa será uma tomada de posição para as hipóteses em que o locatário *tenha* que permanecer no local arrendado, pese o mau estado da habitação. As exigências do trabalho agrícola é que já não justificam que um arrendatário continue a utilizar um celeiro perigoso, conhecendo essa perigosidade e tendo dela dado conhecimento ao senhorio (a *Corte di Cassazione*, em 13 de Julho de 1964, *apud* FI, I, 1964, col. 1784-1786, inclinou-se a favor de um concurso de culpas).

[2023] A expressão, por influência directa de LARENZ (*Zurechnung im Schadensersatzrecht, cit.*, in Festschrift für R. HÖNIG, pp. 85 e ss. e *Lehrbuch..., cit.*, §27, p. 456), foi assumida pela jurisprudência do BGH, na sentença de 13 de Janeiro de 1976, num caso de «perseguição» («...*sich der Verfolgende zum Eingreifen herausgefordert fühlen durfte...*»). Para essa decisão e para o critério que institui, ver GERD NIEBAUM, *Die Verfolgungsfälle und ihre Wertungskriterien*, in NJW 1976, pp. 1673-1674 (formulando algumas reservas ao critério jurisprudencial e preferindo o termo «*Veranlassung*» para cobrir os casos em que o perseguidor não leva a cabo uma perseguição «emocional») e R. ZIMMERMANN, *Herausforderungsformel und Haftung für fremde Willensbetätigungen nach §823 I BGB*, in JZ 1980, pp. 10 e ss..

O *tríplice pressuposto legal do concurso* 591

dogmática, não inteiramente coincidentes entre si, como são os casos dos *actos de socorro*, praticados numa situação de emergência (o «*soccorso di necessità*» de que fala TROISI[2024] ou o *acte de dévouement*, a que se refere a doutrina francesa[2025-2026]), as hipóteses de «perseguição», a que a doutrina alemã chama de «*Verfolgungsfälle*» ou de «*Fluchtfälle*» (o caso paradigmático da perseguição ao condutor que não acatou um sinal de paragem feito por um agente policial, pondo-se em fuga[2027]) e o caso mais particular do «auto-sacrifício no tráfego

---

[2024] *L'autonomia della fattispecie di cui all'art. 2045 c.c.*, Napoli, 1984, p. 38, n.(138).

[2025] Cfr. MICHEL RIOU, *L'acte de dévouement*, in RTDC 1957, pp. 221 e ss. e J. FLOUR/JEAN-LUC AUBERT, *op. cit.*, n.°8, p.14.

[2026] A «ajuda» prestada pode consistir numa participação em rixa para defesa alheia (cfr. o artigo 151.°,2 do Código Penal), na tentativa de se tirar alguém de uma casa a arder ou dos destroços de um veículo, no salvamento da pessoa que não sabe nadar ou que procurava suicidar-se ou no esforço feito para se deter um animal perigoso (para estes e outros exemplos, ver RIOU, *cit.*, n.°8, p. 226, TROISI, *cit.*, pp. 38-39, n.(138) e LANGE, *op. cit.*, §3 X, pp. 133-134). Este último refere-se ao caso «atípico», decidido pelo BGH em 30 de Junho de 1987 (in NJW 1987, p. 2925), do dano sofrido por uma mãe ao doar um rim a um filho, a quem o médico retirara culposamente o único rim. Para a «salvação e assistência» marítimas, ver os artigos 676.° e ss. do Código Comercial.

[2027] Para situações reais, ver o caso sobre que recaiu a decisão do OLG Düsseldorf de 19 de Junho de 1973 (lesões sofridas por um chefe de polícia, de 55 anos, e que, ao perseguir um jovem de 17 anos, saltou de uma janela que distava 2 metros do solo. Ao não cumprir uma detenção de 4 semanas, por conduzir sem carta um ciclomotor, e perante a intimação feita na casa dos pais, o jovem conseguira escapar pela janela de um quarto-de-banho), que serviu de ponto de partida para o estudo de J. HÜBNER («*Schadensverteilung» bei Schäden anläßlich der Verfolgung festzunehmender Personen durch Beamte – eine Wiederkehr der Culpa-Kompensation?*, in JuS 1974, pp. 496 e ss.) e para uma nota crítica de DEUTSCH (JZ 1975, pp. 375 e ss.) à sentença do BGH de 29 de Outubro de 1974, que decidiu em sentido contrário (favorável ao lesado) ao do tribunal de Düsseldorf. Ver também os casos referenciados por LANGE (*op. cit.*, §3 X, p. 136) e ainda (com negação da «provocação») a hipótese que conduziu à decisão do BGH de 3 de Julho de 1990, in NJW 1990, pp. 2885-2886 (perseguição policial movida a um veículo, que seguia com as luzes traseiras em situação irregular e com barulho considerável, e consequente despiste do veículo particular da polícia num troço com neve, feito pelo condutor do veículo perseguido com velocidade excessiva). Entre nós, o STJ, no acórdão de 29 de Novembro de 1989, publ. no BMJ n.° 391, pp. 606 e ss., já teve ensejo de se pronunciar acidentalmente sobre um caso de perseguição (por um agente da PSP, conduzindo a sua motocicleta, a um condutor de um veículo automóvel), embora numa factualidade em que o dano impendeu sobre o veículo que vinha em sentido contrário e foi embatido pela motocicleta, quando esta invadiu a faixa na qual circulava.

rodoviário» (correspondente à figura germânica da «*Selbstopferung im Straßenverkehr*»[2028]). A nota comum a essa trilogia, e que levou juristas como DEUTSCH[2029], MEDICUS[2030] e HERMANN LANGE[2031] à equação da «causalidade psíquica» (*psychische Kausalität*), tem a ver não só com a existência de uma atitude *relativamente voluntária* do futuro lesado, desprovida, em regra, de uma *intensidade* suficiente para «cortar» o processo causal iniciador, mas também com a consciência, por parte daquele, de que se expõe ao «risco acrescido» (o que é patente no «sacrifício no tráfego») de vir a sofrer um dano. Se quisermos relevar sinais de divergência entre as três figuras, podemos dizer que elas se relacionam com uma *diferente motivação* (mais a solidariedade no «socorro» e no «auto-sacrifício», mais o interesse público e o cumprimento de deveres funcionais na «perseguição») e com o *escopo* da própria intervenção (no «socorro» procura-se evitar o dano ou o maior dano para quem se colocou ou foi colocado em perigo, a «perseguição» visa «reprimir» um determinado ilícito inicial e no «auto-sacrifício», face ao perigo colocado por certo participante no tráfego, um outro utente melhor colocado escolhe converter uma situação de eminência lesiva numa certeza autolesiva[2032]). Sendo verdade que as três figuras suscitam problemas variados e não menos complexos – qual o critério que permite indemnizar o lesado num acto de *salvamento*[2033] ou de

---

[2028] Cfr, por todos, DEUTSCH, *Unerlaubte Handlungen...*, *cit.*, §1, n.° 10, p. 5 e §29, p. 203 e *Selbstopferung im Straßenverkehr*, *cit.*, AcP (165), 1965, pp. 193 e ss..

[2029] *Op. ult. cit.*, §5, n.° 45, p. 24.

[2030] *Schuldrecht*, I, *cit.*, §54 II, pp. 269-270 e *Schuldrecht* II, *cit.*, §124, p. 291.

[2031] *Op. cit.*, §3 X, pp. 133 e ss. e JZ 1976, *cit.* (*supra*, n.1486), p. 206. Mais categoricamente do que DEUTSCH e MEDICUS, LANGE abarca nessa «causalidade» os «*Nothilfefälle*», os «*Fluchtfälle*», a «*Selbstschädigung*» do lesado (para casos como o descrito *supra*, n.1922) e a sua «*seelische Reaktion*».

[2032] É o caso típico do condutor que, para evitar atropelar um peão, vem a embater numa árvore. No circunstancialismo de que partiu o STJ, no acórdão de 10 de Abril de 1962, publ. no BMJ n.° 116, p. 419, para evitar colidir frontalmente com um veículo, que circulava inadequadamente, o motorista de um outro veículo encostou-se todo à direita, vindo a capotar por cedência da berma. Para o conceito e os pressupostos da *Selbstopferung*, ver, entre nós, JÚLIO GOMES, *A gestão de negócios...*, *cit.*, pp. 242 e ss. e, na literatura germânica, DEUTSCH, AcP (165), *cit.*, pp. 193 e ss. e *op. ult. cit.*, §29, pp. 203-204, H. HAGEN, *Fremdnützige Selbstgefährdung im Straßenverkehr*, in NJW 1966, pp. 1893 e ss. e RAINER FRANK, *Die Selbstaufopferung des Kraftfahrers im Straßenverkehr*, in JZ 1982, pp. 737 e ss..

[2033] Para uma análise das diversas teorias e, em especial, para a defesa dominante da afinidade funcional-estrutural com a *gestão de negócios*, desde que não haja uma «imputação responsabilizante», ver JÚLIO GOMES, *cit.*, pp. 201 e ss., RIOU, *est. cit.*,

O tríplice pressuposto legal do concurso 593

«auto-sacrifício»? qual a relação entre estes dois actos e a actuação em *estado de necessidade*[2034]? poderá o interventor ser considerado como gestor de negócios se evitar a consumação da tentativa de suicídio[2035]? qual o conteúdo do montante a satisfazer ao lesado, nos casos em que a situação de perigo tenha surgido *acidentalmente*[2036]? – interessa-nos particularmente, neste âmbito da «culpa», averiguar a repercussão, no direito de indemnização do lesado (e como quer que seja construído), de uma conduta que encerra em si uma aptidão autodanosa.

À primeira vista, poderia parecer que aquele que se expõe a um perigo conhecido deveria assumir o *risco* da sua intervenção, como uma espécie de «sanção» pela conduta (*culpa est immiscere se rei ad se non pertinenti*) e pela «culpa» de colocar em causa bens preciosos. Dito de outra forma, embora não cometendo qualquer ilícito na sua colocação em perigo, nem o fazendo de ânimo leve, aquele que intervém para socorrer outrem deveria suportar, em maior ou menor medida, os efeitos danosos da sua opção «voluntária», sem exclusão daqueles que o seu acto provocasse no socorrido. Esta perspectiva não seria, contudo, correcta, na medida em que não atenderia que a escolha feita pelo eventual lesado visa a *salvaguarda de interesses alheios*, numa manifestação de altruísmo espontâneo ou na observância do particular

---

n.ᵒˢ 19 e ss., pp. 237 e ss. (com a asserção de que a jurisprudência do início do século aplicava a *gestão de negócios* quando alguém ficava ferido ao tentar deter um cavalo com o freio nos dentes) e LAPOYADE DESCHAMPS, *op. cit.*, pp. 495 e ss.. A maior vaguidade do §683 do BGB conduz parte da doutrina alemã a sufragar uma «imputação do risco» (*Risikozurechnung*) ao *dominus*, mais favorável ao «gestor»-interventor. É este o ponto de vista de K.GENIUS, AcP (173), 1973, *cit.* (*supra*, n.477), pp. 482 e ss. e 522 e ss. (invocando a lição de MÜLLER-ERZBACH e HUBER), de LARENZ, *Lehrbuch...*, II/1, 13.ª ed., §57 I, p. 449 e de MEDICUS, *Bürgerliches Recht, cit.*, n.º 428, p. 249.

[2034] A *alienidade* ou a *propriedade* dos bens atingidos levam ANTUNES VARELA (*op. cit.*, pp. 567-568) a distinguir a actuação necessitada do acto de «auto-sacrifício». DEUTSCH, AcP, *cit.*, pp. 209-210, salienta igualmente, na «manobra de salvamento», a lesão de bens próprios no interesse alheio, mas não deixa de referir que a «proporcionalidade» da intervenção é uma característica comum às duas figuras, o que, aliás, como lembra LARENZ (*op. ult. cit.*, §57 I, p. 451), avulta na forma como CANARIS analisa a colocação em perigo do lesado (cfr. LARENZ/CANARIS, *op. cit.*, §85 V, p. 669).

[2035] Sobre a complexidade da questão, ver JÚLIO GOMES, *op. cit.*, pp. 190 e ss. e 215-216 (para a tese «liberal» de WOLLSCHLÄGER) e MEDICUS, *Schuldrecht* II, *cit.*, §124, p. 291.

[2036] Tratando-se de uma questão relevante, não se estranha, como já vimos, que, por ex., K. GENIUS, AcP (173), 1973, *cit.*, pp. 516-517, conquanto num discurso mais amplo, se pronuncie a favor da *limitação* desse conteúdo (neste mesmo sentido, cfr. WOLLSCHLÄGER, *apud* JÚLIO GOMES, *op. cit.*, p. 214).

594   *A conduta do lesado*

e não absoluto «dever de solidariedade social». A normal espontanei-
dade do interventor, ao retirar alguma dose de reflexão e ponderação,
não permite considerar *imediatamente* «culposa»[2037] uma conduta cuja
probabilidade autodanosa não deixa de ser elevada. A «alternativa
trágica» que, no acto de «socorro», articula o «dever» de se colocar em
perigo com o risco de se sofrer um dano é ainda mais evidente na
Selbstaufopferung do condutor, face ao decréscimo de ponderação do
sacrificado.

O afastamento de uma exposição egoística ou completamente
livre ao perigo de lesão, a superação das reservas que o pensamento
jurídico mais antigo colocava a esse tipo de intervenção, a posição legal
«favorável» ao auxílio e já patente, embora de forma limitada, no nosso
Código oitocentista, e o consequente *valor* desses «actos corajosos»
desculpabilizam aquela imperícia, aquele menor cuidado, aquela
menor presença de espírito ou mesmo uma temeridade[2038] *explicável*
pelo enquadramento da própria intervenção. A diminuição do estado de
pressão ou da *necessidade* do «socorro» e o correlativo aumento da
reflexão-ponderação *poderão* conduzir a uma apreciação mais rigorosa
dessas negligências do lesado, como sucederá nos casos em que não
esteja ausente um certo *relacionamento prévio* entre o «ajudado» e o
interventor (que, por ex., se *ofereça*, por gentileza, para empurrar um
veículo avariado ou seja *solicitado* a auxiliar o condutor de um camião
atolado na lama[2039-2040]).

[2037] Recusando a lógica dessa «culpa», ver PINTO COELHO, *op. cit.*, pp. 107-108,
CUNHA GONÇALVES, *op. cit.*, XII, p. 592 (mas com a imputação do dano ao
«sacrificado», como se encontra, por ex., em certa medida, em DESCHIZEAUX, *op. cit.*,
p. 84) e XIII, p. 18, VAZ SERRA, BMJ n.º 86, *cit.*, pp. 65-66 (para o caso da tentativa
de se dominar um animal perigoso) e 142, RIBEIRO DE FARIA, *op. cit.*, I, p. 525, RIOU,
est. cit., n.ºs 7-8, pp. 225-226, TRIMARCHI, *Rischio...*, *cit.*, pp. 325 e 346, GESCHNITZER,
op. cit., p. 164, CARBONNIER, *op. cit.*, n.º 250, p. 456 e H. e L. MAZEAUD/J. MAZEAUD/
/CHABAS, *op. cit.*, n.º 594, p. 682.

[2038] No caso referido por RIOU (*est. cit.*, p. 227), do trabalhador que, em vez de
aguardar por ajuda, decidiu tentar retirar sózinho um companheiro, que se encontrava
inanimado num lagar de fermentação de álcool e aí morreu por asfixia, o *desconhecimento* da situação concreta de perigo não propiciava a afirmação de uma «culpa»
(cfr., para esse mesmo caso, JÚLIO GOMES, *op. cit.*, p. 217, n.576). Não se estranha, no
entanto, que juristas, como DESCHIZEAUX, tenham defendido a relevância de «*toute
faute, même légère*» (*op. cit.*, p. 94, n.(1)), sob uma imperfeita compreensão dos *actos
de salvamento*.

[2039] Foi precisamente essa a hipótese analisada pela *Cour de Cassation* na decisão de 27 de Maio de 1959, já que um agricultor ficou ferido por estilhaços resultantes

O tratamento favorável do «socorrista» (*Retter*) está, aliás, em consonância não só com o critério *subjectivo* de apreciação da culpa, defendido por ANTUNES VARELA[2041] e ALMEIDA COSTA[2042] para a intervenção gestória, mas também com o regime que VAZ SERRA[2043] propôs, nos trabalhos preparatórios, para os actos de gestão praticados numa situação de *perigo*, e com o modo como BAPTISTA MACHADO[2044] valorou a «provocação» da intervenção. A transposição analógica, para o seio da autoresponsabilidade, de um regime acolhido expressamente no §680 do BGB[2045], vai de encontro à necessidade de não desencorajar os «actos de socorro» numa matéria em que a inexistência genérica de uma *cobertura social*[2046] desses lesados já não é uma circunstância

---

da sua acção de colocar pedras, a golpes de picareta, nas rodas do veículo (cfr. a RTDC 1959, p. 735).

[2040] ROTHER, *op. cit.*, pp. 182-184, distingue nas «*Ansprüche des Gefälligen gegen den Begünstigten*» as hipóteses dos danos fortuitos (em que não está excluída a aplicação dos §§683 e 670 do BGB) e as situações em que o dano se liga a uma *conexão responsabilizante* (articulada, porventura, com a violação de um dever de aviso ou de cuidado com a pessoa). Para a colocação do diferente problema da *responsabilidade* decorrente da «oferta» ou da «solicitação» e que possa existir a favor do *titular dos interesses*, ver BAPTISTA MACHADO, *A cláusula do razoável*, *cit.*, RLJ, ano 121.°, pp. 136 e ss.. É de atender que o saudoso jurista não deixa de valorar, nos termos do artigo 570.°, uma possível culpa daquele titular (pp. 66, n.(154) e 137, n.(180)).

[2041] *Op. cit.*, p. 464.

[2042] *Op. cit.*, p. 404.

[2043] *Gestão de negócios*, *cit.*, BMJ n.° 66, pp. 135 e ss e 270 (artigo 3.°,8: «*Mas se a gestão se destinou a conjurar um perigo, que ameaçava o dono do negócio... deve o juiz apreciar com menor rigor a responsabilidade do gestor, salvo se este procedeu com dolo ou culpa grave. Quando o perigo era eminente, só no caso de dolo se exclui esta menos rigorosa apreciação*»).

[2044] Na RLJ, ano 121.°, pp. 66, n.(154) e 108, n.(169), faz responder o «gestor» apenas por *culpa grave* (e, obviamente, por dolo) e não por culpa leve ou levíssima, mas não *trata* melhor o socorrista de uma pessoa inconsciente, relativamente àquele que é *solicitado* a ajudar alguém consciente.

[2045] Para a sua aplicação aos danos sofridos, ver PALANDT/THOMAS, *op. cit.*, §680, n.°1, p. 795.

[2046] Zona de excepção é a constante do n.°3 dos artigos 1.° e 2.° do Decreto-Lei n.° 423/91, *cit.* (ocorrendo um «acto intencional de violência» é concedida uma indemnização – limitada aos danos corporais e às coisas de «considerável valor» – prestada pelo Estado às «pessoas que auxiliaram voluntariamente a vítima ou colaboraram... na... perseguição ou detenção do delinquente...»). JÚLIO GOMES, *op. cit.*, pp. 202-203, RIOU, *est. cit.*, n.° 26, p. 245 (advogando igualmente, *de lege ferenda*, a necessidade de um *seguro privado complementar*), não deixam, aliás, de sufragar a vantagem de uma «indemnização social», já existente no quadro legislativo germânico (cfr. LARENZ, *op. ult. cit.*, §57 I, p. 450 e R. FRANK, *est. cit.*, pp. 743-744).

favorável ao «salvamento», por condicionar, manifestamente, o interesse (mesmo público) da prestação de auxílio (ou da eventual perseguição).

A exposição ao perigo em proveito alheio pode revelar comportamentos «culposos» *não justificados*, com incidência directa no *conteúdo* ou, até, na *existência* da indemnização. De facto, o «excesso de risco», traduzido ou não na *desproporção* que se possa verificar entre o bem a «salvar» e aquele que se coloca em perigo (como sucederá na *Selbsaufopferung* para não atropelar um cão ou na tentativa de retirar um cavalo ferido do meio de uma estrada com nevoeiro e tráfego intenso)[2047] e a *consciência,* para o «socorrista», do inêxito («*daß sich*

[2047] Essa *desproporção* parece revelar-se sintomaticamente em dois casos decididos pela jurisprudência italiana e francesa. Na hipótese que levou à decisão da *Corte di Cassazione* de 12 de Julho de 1923 (in RDCDO II, 1924, pp. 289 e ss., com anot. crítica de PACCHIONI, sob o título *Il buon padre di famiglia*), um médico idoso e obeso regressava a casa num quadriciclo conduzido por dois ferroviários, que lhe asseguram um trânsito sem problemas. Perante a aproximação de um comboio, o médico não se afastou, ficando a ajudar a remover o veículo, mas sem evitar a colisão. O tribunal recusou o pedido de indemnização do médico, imputando-lhe os danos sofridos (lesões num joelho e outras contusões) por ter tido percepção do risco e por, face à sua *situação* pessoal (idade, obesidade, inexperiência), não se ter afastado de um perigo superior aos interesses a salvaguardar. PACCHIONI não deixa de criticar essa «interrupção» do nexo de causalidade, em nome da «*felix culpa di quel bravo uomo di cuore...*». No caso decidido pela *Cour de Cassation*, em 11 de Julho de 1962 (in RTDC 1963, p. 358, com anot. de TUNC), uma dona de casa, tendo causado imprudentemente a fuga de gás de uma botija, pediu ajuda, já depois de se ter colocado a salvo. Um vizinho acorreu, e, apesar de ter sido advertido para o perigo de uma explosão eminente, entrou na cozinha, verificando-se a explosão no momento em que fechava a torneira da botija. A coragem, o altruísmo e a delicadeza da situação levaram, contudo, o tribunal a desculpar *em parte* o «excesso de risco», o que, aliás, estava consonante, como nos diz RIOU (*est. cit.*, n.º 9, p. 228), com uma certa tutela (jurisprudencial) dos chamados «*sauveters intempestifs*» (que, por ex., socorrem o lesado na estrada em vez de o fazerem na berma ou que tentam salvar uma criança de ser atropelada, sem repararem na aproximação de outro veículo). Nesta linha *souple* integra-se a sentença do tribunal de Metz de 14 de Abril de 1975, ao não considerar como *faute lourde* o acto de um *sauveteur* que, de noite e numa auto-estrada, tentou retirar uma peça metálica pesada e que já tinha causado um acidente (ver o JCP 1977, II (*Jurisp.*), 18624, com anot. de DEJEAN DE LA BATIE). Não revelador da assinalada *temeridade* é a hipótese decidida pela Relação de Évora, no acórdão de 28 de Abril de 1983, publ. na CJ, ano VIII, tomo 2,1983, pp. 305 e ss., ao recusar considerar culposa a atitude de uma pessoa que foi atropelada, quando se encontrava, com outros, a prestar assistência ao condutor de uma motorizada. A circunstância de a estrada ser *plana*, com *boa visibilidade* e de as outras pessoas *fazerem sinais com as mãos*, tendo em vista uma

der Helfer unsachgemäß und unvernünftg verhalten hat...» [2048]) ou da *inutilidade* [2049] do seu sacrifício revelam condutas com um teor de risco particularmente intenso e cujo resultado autolesivo pode não ser razoável imputar-se ao titular dos interesses ameaçados. Do mesmo modo, e para nós com maioria de razão, nos casos de «perseguição», a falta de «proporcionalidade» (*Unverhältnissmäßigkeit*) entre o «fim da perseguição e os riscos reconhecíveis» tem levado a jurisprudência e a doutrina alemãs dominantes a excluir a aplicação do §254, com a consequente imputação do dano à chamada «esfera de responsabilidade» do lesado [2050]. Esse «corte» (*Abbruch*) do nexo, como o designa LARENZ [2051], revelado na «anormalidade» do risco, foi posto em causa por HÜBNER [2052] ao ver nessa não imputação (ao perseguido) o reflexo do pensamento tradicional da «compensação de culpas» e ao considerar a solução como fazendo descaso não só do (natural) aumento de risco, implícito nessas situações, mas também – e o argumento é mais

---

circulação mais cuidadosa, levou o tribunal a imputar a responsabilidade ao condutor atropelante. Também num caso que suscitou polémica na doutrina italiana mais antiga e motivou a sentença da *Corte di Cassazione* de 2 de Maio de 1891 (o pai, ao ver que o seu filho caía pela porta mal fechada de uma carruagem, lançou-se, sem êxito, na tentativa de o agarrar), o forte apelo do sentimento paterno não justificava considerar-se como «acto interruptivo» a conduta impulsiva do pai (para a decisão, ver BRASIELLO, *op. cit.*, pp. 358 e ss. e CENDON, *Il dolo nella responsabilità extracontrattuale*, Torino, 1974, pp. 60-63, n. 60)

[2048] ROTHER, *op. cit.*, p. 106. São de referir os exemplos paradigmáticos do «socorrista» que não sabe nadar ou do deficiente físico que procura deter um animal enfurecido (cfr. RIOU, *est. cit.*, n.° 9, p. 227).

As fontes anglo-saxónicas (§§466 e 472 do *Restatement* e FLEMING, *op. cit.*, p. 256) aludem à tentativa «*unreasonable*» ou «*downright folhardy*». PARISI, *est. cit.*, pp. 558-560, não deixa de relembrar o modo como o americano TERRY, num estudo publicado em 1915, analisava *em termos económicos* a «irrazoabilidade» da conduta do «socorrista», «medindo» a probabilidade da autolesão, o valor dos bens colocados em perigo, a probabilidade de êxito da operação e a probabilidade de dano na ausência do «salvamento».

[2049] Será o caso do «socorrista» ter a *certeza* do falecimento da pessoa que se encontra em perigo.

[2050] Sobre essa tendência, ver LARENZ, *Lehrbuch...*I, *cit.*, §27, p. 457, LANGE, *op. cit.*, §3 X, p. 138, ESSER/SCHMIDT, *op. cit.*, I, 2, §33 II, p. 219 e K-P MARTENS, *Die Verfolgung des Unrechts*, in NJW 1972, p. 746 (exemplificando com a perseguição movida por um vigilante idoso a um jovem, que fugiu por umas escadas, com o fim de ser aplicada uma pequena multa pecuniária).

[2051] Festschrift für HÖNIG, *cit.*, p. 87.

[2052] *Est. cit.* (*supra*, n.2027), pp. 496 e ss.. Para uma aplicação mais ampla do §1304 do ABGB, ver igualmente KOZIOL, *op. cit.*, pp. 171-172.

598   *A conduta do lesado*

persuasivo – desse «bastião de um moderno direito de repartição danosa»[2053] que é a norma do §254 do BGB.

Não colocando problemas aqueles danos que são de imputar ao lesado, por serem meramente *condicionados* pelo acto de «socorro» ou de «perseguição»[2054], a aplicação do critério do artigo 570.º[2055] põe-se, essencialmente, para as condutas *proporcionadas* ou *adequadas*, mas reveladoras daquele *grau de descuido ou imprudência*[2056] que o imediatismo da decisão voluntária e o circunstancialismo da situação não justifiquem (como poderá ser o caso do *excesso de velocidade* ou de outras *manobras perigosas* por parte do «perseguidor»)[2057], mas tendo sempre presente que não é possível esperar-se, em tais círculos, uma prudência e um cuidado *normais*. Na *Selbstaufopferung* a questão é algo mais delicada face à afirmação constante de que o dano sofrido deriva igualmente do risco associado à condução do «sacrificado»[2058]. Esta espécie de co-participação no seu próprio sacrifício não parece dotada de justificação bastante, sendo certo que na *manobra típica* de «último recurso» são salvaguardados em *exclusividade* os interesses do

---

[2053] *Ibidem.*, p. 502.

[2054] O BGH, em sentença de 4 de Maio de 1993 (in NJW 1993, pp. 2234-2235), excluiu a existência de um «risco adicional» para a lesão sofrida por um bombeiro num pé, quando enrolava a mangueira e já depois da extinção de um incêndio. LANGE, *op. cit.*, §3 X, p. 136, refere uma decisão do BGH, de 1971, relativa ao caso da queda dada por um polícia, ao escorregar «numa relva húmida e cortada recentemente», quando perseguia uma rapariga de 16 anos.

[2055] A invocação directa do preceito está naturalmente dependente da existência de uma conexão subjectiva de responsabilidade.

[2056] VAZ SERRA, *Conculpabilidade do prejudicado*, BMJ n.º 86, *cit.*, p. 142, apoiado na lição francesa da *«faute ou maladresse lourde»*, «coloca» a fasquia da «culpa» na «imprudência ou inabilidade indesculpável». No caso decidido pelo STJ, e já por nós referido (*supra,* n.2017), o tribunal afirmou expressamente a necessidade de o perseguidor «não arriscar a segurança dos outros» ou não «omitir as cautelas necessárias para a segurança do trânsito» (p. 608 do BMJ n.º 391, *cit.*).

[2057] Não nos repugna conceder um tratamento *relativamente* protector a uma ou outra hipótese das descritas *supra,* n.2047 (*maxime* nos exemplos de RIOU).

[2058] No *leading case* decidido pelo BGH, em 27 de Novembro de 1962 (in BGHZ 38, 270), imputou-se metade das «despesas» (*Aufwendungen*) ao gestor sacrificado. Para esse *Betriebsgefahr*, ver FIKENTSCHER, *op. cit.*, §83 II, n.º 941, p. 585 e, para o seu repúdio, KÖTZ, *op. cit.*, n.º 561, p. 216, apesar da posição mais restritiva manifestada no n.º 360, p. 144, a propósito da *Ausweichmanöver* provocada pela presença de um cão na estrada, e que deve ser compreendida na perspectiva do escopo *egoístico* da «manobra».

O *tríplice pressuposto legal do concurso*   599

beneficiado. As reservas colocadas por LANGE[2059] à valoração de um risco meramente abstracto ou que, segundo nos parece, só deveria servir para uma ampliação da responsabilidade (*maxime* em favor desses lesados «fragilizados» que são as crianças), não surgem superadas no pensamento de autores que, como DEUTSCH[2060], deslocam para o âmbito do §254 a consideração da *dupla participação* no perigo criado. O altruísmo manifesto do «sacrificado», no seu desejo de deixar incólumes as pessoas (em regra, crianças) que se colocaram em perigo, e cuja lesão eventual não seria de considerar, atendendo ao modo lógico como o artigo 505.º coloca a questão, não deve reverter em prejuízo parcial daquele, quer em nome de um muito discutível *risco genérico* (na raia da *condicionalidade*), quer apelando, em substituição, para a «técnica» de um preceito (o do «concurso de culpa do lesado»), aqui, em regra, inaplicável. Também neste quadrante, e desde que pensemos apenas no recorte específico deste tipo de situações, só deverá ser imputada ao «sacrificado» a sua «culpa excessiva» (por ex., no caso da manobra não ter correspondido manifestamente à sua boa experiência de condutor) ou aquela *contribuição autodanosa* que possa ser aferida pela intenção de proteger *simultaneamente* os seus próprios interesses[2061].

[2059] *Op. cit.*, §10 IV, p. 542 e 10 VI, pp. 560-561. Para o autor do *Schadensersatz*, o lesado fica em posição pior do que se tivesse, nas mesmas circunstâncias, causado danos a um terceiro. Num sentido idêntico ou de não aplicação do §7 da *Straßenverkehrsgesetz*, ver BÖHMER, *Analoge Anwendung...*, cit., MDR 1963, p. 185.

[2060] AcP (165), 1965, cit., pp. 210-211 e *Unerlaubte Handlungen..*, cit., §29, p. 204. No mesmo sentido, ver uma decisão do OLG Düsseldorf, comentada criticamente por GERD-DIETER BELEMANN (*Die Anwendung des §254 BGB auf der Ersatzanspruch eines Kraftfahrers aus Geschäftsführung ohne Auftrag*, MDR 1963, pp. 186-187), em nome da justiça da solução de prevalência do §7 II da *Straßenverkehrsgesetz* sobre o §254 (para essa maior tutela, ver também R. FRANK, JZ 1982, cit., p. 742).

[2061] Para essa «redução teleológica» do princípio constante dos §§683 e 670 do BGB e os seus critérios, ver HAGEN, NJW 1966, cit., pp. 1897 e ss..

SECÇÃO III

DO PRESSUPOSTO TÍPICO DA UNICIDADE DO DANO

> **Sumário:** 66 – O dano unilateral como referência directa do critério do artigo 570.° e resolução neste núcleo do problema da bilateralidade danosa.

66. O dano unilateral como referência directa do critério do artigo 570.° e resolução neste núcleo do problema da bilateralidade danosa

Para lá da sua necessidade genérica, enquanto pressuposto típico de aplicação do artigo 570.°, o dano do lesado surge com características singulares, fruto da conjugação causal de duas condutas normalmente culposas. Sendo de resposta problemática o saber se naquele preceito existe uma complementaridade entre a *haftungsbegründende Kausalität* e a *haftungsausfüllende Kausalität*[2062] ou se a expressão «danos» deve ser entendida na sua acepção *real* ou *patrimonial*, já não é duvidosa a constatação de que esse mesmo normativo parte da existência de um dano na esfera do lesado. Não sendo a titularidade do direito de indemnização precludida pela sua conduta culposa e contributiva, também a circunstância de o mesmo lesado poder *influir* na extensão do dano, aumentando-o ou diminuindo-o, não altera aquela legitimidade activa, embora torne mais complexa a valoração concausal e a imputação danosa. Só a partir do momento em que a acção aparentemente autoresponsabilizante (pensamos, por ex., na eliminação danosa com eficácia contrária e nas despesas normais de tratamento) seja ainda de atribuir ao *efeito de favorecimento*[2063] do acto do lesante é que saímos do âmbito do preceito, *deslocando* todo o dano para a esfera do responsável. Da mesma forma, e como vimos[2064], o verificar-

---

[2062] Ver *supra*, n.° 43, p. 428.
[2063] Cfr *supra*, n.187.
[2064] *Supra*, n.° 45.

602 *A conduta do lesado*

-se que o dano do lesado não surgiu especificamente ligado ao perigo criado pelo lesante, mas foi «provocado» pelo acto do lesado, tem como consequência a sua imputação exclusiva à *esfera de autoresponsabilidade*.

Quando afirmamos que a *unicidade danosa* constitui um elemento típico do normativo do artigo 570.°, quer isso dizer que já não cabe no âmbito de aplicação do preceito a hipótese mais elaborada da *bilateralidade danosa*[2065]? Com esta expressão não queremos aludir à factualidade mais comum – ou espécie de concurso aparente de culpas – de o lesado, por acção autónoma e independente (não sintónica) causar um dano ao seu lesante, mas à hipótese, já por nós delineada, em que a bilateralidade resulta de condutas simultaneamente responsáveis e autoresponsáveis e em que, portanto, cada lesante é, ao mesmo tempo, conculpado pelo seu próprio dano[2066]. A que regime está, pois, sujeito este fenómeno, a que os autores mais antigos, como CANDICE[2067] e o nosso ÁLVARES DE MOURA[2068], chamavam de «dupla ou múltipla compensação de culpas» e que não deixava de colocar problemas intrincados à dogmática «compensatória»[2069]?

A circunstância de o nosso legislador não ter editado um preceito específico para a questão, a que a nossa doutrina mais moderna[2070] alude com a designação, algo equívoca, de «culpas recíprocas», não tem impedido, no círculo restrito da colisão de veículos, a defesa, sem oposição, de uma solução apoiada no mesmo critério que rege a unila-

---

[2065] Subindo no grau de complexidade, são de referir as situações de *multilateralidade danosa* (por ex., uma colisão entre três ou mais veículos com participação contributiva do *risco* ou da *culpa*) e os casos em que para o dano unilateral concorreram vários lesantes e a conduta culposa do lesado (cfr., aliás, *infra*, n.° 92).

[2066] Na espécie decidida pela RP, em acórdão de 20 de Julho de 1982, *cit.* (*supra*, n.1720), para os danos bilaterais terão concorrido a conduta negligente de um peão que, transportando ao ombro uma botija de gás, atravessou descuidadamente a estrada e a conduta (não revelada pelo relatório da decisão) do condutor de um velocípede motorizado.

[2067] *Op. cit.*, p. 59.

[2068] JP *cit.*, n.° 14, p. 19 e n.° 17, p.66. ÁLVARES DE MOURA contrapunha a «compensação de culpas propriamente dita» ou «culpa comum» à «dupla compensação de culpas» e às «culpas recíprocas» (ou sem «culpa comum»), e a que aplicava os princípios gerais da responsabilidade civil (ver também *supra*, n.° 35 e a n.1256).

[2069] Ver, a esse propósito, LAURENT, *op. cit.*, p. 523.

[2070] Cfr., entre outros, VAZ SERRA, BMJ n.° 86, *cit.*, p. 144, ANTUNES VARELA, RLJ, ano 102.°, *cit.*, p. 54, n.(2) e DARIO MARTINS DE ALMEIDA, *op. cit.*, p. 423.

O tríplice pressuposto legal do concurso 603

teralidade danosa [2071], o que, aliás, não deixa de estar em sintonia com os princípios defendidos por VAZ SERRA nos trabalhos preparatórios do Código Civil, não tanto na parte mais geral da «conculpabilidade do lesado» [2072], mas sobretudo no sector mais específico da *colisão de veículos* [2073].

Para resolvermos o problema da incindibilidade factual da bilateralidade, simultaneamente *activa* e *passiva*, é bastante o regime consagrado no artigo 570.°, coadjuvado, para a colisão de veículos, com esse resquício dos trabalhos preparatórios que é o disposto no n.° 2, segunda parte, do artigo 506.°, e, para as hipóteses não reguladas, com o recurso integrativo ao princípio de uma mesma *presunção de igual-*

[2071] Assim, J.G. DE SÁ CARNEIRO, *est. cit.*, RT, ano 85.°, pp. 440-441, ANTUNES VARELA, *op. cit.*, pp. 694-695 e n.(1), ALMEIDA COSTA, *op. cit.*, p. 541, RIBEIRO DE FARIA, *op. cit.*, II, pp. 79-80, DARIO MARTINS DE ALMEIDA, *op. cit.*, pp. 368-369, MENEZES CORDEIRO, *Direito das Obrigações*, II, *cit.*, p. 389 (sem mencionar *ex professo* o artigo 570.°), RUI DE ALARCÃO, *op. cit.*, pp. 322-323, e RODRIGUES BASTOS, *Notas...*, *cit.*, artigo 506.°, n.°1, p. 310.

[2072] BMJ, n.° 86, *cit.*, pp. 144 e ss. e 170. Depois de passar em revista as soluções legais da «abalroação» no nosso direito (artigo 666.° do Código Comercial) e na legislação franco-italiana, bem como o regime italiano da colisão aérea e de veículos, VAZ SERRA propôs um articulado só *parcialmente* feliz, dado ter chamado à colação um preceito – o do 484.° do Código italiano da Navegação – que recolheu o critério salomónico do §1304 do ABGB (cfr. *supra*, n.1236). Era a seguinte a proposta de VAZ SERRA: «*Se dois ou mais danos, atingindo interesses pertencentes a titulares diferentes, são causados pelo concurso dos mesmos factos, cada um destes sendo, em relação a cada um desses titulares, um facto culposo do prejudicado, observa-se a doutrina do artigo 1.°; mas se não puder determinar-se, em virtude de circunstâncias especiais, a proporção, é a indemnização devida em partes iguais*» (artigo 4.°).

[2073] Nos artigos 5.°,1 e 5.°,5, segunda parte, do articulado parcelar relativo à colisão de veículos (BMJ n.° 90, *cit.*, pp. 309-310), VAZ SERRA, para os casos de danos recíprocos (e unilaterais) com culpa de ambos os condutores, era a favor da observância das «*regras gerais sobre a conculpabilidade do prejudicado...*», devidamente integradas com o critério subsidiário da *igualdade* de contribuição culposa (ver também o artigo 775.°,1 e 3 do Anteprojecto global, in BMJ n.° 101, pp. 151-152). Essa proposta, «retirada» do regime italiano patente nos artigos 1227.° e 2054.°, segunda parte, do *Codice* (cfr., para essa fonte, as pp. 176-177 do BMJ n.° 90, *cit.*), figurava ainda no artigo 485.°,1 e 3 do Projecto saído da primeira Revisão Ministerial (BMJ n.° 199, p. 78), mas na versão definitiva só passou o regime que poderia oferecer maiores dúvidas, ou seja, o aludido critério subsidiário da igualdade contributiva (artigo 506.°,2). Esta anomalia sistemática foi relevada por SÁ CARNEIRO, *est. cit.*, RT, ano 86.°, p. 66 (para o jurista, bastaria o regime prescrito no artigo 497.°) e MENEZES CORDEIRO, *Direito das Obrigações*, II, *cit.*, p. 388, mas recebeu o beneplácito de ANTUNES VARELA (RLJ, ano 101.°, anot. ao acórdão do STJ de 9 de Outubro de 1967, pp. 278-279, n.1).

dade de culpas, como está consagrado no n.º 2 do artigo 497.º. Esta solução «natural» [2074] rejeita, assim, não só o critério (parcelar), consagrado para a «abalroação culposa» no artigo 666.º do Código Comercial, de se «formar um capital dos prejuízos sofridos»[2075], e que corresponde à forma como tem sido interpretado e aplicado o regime legal (inspirado em SAVATIER [2076]) da colisão não culposa (artigo 506.º,1, primeira parte) [2077], mas também, e em princípio, a aplicação, como medida subsidiária, de uma repartição salomónica dos danos. Consequentemente, e tal como o legislador, também não vemos necessidade na formulação de um preceito específico [2078] (*maxime* no tocante à colisão de veículos), a não ser para os fins, equacionados por SINDE MONTEIRO [2079], de se obter um melhor tratamento sistemático e de se conseguir um processo de repartição mais elaborado e mais flexível do que aquele que resulta do teor estrito do artigo 570.º.

[2074] Para a colisão de veículos conduzidos por comissários, ver *supra*, pp. 484 e ss. e, para o regime da *Indemnização Directa ao Segurado*, ver *supra*, p. 315 e n.1010.

[2075] Era mais *punitiva* e menos justa a solução consignada no artigo 1568.º do Código Comercial de 1833 («Tendo lugar a abalroação por culpa dos dous capitães... cada navio supportará o seu damno»), de inspiração francesa (cfr. *supra*, n.1236), e com acolhimento no artigo 662.º do Código Comercial italiano de 1882 (para uma crítica contundente ao critério, ver V. PRINZIVALLI, *Dell' urto di navi per colpa comune*, RDCDO I, 1905, pp. 205 e ss. e VALERI, *Il concetto di colpa comune...*, RDCDO II, 1908, *cit.*, pp. 269 e ss.).

[2076] Expressamente, VAZ SERRA, BMJ n.º 90, *cit.*, pp. 175 e 180, n.(348).

[2077] A favor da «globalidade do dano», como ponto de partida da aplicação do artigo 570.º, ver DARIO MARTINS DE ALMEIDA, *op. cit.*, pp. 368-369 e 424.

[2078] Além do já referido artigo 666.º do Código Comercial, ver o artigo 15.º do Decreto-Lei n.º 321/89, *cit.* (colisão de duas ou mais aeronaves), embora contendo um regime *exclusivamente* aplicável à colisão não culposa.

[2079] Na sua proposta de redacção para o artigo 506.º (*Estudos..., cit.*, pp. 195--196 e 198-199), SINDE MONTEIRO separa nitidamente a colisão culposa da não culposa, explicitando, em relação à primeira, os factores constantes do artigo 570.º – admitidos por VAZ SERRA no seu articulado – e introduzindo, como novidade, uma terceira grandeza («*... os riscos inerentes à utilização dos veículos...*»), a operar, ao que cremos, «correctivamente». Ver, aliás, na doutrina alemã, KÖTZ, *op. cit.*, n.º 562, p. 216, para essa mesma conjugação entre a *culpa* e o *risco*.

CAPÍTULO IV

CONCURSO DE CONDUTA CULPOSA, DISPOSIÇÃO DA ESFERA DE RECEPÇÃO DANOSA E EXPOSIÇÃO CONSCIENTE DO LESADO AO PERIGO DE DANO

> **Sumário:** 67 – Justificação do capítulo; 68 – Convenções de irresponsabilidade extracontratual e convenções em benefício do lesado culpado; 69 – Consentimento do lesado e concurso de condutas culposas; 70 – O pensamento nuclear da «assunção do risco», a sua visão tradicional ou «declarativista» e o seu quadro tipológico característico; 71 – Estatuto autónomo da «assunção do risco» ou sua diluição como estrato da culpa do lesado?

67. Justificação do capítulo

Antes de encerrarmos a parte da dissertação maioritariamente dedicada à enucleação e análise dos pressupostos condicionantes da figura do *concurso da conduta culposa do lesante e do lesado,* há necessidade de a confrontarmos com outras situações autodanosas, reveladoras de uma qualquer «contribuição», jurídica ou fáctica, por parte do lesado. Desvalorizando, aqui, a conduta autónoma, de fundo essencialmente *negocial*, que pode ser adoptada, activa ou passivamente, pelo prejudicado e que se reflecte na sua pretensão indemnizatória ou no exercício do respectivo direito (os casos mais vulgares da *renúncia*, da *remissão* e da *prescrição*), as hipóteses *volitivas* mais marcantes contendem com a configuração teórico-prática das *convenções de irresponsabilidade extracontratual* e com o *consentimento* do lesado. Tratando-se de problemáticas que já foram objecto, entre nós, de um discurso monográfico [2080], iremos apenas recordar os pontos

---

[2080] Pensamos no *Cláusulas limitativas e de exclusão de responsabilidade civil* (1985) de PINTO MONTEIRO e no *Consentimento e acordo em direito penal (contributo para a fundamentação de um paradigma dualista)*, 1991, de COSTA ANDRADE, con-

mais pertinentes e traçar aquelas linhas que se conexionam com o nosso tema civilístico.

Bastante mais importante para o escopo que preside a este capítulo é a consideração dessa figura, «dogmaticamente imprecisa» [2081] e sem tradição doutrinal e jurisprudencial no direito português, a que preferimos chamar «assunção do risco», e que corresponde à «actuação por risco próprio» (*Handeln auf eigene Gefahr*) da dogmática alemã ou à *acceptation des risques*, enquanto criação da jurisprudência francesa do século XIX. Sendo um tipo de conduta que já deixámos implicado no quadrante de algumas questões [2082], apresenta a dupla particularidade de, por um lado, não parecer alheio ao influxo *subjectivo* ou *interno* da vontade do lesado (o que é patente na formulação terminológica francesa e tem como corolário uma aproximação com as duas hipóteses volitivas já enunciadas), e, por outro, de apresentar um recorte *objectivo* e *subjectivo* contíguo ao da figura descrita no artigo 570.°,1, o que leva a questionar, como temática principal, a autonomia teorico-doutrinal dessa «assunção do risco».

68. Convenções de irresponsabilidade extracontratual e convenções em benefício do lesado culpado

Se bem que a exclusão *antecipada* da responsabilidade, e, reflexamente, de um pedido indemnizatório, reflicta, relativamente aos danos eventualmente sofridos, uma solução *convencionada* entre os potenciais lesante e lesado, a ordem jurídica não se demite de uma necessária função tuteladora, ao condicionar a validade do acordo à observância de certos requisitos objectivos. A protecção do eventual lesado «contra si mesmo», derivada da consideração autonómica da

---

quanto esta última obra aborde, como se retira do seu título, apenas o problema penalístico do consentimento do ofendido.

[2081] WOLF, *Lehrbuch des Schuldrechts, cit.*, §4, p. 266. A «imprecisão» coloca-se para HONORAT (*L'idée d'acceptation des risques dans la responsabilité civile, cit.*, pp. 7-9) desde logo ao nível da compreensão do termo «risco». Para o jurista francês, o sentido original do termo (equivalendo a uma ideia de *perigo*) dialoga com um significado técnico-jurídico (identificado com o *prejuízo* contratual sofrido numa situação de falta de imputação). Para este último sentido, aqui irrelevante, ver PESSOA JORGE, *Lições..., cit.*, p. 628 e G. ALPA, *Rischio (dir. vig.)*, ED XL, pp. 1144 e ss..

[2082] Ver *supra*, n.ᵒˢ 48, 61 e 65.

Conduta culposa, disposição da esfera danosa e exposição ao perigo 607

lei[2083], dos *bons costumes* e da *ordem pública* (enquanto limites *naturais* surgidos da convergência entre os requisitos do objecto negocial e os obstáculos colocados pelo artigo 340.°,2 à vontade dispositiva do lesado), tem por fim precípuo afastar a relevância das condutas *intencionais* e *grosseiramente culposas* do eventual lesante e «isolar» a *esfera pessoal* do eventual lesado[2084], em sintonia, aliás, com o princípio subjacente ao artigo 504.°,3[2085][2085-a]. A inexistência dessas «barreiras» moti-

---

[2083] Cfr., entre outros, os artigos 3.°,1 do Decreto-Lei n.° 449/85 de 25 de Outubro, *cit.* (*supra*, p. 42), 16.°,1 do Decreto-Lei n.° 349/86 de 17 de Outubro, *cit.* (*supra*, p. 59, n.132) e 10.° do Decreto-Lei n.° 383/89 de 6 de Novembro, *cit..* Para a intangibilidade do círculo da responsabilidade por ofensa a bens pessoais, no domínio das *cláusulas contratuais gerais*, ver o artigo 18.° a) do Decreto-Lei n.° 446/85 de 25 de Outubro (com as alterações introduzidas pelo Decreto-Lei n.° 220/95 de 31 de Agosto).

[2084] Para esse duplo círculo protector, ver VAZ SERRA, *Cláusulas modificadoras da responsabilidade. Obrigação de garantia contra responsabilidade por danos a terceiros*, BMJ n.° 79, pp. 119, 122-123, 132-134 e 146 (cfr. o artigo 1.°, 1,2 e 3 do respectivo articulado), ANTUNES VARELA, *op. cit.*, I, p. 933, ALMEIDA COSTA, *op. cit.*, pp. 675-677, GALVÃO TELLES, *op. cit.*, p. 431, PESSOA JORGE, *A limitação convencional..., cit.*, BMJ n.° 281, p. 22, RIBEIRO DE FARIA, *op. cit.*, I, p. 521 e PINTO MONTEIRO, *Cláusulas ..., cit.,* pp. 407-410, e *Cláusulas de responsabilidade civil*, in Estudos em Homenagem ao Professor Doutor AFONSO QUEIRÓ, II, Coimbra, 1993, pp. 241 e ss..

O limite pessoal da indisponibilidade é relevado pelo §2.° do *Unfair Contract Terms Act* (1977), ao considerar nulas as cláusulas limitativas ou de exclusão de responsabilidade por «*death or personal injury resulting from negligence*» (cfr. STREET/ /BRAZIER, *op. cit.*, pp. 255 e 268-269, M. COLUMBATTO, *La legge inglese del 1977 sulle clausole di esonero della responsabilità*, in RDC 1980, pp. 550 e ss. e G. PONZANELLI, *Le clausole di esonero dalla responsabilità civile*, Milano, 1984, p. 134).

[2085] Se ALMEIDA COSTA, *op. cit.*, pp. 534-535, considera tratar-se de um «princípio de ordem pública», PINTO MONTEIRO, *op. ult. cit.*, pp. 307-309, também não hesita em retirar da norma um sentido valioso e particularmente amplo. Quanto a nós, a «ideia protectora» contida no normativo do artigo 504.°,3 deve estender-se ao *transporte gratuito*, contratado ou não, não podendo sequer ver-se na concessão de uma «boleia» um acordo tácito tendente a limitar (à culpa leve) uma responsabilidade (a do detentor) que goza da cobertura do seguro. Neste sentido já se pronunciava VAZ SERRA na RLJ, ano 102.°, *cit.*, pp. 315-316 (anot. ao acórdão do STJ de 26 de Julho de 1968), ao interpretar o citado artigo 504.°,3 como «norma de ordem pública» e «revelação de um princípio geral destinado à protecção da pessoa transportada...» e ao considerar *nulas* as cláusulas tendentes ao *abrandamento* da diligência do transportador. Tendo por pano de fundo uma concepção particularmente ampla da liberdade contratual,já se compreende a tomada de posição de PINTO COELHO (*est. cit.*, BFDUC, ano XI, pp. 11-13), quando, em finais da década de 20, não hesitava em validar a cláusula de irresponsabilidade integrada num contrato de transporte aéreo.

Ver, contudo, no direito alemão e no pressuposto de dados legais mais «abertos»,

varia uma espécie de legitimação do lesante para a prática de condutas lesivas de espectro indefinido e poria em causa a finalidade protectora inerente à responsabilização objectiva. Convém não esquecer, por outro lado, que a praticabilidade das convenções de irresponsabilidade extra-contratual supõe uma condicionante subjectiva relacionada com a necessidade de uma concretização delimitadora dos potenciais lesados[2086].

A possível existência de uma solução consensual, perfeitamente estranha ao *modus operandi* do critério predisposto no artigo 570.°, não afasta, obviamente, a aplicação desse normativo, quer no âmbito subtraído ao objecto das convenções, quer na valoração da *atitude do lesado* perante as ineficientes declarações unilaterais de irresponsabilidade. Estas declarações, na medida em que possam valer como indicadores do perigo (abstracto) existente, exprimem, em certa medida, uma função de cumprimento parcial dos chamados «deveres de prevenção» (STOLL alude mesmo a um «*unsubstantiiert Hinweis*»[2087]), podendo conduzir à aplicação do regime do artigo 570.°[2088] ou implicar – e pensamos na tese sustentada por STOLL[2089] relativamente aos danos sofridos pelos que entram sem autorização em domínos alheios – a relevância da «assunção do risco».

Presidindo à finalidade das convenções de irresponsabilidade um desiderato (contido) de beneficiar o lesante, pode perguntar-se pela admissibilidade de acordos em *benefício do lesado culpado*, englobando quer a preclusão da conduta de redução do dano, quer um diferente modo de repartição do prejuízo, à margem dos critérios estritos do artigo 570.°. O agravamento pretendido da posição do lesante traduz--se, na prática, no afastamento de uma redução indemnizatória (que derivaria da normal aplicação daquele normativo) em favor de uma indemnização plena ou na concessão de um determinado *quantum* para uma hipótese que conduziria, sem a estipulação, à denegação indemnizatória. Embora a validade dessas convenções de agravamento[2090] –

---

a defesa feita por LARENZ (*Lehrbuch...*, I, *cit.*, §31 III, pp. 555-556) de um acordo expresso de limitação da responsabilidade.

[2085-a] Ver *infra,* n. 2809-a.

[2086] Às «relações de proximidade ou à situação de vizinhança» se referem VAZ SERRA, BMJ n.° 79, *cit.*, pp. 126-127, n.(43) e 132, n.(54), ALMEIDA COSTA, *op. cit.*, p. 675, PESSOA JORGE, BMJ n.° 281, *cit.*, p. 21, PINTO MONTEIRO, *op. cit.*, pp. 392 e ss e, no direito francês, DESCHIZEAUX, *op. cit.*, p. 70.

[2087] *Op. cit.*, p. 273.

[2088] Assim, PINTO MONTEIRO, *op. cit.*, p. 402. No mesmo sentido, ver SINDE MONTEIRO, *Responsabilidade ..., cit.*, pp. 322-323, n.(521).

[2089] Ver *supra*, n.1916.

[2090] Convenções com a mesma finalidade, mas com um âmbito material dife-

Conduta culposa, disposição da esfera danosa e exposição ao perigo   609

perfeitamente plausíveis para uma regulação negociada do conteúdo do «direito de regresso» na solidariedade passiva – não coloque grandes obstáculos, atendendo ao intuito protector que a elas preside e à natureza não imperativa da norma do artigo 570.°,1, o *desequilíbrio* que se pode projectar na repartição do dano encontra, evidentemente, os limites da *intencionalidade autodanosa* (produtiva ou agravante) e da *conduta gravemente culposa* do lesado [2091]. Sendo certamente chocante que se pudesse validar um acordo em que o futuro lesado, apesar daquelas condutas, viesse a ter direito ao pleno indemnizatório, apesar da pequena culpa do lesante, propendemos aqui para considerar relevante aquela mesma barreira de *moralidade* e de *ordem pública* que não permite a cobertura do dano no seguro de pessoas e de coisas [2092]. A partir do momento em que se considere aquele duplo limite, cai por terra o argumento de que a convenção de exclusão (parcial) da autoresponsabilidade (*rectius*, modificação dos seus efeitos) propicia um maior descuido do potencial lesado. Sendo certo que este último considerando se cone xiona naturalmente com o chamado instinto de conservação dos bens pessoais, também não pode considerar-se excessiva uma solução consensual que faça recair no lesante [2093] o peso da sua culpa e da culpa leve do lesado. A tendência moderna, de que já nos fizemos eco, de uma *desculpabilização* das culpas ligeiras do lesado (*maxime* em áreas mais sensíveis) e a vantagem que deriva para o lesado da existência de uma convenção do tipo da que estamos a analisar (em atenção à normal relevância da culpa leve do lesado nas zonas de pura responsabilidade

---

rente, podem existir, por ex., no quadrante dos artigos 571.° (acordo que declare inoponível ao lesado a contribuição culposa dos seus auxiliares e representantes), 502.° (fixação convencional da responsabilidade do detentor do animal para o dano consequente a culpa exclusiva do lesado) e 506.° (não imputação ao lesado do risco concorrente). Para a defesa da última convenção, ver STAUDINGER/MEDICUS, *op. cit.*, §254, n.° 13, p. 183.

[2091] PINTO MONTEIRO, *op. cit.*, p. 110 e n.221, considera «profundamente injusto» que o devedor assuma a responsabilidade por uma impossibilidade de cumprimento devida ao próprio credor (como poderá suceder no contexto do artigo 795.°,2). A situação hipotizada pelo jurista, coimbrão, contendo uma ideia que também se encontra em ANTUNES VARELA (*op. cit.*, II, p. 73), não é, contudo, análoga à do texto, não podendo sequer afirmar-se um *venire contra factum proprium* numa factualidade em que o dano é o produto de uma dualidade contributiva.

[2092] Cfr. J.C. MOITINHO DE ALMEIDA, *op. cit.*, pp. 101-102.

[2093] Em princípio, a existência de um seguro de responsabilidade não parece constituir obstáculo ao acordo, desde que se respeitem os limites que deixámos expressos no texto.

610 — A conduta do lesado

interindividual) não deixam de constituir argumentos a favor de uma posição de acolhimento desse agravamento específico da responsabilidade.

Quanto à exclusão *tácita* da responsabilidade, o perigo de se cair na ficção não tem impedido a doutrina e a jurisprudência alemãs de a defenderem numa ou noutra hipótese, no pressuposto de um comportamento inequívoco do lesado ou como resultado da própria integração contratual[2094]. Para uma plausibilidade, a que VAZ SERRA[2095] não se mostrou indiferente nos trabalhos preparatórios do nosso diploma de 1966 – apesar de não ter operado com uma delimitação mais rigorosa entre as áreas da «exclusão tácita» e da «assunção do risco» –, a dogmática germânica tem considerado, como indicador particularmente relevante da exclusão, a existência de um seguro por parte do lesado. A razoabilidade desta perspectiva é completada pelo argumento mais complexo da «possibilidade do seguro» (*Versicherbarkeit*), tal como o vimos teorizado por FUCHS e aplicado por LANGE, em sintonia com o «concurso de culpa» do lesado[2096]. No âmbito dos danos relacionados com a utilização de animais no *interesse* do *prejudicado* (por razões funcionais ou de relacionamento gracioso), a mesma dogmática germânica tem adoptado, tendencialmente, o critério de deslocar o prejuízo para a pessoa que estabeleceu com o animal uma relação de interesse e de cuidado *exclusivos*, invocando, para tal, e como veremos, não uma ideia de renúncia tácita à indemnização mas, mais realisticamente, e entre outras perspectivas, amiúde combinadas, uma «assunção do risco»[2097].

[2094] Cfr. LANGE, *op. cit.*, §10 XVI, pp. 649-652 e PALANDT/HEINRICHS, *op. cit.*, §254, n.os 73 e 81, pp. 299-300 e os exemplos aí referidos da «viagem de experimentação», dos danos causados pelo aluno da instrução automóvel (ver também a decisão do LG Freiburg de 19 de Maio de 1981, in MDR 1981, pp. 843-844) ou pela pessoa que conduz um veículo a pedido do dono, incapacitado por embriaguez de o fazer.

[2095] Cfr. o BMJ n.° 86, *cit.* (*Responsabilidade pelos danos causados por animais*), pp. 61-62 e 96 (no artigo 3.°,2, VAZ SERRA presumia excluída a responsabilidade «... *quando o animal, para o desempenho das funções do prejudicado em relação a ele, é sujeito exclusivamente à vigilância do mesmo prejudicado*». Na parte dedicada à *responsabilidade pelos danos causados por edifícios ou outras obras* (BMJ n.° 88, *cit.*, p. 55), VAZ SERRA mostrava-se mais reservado quanto à possibilidade de uma «renúncia» do locatário à «indemnização por danos causados pela queda do edifício locado» (ver, no entanto, na p. 61, o artigo 6.° do respectivo articulado).

[2096] Ver *supra*, p. 320 e a n.1031, para a *Probefahrt* e para a questão da conveniência do seguro a fazer pelo vendedor-comerciante.

[2097] Ver, por ex., as posições de KÖTZ (*op. cit.*, n.° 360, p. 143) e de HENKE

Conduta culposa, disposição da esfera danosa e exposição ao perigo   611

69. Consentimento do lesado e concurso de condutas culposas

Diversamente do que sucede no seio da exclusão convencional de responsabilidade, com a renúncia antecipada do lesado a fazer valer o seu direito secundário de indemnização, a «evidência» (*Selbstverständlichkeit*) do *consentimento* no acto lesivo retira ao próprio facto a sua natureza ilícita (*volenti non fit injuria*»)[2098], privando a responsabilidade subjectiva de um seu pressuposto básico[2099]. Comparativamente ao que ocorre no quadrante do artigo 570.°, ao consentir na lesão danosa é o próprio lesado que valora juridicamente a sua *vontade dispositiva*, dotando-a de um *sentido* legitimador da lesão efectiva de interesses seus, mas sem poder ser identificada com uma conduta «culposa» concorrente para o dano, e, muito menos, com uma interferência numa esfera alheia potencialmente perigosa[2100]. A autodisposição *consciente* e *voluntária*[2101], aproximando-se, em certa medida, do dano

---

(JuS 1988, *cit.*, p. 759), adeptos, respectivamente, do «fim de protecção da norma» (do § 833 I) e da exclusão tácita de responsabilidade do *Halter* (para os danos sofridos pelo treinador, pelo picador, pelo comodatário ou pelo que monta o animal), em confronto com as teses sustentadas por STOLL (*op. cit.*, p. 358 e s.), LANGE (*op. cit.*, §10 XIV, p. 638) e G. HASSELBLATT (*Reiten auf eigene Gefahr, aber fremde Rechnung?*, in NJW 1993, p. 2580).

[2098] Já COELHO DA ROCHA, *op. cit.*, §19, p. 9, se referia a essa máxima romana, ao exigir como pressuposto da indemnização «que o que soffreu o damno, não tenha consentido...».

[2099] A doutrina é categórica na separação entre os dois quadrantes, como pode ver-se em VAZ SERRA, *Causas justificativas do facto danoso*, BMJ n.° 85, p. 104 e RLJ, ano 102.°, *cit.*, pp. 314-315, n.(2), col. da esquerda, PESSOA JORGE, *Ensaio...*, pp. 276-277, PINTO MONTEIRO, *op. cit.*, pp. 131-132, ANA PRATA, *Cláusulas de exclusão e limitação da responsabilidade contratual*, Coimbra, 1985, pp. 151 e ss., CHIRONI, *Colpa extra-contrattuale*, II, Torino, 1906, p. 579, DE CUPIS, *op. cit.*, II, pp. 270-271 e LANGE, *op. cit.*, §10 XV, p. 643, n.632 e §10 XVI, p. 647.

[2100] Expressamente, para a separação do *consentimento* e da *culpa do lesado*, ver ANTUNES VARELA, *op. cit.*, I, p. 570, n.(1) e R. CAPELO DE SOUSA, *O direito geral de personalidade*, Coimbra, 1995, p. 412, n.1041, e, para a sua diluição, ver o acórdão da RC de 2 de Março de 1988, in CJ, ano XIII, tomo 2, 1988, pp.77-78.

[2101] Se o consentimento *presumido* parece ter um recorte *funcional* idêntico ao do consentimento *expresso*, é mais discutível o sentido declarativo que o legislador quer retirar do ... *silêncio* (cfr. o artigo 10.° da Lei n.° 12/93 de 22 de Abril, relativo à dádiva *post mortem* de orgãos ou tecidos). Ver, contudo, para a *relativização* do critério estabelecido no n.° 3 do artigo 340.°, PESSOA JORGE, *Ensaio..., cit.*, pp. 279-280, e, para uma articulação com a *gestão de negócios*, RIBEIRO DE FARIA, *op. cit.*, I, pp. 449-450, MENEZES CORDEIRO, *Direito das Obrigações*, II, *cit.*, p. 360, CATTANEO, *Il consenso*

612   *A conduta do lesado*

que o lesado causa a si mesmo ou que *tolera*[2102] que lhe seja causado, de forma temporária ou precária, ao permitir o aproveitamento económico dos seus bens, não é plenamente arbitrária já que está sujeita ao limite, de concretização delicada, mas já enunciado pelo «iluminado» FEUERBACH[2103], da valoração social e legal do direito, bem ou interesse a dispor[2104].

A separação estrutural entre o *consentimento* e a *culpa do lesado*, e que é possível fazer-se hoje sem grandes dificuldades, não surgiu com nitidez ou foi objecto de uma eliminação em certos pandectistas, como DEMELIUS[2105], numa longa faixa de juristas franceses, em que avultam nomes como DESCHIZEAUX[2106], ESMEIN[2107] e LE TOURNEAU[2108], e em autores italianos menos modernos, como CHIRONI[2109] e PACCHIONI[2110].

---

del paziente al trattamento medico-chirurgico, in RTDPC 1957, p. 967 e DEUTSCH, *Unerlaubte Handlungen..., cit.*, §14, p. 99.

O consentimento e a sua liberdade estão, naturalmente, ausentes não só nos casos em que o legislador *autorize* uma conduta potencialmente lesiva (como no caso descrito no artigo 1322.°) ou *imponha* certos encargos (cfr. a situação descrita no artigo 1351.°) mas também quando *force* a própria «adesão» (o que é paradigmático nos normativos dos artigos 1349.°, 1367.° e 1471.°,1 ou no caso descrito no artigo 15.° do Decreto-Lei n.° 384/88 de 25 de Outubro, *cit.*, referente aos estudos e trabalhos de emparcelamento a realizar em certos terrenos).

[2102] U. BISEGNA, *Tolleranza (Atti di)*, NDI, XIX, pp. 401 e ss., demarca a *tolerância* da *inércia*, vendo esta como comportamento absolutamente passivo ou desinteressado.

[2103] *Apud* W. KOHTE, *Die rechtfertigende Einwilligung*, in AcP 185(1985), p. 109.

[2104] Ver, para um afloramento desse problema nuclear do conteúdo válido do consentimento, ORLANDO DE CARVALHO, *Teoria Geral..., cit.*, pp. 40 e ss., H. HÖRSTER, *op. cit.*, n.° 439, pp. 268-269 e, numa perspectiva penal, COSTA ANDRADE, *O consentimento do ofendido..., est. cit.*, p. 107. Para dois dos últimos referentes legais da exclusão do consentimento, ver o n.°4 do artigo 6.° da Lei n.° 12/93, *cit.* e os artigos 4.° e 10.° do Decreto-Lei n.° 97/94, *cit.* (*ensaios clínicos*).

[2105] Ver *supra*, pp. 349-350.

[2106] *Op. cit.*, pp. 64 e ss.. O jurista francês, sob o título «*consentement de la victime*», trata indiscriminadamente as convenções de exclusão (assumindo uma crítica à amplitude de DURAND) e a «aceitação dos riscos» (identificada com o consentimento tácito).

[2107] *Op. cit.*, n.° 572, pp. 792 e ss..

[2108] *Op. cit.*, n.ᵒˢ 796 e ss., pp. 268-269.

[2109] *Op. cit.*, II, p. 578.

[2110] *Diritto civile italiano, cit.*, n.°7, pp. 155-156. PACCHIONI, avocando o fragmento do *Digesto* 9,2,7,4, relativo à luta e ao pugilato (cfr. U. VON LÜBTOW, *op. cit.*, p. 119), dilui o consentimento na «*cosciente assunzione del rischio*» e acaba por situar este último no quadro da interrupção do nexo de causalidade.

Conduta culposa, disposição da esfera danosa e exposição ao perigo   613

O pensamento clássico influiu nitidamente na sistemática de CUNHA GONÇALVES[2111], «explicando» o tratamento do «consentimento da vítima» no capítulo da «culpa comum» e a consideração unitária da *licitude* dos danos resultantes de «experiências de vacinas virulentas» e dos «riscos voluntária e até alegremente assumidos», como «tomar lições de aviador, acompanhar um automobilista-corredor, transfusão de sangue...». Esta diluição entre as zonas do consentimento, da culpa do lesado, e do círculo da chamada «assunção do risco», foi assumida por VAZ SERRA[2112] nos trabalhos preparatórios referentes à «conculpabilidade do prejudicado», e PEREIRA COELHO[2113] extraiu da «relação de proximidade», estabelecida entre a culpa do lesado e o consentimento da vítima, o corolário mais original, mas menos rigoroso, de ligar o último à *exclusão* da «culpa do réu».

Noutro plano, o artigo 44.°,1 do Código suíço das Obrigações, ao considerar o consentimento «impuro» como forma de «culpa própria» (*Selbstverschulden*[2114]), terá representado o sinal legislativo mais patente de uma «mistura» conceitual própria do seu tempo. A recepção que a jurisprudência alemã voluntarista teve em ENNECCERUS/ /LEHMANN[2115], e que se traduziu na invocação do *consentimento tácito* para justificar as lesões decorrentes de actividades sintonizadas com «riscos típicos» ou com uma reconhecida perigosidade[2116], encontrou eco favorável na nossa doutrina dominante, sufragadora, para a *actividade desportiva* praticada sem atitudes dolosas e com respeito das *leges artis*, de uma «aceitação tácita e recíproca dos riscos de acidentes»[2117].

[2111]   *Tratado...*, XII, *cit.*, p. 600.
[2112]   BMJ n.° 86, *cit.*, pp. 142 e 170. VAZ SERRA seguiu muito de perto CUNHA GONÇALVES, chegando mesmo a formular um preceito (o §3 do artigo 3.°) nos termos do qual «*o pleno consentimento da vítima para a produção de danos lícitos exclui a responsabilidade do agente*».
[2113]   *A causalidade...*, *est. cit.*, RDES 1965, n.° 4, p. 4.
[2114]   Para o sentido dessa «intromissão», ver HÄBERLIN, *op. cit.*, p. 67 («*Der Einwilligende umfasst die Tat mit seinem Willen*»), KELLER/GABI, *op. cit.*, p. 99, DESCHENAUX/TERCIER, *op. cit.*, p. 73 e HONSELL/ A. SCHNYDER, *op. cit.*, artigo 44.°, n.° 2, pp. 330-331.
[2115]   *Op. cit.*, §16, pp. 76-77.
[2116]   Como exemplos aduzidos por ENNECCERUS/LEHMANN, e que, quanto a nós, poderão estar mais de acordo com a ideia do *Handeln auf eigene Gefahr*, destacam-se a participação em manifestações desportivas (como o futebol), o transporte gratuito, a participação numa caçada e a presença numa corrida de automóveis.
[2117]   Ver ANTUNES VARELA, *op. cit.*, I, p. 571 (sem estabelecer contraste entre o

614   *A conduta do lesado*

Diga-se, para já, que esta sustentação *volitiva*, igualmente «recebida» noutros quadrantes doutrinários[2118], não é pacífica, e não pode ser justificada com a existência excepcional, no eventual lesado, de uma decisão «orientadora» da lesão efectiva. Na verdade, desde que não se valore a própria «regularidade» da actividade e se dê primazia ao pensamento de ORLANDO DE CARVALHO[2119], se o *boxe* e a *luta livre* continuam a ter o escopo (de *laedere alterum*) que os romanos conferiam à *colluctatio* ou *pancratium*[2120], comportando a «atribuição de um poder de lesão», que, no entanto, e concomitantemente, se julga não concretizável, já não parece que os danos relacionados com a «violência-base», própria do jogo, como lhe chama PRISCO[2121], ou com os *riscos normais* derivados da (menor) perigosidade de outros desportos com contacto físico (como o judo, a luta greco-romana, o futebol, as corridas de automóveis e mesmo o karaté) tenham uma justificação baseada numa pretensa manifestação *psicológica* do lesado ou numa *aceitação* do risco de dano.

Como últimas notas desta visão sumária do *consentimento do lesado*, há que dizer que a validade declarativa não elimina, necessariamente, o surgimento de uma obrigação de indemnização, atendendo à possibilidade de ocorrerem *danos anormais* (como poderá suceder

---

futebol e a luta ou o boxe), ALMEIDA COSTA, *op. cit.*, p. 484 (exemplificando com o boxe, o automobilismo, as artes marciais e o futebol), ORLANDO DE CARVALHO, *op. cit.*, p. 49, RUI DE ALARCÃO, *op. cit.*, p. 245 (a articulação entre o consentimento e a «aceitação do risco» não representa o abandono da concepção dominante), RIBEIRO DE FARÍA, *op. cit.*, I, p. 450, PINTO MONTEIRO, *Cláusulas...*, *cit.*, p. 133, n.275, H. HÖRSTER, *op. cit.*, n.° 440, p. 269 e FIKENTSCHER, *op. cit.*, n.° 497, p. 309 (para quem o jogador *consente* em todas as lesões causadas com observância das *Spielregeln*). A posição do penúltimo jurista é mais específica não só porque «imputa» ao transportado à «boleia» um *consentimento tácito* mas também porque desloca para o agir «por risco próprio» a prática de «desportos violentos» (ficando para a zona daquele consentimento a área, certamente difícil de concretizar, dos «desportos perigosos») e o transporte gratuito com «riscos patentes».

[2118] Assim, LARENZ, *Lehrbuch...*, II, *cit.*, 12ª ed., §71 I, p. 594 (mas com uma concepção de «consentimento» próxima da «assunção do risco»), WESTER, *op. cit.*, p. 51, e LE TOURNEAU, *op. cit.*, n.°s 816 e ss., pp. 275-276.

[2119] *Op. cit.*, p. 49. No mesmo sentido, ver LANGE, *op. cit.*, §10 XV, p. 644 (com a indicação de uma sentença do OLG Köln, onde se negou o consentimento nas lesões sofridas por um professor de karaté), E. SCHEFFEN, *Zivilrechtliche Haftung im Sport*, in NJW 1990, p. 2664, TEICHMANN, *op. cit.*, §254, n.° 5, p. 221, DE CUPIS, *Os direitos de personalidade, cit.*, p. 81 e HONORAT, *op. cit.*, p. 119.

[2120] Cfr. U. VON LÜBTOW, *op. cit.*, p. 119.

[2121] *Op. cit.*, p. 412, n.81.

Conduta culposa, disposição da esfera danosa e exposição ao perigo   615

numa transfusão de sangue contaminado), e que a sua «irregularidade» (por ex., consentimento para um duelo), não afastando a «culpa» do lesado, co-causador consciente do seu dano, o sujeita, por consequência, à incidência do critério do artigo 570.º [2122] no conteúdo indemnizatório.

70. O pensamento nuclear da «assunção do risco», a sua visão tradicional ou «declarativista» e o seu quadro tipológico característico

A figura nebulosa e heterogénea da «assunção do risco» [2123] traduz, essencialmente, a atitude do lesado de se *expor conscientemente a um perigo típico ou específico conhecido, sem a isso ser obrigado*, mas conservando a esperança de o perigo não se concretizar em dano. Esta colocação *voluntária* em perigo (*Selbstgefährdung*), não se identificando com a consciência, mais ou menos difusa, de se poder sofrer um

---

[2122] Para a aplicação desse normativo ou de um preceito correspondente, ver MOTA PINTO, *op. cit.*, p. 211, PINTO MONTEIRO, *op. cit.*, p. 130-131, n.267, R. CAPELO DE SOUSA, *op. cit.*, pp. 341-342, n. 859, VON TUHR, *op. cit.*, p. 470, DEUTSCH, *Haftungsrecht, cit.*, p. 227, HÄBERLIN, *op. cit.*, p. 67, ENGEL, *op. cit.*, n.º 120, p. 344 e KOZIOL/WELSER, *op. cit.*, p. 447. Para a intervenção do §254, na fase do esclarecimento médico (em vista de uma intervenção cirúrgica) e no pressuposto de informações incorrectas do doente, ver a decisão do BGH de 4 de Novembro de 1975, in JZ 1976, p. 242.

[2123] Preferimos adoptar uma terminologia mais neutra e que também vemos utilizada por RIBEIRO DE FARIA, *op. cit.*, I, p. 525, CALVÃO DA SILVA, *op. ult. cit.*, p. 735, TRIMARCHI, *Rischio..., cit.*, p. 313, PRISCO, *op. cit.*, pp. 397 e ss e CENDON/ /VENCHIARUTTI, *op. cit.*, artigo 1227.º, n.º 17, p. 205. Como sabemos, a dogmática alemã recorre, de preferência, à expressão *Handeln auf eigene Gefahr* (de «*Selbstgefährdung*» falava, contudo, REINHARDT, nos anos 40, num artigo intitulado *Beiträge zum Neubau der Schadensersatzrechts*, in AcP 148 (1943), p. 158), evitando a coloração mais consensualista visível nas fórmulas «*acceptation des risques*» (cfr. PLANIOL/ /RIPERT/ESMEIN, *op. cit.*, n.º 572, p. 793 e J. FLOUR/J. L. AUBERT, *op. cit.*, n.º 179, p. 175) ou «*acceptation volontaire d'un risque*» (cfr. A.-S. MUZUAGHI, *Le déclin des clauses d'exonération de responsabilité sous l'empire de l'ordre public nouveau*, Paris, 1981, p. 202) e «*voluntary assumption of risk*», aceites entre nós, respectivamente, por PINTO MONTEIRO, *op. cit.*, pp. 132 e 403 e ANA PRATA, *Cláusulas de exclusão..., cit.*, pp. 154-155.

[2124] Para o recorte típico da «assunção», ver STOLL, *op. cit.*, p.3 e, sobre o contraste entre o *risco específico* e o chamado *risco genérico*, ver ROTHER, *op. cit.*, p. 117 e ESSER/SCHMIDT, *op. cit.*, I, 2, §35 I, pp. 259-260. J. FLOUR/J.-L. AUBERT, *op. cit.*, n.º 179, p. 175, ligam equivocamente a «aceitação dos riscos» à exposição genérica a um ... dano.

616 *A conduta do lesado*

dano (sem que exista uma «norma de deslocação»)[2124], reveste, por outro lado, a forma de uma conduta positiva, à margem das manifestações declarativas (*maxime* tácitas) que vimos nos números precedentes[2125]. A preclusão do consentimento na própria lesão e a demarcação do fundamento negocial de exclusão da responsabilidade, fazendo sobressair o dado *objectivo* da acção do lesado, condição *sine qua non* para uma (relativa) autonomização da «assunção do risco», nem sempre foram assumidas pelo pensamento jurídico mais sensibilizado com a figura, com o resultado de, por ex., no ordenamento anglo-saxónico, a *voluntary assumption of risk* continuar a partilhar fronteiras oscilantes com a zona do *volenti non fit iniuria*. Na realidade, se vemos juristas, como STREET[2126], a distinguir o *consent tout court* (como *absolute defence* que conduz à exclusão do *tort*) do «consentimento» atinente ao risco de lesão (com ou sem violação do *duty of care*), a ideia geral, que transparece em KIDNER[2127], é a da falta de autonomia da *assumption* ... (a não ser na zona do transporte gratuito) e a sua consideração como «*volenti*...» ou integrando um caso de *contributory negligence* (o que se tornou patente após 1945). A maior aceitação da *assumption* no direito americano[2128] não a faz afastar da adesão a princípios *consensualistas*, como resulta da separação entre o *express agreement*[2129], o complexo *implied consent* (ou, como lhe chama FLEMING[2130], «*implied assumption of risk*»), em que já não há, como no primeiro, uma renúncia expressa à responsabilidade (com o limite da *public policy*), mas uma aceitação tácita de um risco *conhecido* e

---

[2125] Para a demarcação no confronto com o *consentimento* e a *convenção de irresponsabilidade*, ver ANA PRATA, *op. ult. cit.*, pp. 161 e 164, PINTO MONTEIRO, *op. cit.*, pp. 132-133 e 403, KÖTZ, *op. cit.*, n.° 557, p. 214, DEUTSCH, *Unerlaubte Handlungen...*, *cit.*, §13, lp. 91, (aludindo, contudo, a um «*Einwilligung in die Gefährdung*») e FIKENTSCHER, *op. cit.*, §52, p. 309 (pese o enquadramento do *Handeln*... no círculo das causas de justificação da ilicitude).Defendendo a aproximação com a cláusula tácita de irresponsabilidade, ver A. CONSTANTINO FERNANDES, *Responsabilidade civil e responsabilidade criminal em matéria de desporto*, in ROA, ano 5.°, 1-2, 1945, p. 204 e, para uma mesma valoração da vontade, em crítica a TRIMARCHI, ver PONZANELLI, *op. cit.*, p. 142.
[2126] *Op. cit.*, pp. 75 e ss e 248 e ss.. STREET refere o caso *Letang v. Ottawa Electric Ry Co* (1926), onde se defendeu que a exposição livre e voluntária a um risco, cuja natureza e extensão se conhecem, importa um «*impliedy agreed to incur it*».
[2127] *Est. cit.*, pp. 17-18 e 21 e ss..
[2128] Cfr. FLEMING, *op cit.*, pp. 264 e ss., PONZANELLI, *op. cit.*, pp. 195 e ss. e WESTER, *op. cit.*, pp. 39 e ss..
[2129] Cfr. o § 496B do *Restatement of Torts*, II, *cit.*, pp. 565-567.
[2130] *Op. cit.*, pp. 268 e ss..

Conduta culposa, disposição da esfera danosa e exposição ao perigo   617

compreendido[2131] e a *assunção*, sem necessidade, de um risco *conhecido*, criado com violação do *duty of care*, e situada na fronteira com a *contributory negligence*[2132].

A criação, em meados do século passado, pela jurisprudência francesa[2133], da figura da *acceptation des risques*, e posteriormente teorizada, segundo HONORAT[2134], por DURAND e os irmãos MAZEAUD, se teve a finalidade de conter a ampliação da *responsabilité du fait des choses* e de mitigar o regime responsabilizante dos transportadores benévolos, não conduziu a uma distanciação coerente da zona do *consentimento tácito*[2135], tendo mesmo DESCHIZEAUX[2136] afirmado que a «aceitação dos riscos» representava um processo oblíquo (e antijurisprudencial) de alteração convencional das regras da responsabilidade delitual. Se, modernamente, a doutrina francesa está mais consciente do espaço ocupado pela «aceitação dos riscos»[2137], a «desconfiança» gerada em relação ao papel responsabilizante do «risco» – e que o mesmo DESCHIZEAUX[2138] relevou, apoiado em JOSSERAND – conduziu a figura para o quadrante mais exigente da *faute de la victime*, com a consequente perda de autonomia dogmática.

[2131] Cfr. o §496C do *Restatement of Torts*, II, *cit.*, pp. 570 e ss.. Os danos sofridos pelo *licensee*, pelo *invitee*, por aquele que assiste a um treino de *baseball* ou a uma luta, com o desejo de apoiar os lutadores, são «explicados» por essa «assunção implícita».

[2132] É precisamente nessa zona fronteiriça que se situam, por ex., os casos dos *drunk drivers*, consignando o §496 D do *Restatement* a privação da indemnização para o risco com «*unreasonable character*». Como assinala correctamente PROSSER, nas pp. 562-563 do *Restatement*, a tentativa de distinguir a *assumption* da *contributory negligence* passa, em relação à primeira, pela não exigência da culpa, pela valoração subjectiva da conduta (em atenção à inexperiência ou pouca inteligência do *assumptor*) e pela sua avaliação como *defence* completa.

[2133] Cfr. DESCHIZEAUX, *op. cit.*, pp. 78 e ss..

[2134] *Op. cit.*, p. 21.

[2135] HONORAT, *op. cit.*, pp. 67 e ss., na primeira parte da sua obra, considera a «aceitação dos riscos» como uma forma de consentimento no acto danoso. Para a aproximação ao consentimento tácito, ver DESCHIZEAUX (*op. cit.*, pp. 78-79) e, para a articulação parcial com a cláusula de irresponsabilidade, ver ESMEIN, *De l'influence de l'acceptation des risques par la victime éventuelle d'un accident*, in RTDC 1938, pp. 390 e ss e PLANIOL/RIPERT/ESMEIN, *op. cit.*, n.º 572, pp. 795-796.

[2136] *Op. cit.*, p. 87.

[2137] É o caso de CARBONNIER, *op. cit.*, n.º 225, p. 417, quando afirma que a *acceptation des risques* é uma figura «*proche du consentement..., et cependant distincte...*».

[2138] *Op. cit.*, p. 87.

618 A conduta do lesado

Para uma mesma «desvalorização» ou atracção para a zona da *Mitverschulden* do lesado, terá contribuído, no pensamento jurídico germânico, a reacção jurisprudencial[2139], de começos da década de 60, à «sua» construção *psicológica* (sob a forma de «consentimento» ou renúncia tácita)[2140] do *Handeln auf eigene Gefahr* – figura surgida, como pura causa de exclusão de responsabilidade, para os casos (*maxime* relações assentes na gratuitidade) em que os princípios gerais se tinham revelado inaptos. Como explica ROTHER[2141], a chamada «sentença de morte» (*Todesurteil*[2142]) de 1961 ter-se-à ficado a dever a uma compreensão mais moderna do §254, distanciada da influência pandectística do «tudo ou nada» indemnizatório e da tutela dos «declarantes».

Para lá da flutuação dogmática da «assunção do risco», ora presa a soluções negociais, ora ligada ao quadrante mais objectivo da culpa do lesado, é possível, partindo da ideia central da «exposição consciente a um perigo específico», traçar um quadro tipológico principal, de valoração mais ou menos constante. Resumidamente, a doutrina estrangeira que se tem ocupado do tema[2143] vem afirmando que devem

---

[2139] Referimo-nos à decisão do BGH de 14 de Março de 1961 (in NJW 1961, pp. 655 e ss.). No caso, o condutor de um veículo passou o volante para as mãos de um amigo, com cerca de 17 anos, sem carta de condução e após insistências deste último. Ao fazer uma curva com velocidade inadequada, o condutor perdeu a direcção do veículo, tendo este, ao embater numa árvore, provocado danos nos seus quatro ocupantes. O BGH, para lá de ter recusado a existência de um consentimento (do autor lesado) para as lesões causadas pelo *condutor incompetente*, situou o *Handeln auf eigene Gefahr* no quadrante do §254 e *valorou uma possível aplicação do venire contra factum proprium*. Numa outra decisão do BGH, com a mesma data (in NJW 1961, p. 777), e numa hipótese em que o transportado e o condutor estavam *sob a influência do álcool*, o tribunal reafirmou a aplicação do §254.

[2140] Para o período «negocial», em que avultou a decisão do BGH de 17 de Maio de 1951 (BGHZ 2, 159), ver STOLL, *op. cit.*, pp. 14 e ss., WEIDNER, *op. cit.*, pp. 35 e ss, LARENZ, *Lehrbuch...*, 9ª ed., *cit.*, pp. 178-179 e SOERGEL/SIEBERT/ REIMER SCHMIDT, *op. cit.*, §254, n.° 63, p. 952.

[2141] *Op. cit.*, p. 112.

[2142] DUNZ, *Reiter wider Pferd oder Versuch einer Ehrenrettung des Handelns auf eigene Gefahr*, in JZ 1987, p. 65. O jurista chama a atenção para a influência no *revirement* da doutrina da *ilicitude do resultado*.

[2143] A enucleação, que se encontra na obra clássica de STOLL (e a que WOCHNER, *op. cit.*, pp. 186 e ss. e KOZIOL, *op. cit.*, pp. 96-97 e 254-255 aderiram), não é muito diferente da que se nos depara em H. HÖRSTER (*op. cit.*, n.° 440, p. 269), WEIDNER (*op. cit.*, pp. 35 e ss.) DEUTSCH (*Unerlaubte Handlungen..., cit.*, §13, n.° 169, p. 92), TRIMARCHI (*op. cit.*, p. 315) ou nos franceses PLANIOL/RIPERT/ESMEIN (*op. cit.*, n.° 572, p. 794) e LAPOYADE DESCHAMPS (*op. cit.*, p. 473).

Conduta culposa, disposição da esfera danosa e exposição ao perigo   619

ser avaliados de acordo com os parâmetros que presidem à «assunção do risco»[2144] os danos sofridos pelos que participam em *actividades* ou *jogos desportivos*[2145] ou assistem, como *espectadores*, a essas manifestações, pelos que são *transportados gratuitamente* e por aqueles que, com ou sem autorização[2146], *entram em prédios ou instalações alheias*. A este círculo, necessariamente heterogéneo, pode acrescentar-se, em termos que veremos melhor, a utilização consciente de *produtos defeituosos* e a exposição voluntária ao perigo representado por certos *animais*.

O olharmos primacialmente para o lesado, não significa esquecer que a «assunção do risco» contende com o cumprimento, em maior ou medida, dos «deveres de protecção» (*mais latos,* no tocante à necessidade de uma organização desportiva controlar os efeitos nefastos do risco, *menores,* para os que entrem sem autorização no domínio alheio e a *concretizar,* para os participantes numa competição desportiva, de acordo com a sua maior ou menor perigosidade) e com o próprio

---

[2144] Ver *infra*, n.º 71.

[2145] Incluem-se nesse âmbito não só o chamado «jogo de grupo» (*Mannschaftssport*), como o futebol e o andebol, mas também desportos onde o contacto físico está presente (como no *squash* ou no judo) ou pode ocorrer, como nas corridas de cavalos, de automóveis ou de bicicletas. Para a menor particularidade do «desporto individual» (como o esqui, a natação, a vela, a patinagem e o atletismo), ver E. SCHEFFEN, *est. cit.*, NJW 1990, pp. 2658-2659, e a relevância do *dever de cuidado* em relação a outros desportistas (o que tem interesse para evitar a colisão entre esquiadores). Para a importância da observância das regras escritas que regulam o tráfico dos esquiadores, ver J. FRITZWEILER, *Skisport und Unfälle*, in SpuRt, 1-2, 1995, p. 28. Quanto ao *squash*, o OLG München, em 30 de Outubro de 1991 (in VersR 1993, pp. 237-238) aceitou uma pouco definida «aceitação de uma exclusão de responsabilidade», num caso em que os danos sofridos por um jogador tiveram a ver com a violação (pouco grave) das «regras do jogo» por parte de um jogador inexperiente. Já numa *corrida de cavalos*, em que na fase da partida um cavalo foi ferido por outro, o OLG Zweibrücken, em decisão de 11 de Fevereiro de 1977 (MDR 1978, p. 315), não imputou ao lesado, e a título de *Handeln...*, nem a circunstância de ter colocado o cavalo a correr, nem de este ter sido provocado antes da partida. O comportamento *normal*, embora pouco habitual, de um cavalo de corrida, que, após uma queda, se pôs a galopar em sentido contrário ao da corrida, vindo a causar a morte de um outro, foi sustentado pela *Cour de Cassation* em 16 de Junho de 1976, in JCP 1976, II (*Jurisp.*), 18585, com um comentário favorável de A. BÉNABENT. O BGH, em 5 de Março de 1963 (in NJW 1963, p. 1606), negou a existência de uma igualmente equívoca «limitação de responsabilidade» entre dois condutores participantes numa prova automobilística de resistência, e que se revezavam na condução (ver as anotações divergentes de H. SCHÖPE e de BÖHMER, respectivamente na NJW 1963, pp. 1606-1607 e 1964, pp. 33-34).

[2146] Ver *supra*, n.º 61.

620 *A conduta do lesado*

âmbito protector da responsabilidade pelo risco. Um dos reflexos da indefinição da figura é, precisamente, a sua dupla face, tal como foi teorizada por STOLL[2147], ao distinguir no *Handeln*... os «casos puros» (*echte Fälle*), caracterizados pelo facto da a*usência de pressupostos responsabilizantes* deslocar o dano para a esfera de um lesado, conhecedor do risco, dos «casos impuros» (*unechte Fälle*), revelados pela conjugação das esferas da *ilicitude*, da *culpa* e do *risco* com a *exposição consciente ao perigo* e pela consequente deslocação da repartição do dano para o núcleo do §254. A resposta à questão da autonomia teorético-dogmática do fenómeno da «assunção do risco» está, pois, dependente da circunscrição positiva do primeiro espaço, já que, no segundo, a conduta do lesado não parece ser mais do que uma forma *mais impressiva* de culpa. A autonomização do critério da «assunção do risco» será naturalmente potenciada desde que as situações que integram aquele primeiro círculo tipológico (ou algumas delas) não sejam explicadas com o recurso a enquadramentos diversos ou a outras soluções jurídico-positivas.

71. Estatuto autónomo da «assunção do risco» ou sua diluição como estrato da culpa do lesado?

O escasso tratamento que a nossa doutrina dedicou (e dedica) à «assunção do risco» não fornece subsídios bastantes para que se possa descortinar uma tomada de posição sobre a *vexata quaestio* da autonomia da figura. Na verdade, e atentando no pensamento jurídico menos recente, se exceptuarmos as linhas dedicadas por CUNHA GONÇALVES[2148] às responsabilidades desportivas e a referência sucinta de VAZ SERRA[2149], por inspiração de PLANIOL/RIPERT/ESMEIN e não desligada do binómio culpa-ausência de culpa, à «circunstância de a vítima se expor voluntariamente e cientemente a um perigo...», não encontramos qualquer outra valoração significativa da figura, a que chamamos «assunção do risco». Estranhamente, ou talvez não, nota-se na nossa

---

[2147] *Op. cit.*, pp. 248-249, 253, 296 e 305-306. O ponto de vista de STOLL foi seguido por ROTHER (*op. cit.*, p. 118), WOCHNER (*op. cit.*, pp. 186 e ss), KOZIOL (*op. cit.*, pp. 96-97 e 254-255), GERNHUBER (*op. cit.*, p. 404) e, em parte (para a distinção entre riscos *normais* e *anormais*), por PRISCO (*op. cit.*, pp. 415 e ss.).

[2148] *Tratado...*, XII, *cit.*, n.° 1944, *cit.*, pp. 774-779. Refira-se também o já citado trabalho de CONSTANTINO FERNANDES (*supra*, n.2125).

[2149] BMJ n.° 86, *cit.*, pp. 142 e 170 (artigo 3.°,2: «*O facto de o prejudicado se expor cientemente a um perigo, é ou não culposo... conforme as circunstâncias*»).

Conduta culposa, disposição da esfera danosa e exposição ao perigo   621

doutrina (sintomaticamente em CUNHA GONÇALVES[2150] e em VAZ SERRA[2151]) uma maior preocupação pelo problema da eventual responsabilidade de um *terceiro* pelo falecimento da pessoa a quem se *associou* em tarefas delicadas, com que *colaborou* em «investigações científicas perigosas» ou a quem *facilitou* o desempenho de uma actividade perigosa.

A justificação para a «negligência» na abordagem de uma questão teórico-prática importante não podia sequer ser alimentada com a existência de um «vazio histórico», se pensarmos, com RASI[2152], que, nas fontes romanas, os danos derivados de exercícios físicos conjuntos e do jogo da pela, bem como as «lesões desportivas» resultantes da luta livre[2153] não originavam (desde que não houvesse dolo) uma responsabilização *ex lege aquilia*, mas eram imputados à *vontade* do lesado ou justificadas com a *finalidade* e o *espírito* da luta ou do pugilato («...*quia gloriae causa et virtutis*...»)[2154]. Mas é, sobretudo, nos casos já descritos[2155] do *tonsor*, do *putator* e do *iaculator,* que RASI procura encontrar um elo de ligação, fixando-o numa «assunção do risco» *tout court* (é sintomático o recurso à expressão «*ipsum se de queri debere*», extraída do fragmento de ULPIANUS[2156]) do escravo que desfazia a barba num local perigoso, que atravessou o *campus jaculatorius*, do caminhante que entrou na propriedade alheia ou, como vimos[2157], do escravo que, apesar dos avisos colocados, não evitou as armadilhas existentes. Partindo dos «princípios» elaborados pelos jurisconsultos

---

[2150]   *Tratado...*, XII, *cit.*, pp. 599-600. É muito duvidosa a utilização da fórmula «culpa comum», para o tipo de situações descritas por CUNHA GONÇALVES.

[2151]   BMJ n.º 86, *cit.*, pp. 141-142 e 170.

[2152]   *Est. cit. (supra*, n.1072), pp. 193-198.

[2153]   Cfr., respectivamente, PAULUS, *Digesto*, 9, 2, 45, 3 (*supra*, n.1078), ALFENUS, *Digesto*, 9, 2, 52, 4 (*supra*, n. 1076) e ULPIANUS, *Digesto*, 9, 2, 7, 4 (*supra*, n. 1078).

[2154]   PACCHIONI, *op. cit.*, p. 156, faz assumir pelo proprietário de um escravo, que tenha consentido na luta com um homem livre, o *risco* da morte do mesmo escravo. O jurista italiano não deixa, contudo, de conceber a «assunção do risco» em termos clássicos, ligando-a à regra *volenti non fit iniuria* e acabando, até, por defender, romanisticamente, a *exclusão* da responsabilidade do transportador, pela circunstância *causal* de o «convidado» ter assumido o risco de viajar com um condutor «pouco experiente ou excessivamente imprudente».

[2155]   *Supra*, pp. 338 e ss..

[2156]   Expressamente, para a defesa do *Handeln auf eigene Gefahr* do cliente, ver MAYER-MALY, *est. cit.*, p. 248.

[2157]   *Supra*, pp. 341-342.

romanos, RASI[2158] traça uma evolução em que põe em relevo o aprofundamento da noção de *dolus* feito pelos glosadores, procurando conciliar a ideia da «assunção do risco» com a ausência de um «*danno ingiusto*» – o jurista italiano não deixa de considerar subjacente aos danos dos *servi* a ideia do *volenti non fit iniuria* – transpondo-a para a actividade dos trapezistas, do lançador de facas, para as competições desportivas e as relações de cortesia.

Entre nós, a «desconfiança» com que se encara a «assunção do risco» é patente na forma como PINTO MONTEIRO[2159] aborda a figura, criticando a sua consideração «negocial», assente numa «fictícia vontade do lesado», mas sem retirar dessa demarcação outra consequência que não seja a da sua mera relevância como *culpa do lesado*. Também ANA PRATA[2160] considera a «assunção voluntária dos riscos» uma construção fictícia e... perigosa», uma «teoria fluida e mal demarcada», retirando da análise crítica que faz à *voluntary assumption of risk* e ao *Handeln auf eigene Gefahr* a base de apoio para uma irrelevância da figura. A recusa de uma posição autónoma para a «assunção do risco» corresponde, aliás, a uma orientação predominante na literatura estrangeira, como se constata pelo leque de construções (negociais, causais, assentes em cláusulas gerais ou atinentes ao fundamento da responsabilidade) enumeradas por STOLL[2161], pelo desdobramento «sistemático» feito por TEICHMANN[2162] e por WOLF[2163] (partindo de uma posição «abrangente», considera o *Handeln* a congregação da exclusão contratual de responsabilidade, do consentimento do lesado, da exclusão da ilicitude e da culpa do lesado) e pela tese daqueles[2164] que vêem na

---

[2158] *Est. cit.*, pp. 199 e ss..

[2159] *Op. cit.*, pp. 132-133 e 403.

[2160] *Cláusulas..., cit.*, pp. 154 e ss..

[2161] *Op. cit.*, pp. 92 e ss.. Na p. 306, STOLL recusa construir para o *Handeln...* um «instituto jurídico delimitado», vendo nele um mero «*Rechtsgedanke*».

[2162] *Op. cit.*, §254, n.º 5, p. 221. O comentarista germânico releva os círculos diversos da *ausência de ilicitude* ou do *facto responsabilizante* (como na «entrada a risco próprio»), do *consentimento na lesão* (como no boxe), do *concurso de culpa do lesado* (no caso da entrada ilícita no prédio) e das *lesões causadas nas actividades desportivas*, com respeito das «regras do jogo». Ver igualmente, para a desnecessidade dogmática do *Handeln...*, RÜßMANN, *op. cit.*, §254, n.º 8, p. 196 e E. HERRMANN, *Die Einschränkung der Tierhalterhaftung nach §833 S.1 BGB in der modernen Judikatur und Literatur*, in JR 1980, p. 493 («*Die Figur des Handelns... ist schillernd*»).

[2163] *Op. ult. cit.*, §4, pp. 266-267.

[2164] Ver, entre outros, ROTHER, *op. cit.*, pp. 5, 110 e 112, SOERGEL/SIEBERT/ /MERTENS, *op. cit.*, §254, n.º 49, p. 365, DEUTSCH, *Unerlaubte Handlungen, cit.*, §13,

Conduta culposa, disposição da esfera danosa e exposição ao perigo   623

«assunção do risco», não tanto um conceito complexo ou uma causa de exclusão da responsabilidade, mas essencialmente um subtipo da *culpa do lesado* (a «*schuldhafte Selbstgefährdung*» de que fala LANGE[2165]). Perante este discurso pessimista, que dizer de um pensamento, como o de WESTEN[2166], para quem o *Handeln*... é um «princípio autónomo de uma comunidade jurídica organizada e que leva cada um a responder pelas consequências do seu agir («*das Vertretenmüssen des eigenes Tun*»)», ou como encarar a concepção de DUNZ[2167], segundo a qual o «§ 254 I não pode substituir o *Handeln*...»? Desta dupla referência doutrinária não pode retirar-se outra conclusão que não seja a de que existe um círculo próprio de situações de «assunção do risco», que conduz a imputar à conduta *consciente* e *não culposa* do lesado os danos resultantes da concretização de riscos maiores ou menores e à margem de qualquer facto ilícito e culposo do «criador» do perigo. Colocada assim a questão, parece que o nexo entre os *interesses do lesado* e a exposição voluntária ao perigo, bem como a necessidade de uma *correcta repartição danosa* parecem justificar uma *exclusão* da responsabilidade pelos riscos típicos relacionados com os casos mais importantes do *transporte gratuito*, da *utilização lúdica ou não de animais*, da generalidade das *actividades desportivas perigosas* e do *consumo de produtos defeituosos*. Será aceitável este ponto de vista?

Começando pela segunda categoria fáctica, há, na realidade, uma assinalável tendência na doutrina (*maxime* de expressão germânica)[2168]

---

pp. 91-93, FIKENTSCHER, *op. cit.*, §52, n.° 497, p. 309 (em conjugação com a proibição do *venire*...), PRISCO, *op. cit.*, pp. 397 e ss., pp. 402 e ss. e 415 e ss. (reconduzindo a «*assunzione del rischio in senso proprio*» ao quadrante do artigo 1227.°, segunda parte, e a «*assunzione del rischio in senso improprio*» à culpa concorrente da primeira parte do mesmo preceito), SCOGNAMIGLIO, NDI, XV, *cit.*, p. 657, LAPOYADE DESCHAMPS, *op. cit.*, pp. 470 e ss., J. FLOUR/J.-L. AUBERT, *op. cit.*, n.° 179, p. 175, STARCK/ROLAND/ /BOYER, *op. cit.*, n.° 279, p. 158 e HONORAT, *op. cit.*, pp. 20 e ss. (para quem, no domínio da *faute*, a «aceitação dos riscos» é um «problema jurídico» fazendo «*double emploi*» com a *faute de la victime*).

[2165] *Op. cit.*, §10 XIV, p. 639.

[2166] *Est. cit.*, pp. 619-620, n.58.

[2167] *Est. ult. cit.*, p. 65 e *Gegenseitige Haftung...*, *cit.*, VersR 1988, p. 4. Para DUNZ, a essência da figura implica a existência de um círculo reduzido de deveres do tráfego, «acordado» legitimamente (como no exemplo, que refere, do trapezista que prescinda da rede) ou resultante do relacionamento social (como no desporto).

[2168] Entre nós, já VAZ SERRA, no articulado específico relativo à responsabilidade pelos danos dos animais (BMJ n.° 86, *cit.*, p. 96), considerava *excluída* essa responsabilidade «... *quando o prejudicado se expôs conscientemente, e a seu risco, ao*

624 *A conduta do lesado*

no sentido de não fazer responder objectivamente o detentor pelo dano sofrido pelo lesado, conhecedor da perigosidade abstracta e concreta do animal, no exercício de um «poder de controlo» *exclusivo* ou *preponderante* e para satisfação de um *interesse pessoal*, lúdico ou não (por ex., pedido para montar um cavalo ou participação numa largada de touros). Na medida em que, contrariamente a HERRMANN [2169], não alargamos a norma correspondente ao §254 de forma a nela incluir toda e qualquer exposição ao perigo, também pensamos que a utilidade da «assunção do risco», mesmo para os casos em que possa ser afirmada uma «culpa», não perde interesse por vermos juristas [2170], que integram aquela doutrina dominante, a advogarem a obtenção do mesmo resultado (*a exclusão da responsabilidade*) recorrendo a outros enquadramentos, como os da «redução teleológica» e dos limites subjectivos da «esfera de protecção» legal.

---

perigo» (artigo 3.º,3), Nos nossos dias, é de atentar na posição de RIBEIRO DE FARIA, *op. cit.*, I, p. 525, ao assinalar a *interferência* da «assunção do risco» na responsabilidade objectiva, conquanto não se refira concretamente ao caso dos animais.

Expressamente, para a defesa do *Handeln...* do «*Reiter auf dem Pferd*», ver STOLL, *op. cit.*, pp. 345 e ss. e 358 e s., LARENZ, *Lehrbuch...*, I, *cit.*, §31 I, p. 542 e II, §77 II, p. 706 (com influência directa em RIBEIRO DE FARIA), LARENZ/CANARIS, *op. cit.*, §84 II, p. 617, DEUTSCH, *op. ult. cit.*, §23, pp. 181-182, *Der Reiter auf dem Pferd und der Fußgänger unter dem Pferd*, in NJW 1978, pp. 2001-2002 (com a invocação do lugar paralelo do §8a da *Straßenverkehrsgesetz*,), *Die Haftung des Tierhalters*, in JuS 1987, pp. 677-678, SCHLECHTRIEM, *op. cit.*, n.º 233, p. 109, LANGE, *op. cit.*, § 10 XIV, p. 638 (dando o exemplo do adestrador), DUNZ, *Reiter wider Pferd...*, *cit.*, e G. HASSELBLATT, NJW 1993, *cit.*, pp. 2578 e ss., criticando decisões do BGH, proferidas em 1992, e que mantiveram a responsabilidade do detentor. Numa delas, a de 22 de Dezembro de 1992 (in NJW 1993, p. 2611), o BGH ainda considerou existente a «culpa» da lesada (uma rapariga de 15 anos, inexperiente como cavaleira, e que desobedeceu à ordem da mãe de não montar o cavalo), mas já não na outra, a de 9 de Junho de 1992 (in NJW 1992, pp. 2474 e ss.), relativa a um caso em que o empréstimo de um cavalo, para uma aula de equitação, gerou uma situação autolesiva, quando a cavaleira, cumprindo ordens do seu professor, utilizou o chicote (para a apreciação da decisão, na perspectiva de uma «valoração metódica» que o conduz a ver uma *Mitverschulden* na utilização do chicote, ver R. WESTERHOFF, *est. cit.* (*supra*, n.533), JR 1993, pp. 497 e ss.).

[2169] JR 1980, *cit.*, pp. 494 e ss.. HERRMANN aplica o §254 I ao que utiliza o seu cavalo num passeio e ao que experimenta um cavalo alheio. Na presença de contrato é que o jurista alemão recorre à *integração*, excluindo a responsabilidade nos casos de aluguer, comodato e nas prestação de serviços pelo domador, pelo picador e pelo jóquei.

[2170] É o caso de LARENZ, DEUTSCH, HASSELBLATT (*loc. cit. supra*, n. 2168) ou GERNHUBER, *op. cit.*, p. 404 e SCHRADER, *Die Tierhalterhaftung (§ 833 BGB)*, in NJW 1975, pp. 676-677. Para o leque das concepções mistas, ver HERRMANN, *est. cit.*, pp. 491-492.

Relativamente à «assunção do risco» pelo *consumidor* que tenha encontrado ou sido advertido para um defeito num determinado produto, a deslocação que CALVÃO DA SILVA[2171] faz da hipótese para o núcleo do artigo 7.º,1 do Decreto-Lei n.º 383/89, tratando-a, no fundo, como culpa do lesado e «causa do dano», parece afastar, neste âmbito, o significado autónomo daquele instituto. A caracterização que é feita da culpa do «assuntor»[2172], e que tem a ver, não tanto com o *conhecimento do defeito*, mas com a *consciência do perigo típico* a ele associado e com a *exposição voluntária* a esse perigo, não nos merece reservas, dado que o efeito radical do «nada» indemnizatório só se compreende na ocorrência dessa factualidade marcada e não perante a verificação de um *qualquer* comportamento imprudente do lesado. A invocação por CALVÃO DA SILVA das máximas romanistas «*volenti non fit iniuria*» e «*sibi imputet*», parece traduzir, contudo, e em rigor, uma irrelevância do risco da defeituosidade do produto, susceptível de fundar uma solução autónoma, de pura «absorção» liminar do risco criado, à margem da ponderação específica do risco responsabilizante e *dessa* culpa do lesado, tal como o ilustre jurista a considera. Parece-nos assim que, apesar do jurista coimbrão ter consciência da actuação *deliberada* por parte do consumidor, revelada pelo seu desinteresse na não concretização do perigo, o resultado advogado por CALVÃO DA SILVA só se compreende à custa de uma diluição da «assunção do risco», dado ser o efeito de uma solução ponderativa que não afasta *a priori* o pressuposto jurídico da *defeituosidade* do produto[2173].

[2171] *Responsabilidade ...*, *op. cit.*, pp. 734-735.

[2172] Sobre o problema e para uma alusão à posição específica de MUJICA, ver CONDE RODRIGUES, *A responsabilidade civil do produtor face a terceiros*, Lisboa, 1990, pp. 126-127.

[2173] Reputamos, por isso, mais rigoroso o desdobramento feito no artigo 10.º do Decreto italiano de 24 de Maio de 1988, ao separar o «*concorso del fatto colposo*» da «assunção do risco». Ver, aliás, para a especificidade desta última conduta, ALPA, *Responsabilità dell'impresa e tutela del consumatore*, Milano, 1975, p. 428, n.(124) e FRANZONI, *Fatti illeciti*, in *Commentario del Codice Civile*, sob a direcção de A. SCIA-LOJA/G. BRANCA (art. 2043-2059), Bologna/Roma, 1993, pp. 781 e ss., e, para uma aplicação concreta, mais específica, e com conotações ambientais, a decisão do tribunal de Nápoles de 22 de Junho de 1978 (*apud* ROSSELLO, *op. cit.*, p. 185 e F. CAMERIERI, *Responsabilità per danni da immissioni e da inquinamenti*, in *La responsabilità civile*, III, Torino, 1987, pp. 197 e 218), ao entender, para os danos causados à saúde de um arrendatário por um complexo industrial vizinho, que o «lesado deve assumir os efeitos negativos da sua escolha, desde que se tenha exposto, consciente e voluntariamente, ao risco de um contexto danoso conhecido e evitável» (ROSSELLO, *op. cit.*, pp. 190-191,

Diversamente do que sucede no domínio do artigo 502.°, a «assunção do risco» parece adquirir um papel mais modesto no âmbito dos danos sofridos por um *transportado a título gratuito*. Partindo-se, aqui, de um conceito de *transporte gratuito*, que associa as notas da falta de correspectivo monetário e de interesse do transportador a uma normal ausência de um acordo vinculativo [2174] [2174-a], a solução consagrada no

---

cita, contudo, uma decisão da *Corte di Cassazione* de 7 de Março de 1985, que recusou considerar culposa a conduta do concessionário de um estabelecimento balnear e que *conhecia* o estado de inquinamento do mar). Na jurisprudência francesa já se acolheu a teoria (formal) da chamada «pré-ocupação», considerando-se culpada a pessoa que construiu nas proximidades de um aeródromo (cfr. a decisão da *Cour de Cassation* de 8 de Maio de 1968, in RTDC 1968, pp. 726-728, com anot. de Durry) e o direito da *common law*, como recorda Rossello (*op. cit.*, pp. 187-188), já outorgou relevo à doutrina, de teor semelhante, da «*coming nuisance*» ou da «*prior appropriation*». Cfr. o mesmo Rossello, *op. cit.*, pp. 188 e ss., para a prevalência do critério da «utilidade social», relativamente ao da «prioridade do uso», e para uma certa articulação dos artigos 844.° e 1227.°, segunda parte, do *Codice Civile*.

[2174] A temática do transporte gratuito e do seu regime legal, e que não pode ser aqui abordada em pormenor, abrange não só a questão do seu *critério* (*económico*, como no artigo 18.° do Decreto-Lei n.° 349/86, relativo ao transporte marítimo, ou de acordo com os *interesses*, como no Código de 1954?), mas também aspectos do seu *âmbito objectivo* (identificado apenas com a mera «boleia»?) e da atribuição do *ónus da prova* (perante o conflito entre os artigos 504.°,2 e 503.°,3). Para o problema do *critério*, ver J. G. de Sá Carneiro, RT 81.°, *cit.*, pp. 298 e ss. e o posicionamento «económico» de Antunes Varela (RLJ, ano 122.°, *cit.*, p. 213, n.(2) e *op. cit.*, I, p. 685), Almeida Costa, *op. cit.*, p. 534, n.(1) e Ribeiro de Faria (*op. cit.*, II, pp. 60-61), em confronto com a tese «teleológica» de Vaz Serra (mais reservado no BMJ n.° 90, *cit.*, pp. 132-133, n.(249) do que na RLJ, ano 102.°, pp. 301 e ss., em anot. ao acórdão, já citado, do STJ de 26 de Julho de 1968), Rui de Alarcão, *op. cit.*, p. 321 e Sousa Ribeiro (*O ónus da prova..., cit.*, pp. 92 e ss.). Quanto a nós, a defesa do critério dos «interesses» permite comprimir o leque de casos envolvidos na rigidez da solução do artigo 504.°,2. Quanto ao corte, com interesse para o problema da prova, do *âmbito da gratuitidade*, Vaz Serra, nos trabalhos preparatórios (ver os artigos 773.°,3 e 4 do Anteprojecto, in BMJ n.° 101, p. 149 e 483.°,2 do Anteprojecto correspondente à primeira Revisão Ministerial, in BMJ n.° 119, p. 77) e na RLJ, anos 102.°, *cit.*, pp. 301, n.(2), 311, n.(2) e 316, 109.°, p. 165, em anot. ao acórdão do STJ de 1 de Abril de 1975, publ. no BMJ n.° 246, p. 126 e 112.°, p. 137, anot. ao acórdão do STJ de 19 de Outubro de 1978, publ. no BMJ n.° 280, p. 272, distinguia entre o transporte gratuito de *cortesia* (sujeito à aplicação das regras gerais da responsabilidade extracontratual) e o transporte gratuito *contratado*. Se bem que esta distinção, colhida na legislação italiana (cfr. S. Romano, *Il trasporto di cortesia*, in RDC I, 1960, pp. 485 e ss.), não tivesse sido acolhida no artigo 504.°,2, o que é certo é que Vaz Serra continuou a defender a sua distinção, começando por submeter o regime do contrato ao disposto no n.° 2 do artigo 493.° (tese assumida actualmente por Dario Martins de Almeida, *op. cit.*, pp. 250-

Conduta culposa, disposição da esfera danosa e exposição ao perigo 627

n.º 2 do artigo 504.º reflecte um *critério favorável* (para o transportador), já visível nos artigos 141.º do Código da Estrada de 1930 e 56.º,1 do Código da Estrada de 1954 [2175], e cujo fundamento maior não parece radicar na ideia que liga o transporte gratuito a uma *exposição ao perigo*, nem numa menor tutela consequente à falta de uma contrapartida pecuniária ou de outro tipo. Mais realista é a tese de que o *favor legislatoris*, que se traduz na *exclusão* da responsabilidade objectiva do transportador, corresponde, no fundo, à solução natural e tradicional de uma responsabilidade mitigada, baseada num argumento (o da *gratuitidade*) que conhece manifestações contratuais [2176], e releva na apreciação da

-251 e 345), para o fixar depois no quadrante do preceito do artigo 799.º,1 (como se comprova, inequivocamente, pelo que diz na RLJ, ano 113.º, *cit.*, pp. 169, n.(2) e 173, em anot. ao Assento de 21 de Novembro de 1979, e já deixara transparecer no ano 112.º da mesma RLJ, p. 139). Foi só na RLJ, ano 114.º, pp. 30 e 32, em anot. ao acórdão do STJ de 31 de Janeiro de 1980, publ. no BMJ n.º 293, p. 346, que VAZ SERRA interpretou o artigo 504.º,2 num sentido *globalizante*, chegando mesmo, e curiosamente, a hipotizar a sua aplicação apenas ao transporte não contratado (posição sustentada, hoje, por AMÉRICO MARCELINO, *op. cit.*, p. 98). Essa última posição «unitária» de VAZ SERRA é, aliás, a do nosso pensamento dominante, como se vê, por ex., em ANTUNES VARELA (*op. cit.*, I, p. 686 e PIRES DE LIMA/ANTUNES VARELA, *Código Civil Anotado*, I, *cit.*, artigo 504.º, n.º 5, pp. 516-517, superando a concepção restritiva advogada na 1ª ed., 1967, artigo 504.º, n.º 2, p. 349), ALMEIDA COSTA (*op. cit.*, p. 534) e SOUSA RIBEIRO (*est. cit.*, pp. 104-106 e 111-112, n.148). Finalmente, quanto à hipótese de o transportador ser um comissário, não é contestada a solução que dá primazia à norma do artigo 504.º,2, embora, numa perspectiva apenas probatória, o comissário esteja melhor colocado para assumir o encargo. Ver, para essa prevalência, VAZ SERRA, RLJ, anos 112.º, p. 95, anot. ao acórdão do STJ, de 25 de Julho de 1978, publ. no BMJ n.º 279, p. 150, 113.º, *cit.*, p. 169 e 114.º, *cit.*, p. 35, DARIO MARTINS DE ALMEIDA, *op. cit.*, p. 252 e, mais duvidosamente, nas pp. 345-346, SOUSA RIBEIRO, *est. cit.*, pp. 108-109 e 113 e SINDE MONTEIRO, *Acidentes de viação*, sep. do BFDUC, vol. LVII (1981), p. 14.

[2174-a] Ver *infra*, n. 2809-a.

[2175] Pese o argumento que se podia retirar da amplitude do artigo 141.º, e que o artigo 56.º,1 do Código de 1954 já não autoriza formular, a doutrina (CUNHA GONÇALVES, *op. cit.*, XIII, pp. 170 e ss., COSTA SOARES/INÁCIO BRAGANÇA, *Código da Estrada*, 1948, p. 121, n.º 1, e J. G. DE SÁ CARNEIRO, RT, 81.º, *cit.*, p. 297 e n.3 e 4) sustentava que o artigo 141.º não exonerava o transportador de responder subjectivamente, embora o primeiro visse na «relação de cortesia» «uma atenuante a ponderar ao fixar-se a indemnização» (p. 173) e os segundos limitassem a responsabilidade à «falta grave do automobilista».

[2176] Para essa limitação, projectada, entre nós, por ex., nos artigos 957.º,1 e 1134.º, ver, no direito alemão, ROTHER, *op. cit.*, pp. 163 e ss. e LANGE, *op. cit.*, §10 XVII, p. 653. É de referir que o pensamento jurídico germânico dominante, ao não construir um princípio geral de desculpabilização das culpas leves (em sentido contrário, H.-J. HOFFMANN, *Der Einfluß des Gefälligkeitsmoments auf das Haftungsmaß*, in

culpa do *gestor de negócios*[2177] ou na responsabilidade da pessoa que se *ofereceu* ou a quem foi *pedida ajuda* para determinada tarefa.

Podendo afirmar-se que as ideias clássicas da *aceitação tácita*, pelo transportado, dos riscos inerentes ao transporte gratuito[2178], de um *consentimento concludente*[2179] ou de uma espécie de «culpa» do lesado não correspondem à fisionomia (legal e fáctica) da situação, também parece desfocada a defesa que possa ser feita de uma «assunção do risco» (relativamente ao perigo representado pela possibilidade de ocorrerem acidentes fortuitos e, portanto, pelos riscos típicos[2180] e pelos correspondentes danos da condução-transporte[2181]), se pensarmos na carência de um poder efectivo sobre a fonte de perigo e na protecção pretendida hodiernamente para o próprio transportado gratuito. Esta

---

AcP 167 (1967), p. 406 e MEDICUS, *Bürgerliches Recht, cit.*, n.º 369, p. 209), legitima orientações, como a de LARENZ (cfr. *supra*, n.2085), em que se sustenta a validade de acordos de exclusão de responsabilidade (por culpa leve) do transportador gratuito. Para este último problema, e em adesão à orientação dominante, ver BÖHMER, *Zum Ausmaß der Kraftfahrzeughalterhaftung bei Gefälligkeitsfahrten*, in MDR 1962, pp. 174 e ss..

[2177] É, como já vimos, a posição sufragada por ANTUNES VARELA, *op. cit.*, I, p. 464 e, mais limitadamente, por ALMEIDA COSTA, *op. cit.*, p. 404, embora deva caber ao gestor a prova da ausência da culpa, atenta a boa doutrina sustentada por BAPTISTA MACHADO na RLJ, ano 121.º, pp. 83-85, em anot. ao acórdão do STJ de 22 de Abril de 1986, publ. no BMJ n.º 356, pp. 352 e ss.. Como já dissemos (cfr. *supra*, n. 2044), este mesmo jurista isenta de responsabilidade o gestor que tenha actuado com *culpa leve* (ou *muito leve*).

[2178] Por esse caminho enveredavam, relativamente ao citado artigo 141.º, COSTA SOARES/INÁCIO BRAGANÇA, *op. cit.*, p. 121, n.º 1 embora, e já no domínio do artigo 504.º,2, VAZ SERRA, RLJ, ano 102.º, *cit.*, pp. 302 e 311-312 e ANTUNES VARELA, *op. cit.*, I, pp. 686 e 701, se tenham pronunciado contra essa renúncia prévia à responsabilidade. Ver igualmente, contra essa renúncia, BÖHMER, *Zum Begriff der Gefälligkeitsfahrt*, in JR 1957, p. 339 e PALANDT/HEINRICHS, *op. cit.*, §254, n.80, p. 300.

[2179] Assim, e na nossa doutrina, H. HÖRSTER (cfr. *supra*, n.2117) e, na dogmática alemã, ENNECCERUS/LEHMANN, *op. cit.*, §16, pp. 76-77.

[2180] Se o transporte é feito em certas condições (por ex., num *side-car*), o transportado fica sujeito a um *risco específico mais intenso*, mas que não é possível equiparar à «culpa».

[2181] É essa, aliás, uma concepção bastante divulgada e sustentada por ALMEIDA COSTA, *op. cit.*, p. 534 (em aliança com considerações de equidade) e DARIO MARTINS DE ALMEIDA, *op. cit.*, p. 345. Contra a tese da «aceitação antecipada dos danos», ver ANTUNES VARELA, RLJ, ano 101.º, *cit.*, p. 282 e *op. cit.*, I, p. 686. Para a efesa da «assunção do risco», ver STOLL, *op. cit.*, p. 296 e a jurisprudência francesa anterior a 20 de Dezembro de 1968 (cfr. PLANIOL/RIPERT/ESMEIN, *op. cit.*, n.º 572, p. 794, LALOU, *op. cit.*, p. 278, CARBONNIER, *op. cit.*, n.º 279, p. 501 e H.-L./J. MAŻEAUD/CHABAS, *op. cit.*, n.º 543, pp. 598-599).

Conduta culposa, disposição da esfera danosa e exposição ao perigo   629

pretensão leva-nos a julgar que a *razoabilidade*[2182] representada pela consagração de um regime mitigado, sintonizada que estava com a ausência de um seguro de responsabilidade e com a *excepcionalidade* da responsabilidade pelo risco dos veículos, mesmo após a sua consolidação no diploma de 1966, não deverá resistir, durante muito mais tempo, à cobertura que o seguro já faz dos danos causados aos transportados a título gratuito[2183].

Topicamente, quanto às pessoas que viajam *clandestinamente* independentemente dos danos que possam sofrer no próprio meio de transporte e relacionados com perigos que não adviriam para um passageiro em situação regular, a denegação protectora, expressa na lei[2184], não deve relacionar-se com qualquer conduta *culposa* do lesado, adequadamente conexa com o dano, mas com a aliança da existência objectiva de um *acto ilícito* com uma «assunção do risco»[2185] – mesmo em relação aos acidentes causados com negligência – derivada da *consciência do perigo* e da possibilidade danosa e traduzida na «abdicação» dos direitos que resultariam da contratação do transporte[2186].

[2182] O apelo a *princípios de justiça* constitui o ideário predominante da nossa doutrina, como se verifica em ANTUNES VARELA, RLJ, ano 101.°, *cit.*, p. 282 e *op. cit.*, I, p. 687, RUI DE ALARCÃO, *op. cit.*, p. 320, RIBEIRO DE FARIA, *op. cit.*, II, pp. 62 e n.(2) e 86-87, SINDE MONTEIRO, *Estudos..., cit.*, p. 145, SOUSA RIBEIRO, *est. cit.*, p. 92 e AMÉRICO MARCELINO, *op. cit.*, p. 98.

[2183] Sobre o argumento e uma natural proposta de alteração do artigo 504.°,2, ver SINDE MONTEIRO, *Estudos..., cit.*, pp. 145-147 e 198. E. VON HIPPEL, *Die Haftung bei Gefälligkeitsfahrten, cit.*, pp. 242 e ss., e G. MÜLLER, *est. cit.*, VersR 1995, p. 492, questionam identicamente o §8a da *Straßenverkehrsgesetz*, Para uma evolução já concretizada no direito francês, ver CARBONNIER, *op. cit.*, n.° 279, p. 501 e H.-L./J. MAZEAUD/CHABAS, *op. cit.*, n.°s 544-545, p. 599.

[2184] Cfr. *supra*, n. 1749. Cfr., no direito austríaco, KOZIOL/WELSER, *op. cit.,* p. 488.

[2185] Para o princípio «*a man trespasses at his own risk*», afirmado no direito anglo-saxónico, ver STOLL, *op. cit.*, p. 227, e a sua posição (pp. 302 e ss.) de tutelar os *clandestinos*, cuja presença venha a ser conhecida. Como informam H.-L. /J. MAZEAUD/CHABAS, *op. cit.*, n.° 546-2, p. 600, a jurisprudência francesa não aplica, em regra, ao passageiro clandestino o adágio *nemo auditur*, mas considera a sua conduta como puramente *culposa* (ver, pelo seu interesse, as anotações de P. JOURDAIN, in RTDC n.° 1, 1994, pp. 115 e ss. e de G. CASILE-HUGUES, in JCP 1993, II (*Jurisp.*), 22170, a sentenças da *Cour de Cassation* atinentes aos danos sofridos pelo co-autor do furto de um veículo e pela pessoa que pretendia utilizar um comboio sem possuir o respectivo bilhete). Também A. ASQUINI, *Trasporto di persone (contratto di)*, in NDI XIX, p. 617, admite a redução indemnizatória *ex vi* do artigo 1227.° do *Codice*.

[2186] É de reparar, como caso mais pacífico, que, de acordo com o n.° 3 do artigo 8.° do Decreto-Lei n.° 522/85, e em caso de «roubo, furto ou furto de uso», o seguro não

630   *A conduta do lesado*

Deixámos para o fim a questão, mais complexa, da «justificação» dos danos sofridos no decurso de *actividades desportivas* inseridas ou não numa estrutura profissional. Sem os desenvolvimentos aqui impensáveis [2187], e aduzindo apenas algumas considerações mais pertinentes para os nossos objectivos mais limitados, há que dizer que há uma panóplia de posições quanto à forma de perspectivar civilmente as lesões sofridas nos acidentes desportivos. Para lá da deslocação que pode e deve ser feita de certos *desportos mais violentos* para a zona do consentimento do lesado [2188], será válida a ideia sustentada por CUNHA GONÇALVES [2189] e CONSTANTINO FERNANDES [2190], e «bebida» na equívoca doutrina francesa da *acceptation des risques*, de que os jogadores (ou os concorrentes) *aceitam* voluntariamente os riscos normais do desporto que praticam? Ou devemos aderir antes ao pensamento generalizado, e dominante entre nós [2191], de um *consentimento tácito* na lesão?

---

cobre as indemnizações «... nem para com os autores ou cúmplices ou para com os passageiros transportados que tivessem conhecimento da posse ilegítima do veículo e de livre vontade nele forem transportados». Da tutela outorgada pelo artigo 7.º,2 f) do mesmo diploma (na redacção do Decreto-Lei n.º 130/94 de 19 de Maio) aos passageiros *transportados em contravenção* às normas do Código, é que não pode retirar-se um argumento favorável a uma certa tutela dos *clandestinos*.

[2187] Para o conjunto do problema, ver, entre muitos outros, P. FRIEDRICH, *Die Haftung des Sportlers aus §823 Abs. 1 BGB*, in NJW 1966, pp. 755 e ss., W. GRUNSKY, *Zur Haftung bei Sportunfällen*, in JZ 1975, pp. 109 e ss., H.-G. HERRMANN, *Zur Haftung bei Sportverletzungen*, in Jura 1985, pp. 568 e ss., E. SCHEFFEN, *est. cit.*, e LANGE, *op. cit.*, §10 XV, pp. 644-646.

[2188] Ver *supra*, p. 614.

[2189] *Tratado...*, XII, *cit.*, p. 776.

[2190] ROA, *cit.*, p. 203.

[2191] Ver *supra*, n.2117. Na perspectiva penal em que coloca a questão, COSTA ANDRADE, *O consentimento do ofendido...*, *cit.*, pp. 121-123, com o apoio de ZIPF, critica a tese do consentimento e adere à *adequação social* (mesmo no boxe) como forma integrante do conceito mais lato de «assunção do risco». Este pensamento, que deve a sua paternidade civilística a NIPPERDEY (cfr. *supra*, p. 94), parece ser sufragado por esse outro crítico do consentimento que é STOLL, *op. cit.*, pp. 262-263 e por N. DI PRISCO, *op. cit.*, pp. 408 e ss. (imputando, por um lado, os danos ao *«fatto esclusivo della vittima»*, em ligação com a regra *«casus a nullo praestatur»*, e vendo, por outro, e com maior ênfase, na conduta conforme às «regras», a *«adequatezza sociale»* (p. 414)). A valoração do «risco geral» ou do *casus* surge igualmente considerada por DETTE, *op. cit.*, p. 104 e GRUNSKY, *est. cit.*, JZ 1975, p. 109 (*«es handelt sich also... um das allgemeine Risiko, von einem Unglück... das niemand verschuldet hat»*). Para observações críticas ao pensamento da «adequação social», ver FRIEDRICH, *est. cit.*, NJW 1966, pp. 756-757 e, em geral, para a relação entre as «lesões desportivas» e a responsabilidade penal, ver F. ALBEGGIANI, *Sport (dir. pen.)*, ED XLIII, pp. 538 e ss..

Conduta culposa, disposição da esfera danosa e exposição ao perigo   631

E por que não justificar a exclusão de responsabilidade com uma *ausência de ilicitude* ou de *culpa*, aferidas, respectivamente, pelo cumprimento das regras protectoras da conduta desportiva e pela inexistência de uma conduta descuidada?[2192]

Mais do que afirmar essa ideia divulgada, e com dificuldades de fundamentação, de que o lesado, ao participar no jogo, consente tacitamente numa possibilidade lesiva[2193], parece-nos razoável ver o problema na perspectiva da *imputação do dano sofrido* e dizer que os participantes na competição *assumem*, à margem de qualquer intenção «declarativa», o «risco desportivo», os riscos *normais* ou *típicos* implicados na prática desportiva[2194] e que são fruto, quer do contacto físico mais permanente (como no futebol e no *râguebi*), menos intenso (como no andebol e no hóquei) ou mais eventual (corridas de cavalos, de automóveis, de bicicletas), quer da possível acção danosa dos instrumentos utilizados (como no ténis, no *squash* e no jogo do pau). Pressuposto dessa «assunção do risco», enquanto delimitador do chamado «risco desportivo», é naturalmente o respeito pelos «usos e regras coligidos em *códigos*...», como dizia CUNHA GONÇALVES[2195], ou a existência de

---

[2192] Sobre a globalidade desses e de outros enquadramentos, nos dois planos da *ilicitude* e da *culpa*, ver H.-G. HERRMANN, *est. cit.*, pp. 568 e ss.. Curiosa é a tese de TEICHMANN, *op. cit.*, §254, n.° 5, p. 222, que parte não só da ilicitude da lesão e da admissão de uma legítima defesa como invoca o *venire contra factum proprium* face à conduta pouco culposa do lesante. Na anot. ao §823, p. 945, o jurista propende ainda para ver os acidentes desportivos no núcleo do §254 do BGB.

[2193] É por isso que DEUTSCH, *est. cit. (supra*, n.244), p. 242 e *Unerlaubte Handlungen..., cit.*, §13, p. 91, coloca a dúvida de saber se o consentimento é na *lesão* ou na *Gefährdung* (cfr., aliás, H.-G. HERRMANN, *est. cit.*, pp. 568-569). Mesmo em COMPORTI, *op. cit.*, p. 307 e em PONZANELLI, *op. cit.*, p. 231, parece que o *«consenso al danno»* surge travestido de uma aceitação do risco. A mais disso, e discutivelmente, o primeiro não deixa de aplicar aos *desportos perigosos* (não é pacífica a lista de desportos não perigosos figurados na n.(84) da p. 305 e é incompleto o quadro de «perigosidade» referido na n.(85) da p. 306) o disposto no artigo 2050.° do *Codice Civile,* desde que tenha havido violação das «regras».

[2194] Para a negação do *Handeln...*, ver GRUNSKY, *est. cit.*, JZ 1975, pp 109-110 e, para a sua defesa, cfr. FRIEDRICH, *est. cit.*, pp. 760-761 (mesmo quanto ao boxe) e DEUTSCH, *Unerlaubte Handlungen...*, §13, pp. 91-92. Para a «aceitação dos riscos» pela doutrina e jurisprudência francesas, ver, respectivamente, STARCK/ROLAND/BOYER, *op. cit.*, n.os 236 e ss., pp. 138-142 (com ressalva dos acidentes de esqui e de caça) e a anot. de G. DURRY, in RTDC 1981, pp. 401-402.

[2195] *Op. e loc. cit.*, p. 776. O nosso comentarista aduz uma série de exemplos de condutas *anormais*, embora vá demasiado longe ao responsabilizar, sem mais, «um jogador desastrado e com pouca habilidade».

um pequeno ilícito praticado sem intenção lesiva ou sem o cometimento de uma culpa grosseira. Relacionando-se a lesão com a ultrapassagem das balizas do «risco desportivo», e não podendo falar-se, rigorosamente, de «assunção do risco» no perigo criado ilícita e culposamente, então, como sustenta STOLL[2196], só pela via da culpa do lesado (ou de uma «assunção» imprópria) é que poderá ser partilhado o dano[2197].

A desvalorização dogmática da «assunção do risco» feita por juristas como PRISCO[2198], BIANCA[2199] ou WEIDNER[2200], com a asserção de que o problema se resolve ao nível dos pressupostos da responsabilidade, ou seja, da culpa e da ilicitude[2201], correspondendo, nas relações com a responsabilidade pelo risco, à já assinalada «fuga» para outros critérios, problematiza a validade de uma figura que procura fornecer uma perspectiva de resolução *pelo lado do próprio lesado* e que permite uma explicação dogmática mais perfeita do que a alusão fictícia a um consentimento ou a uma aceitação tácitas do dano. No acervo de justificações aduzidas como forma de compreensão dos danos sofridos

---

[2196] *Op. cit.*, p. 254.

[2197] CUNHA GONÇALVES, *Tratado...*, XII, *cit.*, p. 778, quanto a nós mal, considera «imprudente» o *boxeur*, vítima dos «golpes culposos» do seu adversário, só pela circunstância de ter participado, a troco de dinheiro, na luta (para este mesmo entendimento, embora sem referir expressamente o caso do boxe, ver CONSTANTINO FERNANDES, *est. cit.*, p. 205). Já seria *culposa* a atitude do *pugilista* que, apesar de ter sido aconselhado pelo seu médico a abandonar a modalidade, não seguiu essa indicação, e ROVELLI, *La responsabilità...*, *cit.*, p. 254, n.(2), refere uma decisão do tribunal de Turim de 21 de Junho de 1957, em que se considerou haver culpa do lesado por este ter esgrimido, *sem máscara* protectora, com outro *esgrimista*, igualmente sem máscara. Não é muito diferente a decisão do LG Trier, a que alude LANGE (*op. cit.*, §10 XIV, p. 640 e n.603a), do praticante de *Taekwon-do* que *não utilize sapatos apropriados*, do *judoca* que não se oponha a uma técnica de arremesso desconhecida e posta em execução sem o seu aval (ver a sentença do OLG Köln de 30 de Dezembro de 1993, in VersR 1994, pp. 1072 e ss.) e do *tenista* que, em vez de devolver a bola, se baixou para apanhar uma outra, sendo então atingido com gravidade num dos olhos (cfr., para o comentário à decisão do OLG München de 23 de Abril de 1970, J.-M. GÜNTHER/M. KERN, *Zivilrechtliche Haftung im Tennissport*, in VersR 1993, pp. 795 e ss.).

[2198] *Op. cit.*, pp. 412-414.

[2199] *Op. cit.*, p. 417, n.(15).

[2200] *Op. cit.*, pp. 39 e ss..

[2201] Nessa mesma sintonia, ver LANGE, *op. cit.*, §10 XV, pp. 645-646 (pondo em causa a equiparação, feita por certos autores, entre as regras de trânsito e as desportivas), SOERGEL/SIEBERT/MERTENS, *op. cit.*, §254, n.º 60, p. 368, CATTANEO, RDC I, *cit.*, p. 490, KOZIOL, *op. cit.*, p. 254 e CARBONNIER, *op. cit.*, n.º 225, p. 417.

Conduta culposa, disposição da esfera danosa e exposição ao perigo 633

na actividade desportiva, a rica jurisprudência alemã [2202], a propósito da «competição por equipas» (*Mannschaftssport*), recorre de preferência à valoração da «conduta contraditória» do lesado que requeira uma indemnização, apesar de ter consciência de que também ele poderia ter sido o causador da lesão. Esta ideia, que «joga» com a «confiança» existente em cada participante de que o(s) outro(s) aceite(m) a lesão sofrida (mais ou menos grave), e que se insere num pano de fundo que relaciona a «assunção do risco» com o §242 [2203], é, no entanto, criticada com vigor por uma série de juristas, para quem, e em geral, o recurso ao *venire contra factum proprium* se torna desnecessário [2204] ou conduz a uma identificação com a declaração fictícia de renúncia à responsabilidade [2205].

No tocante aos danos causados aos *espectadores* pelos participantes na actividade desportiva, só poderá falar-se de uma verdadeira «assunção do risco» nas lesões relacionadas com aquelas situações *inevitáveis*, decorrentes da competição, cuja ocorrência «escape» ao conteúdo da rígida conduta de segurança, canalizada para a organização do espectáculo (como sucederá se o espectador for atingido acidentalmente por uma bola pontapeada por um jogador de futebol), independentemente de o risco permanecer na organização, atenta a possibilidade danosa ou a particular periculosidade da actividade desportiva (o que tem conexões com o seguro de provas desportivas de veículos terrestres a motor [2206]). Outros, como WEIDNER, preferindo sustentar antes que a lesão deve a sua explicação ao próprio «decurso normal» da actividade (e, portanto,

---

[2202] BGHZ 63,140. Sobre a decisão, ver H.-G. HERRMANN, *est. cit.*, p. 569 e MEDICUS, *Schuldrecht*, II, *cit.*, §136, p. 356. Ver também *supra*, n.2139.

[2203] É o caso paradigmático de FRIEDRICH, *est. cit.* p. 760 e de DEUTSCH, *op. ult. cit.*, §13, pp. 91-92, em consonância, aliás, com a projecção «equitativa» defendida para o próprio §254 (ver *supra*, n.° 41).

[2204] Assim, WOLF, *op. cit.*, §4, pp. 266-267, n.395, DETTE, *op. cit.*, pp. 103-104, GRUNSKY, *est. cit.*, JZ 1975, p. 109, SOERGEL/SIEBERT/MERTENS, *op. cit.*, §254, n.° 59, p. 358 (com o argumento da ausência de ilicitude). O próprio STOLL, *op. cit.*, pp. 315-317, não deixa de criticar a invocação do *venire...*, embora parta da hipótese do transportado culpado.

[2205] LANGE, *op. cit.*, §10 XV, p. 645.

[2206] Cfr. os artigos 9.° do Decreto-Lei n.° 522/85 de 31 de Dezembro e 134.° do Código da Estrada. Para a aplicação do artigo 493.°,2 a tais provas, ver o sumário do acórdão do STJ de 12 de Maio de 1987, a que se refere a TJ n.ºs 32/33, 1987, p. 30 e o acórdão da RP de 5 de Novembro de 1991, sum. no BMJ n.° 411, pp. 647-648. No direito italiano, COMPORTI (*op. cit.*, p. 309), contra o entendimento de TRIMARCHI (*op. cit.*, p. 346), pronuncia-se igualmente pela aplicação do artigo 2050.° do *Codice Civile*.

634   *A conduta do lesado*

à natureza não ilícita da acção) e à «renúncia», nesse limite, da observação dos «deveres de cuidado», não enjeitam uma referência secundária ao *Handeln...*, ligada à própria *ida ao espectáculo*. Como veremos já a seguir, a factualidade agora enunciada assume, as mais das vezes, a forma de uma conduta *culposa* do espectador, quando este não afasta certos riscos pelos quais não devem responder nem o participante desportivo nem a organização que tenha observado as disposições regulamentares e predisposto meios de afastamento dos riscos típicos da actividade em causa [2207].

[2207] Cfr. CUNHA GONÇALVES, *op. cit.*, XIII, pp. 116 e ss., E. SCHEFFEN, *est. cit.*, p. 2661, E. FELLMER, *Die Haftung bei Sportveranstaltungen*, in MDR, 1995, pp. 541 e ss., J.-M. GÜNTHER/M. KERN, *est. cit.*, VersR 1993, p. 798, COMPORTI, *op. cit.*, pp. 309--310 e A. DASSI, *Sulla lesione dell'integrità fisica dello spettatore di uma partita di squash*, in RcP 1993, pp. 619 e ss. (lesões oculares numa jovem que assistia a uma partida amigável). Sobre a *imprudência* dos espectadores, ver CUNHA GONÇALVES, *op. cit.*, XII, p. 778 (afastando o caso do «simples viandante») e XIII, p. 119, CONSTANTINO FERNANDES, *est. cit.*, p. 205 e COMPORTI, *op. cit.*, p. 311.

Na sentença do Juiz Presidente do Círculo Judicial de Aveiro de 5 de Janeiro de 1980, publ. na CJ, ano VIII, tomo 1, 1980, pp. 323 e ss., perante o despiste de um concorrente numa prova de perícia automóvel para amadores e provada a inobservância pela organização das condições de segurança («na zona de início e chegada... não existia qualquer vedação metálica, nem fardos de palha, nem sacos de areia», estando as pessoas aglomeradas junto à faixa de rodagem, «em cima de um lancil com a altura de 15 centímetros», e os três lesados «encontravam-se sobre o passeio... a cerca de 20 metros da linha de partida e... de chegada... em local inteiramente desprotegido»), imputou-se a responsabilidade aos *organizadores* e ao concorrente (que acabou por invadir o referido passeio). Numa outra decisão menos recente (sentença do Juiz do 2.º Juízo Cível de Lisboa de 17 de Junho de 1947, in JF, ano 19.º, n.º 112, 1955, pp. 298 e ss.), e relativa a uma temática afim da que estamos a analisar, num acidente ocorrido num parque de diversões (*water chute*) ficou provado que o proprietário *não colocara almofadas* nas costas do carro e que o lesado seguia nele em *posição incorrecta*. O tribunal reduziu a metade a indemnização atinente à fractura da coluna sofrida pelo autor, já que o carro, ao entrar na água, fez um ressalto brusco, tendo aquele sido sacudido de encontro às costas do banco traseiro. A Relação, em acórdão de 11 de Outubro de 1948, publ. na mesma revista (pp. 301 e ss.), veio, no entanto, a considerar ter havido *culpa exclusiva* do lesado, visível na circunstância de não se ter segurado ao varão do carro, face à *previsibilidade* do ressalto. O tribunal deu como cumprido o dever de segurança do proprietário (divertimento não defeituoso, colocação de avisos), entendendo, quanto a nós mal, que a falta de almofada não afectava a segurança, mas só a comodidade... Nas alegações para o Supremo (em 27 de Janeiro de 1950 veio a confirmar a decisão da 2ª instância), ABRANCHES FERRÃO relevou, precisamente, a obrigação de segurança, rebatendo uma «aceitação do risco» que a Relação ligara à perigosidade do divertimento, à previsibilidade da sua concretização e, discutivelmente, ao aviso sobre a necessidade de o utente se agarrar ao varão.

Como balanço de um discurso necessariamente sinóptico, parece confirmar-se a ideia de que a «assunção do risco» é uma figura em busca de uma identidade própria. Na verdade, ressalvando o dado adquirido de que estamos perante uma forma de conduta que não pressupõe (mas não afasta) uma *culpa*[2208], verificámos, nas situações enunciadas, que não é líquido poder defender-se uma imputação do dano, fundada numa exposição consciente do lesado a uma fonte de perigos. Efectivamente, mesmo nos casos em que parece avultar uma «assunção» *tout court* ou o dado objectivo da opção livre do lesado, consistente numa sua *exposição a riscos típicos* (*maxime* nos danos causados por animais utilizados no próprio interesse e nas lesões decorrentes da prática desportiva), há que saber se a conduta do lesado implica em si mesma um critério de repartição do dano, apto para circunscrever a autoresponsabilidade, ou se a «assunção do risco» é uma mera fórmula, mais ou menos cómoda, mais ou menos impressiva, de traduzir um certo relacionamento do potencial lesado com a fonte do perigo, mas em que o efeito liberatório se conexiona decisivamente com a filosofia da responsabilidade objectiva, com o favorecimento do responsável, com a ausência de ilicitude ou com a contenção dos deveres de diligência do criador do perigo. Mesmo que se queira *autonomizar* a «assunção», avocando factores (não propriamente a presença ou a ausência de culpa, mas a motivação da exposição, o domínio do risco, a utilidade da conduta e outros) que parecem favorecer essa valoração independente, não se pode esquecer que, na exposição ao perigo, o potencial lesado não se *conforma antecipadamente com a possibilidade danosa*. Esta dificuldade parece ignorada por DUNZ, quando o vemos articular o círculo mais débil de deveres de conduta a um «acordo de renúncia

---

Quanto a nós, terá sido mais correcta a decisão da 1ª instância, na medida em que à *imprudência* do lesado se terá associado, embora com menor peso, o *cumprimento defeituoso do dever de segurança*, atenta a particularidade do divertimento (mesmo que os utentes se segurassem ao varão, não eram de afastar lesões do tipo das sofridas pelo lesado). Já serão de imputar ao lesado, a título de *culpa exclusiva*, os danos sofridos pelo *espectador,* que atravesse a correr a pista da corrida de cavalos, que se coloque, por sua vontade, num local perigoso (a decisão da *Cour de Cassation* de 17 de Maio de 1965, in RTDC 1965, p. 813, versou sobre um caso em que uma pessoa, colocando-se na primeira fila, foi atingida por uma bola de *rugby* na sua única vista sã) ou que assiste a um treino de lançamento de martelo (a hipótese descrita na sentença da *Cour d'Appel* de Paris de 28 de Novembro de 1961, anot. por TUNC na RTDC 1962, pp. 322 e ss.).

[2208] Assim, e expressamente, LARENZ, *Lehrbuch*..., I, *cit.*, §31 I, p. 542 e TRIMARCHI, *op. cit.*, pp. 53-54 e 314-315.

unilateral ou bilateral», justificativo da menor protecção e, consequentemente, do «nada» indemnizatório[2209]. Radicando na validade e na eficácia dessa *raiz volitiva* o maior obstáculo às teses de DUNZ, é compreensível não só a procura de sustentações teóricas mais pacíficas (mesmo no direito penal) mas também a atitude dominante de remeter, em geral, o tratamento jurídico da «assunção» para o quadro ponderativo e concursual de normas idênticas à do artigo 570.°.

Sendo, pois, problemática a defesa de um círculo próprio de relevância da «assunção do risco», quem sufragar a sua natureza *bifronte* não poderá esquecer que, na maioria dos casos, a conduta do potencial lesado relevará como forma patente de *culpa*, em concurso com o facto do lesante, e, portanto, sujeita ao tratamento flexível daquele normativo. Quanto a este último enquadramento, na presença de factores de perigosidade, que deviam ter sido eliminados, mas para os quais foi chamada a atenção do lesado[2210] ou eram *objectivamente identificáveis*, as características dominantes da «assunção do risco» são potenciadas pelo *perigo específico existente* e fazem-na atrair para a órbita norma-

---

[2209] No seu estudo *Reiter wider Pferd...*, cit., JZ 1987, pp. 66-67, o jurista germânico abarca no seu conceito de *Handeln...* as actividades desportivas, a utilização conjunta de pistas de gelo, as actuações artísticas (por ex., de trapezistas sem rede) e a utilização, no interesse próprio, de um cavalo alheio. Quanto ao chamado «caso do barqueiro», igualmente citado por COSTA ANDRADE, *op. cit.*, p. 271, DUNZ mantém a ideia de imputar o dano a título de *exposição consciente ao risco* (no caso, morreram duas pessoas que, sem razões decisivas, tinham insistido com um barqueiro para atravessarem um rio numa noite de temporal). Embora possamos concordar com as soluções finais de DUNZ, é de atentar que, em alguns dos exemplos, não deixa de haver *culpa do lesado* – o que prova a indiferença, na tese daquele jurista, dessa qualificação da conduta – e que, por outro lado, ao pensamento de DUNZ, não é alheia a ideia da existência de um «acordo» entre os interessados, simultaneamente distinto de uma exclusão de responsabilidade e com o efeito de tornar meramente concausal a conduta do criador do perigo.

[2210] Se o *aviso* for permissivo (autoriza, por ex., que se dê comida a um animal) e a pessoa for mordida, não há, obviamente, «assunção do risco», nem, em regra, qualquer culpa do lesado. Diversamente, na hipótese de *aviso proibitivo* (por ex., de circular em certa estrada durante o período de poda das árvores).

A inexistência de sinalização exigida legalmente (como a atinente à exploração de pedreiras) pode não obstar ao relevo da culpa do lesado, desde que este *conheça* o perigo que corre e se possa afirmar que o dano sempre ocorreria, apesar daquela sinalização. A circunstância de o lesado (e estamos a pensar no caso referido no acórdão da RE de 4 de Fevereiro de 1992, in CJ ano XVII, tomo 1, 1992, pp. 291-293, relativo ao desmoronamento de um monte de areia, cortado verticalmente, com consequente soterramento de uma pessoa que, devido ao sol, se sentou junto a ele) conhecer bem o local – carregava areia há 4 anos – pode indiciar essa *consciência do perigo*.

Conduta culposa, disposição da esfera danosa e exposição ao perigo   637

tiva do artigo 570.º (como verdadeira *culpa do lesado*) como seu sector especial ou de corte mais marcado. A articulação do *conhecimento* e da *exposição consciente ao perigo* com a *possibilidade-previsibilidade* de ocorrer um certo dano, ligado adequadamente à conduta e à *falta de cuidado no não afastamento do perigo*[2211], com prejuízo para os bens do lesado, pode configurar um quadro concursual – pressuposta a responsabilidade do criador do perigo – que nos dirige para o critério fixado no artigo 570.º,1 e para uma avaliação global da situação danosa. O juízo de culpa para uma conduta positiva do lesado, com as notas definidoras da «assunção do risco», pode inserir-se mesmo, como já vimos, num quadro fáctico caracterizado pela eliminação dos riscos típicos, previsíveis, mas já é mais discutível que tal possa suceder, quando o criador do perigo se tiver limitado a cumprir aquele núcleo de deveres de conduta, suficientes para «alertar» o eventual lesado. O caso mais interessante, e a que já nos referimos mais de uma vez, é o da *entrada não autorizada* num espaço não isento de perigosidade. O normal desconhecimento do perigo concreto existente, bem como o facto de o eventual lesado não prever a ocorrência do dano, se coloca obstáculos à afirmação categórica de uma culpa, não parece infirmar, contudo, que se venha a *imputar todo o dano ao prejudicado*[2212], atento o perigo abstracto envolvido na conduta (com o «salto no desconhecido») e a consciência, mesmo que difusa, de uma *possibilidade real* e não remota de ocorrer algum dano. Essa percepção, que não se confunde com a intuição, e que é mais ou menos intensa, em função dos *sinais de alerta* existentes, pode, sem grandes dificuldades, vir a traduzir-se num *juízo de culpa* do lesado, justificado pela factualidade do caso e por uma avaliação mais global da hipótese danosa. É claro que esse juízo de culpa (ou a verificação de uma «assunção do risco» culposa) não será duvidoso se o intruso tiver deparado com um aviso indicador do perigo efectivo existente ou se o perigo for notório. Mesmo sem valorar devidamente estas últimas hipóteses, embora pense nelas, PRISCO[2213] não hesita em ver uma «culpa exclusiva do

---

[2211] Se o aluno da condução é particularmente imprevidente e inapto, o risco específico, corrido normalmente pelo instrutor, transforma-se em *culpa* dele se persiste na continuação das aulas. A culpa é patente nos chamados «jogos perigosos» (como o ficar deitado nos carris de um caminho de ferro até à aproximação do comboio ou o circular numa auto-estrada em sentido proibido até à saída mais próxima).

[2212] Ver *supra*, p. 562 e ss..

[2213] *Op. cit.*, pp. 415 e ss.. Colocando a questão no plano valorativo da «*assunzione del rischio*», ver TRIMARCHI, *Rischio...*, cit., p. 320.

lesado» para a entrada abusiva na «*proprietà custodita*», sustentando a desnecessidade de se recorrer à «*finzione*» da «assunção do risco» e subsumindo a hipótese ao enquadramento normativo da segunda parte do artigo 1227.º do *Codice Civile*.

Se quisermos traduzir numa síntese impressiva o quadro factual» que não conduz à exclusão da responsabilidade, mas que suscita a aplicação ponderada do artigo 570.º,1[2214], há que dizer que lidamos com uma hipótese danosa que deriva da *interferência recíproca* de duas condutas culposas, ou em que o perigo existente, ultrapassando o grau de uma aptidão danosa *normal* ou *típica*, não encontra uma resposta adequada por parte do eventual lesado, o qual *actualiza*, sem necessidade, e com a sua atitude imprevidente ou temerária, aquele perigo[2215]. Reflexo sintomático desta «cooperação» culposa para o dano é o caso, aludido com frequência, do *transporte gratuito* feito por um condutor que se sabe (ou deve saber) ser habitualmente imprudente[2216], que não possui carta, nem experiência de condução, que está cansado para fazer uma longa viagem nocturna, que está embriagado[2217] ou cujo veículo

---

[2214] Para a defesa dessa subsunção normativa, ver RIBEIRO DE FARIA, *op. cit.*, I, p. 525 e PINTO MONTEIRO, *op. ult. cit.*, pp. 133 e 403. Na Alemanha, depois da «degeneração» (a *Denaturierung* de que fala DUNZ, *est. cit.*, JZ 1987, p. 65) do *Handeln*... (afastamento do seu primitivo enquadramento «negocial»), a doutrina, com mais ou menos ênfase e com maior ou menor invasão da esfera de relevância autónoma da «assunção do risco», trata a figura da «autocolocação culposa em perigo» no seio do §254 do BGB (cfr. DEUTSCH, *Haftungsrecht, cit.*, p. 328 e *Unerlaubte Handlungen...*, §13, p. 93, KÖTZ, *op. cit.*, pp. 214-215 e FIKENTSCHER, *op. cit.*, n.º 497, p. 309).

[2215] Na rica jurisprudência francesa colhe-se, entre muitos outros, o caso do *monitor de esqui*, que organizou um passeio em condições atmosféricas desfavoráveis e sem levar material de socorro, conhecendo o lesado, pela sua *experiência*, esse *background* (sobre a hipótese incidiu a decisão da *Cour* de Chambery de 6 de Junho de 1978, in RTDC 1980, pp. 361-362).

[2216] BEITZKE, em anot. à sentença do BGH de 25 de Março de 1958, in MDR 1958, p. 678, é da opinião de que a percepção, durante a viagem, da inabilidade do condutor pode integrar uma culpa do lesado, caso este possa sair da situação em que se encontra.

[2217] Se o próprio transportado não está em condições de se aperceber da embriaguez do condutor, há que diferenciar a hipótese de *ausência de culpa* da da *actio libera in causa* (concomitante ou não à embriaguez do condutor). Cfr., aliás, ESSER/SCHMIDT, *op. cit.*, I, 2, §351, p. 260, e os casos descritos por ERMAN/KUCKUK, *op. cit.*, §254, n.º 51, pp. 620-621. No direito inglês, antes de 1945 e do *Road Traffic Act* (de 1972 e 1988), o tratamento da hipótese era feito no quadro do princípio *volenti...*, embora, numa ou noutra vez, tivesse sido concedida uma indemnização ao lesado, dada a ineficácia do consentimento (cfr. STREET/BRAZIER, *op. cit.*, p. 252, para a referência ao

Conduta culposa, disposição da esfera danosa e exposição ao perigo 639

não reúne as condições de segurança necessárias [2218]. Nesta «hetero-colocação em perigo consentida», como lhe chama, com alguma falta de propriedade e apoiado em ROXIN, COSTA ANDRADE [2219], o trans-portado não se expõe apenas ao risco típico decorrente da condução automóvel, mas ao «maior risco» (*erhöhte Gefahr* [2220]), à perigosidade específica inerente àqueles estados do condutor ou do veículo. Não se afastando a possibilidade mais linear de o transportado não se ter apercebido *culposamente* dessas condições, também não se exclui uma conduta *particularmente imprudente do lesado e concorrente para o próprio evento danoso* (por ex., se incita o condutor a beber ou a andar mais depressa, se toca no volante do veículo ou se coloca os braços à volta do pescoço do condutor) [2221-2222]. Atendendo ao perigo criado, à manifesta desproporção entre o perigo assumido e o interesse pro-curado [2223] e à previsibilidade, não afastada, de vir a ocorrer um dano, a

---

caso *Dann v. Hamilton*, decidido em 1939). Para os casos *Dixon v. King* (1975) e *Owens v. Brimmel* (1977), resolvidos de acordo com a *contributory negligence*, ver WINFIELD/JOLOWICZ/ROGERS, *op. cit.*, p. 151, n.11. e KIDNER, *est. cit.*, p. 21. Para este jurista (pp. 17-18), a doutrina *volenti...* continua a ser aplicada, por vezes, em deter-minadas situações, tendo em conta a enorme perigosidade criada pelo condutor (em *Morris v. Murray*, decidido em 1990, esteve em causa a embriaguez do piloto de um pequeno avião).

[2218] A deficiência do sistema de luzes dianteiras do veículo e o mau estado dos travões constituíram, respectivamente, no direito inglês, a «pedra de toque» dos casos *Dawrant v. Nutt* (1961) e *Gregory v. Kelly* (1978). Para esses *cases*, ver GRAVELLS, *est. cit.*, p. 590 e WINFIELD/JOLOWICZ/ROGERS, *op. cit.*, p. 151.

[2219] *Op. cit.*, p. 271 (onde se vê que o quadro dessa categoria abrange também «as lesões imprevisíveis e indesejáveis sobrevindas em resultado de intervenção cirúrgica livremente aceite» e as lesões resultantes das actividades desportivas).

[2220] LARENZ, *Lehrbuch...*, I, *cit.*, §31 III, p. 555. Para expressões análogas («risco excepcional», «*il maggior rischio*», «*risque excessif*», «*besondere Gefahremo-mente*») ver, respectivamente, SOUSA RIBEIRO, *est. cit.*, p. 91, n. 109, RASI, *est. cit.*, p. 209, HONORAT, *op. cit.*, p. 17 e E. VON HIPPEL, *est. cit.*, p. 233. Entre as decisões jurisprudenciais em que foi negada a culpa do transportado, LANGE (*op. cit.*, §10 XIV, p. 641) refere o caso da viagem numa estrada com gelo, a posse recente de carta de condução ou o transporte feito por um condutor, cego de uma vista.

[2221] Sobre essa autoresponsabilidade do transportado, ver J.G. DE SÁ CARNEIRO, RT, ano 82.°, *cit.*, p. 353.

[2222] Como já afirmámos (*supra*, n. 1300), parece-nos incorrecta a ideia sufra-gada por ANTUNES VARELA, na RLJ, ano 102.°, *cit.*,p. 56, segundo a qual o passageiro que é transportado por um condutor embriagado ou sem carta *colabora* «... no facto *ilícito* causador dos danos...» (cfr. também PIRES DE LIMA/ANTUNES VARELA, *Código Civil Anotado*, I, *cit.*, artigo 570.°, n.° 2, p. 588).

[2223] Essa desproporção já não existirá, se um pai se «confia» a um condutor

640 — A conduta do lesado

sedes natural de resolução da hipótese danosa é, sem dúvida, e como o entende a nossa doutrina[2224] e jurisprudência[2225], a do artigo 570.°,1, com o efeito relevante, e que já deixámos patente em vários lugares, de também aqui se colocar a questão da maior ou menor flexibilidade do preceito, da sua «justiça concreta», *maxime* no tocante ao tratamento desculpabilizante das *culpas leves* do lesado[2226].

---

imprudente para levar o seu filho à urgência de um hospital. Se a pessoa, em perigo de vida, não pode recusar um transporte com «risco acrescido», nem sequer existe qualquer exposição voluntária a esse mesmo perigo.

[2224] Assim, entre outros, VAZ SERRA, RLJ, ano 102.°, *cit.*, p. 302, ANTUNES VARELA, *op. cit.*, I, pp. 6667-668, n.(3), RIBEIRO DE FARIA, *op. cit.*, II, pp. 59-60, n.(2), PINTO MONTEIRO, *op. cit.*, pp. 403-404, n.927 e SOUSA RIBEIRO, *est. cit.*, p. 91, n.109. Diversamente, H. HÖRSTER, *op. cit.*, n.° 440, p. 269, sem aludir a qualquer culpa do lesado, imputa-lhe um agir «por risco próprio», de eficácia duvidosa (para o *Handeln...*, cfr. BÖHMER, JR 1957, *cit.*, p. 339, embora num artigo publicado na MDR, em 1961, pp. 661-662, e intitulado *«Bei Sichbegeben in eine erkannte Gefahr ist §254 BGB anzuwenden»*, o jurista tenha diluído essa «assunção» no seio do §254 e como «exposição culposa a um perigo conhecido»). Na doutrina estrangeira, ver, por ex., LARENZ, *Lehrbuch,* I, *cit.*, §31 III, p. 555, SCHLECHTRIEM, *op. cit.*, n.° 233, p. 109 e CARBONNIER, *op. cit.*, n.° 279, p. 501 (recusando a essa culpa a característica de *faute inexcusable*).

[2225] No caso subjacente ao acórdão do STJ de 25 de Abril de 1969, publ. no BMJ n.° 186, pp. 172 e ss., o transportado conhecia o estado de fadiga do condutor e na hipótese sobre que recaiu o acórdão da RP de 24 de Janeiro de 1975, sum. no BMJ n.° 244, pp. 313-314, o condutor-menor não tinha carta de condução.

[2226] Se STOLL, na síntese que faz na p. 320 da sua obra principal, propende, *de jure condendo*, para ser relevado o elemento da *gratuitidade* (ver, aliás, *supra*, n.° 15), já E. VON HIPPEL, *est. cit.*, pp. 240 e ss., não perdendo de vista o seguro existente, só faz entrar na ponderação do §254 a *culpa grave* e o *dolo* do passageiro. Para a alusão a determinados índices, susceptíveis de conduzir a uma ponderação *mais desfavorável* para o lesado, ver LANGE, *op. cit.* §10 XIV, pp. 642-643.

PARTE III

A HIPÓTESE DO CONTRIBUTO CULPOSO E NÃO CULPOSO DO LESADO PARA O AGRAVAMENTO DO DANO

CAPÍTULO ÚNICO

ÂMBITO, PROBLEMA E CRITÉRIO DO AGRAVAMENTO (*LATO SENSU*) AUTORESPONSÁVEL

SECÇÃO I
CIRCUNSCRIÇÃO OBJECTIVA DO AGRAVAMENTO CONSEQUENTE AO DANO

> **Sumário:** 72 – A interpretação da expressão «agravamento dos danos»: sentido meramente restritivo ou pura expressão elíptica?; 73 – Demarcação do «agravamento dos danos» da «predisposição» do lesado para um maior dano e da omissão de prevenção de um dano futuro; 74 – Agravamento do dano, imputável ao lesante, agravamento do dano imputável ao lesado e imputação bilateral do dano global.

72. A interpretação da expressão «agravamento dos danos»: sentido meramente restritivo ou pura expressão elíptica?

Para lá do caso típico que se consubstancia na conjugação das condutas do lesante e do lesado em concurso causal para o dano, o legislador nacional não deixou de referir, no corpo do n.º 1 do artigo 570.º, a factualidade designada topicamente por «agravamento dos danos». O relevo legal de uma conduta do lesado, situada preferencialmente por ESSER/SCHMIDT[2227] no âmbito da «limitação de responsabilidade» (*Haftungsausfüllung*), ao projectar-se nos normativos[2228] (sobre a conculpabilidade) da legislação alemã, grega e, parcialmente, da italiana, propiciou a VAZ SERRA a fonte inspiradora para os trabalhos

---

[2227] *Op. cit.*, I, 2, §35II, p. 263.
[2228] Cfr. *supra*, n.º 37.

preparatórios referentes a essa parte do artigo 570.º [2229]. Se bem que os dizeres iniciais do n.º 1 do artigo 570.º tenham uma redacção muito chegada à da primeira parte do artigo 300.º do Código Civil grego, não oferece dúvidas a asserção de que o sintetismo legal terá resultado de uma reflexão sobre o teor do §254 do BGB, já que a formulação da segunda parte do artigo 1227.º do *Codice* e o efeito nele prescrito indiciam uma delimitação hipotética de sentido nitidamente pomponiano e causalista, sobretudo se aderirmos à concepção de FORCHIELLI da «causa próxima» [2230], de raiz anglo-saxónica, e que ROSSELLO [2231] não deixa de criticar.

O confronto entre o articulado proposto por VAZ SERRA (e que se manteve no Anteprojecto genérico [2232]) e a sua justificação, não deixa, contudo, de reflectir algum «excesso de zelo» se pensarmos que se concebeu uma certa duplicação, não justificada, do facto de *agravamento* do dano. Na realidade, a pretendida autonomização das hipóteses des-

---

[2229] No articulado específico, relativo à «conculpabilidade do prejudicado» (BMJ n.º 86, *cit.*, p. 168), VAZ SERRA, nos §§1 e 2 do artigo 1.º, colocou, sucessivamente, a hipótese do «agravamento» («*Quando um facto culposo do prejudicado concorreu para a produção do dano ou para o agravamento dele, cabe ao juiz...*») e as situações de contenção ou de eliminação do dano, tipicizadas, por outra ordem, no §254 II do BGB («*A doutrina do parágrafo anterior é aplicável quando o prejudicado não afastou ou diminuiu o dano, usando a diligência ordinária, de acordo com a sua situação especial, ou quando não advertiu o responsável de um perigo de dano extraordinariamente elevado, que este não conhecia nem era obrigado a conhecer*»). VAZ SERRA completava o regime do «agravamento» com a exigência concausal (no §3.º do artigo 1.º considera «...*necessário que o facto do prejudicado possa considerar-se como causa... do aumento..., em concorrência com o facto do responsável...*»), a definição da conduta culposa (mesmo para as hipóteses do §2.º, como se vê pela redacção dada ao §4.º do artigo 1.º) e a relevância, no âmbito dos casos descritos no §2.º, das chamadas «medidas defensivas» (artigo 2.º).

[2230] Ver *supra*, n.1323. Sendo tradicional ver nessa parte do artigo 1227.º, com uma ou outra *nuance*, o relevo de uma conduta omissiva do lesado, que «quebra» a relação de causalidade e que se apresenta, portanto, como um complemento do artigo 1223.º (os danos evitáveis pelo lesado são configurados como meras consequências *mediatas* do facto lesivo inicial), a posição mais moderna de BIANCA (*supra*, na mesma n. 1323) integra, como veremos, uma corrente de pensamento que procura imputar ao lesado os efeitos do chamado «*onere di intervento attivo*». Ver, aliás, para o conjunto da questão interpretativa, ROSSELLO, *op. cit.*, pp. 49 e ss..

[2231] *Op. cit.*, p. 51. Se a crítica de ROSSELLO se dirige à doutrina da «concausalidade sucessiva» de FORCHIELLI, VAZ SERRA (BMJ n.º 86, *cit.*, p. 148 e RLJ, ano 105.º, *cit.*, p. 170) não deixa de emitir reservas à própria formulação do preceito italiano.

[2232] Cfr. os artigos 576.º, 1 e 2 do articulado resumido (in BMJ n.º 100, p. 132) e 871.º, 1 e 2 do articulado longo (in BMJ n.º 101, p. 361).

critas no §254 II do BGB não representava, e em rigor, uma «mais--valia» que acrescesse à correcta separação feita por VAZ SERRA entre a *produção* e o *aumento* do dano. Sendo certo que a hipótese da falta de advertência «para um perigo de dano extraordinariamente elevado»[2233] deixava-se atrair, sem grandes dificuldades, para a órbita do *concurso produtivo*, a referência aos casos (que o Código grego «recebeu» do BGB) de não afastamento ou da não diminuição do dano não retirava a conduta do lesado da área do agravamento *tout court*[2234]. Sendo, pois, de aplaudir que, na versão definitiva do n.° 1 do artigo 570.°, não se tenha introduzido um conjunto de hipóteses que a própria dogmática alemã considera de agravamento do dano (pensamos, evidentemente, na não eliminação ou redução do prejuízo)[2235], há que reconhecer, no entanto, que o sintetismo da formulação legal pode criar, para o intérprete menos avisado, a ideia de que se está perante uma expressão anémica. Torna-se assim necessário clarificar o aparente estrangulamento da letra da lei, até porque, *prima facie*, não parecem abranger outra hipótese que não seja aquela que resulta de uma conduta *activa* do lesado, que acrescenta um *novo dano* ao já verificado ou *aumenta o existente* (o lesado tem um novo acidente com o veículo danificado, abate o animal ferido ligeiramente, infecta uma pequena lesão ou põe termo à vida após uma agressão de que foi vítima). Para lá deste sentido mais imediato, e que pode colocar um problema causal, destacável do seio do artigo 570.°, se pensarmos que a *autonomia* da condição-causa imputável ao lesado pode deixar de concorrer com o «facto do responsável», a expressão «agravamento dos danos» abarca igualmente o agravamento resultante da *passividade* do lesado (quando, por ex., não siga a medicação prescrita ou o tratamento simples recomendado) ou, se quisermos, de uma atitude de *inércia* conexionada à não eliminação ou contenção das sequelas danosas que o evento lesivo desencadeou, mesmo que com actuação dolosa do agente[2236].

[2233] Ver *supra*, n. 1925.

[2234] Daí que HUMBERTO LOPES (*est. cit.*, p. 277) tenha uma certa razão quando, ao analisar o artigo 576.° do articulado resumido, chega à conclusão de que no §2.° se incluem situações «...que, sem esforço, parecem reconduzíveis ao caso geral de negligência culposa do lesado...».

[2235] Alguns dos exemplos de «aumento de um dano já causado», referidos por VAZ SERRA na p. 147 do BMJ n.° 86, *cit.* (*maxime* a ausência de uma compra de cobertura ou a omissão do tratamento da lesão), inculcam manifestamente a ideia de uma atitude de não redução ou eliminação do dano.

[2236] O ponto é pacífico como pode ver-se em VAZ SERRA (cfr. a parte inicial

646   *A conduta do lesado*

Esta conclusão não parece oferecer dúvidas, se repararmos que o próprio VAZ SERRA[2237], confrontado com o laconismo do texto actual, não deixou de responder afirmativamente à questão de saber se no n.° 1 do artigo 570.° era contemplada a omissão do afastamento ou da atenuação do dano. Mas mais do que essa opinião «suspeita», a nossa doutrina[2238], apesar de não conferir grande realce ao conteúdo e aos limites da omissão de redução do dano, não exclui o relevo dessa faceta «negativa» da conduta do lesado.

Há que dizer, contudo, que, se a fórmula legal não deixa de ser elíptica, a forma pouco decidida como a nossa doutrina aborda a sua compreensão poderia ter sido evitada, caso o legislador tivesse «aumentado» os dizeres da lei com a referência expressa à não redução do dano[2239]. Como quer que seja, entre essa nossa reserva à «timidez» legal e a necessidade, reflectida em certa doutrina[2240], de recorrer à *boa-fé,* como sustentáculo da defesa de uma maior amplitude do leque de condutas relevantes do lesado, vai uma grande distância, dado não pensarmos que a omissão de redução esteja ausente do pensamento legisla-

---

do §1.° do artigo 1.°, na p. 168 do BMJ n.° 86, *cit.*), ESSER/SCHMIDT, *op. cit.*, I, 2, §35 II, p. 264 e CENDON, *op. cit.*, pp. 97-98, n.20.

[2237] Ver a RLJ, anos 105.°, *cit.*, pp. 169-170 e 107.°, *cit.*, p. 247.

[2238] Ver ANTUNES VARELA, *op. cit.*, I, p. 934 (».... ou não terá concorrido, como lhe cumpria, para *atenuar* ou *minorar* o dano), citando os lugares de VAZ SERRA aludidos na nota anterior e indo mais longe do que na RLJ, ano 102.°, *cit.*, pp. 55-56, onde só referia simplesmente o agravamento, ALMEIDA COSTA, *op. cit.*, p. 672 (pela exemplificação dada), RIBEIRO DE FARIA, *op. cit.*, I, p. 524 (colocando o problema das intervenções cirúrgicas) e, mais explicitamente, II, p. 80, n.(2) e DARIO MARTINS DE ALMEIDA, *op. cit.*, pp. 144 e 146-147 (mas sem que a situação 3b), descrita nas pp. 163- -164, configure, necessariamente, um mero problema de causalidade).

[2239] A dificuldade exegética existe igualmente quanto à interpretação da segunda parte do artigo 1227.° do *Codice*, no ponto em que se alude aos «...*danni che il creditore avrebbe potuto evitare*...». Enquanto a opinião mais qualificada (cfr., entre outros, CRISCUOLI, *Il dovere di mitigare il danno subíto* (*The duty of mitigation: a comparative approach*), RDC I, 1972, p. 571, BONVICINI, *est. cit.*, RcP 1967, p. 233 e TRABUCCHI, *op. cit.*, p. 211, n.(3)) «lê» a norma de forma a estendê-la ao afastamento do dano ainda não produzido, ao não agravamento e à não redução do dano já verificado, já RESCIGNO, *est. cit.*, Studi in onore di A. ASQUINI, IV, p. 1648 e RDC I, 1965, p. 275, com ressalva da hipótese do artigo 1914.°, não parece considerar mais do que o mero não agravamento (cremos que na ED XIX, pp.179-180, no seu artigo sobre as *Obbligazioni* (*nozioni*), RESCIGNO vai mais longe, dando relevo à autoprevenção danosa ligada à organização da actividade empresarial). As dúvidas sobre o seu exacto pensamento permanecem quando confrontamos as pp. 576 e 703 do seu *Manuale..., cit.*.

[2240] Assim, PINTO MONTEIRO, *Cláusulas..., cit.*, p. 92. Ver também *infra*.

A *hipótese do contributo culposo e não culposo do lesado* 647

tivo[2241] e só surja enquanto conteúdo da relação indemizatória aberta com a ocorrência danosa.

Maiores incertezas de integração no quadro normativo parecem suscitar as hipóteses da possível redução de um *dano não evolutivo*, bem como do afastamento, pelo potencial lesado, das consequências de uma *acção ilícita ainda não consumada*, mas cujo dano é eminente. Quanto a esta última situação, o seu recorte fáctico parece situá-la de preferência na fase da produção do evento danoso[2242], o que já não sucederá naquele núcleo de situações em que a falta de intervenção agrave apenas a extensão de um dano (com um *iter* evolutivo) resultante de um facto lesivo com eficácia não instantânea (como acontece, em regra, com um incêndio ou uma inundação)[2243].

[2241] O dizermos que a hipótese não foi afastada pelo legislador não equivale, como veremos, à afirmação de uma natureza obrigacional estrita.

[2242] Essa «ofensa-perigo», de que fala PESSOA JORGE (*Ensaio..., cit.*, p. 291), transparece em vários normativos, como é o caso dos artigos 1321.°, 1350.°, 1352.°, 1 e 2 e 1366.°, mas sem a eles estar necessariamente associada uma acção ilícita. Para uma aplicação jurisprudencial da *factispecies* descrita no artigo 1350.°, ver o acórdão da RL de 18 de Maio de 1979, in CJ, ano IV, tomo 3, 1979, pp. 782 e ss., e, para um outro caso nítido de não eliminação de um dano iminente, ver o artigo 36.°,2 do Decreto-Lei n.° 39780, *cit.* (exclusão da indemnização dos danos derivados de incêndio provocado pelas faúlhas da locomotiva, atenta a inobservância da obrigação de aceiro).

A doutrina alemã não deixa de deslocar para a «produção do dano» (*Entstehung des Schadens*) as condutas activas e omissivas do lesado que não atingiram ainda o chamado «*Integritätsinteresse*» (cfr. HENKE, *est. cit.*, JuS 1991, p. 266, LARENZ, *Lehrbuch..., I, cit.*, §31 I, p. 543 e *Münchener Kommentar*/GRUNSKY, *op. cit.*, §254, n.° 38, p. 447). Um caso judicial alemão, que demonstrou paradigmaticamente aquela sistematização, relacionou-se com a decisão do OLG Celle, de 12 de Novembro de 1952, ao valorar a *inércia* de uma mãe que não fervera o leite que o vendedor retirara de animais com tifo (ver LAPP, *op. cit.*, pp. 34-35, WEIDNER, *op. cit.*, p. 60 e HENKE, *est. cit.*, p. 266).

[2243] Na hipótese sobre que versou o acórdão do STJ de 27 de Fevereiro de 1973, publ. no BMJ n.° 224, pp. 152 e ss., negou-se o ressarcimento dos danos sofridos por um proprietário «nas alcatifas, carpetes e cortinados», e provocados por infiltrações de água devidas a deficiências de construção, com o argumento de que aquele poderia ter *removido* o maior dano, ao aperceber-se do facto lesivo (veremos, no entanto, *infra*, as condições que deverão ser reunidas para a afirmação dessa conduta). Noutra situação, que chegou às instâncias e acabou por originar o acórdão do STJ de 26 de Março de 1980, publ. no BMJ n.° 295, pp. 426 e ss., e anot. por ANTUNES VARELA na RLJ, ano 114.°, *cit.*, pp. 40-41 e 72-78 (sem, contudo, desenvolver o ponto que nos interessa e que refere na p. 72), o autor, perante a demolição de um prédio contíguo ao seu, e que estava a revelar-se danosa, só *tardiamente* veio a revestir a parede da sua casa com chapas de alumínio.

648   A conduta do lesado

73. Demarcação do «agravamento dos danos» da «predisposição» do lesado para um maior dano e da omissão de prevenção de um dano futuro

Factualismo diverso de um agravamento (*lato sensu*) que surja como efeito de uma conduta activa ou omissiva do lesado no período posterior à lesão inicial é a «cooperação» para o âmbito danoso[2244] da pré-existência de *estados de debilidade físico-psíquica* ou, como já se disse a propósito dos acidentes laborais, de um «estado mórbido ou doentio do organismo humano... e que torna o indivíduo propenso para certas doenças ou para o agravamento de outras sob a influência de uma causa «ocasional»[2245]. Já anteriormente[2246], e numa primeira consideração do círculo relevante do artigo 570.º, tivemos oportunidade de nos referir às «predisposições constitucionais» e ao seu recorte heterogéneo, analisando-as essencialmente na perspectiva da concorrência de causas e da imputação objectiva do «agravamento» ao lesante. No plano da fixação indemnizatória[2247], também já deixámos expresso, e em síntese, que o lesante não deve arcar com toda a envolvência danosa gerada pela «*receptivité personnelle*»[2248] do lesado, se pensarmos que o facto lesivo pode *apressar* o desenlace fatal de um processo doentio (por ex., uma oligofrenia), *agravar* uma taxa de incapacidade (a chamada «*concausa di menomazione*»[2249]) ou *desencadear* consequências perfeitamente inesperadas (o caso típico do suicídio favorecido pela

---

[2244] A «inflação» do dano pode ficar a dever-se a circunstâncias subjectivas «normais», como acontecerá com o valor afectivo do bem lesado, as qualidades profissionais da pessoa lesada ou a perda não patrimonial atinente à juventude ou à alegria de viver da vítima.

[2245] Acórdão do STJ de 26 de Fevereiro de 1988, publ. no BMJ n.º 318, p. 838, citando CRUZ DE CARVALHO. A «estado constitucional» refere-se o acórdão da RC de 24 de Janeiro de 1989, in CJ, ano XIV, tomo 1, 1989, p. 103.

[2246] Ver *supra*, n.º 18.

[2247] MONTANIER, *op. cit.*, distingue o problema causal daquilo a que chama, impropriamente, a «medida da causalidade». Para uma bipartição mais correcta, negando o papel «quantitativo» da causalidade e conferindo o devido relevo à questão do montante indemnizatório, ver J. THANH NHA, *est. cit.*, RTDC 1976.

[2248] B. STARCK, *Essai d'une théorie générale..., cit.*, p. 406.

[2249] G. GENTILE, *Danno alla persona*, ED XI, p. 651. A circunstância de o lesado (no caso decidido pelo acórdão do STJ de 25 de Julho de 1978, *cit.*, *supra*, n. 1485) sofrer de *diabetes* e de *obesidade* não levou as instâncias a imputar-lhe o *agravamento* do tempo de recuperação, mas a repercutir, sem razão aparente e estranhamente, aquelas «predisposições» no cálculo dos lucros cessantes.

A hipótese do contributo culposo e não culposo do lesado   649

presença de um psiquismo anormal). Há que dizer, a propósito deste último acto, que ele pode surgir espontaneamente ou fruto de uma decisão arbitrária, sem ligação com o evento lesivo (o chamado «suicídio de balanço» ou *Bilanzselbstmord*) ou com uma articulação muito ténue com essa fonte (origem de uma depressão muito ligeira), mas também pode ser o efeito «necessário e adequado da evolução do processo mórbido que atingiu a pessoa»[2250]. Mesmo que o suicida revelasse uma determinada patologia psíquica, mais ou menos acentuada, e que foi «activada» pelo facto lesivo (*maxime* se é grave), não cremos adequado considerá-lo *culpado*[2251], independentemente da falta de voluntariedade da sua decisão, nem vemos fundamento bastante para imputar responsabilidade a uma instituição psiquiátrica que pratique uma terapia moderna (do género *open door*), se o suicida não revelava uma propensão autolesiva.

Por outro lado, o ponto de vista, já por nós defendido, de uma tutela básica das pessoas com maior aptidão autodanosa[2252] não inva-

---

[2250] Parecer n.º 38/82, da Procuradoria-Geral da República, de 1 de Abril, publ. no BMJ n.º 321, pp. 174 e ss..

[2251] MONTANIER, *op. cit.*, n.ᵒˢ 274 e ss., pp. 268 e ss., reputa *culpado* o lesado que é «conduzido» ao suicídio por um acidente grave, com o argumento rudimentar e abstracto de que o acto não ocorreria com o *bonus pater familias...* (cfr. também ROVELLI, *Il risarcimento..., cit.*, p. 313). Para a recusa dessa «culpa do lesado» e para o cepticismo àcerca da sua existência, ver, respectivamente, LAPOYADE DESCHAMPS, *op. cit.*, pp. 425 e ss. e J. THANH NHA, *est. cit.*, p. 18. O BGH, em decisão de 8 de Outubro de 1985, in JZ 1986, pp. 238-239, não considerou haver culpa do lesado na *tentativa de suicídio* de um psicótico, consumidor de drogas, que estava a ser sujeito a um tratamento num hospital. A falta de vigilância, que já tinha estado em causa no caso alemão, e o efeito excitante de certa medicação (agravando o estado psíquico do lesado) terão pesado para o Supremo (acórdão de 22 de Março de 1961, *cit.*, *supra*, n. 2020) no juízo de inadequação entre o atropelamento e o acto «anormal» do atropelado (internado num hospital) de se ter levantado e atirado da janela. O tribunal de Milão, em sentença de 13 de Julho de 1989 (GI, I, 2, 1991, col. 54), veio a imputar ao autor do atropelamento (com fractura de fémur) de um *oligofrénico* o *suicídio* ocorrido no hospital.

[2252] O problema jurídico das «predisposições» tem particular importância na zona dos *acidentes laborais* (ou de *serviço*) com vista à avaliação do que surge como consequência directa do acidente ou é devido a uma patologia anterior (o confronto entre o disposto no artigo 4.º da Lei n.º 1942, analisado por CUNHA GONÇALVES no seu *Tratado..., cit.*, XIII, pp. 287 e ss., e a Base VIII da actual Lei 2127 mostra que esta última introduziu um regime mais favorável ao trabalhador, como vimos, aliás, *supra*, n. 603). Esse relevo é visível nalgumas espécies judiciais ou em Pareceres da Procuradoria-Geral da República, como, por ex., nos Pareceres n.ᵒˢ 44/66 de 24 de Novembro, publ. no BMJ n.º 169, p. 71 (um soldado morreu, durante a instrução, por hipertensão

650   *A conduta do lesado*

aguda causada por uma hidrocefalia brusca, mas verificou-se que ele tinha um tumor da glândula pineal e uma ligeira hidrocefalia), 31/70 de 31 de Julho, publ. no BMJ n.° 204, pp. 51 e ss. (um guarda da PSP, que sofria de nefropatia crónica com incidência cárdio-circulatória, teve um enfarte de miocárdio depois de ter acompanhado à esquadra um interveniente num acidente de viação) e 19/75 de 24 de Abril, publ. no BMJ n.° 252, pp. 64 e ss. (um soldado da Guarda Fiscal, após 33 horas de serviço permanente, faleceu de doença súbita). No tocante a decisões dos nossos tribunais são de referir, como amostragem, os acórdãos do STJ de 26 de Fevereiro de 1988, in AD n.° 318, pp. 835 e ss. (o lesado era um hipertenso, tendo funcionado, como concausa da hemorragia cerebral, o susto ocasionado pela queda de um depósito de água) e da RC de 24 de Janeiro de 1989, in CJ, ano XIV, tomo 1, 1989, pp. 101 e ss. (a porfiria aguda intermitente de que sofria o lesado conduziu-o à morte como efeito do tratamento feito a um golpe na mão). Outros quadrantes, que podem suscitar a questão relacionam-se com a *alergia* a certos produtos (cfr. CONDE RODRIGUES, *op. cit.*, p. 127), com a *fragilidade* de certos bens (por ex., no caso subjacente ao acórdão do STJ de 12 de Fevereiro de 1965, in BMJ n.° 144, p. 143, uma Câmara Municipal, demandada pela abertura de uma vala de saneamento sem os cuidados necessários, invocou a *falta de alicerces* como causa da derrocada de um muro, no acórdão do STJ de 15 de Janeiro de 1987, in BMJ n.° 363, pp. 501 e ss., o réu alegou a «péssima qualidade da concepção e construção do prédio» e na hipótese que levou ao acórdão da RL de 6 de Abril de 1989, *cit. supra*, n.[tas] 1588 e 1596, a EPAL alegou a *existência de fendas* para afastar o nexo entre a rotura de uma conduta e a inundação da cave onde funcionava o estabelecimento da lesada) e com a *maior sensibilidade aos ruídos*. Quanto a esta «predisposição», há que referir, entre outros, não propriamente o julgamento «perverso» do clássico «caso dos galináceos» (acórdão do STJ de 6 de Maio de 1969, *cit. supra*, n.784 e anot. criticamente por VAZ SERRA na RLJ, ano 103.°, pp. 374 e ss.), mas as decisões mais «modernas» patentes nos acórdãos da RL de 19 de Fevereiro de 1987, in CJ, ano XII, tomo 1, 1987, pp. 141 e ss. (os ensaios de um grupo musical, efectuados no rés--do-chão de um prédio, perturbaram os habitantes do 1.° andar, um casal de meia idade, em que mulher tinha uma psicose maníaco-depressiva de evolução crónica e o marido era uma pessoa nervosa) e da RC de 6 de Fevereiro de 1990, publ. na CJ, ano XV, tomo 1, 1990, pp. 92 e ss. Neste último aresto, relativo à influência, na «saúde e repouso» dos autores, do barulho provocado pelo motor da câmara frigorífica de um talho, o tribunal salientou (como já sucedera naquela outra decisão) precisamente que, neste tipo de situações lesivas, não se deve ter em conta «... um tipo humano médio..., antes... a especial sensibilidade do lesado tal como é na realidade».

    Já vimos *supra*, n. 2173, até que ponto a *escolha* de habitação nas proximidades de zonas industriais (e não só) emissoras de ruídos pode levantar a questão da culpa do lesado, desde que este *conheça* a situação e «assuma o risco» da potencialidade autodanosa. Se é verdade que o chamado «princípio da prioridade» não tem grande alcance (cfr., aliás, VAZ SERRA, RLJ, 103.°, *cit.*, pp. 379) e que certos autores, como ROSSELLO, *op. cit.*, pp. 199 e ss., não abdicam de um esforço de análise económica

A *hipótese do contributo culposo e não culposo do lesado* 651

lida a *correcção* dessa indulgência com a eficácia de um possível juízo de culpa, como acontecerá se o potencial lesado expuser *insensatamente* ao perigo de dano a sua debilidade física[2253] ou puder constatar-se uma «assunção» voluntária, transitória ou não, do estado de fraqueza físico-psíquico (o caso típico do alcoolizado[2254]). A afirmação de que existe uma diferenciação qualitativa a separar a contribuição causal das «diáteses» do quadrante do agravamento *tout court* do dano, não preclude, obviamente, que a existência de culpa e o papel interferente da debilidade conduzam a uma mesma aplicação do regime inserido no normativo do artigo 570.°,1.

O agravamento do dano causado pode dever-se ainda à circunstância de o potencial lesado (*maxime* com natureza empresarial) não ter adoptado uma atitude de *prevenção* de um dano contra a acção de um potencial lesante. O ponto não é novo[2255] e leva a colocar, inevitavelmente, um duplo quesito: pode considerar-se *culposa* a conduta omissiva do lesado que não dispõe de veículos de reserva para substituir o que foi envolvido num acidente, que não possui, no seu estabelecimento, um sistema electrónico de vigilância ou que não assegurou previamente a falta de um trabalhador qualificado, lesado por um terceiro? E poderá essa mesma empresa, alegando a sua atitude preventiva, pedir ao lesante o pagamento de uma parte das *despesas* relacionadas precisamente com a salvaguarda de um dano eventual?

(recorrendo, predominantemente, à noção de «custo marginal»), também não deixa de ser autêntica a asserção de que o problema é complexo e integra componentes constitucionais, civilísticas e ambientais.

[2253] Cfr. *supra*, pp. 200 e ss. e n.ᵒˢ 62 e 63. LALOU, *op. cit.*, p. 220, dá-nos o exemplo impressivo da morte do passageiro que, apesar de ter uma *saúde frágil*, não se protegeu do frio, ao esperar por socorros, após a colisão de dois autocarros.

[2254] Sobre a relação entre o alcoolismo e os acidentes de trabalho, à luz da Base VI c) e do n.° 1 da Base VIII, ver V. RIBEIRO, *Acidentes de trabalho e alcoolismo*, RMP, ano 10.°, n.° 38, pp. 75 e ss.. Numa perspectiva mais doutrinária, ver SILVESTRE SOUSA, *Problemáticas da embriaguez e da toxicomania em sede de relações de trabalho*, in RDES, XXIX (II da 2ª série), n.° 3, 1987, pp. 399 e ss.. Quer J. THANH NHA, *est. cit.*, pp. 18-19, quer J. FLOUR/J-L AUBERT, *op. cit.*, n.° 178, p. 174, consideram haver culpa do embriagado no seu estado, criticando decisões da *Cour d'Appel* de Paris que imputaram a morte ao lesante (a de 5 de Maio de 1962 versou sobre o caso de um alcoólico que entrou numa crise de *delirium tremens*, quando, num *bistrot*, foi atingido no pé por um pedaço de gelo, e na de 12 de Fevereiro de 1963, um peão, alcoólico crónico, morreu de cirrose um ano após ter sido atropelado sem gravidade).

[2255] Ver *supra*, p. 318 e.ss., para o eventual *ónus* da celebração de um seguro.

As duas questões não têm tido, entre nós, grande tratamento, a não ser na vertente, aqui não colocada, da incidência do facto responsabilizante do lesante na relação creditória existente (por ex., entre o trabalhador e a entidade patronal). Ao analisarmos, contudo, a posição da doutrina (italiana e alemã) que tem abordado a problemática, não podemos deixar de reafirmar considerações já expendidas, e em que admitimos, apenas, a possibilidade fundada de um tratamento mais específico para os danos materiais, de estar com juristas, como BIANCA[2256] e CRISCUOLI[2257], para quem o concurso culposo do lesado no agravamento danoso só poderá legitimar-se em caso de não observância de um preceito legal, e de aderir ao sector dominante da literatura alemã[2258] que nega, em regra, a indemnização ao lesado das chamadas «despesas de prevenção» (*Vorsorgekosten*).

Sob pena de chegarmos a conclusões inquietantes, não se vê, na verdade, qualquer razão justificativa para a invocação pelo lesante de uma contribuição culposa do lesado para o dano (ou maior dano) sofrido, não existindo um quadro normativo que imponha uma autoprotecção preventiva[2259], até porque a presença de um circunstancialismo

---

[2256] *Op. cit.*, pp. 436-437e *Diritto civile, cit.*, p. 144. O jurista critica as posições menos restritivas de RESCIGNO, *est. cit.*, Studi..., pp. 1648-1649 e ss. e BONVICINI, *est. cit.*, pp. 237 e ss., e que partem de uma aplicação lata, e só sugerida pela sua letra, da segunda parte do artigo 1227.° do *Codice*. Para uma aplicação jurisprudencial da tese mais defensável, ver a decisão da *Corte di Cassazione* de 16 de Julho de 1976, in VISINTINI, *L'inadempimento delle obbligazioni, cit.*, p. 207, n.(46).

[2257] RDC I 1972, *cit.*, p. 600 e n.(189) («*la «previdenza»... non rientra nel dovere di mitigazione di cui al secondo comma dell' art. 1227 c.c.*»).

[2258] Cfr., entre outros, LARENZ, *Lehrbuch...*, I, *cit.*, §29 III, p. 511, MEDICUS, *Schuldrecht,* I, *cit.*, §55 VII, pp. 287-288 e *Bürgerliches Recht, cit.*, n.ᵒˢ 862 e ss., pp. 526-528, LANGE, *op. cit.*, §6 VIII, pp. 293 e ss. (com a referência crítica a decisões do BGH acolhedoras de um princípio contrário, como pode ver-se em BGHZ 32,280 e 59,286) e HANS HAGMANN, *Der Umfang der Ersatzpflicht des Ladendiebes*, in JZ 1978, pp. 133 e ss..

[2259] Precisamente, no caso referenciado no acórdão da RC de 26 de Novembro de 1991, *cit. (supra*, n.1527), para lá de a EDP ter alegado a inércia do lesado na atenuação do dano, ficou provado que aquele não possuía, *nos termos da lei*, um «grupo de emergência» para fazer face às falhas de fornecimento de energia. Também no acórdão da RL de 6 de Abril de 1989, *cit.*, a EPAL pretendeu beneficiar da alegação de que o lesado, dono do estabelecimento inundado, não tinha em condições de funcionamento uma electro-bomba de extracção de água (cfr., aliás, *supra*, n.1596). O Supremo, em acórdão de 10 de Novembro de 1994, publ. na CJ, ano II, tomo III, 1994, pp. 132 e ss., não relevou, por falta de preceito legal, o dever do dono de uma estalagem ter um «guarda destinado a prevenir incêndios ou a intervir rapidamente na sua extinção». É

A hipótese do contributo culposo e não culposo do lesado 653

mais ou menos *favorável* à iniciativa do potencial lesado[2260] não deve implicar a valoração da omissão no quadrante do artigo 570.°,1. Para lá, pois, daquela fronteira, não pode deixar de se afirmar a negação de uma culpa omissiva, sendo certo, por outro lado, que a imputação ao próprio lesado dos custos atinentes às medidas preventivas – não *«exigidas»* por um evento danoso de verificação eventual – se relaciona apenas com o seu desejo de segurança, com a sua disponibilidade económica e com uma gestão empresarial maximalizada. Mesmo nesta fase pré-danosa – há que dizê-lo – não se deve considerar completamente afastada uma espécie de atenuação do dano *avant la lettre*, agindo o potencial lesado com a intenção (não exclusiva) de tornar menos pesada a obrigação de indemnização a cargo do responsável, mas sem que o primeiro tenha necessariamente de se comportar como um *gestor de negócios* do futuro lesante[2261].

74. Agravamento do dano imputável ao lesante, agravamento do dano imputável ao lesado e imputação bilateral do dano global

Quando falamos no aumento propriamente dito do dano existente, poderia pensar-se, *prima facie*, que provindo esse acréscimo da esfera do lesado nada mais restaria do que isolá-lo e imputá-lo a esse mesmo prejudicado, recorrendo à ideia de uma «interrupção» da relação objectiva de imputação. Estaríamos, contudo, perante uma análise falaciosa, esquecendo a *globalidade* da situação e o facto da conduta do lesado poder ter sido *favorecida* pela acção lesiva, não se mostrando, assim, alheia aos riscos criados pela condição-causa colocada pelo lesante. Ao lado daquelas factualidades, já descritas, em que o lesado é «influenciado» numa decisão que o leva a sofrer um dano (como acontece, por ex., na sua atitude de *atrapalhação* face à conduta do lesante-condutor, na *exposição ao perigo* em benefício de um terceiro ou conexionada

---

de atentar, contudo, que se tratou, no caso, de danos causados pelo incêndio no veículo de um terceiro.

[2260] Estamos a pensar na vantagem da celebração de um seguro contra danos em hipóteses como a considerada por RAUSCHER (*supra*, n.1027) ou conexionadas com a exemplificação da n.1032.

[2261] Sobre o relevo de uma acção do potencial lesado como *gestor de negócios*, ver LANGE, *op. cit.*, §6 VIII, p. 302 e ESSER/SCHMIDT, *op. cit.*, I, 2, §32 III 2b, pp. 205--207 e, para uma ligação entre a «medida preventiva» (*Vorbeugemaßnahme*) no interesse do lesante e o §254 II, 1, ver BROX, *op. cit.*, n.° 363 a, pp. 219-220.

com uma perseguição «provocada»), existe um núcleo de situações em que o autor material do *agravamento* do dano é o lesado, embora o fautor mediato desse acréscimo danoso deva ser considerado o lesante [2262-2263]. Mesmo que esse agravamento se insira na actividade de contenção do dano inicial, será de imputar ao lesante o maior dano resultante de um acto não completamente «livre» do lesado, mas tornado «necessário» pelo facto danoso primitivo (pensamos, por ex., no tratamento errado, feito pelo lesado, do ferimento sofrido, mas sem que haja negligência grave da sua parte).

A partir do momento em que o acto do lesado deixa de ter conexão ou *relação adequada* com a lesão inicial, integrando uma decisão não *provocada* ou tornada *necessária* pelo facto do lesante (como pode suceder no suicídio ou na gestação de uma causa que acrescente um novo dano) ou revestindo uma tonalidade de tal forma *grosseira* (a

---

[2262] Para essa *causalidade indirecta*, com a invocação frequente do exemplo clássico da queda dada pelo indivíduo fragilizado ou que utiliza uma prótese, ver MANUEL DE ANDRADE, *Teoria Geral das Obrigações, cit.*, p. 357, PEREIRA COELHO, *O nexo de causalidade..., cit.*, p. 22, n.(22), *A causalidade na responsabilidade civil...*, RDES 1965, *cit.*, pp. 50-51 e *Obrigações, cit.*, p. 166, RUI DE ALARCÃO, *op. cit.*, p. 286 e RIBEIRO DE FARIA, *op. cit.*, I, pp. 503 e 507.

Pode dizer-se que um dos *leading cases* dessa causalidade terá sido uma decisão do RG (RGZ 119, 204) conhecida pelo «*Prothesenfall*», relativa à queda dada por um amputado, passados 22 anos do atropelamento de que fora vítima (cfr. DEUTSCH, *Haftungsrecht, cit.*, p. 150 e LARENZ, *est. cit.*, in Festschrift für HÖNIG, p. 82). Como hipóteses semelhantes são de referir uma decisão da *Cour Suprême* do Québec (*Chartier* c. *Laramée*), relatada por BAUDOUIN (*op. cit.*, pp. 152-153), e referente à perda de equilíbrio de um indivíduo que utilizava canadianas em virtude da fractura de uma perna num acidente e o caso *McKew v. Holland y Hannen y Cubitts Ltd* (1969), citado por WINFIELD/JOLOWICZ/ROGERS, (*op. cit.*, p. 146) e STREET/BRAZIER (*op. cit.*, p. 233, n.11), atinente à perda de força sentida por uma pessoa, ao descer uma escada sem corrimão, dada a fragilidade da sua perna esquerda. Justificadamente menos protectora terá sido a sentença da *Cour* d'Angers de 5 de Novembro de 1970, in RTDC 1971, p. 640, ao imputar-se à imprudência do lesado (deslocava-se sózinho apesar dos 85% de incapacidade e de lhe ter sido concedida uma indemnização para ser assistido por um terceiro) a queda e consequente fractura da tíbia, passados 2 anos do primeiro acidente.

[2263] Como vimos (*supra*, n.[tas] 568 e 596), há casos em que o lesado «assiste» ao agravamento do dano, em condições de uma possível imputação ao autor do dano inicial. Para uma análise da jurisprudência italiana, que imputa ao responsável por um acidente de viação as *infecções víricas* (SIDA e hepatite) consequentes a transfusões sanguíneas ocorridas no decurso de intervenções cirúrgicas, ver GIANNINI, *Sinistro stradale, responsabilità professionale e nesso causale*, in RcP 1993, pp. 636 e ss. e a anot. de P. JOURDAIN na RTDC 1992, pp. 117 e ss..

«unreasonable conduct» de que fala a literatura anglo-saxónica) que acaba por «absorver» a condição inicial, é razoável deslocar esse maior dano para a esfera do próprio lesado, dado apresentar-se como *efeito inadequado* do facto responsabilizante. É, no entanto, problemático que este «corte» da «conexão de responsabilidade» se possa afirmar nas situações em que o agravamento derive de uma conduta activa *não grosseira*[2264] ou da pura *atitude de passividade* do lesado, ficando *inerte* face ao dinamismo do dano (deixando infectar o ferimento, demorando a consulta médica, omitindo a solicitação de reparação do veículo, etc.). Como veremos já a seguir, a questão não pode colocar-se em termos puramente causais, sendo necessário sindicar, por outro lado, o motivo que presidiu à conduta omissiva.

Relativamente à inércia do lesado (*maxime* em sede contratual) a doutrina que formulou o seu pensamento partindo dos quadros do Código anterior, na ausência de um texto idêntico ao do artigo 570.º,1 e numa atitude «pomponiana» idêntica à de pandectistas, como MOMMSEN e WINDSCHEID, não deixou de deslocar, para a causalidade, a questão da imputação dos *danos evitáveis*, e que, nos termos da norma do artigo 707.º do Código oitocentista, se apresentavam como consequências *não necessárias* do evento lesivo. A essa orientação metodológica[2265] não era alheia a forma como POTHIER equacionara o

---

[2264] Figure-se a hipótese do lesado que, por causa da dor intensa, tira a ligadura, vindo a morrer de uma infecção ou, como no exemplo de VAZ SERRA (RLJ, ano 105.º, *cit.*, p. 169), do «transporte imprudente» do objecto danificado.

[2265] GUILHERME MOREIRA, *Instituições...*, II, *cit.*, pp. 151-152, exemplificando com a falta de entrega de grão para uma sementeira, não considerava como «consequencia necessaria do não cumprimento do contracto» os prejuízos ligados à omissão, desde que «o credor podia obter por qualquer outro meio o grão necessário...». Este relevo da conduta omissiva do lesado, como *limite* à «adequação», encontra-se igualmente em DIAS DA SILVA, *op. cit.*, p. 199 (hipotizando com a morte de escravos consequente ao roubo de grão, e com a relação entre os ferimentos e a morte), REIS MAIA, *op. cit.*, pp. 384-385, n.381 (citando o exemplo de POTHIER e construindo a sua ideia à volta do caso da falta de entrega de um cavalo e que permitiria a deslocação a certo local), SIDÓNIO RITO, *op. cit.*, pp. 119-120 (aduzindo, entre outras, a hipótese, com mais interesse para nós, da pessoa que não trata a ferida ligeira que sofreu), PEREIRA COELHO, *O nexo de causalidade...*, *cit.*, pp. 222-223, n.(1) e 231-233 (citando GUILHERME MOREIRA e identificando a «incúria» do lesado – no exemplo do táxi contratado – com a falta de «diligência média») e *A causalidade...*, *est. cit.*, RDES, pp. 42-43 e MANUEL DE ANDRADE, *op. cit.*, pp. 364 e ss. (transcrevendo GUILHERME MOREIRA). A análise *causalista* parece transparecer no acórdão da RC de 14 de Maio de 1985, in CJ, ano X, tomo 3, 1985, pp. 69 e ss., ao afirmar-se que há «interrupção causal entre as deteriorações causadas (pelo ex-inquilino)... e o não arrendamento».

656   *A conduta do lesado*

problema do âmbito da reparação, partindo do célebre caso da «compra da vaca doente» (a «... falta de cultura (das terras) não he huma consequencia absolutamente necessaria da perda do meu gado, que me causou o dólo do marchante: porque eu podia, sem embargo da perda do meu gado, obviar áquella falta de cultura, fazendo compra de outros bois para a fazerem, ou alugando-os, ou arrendando as terras, caso as não pudesse amanhar por mim mesmo...» [2266]). Repare-se, aliás, e a título parentético, que a influência moderadora de POTHIER – acolhida na redacção dada por BIGOT PREMEANEU ao artigo 1151.° do *Code Civil* – se projectou nos Códigos italianos de 1865 e 1942, «explicando» não só a formulação dos artigos 1223.° (e 2056.°) mas também a localização «contratual» do artigo 1227.° [2267] e a interpretação moderadamente causalista – enquanto especificação do disposto no artigo 1223.° – que foi feita da sua segunda parte por autores que, como MENGONI [2268], valoraram a possibilidade de o credor «interromper» o decurso causal mediante um *«nuovo e diverso nesso eziologico»* [2269].

A redacção que foi outorgada ao artigo 570.°,1 não permite, contudo, e segundo nos parece, uma interpretação *exclusivista* do tipo da que foi feita pela nossa doutrina «afrancesada», a propósito das sequelas do incumprimento contratual. Na verdade, o agravamento activo ou passivo do dano não conduz a vê-lo numa *perspectiva delimitadora* ou de *mera imputação causal* ao lesado desse maior dano (o que

---

Para nós, a imputação ao senhorio dos danos decorrentes da falta de arrendamento só se justificaria caso recaísse sobre ele o dever legal ou contratual de efectuar as reparações.

[2266] Cfr. POTHIER, *Traité des Obligations, selon les regles tant du for de la conscience, que du for extérieur*, I, n.°ˢ 166-167, Paris/Orléans. No texto, faz-se referência à tradução feita por CORRÊA TELLES de uma das edições daquela obra, com o título *Tratado das obrigações pessoaes e reciprocas nos pactos, contractos, convenções, etc.*, I, 1849, p. 132.

[2267] Para a explicação histórica da segunda parte do artigo 1227.°, ver CRISCUOLI, *est. cit.*, p. 567 e s. e ROSSELLO, *op. cit.*, pp. 56 e ss.. O primeiro jurista não liga o preceito à velha regra pomponiana *quod quis...* mas a textos antigos relativos à *cautio damni infecti* e à *litis contestatio*. Não se pode esquecer, contudo, como se vê em FORCHIELLI (*Il rapporto di causalità...*, *cit.*, pp. 38 e ss.) e em DE CUPIS (*op. cit.*, pp. 233-234), o *valor* que um conhecido fragmento de PAULUS (*Digesto*, 19,1,21,3) tem para a interpretação do teor daquele normativo, se pensarmos no modo como certos pandectistas analisaram o fragmento.

[2268] *Est. cit.*, Temi 1946, pp. 577-578. Ver também BRASIELLO, *op. cit.*, pp. 364 e 378.

[2269] *Ibidem.*, p. 578.

A hipótese do contributo culposo e não culposo do lesado 657

só poderia acontecer caso se pudesse afirmar um «corte» na «conexão de responsabilidade») mas, pelo contrário, há que partir do complexo dano global concausado em ordem a uma partilha que requer particular atenção[2270]. Mesmo para lá dos casos-limite em que o lesado tenha concorrido para o dano inicial ou se possa ter verificado uma «cooperação» do lesante no agravamento, a falta de sincronia das condutas do lesante e do lesado não afasta uma concorrência de actuações para o dano «final». A letra da lei e a sua explicação[2271] não autorizam, assim, e em geral, uma visão menos flexível, ou mais causalista, como a da generalidade da doutrina italiana[2272], não se convertendo, pois, o artigo 570.°,1 num critério imediato da indemnização, numa *avaliação isolada* de duas condutas-causas com o escopo de se imputar a cada uma delas o respectivo dano[2273]. Aquela perspectiva «seccionista» já poderá ser afirmada quanto à imputação das *despesas* efectuadas pelo lesado sem conexão com o escopo de mitigação do dano, com o fundamento de aí não haver propriamente um agravamento danoso.

[2270] A questão a que nos referimos no texto pode exemplificar-se nos seguintes termos: se uma pessoa é mordida por um cão e não desinfecta a ferida, o dano da amputação, que venha a sofrer, é visto isoladamente ou é de imputar também ao dono do animal?

[2271] Cfr. o que VAZ SERRA diz na p. 148 do BMJ n.° 86, *cit.,* como crítica à solução menos maleável (ou de exclusão do dano posterior), e mais favorável ao lesante, da segunda parte do artigo 1227.° do Código italiano.

[2272] Num sentido mais próximo da interpretação defendida no texto, ver BIANCA, *op. cit.*, p. 430, ROVELLI, *op. ult. cit.*, p. 100 e, sobretudo, TORRENTE, *Manuale di diritto privato*, Milano, 1952, pp. 333-334, n.(3).

[2273] Para a defesa, no direito alemão, de uma avaliação global, ver, entre outros, HONSELL, *op. cit.*, pp. 199 e ss. (avocando em defesa da sua posição a necessidade da culpa do lesado não se identificar com um mero papel secundário) e LANGE, *op. cit.*, §10X, II, pp. 623-624. Ao situar a hipótese da *redução do dano* no quadrante do § 1304 do ABGB, KOZIOL, *est. cit.*, p. 229, acolhe um mesmo critério de repartição do dano global.

SECÇÃO II
SENTIDO, CONTEÚDO E LIMITES
DA CONTENÇÃO DOS EFEITOS DANOSOS

> **Sumário:** 75 – O problema da redução do dano evolutivo e a sua resolução por um pensamento dominante alicerçado na boa fé. Observações críticas e consideração da minoração do dano na perspectiva dos interesses prevalecentes do lesado-credor; 76 – Parâmetros justificativos do acto interventor do lesado no domínio do dano patrimonial; 77 – A limitação do dano pessoal e a consideração mais intensa dos interesses do lesado e da sua individualidade; 78 – Da razoabilidade e da irrazoabilidade das despesas de contenção do dano feitas pelo lesado.

75. O problema da redução do dano evolutivo e a sua resolução por um pensamento dominante alicerçado na boa fé. Observações críticas e consideração da minoração do dano na perspectiva dos interesses prevalecentes do lesado-credor

A constatação, não infirmada pelos dados legais, de que o agravamento consequente ao dano pode ser limitado com uma atitude activa por parte do lesado, carece, no entanto, de justificação dogmática e de procura de balizas que, delimitando essa «actividade», possam conduzir à separação das zonas do *agravamento justificado* e do *agravamento injustificado*. Tratando-se, assim, e mais uma vez, de um problema de fundamento jurídico, o primeiro quesito que se pode formular é o de saber se será de *exigir* ao lesado, como conduta devida, e enquanto possível *reflexo simétrico* daquilo que o artigo 486.º estabelece em relação ao lesante, que atenue as consequências do dano que lhe foi causado. Esta tese do *dever jurídico* de afastar o evitável é aqui particularmente sedutora, atendendo a que a (possível) omissão da conduta surge inserida na fase posterior ao nascimento da obrigação de indemnização, isto é, num momento em que já existe uma relação intersubjectiva a ligar o lesante como devedor e o lesado como credor[2274]. Neste quadrante poderá ter-se ainda a tentação de construir o dever de redução, vendo no artigo 570.º,1 uma norma protectora dos interesses do lesante.

Diversamente, aqueles que não adiram a essa concepção protectora, nem à perda de neutralidade do artigo 570.º, 1 e à transposição, para o lesado, da visão antijurídica da omissão ou da articulação entre o dever e a exigibilidade, tenderão, eventualmente, a questionar se sobre o lesado não recairá um *ónus* de evitar o *iter* evolutivo do dano inicial. Neste ponto da colocação do problema não nos parece indiferente partir-se de um conceito de *ónus*, primacialmente «virado» para os interesses do próprio lesado (o que significará uma aderência à *factispecies* do concurso na produção do dano) ou tendo ainda por horizonte os interesses do lesante (como sucede tipicamente, e como sabemos, com o modo como REIMER SCHMIDT teorizou a *Obliegenheit*). Nem está afastado que se avoquem, para esta temática, considerações veículadoras de um *interesse público* (*maxime* no tocante aos danos pessoais)[2275], sustentadas a partir da concepção de que o dano sofrido tem implicações sócio-económicas e de que a pessoa não tem liberdade de decisão quanto às sequelas desse mesmo dano.

Nesta indagação acerca do fundamento dogmático da actividade de contenção do dano é dominante, e não só entre nós, a tese que baseia a intervenção do lesado no relevo positivo de uma *boa fé* subjacente à relação indemnizatória aberta com o dano extracontratual. Mesmo sem

---

[2274] VENZMER, *op. cit.*, p. 186, considera «co-responsável» o lesado pela não observância dessa «obrigação» (*Verpflichtung*) face ao lesante. Do mesmo modo, a existência de uma relação obrigacional entre o lesante e o lesado levou SCHÄFER (*op. cit.*, p. 61) a catalogar de *ilícita* a conduta do último. Para a natureza legal do dever, ver igualmente GREGER, *est. cit.*, NJW 1985, p. 1134, sem esquecer que a ideia da «vinculação» e da tutela do lesante surgiu já em certos autores mais antigos como LAPP (*op. cit.*, pp. 30-31), transparecendo em certas decisões do BGH (cfr. o BGHZ 3,46 e 16,265). Como veremos, a concepção de fazer recair sobre o lesado, e em proveito do lesante, o cumprimento de *deveres* de contenção do dano é importante para o «funcionamento» da parte final do §254 II.

[2275] Assim, J. C. MOITINHO DE ALMEIDA, *op. cit.*, p. 306 (quanto ao dever de tratamento a cargo do lesado). Na Alemanha, já vimos que no pensamento inicial de LARENZ não esteve ausente a ideia do «dever perante a comunidade» (cfr. WOLF, *Lehrbuch...*, *cit.*, §4, p. 259, n.383) e, em Itália, não é estranha à filosofia das ideias sustentadas por N. DI PRISCO (cfr. *supra*, n. 1752) a existência de uma «norma» de vivência solidária, que «exige» de cada cidadão uma autoprotecção. KOZIOL, *est. cit.*, p. 227, alude criticamente à defesa feita por HARTL de uma «comunidade de risco» integrante de todos os participantes do tráfego.

A hipótese do contributo culposo e não culposo do lesado   661

se saber se a «colaboração creditória» assenta, como parece, num *dever* (pelo menos lateral) ou num mero *ónus*, a doutrina que sufraga esse fundamento [2276] reclama do lesado uma dupla atitude (omissiva ou de não agravamento e activa ou de redução) e limita o «seu» critério com o próprio conteúdo decorrente desse princípio objectivo. Não se pode esquecer, contudo, como ponto não despiciendo, que essa invocação é feita, essencialmente, perante a existência prévia de uma relação contratual e que a nossa doutrina se socorre, para o seu fundamento teorético, de um ensinamento de LARENZ [2277], em parte já superado.

[2276] Ver, na doutrina nacional, VAZ SERRA, RLJ, anos 105.º, *cit.*, pp. 168 e ss. e 107.º, *cit.*, pp. 246-247 («é que o dever do lesado de afastar um dano e reduzir o já produzido se funda na boa fé»), RIBEIRO DE FARIA, *op. cit.*, II, p. 80, n.(2) e PINTO MONTEIRO, *Cláusulas limitativas...*, *cit.*, p. 92. Como reflexos jurisprudenciais desse fundamento ético, ver os acórdãos da RP de 2 de Maio de 1980, in CJ, ano V, tomo 3, 1980, pp. 59 e ss. (recolha de salvados), da RL de 25 de Maio de 1982, in CJ, ano VII, tomo 3, pp. 104-105 (citando posições antigas de LARENZ e a concepção relativamente causalista de DE CUPIS, o tribunal insiste na *boa fé*, num caso em que, após um acidente com um veículo que transportava fruta, a transportadora deixou apodrecer, dentro do contentor, aquela parte que não ficara inutilizada) e da RC de 14 de Maio de 1985, in CJ, ano X, tomo 3, 1985, pp. 69 e ss. (numa hipótese de danos causados por negligência no imóvel arrendado é invocada a *boa fé* como fundamento da reparação a cargo do lesado, com a ressalva do patamar do «sacrifício incomportável»). Para o recurso à boa fé, ver, na literatura estrangeira não italiana, OFTINGER, *op. cit.*, pp. 266 e ss., KELLER/GABI, *op. cit.*, p. 98, LACRUZ BERDEJO/REBULLIDA/ECHEVARRIA/ /HERNANDEZ, *op. cit.*, p. 547 e SANTOS BRIZ, *op. cit.*, p. 119 e *est. cit.*, RDP, 1988, p. 773. Na doutrina alemã mais antiga, a recusa de relevar causalmente a omissão, levou, por ex., WENDT, *est. cit.*, pp. 163-164, a articular a «culpa própria» com a boa fé.

[2277] Se, por ex., na 2ª ed. (citada por VAZ SERRA no BMJ n.º 86, *cit.*, pp. 150- -151, n.(42 a)) ou na 9ª ed. do seu *Lehrbuch...*, *cit.*, §15 I, p. 180, LARENZ funda a não redução do dano numa «echtes Verschulden» ou num «dever de conduta» contrário à boa fé, já na edição mais recente do seu Manual discute a existência de um «*Pflicht*» ou de uma «*Obliegenheit*», acabando por se inclinar para esta última («*allerdings kommt die Obliegenheit... einer Pflicht doch sehr nahe*» (p. 543), mas sem qualquer referência à *Treu und Glauben*. Uma evolução algo similar é detectável no pensamento de ESSER, ao partir na 1ª ed., de 1949, do seu *Lehrbuch...*, *cit.*, §79 VIII, p. 77, de um «*Pflicht zum Handeln*», considerado como «*dever de consideração a favor de cada participante no tráfico social*», ao acentuar no estudo publ. na JZ 1952 (*supra*, n.1627), pp. 257-258 a «echte Verbindlichkeit» e a referência à boa fé e ao vermos na edição mais recente do *Schuldrecht*, I, 2, *cit.*, §35 II, p. 264, a alusão pura e simples à «*Obliegenheit*» que recai sobre o credor da indemnização (tese atribuível a EIKE SCHMIDT?).

Do mesmo modo, a localização contratual do artigo 1227.º do Código italiano tem levado a doutrina[2278], que reclama a autonomia da segunda parte do preceito e que o interpreta numa articulação entre as consequências do evento lesivo e o efeito «paralisante» da conduta activa do lesado, a explicar essa «necessidade» de *inversão do sentido evolutivo do dano* recorrendo às regras do procedimento leal e vendo nela o reflexo da ideia mais ampla da «*correttezza sociale*»[2279]. Ao lado desta metodologia, a consideração *directa* pelos interesses do lesante-devedor, inserido numa relação bilateral, ou a sua tutela enquanto devedor de uma indemnização tem originado em certos sectores da dogmática italiana – e cujo *caput* é ROSSELLO[2280] – uma complexa análise *económica* da «cooperação», de raiz anglo-saxónica[2281] e com par-

---

[2278] Como nomes mais importantes são de referir os de BARASSI, *op. cit.*, p. 554, BETTI, *Teoria generale...*, *cit.*, pp. 105-106, CARBONE, *op. cit.*, p. 34 e *Il rapporto di causalità*, *cit.*, pp. 305, n. 70 e 336, BIANCA, *op. cit.*, pp. 404-405, 409 e 425 e s. (salientando que a conduta activa surge como «*dovere di correttezza*» ou «*obbligo di salvaguardia*»), VISINTINI, *L'inadempimento...*, *cit.*, p. 208, CRISCUOLI, *est. cit.*, pp. 567 e 571 e s., n.(74), BONVICINI, *est. cit.*, pp. 220 e ss., CARUSI, *Correttezza (Obblighi di)*, ED X, p. 713, n.(42) e 715, e, em parte, ROSSELLO, *In margine all' applicazione dell' art. 1227, 2.º comma, cod. civ. ad un contratto di noleggio nave: principi di diritto italiano (e riferimenti di common law) in relazione all' onere del creditore di mitigare il danno subito*, in Il diritto maritimo 1982, pp. 480 e ss., *Sull' onere del creditore di ridurre le consequenze dell' inadempimento*, RTDPC 1983, pp. 1164 e ss., *Il danno evitabile con l'ordinaria diligenza*, in *Risarcimento del danno...*, *cit.*, pp. 54 e ss. (com indicações jurisprudenciais) e *op. cit.*, pp. 60 e ss., BOCHICCHIO, *est. cit.*, RCDP 1992, pp. 23 e ss. e FRANZONI, *Fatti illeciti*, *cit.*, pp. 786-787 (sem abdicar da tónica causalista, que resulta, aliás, das suas teses em relação à primeira parte do preceito).

[2279] E. ALESII, *L'intervento attivo del danneggiato ex art. 1227, 2.º comma, c.c.: l'esercizio di azioni giudiziarie è esigibile?* FI, I, 1993, col. 1223 e ss. (em anot. à decisão da *Corte di Cassazione* de 20 de Novembro de 1991), refere-se a uma «*morale attiva e solidale che deve presidiere allo svolgimento di tutti i rapporti sociali*».

[2280] Cfr. *Il danno evitabile...*, *cit.*, pp. 54 e ss. (com a importante asserção da sua aplicação à esfera contratual), *Sull' onere del creditore...*, *cit.*, pp. 1162 e ss., *In margine...*, *cit.*, pp. 480 e ss. e, sobretudo, *op. cit.*, pp. 145 e ss. e 195 e ss..

[2281] O *duty of taking all reasonable steps to mitigate the loss consequent...* (ou *rule of avoidable consequences*) é um princípio de elaboração jurisprudencial, surgido em 1912 no caso *British Westinghouse Co. v. Underground Railways* (fornecimento de locomotivas a vapor defeituosas), e posteriormente transposto para os *torts*, que se liga à *equity* e à natureza reparadora do ressarcimento, tal como foi defendida para o direito inglês, em 1854, com o célebre caso *Hadley v. Baxendale* (cfr. CORTES ROSA, *est. cit.*, RFDUL, 1960, pp. 342 e ss.). A *mitigation* (considerada por CRISCUOLI, *est. cit.*, p. 557, n. 16, como *ónus*) assenta num *duty to act reasonably* (afirmado, por ex.,

A hipótese do contributo culposo e não culposo do lesado 663

ticular incidência contratual. Na tese economicista (ou da racionalidade económica) de ROSSELLO e de ALESII[2282] a contenção do dano resulta de uma equação (favorável ao lesado) entre os benefícios a obter e os custos previstos para tal, valorando-se a *situação do mercado* como um dos parâmetros mais importantes daquela ponderação (sobretudo em ordem à chamada «compra e venda de cobertura»)[2283].

---

no caso *Charter v. Sullivan* de 1957, referido por C. SCHMITTOFF no seu estudo *The duty to mitigate*, in Journal of Business Law 1961, p. 361, com a alusão de que o princípio existe na lei portuguesa), deve conduzir o lesado a *adoptar as medidas mais idóneas*, leva ao *reembolso das despesas* realizadas, mesmo que superiores ao quantitativo do dano que seria suportado sem a redução (em *Gardner v. The King*, de 1933, citado por CRISCUOLI, *est. cit.*, p. 606, n.(219), o dono de um cavalo ferido teve direito às despesas que fez para o tentar salvar, conquanto fosse mais económico tê-lo abatido logo e no *Moore v. DER Ltd.*, de 1971, referido por G. GLOVER, *Plaintiff's duty to mitigate loss*, in The New Law Journal, 1971, p. 714, ficou consagrada a ideia de que a razoabilidade das medidas não deve ser analisada ao pormenor) e toma em particular atenção a *situação* do *mercado*, no sentido de se poderem encontrar prestações alternativas (ver, como exemplificação, os casos, aludidos por GLOVER, *est. cit.*, pp. 713-714, *J. and E. Hall Ltd. v. Barclay*, de 1937, *O'Grady v. Westminster Scaffolding Ltd*, de 1962 e *Darbishire v. Warren*, de 1963, o primeiro e o terceiro referidos a veículos danificados em colisões). Ver *infra,* para os limites do *duty of mitigation.* Sobre os princípios que foram sumariamente descritos, ver, além dos autores ingleses citados, CRISCUOLI, *est. cit.*, pp. 555 e ss e ROSSELLO, *Sull' onere...*, *cit.*, pp. 1170 e ss., *Il danno evitabile...*, *cit.*, pp. 58 e ss. e *op. cit.*, pp. 195 e ss..

[2282] *Est. cit. supra*, n. 2279.

[2283] Esquematicamente, ROSSELLO (*op. cit.*, pp. 229 e ss.) parte, sobretudo, dessa regra de distribuição do risco que é o *Marginal Cost Liability*, tal como foi teorizado por D. WITTMAN (*est. cit.*), e que conduz a fazer responder o lesante não pelos danos sofridos ou pelos custos efectivos mas pelo quantitativo da actividade preventiva do lesado (*cost effective activities*) e pelo dano residual não eliminado. Como possível *least cost avoider,* o lesado não terá direito ao resarcimento dos danos que poderia ter evitado sem «perdas substanciais», ou seja, com benefícios superiores aos custos previstos (mesmo na área não contratual, WITTMAN, *est. cit.*, pp. 82-83, n.37, não deixa de aplicar o esquema do «custo marginal» às hipóteses dos arranhões sofridos por animais transportados, considerando o condutor como o *least cost avoider* do dano causado à pele dos animais e o dono deles como o *least cost avoider* do dano de uma possível infecção). Segundo ROSSELLO, *Il danno evitabile...*, *cit.*, p. 61 e *op. cit.*, pp. 183 e ss., a jurisprudência, na decisão da *Corte di Cassazione* de 12 de Abril de 1980, projectou essa análise económica a um caso em que a construtora de uma ponte, perante a presença de substâncias corrosivas ilicitamente vertidas na água, decidiu alterar o projecto inicial – em vez de fixar os pilares na água colocou-os em terra – ao atender ao menor prejuízo resultante do acréscimo de custo da alteração do projecto.

664 *A conduta do lesado*

Feita a enucleação das principais posições advogadas como fundamento da actividade de contenção do dano a cargo do lesado, há que perguntar se o nosso ordenamento conhece algum *dever genérico* que exija essa actividade, se, face ao ilícito extracontratual cometido, recai sobre o lesado, e em nome da *boa fé*, um dever de evitar o agravamento danoso, ou se, pura e simplesmente, o lesado «deve» (no seu interesse) limitar o âmbito do dano.

Assim como no quadrante do concurso para a produção danosa não encontramos plasmada na lei uma norma genérica que nos obrigue a evitar o dano, também na fase subsequente ao evento lesivo não é difícil chegar à conclusão de que o legislador não quis estabelecer, para proveito ou não do lesante, um *dever* de atenuação ou de eliminação do dano[2284]. Seria, aliás, estranho que, na ausência de uma vinculação prévia e numa situação danosa, mais ou menos grave, despoletada pelo lesante, o lesado ficasse *obrigado* a uma actividade suavizadora do conteúdo indemnizatório a prestar pelo primeiro. Na medida em que o dano surgiu unilateralmente, ligado, por vezes, a uma actuação dolosa, e contém um *iter* evolutivo, mais razoável seria vermos afirmada na lei a responsabilização do lesante pelas consequências ulteriores do seu acto (*rectius* agravamento do dano) e pela omissão do *seu* dever de remover o dano. Com ressalva do agravamento imputável à conduta positiva do lesado, a inércia deste último seria compreensível, atendendo à sua situação de privilégio (ou de não poder ser «constrangido» pelo lesante) e ao seu direito de liberdade negativa, enquanto titular de bens e sujeito de direitos (podendo, pois, não se tratar, prejudicar a sua saúde, não fazer o exame aconselhado, etc.).

O raciocínio descrito envolve, contudo, uma visão demasiado *individualista* do problema, descurando totalmente a sua componente social e os interesses do lesante de não ser confrontado com uma situação particularmente agravada, resultante de condutas *dolosas* do lesado ou da projecção de um *descuido manifestamente irrazoável* com os seus bens. A colocação do problema nesta perspectiva de uma *ponderação* de direitos e de interesses recíprocos leva-nos a afastar os discursos assentes na defesa de uma autêntica pretensão do lesante[2285] a ver o dano limitado, mas não nos conduz a um critério que permita ao

---

[2284] Ver, no entanto, *infra*, para uma certa especificidade da legislação dos acidentes de trabalho.

[2285] Expressamente, para a ausência de qualquer coerção, ver BONVICINI, *est. cit.*, RcP 1967, p. 236, KOZIOL, *est. cit.*, p. 226 e KOZIOL/WELSER, *op. cit.*, p. 458.

A hipótese do contributo culposo e não culposo do lesado 665

lesado ser, em todos os casos, um «espectador», assistindo com tranquilidade à evolução negativa do dano. Quer isto dizer, que devemos, então, colocar o acento tónico nas virtualidades de figuras (*ónus, Obliegenheit* [2286]) que não outorgam qualquer direito subjectivo? Ou devemos *integrar* na relação indemnizatória *ex vi legis* um *dever lateral de cuidado ou de cooperação* (do credor para com o devedor), tratando-a como se fosse uma relação contratual normal e não deixando de *reprovar* a omissão daquele dever?

Há que dizer, antes de mais, que nos parece pouco profícua e, não raras vezes, de contornos pouco claros aquela atitude metodológica que procura encontrar a «chave» da justificação teórica atinente à limitação do dano esgrimindo com conceitos – como os de *dever jurídico* e de *ónus jurídico* – que, em si, pouco dizem e que são utilizados indistintamente, desconhecendo-se, afinal, o exacto sentido do seu emprego [2287].

Em segundo lugar, e quanto a nós, embora se possa dizer que à relação de indemnização, gerada pelo facto lesivo, não é estranha uma

---

[2286] É o caminho seguido pela generalidade da doutrina alemã, numa via unificadora dos dois números do §254 do BGB, mas com os prejuízos inerentes à fluidez do conceito e a uma certa imprecisão terminológica. Na verdade, se LARENZ, *op. ult. cit.*, §31 I, p. 543, alude a uma *Obliegenheit* próxima do dever, DEUTSCH, *Unerlaubte Handlungen...*, *cit.*, §13, p. 87 e REIMER SCHMIDT tratam a figura como «dever menos intenso» (in SOERGEL/SIEBERT/REIMER SCHMIDT, *op. cit.*, §254, n.° 46, p. 947), e WOLF, *Lehrbuch...*, *cit.*, §4, pp. 258-259 e 271-272, negando a existência de um *Pflicht* ou de uma *Verpflichtung*, fixa-se numa *«besondere Obliegenheit»*, já MEDICUS, *Schuldrecht, I*, *cit.*, §59, p. 307 (e STAUDINGER/MEDICUS, *op. cit.*, §254, n.°s 30-33 e ss., pp. 180-181) refere-se a uma *Obliegenheit* no interesse do próprio lesado. Sinais patentes da pouca clareza terminológica, a que nos referimos no texto, é a circunstância de HEINRICHS (in PALANDT/HEINRICHS, *op. cit.*, §254, n.°32, p. 294) falar de *«Pflicht»*, mas negar a existência de um dever (cfr. também VON TUHR, *op. cit.*, §89, pp. 493--494), de MERTENS (in SOERGEL/SIEBERT/MERTENS, *op. cit.*, §254, n.° 62, p. 369) aludir a uma *«Verpflichtung»* menos intensa (dever lateral?) e ESSER/SCHMIDT, *op. cit.*, I, 2, §35 II, p. 264, misturarem uma *Obliegenheit* no interesse do lesado-credor com um *Pflicht* de reduzir o dano pessoal. Ver igualmente, para a adesão à *Obliegenheit,* KOZIOL/WELSER, *op. cit.*, pp. 44 e 458 (no sentido de REIMER SCHMIDT) e, no direito italiano, CATTANEO, *est. cit.*, RTDPC 1957, p. 973 e *Concorso di colpa...*, *cit.*, p. 48 e JORIO, *est. cit.*, Temi 1963, pp. 557-558 e 559, n.(14). Entre nós, H. HÖRSTER, *op. cit.*, pp. 234-235, sem distinguir as duas factualidades previstas no artigo 570.°,1, explica--as com a figura das «incumbências» ou dos ónus.

[2287] Essa fluidez é patente em certa doutrina italiana, como, por ex., em RESCIGNO, quando verificamos que o jurista emprega os termos *«dovere»*, *«onere»* e *«obbligo»* (cfr. o *est. cit.*, in RDC I 1965, p. 275 e a ED XXIX, *cit.*, pp. 179-180). Para a amplitude do *dovere*, ver o próprio RESCIGNO, *loc. ult. cit.*, pp. 138-140 e, para o confronto com a *obbligo*, ver PALERMO, *Obbligo giuridico*, NDI XI, pp. 702 e ss..

certa ideia de cooperação ou de colaboração por parte do lesado-credor, também pensamos que essa regra de conduta visa mais a preclusão de comportamentos positivos, que agravem o conteúdo indemnizatório[2288], do que a «necessidade» de um *facere* eliminador do dano. Independentemente da natureza particular que o *dever lateral de cooperação* sempre teria que revestir na titularidade de alguém, que é simultaneamente credor e lesado, a sua relevância, ou a da boa fé objectiva que o explicita, não parece poder ultrapassar a linha que é definida pelo não agravamento positivo e, quando muito, pelo *modo* como o lesado pode executar a redução do dano (o que tem a ver com a realização de determinadas despesas). Podendo afirmar-se, à partida, uma certa semelhança entre a conduta que o lesado «deve» evitar para não agravar o dano e o «dever»[2289] que recai sobre o credor de uma prestação de não tornar mais difícil a posição do devedor, já a diversidade genética das duas relações e a ausência, no período anterior e

---

[2288] Embora o alcance da sua afirmação vá mais longe e a favor de uma culpa *tout court*, a preclusão do agravamento positivo está prevista em ANTUNES VARELA quando diz que «... uma vez verificado o dano, já poderá falar-se... num dever (acessório de conduta) do lesado de não agravar as consequências do dano a cargo do lesante...» (*op. cit.*, I, pp. 935, n.(1) e 956 e n.(3)). Em MOTA PINTO, *Cessão da posição contratual,* Coimbra, 1970, pp. 342 e ss., n.(2), é que encontramos a alusão ao «dever (de cooperação) do lesado de minorar danos».

[2289] CUNHA DE SÁ, *Direito ao cumprimento e direito a cumprir*, in RDES, ano XX, n.os 2-3-4, 1973, pp. 149 e ss., *maxime*, pp. 205 e ss., questionando aquilo a que chama de «verdade axiomática» do *ónus* do credor em receber a prestação e em cooperar com o devedor, propende para ver na recusa «sem motivo justificado» a violação de um *dever* (não coercível), à margem da culpa (a não ser como pressuposto de responsabilidade por danos causados ao devedor) mas não da reprovação objectiva, e cujo cumprimento visaria a satisfação dos interesses do credor e do devedor. A boa fé não é, contudo, esquecida por CUNHA DE SÁ, ao admitir, como teorização alternativa, que o dever se possa fundar naquele princípio objectivo de conduta (cfr. as pp. 213-214 e 221-222, n.77, onde invoca os artigos 334.º e 762.º,2). Sem discutirmos aqui o mérito ou o demérito de tal construção, até porque a hipótese contratual que se aproxima mais da que estamos a tratar é aquela que reúne a mora do devedor com a inércia do credor, há que observar que CUNHA DE SÁ não parece fornecer um critério delimitador da *falta de justificação objectiva* (da passividade do credor), parecendo, por outro lado, valorar em demasia os interesses do devedor. MENEZES CORDEIRO, *Da boa fé...*, I, *cit.*, pp. 593-594, não deixando de aceitar, em parte, esse pensamento percursor, não adere à concepção do «direito ao cumprimento», como se vê bem no seu *Direito das Obrigações*, II, *cit.*, pp. 454-455, ao relevar aqueles mesmos normativos como esteios dos «*deveres* de colaboração por parte do credor», em sintonia com a «necessidade de, por formas activas, facultar a actuação do devedor». Ver ainda ANTUNES VARELA, *op. cit.*, I, p. 130, para a aplicação ao credor dos «deveres acessórios de conduta».

A hipótese do contributo culposo e não culposo do lesado   667

posterior ao surgimento da obrigação de indemnização, daquela *confiança intersubjectiva* que justifica uma colaboração recíproca entre os contraentes, que é actuada pelo conteúdo da relação complexa e se projecta mesmo à fase da «perturbação contratual»[2290], tornam problemática a tentativa de fundar a contenção danosa no «relacionamento» gerado pelo facto lesivo ou, eventualmente, de considerar a omissão uma *conduta abusiva*. Por outro lado, veremos que não corresponde à realidade das coisas (*maxime* no dano pessoal) defender-se que o lesado deve assumir uma atitude suplementar de cooperação no interesse do lesante (uma espécie de *favor debitoris*)[2291], nem a boa fé é capaz de fornecer um conteúdo concreto que nos permita delimitar o âmbito e a «necessidade» da colaboração. Esta última consideração explica, porventura, a rejeição, em certos sectores da doutrina alemã[2292], da fundamentação colhida no princípio da boa fé e legitima os receios de BOCHICCHIO[2293] de uma aplicação pouco criteriosa do princípio, isto é, que ponha em causa a «prevalência atribuída pelo ordenamento jurídico ao lesado» e conduza, em benefício do lesante, a uma repartição «irracional e injusta» do dano.

[2290] A existência do contrato nem sempre legitima a defesa de uma determinada vinculação, se pensarmos que a intervenção do lesado, ao abrigo, por ex., do disposto no artigo 1036.°, só se justifica havendo *urgência* nas reparações, o locatário tenha *possibilidades económicas* de as fazer e esteja *garantido* o seu *direito de reembolso*. Para uma visão estritamente liberal, do que ANTUNES VARELA chama de «pura faculdade concedida no interesse do locatário», ver a sua anot. ao acórdão do STJ de 4 de Abril de 1957, na RLJ, ano 100.°, pp. 380-381, n.(2) e a doutrina acolhida nos acórdãos da RP de 3 de Fevereiro de 1981, in CJ, ano VI, tomo 1, 1981, pp. 146-147 e de 24 de Julho de 1982, in CJ ano XI, tomo 4, 1982, p. 224. CANNATA, *Le obbligazioni in generale, cit.*, pp. 53-54, relativamente à hipótese paralela do artigo 1577.°,2 do Código italiano, propende antes para a defesa de um «*dovere*» reclamado pela boa fé.

[2291] A transposição para o credor-lesado da figura do *dever não coercível*, defendido por CUNHA DE SÁ no contexto do artigo 813.°, geraria a ilicitude da conduta omissiva do lesado e a sua responsabilização perante o lesante, em caso de culpa. Seríamos, então, conduzidos a uma compensação de créditos e não estaríamos longe do pensamento de um DEMELIUS (*est. cit.*, pp. 63 e ss.).

[2292] Assim, WOLF, *op. ult. cit.*, §4, pp. 258-259 e 271-272, SOERGEL/SIEBERT/ /REIMER SCHMIDT, *op. cit.*, §254, n.° 46, p. 947, GREGER, *est. cit.*, NJW 1985, p. 1134 e ERMAN/KUCKUK, *op. cit.*, n.° 53, p. 621.

[2293] *Est. cit.*, RCDP 1992, pp. 30 e ss.. As reservas do jurista italiano explicam a sua preferência por uma visão causalista do artigo 1227.° e, concretamente quanto à sua segunda parte, relacionada com a omissão do «*potere da controllo del danneggiato*» (p. 34).

A relativa secundarização (do interesse do devedor), visível no regime legal do incumprimento das obrigações, potencia-se em relação ao devedor-lesante, dado não poder reprovar-se uma atitude omissiva do lesado, assumida sem o suporte de uma vinculação externa (de tipo genérico [2294] ou que obrigue a uma restauração natural) e sem desprezo intencional ou negligente pelos interesses do lesante [2295]. Ocorrido o dano, a intervenção redutora do lesado tem por fim precípuo a *salvaguarda dos seus próprios interesses* e é sempre a resultante de uma ponderação de factores objectivos e subjectivos relevantes. O *facere*, que resulta dessa avaliação, e o seu *modus* de execução aproveitam *reflexamente* ao lesante, enquanto possibilitam a suavização do seu dever de indemnização, mas não são, e tornamos a repeti-lo, fruto de uma qualquer conduta *exigível*, nem o lesado pode ser tido como um *gestor de negócios* [2296] ou, como pretende COLASSO [2297], como um *mandatário* do lesante, na medida em que a avaliação é feita na perspectiva do *próprio lesado* e não representa uma solução compromissória. A exclusão de uma opção puramente subjectiva ou arbitrária também afasta a existência de uma pura faculdade do lesado, com consequências prejudiciais para o lesante e fruto da não adopção daquelas *medidas elementares* [2298] que poderiam ter sido adoptadas, atendendo à melhor posição do lesado e com pouco sacrifício pessoal ou económico. E se,

---

[2294] A doutrina que coloca a tónica nas virtualidades da boa fé tenderá a ver nela a fonte de relevância do artigo 486.°. Não pensando, certamente, no núcleo de casos a que nos referimos no texto, MENEZES CORDEIRO, *Direito das Obrigações*, II, *cit.*, pp. 347-348, não deixa de salientar que vai contra a boa fé a omissão de evitar «um dano máximo... com esforço mínimo».

[2295] Em sede contratual, o estatuído no artigo 795.°,2, coloca precisamente a questão do sentido inerente à conduta impossibilitante do credor. Excluída a configuração de uma atitude culposa estrita (*supra*, n.641), a frustração por parte do credor do cumprimento contratual e a conservação do seu dever de efectuar a contraprestação não surgem como o antecedente e o consequente de uma lesão de interesses alheios. A não «alienação» da disponibilidade imediata do credor sobre o objecto da prestação é que não pode conduzir à deslocação para o devedor do risco de uma opção livre do primeiro.

[2296] É a tese de PERETTI-GRIVA (*apud* BONVICINI, *est. cit.*, RcP 1967, pp. 201 e ss.).

[2297] *Apud* BONVICINI, RcP, *cit.*, p. 236 e ROSSELLO, *Sull' onere...*, *cit.*, RTDPC 1983, p. 1163, n.(18).

[2298] Se, por ex., o veículo de alguém sofre danos por culpa alheia e o condutor-dono não fica impedido de promover certas acções, parecem pertencer ao círculo das «medidas elementares» o reboque do veículo para uma garagem, a solicitação de uma peritagem à seguradora e uma decisão quanto ao agente reparador.

numa correcta ponderação de interesses, a atitude individual do lesado, que não se mostre objectivamente justificada ou cuja justificação subjectiva pertença ao puro foro das convicções ideológicas[2299], não pode levar ao agravamento da responsabilidade do lesante, também a deficiente «gestão» do dano sofrido, a indiferença do lesado perante o seu próprio prejuízo, a omissão em conter, sem grandes custos, as sequelas danosas de uma lesão, a que certamente não se mostraria indiferente no caso de ser causada solitariamente, e a irrazoabilidade da sua passividade, contrária ao padrão de uma *normalidade*[2300] *interventora* (sobretudo na zona dos *danos patrimoniais*), permitem (na maioria dos casos) considerar «culposa» a inércia do lesado e defender uma *autoresponsabilidade* que, sendo actuada pela ponderação das duas condutas e pela consequente repartição do dano global, só logrará atingir o seu significado se o lesado vier a receber uma indemnização nunca superior àquela que receberia caso tivesse contido o dano. Para lá do extremo da omissão intencional ou «especulativa» (*abusiva*) e dos casos em que o aumento do dano é a resultante de uma decisão *caprichosa* ou *pouco razoável*, há um círculo amplo de situações, a concretizar, em que a inércia do lesado é «desculpável» ou *justificada*, por ter sido decidida com base em circunstâncias objectivas e subjectivas relevantes.

A depreciação do interesse do lesante parece conduzir-nos ao mesmo «olhar» jurídico que foi feito relativamente à liberdade pessoal autodanosa que preenche o concurso na produção do dano[2301]. A articulação que então estabelecemos entre a ideia de uma *autoresponsabilidade* do lesado e a figura dogmática do *ónus jurídico* não parece sofrer aqui qualquer contraditoriedade, embora a especificidade da hipótese de agravamento e a maior «coloração» da posição do lesante, justifiquem, porventura, a consideração teórica de um *ónus* «impuro» ou mais próximo da *Obliegenheit*[2302] (o que parece válido, pelo menos,

---

[2299] Ver *infra*, no domínio dos danos corporais.

[2300] A referência a esse modelo é aqui *muito relativa* dada a consideração decisiva de factores pessoais.

[2301] Ver *supra*, pp. 512 e ss..

[2302] Nos domínios em que exista um contrato de seguro (de danos e de acidentes pessoais), não nos repugnará considerar o «encargo» que recai sobre o segurado, de atenuar as consequências do evento, na perspectiva dos *interessses da seguradora* (ver, para certos aspectos referidos nas condições gerais das apólices, MOITINHO DE ALMEIDA, *op. cit.*, pp. 205-209 e 306 e, para uma aplicação prática, o caso descrito no acórdão da RL de 25 de Maio de 1982, *cit. supra*, n.2276). No diploma (Portaria 936/91 de 16 de Setembro) que regula a *apólice uniforme* do seguro obrigatório de responsa-

quanto aos danos patrimoniais). Na zona do dano extracontratual, sobretudo de expressão corporal, aquela maior «intensidade» do interesse do lesante é sempre *muito relativa*, o que corresponde ao pensamento de ROSSELLO[2303] quando defende, para a contenção do dano contratual, uma «*intensità maggiori*», em função da necessidade de «*conservazione*» do programa de cumprimento, potenciada pela mais fácil tipificação das condutas a adoptar pelo credor.

76. Parâmetros justificativos do acto interventor do lesado no domínio do dano patrimonial

Sem a pretensão de precisões impensáveis, dada a natureza da temática que estamos a tratar e a natural especialidade das diversas situações, e deixando para depois uma referência específica à redução do dano corporal, é possível delinearmos um quadro circunstancial que torna a omissão do lesado *justificada* ou *injustificada*.

VAZ SERRA, nos trabalhos preparatórios[2304], tendo certamente em conta o disposto na segunda parte do artigo 1227.° do Código italiano («...*danni che il creditore avrebbe potuto evitare usando l'ordinaria diligenza*»), e apoiado em autores germânicos, como VON TUHR e ENNECCERUS/LEHMANN[2305], considerava culposa a inércia do lesado desde que este não tivesse diminuído o dano «... usando a diligência

---

bilidade civil das agências de viagens e turismo considera-se como «obrigação do segurado» que tome «as medidas ao seu alcance no sentido de *evitar* ou *limitar* as consequências do sinistro» (artigo 13.° 1b)). Mais explicitamente do que no actual diploma, o Código Comercial de 1851, no capítulo dedicado aos chamados «riscos de mar», continha normas (artigos 1771.° e 1779.°) respeitantes à contenção danosa e relativas, respectivamente, ao pagamento das despesas «feitas... para impedir ou diminuir o damno» (no caso de incêndio) ou ligadas ao «salvamento» («em caso de naufrágio ou varação, preza, ou arresto hostil»). Para a «*obbligo di salvataggio*», prevista no artigo 1914.°, primeira parte, do *Codice Civile* («*L'assicurato deve fare quanto gli è possibile per evitare o diminuire il danno*»), e que é vista como reflexo da segunda parte da norma do artigo 1227.°, cfr. ROSSELLO, *op. cit.*, pp. 245 e ss., CRISCUOLI, *est. cit.*, RDC I, 1972, pp. 578 e ss., BONVICINI, *est. cit.*, RcP 1967, pp. 234-235 e BRUNO PAGLIARA, *Il salvataggio nell' assicurazione danni*, in RcP 1988, pp. 141 e ss..

[2303] *Op. cit.*, pp. 92-93, 167 e 172.

[2304] *Conculpabilidade do prejudicado*, BMJ n.° 86, *cit.*, pp. 151-153 e 168 (artigo 1.°, §2.°).

[2305] *Op. cit.*, §16, p. 78.

A hipótese do contributo culposo e não culposo do lesado   671

ordinária, de acordo com a sua situação especial...»[2306]. Colocando-se na veste de um lesado «inocente», confrontado com o dano sofrido, ao explicitar, com exemplos concretos[2307], o seu critério, VAZ SERRA apercebeu-se do melindre do problema da «redução», tendo o mérito de acentuar a componente *subjectiva* da «diligência ordinária». Estas ideias – que vemos hoje acolhidas e desdobradas por RIBEIRO DE FARIA[2308] – não traduzem mais do que o apelo à *possibilidade* da inter-venção, à *certeza* ou à *probabilidade considerável* da obtenção do resultado pretendido, à *tolerabilidade* dos sacrifícios pessoais, econó-micos e físico-psíquicos, e à *conveniência* da própria intervenção (em atenção à sua urgência ou à natureza não individual do agente lesado). Na sua conexão com *motivações desculpabilizantes ou justificativas* da não observância do *ónus*, a impossibilidade material[2309], o custo econó-mico[2310] e pessoal (em função da idade, do estado psíquico e do nível intelectual)[2311] excessivo, a situação de crise do mercado (*maxime*

[2306] Já CUNHA GONÇALVES, *op. cit.*, XII, p. 592, ressalvava o limite das «possibilidades» do lesado. Para a defesa de um critério simultaneamente objectivo e subjectivo, ver KOZIOL, est. cit., p. 229.

[2307] Ver no BMJ n.º 86, *cit.*, as pp. 152-153 e o §2.º do artigo 1.º do respectivo articulado (p. 169).

[2308] *Op. cit.*, I, p. 524.

[2309] Na hipótese versada no acórdão da RL, de 17 de Março de 1983, in CJ, ano VIII, tomo 2, 1983, pp. 118 e ss., uma sociedade de construções suspendeu a edificação de dois prédios, dada a não remoção pela EDP, e dentro do prazo assinalado, de dois cabos de alta tensão.

[2310] Essa «excepção de ruína», como lha chama MENEZES CORDEIRO, *Da boa fé...*, II, *cit.*, p. 1007, não deve dizer apenas respeito à *falta* ou *escassez* de meios pecu-niários, mas também aos *gastos excessivos* que a intervenção reclamaria. Na considera-ção do «factor pecuniário», CATTANEO, *est. cit.*, RDC I, 1967, pp. 512 e ss., adopta um discurso próprio para a *empresa,* enquadrado na filosofia preventiva do jurista, não hesitando em «autoresponsabilizá-la» independentemente dos motivos da falta de liquidez. Sendo certo que o lesado pode invocar os *custos* de ter que desafectar impor-tâncias destinadas a certos fins (de rendimento ou não), tem sido defendido que só em circunstâncias *excepcionais* (atendendo à taxa do empréstimo, aos prazos, à incomo-didade) «deverá» ter lugar o recurso ao *crédito* (cfr. SOERGEL/SIEBERT/MERTENS, *op. cit.*, §254, n.º 85, pp. 376-377, K. KÖHNKEN, *Inhalt und Grenzen der Schadenmin-derungspflicht in der Verkehrshaftpflicht*, in VersR 1979, p. 790, HENKE, *est. cit.*, JuS 1991, p. 267, n.20, PALANDT/HEINRICHS, *op. cit.*, §254, n.º 40, p. 295 e ESSER/SCHMIDT, *op. cit.*, I, 2, §35II, p. 264).

[2311] G. GLOVER, *est. cit. (supra*, n.2281), p. 714, refere o caso *Yetton v. Eas-twoods Froy Ltd* (1966), relativo à recusa de um despedido em aceitar o lugar de *assis-tente* do director quando, antes do «*wrongfull dismissal*», era seu *adjunto*. O caso mais importante é, todavia, *Payzu Ltd. v. Saunders* (1919), sobre o despedimento de um

672 *A conduta do lesado*

laboral), a desvantagem da supressão da prova do facto danoso, os riscos físicos inerentes à intervenção[2312], o êxito duvidoso do recurso ao tribunal e a existência de um dever de contenção-eliminação, incidindo sobre o lesante, são condicionantes que levam a imputar a este último as consequências patrimoniais do agravamento danoso, desde que não possa ser apontada ao lesado mais nenhuma omissão «declarativa» relevante[2313]. Nas concepções que procuram fundar a contenção danosa num dever jurídico ou na regra de conduta da boa fé, a «inércia justificada» será reconduzida, respectivamente, ao relevo da causa geral de *inexigibilidade*[2314] ou *desculpabilidade*[2315] (e, eventualmente, à consideração de um *erro de facto*) ou ao crivo do critério constituído por aquele princípio objectivo e a concretizar na sua aplicação pelo tribunal. Quanto a este recurso à boa fé[2316], se não fossem as reservas que formulámos mais atrás, a fixação de uma certa «normatividade exterior ao juiz... que afaste a insegurança jurídica e o arbítrio...»[2317], traduzindo o desejo de conter o perigo da discricionariedade desse conceito normativo[2318], permitiria conseguir *bases* de decisão mais

---

empregado, acusado de ser desonesto diante de várias pessoas, ao afirmar-se que o lesado não está «obrigado» a voltar a trabalhar com a mesma entidade patronal (cfr. CRISCUOLI, *est. cit.*, p. 589 e ROSSELLO, *Sull' onere...*, RTDPC 1983, *cit.*, pp. 1171, n.(49) e 1176, n.(66)). Sobre a neurose não traumática ou *Rentenneurose* e o fim terapêutico da redução ou privação indemnizatória, ver LARENZ, *Lehrbuch...*, I, *cit.*, §31 I, p. 545, BLOMEYER, *op. cit.*, pp. 182-183 e GENTILE, *Problemi insoluti nella valutazione del danno alla persona*, in RcP 1951, pp. 314-315 (valorando como culpa do lesado as *sinistrosi*).

[2312] Pensamos nos casos em que, para evitar o agravamento, o lesado teria de expor a sua vida ou a sua integridade física (como na hipótese de ter ocorrido um incêndio).

[2313] No caso de veículo a reparar, e que o lesado tenha rebocado para certa oficina, há que colocar o lesante (ou a seguradora) ao corrente da situação, «convidando--os» à reparação (ver *infra*).

[2314] Ver, para ela, PESSOA JORGE, *Ensaio...*, *cit.*, pp. 352 e ss., num discurso menos causteloso, quando confrontado com o das suas *Lições...*, *cit.*, p. 570.

[2315] Cfr. VENZMER, *op. cit.*, p. 187. Em sentido crítico, ver MENEZES CORDEIRO, *Direito das Obrigações*, II, *cit.*, p. 314.

[2316] Como se sabe, foi esse o expediente utilizado por VAZ SERRA na RLJ, ano 107.º, *cit.*, p. 247, em anot. ao acórdão do STJ de 31 de Julho de 1973, para chegar à conclusão de que a *urgência* e o *sacrifício desprezível* «impunham» ao proprietário do veículo a sua reparação.

[2317] ALMEIDA COSTA, *op. cit.*, p. 98.

[2318] Ver MENEZES CORDEIRO, *Da boa fé...*, II, pp. 1190 e ss.. O ilustre jurista, não deixando de criticar a ligação da boa fé aos «padrões jurídicos» (como acontece na

A *hipótese do contributo culposo e não culposo do lesado*   673

correctas do que aquelas que são aplicadas por autores, como ADRIANI e DUNZ, à valoração equitativa da conduta contraditória posterior.

Como quer que seja, a avaliação da «gestão» inerte do dano conduz a valorar a razoabilidade ou irrazoabilidade dessa conduta omissiva com o recurso preferente aos parâmetros enunciados. Se, no sistema italiano, a norma da segunda parte do artigo 1227.° constitui a base genérica de justificação da *ragionevolezza* de uma intervenção que não envolva, por parte do lesado, uma actividade «extraordinária e gravosa» ou um «sacrifício excessivo e desproporcionado», para utilizarmos as fórmulas da jurisprudência italiana[2319], e se ao sistema da *common law* também não é alheio o limite objectivo (e subjectivo) da «razoabilidade»[2320], a divulgação, no direito alemão, do critério, aparentemente mais rígido, do «homem cuidadoso e sensato»[2321], não pode

---

disposição do artigo 1175.° do Código italiano) e de atribuir àquela um conteúdo dogmático próprio, admite uma certa confluência entre a diligência e a boa fé (pp. 1229-1230). Para esse relacionamento, ver também SÁ E MELLO, *est. cit.*, ROA II, 1989, pp. 520 e ss., BRECCIA, *Diligenza e buona fede nell'attuazione del rapporto obbligatorio, Milano,* 1968, pp. 41 e ss. e RODOTÀ, *Diligenza (dir. civ.),* ED XII, *cit.,* p. 542.

[2319] Cfr., para uma jurisprudência algo oscilante na apreciação da «omissão», VISINTINI, *L'inadempimento..., cit.,* pp. 206 e ss. e, sobretudo, C. TRAVERSO, *Danno risarcibile,* RDC II, 1994, pp. 154-155. CRISCUOLI, *est. cit.,* p. 594 e ROSSELLO, *op. cit.,* p. 85, citam uma decisão do *Tribunale Superiore delle Acque* de 8 de Junho de 1965, que aplicou o factor do «sacrifício excessivo e desproporcionado» a um agricultor que, tendo perdido as culturas devido a uma inundação culposa, teria que enfrentar grandes despesas para retirar os materiais acumulados e fazer novas sementeiras. Para uma identificação do critério legal com o padrão do *bonus pater familias,* ver BONVICINI, *est. cit.,* pp. 232-233 e CATURANI, *est. cit.,* RGCT 1957, pp. 657-658, e, para certas reservas a uma parificação estrita, ver MESSINEO, *op. cit.,* p. 255 e BIANCA, *op. cit.,* pp. 431-432.

[2320] Para lá da «doutrina» firmada no caso *Payzu Ltd. v. Saunders (supra,* n. 2311), constituem precedentes os casos *Clippens Oil Co. v. Edinburgh and District Water Trustees* (1907), relativo à *impecuniosity*; *Banco de Portugal v. Waterlow and Sons, Ltd.* (1932), no aspecto em que o lesado, por razões de *reputação comercial,* se viu colocado na situação de substituir notas, indevidamente colocadas em circulação por um sub-contratado do demandado; *Pilkington v. Wood* (1953), sobre o risco inerente ao *recurso aos tribunais* e, pelo seu interesse genérico, *Lesters Leather and Skin Co. v. Home and Overseas Brokers* (1948), referente à recusa do comprador em aceitar peles de cobra e à pretensão do vendedor ver reduzida a indemnização, com o argumento de que o comprador as poderia ter adquirido na Índia. Para os *cases* enunciados, ver CRISCUOLI, *est. cit.,* pp. 590 e ss. e ROSSELLO, *Sull' onere..., cit.,* pp. 1175-1176. Ver ainda C. SCHMITTHOFF, *est. cit.,* pp. 364 e ss..

[2321] Cfr. *Münchener Kommentar*/GRUNSKY, *op. cit.,* §254, n.° 38, pp. 446 e ss.,

esquecer a *individualidade* de cada lesado, sob pena de assistirmos a uma adulteração da sua posição e da do lesante.

Com o auxílio das decisões jurisprudenciais sobre a matéria (escassas entre nós, mas abundantes noutros ordenamentos), é possível *tipificarmos* algumas condutas reveladoras da *sensatez* da tomada de medidas que permitem evitar um agravamento (injustificado) do dano patrimonial. Assim, e a título indicativo, o dono de bens, parcial ou totalmente lesados, terá interesse, respectivamente, em proteger a parte não afectada e tomar a iniciativa de proceder à sua *reparação* ou *substituição*, caso deles careça com urgência e não seja preciso despender muito dinheiro; o proprietário do veículo comercial, que sofreu o acidente, «deverá» *alugar* outro, se o desembolso for tolerável, tendo em conta as perdas imediatas da empresa; o lesado não «deverá» *protelar*, para lá do razoável, a situação danosa[2322], o pedido indemnizatório ou a condução dos expedientes de recurso aos tribunais[2323]; o profissional que fique impedido de exercer a sua profissão, nos termos em que o fazia, tem o ónus de *continuar a exercê-la*, embora de forma dife-

---

PALANDT/HEINRICHS, *op. cit.*, §254, n.º 32, p. 294 e, já antes, DERNBURG, *Das Bürgerliche Recht..., cit.*, p. 82 e ENDEMANN, *op. cit.*, §182, p. 758 e n.13 (mas em sintonia com as «exigências» dos «bons costumes»). Para o mesmo critério, ver KOZIOL, *op. cit.*, p. 261 e *supra*, n.2306.

[2322] No acórdão da RL de 27 de Janeiro de 1987, in CJ ano XII, tomo 1, 1987, pp. 110 e ss. (confirmado pelo acórdão do STJ de 14 de Abril de 1988, publ. no BMJ n.º 376, pp. 593 e ss.), considerou-se culpado o autor-afretador por ter aguardado 6 dias pela resolução de um conflito, resultante da recusa (ilícita) do Sindicato dos Estivadores em permitir o carregamento de um navio.

[2323] Como sabemos, a omissão em utilizar certos expedientes jurídicos é valorada pelo artigo 7.º, segunda parte, do Decreto-Lei n.º 48051 (cfr. *supra*, pp. 38--39), e o n.º 2 a) do artigo 13.º do Decreto-Lei n.º 64-A/89 de 27 de Fevereiro (*regime jurídico da cessação do contrato individual de trabalho e da celebração e caducidade do contrato de trabalho a termo*)«penaliza» a *inércia* do trabalhador. Nesses ou noutros contextos, não se podem esquecer, contudo, as *condicionantes*, já equacionadas, que resultam do peso da *certeza* e da *elevada probabilidade* de êxito, bem como dos chamados *custos judiciários* (despesas processuais e tempo de resolução). Para as condicionantes da *paresse judiciaire*, ver, entre outros, VAZ SERRA, BMJ n.º 86, *cit.*, pp. 152-153, PALANDT/HEINRICHS, *op. cit.*, §254, n.º 42, p. 295, ESSER/SCHMIDT, *op. cit.*, I, 2, §35 II, p. 264, KOZIOL, *op. cit.*, p. 268, ROSSELLO, *op. cit.*, pp. 85-86, BIANCA, *op. cit.*, pp. 439-440, E. ALESII, *est. cit..*, FI, I, 1993, col. 1223 e ss. (para quem é suficiente uma «*certa probabilità*» «situada» acima dos 50%) e a jurisprudência mais restritiva citada por C. TRAVERSO, *est. cit.*, RDC II, 1994, p. 156. Para um caso em que não foi executada a sentença, que condenou o réu a restituir uma parcela de terreno, ver o acórdão da RP de 20 de Março de 1948, *cit. supra*, n. 1690.

A *hipótese do contributo culposo e não culposo do lesado* 675

rente[2324]; o trabalhador que sofra uma incapacidade (parcial ou total), não pode renunciar sem consequências, e desde que haja condicionantes favoráveis, à *procura* de uma nova profissão ou à colocação num lugar diferente do anterior (o que pode implicar algum esforço de readaptação)[2325]; o dono de um estabelecimento onde foram furtados objectos de valor tem o «dever livre» de estabelecer «prémios de captura»[2326].

Particularmente interessante, e com incidência prática mais notória, é a *reparação* ou a *substituição* do veículo danificado, levada a cabo por iniciativa de um lesado interessado. O dado importante, e não infirmado por certos princípios decorrentes da existência do seguro obrigatório, de essa dupla medida competir naturalmente ao lesante[2327],

---

[2324] Estamos a pensar no caso decidido pelo BGH, e citado por Lange (*op. cit.*, §10X, p. 580, n.290), do dentista que ficou impedido de tratar de pé os seus clientes. Já na hipótese sobre que se debruçou o acórdão do STJ de 22 de Janeiro de 1981, in BMJ n.° 303, pp. 209 e ss. (o lesado «ficou definitivamente coxo, sem poder permanecer de pé longos períodos de tempo...»), constatou-se que a incapacidade não permitiria o exercício da agricultura e colocou-se a dúvida da possibilidade de o lesado continuar a gerir normalmente o seu café.

[2325] Cfr., aliás, as Bases XXXVI, XLVIII e XLIX da Lei 2127 e os artigos 61.° e 62.° do Decreto 360/71. No acórdão do STJ de 6 de Julho de 1971, in BMJ n.° 209, p. 105, é referido um relatório dos peritos médicos em que se admite a readaptação profissional, a um trabalho sedentário, de um «paquete» que, após um atropelamento, ficou com uma incapacidade total e permanente. Para uma série de aspectos em que se desdobra a aplicação da «força de trabalho» não atingida pelo evento, ver Lange, *op. cit.*, §10X, pp. 578-580 e R. Stürner, *Der Erwerbsschaden und seine Ersatzfähigkeit*, in JZ 1984, p. 466. Sobre a irrelevância da decisão do trabalhador que não queira um trabalho pior, apesar de «objectivamente irrecusável», e para o *dano moral* de não ser um trabalho agradável, ver Paradiso, *op. cit.*, pp. 190 e ss..

[2326] A questão tem sido colocada, com insistência, no direito alemão, como pode ver-se em J. Braun/P. Spiess, *Fangprämien für Ladendiebe als Rechtsproblem*, in MDR 1978, pp. 356 e ss..

[2327] O ponto parece não oferecer dúvidas para a nossa doutrina (cfr. Vaz Serra, RLJ, anos 105.°, pp. 168-169, em crítica à diferente orientação seguida no acórdão de 4 de Maio de 1971, apesar do pertinente voto de vencido de Albuquerque Rocha, e 107.°, *cit.*, p. 246, Antunes Varela, *op. cit.*, I, pp. 926-927, n.(1) e Ribeiro de Faria, *op. cit.*, II, p. 80, n.(2)) e jurisprudência (ver, entre outros, o acórdão do STJ de 31 de Julho de 1973, anot. por Vaz Serra naquele último lugar da RLJ, os acórdãos do mesmo tribunal de 17 de Maio de 1974, in BMJ n.° 237, pp. 208 e ss., de 30 de Janeiro de 1979, in BMJ n.° 283, pp. 296 e ss. e de 8 de Novembro de 1984, publ. no BMJ n.° 341, pp. 418 e ss., e da RC de 26 de Abril de 1990, in CJ, ano XV, tomo 2, 1990, p. 73), até porque uma orientação, como a do citado acórdão do STJ de 4 de Maio, implicaria uma inversão irrazoável, levando, por ex., a calcular o *dano da privação*

676 *A conduta do lesado*

implica, como já dissemos, que o dono do veículo solicite sem demora a reintegração ou fixe mesmo um prazo para a sua execução – tudo no propósito de recuperar rapidamente a utilidade do bem lesado e de evitar, reflexamente, o agravamento dos custos de reparação e da extensão do *dano da privação*[2328] – com a consequência de vir a recair sobre

pelo tempo julgado necessário (pelo lesante) para a reparação. Há que dizer, no entanto, que a chamada IDS (ver *supra*, n. 1010) veio desvalorizar, em parte, a questão, ao criar a possibilidade, dentro de certos pressupostos e limites, de a seguradora do lesado fazer face aos respectivos danos materiais (reparação, imobilização, recolha). Diminui, assim, o interesse na sua aplicação aos veículos automóveis de problemas do tipo do que foi suscitado no acórdão da RL de 9 de Janeiro de 1990, in CJ, ano XV, tomo 1, 1990, p. 79: verificada a culpa do lesante e do lesado – um barco de pesca de arrasto, ao sair da barra antes da preia-mar, sofreu um rombo causado por um tubo de sucçãoparcialmente enterrado na areia do fundo do rio – houve imputação recíproca do atraso na reparação e no consequente agravamento dos danos.

[2328] Os prejuízos derivados da falta de utilização do veículo, e que se prolongam até ao termo da reparação ou ao momento da substituição ou do pagamento do valor necessário para tal, podem ser evitados ou atenuados se o lesado tiver possibilidades pessoais e económicas de recorrer a um segundo veículo, ao aluguer, ou conseguir suprir a privação recorrendo a formas alternativas de transporte. Questão controvertida, muito debatida em Itália (cfr. CARBONE, *op. cit.*, pp. 268 e ss. e GIANNINI, *op. cit.*, pp. 82 e ss.) e na Alemanha (cfr., entre muitos outros, JÚLIO GOMES, *O dano da privação do uso*, in RDE 12 (1986), pp. 169 e ss., MEDICUS, *Bürgerliches Recht, cit.*, n.ºs 824 e ss., pp. 503 e ss. e *Schuldrecht*, I, *cit.*, §55 V, pp. 282 e ss., GÜNTHER JAHR, *Schadensersatz wegen deliktischer Nutzungsentziehung – zu Grundlagen des Rechtsgüterschutzes und des Schadensersatzrechts*, in AcP 183(1983), pp. 725 e ss., THOMAS RAUSCHER, *Abschied vom Schadensersatz für Nutzungsausfall?* in NJW 1986, pp. 2011 e ss., e H. LANGE, *op. cit.*, §6 VII, pp. 280 e ss.), é a de saber se esse «dano da privação» (*danno da fermo, Entschädigung des Nutzungsentgangs*) compreende a indemnização de um *dano abstracto* («valor de uso»), atinente à *mera possibilidade de utilização* do bem (o que parece pressupor a chamada «*Fühlbarkeit*»), independentemente do influxo negativo *concreto* no património do lesado. O problema, que tem na sua génese a valoração *normativa* ou *objectiva* do dano e recebeu, na Alemanha, o «impacto» da decisão do *Große Zivilsenat* de 9 de Julho de 1986 (com a limitação da «monetarização» do património às «*Güter von zentraler Bedeutung für die Lebenshaltung*»), reveste, obviamente, aspectos complexos e específicos (mesmo em relação à hipótese que tratámos *supra*, n.º 43, pp. 430 e ss.) que não podem ser aqui tratados. De qualquer modo, e entre nós, a questão é conhecida dos nossos juristas (cfr. ANTUNES VARELA, *op. cit.*, I, p. 926, n.(1)) e tem merecido dos nossos tribunais alguma colocação problemática (não tanto na zona pacífica ligada à indemnização dos danos emergentes e dos lucros cessantes gerados concretamente pela privação, como pode ver-se no acórdão da RL, de 26 de Abril de 1990, *cit.* na nota anterior, mas mais quando vemos o acórdão da RE de 26 de Março de 1980, in CJ, ano V, tomo 2, 1980, p. 97, defender a concessão do dano moral ligado à perda do «prazer de não passear» e o acórdão da RP de 17 de Outubro de 1984, in CJ, ano IX, tomo 4, 1984, p. 247, negar que a *privação de uso* seja *em si*

A hipótese do contributo culposo e não culposo do lesado 677

o lesado o efeito de uma recusa injustificada da restauração natural e sobre o lesante a maior onerosidade decorrente da mora no cumprimento do seu dever[2329]. A iniciativa «declarativa» do lesado[2330], que é parte integrante de uma espécie de círculo mínimo de providências (que abrangem, em regra, o reboque do veículo) explicadas, em parte, pela sua relação com o bem lesado, não invalida que ele mesmo possa promover a reintegração, tendo em atenção os condicionalismos que justificam a intervenção: *urgência* em retomar a actividade paralisada[2331], reparação *pouco custosa*, *confiança* particular numa dada oficina, *disponibilidade da soma* necessária à aquisição de um veículo de substituição, *dificuldades* no mercado do aluguer, características específicas do veículo[2332] e possibilidade de utilização de oficinas próprias.

---

um dano). A nossa jurisprudência tem também afirmado o dano *concreto* da privação a propósito do encerramento temporário de estabelecimentos comerciais (cfr., como exemplo, o acórdão da RE de 16 de Julho de 1981, in CJ, ano VI, tomo 4, 1981, pp. 269 e ss.).

[2329] Expressamente, para a ligação entre essa mora e os maiores gastos necessários para a reposição, ver os acórdãos do STJ de 8 de Novembro de 1984, *cit. supra*, n. 2327 e de 5 de Julho de 1994, in CJ, ano II, tomo III, 1994, pp. 46-47 e da RL de 19 de Dezembro de 1980, publ. na CJ, ano V, tomo 5, 1980, pp. 41 e ss..

[2330] A «necessidade» de se *avisar* o responsável, para que este se responsabilize, participe ao seguro, providencie a restauração, ou para lhe ser comunicada a iniciativa de remoção do dano, corresponde à observância de um *ónus*, ligado, na eliminação, com o direito ao reembolso do despendido.

[2331] Casos reveladores, embora sem dizer directamente respeito à danificação de um veículo, são as hipóteses decididas pela RL no acórdão de 7 de Maio de 1987, in CJ, ano XII, tomo 3, 1987, p. 80 (a Carris procedeu à reparação da linha numa artéria cujo pavimento abatera por ruptura na canalização de água da rede pública) e pelo STJ em acordão de 13 de Outubro de 1992, publ. no BMJ n.° 420, pp. 517 e ss. (obras de reparação num jardim infantil). A lesão causada a animais do prejudicado é, obviamente, razão suficiente para uma urgência *tout court*.

[2332] O dizer-se que, relativamente a certos veículos (afectos, por ex., a actividades empresariais ou a fins públicos), o lesado está melhor colocado para os reparar ou substituir, não deve levar as instâncias a valorar como dever o que não comporta esse atributo. Merece assim certas reservas a decisão do acórdão da RP de 17 de Outubro de 1984, *cit. (supra*, n. 2328), ao defender-se que, competindo ao lesado (Junta Autónoma das Estradas) a substituição de uma viatura que ficara sem conserto, aquele não tinha direito aos danos da paralisação. Também no acórdão do STJ de 3 de Fevereiro de 1970, publ. no BMJ n.° 194, pp. 189 e ss., a circunstância de o lesado não ter procedido à substituição do veículo (camião de carga), levou as instâncias a reusarem a outorga de lucros cessantes. Aliás, e quanto a nós, o ónus da prova da possibilidade de substituição, enquanto medida destinada a conter o dano, cabia ao lesante e não ao lesado.

678   *A conduta do lesado*

É claro, e convém salientá-lo, que a restauração natural não nos interessa aqui como questão deslocada do não agravamento do dano, isto é, não curamos de saber se ela pode ser concebida (à italiana) como um direito (limitado) do lesado[2333] ou se tem de ser aceite, de acordo com o pensamento mais realista de ALMEIDA COSTA[2334], como uma forma de indemnização que reflecte uma determinada conciliação de interesses. A iniciativa do lesado, que é estimulada no ordenamento jurídico alemão[2335], traduz a *primazia* daquela modalidade de indemnização e tem de ser compreendida, no seu êxito e no seu fracasso, à luz daqueles condicionalismos, mesmo nos casos em que o lesante tivesse aptidão profissional para levar a cabo a reparação. É precisamente a consideração desses pressupostos e desses objectivos, que nos leva a não entender certos pontos de vista da jurisprudência, ao vermos sufragada a tese de que a iniciativa do lesado frustra a restauração natural[2336].

77. A limitação do dano pessoal e a consideração mais intensa dos interesses do lesado e da sua individualidade

A diversidade qualitativa do dano pessoal ou a circunstância de estarmos perante lesões que tocam aspectos físicos e psíquicos da pessoa introduz nesta temática do agravamento danoso um discurso *mais restritivo*. Enquanto que no leque de casos que conduzem o lesado a uma reacção perante o dano material que sofreu se trata, fundamentalmente, de uma *ponderação económica* alicerçada em diferentes

---

[2333] Assim, PEREIRA COELHO, *Obrigações, cit.*, p. 174, n.(2).

[2334] *Op. cit.*, pp. 662-663 e n.(1).

[2335] Referimo-nos à solução consignada no §294 II do BGB, e que permite ao lesado, em certos casos, pedir ao lesante as quantias necessárias para proceder à «*Naturalherstellung*» (cfr. LARENZ, *Lehrbuch...*, I, *cit.*, §28I, pp. 464-465). O preceito coloca, no direito alemão, algumas dificuldades, a principal das quais é a de saber se o lesado deve fazer uma aplicação efectiva do dinheiro na «restauração». Se a resposta ao problema não parece suscitar dificuldades quanto aos danos pessoais que exijam, por ex., um determinado tratamento, já, quanto à reparação de coisas, subsistem maiores dúvidas, embora seja mais avisada a posição denegatória de um pedido para uma «reposição» fictícia ou abstracta (ver, para o conjunto da questão, LANGE, *op. cit.*, §6II, pp. 251 e ss. e, para a defesa da melhor concepção, MEDICUS, *Risarcimento del danno ed equità*, in RcP 1990, p. 300 e HONSELL/HARRER, *Entwicklungstendenzen im Schadensersatzrecht*, in JuS 1985, pp. 162 e ss.).

[2336] Acórdão da RC de 26 de Abril de 1990, *cit.*.

A *hipótese do contributo culposo e não culposo do lesado* 679

parâmetros e em que, até certo ponto, não está ausente o seu reflexo para a posição do lesante, já no quadrante do dano à integridade física a liberdade de decisão conhece uma *faceta individual decisiva* e que contende com os direitos mais profundos da pessoa. A maior ligação do dano a quem o sofreu tem ainda implicações quanto à sua remoção, na medida em que, sendo o lesado o sujeito natural da contenção, a aparente irrazoabilidade das formas da sua concretização deverá levar, como veremos, a uma avaliação *menos rigorosa* do que no seio do dano material. Quando questionamos aqui o valor e a eficácia de uma possível recusa do lesado em receber certos cuidados, em se submeter a determinados tratamentos médicos ou a suportar certas intervenções cirúrgicas, não se pode dizer, sem mais, que essa liberdade entra em conflito, senão com os interesses do lesante, pelo menos com os interesses públicos. Na realidade, e desde logo, não é possível parificar uma *recusa «livre»* com a existência de determinadas limitações legais aos direitos pessoais, na subjacência das quais a finalidade pública ou de defesa do indivíduo «contra si» é evidente e cuja natureza reveste, por vezes, aspectos compulsivos [2337]. Esta delimitação não parece

---

[2337] À margem da problemática constitucional, pensamos quer na *vacinação obrigatória,* quer no *internamento compulsivo* de pessoas com doenças contagiosas (cfr. o artigo 33.º do Decreto-Lei n.º 413/71 de 27 de Setembro e o artigo 5.º do Decreto-Lei n.º 546/76 de 10 de Julho), na *alimentação forçada* prevista, para os grevistas presos, no artigo 127.º,1 do Decreto-Lei n.º 275/79 de 1 de Agosto (para a constitucionalidade do preceito, ver SINDE MONTEIRO, *Responsabilidade médica em Portugal, cit.,* BMJ n.º 332, p. 56, n.(134)) e na chamada *evicção escolar* derivada de doença transmissível (cfr. o Decreto-Lei n.º 229/94 de 13 de Setembro). Para a relação entre as restrições legais e os deveres fundamentais de *defesa da saúde* e do *trabalho,* ver VIEIRA DE ANDRADE, *op. cit.,* pp. 156 e ss., e, para a consideração da dicotomia «benefício abstracto» – «interesse concreto» (da vacinação obrigatória), ver V. FELLAH, *Potestà dei genitori e vaccinazioni obbligatorie,* in GI, I, 1, 1995, col. 303.

Relativamente à prescrição (legal) de a pessoa ter que se submeter (cfr. o artigo 40.º. 1 do Decreto-Lei n.º 387-C/87 de 29 de Dezembro, relativo à reorganização dos Institutos de Medicina Legal) a *exames hematológicos* (por ex., para a determinação da paternidade) ou a exames de *pesquisa de álcool* (cfr. o artigo 12.º,1 do Decreto-Lei n.º 124/90 de 14 de Abril e o Decreto Regulamentar n.º 12/90 de 14 de Maio), os nossos tribunais já foram chamados a decidir acerca da legitimidade de uma certa forma de cogência indirecta traduzida na cominação de certas sanções para a recusa. Assim, e concretamente quanto à recolha de sangue, se a RP, em acórdão de 16 de Fevereiro de 1989, publ. na CJ, ano XIV, tomo 1, 1989, p. 193, já afirmou a legitimi-dade da multa e a não violação do direito (constitucional) à integridade pessoal (com o argumento do «pequeno incómodo físico»), a mesma Relação, noutra decisão (de 6 de Junho de 1991, in CJ ano XVI, tomo 3, 1991, p. 248) juridicamente mais correcta,

680   *A conduta do lesado*

afastar forçosamente a possível interferência de factores exteriores à pessoa, se pensarmos que o debate sobre a legitimidade da liberdade decisória do lesado (*maxime* quanto às intervenções cirúrgicas) comporta teoricamente duas soluções mais radicais e uma concepção mais compromissória, consoante se pretenda fazer prevalecer, respectivamente, o lado subjectivo da questão e determinados interesses sócio-económicos ou o equilíbrio entre a zona da decisão pessoal justificada e o círculo da recusa caprichosa ou insensata.

Não podendo negar-se a ligação do problema à própria evolução dos conhecimentos e da técnica médica, não é de estranhar que na Alemanha, nos finais do século XIX, ENDEMANN[2338] recusasse admitir, em nome da «autodeterminação pessoal» e da incerteza dos resultados, qualquer dever jurídico de redução do dano (mesmo do não pessoal), mantendo, pois, o nexo de causalidade entre a lesão inicial e os danos consequentes. Quando, alguns anos mais tarde, vemos ADRIANI[2339] considerar com mero «significado histórico» a posição liberal de ENDEMANN, isso não significa a superação desse liberalismo, mas apenas uma sua *limitação*[2340], tanto mais que o autor do *Der Schuldbegriff in §254 BGB*, ao tratar do «dever de sujeição à intervenção» (*Operationspflicht*), não considerou como «conduta contraditória» (contra a boa fé) o pedido de indemnização fundado numa recusa assente em motivos pessoais: idade avançada, fobia à cirurgia, receio de dores intensas. Mas também em Itália, se as teses particularmente restritivas de RESCIGNO[2341] levam-no a considerar como não culposa a recusa do lesado[2342], e BIANCA[2343], embora partindo de uma concepção mais moderna sobre o sentido da segunda parte do artigo 1227.º,

---

considerou necessário o consentimento, precisamente no pressuposto daquele direito fundamental.

[2338] *Die Rechtswirkungen der Ablehnung einer Operation durch den Verletzten*, Berlin, 1893, pp. 50 e ss. (*apud* ADRIANI, *op. cit.*, p. 37 e HONSELL, *op. cit.*, pp. 43-45) e *op. cit.*, §132, pp. 758-759, n.(13) («...*kommt daher entscheidende Bedeutung neben dem Sellbsterhaltungstriebe auch der sittlichen Erziehung des Wolles zu...*»).

[2339] *Op. cit.*, pp. 37-38.

[2340] Em RGZ 139,131 (*apud* ADRIANI, *op. cit.*, p. 37), essa limitação é vista, quer em relação ao lesado (como dever de cada um cuidar da sua saúde), quer em relação ao lesante (como obrigação de fazer todo o possível para se curar).

[2341] *Libertà del «trattamento»...*, *cit.*, p. 1655.

[2342] No seu estudo *L'abuso del diritto*, *cit.*, RDC I, 1965, p. 275, RESCIGNO fala de uma «inexigibilidade» relacionada com o exercício abusivo do «direito» do devedor.

[2343] *Op. cit.*, pp. 442-444.

A hipótese do contributo culposo e não culposo do lesado   681

entende que qualquer *dovere* ou *onere* implica uma cogência, maior ou menor, é, sobretudo, em CRISCUOLI[2344] que se encontra uma visão fundamentalmente *personalista* da recusa. Esgrimindo contra aqueles para quem a liberdade de decisão do lesado vai contra os interesses sociais e as pretensões económicas do lesante, CRISCUOLI afasta essa «instrumentalização», defendendo um «*diritto inviolabile, inderogabile, assoluto*»[2345], face ao teor inequívoco do artigo 32.°,2 da Constituição italiana («*Nessuno pùo essere obbligato ad un determinato trattamento sanitario se non per disposizione di legge*») e à leitura «negativa» (como mero dever do cidadão de não destruir ou alterar as condições de existência) do artigo 4.°, 2 do mesmo diploma normativo. Contudo, o jurista italiano, ao separar essa correcta perspectiva do problema da questão da vertente económica dos direitos pessoais (como «fonte de bens patrimoniais»), não leva até ao fim o seu ponto de partida, introduzindo no discurso um pensamento limitador («... *chi subisce un danno fisico curabile... è libero di non farsi operare, ma non può sfruttare l'assolutezza del diritto morale alla libertà... anche in senso economico*»)[2346], algo indefinido (aferido pela «consciência social»), mas não afastado de uma norma – a do artigo 1227.° – a que se confere uma tonalidade essencialmente patrimonial[2347].

As teses de CRISCUOLI dirigiam-se, em particular, contra BONVICINI e a sua concepção a favor de um dever jurídico e moral do lesado se submeter aos tratamentos e intervenções considerados necessárias para a conservação da vida e da integridade pessoal[2348]. Vendo a autolesão como ilicitude[2349], tendo dos direitos individuais uma visão societária e «produtiva», que não anda longe da «funcionalização» da pessoa que se encontra em NICOLA DI PRISCO[2350], e interpretando, em favor da sua concepção, os artigos 4.°,2 da Constituição e 5.° do *Codice*

[2344] *Est. cit.*, pp. 573 e ss.. Também A. MANNA, *Trattamento medico-chirurgico*, ED XLIV, p. 1285, faz prevalecer os direitos fundamentais da pessoa (como o de *não se tratar*) sobre um «débil» dever cívico à saúde.

[2345] *Ibidem*, p. 577.

[2346] *Ibidem*, p. 578.

[2347] No mesmo sentido, ver ROSSELLO, *op. cit.*, pp. 169 e ss. e CENDON/VENCHIARUTTI, *op. cit.*, artigo 1227.°, n.° 22.5, p. 210, mesmo quanto à premissa constitucional.

[2348] *Est. cit.*, pp. 203 e ss. e *op. cit.*, pp. 165 e ss..

[2349] Ver *supra*, n. 251.

[2350] *Op. cit.*, pp. 58-59.

682   *A conduta do lesado*

(correspondente, em parte, ao artigo 81.°,1 do nosso Código)[2351], BON-VICINI introduz alguns lenitivos no seu discurso, ao considerar *arbitrárias e culposas* certas recusas (por ex., de uso de uma prótese) e ao admitir, como alternativa à aplicação do artigo 1227.° (*sibi imputet*), a valoração *equitativa* do dano, pressuposta a probabilidade de o lesado poder vir a submeter-se a uma intervenção sem perigo e com boas probabilidades de êxito[2352]. Como se constata, e diversamente do pensamento de CRISCUOLI, sendo a tese «social» de BONVICINI ou da negação do «direito ao não tratamento» perfeitamente conciliável com uma autoresponsabilidade rigorosa ou com os efeitos negativos de uma culpa do lesado aferida pela diligência do *bonus pater familias*, não é de estranhar uma tomada de posição muito clara – apesar da *nuance* (inexplicável) da aplicação do artigo 1226.°[2353] – acerca do sentido *fracamente pessoal* do nosso problema.

Numa linha que ultrapassa a visão personalista de CRISCUOLI, colocou-se, em França, LAPOYADE DESCHAMPS[2354], ao hipervalorizar os interesses do lesado relativamente ao puro interesse secundário e económico do lesante. O jurista francês, ao valorar o dado realista de que qualquer intervenção não é imune ao risco do agravamento da lesão, à dor, e à angústia, anterior e posterior à cirurgia, acaba por considerar a recusa do lesado como uma «prerrogativa fundamental» e restringir, em demasia, o relevo da omissão à *faute intentionnelle* ou à atitude tomada com o fim de prejudicar o lesante[2355].

O pensamento dominante não se coloca, contudo, numa lógica excessivamente individualista, como a de LAPOYADE DESCHAMPS, nem numa perspectiva, idêntica à de BONVICINI, manifestamente diluí-

---

[2351] Para uma crítica à interpretação «aberta» desse artigo 5.°, ver RESCIGNO, *est. cit.*, p. 1657.

[2352] Também BIANCA (*op. cit.*, pp. 443-444) é partidário dessa liquidação equitativa do dano.

[2353] O relevo desse normativo, que o próprio RESCIGNO não parece afastar (cfr. o seu *Manuale..., cit.*, pp. 703-704), apoia-se nalguma arbitrariedade, ao partir-se da ficção ou da eventualidade do lesado vir a fazer algo de pessoal.

[2354] *Op. cit.*, pp. 509 e ss..

[2355] O aspecto pessoal da decisão ou a consideração da recusa como termo de uma opção foi afirmado numa decisão do tribunal de *Grande Instance* de Paris (13 de Maio de 1981), in JCP 1982, II (*Jurisp*), 19887, a propósito de uma exploração isotópica com trepanação e sob anestesia local. No comentário à decisão, CHABAS não deixa de salientar a questão do «direito absoluto à recusa» e de concordar com o limite colocado pelo tribunal à negação a exames e a cuidados inofensivos.

dora da especificidade e da natureza do problema e portadora da «imposição» ao lesado de uma constrição indesejável, de uma «socialização» da liberdade de decisão. Numa metodologia correcta, mas com *nuances* quanto à maior ou menor rigidez dos pressupostos de decisão, a orientação predominante [2356] valoriza aqui determinados factores, em função dos quais a opção do lesado se considera *justificada* ou *não justificada*. Quanto às intervenções curativas ou com finalidade redutora da extensão das lesões, esse pensamento valora, essencialmente, a sua *necessidade* (para evitar, por ex., uma amputação), a *ausência de periculosidade* e de *dores significativas* (como na cirurgia estética e nas microcirurgias), a *pequena dificuldade* da intervenção e a *probabilidade despicienda de complicações* [2357] (o que não acontece nas transplantações), a *duração e as exigências do período pós-operatório* e a *perspectiva não duvidosa ou muito pouco duvidosa do êxito* da intervenção (como sucede, ao que parece, na correcção do septo nasal).

Nesta perspectiva mais moderada, e que arranca basicamente do dado do «objectivamente razoável» há, no entanto, alguns pontos pouco consistentes, decorrentes da própria valoração dos factores de decisão – e um dos «nós górdios» reside, precisamente, no problema da

---

[2356] Ver, entre nós, DIAS DA SILVA, *op. cit.*, p. 199 (aludindo à «omissão d'aquelles cuidados que a sciencia e a prudencia aconselham e que as circunstancias permittiam»), CUNHA GONÇALVES, *op. cit.*, XII, pp. 592 e 595 (dando ênfase à necessidade de anestesia geral), VAZ SERRA, BMJ n.° 86, *cit.*, pp. 152 (considerando ainda o adiantamento do dinheiro pelo lesante) e 169 (artigo 1.°, §2.°), RIBEIRO DE FARIA, *op. cit.*, I, p. 524 e, num discurso mais coerente onde exclui a censura ao lesado, PINTO MONTEIRO, *Cláusulas..., cit.*, p. 92, n.173. Na literatura estrangeira, ver ENNECCERUS/LEHMANN, *op. cit.*, §16, p. 78 (com referência à RGZ 139,131, onde se ponderou o binómio anestesia-necessidade da operação, e à decisão do BGH de 13 de Maio de 1953, in BGHZ 10,18), LARENZ, *Lehrbuch...*, I, *cit.*, §31, pp. 543-544, LANGE, *op. cit.*, §10X, p. 578, ESSER/SCHMIDT, *op. cit.*, I, 2, §35 II, p. 264, SCHLECHTRIEM, *op. cit.*, n.232, p. 109, OFTINGER, *op. cit.*, pp. 201 e 268, ROSSELLO, *op. cit.*, pp. 170-171, com indicações da jurisprudência inglesa (*maxime* para o *case Steele v. Robert George* de 1942), que também se encontram no seu *Sull'onere..., cit.*, p. 1176, n.64, GENTILE, ED XI, *cit.*, pp. 653-654, H. e L. MAZEAUD/J. MAZEAUD/TUNC, *op. cit.*, n.° 1474-2, pp. 590-591 (na «*question de mesure*» é colocada uma tónica especial no risco ligado a toda a intervenção com anestesia), RUMMEL/REISCHAUER, *op. cit.*, §1304, n.° 39, p. 2288, SANTOS BRIZ, *op. cit.*, I, p. 120 e LACRUZ BERDEJO/REBULLIDA/ECHEVARRIA/HERNANDEZ, *op. cit.*, p. 516. Ver também as decisões do BGH de 4 de Novembro de 1986, in VersR 1987, pp. 408-409 e de 14 de Março de 1989, in NJW 1989, p. 2250.

[2357] Na decisão do OLG Oldemburg de 2 de Fevereiro de 1978 (in NJW 1978, p. 1200), considerou-se, precisamente, o perigo de complicações na operação à articulação do osso ilíaco, bem como a não garantia da cura a um homem de 48 anos.

684   *A conduta do lesado*

anestesia – notando-se ainda num ou noutro jurista e numa ou noutra decisão, uma ligação equívoca entre o que é considerado como «objectivamente exigível» e a *culpa*[2358]. Diga-se, aliás, que de culpa só poderá falar-se aqui com aquele sentido de «prejuízo para o próprio, causado por negligência ou dolo», e nunca em articulação com um pretenso *dever* do lesado, mais ou menos intenso, e dotado de uma espécie de *exigibilidade não coercível*[2359]. O respeito pela *liberdade de decisão* de

---

[2358] É o caso de HÄBERLIN, *op. cit.*, p. 72, LALOU, *op. cit.*, p. 266, H. e L. MAZEAUD/J. MAZEAUD/TUNC, *op. cit.*, n.° 1474-2, p. 591, e de certa jurisprudência francesa (in PH. LE TOURNEAU, *op. cit.*, n.° 780, p. 261), a propósito das *intervenções sem riscos sérios* (é mesmo afirmada uma culpa perante o lesante, com recurso ao critério da «pessoa prudente e avisada») e das *transfusões* (DURRY, ao comentar a decisão de 3 de Julho de 1969, in RTDC 1975, pp. 107-108, considera «imperdoável» e «abusiva» a recusa, dada a banalidade do acto e a inexistência de riscos). Numa sentença do tribunal de Lecce de 17 de Março de 1954, publ. na RPen. 1955, pp. 506 e ss., não deixou de se sustentar a *ilicitude* e a *negligência* do lesado, que recusou uma intervenção fácil para afastar uma debilidade permanente provocada por uma lesão num braço.

[2359] Negando que o lesado (com lesões na mão e no nariz) tenha que se sujeitar a uma intervenção cirúrgica («... pode ter razões muito sérias para não querer...»), podendo pedir o dinheiro correspondente, ver o acórdão da RC de 1 de Junho de 1982, in CJ, ano VII, tomo 3, 1982, pp. 41 e ss.. Na legislação dos *acidentes de trabalho* não deixa de se notar a existência de uma *limitação básica* ao direito de liberdade pessoal do trabalhador. Essa valoração da «força de trabalho», em detrimento da pessoa, era já patente no artigo 9.° do Decreto n.° 4288 de 1918, ao prescrever a *obrigatoriedade de internamento*, a conselho médico. Essa cogência foi reafirmada no artigo 14.° do Decreto n.° 27649 de 1937, e, relativamente aos *tratamentos* e às *intervenções cirúrgicas* constata-se uma linha normativa que nunca deixou grande margem de liberdade ao sinistrado (a não ser quanto ao papel relativo, desempenhado por um médico escolhido por ele), ao *privá-lo* da totalidade ou de grande parte das suas regalias para o caso de não adopção das decisões médicas (cfr. os artigos 13.° do Decreto n.° 4288, 25.° da Lei n.° 1942 – parificando o agravamento voluntário ou negligente das lesões com a recusa na submissão aos tratamentos e intervenções prescritas – 15.° e 22.° do Decreto n.° 27649 e 18.° do Decreto-Lei n.° 38523 de 1951, relativo aos *acidentes de serviço* dos funcionários estaduais). O regime «coercivo» – e CUNHA GONÇALVES (*op. cit.*, XIII, p. 408) não deixou de considerar como «sanção excessiva e iníqua» a estatuição prevista no artigo 25.° da Lei n.° 1942 – passou nos seus pontos essenciais para a actual legislação (cfr. a Base XIII da Lei 2127 e os artigos 42.° e ss. do Decreto n.° 360/71, estes últimos respeitantes ao uso de aparelhos de prótese e ortopedia), mas houve o cuidado louvável de na Base XIII, 2 e 3 da Lei 2127 se ter salvaguardado uma *recusa justificada,* identificada, quanto à intervenção cirúrgica, com a estreiteza do *risco da vida* do sinistrado, e alargada por CRUZ DE CARVALHO (*op. cit.*, pp. 73-74) aos casos de intervenção para *melhorar* a capacidade laboral. Quando se aprecia um regime, que é comum ao ordenamento laboral italiano (o artigo 32.° de um diploma de 1935 e os artigos 87.° e 88.° de

A hipótese do contributo culposo e não culposo do lesado 685

uma pessoa que foi vítima de um facto lesivo alheio – e não curamos agora do efeito ligado à omissão do representante legal do lesado menor – não é compatível com o discurso da obrigatoriedade, dado não poder defender-se, sem incertezas, que existe uma *obrigação* da pessoa de se tratar [2360], de se fazer operar, ou uma *proibição* de não poder ter

---

um decreto de 1965 ligam a perda da «*indennità*» – a «coacção jurídica» de que fala BARASSI, *op. cit.*, II, p. 555, n.1 – à recusa sem um motivo grave), não parece que seja a possível inexistência de culpa da entidade patronal ou a eventual culpa do trabalhador que justifiquem o «tudo ou nada», mas é a perspectiva sócio-económica dos diplomas que explica essa autêntica espada de Dâmocles da ameaça da perda das prestações. Merece, por isso mesmo, aplauso que no Parecer n.º 105/60 da Procuradoria-Geral da República (publ. no BMJ n.º 104, pp. 167 e ss.), se tenha colocado a questão de saber se a recusa a uma intervenção, prescrita pelo médico assistente de um funcionário civil tuberculoso, constituía ofensa a um *dever*, constitutiva de infracção disciplinar. A consideração da *licitude* da recusa, como fruto do «exercício de um direito de personalidade», e a primazia concedida pelo Parecer aos princípios de protecção pessoal, relativamente aos interesses públicos, não traduziram mais do que a articulação entre a *liberdade* do consentimento e a *ausência de coercibilidade* ou de «coacção psíquica». De uma forma menos «progressista» se pronunciou o Parecer n.º 53/65 da mesma Procuradoria-Geral (publ. no BMJ n.º 158, pp. 201 e ss.), ao colocar o valor *vida* como limite ao «ónus» de uma intervenção cirúrgica a uma hérnia (*in casu*, o ascendente de um militar falecido tinha uma incapacidade permanente reversível). Para a defesa da *natureza específica* da legislação italiana dos acidentes laborais, ver BIANCA, *op. cit.*, pp. 442-443 e GENTILE, *est. cit.*, ED XI, p. 653, e, em sentido contrário, retirando dessas normas um argumento para a sua concepção do *dovere*, ver PRISCO, *op. cit.*, pp. 55 e ss.. Sobre a conexão do regime laboral austríaco com os princípios civilísticos da repartição do dano, ver W. SCHRAMMEL, *Die Pflicht zur Duldung von Heilverfahren in der Sozialversicherung*, in ZAS 1972, pp. 48 e ss., *maxime* 50-51. A mesma perspectiva *económica*, tendente a não onerar em demasia a entidade devedora central, explica que no §5 do Projecto de E. VON HIPPEL sobre os acidentes de viação (ver *supra*, pp. 297-298 e as pp. 119-120 do seu *Schadensausgleich..., cit.*) só se mostre justificada a recusa para os tratamentos e as intervenções que impliquem perigo para a *vida* e a *saúde* do lesado. De qualquer modo, a ausência de justificação só origina a *redução* ou *exclusão* indemnizatórias desde que aquele seja *avisado por escrito* dos efeitos da sua recusa.

[2360] A prevalência dos direitos fundamentais consignados nos artigos 25.º e 27.º,1 da Constituição não é infirmada pela declaração feita no artigo 64.º,1 do mesmo diploma («Todos têm direito à protecção da saúde e o dever de a defender e promover»), nem pelo prescrito na Base XIV 2c) da *Lei de Bases da Saúde* («Os utentes devem colaborar com os profissionais de saúde em relação à sua própria situação»), tanto mais que na mesma Base XIV, 1, b) é proclamado o direito de «decidir receber ou recusar a prestação de cuidados que lhes é proposta, salvo disposição especial da lei». Neste último sentido, já o artigo 80.º,2 e 3 do Decreto n.º 48357 de 27 de Abril de 1968 (*Estatuto Hospitalar*), e que foi mantido parcialmente em vigor pela Lei n.º 19/88 de 21 de Janeiro, estabelecia que os doentes podiam *recusar* a assistência, deviam *prestar consentimento* para exames, tratamentos ou intervenções e não podiam

uma saúde frágil ou de não poder viver com deficiências funcionais. O que também significa, como corolário do valor da decisão pessoal, que, mesmo na zona dos *cuidados médicos elementares e necessários*, daqueles *exames ordinários*, indispensáveis para certo diagnóstico, ou daquelas *pequenas cirurgias* şob anestesia local, cuja recusa, apesar de lícita, equivale, em regra, e em abstracto, a um manifesto dano para o lesado, só é juridicamente correcto considerar-se como «culposa» a atitude omissiva do lesado a partir do momento em que se possa afirmar a existência de uma decisão «económica» (na relação indemnizatória com o lesante), mediatizada numa intenção autolesiva ou, como acontecerá normalmente, na ausência (para a omissão) de motivos suficientemente valiosos. Dito por outras palavras, o direito do lesado à sua própria integridade pessoal e a legitimidade de uma decisão voluntária, correspondente a uma verdadeira ponderação e que não pode ser aferida pelo que faria uma pessoa *normalmente* sensata, não devem suscitar um juízo de «culpa», com o argumento de que o agravamento das lesões era *objectivamente* evitável.

A separação entre o plano «interno» e as consequências que a atitude do lesado gera, traduzidas no agravamento da lesão inicial ou na não adopção de medidas curativas, abre assim, e necessariamente, uma fronteira entre aquilo que, pertencendo ao foro pessoal é assumido *livre* e *justificadamente* e aquilo que, embora continue a ser subjectivamente admissível, não pode ser repercutido sobre o lesante, atendendo à arbitrariedade da opção (uma espécie de exercício abusivo de um direito) ou à finalidade «malévola» a ela associada.

Em princípio, essa falta de sintonia entre a liberdade e a sua motivação, com importância para a aplicação do artigo 570.° ou do critério que nele se projecta, poderá ser afirmada se o lesado *não consulta o médico*, se *não desinfecta* e *trata* uma ferida considerável, se *não imobiliza* com gesso uma fractura, se *não recorre a uma vacina anti-tetânica*[2361], se *recusa um exame radiológico, ecográfico* ou uma *cirurgia*

---

ser retidos nos serviços *contra a sua vontade*. Nem se estranha que, nos termos dos artigos 38.° e 41.° do seu *Código Deontológico*, os médicos devam, sob certos pressupostos, respeitar as opções dos doentes ou dos seus familiares, mesmo em caso de perigo de vida (cfr. o Parecer n.° 8/91, da Procuradoria-Geral da República, de 16 de Janeiro de 1992, publ. no BMJ n.° 418, pp. 301-302).

[2361] A RL, no acórdão de 24 de Abril de 1985, publ. na CJ, ano X, tomo 2, 1985, pp. 201 e ss., pronunciou-se sobre o caso da morte de um trabalhador, que contraiu o tétano 15 dias depois de ter sofrido um ferimento na mão. Na matéria a provar, questionou-se, precisamente, se o lesado «andara por sua conta a limpar pocilgas». Para uma

A hipótese do contributo culposo e não culposo do lesado   687

simples com anestesia local, se *não cumpre o período prescrito de hospitalização*. As dificuldades começam quando se ultrapassa este *círculo mínimo de cuidados básicos* e se questiona o «impacto» técnico e pessoal das *transfusões*, das *intervenções cirúrgicas*, da utilização de *próteses* (para readquirir a funcionalidade perdida) e dos *tratamentos prolongados*. Se, neste último caso, a incerteza do êxito, a natureza dolorosa, a particular onerosidade, a crença na medicina não tradicional e a novidade da medicação podem justificar a recusa, já, quanto ao *uso de próteses*, a alegação do aspecto estético ou de certa incomodidade não devem prevalecer, em regra, sobre as vantagens que decorrem da sua aplicação, tanto mais que a esta última não está associado qualquer estado de dor[2362]. Relativamente às *transfusões*, se durante muito tempo a sua inocuidade foi afirmada sem reservas, os riscos actuais que elas comportam, o principal dos quais é a possibilidade de infecção pelo vírus HIV, levam a ponderar as consequências da recusa com os *receios* manifestados pelo lesado, sobretudo se não puder submeter-se a uma transfusão autóloga (como no caso dos hemofílicos) ou razões técnicas (ligadas ao curto período de conservação do sangue fresco) o desaconselharem. A questão é mais complexa, pois prende-se ainda com a recusa alicerçada em *razões de consciência* ou do foro do credo ideológico seguido por certas pessoas (como é o caso, já referido, das Testemunhas de Jeová[2363]). Nesta última hipótese, se bem que seja excessivo reputarmos de «culposa»[2364] essa espécie de «objecção de consciência», na medida em que só objectivamente é que se pode dizer que o lesado vai contra os seus interesses, o que é certo é que a legitimidade da decisão – em nome da «salvação eterna» – não deverá implicar consequências mais desfavoráveis para o responsável.

---

hipótese semelhante, ver a decisão da *Corte di Cassazione* de 26 de Julho de 1951 (*apud* ROVELLI, *op. ult. cit.*, p. 22, n.(9)), com o desrespeito pelo lesado do conselho médico. A propósito destes conselhos, será de excluir a culpa, sempre que o médico considere dispensável certo tratamento.

[2362] Mais decisivas podem ser, como diz GENTILE (*est. cit.*, ED XI, p. 654), a dificuldade da aplicação e o custo da prótese. Sobre o assunto, ver BONVICINI, *est. cit.*, pp. 239-240 e DE CUPIS, *est. cit.*, RDC I, 1967, p. 519.

[2363] Ver *supra*, p. 580 e a n. 1999-a e, para a perspectiva criminal, A. SILVA DIAS, *A relevância jurídico-penal das decisões de consciência*, Coimbra, pp. 135-136, 145-147 e 157 e ss..

[2364] Para a defesa de uma conduta censurável da Testemunha, ver as decisões da *Cour de Cassation* de 30 de Outubro de 1974, in RTDC 1975, pp. 712 e ss. e da *Cour d'Appel* de Lyon de 6 de Junho de 1975, anot. por SAVATIER no JCP 1976, II (*Jurisp.*), 18322 (valorando a condenação moral do suicídio).

688 *A conduta do lesado*

Finalmente, quanto às intervenções cirúrgicas, se parece justificada a recusa nos casos em que a natureza da cirurgia não se adeque aos parâmetros objectivos de valoração relevados pelo pensamento dominante, permanece a dúvida de saber se o lesado poderá sofrer uma privação, maior ou menor, da indemnização, perante uma recusa fundada no (seu) *medo* da anestesia geral ou no *receio* de ter que sofrer, no decurso da cirurgia, uma transfusão de sangue. É que, na realidade, a mera possibilidade objectiva da intervenção poderá ter que ceder perante *circunstâncias atinentes à pessoa do lesado* (mesmo das que revelem uma sensibilidade muito particular?), como será o caso da sua fragilidade [2365] física e psíquica (receios, pouca força de vontade, terror aos hospitais [2366], sensibilidade à dor). Qualquer que seja o resultado da ponderação da *individualidade* – e cremos que não deverá ser, em regra, desfavorável ao lesado – a necessidade da sua consideração é indesmentível, como se vê claramente em DEUTSCH [2367] e devia ser assumido pela doutrina que subvaloriza o argumento.

78. Da razoabilidade e irrazoabilidade das despesas de contenção do dano feitas pelo lesado

Ao decidir intervir para conter a evolução danosa, o lesado deverá pautar a sua actuação por uma certa *sensatez* e *razoabilidade*, não se esquecendo que poderão ser imputadas ou não ao lesante, no cômputo do dano, as despesas que efectue ao abrigo daquela finalidade de contenção. Não estando tipificados os critérios que nos permitam caracterizar o conteúdo de uma conduta de minoração do dano, é, no entanto, possível, com os subsídios da jurisprudência nacional e estrangeira, fixar alguns princípios orientadores, mas sem nunca esquecer as *nuances* que a diferente natureza do dano também transporta para aqui.

[2365] Sobre a importância das «predisposições» na recusa, ver MONTANIER, *op. cit.*, n.º 264, pp. 260-261.

[2366] Essa fobia foi alegada no caso *Marcroft v. Scruttons* (1954), *apud* CRISCUOLI, *est. cit.*, p. 556, n.(12).

[2367] Cfr. *Haftungsrecht, cit.*, pp. 325-326, *Fahrlässigkeit..., cit.*, pp. 364-365, *Die Fahrlässigkeit als Außerachtlassung..., cit.*, JZ 1988, p. 996 e *Unerlaubte Handlungen..., cit.*, §13, p. 90 (exemplificando, nos dois últimos lugares, com a diabetes e a gravidez da mulher do lesado). Ver igualmente, para esses aspectos pessoais, HÄBERLIN, *op. cit.*, p. 72, W. SCHRAMMEL, *est. cit.*, pp. 53-54 e H. LANGE, *op. cit.*, §10X, p. 578.

A hipótese do contributo culposo e não culposo do lesado   689

Uma primeira ideia, válida em grande medida para a área dos *danos materiais*, é a de que o lesado deverá ter uma conduta pautada pela *diligência ordinária*[2368], afastando os comportamentos economicamente insensatos, isto é, relacionados com a realização de despesas não necessárias (ou carecidas de utilidade), que ultrapassem o requerido pela minoração do dano ou que manifestem uma prodigalidade que não deve estar ao seu alcance. Na concretização daquilo que certa doutrina alemã[2369] chama de «limite de sociabilidade» (*Soziabilitätsschranke*), para traduzir, precisamente, a proporção que deve existir entre as despesas e a sua utilidade, bem como a consideração de que o lesante não pode ver a sua posição agravada por decisões *conscientes* e *excessivas* do lesado, parece indesmentível a irrazoabilidade,quer de um aluguer *inútil* (o dono do veículo danificado está no hospital ou ia fazer uma viagem de avião) ou resultante de uma *ponderação precipitada* (o lesado podia ter adquirido um veículo de substituição, alugado um automóvel do género do seu ou feito as suas deslocações em transportes mais económicos, sem sacrifício patente da comodidade)[2370], quer de uma reparação *economicamente desaconselhável*[2371], da esco-

---

[2368] VAZ SERRA, no seu estudo sobre a *Conculpabilidade do prejudicado* (BMJ n.° 86, *cit.*, pp. 153 e 169), considerava como encargo do lesante as «medidas defensivas», desde que pudessem ser consideradas «razoáveis». Este critério veio a ser afirmado pela RE, no acórdão de 27 de Abril de 1978, in CJ, ano III, tomo 2, 1978, p. 587, a propósito das despesas hospitalares de internamento de uma pessoa com lesões graves. ROSSELLO, *op. cit.*, p. 70, invoca, com alguma flexibilidade, o padrão do *bonus pater*, mas já KELLER/GABI, *op. cit.*, p. 98, preferem colocar o lesado na «veste» de uma pessoa sem direito a ser indemnizada.

[2369] Cfr. SOERGEL/SIEBERT/MERTENS, *op. cit.*, introdução ao §249, n.° 23, p. 198 e §254, n.°s 3 e 4, pp. 349-350 (com a asserção de que o §242 funda, em benefício do lesante, o «limite imanente» da actividade «dispositiva do lesado) e H. LANGE, *op. cit.*, §10 VI, pp. 553-554.

[2370] Desenvolvidamente, para esse conjunto de *limitações ao aluguer*, ver KOZIOL, *est cit.*, pp. 230 e ss.,K. KÖHNKEN, *est. cit.*, VersR 1979, pp. 789 e ss., LANGE, *op. cit.*, §6VII, pp. 270-271 e §10X, pp. 583-584, MÜLLER, *Grundprobleme der Mietwagenkosten im Rahmen der Unfallregulierung*, JuS 1985, p. 281, T. RAUSCHER, *est. cit.*, NJW 1986, pp. 2017-2018, MEDICUS, *Das Luxusargument im Schadensersatzrecht*, in NJW 1989, pp. 1889-1990 e M. NOTTHOFF, *Der Ersatz von Mietwagenkosten im Rahmen der Regulierung von Verkehrsunfallschäden an Kfz*, in VersR 1994, p. 910. LANGE (*op. cit.*, §6 VII, p. 271, n. 120), cita uma decisão do OLG Düsseldorf que entendeu aplicável o §254 a um caso em que, precisando de fazer 18 km, o lesado alugou um veículo por 47 marcos diários.

[2371] A jurisprudência alemã considera «antieconómica» a reparação que ultrapasse pelo menos em 30% o valor do veículo à data do acidente (cfr. MEDICUS, *Schuld-*

690 · *A conduta do lesado*

lha de uma oficina que pratica *preços elevados* e tem uma carteira de serviço *bastante preenchida*, da contratação de um crédito *caro*[2372] ou de um patrocínio judiciário para um assunto dele *não carecido*. Já serão de considerar «proporcionadas», e de novo deslocadas para o autor do facto lesivo, as *despesas normais* com transportes alternativos, as despesas com o reboque e a recolha do veículo[2373], as despesas com pessoas[2374] (peritos, detectives, enfermeiros, familiares) a quem o lesado recorra para o auxiliar a minorar os danos, os gastos com medica-

---

recht I, *cit.*, §53, p. 263 e §55 II, p. 278 e PALANDT/HEINRICHS, *op. cit.*, §251, n.° 7, p. 283, assinalando a não aplicação rígida da regra e a consideração especial, reflectida no preceito anotado, das despesas de tratamento dos animais). Para a ideia de que a substituição do pedido do valor por uma reparação particularmente onerosa vai contra o disposto na segunda parte do artigo 1227.° do *Codice*, ver POGLIANI, *op. cit.*, pp. 412-413.

Ponto duvidoso, e formulado em geral, é o de saber se a apreciação da «excessividade» é feita *objectivamente* (desproporção valor-custo da reparação), *subjectivamente* (em função das possibilidades económicas do responsável e dos interesses do lesado) ou de acordo com um critério *global* ou *misto*, como nos parece mais adequado, corresponde, por ex., ao pensamento de ALMEIDA COSTA (*op. cit.*, p. 662) e surge defendido no acórdão da RC de 8 de Julho de 1986, publ. na CJ, ano XI, tomo 4, 1986, pp. 66 e ss. (num sentido valorador claramente *objectivo*, ver o acórdão da RE de 12 de Fevereiro de 1987, publ. na CJ, ano XII, tomo 1, 1987, pp. 300-301). Para o conjunto da questão ver, no direito italiano, SALVI, *est. cit.*, ED XL, p. 1097, GIANNINI, *op. cit.*, p. 76, ROSSELLO, *op. cit.*, pp. 177 e ss. e C. TRAVERSO, *est. cit.*, RDC II, 1994, pp. 160-161 (aludindo à tendência jurisprudencial para aplicar o critério subjectivo). A circunstância de o lesado *desconhecer* a capacidade económica do responsável ou de «jogar» com a maior aptidão financeira da seguradora serão factores a atender no juízo feito por aquele, mas, como sustenta MEDICUS (*op. cit.*, §55 IV, pp. 281-282), a constatação da maior onerosidade, no *decurso da reparação,* não deverá prejudicar o lesado (para uma mesma imputação deste *Prognoserisiko* ao responsável, ver KÖHNKEN, *est. cit.*, VersR 1979, p. 790 e KOZIOL, *est. cit.*, p. 231).

[2372] No caso do acórdão da RE, *cit.* na nota anterior, o lesado contraíra um empréstimo a um particular à taxa de 20%.

[2373] Assim, os acórdãos da RE de 12 de Fevereiro de 1987, *cit.*, e da RC de 26 de Abril de 1990, *cit. supra*, n.2327.

[2374] Na hipótese sobre que versou o acórdão do STJ de 10 de Maio de 1963, in BMJ n.° 127, pp. 387 e ss., as lesadas tiveram que recorrer a uma mulher a dias, na situação do acordão do STJ de 16 de Dezembro de 1993, in CJ, ano I, tomo III, 1993, pp. 181 e ss., o pai suspendeu a sua actividade «para poder assistir o filho que sofreu acidente de viação», e no caso da decisão da RP de 4 de Abril de 1991, publ. na CJ, ano XVI, tomo 2, 1991, p. 255, a mulher do lesado teve que abandonar a actividade de costureira para assistir o marido. Nos dois últimos casos, não parece que o lesante possa demonstrar, sem mais, que teria sido mais económico contratar uma outra pessoa.

A hipótese do contributo culposo e não culposo do lesado — 691

mentos, tratamentos necessários, próteses, aparelhos ortopédicos[2375] ou intervenções cirúrgicas curativas ou redutoras da incapacidade.

Em segundo lugar, e sendo certo que a «falsa redução» não está necessariamente ligada a uma conduta do lesado reveladora da intenção de prejudicar o lesante ou de uma atitude de manifesto desleixo ou imprudência, não se deverá ser demasiado rigoroso na análise da «racionalidade» das despesas[2376], sob pena de esquecermos a *origem* do dano e a possibilidade de o lesado cometer erros, por desconhecimento ou inaptidão intelectual. A este propósito, o ponto mais alegado pelo responsável será o «dever» que o lesado tinha de comparar vários preços de aluguer ou de fazer uma prospecção do mercado das oficinas de reparação, com a finalidade de encontrar a solução mais económica[2377]. No

---

[2375] Num caso em que um trabalhador ficou paraplégico e com uma incapacidade permanente absoluta, a RC, em acórdão de 21 de Abril de 1994, publ. na CJ, ano XIX, tomo 2, 1994, pp. 67 e ss., concedeu ao lesado direito ao fornecimento de uma cadeira de rodas, de um colchão anti-escara e às importâncias necessárias para obras de adaptação da sua habitação.

[2376] Como diz GIANNINI (*op. cit.*, p. 84), se o lesado encontrou uma oficina barata, honesta, e eficiente, pode afirmar-se que encontrou a ... Fénix. Na fixação desse «ideal», o jurista italiano é do parecer que a escolha da oficina devia ficar dependente de um acordo entre o lesado e a seguradora e que a factura deveria ser emitida em nome desta (p. 80).

[2377] Se já no acórdão da RE de 12 de Fevereiro de 1987, *cit.*, foi chamado à colação que havia uma diferença de 100 contos entre a oficina da marca do veículo e uma outra, a questão foi abordada mais desenvolvidamente no acórdão do STJ de 20 de Outubro de 1983, publ. no BMJ n.º 330, pp. 506 e ss.. No caso *sub judice*, o lesado tomou a iniciativa de mandar reparar o veículo numa oficina da sua confiança, após uma peritagem feita pelo responsável. A reparação demorou mais do que o previsto, vindo o lesado pedir uma indemnização pelas despesas de aluguer de um veículo e o reembolso dos gastos com a reparação. O Supremo confirmou o acórdão da Relação, que considerara procedente o pedido, mas FLAMINO MARTINS, no seu voto de vencido, pôs em relevo o tempo demasiado, gasto na reparação, e a «culpa» do autor por não ter fixado prazo ou não ter procurado outra oficina. No entanto, e quanto a nós, a falta de diligência do autor não terá sido demonstrada, já que nada ficou provado no sentido de lhe ser imputada incúria na escolha daquela oficina. O problema da «comparação de preços» tem sido abordado na jurisprudência alemã, mas, ao que parece, sem grande uniformidade de julgados. De qualquer modo, a orientação prevalecente, e mais sensata, é a de que o lesado «deverá», pelo menos, ter em atenção dois ou três preços (cfr., por ex., as decisões do LG Duisburg de 25 de Outubro de 1984, in MDR 1985, p. 231 e do BGH de 2 de Julho de 1985, in NJW 1985, p. 2639, bem como M. NOTTHOFF, *est. cit.*, VersR 1994, p. 910). Para o perigo das facturas falsas, ligado à pouca «exigência» feita ao lesado na procura de uma oficina económica, ver G.G.S., *La scelta del riparatore dell'automezzo danneggiato,* in RcP 1987, pp. 698-699.

debate sobre esta questão, não se pode olvidar que a razoabilidade de uma despesa não tem apenas a ver com um determinado *standard* objectivo, ou com aquilo que seria considerado «necessário e adequado por uma pessoa que se pretende sensata e económica»[2378], mas pode, eventualmente, ser «explicada» pela *estrutura pessoal* do lesado ou estar conexionada com certas *motivações subjectivas* (*maxime* a confiança depositada em certo agente[2379]), atendíveis mesmo no círculo dos danos materiais, ou com determinadas *razões objectivas* inelimináveis (pensamos, por ex., na existência de uma única oficina especializada).

Diga-se ainda, e em terceiro lugar, que a razoabilidade da intervenção do lesado e das despesas que tenha efectuado não pode ser colocada em causa na hipótese da contenção do dano se revelar *fracassada* (reparação imperfeita, tratamento improfícuo, acção improcedente) por razões fortuitas ou atinentes a uma conduta «deficiente» das pessoas ou empresas a quem o lesado tenha recorrido no cumprimento do seu *ónus de redução*[2380].

No seio dos *danos pessoais,* a apreciação flexível da *necessidade* ou da *proporcionalidade* da despesa é potenciada, dada a natureza dos bens atingidos e o desejo do lesado de «optimizar» as medidas de contenção e remoção da lesão. Sendo de pôr em causa o tratamento dispendioso que o *próprio* lesado considere como o mais adequado, a recuperação que tenha sido feita numa estância de veraneio[2381] ou o custo excessivo de uma cirurgia plástica para remover uma cicatriz insignificante[2382], já a maior consideração dos *factores subjectivos* que

---

[2378] KÖHNKEN, *est. cit.*, VersR 1979, p. 790, e E. KLINGMÜLLER, *Zur Schadenminderungspflicht in der Verkehrshaftpflicht*, VersR 1979, p. 217.

[2379] Precisamente, no caso decidido pelo acórdão do STJ de 20 de Outubro de 1983, *cit. supra*, n. 2377, o lesado optou por uma oficina que lhe oferecia, à partida, mais garantias.

[2380] Para a irrelevância da «ineficácia» da intervenção, ver VAZ SERRA, *est. cit.*, BMJ n.º 86, pp. 153 e 169 (artigo 2.º, §1.º), KOZIOL, *est. cit.*, p. 229 (com a exigência da *adequação*), KÖHNKEN, *est. cit.*, VersR 1979, p. 790 (com o pressuposto da falta de culpa do lesado) e *Münchener Kommentar/*GRUNSKY, *op. cit.*, §254, n.º 38, p. 447. Veremos *infra*, se as pessoas contratadas pelo lesado podem ser consideradas seus *auxiliares,* para o efeito de ter que «assumir», nos termos do artigo 571.º, a culpa deles.

[2381] Exemplo extraído de BONVICINI, *est. cit.*, RcP 1967, p. 242.

[2382] In BGHZ 63,295 (*apud* LANGE, *op. cit.*, §3X, p. 139).

A hipótese do contributo culposo e não culposo do lesado   693

presidam à escolha de um certo médico[2383] ou de determinada clínica[2384] deve conduzir à apreciação mais lassa de uma conduta do lesado aparentemente irrazoável[2385-2386].

[2383] A questão da *opção por um médico estrangeiro* foi colocada no caso que levou ao acórdão do STJ de 21 de Julho de 1970, publ. no BMJ n.º 199, pp. 206 e ss.. Em consequência de um acidente de viação, um dos ocupantes ficou com lesões que levaram os médicos portugueses a fazer um prognóstico de encurtamento de uma das pernas da lesada. Esta decidiu consultar um *médico francês*, que a operou sem melhores resultados. O Supremo, ao especular sobre a decisão da Relação de não considerar adequadas as despesas de deslocação e de tratamento, deu razão ao responsável, com o argumento de que a ida ao estrangeiro nada alterara. A grande objecção que se pode fazer a essa maneira de ver é a de que o lesada fez uma avaliação correcta da situação, conduzida pelo propósito de reduzir as sequelas danosas do acidente. A constatação do fracasso da decisão não pode, numa avaliação posterior, redundar em seu prejuízo. Noutra espécie, a do acórdão da RC de 20 de Outubro de 1978, publ. na CJ, ano III, tomo 4, 1978, pp. 1162 e ss., a lesada *não confiou* em médicos que a tinham assistido numa doença relacionada com uma sutura pós-parto praticada num Instituto Maternal, e em resultado da qual parte da agulha ficara alojada nos tecidos moles da fossa esquia-natal. A autora teve alta, mas, ao sentir-se doente, voltou ao Instituto, onde começou por ser medicada, para só depois ser efectuado um exame radiológico. Confrontada com a *necessidade de uma intervenção cirúrgica*, recusou, vindo mais tarde a consultar um clínico, que diagnosticou uma inflamação perivulvar, e a ser, finalmente, operada. O tribunal, e bem, só imputou à lesada as perdas relacionadas com o período de doença que mediara entre o primeiro diagnóstico e a intervenção (tardia) a que tinha sido sujeita. Também na hipótese relacionada com o acórdão da RC de 20 de Abril de 1982, publ. na CJ, ano VII, tomo 2, 1982, pp. 110 e ss., o tribunal considerou adequadas as despesas de deslocação e tratamento em Londres, num caso em que o lesado sofrera lesões graves (fractura exposta da tíbia e do peróneo).

[2384] Ver KOZIOL, *op. cit.*, p. 264. C. TRAVERSO, *est. cit.*, RDC II, 1994, p. 160, cita duas decisões de tribunais inferiores sufragadoras da negligência do lesado, que recorreu a hospitais privados em vez de a hospitais públicos.

[2385] Com outros pormenores, ver *Münchener Kommentar*/GRUNSKY, *op. cit.*, §251, n.º 13 a, pp. 416-417.

[2386] O *reembolso* das despesas de contenção feitas pelo lesado, e que devam considerar-se «adequadas» (ou, aproveitando a formulação do artigo 468.º,1, «... que ele fundamentadamente tenha considerado indispensáveis...»), coloca a questão de saber se a respectiva dívida deve ser vista como mera *obrigação pecuniária* (sujeita ao *nominalismo monetário*) ou como *débito de valor* (ou *actualizável*). Os nossos tribunais têm considerado a questão, articulando o regime prescrito nos artigos 566.º,2, 805.º,3 e 806.º,3, o que equivale à defesa razoável de uma cumulação da presunção de perda económica, ligada ao dispêndio, com o dano (a partir da citação) da demora na recuperação da quantia desembolsada (acórdãos da RE de 12 de Fevereiro de 1987, *cit.*, da RL de 12 de Março de 1991, in CJ, ano XVI, tomo 2, 1991, pp. 151 e ss. e da RC de 21 de Setembro de 1993, in CJ, ano XVIII, tomo 4, 1993, pp. 37 e 41). O enquadramento

694   *A conduta do lesado*

«indemnizatório» do pagamento afasta assim a aplicação dos princípios «pecuniários» fixados para o pagamento das despesas efectuadas pelo *gestor*, pelo *mandatário* e para o comum das obrigações de soma. É certo que a aplicação analógica do preceituado no artigo 468.°,1 teria a seu favor a circunstância de o *modo* de minoração do dano ser feito também no interesse do lesante, mas não reflectiria a ausência de uma voluntariedade estrita (*freiwillige Vermögensopfer*) e, consequentemente, o binómio, agora em causa, responsabilidade – dever de reparação. Semelhantemente, a doutrina e a jurisprudência italianas mais recentes vêm negando a pecuniariedade do débito com os argumentos de que o lesado não deve ser prejudicado com a sua iniciativa e de que a «restauração», empreendida por aquele, não pode converter , em seu prejuízo, a primitiva obrigação do lesante (dirigida à integração do património do lesado) numa simples perda monetária (para o conjunto do problema, ver E. QUADRI, *Spese erogate dal danneggiato, svalutazione e obbligazione risarcitoria*, in GI, I, 1977, col. 765 e ss., ROSSELLO, *op. cit.*, pp. 235 e ss. e a importância unificadora desempenhada pela decisão do Pleno da *Corte di Cassazione* de 9 de Janeiro de 1978). Para uma posição mais particular e sintonizada com a natureza jurídica da despesa feita pelo lesado, ver G. FERRI JR., *Danno extracontrattuale e valori di mercato*, in RDCDO, n.ºs 9-10, 1992, pp. 776 e ss. e 815 e ss., ao negar que as despesas possam ser configuradas como «*danno risarcibile*» e vendo-as como «*modalità di riparazione del danno*», à margem da sua conexão com o artigo 1227.° e do significado de uma atitude que ultrapassa a mera substituição do lesante. Para a boa doutrina, ver, por último, M. EROLI, *I cd. debiti di valore*, in RDCDO, n.ºs 1-2, 1993, p. 89, n.(24).

PARTE IV

REPERCUSSÃO SUBJECTIVA DA CONDUTA DO LESADO E «IMPUTAÇÃO» AO LESADO DA CONDUTA ALHEIA

79. Sequência

Antes de abordarmos um dos problemas fulcrais da teoria da conduta «autoresponsável» do lesado, e que se conexiona com os critérios de repartição do dano concausado, há que reflectir sobre o papel que os *terceiros* desempenham nessa teoria, ora assumindo uma posição mais *passiva*, ora protagonizando uma atitude *actuante*. Mais concretamente, essa duplicidade comporta um quadrante de situações em que os terceiros «suportam» *involuntariamente* a conduta «culposa» do chamado lesado imediato e um outro núcleo em que os terceiros (*lato sensu*) são fautores de comportamentos que, na sua «reflexão» no lesado, vão incidir na pretensão indemnizatória deste último.

Mais uma vez o «nó górdio» da teoria da «conculpabilidade» do lesado – referimo-nos à questão dogmática da culpa – projecta-se aqui, enquanto condicionante da posição creditória dos terceiros lesados, sendo, porém, particularmente importante o problema da «ampliação-ficção» da culpa do lesado – enquanto polarizador dos riscos inerentes à conduta de pessoas que o «servem» –, já que nos irá permitir completar o quadro de considerações aduzidas sobre o ponto sensível da exigência ou não da capacidade de «autoresponsabilidade». Sem nos deixarmos influenciar por um silêncio legal, que parece traduzir o reverso simétrico da solução protectora do artigo 491.º, e não pensando na possível «leitura» contratual do preceituado no artigo 571.º, veremos como se coloca neste âmbito um verdadeiro paradoxo: como conciliar o princípio de uma tutela material dos inimputáveis lesados com a actuação negligente das pessoas que, por lei ou convenção, têm uma função de vigilância? Será razoável que esses lesados «respondam» pelas anomalias de comportamento daqueles a quem compete, precisamente, uma tarefa de salvaguarda?

CAPÍTULO I

DANOS DE TERCEIROS E PROJECÇÃO DA CONDUTA DO LESADO

Sumário: 80 – Enunciação e circunscrição do problema da oponibilidade do facto contributivo «autoresponsável» do lesado; 81 – A tese mais clássica da inoponibilidade da culpa do lesado imediato e os seus argumentos lógico-abstractos; 82 – A concepção dominante da oponibilidade da culpa do lesado imediato e a ênfase colocada no argumento construído à volta do concurso das condutas.

80. Enunciação e circunscrição do problema da oponibilidade do facto contributivo «autoresponsável» do lesado

Questão clássica, e que tem merecido atenção da doutrina estrangeira, relaciona-se com os possíveis reflexos, em *terceiros*, do comportamento (*maxime* culposo) do lesado que não sobreviva ao evento lesivo ou sofra lesões incapacitantes. Se o acto contributivo do lesado directo tem incidência no seu pedido indemnizatório, mesmo quando é transmitido à herança, não se encontra no acervo de normas dos artigos 570.° e ss., nem noutros lugares, qualquer referência quanto à *oponibilidade* daquela contribuição[2387] aos chamados lesados mediatos (familiares ou não, herdeiros ou não) que tenham legitimidade[2388] para

---

[2387] Nos casos em que o facto do lesado se apresente como *causa exclusiva* do seu dano, a inexistência da obrigação de indemnização parece reflectir-se naturalmente nos direitos dos terceiros. No âmbito dos acidentes de trabalho, dada a existência básica da regra do «tudo ou nada», chegou a pensar-se, na altura da elaboração da Lei n.° 2127, restringir a oponibilidade à conduta *intencional* (cfr. J. DA CRUZ CARVALHO, *op. cit.*, pp. 47-48).

[2388] A questão da titularidade creditória dos terceiros é algo complexa, mas conexiona-se, *grosso modo*, com os danos patrimoniais referidos no artigo 495.°,3 (para a amplitude do preceito, ver ALMEIDA COSTA, *op. cit.*, pp. 509-510) e com os danos não patrimoniais sofridos pelos familiares do falecido (artigos 496.°,2 e 3). Este elenco legal poderá vir a ser enriquecido caso venha a adoptar-se a proposta de

deduzir uma pretensão indemnizatória pelos *danos próprios* sofridos. Conquanto, na sua excepcionalidade, esse pedido apareça como pretensão de terceiros, não há uma identidade qualitativa entre o crédito indemnizatório que busca as suas raízes num existente relacionamento obrigacional e moral com o lesado directo (como acontece na factualidade descrita no n.º 3 do artigo 495.º) e o pedido «originário», ou mais «desvinculado», de uma compensação por danos não patrimoniais (sobretudo quanto aos sofridos pelas pessoas designadas no n.º 2 do artigo 496.º). Deixando em suspenso o saber-se até que ponto esta diversidade entre lesados verdadeiramente mediatos e lesados impropriamente mediatos terá ou não influência no problema da oponibilidade do facto do lesado directo, há que esclarecer, desde já, que com esta temática não procuramos considerar a conduta culposa e contributiva que esses mesmos lesados possam ter tido no surgimento do dano-evento [2389] ou no agravamento das consequências desse dano [2390],

---

alteração do artigo 504.º, formulada por SINDE MONTEIRO (cfr. o seu *Estudos..., cit.*, pp. 191-192 e 198), e que reflecte, em parte, preocupações (legítimas) já manifestadas por J. G. DE SÁ CARNEIRO (*Responsabilidade civil..., cit.*, RT, ano 85.º, pp. 403 e ss.). Relativamente aos danos relevados pelos n.ᵒˢ 1 e 2 do artigo 495.º, sendo a sua pretensão identificada, como diz ANTUNES VARELA (RLJ, ano 103.º, *cit.*, p. 251 e *op. cit.*, p. 634, n.(2)), com uma «parcela do dano (ou de um dos danos) padecido pela vítima», não é duvidosa, na relação lesante-lesado, a consideração normal da atitude contributiva ou agravadora do prejudicado. Mais concretamente, e quanto às dívidas a cobrar por serviços públicos integrados no *Serviço Nacional de Saúde* (cfr. o Decreto-Lei n.º 194/92 de 8 de Setembro), a seguradora do responsável virá a entregar ao lesado o quantitativo resultante da contribuição do seu segurado, na parte em que ultrapasse, se ultrapassar, o montante reclamado pela prestação de cuidados assistenciais e desde que não haja limites máximos objectivos (ver, neste sentido, o acórdão da RC de 3 de Novembro de 1988, in CJ, ano XIII, tomo 5, 1988, pp. 94-95, na pressuposição de que o artigo 39.º do Decreto-Lei n.º 46301, de 27 de Abril de 1965, e que o artigo 13.º daquele diploma não revogou, se refira também à «concorrência de culpas» do lesante e do lesado). O papel contributivo do lesado já não se reflectirá no *terceiro* que intervenha como seu gestor de negócios.

[2389] Pensamos no caso paradigmático da culpa *in vigilando* dos pais (ver, aliás, o acórdão da RP de 20 de Maio de 1986, in CJ, ano XI, tomo 3, 1986, p. 197), na culpa da mulher que acompanha o marido-condutor embriagado ou na culpa do marido que provoca a morte da mulher, ao conduzir sem atender às regras de conduta exigidas (assim, na espécie referida no acórdão da RE de 7 de Dezembro de1993, in CJ, ano XVIII, tomo 5, 1993, pp. 292 e ss.). Segundo nos parece, esta última factualidade devia ter suscitado a aplicação expressa do n.º 3 do artigo 7.º do Decreto-Lei n.º 522/85. Na hipótese sobre que recaíu o acórdão do STJ de 4 de Janeiro de 1979, in BMJ n.º 283, pp. 253 e ss., provada que foi a culpa do pai e marido na colisão do seu veículo, em contribuição com a culpa de um outro condutor, e da qual resultou a morte da mulher

Repercussão subjectiva da conduta do lesado 701

mas averiguar do possível reflexo da conduta «autoresponsabilizante» do lesado imediato no *quantum* indemnizatório a que têm direito os lesados *per relationem*.

O silêncio do legislador do Código Civil de 1966, e que, com a excepção do §846 do BGB, correspondeu a uma opção que encontramos em normativos semelhantes ao do artigo 570.°, parece poder explicar-se, aparentemente, pela constatação da ausência de complexidade, e não pela razão do desconhecimento da matéria, tanto mais que VAZ SERRA não deixou de a equacionar nos trabalhos preparatórios, ao sufragar a orientação, simultaneamente pacífica e limitada, retirada da interpretação declarativa daquele §846[2391] e ao emitir objecções à concepção «afrancesada» de CUNHA GONÇALVES[2392], favorável à *inoponibilidade*.

A posição inequívoca de VAZ SERRA, não resultava tanto do aduzido nos trabalhos sobre a «conculpabilidade do prejudicado», atendendo ao seu discurso restritivo, não sistematizado e normativamente não esclarecedor[2393], mas sobretudo dos articulados relativos à

---

e lesões em dois filhos menores, não deixou de se aplicar o disposto no artigo 570.°,1 ao pedido indemnizatório feito pelo condutor na qualidade de *terceiro* lesado.

[2390] VENZMER, *op. cit.*, p. 222, n.(5), alude ao caso decidido pelo RG, em 1903 (RGZ 55,29), da mulher que não chamou o médico para examinar o marido. A doutrina e a jurisprudência alemãs têm defendido, em atenção a certas circunstâncias (como a idade, a saúde, a existência de filhos, o nível de conhecimentos, o estatuto social), uma *Obliegenheit* da viúva de minorar o seu dano mediante a procura de trabalho. Ver, para esse «encargo», HAMM, *Vorteilsausgleichung und Schadensminderungspflicht im Rahmen des § 844 Abs. 2 BGB,* Diss., Freiburg, 1978, pp. 166 e ss., LANGE, *op. cit.*, §10 X, pp. 580-582 e ESSER/SCHMIDT, *op. cit.*, I, 2, §35 II, p. 264.

[2391] Apesar de salientarem a autonomia das pretensões do «lesado mediato» (*Zweitgeschädigte*), deduzidas ao abrigo dos §§ 844 e 845, a doutrina e a jurisprudência alemãs mais antigas (cfr. RGZ 170, 315, DERNBURG, *op. cit.*, p. 728, n.(14) e ENDEMANN, *op. cit.*, §133, 762) manifestaram a sua concordância com a doutrina do §846, embora, por ex., LAPP (*op. cit.*, p. 56), depois de traçar a história do preceito e o seu sentido inovador em relação ao «direito comum», o tivesse considerado como mera «repetição» do §254.

[2392] *Tratado...*, XII, *cit.*, pp. 592 e 598-599.

[2393] Não se entende porque é que VAZ SERRA se referiu ao mesmo problema em dois lugares distintos (pp. 140-141 e 154 do BMJ n.° 86, *cit.*) e por que é que no articulado proposto (artigo 1.°, §5) teve apenas em vista o pedido feito pelos herdeiros, sem distinguir a sua legitimidade sucessória ou própria («*A doutrina deste artigo é aplicável mesmo que, por ter falecido a vítima, a indemnização seja exigida pelos seus herdeiros*»). É de assinalar que este preceito não veio a constar do artigo 576.° do Anteprojecto global (*parte resumida*).

702   *A conduta do lesado*

«satisfação» por danos não patrimoniais[2394] e à indemnização por danos patrimoniais[2395], apesar de se notar, no primeiro, a persistência do chamamento à colação de um preceito (o alemão) directamente pensado apenas para as pretensões patrimoniais.

81. A tese mais clássica da inoponibilidade da culpa do lesado imediato e os seus argumentos lógico-abstractos

Precisamente porque os terceiros – e pensamos, por agora, na hipótese típica do artigo 495.°,3 – vêm invocar um dano *pessoal* ou *autónomo*, para o qual não concorreram com qualquer atitude culposa, assumindo, assim, uma qualidade própria, à margem da sucessão, o pensamento jurídico mais antigo procurou fundar aí a concepção de que o direito de indemnização desses lesados não poderia sofrer as incidências da conduta culposa do falecido.

A ideia de que «as culpas são puramente pessoais» e de que esses lesados «exigem a indemnização que pessoalmente lhes compete, pelo dano directo...» encontra-se em CUNHA GONÇALVES[2396], por influência de DEMOGUE e dos MAZEAUD, recebeu certo acolhimento em HUMBERTO LOPES[2397], e era dominante, como nos recorda LAPP[2398], por

---

[2394] Artigo 759.°, §6.°: «*O direito pessoal de satisfação de terceiros é independente do da vítima imediata; mas, se, para a produção do dano, cooperou o facto desta, observa-se a doutrina legal relativa a esta cooperação no caso de dano causado à própria vítima imediata*» (Anteprojecto global, *parte resumida*, in BMJ n.°100, pp. 138-139). Ver também o §7.° do artigo 1.° do articulado parcelar (*Reparação do dano não patrimonial*, BMJ n.° 83, *cit.,* p. 108) e a justificação pouco rigorosa dada por VAZ SERRA na nota 65-a da p. 101.

[2395] Artigo 762.°, §1.°: «*Se, nos casos previstos no artigo anterior, concorreu para o dano do terceiro culpa do lesado, aplica-se ao direito desse terceiro o disposto na parte aplicável dos artigos 576.° a 579.°*» (Anteprojecto global, *parte resumida*, in BMJ n.° 100, p. 141). Este parágrafo, que surgia integrado num preceito sob a epígrafe algo equívoca de «*Transmissão do direito de indemnização do lesado imediato*», correspondia, aliás, à formulação que VAZ SERRA adoptara no articulado específico, integrado no seu estudo sobre o *Dever de indemnizar e o interesse de terceiros* (BMJ n.° 86, pp. 125-126 e 129), e onde, mais uma vez, era patente a influência germânica.

[2396] *Tratado...,* XII, *cit.,* pp. 598-599.

[2397] *Observações..., est. cit.,* in JF 1961, pp. 296-297. Ao analisar o §6.° do artigo 759.° (*supra,* n.2394), HUMBERTO LOPES começa por entender que «talvez não seja juridicamente o mais correcto...» e, invocando «equidade», acaba por considerar «melhor» a doutrina de VAZ SERRA.

[2398] *Op. cit.,* pp. 53 e ss..

altura da elaboração do Código Civil alemão. Mas é, sobretudo, em França que vemos mais defendida a tese da inoponibilidade, quer em decisões proferidas até meados da década de 60, quer em juristas mais modernos, como CHABAS[2399] e VINEY[2400], críticos do *revirement* jurisprudencial operado a partir de 1964[2401]. A mesma ausência de um texto legal clarificador conduziu certa jurisprudência e doutrina italianas (em que avulta DE CUPIS[2402] e, ao que parece, FORCHIELLI[2403]) a sufragar essa mesma tese, colocando a tónica na «inocência» do demandante e na ausência de uma posição sucessória.

Para lá dos argumentos da *pessoalidade* da culpa e da *propriedade* do dano sofrido, alguns ideólogos da inoponibilidade invocam a sujeição do lesante a uma espécie de *pena privada*[2404], insistindo, sobretudo, na ideia de que a *indivisibilidade* do resultado danoso, resultante da conjugação das condutas do lesado imediato e do lesante, não pode gerar outra conclusão que não seja a da responsabilidade plena deste último, visto como causador (*sine qua non*) do dano global. Este argumento, que tem como seu corolário natural, mas não necessário, a defesa de uma *solidariedade passiva* (mesmo na forma mais mitigada,

---

[2399] *L'influence de la pluralité de causes...*, cit., p. 178 e *Bilan de quelques années de jurisprudence en matière de rôle causal*, D. 1970, *chron.*, pp. 116 e ss..

[2400] Apesar das críticas à «causalidade total» de CHABAS, veículadas no *Les Obligations. La responsabilité: conditions*, cit., n.° 411, pp. 482 e ss., VINEY sustentou no seu estudo *L'autonomie du droit à reparation de la victime par ricochet par rapport à celui de la victime initiale*, in D. 1974, *chron.*, pp. 3 e ss., a independência do dano indemnizatório *par ricochet* (ver também *op. ult. cit.*, n.° 438, pp. 524-525, onde defende restrições para a eventual *action récursoire* da seguradora).

[2401] Temos em vista dois *arrêts* proferidos em 25 de Novembro de 1964 pelas *Chambres réunies* da *Cour de Cassation*.

[2402] *In tema di concorso...*, cit., FI, I, 1959, col. 966 e ss. (criticando a decisão da *Corte di Cassazione* de 20 de Março de 1959) e *op. cit.*, pp. 254-255. A tese da inoponibilidade surge, por ex., afirmada na decisão da *Corte di Appello* de Milão de 28 de Novembro de 1961 (ver, contudo, a anotação crítica de A. VENDITTI, *Concorso della vittima e azione di danni promossa dai congiunti iure proprio*, in Giust. Civ. I, 1962, pp. 974-976, e o diferente ponto de vista de G. LAZZARO, *Ancora in tema di concorso di colpa della vittima e azione di risarcimento dei prossimi congiunti*, in Archivio RC 1962, pp. 200 e ss.) e na sentença do tribunal de Livorno de 12 de Dezembro de 1961, anot. favoravelmente por E. BERTI (*Casi e limiti di riduzione del risarcimento dei danni ai congiunti della vittima ove all'evento dannoso abbia concorso la colpa della vittima stessa*, in GI, I, 2, 1962, col. 609 e ss.).

[2403] *Il rapporto...*, cit., p. 151, n.(15).

[2404] Cfr. FOSSEREAU, *est. cit.*, RTDC 1963, p. 13, para a subjacência dessa ideia nas decisões da *Chambre criminelle*.

e cara a certos sectores do pensamento jurídico francês, da obrigação *in solidum*) tem implicações quanto à forma de conceber a própria «culpa» na medida em que, nessa visão de uma co-autoria, o lesado não é apenas culpado perante si mesmo, mas é igualmente responsável perante os lesados mediatos.

Sendo certo que os que sufragam o pensamento (simétrico) de que a culpa do lesado se apresenta com a mesma estrutura da culpa do lesante não hesitarão em ver na autolesão a fonte de uma possível violação de direitos alheios [2405], não é menos exacto que essa concepção pressupõe certa perspectiva sobre a ilicitude e uma mais do que duvidosa adesão à ideia da existência de um dever geral de preservação da integridade pessoal de cada um. Mesmo no suicídio, e desde que não se demonstre uma intenção de prejudicar posições creditórias, não se vê como afirmar a responsabilidade do suicida pela «quebra» dos deveres alimentares que recaíam sobre ele. E se passarmos para o âmbito do concurso de condutas, para lá de ser «chocante» a imputação *proprio sensu* (ao marido que foi atropelado por negligência sua e descuido do condutor), não se vislumbra fundamento jurídico sólido que permita extrair da conduta do lesado imediato o duplo efeito de uma *autolesão* e de uma *heterolesão* (dos seus credores legais ou naturais). Esta fragilidade da teoria da inoponibilidade não deixa, aliás, de ser relevada pelos críticos [2406] da tese *solidarística*, sendo ainda verdade que a indivisibilidade causal de CHABAS (e de STARCK) arranca manifesta-mente do pensamento da *equivalência das condições,* desconhecendo a análise de cada uma das condutas na perspectiva da sua *relação adequada* para o dano do lesado. Outro dos pontos fracos que tem sido apontado à veste solidarística da inoponibilidade é o efeito perverso da herança do lesado falecido arcar com o exercício da acção ou, pelo menos, de um «direito de regresso» do co-lesante solvente (ou do seu

---

[2405] Nesse enquadramento, embora limitadamente, ver W. SCHÜNEMANN, «*Mitwirkendes Verschulden*»..., *cit.*, VersR 1978, pp. 116 e ss. e a ligação que faz entre a «*Eigenschädigung*» e o «*Verhaltensunrecht*». Relativamente ao chamado *Schockschaden*, também DEUTSCH (*Schmerzensgeld und Genugtuung, cit.,* JuS 1969, pp. 200-201), faz responder solidariamente («... *etwa wegen beiderseitigen Verschuldens, gemeinsam haftbar sind*») o lesante e o lesado-vítima.

[2406] Assim, e no direito francês, ver FOSSEREAU, *est. cit.*, pp. 15, 29 e 36-37 (cfr. *supra*, n.1649), LAPOYADE DESCHAMPS, *op. cit.*, pp. 315 e ss., J. FLOUR/JEAN-LUC AUBERT, *op. cit.*, n.° 355, p. 334 e, no direito italiano, BIANCA, *op. cit.*, pp. 424-425 e CORSARO, *Concorso di colpa dell'ucciso..., cit.*, RDC II, 1967, p. 488.

Repercussão subjectiva da conduta do lesado 705

segurador). Esta consequência interna, que surge naturalmente acoplada ao estatuto de devedor solidário daquele lesado, implicando consequências complexas e prejudiciais para os sucessores e para os lesados mediatos, que sejam simultaneamente herdeiros do *decujus*, introduz uma desigualdade não justificada entre os diferentes credores de alimentos[2407].

82. A concepção dominante da oponibilidade da culpa do lesado imediato e a ênfase colocada no argumento construído à volta do concurso das condutas

A orientação a que nos referimos no número anterior corresponde a um pensamento jurídico minoritário, dada a ampla aceitação da concepção que começou por vingar no §846 do BGB e que VAZ SERRA divulgou e sustentou entre nós[2408].

Assim, em França, a jurisprudência da *Cour de Cassation* pôs termo, em 1964[2409], à alternância decisória anterior, optando pela oponibilidade da *faute de la victime directe*, e mesmo no plano legislativo a lei BADINTER[2410], conquanto numa expressão literal não muito

---

[2407] Cfr. FOSSEREAU, *est. cit.*, RTDC 1963, pp. 24-25 e 38 e ss. e LAPOYADE DESCHAMPS, *op. cit.*, pp. 304 e 315. É de salientar, no entanto, que, face ao disposto no artigo 2071.º do nosso Código Civil, não é de considerar o «convite» feito aos lesados mediatos-herdeiros para que repudiem a herança. Para o «*résultat saugrenu*» da projecção sucessória da tese da inoponibilidade, ver igualmente J. FLOUR/JEAN-LUC AUBERT, *op. cit.*, n.º 355, p. 334, e, para a rejeição jurisprudencial do *recours* no âmbito de um acidente de viação, ver as decisões da *Cour de Cassation* de 13 de Janeiro de 1988, in RTDC n.º 4, 1988, pp. 788 e ss. e de 29 de Abril de 1994, in RTDC n.º 1, 1995, pp. 136-137, ambas anot.ªs por P. JOURDAIN.

[2408] Ver também DARIO MARTINS DE ALMEIDA, *op. cit.*, p. 422.

[2409] *Supra*, n. 2401. A tentativa de se fazer ressurgir a orientação contrária, e que foi visível na decisão da segunda *Chambre civile* de 25 de Outubro de 1978, veio a ser condenada pelo *arrêt* da Assembleia Plenária da *Cour de Cassation*, de 19 de Junho de 1981, ditado com melhor fundamentação do que as sintéticas decisões de 1964. Para a jurisprudência anterior a 1964, com a dominância na *Chambre criminelle* da tese da inoponibilidade, ver LAPOYADE DESCHAMPS, *op. cit.*, pp. 299 e ss..

[2410] De acordo com o artigo 6.º do diploma «*Le préjudice subi par un tiers du fait des dommages occasionnées à la victime directe d'un accident de la circulation, est reparé en tenant compte des limitations ou exclusions applicables à l'indemnisation de ces dommages*». Os autores (cfr. YVONNE LAMBERT-FAIVRE, *op. cit.*, n.ºs 205 e ss., pp. 189 e ss., C. DE LORENZO, *La nuova disciplina francese dell'infortunistica stradale: tre anni di «sperimentazione giurisprudenziale*», in RDC I, 1990, pp. 127 e ss e H.-L.-

706   *A conduta do lesado*

conseguida, veio a seguir aquela orientação, contra a doutrina excessivamente tutelar que resultava da jurisprudência *Desmares*[2411]. A própria doutrina francesa[2412] sufraga, na sua grande maioria, a concepção da oponibilidade e é também esta a posição dominante da jurisprudência e da doutrina italianas[2413], suíças[2414], austríacas[2415] e gregas[2416], aparecendo ainda consagrada em determinados *Statutes*[2417] do direito inglês.

Na panóplia de argumentos invocados por um pensamento consolidado, que os redactores do §846 do BGB fizeram convergir, pura e simplesmente, para a própria «natureza das coisas»[2418], tem sido invocadas razões de «solidariedade familiar»[2419] relacionadas com a evi-

---

J. MAZEAUD/CHABAS, *op. cit.*, n.°556-12, pp. 624 e ss.) são unânimes em reconhecer a fraca aplicabilidade do preceito, dada a rede de privilégios criada pela lei BADINTER. Consequentemente, só a verificação da culpa intencional dos lesados superprivilegiados, da culpa indesculpável e exclusiva dos lesados privilegiados e, sobretudo, da culpa comum do condutor, é que permitirá fazer aplicar aquele preceito.

[2411] Ver VINEY/MARKESINIS, *op. cit.*, p. 90.

[2412] Ver, entre outros, RODIÈRE, RTDC 1965, p. 136 (referindo-se ao «triunfo do bem senso»), MEURISSE, *Les ayants cause agissant à titre personnel peuvent-ils se voir opposer la faute de la victime?* D. 1962, *chron.*, p. 93 e ss. (esgrimindo com o tratamento igualitário e a ausência de *solidariedade*), FOSSEREAU, *est. cit.*, p. 42 (apelando para uma ideia de justiça), LAPOYADE DESCHAMPS, *op. cit.*, pp. 320 e ss., PH. LE TOURNEAU, *op. cit.*, n.° 236, p. 86 e J. FLOUR/JEAN-LUC AUBERT, *op. cit.*, n.° 358, p. 337 (partindo da *«communauté d'origine»* das acções dos lesados mediatos e principais). Já DUPICHOT, *Des préjudices réfléchis nés de l'atteinte à la vie ou à l'intégrité corporelle*, Paris, 1969, considera «tecnocrática», de uma «juridicidade estrita» e pouco protectora das viúvas e dos orfãos a solução firmada nos *arrêts* de 1964.

[2413] Cfr., por ex., a sentença da *Corte di Cassazione*, de 18 de Fevereiro de 1971, in FI, I, 1971, col. 1262 e ss. e POGLIANI, *op. cit.*, pp. 84 e ss., ROVELLI, *op. cit.*, pp. 158-159, BIANCA, *op. cit.*, pp. 423-424, e *Diritto civile, cit.*, p. 141, CORSARO, *est. cit.*, RDC II, 1967, pp. 486 e ss., RECCHIONI, *est. cit.*, Arch. civ., 1980, p. 642 e CATTANEO, *Concorso di colpa...*, *est. cit.*, in *Risarcimento del danno...*, p. 49.

[2414] Assim, DESCHENAUX/TERCIER, *op. cit.*, p. 63 e OFTINGER, *op. cit.*, p. 296.

[2415] Ver, por todos, KOZIOL, *op. cit.*, p. 255.

[2416] Cfr. DIALINAS, *op. cit.*, p. 176.

[2417] Ver o §1.° (4) do *Law Reform (Contributory Negligence) Act* e o §5.° do *Fatal Accidents Act* de 1976 (cfr. WINFIELD/JOLOWICZ/ROGERS, *op. cit.*, pp. 664-665 e 670).

[2418] Ver LAPP, *op. cit.*, pp. 55-56 (*«Es liege in der Natur der Sache, daß sie mit Rücksicht auf ihre Beziehungen zu dem Verletzten auch die Folgen aus dessen fahrlässigem Verhalten...»*.

[2419] Para o argumento, ver ESSER/SCHMIDT, *op. cit.*, I, 1, § 6 VI, p. 113. Já KOZIOL/WELSER, *op. cit.*, p. 470, «imputam» à «esfera de risco» dos lesados mediatos a autoresponsabilidade do lesado-devedor de alimentos.

dente *relação de proximidade pessoal* existente entre o lesado imediato e os terceiros legitimados. Esta linha «comunitária», derivada de uma inserção familiar ou de uma vinculação afectiva, explicaria a consideração do dano dos lesados mediatos como transposição do dano do lesado de primeira linha, e teria a consequência de provocar uma espécie de «amálgama» entre os diversos lesados, perdendo autonomia – na exacta medida da *identificação* ou da «assunção» da culpa – a pretensão indemnizatória dos «terceiros».

A ideia «comunitária», que permite justificar, para alguns[2420], a tutela condicionada de que gozam certos terceiros inseridos no perímetro de protecção de um contrato, não nos parece decisiva neste debate, dado implicar, necessariamente, uma espécie de *aquisição derivada* dos direitos dos terceiros e uma visão deturpada da relação triangular, o que sendo patente quando vemos escrito que «... tais terceiros parece deverem ter de suportar a influência da culpa deste lesado *como se fosse culpa própria*»[2421], torna compreensível que outros[2422] partidários da oponibilidade tenham considerado o recurso à «solidariedade familiar» como algo de «flutuante», «impreciso» ou «abstracto». Mas também uma posição como a de CATTANEO[2423], que parte da tentativa de alargar o âmbito subjectivo do artigo 1227.° do *Codice*, nos parece condenada ao insucesso[2424], dado não encontrarmos na conduta dos terceiros qualquer fundamento autoresponsabilizante (mesmo numa perspectiva não cingida apenas à letra do artigo 570.°,1), nem poder suscitar-se uma eventual aplicação analógica do artigo 571.° (norma inexistente no diploma italiano), atendendo ao diferente recorte da sua hipótese.

Na falta de uma norma com o teor da do §846 do BGB, a justificação racional da oponibilidade não pode deixar de convergir para o momento que aqui é decisivo e que tem a ver, não com qualquer comportamento do lesado mediato, mas com a estrutura e as condicio-

---

[2420] Para a imputação da culpa do contraente «próximo», ver LARENZ, *Lehrbuch...*, I, *cit.*, §17 II, p. 229, n. 32, e a diferente posição de ESSER/SCHMIDT, *op. cit.*, I, 2, §34 IV, p. 254.

[2421] VAZ SERRA, *Conculpabilidade...*, *cit.*, BMJ n.° 86, p. 154 (sublinhado nosso).

[2422] Pensamos, por ex., em FOSSEREAU, *est. cit.*, p. 25 e LAPOYADE DESCHAMPS, *op. cit.*, p. 313.

[2423] *Est. ult. cit.*, p. 49.

[2424] Ver as reservas feitas por CORSARO, *est. cit.*, p. 486, à extensão analógica do artigo 1227.°.

708   *A conduta do lesado*

nantes do *evento lesivo*. Não se podendo duvidar de que a conjugação das condutas do lesante e do lesado gera *dois* danos diferentes e autónomos, também não se pode negar que, pelo menos no tocante aos danos patrimoniais previstos no artigo 495.°,3, eles lançam as suas raízes na direcção do lesado, enquanto filiados no direito de subsistência ou de auxílio económico que existia perante aquele. Funcionando a morte do lesado imediato como a razão de ser da pretensão dos terceiros, parece intuitivo poder dizer-se que o seu direito não pode ter um conteúdo que faça tábua rasa do próprio conteúdo do direito do lesado imediato. Na recondução do direito daqueles à sua causa próxima, ou seja, ao evento lesivo, não pode, pois, ser ignorada a razão última da pretensão e a projecção desta à estrutura concausal do evento. Sob pena de o lesante vir a responder numa extensão superior à que deriva da sua conduta contributiva, e de introduzirmos regimes diversos [2425] para um evento danoso com sequelas mediatas, há que reconhecer a natureza *autónoma,* mas *condicionada,* do direito excepcional dos terceiros. Mais do que dizer-se que eles sucedem num direito comprimido do lesado imediato ou que podem fazer valer os seus direitos relativamente a uma co-responsabilidade solidária, é mais rigoroso afirmar-se que a pretensão dos terceiros «suporta» a contribuição para o evento do lesado imediato. A outorga legal do crédito de alimentos contra o lesante não tem o condão de alterar a estrutura do facto lesivo e de retirar à responsabilidade daquele uma fisionomia meramente contributiva. É por isso que não podemos deixar de concordar com CORSARO[2426], não tanto quando coloca a tónica na relação entre o direito dos lesados indirectos e a «destruição das capacidades económicas e produtivas» do lesado directo, mas quando repercute nesses mesmos lesados, como efeito jurídico, o evento «desfavorável» desencadeado pelo lesado directo.

Este discurso não parece adequar-se por inteiro aos *danos não patrimoniais* sofridos pelos familiares referidos no n.° 2 do artigo 496.°, já que, por um lado, as suas «raízes» são mais diluídas, se pensarmos na inexistência de uma vinculação jurídica ou *natural* entre

---

[2425] VAZ SERRA, *est. cit.*, BMJ n.° 86, p. 141, MEDICUS, *Schuldrecht* I, *cit.*, §59 II, p. 311, DEUBNER, *Das mitwirkende Verschulden beim Fernwirkungsschaden*, in NJW 1957, p. 1269, LAPOYADE DESCHAMPS, *op. cit.*, pp. 320 e ss. e J. FLOUR/JEAN--LUC AUBERT, *op. cit.*, n.°356, p. 335, n.(5), são alguns dos juristas que assinalam a incoerência da defesa de um regime mais favorável para os lesados mediatos.

[2426] *Est. cit.*, p. 488.

Repercussão subjectiva da conduta do lesado 709

o lesado imediato e esses familiares, e, por outro, ou como corolário do primeiro aspecto, a autonomia da sua posição é mais acentuada. Aparentemente, dada a diversidade quantitativa e qualitativa dos danos não patrimoniais sofridos por todos os lesados em causa, poderia pensar-se na colocação da questão em termos tais que tornassem problemática a tese da *autonomia condicionada*. Só que a circunstância, posta em relevo pela nossa doutrina mais qualificada[2427], de esses familiares requererem, como *direito próprio*, a compensação pelos desgostos, sofrimentos e perda da vida do seu parente e de poderem incluir no pedido os danos não patrimoniais sofridos pelo próprio lesado imediato, não afasta mas aproxima mesmo esses familiares da pessoa directamente atingida, com o efeito de se fazer repercutir nessa *ligação íntima,* mais ou menos intensa, e nessa *unidade petitória,* a conduta contributiva do lesante e do lesado[2428]. A consideração, na fixação equitativa da compensação, do «peso» do comportamento da vítima, logra assim justificar-se por razões muito próximas das que fundam a oponibilidade no caso do artigo 495.°,3, não se descortinando a argumentos ponderosos no sentido de um tratamento discriminatório dos danos sofridos *exclusivamente* pelos familiares.

A redacção restritiva do §846 do BGB tem levado a doutrina e a jurisprudência alemãs a questionar o regime do «dano emocional» (*Schockschaden*) sofrido pelo familiar, ao saber da morte do filho ou do cônjuge ou ao presenciar o evento funesto. Na medida em que o dano parece derivar *adequada* e *directamente* do facto lesivo e não mediatamente da lesão do conculpado, há quem entenda[2429] que a

---

[2427] Ver PEREIRA COELHO, *Direito das Sucessões* (*Sumário das lições ao curso de 1972-1973*), Coimbra, 1973, ed. polic., pp. 42 e ss., ANTUNES VARELA, RLJ, ano 123.°, *cit.*, pp. 190, n.(3) e 192, n.(2), *op. cit.*, pp. 619 e ss., RIBEIRO DE FARIA, *op. cit.*, I, pp. 493 e 529 e R. CAPELO DE SOUSA, *Lições de Direito das Sucessões,* I, 2ª ed., Coimbra, 1984, p. 298.

[2428] Para uma aplicação da proporção de culpa do lesado imediato à globalidade dos danos peticionados pelos pais de um atropelado, ver os acórdãos do STJ de 28 de Janeiro de 1988, publ. no BMJ n.° 373, pp. 520 e ss. e da RE de 13 de Junho de 1991, in CJ, ano XVI, tomo 3, 1991, pp. 294 e ss.. No último aresto, não há uma nítida conexão entre o relevo dado à co-participação culposa da vítima e o fundamento («laços de carinho e amizade que ligavam a vítima aos pais») último dos danos não patrimoniais. A pouca consistência desses «laços» (abandono do pai pelos filhos) motivou a concessão de um dano não patrimonial *baixo* no caso sujeito ao acórdão do STJ de 25 de Julho de 1962, in BMJ n.° 119, p. 266.

[2429] É o caso de DEUBNER, *est. cit.*, NJW 1957, p. 1269 («*...bei der Haftung für Fernwirkungsschäden nicht um die Erweiterung der Verantwortlichkeit gegenüber*

localização desse *Schocksschaden* no círculo dos direitos de personalidade do §823 do BGB afastaria a aplicação directa ou analógica do §846[2430] e só possibilitaria o recurso ao próprio §254. Sendo certo que a questão se conexiona, no direito alemão, com o regime restritivo da «compensação do dano moral» (*Schmerzensgeld*), e sem embargo de uma nova reflexão sobre o problema, não nos parece que haja razões, entre nós, para «desentranhar» do artigo 496.° um dano essencialmente não patrimonial[2431], cujas manifestações interiores potenciam um estado de sofrimento ou desgosto, nem parece plausível autonomizar, como faz MERTENS[2432], o efeito traumático do acontecimento (*rectius*, dano à saúde, à integridade psíquica), com projecção patrimonial ou não, na medida em que esse dano, consequência adequada do facto lesivo, não pode ficar imune à incidência da culpa do falecido[2433]. Dito por outras palavras: a lesão-dano do familiar, apesar da sua natureza mais específica ou, se se quiser, mais originária, não deixa de pressupor uma ligação muito sensível com o dano do falecido e com a estrutura complexa do evento.

---

mittelbar Geschädigten, sondern um die an sich selbstverständliche Haftung für eine Verletzung fremder Rechte oder Rechtsgüter handelt») e NJW 1985, p. 1392, em anot. à decisão do BGH de 5 de Maio de 1985 (na hipótese, a mulher do conculpado, grávida de 5 meses, em consequência do abalo que sofreu com a notícia do acidente do marido teve complicações orgânicas com sequelas no nascimento de um prematuro com deficiências cerebrais) e de E. SCHMIDT, *Schockschäden Dritter und adäquate Kausalität*, in MDR 1971, p. 540. Para a colocação da questão da *Mitverschulden* do lesado nessa «*psychische Kausalität*», ver SCHÜNEMANN, *est. cit.*, VersR 1978, pp. 116 e ss., DEUTSCH, *est. ult. cit.*, JuS 1969, pp. 200-201 e *Unerlaubte Handlungen..., op. cit.*, §37, n.° 482, pp. 234-235, LANGE, *op. cit.*, §10 XI, pp. 600-601 e LARENZ/CANARIS, *op. cit.*, §76 II, pp. 380 e ss..

[2430] Diversamente do RG (RGZ 157,11), o BGH, em decisão de 11 de Maio de 1971 (BGHZ 56,163), rejeitou a aplicação do §846, remetendo o tratamento da pretensão para o quadrante dos §§242 e 254 («*es liege in der Natur der Sache, daß die Hinterbliebenen mit Rücksicht auf ihre Beziehungen zu dem Verletzten auch die Folgen aus desses fahrlässigem Verhalten...auf sich nehmen müßten*»). Para posições críticas a essa metodologia, ver WOLF, *op. cit.*, §4, p. 274 e n. 425 e LANGE, *op. cit.*, §10 XI, p. 601.

[2431] É perfeitamente compatível a afirmação de ANTUNES VARELA (*op. cit.*, p. 633, n.(1)), de que o «abalo nervoso sério» configura um «dano na própria pessoa», com a configuração (RLJ, ano 123.°, *cit.*, pp. 251 e 278) de um dano não patrimonial «especial», na ocorrência de uma «crise nervosa» ou de uma «depressão psicológica».

[2432] SOERGEL/SIEBERT/MERTENS, *op. cit.*, §254, n.° 105, p. 382.

[2433] Mais complexa é a hipótese, a que se refere LANGE (*op. cit.*, §10 XI, p. 601), do *Schockschaden* estar relacionado com a morte de vários familiares, mas tendo apenas um deles incorrido em «concurso de culpa».

Vemos, assim, que a diversidade dos danos relevados pelos artigos 495.°,3 e 496.°,2 e 3, não leva a colocar o problema da oponibilidade da conduta autoresponsabilizante em termos substancialmente diferentes, mantendo-se a mesma realidade central de um confronto entre interesses heterogéneos [2434]: de um lado, a necessidade de tutela de lesados cujos direitos são «despoletados» pela morte de uma pessoa, mais ou menos próxima, e, do outro, o cuidado de não fazer deslocar para o lesante conculpado o encargo de uma indemnização excessiva. É claro que a existência do mecanismo do seguro pode diluir, por via indirecta, o peso deste último interesse, se pensarmos na perspectiva em que temos insistido de uma desvalorização das culpas leves do lesado cometidas na área dos danos corporais. Quer isto dizer que o problema, que nos vem ocupando, sofre a projecção de uma *política de direito* preocupada com a *desculpabilização* de certas condutas do lesado, ou seja, a compressão do círculo da autoresponsabilidade reflecte-se favoravelmente nos lesados de segunda via, atendendo a que não se vislumbra outra fonte de contenção das suas pretensões que não seja a da *sua própria culpa*. Em domínios ainda mais sensíveis, como é o do círculo dos acidentes laborais, a conservação do extremismo das soluções só poderá «combater-se» com a consideração autónoma dos interesses da família do acidentado.

A objectivação da culpa do lesado ou a necessidade de protecção reclamada pelos lesados mais indefesos (como é o caso das crianças) tem aqui uma clara implicação, se valorarmos a diferença entre uma leitura apenas contributiva do facto dos inimputáveis ou a exigência de uma capacidade de entendimento do perigo. A inexistência, entre nós, de um regime particularmente tutelar, como é o da lei BADINTER, também não leva a colocar a questão, que preocupa o pensamento jurídico francês, de saber se o «privilégio» de que gozam, por ex., os menores de dezasseis anos é ou não «transmissível» aos lesados mediatos que tenham tido culpa no evento lesivo [2435].

Para alguns problemas colocados no direito italiano e relacionados com o «dano à saúde» causado aos familiares do lesado primário, ver P. D'AMICO, *Danno biologico da morte e danno psichico,* in RDC II, 1995, pp. 311 e ss..

[2434] De «procura da quadratura do círculo» fala realisticamente LAPOYADE DESCHAMPS, *op. cit.*, p. 321.

[2435] Para a ambiguidade do problema, ver CHABAS, *Le droit des accidents de la circulation, cit.*, n.° 194, pp. 188 e ss. e H.-L.-J. MAZEAUD/CHABAS, *op. cit.*, n.° 556- -12, pp. 624-625 (criticando a posição da *Cour de Cassation* favorável a

CAPÍTULO II

IDENTIFICAÇÃO PASSIVA DA CONDUTA DE OUTREM

> **Sumário:** 83 – A natureza problemática da norma do artigo 571.°; 84 – A matriz germânica do artigo 571.° e a *ratio* subjacente ao preceito; 85 – Omissão de cumprimento dos deveres de vigilância e sua repercussão nos direitos do lesado-vigiado. Sustentação de uma posição contrária à da «imputação» da omissão culposa como salvaguarda da tutela dos vigiados; 86 – Delimitação da categoria dos auxiliares com intervenção no círculo dos interesses do lesado.

83. A natureza problemática da norma do artigo 571.°

A invocação, feita no artigo 571.°, do «facto culposo dos representantes legais e das pessoas de quem ... se tenha utilizado» como «facto culposo do lesado», remete-nos para uma questão diversa da que tratámos no capítulo anterior, na medida em que não se trata agora de sindicar as consequências, para terceiros, do comportamento (*maxime* culposo) do lesado, mas de *valorar como culpa do lesado a conduta culposa de outras pessoas*. A norma do artigo 571.° coloca, assim, os problemas decisivos do *fundamento* dessa assimilação, da sua eventual *razoabilidade* e do *âmbito material* da sua aplicação, já que, na frieza do seu enunciado, o preceito parece ser apenas o reflexo simétrico ou a versão «autoresponsabilizante» do artigo 800.°,1.

Concretamente quanto ao ponto delimitador, há que saber, por um lado, se a *doutrina* do preceito do artigo 571.° contempla igualmente os casos em que o comitente seja confrontado com o comportamento

---

inoponibilidade da culpa do lesado *par ricochet*). CARBONNIER, *op. cit.*, n.° 282, pp. 504-505, P. JOURDAIN, in RTDC n.°4, 1988, pp. 783-785 (em anot. crítica à decisão da *Chambre criminelle* de 15 de Dezembro de 1987) e J. FLOUR/JEAN-LUC AUBERT, *op. cit.*, n.° 357, p. 337, também não aceitam que essa culpa seja indiferente para a aplicação da norma do artigo 6.° do diploma de 1985.

autodanoso dos seus comissários e há que questionar, por outro, como possível referência a esse normativo, a invocação pelo lesante da culpa dos vigilantes (*maxime* dos representantes legais), enquanto «válvula de segurança» para a exclusão, do círculo do artigo 570.°,1, do facto dos inimputáveis. A aparente «feição» contratual do artigo 571.° leva a formular o quesito da integração nesse preceito daquela *factispecies* extracontratual, apesar da dificuldade inerente à constatação imediata de que os vigilantes não são «auxiliares» dos vigiados, nem os representantes legais actuam nesse domínio com o propósito de suprir a falta de capacidade negocial dos seus representados. O corolário mais evidente dessa dupla asserção é, naturalmente, a exigência a fazer ao intérprete no sentido de precisar o alcance dessas duas categorias subjectivas. Não desconhecemos, no entanto, que a questão é mais complexa, se pensarmos numa atitude interpretativa que retire todas as virtualidades do pensamento protector que foi defendido quanto às pessoas sem capacidade de entendimento do perigo. Partindo, na verdade, de uma metodologia que valore o silêncio legislativo como auxiliar hermenêutico, a inexistência para a autolesão dos vigiados de normas idênticas às dos artigos 491.° e 489.° faz pensar numa *tutela plena* daqueles lesados, em conjugação com um eventual *regresso* por parte do lesante. Dizendo de outra forma: para lá da imputação aos vigilantes da omissão de cumprimento dos deveres de prevenção da actividade danosa dos vigiados, teria que admitir-se a sua co-responsabilidade na hipótese de uma omissão com dano para o incapaz. A argumentação parece sedutora, mas nada nos diz que o artigo 491.° abarque os vigiados – lesados ou que o pensamento que preside à sua norma possa ser transposto para uma factualidade diversa e em que a «procura da quadratura do círculo» tenta congregar os interesses do lesado, do lesante e do vigilante.

Sendo este último o assunto mais importante colocado pelo teor do preceito do artigo 571.°, também quanto ao seu *funcionamento*, em ordem à ponderação estabelecida no artigo 570.°, aquela norma leva a confrontar com a culpa do lesante, não uma culpa *pessoal* do lesado mas um «facto culposo» alheio, lesivo dos seus interesses. E embora se possa dizer que a actuação dos representantes legais e das pessoas utilizadas pelo lesado assume um recorte funcional ou é dirigida a servir a esfera de interesses do último, não se trata, em rigor, de uma culpa do lesado, podendo gerar, ao nível da ponderação-repartição, consequências específicas. Como quer que seja, é evidente que a conduta desses «terceiros» não pode deixar de ser inserida naquele processo

Repercussão subjectiva da conduta do lesado   715

contributivo[2436], como um dos pressupostos de aplicação do critério do artigo 570.º,1.

Há que dizer, ainda, quanto ao acervo de problemas suscitados pelo preceito em análise, que a sua concessão *exclusiva* à lógica da culpa não preclude que se questione essa mesma opção, o que significa, no fundo, um regresso à temática do *fundamento* do princípio plasmado na «norma-mãe» do artigo 570.º,1.

84. A matriz germânica do artigo 571.º e a *ratio* subjacente ao preceito

O termos dito, no número anterior, que a redacção do artigo 571.º, pela proximidade de formulação com a norma do artigo 800.º,1, sugere uma leitura num enquadramento contratual, não é confirmado por uma análise mais cuidada daquele preceito, não só porque a própria letra não aponta nesse sentido, mas também porque a sua colocação sistemática, geral e especial, não inculca tal entendimento. E se dúvidas houvesse, a consulta dos trabalhos preparatórios, relativos à norma do artigo 571.º, permitiria concluir, com segurança, que o preceito vale para *todo* o âmbito da responsabilidade e para a dupla hipótese (produção--agravamento) configurada no artigo 570.º,1. O que nos revelam, então, as fontes da lei?

VAZ SERRA[2437], começando por equacionar a dificuldade interpretativa colocada pelo §254 do BGB (na sua remissão para o §278[2438]) e referir a maior clareza literal do artigo 300.º do Código

---

[2436] Independentemente da sua inserção no preceito do artigo 571.º, a ausência de uma concausalidade relevante afasta do círculo das normas dos artigos 571.º e 570.º os casos descritos por LALOU (*op. cit.*, pp. 256-257), do empregado de circo que deixa o filho entrar numa jaula com feras ou do pai que deixou o filho aproximar-se de um cão que sabia ser perigoso. Já na hipótese do comitente, que foi imprudente nas instruções dadas ao seu comissário, a situação parece caber, sem dificuldades, no quadro de aplicação directa do artigo 570.º,1.

[2437] *Conculpabilidade do prejudicado, cit.*, BMJ n.º 86, pp. 158-160.

[2438] Havendo concordância de que a parte final do §254 II do BGB tem aplicação potencial a todo o âmbito hipotético do preceito (ponto já salientado no RGZ 140,7 e 156,205 e devidamente equacionado por juristas como LEONHARD, *op. cit.*, p. 189, KÖHLER, *op. cit.*, p. 259, MEDICUS, *Schuldrecht*, I, *cit.*, §59, p. 309 e LANGE, *op. cit.*, §10 XI, pp. 591-592, ao considerarem a última parte do §254 II como um terceiro parágrafo), a principal questão dogmática – e ao que parece ainda sem solução – contende com o saber se a remissão feita para o §278 (fonte do nosso artigo 800.º)

716   *A conduta do lesado*

implica uma «remissão de fundamento» (*Rechtsgrundverweisung*), traduzida na necessidade da existência entre o lesado e o lesante de uma relação obrigacional estrita ou análoga (no fundo, uma «vinculação particular» (*Sonderbindung*) de qualquer tipo, mesmo legal) ou se o reenvio tem apenas a ver com uma «remissão de consequência» *Rechtsfolgeverweisung*), com o efeito de o lesado «sofrer» a «imputação» imediata da conduta alheia e, portanto, no próprio quadrante delitual. Para o enunciado do tema, ver, por todos , MEDICUS, *op. ult. cit.*, §59, p. 309 e KÖTZ, *op. cit.*, n.ᵒˢ 565 e ss., pp. 217-218.

    Enquanto a jurisprudência, quer a do RG (cfr. BLOMEYER, *op. cit.*, p. 184), quer a do BGH (BGHZ 1,248, 3,49, 9,316, 73,190 e outras), parte da lógica da *igualdade de tratamento* e tende para a orientação mais restritiva (na decisão do BGH, de 3 de Julho de 1951, in BGHZ 3,49, com anot. concordante de H. LEHMANN, na JZ 1951, p. 750, nota-se, contudo, uma certa evolução – teorizada mais tarde por juristas como KLEINDIENST – relativamente ao modo (mais livre) de conceber a figura dos auxiliares do lesado, dado que até aí tinham sido «confundidos» com pessoas adstritas ao cumprimento de deveres contratuais face ao lesante), complementada, desde a RGZ 77,212, com o recurso analógico ao §831, referente à responsabilidade presumida do comitente, já a doutrina conheceu, desde cedo, uma divisão e a assunção de posições mistas. Se, por ex., ENDEMANN, *op. cit.*, p. 761, LAPP, *op. cit.*, p. 18, LEONHARD, *op. cit.*, pp. 190-191 (pese a crítica, feita a KRESS, de que a *Obliegenheit* não pressupõe uma genuína relação obrigacional), BÖHMER, *Mitverschulden von Aufsichtspersonen bei Verkehrsunfällen von Kindern*, in JZ 1955, p. 699 (em crítica a STAKS), *§278 BGB setzt das Bestehen einer Verbindlichkeit voraus*, in JZ 1958, p. 18 (em crítica a KLEINDIENST), *Elterliches Mitverschulden bei Unfällen von in der Bahn beförderten Kindern*, in MDR 1960, p. 265 (assinalando a desvantagem do transporte gratuito), *Zur frage der entsprechenden Anwendung des §278 BGB bei mitwirkendem Verschulden des Beschädigten*, in NJW 1961, p. 62 (em réplica a KLEINDIENST, considera existir no §254 II uma *Verpflichtung* do lesado de evitar ou reduzir o dano) e *Gleichbehandlung von Beschädigten und Beschädigter*, in JZ 1961, p. 157 (em crítica a KLEINDIENST e HEINRICH LANGE), MAMMEY, *Zur Anrechnung des Aufsichtsverschulden des gesetzlichen Vertreters als Mitverschulden des Kindes*, in NJW 1960, pp. 753 e ss., VENZMER, *op. cit.*, pp. 129 e ss., FIKENTSCHER, *op. cit.*, §55, n.º 574, pp. 342-343, HENKE, *Die Versäumisse Dritter und die Zurechnung als Mitverschulden des Geschädigten*, in JuS 1990, pp. 30 e ss. e PALANDT/HEINRICHS, *op. cit.*, §254, n.ᵒˢ 60 e ss., pp. 297-298, são alguns dos autores germânicos que aderiram à concepção paritária, já ENNECERUS/LEHMANN, *op. cit.*, §16II, p. 79, GERNHUBER, *est. cit.*, AcP 152(1952), p. 69 e ss. (a partir de uma valoração objectiva do §254), ESSER, *Die Verantwortlichkeit..., est. cit.*, JZ 1952, p. 257 e ss. e *Zur Anrechnungspflicht elterlichen Mitverschuldem bei Verkehrsunfällen deliktsunfähiger Kinder*, in JZ 1953, p. 691, ESSER/SCHMIDT, *op. cit.*, I, 2, §35 II, pp. 265-266, HEINRICH LANGE, *Mitwirkendes Verschulden..., cit.*, NJW 1953, p. 967, KLEINDIENS T, *Zur Bedeutung des §278 BGB bei mitwirkendem Verschulden*, in JZ 1957, p. 457 e ss. e *Die entsprechende Anwendung der §278 BGB bei mitwirkendem Verschulden*, in NJW 1960, p. 2028 e ss.,

Civil grego[2439], afastou a concepção rigorosa (mais chegada à letra do §254 II), maioritariamente acolhida no pensamento jurídico alemão e, colhendo os ensinamentos de LARENZ e de ENNECCERUS/LEHMANN,

---

MAGNUS, *op. cit.*, pp. 104 e ss., WEIDNER, *op. cit.*, pp. 68 e ss., LARENZ, *op. cit.*, §31 I, pp. 545 e ss. e LANGE, *op. cit.*, §10 XI, pp. 603 e ss., com posições unilaterais ou assumindo uma concepção diferenciadora das diversas situações, conscientes da disparidade de resultados a que conduz a orientação mais cingida à letra da lei (*maxime* provocando uma «desigualdade de tratamento» entre o concurso para o dano e para o seu agravamento), e críticos em relação à «igualdade formal» de que parte a jurisprudência, *não colocam a tónica no pressuposto vinculativo ou na sua exigência estrita*.

A incongruência da rigidez jurisprudencial surge potenciada nos casos em que o lesado, figurando como terceiro beneficiário de um contrato ou estando abrangido pela sua eficácia protectora, e fundando extracontratualmente a sua pretensão, veja o pedido *reduzido*, dada a imputação, por força de uma aplicação directa ou adaptada dos §§334 e 846, do concurso de culpa do credor ou do promissário (cfr. KÖHLER, *op. cit.*, p. 98, WEIMAR, *Das mitwirkende Verschulden beim Vertrag mit Schutzwirkung für Dritte*, in JR 1981, pp. 140-141 e, amplamente, SASS, *Die Zurechnung von Mitverschulden des Vertragsgläubigers bei der Schadensentstehung zu Lasten des in den Schutzbereich eines Vertrages einbezogenen Dritten nach §§254 Abs. 2, S. 2, 278 BGB*, in VersR 1988, pp. 768 e ss., e ver BGHZ 9,316 e as decisões de 25 de Novembro de 1971, in NJW 1972, p. 289 e de 13 de Fevereiro de 1975, in NJW 1975, pp. 867 e ss.). Este desfavorecimento do terceiro-lesado (*maxime* integrado num contrato com *efeito protector*) não deixa de ser criticado por certa doutrina (entre outros, MEDICUS, *Zur Verantwortlichkeit des Geschädigten für seine Hilfspersonen*, in NJW 1962, pp. 2081 e ss., MARBURGER, JR 1975, pp. 367 e ss., em anot. crítica à decisão do BGH de 13 de Fevereiro, num caso em que o credor era simultaneamente trabalhador do devedor e pai do menor lesado, DENCK, *Die Haftung des Vertragsschuldners für den Hauptgläubiger als Erfüllungsgehilfen im Vertrag mit Schutzwirkung für Dritte*, – BGH, NJW 1975, 867, in JuS 1976, pp. 429 e ss. e ESSER/SCHMIDT, *op. cit.*, I, 2, §34 IV 2 c, p. 254), ao insistir nos efeitos perversos ligados ao «acaso» da existência de um contrato teoricamente protector.

A equivocidade decorrente da técnica de formulação do §254 II veio a constituir o *leit-motiv* de uma «proposta de lei de reforma das normas respeitantes à obrigação de indemnização» (na reforma de 1967, a adição de um n.°3 ao §254 surgiu coordenada com a supressão da presunção de culpa do §831), bem como de propostas de alteração apresentadas por juristas como MAGNUS (ver o seu *Drittmitverschulden...*, *cit.*, pp. 115 e ss., para a comparação entre a sua proposta – não muito distanciada da *ideia* contida no nosso artigo 571.° – e a de 1967), WEIDNER, *op. cit.*, pp. 85 e ss. (criticando a «novidade» de 1967, preferiu partir do seu conceito-chave da «exposição ao perigo», alicerçado numa «conduta objectivamente defeituosa», e distinguir vários níveis:actuação dos «auxiliares», omissão do dever de reduzir ou de afastar o dano e conduta dos representantes legais, actuantes no comércio jurídico) e HOHLOCH, *Gutachten und Vorschläge...*, *cit.*, pp. 472 e 475 (recuperando a proposta de 1967).

[2439] Cfr. DIALINAS, *op. cit.*, p. 162, para o âmbito *delitual* do preceito.

veio a colocar a tónica no dado objectivo da conduta culposa dos representantes legais e dos auxiliares (de satisfação dos interesses do lesado), *desvalorizando* a existência de um vínculo contratual entre o lesante e o lesado[2440]. E que, nesta sua orientação, VAZ SERRA não tenha deixado de pensar na actuação dos comissários, prova-o a circunstância de ter deliberado uma não referência expressa ao regime responsabilizante do comitente, atendendo à sua proposta de defesa do mecanismo da culpa *in eligendo, in instruendo* e *in vigilando*[2441]. Sendo, pois, inequívoco, mesmo em face da sua redacção, o afastamento do preceito do artigo 571.º da necessidade de um suporte contratual prévio, também pensamos que VAZ SERRA não terá considerado *verdadeiramente* o papel dos representantes legais do lesado, na sua função de vigilantes[2442], se pensarmos – e já o dissemos – que no domínio delitual os representados não respondem pelos actos dos seus representantes, nem os vigiados são comitentes dos vigilantes (mesmo dos contratados), nem os vigilantes são auxiliares *escolhidos* e *utilizados* pelos vigiados. Mesmo tendo presente o articulado de VAZ SERRA, não é razoável concluir que a preservação da integridade física tivesse a ver com o «assunto» ou o «cuidado do bem» adstritos aos auxiliares.

Do tratamento dado à matéria por VAZ SERRA, parece poder afirmar-se que a norma do artigo 571.º «nasceu», em rigor, com um espaço de aplicação mais restrito do que aquele que parece resultar da

---

[2440] VAZ SERRA propôs o seguinte articulado: «*Ao facto culposo do prejudicado equipara-se o facto culposo dos seus representantes legais ou dos seus auxiliares, de quem o prejudicado se serviu no assunto de que se trata, ou para o cuidado do bem danificado*» (artigo 6.º, in BMJ n.º 86, *cit.*, p. 171). O preceito surge reproduzido no Anteprojecto global (artigo 577.º do articulado resumido) e passou com alterações não significativas para o Anteprojecto saído da primeira Revisão Ministerial (artigo 545.º). Confrontando a redacção deste preceito com a que veio a constituir o texto definitivo, a modificação mais importante consistiu na substituição da palavra «auxiliares» por «pessoas», ficando o artigo com um enunciado próximo do do preceito (artigo 776.º,1) que veio a servir de base ao actual artigo 800.º,1.

[2441] Ver o BMJ n.º 86, *cit.*, p. 160, n.(54) e o artigo 744.º (do articulado resumido) do Anteprojecto (para a sua justificação, cfr. *Responsabilidade contratual...*, *cit.*, BMJ n.º 85, pp. 151 e 203).

[2442] Sobre o âmbito subjectivo da vigilância, ver VAZ SERRA, *Responsabilidade de pessoas obrigadas a vigilância, cit.*, BMJ n.º 85, pp. 408-410 e a RLJ, ano 111.º, *cit.*, p. 23 (anot. ao acórdão do STJ de 8 de Fevereiro de 1977). Para uma aplicação prática, ver o acórdão da RL de 15 de Novembro de 1988, in CJ, ano XIII, tomo 5, 1988, pp. 112 e ss..

Repercussão subjectiva da conduta do lesado

sua «generosidade» literal. Ou será que esta nossa reserva não tem razão de ser, dada a perfeita adequação entre os termos do preceito e um leque amplo de hipóteses, integrante das várias funções que a representação legal é chamada a desempenhar? A nossa primeira asserção não deixará de provocar estranheza ao pensamento jurídico nacional, se pensarmos que a doutrina[2443] e a jurisprudência[2444] não hesitam em avocar para o círculo da norma os factos de vigilância negligente e, naturalmente, os dos representantes legais. Nesta última perspectiva, a norma não pode ser vista como o correspondente simétrico do artigo 491.°, já que a «paridade» conduz a uma solução prejudicial para os vigiados-lesados. Permitirá a *ratio* da norma do artigo 571.° atingir a conclusão, doutrinariamente consolidada, de considerar os representantes legais como pessoas que não exercem apenas o «poder paternal de representação», mas também o poder-dever de «velar pela segurança»[2445] dos filhos ou dos pupilos?

[2443] Pensando, sobretudo, na exemplificação prática que é feita, não nos parece oferecer dúvidas o pensamento de ANTUNES VARELA (não pelo caso contratual referido na p. 936, n.(2) do seu *Das Obrigações em Geral*, I, *cit.*, mas pela hipótese apresentada no *Código Civil Anotado*, I, *cit.*, artigo 571.°, p. 588, do pai que deixa «...imprudentemente, um menor num local de grande circulação de automóveis...»), de ALMEIDA COSTA, *op. cit.*, p. 673 («*D*, menor, foi vítima de um acidente da responsabilidade de *E*, tendo concorrido para a produção ou agravamento dos danos um facto culposo de *F*, representante legal de *D*), DARIO MARTINS DE ALMEIDA, *op. cit.*, pp. 353-354 (pese a aplicação subsidiária do artigo 571.°, como resulta do relevo dado na p. 147 à «culpa objectiva» do inimputável) e OLIVEIRA MATOS, *op. cit.*, p. 562, artigo 571.° (salientando a hipótese do pai que deixa o filho guiar o veículo sem possuir carta de condução). Em RODRIGUES BASTOS, *Notas...*, *cit.*, artigo 571.°, pp. 43-44, é que se nota um discurso exclusivamente «contratualista», fruto de uma interpretação do preceito como se ele fosse uma repetição do artigo 800.°,1 (é, aliás, pouco sensata a colocação do §278 do BGB como fonte inspiradora do artigo 571.°).

[2444] Ver, entre outros, os acórdãos da RL de 3 de Maio de 1978, in CJ, ano III, tomo 3, 1978, pp. 913 e ss. (concurso de culpa da avó de um menor, ao deixá-lo sair de um eléctrico para a faixa de rodagem, onde foi atropelado), do STJ de 26 de Março de 1980, in BMJ n.° 295, pp. 408 e ss. (atropelamento de um menor de 5 anos, muito travesso e que não ia pela mão dos pais) e da RP de 20 de Maio de 1986, in CJ, ano XI, tomo 3, 1986, pp. 196 e ss. (lesões em três crianças provocadas, em dia de caça, por um caçador, estando aquelas a brincar escondidas nuns arbustos situados junto à toca de um coelho). Apesar de se pronunciar a favor da «concorrência de culpas» (de um tractorista imprevidente e do pai de um menor de 4 anos, atingido numa das mãos pelo arado do tractor), o STJ, no acórdão de 10 de Fevereiro de 1992, publ. no BMJ n.° 414, pp. 564 e ss., não alude expressamente ao disposto no artigo 571.°.

[2445] Cfr. o artigo 1878.° do Código Civil. O artigo 102.°,5 do Código da Estrada pune com coima aquele que «...com violação dos deveres de cuidado e de protecção,

720   *A conduta do lesado*

Se bem que a compreensão da norma do artigo 571.º envolva outros aspectos, pode afirmar-se que o fundamento do preceito não se afasta da motivação nuclear do critério que está implicado no artigo 570.º, se considerarmos que em ambos se suscita a exigência de uma *repartição justa* do dano. A ausência de uma culpa pessoal do lesado, nos casos em que este recorre a pessoas para curarem dos seus interesses ou é beneficiado com a actuação dos chamados representantes legais, não faz alijar da sua esfera o risco de uma conduta defeituosa desses «terceiros». A «imputação» ao lesado, e em benefício do lesante, dos *incommoda* decorrentes do comportamento daqueles, evita, por outro lado, a via da solidariedade (com o possível risco de o lesante vir a suportar todo o peso da indemnização), dada a recondução dessas hipóteses triangulares à relação entre o lesante e aquilo a que podemos chamar de «unidade de autoresponsabilidade» (os grupos lesado-representantes legais e lesado-auxiliares). Assim sendo, o preceito do artigo 571.º não parece escapar a uma certa «lógica geométrica» de ser o equivalente para o lesado das soluções prescritas nos artigos 800.º,1 (e 500.º, 501.º e 165.º), também elas explicadas pela necessidade de não fazer deslocar para o lesado (credor ou não) o risco da actuação danosa de pessoas, cuja utilização, numa perspectiva económica ou jurídica, é vantajosa para o devedor e para o comitente [2446].

A transposição para o círculo da «autoresponsabilidade» do axioma «*qui facit per alium facit per se*», com a consequente sujeição do lesado a uma espécie de «assunção» da culpa dos seus auxiliares e dos seus representantes legais, só tem justificação, e há que acentuá-lo, por estarem adstritos ao *plano de interesses do lesado*, sobretudo nos casos em que este não tem capacidade para actuar no mundo jurídico. Se, quanto aos auxiliares (*lato sensu*), é patente essa «colaboração»

---

não impedir que os menores de 16 anos que, por qualquer título, se encontrem a seu cargo brinquem nas faixas de rodagem das vias públicas...». Ver também o artigo 136.º,5 b) do mesmo diploma.

[2446] Para a interpretação teleológica da solução consagrada no artigo 800.º, salientando a ideia de uma *imputação do risco* da actuação alheia, ver VAZ SERRA, *Responsabilidade do devedor pelos factos dos auxiliares, dos representantes legais ou dos substitutos*, BMJ n.º 72, pp. 269-270, ANTUNES VARELA, *op. cit.*, II, pp. 100-103, RIBEIRO DE FARIA, *op. cit.*, II, pp. 407 e ss., PESSOA JORGE, *Ensaio..., cit.*, pp. 144-145 e MARIA VITÓRIA ROCHA, *A imputação objectiva na responsabilidade contratual. Algumas considerações*, RDE 15(1989), pp. 80 e ss. (desvalorizando, ao que nos parece, o princípio «*cuius commoda eius in-commoda*»). Por todos, para a *ratio* da responsabilidade do comitente, ver ANTUNES VARELA, *op. cit.*, I, pp. 657-658.

Repercussão subjectiva da conduta do lesado

material ou jurídica, na medida em que são, em regra, escolhidos e instruídos pelo lesado[2447], já, no tocante aos representantes legais, a normal ausência de iniciativa por parte do representado é compensada por uma actuação no *interesse* e em *nome* do último.

Tudo se passando, pois, como se tivesse sido o lesado a actuar, «suportando» a aplicação imediata do critério do artigo 570.°,1, não podemos deixar de projectar ao âmbito material do artigo 571.° a ideia de uma «autoresponsabilidade» do lesado, não cingida apenas às condutas meramente «culposas»[2448]. Concretamente, quanto à utilização de um comissário-condutor, todos aqueles que, como nós, não enveredem por uma estrita «lógica geométrica» ou sufraguem um entendimento mais amplo da parte final do n.° 1 do artigo 500.°[2449], tenderão a imputar ao comitente-lesado o *risco da condução* (pessoal, mecânico ou natural) e a colocar o problema central do concurso de condutas na produção do dano[2450]. Mas se a ficção da actuação pessoal constitui o ponto de encontro dos normativos do artigo 571.° e dos seus correspondentes na área da heteroresponsabilidade, o dizer-se, com ALMEIDA COSTA, que aquela norma «equivale a imputar ao lesado os factos culposos de pessoas por quem poderia responder se causassem prejuízos a terceiros»[2451], leva a afastar da sua esfera de aplicação precisamente as condutas daqueles (como é o caso dos representantes legais) cujo ilícito extracontratual não se resolve em dano do representado. Sabendo-se, por outro lado, que os representantes legais, como é o caso mais importante e interessante dos pais, *não são escolhidos* pelos representados, e têm a seu cargo poderes-deveres cujo cumprimento não se limita a beneficiar o representado com a sua «participação» no comércio jurídico, parece falecerem, quanto a eles, as razões determinantes da «imputação» ao lesado da culpa dos auxiliares e dos representantes legais *tout court* ou que actuam no quadro de uma vinculação existente. Será verdadeira esta *interpretação restritiva* do artigo 571.°?

[2447] Em termos sinópticos, eis como LARENZ (*Lehrbuch...*, I, *cit.*, §311, p. 547) recorta a relação: «*Übertragen aber hat er diese Obliegenheit auf denjenigen, dem er die Sorge für das verletzte Gut anvertraut hat*».

[2448] Ver *supra*, n.° 42.

[2449] É o caso de ALMEIDA COSTA, *op. cit.*, pp. 518-519, n.(2) e dos autores citados nesse mesmo lugar.

[2450] Para uma primeira alusão à questão, ver *supra*, p. 486 e, para uma aplicação jurisprudencial, ver o acórdão da RC de 21 de Agosto de 1986, in CJ, ano XI, tomo 1, 1986, pp. 33 e ss. (*in casu*, também ficou provada a culpa do comissário na colisão).

[2451] *Op. cit.*, p. 673.

85. Omissão de cumprimento dos deveres de vigilância e sua repercussão nos direitos do lesado-vigiado. Sustentação de uma posição contrária à da «imputação» da omissão culposa como salvaguarda da tutela dos vigiados

O tema da «responsabilidade» dos vigiados (*maxime* crianças) pelos actos dos pais no «tráfico geral»[2452], desde que sejam vítimas da omissão paterna e da actuação culposa ou responsável de um terceiro, gera naturalmente o conflito da tentativa de conciliar um *pensamento protector*, que toma em consideração a fragilidade desses lesados[2453] e esse outro dado de não privar o lesante de poder *excepcionar* com a falta de adequada vigilância do incapaz[2454] ou de poder beneficiar de outro modo – fora do círculo normativo dos artigos 571.° e 570.° – dessa «válvula de segurança». Não podendo dizer-se que o dever de vigilância existe apenas no interesse dos terceiros lesados[2455], será possível afirmar-se que o conteúdo amplo da representação legal e a sua referência a um contexto específico *desvalorizam* a ausência de iniciativa por parte do vigiado, levando-o a *suportar a omissão*, com o resultado prático da compressão daquele pensamento tutelar e da perda da sua validade?

Já dissemos que esse «alargamento» do sentido racional do artigo 571.° é sufragado pela doutrina mais qualificada, embora sem uma fundamentação metodológica precisa e sem uma tomada de posição quanto ao possível *efeito negativo* desse posicionamento no princípio, mais ou menos assumido, de tutela do lesado inimputável. Na realidade, a solução da *aplicação imediata* dos artigos 571.° e 570.° é, sem dúvida, benéfica para o lesante, mas redunda em prejuízo do lesado, «fazendo sair pela janela o que entrou pela porta». Sendo, pois, «perturbadora» a interpretação mais alargada do artigo 571.°, há que

---

[2452] Cfr. HENKE, *est. cit.*, JuS 1990, p. 33, para esse modo de colocação da questão.

[2453] Ver *supra*, n.°60.

[2454] A atribuição do ónus da prova ao *lesante* resulta da combinação do disposto no artigo 572.° com a natureza específica da presunção de culpa estabelecida no artigo 491.°.

[2455] Essa restrição foi afirmada no acórdão da RC de 28 de Junho de 1966, *cit. supra*, n. 840. Para a recondução ao artigo 486.° da omissão de vigilância com dano para o vigiado, ver PIRES DE LIMA/ANTUNES VARELA, *Código Civil Anot.*, I, *cit.*, artigo 486.°, n.°2, p. 488.

Repercussão subjectiva da conduta do lesado

sopesar o mérito ou o demérito da alternativa que nos remete para o seio da *solidariedade passiva*, e que gera, desde logo, a consequência de ter que se colocar a tónica no grupo responsável (lesante-vigilante) e não na «unidade de autoresponsabilidade». *Prima facie*, trata-se agora de uma solução que, parecendo salvaguardar o princípio básico de protecção dos lesados mais frágeis, redunda num desfavorecimento dos interesses do co-lesante, sujeito à «sorte» do seu *direito de regresso* (o que equivale, no fundo, ao risco de poder vir a arcar com a quota de culpa do vigilante) e pode ter implicações na situação patrimonial do prejudicado, se pensarmos na eventual *repercussão familiar* do exercício daquele *regresso*. Será, assim, mais realista e adequada à ponderação dos diversos interesses a via que retira do seio do artigo 571.° a chamada «*negative Repräsentation*»[2456]? Antes de formularmos a nossa posição sobre o assunto, é conveniente sabermos como é que a questão é encarada noutros ordenamentos.

Nos sistemas jurídicos – como o italiano, o suíço e o austríaco – em que não encontramos uma norma equivalente à do artigo 571.°, a doutrina e a jurisprudência tendem para uma posição dominante onde avulta o princípio de não «imputar» directamente ao vigiado a *culpa in vigilando*. Esta orientação é patente em Itália, não tanto em juristas que têm da primeira parte do artigo 1227.° uma concepção objectiva[2457], mas naqueles que aliam a visão subjectiva do preceito com a natureza pessoal da culpa do lesado[2458]. A particular fisionomia da última parte

---

[2456] ESSER/SCHMIDT, *op. cit.*, I, 2, §35 III, p. 266.

[2457] Ver *supra*, n.° 58.

[2458] É o caso mais evidente de DE CUPIS (*Sulla riduzione...*, *cit. supra*, n.1184, em anot. crítica à decisão «redutora» da *Corte di Cassazione* de 25 de Março de 1957 (caso da «pia de água benta», referido *supra*, n.1587) e *Postilla sulla riduzione..., cit. supra*, n. 1830), mas também BRASIELLO, *op. cit.*, pp. 375 e ss., ROVELLI, *Il risarcimento..., cit.*, pp. 154 e ss. e POGLIANI, *op. cit.*, pp. 83-84. Para outra decisão, fundada numa «norma» idêntica à do do artigo 571.°, ver a sentença da *Corte di Cassazione* de 16 de Outubro de 1954, in RcP 1955, p. 435 (no caso, uma criança foi mordida por um cão de guarda, ao pisar-lhe a cauda) e, para um aresto acolhedor da *solidariedade*, ver a já citada decisão da *Corte di Cassazione* de 7 de Março de 1991. Já CORSARO, *est. cit.*, RTDPC 1965, pp. 476 e ss., consciente da inexistência de um normativo idêntico ao do artigo 571.°, extrai da norma do artigo 2047.° a ideia de que a culpa do vigilante, como causa directa do dano sofrido, deve levar a uma sua «assunção» pelo lesado (para uma orientação semelhante, ver MARCHETTI, *Sulla responsabilità per fatto altrui*, in RDCDO I, 1961, pp. 143, n.(19) e (150)). BIANCA *Dell'inadempimento..., cit.*, p. 419, n.(6)), não deixa de criticar a posição de CORSARO, ao considerar irrazoável a imputação ao lesado de um acto do vigilante *desligado do exercício do seu poder de*

do artigo 300.° do Código Civil grego, ao relevar a «culpa das pessoas pelas quais o lesado é responsável, implica, naturalmente, uma orientação doutrinária e jurisprudencial semelhante à tendência italiana[2459], e, em França, exceptuando a linha oscilante dos tribunais[2460] quanto ao modo de aplicação do artigo 1384.°,4 do *Code* e quanto ao alargamento do círculo «autoresponsabilizante» à «conduta objectivamente irregular», resulta inequivocamente da lei BADINTER a *inoponibilidade* da culpa dos vigilantes aos menores «super- -protegidos» enquanto que a jurisprudência, fundando-se na *natureza pública* dessa legislação protectora, exclui em nome da «protecção familiar» o *recours* posterior do *tiers coauteur*[2461]. Em sistemas declaradamente mais explícitos, como acontece com o direito anglo- saxónico e com o direito alemão, continua a observar-se a mesma ideia de não fazer «assumir» pelo lesado-vigiado o descuido cometido pelos

---

representação. Também VISINTINI, *I fatti illeciti..., cit.*, p. 479, entende que os artigos 2047.° e 2048.° não têm aplicação aos danos sofridos pelo vigiado. Ver ainda no direito suíço. OFTINGER, *op. cit.*, pp. 167-168 e, no direito austríaco, KOZIOL, *op. cit.*, pp. 251- 252 e DULLINGER, *est. cit.,* p. 93..

[2459] Cfr. DIALINAS, *op. cit.*, pp. 163-164. O autor grego (pp. 165 e ss.) coloca-se, contudo, numa perspectiva contrária, mostrando-se favorável à «imputação» directa, ao invocar os argumentos da actuação dos vigilantes no interesse dos vigiados, da irrelevância da falta de escolha e do regime aplicável aos lesados mediatos (argumento *a fortiori*).

[2460] Cfr., por ex., e para a defesa da oponibilidade, as decisões da *Cour de Cassation* de 9 de Maio de 1963, in RTDC 1964, pp. 325-326 (mordedura de um cão a um menor de 6 anos, perante a complacência de uma tia) e de 10 de Outubro de 1963 (o pai de uma criança de 8 anos deixou-a brincar nas proximidades de uma debulhadora, a funcionar sem a devida segurança, vindo a criança a sofrer a amputação de um braço), in RTDC 1964, pp. 322-323, com anot. de TUNC. Ver, para a orientação dos tribunais franceses, LAPOYADE DESCHAMPS, *op. cit.*, pp. 407-408 e WAREMBOURG- -AUQUE, *est. cit.*, in RTDC 1982, pp. 348 e ss..

[2461] Cfr. o *arrêt U.A.P. v. Laffargue* de 20 de Abril de 1988, in RTDC n.°4, 1988, pp. 790-791 e n.° 2, 1989, p. 335 (com nota de P. JOURDAIN) e J. FLOUR/JEAN-LUC AUBERT, *op. cit.*, n.° 343, p. 322, e a decisão de 7 de Dezembro de 1988, referida por H.-L.-J. MAZEAUD/CHABAS, *op. cit.*, n.° 556-13, p. 628. É também essa a posição adoptada pela Assembleia plenária da *Cour de Cassation,* em três *arrêts* de 3 de Junho de 1983, quanto ao *recours* da Segurança Social sobre o cônjuge do «segurado social» (cfr. o estudo de LAMBERT-FAIVRE, *cit., supra*, n. 912). É de notar, no entanto, que a «imunidade familiar» conhece os limites da existência de um seguro (que possa «suportar» o «*recours*») e não se concilia com um pedido de indemnização que acabe por favorecer em exclusivo o co-autor culpado, *sucessor* do menor falecido (sobre estes limites, ver as considerações de P. JOURDAIN ao *arrêt* da *Cour de Cassation* de 27 de Fevereiro de 1991, in RTDC, n.° 3, 1991, pp. 555 e ss.).

Repercussão subjectiva da conduta do lesado

seus vigilantes e tido por concausa adequada do evento danoso[2462]. Nota-se, contudo, no seio de certa doutrina germânica, uma ruptura com a linha de pensamento que vimos ser dominante noutros ordenamentos e, naturalmente, com uma orientação jurisprudencial condicionada pela «presença» do §278 no seio do §254. Na verdade há que dizer, relembrando e complementando considerações anteriores[2463], que a jurisprudência alemã sempre se mostrou favorável aos lesados sujeitos a vigilância, ao exigir, como pressuposto da «imputação», uma relação (contratual ou considerada como tal, anterior ou posterior ao dano) entre o lesado e o lesante[2464]. O desejo de «cumprir» a letra da lei e de não ser demasiado rigorosa para os lesantes levou a jurisprudência a «forçar» a existência da vinculação, quer mediante a solução bizarra do «contrato a favor de terceiro»[2465], quer valorando, pura e simplesmente, o dever paterno de prevenção do dano[2466] ou a inércia do vigilante face a uma situação perigosa e com dano iminente[2467].

[2462] Segundo os §§ 486,488,491 e 494 do *Restatement of Torts*, a «*doctrine of identification*» só é afirmada na presença de uma relação *master-servant*, na chamada *joint enterprise* e no tocante aos lesados mediatos. No direito inglês, o *leading case* é *Oliver v. Birmingham and Midland Motor Omnibus Co. Ltd* (1933). Ver, para outros pormenores, HONORÉ, *est. cit.*, pp. 104 e ss., STREET/BRAZIER, *op. cit.*, p. 245 e MAGNUS, *op. cit.*, pp. 60-61.

[2463] Ver *supra*, n.2438.

[2464] Por ex., o RG (RGZ 62,346), *apud* BÖHMER, *Mitverschulden...*, *cit.*, JZ 1955, p. 700 e *Elterliches Mitverschulden...*, *cit.*, MDR 1960, p. 265 e HENKE, *est. cit.*, JuS 1990, p. 31, negou a existência de uma relação obrigacional entre uma criança de 3 anos (gravemente ferida numa das mãos, ao cair de uma carruagem) e uma empresa ferroviária (na referência à decisão, KLEINDIENST, *est. cit.*, JZ 1957, pp. 460-461, n.(30), estende essa ausência de vinculação à fase posterior ao dano). Ver também BGHZ 73,191 (atropelamento de uma criança de 3 anos) e a decisão do OLG Düsseldorf de 10 de Janeiro de 1978, in NJW 1978, p. 891 (menor de 4 anos atingido por um portão de ferro pouco seguro).

[2465] Em BGHZ 9,316 (1953), *apud* KLEINDIENST, *est. cit.*, JZ 1957, p. 460, n.(28a), considerou-se existir um contrato de transporte *a favor* de uma criança que, ao brincar com o fecho de uma porta de carruagem, caiu à linha, por aquela se ter aberto. Para o tribunal, a mãe da criança, como auxiliar de cumprimento (!!!), violara uma *Obliegenheit* existente no interesse da... transportadora (para uma anot. favorável, ver BÖHMER, *Zur frage...*, *cit.*, NJW 1961, p. 63).

[2466] Na decisão do BGH de 20 de Maio de 1980, in NJW 1980, p. 2080 (duas crianças brincavam num terreno insuficientemente protegido e pertencente a um pedreiro, vindo uma delas a sofrer lesões causadas por uma pedra tumular), fez-se prevalecer a culpa do pai, a partir da consideração do prescrito no §1004 do BGB.

[2467] Ver o já citado caso do OLG Celle (*supra*, n.2242) e as decisões do OLG Düsseldorf de 10 de Abril de 1973, in NJW 1973, p. 1801 (experiências com produtos

A introdução dos «critérios» que permitem manter o §254 na órbita do §278 veio originar, como sabemos, o tratamento diferenciado das hipóteses «vinculísticas» e das «não vinculísticas» [2468] e provocou uma linha doutrinária de pensamento, não tanto preocupada com a necessidade de uma *Obliegenheit* contratual do vigiado, actuada e violada pelo seu representante [2469], mas colocando a tónica no argumento da irresponsabilidade do representado pelos ilícitos do representante legal e nas características da representação-vigilância, pouco propícia, pela sua finalidade, à produção de consequências desfavoráveis para o vigiado. Foi assim que ESSER [2470], começando a distinguir, desde muito cedo, a actuação «negocial» ou de representação legal *tout court* (o chamado «plano do cumprimento» ou *Erfüllungsebene*, compreensivo do agravamento danoso por incúria paterna) da zona em que a conduta dos representantes corresponde a necessidades protectoras, terá sido o *caput* de um pensamento dogmático dominante, sustentado, entre outros, por LARENZ [2471], MEDICUS [2472], KÖTZ [2473], DEUTSCH [2474],

---

inflamáveis feitas por um jovem de 11 anos com a complacência paterna) e do BGH de 1 de Março de 1988, in NJW 1988, pp. 2667 e ss. (uma criança, com menos de 2 anos, feriu-se ao cair na lage de cimento em que assentava o escorregão de um parque infantil municipal). Nesta última situação, a ausência de uma acção lesiva em curso levou a desvalorizar o dever consignado no §1664 e a não fundar a *Obliegenheit* no mero conhecimento ou cognoscibilidade da situação de perigo (para uma anot. à decisão, ver HAGER, *Das Mitverschulden von Hilfspersonen und gesetzlichen Vertretern des Geschädigten*, in NJW 1989, p. 1640, W. SUNDERMANN, *Schadensausgleich bei Mitschädigung Minderjähriger durch Vernachlässigung der Aufsichtspflicht und elterliches Haftungsprivileg (§1664 Abs. 1 BGB)*, JZ 1989, pp. 927 e ss. e HERMANN LANGE, in JZ 1989, pp. 48 e ss.).

[2468] Precisamente contra a extensão da *Sonderbindung* à iminência danosa e contra a discriminação das factualidades anteriores e posteriores ao evento danoso se pronunciaram FINGER, *Mitwirkendes Verschulden und Haftung für Dritte*, JR 1972, p. 411, ROTHER, *op. cit.*, p. 152 e KÖTZ, *op. cit.*, n.ᵒˢ 571 e 572, pp. 219-220. Relativamente às incongruências resultantes do recurso à «*mißglückte Vorschrift*» (LARENZ, *op. ult. cit.*, §31 I, p. 547) do §831, já se manifestara HEINRICH LANGE, *est. cit.*, NJW 1953, p. 969, ao colocar as hipóteses do vigilante ser comissário do vigiado ou do representante legal deste.

[2469] Para essa linha de adesão à jurisprudência, ver BÖHMER, *est. cit.* (*supra*, n.2438) e MAMMEY, *est. cit.*, NJW 1960, pp. 753 e ss..

[2470] Ver os estudos citados *supra*, n. 2438 e ESSER/SCHMIDT, *op. cit.*, I, 2, §35III, p. 266.

[2471] *Op. ult. cit.*, §31 I, p. 548.

[2472] *Bürgerliches Recht, cit.*, n.º 869, e *Schuldrecht* I, *cit.*, §59, p. 310.

[2473] *Op. cit.*, n.º 572, pp. 219-220.

[2474] *Haftungsrecht, cit.*, pp. 322-323.

WEIDNER[2475] e HENKE[2476], embora alguns desses juristas acabem por valorar a própria conduta contributiva do lesado, a «sua» *culpa*, enquanto outros não deixam de extrair consequências – ao nível do «reembolso» (*Rückgriff*) – da co-responsabilidade paterna.

Contraposta a esse entendimento, mais ou menos consolidado, nota-se na literatura germânica uma corrente minoritária, cujos representantes principais são HEINRICH LANGE[2477], STAKS[2478], KLEINDIENST[2479] e MAGNUS[2480] e que também procura reconduzir à aplicação directa do §254 (como «imputação» ao lesado) os casos em que o representado legal não actua «juridicamente» ou no cumprimento de «vinculações» do representante. Ao desmistificar a exigência da representação legal *proprio sensu* e ao mostrar preocupação com o casuísmo jurisprudencial, KLEINDIENST imputa ao vigiado o *risco da conduta* das pessoas que cuidam dos seus interesses (e o vigilante é, para ele, um «auxiliar de protecção», um *Bewahrungsgehilfe*), sem que essa opção coloque em xeque o disposto no §828. De forma semelhante, deslocando a análise para a unidade lesado-vigilante, também MAGNUS desvaloriza o dogma da irresponsabilidade do representado pelo ilícito do seu representante, fazendo suportar pelo vigiado o risco do fracasso das pessoas que cuidam dos bens (pessoais e patrimoniais) do lesado.

O posicionamento dual da doutrina alemã demonstra a complexidade do problema da repercussão da *culpa in vigilando* – e a possibilidade de o sujeito da vigilância ser um contratado pelos pais do incapaz em nada altera a questão – e uma natureza que congrega uma pluralidade de interesses: por um lado, o desejo do vigiado de não ser tratado de forma pior, só porque houve negligência das pessoas encarregadas da sua protecção, e, por outro, o interesse do lesante em não arcar, afinal, com a culpa (eventualmente grave) do vigilante do lesado. A circunstância de o conflito poder ligar dois inimputáveis e duas faltas de vigilância, não afastando, obviamente, esse nível

---

[2475] *Op. cit.*, pp. 78 e ss..

[2476] *Est. cit.*, JuS 1990, pp. 33-34. HENKE não valora tanto o tratamento igualitário da criança lesante e da criança lesada, quanto o «dever» genérico, que recai sobre todos, de preservar a segurança da «criança-participante no tráfego».

[2477] *Est. cit. supra*, n. 2438.

[2478] *Mitverschulden von Aufsichtpersonen bei Verkehrsunfällen von Kindern*, in JZ 1955, pp. 606-607.

[2479] *Est. cit. supra*, n. 2438.

[2480] *Op. cit.*, pp. 108-109.

728   *A conduta do lesado*

ponderativo, implicará mais o saber-se se os dois inimputáveis não deverão ficar sujeitos a um tratamento similar.

Já vimos que, no «julgamento» da equação que aqui está em causa, a nossa doutrina mais qualificada sufraga a aplicação do artigo 571.° a *qualquer* conduta, jurídica ou não jurídica, dos representantes legais, o que acaba por envolver a maior consideração dos interesses do lesante, a «responsabilidade» dos representados pelos actos culposos (e com dano para si) dos seus representantes e o relevo daquilo a que BÖHMER [2481], em crítica a STAKS, apelida de «responsabilidade de estirpe» (*Sippenhaftung*). Esta leitura do artigo 571.°, que corresponde à orientação minoritária da doutrina alemã e é susceptível de ser transposta para o âmbito do artigo 505.° [2482], não parece sintonizada com a tutela concedida pelo artigo 491.° aos incapazes lesantes e, sobretudo, como também já deixámos expresso, não parece comprovar *o princípio de protecção dos mais frágeis,* afirmado, mais ou menos explicitamente, por aquela mesma doutrina. Há que dizer, por espírito de verdade, que a forma como o artigo 571.° está redigido não afasta essa visão mais alargada, se pensarmos que os deveres de vigilância integram o núcleo vasto de poderes-deveres do representante legal e que a «imputação» da culpa funciona como a faceta «negativa» do benefício de haver pessoas com a missão de afastar os incapazes de fontes de perigo «atractivas». Mesmo numa interpretação meramente literal do artigo 571.°, não é absurdo identificar-se o facto dos vigilantes com a conduta «das pessoas de quem ele (lesado) se tenha utilizado». A ausência de iniciativa do lesado (sujeito à imposição de pessoas não escolhidas por ele) e, mormente, o proclamado princípio da irresponsabilidade dos representados pelos ilícitos dos seus representantes, não seriam argumentos decisivos, desde que – e pensamos agora no último – se tivesse presente, com MAGNUS [2483], que não se trata aqui de avaliar o dano causado a um terceiro, e se valorasse, relativamente ao primeiro, o papel tutelar do legislador.

[2481] JZ 1955, *cit.*, p. 700.

[2482] Poderá dizer-se, aí, que há uma identificação entre a conduta do lesado e a culpa dos seus vigilantes? Afirmativamente, ver DARIO MARTINS DE ALMEIDA, *op. cit.*, pp. 353-354 e o acórdão do STJ de 28 de Janeiro de 1992, publ. no BMJ n.° 413, pp. 554-555 (menor de 5 anos atropelada por um automóvel, ao fugir para a estrada com receio de um cão), pese não se ficar a saber se a exclusão da responsabilidade resulta da «eficácia da conduta da menor», da sua «inculpação» ou da *culpa in vigilando.*

[2483] *Op. cit.*, p. 109.

Colocando-nos numa perspectiva que vê o *dano corporal* causado ao vigiado independentemente do momento em que ocorrer, da forma como se verifica[2484] ou do seu eventual relacionamento com um contrato, a nossa posição de protecção (não absoluta) das pessoas que não têm plena capacidade de entender e de querer, levam-nos a considerar mais adequada uma solução não comprometida com o artigo 571.º e que não procura pôr em causa aquela tutela. O nosso desejo de, perante uma mesma conduta responsável do lesante, não tratar pior o lesado mal vigiado, relativamente àquele que não tenha vigilante ou cujo vigilante foi diligente, podia levar-nos a defender uma repartição do dano que, partindo da unidade vigiado-vigilante, conduzisse a uma redução da indemnização, sem que isso implicasse perda efectiva para o lesado. Este objectivo só seria conseguido desde que o vigilante «cobrisse» aquela normal privação (quer na forma de assistência paterna, quer mediante o «regresso» sobre o vigilante contratado, quer através da efectivação das prestações de uma seguradora) ou desde que, perante uma aplicação particularmente flexível do artigo 570.º,1, aquela redução fosse evitada, atendendo-se, por ex., à pequena culpa do vigilante, à existência de seguro por parte do lesante, à gravidade do dano sofrido. O caminho traçado não seria, contudo, satisfatório, na

---

[2484] Em rigor, as hipóteses que suscitam o debate, a que nos referimos no texto, são aquelas em que a *conduta* do lesado-vigiado é «favorecida» pela negligência do vigilante (menor que é deixado na rua, que se deixa vir sózinho da escola, aproximar de uma fonte de perigo ou a quem se entrega uma coisa perigosa), mas mesmo que não haja uma conduta contributiva da sua parte (criança que vai no colo da mãe, que vai de mão dada com o pai, que é conduzida no carro da mãe ou que, tendo sido ferida, não é levada ao hospital) a omissão de velar pela segurança dos filhos, em concurso com o facto do lesante, leva a colocar o mesmo tipo de questão «identificadora». Se estas últimas situações não provocam o problema da relevância ou irrelevância da chamada *culpa objectiva*, continuam a avocar o específico pensamento protector a que nos referimos no texto.

Precisamente numa hipótese de colisão de veículos, o STJ, em acórdão de 4 de Janeiro de 1979, cit. (*supra*, n.2389), entendeu que não era aplicável ao caso o artigo 570.º, dado que os danos sofridos por dois menores se deviam considerar devidos à conduta culposa do pai-condutor e do condutor do outro veículo (o acórdão recorrido da RL de 21 de Fevereiro de 1978, in CJ, ano III, tomo 1, 1978, p. 115, alude explicitamente a um regime de *solidariedade*). Para um caso em que uma criança de 5 anos, que ia no colo da mãe, «sofreu» o atropelamento por um autopesado, ver o acórdão do STJ de 4 de Abril de 1978, publ. no BMJ n.º 276, pp. 199 e ss. (*maxime* pp. 205-206, para o voto de vencido de ÁLVARES DE MOURA, onde se considera a culpa da mãe).

730

A conduta do lesado

medida em que o lesado viria a suportar a possível debilidade económica dos seus « auxiliares de autoprotecção» (*Selbstschutzgehilfen*)[2485] e, por outro lado, face ao *plus* da *culpa in vigilando,* qualquer solução que não acolhesse uma (*normal*)repartição do dano ficaria condicionada à existência de elementos favoráveis e – ponto não despiciendo – à defesa de uma sua valoração em proveito do lesado. E continuaria, de qualquer modo, a chocar-nos essa «ficção» de vermos como «facto culposo do lesado» (inconsciente do perigo) a negligência das pessoas a quem compete velar pela sua protecção. Se o fundamento em que repousa o artigo 571.º não pode gerar uma consequência mais prejudicial *para o lesado* do que aquela que ocorreria se não houvesse vigilante e fosse *avaliada* a sua conduta, então o corolário dessa perspectiva implica a fragilidade de toda a argumentação que pretenda fixar a hipótese no seio do artigo 571.º.

Não entrando em contradição com o regime que defendemos para o dano dos lesados mediatos, dado o diferente condicionalismo da relação que gera o dano, reputamos juridicamente mais adequada a solução de fazer responder o lesante e o vigilante culpados em regime de *solidariedade passiva*[2486], o que tem a vantagem de não privar o lesado da indemnização dos danos sofridos. Os «sacrificados» deverão ser aqui o *violador do dever* legal ou contratual de vigilância ou a pessoa que descurou conter as sequelas danosas do evento (confrontados com um débito «interno» em função da sua contribuição culposa)[2487] e o *lesante*, sujeito ao risco de poder sofrer a insolvência

---

[2485] SASS, *est. cit.*, VersR 1988, p. 783.

[2486] No domínio do Código de Seabra, alguma jurisprudência não deixou de defender essa solução, com base no artigo 2372.º e na interpretação que lhe foi dada pelo Assento de 9 de Dezembro de 1959. Ver, por ex., o acórdão da RL de 21 de Abril de 1961, *cit.* (*supra*, n.840), com a afirmação de uma culpa do menor «através dos pais», bem como o voto de vencido de EDUARDO DE LEMOS ao acórdão do STJ de 17 de Julho de 1964, BMJ n.º 139, p. 287, embora com a incorrecção de se dizer que «a culpa da vítima (um menor de 4 anos)... resulta da falta de vigilância dos pais».

No tocante aos danos causados às crianças pela utilização de um *bem defeituoso,* a norma do artigo 6.º do Decreto-Lei n.º 383/89 cobre essa co-responsabilidade (neste sentido, para o direito italiano, ver P. CENDON /P. ZIVIZ, *I prodotti difettosi e i bambini,* in CeIm, n.º 1, 1992, pp. 322-323).

[2487] Para os problemas específicos existentes no direito alemão quanto ao «regresso» do co-lesante, conexionados, quer com o regime particular do §1664 I do BGB, quer com a existência de uma «solidariedade perturbada» (*gestörte Gesamtschuldverhältnih*), ver KÖTZ, *op. cit.*, n.º 573a, pp. 220-221, SUNDERMANN, *est. cit.*, JZ 1989, pp. 927 e ss., J. HAGER, *est. cit.*, NJW 1989, pp. 1643 e ss. e MUSCHELER,

daqueles. A manutenção de uma intenção protectora para os casos de *agravamento do dano* (pais que descuram o tratamento médico ou não prestam consentimento para uma intervenção cirúrgica por motivos de convicção religiosa)[2488], conquanto possua sinal diferente da que preside à fase da produção danosa, não nos conduz a uma «imputação» ao lesado das faltas dos seus representantes no cumprimento de um *poder-dever* de redução do dano pessoal, mas à defesa simultânea de uma possível co-responsabilidade (quanto ao dano-evento) e de uma responsabilidade pessoal (na forma de «dever de assistência» ou não) do próprio autor da omissão *culposa*, mas sem que este deixe de poder repercutir, no causador do dano-evento, o seu eventual *menor* contributo para o dano global.

A nítida separação, implicada na nossa perspectiva, entre o direito do lesado (*não culpado*) e o património que deve suportar o efeito da culpa omissiva, leva-nos mesmo a defender, em *determinados casos*, a limitação do «direito de regresso», quando a ponderação dos factores económicos que devem condicionar o seu conteúdo nos leve a pensar numa incidência nefasta desse direito na «comunidade familiar». Mas também pensamos que seria conveniente, numa futura alteração legislativa, clarificar a hipótese que tratámos especificamente, introduzindo no artigo 571.° um número que considerasse uma solução

---

Die Störung der Gesamtschuld: Lösung zu Lasten des Zweitschädigers?, in JR 1994, pp. 441 e ss..

Embora HENKE, *est. cit.*, JuS 1991, p. 271, n.(82), coloque a questão, não parece que no nosso caso falte a chamada «igual graduação» ou *Gleichstufigkeit* (cfr. LARENZ, *op. ult. cit.*, §32 I, p. 559 e ANTUNES VARELA, *op. cit.*, I, pp. 776 e ss. e 957-959), vendo-se no lesante material um mero «obrigado provisório», titular, pois, de uma pretensão à «cessão» dos direitos do lesado contra o «obrigado principal». Na decisão do BGH de 18 de Abril de 1978, e a propósito da hipótese diferente do atropelamento de um menor de 10 anos em «cooperação» com a atitude negligente de uma avó, é que se considerou a «unidade» pessoal e das condutas (*Haftungseinheit* ou *Zurechnungseinheit*), imputando-se directamente ao pedido do menor a quota de participação da avó (cfr. MESSER, *Haftungseinheit und Mitverschulden*, in JZ 1979, p. 387, HARTUNG, *Haftungseinheit und Verantwortungsabwägung*, in VersR 1979, p. 100, e ver *infra*.).

[2488] A demissão dos pais de fazerem prevalecer o direito à vida do filho sobre o direito à liberdade religiosa justifica a intervenção médica e judicial, como forma de *proteger* a *criança* contra a decisão ideológica (cfr. SILVA DIAS, *op. cit.*, p. 137 e A. MANNA, *est. cit.*, ED XLIV, p. 1285 e, para o caso de recusa paterna a um internamento hospitalar indispensável, ver o Parecer n.° 8/91, *cit. supra*, n. 2360 e o voto de vencido de E. LUCAS COELHO).

em sintonia com o tratamento protector que deve ser concedido expressamente ao inimputável lesado.

86. Delimitação da categoria dos auxiliares com intervenção no círculo dos interesses do lesado

A «imputação» ao lesado da actuação (*maxime* culposa) das pessoas que utilize para satisfação dos seus interesses já não suscita a problemática que colocámos no número anterior, na medida em que o artigo 571.º corresponde, quanto a essa relação, ao pensamento nuclear que presidiu à redacção dos artigos 800.º e 500.º. «Descontada» a estrita lógica da culpa, seguida pelo legislador para não criar soluções de conflito com o teor do artigo 570.º, a unidade lesado-representante legal ou auxiliar tem como fundamento o «empossamento» *voluntário* dos últimos na função de acautelar os interesses (*maxime* patrimoniais) do primeiro. Não se tratando, no preceito do artigo 571.º, de uma questão de responsabilidade, tal como é colocada nos artigos 800.º e 500.º, e não havendo, no âmbito da nossa temática, interesses particulares do lesante que justifiquem um ponto de partida vinculativo, conexionado à actuação dos auxiliares no quadro de um amplo dever do lesado de evitar o dano, também é certo que não se exige, no normativo em causa, o pressuposto obrigacional reclamado pelo artigo 800.º.

Mesmo na Alemanha, onde a equivocidade literal do §254 II originou um amplo debate, as posições mais conservadoras de COSACK[2489], BÖHMER[2490] ou MAMMEY[2491] foram superadas não só por uma jurisprudência[2492] aberta à consideração do papel dos auxiliares em função dos *interesses do próprio lesado* mas sobretudo por uma doutrina que quis romper manifestamente com as «amarras» do §278. Na verdade, o reduto da «igualdade de tratamento» ou o argumento da

---

[2489] *Lehrbuch des deutschen bürgerlichen Rechts,* I, 4.ª ed., Jena, 1903, pp. 329--330. Ao exigir uma «vinculação» (*Verbindlichkeit*) entre o lesante e o lesado, COSACK imputa ao último as consequências danosas resultantes de um seu *criado* não ter avisado um vizinho de uma inundação ocorrida e propagada.

[2490] *Est. cit.,* NJW 1961, p. 63 e JZ 1961, p. 157.

[2491] *Est. cit.,* NJW 1960, pp. 753 e ss..

[2492] Cfr. *supra,* n. 2438, para a decisão do BGH de 3 de Julho de 1951, num caso em que a mulher actuou como *auxiliar do marido,* ao vigiar a execução do transporte de uma mobília.

Repercussão subjectiva da conduta do lesado 733

aplicação simétrica dos §§278 e 831 foram colocados em causa por juristas como ENNECCERUS/LEHMANN[2493], HEINRICH LANGE[2494] e, sobretudo, por KLEINDIENST[2495], quando contrapôs à «abstracção sem função» da relação obrigacional, exigida pelo pensamento da paridade, a ideia central dos «auxiliares de conservação» (*Bewahrungsgehilfen*), adstritos ao «imperativo de defesa do interesse» (*Gebot der Wahrnehmung des ... Interesses*) do lesado. Esta clarificação seria retomada, entre outros por MAGNUS[2496], e serviu a LARENZ[2497] como base de desenvolvimento da sua tese da «transferência» para pessoas de confiança da *Obliegenheit* de se ser cuidadoso com os bens próprios.

Conquanto na literatura jurídica germânica, juristas como GERNHUBER[2498] e ROTHER[2499] tenham construído esse critério de «imputação», partindo do princípio objectivo e mais genérico da «atribuição do dano à esfera de domínio» (*Sachzuständigkeit* ou *casum sentit dominus*), a ideia básica que preside à remissão do §254 II e ao conteúdo do nosso artigo 571.° é, sem dúvida, a repercussão no lesado das *falhas* cometidas pelos seus auxiliares, em regra escolhidos por si e actuando segundo instruções suas. É, precisamente, a actuação na *esfera de interesses do lesado*[2500] que justifica o *tratamento unitário* do lesado e do auxiliar[2501]e, consequentemente, o risco de aquele vir a

---

[2493] *Op. cit.*, §16 II, p. 79.

[2494] *Est. cit.* (*supra*, n. 2438).

[2495] *Est. cit.* (*supra*, n. 2438).

[2496] *Op. cit.*, pp. 104 e ss. («*Für §254 BGB gilt ein eigener Begriff des Dritten, dessen Verhalten anzurechnen ist*»).

[2497] *Op. ult. cit.*, §31 I, pp. 547-548.

[2498] *Est. cit.*, AcP (152), 1952/1953, pp. 77 e ss. e *op. cit.*, p. 403.

[2499] *Op. cit.*, p. 142.

[2500] WESTERMANN (*Haftung für fremdes Handeln*, in JuS 1961, p. 342) alude a uma «relação de articulação» (*Einschaltungsverhältnis*) e HENKE, *est. cit.*, JuS 1990, p. 34, exclui dessa «esfera» as pessoas que «...*der Geschädigte nicht beeinflussen kann*». O professor de Kiel coloca, por ex., a questão de se poder «imputar» ao dono de um veículo *rebocado* o concurso de culpa do rebocador num acidente em que intervenha um terceiro.

[2501] De «unidade de imputação» (*Zurechnungseinheit*) fala HAGER, *est. cit.*, NJW 1989, p. 1642, mas é de referir que autores como RÜßMANN, *op. cit.*, §254, p. 198, colocam reservas à solução em virtude da complexidade que a sua aplicação pode trazer para um conjunto de *auxiliares independentes*.

Na doutrina austríaca, é significativo o pensamento mais recente de M. KAROLLUS, *Gleichbehandlung von Schädiger und Geschädigten bei der Zurechnung von Gehilfenverhalten*, in ÖJZ 1994, pp. 257 e ss., dado colocar reservas ao simetrismo

734   *A conduta do lesado*

suportar a insolvência do último ou de prescindir do exercício do *regresso*.

A redacção dada ao artigo 571.° e a interpretação que dele deve ser feita, segundo o fundamento enunciado e os subsídios fornecidos pelos trabalhos preparatórios [2502], levam-nos a aceitar, com cautelas, um quase-princípio do direito alemão, reflectido numa série de disposições especiais, e que, na zona dos *danos materiais*, prevê a «imputação» ao lesado da culpa das pessoas que exercem um *poder de facto* sobre coisas a ele pertencentes. O relevo desta «soberania material» (*Sachherrschaft*), pressupondo no sistema alemão uma responsabilidade não culposa do lesante e tendo por escopo principal «fugir» à redacção cerceadora do §831, abarcará, no nosso sistema, a conduta contributiva dos *comissários* [2503] e a daquelas pessoas (com maior ou menor ligação ao lesado) a quem se *tenha entregue* determinado objecto numa manifestação de *maior ou menor interesse pessoal*, cuja

---

(aplicação ao lesado dos §§1313a e 1315 do ABGB, correspondentes, respectivamente, aos nossos artigos 800.° e 500.°) defendido por KLETÉCKA, aderir ao conceito alemão dos *Bewahrungsgehilfen* e considerar as pessoas a «quem o lesado tenha confiado a possibilidade de cuidar dos seus bens e interesses» (como o transportador de bens, a vizinha que leva o cão a passear ou o comodatário de uma bicicleta). Ver também KOZIOL/WELSER, *op. cit.*, p. 458 e o estudo de DULLINGER, *cit.*.

A questão é menos nítida no seio da dogmática italiana, parecendo ser dominante a ideia *solidarística* (ver, contudo, a terceira parte do artigo 10.° do Decreto de 1988 sobre a responsabilidade do produtor) e não a transposição do princípio dos artigos 1228.° e 2049.° do *Codice* (cfr. BARASSI, *op. cit.*, II, pp. 550-551, VISINTINI, *La responsabilità contrattuale...*, *cit.*, pp. 46 e ss. e *L'inadempimento delle obbligazioni*, in *Trattato di diritto privato*, *cit.*, p. 226 (defendendo a extensão do artigo 1228.° à «*obbligo*» prevista na segunda parte do artigo 1227.°) e TRIMARCHI, *Rischio...*, *cit.*, pp. 309 e ss.. Ver, no entanto, para a «imputação» ao lesado-comitente dos actos do seu comissário, BIANCA, *op. cit.*, pp. 452 e ss., CORSARO, *est. cit.*, RTDPC 1965, p. 486 e CAVATORTA, *Sulla opponibilità all'impreditore danneggiato del concorso di colpa del suo dipendente*, in Arch. RC 1968, pp. 436 e ss..

[2502] Ver o n.° 4 do artigo 3.° do articulado relativo aos acidentes de trânsito («*Se, para o dano a uma coisa, contribui o facto de quem exerce sobre ela um simples poder material, é esse facto equiparado ao do lesado*») no BMJ n.° 90, *cit.*, p. 308. Na legislação alemã, ver, entre outros, os §§9 da *Straßenverkehrsgesetz* e 4 da *Haftpflichtgesetz* (cfr. FILTHAUT, *op. cit.*, n.° 17, p. 213). Para o princípio que decorre da legislação avulsa, ver ROTHER, *op. cit.*, pp. 143-144, FINGER, *est. cit.*, JR 1972, p. 413 e WOCHNER, *op. cit.*, p. 158 e, sobre a influência na legislação austríaca dessa metodologia, ver DULLINGER, *est. cit.*, pp. 27-28.

[2503] Para uma aplicação, ver o acórdão da RC de 21 de Janeiro de 1986, publ. na CJ, ano XI, tomo 1, 1986, p. 33, embora o tribunal só tenha aplicado o disposto no artigo 570.°,1.

Repercussão subjectiva da conduta do lesado 735

contrapartida é a «assunção» do risco que acompanha a «cedência». Ir mais longe, admitindo neste nível «interno» a «imputação» de condutas culposas das pessoas que se apropriaram *indevidamente* (*rectius,* sem autorização do dono[2504]) das coisas ou que as utilizaram no seu *interesse exclusivo*[2505] *ou dominante*, é onerar o lesado, estendendo em demasia o «pensamento» implicado no artigo 571.° e convertendo-o numa norma tuteladora das posições dos directamente implicados no dano. Esta visão restritiva deve ser potenciada aos casos em que, na ausência de uma «culpa» pessoal, não deve ser «imputado» ao transportado lesado a responsabilidade em que venha a incorrer o transportador *autónomo* ou a pessoa a quem *não confiámos* a nossa autoprotecção pessoal. A nosso ver, uma eventual «assunção» da conduta contributiva só poderá ocorrer, se o condutor «funcionar» como *comissário* do transportado[2506], tanto mais que reputámos de

---

[2504] Fora desse contexto mais específico, para a exclusão, como causa de «imputação», da «detenção» do autor do furto, ver WEIDNER, *op. cit.*, pp. 72 e 88 (no n.°3 do «seu» §254 não prescinde da presença da *vontade* do titular do bem) e LARENZ, *op. ult. cit.*, §31 I, p. 548 e n.31. Na proposta de HOHLOCH, *est. cit.*, p. 1834, a equiparação exige que a detenção corresponda ao *exercício de um direito* (§254,4).

[2505] Precisamente no caso decidido pelo STJ, em acórdão de 15 de Junho de 1989, publ. no BMJ n.° 388, pp. 495 e ss., não se «imputou» a certa sociedade o dano concausado por um seu sócio-gerente no veículo pertencente à primeira. Tendo ficado provado que o sócio-gerente actuava «a título meramente individual ou pessoal» (*in casu*, o veículo ficou danificado pela queda do muro de uma capela, que andava a ser demolida por populares, apesar da oposição do sócio-gerente e da sua família e tendo aquele, na altura, intimado a que parassem os trabalhos), entendeu-se, e bem, não ser aplicável o disposto nos artigos 571.° e 570.°. O que não teve muito sentido foi a invocação, no relatório da decisão, do regime de responsabilidade extracontratual das pessoas colectivas, dado não ter estado em causa qualquer acto ou omissão culposas do seu representante que reconduzissem a hipótese para o quadrante do artigo 500.°. Do que se tratava era apenas da questão de saber se a sociedade, enquanto *lesada*, suportava a conduta concorrente do seu sócio-gerente. A confusão dos planos da responsabilidade e da «autoresponsabilidade» transparece manifestamente no voto de vencido de JOÃO SOLANO VIANA, quando afirma que «a autora não pode ser responsabilizada pela conduta do seu representante legal e, portanto, não lhe pode ser imputada culpa no evento» (p. 502).

[2506] O STJ, em acórdão de 21 de Julho de 1970, publ. no BMJ n.° 199, pp. 206 e ss., e contra a tese da «solidariedade», defendida na Relação, entendeu aplicar ao dono do veículo a percentagem de culpa do condutor-familiar, raciocinando, contudo, segundo a lógica da responsabilidade (com invocação do artigo 56.°,4 do anterior Código da Estrada). Como o condutor não era comissário do passageiro transportado, não compreendemos que a RL, em acórdão de 6 de Janeiro de 1987, publ. na CJ, ano XII, tomo 1, pp. 91 e ss., tivesse «imputado» ao lesado os 20% da quota de culpa

736   *A conduta do lesado*

duvidosa a aplicação dessa ideia quando o transporte estiver a ser feito no veículo de outrem, no *interesse exclusivo* do lesado e a seu pedido.

Uma última questão, que o teor do artigo 571.° pode colocar, contende com a sua aplicação relativamente às pessoas a quem o lesado *recorra* para *reduzir* ou *eliminar* o dano sofrido. Numa visão estrita das coisas, que valorasse, como acontece em sectores do pensamento alemão, o *dever* do lesado de reduzir o dano, poderíamos ser levados a concluir que a conduta culposa desses «auxiliares» (*maxime* oficinas de reparação, médicos e peritos) se deveria repercutir nos direitos do lesado. Tendo, contudo, em atenção o princípio que decorre das regras gerais relativas à obrigação de indemnização, e que, como já vimos, coloca, em regra, no lesante, o encargo de remover o dano causado, não se justifica considerar esses terceiros como «auxiliares de cumprimento»[2507], recaindo, pois, sobre o responsável certos *riscos* conexionados com a *restauração* (gastos suplementares relacionados com uma maior demora na reparação do veículo[2508] ou com uma prestação defeituosa de serviços médicos[2509], sempre que o chamado «risco do médico» não ultrapasse o nível do tolerável), desde que não se prove que o lesado foi precipitado na escolha, atendendo, por ex., à pouca confiança ou competência de que gozavam aqueles profissionais[2510]. A circunstância de essas pessoas não actuarem no círculo de

---

atribuível ao condutor de um autocarro, que não conseguiu evitar o embate num veículo pesado de carga estacionado na auto-estrada.

[2507] A «auxiliares de reposição» (*Herstellungsgehilfen*) alude MEDICUS no seu *Schuldrecht*, I, *cit.*, §55 IV, p. 281, assumindo uma posição representativa da doutrina e da jurisprudência alemãs dominantes, traduzida na não aplicação dos §§ 254 II e 278 do BGB (cfr. igualmente ESSER/SCHMIDT, *op. cit.*, I, 2, §32 I, p. 193, KÖHLER, *op. cit.*, pp. 262-263 e KÖHNKEN, *est. cit.*, VersR 1979, p. 790, com a tónica na ideia de uma partilha justa). Cfr. também DULLINGER, *est cit.*, p. 94.

[2508] No caso decidido pela RC, no acórdão de 1 de Março de 1978, in CJ, ano III, tomo 2, 1978, p. 697, a constatação de que o veículo não ficara em condições aceitáveis, devido à necessidade de se terem recuperado peças danificadas, relevava apenas o dano *adequado* da desvalorização.

[2509] Ver, para um exemplo, a decisão do OLG Köln de 14 de Outubro de 1985, in NJW 1986, p. 1545, numa hipótese em que houve necessidade de uma nova intervenção cirúrgica.

[2510] A propósito da derrocada de uma malhada, devida a culpa, quer do dono de uma exploração de engorda de porcos, quer de um técnico de engenharia, este último pretendeu «imputar» ao primeiro a demora na sua reconstrução, invocando para tal o *tempo excessivo* gasto na *investigação pericial* tendente a apurar as causas do evento. O relator da decisão – e referimo-nos ao acórdão do STJ de 21 de Maio de 1974, publ. no BMJ n.° 237, pp. 216 e ss. —, o Conselheiro ARALA CHAVES, negou a existência de

interesses *exclusivos* do lesado, tendo em conta que este último só a elas recorre pela «pressão» do evento lesivo – e não, como entende KOLLER[2511], como fruto de uma *opção com risco* – e numa atitude substitutiva *«praeter legem»* (de cujo êxito pleno se aproveitaria o lesante) ou «imposta» ao lesado pela natureza *corporal* dos danos, torna justo, numa avaliação sensata dos interesses, que o lesado não seja prejudicado com a sua iniciativa e que o lesante não beneficie com uma reintegração *promovida* pelo lesado, embora menos conseguida.

---

uma adequação causal «entre a culpa do réu e a demora havida», mas também é certo que nada apontava para uma *culpa* do *lesado* na escolha do perito ou para uma negligência grosseira na demora da perícia. Também na hipótese resolvida pelo STJ, em acórdão de 24 de Março de 1977, publ. no BMJ n.° 265, pp. 233 e ss. – os bombeiros acorreram ao incêndio deflagrado numa drogaria, onde se armazenavam materiais inflamáveis, e que se propagou a um prédio vizinho – a circunstância daqueles não estarem equipados com neve carbónica não seria de «imputar» ao lesado para reduzir a (maior) indemnização, resultante, no caso, do fracasso em evitar a (maior) extensão do dano.

[2511] *Die Verteilung des Risikos einer unsorgfältigen Schadensbeseitigung zwischen Schädiger und Geschädigten*, in NJW 1971, pp. 1776 e ss.. Divergindo da orientação dominante, INGO KOLLER só «imputa» ao lesante os chamados «riscos típicos».

PARTE V

CRITÉRIO E RESULTADOS DA PONDERAÇÃO DAS CONDUTAS CULPOSAS DO LESANTE E DO LESADO

CAPÍTULO I

ORIGENS E CONTEÚDO DO MODELO DE REPARTIÇÃO PREVISTO NO ARTIGO 570.°,1

> **Sumário:** 87 – Critério subjectivo (ou de raiz austríaca) *versus* critério objectivo (ou de inspiração alemã); 88 – O sistema misto consagrado no artigo 570.°,1: fonte, âmbito material e conjugação dos factores; 89 – A reafirmação da abertura do critério do artigo 570.°,1 à consideração de outros elementos relevantes; 90 – As questões da prova da conduta culposa do lesado.

87. Critério subjectivo (ou de raiz austríaca) *versus* critério objectivo (ou de inspiração alemã)

Ocorrido o dano, por efeito das condutas concorrentes e, em regra, culposas, do lesante e do lesado, ou de pessoas «próximas», o julgador é o agente de uma tarefa, mais ou menos complexa, dirigida à repartição final desse mesmo dano. Este encargo, que só aparentemente tem a ver com uma simples operação matemática [2512], não obedece a um processamento arbitrário, subjectivista, segundo um sentimento mais ou menos intuitivo, mas surge enquadrado por parâmetros legais que fornecem um quadro básico de referência. A valia de normas, como a do artigo 570.°,1, preclude o cometimento ao tribunal de um puro decisionismo, mas também não acolhe, numa leitura histórica, a outorga, pura e simples, de poderes equitativos determinantes do *an* e do *quantum* indemnizatórios. A necessidade de se partir de certas *balizas* nem sequer é infirmada, como à primeira vista o poderia ser, por dados legais «generosos» (como sucede nos direitos suíço e grego)

[2512] Utilizando a curiosa expressão «dosimetria relativa», J. PINTO FURTADO, no acórdão da RE de 17 de Maio de 1977, in CJ, ano II, tomo 3, 1977, p. 552, e a propósito da questão da determinação das culpas dos responsáveis solidários, afirma que não há «qualquer regra fixa e objectiva, para que possa afirmar-se, com matemática precisão, a medida de cada uma das culpas...».

742   *A conduta do lesado*

ou, sintomaticamente, pela ausência de um qualquer texto genérico atinente à conculpabilidade (como é o caso paradigmático do direito francês).

Já vimos [2513] que foi por mérito do pensamento jusnaturalista que o ABGB [2514] abandonou o «tudo ou nada» romanista, sistematizando e simplificando o casuísmo «prussiano» e acolhendo um critério *subjectivo* de apreciação do concurso de condutas, assente na análise liberal da *proporcionalidade culposa* e no recurso subsidiário (para os casos de culpas iguais ou de grau duvidoso) a uma *repartição igualitária*, a que GROTIUS se mostrara fiel. Nesta linha subjectiva, com tanto de incipiente, como de natural, e que conferia primazia à *intensidade* das culpas, veio a inspirar-se a jurisprudência francesa [2515], particularmente predisposta a receber o critério, em sintonia com a perfilhação de certas concepções sobre a responsabilidade civil e a culpa do lesado. A responsabilidade *partagée* surgiu manifestamente influenciada pelo *modus* de repartição interna entre os co-autores solidários [2516], mas não deixou de superar, por vezes, a «filiação» austríaca, ao fazer concessões a uma avaliação objectiva (*rectius*, em termos de causalidade) das culpas [2517].

A prevalência dada à apreciação da gravidade das culpas foi advogada como solução *justa* e *razoável*, mas não deixava de traduzir o sentimento dominante de sancionar e de prevenir condutas «imorais»

[2513] *Supra*, n.°33.

[2514] Sobre o §1304 do ABGB, ver KOZIOL, *op. cit.*, p. 241, KOZIOL/WELSER, *op. cit.*, p. 457 e, para explicitações práticas, RUMMEL/REISCHAUER, *op. cit.*, n.° 5, p. 2252 (acentuando o relevo que a jurisprudência dá ao *sentido* das normas violadas).

[2515] Cfr. *supra*, pp. 361-362, para as concepções de LAURENT e DEMOLOMBE. Ver ainda DESCHIZEAUX, *op. cit.*, pp. 52 e ss. (e *supra*, n. 1174) e, para a influência no critério do escopo «reparador» do *arrêt Desmares*, ver STARCK/ROLAND/BOYER, *op. cit.*, n.ᵒˢ 260, pp. 149-150 e 550, p. 286.

[2516] Cfr. J. FLOUR/JEAN-LUC AUBERT, *op. cit.*, n.° 175, p. 171.

[2517] O silêncio do *Code Civil* facilitou a teorização de vários critérios, como o da cómoda partilha fraccionada ou «por cabeça» (*judicium rusticorum*), defendida, até certa fase, por H. e L. MAZEAUD (cfr. *supra*, n.1174), a partir da «equivalência das condições» (ver, para a arbitrariedade dessa relação proporcional, LAPOYADE DESCHAMPS, *op. cit.*, pp. 186 e ss. e ÁLVARES DE MOURA, JP, *cit.*, ano 2.°, pp. 113--114). Semelhantemente, e para CHABAS (H.- e L.- J.- MAZEAUD/CHABAS, *op. cit.*, n.° 594, p. 681), o critério «lógico» de repartição deveria conduzir a uma *«partage par moitié»* (ver igualmente BAUDOUIN, *«Contributory negligence» y concurrencia de culpas en la jurisprudencia del Estado de Quebec,* in Revista del Instituto de Derecho Comparado, n.° 3, Barcelona, 1945, p. 20).

Critério e resultados da ponderação das condutas culposas 743

(quer do lesante, quer do lesado[2518]), apresentando-se a responsabilidade «*envers soi-même*» de JOSSERAND como o reflexo da ideia de pena privada, defendida por HUGUENEY nos princípios do século[2519]. A ausência, no sistema jurídico francês, de uma norma com a função do nosso artigo 494.° levou certa doutrina a mover críticas ao critério da *partage-sanction*, em nome da tutela reparadora da responsabilidade civil e avocando argumentos relativos ao favorecimento da arbitrariedade[2520], da litigância e, como razão mais moderna, à desvalorização do instrumento do seguro. Ainda durante o século XIX, a preferência por um sistema desligado de cambiantes objectivas, mas com um inegável fundo sancionatório, iria ser revelada, entre nós, pelo §2.° do artigo 2398.° do Código velho, enquanto resultante da influência austríaca e, como salientámos na altura, da «junção» prussiana, divulgada por COELHO DA ROCHA e CORRÊA TELLES, entre a culpa do lesado e as regras da solidariedade[2521].

Na Alemanha, se o §222 do Projecto inicial do BGB vai ainda manter-se fiel à corrente dominante, conquanto «purificado» da divisão salomónica do ABGB, já os §§217 do Projecto de 1892 e 254 da versão definitiva viriam a consagrar o critério objectivo da «preponderância causal» como novo referente da ponderação das condutas[2522]. Apesar da «ilusão» criada pela letra desse §254, a alteração de rumo nos trabalhos preparatórios do BGB reflectiu as concepções de certa Pandectística e a nítida influência das novas propostas objectivas da responsabilidade civil[2523].

A consagração da «causação preponderante» (*vorwiegende Verursachung*) introduziu um amplo debate na literatura germânica, dirigido quer ao esclarecimento da fórmula legal, quer ao seu eventual relacionamento com a conculpabilidade. Como contraponto aos juristas «revolucionários», como LABOWSKY, GOTTSCHALK e VON

[2518] ESMEIN, *op. cit.*, n.° 570, p. 791 e *est. cit.*, RTDC 1934, pp. 328-329, aplicava à equação da gravidade das culpas uma ideia de «causalidade psicológica»,baseada na maior ou menor probabilidade subjectiva do dano (cfr. *supra*, n. 1450).

[2519] Cfr. LAPOYADE DESCHAMPS, *op. cit.*, p. 195, n.(1).

[2520] BEUDANT, *op. cit.*, p. 245, não deixou de colocar a ênfase naquilo que considerou ser a «aritmética complexa» do critério.

[2521] Para os princípios que comandavam a aplicação do modelo *subjectivo* do §2.° do artigo 2398.°, ver *supra*, n.° 35.

[2522] Ver *supra*, p. 359.

[2523] Assim, KLAUSER, *est. cit.* (*supra*, n. 533), pp. 369-370.

LEYDEN[2524], que decidiram colocar a tónica na ponderação das culpas, ENDEMANN[2525] manteve-se fiel à «relação causal», enquanto LEONHARD[2526] procurou fazer a simbiose entre as duas atitudes, não fechando a porta à consideração de todas as circunstâncias, o que viria a legitimar a caracterização do §254 como «norma de equidade» (*Billigkeitsnorm*)[2527] ou como «cláusula geral» apta para uma «repartição discricionária» (*Quotierungsermessen*)[2528].

A equivocidade literal desse §254, não suprida pelo seu teor flexível, provocou um pensamento clarificador, tendente ao afastamento de uma graduação empírica ou de uma cisão das condições-causas[2529], e gerou uma corrente jurisprudencial e doutrinária maioritárias[2530], inspirada pelas teses de MAX RÜMELIN[2531] e partidária da averiguação da «eficácia causal» de acordo com a «probabilidade para a produção do dano» de cada conduta, mas sem rejeitar o auxílio da culpa como factor comprovativo ou correctivo de um *juízo de aptidão* necessariamente falível.

Como se constata das posições críticas de KLAUSER[2532] e de ROTHER[2533], o «nó górdio» do problema é, precisamente, o da exacta

---

[2524] Para esses autores, ver ROTHER, *op. cit.*, p. 45, n.(2). Cfr. também WENDT, *Eigenes Verschulden...*, *cit.*, pp. 165 e ss. e *Die im Verkehr...*, AcP 87 (1887), *cit.*, p. 442 (com o temperamento da equidade).

[2525] *Op. cit.* §132, p. 756.

[2526] *Op. cit.*, p. 193.

[2527] DEUTSCH, *Unerlaubte Handlungen...*, §13, p. 90.

[2528] ESSER/SCHMIDT, *op. cit.*, I, 2, §35 IV, pp. 267-268.

[2529] Entre outros, ver WEIDNER, *op. cit.*, p. 27, n.(1), GOTTWALD, *op. cit.*, p. 109 («*Für das Mitverschulden bei der Schadensentstehung sind somit die realen Wirkanteile gegeinender abzuwägen*»), ROTHER, *Die Begriffe Kausalität...*, *est. cit.*, Festschrift für LARENZ, p. 553, e *est. cit.* (*supra*, n. 1167), pp. 793-794 («*hier kann nur noch die Mitverursachung als solche... erkannt*»), LANGE, *op. cit.*, §10 XII, p. 609 e ESSER/SCHMIDT, *op. cit.*, I, 2, §35IV, p. 267.

[2530] Como autores mais antigos, ver ENNECCERUS/LEHMANN, *op. cit.*, §16, p. 81, BLOMEYER, *op. cit.*, §32, p. 185, WESTER, *op. cit.*, p. 258, DUNZ, *est. cit.*, NJW 1964, *cit.*, p. 2133 e NJW 1986, *cit.*, p. 2234, BÖHMER, *Gedanken zur Ursachenabwägung nach §254 BGB*, in MDR 1963, p. 732 (ao aludir a uma «*Hauptursache*»), e, mais modernamente, LARENZ, *Lehrbuch...*, *cit.*, §31 I, p. 549 (mais expressivamente do que na 13ª ed. de 1982), MEDICUS, *Schuldrecht*, I, *cit.*, §59 III, p. 311, DEUTSCH, *op. ult. cit.*, §13, p. 89, FIKENTSCHER, *op. cit.*, n.° 571, p. 342 (menos maleável na ed. anterior, p. 352 c)) e HOHLOCH, *op. cit.*, pp. 468-469 e 474 (na sua proposta de alteração legislativa, há uma referência simultânea à «preponderância causal e culposa»).

[2531] AcP 90, *cit.*, pp. 307 e ss..

[2532] *Est. cit.*, NJW 1962, pp. 369 e ss..

Critério e resultados da ponderação das condutas culposas   745

compreensão do referente objectivo do §254, na medida em que aquilo que parece estar em sintonia com a faceta *valorativa* da «adequação», tal como surge evidenciado por juristas como LARENZ[2534], GOTTWALD[2535] e LANGE[2536], não foi adoptado por KLAUSER, ao argumentar com a função restritiva (afirmação-negação) da «adequação», nem por ROTHER, ao substituir a «retórica da causação» (*Verursachungsfloskel*) pela análise da «preponderância da culpa».

O receio do unilateralismo literal do §254, e que o pensamento alemão dominante procura acautelar, em ordem à «diferenciação» das condutas[2537], levou KLAUSER ao relevo de um nebuloso «grau de irregularidade material» (*Grad der Sachwidrigkeit*), identificado por DUNZ como *conduta subjectivamente deficiente*, articulado por ROTHER com a ideia de *negligência objectiva*,mas, ao que pensamos, mais aderente à valoração do próprio *fundamento* responsabilizante e autoresponsabilizante. Conquanto o jurista alemão desloque a «medida da *perigosidade*» para o plano circunstancial, não parece, e em rigor, que o seu pensamento envolva qualquer análise estatística da «preponderância causal»[2538]. O que se nota em KLAUSER é o peso excessivo colocado na «ordenação dos deveres» e o sufrágio por uma visão do §254 como uma espécie de *cláusula geral* em que a culpa é chamada a corrigir distorções patentes. Já ROTHER, ao criticar o recurso dominante à probabilidade-adequação e ao repudiar a consideração das «forças mecânicas», foi conduzido a uma leitura

---

[2533]*Op. cit.*, pp. 57 e ss. e *est. cit.*, VersR 1983, pp. 793 e ss..

[2534] *Loc. ult. cit.*.

[2535] *Loc. ult. cit.*.

[2536] *Loc. ult. cit.*. LANGE (p. 610) não deixa de criticar o *modus* como VENZMER (*op. cit.*, p. 133) e WESTER (*op. cit.*, p. 253) abordam a «avaliação contributiva», demitindo-se de uma visão de conjunto do processo concausal para se situarem numa perspectiva *parcelar* que «joga» com o mero *favorecimento* (para o evento) de cada condição, de acordo com a avaliação de um «observador óptimo».

[2537] LANGE, *op. ult. cit.*, §10 XII, p. 611, não deixa de citar o exemplo do mesmo acto de atravessamento, com sinal proibitivo, feito por uma criança de 7 anos, por um jovem de 12 anos e por um adulto (cfr. igualmente HONORÉ, *est. cit.*, n.174, p. 122).

[2538] Nesse sentido, LARENZ, *Lehrbuch...*, 9ª ed., *cit.*, §15 II, p. 184, n.3, e, para uma crítica a KLAUSER, ver DUNZ, *est. cit.*, NJW 1964, p. 2134, WESTER, *op. cit.*, p. 254 e ROTHER, *op. cit.*, p. 60 (ao entender que as hipóteses problemáticas de KLAUSER podem ser resolvidas com a graduação da culpa) e *est. cit.*, Festschrift für LARENZ, p. 553.

«subjectiva» do critério afirmado no §254[2539], em articulação com o relevo, na avaliação das culpas, de um conjunto de elementos circunstanciais (idade, capacidade, deficiências pessoais).

Se bem que nem sempre bem «recebido», o critério instituído pelo BGB teve repercussão em certos sectores da doutrina italiana (o caso de VALERI[2540]), no próprio projecto franco-italiano[2541] e, até certo ponto, em DESCHIZEAUX, quando vemos o jurista francês a mostrar preferência pelo critério da «possibilidade objectivamente danosa de cada culpa»[2542]. Há que dizer, no entanto, que o modelo surgido com o §1304 do ABGB continuou a ser o mais aplicado em sistemas «silenciosos», como o direito espanhol[2543], ou com normas do tipo da do artigo 570.°,1, simultaneamente amplas e imprecisas (o artigo 44.°,1 do Código suíço[2544] e o §1(1) do *Law Reform* (*Contributory Negligence*) *Act*[2545]).

O legislador italiano do Código de 1942 conservou-se fiel a essa linha dominante, mas teve o mérito de reagir contra a *inaptidão* dos

---

[2539] Ver no *est. cit.*, VersR 1983, p. 798, a sua proposta de alteração do §254 («...*vorwiegend von dem einen oder dem anderen Teile verschuldet worden ist*»). Para o relevo da ponderação das culpas, ver também HENKE, *est. cit.*, JuS 1991, pp. 270-271.

[2540] Cfr. *supra*, p. 367, n. 1196.

[2541] *Supra*, n. 1190.

[2542] *Op. cit.*, pp. 55 e 110.

[2543] Parece haver aí duas tendências diferentes, uma das quais procede à aplicação equitativa do artigo 1103.° (correspondente ao nosso artigo 494.°, mas localizado nas normas gerais relativas às obrigações) e a outra à valoração da «*acentuada intensidad*» da culpa. Ver, para essa dualidade, SOTO NIETO, *est. cit.*, RDP 1968, pp. 418 e ss., HIRSCHFELD, *est. cit.*, RDP 1979, p. 1043, SANTOS BRIZ, *est. cit.*, RDP 1988, pp. 776 e ss. e DIEZ-PICAZO/GULLÓN, *op. cit.*, pp. 606-607. Mais próximos de um critério idêntico ao perfilhado entre nós, estão ALBALADEJO, *op. cit.*, pp. 523 e ss., ao criticar o recurso ao artigo 1103.° e ao defender a valoração da relação entre a proporcionalidade culposa e o dano, e C. RODRÍGUEZ MARÍN, *est. cit.*, RDP 1992, pp. 117-118, n.21 e 125, ao preferir a aplicação do artigo 1902.° («*El que por acción u omisión causa daño a otro, interviniendo culpa o negligencia, está obbligado a reparar el daño causado*»).

[2544] Sobre o critério basicamente *subjectivo* que preside à aplicação do preceito, ver, entre outros, HÄBERLIN, *op. cit.*, pp. 74 e ss., OFTINGER, *op. cit.*, p. 268 e HONSELL/SCHNYDER, *op. cit.*, artigo 44.°, n.°4, p. 332 e n.°8, p. 334.

[2545] Na tradição do *Maritime Conventions Act* de 1911, o «*apportionment of damages*» obedece à consideração da *blameworthiness of each party*, de acordo com os princípios traçados por Lord REID no caso *Stapley v. Gypsum Mines Ltd* (1953), mas sem fechar a porta à analise da *causative potency* (cfr. STREET/BRAZIER, *op. cit.*, pp. 247-248, FLEMING, *op. cit.*, pp. 246-248 e, para certas aplicações práticas, GRAVELLS, *est. cit.*, pp. 594 e ss.).

Critério e resultados da ponderação das condutas culposas   747

modelos unilaterais, tal como já fora evidenciado por CANDICE[2546], ao assinalar a possível não correspondência entre a gravidade da culpa e a sua aptidão causal. O artigo 1227.° do *Codice*, combinando a «*gravità della colpa*» com a «*entità delle consequenze*», terá estabelecido, de certa forma, a «ponte» entre os critérios austríaco e alemão, embora, por ex., MENGONI[2547] tivesse feito uma interpretação *sui generis*, em sintonia com a ideia de que o preceito acolhera o critério do §254 do BGB! Já a leitura feita por BIANCA[2548] e por DE CUPIS[2549] corresponde, sem dúvida, a uma melhor compreensão do normativo, mesmo no que concerne ao recurso subsidiário à presunção de uma igualdade das culpas[2550] (*ex vi* do artigo 2055.°, terceiro parágrafo) ou, como é o caso de BIANCA, à valoração «aproximada», nos termos do artigo 1226.°, da co-participação das condutas. Mais do que pensarmos que o artigo 1227.° representou uma novidade num sistema imune à moderação indemnizatória baseada na menor intensidade da culpa[2551], há que considerar particularmente importantes para a correcta interpretação do artigo 570.°,1 os subsídios da doutrina italiana respeitantes ao alcance da expressão «*entità delle consequenze che ne sono derivate*». Como veremos já a seguir, o ponto não é tratado pelos nossos juristas de forma unívoca, tendo BIANCA partido desse factor *objectivo* para determinar «*...quale parte del danno sia direttamente ascrivibile a ciascun soggetto*»[2552], de acordo com a «eficácia causal» de cada conduta culposa.

[2546] *Op. cit.*, p. 97.

[2547] *Est. cit.*, in Temi 1946, pp. 575-576. Para o jurista italiano, a questão prévia do *an* indemnizatório dependeria do grau de culpa e o problema superveniente do *quantum* estaria dependente da «eficácia causal» do facto culposo. JORIO, *est. cit.*, pp. 553-554, CATTANEO, *est. cit.*, RDC I, 1967, p. 468 e BIANCA, *op. cit.*, p. 409, emitiram críticas a essa concepção de MENGONI.

[2548] *Op. cit.*, pp. 409 e ss..

[2549] *Op. cit.*, pp. 255-256.

[2550] FORCHIELLI, *La colpa lievissima, cit.*, RDC I, pp. 200-201, considera que, por uma razão de coerência com o disposto na última parte do artigo 1227.°, não há lugar na aplicação da sua primeira parte para o relevo da culpa *muito leve*.

[2551] Não é, assim, de admirar que um autor como TEDESCHI (*est. cit.*, RDCDO I, 1931, p. 748) tivesse sufragado o «nada» indemnizatório para as hipóteses concursuais.

[2552] *Op. cit.*, p. 410. Ver, no mesmo sentido, DUNI, *Gravità delle colpe concorrenti della vittima e dell'imputato di delitto colposo*, in RGCT 1960, pp. 3 e ss. e *Colpe concorrenti e misura del risarcimento dovuto al danneggiato dal responsabile o da ciascuno dei vari responsabili ovvero da uno o piú gruppi di responsabili*, in Giust. civ., 1967, pp. 214 e ss., DE CUPIS, *op. cit.*, I, p. 256, ALPA/BESSONE, *I fatti illeciti, op. cit.*, pp. 298-299, SALVI, *Responsabilità extracontrattuale*, ED XXXIX, *cit.*,

88. O sistema misto consagrado no artigo 570.°,1: fonte, âmbito material e conjugação dos factores

Na altura em que VAZ SERRA levava a cabo a pesada tarefa de reelaborar a matéria do Direito das Obrigações, o critério subjectivo do Código de Seabra «convivia» com disposições da legislação rodoviária imbuídas de uma maior flexibilidade, dado o seu apelo ao «prudente arbítrio do julgador»[2553]. Sopesando as virtudes e os defeitos do critério consignado no §254, VAZ SERRA mostrou-se sensível às críticas que tinham sido feitas ao teor unilateral daquele parágrafo, vindo a adoptar, precisamente, uma fórmula e um sistema[2554] (os do artigo 1227.°) que já tinham representado reacções às insuficiências dos referentes restritivos. Ao combinar a *intensidade* do aspecto *subjectivo* da conduta com a valoração da sua *incidência contributiva* o legislador nacional não deu o flanco às posições que, no seio do §254, pretendiam consagrar um puro critério subjectivo, manteve-se fiel ao pressuposto *dominante* da responsabilidade civil e rejeitou naturalmente a secundarização do factor subjectivo, dada a ausência de opção por uma «objectivação» da culpa. E num sistema em que o ideário do artigo 494.° representava uma verdadeira pedra-de-toque, com um inegável «tom» sancionatório, a doutrina da norma do artigo 570.° não deixava de ser o corolário lógico, mas mais complexo, dessa *proporcionalidade* entre a medida da culpa e o *quantum* indemnizatório.

É de notar que, contrariamente à separação de hipóteses, que se encontra no preceito italiano, o artigo 570.°,1 abarcou sob um mesmo critério avaliador as factualidades da produção e do agravamento do dano, rejeitando, assim, a concepção transalpina de uma mera imputação ao lesado das consequências lesivas posteriores. Não

---

p. 1256, e FRANZONI, *op. cit.*, p. 399. FORCHIELLI, *Il rapporto...*, *cit.*, pp. 80 e 137, n.(15) é que enfatiza o factor «gravidade das culpas» (como critério decisivo de uma «*valutazione equitativa*»), reduzindo o elemento objectivo ao mero «*ammontare dei danni prodotti*». No entanto, no seu *Responsabilità civile, cit.*, pp. 30-31, FORCHIELLI volta a integrar-se no pensamento dominante, ao relevar «*una razionale ripartizione del risarcimento in funzione della parte di danno «adeguatamente» prodotto...*».

[2553] Ver *supra*, n.°36.

[2554] O artigo 570.°,1 é, nessa parte, a reprodução, com ligeiras alterações formais, de um trecho do primeiro parágrafo do artigo 1.°, parágrafo 1.°, do Anteprojecto parcelar («*... atendendo à gravidade das culpas de ambas as partes e às consequências que delas resultaram...*»). Como se nota, a forma plural adoptada por VAZ SERRA é a projecção do discurso singular utilizado pelo legislador do artigo 1227.° («*...secondo la gravità della colpa e l'entità delle consequenze che ne sono derivate*»).

Critério e resultados da ponderação das condutas culposas 749

partindo de um conceito de agravamento relacionado com condutas anteriores à lesão, mas situando a figura ao lado do facto produtivo para melhor relevar uma natureza consequente ao dano inicial, o legislador não se terá apercebido que, nesta última hipótese, e *em rigor*, o lesado não concorre (em cumulação com o facto do lesante) para o seu maior dano. Sendo certo, no entanto, que à condição-causa desencadeadora do dano primitivo – pressuposta a ausência de uma atitude contributiva do lesado – acresce uma outra causa, também não é legítimo ver-se *imediatamente,* na ausência de simultaneidade, o sinal «interruptivo» que o pensamento italiano dominante avoca para o quadrante do segundo parágrafo do artigo 1227.°. Não tendo o lesado dado origem a um dano perfeitamente autónomo [2555] ou não tendo tido uma conduta de agravamento intencional, as atitudes posteriores ao dano não são de todo independentes do acto inicial e do necessário processo evolutivo do dano, o que implica a remissão para o processo ponderativo da *imputação* a cada interveniente da sua maior ou menor participação. Como já deixámos afirmado noutro lugar [2556], a possível conduta omissiva do lesado não deve ser vista de forma rígida ou causalista (como sucede na teoria da «causalidade próxima» de FORCHIELLI), mas deve ser valorada em conexão com a fonte geradora do dano inicial. Nem nos devemos esquecer que VAZ SERRA, certamente influenciado pela remissão para o §254I do BGB do regime das «consequências da lesão» (*Verletzungsfolgen*) [2557], justificava a opção pelo tratamento global, ao dizer que, «apesar do dano poder ter sido evitado pelo prejudicado, pode mostrar-se aceitável que o causador dele responda por parte da indemnização ou até por toda ela» [2558 2559].

[2555] Ver para esse agravamento, *supra*, n.°74.

[2556] *Supra*, pp. 656-657.

[2557] Para a recusa, no direito germânico, de uma separação da dupla contribuição, ver VENZMER, *op. cit.*, pp. 186 e 193-194, KLAUSER, *est. cit.*, NJW 1962, p. 372, DEUTSCH, *Fahrlässigkeit...*, *cit.*, pp. 363-364 (criticando LEONHARD), E. SCHNEIDER, *Zweifelsfragen beim Zusammentreffen von Mitverschulden und Mitverursachung bei Entstehung und Abwendung oder Minderung des Schadens*, in MDR 1966, pp. 455 e ss. (assinalando as injustiças de um resultado assente na fixação de uma percentagem contributiva *unitária*), GOTTWALD, *op. cit.*, p. 110 e os autores citados *supra*, n.2273. Numa perspectiva mais unilateral colocam-se ESSER/SCHMIDT, *op. cit.*, I, 2, §35 IV, p. 268 e PALANDT/HEINRICHS, *op. cit.*, §254, n.° 51, p. 296.

[2558] *Conculpabilidade...*, BMJ n.° 86, *cit.*, p. 148.

[2559] Cfr., para a defesa de uma solução global, DARIO MARTINS DE ALMEIDA, *op. cit.*, p. 144, e, para uma concepção que não prescinde da «delimitação causal» (embora

750 · A conduta do lesado

Não se negando que a tarefa judicial poderá ser nesta última factualidade menos complexa, atingindo, em regra, o resultado da *exclusão* indemnizatória desse *plus* de dano[2560], convém não esquecer que, para lá da hipótese *típica* e *directa* contemplada no corpo do artigo 570.°,1, fomos defendendo, noutros lugares desta dissertação, não só a *extensão-adaptação* desse critério a hipóteses concausais em que o factor responsabilizante não assenta na culpa ou que não envolvem, necessariamente duas culpas provadas[2561], mas também a sua *adequação* a casos mais específicos e de tratamento duvidoso[2562]. Esssa maior especificidade é também inerente às situações em que a culpa do lesado (*maxime* a não utilização dos acessórios de segurança), sendo apenas causa de *determinadas* lesões, não pode conduzir à fixação de uma percentagem global de co-participação.

O *modus operandi* dos dois factores relevados pelo legislador[2563], e que também se encontra noutras normas vocacionadas para uma determinada repartição do encargo indemnizatório – tarefa a que a jurisprudência já chamou, equivocamente, de «divisão das culpas»[2564] –, implica a *valoração comparativa* das condutas fácticas do lesante e do lesado na perspectiva da sua própria *intensidade*. A graduação que possa ser estabelecida pelo tribunal tenderá à fixação do *dolo*, da *culpa muito grave*, da *culpa grave*[2565], da *culpa leve*, da *culpa levíssima*, da *culpa consciente* e da *culpa inconsciente*, em função das circunstâncias de cada caso e da intervenção (*maxime* quanto ao lesado) de possíveis factores pessoais «mitigadores». Concretamente, e quanto à avaliação da culpa do lesado, a colocação em perigo de bens próprios merecerá

---

no âmbito das relações entre o risco e a culpa do lesado), ver ANTUNES VARELA, RLJ, ano 102.°, *cit.*, p. 57, n.(1). Na RLJ, ano 103.°, *cit.*, pp. 251-252, e a propósito da culpa do lesado na dilação do seu internamento, ANTUNES VARELA alude à *dedução* «do excesso imputável à conduta da vítima».

[2560] Para uma metodologia «dedutiva», ver o acórdão do STJ de 21 de Maio de 1974, in BMJ n.° 237, pp. 216 e ss. e da RL de 25 de Maio de 1982, in CJ, ano VII, tomo 3, 1982, pp. 104-105 (o caso do «contentor de fruta», já aludido *supra*, n. 2276).

[2561] Ver *supra*, respectivamente, n.ᵒˢ 24 e 49, e *infra*, n.ᵒˢ 96 e ss., para o primeiro grupo de situações.

[2562] Ver *supra*, pp. 484 e ss., para o concurso de presunções, e *infra*, n.° 94..

[2563] ANTUNES VARELA, RLJ, ano 102.°, *cit.*, p. 56 e *op. cit.*, I, p. 936, assinala, e bem, a necessidade de serem sopesados os dois elementos considerados no artigo 570.°,1.

[2564] Acórdão do STJ de 31 de Julho de 1970, BMJ n.° 199, p. 214.

[2565] A RE, no acórdão de 19 de Novembro de 1991, in CJ ano XVI, tomo 5, 1991, pp. 260 e ss., considerou como «negligência grosseira» aquela «condução com demissão dos mais elementares cuidados... com criação de grande perigo de acidente».

Critério e resultados da ponderação das condutas culposas 751

tanta maior «censura» quanta maior *indiferença* ou «adesão» revelar a atitude activa ou omissiva do lesado, embora, e como já vimos, circunstâncias atinentes aos locais em que se movimenta, à idade, às condições físicas e ao enquadramento em que actua possam intervir como elementos suavizadores do juízo relativo à falta de cuidado, de atenção ou de perícia[2566]. Relativamente a condutas tipicizadas, e que nos obrigam enquanto participantes no tráfego (como peões, transportados e condutores), a aferição da «qualidade» da culpa não poderá deixar de continuar a considerar a faceta *humana* da conduta[2567], não se bastando, como é típico na nossa jurisprudência, com uma *presunção* derivada do *número* das violações ou da «qualidade» ou do *fim* que a norma infringida pretendia proteger[2568], e a que o actual Código da Estrada dá certa cobertura ao distinguir entre

---

[2566] Ver *supra*, n.° 65.

[2567] Ao hipotizar o atravessamento de uma via pública por um peão, ANTUNES VARELA (RLJ, ano 102.°, *cit.*, p. 58), traça, acertadamente, um quadro circunstancial relevante para ser «moldada» a culpa desse lesado: « a vítima pode ter sido empurrada ou arrastada por outrem; pode ter escorregado no pavimento molhado; pode ter avançado porque... vê ou ouve muito mal, ou porque, apesar de ter visto o carro, confiou que este pararia...; pode ter atravessado a rua disposta a correr todos os riscos, dada a urgência que tinha de alcançar o lado oposto; pode tê-lo feito por mera distracção ou imprevidência...». Também no Parecer n.° 2/74, da Procuradoria-Geral da República, de 28 de Março, publ. no BMJ n.° 240, p. 148, separou-se a *gravidade* da culpa do peão, que atravessa a correr a via sem observar os devidos cuidados, da atitude de *distracção* que o leva a colocar o pé fora do passeio. *Mutatis mutandis*, e em relação, por ex., ao condutor que invada a metade esquerda da faixa de rodagem, é necessário averiguar se tal se ficou a dever a *imprudência*, a uma *manobra de emergência*, ao *desfalecimento súbito*, às *condições do piso* ou a *deficiências técnicas* do veículo.

[2568] Para algumas decisões – relacionadas com *acidentes de trânsito* e relativas ao período de vigência do anterior Código da Estrada – em que a determinação proporcional da culpa contendeu primacialmente com a «gravidade da infracção» ou a «intensidade da norma violada», ver os acórdãos do STJ de 4 de Janeiro de 1963, in BMJ n.° 123, pp. 460 e ss. (5/8 para o condutor de um veículo pesado, cuja caixa de carga chocou com o guarda-chuva que um ciclista levava aberto), de 20 de Junho de 1969, in BMJ n.° 188, pp. 151 e ss. (25% para o peão que atravessou a faixa de rodagem sem olhar para o lado de onde vinha o veículo – 75% para o condutor que não adequou a velocidade do veículo, conhecendo o mau estado de funcionamento dos travões), de 5 de Fevereiro de 1971, publ. no BMJ n.° 204, p. 138 (3/5 para o condutor de um comboio que não reduziu a marcha, nem fez qualquer aviso conveniente e 2/5 para o lesado, por ter atravessado descuidadamente uma passagem de nível sem guarda, mas com uma placa avisadora), de 20 de Junho de 1972, in BMJ n.° 218, pp. 235 e ss. (1/3 para o lesado que, de noite, numa estrada com movimento, se colocou em cima da guia e de costas voltadas para o trânsito – 2/3 para o condutor que, ao cruzar com outro veículo, se terá encostado, em demasia, ao seu lado direito), de 18 de Outubro de 1972, in BMJ n.° 220, pp. 127 e ss. (70% para o lesado, que conduzia um velocípede a motor com falta de atenção e que, para se desviar de uma carroça, que não levava luz, guinou para a esquerda, onde foi embatido por um veículo automóvel) de 2 de Maio de 1975, publ. no BMJ n.° 247, pp. 146 e ss. (*culpa mínima* do condutor, que conduzia na sua mão, mas próximo do eixo da via – *culpa grave* do lesado, por ultrapassar num piso molhado e de paralelipípedo, e na altura em que o primeiro veículo estava a cerca de 20 metros do veículo ultrapassado), da RC de 23 de Julho de 1976, in CJ, ano I, tomo 2, 1976, pp. 342 e ss. (*culpas iguais* para o condutor de uma máquina ceifeira, que não levava luz, nem reflectores traseiros e para o condutor de um veículo, que não se apercebeu, durante 100 metros, da presença do primeiro veículo), do STJ de 17 de Janeiro de 1980, in BMJ n.° 293, pp. 292 e ss. (*culpas iguais* para o condutor que, num piso molhado e escorregadio e com fracas condições de visibilidade, conduzia com velocidade excessiva e para o condutor de outro veículo que, numa manobra de mudança de direcção, o atravessou de modo a ocupar quase toda a faixa, a 40 metros de uma curva sem visibilidade), de 4 de Março de 1980, in BMJ n.° 295, p. 364 (7/8 para o condutor de um autocarro, que circulava com a porta da frente totalmente aberta, e entrou num cruzamento sem reduzir a velocidade – 1/8 para a passageira que seguia de pé por ir sair na paragem seguinte), de 22 de Maio de 1980, in BMJ n.° 297, pp. 321 e ss. (1/3 para o condutor de uma motorizada, que entrou numa estrada nacional sem respeitar o sinal de *Stop* – 2/3 para o condutor de um auto-pesado, que ultrapassou uma camioneta de passageiros num entroncamento com reduzida visibiliade), da RP de 31 de Março de 1982, in CJ, ano VII, tomo 2, 1982, p. 315 (*maior culpa* para o condutor de um automóvel, que invadiu parcialmente a metade esquerda da faixa de rodagem, do que para o motociclista, que conduzia distraído), da RE de 6 de Janeiro de 1983, in BMJ n.° 325, p. 614 (*culpas iguais* para o condutor de um autocarro, que circulava com a porta aberta e para um menor de 13 anos, que saltou do veículo em andamento lento), da RP de 12 de Novembro de 1986, in CJ, ano XI, tomo 5, 1986, pp. 248 e ss. (1/6 para o condutor de duas vacas, que infringiu o disposto nos artigos 8,3 b) e 39.°,3 do Código – 1/4 para o ciclomotorista que não levava capacete e que sofreu o embate dos dois animais), do STJ de 28 de Janeiro de 1988, in BMJ n.° 373, p. 520 (*culpas iguais* para o peão, que atravessou a faixa de rodagem com imprevidência e para o condutor, que conduzia com excesso de velocidade e pouco encostado à direita), da RP de 3 de Maio de 1988, sum. no BMJ n.° 377, p. 546 (*culpas iguais* para o condutor, que «estacionou o veículo pesado de mercadorias dentro da faixa de rodagem, a cerca de 7 metros do fim de uma curva de visibilidade reduzida, não assinalando o estacionamento com o triângulo de pré-sinalização e para o condutor de outro veículo pesado de mercadorias que, circulando na referida curva de visibilidade reduzida a cerca de 50 km e podendo avistar o veículo estacionado a cerca de 40 metros, não detém a marcha do veículo que conduzia, embatendo naquele»), de 15 de Junho de 1988, *cit. supra*, n.1354 (30% para o lesado que dormia num cais, à sombra de uma baleeira, «tendo um pé estendido para

Critério e resultados da ponderação das condutas culposas   753

contra-ordenações *leves, graves* e *muito graves* [2569]. E se é preciso não confundir os planos da ilicitude e da culpa, também não é desejável,

---

fora do volume do barco» – 70% para o condutor que «iniciou uma manobra de marcha atrás sem tomar as precauções devidas, transpondo um desnível existente no referido cais...»), da RC de 31 de Outubro de 1990, in CJ, ano XV, tomo 4, 1990, pp. 100 e ss. (3/4 para o condutor que, numa recta com boa visibilidade, por ir desatento e conduzir com uma taxa de alcoolémia de 1,85g/l, atropelou um peão, que se encontrava «no limite da berma, entre esta e o alcatrão» e tendo aquela 1 metro de largura), da RL de 17 de Janeiro de 1991, in CJ, ano XVI, tomo 1, 1991, pp. 131 e ss. (2/3 para o lesado que, ao conduzir um veículo numa noite escura, não se terá apercebido de certos sinais relativos a obstáculos na via, embatendo em bidões, apenas pintados), e do STJ de 10 de Fevereiro de 1992, *cit. supra*, n. 2444 (75% para o condutor de um tractor, que o colocou em marcha sem respeitar os artigos 5.°,5 e 6.° do Código da Estrada -- 25% para o lesado, uma criança de 4 anos, que se encontrava, sem a devida vigilância, junto do arado do tractor). Na TJ n.° 45, 1988, p. 39, é referido um acórdão do STJ em que foi atribuído 30% de culpa ao «condutor do veículo que circulava de noite, pela sua mão, à distância de 1 metro da berma, em estrada recta, plana, com largura de 6 metros, sem chuva, nem nevoeiro e 70% aos «componentes de um grupo... caminhando na mesma direcção do veículo, uns pela berma, outros pelo leito da estrada atrás de um cultivador com reboque, em 11 de Maio e num dos itinerários de Fátima...».

Na jurisprudência alemã, STAUDINGER/MEDICUS, *op. cit.*, §254, n.° 111, pp. 215--216, referem decisões em que foram atribuídas proporções de 2/3 para os danos sofridos pelo peão, que *atravessou com sinal vermelho* ou que *abdicou de utilizar uma passagem subterrânea, preferindo atravessar directamente uma via com 12 metros de largura* e para o passageiro que, conhecedor da situação , caiu no piso gelado ao deixar um autocarro. 30% do dano foi imputado ao peão, que *não utilizou uma passadeira* situada a 18 metros do local de atravessamento, e ao transportado que, antes do início da viagem, tinha tido possibilidades de averiguar o estado alcoólico do condutor. No tocante à *intensidade* da culpa, relacionada com a não utilização do *cinto de segurança*, se LANDSCHEIDT, *est. cit. (supra,* n.1743), in NZV 1988, pp. 9-10, propende para a considerar *grave* (atendendo às sequelas para o próprio e para terceiros), já KUCKUK (*apud* LANDSCHEIDT) não a equipara às violações da prioridade, nem à condução sob o efeito do álcool. LANDSCHEIDT, na apreciação da gravidade da falta do lesado, não deixa de valorar, em sentidos opostos, os casos do idoso que utiliza raramente o veículo e o da profissional de cosmética, que venha a sofrer lesões faciais (cfr. VersR 1985, pp. 868-869). Para a negação da natureza *inexcusable* dessa omissão, ver VINEY, *est. cit.*, D. 1986, p. 214 e LÉGIER, *est. cit.*, D. 1986, p. 104, n. 67.

[2569] O anterior Código da Estrada, para efeitos penais, já considerava como *culpa grave* as ocorrências no condutor das situações descritas no artigo 59.°. Visando a actual tripartição a efectivação da responsabilidade pela prática da contra-ordenação, persiste a dúvida de saber se a não utilização do cinto de segurança deve ser considerada como contra-ordenação *leve* (cfr. o n.°2 do artigo 139.°), apesar da moldura pecuniária corresponder a uma contra-ordenação *grave* (cfr. o n.° 2 do artigo 83.° e o n.°1 b) do artigo 140.°). Para efeitos de *culpabilização*, é que não devemos atribuir muito significado a essa dúvida.

754   *A conduta do lesado*

como quer DARIO MARTINS DE ALMEIDA[2570], objectivar-se a avaliação do elemento subjectivo, transformando-a numa mera análise do «processo causal da condição posta» ou numa simples averiguação da «gravidade dos factos culposos». Caso as circunstâncias concretas não permitam concluir por uma determinada graduação de culpas, essa *dúvida fundada*[2571] deve autorizar o tribunal a *presumir* a «igualdade subjectiva» em termos idênticos aos consagrados na compensação interna das relações solidárias (artigo 497.°, 2) e, de certo modo, na área da colisão de veículos, com a presunção da *equivalência* das culpas contributivas.

Transpondo para o âmbito da determinação proporcional das culpas, o «decantado e secular problema»[2572] da distinção entre a *matéria de facto* e a *matéria de direito*, a circunstância de se tratar de uma área *decisivamente* marcada pela fixação dos factos e pela formulação de juízos valorativos não tem impedido que o Supremo[2573],

---

[2570] *Op. cit.*, pp. 149-150.

[2571] Essa falta de esclarecimento não parecia existir, quer na hipótese sobre que versou o acórdão do STJ de 19 de Maio de 1970, in BMJ n.° 197, pp. 293 e ss., dado terem sido constatadas várias violações, quer no caso do acórdão, do mesmo Supremo, de 17 de Maio de 1978, publ. no BMJ n.° 277, pp. 253 e ss., e que conduziu a Relação a uma graduação, quer ainda na situação visada no acórdão da RE de 15 de Dezembro de 1983, publ. na CJ, ano VIII, tomo 5, 1983, pp. 275 e ss., se pensarmos no voto de vencido do Desembargador VARELA PINTO.

[2572] ANTUNES VARELA, RLJ, ano 122.°, *cit.*, p. 221, n(1).

[2573] Cfr. o voto de vencido de EDUARDO DE LEMOS ao acórdão do STJ de 17 de Julho de 1964, in BMJ n.° 139, pp. 285-286 e os acórdãos do STJ de 9 de Fevereiro de 1968, in BMJ n.° 174, p. 193, de 20 de Junho de 1972, *cit. (supra*, n. 2568), de 4 de Março de 1980, *cit. supra*, n.2568 («... mas já pode pronunciar-se quanto à sua graduação quando haja culpas concorrentes pois, neste caso, estão-se a interpretar e a aplicar normas de direito (artigo 570.° do Código Civil) à matéria de facto tida por assente nas instâncias»), de 6 de Março de 1980, in BMJ n.° 295, pp. 382 e ss. e de 5 de Março de 1987, in BMJ n.° 365, pp. 600 e ss.. Na anotação feita na RLJ, ano 114.°, p. 320 ao antepenúltimo aresto, e que mereceu a adesão de RIBEIRO DE FARIA, *op. cit.*, I, p. 522, n.(1), VAZ SERRA considera igualmente *matéria de direito* a valoração da culpa do lesante, tal como já o havia defendido antes, mas menos categoricamente, na RLJ, anos 110.°, pp. 150-151, em anot. ao acórdão do STJ de 27 de Abril de 1976, e 113.°, *cit.*, pp. 94, em anot. ao acórdão do STJ de 23 de Outubro de 1979 e 271, em anot. ao acórdão do STJ de 10 de Janeiro de 1980. Bastante realista nos parece a posição defendida no acórdão do STJ de 15 de Junho de 1988, *cit. (supra*, n. 2568), ao excluir concepções radicais (de ver a culpa só como *questão de facto* ou só como *questão de direito*), na linha do pensamento frutuoso de ANTUNES VARELA (RLJ, ano 122.°, *cit. supra*, n.1521, pp. 213 e ss.), com a sua distinção entre os «meros factos», os «juízos de valor sobre a matéria de facto» e as «questões de direito». Já· na RLJ,

Critério e resultados da ponderação das condutas culposas 755

em não raras ocasiões, tenha chamado a si a *revista* em nome quer da assinalada identificação entre os planos objectivo e subjectivo, quer da natureza jurídica do critério estatuído no artigo 570.°,1, pese embora a inexistência de um padrão normativo relativo à culpa do lesado. Esta intervenção «correctora», que só é admitida no sistema italiano[2574] na falta de uma adequada motivação da decisão das instâncias, e que no ordenamento alemão[2575] visa evitar uma ponderação contraditória ou feita sem a consideração de todas as circunstâncias relevantes, tem conduzido entre nós, e por vezes, a verdadeiras «revoluções», dadas as alterações radicais das «quotas» fixadas[2576 2577].

---

anos 101.°, *cit.*, pp. 215 e ss. e 102.°, *cit.*, p. 59, ANTUNES VARELA tinha advogado uma linha «compromissória», ao não remeter *só* para o círculo da *matéria de facto* a «determinação do grau de contribuição da culpa».

[2574] Cfr., BIANCA, *op. cit.*, p. 411, n.(7) e CENDON/VENCHIARUTTI, *op. cit.*, artigo 1227.°, n.° 19, p. 207.

[2575] Cfr. LANGE, *op. cit.*, §10 XIX, p. 661.

[2576] No caso sobre que recaiu o acórdão do STJ de 21 de Julho de 1970, publ. no BMJ n.° 199, p. 206 (o condutor de uma camioneta, vindo de um caminho público, entrou na estrada nacional sem os devidos cuidados e a condutora de um automóvel, apesar de ter avistado o primeiro à distância de 150 metros, não reduziu, nem parou, atendendo a que aquele condutor iniciou repentinamente a marcha), a primeira instância graduou as culpas, respectivamente, em 90% – 10%, a Relação em 75% – 25% e o Supremo em 50%-50%. Na hipótese que motivou o acórdão do STJ de 6 de Julho de 1971, publ. no BMJ n.° 209, p. 102 (o condutor de um veículo pesado, com 2,40 metros de largo e numa faixa de rodagem com 5,5 metros, violou o disposto no artigo 5.°,3 do Código da Estrada e atingiu com a tampa lateral direita do motor um peão que, numa berma de 1,40 metros, seguia a 40 cm do asfalto), à culpa exclusiva do condutor, sustentada pela primeira instância, contrapôs a Relação com a parificação das culpas e o Supremo admitiu uma culpa pequena do lesado. Tendo a primeira instância graduado a culpa do lesado em 30% (ciclista que circulava, de noite, numa bicicleta que possuía apenas um reflector vermelho) e a do lesante em 70% (condutor de um veículo que, ao baixar as luzes, no cruzamento com outro veículo, não reduziu a velocidade, vindo a atropelar o ciclista), a Relação inverteu as quotas e o Supremo, em acórdão de 7 de Outubro de 1977, in BMJ n.° 270, pp. 202 e ss., graduou-as em 50%. Um pouco antes, e na espécie que gerou o acórdão do STJ de 18 de Novembro de 1976, publ. no BMJ n.° 261, pp. 122 e ss. (colisão de um velocípede a motor, cujo condutor entrou num entroncamento sem atenção e com excesso de velocidade, com um veículo ligeiro, cujo condutor não adequou a velocidade à presença de obstáculos no local), à absolvição do último condutor, na primeira instância, e à fixação, na Relação, das quotas de 75% para o lesado e de 25% para o lesante, o Supremo parificou a contribuição, apesar do voto de vencido de dois Conselheiros, favoráveis à decisão da primeira instância.

[2577] Problema diferente, e não menos delicado, é o de saber se a decisão, na *acção penal,* põe termo às questões da *culpa* e da sua *graduação.* Antes da entrada em vigor do actual Código de Processo Penal, não deixava de ser controversa a elaboração dos princípios que regulavam a influência da decisão penal no pedido cível, tendo em conta uma conexão de responsabilidades já presente no Código de Seabra e na legislação rodoviária surgida a partir de 1918. Se pensarmos que os principais quesitos tinham a ver com a possível vinculação do juiz cível perante decisões de absolvição ou de condenação do agente (como causador único ou com maior ou menor culpa), a orientação dominante dos tribunais era no sentido de tornar oponível o *caso julgado* obtido no processo penal, sempre que na decisão tivesse sido considerado o réu como *único culpado, não culpado*, ou tivesse sido feita a *graduação* e a indagação da contribuição proporcional das culpas. No círculo restrito dos acidentes de viação esses princípios não deixavam de estar em sintonia com a orientação «concentracionária» que resultava do tríptico de Assentos de 28 de Janeiro de 1976, de 9 de Novembro de 1977 e de 8 de Julho de 1980 (para eles, ver ANTUNES VARELA, *op. cit.*, I, pp. 717 e ss. e 936 e ss. e RIBEIRO DE FARIA, *op. cit.*, I, pp. 534 e ss.).

Há que dizer, no entanto, que as coisas não eram assim tão simples, se pensarmos que a doutrina (cfr. VAZ SERRA, RLJ, ano 111.°, pp. 171-173, am anot. ao Assento de 9 de Novembro de 1977 e RIBEIRO DE FARIA, *op. cit.*, I, pp. 459-460, n.(21)) colocava reservas à eficácia cível de uma decisão penal de *absolvição*, atendendo aos diferentes pressupostos das duas responsabilidades (sobre este ponto, ver na doutrina italiana a posição «unitária» de ZENO-ZENCOVICH, *op. cit.*, pp. 54-55 e as teses contrárias de MAIORCA, *Colpa civile, cit.*, ED VII, pp. 591 e ss. e BIANCA, *op. cit.*, pp. 412-413) e à tendência para uma maior desculpabilização do agente do facto punível. Também a hipótese de a sentença *condenatória penal* ter considerado o arguido como «*causador exclusivo do evento*» levou VAZ SERRA (RLJ, ano 112.°, pp. 61 e ss., em anot. ao acórdão do STJ de 13 de Julho de 1978 e pp. 183-185, em anot. ao acórdão do STJ, de 20 de Dezembro de 1978) a considerar viável a colocação, no tribunal cível, da conduta culposa contributiva do lesado, argumentando com o âmbito subjectivo do artigo 153.° do Código de Processo Penal de 1929 (para a ênfase do «âmbito de causalidade», ver RIBEIRO DE FARIA, *op. cit.*, I, p. 523, n.(1)). No plano da *graduação das culpas*, à posição mais «adesiva» de LOPES CARDOSO, *Acções por acidentes de viação (alguns problemas)*, in RT, ano 95.°, 1977, p. 102, e de DARIO MARTINS DE ALMEIDA, *op. cit.*, p. 495, retirada da leitura estrita do já citado artigo 153.° e afirmada, por ex., no acórdão da RL de 14 de Março de 1991, in CJ, ano XVI, tomo 2, 1991, pp. 154 e ss., opõe-se um diferente entendimento desse normativo (acórdão da RL de 28 de Novembro de 1978, in CJ, ano III, tomo 5, 1978, p. 1561), considerando mesmo o Supremo (acórdão de 16 de Maio de 1990, in BMJ n.° 397, pp. 371 e ss.) que antes do trânsito em julgado é possível a *reapreciação* do grau de culpa fixado pela instância penal e que no citado artigo 153.° «a existência e qualificação do facto punível... não inclui, necessariamente, a ideia de culpa» (p. 379).

Vê-se, assim, pela colocação problemática de questões, que não foram eliminadas pela redacção dada aos artigos 377.°,1 e 84.° do novo Código de Processo Penal, que a *economia* patente no princípio da «adesão» não se sintoniza com a diversa natureza da responsabilidade penal e civil, mais rigorosa aquela, mais reparadora esta, mais preocupada a primeira com a análise do facto punível e a pessoa do arguido, mais

Critério e resultados da ponderação das condutas culposas 757

Tendo agora em conta o segundo factor legal de ponderação, há que dizer que a indagação da diversidade das culpas do lesante e do lesado facilita, em regra, a emissão do *juízo objectivo* ou de *probabilidade* de cada conduta, se pensarmos que um comportamento dotado de acentuada gravidade subjectiva encerra em si, *tipicamente,* uma aptidão para provocar maiores consequências danosas. Esta avaliação objectiva não tem a ver com o dado contingente e final da mera grandeza numérica do(s) dano(s), como parece transparecer do teor do preceito, mas conexiona-se com a força participativa ou contributiva de cada conduta. Não se afastando a necessidade de uma clarificação legal, parece ser essa a interpretação que se colhe da forma como a doutrina italiana interpreta o preceito do artigo 1227.º [2578] (fonte da norma do artigo 570.º,1) e, sobretudo, da justificação dada por VAZ SERRA [2579], ao sugerir a adopção do critério italiano, mas que não resulta inequivocamente dos passos de alguma doutrina [2580], nem da motivação das instâncias [2581], pouco receptivas, aliás, a uma conside-

---

interessada a segunda na determinação do processo contributivo. E se a ausência da graduação («favorecida» pela revogação do anterior Código da Estrada e do seu artigo 58.º,5) ou a sua fixação pouco rigorosa devem constituir um «convite», respectivamente, para a sua devida consideração no juízo cível e para uma nova avaliação em recurso, só uma adesão à natureza civil da indemnização arbitrada em processo penal (como o entende RIBEIRO DE FARIA nos locais cit. *supra*, n.449) poderá mitigar a *décalage* funcional das duas responsabilidades e fazer do normativo do artigo 570.º um preceito com projecção adequada, e não secundária, no seio do processo penal com enxerto cível.

[2578] Ver *supra*, p. 747 e os autores citados na n. 2552.

[2579] *Conculpabilidade do prejudicado, cit.*, BMJ n.º 86, pp. 140, n.(16-b) e 166 («*será, pois, da combinação do critério da gravidade da culpa... com o da eficiência causal dos factos...*»).

[2580] ANTUNES VARELA, RLJ, ano 102.º, *cit.*, pp. 55-56, ao ligar a "culpa relativamente leve" a «um efeito particularmente grave» e a «culpa mais pesada» a «certo efeito danoso», não nos dá a característica decisiva do elemento que se alia à «gravidade das culpas» (cfr. igualmente o seu *Das Obrigações em Geral*, I, *cit.*, p. 936). Também ALMEIDA COSTA, *op. cit.*, p. 673, articula a gravidade da culpa com a *extensão* danosa. Para uma interpretação mais inequívoca, ver PEREIRA COELHO, *A causalidade..., est. cit.*, RDES, 1965, pp. 9-10 e, pese alguns excessos, DARIO MARTINS DE ALMEIDA, *op. cit.*, pp. 148-150.

Cremos que da redacção dada ao artigo 6.º, 2 do Decreto-Lei n.º 383/89 (*responsabilidade do produtor)*, no confronto com o preceito similar do artigo 9.º, 2 do diploma italiano, pode ser retirado um argumento a favor da tese defendida no texto.

[2581] Para a ligação entre a *culpa* e as *consequências danosas*, ver os acórdãos do STJ de 28 de Janeiro de 1988, publ. no BMJ n.º 373, p. 520 (no ponto II do seu sumário há uma alusão à «ponderação da gravidade dos danos...») e da RP de 31 de

758   *A conduta do lesado*

ração autónoma do factor[2582]. Sendo inegável que a valoração do aspecto contributivo pode corrigir a determinação da intensidade culposa (a uma culpa leve pode estar ligada uma probabilidade danosa considerável) ou a paridade subjectiva (por via presumida ou não), o que se nos depara algumas vezes é a confusão entre os dois planos e o recurso ao peso contributivo como factor de fixação da ... percentagem das culpas[2583].

89. A reafirmação da abertura do critério do art 570.°,1 à consideração de outros elementos relevantes

Uma questão candente, e a que temos dado, em várias alturas[2584], uma atenção particular, é a que procura saber se o critério «sancionatório» mitigado, acolhido no teor do artigo 570.°,1, permite a «entrada» de outros factores, com o escopo de possibilitar uma decisão mais flexível, mais próxima das soluções de equidade. Atente-se, como ponto fulcral, que o alargamento questionado não se dirige à introdução de elementos que, a par dos juízos de culpa e de aptidão causal, possam influir no plano contributivo, mas visamos uma sua interferência nos próprios *resultados concretos* da ponderação, isto é, na fixação do *quantum* indemnizatório.

O problema não é decisivamente condicionado pela rigidez legal, pois, se é certo que o nosso legislador não adoptou a formulação mais livre do *statute* inglês de 1945 («...*reduced to such extent as the court thinks just and equitable...*»), também não deixa de ser verdade que a

---

Março de 1982, in CJ, ano VII, tomo 2, 1982, pp. 315 e ss., de 20 de Maio de 1982, in CJ, ano VII, tomo 3, 1982, pp. 209-210 e de 8 de Março de 1984, in CJ, ano IX, tomo 2, 1984, pp. 204 e ss. e, para a boa metodologia, ver os acórdãos do STJ de 9 de Janeiro de 1986, publ. no BMJ n.° 353, pp. 411 e ss., relatado pelo Conselheiro LIMA CLUNY, e de 10 de Fevereiro de 1992, *cit. supra*, n. 2444 (ao considerar-se que «a falta de vigilância concorreu em menor grau para a proposição do acidente»).

[2582] Cfr. o ponto I do sumário do acórdão do STJ de 2 de Maio de 1975, in BMJ n.° 247, p. 146 e o aresto do Supremo de 5 de Março de 1987, publ. no BMJ n.° 365, pp. 600 e ss. (apesar de se dizer no relatório que o autor «agravou» as consequências da colisão, o tribunal só sopesou a culpa dos intervenientes na colisão).

[2583] Assim, o acórdão da RP de 7 de Fevereiro de 1990, in CJ, ano XV, tomo 1, 1990, p. 253 e do STJ de 6 de Março de 1980, publ. no BMJ n.° 295, pp. 382 e ss..

[2584] Ver, sobretudo, *supra*, n.° 17, para o relacionamento entre os critérios dos artigos 494.° e 570.°,1.

Critério e resultados da ponderação das condutas culposas   759

abertura do «plano de ponderação» (*Abwägungsprogramm*)[2585] do §254 do BGB cria apenas o «risco» de uma solução mais individualizada, sabendo-se que é dominante uma literatura[2586] que recusa ver no preceito a base para uma decisão puramente discricionária ou a fonte de uma «cláusula geral».

É claro que o legislador nacional, ao «romper» com a tradição de uma legislação (rodoviária) cujo último exemplo terá sido o artigo 56.º,2 e 3 do anterior Código da Estrada, e ao não aceitar um determinado «olhar» de VAZ SERRA para o preceito correspondente ao actual artigo 494.º[2587], não veio a aludir aos elementos que condicionam a decisão equitativa tomada com base naquele preceito e na do artigo 496.º, mas esta *atitude* não significou fechar a norma do artigo 570.º,1 à penetração de *elementos valiosos* que permitam obter decisões mais equilibradas ou razoáveis e que não sejam apenas o fruto de uma aplicação rígida de duas variáveis. Não sendo, nem podendo ser vista a norma do artigo 570.º,1 como «cláusula vazia» ou como norma apta para uma decisão de equidade, atendendo à forma *fracamente* indeterminada como foi concebida, também nos parece, numa linha de observações já enunciada, que enquanto o legislador não tomar a iniciativa de *desculpabilizar* certas condutas do lesado, dando ao julgador bases mais sólidas de avaliação, o desejo de um melhor tratamento de certos lesados deve ser conseguido à custa da consideração de factores económicos, o mais importante dos quais será a existência de um seguro. É evidente, e nunca é demais repeti-lo, que esses elementos não devem servir para distorcer ou enfraquecer a repartição-graduação, dado ser incompreensível que uma situação económica particularmente favorável do lesante pudesse conduzir à *eliminação* da contribuição do lesado ou a um *aumento* da participação daquele. O espaço de liberdade que o preceito do artigo 570.º,1 já outorga, ao conceder ao tribunal a opção por um de três resultados, deve ser enriquecido pela tomada de consideração de *suportes financeiros* que cobrem a responsabilidade e, algumas vezes, a

---

[2585] *Kommentar zum Bürgerlichen Gesetzbuch*/RÜSSMANN, *cit.*, §254, n.º1, p. 193.

[2586] Ver os autores citados *supra*, n.535.

[2587] Numa solução mantida ainda no artigo 544.º,2 do Anteprojecto saído da primeira Revisão Ministerial, VAZ SERRA, para as hipóteses de *dolo* e de *culpa lata*, cometia ao juiz a possibilidade de «... *atendendo à situação económica das partes e às demais circunstâncias do caso, usar a faculdade concedida pelo artigo 474.º*...» (cfr., aliás, *supra*, n.530).

760   *A conduta do lesado*

autoresponsabilidade, em ordem a fixar uma indemnização mais justa para aqueles lesados, cuja conduta, não tendo sido grave (até aos 15% ou mesmo 20% de contribuição culposa), pode ter desencadeado efeitos danosos grandes e com sequelas duradouras.

Já vimos[2588], aliás, que, no tocante aos danos não patrimoniais, a *especificidade* da sua fixação não se compadece com uma aplicação rigorosa do critério do artigo 570.º,1, dado ser inadequado o processo que procure centrar-se na determinação de meras percentagens ou fracções de contribuição danosa. A circunscrição daquele critério ao âmbito dos danos patrimoniais – a oponibilidade da co-participação do lesado imediato aos danos dos lesados mediatos é uma solução específica – levou-nos a rejeitar a aplicação das quotas contributivas a um quantitativo previamente fixado e a defender, com a literatura alemã mais qualificada, a integração da culpa do lesado (da sua maior ou menor gravidade) no acervo de factores relevados pelo artigo 496.º,3 (na remissão para o artigo 494.º). É claro que o êxito dessa metodologia dependerá, naturalmente, da ausência de uma globalização dos dois tipos de danos, tendo até em conta a natureza pessoal do dano não patrimonial.

A nossa jurisprudência nem sempre tem trilhado os caminhos mais correctos na aplicação do preceito do artigo 570.º,1, não só quando reclama, nesse âmbito, um procedimento equitativo[2589], mas também quando faz uma aplicação conjunta desse normativo e do do artigo 494.º[2590] ou, até, quando «declara» a perda de utilidade do primeiro preceito, convertendo o segundo critério em norma central da concausalidade culposa. Essa atitude é, em parte, desculpável, se pensarmos que as decisões enformadas por esses princípios, provindo na sua maior parte do foro criminal, não deixaram de estar influenciadas pela natureza penal da reparação e pelo peso do parágrafo segundo do artigo 34.º do anterior Código de Processo Penal. Como quer que seja, parece-nos excessiva uma atitude de desvalorização do

---

[2588] Ver *supra*, pp. 178-179.

[2589] Além das decisões citadas *supra*, n.540, ver o acórdão da RP de 22 de Junho de 1993 (*Secção cível*), in CJ, ano XVIII, tomo 3, 1993, p. 238 (invocando o disposto no artigo 4.º a)).

[2590] Para lá dos arestos referidos *supra*, n. 547, ver os acórdãos da RL de 6 de Outubro de 1973, sum. no BMJ n.º 230, pp. 154-155, da RC de 21 de Março de 1979, (*Secção cível*), in CJ, ano IV, tomo 2, 1979, p. 565 («há, porém, que entrar agora em linha de conta com os demais factores balizadores da justa indemnização ... – tudo na conformidade do art. 494.º do Código Civil») e da RP de 20 de Maio de 1986 (*Secção cível*), in CJ, ano XI, tomo 3, 1986, pp. 196 e ss..

Critério e resultados da ponderação das condutas culposas 761

critério predisposto pelo legislador, com o fundamento de que «... a percentagem fixada não oferece, em princípio, qualquer relevância como fundamento daquela concessão total, redução ou exclusão...»[2591], quando do que se trata é de afastar, em certos casos e para certos fins, a mera operação matemática de aplicação dos dois elementos fixos do artigo 570.º,1[2592].

90. As questões da prova da conduta culposa do lesado

O conhecimento feito pelas instâncias da intensidade da culpa e da medida da aptidão danosa das condutas pressupõe, evidentemente, o carrear para o processo de elementos factuais que permitam a cognição. Há, assim, necessidade de observarmos, sumariamente, a forma como está repartido tal encargo.

Pode dizer-se que o problema processual atinente à prova da culpa do lesado foi substancialmente resolvido por VAZ SERRA[2593] no seu articulado, ao atribuir o ónus da prova ao *lesante* e ao admitir, na esteira de ENNECCERUS/LEHMANN, a possibilidade de *conhecimento oficioso pelo tribunal*[2594]. Perante a atitude do lesado de provar «os factos constitutivos do direito alegado», a comissão ao lesante, nos termos do artigo 572.º, da alegação e demonstração da culpa do lesado, como facto impeditivo ou modificativo do direito invocado (*reus excipiendo*

[2591] Acórdão do STJ de 18 de Outubro de 1972, in BMJ n.º 220, p. 134 (relatado por FALCÃO GARCIA).

[2592] Para decisões mais correctas, ver, por ex., os acórdãos do STJ de 25 de Janeiro de 1983, in BMJ n.º 323, pp. 385 e ss. e de 18 de Janeiro de 1988, in BMJ n.º 377, pp. 275 e ss. e da RE de 31 de Outubro de 1990, in CJ, ano XV, tomo 4, 1990, pp. 100 e ss..

[2593] O artigo 572.º corresponde, sensivelmente, ao §1.º do artigo 8.º do articulado de VAZ SERRA, já que o §2.º mandava aplicar a mesma doutrina «... *ao caso de responsabilidade sem culpa*» (cfr. o BMJ n.º 86, *cit.*, pp. 172 e 167-168). A redacção definitiva do preceito surge já no artigo 546.º,2, do Anteprojecto saído da primeira Revisão Ministerial, apesar da incongruência sistemática de ter sido colocado junto ao preceito correspondente ao actual n.º 2 do artigo 570.º.

[2594] Para a *ratio* de um conhecimento colocado em dúvida por HUMBERTO LOPES (*est. cit.*, p. 278) na apreciação ao artigo 579.º do Anteprojecto global, ver PIRES DE LIMA/ANTUNES VARELA, *op. cit.*, I, artigo 572.º, p. 589. Pese embora o silêncio do artigo 1227.º do *Codice Civile*, o pensamento jurídico italiano não deixa de atribuir ao tribunal a indagação da possível existência da culpa do lesado (cfr. CENDON/VENCHIARUTTI, *op. cit.*, artigo 1227.º, n.º 19, pp. 206-207, BIANCA, *op. cit.*, pp. 447 e ss. e *Diritto civile, cit.*, p. 141 e CARBONE, *op. cit.*, pp. 335-336, n.(157)).

762   *A conduta do lesado*

fit actor) [2595], não causa estranheza, dado estar em consonância com as regras gerais predispostas no artigo 342.º [2596]. Ao apresentar a sua versão dos acontecimentos, o lesante não procura propriamente negar a articulação feita pelo lesado, mas invocar, como *excepção peremptória* (*Einwendung*) [2597], factos que conduzam à convicção da existência de uma conduta culposa do lesado e determinem a improcedência, total ou parcial, do pedido. Mesmo quanto à factualidade mais específica do *agravamento* do dano, continua a caber ao lesante a prova de que o lesado omitiu culposamente a adopção de medidas que reduziriam ou evitariam os maiores danos [2598] ou que efectuou despesas ou gastos não exigidos pela eliminação e contenção danosas [2599].

[2595] Cabe igualmente ao lesante a demonstração da «assunção do risco» ou de que o acidente foi exclusivamente imputável ao lesado (por ex., como *circunstância impeditiva* da responsabilidade derivada do artigo 503.º), como compete ao responsável a prova dos factos «descaracterizadores» do acidente laboral, constantes da Base VI da Lei n.º 2127 (cfr., aliás, o acórdão do STJ de 31 de Julho de 1991, in AD n.º 374, 1993, p. 215). Quanto ao conhecimento das causas de exclusão da responsabilidade pelo risco, referidas no artigo 505.º, VAZ SERRA, na RLJ, ano 105.º, p. 220, anot. ao acórdão do STJ de 15 de Outubro de 1971, entendia que o próprio tribunal poderia conhecer *oficiosamente* dessas causas, com a alegação, quanto a nós inteiramente não rigorosa, de que «... as referidas causas não são mais do que consequências do próprio fundamento da responsabilidade pelo risco...».

[2596] Cfr., para o «*burden of proving*», o §477 do *Restatement of the Law of Torts* e ver, no direito inglês, o caso *SS Heranger* (*Owners*) *v. SS Diamond*(*Owners*) de 1939 (cfr. WINFIELD/JOLOWICZ/ROGERS, *op. cit.*, p. 147, n.(82)).

[2597] De «excepção em sentido impróprio» falam ANTUNES VARELA/MIGUEL BEZERRA/SAMPAIO E NORA, *op. cit.*, n.º 94, p. 293, e a «objecção» alude MANUEL DE ANDRADE, *Noções elementares...*, *cit.*, n.º 71, p. 134. Para a qualificação de «excepção peremptória», ver DARIO MARTINS DE ALMEIDA, *op. cit.*, p. 428. Muito embora a jurisprudência do RG, durante certo tempo, considerasse estar-se perante uma excepção em sentido próprio ou *Einrede* (cfr. LEONHARD, *op. cit.*, pp. 184 e 194), a literatura alemã dominante confere à *excepção* a natureza de uma *Einwendung* (cfr. ENNECCERUS/LEHMANN, *op. cit.*, §16, p. 81, FIKENTSCHER, *op. cit.*, n.º 573, p. 342 e ROTH, *Die Einrede des Bürgerlichen Rechts*, München, 1988, pp. 273 e ss.).

[2598] No sentido de que, apesar da especificidade da norma do segundo parágrafo do artigo 1227.º do *Codice*, há que *excepcionar* a culpa do lesado, ver CRISCUOLI, *est. cit.*, RDC I, 1972, p. 558, CENDON/VENCHIARUTTI, *op. cit.*, artigo 1227.º, n.º 24, p. 211 e CANNATTA, *Le obbligazioni in generale*, in *Trattato di diritto privato*, *cit.*, p. 54, n.(60) e FRANZONI, *Fatti illeciti*, *cit,*. p. 792.

[2599] Cfr. *supra*, n.tas 2332 e 2374. A propósito dos três níveis da prova, relativamente à indemnização das despesas de eliminação do dano, ver, no direito alemão, KLINGMÜLLER, *est. cit.*, VersR 1979, p. 217. Como afirma KÖHNKEN, *est. cit.*, VersR 1979, p. 791, o interesse do lesado na iniciativa de remoção do dano faz deslocar

Como vimos, a hipótese típica descrita no seio das normas comuns sobre a conculpabilidade pressupõe a *prova cruzada* da culpa do lesante e do lesado, tendo em conta que o preceito do artigo 570.° não pode funcionar numa situação de culpa presumida do... lesado em confronto com a culpa provada do lesante. O que já nos parece possível é admitir-se a coexistência de duas presunções de culpa ou de uma presunção (não ilidida) de culpa do lesante com a constatação da conduta culposa e contributiva do lesado.

O nosso sufrágio contra a conversão das presunções de culpa em presunções de culpa do... lesado não evita que se pergunte se o princípio geral descrito no artigo 572.° é adequado para poder aplicar-se a todas as situações e particularmente àquelas em que a própria configuração dos factos e dos interesses leva a pensar que o lesado estará em melhores condições para conduzir parte do processo probatório. Efectivamente, a pretensão de se subtrair ao encargo da prova do lesante aquelas circunstâncias que tocam mais o chamado «círculo de risco» (*Gefahrkreis*) do lesado faz colocar o quesito acerca da existência de *presunções* de culpa do lesado e tem conduzido parte do pensamento jurídico germânico a advogar uma autêntica *inversão do ónus da prova* na zona de actuação dos inimputáveis [2600], na omissão pelos vigilantes-lesados dos seus deveres contratuais de vigilância [2601] e, sobretudo, na área da violação das «normas de protecção».

Se no tocante aos danos causados aos vigilantes, e não só, a própria teleologia das presunções de culpa parece representar um sério obstáculo ao tratamento discriminatório desse grupo de lesados, já no concernente ao último aspecto o ponto mais debatido tem sido o da imputação (ao lesado ou ao lesante) das *dúvidas probatórias* relacionadas com a relação entre as lesões e a não utilização do *cinto de segurança*. Tratando-se de uma matéria que combina os aspectos da

---

para ele a prova (*réplica*) de que fez o *necessário,* de acordo com os seus conhecimentos e capacidades.

[2600] Assim, e no direito alemão, ver STAUDINGER/MEDICUS, *op. cit.*, §254, n.° 152, p. 229 e LANGE, *op. cit.*, §10 XIX, p. 659.

[2601] A dogmática germânica tem discutido a questão de saber se poderá ser aplicada ao vigilante-lesado *contratado* a presunção de culpa existente no §834 do BGB (cfr. R. KNÜTEL, *Tierhalterhaftung gegenüber dem Vertragspartner?*, in NJW 1978, p. 299, DEUTSCH, *Der Reiter auf dem Pferd...*, *cit.*, in NJW 1978, p. 2001 e HONSELL, *Beweislastprobleme der Tierhalterhaftung*, in MDR 1982, p. 801 e, pela afirmativa, para evitar um melhor tratamento do vigilante-lesado, em confronto com o vigilante-lesante, M. TERBILLE, *Die Beweislastverteilung bei der Tierhalterhaftung nach §833 S.1 BGB*, in VersR 1995, pp. 131-133).

conexão causal e da culpa, a defesa de que, perante a violação de uma norma destinada a evitar certos danos, caberia ao lesado provar a ausência de causalidade e de culpa [2602] [2603], não é inteiramente acolhida por aqueles que, não indo tão longe, perfilham a aplicação a este âmbito dos princípios da chamada prova *prima facie*[2604]. Sendo certo que a alegação da violação normativa torna, de acordo com os princípios da experiência geral ou o curso natural das coisas, muito verosímil a relação entre a *omissão do lesado* e as *lesões sofridas*, não parece, aqui, inteiramente decisiva a discussão sobre a natureza «protectora» da norma estradal que comina a utilização do cinto de segurança, atendendo à eficácia atinente à própria norma do «concurso de culpa» [2605]. Como quer que seja, e quanto aos aspectos que merecem o nosso assentimento e que poderão completar os princípios constantes do artigo 572.°, a falência da prova que o lesante deverá fazer no sentido de estabelecer a relação entre a falta do cinto de segurança (ou do capacete protector) e a ocorrência das lesões ou das maiores lesões, poderá ser *atenuada* com a existência de uma presunção de facto relativa à *ligação típica* entre a omissão culposa e as lesões. É de referir que, quanto aos cintos de segurança, esse «decurso típico» é afirmado, no direito alemão, relativamente às lesões sofridas na cabeça, na face e no tronco, como resultado de colisões frontais ou laterais sem danificação significativa do lugar ocupado pelo lesado [2606].

[2602] Assim, E. LUDOLPH, *Beweiswert unfallmedizinischer Gutachten nach Verstößen gegen die Anschnallpflicht*, in NJW 1982, pp. 2595-2596, R. WEBER, *Nachweis der Kausalität...*, *cit.*, NJW 1986, pp. 2672 e ss. e LANDSCHEIDT, *est. cit.*, NZV 1988, pp. 8-9.

[2603] Segundo a legislação austríaca de 1976, a culpa do lesado só não influi no *Schmerzensgeld* se for feita a prova de que os efeitos danosos ocorreriam mesmo que tivesse cumprido o dever (cfr. KOZIOL, *op. cit.*, pp. 247-248 e LANDSCHEIDT, *est. cit.*, NZV 1988, p. 8, n.(17)).

[2604] Cfr. *supra*, n. 1545, e, no tocante à utilização do cinto de segurança, ver K. HÄNDEL, *Zur Anwendung des Sicherheitsgurt-Urteils...*, *cit.*, in NJW 1979, p. 2290. Para uma aplicação aos danos sofridos por um alcoolizado, ver a decisão do BGH de 24 de Fevereiro de 1976, in NJW 1976, p. 897.

[2605] WEBER, *est. cit.*, NJW 1986, p. 2674, não tem dúvidas em afirmar que a norma do §21a da *Straßenverkehrs-Ordnung* não está em contradição com a natureza da prova de «primeira aparência» dado ter sido a resultante de uma experiência acumulada e de uma série de investigações que permitiram estabelecer o seu inegável escopo protector.

[2606] Nesse sentido, o 16.° *«Deutscher Verkehrsgerichtstag»* de 1978, dedicado ao tema «*Sicherheitsgurt und Mitverschulden*» (*apud* WEBER, *est. cit.*, p. 2671).

CAPÍTULO II

RESULTADOS DA PONDERAÇÃO NA RELAÇÃO LESADO-LESANTE E NA PRESSUPOSIÇÃO DE UMA PLURALIDADE DE LESANTES

> **Sumário: 91** – A tríplice consequência da avaliação judicial; 92 – A articulação da multilateralidade contributiva com os princípios da solidariedade passiva.

91. A tríplice consequência da avaliação judicial

A existência de princípios, mais ou menos definidos, e que servem de suporte ao julgador para sopesar as condutas, pode ou não ser complementada com critérios relativos aos próprios *resultados* da avaliação. Na realidade, nas preocupações de um legislador mais atento podem figurar as questões da conciliação entre a redução e a exclusão indemnizatórias, o problema do tratamento favorável das pequenas culpas, a circunstância de nem sempre o lesado ter uma actuação pessoal, a existência de uma pluralidade de responsáveis com contribuições culposas diferentes, a natureza do dano a ressarcir, etc. Não tendo considerado todas estas questões, o legislador de 1966 teve, contudo, o mérito de afastar a rigidez da solução de Seabra e do *Codice Civile*, a aparente unilateralidade do *statute* inglês de 1945 e a alternativa suíça e grega (redução-exclusão da indemnização), adoptando uma formulação ampla, compreensiva de uma possibilidade de opção entre três caminhos diferentes.

Não sendo controversa a solução-regra ou tendencial de uma *redução* indemnizatória para o concurso entre duas condutas culposas de gravidade próxima ou idêntica (e sem «correcções» causais) ou para a contribuição entre uma conduta mais culposa do lesante e uma conduta pouco culposa do lesado (*maxime* na zona dos danos materiais), já é de questionar se a averiguação de graus ou de formas extremas de culpa provoca a aplicação da solução, igualmente extrema, do «tudo ou nada».

Relativamente ao comportamento *doloso* do *lesante*, tem sido entendimento constante, desde o direito romano até à fase da «compensação de culpas»[2607], que a culpa leve do lesado não assume cariz relevante. Este pensamento protector, e que encontrou eco em VAZ SERRA[2608], não permite que o lesado «fuja» intencional ou negligentemente ao seu *ónus* de evitar maiores consequências danosas (pensamos no caso da lesão causada intencionalmente), mas não lhe retira, em princípio, uma indemnização plena, desde que a sua conduta revele uma culpa e uma aptidão danosa ligeiras[2609] [2610] e não tenha acrescentado um novo dano ao primitivo.

[2607] Cfr., entre outros, WINDSCHEID, *op. cit.*, p. 45, n.(18), DERNBURG, *op. cit.*, §32, p. 80, CHIRONI, *op. cit.*, II, p. 557 e VALERI, *Il concetto di colpa comune..., cit.*, RDCDO II, 1908, p. 269.

[2608] BMJ n.º 86, *cit.*, pp. 139-140. No parágrafo 1.º, do artigo 1.º, do articulado parcelar, e numa fórmula que já não aparece no artigo 576.º,1 do Anteprojecto global (*parte resumida*), VAZ SERRA propunha que «*se houve dolo do lesante, não pode este, em princípio, de acordo com a boa fé, invocar a culpa leve do lesado*» (p. 168).

Para a defesa da irrelevância da culpa leve do lesado, ver, entre nós, HUMBERTO LOPES, *est. cit.*, p. 277, ANTUNES VARELA, RLJ, ano 102.º, *cit.*, pp. 57-58, RIBEIRO DE FARIA, *op. cit.*, I, p. 524 e DARIO MARTINS DE ALMEIDA, *op. cit.*, pp. 151 e 423 (excepcionando a hipótese do agravamento danoso). Ver ainda o acórdão do STJ de 15 de Junho de 1989, publ. no BMJ n.º 388, pp. 495 e ss..

[2609] Expressamente, CENDON, *op. cit.*, pp. 98-99, n.20. O jurista italiano só imputa ao lesado a parte do dano que não foi *intencionalmente* evitada (no exemplo que refere, do acto praticado por *A* e tendente a possibilitar a fuga de animais pertencentes a *B*, não seria de atribuir ao lesante o dano que poderia ter sido facilmente evitado pelo dono dos animais).

[2610] Nesse sentido, ver LAPP, *op. cit.*, p. 159, ENNECCERUS/LEHMANN, *op. cit.*, §16, p. 76, LARENZ, *Lehrbuch...*, I, *cit.*, §31 I, p. 550, KOZIOL/WELSER, *op. cit.*, p. 457 (parificando ao dolo a culpa muito grave), e, em sentido contrário, admitindo uma redução, ver BIANCA, *op. cit.*, p. 411 e JORIO, *est. cit.*, Temi, 1963, p. 554, n.(7). É de notar que a doutrina e a jurisprudência alemãs (cfr., por ex., a decisão do BGH de 2 de Fevereiro de 1984, in NJW 1984, p. 2088) não retiram sempre ao lesante a possibilidade de invocar o § 254. A co-participação do lesado e a sua implicação para o *quantum* da indemnização são atendidas, quer nos casos referentes a condutas omissivas do lesado ocorridas após a lesão inicial, quer nas hipóteses em que o acto do lesado possa ser considerado como «causa preponderante», quer ainda nas situações em que o comitente se veja confrontado com a actuação dolosa dos seus comissários (cfr. LANGE, *op. cit.*, §10 XII, pp. 617-619 e, para a rejeição da discussão sobre a «probabilidade» contributiva da conduta dolosa, ver MEDICUS, *Schuldrecht*, I, *cit.*, §59 III, p. 311). Para uma crítica ao tratamento mais favorável do comitente, ver CENDON, *op. cit.*, pp. 413-414, n.111.

Critério e resultados da ponderação das condutas culposas 767

VAZ SERRA deparou com maiores dificuldades no tratamento da hipótese de *dolo do lesado*, pois, como já vimos[2611], não consagrou uma solução simétrica à do dolo do lesante, preferindo remeter para uma atípica solução *equitativa*, mesmo no confronto dos dois dolos. A tese da não absorção foi igualmente advogada por HUMBERTO LOPES[2612], no comentário feito ao Anteprojecto, ao considerar «... fundada a possibilidade de, em certos casos-limite, o lesado doloso não ter direito a qualquer indemnização, embora haja fraquíssima culpa do lesante ...». O desejo tutelar de VAZ SERRA ia nitidamente contra o entendimento tradicional, sancionatório e moralizador da conduta de um lesado visto como litigante de má fé (como sucedeu na nossa legislação rodoviária mais antiga[2613]), e não se harmoniza, mais modernamente, com a ideia do comportamento «absorvente» ou preclusivo do pedido indemnizatório (*venire contra factum proprium...*)[2614].

No tocante aos casos em que o tribunal conclua pela existência de uma *bilateralidade dolosa* ou pela coexistência de duas *culpas grosseiras*[2615], não se vê que haja fundamento para a defesa de uma espécie de «neutralização», tendo em conta que, estando perante duas contribuições igualmente relevantes para o dano (ou para o seu agravamento), a *repartição*[2616] parece ser o resultado mais razoável dessa vontade de provocar e de sofrer o dano, na ausência de factores que permitam uma fixação indemnizatória mais favorável ao lesado.

[2611] Ver *supra*, n. 2587.

[2612] *Est. cit.*, p. 277.

[2613] Por ex., nos termos do artigo 3.º, § único, do Decreto n.º 4536 de 3 de Julho de 1918, «não será devida indemnização alguma quando se prove ter sido o acidente... dolosamente provocado... pelo próprio lesado, o qual, neste caso, será condenado como litigante de má fé...». Ver igualmente CUNHA GONÇALVES, *op. cit.*, XII, p. 596 e o argumento analógico retirado do §5.º do artigo 140.º do Código da Estrada de 1930.

[2614] Nesse sentido, CENDON, *op. cit.*, p. 60, não deixando de salientar a estreiteza de soluções do artigo 1227.º,primeira parte (pp. 93 e ss., n. 17).

[2615] A defesa de um leque alargado de formas e graus de culpa, e que coloca em xeque a assimilação (contratual) do dolo e da culpa lata (cfr. JAMBU-MERLIN, *Dol et faute lourde, cit.*, D. 1955, *chron.*, p. 91, para a origem justinianeia do princípio), é sustentada, entre nós, por GALVÃO TELLES, *op. cit.*, p. 354 e teve reflexos manifestos na lei BADINTER.

[2616] É a solução defendida por ESSER/SCHMIDT, *op. cit.*, I, 2, §35 IV, p. 268, ERMAN/KUCKUK, *op. cit.*, §254, n.º 95, p. 628, SOERGEL/SIEBERT/MERTENS, *op. cit.*, §254, n.º 116, p. 387 e H.-L.-J. MAZEAUD/F. CHABAS, *op. cit.*, n.º 594, p. 681 (com o exemplo da pessoa que mata outra a seu pedido).

O que pode questionar-se é se, não estando em causa uma indemnização pecuniária mas uma mera «restauração natural», a levar a cabo por iniciativa de um responsável apenas co-culpado, poderá adaptar-se o tríplice efeito cominado no corpo do artigo 570.°,1 ao pedido de *reembolso* das despesas efectuadas pelo lesante. Independentemente da natureza desse crédito, não vemos razões decisivas que obstem à aplicação (ao pedido) dos resultados tipificados no seio daquele preceito, o mesmo acontecendo, aliás, na hipótese mais linear dessa «restauração» ser protagonizada por um lesado que tenha sofrido danos corporais. Dificuldades de sintonia com o *tom pecuniário* daquele preceito suscitam os casos em que a ofensa a *certos* bens da personalidade leva o lesado a pretender uma remoção mais adequada dos efeitos negativos do acto lesivo, ou seja, requerendo como reconstituição do *statu quo ante* a publicação de uma sentença ou a retractação do responsável.

Temos ainda a convicção, de que a amplitude de resultados a que pode conduzir a ponderação autoriza o tribunal, na presença de factores que já destacámos, a assumir uma atitude de *desculpabilização* das culpas *ligeiras* e *muito ligeiras* do lesado, não necessariamente «situadas» abaixo do nível da diligência normal[2617] e determinantes de danos pessoais mais ou menos graves. Esta consideração «reparadora» da norma do artigo 570.°, que pode levar a deslocar para o lesante culpado (ou criador do risco) o peso do dano, e que se harmoniza, noutros quadrantes, com a *irrelevância* das pequenas percentagens de culpa do lesado (pelo menos até aos 10% ou 15%)[2618] ou a formulação de propostas de alteração normativa, sintonizadas com o vanguardismo da lei BADINTER[2619], não coloca em causa o sistema, pois permite alcançar soluções adequadas para casos delas carecidos. O que significa, em rigor, o afastamento da mera lógica abstracta ou do dogmatismo puro, sem a contrapartida de concessões ilimitadas à decisão de equidade.

[2617] As reticências à categoria dos «erros» cometidos pelo *bonus pater familias* poderão ser atenuadas com a tripartição feita por STAUDINGER/MEDICUS, *op. cit.*, §254, n.93, p. 209, entre a culpa *grave, média* e *leve*.

[2618] Cfr., no direito alemão, LANGE, *op. cit.*, §XII, p. 617, ERMAN/KUCKUK, *op. cit.*, n.° 84, p. 626 e BERGER, *Mitverursachung und Mitverschulden*, in VersR 1987, pp. 545-546.

[2619] Ver *supra*, n.°26.

92. A articulação da multilateralidade contributiva com os princípios da solidariedade passiva

A norma do artigo 570.°,1, pese embora a sua conexão temporal mais recente, não deixa de pressupor uma relação de responsabilidade interindividual, embora com aptidão para poder ser *adaptada* à fisionomia mais moderna do direito da responsabilidade civil. Essa faceta original tem como corolário a inaplicabilidade directa do critério às situações em que o dano é a resultante da conduta do lesado e de uma *pluralidade de lesantes*, actuando em conjunto ou de forma independente. Esta afirmação não parece desmentida pela letra do preceito, se pensarmos que a alusão a «ambas as partes» inculca, manifestamente, o confronto dos factos culposos de *um* lesante e de *um* lesado. Mesmo que, por mera hipótese, se pudesse «forçar» o elemento literal, a aplicação da norma não responderia à questão de saber de que *forma* é que as quotas encontradas incidiriam sobre cada co-lesante.

Não podendo a questão da *complexidade subjectiva contributiva* ser resolvida integralmente pelos factores enunciados no preceito do artigo 570.°,1, também não parece possível avocarmos, pura e simplesmente, as regras da s*olidariedade passiva*, partindo da ficção da inexistência de uma conduta autoresponsabilizante do lesado. Como sabemos, houve no nosso direito oitocentista sinais expressos de regulamentação conjunta dos institutos da solidariedade e da conculpabilidade do lesado e mesmo em determinados quadrantes doutrinários não se resistiu à «amálgama», a partir do dado (insuficiente) de uma mera «concorrência de culpas»[2620]. A explicação da razão de ser de normas, como a do nosso artigo 570.°,1, pelo recurso à fisionomia da solidariedade passiva subvalorizou a diversidade fenomenológica, quer a nível da *estrutura* (apesar do dado comum ou concursual o lesado e o lesante não concorrem num ilícito, nem aquele deve ser visto como co-devedor solidário), quer no plano *funcional* (a solidariedade serve primacialmente os interesses do lesado), quer no âmbito do *regime* (pese embora o tom literal que se encontra no n.° 2

[2620] Ver *supra*, pp. 377-378 e 367-368, respectivamente, para algumas observações à redacção do §2.° do artigo 2398.° do Código de Seabra e para a adesão de uma parte significativa da doutrina italiana mais antiga à simbiose entre as duas figuras. Ver ainda, no direito alemão, a posição *não absorvente* de VENZMER, *op. cit.*, p. 211, n.(2) e REINELT, *op. cit.*, p. 41 e a concepção *identificadora* de LORENZ, *op. cit.*, pp. 38 e ss e de ESSER/SCHMIDT, *op. cit.*, I, 2, §35, p. 255.

do artigo 497.°[2621], no concurso de condutas do lesante e do lesado a ponderação não coincide perfeitamente com a que preside à efectivação do «direito de regresso»).

Se é certo, como já vimos [2622], que o relevo da culpa do lesado não deixa de se projectar nos casos em que o «pagador» da indemnização se *sub-roga* nos direitos do lesado ou exerce um direito de *reembolso* conexionado com a natureza escalonada das obrigações e a secundarização do seu dever, mesmo na ausência de uma conduta contributiva do lesado não deixa de ser complexo o regime da pluralidade de responsáveis, tendo em conta, e desde logo, a existência ou não de uma solidariedade *tout court*. Pensamos, sobretudo, nas situações de concorrência da responsabilidade objectiva e subjectiva, dada a aparente preclusão (legal) do fundamento «fraco» [2623], e na hipótese, mais controvertida, da sorte jurídica do *transportado gratuito*, vítima de um acidente resultante da conjugação dos riscos do veículo transportador e do veículo de um terceiro[2623-a]. O quesito fundamental colocado por esta última situação plural contende com o saber se o privilégio concedido pelo artigo 504.°,2 ao transportador tem uma repercussão negativa absoluta no condutor do outro veículo. Desde que se queira colocar toda a força na solução abstracta configurada naquele preceito, a resposta lógica para o quesito não pode deixar de concluir pela ausência de uma pluralidade de responsáveis [2624]. Nesta matéria, de resposta omissa na lei, estamos mais com

---

[2621] Sintomática é a «filiação» no §254 do regime do §840 II e III e que já se encontra em ENNECCERUS/LEHMANN, §16, p.81, n.(12).

[2622] *Supra*, n.° 27.

[2623] Para a defesa da responsabilidade solidária na colisão de veículos provocada por causas *heterogéneas*, ver ANTUNES VARELA, *op. cit.*, I, pp. 709-710, RUI DE ALARCÃO, *op. cit.*, pp. 333-334 e RIBEIRO DE FARIA, *op. cit.*, II, pp. 101-102. Defendendo, ao que nos parece, uma solução «absorvente», ver MENEZES CORDEIRO, *Direito das Obrigações*, II, *cit.*, pp. 388-389.

[2623-a] Ver *infra*, n. 2809-a.

[2624] Assim, ANTUNES VARELA, RLJ, ano 101.°, *cit.,* pp. 281 e ss. (anot. ao acórdão do STJ de 9 de Dezembro de 1967) e *op. ult. cit.*, pp. 700-702, RUI DE ALARCÃO, *op. ult. cit.*, pp. 324-325 (partindo de uma interpretação restritiva do artigo 506.°) e, na jurisprudência, o acórdão da RP de 5 de Janeiro de 1983, publ. na CJ, ano VIII, tomo 1, 1983, pp. 256-257. Mais cauteloso é DARIO MARTINS DE ALMEIDA (*op. cit.*, pp. 362 e ss.), embora acabe por tender para a solução «unilateral» de ANTUNES VARELA. Questionando se o lesado não deverá assumir parte do risco (p. 368, n.(1)), o autor do *Manual de acidentes de viação* supera essa dúvida com uma «estranha» «lógica da lei», resultante da congregação dos normativos dos artigos 503.° e 505.°.

aqueles – como é o caso de ALMEIDA COSTA[2625] e, até certo ponto, de RIBEIRO DE FARIA[2626] – que tendem para uma solução mais flexível ou de apreciação global dos interesses implicados. A resolução equilibrada da questão não esteve ausente do Anteprojecto de VAZ SERRA, mesmo na parte em que confrontou a concausalidade com a causalidade exclusiva[2627], podendo, hoje em dia, dizer-se, e independentemente do apoio que se colhe na legislação do seguro obrigatório a favor de uma futura *igualdade de tratamento* civilístico do transportado gratuito e oneroso, que o benefício individual resultante da norma do artigo 504.°,2 não deve reverter em prejuízo exclusivo do detentor não transportador. Mesmo sem entrarmos em conta com o argumento, muito discutível, de que o transportado aceita o risco que corre no veículo transportador[2628], não nos parece que tenha estado no pensamento do legislador conferir um *efeito externo* à exoneração de responsabilidade afirmada no n.° 2 do artigo 504.°. Não podendo fugir-se à contribuição efectiva (para o dano) do risco de ambos os veículos, é anómalo que o transportado possa, nesta última hipótese, pedir o «tudo» ao condutor não-transportador, por menor que tenha sido a medida da sua contribuição, mas já não tenha direito, *ex vi legis*, a requerer qualquer indemnização para o caso de um mero despiste fortuito do transportador. A solução de fazer responder *parcialmente* o detentor do veículo não transportador, na medida da eficácia contributiva[2629], é a mais adequada à satisfação dos diversos

---

[2625] *Op. cit.*, p. 540.

[2626] *Op. cit.*, II, p. 88. O ilustre jurista não abandona, contudo, o plano da solidariedade, transpondo para aí, e por analogia, o regime da remissão concedida a um devedor solidário (cfr. o artigo 864.°,1).

[2627] No §6.° do artigo 5.° do articulado parcelar, VAZ SERRA propunha que «*a pessoa, que, transportada gratuitamente num veículo, é vítima de acidente causado por choque desse veículo com outro, pode exigir a reparação do dano à pessoa responsável por esse outro veículo, se o acidente foi causado apenas por este, e, se ambos os veículos contribuíram para o dano, que não se teria dado sem esse concurso, pode reclamar da dita pessoa a reparação do dano na parte em que para ele contribuiu o referido veículo*» (p. 310 do BMJ n.° 90, *cit.*). Para a justificação do seu critério, ver também as pp. 183-184 e a RLJ, anos 102.°, *cit.*, pp. 29 e ss. e 104.°, pp. 233-234 (em anot. ao acórdão do STJ de 27 de Outubro de 1970, publ. no BMJ n.° 200, p. 236).

[2628] Para o argumento, ver *supra*, p. 628.

[2629] Uma hipótese que suscita a mesma solução é a de ter sido convencionada uma cláusula de exclusão da responsabilidade do transportador pelos danos causados às *coisas* transportadas.

interesses, já que não onera esse detentor com o peso total de um privilégio circunscrito, nem, por outro lado, agrava a situação do transportador ou «imuniza» o transportado contra riscos advenientes de círculos exteriores à esfera de isenção do transportador [2630]. E entre a solução (integradora) de ignorar o privilégio legal, «forçando»a solidariedade e conferindo um «direito de regresso» ao não transportador [2631] e o caminho, sustentado pela *doutrina* do artigo 506.°, de reduzir o pedido do lesado em função do *peso contributivo do risco criado pelo não transportador,* somos da opinião de que é mais rigoroso este termo da opção, já que não se parte de uma solidariedade«construída», nem se ficciona, para reduzir aquele pedido, o conteúdo do «direito de regresso» do não transportador [2632].

A «interferência» de uma conduta culposa do lesado na acção imputável a uma pluralidade de responsáveis [2633] torna as questões mais complexas, se atendermos à insuficiência da «resposta» no plano da solidariedade, mas também à diversidade da actuação co-responsabilizante (em comparticipação, ou não, com os mesmos ou com diferentes fundamentos, com maior, menor ou idêntica medida

---

[2630] J. G. DE SÁ CARNEIRO, *est. cit.*, RT, ano 86.°, pp. 67 e ss. e AMÉRICO MARCELINO, *op. cit.*, pp. 100-102, sufragam igualmente a concepção menos rígida, chamando o último jurista a atenção para a natureza aleatória da solução «unilateral». Ver também, como reflexos jurisprudenciais da tese da «repartição», os acórdãos do STJ de 22 de Julho de 1975, in BMJ n.° 249, pp. 476 e ss. e da RL de 28 de Janeiro de 1977, in CJ, ano II, tomo 1, 1977, pp. 191 e ss. e de 15 de Outubro de 1985, in CJ, ano X, tomo 4, 1985, pp. 138 e ss..

[2631] Para resolver as hipóteses de privilégio, geradoras, no direito alemão, da chamada «perturbação da solidariedade» (*Störung der Gesamtschuld*), a tese da «solidariedade fictícia» foi defendida em certas decisões do BGH (BGHZ 12, 213 e 35, 317). Sobre o ponto, ver MUSCHELER, *est. cit.,* JR 1994, pp. 441 e ss. (advogando a aplicação analógica do § 426 do BGB) e MEDICUS, *Schuldrecht*, I, *cit.*, §69, pp. 369-370.

[2632] É esse o critério advogado pela dogmática germânica dominante para solucionar as hipóteses de favorecimento legal e convencional, como pode ver-se em LARENZ, *Lehrbuch...*, I, *cit.*, §37 III, pp. 646 e ss., e MEDICUS, *op. ult. cit.*, §69, pp. 369-370 e *Bürgerliches Recht, cit.*, n.ᵒˢ 928 e ss., pp. 559 e ss. e GERNHUBER, *op. cit.*, p. 466.

[2633] Haja em vista, por ex., o caso descrito no acórdão do STJ de 2 de Novembro de 1971, in BMJ n.°211, pp. 276 e ss.: o lesado, caminhando «pela faixa de rodagem, junto à berma do lado direito...», foi atropelado pelo condutor de um automóvel que «... ao entrar numa recta com boa visibilidade e com cerca de 500 metros de extensão, na qual a faixa de rodagem tinha 5 metros de largura..., foi encandeado pelos faróis duma camioneta não identificada que vinha em sentido contrário...» (p. 277).

Critério e resultados da ponderação das condutas culposas   773

contributiva) e à circunstância da conduta do lesado poder concorrer apenas na direcção de *um* dos responsáveis.

Há que dizer, imediatamente, que neste «novo jogo mental» (*neuer Denksport*), como lhe chama SELB[2634], ou numa temática que MEDICUS[2635] considera ser «um dos pontos mais escuros e duvidosos da teoria do dano» (*einer der dunkelsten und umstrittensten Punkte der Schadenslehre*), assume natureza de verdadeiro ponto prévio a questão da *comprovação* relativamente ao mesmo dano, da pluralidade responsabilizante[2636], face à possível «força» exoneratória da conduta de cada responsável (entre si) e do comportamento do lesado (em relação aos co-responsáveis). Quando a preclusão da aparência plural nos coloca perante a presença de um grupo de responsáveis que empreendem uma *acção ilícita comum*[2637], a ponderação da sua actuação com a do lesado

---

[2634] *Schadensausgleich mit und unter Nebentätern*, JZ 1975, p. 193.

[2635] STAUDINGER/MEDICUS, *op. cit.*, §254, n.° 121, p. 220.

[2636] Pressupondo apenas a existência de dois lesantes, pensamos, por ex., na conduta culposa do vigilante e do vigiado imputável, no risco do detentor do animal e na culpa de terceiro, na culpa do detentor do veículo e na culpa do condutor não comissário, no risco contributivo de dois detentores-condutores e no risco do transportador e na culpa de um terceiro.

A situação descrita no acórdão do STJ de 7 de Junho de 1967, publ. no BMJ n.° 168, p. 207 (ao anoitecer, *A* atropelou uma pessoa embriagada, deixando-a na estrada, e *B* provocou-lhe, logo a seguir, lesões mortais) é que já nos remete para o seio da *causalidade parcial*, conexionada com a imputação de *dois danos diferentes* a *dois factos responsabilizantes* diversos. Não foi muito diferente a factualidade que levou a *Secção criminal* do Supremo ao acórdão de 17 de Outubro de 1991 (in CJ, ano XVI, tomo 4, 1991, pp. 38 e ss.), pois tratou-se, aí, do atropelamento sucessivo do lesado por dois veículos, tendo ficado provada a culpa dos dois condutores e do próprio lesado. Não tendo sido duvidosa a constatação de que o lesado só tinha tido uma conduta contributiva em relação ao primeiro atropelamento, não se conseguiu demonstrar qual dos dois eventos terá produzido a morte, dado o desconhecimento do ocorrido nos 5 minutos que mediaram entre os dois atropelamentos. No hermético voto de vencido de VÍTOR MANUEL DE SÁ PEREIRA (pp. 40-41), põe-se em dúvida a forma como foi feita a imputação criminal (atribuição em comum do resultado letal), já que, relativamente à «meada que ficou por desfiar», o referido Conselheiro parece afastar muito realisticamente a ocorrência de uma «subsequência» de causas (a imputação da morte ao primeiro atropelamento, como causa indirecta, e ao segundo, como causa directa) e de uma «causalidade cumulativa» (a morte como resultado de qualquer dos dois atropelamentos). Ao não ficar provado que a morte fora devida a qualquer dos dois condutores, o caso também não poderia ter sido enquadrado na «causalidade alternativa», em atenção às dúvidas da imputação.

[2637] DUNI, *est. cit.* (*supra*, n.2552), p. 225, refere o exemplo de quatro jovens que, por brincadeira, decidiram tornar inoperacionais os travões do veículo de um amigo, e que veio a colidir com um outro, cujo condutor não respeitou um sinal de *Stop*.

774   A conduta do lesado

gera uma responsabilidade solidária (*ex vi* dos artigos 490.° e 497.°) e uma repartição do dano em função de *duas quotas contributivas* [2638] [2639], justificadas pela imputação ao *grupo* da actuação individual de cada lesante.

Maiores dificuldades colocam os casos em que a co-responsabilidade não é fundada numa *cooperação consciente e recíproca*, mas articula-se com o dano numa estrutura contributiva com pólos subjectivos independentes. A jurisprudência e a doutrina alemãs, que debatem o tema em profundidade, começaram por encarar essa hipótese de «causalidade necessária» sob o ângulo de uma «ponderação isolada» (*Einzelabwägung*), condicionada à análise da conduta do lesado perante cada lesante [2640], e não cremos ser outro o pensamento de DUNI [2641], ao abordar uma questão até aí desconhecida ou minimizada pela doutrina italiana. A defesa de uma mera avaliação individual, isolada, não deixou de merecer fortes críticas de DUNZ [2642], ao entender

---

[2638] Cremos que, no caso descrito no acórdão do STJ de 7 de Março de 1972, publ. no BMJ n.° 215, pp. 218 e ss., terá havido recurso a esse processo de repartição. Constatando que um veículo pesado de carga não pegava, impedindo o avanço de um outro, os motoristas dos dois veículos *combinaram* fazer movimentar o primeiro, mediante uma manobra de marcha atrás do segundo. Para evitar danificações, os motoristas pediram ao lesado que colocasse entre os veículos uma trave de madeira «e nessa estúpida manobra veio a encontrar a morte, esmagado entre o que se pôs em movimento em marcha atrás e o que estava parado» (p. 219). Tendo sido feita uma graduação das culpas «em partes iguais», a aplicação do método que descrevemos no texto conferiria ao lesado o direito de ser indemnizado em 2/3 dos seus danos.

[2639] Para a forma como o pensamento jurídico alemão resolve os casos em que existe uma «co-autoria» (*Mittäterschaft*), ver LARENZ, *Lehrbuch...*, II, 12ª ed., *cit.*, §74 I, p. 665 e LANGE, *op. cit.*, §10 XIII, pp. 625-626. É também com base numa responsabilização solidária que DULLINGER, *est. cit.*, pp. 96-97 resolve a hipótese de os lesantes, na qualidade de «auxiliares de conservação», terem recebido do lesado determinadas bens para um trabalho em conjunto.

[2640] De acordo com a jurisprudência firmada pelo BGH (BGHZ 12,220), o lesado tinha direito a receber um *quantum* determinado pela avaliação individual mais favorável, respondendo solidariamente os outros lesantes pelas suas quotas mais pequenas (cfr. MEDICUS, *Schuldrecht*, I, *cit.*, §59, p. 312 e, para a crítica a essa jurisprudência, ver KOCH, *Probleme der Schadensabwägung zwischen Nebentätern und einem mitschuldigen Verletzten*, in NJW 1967, p. 182 e KÖTZ, *op. cit.*, n.° 563, p. 216). Para a caracterização da «co-autoria casual» (*Nebentäterschaft*), ver RIES, *Zur Haftung der Nebentäter nach §830 und §840 BGB*, in AcP 177(1977), p. 543, BRAMBRING, *op. cit.*, pp. 53-54 e DEUTSCH, *Unerlaubte Handlungen..., cit.*, n.° 146, pp. 78-79.

[2641] *Colpe concorrenti..., cit.*

[2642] *Berücksichtigung des eigenen Mitverschuldens gegenüber mehreren Haftpflichtigen*, in JZ 1955, pp. 728 e ss. e *Nochmals: Berücksichtigung des eigenen Mitverschuldens gegenüber mehreren Haftpflichtigen*, in JZ 1957, pp. 371-372.

Critério e resultados da ponderação das condutas culposas 775

que essa solução decrescia na tutela ao lesado à medida que aumentava o número dos co-responsáveis. Sob o influxo dessas objecções, a jurisprudência alemã veio a sufragar, em finais dos anos 50[2643], uma teoria combinada, que envolvia a congregação de uma ponderação individual e de uma «visão global» (*Gesamtschau*), colimada à valoração da unidade do evento lesivo e da contribuição de cada participante para o dano. Afastada, pelo seu excesso, a mera soma aritmética da medida da contribuição individual de cada lesante, a «teoria mista» (*Kombinationstheorie*) não faz responder cada agente acima da sua quota individual, mas considera solidariamente responsáveis os não pagadores pelo *quantum* necessário para ser atingido o «tecto» da ponderação conjunta[2644].

Esta nova posição do BGH, se colheu aplausos em certos quadrantes doutrinários[2645], não ficou imune às críticas dos juristas[2646] que viram nela demasiada complexidade, a fonte de dificuldades processuais e de possíveis benefícios para o lesado (directamente proporcionais ao número de lesantes), para lá do não aproveitamento das vantagens da solidariedade. Os adversários[2647] das teses defendidas

---

[2643] BGHZ 30,203. Nessa decisão de 16 de Junho de 1959, tratou-se de um acidente de viação com danos para um motociclista que, ao desviar-se temerariamente de um veículo que surgiu vindo de uma estação de serviço, veio a embater num outro veículo que circulava em sentido contrário (cfr. HENKE, *est. cit.*, JuS 1991, p. 272 e LANGE, *op. cit.*, §10 XIII, p. 627).

[2644] Se pensarmos, por ex., num dano de 3.000 contos e numa situação em que os dois responsáveis e o lesado tenham contribuído em partes iguais para o evento danoso, o lesado não poderá pedir a cada um dos lesantes mais de 1.500 contos (como resultado da análise *isolada* das relações entre o lesante e o lesado), mas terá ainda o direito de exigir 500 contos do lesante não pagador (de acordo com a ponderação *global* do evento o lesado sofre a imputação de 1/3 dos danos).

[2645] Assim, EIBNER, *Die deliktische Haftung von Nebentätern bei Mitverschulden des Geschädigten*, in JZ 1978, pp. 50 e ss. («*Die Entscheidung des BGH... bringt eine eindeutige, einfache und billige Lösung...*»), SOERGEL/ /SIEBERT/MERTENS, *op. cit.*, §254, n.° 127, pp. 389-390 (ressalvando no n.° 130, p. 390, a «medição» (*Zumessung*) do dano não patrimonial), MESSER, *est. cit.*, JZ 1979, pp. 385 e ss. e LARENZ/CANARIS, *op. cit.*, §82 III, pp. 581-582 (mas com certas correcções).

[2646] Ver, entre outros, KEUK, *Die Solidarhaftung der Nebentätern*, in AcP 168(1968), p. 200, LORENZ, *op. cit.*, p. 34, ROTH, *op. cit.*, p. 44 e LANGE, *op. cit.*, §10 XIII, p. 630.

[2647] Para lá dos autores citados na nota anterior, ver também, para uma orientação que tem de ser considerada dominante, REINELT, *op. cit.*, pp. 40 e ss. (com extensão aos danos recíprocos e aos danos morais), BRAMBRING, *op. cit.*, pp. 173 e ss., KOCH, *est. cit.*, NJW 1967, pp. 181 e ss. e MEDICUS, *op. ult. cit.*, §59, p. 313.

776 A conduta do lesado

em 1959 não hesitaram em enveredar para uma terceira via – a «teoria da solidariedade» (*Gesamtschuldtheorie*) – mais simples e mais protectora para o lesado, dado fazer responder *solidariamente* os co-lesantes pela quota resultante da chamada «visão global»[2648]. Esta concepção não deixou de aproveitar a correcção introduzida pelo BGH[2649] à *Kombinationstheorie*, não propriamente quanto ao ponto menos polémico da exclusão de uma *Gesamtschau* na fixação dos danos não patrimoniais, mas quanto às incidências da figura da «unidade de responsabilização» ou «unidade de imputação» (*Haftungseinheit* ou *Zurechnungseinheit*)[2650], surgida no quadrante jurisprudencial como resultado do pensamento de DUNZ[2651] e com o escopo de evitar a aplicação de um critério vantajoso para o lesado. A «unidade de imputação», de que já vimos uma aplicação quanto ao lesado no domínio da actuação dos seus auxiliares, não pretende mais do que reconduzir a um *mesmo factor causal* várias participações que não elevam a quota contributiva final, nem devem conduzir à «desagregação» no «regresso» (é o caso dos «grupos» comitente--comissário condutor ou não, vigilante-vigiado imputável, detentor--condutor e detentor-detentor condutor).

Entre nós, onde este tipo de questões nunca foi equacionado, a articulação entre as regras da solidariedade passiva e o critério descrito no artigo 570.º,1 conduz-nos à defesa da solução propugnada pela orientação germânica prevalecente. Tendo consciência das dificuldades de se lidar com uma avaliação individual (entre cada lesante e o lesado) do evento (pensamos, sobretudo, nos casos em que o passageiro não colocou cinto de segurança ou instigou o condutor a uma velocidade inadequada), a presença de uma pluralidade de responsáveis deverá conduzir, por um lado, a uma *avaliação global* da participação plural e, por outro, não poderá levar à privação dos efeitos úteis decorrentes da

---

[2648] Retomando o exemplo de que partimos na n. 2644, o lesado poderia pedir a qualquer dos co-lesantes a quantia de 2.000 contos.

[2649] BGHZ 54, 283 (decisão de 29 de Setembro de 1970). Como se diz no sumário da decisão, é excluída a *Gesamtschau* desde que «... *die Verhaltensweisen mehrerer Schädiger nur in einem (demselben) unfallbedingenden Ursachenbeitrag ausgewirkt haben...*».

[2650] Para a figura, ver ROTH, *op. cit.*, pp. 47 e ss., MESSER, *est. cit.* (atribuindo--lhe uma pluralidade de funções) e, criticamente, HARTUNG, *est. cit.*, VersR 1979, pp. 97 e ss. e BRAMBRING, *op. cit.*, p. 176.

[2651] Ver, entre outros, o seu estudo *Zum Mitverschuldensausgleich gegenüber Mehreren*, in JZ 1959, pp. 592 e ss..

solução solidarística [2652]. A ponderação individual, que preside ao concurso mais simples das condutas do lesante e do lesado, cede aqui lugar a uma *visão abrangente* do evento (pelo menos triangular) em ordem à fixação das contribuições decisivas ou daquilo a que ROTH apelida de «quotas ideais» (*ideale Quote*) [2653]. O que não nos parece necessário é a construção autónoma da figura da «unidade de responsabilização», se pensarmos que o nosso regime normativo já faz responder *solidariamente* certas pessoas (comitente, vigilante, detentor) pelos actos danosos praticados por outras, o que significa, para a questão agora em debate, e em regra, a exclusão de uma dupla avaliação e o relevo do *peso unitário* das contribuições, isto é, da chamada «articulação final das séries causais» (*Endglied der Kausalreihen*) [2654] [2655].

A aplicação aos casos em consideração das regras da solidariedade não pode deixar de ser feita cautelosamente, pensando na tendência que pode existir para uma transposição automática de algumas daquelas regras. Um bom teste para aferirmos da validade desta necessidade de prudência é-nos colocado naquelas situações em que a conduta culposa do lesado só se verifica em relação a um dos co-responsáveis (por ex., o devedor contratual), mas já não relativamente ao outro (o responsável extracontratual) [2656]. A analogia que este lesante

---

[2652] Como se vê pelos acórdãos da RC de 21 de Janeiro de 1986, publ. na CJ, ano XI, tomo 1, 1986, pp. 33 e ss., e da RL de 6 de Janeiro de 1987, in CJ, ano XII, tomo1, 1987, pp. 91 e ss. (apesar do errado desdobramento, nas relações externas, das quotas de culpa dos dois condutores), não é duvidosa a tese da *solidariedade passiva* relativamente aos danos causados a um transportado «inocente» pela colisão culposa de dois veículos. Nas raras decisões em que surgiu a questão do concurso da conduta culposa do lesado com a de outros intervenientes, cremos que a consideração *global* esteve presente na decisão do caso que motivou o já citado (*supra*, n.2633) acórdão do STJ de 2 de Novembro de 1971, já que o condutor do veículo ligeiro foi considerado devedor solidário por 3/4 da indemnização. Esta nossa conclusão não é precludida pela circunstância de na p. 280 do relatório do aresto ser afirmado equivocamente que «...tinha o condutor de pagar ao autor não só a parte da indemnização correspondente ao seu próprio grau de culpa, mas também a correspondente ao grau de culpa do condutor da camioneta...».

[2653] *Op. cit.*, p. 12. Para ROTH, a «participação danosa real» envolve a consideração do risco da insolvência.

[2654] HARTUNG, *est. cit.*, VersR 1979, p. 101.

[2655] Ver, no entanto, para o relevo da figura no plano do «regresso», ANTUNES VARELA, *op. cit.*, I, p. 797, n.(1).

[2656] Foi precisamente essa a configuração da hipótese decidida em 2 de Fevereiro de 1984 pelo BGH (BGHZ 90,86), tendo a decisão do tribunal (favorável ao «aproveitamento» pelo lesante extracontratual da «excepção» da culpa do lesado) mere-

queira estabelecer entre a sua situação e a do devedor solidário que pretenda opor esse meio comum de defesa, que é a mora do credor, está condenada ao insucesso se o tribunal optar pela ponderação de cada relação individual[2657]. Mas já para a concepção que julgamos mais acertada, a natureza não bifronte da culpa do lesado não parece ser impeditiva da sua consideração no *todo* do evento, dado ter contribuído com as outras condutas para a produção do dano.

Sendo exacto que cada co-lesante pagador conserva o direito de recuperar dos outros co-responsáveis o que eventualmente tenha pago a mais (em função da sua contribuição), os autores germânicos questionam se o lesado suporta igualmente o risco da possível *insolvência* de qualquer dos co-responsáveis. O ponto é mais decisivo para a corrente do pensamento alemão que não abdica da consideração da relação interindividual, se pensarmos na insolvência do co-lesante que seja demandado para pagar o que ultrapassa a pura contribuição individual, isolada. E se, nos casos em que a pluralidade de responsáveis não ultrapassa dois lesantes o resultado é satisfatório, por fazer incidir a insolvência no *pagador* e no *lesado*, já nas hipóteses em que essa pluralidade se alarga, vemos autores, como LARENZ/CANARIS[2658], a advogar a solução «correctora» de excluir da *Gesamtbetrachtung* a participação desse responsável. Mas os próprios adeptos da solução «abrangente», ao aproximarem o §254 do quadrante da solidariedade, não deixam de fazer participar o lesado da «sorte» do «regresso», ao considerá-lo como co-devedor solidário, «lesante potencial» ou lesante de si mesmo[2659].

Esta «confusão» desvirtua, como sabemos, o sentido natural da obrigação solidária e a relação devedores (lesantes) – credor (lesado), não nos parecendo, por outro lado, que a «dupla» consideração do lesado seja de algum modo «favorecida» pela função do artigo 570.º, e sendo ainda certo que, hodiernamente, as questões do pagamento e da titularidade do «regresso» colocam, as mais das vezes, e frente-a-frente, entidades colectivas. A circunstância de o lesado não ser um «elo da comunidade lesante» (*Glied der Schädigergemeinschaft*)[2660] conduz-nos

---

cido críticas de LARENZ, *Lehrbuch...*, I, *cit.*, §37 III, p. 646 e SELB, *Die neuere zivilrechtliche Rechtsprechung zu Gläubiger – und Schuldnermehrheiten*, in JZ 1986, p. 485.

[2657] LARENZ, *loc. ult. cit.*, demarca, precisamente, as duas formas de defesa.

[2658] *Op. cit.*, §82 III, p. 582.

[2659] Assim, KEUK, *est. cit.*, AcP 168(1968), pp. 202 e ss. (criticando a tese de ENGELHARDT de considerar antecipadamente o lesado como um devedor solidário), EIBNER, *est. cit.*, JZ 1978, p. 51 e LORENZ, *op. cit.*, pp. 38 e ss..

[2660] REINELT, *op. cit.*, p. 41.

Critério e resultados da ponderação das condutas culposas 779

a estar antes com autores como BRAMBRING[2661] e REINELT[2662], não fazendo incidir no lesado a disposição do artigo 526.º,1 e evitando, naturalmente a duplicidade externa e interna da sua participação. O risco de o crédito indemnizatório ficar por pagar não demarca, assim, a posição do lesado de qualquer outro credor que exerça o seu direito contra uma estrutura responsabilizante de fonte solidária. Relativamente aos lesantes, o perigo de o devedor solvente poder vir a suportar uma perda superior à medida da sua contribuição efectiva é um *traço característico* do regime da solidariedade passiva, do mesmo modo que, perante fundamentos diversos de responsabilidade, entendemos que um dos «vinculados» poderá vir a responder externamente numa *medida superior* à do seu título de chamamento. Quanto a nós, a completa garantia dos direitos do lesado e os princípios decorrentes do regime da solidariedade justificam que aquele possa, por ex., demandar *ilimitadamente* o responsável pelo risco, nos casos em ue a situação do condutor não precluda a detenção[2663].

Se, no concernente à pluralidade de lesantes a combinação das regras da solidariedade com a adaptação do critério do artigo 570.º,1 permite resolver satisfatoriamente as questões que possam surgir, já a existência de uma *pluralidade de lesados* co-culpados não nos faz sair do círculo daquele normativo, tendo em conta a necessidade de sopesar cada relação. A par da diversidade das condutas e do montante dos danos, não se afasta aqui a possibilidade de os lesados constituírem um *grupo jurídico unitário* (pensamos nos comproprietários[2664]) ou de terem agido como tal, empreendendo uma acção comum autodanosa[2665].

[2661] *Op. cit.*, pp. 173 e 178 e ss..

[2662] *Op. cit.*, pp. 41-42.

[2663] Defendendo, ao que nos parece, um entendimento que faz deslocar a limitação para o domínio das «relações externas», ver RUI DE ALARCÃO, *op. cit.*, p. 311, ALMEIDA COSTA, *op. cit.*, p. 532 (a aplicação do artigo 508.º «enfraquece» a responsabilidade solidária de que parte?) e DARIO MARTINS DE ALMEIDA, *op. cit.*, p. 375. Para a boa doutrina, pelo menos no tocante às relações comodante-comodatário, ver ANTUNES VARELA, *op. cit.*, I, p. 678. No *Parecer, cit.,* p. 14 e n. 21, o ilustre jurista não aplica a mesma ideia ao caso em que o dono do veículo autoriza o comissário a utilizá-lo.

[2664] Na espécie decidida pelo BGH de 7 de Janeiro de 1992, in NJW 1992, p. 1095, a contitularidade do direito (relativamente ao recheio de uma casa destruído por um incêndio causado por uma criança mal vigiada) fez com que o tribunal imputasse à «comunidade» o concurso de culpa do lesado individual.

[2665] DUNI, *est. cit.*, Giust. civ. 1967, p. 225, refere o exemplo de vários passageiros que, mediante uma compensação pecuniária, *incitem* o condutor de um autocarro a andar mais depressa para não perderem o avião.

PARTE VI

HETERORESPONSABILIDADE OBJECTIVA, AUTORESPONSABILIDADE OBJECTIVA E CONDUTA DO LESADO

93. Sequência

Já no capítulo III, da Parte I, desta dissertação procedemos a uma determinada articulação entre o ideário da responsabilidade civil objectiva e a função aí desempenhada pela conduta culposa e não culposa do lesado. Esse relacionamento foi feito numa óptica global ou de conjunto, sem prescindirmos do enquadramento comparativo das questões e da valoração dos dados que apontam para a diluição da responsabilidade civil individual ou de feição tradicional. O desiderato primário que presidiu a essa metodologia teve a ver com a necessidade de se proceder a um confronto entre o sentido assumido pela culpa do lesado no quadrante *subjectivo* delimitado directamente pelo artigo 570.º e o papel, simultaneamente mais importante e mais impreciso, exercido pela mesma conduta no seio da responsabilidade sem culpa. Mas também, ao debatermos o fundamento do critério de repartição do dano consignado naquele normativo, não deixámos de tentar demonstrar que essa norma não é mais do que o precipitado de um princípio «distribuidor» mais geral, que não exclui a consideração de condutas não culposas do próprio lesado.

Urge, agora, consolidar posições já enunciadas, vendo não só até que ponto o sistema é favorável à coexistência da culpa do lesante com o princípio que afirma, *contra* o lesado, uma «responsabilidade» objectiva paralela à tipificada legalmente para o lesante, mas procurando, ao mesmo tempo, aduzir argumentos que salientem a importância do estatuído no artigo 505.º e que possam fazer duvidar do prejuízo dominante da não harmonização entre o risco (do responsável) e a culpa (do lesado). Em qualquer dos dois quadrantes, a análise não prescinde, mais uma vez, da avaliação de factores relevantes ou de formas de comportamento ligadas ao lesado e que influem, com mais ou menos intensidade, numa pretensão indemnizatória fundada na responsabilidade objectiva.

CAPÍTULO I

RISCO IMPUTADO AO LESADO
E CONTRIBUIÇÃO PARA O DANO

Sumário: 94 – A hipótese concursual que reúne a culpa do lesante e o risco que pesa sobre o lesado; 95 – A hipótese que congrega o risco contributivo do lesante e do lesado: generalização do critério prescrito no n.º1 do artigo 506.º ou recondução ao critério adoptado no artigo 570.º,1?

94. A hipótese concursual que reúne a culpa do lesante e o risco que pesa sobre o lesado

Para lá dos casos, de não fácil concretização, em que o próprio lesado pode criar o *risco relevante* de sofrer um dano inteiramente não indemnizável[2666], a ausência, ao nível da positivação, de uma autoresponsabilidade objectiva, que ultrapasse o círculo do artigo 506.º, não é obstáculo à transposição para o lesado dos *mesmos fundamentos* que constituem o núcleo dos casos codificados de responsabilidade sem culpa. Este *geometrismo* secundário, como o temos apelidado, ou esta tónica de um tratamento igualitário, como vimos fortemente sustentado por DEUTSCH, e que não pode ser afastado com o argumento, cada vez mais frágil, da excepcionalidade do critério objectivo ou com a asserção de que o seu «âmbito subjectivo» só abrange os terceiros[2667], coloca, fundamentalmente, o problema de um relacionamento com a conduta do lesante, circunscrita pela culpa ou pelo risco.

O primeiro aspecto da relação é mais controverso, sobretudo se tivermos em conta a lógica em que se terá colocado o legislador de conferir primazia ao factor mais intenso, rejeitando, consequentemente,

---

[2666] Ver *supra,* pp. 421 e ss..

[2667] Para a invocação dessa argumentação dual, ver BÖHMER, *Kritische Bemerkungen zur Rechtsprechung zur §§833, 840, 254 BGB,* in JR 1972, pp. 57-58.

786   *A conduta do lesado*

o concurso com o fundamento não culposo. Esta exclusão intra-sistemática da coexistência entre razões heterogéneas de imputação[2668], e que se alarga, como sabemos, ao confronto do risco do responsável com a conduta culposa do lesado, depara, contudo, e desde logo, com o obstáculo não eliminável do surgimento do dano como resultado da convergência de factores justificativos da consideração concausal e da possível injustiça de fazer deslocar todo o prejuízo para o lesante culpado. Este nosso posicionamento parte não só da diversidade ponderativa das situações que estamos a tratar, relativamente a hipóteses já colocadas em que os *interesses* envolvidos justificam a imputação unilateral do dano[2669], mas também da forma como concebemos o *princípio de autoresponsabilidade* e como interpretamos as normas (*maxime* os artigos 505.°, 507.°,2 e 570.°,2) que servem de «bandeira» ao pensamento dominante da «absorção».

Quanto ao primeiro ponto, a expressão literal do artigo 570.°,1, e que conduz a dotar o «facto culposo do lesado» com um sentido que não abrange *directamente* o risco que onera o lesado, por reflectir apenas o precipitado típico de um princípio mais amplo de repartição do dano não exclui liminarmente a adaptação do seu critério à ponderação de situações concursuais com pressupostos não homogéneos[2670].

[2668] A Relação de Coimbra, em acórdão de 6 de Maio de 1986, publ. na CJ, ano XI, tomo 3, 1986, pp. 43 e ss., afastou expressamente a concorrência entre a culpa presumida (de um comissário) e o risco do veículo danificado.

[2669] Pensamos que as situações danosas para as quais concorram *eventos fortuitos* gerados na esfera pessoal do lesado ou que se relacionam com um *sacrifício* no interesse exclusivo de outrem (ver *supra*, respectivamente, n.ºs 18 e 65), já reclamam um tratamento nitidamente mais protector e favorável aos lesados.

[2670] Pese a relativa maior abertura do §254, mas deparando igualmente com o «obstáculo» representado pelo preceituado no §840 II e III (referente à «relação interna» (*Innenverhältnis*) dos obrigados solidários), o pensamento alemão dominante não coloca entraves à admissão do concurso a que nos referimos no texto. Ver, na doutrina,para a aplicação do primeiro normativo, LARENZ, *Lehrbuch...*, I, *cit.*, §31 I, p. 542, WEIDNER, *op. cit.*, pp. 30 e ss., ESSER/SCHMIDT, *op. cit.*, I, 2, §35 I, p. 257 (propondo aditar à «*Verschulden*» do §254 o chamado «*Betriebs-bzw. Stoffgefahr*») e HENKE, *est. cit.*, JuS 1988, p. 760 e, na jurisprudência, BGHZ 6, 319 (decisão de 23 de Junho de 1952) e 20,259 (decisão de 13 de Abril de 1956).

Nas propostas de alteração legislativa de HOHLOCH, *est. cit.*, p. 475 («*Hat bei der Entstehung des Schadens eine Ursache mitgewirkt, die ohne Rücksicht auf ein Verschulden des Geschädigten dessen Ersatzpflicht gegenüber dem Schuldner begründen würde, wenn diesem ein Schaden entstanden wäre...*») e de KÖTZ, *est. cit.*, p. 1834 («*...wenn der Geschädigte Halter eines Transportmittels gemäß §835 oder*

No tocante ao argumento que a doutrina dominante retira do regime da solidariedade passiva extracontratual, é preciso não esquecer que a tutela do lesado prevalece sobre a diversidade dos fundamentos responsabilizantes e que, de qualquer modo, a solução «interna» do «tudo ou nada», para lá da sua validade relativa, não é compreensível, se valorarmos a existência originária de uma causalidade necessária[2671].

Partindo de pontos de vista da orientação «exclusivista», não se vê porque é que a aplicação do critério do artigo 494.° – defendido para o concurso da culpa do condutor com um evento de força maior[2672] – não pode coexistir com o referente, para um concurso heterogéneo, do artigo 570.°,1, e por que é que este normativo parece abranger certas hipóteses – pressupondo que a alusão feita por ALMEIDA COSTA[2673] ao «facto do próprio lesado, culposo ou não», em concurso com a culpa do condutor, abrange, pelo menos, o acto dos inimputáveis – mas já não possa ser aplicado à situação concursual que reúne a culpa e o risco. Como quer que seja, há que salientar que a nossa posição não visa desvalorizar a culpa, mas fazer prevalecer, sobre a lógica abstracta,

---

Inhaber einer Anlage gemäß §835 a ist...»), seguidoras, nesse aspecto, de um projecto de reforma de 1967, tendente a explicitar o §254 (cfr., pese o sentido crítico, KABLITZ, *Zur beabsichtigten Neufassung des §254 BGB*, in JZ 1959, p. 348 e WEIDNER, *op. cit.*, pp. 85 e ss.), é patente, na sua diversidade, o desejo comum de submeter a hipótese concursual heterogénea ao regime do «concurso de culpas». Em sentido contrário, ver WOLF, *Lehrbuch,... cit.*, §4, pp. 263-264 e DEUTSCH, *est. cit.*, JuS 1987, 681 (para o dano resultante de culpa de terceiro e do risco do animal do lesado). No exemplo apresentado pelo último jurista, do cão que é posto a correr atrás de um cavalo, espantando-o, e resultando daí a queda do cavaleiro, há, na realidade, uma causa culposa prevalecente.

[2671] Que o próprio pensamento dominante não exclui o concurso «externo» entre o risco e a culpa demonstra-o o facto da sua afirmação no seio da responsabilidade derivada do artigo 502.° (em conjugação com a culpa de um terceiro e a culpa presumida do vigilante). Ver, nesse sentido, ANTUNES VARELA, *op. cit.*, I, pp. 665 e n.(3), 666 e n.(2) e 689 e RIBEIRO DE FARIA, *op. cit.*, I, p. 480 e II, p. 28. Sinal evidente de que o relacionamento «interno» entre os vários responsáveis deve ser perspectivado em termos flexíveis é o disposto no n.°2 do artigo 6.° do Decreto-Lei n.° 383/89, não estando orientada noutro sentido a proposta de SINDE MONTEIRO (*Estudos..., cit.*, pp. 196-199 e 202) tendente a alterar o n.°2 do artigo 507.° («...*mesmo que haja culpa de algum ou de alguns, o juiz poderá decidir, tendo em conta as circunstâncias, que todos eles respondem...*»).

[2672] Assim, ANTUNES VARELA, *op. cit.*, I, p. 690.

[2673] *Op. cit.*, pp. 535 e 536, n.(1). O pressuposto de que partimos no texto é bastante duvidoso, atendendo ao que dissemos *supra*, n.[tas] 637 e 862.

uma *repartição adequada* do dano para os casos de *concorrência efectiva* de factores relevantes, colocados a um nível paritário (o que sucederá se pensarmos que, com a pequena culpa do lesante, pode concorrer o risco do animal[2674] ou do veículo despistado por razões fortuitas[2675]). Importando, no plano da ponderação e dos seus resultados, tratar com maior favor os *danos pessoais,* não se afasta, como é óbvio, a possibilidade de o lesado poder vir a receber *toda* a indemnização, em atenção ao efeito danoso gerado pela conduta culposa, à pequenez do risco e à existência de um seguro de responsabilidade. A falta de recepção expressa, pelo legislador, dessas «gradações, desses graus intermédios...» que tornam «... a realidade... mais rica do que os esquemas»[2676], não nos parece, pois, uma razão decisiva que obstaculize o fio central das nossas considerações, conhecidas até as repercussões que as propostas de VAZ SERRA[2677]

[2674] É pensável que, por ex., um cego venha a ser atropelado em virtude de um conjunto de causas, entre as quais se inclua uma *reacção natural* do cão que o guiava.

[2675] Haja em vista o exemplo, de que parte SINDE MONTEIRO (*Estudos..., cit.,* pp. 193-194), da colisão entre um ciclomotor (com culpa leve do condutor) e um veículo pesado. Também a síncope ou o desmaio, de que seja vítima o dono do veículo, enquanto conectados ao *risco da condução* (para o condutor e para os outros) poderão constituir uma razão autoresponsabilizante atenuadora do *quantum* devido pela conduta concorrente e culposa de outro condutor. Para a defesa da exclusão, como causa de força maior, da «doença súbita do condutor», ver os acórdãos do STJ de 4 de Maio de 1971, in BMJ n.° 207, pp. 134 e ss. e de 27 de Julho de 1971, in BMJ n.° 209, pp. 120 e ss..

[2676] SINDE MONTEIRO, *est. cit.,* p. 195.

[2677] No artigo 7.°,1 do articulado específico sobre a «conculpabilidade do prejudicado» (BMJ n.°86, *cit.,* p. 171), VAZ SERRA propunha que «*se o prejudicado criou uma concausa do dano, de maneira que o tornaria legalmente responsável, caso o dano tivesse atingido um terceiro, é aplicável a doutrina do artigo 1.°, nos termos do §3.° do presente artigo, mesmo que não tenha havido culpa da sua parte*» (cfr. também a p. 167 e a n.(66-a) para uma referência a LARENZ). Esta proposta, que mereceu a aprovação de HUMBERTO LOPES, *est. cit.,* pp. 277-278, ao apreciar o §1 do artigo 578.° do Anteprojecto global, já não figura nos artigos 544.° a 546.° do Anteprojecto saído da primeira Revisão Ministerial (cfr. a p. 103 do BMJ n.° 119).

Para o caso específico do *risco contributivo* dos veículos, ver o seu *Fundamento da responsabilidade civil..., cit.,* BMJ n.° 90, p. 179, n.(347) e o artigo 5.°,2, segunda parte, do respectivo articulado («*se apenas um teve culpa, a indemnização a pagar por ele reduz-se na medida em que para o dano tenha contribuído o risco do veículo danificado*» (p. 309)) e cuja doutrina também já não surge no n.°1 do artigo 485.° da versão resultante da primeira Revisão Ministerial. Não deixa de ser interessante que HUMBERTO LOPES (*est. cit.,* p. 310), ao emitir opinião sobre a norma correspondente (§1.° do artigo 775.°) do Anteprojecto genérico, a tivesse considerado «muito equitativa».

tiveram em autores como Sá Carneiro[2678] e Pereira Coelho[2679]. Relativamente a este último, cremos mesmo que não terá sido intencional a atitude de não ter colocado a hipótese contrária à que versou (risco da actividade-culpa do lesado) sob a tutela *analógica* do artigo 570.°,1[2680].

95. A hipótese que congrega o risco contributivo do lesante e do lesado : generalização do critério prescrito no n.° 1 do artigo 506.° ou recondução ao critério adoptado no artigo 570.°,1?

De iure constituto, é menos duvidosa a situação concursual homo-génea que congrega o risco simultaneamente conexionado com o critério objectivo de responsabilidade e com a aludida autoresponsabi-lidade sem culpa. A hipótese surge (ou parece surgir) referida expressamente na parte central dessa norma heterogénea[2681] que é o artigo 506.°,1 (colisão com danos unilaterais ou bilaterais nos veículos), desde que se perfilhe, a propósito desse normativo, uma interpretação que não rejeite a inclusão, na primeira parte do preceito, dos danos causados aos condutores-detentores dos veículos. A este respeito, os dizeres e o escopo da norma tornam mais razoável a separação feita por Vaz Serra[2682] entre o âmbito limitado de aplicação dessa parte do preceito (reservado para a repartição dos danos causados nos veículos e nos condutores-detentores) e a esfera abrangida pelo artigo 507.° (limitado à função de fundar a responsabilidade solidária e

---

[2678] *Est. cit.*, RT, ano 82.°, p. 252. J. G. DE Sá Carneiro, ao referir-se ao âmbito limitado do artigo 56.°,2 do anterior Código da Estrada, não deixou de considerar o «risco criado pela vítima».

[2679] *Obrigações, cit.*, p. 170, n.(3).

[2680] Não é parificável à «nossa» hipótese concursual a situação de «concorrência entre o facto ilícito... e um caso fortuito», resolvida por Pereira Coelho contra o lesante (*op. cit.*, pp. 171-172, n.(1)).

[2681] A norma do artigo 15.° do Decreto-Lei n.° 321/89 («colisão de duas ou mais aeronaves em voo ou em manobras no solo...»), aparentemente correspondente à do artigo 506.°, parece mais clara, dado o escopo inequívoco de tutelar os terceiros lesados, embora se possa colocar a questão de saber se a repartição prevista nos n.os 2 e 3 do preceito vale apenas nas «relações internas» ou opera na relação com os lesados.

[2682] Ver a RLJ, anos 102.°, *cit.*, pp. 25-28, 104.°, *cit.*, p. 234, 105.°, *cit.*, p. 71, 107.°, pp. 295-296 (anot. ao acórdão do STJ de 20 de Novembro de 1973, publ. no BMJ n.° 231, p. 151) e 111.°, pp. 282-283 (anot. ao acórdão do STJ de 9 de Março de 1978, publ. no BMJ n.° 275, p. 191).

790 *A conduta do lesado*

de estabelecer os critérios da «compensação» interna), em confronto com a posição restritiva de SÁ CARNEIRO[2683] e com as teses «unitárias» de ANTUNES VARELA[2684], ALMEIDA COSTA[2685] e RUI DE ALARCÃO[2686]. Que VAZ SERRA tinha concebido essa primeira parte do n.º 1 do artigo 506.º sob um ângulo mais limitado, outorgando-lhe uma função «distribuidora» análoga à do artigo 570.º,1, derivava, inequivocamente, da circunstância de o ilustre jurista justificar o critério (constante do parágrafo 3.º do artigo 5.º do articulado específico) como «solução que concorda, correspondentemente aplicada, com a respeitante ao caso de culpa de ambos os condutores...»[2687]. Parecendo-nos harmoniosa e correcta a chamada feita por VAZ SERRA – da primeira parte do n.º 1 do artigo 506.º – para o círculo da repartição do dano resultante de dois factores contributivos e sendo também certo que a doutrina dominante desvaloriza ou esquece essa correlação (potenciada pela regra subsidiária constante da segunda parte do n.º 2 do artigo 506.º), há ainda que questionar dois outros pontos, não menos importantes: poderá servir o critério «proporcional» para *integrar* a não completude do regime do «regresso», previsto no n.º 2 do artigo 507.º? A ideia contida no artigo 506.º «vale» apenas em relação à colisão de veículos ou pode ser considerado como reflexo de um *princípio mais geral*, «manto» de outras hipóteses danosas análogas?

No que diz respeito à primeira questão, a hipótese omissa que suscita o debate é a dos danos causados a terceiros (e, para nós, aos transportados), em consequência da colisão de veículos, sem culpa de nenhum dos condutores. O ponto não é muito versado, mas pensamos que entre a solução, propugnada por VAZ SERRA[2688], de reconduzir o

---

[2683] *Est. cit.*, RT ano 86.º, pp. 68-69. SÁ CARNEIRO era partidário de uma interpretação do preceito em conjugação estreita com o princípio geral estabelecido no n.º 1 do artigo 503.º, não se mostrando em absoluto favorável a uma tese idêntica à de VAZ SERRA. Para o acolhimento da concepção de SÁ CARNEIRO, ver RIBEIRO DE FARIA, *op. cit.*, II, pp. 85-86, n.(1).

[2684] *Op. cit.*, I, pp. 698-700 e RLJ, anos 101.º, *cit.*, p. 281, 121.º, *cit.*, p. 287 e 122.º, *cit.*, p. 180.

[2685] *Op. cit.*, pp. 539-540 e n.(1).

[2686] *Op. cit.*, p. 324.

[2687] BMJ n.º 90, *cit.*, p. 180 e RLJ, ano 102.º, *cit.*, pp. 23-25.

[2688] Ver a RLJ, ano 102.º, *cit.*, p. 27, em consonância, aliás, com o que VAZ SERRA propunha no §4 do artigo 764.º do Anteprojecto: «*No caso de concurso de responsabilidades objectivas baseadas no risco, o dever de regresso existe na medida da importância das várias causas de responsabilidade e das consequências que delas derivarem*».

Heterorresponsabilidade objectiva, autoresponsabilidade objectiva 791

caso à aplicação-adaptação do n.º 2 do artigo 497.º (*ex vi* do artigo 499.º), o ponto de vista de ALMEIDA COSTA[2689] de se aproveitar o critério consagrado na primeira parte do n.º 2 do artigo 507.º e a via que avoca para o plano das «relações internas» o critério adoptado na primeira parte do n.º1 do artigo 506.º (completado com a primeira parte do n.º 2 do artigo 506.º), é de preferir este último caminho, não só por ser o que parece estar mais sintonizado com a situação, mas também porque permite conservar, para interesses semelhantes, soluções não diferenciadas. Relativamente ao *método geométrico* perfilhado por VAZ SERRA, não se pode dizer que a nossa opção não permite valorar o elemento objectivo constante do artigo 497.º, se pensarmos que a sua consideração autónoma só tem verdadeiro interesse no seio das condutas culposas e não no domínio da contribuição pelo risco, onde, precisamente, a análise da sua proporção implica a indagação da aptidão causal. Não sendo, assim, de censurar a diversidade de formulação que se nota, quanto aos factores a ponderar, entre a primeira parte do n.º1 do artigo 506.º e o n.º1 do artigo 570.º, também não temos a certeza se VAZ SERRA o terá querido de caso pensado ou se para tal apenas terá contribuído a diferente origem, respectivamente, francesa e italiana, dos dois normativos.

Quanto ao segundo quesito, o da possível *extensão analógica* do preceito do n.º 1, primeira parte, do artigo 506.º, alguns juristas nacionais não hesitam em considerar o normativo como «afloramento de um princípio geral, aplicável para além dos casos de colisão de veículos»[2690] ou extensível a «...outros casos em que... intervenham, na produção do dano, coisas diversas, mas subordinadas ao regime da responsabilidade pelo risco»[2691]. Ao termos estabelecido um elo de

---

[2689] *Op. cit.*, p. 545.

[2690] PINTO MONTEIRO, *Cláusulas..., cit.*, p. 93, n.176.

[2691] VAZ SERRA, RLJ, ano 111.º, *cit.*, p. 281, em anot. crítica ao acórdão do STJ de 9 de Março de 1978, e que sufragou a tese da *excepcionalidade* do preceituado no artigo 506.º. Tratou-se, aí, de danos causados aos condutores de dois velocípedes motorizados (e ao transportado num deles) por uma novilha que se havia tresmalhado e fazia parte de uma manada de bovinos. Na curta referência feita ao aresto por RIBEIRO DE FARIA, *op. cit.*, p. 28, n.(2), o ilustre jurista tende, com razão, para considerar excluída na hipótese a contribuição do risco dos velocípedes. No sentido de VAZ SERRA. e no mesmo âmbito da colisão entre um animal e um veículo, ver ALMEIDA COSTA, *op. cit.*, pp. 537-538.

Na jurisprudência, e no período de vigência do anterior Código da Estrada, o Supremo, em acórdão de 26 de Janeiro de 1973 (publ. no BMJ n.º 223, pp. 216 e ss.), enquadrou no artigo 56.º,1 o acidente causado por um poldro, que surgiu

792   *A conduta do lesado*

ligação entre a zona da concausalidade culposa (atraída para a esfera do artigo 570.°) e o domínio da concausalidade não culposa (situada, no diploma de 1966, no preceito relativo à colisão de veículos), o corolário mais importante dessa *equação geométrica* tem a ver com a afirmação de que ambos os círculos são afloramentos de um *princípio geral de autoresponsabilidade*, que não se limita a ser a fonte de hipóteses homogéneas. Conquanto o lugar por excelência das situações (omissas) de concurso heterogéneo nos conduza ao normativo do artigo 570.° e o preceito tenha aptidão intrínseca para suprir uma falta completa de regime do concurso objectivo[2692], é metodologicamente mais correcto extraírmos da norma do artigo 506.° a «sua» ideia, *generalizando*[2693] o critério do preceito de modo a poder ser aplicado às hipóteses que concretizem uma *duplicidade contributiva objectiva*, idêntica à da colisão de veículos (para lá da relação risco do animal-risco do veículo, com colisão ou não, figure-se a «conduta» concorrente de dois animais[2694] e a colisão entre uma aeronave e um ultra-leve). A delimitação do *risco passivo* é muito importante, já que para lá da irrelevância de um *risco* da pessoa, cujo gesto ou corrida tenha

---

inesperadamente na estrada «vindo de um campo marginal, por o respectivo guardador, eguariço descuidado, a quem o dono o confiara, não o ter colocado em condições de não se deslocar para a estrada...». Diversamente, a Relação de Évora, em acórdão de 10 de Novembro de 1983, sum. no BMJ n.° 333, p. 543, negou a existência de um acidente de viação para a colisão entre um animal solto na via e um veículo.

[2692] Assim, e no direito austríaco, KOZIOL, *op. cit.*, p. 253 e GSCHNITZER, *op. cit.*, p. 164. Também BLOMEYER (*op. cit.*, p. 185) e ESSER/SCHMIDT (*op. cit.*, I, 2, p. 257) situam no §254 as «contribuições recíprocas para o perigo» (*beiderseitige Gefährdungsbeiträge*).

[2693] Há que ressalvar, no entanto, a natural recusa de uma *autoresponsabilidade pelo risco do consumidor*, colocada ao lado da *responsabilidade pelo risco do produtor* (cfr., para essa exclusão, *supra*, n.[tas] 82 e 1398).

[2694] BLOMEYER (*op. cit.*, p. 185) refere uma decisão do RG (RGZ 67,120) relativa a um caso em que, para o dano sofrido pelo condutor de uma carroça puxada por um cavalo, terão concorrido o *ladrar* de um cão e a *reacção* que o cavalo teve a esse ladrar, fazendo com que a carroça se virasse. Interessante foi a decisão do OLG Koblenz, e relatada por DEUTSCH (*Die Haftung des Tierhalters, cit.*, JuS 1987, p. 681), da imputação à lesada do *risco* do cão, que trazia com trela, e que, ao envolver-se com outro, fez com que aquela se enrolasse às pernas da dona. No sentido de que o *simples risco* de um cão ser atacado por outro não integra um «risco específico do animal» (*spezifische Tiergefahr*), ver a decisão do LG Aachen de 9 de Janeiro de 1987, in MDR 1987, p. 323, e, para um exemplo concreto, sob o modo de ponderar o «potencial de perigo» de cada animal (no caso, lesões sofridas por uma égua e provocadas, em parte, pelo comportamento de um bezerro), ver a decisão do BGH de 5 de Março de 1985, in MDR 1986, p. 44.

Heteroresponsabilidade objectiva, autoresponsabilidade objectiva   793

estimulado um animal, também o *ruído* do veículo em que se fazia transportar o lesado, e que excitou um cão, não pode ser considerado como causa concorrente do dano sofrido. Consequentemente, a indemnização resultante de uma eventual amplitude do prejuízo só poderá ser atenuada com a aplicação do mecanismo corrector do artigo 494.°.

Ao não acolher a solução «marítima» e *neutralizadora* consagrada no artigo 668.° do Código Comercial e defendida por TITO ABRANTES[2695], nem o ponto de vista *compensatório* idealizado por PINHEIRO TORRES/ALBERTO PIRES DE LIMA[2696], e ao adoptar o critério de SAVATIER, tal como havia sido recebido por VAZ SERRA[2697] e acolhido por SÁ CARNEIRO[2698], o legislador nacional trouxe para primeiro plano a necessidade da avaliação dos riscos contributivos conexos à denominada «unidade fenomenológica do evento», nas palavras de ANTUNES VARELA[2699]. Na hipótese mais significativa – a da colisão de veículos – a *prognose*[2700] do peso contributivo do risco não é a resultante de quaisquer índices estatísticos, mas da ponderação integrada das características técnicas (dimensões, potência, estabilidade, configuração, idade, resposta à travagem, etc.) e do perigo efectivo de cada veículo (parado ou em movimento), na sua vertente activa e passiva[2701], tendo ainda em conta o meio e as condições objectivas em que se movia e a forma como era conduzido[2702 2703].

[2695] *Apud* J. G. DE SÁ CARNEIRO, *est. cit.*, RT, ano 83.°, pp. 73-74.

[2696] *Comentário ao Código da Estrada*, Porto,1936 (artigo 140.°, anot. 46), p. 254.

[2697] BMJ n.° 90, *cit.*, pp. 174 e ss. e RLJ, ano 102.°, *cit.*, pp. 23-24, n.(1).

[2698] *Est. cit.*, RT, anos 83.°, p. 74 e 86.°, p. 66.

[2699] RLJ, ano 101.°, *cit.*, p. 279.

[2700] A determinação do risco contributivo efectivo tem sido considerada acertadamente como *matéria de facto* (cfr., entre outros, os acórdãos do STJ de 9 de Dezembro de 1967, in BMJ n.° 172, p. 247, 25 de Outubro de 1983, in BMJ n.° 330, p. 511 e de 17 de Julho de 1984, in BMJ n.° 339, pp. 388 e ss.), qualificação igualmente sustentada por ANTUNES VARELA, RLJ, ano 122.°, *cit.*, pp. 180-181. VAZ SERRA (RLJ, anos 104.°, *cit.,* p. 233 e 105.°, em anot. ao acórdão do S.T.J. de 19 de Março de 1971, p. 71) inclina-se mais para tratar a questão como *matéria de direito* (neste mesmo sentido, cfr. RIBEIRO DE FARIA, *op. cit.*, II, p. 84, n.(1)), embora na segunda daquelas anotações tivesse propendido para uma solução dual.

[2701] Cfr. *supra*, n.885.

[2702] Para a Relação de Évora (acórdão de 7 de Julho de 1992, sum. no BMJ n.° 419, p. 840), numa conceitualização algo limitada, *risco* é «o perigo que uma viatura, enquanto máquina de composição e utilização complexas e diversificadas nas suas características, é susceptível de constituir para a integridade física de pessoas e bens, quando em funcionamento»

794   *A conduta do lesado*

A tarefa judicial será tanto mais delicada e complexa quanto mais a ponderação envolver a análise de *riscos heterogéneos*, como sucederá tipicamente na colisão de um veículo com um animal [2704].

Numa fórmula não muito diferente, mas porventura menos restritiva, GUSTAV--ADOLF BURSCH/M. JORDAN, *Typische Verkehrsunfälle und Schadensverteilung*, in VersR 1985, p. 514, definem, o chamado «*Betriebsgefahr*» como «*die Gesamtheit aller Umstände, die geeignet sind, bei dem Betrieb eines Kfz Gefahren für Gesundheit und Eigentum der Mitmenschen in der Verkehr zu tragen*». A literatura germânica, ao lado do «risco normal» ou «simples», alude ainda ao «risco acrescido» (*erhöhte Betriebsgefahr*) relacionado com causas objectivas (*maxime* deficiências técnicas do veículo ou condições climatéricas adversas) e mesmo com condutas culposas do condutor (cfr., para uma exemplificação, ERMAN/KUCKUK, *op. cit.*, §254, n.º 90, p. 627 e FILTHAUT, *op. cit.*, §4, n.º 24, pp. 216-217 e, para o conceito, BÖHMER «*Allgemeine*» *und* «*erhöhte*» *Betriebsgefahr*, in MDR 1958, p. 19). Não cremos, no entanto, que o conceito de «risco acrescido» possa assumir, entre nós, foro de autonomia, dado ser absorvido pela culpa ou compreender-se manifestamente como circunstância a valorar nos «riscos próprios do veículo» – e o exemplo de G.-A. BURSCH/M. JORDAN, *est. cit.*, p. 515, do condutor que perca a consciência não foge a esse enquadramento, nem, ao que cremos, a falta de protecção mecânica numa passagem de nível sem guarda – tanto mais que, no nosso direito, o comitente não beneficia de um regime idêntico ao do §831 do BGB (para uma consideração da culpa do comissário-condutor, apesar da ilisão pelo comitente da presunção de culpa, ver BÖHMER, *Erhöhung der Kraftwagenbetriebsgefahr trotz Gelingens des Entlastungsbeweises nach §831 BGB?*, in MDR 1965, p. 878 e s.).

[2703] A necessidade de se «pesar» o risco *concreto* de cada veículo é posto em evidência por ANTUNES VARELA, RLJ, ano 101.º, *cit.*, p. 281, embora seja legítimo questionar se a existência de diferentes «tectos» no artigo 508.º não colocará reservas ao *critério global* da «massa dos danos» defendido pelo ilustre jurista (e pelo pensamento jurídico nacional) nas pp. 280-281 da citada Revista e na sua *op. cit.*, p. 698.

Para uma amostragem da forma como os nossos tribunais tem considerado a *proporção do risco contributivo*, ver os acórdãos do STJ de 9 de Dezembro de 1967, in BMJ n.º 172, p. 247 (3/4 para um autopesado e 1/4 para um motociclo), de 30 de Janeiro de 1968, in BMJ n.º 173, p. 275 (3/4 para um automóvel e 1/4 para um motociclo), de 19 de Março de 1971, in BMJ n.º 205, p. 212 (6/7 para o veículo ligeiro de carga e 1/7 para o velocípede a pedal) e da RC de 15 de Fevereiro de 1978, in CJ, ano III, tomo 1, 1978, p. 288 (1/6 para um velocípede com motor e 5/6 para um potente camião). Nos casos mais frequentes de *colisão de veículos*, a jurisprudência alemã tem ao seu dispor as chamadas «tabelas de participação» ou *Quotentabelle* (ver, para elas, BURSCH/JORDAN, *est. cit.*, pp. 517 e ss.).

[2704] Sobre o problema, ver LANGE, *op. cit.*, §10 XII, p. 623 e ESSER/SCHMIDT, *op. cit.*, I, 2, §35 IV, pp. 268-269.

CAPÍTULO II

RESPONSABILIDADE OBJECTIVA E CONDUTA CULPOSA E NÃO CULPOSA DO LESADO

Sumário: 96 – Retorno a uma problemática já equacionada; 97 – Aplicação analógica do artigo 505.° aos tipos codificados de responsabilidade objectiva?; 98 – A novidade da solução não preclusiva (do risco pela culpa) consagrada no artigo 7.°,1 do regime da responsabilidade do produtor; 99 – Concomitância da necessidade de se desvalorizar a conduta do lesado no seio dos acidentes de trânsito e de ser repensada a interpretação tradicional focalizada no artigo 505.°.

96. Retorno a uma problemática já equacionada

Tendo sido confrontada no capítulo anterior a chamada autoresponsabilidade pelo risco, enquanto factor contributivo para o dano, com a culpa e a responsabilidade objectiva, há que retomar, agora, o debate acerca do relacionamento entre a conduta (*maxime* culposa) do lesado e o critério objectivo de responsabilidade.

Se quisermos começar por traçar um panorama sobre os pontos considerados[2705], há que dizer que principiámos por questionar a perspectiva em que o legislador se colocou, ao partir do papel absorvente da culpa e ao converter o preceito do artigo 505.° – única norma relevante e, portanto, potencialmente aplicável a outros domínios objectivos – na base legal que confere ao responsável a possibilidade de provar a eficácia causal de *qualquer* conduta do lesado. Fragilizando o critério objectivo de responsabilidade e diluindo o escopo protector subjacente à *ratio* dos artigos 500.° e ss. (*maxime* 503.° e 509.°), a doutrina e a jurisprudência dominantes não abandonaram aquela perspectiva ao adoptarem uma posição muito clara de recusa do concurso risco-culpa do lesado, ora invocando o

---

[2705] Ver *supra*, n.ᵒˢ 24 e 25.

796   *A conduta do lesado*

processo lógico, mas falível, de uma *causalidade exclusiva*, ora valorando positivamente um *qualquer* comportamento culposo. A leitura proteccionista da responsabilidade pelo risco, potenciada pela mais recente legislação de teor objectivo e pelo suporte do seguro, conduziu-nos a reservarmos a doutrina do artigo 505.º para uma causalidade exclusiva *qualificada* e levou-nos a considerar, *de iure condendo*, a introdução de uma norma (um possível n.º 3 do artigo 570.º) flexível, «depositária» da ponderação entre o risco e a culpa do lesado. Estas «aberturas» foram defendidas para a zona dos acidentes de viação, com danos corporais, mas é patente que o espectro de casos (codificados ou não) de responsabilidade objectiva coloca naturalmente o mesmo quesito: *preclusão* do risco responsabilizante pela conduta culposa do lesado ou *ponderação* dos factores interferentes? Como já sabemos, no domínio da responsabilidade do produtor a resposta legislativa orientou-se patentemente pelo último sentido.

    Pelo que toca à questão delicada do dano sofrido pelas pessoas sem entendimento suficiente ou com anomalias volitivas (sobretudo, as crianças), a natureza normalmente *imprevisível* do seu actuar parece isentar o responsável pelo risco, quer pelo *processo objectivo* da «quebra» de adequação, quer pelo chamamento à colação do *facto* (responsável) *gerador da conduta* inesperada, ou seja, a maior ou menor culpa dos vigilantes do lesado. Num círculo em que o *risco não chegue a desenvolver-se*, o dano sofrido pela criança, que atravessou de repente a rua, que conduzia a sua bicicleta numa via de sentido proibido, que escalou um poste de electricidade, que penetrou numa cabina eléctrica fechada, que introduziu a mão na jaula de um animal ou que fez uma utilização anómala de um brinquedo, só poderá ser deslocado, no todo ou em parte, da esfera de quem o sofreu, fazendo *prevalecer* a exigência da capacidade de culpa (do lesado) sobre a lógica inexorável da causalidade, arvorando *politicamente* o risco não contributivo em risco concorrente ou *ultrapassando* os quadros da responsabilidade civil. Os «puristas» dirão que as duas primeiras soluções são excessivas para o criador do risco, já que, na primeira, faz-se tábua rasa de um pressuposto básico da responsabilidade e, na segunda, a ausência de uma qualquer censura não justifica a ampliação do risco a ponto de nele caber o mero risco... abstracto. Pela nossa parte, pensamos que o sistema não devia rejeitar a *consequência* de uma certa interpretação do artigo 505.º (efeito não preclusivo da conduta levemente culposa e da conduta dos inimputáveis), *podendo* vir a comportar, como solução ideal, uma tutela automática (até certa

Heteroresponsabilidade objectiva, autoresponsabilidade objectiva 797

faixa etária e no seio dos danos corporais relacionados, pelo menos, com acidentes de viação [2706]), enquanto que, nas hipóteses concursuais, o corolário de considerandos já feitos leva-nos a crer que a ponderação deverá ser *tendencialmente favorável ao lesado*, sobretudo se o risco for considerável e estiver coberto pelo seguro ou a situação económica do responsável permitir esse melhor tratamento [2707].

97. Aplicação analógica do artigo 505.° aos tipos codificados de responsabilidade objectiva?

Ao analisarmos o regime legal de responsabilidade do *comitente*, do *detentor de animais*, do *detentor de instalações de energia eléctrica ou gás*, do *produtor*, do *proprietário* ou *explorador de aeronave* e do *proprietário e piloto de ultra-leves*, verificámos que o legislador só nos últimos três casos considerou expressamente o efeito da conduta do lesado, enquanto que nas hipóteses codificadas, se remeteu, pura e simplesmente, ao silêncio. Poderá, pois, argumentar-se que, em qualquer desses três primeiros quadrantes, o responsável está impedido de provar a conduta do lesado, como evento causal exterior e determinante do dano?

A resposta não poderá deixar de ser negativa, dado não considerarmos esse silêncio com o sentido (eloquente) de o legislador ter pretendido afastar *deliberadamente* o relevo do comportamento do lesado *(ubi lex voluit dixit, ubi noluit, tacuit)*. Seria, aliás, estranho que o tom desarmónico da lei (trilogia exoneratória clássica no artigo 505.°, referência à força maior no n.°2 do artigo 509.° e ausência de causas de exclusão nos artigos 500.°, 501.° e 502.°) pretendesse traduzir qualquer diferenciação protectora, tratando-se «pior» o lesado num sector onde precisamente a responsabilidade deve ser mais ampla. Na medida em que a invocação da conduta do lesado (*maxime* da culposa) traduz uma espécie de *princípio fixo* (mas de *conteúdo variável*) do regime de qualquer responsabilidade sem culpa, e para se evitar uma contradição normativa, há que dizer que o artigo 505.° não pode assumir uma natureza excepcional [2708], tendo o legislador tido apenas o cuidado de

---

[2706] Ver *supra*, n. 894.

[2707] Do lado do lesado, ter-se-á em consideração os elementos relevados a propósito da possível *minoração* do quantitativo devido pelo responsável culpado.

[2708] Em nota ao artigo 771.° do Anteprojecto global (*parte resumida*), VAZ SERRA (BMJ n.° 101, p. 148, n.(332)), não deixando de colocar a questão da aplicação

não deixar incertezas nos casos mais importantes. Dando-se, assim, por assente, que o silêncio legal não envolve o significado de uma lacuna patente, também parece certo que o modo mais natural de preencher a ausência normativa e a via metodológica mais correcta exigem a *aplicação analógica* do artigo 505.°[2709], visto como *princípio geral*[2710] ou *norma paradigmática* no seio da responsabilidade pelo risco, ao fixar a *relatividade* desse critério e ao desempenhar uma função semelhante à que é inerente à do artigo 570.°, na sua relação com o artigo 483.°. O que se pode questionar é se esta harmonização intra-sistemática leva a colocar em todos os sectores e da mesma forma um problema – o da *contenção* da referida relatividade – que surge com especificidade no seio do âmbito de aplicação directa do artigo 505.°. Mas vejamos um pouco mais em pormenor o modo como a conduta do lesado pode relevar nos tipos mais importantes de responsabilidade sem culpa.

A importância da culpa do lesado na responsabilidade do *comitente* foi considerada explicitamente por VAZ SERRA nos trabalhos preparatórios[2711], conquanto condicionada por um articulado centrado num

---

analógica do artigo 774.° (correspondente em parte ao actual artigo 505.° do Código), colocou a tónica na «particular importância prática do caso» (acidentes de viação). Também DARIO MARTINS DE ALMEIDA, *op. cit.*, pp. 310-311, a propósito dessa mesma transposição do artigo 505.°, mas agora para o sector dos danos causados por animais, envereda por um caminho de aproximação, mas sem aludir expressamente ao facto imputável ao lesado.

Em relação ao «tipo legal» do artigo 509.°, e para a defesa do «alargamento» do seu n.° 2, ver ANTUNES VARELA, *op. cit.*, I, pp. 726-727 (justificando a referência *monista* da lei com as *nuances* que atingem o conteúdo da «força maior»), ALMEIDA COSTA, *op. cit.*, p. 549, RIBEIRO DE FARIA, *op. cit.* II, p. 110 e MÁRIO DE BRITO, *op. cit.*, II, anot. ao artigo 509.°, p. 226, n.(486). O próprio VAZ SERRA, no artigo 783.°,6 do seu Anteprojecto (BMJ n.° 101, p. 160), era favorável à aplicação da «doutrina... por acidentes de viação terrestre» (para a justificação desse reenvio, de inspiração germânica, ver o seu *Responsabilidade pelos danos causados por instalações de energia ou gás*, BMJ n.° 92, pp. 141 e 146-149).

[2709] Recorrendo às categorias metodológicas utilizadas por BAPTISTA MACHADO num dos seus estudos (*Risco contratual e mora de credor,* RLJ, ano 117.°, cit., pp. 44--45 e n. (64)), trata-se, na verdade, de uma «transposição analógica» e não de uma «extensão teleológica» ou de uma interpretação *extensiva – correctiva,* figuras estas com aptidão para justificar o *alargamento* do artigo 570.°, 1. Em vez da solução integradora, que parte do artigo 505.°, é pensável o relevo de uma analogia *iuris,* desde que se invoquem princípios da legislação avulsa.

[2710] Para essa qualificação, ver o acórdão do STJ de 19 de Janeiro de 1977, in BMJ n.° 263, p. 250.

[2711] No articulado específico, VAZ SERRA (*Responsabilidade contratual...*, BMJ n.° 85, *cit.*, p. 207) admitia que a responsabilidade do comitente pudesse «... *ser*

Heteroresponsabilidade objectiva, autoresponsabilidade objectiva 799

critério subjectivo (culpa presumida), de raiz germânica, com o alcance de outorgar um meio probatório não muito diferente do que se relaciona com o afastamento da culpa *in vigilando* ou *in instruendo*. Não tendo ficado consagrada, no artigo 500.°, essa responsabilidade por culpa (própria) presumida, mas sim pelo «risco» ligado à falibilidade humana e às vantagens decorrentes da ampliação da esfera de actuação do comitente, pessoa individual ou não, também se pode dizer que a existência de um comportamento culposo do prejudicado não suscita em rigor a intervenção analógica da primeira parte do artigo 505.°, já que a consideração clássica do *condicionamento subjectivo* (culpa do comissário) da responsabilidade do comitente projecta-se na *identidade de conteúdo* das obrigações do responsável objectivo e do autor directo, funcionando a possível culpa do lesado como meio de defesa com *projecção bilateral*, atendendo à unidade responsabilizante comitente-comissário[2712]. Dito por outras palavras: o comitente que seja demandado, em consequência de acto culposo ou doloso do seu comissário, não poderá ver a sua responsabilidade afastada, mas apenas a indemnização diminuída[2713], caso logre provar, como conduta concorrente, a culpa do lesado. Sendo accionado o comissário, e não conseguindo demonstrar que o dano teve como causa exclusiva o acto do lesado, a prova cruzada das culpas apenas poderá conduzir a uma repartição do prejuízo, da qual se poderá aproveitar, eventualmente, o comitente.

Concretamente, e no tocante às *condutas relevantes do lesado*[2714] susceptíveis de fazerem aplicar o mecanismo do artigo 570.°, para lá do

---

afastada, total ou parcialmente, em consequência de culpa do prejudicado, nos termos gerais» (artigo 6.°,1), e considerava que *«a culpa a ter em conta, para o fim de calcular a indemnização, em confronto com a do prejudicado, é a do comitente, e não a do comitido»* (artigo 6.°,2). Ver igualmente, para uma breve justificação, as pp. 198-199 do BMJ *cit.*. No artigo 745.° do Anteprojecto global (BMJ n.° 101, p. 127), é que só aparece referida aquela segunda norma.

[2712] Para a projecção processual dessa unidade, ver ANTUNES VARELA, *op. cit.*, I, p. 651, n.(2).

[2713] No artigo 6.°,1 do articulado de VAZ SERRA (*supra*, n. 2710) a referência ao afastamento parcial da responsabilidade tinha a ver, apenas, com uma redução indemnizatória.

[2714] Não estamos a pressupor agora que o lesado seja o próprio comitente (ver *supra*, n.° 86, para a incidência no comitente dos actos autodanosos dos seus comissários).

Para a defesa do concurso entre a responsabilidade objectiva do Estado e a culpa do lesado, ver o Parecer n.° 26/75 da Procuradoria-Geral da República, *cit. supra*, n.87 e, para a interpretação do artigo 8.° do Decreto n.° 48051, ver *supra*, pp.40-41.

círculo da *negligência típica*[2715] são de considerar os chamados *estados subjectivos* que interfiram com o abuso de funções do comissário e, particularmente, com o transporte de pessoas à revelia das ordens do seu comitente. Não tendo o legislador considerado externamente irrelevante (em ordem à responsabilização do comitente) a violação consciente dos limites de actuação do comissário, que não exorbite do quadro de exercício das funções[2716] parece, à primeira vista, que a boleia concedida e o dano que daí possa resultar para o transportado – consequente, por ex., a um despiste culposo[2716-a] – não parecem isentar de responsabilidade o comitente, a não ser para quem considerar o transporte numa relação puramente «ocasional» com a comissão. E, na verdade, se adoptarmos o critério «teleológico», evidenciado por RUI DE ALARCÃO[2717], a boleia concedida pelo comissário destinar-se-á, em regra, a satisfazer um interesse do comissário e (ou) do transportado, o que terá por consequência a consideração da sua *exterioridade* relativamente ao exercício da função[2718]. Não esquecemos, no entanto, que esta perspectiva é puramente teórica, dada a substituição da garantia da responsabilidade do comitente pela cobertura do seguro[2719], o que não deixa de vir ao encontro da necessidade de tutelar os lesados que confiaram na «aparência», *desconhecendo* em concreto os limites de actuação funcional do seu transportador[2720]. Mesmo que o transportado *conheça* ou *deva conhecer* o exercício abusivo de funções[2721], é duvidoso que a seguradora possa invocar esse estado

---

[2715] Na hipótese que gerou o acórdão do STJ de 4 de Outubro de 1984, publ. no BMJ n.° 340, p. 370, para o incêndio, resultante da utilização de colas e diluentes inflamáveis, terá contribuído o facto de o lesado não ter isolado os fios eléctricos, apesar do *aviso* que lhe tinha sido feito.

[2716] Ver RUI DE ALARCÃO, *op. cit.*, pp. 303-305, para a *ratio* do preceituado no n.° 2 do artigo 500.°. Mais longe parece ir o n.° 2 do artigo 14.° do Decreto-Lei n.° 321/89, ao não relevar sequer (como meio de defesa) a *ultrapassagem das funções*.

[2716-a] Ver *infra*, n. 2809-a.

[2717] *Op. cit.*, pp. 304-305.

[2718] Quanto à questão probatória, ver *supra*, n. 2174.

[2719] Ver o artigo 8.°,1 do Decreto-Lei n.° 522/85.

[2720] DARIO MARTINS DE ALMEIDA (*op. cit.*, p. 346) é do entendimento que o transportado não tem de verificar se o comissário contraria ou não ordens do comitente.

[2721] VAZ SERRA (BMJ n.° 85, *cit.*, pp. 143, 175 e 191), aderindo à doutrina francesa, *excluía* a responsabilidade do *comitente* na hipótese de *cumplicidade* do terceiro no abuso de funções (no mesmo sentido, e invoando MAZEAUD, ver MANUEL DE ANDRADE, *Capacidade civil das pessoas colectivas*, in RLJ, ano 83.°, *cit.*, p. 307, n. 1). Ver, no direito italiano, RUFFOLO, *op. cit.*, pp. 172 e ss. e BIELLI, *La responsa-*

Heteroresponsabilidade objectiva, autoresponsabilidade objectiva 801

subjectivo[2722] como culpa do lesado ou como renúncia concludente ao pedido indemnizatório, só podendo fazer valer uma *actuação causadora do acidente* ou uma *exposição consciente ao perigo* relacionada com o conhecimento que o lesado tinha das deficiências do veículo ou da embriaguez do condutor, mas já não da maior fragilidade do meio de transporte (por ex., um veículo de duas rodas, um *jeep* descoberto ou um *cabriolet*). Diversamente, se o lesado der causa ao abuso, *instigando*[2723] o comissário à desobediência, a atitude *coerciva* do transportado parece colocá-lo fora da esfera jurídica de protecção, sem que possa, pois, ser avocado um tratamento diverso daquele que é reservado aos «passageiros» clandestinos[2724].

O discurso que estamos a fazer acerca da possível incidência da culpa do lesado na responsabilidade do comitente, sofre naturalmente o influxo da resposta a essa questão (chave) de saber se a culpa do comissário é um pressuposto da responsabilidade do comitente ou apenas do chamado «direito de regresso». A adesão a posições porventura mais sintonizadas com a razão última do critério objectivo[2725], mas que não podem abranger o sector dos acidentes de viação, «marcado», como está, pelo referente subjectivo da culpa (presumida ou provada)[2726], faz deslocar o problema daquela incidência para o plano

---

bilità dei padroni e dei committenti per il fatto illecito del loro domestici e commessi, in *La responsabilità civile* II, 1, *cit.*, 1987, pp. 352 e ss..

[2722] O n.º3 do artigo 8.º do Decreto-Lei n.º 522/85 só se refere aos «...passageiros transportados que tivessem conhecimento da *posse ilegítima do veículo* e de livre vontade nele fossem transportados» (o itálico é da nossa autoria).

[2723] A atitude descrita nos artigos 75.º,2 («Se a passagem estava fechada e foi aberta a instâncias de quem pretendia passar...») e 76.º c) («Estando a passagem de nível fechada e tendo o sinistrado [peão] praticado algum dos factos mencionados nos n.ᵒˢ 2 e 3 do artigo anterior...»), no período de vigência desses normativos (integrados no já citado Decreto--Lei n.º 39780 de 21 de Agosto de 1954), não parecia assumir a intensidade da *instigação*.

Numa decisão da *Corte di Cassazione*, de 26 de Junho de 1957, in RcP 1958, p. 60, num caso em que um comissário, contra as ordens do comitente, deu «boleia» ao futuro lesado, é hipotizada para a *instigação* (à desobediência) a aplicação de uma máxima de ULPIANUS («*nemo de improbitate sua consequitur actionem*»).

[2724] Ver *supra*, p. 629.

[2725] Referimo-nos às concepções mais abertas de ALMEIDA COSTA, *op. cit.*, pp. 518-519 e n.(2), PESSOA JORGE, *Ensaio...*, *cit.*, p. 149 e MENEZES CORDEIRO, *op. ult. cit.*, II, pp. 372, 374 e 383. Para uma ideia abrangente, ver M. BRIGUGLIO, *Stato di necessità e responsabilità indiretta*, in RDC II, 1957, pp. 447 e ss..

[2726] Também não cremos que o comitente, detentor de um animal, possa responder objectivamente, *ex vi* do artigo 500.º,1, à margem da culpa (provada ou presumida) do seu comissário-vigilante.

802   *A conduta do lesado*

da ponderação do risco e da culpa, o que traz de novo à colação os temas da aplicação analógica do artigo 505.° e da coexistência de factores heterogéneos.

Passando agora para a zona dos danos resultantes «do perigo especial que envolve a ... utilização» de *animais*, não sendo controvertida, em geral, a *aplicação analógica* do último normativo no tocante à eficácia exoneratória das condutas *exclusivamente* devidas ao lesado, a única dúvida prende-se com as reservas que temos colocado ao mero relevo de um nexo de causalidade «contruído» à margem de uma qualquer *qualificação* do comportamento. Embora se trate de um sector onde a necessidade de tutela se apresenta com *menor intensidade*, reputamos de excessiva a solução de fazer reverter para o lesado o dano ou todo o dano ligado a uma *culpa ligeira* da sua parte. E mesmo quanto ao acto de uma pessoa sem capacidade de culpa (o caso clássico da criança que enerva um cão), a possível manutenção do risco em aliança com a existência de factores económicos bilaterais, que pudessem ser considerados na ausência de um seguro obrigatório, deveria conduzir a uma decisão particularmente ponderada, sem rejeição liminar do pedido[2727]. Com a ressalva feita, parece claro que se justifica a imputação do dano ao lesado sempre que a sua conduta *actualizar* a perigosidade potencial do animal, apresentando-se, pela sua intensidade, como *causa decisiva* do dano. O ser mordido por um cão-de-guarda, apesar do aviso de não aproximação e de se tratar de propriedade murada, a circunstância de se ter provocado o animal ou de se ter tido uma brincadeira imprudente, o tentar-se agarrar um animal perigoso sem luvas protectoras[2728], o montar-se, no interesse próprio, um cavalo que se sabe não ser dócil[2729], são tudo hipóteses[2730] em que

---

[2727] Ver, aliás, *supra*, n.° 96 e a p. 295. O tratamento de favor já não se justifica, se o menor penetrar, sem autorização, num local onde se encontram cavalos, não sendo de contar com a sua presença (cfr. a decisão do BGH de 28 de Abril de 1992, in MDR 1993, p. 28).

[2728] Ver *supra*, n.629, para a hipótese, algo diversa, de a pessoa se *expor ao perigo eventual* de sofrer uma lesão.

[2729] Para essa «assunção do risco», ver *supra*, pp. 623-624.

[2730] CUNHA GONÇALVES, *Tratado...*, XIII, *cit.*, p. 134, refere o caso de o dono de um animal espantadiço o trazer para uma via movimentada e LALOU (*op. cit.*, pp. 270--271) hipotiza o atravessamento de um terreno por cavalos, numa época e numa hora em que as abelhas estejam agressivas e em plena actividade. Neste último jurista (*cit.*, pp. 688-689), encontramos referência a duas situações paradigmáticas: na decisão do tribunal de Boulogne-sur-mer de 25 de Março de 1932, um espectador, apesar de avisado pelo director de um circo, meteu o braço pelas grades da jaula de um leão, com

Heteroresponsabilidade objectiva, autoresponsabilidade objectiva 803

se justifica a atracção do dano para a esfera do lesado *culpado* ou *assuntor do risco,* podendo dizer-se, em relação a elas, que o prejuízo só surge por um «... facto estranho a essa [do animal] perigosidade específica»[2731].

O recurso analógico à primeira parte do artigo 505.º é apenas um dos aspectos do relacionamento estreito que parece existir entre as responsabilidades decorrentes dos artigos 502.º e 503.º e que encontra a melhor expressão no regime jurídico dos *acidentes de caça* causados com armas de fogo[2732]. Para lá dessa conexão, a «relação de proximidade» entre as duas zonas é visível na conceitualização da detenção, na delimitação do risco relevante (pese o maior dinamismo dos veículos), na aplicação comum das outras duas causas exoneratórias, relevadas pelo artigo 505.º[2733], e na existência de uma mesma combinação de regimes (que une os n.ºs 1 e 3 do artigo 503.º e os artigos 493.º,1 e 502.º). É, porventura, esta identidade (relativa) e a «fruga-

---

o fim de lhe dar comida, e na sentença do tribunal de Montdidier de 12 de Janeiro de 1948, o dono de um cavalo prendeu-o imprudentemente a uns arbustos contíguos a uma colmeia. Mais recentemente, a segunda *Chambre civile*, em decisão de 25 de Junho de 1978, imputou a um *colporteur* o dano que resultou do ataque de um cão, que se encontrava num jardim e cuja presença estava anunciada (cfr. J. FLOUR/JEAN-LUC AUBERT, *op. cit.*, n.º 289, p. 276, n.(2)). Estranhamente, numa outra decisão de 1 de Julho de 1987, a mesma *Chambre* procedeu a uma *partage*, num caso em que o lesado se aproximou imprudentemente de um cão preso, com o fito de lhe ver as garras (cfr. J. FLOUR/JEAN-LUC AUBERT, *cit.*, n.º 289, p. 276, n.(3)). Ver ainda os casos descritos por ERMAN/KUCKUK *op. cit.*, §254, n.º 33, pp. 615-616.

[2731] PIRES DE LIMA/ANTUNES VARELA, *Código Civil Anot.*, I, *cit.*, p. 512 (artigo 502.º, n.º2).

[2732] Ver *supra*, n. 764, para as reservas formuladas a propósito do reenvio para os artigos 503.º e ss..

[2733] A defesa feita por ANTUNES VARELA (*op. cit.*, I, pp. 666 e n.(2) e 689) de que o facto culposo ou não culposo de um terceiro não isenta o detentor do animal, pressupõe, ao que nos parece, o papel *contributivo* dos dois factores de responsabilidade. E assim como não se compreende que não haja idêntica garantia solidária para o dano resultante do risco do veículo e do facto de um terceiro (invocando os exemplos de ANTUNES VARELA, por que é que o lesado há-de ser melhor tratado no caso de um terceiro açular um cão e pior na hipótese de esse mesmo terceiro soltar «imprudentemente o animal na via pública»?), também só fazendo apelo à ideia de um «risco abstracto» é que se pode sustentar a responsabilidade do detentor (do animal) para a hipótese de o dano ter como causa determinante o facto do terceiro (PLANIOL/RIPERT/ESMEIN, *op. cit.*, p. 840, n.(3), referem o caso do motociclista que foi projectado por um veículo para as hastes de um boi). Conjugação contributiva do risco do detentor dos animais e da culpa de um condutor parece ter ocorrido no factualismo descrito no acórdão do STJ de 11 de Outubro de 1994, *cit.* (*supra*, n. 2002).

lidade» do regime predisposto pelo legislador para a área dos danos causados por animais que explicará o recurso *integrativo* a normas directamente pensadas para os acidentes de viação, como é o caso dos artigos 506.° (aplicável, como vimos, ao «choque» ou «chega» de animais e à colisão de um veículo com um animal ou um conjunto de animais) e 507.° (aplicável, por ex., aos comproprietários do animal[2734]).

Assim como a natureza do animal ou a sua «imprevisibilidade» (*Unberechenbarkeit*[2735]) o pode levar a reagir aos seus próprios impulsos e a estímulos externos (a explosão do pneu, o barulho do avião, a travagem repentina, o trovão)[2736] não controláveis, mas sem integrarem uma qualquer zona de *força maior* exoneratória, também não está afastada a concorrência entre essa irracionalidade (como risco *activo* ou *passivo*) e o comportamento culposo do lesado, traduzido num descuido maior ou menor. Se o lesado tocou *ao de leve* no animal, se foi particularmente *imprudente* na forma como tentou deter um cavalo com o freio nos dentes, se não contou com a sua «predisposição»[2737], se teve um gesto *descuidado* na presença de um animal aparentemente dócil ou *tropeçou* num cão corpulento, que se encontrava a dormir, não parece que essas e outras condutas culposas, porventura mais acentuadas, possam ser vistas como causa exclusiva do dano sofrido, omitindo-se o papel que, para esse mesmo dano, terá tido o «perigo especial» do animal. E em alternativa à criação de uma

---

[2734] Cfr. o acórdão do STJ de 15 de Março de 1983, in BMJ n.° 325, p. 553 (danos pessoais causados por um touro no recinto de uma feira), confirmando o decidido pela RE, em acórdão de 4 de Março de 1982, publ. na CJ, ano VII, tomo 2, 1982, p. 363.

[2735] DEUTSCH, *Unerlaubte Handlungen..., cit.*, §23, pp. 180-181. Como nos informam o mesmo DEUTSCH, *est. cit.*, JuS 1987, p. 673 e VENEZIAN, *op. cit.*, p. 91, no direito romano o dono não respondia pelas reacções naturais do animal, sendo o dano suportado por quem se *expunha* a ser lesado por animais ferozes ou por quem *provocava* os outros animais (ver, aliás, para certos princípios, o nosso COELHO DA ROCHA, *op. cit.*, §133, p. 90, e *supra*, n.° 35). GUILHERME MOREIRA (*est. cit.*, RLJ, ano 39.°, p. 114) não deixou de traduzir esse «espírito», ao aplaudir a ideia de GIORGI de destacar os danos resultantes dos *incomoda* ligados à posse de animais.

[2736] No caso sobre que versou o acórdão da RC de 25 de Janeiro de 1974, sum. no BMJ n.° 233, p. 248, o animal espantou-se precisamente com o *ruído* de um comboio.

[2737] Cfr. DEUTSCH, *est. cit.*, JuS 1987, p. 680, para um caso de *fragilidade óssea*. O BGH, em decisão de 6 de Julho de 1976 (BGHZ 67,129), considerou negligente o dono de uma cadela de raça ao levá-la a dar um passeio, sabendo que ela se encontrava no período de acasalamento. Tendo invocado o dano da desvalorização da cadela – que ficara prenha de um rafeiro – o tribunal imputou ao lesado a sua própria conduta.

norma que outorgue à jurisprudência bases seguras de decisão, a perspectiva de se situar a hipótese *contributiva* no quadro de ponderação da norma do artigo 570.°,1 traduz a realidade das coisas e é assumida, entre nós, por RIBEIRO DE FARIA [2738], ao retomar as teses concursuais sustentadas por VAZ SERRA [2739] e inspiradas, como se sabe, na dogmática germânica [2740].

Passando agora para outro domínio tipificado – o dos danos causados por *instalações de energia eléctrica ou gás* – já vimos que a doutrina é mais categórica em sufragar a eficácia exoneratória de qualquer dos meios clássicos de defesa. Na verdade, mesmo omitindo, em geral, o problema da incidência objectiva ou subjectiva da forma de defesa que a parte final do n.°1 do artigo 509.° conexiona com os danos na instalação [2741], o pensamento jurídico nacional não hesita em acrescentar à «causa de força maior» o *facto de terceiro* e a *culpa do lesado* [2742]. A «atitude expansiva» não se baseia, certamente, num argumento a *maiori ad minus*, retirado do relevo legal da «força

---

[2738] *Op. cit.*, I, p. 479 e II, p. 28. No relatório ao acórdão do STJ de 9 de Março de 1978, in BMJ n.° 275, pp. 191 e ss., o Conselheiro RODRIGUES BASTOS alude a uma possível concorrência entre o risco e a culpa.

[2739] Cfr. *Responsabilidade pelos danos causados por animais*, BMJ n.° 86, *cit.*, pp. 64-65 e 97 (artigo 3.°,4: «*Quando o facto da vítima contribuiu para a produção do dano, observam-se os critérios do art.°... (conculpabilidade do prejudicado em matéria de dever de indemnização)*») e *Conculpabilidade do prejudicado*, BMJ n.° 86, *cit.*, pp. 166-167 e 171-172 (artigo 7.°, 3).

[2740] Ver, por todos, DEUTSCH, *est. cit.*, JuS 1987, pp. 680-681. No direito francês, desde 27 de Outubro de 1885, a culpa do lesado, que não tenha características de *cause etrangère*, tem implicado uma mera repartição do dano (cfr. J. FLOUR/JEAN-LUC AUBERT, *op. cit.*, n.° 289, p. 276 e STARCK/ROLAND/BOYER, *op. cit.*, n.° 574, p. 299).

[2741] Ver, para a defesa de uma tensão com o regime da culpa presumida, MENEZES CORDEIRO, *op. cit.*, II, p. 391, n.(232) e RIBEIRO DE FARIA, *op. cit.*, II, p. 110 e, para a tese mais sintonizada com a lei, ou seja, a da *relativização* do critério objectivo, ver PIRES DE LIMA/ANTUNES VARELA, *Código Civil Anot.*, I, *cit.*, artigo 509.°, n.°1, p. 525. Esta orientação foi sufrada no acórdão do STJ de 15 de Junho de 1982, in BMJ n.° 318, p. 430, ao responsabilizar-se a detentora de uma cabina eléctrica de baixa tensão pela electrocussão sofrida por um menor de sete anos, que se introduziu na referida cabina através de um *buraco existente na instalação*.

[2742] Ver *supra*, n. 2708. Na jurisprudência é que parece persistir uma visão limitada, restrita à «força maior» (cfr. o acórdão da RC de 15 de Janeiro de 1991, in CJ, ano XVI, tomo 1, 1991, pp. 47 e ss.) ou, pelo menos, uma concepção inadequada dessa excepção, vendo nela a «conduta negligente do próprio lesado» (cfr. o acórdão da RE de 13 de Maio de 1986, sum. no BMJ n.° 357, p. 494). Para a boa doutrina, ver o acórdão do STJ de 15 de Junho de 1982, *cit.* na nota anterior.

806 *A conduta do lesado*

maior», mas explica-se, em rigor, pela inter-relação existente entre o fundamento objectivo da responsabilidade e a delimitação causal do seu âmbito de protecção. Diga-se, no entanto, que, em confronto com o círculo responsabilizante do artigo 502.º, essa maior abertura da doutrina padece de menor justificação, se pensarmos que a especial periculosidade da *factispecies* do artigo 509.º e a sua cobertura pelo seguro não se conciliam facilmente com a invocação de factos de terceiros, em regra desconhecidos[2743] – haja em vista o regime aparentemente mais protector consignado no diploma sobre a responsabilidade do produtor[2744] – e que, quanto à «força maior»[2745], a tendência mais geral, e que não exclui mesmo a sua eliminação[2746], deve levar, aqui, a uma *circunscrição* dos amplos dizeres legais, verificada a ocorrência de factores naturais (e não só) que não revistam as características de uma *acentuada anormalidade*[2747]. Estando, como

---

[2743] Na hipótese sobre que recaiu o acórdão da RP de 8 de Janeiro de 1980, in CJ, ano V, tomo 1, 1980, pp. 5 e ss., os réus invocaram o desaprumo de um poste de madeira, no qual tinham sido colocados fios condutores de energia insuficientemente isolados. Tendo um desses fios encostado à arreosta de uma ramada – situada a cerca de meio metro do local onde fora colocado o poste –, a tensão eléctrica transmitida à vedação do prédio do autor veio a provocar a sua morte, quando aquele pretendia passar por cima da rede protectora. Ao não valorar devidamente a situação de perigosidade criada por um dos réus (electricista encarregado de montar a instalação eléctrica para uma festividade), o tribunal limitou-se a fazer uma aplicação duvidosa da doutrina da *causalidade adequada*, vendo na inclinação do poste «uma circunstância anormal ou atípica...».

[2744] Ver o disposto no n.º 2 do artigo 7.º do Decreto-Lei n.º 383/89.

[2745] A noção referida no n.º 2 do artigo 509.º corresponde à formulação que tinha sido proposta por VAZ SERRA (cfr. o artigo 782.º,5, segunda parte, do Anteprojecto global, in BMJ n.º 101, p. 158 e a respectiva justificação em *Responsabilidade pelos danos causados por instalações de energia eléctrica..., cit.*, BMJ n.º 92, p. 143), embora, em sintonia com a lei alemã de 1943, não considerasse exoneratória a «força maior» determinante da *queda de fios de condução de energia*. Este desiderato protector está ainda presente no n.º2 do artigo 488.º do Anteprojecto correspondente à primeira Revisão Ministerial.

[2746] Ver *supra*, pp. 281-282, n. 903.

[2747] Pensamos, por ex., nas hipóteses do *raio* (cfr. PIRES DE LIMA/ANTUNES VARELA, *Código Civil Anot.*, I, *cit.*, p. 525 (artigo 509.º, n.º2), das *«fortes rajadas de vento»* (alegadas no recurso que originou o acórdão do STJ de 5 de Junho de 1985, in BMJ n.º 348, p. 397) e do *temporal*, atendendo à forma como o acórdão da RC de 15 de Janeiro de 1991, *cit.* (*supra*, n. 2742), o enquadra, sem mais, nos eventos «imprevisíveis e inevitáveis» (p. 49 da CJ, *cit.*). No caso decidido pela Relação de Coimbra, foi o facto de um estorninho ter pousado num fio condutor que provocou um curto-circuito com um outro e a queda de um deles.

Heteroresponsabilidade objectiva, autoresponsabilidade objectiva   807

estamos, num domínio em que as fontes de perigo existentes são, as mais das vezes, activadas pelos elementos da natureza, é desejável que a jurisprudência não alargue em demasia a esfera do *risco impróprio*.

No que diz respeito ao *papel interferente do lesado,* mais importante do que explicar um silêncio, não mantido em domínios afins[2748], é a consideração de que, para lá da «zona do previsível»[2749] e da «zona do imprevisível», há que fazer subir de tom as reservas à valoração, como factor exclusivo, de quaisquer culpas ou condutas do lesado. Ao denegarmos valor exoneratório às meras «predis-posições»[2750] e aos factos sem conexão causal com o evento danoso[2751], também nos parece que só as faltas *verdadeiramente graves* do lesado (como o trepar a um poste de alta tensão) poderão constituir motivo para uma exclusão indemnizatória, reservando-se para a *culpa leve* ou *não muito grave* e para o acto das pessoas sem capacidade volitiva e de avaliação um tratamento ponderado, tendencialmente favorável a esses lesados e reclamado pelo *perigo específico* das actividades em causa[2752].

[2748] Temos em vista o n.º 2 do artigo 1.º do Decreto-Lei n.º 449/85, *cit.*.

[2749] Na prática judiciária alemã, tornou-se célebre a decisão do BGH (BGHZ 7,338) relativa ao caso da criança que, ao segurar num papagaio de papel, não evitou que o cordel tocasse nos fios de condução de energia (cfr. DEUTSCH, *Unerlaubte Handlungen..., cit.*, §22, p. 176).

[2750] Na situação descrita no relatório do acórdão da RC de 15 de Maio de 1984, in CJ, ano IX, tomo 3, 1984, pp. 42 e ss. (confirmado pelo acórdão do STJ de 5 de Junho de 1985, *cit. supra,* n. 2747), perante a alegação pelo autor de uma montagem deficiente de fios condutores, a ré tentou provar, mas sem êxito, que o dano sofrido (incêndio ocorrido, na oficina de marcenaria do autor, por «faíscas produzidas por contacto de condutores eléctricos pertencentes à rede pública de distribuição de corrente eléctrica») se tinha ficado a dever, *em exclusivo,* ao armazenamento de líquidos inflamáveis e explosivos e à construção da oficina a menos de quarenta metros da rede e com o telhado inclinado para ela.

[2751] No relatório do acórdão da RP de 28 de Janeiro de 1988, publ. na CJ, ano XIII, tomo 1, 1988, p. 197, e a propósito da explosão de gás ocorrida num restaurante, chega a dizer-se que, se fosse aplicável o artigo 509.º, a responsabilidade seria excluída, dado o veículo atingido estar indevidamente estacionado!

[2752] Para a negação da hipótese concursual, ver o acórdão da RE de 13 de Maio de 1986, *cit. (supra,* n.2742). Como se retira do n.º 4 do artigo 3.º do seu articulado parcelar (*«Na hipótese de para o dano contribuir a culpa do prejudicado, observa-se a doutrina aplicável no caso de responsabilidade por acidentes de viação terrestre»*), *est. cit.,* BMJ n.º 92, p. 157, VAZ SERRA propendia naturalmente para a defesa de um critério conciliador.

808 A conduta do lesado

98. A novidade da solução não preclusiva (do risco pela culpa) consagrada no artigo 7.°,1 do regime da responsabilidade do produtor

A avaliação da influência contributiva do risco criado e da conduta culposa do lesado surgiu muito nitidamente no diploma que transpôs para o ordenamento nacional a Directiva n.° 85/374 de 25 de Julho de 1985. O princípio geral da redução indemnizatória, conexo à culpa do lesado-consumidor, não figurava, aliás, na Proposta da Comissão de 14 de Setembro de 1976, em atenção à valência do critério no sistema jurídico dos Estados-membros[2753]. Para evitar interrogações acerca do significado desse silêncio[2754] e em consonância com o articulado do Projecto de Convenção do Conselho da Europa de 27 de Janeiro de 1977[2755], a Proposta de 26 de Outubro de 1979 acabou por introduzir a norma que foi o antecedente do artigo 8.°,2 da Directiva de 1985.

O regime consagrado no n.°1 do artigo 7.° do Decreto-Lei n.° 383/89[2756] representou o claro afastamento da tese codificada da «absorção», ao fazer suportar pelo produtor, e em parte, certos comportamentos culposos do lesado, com o objectivo de conseguir uma adequada repartição do dano[2757]. Ao não regular, mas sem afastar, a relação culposa bilateral ou a possibilidade de uma culpa exclusiva do lesado, o legislador acentuou a hipótese mais carecida de tutela, ou seja, a que articula a defeituosidade-perigosidade do produto com a culpa do lesado. Este *tertium datur,* que não tem correspondência no sistema privatístico codificado, se pensarmos no círculo fechado do artigo 505.° (repúdio do «encontro» do risco e da culpa) e no regime homogéneo circunscrito pela letra dos artigos 570.° e 506.°,1[2758], permite construir

---

[2753] Cfr. MANLIO SERIO, *Responsabilità per danno da prodotti difettosi,* in RDC II, 1976, pp. 644 e ss. e *Sulla proposta Direttiva della Commissione C.E.E. in tema di responsabilità per danno da prodotti,* in RDC II, 1978, pp. 508 e ss..

[2754] TASCHNER (*op. cit.* p. 129) funda o motivo da integração no necessário relevo de um princípio básico da ordenação do dano.

[2755] Havia no Projecto uma cláusula que permitia substituir o artigo 4.° por uma norma que tivesse apenas em consideração a *culpa grave* (ver, contudo, as reservas manifestadas por C. ESPADA, *Derecho Europeo e responsabilidad por daños derivados de los productos,* in Revista de Instituciones Europeas, vol. 6, n.° 6, 1979, p. 863, n.(90).

[2756] Ver *supra,* n. 84.

[2757] Nesse sentido, A. DI MAJO, *La responsabilità per prodotti difettosi nella direttiva comunitaria,* in RDC I, 1989, p. 39.

[2758] Para as implicações no sistema do diploma de 1989 e da legislação consagradora de um critério objectivo de responsabilidade, ver *supra,* pp. 42 e ss. e 271 e ss..

Heteroresponsabilidade objectiva, autoresponsabilidade objectiva 809

um argumento importante e destinado a conceber o sistema com uma maior coerência, afastada do radicalismo do «tudo ou nada».

De uma forma geral, o critério consagrado pelo artigo 7.°,1 outorga ao juiz um poder discricionário de decisão, tendo em conta as circunstâncias concretas e a intensidade da culpa do lesado[2759]. Os

---

[2759] A culpa do lesado pode ter a ver com o *uso deficiente, descuidado ou anómalo do produto* (e o produtor não pode ver suprida a omissão de instruções mais detalhadas, partindo do princípio de que o consumidor é uma pessoa avisada e sabedora), com a *não observância das indicações de utilização ou dos avisos de segurança*, com a *deficiente conservação do produto* e com o seu *consumo ou utilização imprudentes, conhecendo-se ou devendo conhecer-se os defeitos* (um e outro integrando a categoria mais geral da «assunção do risco»). Para um caso interessante de possível *uso descuidado* por parte do utente, ver a decisão do tribunal de Roma de 27 de Abril de 1988 (termómetro que se partiu, quando uma mãe media por via rectal a temperatura do seu filho) e a anot. de A. DASSI, *Tutela del consumatore e responsabilità del produttore per danni da prodotto potenzialmente dannoso*, in RcP 1989, pp. 684 e ss., como hipóteses de *utilização anómala*, ver a referência de ALPA (*Responsabilità dell'impresa..., cit.*, pp. 427 e ss.) ao uso de um pneu vulgar num carro de corrida e ao uso, como droga, de um solvente industrial e, a propósito da «confiança» nas «capacidades de descoberta» do consumidor, ver a decisão da *Corte d'Appello* de Nápoles de 27 de Setembro de 1972, anot. por CARNEVALI no Foro Padano I, 1973,col. 395-396, *Prodotti difettosi, danni puramente economici, colpa del consumatore, o dell'intermediario* (*in casu*, tratou-se do fornecimento de gasolina misturada com água). Para casos relacionados com o segundo tipo de conduta, ver a decisão do tribunal de Nápoles de 23 de Janeiro de 1974, referente à ineficácia revelada por um fungicida no combate a parasitas da fruta (cfr. ALPA, «*Inefficacia del prodotto*» *e responsabilità del fabbricante*, in RDCDO II, 1975, pp. 340 e ss.) e a sentença da *Corte di Cassazione* de 6 de Fevereiro de 1978, relativa ao dano sofrido por uma senhora, ao abrir, na fase de secagem, a porta do tambor de uma máquina de secar roupa, e que, de acordo com as instruções, só deveria ficar desbloqueada após a paragem (cfr. ALPA, *est. cit.*, p. 426 e CATTANEO, *Concorso di colpa..., cit.*, in *Risarcimento del danno...*, p. 46). O ponto de vista em que se colocou o tribunal, de considerar o acto da lesada como «interruptivo do nexo causal» e de avocar o disposto na segunda parte do artigo 1227.° do *Codice* (ao abrir a portinhola, a lesada não terá reparado que a centrifugadora continuava a trabalhar, embora a um ritmo mais lento) poderia ser sufragado hoje – enquanto conducente à *exclusão* indemnizatória – por invocação do n.° 2 do artigo 10.° do Decreto n.° 224 de 1988 (para a relação com o n.° 1, ver FRANZONI, *Dei fatti illeciti, cit.,* pp. 779 e ss.). Mas como já dissemos *supra*, só na presença de um *conhecimento do defeito* e do *perigo particular a ele associado* é que se pode justificar a privação (total?) da indemnização, atendendo ao especial peso contributivo *dessa* culpa do lesado. No caso da máquina de secar, mais do que essa *assunção* – só se provou que a lesada conhecia *em geral* os riscos inerentes à utilização desse tipo de máquinas – terá havido uma certa *imprudência* da autora, confiada na segurança do aparelho e, por isso mesmo, talvez insuficiente para a considerar «*macroscópica*», de acordo com o relatório da decisão do tribunal de Pavia de 22 de

810   *A conduta do lesado*

resultados da ponderação tanto podem conduzir à solução extrema do «tudo ou nada» indemnizatório, como à fixação de uma maior ou menor indemnização, tudo dependendo, afinal, da valoração dos diversos factores (*maxime* a maior ou menor participação culposa do lesado) que concorreram para o dano. No confronto com o critério previsto no artigo 570.°, a solução contida no n.°1 do artigo 7.° admite uma maior abertura ponderativa [2760], para a qual não terá sido estranha a circunstância de o lesado ter o direito de «exigir» protecção de quem está melhor colocado para tornar os produtos seguros. Nesta perspectiva, só parece justificar-se uma redução indemnizatória para os *danos pessoais* concausados com culpa leve do lesado, se o lesante for uma pessoa economicamente frágil, pois se tal não suceder não se vê que haja razões que nos levem a afastar do princípio mais geral de desculpabilização das faltas pouco significantes.

Quanto ao comportamento das pessoas sem capacidade para serem consideradas autoresponsáveis, a letra do preceito do artigo 7.° não o parece abranger, dada a normal ausência, nesses lesados, de um facto culposo. Avocando ideias *sancionatórias* e *preventivas*, CALVÃO DA SILVA[2761] interpreta o alcance da expressão «facto culposo do lesado» de forma a proteger *integralmente* os menores e os outros inimputáveis contra os seus actos não culposos, mas potenciadores do risco da defeituosidade existente nos produtos. Tratando-se de um critério que não deriva facilmente do modo como o pensamento

---

Dezembro de 1972 e que a *Corte di Cassazione* confirmou (para uma correcta apreciação crítica daquela decisão, ver MASSIMO MONTECUCCHI, *Comportamento colposo del danneggiato* e *responsabilità del fabbricante*, in GI, I, 1974, col. 749 e ss.). A imprudência do lesado – consumo de biscoitos estragados e mal cheirosos – no caso que originou a sentença da *Corte di Cassazione* de 25 de Maio de 1964, in FI, I, 1965, col. 2098, também não foi suficiente para excluir a responsabilidade do fabricante.

Para o problema das *alergias* a que seja sensível o lesado, ver M. SERIO, *est. cit.*, RDC II, 1976, p. 652 (responsabilizando o produtor por omissão de *aviso do risco*) e, para a colocação de uma hipótese de agravamento ou de não eliminação do dano, ver a decisão do BGH de 12 de Novembro de 1991, in NJW 1992, p. 563 (cárie provocada por um chá para crianças) e a anotação feita por I. FAHRENHORST, *Instruktionspflicht des Herstellers eines Kindertees* – BGHZ 116, 60, in JuS 1994, pp. 293-294.

[2760] A outorga de *poderes discricionários* é patente no §10 da *Produktansvarslag* sueca (vigente desde 1 de Janeiro de 1993), ao fazer-se depender a redução indemnizatória de *considerações de razoabilidade*. Para o regime aparentemente mais gravoso desse parágrafo, em relação ao §1.° do Capítulo 6 da *Skadeståndslag* de 1975, ver ALESSANDRO SIMONI, *La recente legge svedese sulla responsabilità da prodotto (Produktansvarslag-PAL)*, RDC I, 1994, p. 710.

[2761] *Responsabilidade do produtor, cit.*, pp. 732-733.

Heteroresponsabilidade objectiva, autoresponsabilidade objectiva 811

dominante interpreta o disposto no artigo 505.°, não cremos que possa ser afastada, como correcção do «tudo» indemnizatório, nem a solução moderadora que foi defendida para os casos em que a responsabilidade não prescinde de um referente subjectivo[2762], nem um possível «regresso» sobre os vigilantes do lesado. Sendo pacífica a posição de CALVÃO DA SILVA e de TUNC[2763], quando recusam a protecção para o *uso anormal* de um produto não defeituoso e não requerendo este domínio a defesa, *de jure condendo*, de uma protecção automática dos lesados inimputáveis, que causem *unilateralmente* o dano, também propendemos para outorgar a maior amplitude possível à «esfera» de *previsibilidade* da anormalidade ou irracionalidade de utilização (*maxime* de jogos e brinquedos)[2764].

99. Concomitância da necessidade de se desvalorizar a conduta do lesado no seio dos acidentes de trânsito e de ser repensada a interpretação tradicional focalizada no artigo 505.°

Como vimos, a problemática das relações entre o risco dos veículos de circulação terrestre e a conduta imputável ao lesado originou o debate entre um pensamento tradicional[2765] que, enfatizando o primado da culpa, não admite soluções ponderativas, e uma concepção, sustentada por alguma doutrina, mais preocupada com a

---

[2762] Ver *supra*, n.°60.

[2763] *Responsabilité civile et droit des accidents*, cit. (*supra*, n. 952), pp. 822-823.

[2764] CALVÃO DA SILVA (*op. cit.*, p. 734) adere ao limite legal do «uso anormal... não razoavelmente previsível» (cfr. o artigo 4.°,1 do Decreto-Lei n.° 383/89), tendo o artigo 3.°, 1 do Decreto-Lei n.° 237/92 de 27 de Outubro, relativo aos requisitos de segurança dos brinquedos, articulado essa previsibilidade com o «comportamento habitual das crianças» com menos de 14 anos. Curiosamente, na proposta de lei francesa de 1993 (artigo 1386.°-12), o relevo do *fait* e da *faute de la victime* foi conjugado com uma «...*utilisation du produit dans des conditions anormales que le producteur n'était pas tenu de prévoir*» (cfr. J. FLOUR/JEAN-LUC AUBERT, *op. cit.*, n.° 306, p. 287). Para a consideração específica do «*utente-bambino*», enquanto consumidor carente, em geral, de qualidades necessárias para a valoração do uso dos produtos e a a «assunção do risco», ver o interessante estudo de P. CENDON/P. ZIVIZ, *I prodotti difettosi e i bambini*, in CeIm, 1992, *cit.*, pp. 301 e ss. (defendendo igualmente a necessidade da «capacidade de entender e querer» do «assuntor», ver FRANZONI, *op. ult. cit.*, pp. 783-784).

[2765] Ver os autores referidos *supra*, n.855.

812   *A conduta do lesado*

função reparadora da responsabilidade civil e rejeitando, em consequência, a visão absorvente da culpa (do lesado).

A interpretação estritamente causalista da norma-chave do artigo 505.°, e que se manteve fiel à perspectiva hermenêutica dominante que tomou por objectivo de análise as disposições correspondentes dos diplomas estradais (artigos 140.° do Código de 1930 e 56.°,1 do Código de 1954), defende a eficácia exoneratória de *qualquer culpa* e das condutas *devidas* a pessoas *sem capacidade de discernimento e decisão*[2766]. Sustentando esse radicalismo na lógica interindividual de uma responsabilidade *relativa*, a doutrina dominante rejeita liminarmente a «convivência» entre factores heterogéneos, integrando a formulação do normativo do artigo 505.° com o regime da *concausalidade concorrente*, implicada no critério «subjectivo» do artigo 570.°,1, e com a exigência, não muito assumida, da *exclusividade* do comportamento exoneratório[2767].

Não é novidade se dissermos que a perspectiva menos rígida – e que se encontra com a tradicional, ao conferir relevo à conduta que se apresenta como *causa exclusiva* – «bebeu» o seu ideário nas posições mais abertas de VAZ SERRA, inspiradas numa doutrina alemã mais propensa a evitar o radicalismo das soluções, manifestadas sob a forma de reservas à rigidez interpretativa do artigo 56.°,1 do Código da Estrada de 1954[2768], pensadas precipuamente para o sector agora em causa[2769] e fazendo parte de um conjunto

---

[2766] No acórdão da RP de 30 de Abril de 1992, sum. no BMJ n.° 416, p. 705, é reafirmada a suficiência da «imputação material do acidente».

[2767] Ver *supra*, n. 857.

[2768] Ver *supra*, pp. 263-264.

[2769] Ver as pp. 160-161 e 166-167 do estudo *Conculpabilidade do prejudicado*, *cit.*, BMJ n.° 86 e as pp. 162 e ss., *maxime* 168-169, do estudo, igualmente já citado, *Fundamento da responsabilidade civil...*, BMJ n.° 90.

No artigo 7.°, 3 do articulado referente àquele primeiro estudo, e cuja doutrina – considerada por HUMBERTO LOPES (*est. cit.*, p. 278) «aceitável» e «equitativa» – aparece reproduzida no n.° 2 do artigo 578.° do Anteprojecto genérico (cfr. o BMJ n.° 100, p. 133), VAZ SERRA propôs o seguinte: «*Quando houver responsabilidade sem culpa e concurso de facto culposo do prejudicado, devem para os efeitos da aplicação da doutrina do art.° 1.°, ponderar-se a gravidade dos riscos e da culpa e as consequências que deles e dela resultaram. A responsabilidade pelo risco não é sempre afastada pela culpa leve do lesado, embora esta possa valer mais, concorrendo com aquela responsabilidade, do que se concorresse com um facto lesivo culposo. A culpa lata do lesado afasta a responsabilidade pelo risco, se por parte do responsável havia apenas o normal risco de actividade ou da coisa, mas pode não ser assim, se o*

Heteroresponsabilidade objectiva, autoresponsabilidade objectiva   813

coerente de disposições, atinentes às «relações externas» e às «relações internas».

Essa maior flexibilidade começou por ser assimilada por J. G. DE SÁ CARNEIRO[2770], ao assumir a distinção fundamental de VAZ SERRA entre a imputação danosa exclusiva e a resultante do jogo interferente do risco e da culpa do lesado[2771], por PEREIRA COELHO[2772], ao colocar a tónica no recurso *integrativo* ao critério do artigo 570.°,1, e recebeu, mais recentemente, um enquadramento teórico-dogmático suficientemente persuasivo, ligado a nomes como os de AMÉRICO MARCELINO e SINDE MONTEIRO.

---

risco normal foi aumentado por circunstâncias especiais». No articulado específico referente aos acidentes de trânsito (BMJ n.° 90, pp. 308-309), VAZ SERRA não excluía a hipótese contributiva (*«Se o dano for causado sómente pela conduta do lesado, não tendo para ele contribuído a conduta da pessoa mencionada no §1.° do art.° 1.°... ou o risco do veículo, não há responsabilidade»* – artigo 3.°,6) e propunha um critério favorável aos inimputáveis (*«Quando houver facto do lesado, diferente da conduta das pessoas cuidadosas, e embora esse facto não seja culposo, o encargo do dano reparte-se entre a pessoa mencionada no §1.° do artigo 1.° e o lesado, de acordo com os critérios do art.°...(conculpabilidade do prejudicado em matéria de dever de indemnização)»* – artigo 3.°, 3). Esse articulado passou, respectivamente, para os n.ᵒˢ 3 e 4 do artigo 774.° do Anteprojecto (BMJ n.° 101, p. 151), notando-se, contudo, no n.° 3, a introdução da referência à conduta «... *ainda que não culposa, do lesado* ...» e no n.°4 a ênfase na necessidade *contributiva* do facto do lesado. É de atentar que, na primeira Revisão Ministerial, a doutrina estabelecida no artigo 484.° (cfr. o BMJ n.° 119, p. 77)corresponde já à redacção do futuro artigo 505.°.

[2770] *Est. cit.*, RT, anos 83.°, pp. 72-73 e 85.°, pp. 439-441.

[2771] Na p. 74 do *est. cit.*, RT, ano 83.°, SÁ CARNEIRO resolve com o critério do artigo 570.°, 1 a hipótese do dano sofrido por um peão, que conversava no leito da estrada, e foi colhido por um veículo, que se despistou pelo rebentamento de um pneu. Mais duvidosa é a integração no mesmo normativo do caso apresentado na p. 440 da mesma Revista, ano 85.°, da pessoa que, «contra as prescrições da autoridade..., imprevidentemente e por mera curiosidade», se aproxima de um veículo em chamas e é lesada pela explosão. Na verdade, desde que o acto do lesado possa ser considerado como «assunção do risco» *tout court*, não parece haver lugar para qualquer responsabilidade, podendo, pois, aceitar-se o ponto de vista de ANTUNES VARELA (*op. cit.*, I, p. 689) e de DARIO MARTINS DE ALMEIDA (*op. cit.*, p. 165), ao reconduzirem a situação ao normativo do artigo 505.°. Tendo, contudo, em atenção que o risco do veículo já não era meramente abstracto, é de questionar se o resultado da exclusão indemnizatória não deverá ser antes obtido pela relevância de uma *culpa grave* do lesado no seio da aplicação teleológica do artigo 570.°, 1. Como se vê, o tratamento da questão tem conexões com a temática da autonomia ou da diluição da figura da «assunção do risco» (ver *supra*, n.° 71).

[2772] *Obrigações, cit.*, pp. 170, n.(3) e 182, n.(2).

AMÉRICO MARCELINO[2773] focalizou o seu pensamento na necessidade de evitar soluções «desproporcionadas», repudiando a lógica causalista e da absorção[2774] em nome do *escopo* do critério objectivo de responsabilidade. Avocando um princípio de «justiça material», o jurista associa à culpa do lesado um mero efeito de «retracção» do fundamento responsabilizante e valora a «atitude natural» desses lesados mais frágeis que são as crianças. Colocando a tónica nas virtualidades do seguro, retirando argumentos da legislação dos acidentes laborais e rejeitando, como já Vimos[2775], os argumentos que o pensamento clássico retira da redacção dada aos artigos 570.°,2 e 505.°, AMÉRICO MARCELINO denega a indemnização para os casos de *dolo e culpa* grave do lesado[2776], só «saindo» para fora do quadrante *equitativo* do artigo 570.°,1 nas hipóteses em que o risco se revele «de todo indiferente» ou como «instrumento amorfo» do dano. Assumindo uma posição céptica quanto à eficácia concreta da sua visão flexível, o jurista não hesita mesmo em «aconselhar» a jurisprudência a tentar «encontrar» a culpa do lesante.

SINDE MONTEIRO[2777] vai mais longe, desde logo por visualizar futuras modificações estruturais no direito da responsabilidade, com o «fim último» de possibilitar o ressarcimento dos *danos pessoais* de qualquer acidente ou doença, considerados, *qua tale*, como *riscos sociais*. Advogando, para esse desiderato, a *compressão* do papel da

---

[2773] Ver a sua *op. cit.*, pp. 13-14 e 83 e ss. e os artigos *O problema do concurso...*, *cit.*, in PJ IV, n.° 48, 1980, pp. 4 e ss. e *Do concurso do risco e da culpa...*, *cit.*, in SI n.ᵒˢ 169-171, 1981, pp. 117 e ss..

[2774] Para um mesmo «combate» à tese redutora, ver JÚLIO GOMES, *Responsabilidade subjectiva...*, *cit.*, RDE 1987, pp. 121-122 (em crítica a FLETCHER).

[2775] Cfr. *supra*, 493-494.

[2776] No artigo *Para uma nova lei da responsabilidade civil, cit.* (*supra*, n.874), AMÉRICO MARCELINO sugere uma alteração substancial do artigo 483.°, propondo o seguinte texto: «*Inexistindo culpa do lesante, nem sendo beneficiário da actividade ou coisa donde derivou a lesão, será aquele isento de responsabilidade se provar que a lesão é imputável ao sinistrado e repartida equitativamente, em caso contrário»* – artigo 483.°,2» e «*Se o agente beneficiava da actividade ou coisa donda derivou a lesão, a culpa da vítima não afasta a obrigação de indemnizar, que o tribunal graduará equitativamente»* – artigo 483.°,3. Ao justificar este último número, o jurista diz que ele visa tutelar o peão que «numa ligeira distracção atravessa a rua sem olhar ou a criança que, na inconsciência da sua inocência, salta para diante do carro...».

[2777] Ver *Reparação dos danos...*, *cit.*, *Estudos*, ...*cit.*, pp. 148-160, 198 e 201, *Alteração dos limites máximos, cit.*, pp. 7 e 12, *Reparação dos danos pessoais...*, *cit.*, CJ, ano XI, tomo 4, 1986, p. 10 e *Dano corporal (Um roteiro do direito português)*, *cit.*, in RDE 15(1989), p. 374.

responsabilidade civil (funcionalizada para a indemnização dos danos não pessoais e para as valências preventiva e repressiva) e a conjugação dos mecanismos colectivos de reparação danosa (o seguro e a Segurança Social), o jurista coimbrão propõe, concomitantemente, alterações aos dados legais vigentes, acreditando na conciliação das virtualidades do seguro obrigatório[2778] com uma responsabilidade objectiva suficientemente protectora e na aproximação do regime dos acidentes de viação e de trabalho. Parecendo-nos problemático aquele primeiro desejo de SINDE MONTEIRO[2779], dadas as actuais debilidades do Estado-providência, é mais importante, para o encadeamento do discurso, pensar que o jurista adere convictamente às propostas europeias «humanizadoras» (rectius, desculpabilizantes das «falhas humanas») de TUNC e de VON CAEMMERER, colocando como noção--chave do «seu» artigo 505.º[2780] o conceito de «falta grave e indesculpável do lesado», «extraído» da legislação laboral e consagrado, em 1985, na lei BADINTER. Criticando a «indefinição» patenteada no artigo 5.º da Convenção Europeia de 1973[2781], indo mais longe do que havia sugerido em 1979[2782] e justificando a sua opção com razões de «carácter prático e de justiça social», SINDE MONTEIRO acaba por congregar na sua visão o âmbito material do artigo 509.º e por formular uma proposta alternativa mais moderada[2783], mais presa às teses de VAZ SERRA, directamente influenciada pela lei suíça sobre

---

[2778] No estudo Acidentes de viação (anotação ao Assento n.º 1/80), cit., p. 11, n.16, SINDE MONTEIRO relaciona o «agravamento» das causas exoneratórias, previstas no artigo 505.º, com a entrada em vigor, em 1979, do seguro obrigatório automóvel.

[2779] Para a actual precariedade do sistema da Segurança Social e os custos da reparação automática, ver a lucidez de CH. MOULY, est. cit., D. 1987, pp. 234 e ss. e D. 1988 (Jurisp.), pp. 33-34.

[2780] «A responsabilidade fixada pelo n.º 1 do artigo 503.º só é excluída quando o acidente for exclusivamente imputável a falta grave e indesculpável do lesado, ou quando resulte de causa força maior estranha ao funcionamento do veículo» (in Estudos..., cit., p. 198).

[2781] Ver supra, p. 312.

[2782] Estudos..., cit., pp. 73-74, n.206 bis (manifestando preferência pela sua actual solução alternativa).

[2783] Artigo 505.º,1: «A responsabilidade fixada pelo n.º 1 do artigo 503.º só é excluída quando o acidente for imputável a culpa grave do próprio lesado ou de terceiro, ou quando resulte de causa de força maior estranha ao funcionamento do veículo.
2. Se a responsabilidade não for excluída nos termos do n.º anterior, mas ficar provado que a culpa do lesado contribuiu para o acidente, o juiz fixará a indemnização tendo em conta as circunstâncias do caso» (in Estudos..., cit., p. 198).

o tráfego e centrada, por um lado, na força exoneratória da *culpa grave* e, por outro, no papel discricionário atribuído aos tribunais para o julgamento das hipóteses concursuais.

Menos impressivo do que AMÉRICO MARCELINO e SINDE MONTEIRO, RIBEIRO DE FARIA[2784] coloca irrepreensivelmente a questão, ao perguntar se o problema em causa é de repartição da responsabilidade (*rectius*, do dano) ou de absorção do fundamento responsabilizante. Confrontando as diferentes perspectivas de VAZ SERRA e de ANTUNES VARELA, RIBEIRO DE FARIA não adopta qualquer das posições, mas não deixa de propender para uma *solução de equilíbrio*, ao relevar o regime dos acidentes laborais e ao colocar uma certa tónica no sufrágio de uma solução concursual para o dano resultante do risco da detenção animal e da culpa do lesado. Não rejeitando a aplicação analógica do critério do artigo 570.°,1, parece-nos sintomático que o renomado jurista afirme«...que a questão se localize talvez menos no plano legal que na adesão ao jogo de interesses reais em presença, no sinal último e decisivo que se lhes dê»[2785].

Para lá do desiderato de pôr termo à diversidade de regime dos acidentes de viação e de trabalho, encontramos no pensamento da doutrina anti-tradicional um núcleo essencial atinente à *validade* e à *eficácia protectora* do critério objectivo de responsabilidade. E nem se esqueça que essa doutrina não abandona o terreno da codificação, não entrando em conta com a «leitura» proteccionista que é possível fazer-se da legislação avulsa publicada nos últimos anos[2786]. Tendo em conta o rumo da nossa investigação e as ideias que fomos avançando topicamente[2787], não causará estranheza a opção que fazemos a favor de um sistema *mais harmónico* e que não rejeite liminarmente o «diálogo» entre o perigo dos veículos e certas condutas do lesado. Sendo o risco um factor objectivo, não raras vezes associado a um perigo intenso, e sendo cada vez menos a responsabilidade sem culpa um critério ocasional, não se percebe como é que o pensamento dominante pode eliminar a concorrência de causas e não se compreende como é que o princípio repartidor, subjacente à *ratio* do critério objectivo e «tutelado» pelo mecanismo do seguro, possa ceder face à mera presença de uma *culpa leve* do lesado. A tese da «absorção», que DARIO MARTINS

[2784] *Op. cit.*, II, pp. 65 e ss..
[2785] *Ibidem*, p. 70, n.(2).
[2786] Ver *supra*, n.° 24.
[2787] Ver o que já dizemos *supra, maxime* n.° 24.

Heteroresponsabilidade objectiva, autoresponsabilidade objectiva   817

DE ALMEIDA[2788] justifica com o «espírito do nosso sistema legal, a lógica e o bom senso», mas relativamente à qual o jurista não se mantém plenamente fiel[2789], esquece não só a lição generosa do direito comparado, mas, sobretudo, não retira as devidas consequências da filosofia do risco e da impossibilidade de se controlar totalmente os perigos de uma actividade lícita[2790].

Nem vemos que os argumentos centrais aduzidos pela doutrina clássica sejam significativamente persuasivos, atenta a sua natureza formal e a conexão com uma leitura sancionatória e lógica do sistema, tida como forçosa. Quer a heterogeneidade do risco e da culpa, quer a rejeição dos fundamentos «fracos», visível nas normas dos artigos 570.°,2 (prevalência da culpa provada do lesado sobre a culpa presumida) e 507.°,2 (exclusão, como credor do «regresso», do responsável culposo) não se apresentam com peso decisivo, se pensarmos que a aludida incompatibilidade apenas torna mais complexa a tarefa decisória, que o argumento de «maioria de razão», retirado da letra do primeiro preceito, não tem em conta uma possibilidade concursual

---

[2788] *Op. cit.*, pp. 151 e ss..

[2789] Como se vê do que diz na n.(1) da p. 153 e nas pp. 421-422 do seu *Manual*, DARIO MARTINS DE ALMEIDA não releva, face ao risco, a *culpa leve* do lesado. Sinais de abertura dentro da concepção dominante encontramo-los na jurisprudência, por ex., no voto de vencido de J. PINTO FURTADO ao acórdão da RE de 14 de Junho de 1977, sum. no BMJ n.° 270, p. 271 e no acórdão da RP de 10 de Março de 1992, sum. no BMJ n.° 415, p. 719 (II – «O condutor por conta de outrem (sujeito de culpa presumida) pode ilidir parcialmente a presunção, demonstrando que também houve culpa por parte do lesado (sujeito de culpa provada)»).

[2790] É paradigmático da desvalorização do *risco* o caso referido *supra*, n. 882. Expressão manifesta de um pensamento mais coerente e que coloca o risco num plano de equilíbrio com a culpa do lesado é, sem dúvida, a hipótese decidida pela *Cour* de Paris, em 7 de Abril de 1960, do peão que, ao atravessar fora da passadeira, foi atropelado por um camião, cujo sistema de travagem não funcionou devidamente no piso molhado. Não é muito diferente deste o caso decidido (contra o lesado) pelo STJ, no acórdão de 11 de Dezembro de 1970, publ. no BMJ n.° 202, p. 190, do condutor que, ao travar, não evitou que o veículo deslizasse numa camada de azeite, coberta com serradura, vindo a atropelar pessoas que estavam paradas na faixa de rodagem, a 0,80 metros da berma e segurando uma bicicleta não iluminada. E por que não considerar o risco da composição ferroviária, impossibilitada de evitar a colisão com um veículo – cujo condutor atravessou a passagem de nível sem guarda «contra» os sinais acústicos de aproximação – atendendo, em parte, à configuração da própria via férrea (curva existente a pouca distância da passagem)? Esta factualidade foi objecto de decisão no acórdão do STJ de 19 de Junho de 1979, publ. no BMJ n.° 288, pp. 378 e ss. Ver também *infra*, n. 2806.

exigida pela situação dos interesses em presença e que se situam em planos diferentes o relacionamento interno entre os condevedores solidários e a premência, não desmentida «externamente», de uma tutela do lesado, canalizada, em grande medida, para uma seguradora. Nem a referência ao artigo 570.°, na parte inicial do artigo 505.°, pode querer significar a exclusão de qualquer outra situação de concorrência que não seja aquela que obedeça à homogeneidade prevista directamente no primeiro normativo. A interpretação declarativa do preceito revela que o legislador quis apenas lembrar a existência da «sua» concausalidade típica, não se podendo retirar da fórmula empregue nem a ideia de se ter querido salvaguardar o concurso do risco com o facto culposo[2791] e com o agravamento danoso sucessivo nem um pensamento *expresso*, favorável à preclusão do risco pela conduta do lesado. O que a norma revela na sua globalidade, até pela sua história, é o mero afastamento da responsabilidade pela prova de uma qualquer conduta, que seja tida, em cada caso, por *causa exclusiva* do dano[2792]. *De iure condito*, mesmo que se invoque uma inflexão relativamente ao Anteprojecto de VAZ SERRA e certos indícios pareçam apontar para a rejeição da concorrência heterogénea, o ponto de chegada mais realista é aquele que, não deixando de integrar o núcleo do pensamento dominante, condiciona a *absorção* do critério objectivo à demonstração da *autonomia* da condição-causa ligada à conduta do lesado[2793]. Paradoxalmente, esse mesmo pensamento renunciou a «tratar» as situações concausais, assimilando-as às outras no «nada» indemnizatório, em obediência a uma lógica sancionatória e fazendo tábua rasa da procura de uma solução menos radical. Nem esses casos concursuais ficariam sujeitos a um *non liquet*, desde que essa mesma doutrina os considerasse reveladores de um conflito de interesses análogo ao subjacente ao enunciado do artigo 570.°,1,

---

[2791] É o ponto de vista de SÁ CARNEIRO, *est. cit.*, RT, ano 85, p. 439 e que DARIO MARTINS DE ALMEIDA (*op. cit.*, pp. 159 e ss.) justamente critica.

[2792] Não podemos, pois, concordar com DARIO MARTINS DE ALMEIDA (*op. cit.*, pp. 156 e 161-162), quando retira da expressão inicial do artigo 505.° a conclusão de que a responsabilidade pelo risco «*desaparece* pela simples concorrência do facto do lesado». Nem se compreende qual a diferença substancial entre uma admitida concorrência do risco com a culpa *sucessiva* e a situação em que para o dano concorreram o risco e a culpa inicial do lesado (por ex., falta de cinto de segurança).

[2793] Como vimos, o relevo exoneratório da culpa *exclusiva* do lesado surge afirmado na legislação especial que criou novos casos de responsabilidade objectiva (ver também *infra*, n. 2809-a).

Heteroresponsabilidade objectiva, autoresponsabilidade objectiva 819

resolvendo-os por aplicação (adaptada) deste último critério. Ainda assim, ficaria a subsistir a injustiça decorrente de uma compreensão rigorosa da eficácia causal exclusiva, abrangente das condutas dos *inimputáveis* e das culpas *pouco significativas* do lesado, a não ser – como atenuação parcial – que se fizesse uma interpretação restritiva da expressão «... imputável ao próprio lesado ...», identificando-a com a conduta de uma pessoa com capacidade de culpa. O que é certo é que a doutrina tradicional não «explorou» estas potencialidades do sistema, preferindo antes *circunscrever* a responsabilidade pelo risco[2794].

Sem forçarmos o sistema e sem fazermos interpretações «sacrílegas», parece-nos sustentável a defesa de um critério basicamente *ponderativo* que avalie o peso contributivo do risco activo e da conduta culposa do lesado. Na ausência de uma norma específica, idêntica à do artigo 7.°,1 do regime da responsabilidade do produtor, não vemos outra possibilidade que não seja a de subsumirmos aquele concurso ao critério do n.°1 do artigo 570.°, atendendo ao paralelismo das duas situações de concorrência, sintonizadas com a necessidade de uma *adequada* repartição do dano. No plano da justiça material, o repúdio da solução ponderativa e a defesa de um regime de prevalência do nível antecedente da exclusão da responsabilidade equivale a diluir a actual importância do seguro obrigatório e a equiparar o risco contributivo e o não contributivo, num apelo à mera lógica abstracta e estrangulando o pensamento protector subjacente ao critério assente no risco. A necessidade de tutelarmos os acidentados do tráfego (*maxime* os peões), cuja conduta, mais ou menos culposa, foi apenas *concorrente*, constitui a razão de ser do critério avaliador e a base para *se tratar favoravelmente* o *dano pessoal* sofrido pelo inimputável[2795], pelo fragilizado ou pelo que foi vítima de um evento relacionado com a sua condição humana.

Não estando a jurisprudência sensibilizada para proteger o lesado culpado, integrando as hipóteses concursuais no âmbito mais alargado do artigo 570.°,1, a procura de novos paradigmas exige que se

---

[2794] Não se estranha que ANTUNES VARELA na RLJ, ano 101.°, *cit.*, p. 253, escrevesse o seguinte: «De sorte que a solução de obrigar o dono do veículo, independentemente de culpa, a indemnizar os danos provenientes de acidentes causados por incapazes acabaria mesmo por lançar sobre ele uma responsabilidade que em muitos casos caberia, com bastante mais propriedade, aos encarregados da vigilância do inimputável».

[2795] Como vimos *supra*, n.° 60, recairá basicamente no artigo 494.° o papel de *corrigir* possíveis excessos indemnizatórios.

820 — *A conduta do lesado*

proponha a reformulação do preceito de forma a abranger claramente o concurso do risco da actividade exercida com o facto culposo (e não culposo do lesado), sem esquecer, nos factores de ponderação-partilha do dano corporal, uma alusão concreta à existência do seguro de responsabilidade, à valoração da situação económica, à intensidade do dano e a outras circunstâncias do caso. Essa alteração legislativa – coincidente na sua finalidade com a proposta de um tratamento flexível das relações entre a culpa e a conduta do inimputável [2796] – teria a dupla vantagem de se conseguir uma harmonização do sistema, evitando a exclusividade do regime mais protector patente na responsabilidade do produtor e possibilitando uma decisão (*maxime* quanto ao resultado indemnizatório da ponderação) em sintonia com a espécie em causa.

O «nó górdio» da querela que vem dividindo os nossos juristas é, sem dúvida, o do tratamento dos casos em que o dano é atribuído *exclusivamente* a uma falta leve do lesado e à conduta inesperada de pessoas «desadaptadas» ao tráfego (em atenção à pouca mobilidade e à dificuldade de percepção do idoso ou do deficiente e à normal imprudência da criança que atravessa de repente a via ou que corre atrás de uma bola). Na perspectiva causalista em que se colocam os «puristas», já sabemos que é suficiente a imputação material do dano ao lesado para excluir a responsabilidade, independentemente das razões explicativas dos diversos comportamentos [2797]. Na realidade, mesmo que a «força maior humana» esteja relacionada com uma precipitação, uma distração momentânea, a ausência de um segundo olhar, um descuido forçado pelas condições de circulação dos peões, um acto não voluntário (salto preso na «passadeira», queda fortuita), um movimento repentino de uma criança no seu desejo de apanhar um transporte, o dano sofrido é deslocado para o lesado, por se entender que já não é o *resultado* dos riscos próprios do veículo.

Essa «lógica das coisas» e a perspectiva de circunscrever rigidamente o círculo responsabilizante do detentor ou do condutor não deixa de nos impressionar, quando pensamos no «nada» indemnizatório como «preço» desses pequenos descuidos, dessas reacções defeituosas ou dos actos praticados por pessoas sem capacidade de «diálogo» com

---

[2796] Ver *supra*, pp. 558-559.

[2797] Ver os autores citados *supra*, n.855. Na jurisprudência ver, entre outros, os acórdãos do STJ de 31 de Outubro de 1978, in BMJ n.° 280, pp. 306 e ss., de 28 de Janeiro de 1992, publ. no BMJ n.° 413, p. 554 e da RP de 30 de Abril de 1992, *cit.* (*supra*, n.2766). Ver, contudo, *supra*, n.858, para arestos divergentes.

Heteroresponsabilidade objectiva, autoresponsabilidade objectiva   821

o tráfego. O ver-se a relação entre o risco e o dano num plano unitário, que olha mais para a conexão causal do que para as situações humanas concretas, tem como consequência o tratamento uniforme de lesados cujas condutas são *qualitativamente* diversas. Efectivamente, não nos parece justo remeter para o âmbito exoneratório do artigo 505.º tanto a conduta do adulto, que atravessou imprevistamente, com sinal luminoso impeditivo[2798] ou que se viu *obrigado* a descer o passeio, como a daquele que, na *fragilidade* da sua condição, deu um passo imprevidente[2799] ou a da criança que, *assustada* com a aproximação de um cão, fugiu para a estrada[2800]. No plano de uma correcta ponderação de interesses e da própria justiça distributiva, não julgamos possível

---

[2798] Como hipóteses judiciárias que mereceram uma aplicação (acertada) do normativo, ver, por ex., os acórdãos da RE de 25 de Maio de 1976, in CJ, ano II, tomo 2, 1976, pp. 405 e ss. (o lesado encontrava-se «sem luz e parado, na faixa de rodagem e no local onde foi embatido»), de 13 de Dezembro de 1979, sum. no BMJ n.º 295, p. 477 (o peão atravessou-se à frente do veículo, a muito curta distância), do STJ de 10 de Maio de 1979, in BMJ n.º 287, p. 214 (peão atropelado «ao iniciar a travessia da estrada, da esquerda para a direita, em correria, quando o veículo militar vinha já perto, a cerca de 18 metros...»), de 29 de Novembro de 1979, in BMJ n.º 291, p. 494 (o lesado parou na auto-estrada imediatamente a seguir a não ter tomado certo desvio, e foi embatido pelo veículo do réu que circulava a menos de 50 metros e sem velocdade excessiva) e de 5 de Novembro de 1985, in BMJ n.º 351, pp. 371 e ss. (o autor não respeitou a prioridade do outro condutor), da RC de 2 de Julho de 1980, publ. na CJ, ano V, tomo 4, 1980, pp. 51 e ss. (o autor surgiu «inesperadamente» e a «curtíssima distância da frente do automóvel»), da RP de 2 de Maio de 1984, in CJ, ano IX, tomo 3, 1984, pp. 287 e ss. (atropelamento de pessoa embriagada, deitada na faixa de rodagem) e de 11 de Fevereiro de 1987, publ. na CJ, ano XII, tomo 1, 1987, p. 263 (atropelamento de pessoa «deitada, em completa embriaguez, do lado direito da faixa de rodagem... com a cabeça a cerca de 50 centímetros da berma e em local bastante sombrio») e do STJ de 5 de Novembro de 1985, in BMJ n.º 351, pp. 371 e ss. (o autor não respeitou a prioridade do outro condutor).

[2799] Pensamos, por ex., nas condutas dos dois idosos, nos casos decididos pelo STJ, nos acórdãos de 17 de Janeiro de 1962 e de 7 de Novembro de 1978, *cit. supra*, n. 1950. Sinal manifesto de uma concepção restritiva, conquanto admissível para a época, é a asserção, que encontramos no primeiro dos dois arestos (relatado por AMORIM GIRÃO), de que «se um homem, com a idade e experiência da vítima assim acarreta fezes e despesas a quem tem de governar a vida, conduzindo um taxi, em Lisboa, a que riscos não andam sujeitos os motoristas, em certas artérias, onde o rapazio até às vezes ousa jogar a bola?! (BMJ n.º 113, p. 354).

[2800] Foi essa a factualidade subjacente ao acórdão do STJ de 28 de Janeiro de 1992, *cit. supra*, n.2482. Por razões não devidamente esclarecidas, o Supremo invoca a *culpa in vigilando* como verdadeira causa exoneratória, numa metodologia que já havia seguido no acórdão de 26 de Março de 1980, publ. no BMJ n.º 295, pp. 408 e ss..

abdicar de um princípio de tutela desses lesados, face aos *danos corporais* que podem sofrer como autores de condutas distantes da intencionalidade autodanosa e da negligência grave ou muito grave. Particularmente quanto aos *pequenos descuidos* e aos *comportamentos não censuráveis das crianças,* parece-nos excessiva a sua consideração segundo uma lógica causal *interruptiva,* vendo-os como condutas *imprevisíveis* ou *anormais,* integrando um processo perfeitamente autónomo, ou como fontes danosas não abrangidas pelo escopo do critério previsto no artigo 503.°,1. Na verdade, pensamos que uma visão flexível ou valorativa do juízo de causalidade, e que leve a colocar a tónica na própria *intensidade do risco criado,* isto é, no perigo ligado à circulação dos veículos, não necessariamente conexo à chamada participação activa, afasta a perspectiva clássica de focalizar as causas exoneratórias com o único sentido de conter a responsabilidade de um lesante individual. A conjugação da ideia moderna do risco com o apelo a certos factores potenciadores, canalizados para uma leitura proteccionista do seguro obrigatório e para a actual diluição da tríade de causas paralisadoras da responsabilidade objectiva, conduz-nos a não afastar, naqueles dois casos, o nexo de concausalidade, o que também significa fazer sintonizar a chamada *quebra causal* com as condutas autoresponsáveis dos lesados e que revelem uma determinada *intensidade culposa.*

Não sendo, pois, afastada a responsabilidade, mas também não repousando o tratamento de favor numa qualquer *ficção* ou numa ideia de tutela social *qua tale,* a base normativa necessária para a fixação ou atribuição da indemnização não deverá ser diferente da que considerámos aplicável às mesmas situações nas hipóteses inequívocas de contribuição causal (com culpa ou sem culpa do lesante). No que concerne, em particular, ao dano dos inimputáveis, embora o artigo 570.°,1 pudesse ser funcionalizado para a ponderação, parece-nos mais rigoroso justificar uma eventual *redução* indemnizatória com o critério consagrado no artigo 494.°. E embora pensemos que o ideal, numa perspectiva de política jurídica, seria legislar no sentido de uma desejável protecção automática dos menores de certa idade[2801], os nossos tribunais lograriam conseguir decisões menos radicais, se valorassem o

---

[2801] Ver *supra*, n. 894. No direito alemão, SCHEFFEN, *est. cit.*, ZRP 1991, pp. 459-460, não deixa de assinalar a rigidez de uma jurisprudência que, nos últimos 25 anos, não abandonou o trilho de imputar culpa às crianças com idades compreendidas entre os 7 e os 9 anos.

Heteroresponsabilidade objectiva, autoresponsabilidade objectiva 823

próprio «risco abstracto», a possível ocorrência de atitudes deliberadas, se considerassem a inexistência de seguro, a existência de seguros pessoais constituídos em favor dos lesados ou a sua situação económica e retirassem da *culpa in vigilando* um mero efeito de desfavorecimento da situação do lesado mediato ou o pressuposto para uma «acção de regresso» (é mais censurável a indiferença paterna em deixar a criança brincar na rua ou atravessar sozinha do que a pequena desatenção, potenciada por um gesto repentino do vigiado).

De iure constituto, este nosso posicionamento não é aberrante, nem vai contra os «bons princípios», desde que se interprete o artigo 505.º de forma a abarcar apenas as *condutas subjectivamente imputáveis* e se pense, para a irrelevância das culpas leves, na desvalorização da responsabilidade individual. Não crendo, todavia, que a jurisprudência venha a abandonar a comodidade da solução lógica ou a enveredar por uma interpretação *actualista,* parece impôr-se a necessidade de reformular o preceito do artigo 505.º, em ordem a englobar na eficácia exoneratória as condutas *exclusivas* cuja *intensidade culposa* justifique a denegação de responsabilidade[2802]. Por aquilo que já dissemos noutro ponto[2803], e pela aptidão genérica da norma do artigo 505.º, parece-nos ir longe de mais situar essa barreira na «culpa grave e indesculpável», sobretudo se se tiver dela uma concepção demasiado restritiva, que a situe num grau intermédio entre o dolo e a culpa grave, como nos parece ser o caso de SINDE MONTEIRO. O dizer-se que o regime dos *acidentes laborais* não pode ser mais benéfico para os trabalhadores lesados do que o regime dos acidentes de viação esquece a realidade mais complexa deste último domínio e os perigos resultantes de se querer justificar certas condutas dos participantes no tráfego com as ideias, caras à esfera laboral, da *habituação ao perigo* e da *confiança nas capacidades profissionais.* Seria, aliás, um erro grave desconhecermos que no espírito super-protector da lei BADINTER, a *faute inexcusable* está próxima da intenção autolesiva, compreendendo apenas as condutas dos «*asociaux de la circulation*»[2804], os comportamentos perfeitamente anormais dos

---

[2802] Ver *supra*, n.895. O subir ou descer com o comboio em andamento, o não respeitar os sinais semafóricos ou os avisos de segurança em zonas de intensidade de tráfego, o comportamento temerário do alcoolizado ou do que atravessa no nevoeiro, são exemplos sintomáticos dessa gravidade preclusiva.

[2803] *Supra*, pp. 310 e ss..

[2804] VINEY, *Réflexions..., cit.*, D. 1986, *chron.*, p. 214.

que, por ex., passeiam em estado de embriaguez ou circulam numa auto-estrada em sentido contrário! E já que voltamos a falar do diploma francês, é evidente que as nossas propostas, conquanto mais «pesadas» para os tribunais e com maiores custos «terciários», surgem demarcadas de um regime maximalista (género «tudo ou nada»), protector do concurso de condutas culposas do condutor e do peão (ou do transportado) e pleno de contradições no seu desiderato de criar uma série de zonas sensíveis, mas não harmonizadas. Daí o inventário de «anomalias», feito por CHABAS [2805], como o melhor tratamento do peão embriagado (relativamente ao ciclomotorista distraído), do menor de quinze anos, condutor de uma bicicleta (relativamente ao menor de quinze anos que conduza uma motorizada), do detentor-transportado (no confronto com o condutor), da mãe e lesada mediata, co-autora do atropelamento sofrido pelo seu filho ao deixá-lo ir sózinho para a escola (em confronto com a mãe-lesada mediata, e que, ao levar o filho à escola, tenha culpa num acidente de viação).

Para nós, e em conclusão, o conflito implicado no facto do lesado e que leva a colocar, num dos pratos da Balança, o desejo de uma *melhor indemnização*, e, no outro, a «necessidade» de uma *autoresponsabilização* (*Eigenbelastung*) assente na liberdade, potencia-se numa época de ampla divulgação e imposição dos mecanismos sociais de repartição do dano, num momento em que, superado o princípio subjectivo de JHERING, o pensamento jurídico confere toda a importância à filosofia protectora da (crescente) objectivação da responsabilidade. Estes dados, conjugados com a circunstância, por vezes esquecida, de que o «nosso» lesado foi vítima de um dano (*cum satis ipso puniator*), convertem o problema da relevância da sua conduta (na área dos *danos corporais*) numa questão de *justiça material*, cujos parâmetros exigem uma aplicação mais aberta ou *actualista* de normas (as dos artigos 505.º e 570.º,1), demasiado «presas» a uma lógica *sancionatória* e *causalista*. É evidente que os defensores mais acérrimos da visão *preventiva* do «concurso de culpas» e de um enquadramento do seguro «desfuncionalizado» ou dependente do conteúdo de uma responsabilidade, circunscrita em torno do lesante, reagirão desfavoravelmente a esse «amolecimento» do regime.

[2805] H.-L.-J.-MAZEAUD/CHABAS, *op. cit.*, n.º 556-15, p. 629 e *Le droit des accidents..., cit.*, pp. 190-191.

Heteroresponsabilidade objectiva, autoresponsabilidade objectiva   825

A visão moderna e mitigada do concurso de condutas culposas e não culposas, e que entronca, como dissemos, num desejo de valoração *concreta* e *justa*, só parcialmente ao alcance da ponderação estrita prevista no artigo 570.°,1, não tendo a ver com considerações de «caridade» ou de «sentimento» [2806], ou com qualquer voluntarismo irracionalista, como o de KANTOROWICZ [2807], também não conduz a excessos de perda do conteúdo da autoresponsabilidade – como sucedeu com a jurisprudência *Desmares* e a lei BADINTER não conteve – sob pena de uma *amoralidade* do sistema, de *perda de liberdade de acção* dos potenciais lesantes e de se converter a norma do artigo 570.° em norma vazia, *bonne à tout faire*.

Sendo possível, mesmo intra-sistematicamente, fundar a solução flexível que defendemos, é evidente que essa maior abertura só poderá ser afirmada decisivamente, e sem hesitações, dúvidas ou mutações jurisprudenciais, com determinadas opções ao nível da «infra-estrutura» normativa [2808], que atenuem a rigidez do critério do artigo 570.°, introduzindo nele *novos elementos decisórios*, que reservem o artigo 505.° para as condutas exclusivas intencionais, graves ou muito graves do lesado, que desdobrem o artigo 570.°,1 para uma hipótese concausal em que o risco criado seja ponderado com o comportamento do lesado – como acontece no artigo 7.°,1 do regime da responsabilidade do produtor –, que caracterizem com a precisão possível os contornos da gravidade relevante, que alterem as normas do seguro obrigatório (*maxime* automóvel) em ordem a uma articulação

---

[2806] A jurisprudência que, por ex., impute toda a responsabilidade à CP e ao seu pessoal, por omissão do dever de fechar a cancela de uma passagem de nível, considerando irrelevante a circunstância de o peão ou o condutor terem confiado *apenas* nesse «sinal», interpreta e aplica correctamente os princípios, à margem de qualquer «piedade» para com esses lesados. O mesmo se diga, ao confrontarmos o *maior risco* (conjugação da configuração da via férrea e da passagem de nível sem guarda com a impossibilidade de o comboio conseguir evitar a colisão, mesmo rodando a uma velocidade normal) com a *culpa do lesado* ou o *facto concorrente* (avaria repentina do veículo ao atravessar a passagem de nível). Para a imputação à CP, como lesada, de uma quota de responsabilidade conexionada com o traçado da via férrea, ver os acórdãos da RP de 24 de Setembro de 1991, cit. (*supra*, n. 1938) e do STJ de 16 de Fevereiro de 1993, in *Sub judice*/Novos Estilos, n.° 2, 1993, pp. 33 e ss..

[2807] Por todos, para o «movimento do direito livre», ver CASTANHEIRA NEVES, *op. cit.*, pp. 425 e ss..

[2808] MANUEL DE ANDRADE, *Sentido e valor da jurisprudência*, separata do vol. XLVIII do BFDUC, Coimbra, 1973, p. 13.

826   *A conduta do lesado*

com as regras civilísticas protectoras e que criem outros ilícitos «contra si mesmo», com o escopo de prevenir a participação desordenada dos peões nas vias públicas. Neste plano *de lege ferenda*, não se pode dizer que se contenda com qualquer violação do princípio da igualdade, atenta a exigibilidade de um tratamento diferenciado face à diversidade circunstancial e à intensidade dos perigos que se deparam a certos potenciais lesados [2809] [2809-a].

[2809] Para as razões «objectivas», legitimadoras de uma natural desigualdade, ver BAPTISTA MACHADO, *Introdução ao Direito...*, *cit.*, p. 93.

[2809-a] Em plena fase de revisão das provas tipográficas vieram a lume dois diplomas legais, com significado para certas questões debatidas nesta dissertação. Dada a dificuldade e as implicações da transposição para o texto dessas alterações, optámos por lhes fazer referência nesta nota, atendendo, até, à circunstância de terem reflectido pontos de vista que já tínhamos previsto.

Uma primeira inovação prende-se com a publicação do Decreto-Lei n.º 329/95 de 9 de Dezembro (*Regulamento da Náutica de Recreio*), que revogou o Decreto-Lei n.º 439/75 de 16 de Agosto e veio estabelecer no seu artigo 43.º, em coordenação com a *obrigatoriedade* da celebração do seguro (artigo 44.º) e com o limite da *culpa exclusiva do lesado*, a responsabilidade pelo risco do proprietário e do comandante de embarcações de recreio. Este novo caso de responsabilidade sem culpa vem legitimar a nossa tomada de posição no sentido da sua consideração simétrica em relação ao lesado, ou seja, pelos danos sofridos em conexão com o risco da utilização desse tipo de embarcações (ver *supra*, p. 420).

De maior alcance é a alteração que o Decreto-Lei n.º 14/96 de 6 de Março introduziu no seio do artigo 504.º, ao equiparar, no âmbito fundamental dos *danos pessoais do transportado*, o regime do transporte oneroso e gratuito. A nova doutrina do n.º 3 do citado preceito (o antigo n.º 1 surge agora desdobrado em dois números, enquanto o actual n.º 4 corresponde à redacção do primitivo n.º 3), tendo surgido por força do âmbito de cobertura do seguro obrigatório (cfr. o relatório do diploma), não deixa de ter consequências relativamente ao que dizemos nas pp. 626-629 e na n. 2174. Efectivamente, perde interesse a colocação do problema de uma possível "assunção do risco", dilui-se o sentido da questão relativa à delimitação do transporte gratuito – a contraposição dos dois critérios principais passa a relevar apenas, e ao que parece, para os danos nas coisas transportadas – e outorga-se ao transportado a título gratuito a presunção de culpa prevista no artigo 503.º., 3. Quanto ao tratamento jurídico do caso colocado nas pp. 770 e ss. (*colisão não culposa de veículos com danos para um transportado gratuito*), o debate travado na doutrina deixa de se colocar, convolando-se para a questão do conteúdo externo da responsabilidade dos dois condutores. No tocante a este ponto, somos favoráveis a um regime de *solidariedade* – o que equivale ao tratamento paritário dos transportados e dos terceiros – devidamente compensado com o recurso, no plano das relações "internas", ao critério do artigo 506.º.

CONCLUSÃO

Para concluírmos, que linhas dominantes poderão ser traçadas de um discurso focalizado num critério distribuidor do dano, que não se capta com linearidade e cujo pressuposto é uma conduta autoresponsável do lesado?

Situado, modernamente, como princípio ordenador, ao lado dos princípios naturalístico (*casum sentit dominus*) e responsabilizante, o instituto da culpa do lesado sofreu mutações histórico-jurídicas que o converteram, sucessivamente, num instrumento de exclusão da *iniuria* (no direito romano), numa fonte de interrupção causal (com a Pandectística), num reflexo das *clean hands* (no direito anglo-saxónico, particularmente até 1945) e num modelo, mais ou menos sancionatório e de feição ponderativa, construído à semelhança do critério responsabilizante. Este último processo, tradutor de uma partilha do dano entre um responsável e um co-responsável, fixou-se entre nós com o Código oitocentista, dadas as raízes austríacas do parágrafo segundo do artigo 2398.º, e potenciou-se, consolidando-se, com o actual Código Civil. Neste diploma, o preceito do artigo 570.º,1 pressupõe uma relação interindividual, exige o confronto entre duas liberdades, sopesa, sem discriminações, duas culpas igualmente censuráveis e aglutina qualquer lesado e qualquer dano num sistema uniforme, sujeito a princípios idênticos aos que são aplicáveis à conduta culposa do lesante.

Mesmo saindo do domínio estrito e típico da concausalidade de condutas culposas, a asserção de que o nosso direito da responsabilidade civil parte do postulado da *primacialidade* do referente subjectivo da culpa é comprovada pelos quadrantes normativos que revelam a exclusão da *imputação objectiva* pela referência ao lesado de qualquer conduta (artigo 505.º) e o favorecimento outorgado à *culpa presumida* na sua equação, aparentemente não problemática, com qualquer culpa do lesado (artigo 570.º,2). Essa tríade normativa (artigos 570.º,1, 570.º,2 e 505.º), que parece formar um conjunto não lacunoso, embora submetido à dominância da alternativa do «tudo ou nada», é a raiz em que se funda a elaboração, pelo nosso pensamento dominante e por uma jurisprudência que nunca conheceu o «choque» do *arrêt Desmares*, de uma *teoria da culpa do lesado* que surge como reverso simétrico do regime legal predisposto para o lesante. Neste último enquadramento não se autonomiza aquele instituto nem se ultrapassa o plano da culpa, transpondo-se apodicticamente os princípios que condicionam a heteroresponsabilidade culposa (imputabilidade, desvalor subjectivo da conduta e estatuição sancionatória, apreciação abstracta da culpa, assunção do efeito de factos alheios), apesar de um discurso assente na consideração translata da expressão «culpa» do lesado.

Essa concepção teorético-dogmática não parece, contudo, em sintonia com a evolução da própria responsabilidade civil, atendendo ao seu moderno sentido reparador (a deslocação para o dano e não a canalização para o agente) e à concomitante perda de conteúdo individual, determinada pelo fenómeno da colectivização dessa mesma responsabilidade. No plano do próprio sistema, o argumento da proporcionalidade, retirado da rejeição do «tudo ou nada» e patente na doutrina do artigo 494.º, o contínuo alargamento da esfera da responsabilidade objectiva, o desenvolvimento crescente do seguro obrigatório (em quadrantes de maior risco que ultrapassam a actuação individual) surgem como *condicionantes* que geram outras reflexões e que acabam por enfraquecer os pressupostos de que parte a doutrina dominante. E se a expansão e o protagonismo do seguro, *maxime* no tocante ao âmbito subjectivo de cobertura da responsabilidade, à *acção directa* e ao relevo do Fundo de Garantia, e o desejo tutelar implicado no instituto da responsabilidade civil atenuam a visão sancionatória (entretanto absorvida pelo direito das contra-ordenações) e comprimem o espaço de aplicação do artigo 494.º, também o mecanismo do preceito do artigo 570.º não deve ficar imune a essa retracção de análise do comportamento individual, com o efeito de uma tutela mais adequada de *certos danos* e de *certos lesados* (o *argumento da fragilidade* toca mais as crianças e os peões do que os condutores e os consumidores), independentemente das soluções implicadas numa aplicação rigorosa das regras estritas.

A perda de conteúdo sancionatório dos preceitos dos artigos 494.º e 570.º,1 conduziu-nos a uma certa aproximação de «filosofia» dos dois normativos e à afirmação de uma complementaridade distanciada da amálgama evidenciada na legislação rodoviária dos anos trinta e cinquenta (por influência de uma legislação processual penal que «marcou» a prática jurisprudencial), mas sem a pretensão de convertermos o artigo 570.º,1 em norma geral de contenção indemnizatória, tal como sucede em certos quadrantes doutrinários italianos e alemães, com sistemas órfãos de uma norma geral redutora. Mais concretamente, a «aliança» de que falamos projecta-se nos casos em que o artigo 494.° *limita* uma pretensão indemnizatória não coberta pelo seguro e não condicionada por uma conduta *autoresponsável* do próprio lesado (pensemos nos chamados «casos fortuitos humanos», na irrelevância da causa virtual, na responsabilidade de um imputável quase-maior ou na fonte responsabilizante delineada pelo artigo 502.°) ou nas hipóteses em que o corpo do artigo 570.°,1 «recebe» factores económicos em vista de uma decisão mais ponderada.

No diálogo que estabelecemos com a doutrina tradicional não fomos determinados pelos postulados que lhe servem de fundamento, na medida em que procurámos afirmar a autonomia da figura da culpa do lesado, construindo, em ligação com essa pretensão metodológica, as bases normativas de uma leitura *menos voluntarista* e *mais moderna* do instituto. Repudiando converter o «nosso» problema em pura questão causal ou tratá-lo como asserção dedutiva do princípio naturalístico, enfatizámos a análise no conceito-chave de *autorespon-sabilidade do lesado*, enquanto critério valorativo assente na *imputação justa* de danos provindos da esfera do lesado e gerados pela sua *conduta livre e consciente*, concluindo por uma faceta *expansiva* ou não limitada à culpa (risco *tout court*, «assunção do risco», exposição objectiva e necessária ao perigo) e por uma vertente *restritiva*, visível na não aplicação do critério a pessoas sem capacidade de entendimento da situação de perigo e de autodeterminação (o que tem a ver com o aludido *argumento da fragilidade*).

No tocante à *autoresponsabilidade culposa* construímos um edifício teórico em que fizemos avultar aspectos específicos da figura, como sucedeu com a conceituação da culpa do lesado, o tratamento da culpa presumida do lesante em termos não desfavoráveis ao lesado culpado, a tutela do inimputável lesado, mesmo do sujeito a vigilância, o regime de favor concedido aos danos corporais, a apreciação mais maleável da culpa do lesado, o enfoque pessoal da colaboração pós-danosa. Essa construção surgiu demarcada da elaboração simétrica da teoria geralmente adoptada entre nós e foi acompanhada pela sugestão de algumas alterações legislativas, como as respeitantes ao enunciado do artigo 570.°,2 e à necessidade de se introduzir um novo número no corpo do artigo 570.°, como depositário de uma tutela dos inimputáveis sem a sombra perturbadora da norma que parece legitimar, por via mediata, uma posição contrária aos seus interesses.

Outros sinais sintomáticos da exiguidade lógica do pensamento dominante são a recusa em relevar o chamado *geometrismo objectivo*, bem como o repúdio de situações concursuais presididas por fundamentos heterogéneos, apesar da solução contrária que resulta do regime da responsabilidade do produtor, enquanto expressão mais moderna da concepção desculpabilizante dos acidentes de trabalho, tal como surgiu entre nós na segunda década deste século. Sendo o artigo 570.° (e o artigo 506.°) as faces mais visíveis do princípio da autoresponsabilidade, há que sediar no primeiro normativo, como norma abrangente, de potenciação, o tratamento das hipóteses concursuais heterogéneas (particularmente o «encontro» do risco e da culpa), que o legislador não pode ter querido afastar, nem uma leitura intra-sistemática preclude. Numa perspectiva racional, radica efectivamente no seio daquele preceito a melhor solução normativa para esses casos, sobretudo se o dotarmos de outros factores decisórios, em ordem a uma aplicação menos rígida.

Conhecendo-se o *peso* que o comportamento do lesado assume na responsabilidade pelo risco, em função do «efeito interruptivo» de qualquer conduta a ele imputável, a nossa reacção contra esse excesso causalista fez-nos potenciar o *argumento da fragilidade* no sector nevrálgico dos acidentes de viação, não desconhecendo que a evolução do direito comparado caminha no sentido de conter as causas exoneratórias clássicas (advoga-se mesmo a supressão da chamada força maior humana) e de colocar a *culpa grave* (ou até mais qualificada) como barreira que obsta à indemnização.

Parecendo-nos necessário «reabilitar» VAZ SERRA, num ambiente jurídico favorável a tal, não afastámos uma interpretação *actualista* do artigo 505.° e o recurso à norma (adaptada) do artigo 570.°,1 (a diluição da procura do responsável individual justifica mesmo que o dano do inimputável seja posteriormente compensado pelo regresso da seguradora), conquanto nos pareça mais adequada uma alteração legislativa que, à semelhança do que acontece com o regime da responsabilidade do produtor, possa acolher o concurso do fundamento objectivo de responsabilidade com a conduta culposa do lesado e permita, pela sua *generalidade*, aplicar-se aos domínios que reclamem uma solução ponderada. Concomitantemente, esse novo dado legal exigirá uma reavaliação da doutrina do artigo 505.°, de forma a aplicá-lo apenas às condutas que pela sua *gravidade* não mereçam a concessão indemnizatória.

Havendo, pois, necessidade de se evitar soluções radicais e perfeitamente uniformes, em ordem a conseguir-se uma tutela mais adequada e a melhor justiça distributiva, sem concessões absolutas aos conceitos de causa e de culpa, mas também sem aderirmos aos excessos de uma lei BADINTER, que já parece estar no domínio de um seguro do risco da circulação, ou à utopia de uma Segurança Social dos acidentes de viação, propomos um sistema ponderado que parece fornecer um bom guia ao julgador, sem o perigo, denunciado várias vezes, de uma *desresponsabilização* excessiva ou de uma concepção maximalista do estado de lesado. Atendendo, no entanto, a essa teia condicionante, que é a imagem reflectida da heteroresponsabilidade culposa, seria desejável que, com ou sem alterações legislativas, acabasse por prevalecer o *bom senso decisório* e o *sentido do justo e do humano*, sem necessidade de utilizarmos a lanterna de DIÓGENES de Sínope.

Porto, Outubro de 1995

BIBLIOGRAFIA

ADRIANI, HANS – *Der Schuldbegriff in §254 BGB*, Leipzig, 1939.

ALARCÃO, RUI DE – *Breve motivação do Anteprojecto sobre o negócio jurídico na parte relativa ao erro, dolo, coacção, representação, condição e objecto negocial*, BMJ, n.º 138, 1964.

– *Introdução ao Estudo do Direito (Súmula das lições ao 1.º ano da Faculdade de Direito de Coimbra)*, ed. policop., Coimbra, 1972-73.

– *Direito das Obrigações* (com colaboração de J. SOUSA RIBEIRO/ J. SINDE MONTEIRO/ ALMENO DE SÁ/ J. C. BRANDÃO PROENÇA), ed. policop., Coimbra, 1983.

ALBALADEJO, MANUEL – *Derecho Civil II – Derecho de Obligaciones*, vol. 2.º, 8ª ed., Barcelona, 1989.

ALBEGGIANI, F. – *Sport (dir. pen.)*, ED XLIII, pp. 538 e ss..

ALESII, E. – *L'intervento attivo del danneggiato ex art. 1227.º, 2ª comma, c.c.: l'esercizio di azioni giudiziarie è esigibile?*, FI, I, 1993, col. 1223 e ss..

ALMEIDA, C. A. FERREIRA DE – *A responsabilidade civil do transportador ferroviário*, RT, ano 88.º, 1970, pp. 147 e ss..

ALMEIDA, DARIO MARTINS DE – *Manual de acidentes de viação*, 3ª ed., Coimbra, 1987.

ALMEIDA, J. C. MOITINHO DE – *O contrato de seguro no direito português e comparado*, Lisboa, 1971.

– *A responsabilidade civil do médico e o seu seguro*, SI, tomo XXI, 1972, pp. 348 e ss..

– *A responsabilidade civil do produtor e o seu seguro*, SI, tomo XXII, n.ᵒˢ 120- -121, 1973, pp. 117 e ss..

ALMEIDA, L. P. MOITINHO DE – *Responsabilidade civil dos advogados*, Coimbra, 1985.

ALPA, GUIDO – *Responsabilità dell'impresa e tutela del consumatore*, Milano, 1975.

– *«Inefficacia del prodotto» e responsabilità del fabbricante*, RDCDO II, 1975, pp. 340 e ss..

– *Responsabilità del produttore, rischio d'impresa e sistemi di assicurazione no fault*, GI, IV, 1978, col. 54 e ss..

– *La responsabilità civile (una rassegna di dottrina e giurisprudenza)*, sob a direcção de ALPA/BESSONE, I, Torino, 1987.

– *Tipicità e atipicità dell'illecito*, in *Responsabilità civile e assicurazione obbligatoria*, 1988, Milano, pp. 33 e ss..

– *Danno ingiusto e ruolo della colpa. Un profilo storico*, RDC II, 1990, pp. 133 e ss..

– *Rischio (dir. vig.)*, ED XL, pp. 1144 e ss..

ALPA, G./BESSONE, M. – *Atipicità dell' illecito*, 2ª ed., Milano, 1980.

– *I fatti illeciti*, in *Trattato di diritto privato* (sob a direcção de P. RESCIGNO), 14, *Obbligazioni e contratti*, tomo VI, Torino, 1982 e 1987 (reedição).

ALT-MAES, FRANÇOISE – *Une résurgance du passé: la présomption d'irresponsabilité de l'art. 3, al. 2 et 3, de la loi du 5 juill. 1985*, D. 1990, *chronique*, pp. 219 e ss..

ALTAVILLA, ENRICO – *La colpa penale*, NDI, III, pp. 545 e ss..

AMARAL, FREITAS DO – *Direito Administrativo*, III, ed. policop., Lisboa, 1989.

ANDRADE, J. C. VIEIRA DE – *Os direitos fundamentais na Constituição portuguesa de 1976*, Coimbra, 1987.

ANDRADE, MANUEL DA COSTA – *A vítima e o problema criminal*, BFDUC, supl. XXI, Coimbra, 1974.

   – *O consentimento do ofendido no novo Código Penal*, in *Para uma nova justiça penal*, Coimbra, 1983, pp. 95 e ss..

   – *Consentimento e Acordo em Direito Penal* (*contributo para a fundamentação de um paradigma dualista*), Coimbra, 1991.

ANDRADE, MANUEL DOMINGUES DE – *Capacidade civil das pessoas colectivas*, RLJ, ano 83.°, 1950-1951, pp. 212 e ss..

   – *Teoria Geral da Relação Jurídica I – Sujeitos e Objecto e II – Facto jurídico, em especial negócio jurídico*, 2ª reimpressão, Coimbra, 1966.

   – *Teoria Geral das Obrigações* (com a colaboração de RUI DE ALARCÃO), 3ª ed., Coimbra, 1966.

   – *Sentido e valor da jurisprudência*, sep. do vol. XLVIII do BFDUC, Coimbra, 1973.

   – *Noções elementares de processo civil* (com a colaboração de ANTUNES VARELA), nova edição revista e actualizada por HERCULANO ESTEVES, Coimbra, 1976.

ANTOLISEI, FRANCESCO – *Il rapporto di causalità nel diritto penale* (reimpressão), Torino, 1960.

ANTUNES, L. COLAÇO – *Para uma tutela jurisdicional dos interesses difusos*, BFDUC, LX, 1984, pp. 191 e ss..

ARANTES, TITO C. BRANCO – *Caso fortuito e de fôrça maior*, GRLx, ano 43.°, n.° 1, 1929-1930, pp. 2 e ss..

ARÊDE, S. – *Vide* SOUSA.

ARISTÓTELES – *Éthique à Nicomaque* (tradução francesa de J. TRICOT, 8ª ed., Paris, 1994).

ASCENSÃO, JOSÉ DE OLIVEIRA – *A teoria finalista e o ilícito civil*, in DJ (volume de homenagem ao Professor Doutor CAVALEIRO DE FERREIRA), II, 1981/1986, pp. 81 e ss..

   – *O Direito. Introdução e Teoria Geral. Uma perspectiva Luso-Brasileira*, 7ª ed., Lisboa, 1993.

ASQUINI, A – *Trasporto di persone* (*contratto di*), NDI, XIX, pp. 613 e ss..

AUBERT, JEAN-LUC – *L'arrêt Desmares: une provocation... à quelles réformes?*, D. 1983, *chronique*, pp. 9 e ss..

   – *Vide* FLOUR, J.

AUMANN, PETER – *Das mitwirkende Verschulden in der neueren juristischen Dogmengeschichte*, Hamburg, 1964.

AYNÈS, L. – *Vide* MALAURIE, PH.

BACELLI, GUIDO – *Imputazione obiettiva e limite di risarcimento del danno nel trasporto aereo internazionale*, RDC II, 1989, pp. 391 e ss..

BAJNO, RICCARDO – *Proposte di utilizzazione dello strumento penale in prevenzione del danno «ecologico»*, RDCDO, 1978, pp. 196 e ss..

BÄLZ, ULRICH – *Ersatz oder Ausgleich – Zum Standort der Gefährdungshaftung im Licht der neuesten Gesetzgebung*, JZ 1992, pp. 57 e ss..

BAR, CHRISTIAN VON – *Das «Trennungsprinzip» und die Geschichte des Wandels der Haftpflichtversicherung,* AcP 181 (1981), pp. 289 e ss..

BARASSI, LODOVICO – *La teoria generale delle obbligazioni* II – *Le fonti*, 2ª ed., Milano, 1948.

BARBERO, DOMENICO – *Sistema istituzionale del diritto privato italiano*, II, 5ª ed., Torino, 1958.

– *Criterio di nascita e criteri di propagazione della responsabilità per fatto illecito*, RDC I, 1960, pp. 572 e ss..

BARBIERI, J.-F. – *Inconscience et responsabilité dans la jurisprudence civile: l'incidence de l'article 489-2 du Code Civile aprés une decennie*, JCP 1982, I, 3057.

BARCELLONA. MARIO – *«Scopo della norma violata», interpretazione teleologica e tecniche di attribuzione della tutela aquiliana*, RDC I, 1973, pp. 311 e ss..

BARROS, J. M. ARAÚJO DE – *Direito Civil e Ambiente*, SI, tomo XLII, n.os 241/243, 1993, pp. 103 e ss..

BARTSCH, HANS-JÜRGEN – *Die Harmonisierung des Kraftfahrhaftungsrechts – ein Beispiel europäischer Rechtspolitik*, ZRP 1975, pp. 240 e ss..

BASTOS, JACINTO F. RODRIGUES – *Das Obrigações em Geral* (*segundo o Código Civil de 1966*), II (artigos. 473.° a 533.°) e III (artigos 534.° a 622.°).

– *Notas ao Código Civil*, II, Lisboa, 1988.

BATIE, DEJEAN DE LA – *Appréciation in abstracto et appréciation in concreto en droit civil français*, Paris, 1965

– *Note* à decisão do tribunal de Metz de 14 de Abril de 1975, JCP 1977, II (*Jurisprudence*), 18624

BAUDOUIN, JEAN-LOUIS – *«Contributory negligence» y concurrencia de culpas en la jurisprudencia del Estado de Quebec*, Revista del Instituto de Derecho Comparado, n.° 3, Barcelona, 1954, pp. 7 e ss..

– *Traité élémentaire de Droit Civil, La responsabilité civile délictuelle*, Montréal, 1973.

– *La nouvelle législation québécoise sur les accidents de la circulation*, RIDC, n.° 2, 1979, pp. 381 e ss..

BELEMANN, GERD-DIETER – *Die Anwendung des §254 BGB auf der Ersatzanspruch eines Kraftfahrers aus Geschäftsführung ohne Auftrag*, MDR 1963, p. 186 e s..

BÉNABENT, A. – *Note* à decisão da *Cour de Cassation* de 16 de Junho de 1977, JCP II (*Jurisprudence*), 18585.

BENACCHIO, ANTONIO – *La nuova legge jugoslava sulle obbligazioni e contratti*, RDC I, 1983, pp. 77 e ss..

840   *A conduta do lesado*

BENIGNI, PLACIDO – *La così detta compensazione delle colpe*, RCDG 1906, pp. 97 e ss..

BENUCCI, EDUARDO BONASI – *La responsabilità civile (esposizione critica e sistematica della giurisprudenza)*, Milano, 1955.

BERGER, MANFRED – *Mitverursachung und Mitverschulden*, VersR 1987, pp. 542 e ss..

BERNARDINI, MAURO – *La responsabilità oggettiva nella più recente giurisprudenza (rassegne)*, RTDPC 1967, pp. 1170 e ss..

BERNERT, GÜNTHER – *Die Leerformel von der «Adaequanz»*, AcP 169 (1969), pp. 421 e ss..

BERTI, ENRICO – *Casi e limiti di riduzione del risarcimento dei danni ai congiunti della vittima ove all'evento dannoso abbia concorso da colpa della vittima stessa*, GI, I, 2, 1962, col. 609 e ss..

BESSONE, MARIO – *La ratio legis dell'art 2053 col. civ. e i principi di responsabilità oggettiva per i danni causati da rovina di edificio*, RDCDO II, 1982, pp. 47 e ss..
– *Responsabilità oggettiva per danni da cose in custodia*, RDCDO II, 1982, pp. 121 e ss..

BETTI, EMILIO – *Teoria generale delle Obbligazioni*, I, Milano, 1953, e III, 1954.

BETTIOL, GIUSEPPE – *Diritto penale (Parte generale)*, 6ª ed., Padova, 1966.

BEUDANT, CHARLES – *Cours de Droit civil français*, 2ª ed., Ix bis (*les contrats et les obligations*), 2ª ed., com colaboração de R. RODIÈRE, Paris, 1952 (cit.: BEUDANT/RODIÈRE).

BEZERRA, M. – *Vide* VARELA.

BIANCA, C. MASSIMO – *Dell' inadempimento delle obbligazioni*, in Commentario del Codice Civile, sob a direcção de A. SCIALOJA/G. BRANCA (artigos 1218.°- -1229.°), 2ª ed., Bologna/Roma, 1979.
– *La nozione di buona fede quale regola di comportamento contrattuale*, RDC 1983, pp. 205 e ss..
– *Negligenza (diritto privato)*, NDI, XI, pp. 195 e ss..
– *Diritto civile*, V, *La responsabilità,* Milano 1994.

BIELLI, STEFANO – *La responsabilità dei padroni e dei committenti per il fatto illecito del loro domestici e commessi*, in *La responsabilità civile (una rassegna di dottrina e giurisprudenza)*, II, 1, sob a direcção de ALPA/BESSONE, Torino, 1987.

BIGOT, JEAN – *L'arrêt Desmares: retour au néolithique*, JCP 1982, I, 3090.

BISEGNA, ULDERICO – *Tolleranza (Atti di)*, NDI, XIX, pp. 400 e ss..

BLOCH, ETIÈNNE – *La loi du 5 juillet 1985 tendant à l'amélioration de la situation des victimes d'accidents de la circulation et l'accélération des procédures d'indemnisation. Point de vue sur certaines de ses dispositions après première lecture*, JCP 1985, I, 3223.
– *La faute inexcusable du piéton (deux ans de jurisprudence et le coup d'arrêt de la Cour de Cassation le 20 juillet 1987)*, JCP 1988, I, 3328.

BLANC-JOUVAN, XAVIER – *La responsabilité de l'«infans»*, RTDC 1957, pp. 28 e ss..

BLOMEYER, ARWED – *Allgemeines Schuldrecht*, 4ª ed., Berlin/Frankfurt a M., 1969.

BOCHICCHIO, FRANCESCO – *Il concorso colposo del danneggiato. Responsabilità e correttezza*, RCDP, n.° 1, 1992, pp. 23 e ss..

Bibliografia 841

BÖHMER, EMIL – *Mitverschulden von Aufsichtspersonen bei Verkehrunfällen von Kindern*, JZ 1955, pp. 699 e ss..
– *Zum Begriff der Gefälligkeitsfahrt*, JR 1957, pp. 338 e s..
– *«Allgemeine» und «erhöhte» Betriebsgefahr*, MDR 1958, p. 99.
– *§278 BGB setzt das Bestehen einer Verbindlichkeit voraus*, JZ, 1958, p. 18.
– *Ist Skifahren ein Verschulden i. s. des §254 BGB?*, MDR 1960, pp. 18-19.
– *Elterliches Mitverschulden bei Unfällen von in der Bahn beförderten Kindern*, MDR 1960, p. 265.
– *Zur Frage der entsprechenden Anwendung des §278 BGB bei mitwirkendem Verschulden des Beschädigten*, NJW 1961, p. 62.
– *Gleichbehandlung von Beschädigtem und Beschädigter*, JZ 1961, p. 157.
– *Bei Sichbegeben in eine erkannte Gefahr ist §254 BGB anzuwenden*, MDR 1961, pp. 661-662.
– *Kann §829 BGB auch im fall des §254 BGB analog angewendet werden?*, MDR 1962, pp. 778 e ss..
– *Zum Begriff der «Umstände» i. S. des §254 BGB*, MDR 1962, pp. 442 e s..
– *Zum Ausmaß der Kraftfahrzeughalterhaftung bei Gefälligkeitsfahrten*, MDR 1962, pp. 174 e ss..
– *Gedanken zur Ursachenabwägung nach §254 BGB*, MDR 1963, pp. 731 e s..
– *Analoge Anwendung des §7 StVG?*, MDR 1963, pp. 184-185.
– *Findet §254 BGB auch auf den schuldlosen Kraftfahrer, der nicht Halter ist, Anwendung?*, MDR 1963, p. 559.
– *Anotação à decisão do BGH de 5 de Março de 1963*, NJW 1964, pp. 33-34.
– *Erhöhung der Kraftwagenbetriebsgefahr trotz Gelingens des Entlastungsbeweises nach §831 BGB?*, MDR 1965, p. 878 e s.
– *Kritische Bemerkungen zur Rechtsprechung zu §§ 833, 840, 254 BGB*, JR 1972, pp. 57-58.

BONICELLI, PIERO – *Rassegna critica della giurisprudenza sul contratto di trasporto per ferrovia*, RDCDO I, 1931, pp. 608 e ss..

BONILINI, GIOVANNI – *Il danno non patrimoniale*, in *Giurisprudenza sistematica di Diritto civile e commerciale – La responsabilità civile*, sob a direcção de ALPA/BESSONE, vol. V, Torino, 1987.

BONVINCINI, EUGENIO – *Il danno a persona (Il danno risarcibile e il suo accertamento)*, Milano, 1958.
– *Il dovere di diminuire e non aggravare il danno alls persona*, RcP, 1967, pp. 201 e ss..

BORRELL MACIA, ANTONIO – *Responsabilidades derivadas de culpa extracontractual civil*, 2ª ed., Barcelona, 1958.

BOSETTI, F. – *La caduta di neve dai tetti degli edifici e i danni conseguenti: art. 2051 c.c. o art. 2043 c.c.?*, RcP 1987, p. 853.

BOULANGER, JEAN – *Vide* PLANIOL.

BOYER, L. – *Vide* STARCK, B.

BRAGA, A. MENDONÇA – *Da responsabilidade patronal por acidentes de trabalho*, ROA, ano 7.°, 3-4, 1947, pp. 181 e ss..

BRAGANÇA, I. – *Vide* SOARES.

BRAMBRING, GÜNTER – *Mittäter, Nebentäter, Beteiligte und die Verteilung des Schadens bei Mitverschulden des Geschädigten*, Berlin, 1973.

BRANCA, GIUSEPPE – *Sulla resoponsabilità oggettiva per danni causati da animali*, RTDPC, 1950, pp. 255 e ss..

BRASIELLO, TEUCRO – *I limiti della responsabilità per danni*, Milano, 1959.

BRAUN, J./SPIESS, P. – *Fangprämien für Ladendiebe als Rechtsproblem*, MDR 1978, pp. 356 e ss..

BRAZIER, M. – *Vide* STREET.

BRECCIA, UMBERTO – *Diligenza e buona fede nell'attuazione del rapporto obbligatorio*, Milano, 1968.

BREGOLI, ALBERTO – *Trattamenti open door e responsabilità civile degli ospedali psichiatrici per gli atti dannosi dei loro pazienti*, RDC II, 1973, pp. 49 e ss..

BRIGANTI, ERNESTO – *Considerazioni in tema di danno ambientale e responsabilità oggettiva*, Rassegna DC, n.º 2, 1987, pp. 289 e ss..

BRIGUGLIO, MARCELLO – *Stato di necessità e responsabilità indiretta*, RDC II, 1957, pp. 445 e ss..

BRITO, MÁRIO DE – *Código Civil Anotado*, vol. II, Viseu, 1972.

BROX, HANS – *Allgemeines Schuldrecht*, 19ª ed., München, 1991.

BRÜGGEMEIER, GERT – *Gesellschaftliche Schadensverteilung und Deliktsrecht*, AcP 182(1982), pp. 385 e ss..

BRUGI, BIAGIO – *Colpa di diversa natura e compensazione di colpe*, RDCDO II, 1908, pp. 13 e ss..

– *Danni prodotti da animali*, RDCDO II, 1911, pp. 852 e ss..

BURSCH, GUSTAV-ADOLF/JORDAN, MICHAEL – *Typische Verkehrsunfälle und Schadensverteilung*, VersR 1985, p. 512 e ss..

BUSNELLI, F. DONATO – *Nuove frontiere della responsabilità civile*, RISG, 1976, pp. 41 e ss..

– *Riflessioni sul «Projet TUNC» per una riforma del sitema di indennizzo delle vittime della strada*, RcP 1981, pp. 301 e ss..

– *Modelli e tecniche di indennizzo del danno alla persona. L'esperienza italiana a confronto con «l'alternativa svedese»*, RISG, n.º 3, 1986, pp. 219 e ss..

BUSNELLI, F./GIARDINA, F./PONZANELLI, G. – *La responsabilità del prestatore di servizi nella proposta di direttiva comunitaria del 9 Novembre 1990 e nel diritto italiano*, Qua n.º 2, 1992, pp. 426 e ss..

BUSSANI, MAURO – *La colpa soggettiva – Modelli di valutazione della condotta nella responsabilità extracontrattuale*, Padova, 1991.

BYDLINSKI, FRANZ – *Probleme der Schadensverursachung nach deutschem und österreichischen Recht*, Stuttgart, 1964.

CAEMMERER, ERNST VON – *Reform der Gefährdungshaftung*, Berlin/New York, 1971.

– *Das Verschuldenprinzip in Rechtsvergleichender Sicht*, RabelsZ 42 (1978), pp. 5 e ss..

Bibliografia 843

CAETANO, MARCELLO – *Manual de Direito Administrativo* (com a colaboração de FREITAS DO AMARAL) II, 10ª ed. revista e actualizada (4ª reimpressão), Coimbra, 1991.

CALABRESI, G. – *El Coste de los Accidentes – Análisis económico y jurídico de la responsabilidad civil* (trad. espanhola de J. BISBAL, Barcelona, 1984).

CAMERIERI, F. – *Responsabilità per danni da immissioni e da inquinamenti*, in *La responsabilità civile* (*una rassegna di dottrina e giurisprudenza*), Torino, 1987.

CAMPOS, DIOGO LEITE DE – *Poluição industrial e responsabilidade civil*, ROA, ano 42.°, III, 1982, pp. 703 e ss..

CANARIS, CLAUS-WILHELM – *Systemdenken und Systembegriff in der Jurisprudenz*, 2ª ed., Berlin, 1983.

– *Verstöße gegen das Verfassungsrechtliche Übermaßverbot im Recht der Geschäftsfähigkeit und im Schadensersatzrecht*, JZ 1987, pp. 993 e ss..

– *Zur Problematik von Privatrecht und Verfassungsrechtlichem Übermaßverbot*, JZ 1988, pp. 494 e ss..

– *Die Verfassungswidrigkeit von §828 II BGB als Auschnitt aus einem größeren Problemfeld*, JZ, 1990, pp. 679 e ss..

– *Vide* LARENZ, K.

CANDIAN, A – *Nozioni istituzionali di diritto privato*, Milano, 1949.

CANDICE, VINCENZO – *La compensazione delle colpe nel diritto civile*, Napoli, 1920.

CANNATA, CARLO AUGUSTO – *Le obbligazioni in generale*, in *Trattato di diritto privato*, sob a direcção de P. RESCIGNO, IX, Torino, 1986.

CANOTILHO, J. GOMES – *O problema da responsabilidade do Estado por actos lícitos*, Coimbra, 1974.

– *Procedimento Administrativo e Defesa do Ambiente*, RLJ, anos 123.°, pp. 289 e ss. e 124.°, pp. 7 e ss..

– *Anotação* ao acórdão do STA de 7 de Março de 1989, RLJ, ano 123.°, pp. 305 e ss..

– *Anotação* ao acórdão do STA de 28 de Setembro de 1989, RLJ, ano 124.°, pp. 361 e ss..

– *Anotação* ao acórdão do STA de 9 de Outubro de 1990, RLJ, ano 124.°, pp. 83 e ss..

– *O caso da Quinta do Taipal* (*Protecção do ambiente e direito de propriedade*), anotação à sentença do tribunal judicial de Montemor-o-Velho de 31 de Maio de 1990 e aos acórdãos da RC de 30 de Junho de 1992, do STJ de 9 de Dezembro de 1993, da RC de 17 de Maio de 1994 e do STJ de 17 de Janeiro de 1995, RLJ, ano 128.°, pp. 44 e ss..

CANOTILHO, J. GOMES/MOREIRA, VITAL – *Constituição da República Portuguesa Anotada*, 3ª ed. revista, Coimbra, 1993.

CAPITANT, HENRI – *Les passages cloutés*, D. 1931, *chronique*, pp. 17 e ss..

CARAVELLI, CASIMIRO – *Teoria della compensazione e diritto di ritenzione*, Milano, 1940.

CARBONE, VINCENZO – *Il fatto dannoso nella responsabilità civile*, Napoli, 1969.

– *Il rapporto di causalità*, in *La responsabilità civile* (*una rassegna di dottrina e giurisprudenza*), I, sob a direcção de ALPA/BESSONE, Torino, 1987.

844   *A conduta do lesado*

CARBONNIER, JEAN – *Droit Civil 4 – Les Obligations*, 16ª ed., Paris, 1992.

CARDOSO, AUGUSTO LOPES – *Acções por acidentes de viação (alguns problemas)*, RT, ano 95.°, 1977, pp. 99 e ss..

CARLOS, A. DA PALMA – *Anotação* ao acórdão do STJ de 13 de Novembro de 1931, Forum, n.° 3, 1932, pp. 40 e ss..

CARNEIRO, J. GUALBERTO DE SÁ – *Responsabilidade civil e criminal por acidente de viação*, RT, anos 81.° e ss., 1963 e ss..

CARNEIRO, PINTO – *O princípio «nemo auditur allegans turpitudinem suam»*, ROA, ano 10.°, n.ᵒˢ 3-4, 1950, pp. 440 e ss..

CARNELUTTI, F. – *Persevare diabolicum*, FI, IV, 1952, col. 97 e ss..

CARNEVALI, UGO – *Prodotti difettosi, danni puramente economici, colpa del consumatore o dell'intermediario*, Foro Padano I, 1973, col. 395 e ss..

CARUSI, FRANCO – *Correttezza (Obblighi di)*, ED X, pp. 709 e ss..

CARVALHO, JOSÉ DA CRUZ – *Acidentes de trabalho e doenças profissionais*, 2ª ed., Lisboa, 1983.

CARVALHO, ORLANDO DE – *Direito Civil (Teoria Geral da Relação Jurídica)*, ed. policop., Coimbra, 1968-1969.
    – *Teoria Geral da Relação Jurídica (Bibliografia e Sumário desenvolvido)*, ed. policop., Coimbra, 1970.
    – *Teoria Geral do Direito Civil*, Coimbra, 1981.

CASTRO, MÁRIO DE – *Causa e culpa na responsabilidade emergente de desastres de automóveis*, ROA, ano 1.°, n.ᵒˢ 2-3, 1941.

CATTANEO, GIOVANNI – *Il consenso del paziente al trattamento medico-chirurgico*, RTDPC 1957, pp. 949 e ss..
    – *La cooperazione del creditore all'adempimento*, Milano, 1964.
    – *Il concorso di colpa del danneggiato*, RDC I, 1967, pp. 460 e ss..
    – *Buona fede obbiettiva e abuso del diritto*, RTDPC 1971, pp. 613 e ss..
    – *Concorso di colpa del danneggiato*, in *Risarcimento del danno contrattuale ed extracontrattuale*, sob a direcção de G. VISINTINI, Milano, 1984, pp. 39 e ss..
    – *La responsabilità civile dello psichiatra e dei servizi psichiatrici*, Qua, n.° 2, 1986, pp. 253 e ss..

CATURANI, GIUSEPPE – *Osservazioni sul fatto colposo del danneggiato quale concausa rilevante ex art. 1227 cod. civ.*, RGCT 1957, pp. 652 e ss..

CATWIJCK, BARON A.J. VON WASSENAER VAN – Relatório holandês in *Faute et lien de causalité dans la responsabilité délictuelle – Étude comparative dans les pays du marché commun*, sob a direcção de R. RODIÈRE, Paris 1983.

CAVATORTA, RENATO – *Sulla opponibilità all'imprenditore danneggiato del concorso di colpa del suo dipendente*, Arch. RC, 1968, pp. 436 e ss..

CENDON, PAOLO – *Il dolo nella responsabilità extracontrattuale*, Torino, 1974.
    – *Danno imprevedibile e illecito doloso*, in *Risarcimento del danno contrattuale ed extracontrattuale*, sob a direcção de G. VISINTINI, Milano, 1984, pp. 23 e ss..
    – *Responsabilità civile e pena privata*, in *Le pene private*, sob a direcção de BUSNELLI/SCALFI, Milano, 1985.

Bibliografia

– *Il dolo*, in *La responsabilità civile* (*una rassegna di dottrina e giurisprudenza*), I, sob a direcção de ALPA/BESSONE, Torino, 1987.

– *Profili dell'infermità di mente nel diritto privato*, in *Un altro diritto per il malato di mente* (*Esperienze e soggetti della trasformazione*), Napoli, 1988, pp. 66 e ss..

CENDON, P./ZIVIZ, P. – *L'inversione dell'onere della prova nel diritto civile*, RTDPC 1992, pp. 757 e ss..

– *I prodotti difettosi e i bambini*, CeIm, n.° 1, 1992, pp. 301 e ss..

CHABAS, FRANÇOIS – *L'influence de la pluralité de causes sur le droit à réparation*, Paris, 1967.

– *Bilan de quelques années de jurisprudence en matière de rôle causal*, D. 1970, *chronique*, p. 113.

– *Fait ou faute de la victime?*, D. 1973, *chronique*, p. 207.

– *Note* à decisão do tribunal de *Grande Instance* de Paris de 13 de Maio de 1981, JCP 1982, II, (*Jurisprudence*), 19887.

– *Commentaire de la loi du 5 juillet 1985* «*tendant à l'amélioration de la situation des victimes d'accidents de la circulation et à accélération des procédures d'indemnisation*, JCP 1985, I, 3205.

– *Le droit des accidents de la circulation après la réforme du 5 juillet 1985*, 2ª ed., Paris, 1988.

– *Vide* J. MAZEAUD, H./L./J.

CHIAVEGATTI, F. – *Responsabilità per danni causati dalla caduta di neve o ghiaccio dai tetti*, RcP 1989, pp. 148 e ss..

CHIRONI, G.P. – *La colpa nel diritto civile odierno*, 2ª ed. – *Colpa extra-contrattuale*, I, Torino, 1903 e II, Torino, 1906.

CIAN, GIORGIO – *Antigiuridicità e colpevolezza. Saggio per una teoria dell'illecito civile*, Padova, 1966.

– *L'illegittimità costituzionale parziale dell' articolo 2054 c.c.*, RDC II, 1973, pp. 523 e ss..

CIAN, G./TRABUCCHI, A. – *Commentario breve al Codice Civile*, II, 4ª ed., Padova, 1992.

CINELLI, MAURIZIO – *Contributi e contraddizioni della giurisprudenza in materia di responsabilità da attività pericolose*, RDC II, 1970, pp. 161 e ss..

COELHO, F. PEREIRA – *Culpa do lesante e extensão da reparação*, RDES, ano VI, 1950-51, pp. 68 e ss..

– *O nexo de causalidade na responsabilidade civil*, BFDUC, supl. IX, 1951, pp. 65 e ss..

– *O problema da causa virtual na responsabilidade civil*, Coimbra, 1955.

– *A causalidade na responsabilidade civil em direito português*, RDES, ano XII, n.° 3, 1965, pp. 39 e ss. e n.° 4, pp. 1 e ss..

– *Obrigações* (*Sumários das Lições ao Curso de 1966-1967*), ed. policop., Coimbra, 1967.

– *O enriquecimento e o dano*, RDES, anos XV, 1968, n.°4, 1968, pp. 315 e ss. e XVI, n.ºs 1-2, 1969, pp. 1 e ss..

846   *A conduta do lesado*

– *Direito das Sucessões* (*Sumários das Lições ao curso de 1972-1973*), ed. policop., Coimbra, 1973.

– *Anotação* ao acórdão do STJ de 26 de Fevereiro de 1980, RLJ, ano 114.°, pp. 182-184.

– *Anotação* ao acórdão do STJ de 19 de Janeiro de 1982, RLJ, ano 116.°, pp. 213 e ss..

– *Anotação* ao acórdão do STJ de 17 de Fevereiro de 1983, RLJ, ano 117.°, pp. 64 e 91 e ss..

COELHO, J. G. PINTO – *A responsabilidade civil baseada no conceito de culpa*, Coimbra, 1906.

– *A responsabilidade civil do transportador nos transportes aéreos e a validade das cláusulas de irresponsabilidade por acidentes ocorridos às pessoas*, BFDUC, ano X (1926-1928), Coimbra, 1929, p. 554 e ss. e ano XI, 1929, pp. 1 e ss..

COHN, L. – *Untersuchungen zu §254 des Bürgerlichen Gesetzbuches*, in Gruchot, Band 43, 1899, pp. 96 e ss. e 376 e ss..

COLOMBATTO, MARIO – *La legge inglese del 1977 sulle clausole di esonero da responsabilità*, RDC 1980, pp. 550 e ss..

Commentario al Codice Civile, sob a direcção de P. CENDON, vol. IV (artigos 1173.°– 1654.°); Torino, 1991 (*cit.*: CENDON/VENCHIARUTTI)

COMPORTI, MARCO – *Esposizione al pericolo e responsabilità civile*, Napoli, 1965.

– *La responsabilità civile in Italia*, RIDC, 1967, pp. 827 e ss..

– *Considerazioni introduttive e generali*, in *Responsabilità civile e assicurazione obbligatoria*, sob a direcção de COMPORTI/SCALFI, Milano, 1988.

CONSOLO, GIOVANNI CESAREO – *Trattato sul risarcimento del danno in materia di delitti e quasi delitti*, Torino, 1908.

CORDEIRO, A. MENEZES – *Direito das Obrigações*, 1.° vol., Lisboa, 1980, e 2.° vol., 1986 (reimpressão).

– *Da boa fé no Direito Civil*, I e II, Coimbra, 1985.

– *A decisão segundo a equidade*, Dir., ano 122.°, II, 1990, pp. 261 e ss..

CORREIA, EDUARDO – *Direito Criminal* I e II, com a colaboração de FIGUEIREDO DIAS, Coimbra, 1971 (reimpressão).

CORREIA, F. ALVES – *As garantias do particular na expropriação por utilidade pública*, Coimbra, 1982.

CORSARO, LUIGI – *Concorso di colpa e danneggiato incapace*, RTDPC 1965, pp. 474 e ss..

– *Concorso di colpa dell'ucciso e diritto dei congiunti al risarcimento del danno*, RDC II, 1967, pp. 480 e ss..

– *L'imputazione del fatto illecito*, Milano, 1969.

COSACK, KONRAD – *Lehrbuch des deutschen bürgerlichen Rechts*, I, 4ª ed., Jena, 1903.

COSTA, M. J. ALMEIDA – *Direito das Obrigações*, 1ª ed., Coimbra, 1968 e 6ª ed., Coimbra, 1994.

– *Responsabilidade civil pela ruptura das negociações preparatórias de um contrato*, Coimbra, 1984.

Bibliografia 847

- *Ilicitude na guarda da coisa penhorada — Venda antecipada* (Parecer), CJ, ano X, tomo 2, 1985, pp. 21 e ss..
- *História do Direito Português*, 2ª ed., Coimbra, 1992.
- *Contrato-promessa. Uma síntese do regime actual*, 3ª ed. revista e acrescentada, Coimbra, 1994.
- *Anotação* ao Assento n.° 15/94 de 28 de Junho, RLJ, ano 127.°, pp. 338 e ss..

COURVOISIER, R. — *Responsabilité causale et faute de la victime*, Revue Suisse de Jurisprudence, ano 31, n.ᵒˢ 4-5, Zürich, 1934, pp. 53 e ss..

CRIFÒ, GIULIANO — *Danno* (*storia*), ED XI, pp. 615 e ss..
- *Illecito* (*diritto romano*), NDI VIII, pp. 154 e ss..

CRISCUOLI, GIOVANNI — *Il dovere di mitigare il danno subíto* (*the duty of mitigation: a comparative approach*), RDC 1972 I, pp. 553 e ss..
- «*Cinture di sicurezza*» *e responsabilità civile: un confronto ed una prospettiva per l'art. 1227, comma 1.°, c.c.*, RTDPC, 1977, pp. 504 e ss..

CRUZ, GUILHERME BRAGA DA — *História do Direito Português*, ed. policop., Coimbra, 1955.
- *Formação histórica do moderno direito privado português e brasileiro*, SI, tomo IV, n.ᵒˢ 16/17, 1955, pp. 234 e ss..

CUPIS, ADRIANO DE — *Teoria e Pratica nel Diritto Civile*, 1955 (tradução de J. MARTINEZ-VALENCIA. sob o título *Teoria y Prática del Derecho Civil*, Barcelona, 1960)
- *Sulla riduzione del risarcimento per concorso del fatto del danneggiato incapace*, FI, I, 1958, col. 934 e ss..
- *In tema di concorso del fatto colposo del danneggiato*, FI, I, 1959, col. 966-967.
- *I diritti della personalità* (tradução de A. VERA JARDIM/A. M. CAEIRO sob o título *Os direitos da personalidade*, Lisboa, 1961).
- *Ancora sulla riduzione del risarcimento per concorso del fatto del danneggiato incapace*, FI, I, 1962, col. 1499-1502.
- *Postilla sulla riduzione del risarcimento per concorso del fatto del danneggiato incapace*, R.D.C. II, 1965, pp. 62 e ss..
- *Il problema giuridico del quantum respondeatur*, RDC I, 1967, pp. 518 e ss..
- *Problemi e tendenze attuali nella responsabilità civile*, RDCDO I, 1970, pp. 95 e ss..
- *Precisazioni sulla funzione dell'equità nell diritto privato*, RDC I, 1971, pp. 633 e ss..
- *Convenzione europea di Strasburgo sulla responsabilità civile automobilistica: aspetti privatistici*, RDCDO I, 1974, pp. 94 e ss..
- *Tradizione e rinnovamento nella responsabilità civile*, RDC II, 1979, pp. 319 e ss..
- *Il danno — Teoria generale della responsabilità civile*, I e II, 3ª ed., Milano, 1979; 1ª ed., 1954 (reimpressão).
- *Le antinomie del diritto civile*, RDC II, 1984, pp. 477 e ss..

848   *A conduta do lesado*

– *Sul tema del danno e del risarcimento*, in *Le Pene private*, sob a direcção de Busnelli/Scalfi, Milano, 1985.

– *In tema di responsabilità civile*, Rassegna DC, n.º 3, 1985, pp. 634 e ss..

Cuturi, T. – *La compensazione nel diritto privato italiano*, Milano, 1909.

Dabin, Jean – *Faute dommageable envers soi-même et responsabilité a l'égard des proches*, Mélanges offerts a J. Brethe de la Gressaye, Bordeaux, 1967, pp. 141 e ss..

Dahm, Georg – *Deutsches Recht*, 2ª ed., Stuttgart/Berlin/Köln/Mainz, 1963.

D'Amico, Paolo – *Danno biologico da morte e danno psichico*, RDC II, 1995, pp. 311 e ss..

Dassi, Anna – *Tutela del consumatore e responsabilità del produttore per danni da prodotto potenzialmente dannoso*, RcP 1989, pp. 684 e ss..

    —*Responsabilità per danni causati da cose o da animali in custodia*, RcP 1990, pp. 448 e ss..

    – *Sulla lesione dell'integrità fisica dello spettatore di una partita di squash*, RcP 1993, pp. 619 e ss..

David-Constant, Simone – *L'influence de la Securité Sociale sur la responsabilité civile*, in Mélanges offerts à R. Savatier, Paris, 1965, pp. 235 e ss..

Delgado Echeverria, J. – *Vide* laCruz Berdejo.

Demelius – *Ueber Kompenßation der Kulpa*, in JhJb, Jena, 1861, pp. 52 e ss..

Demolombe, Jean-Charles Florent – *Cours de Code Napoléon*, XXXI, Paris, 1882.

Denis, Jean-Bernard – *L'action civile de la victime en situation illicite*, D.1976, chronique, pp. 243 e ss..

Denck, Johannes – *Die Haftung des Vertragsschuldners für den Hauptgläubiger als Erfüllungsgehilfen im Vertrag mit Schutzwirkung für Dritte* – BGH, NJW 1975, 867, in JuS 1976, pp. 429 e ss..

Deprimoz, Jacques – *Quelques problèmes posés par le droit de la responsabilité nucléaire*, RGAT, tomo 45,1, 1974, pp. 169 e ss..

Dernburg, Heinrich – *Pandekten* (tradução de F. Cicala do vol. II, 6ª ed., sob o título *Diritto delle Obbligazioni*, 6ª ed., Torino, 1903).

    – *Das Bürgerliche Recht der Deutschen Reichs und Preußens*, II Band – 1 Ableitung – *Die Schuldvertältnisse*, 3ª ed., Halle, 1905.

Deschamps, Christian Lapoyade – *La responsabilité de la victime*, ed. policop., Bordeaux, 1977.

Deschenaux, H./Tercier, P. – *La responsabilité civile*, 2ª ed., Berne, 1982.

Deschizeaux, Jean – *Influence du fait de la victime sur la responsabilité civile délictuelle*, tese, Grenoble, 1934.

Dette, Hans Walter – *Venire contra factum proprium nulli conceditur*, Berlin, 1985.

Deubner, K. G. – *Das mitwirkende Verschulden beim Fernwirkungschaden*, NJW 1957, p. 1269.

Deutsch, Erwin – *Fahrlässigkeit und erforderliche Sorgfalt*, Köln/Berlin/Bonn//München, 1963.

    – *Zurechnungsfähigkeit und Verschulden*, JZ 1964, pp. 86 e ss..

    – *Selbstopferung im Straßenverkehr*, AcP 165 (1965), pp. 193 e ss..

    – *Privilegierte Haftung und Schadensfolge*, NJW 1966, pp. 705 e ss..

Bibliografia 849

- *Grundmechanismen der Haftung nach deutschem Recht*, JZ 1968, pp. 721 e ss..
- *Schmerzensgeld und Genugtuung*, JuS 1969, pp. 197 e ss..
- *Zurechnung und Haftung im Zivilen Deliktsrecht*, Festschrift für RICHARD M. HÖNIG zum 80. Geburtstag, Göttingen, 1970.
- *Haftungsrecht und Strafrecht*, Festschrift für EDUARD WAHL zum 70. Geburtstag, Heidelberg, 1973, pp. 339 e ss..
- *Finalität, Sozialadäquanz und Schuldtheorie als zivilrechtliche Strukturbegriffe*, Festschrift für HANS WELZEL zum 70. Geburtstag, Berlin/New York, 1974, pp. 227 e ss..
- *Haftungsrecht*, 1 Band, *Allgemeine Lehren*, Köln/Berlin/Bonn/ München, 1976.
- *Der Reiter auf dem Pferd und der Fußgänger unter dem Pferd*, NJW 1978, pp. 1998 e ss..
- *Unfallversorgung statt Haftung im Neusland*, RabelsZ (44) 1980, pp. 487 e ss..
- *Gefährdungshaftung: Tatbestand und Schutzbereich*, JuS, 1981, pp. 317 e ss..
- *Einschränkung des Mitverschuldens aus Sozialen Gründen*, ZRP, 1983, pp. 137 e ss..
- *Die Infektion als Zurechnungsgrund*, NJW 1986, p. 758.
- *Die Haftung des Tierhalters*, JuS 1987, pp. 673 e ss..
- *Die Fahrlässigkeit als Außerachtlassung der äußeren und der inneren Sorgfalt*, JZ 1988, pp. 993 e ss..
- *Der Begriff der Fahrlässigkeit im Obligationenrecht*, Festschrift für M. KELLER zum 65. Geburtstag, Zürich, 1989, pp. 105 e ss..
- *Umwelthaftung: Theorie und Grundsätze*, JZ 1991, pp. 1099 e ss..
- *Beweis und Beweiserleichterungen des Kausalzusammenhangs im deutschen Recht*, Festschrift für HERMANN LANGE zum 70. Geburtstag am 24 Januar 92, Stuttgart/Berlin/Köln, 1992, pp. 433 e ss..
- *Das neue System der Gefährdungshaftungen: Gefährdungshaftung, erweiterte Gefährdungshaftung und Kausal-Vermutungshaftung*, NJW 1992, pp. 73 e ss..
- *Unerlaubte Handlungen, Schadensersatz und Schmerzensgeld*, 2ª ed., Köln/Berlin/Bönn/München, 1993.

DEVOTO, LUIGI – *L'imputabilità e le sue forme nel diritto civile*, Milano, 1964.
- *La concezione analitica dell'illecito*, RDC I, 1965, pp. 498 e ss..

DIALINAS, NIKOLAS – *Das Mitverschulden des Minderjährigen, seiner gesetzlichen Vertreter und Erfüllungsgehilfen im deutschen, französischen und griechischen Recht*, München, 1982.

DIAS, A. SILVA – *A relevância jurídico-penal das decisões de consciência*, Coimbra, s/d.

DIAS, J. FIGUEIREDO – *Sobre a reparação de perdas e danos arbitrada em Processo Penal*, reimpressão, Coimbra, 1972.
- *Sobre o papel do direito penal na protecção do ambiente*, RDE 4 (1978), n.° 1, pp. 3 e ss..
- *A propósito da «ingerência» e do dever de auxílio nos crimes de omissão* (anotação ao acórdão do STJ de 28 de Abril de 1982), RLJ, ano 116.°, pp. 23-24 e 52-57.

850   *A conduta do lesado*

– *Para uma dogmática do direito penal secundário*, RLJ, anos 116.°, pp. 263 e ss. e 117.°, pp. 7 e ss..

DIAS, J. FIGUEIREDO/MONTEIRO, J. SINDE – *Responsabilidade médica na Europa Ocidental – Considerações «de lege ferenda»*, SI, tomo XXXIII, n.ᵒˢ 187-188, 1984, pp. 100 e ss..

     – *Responsabilidade médica em Portugal*, BMJ n.° 332, pp. 21 e ss..

DIAS, J. DE AGUIAR – *Da responsabilidade civil*, II, 8ª ed. revista e aumentada, Rio de Janeiro, 1987.

DÍEZ-PICAZO, LUIS – *La responsabilidad civil hoy*, ADC 1979, pp. 727 e ss..

DIEZ-PICAZO, LUIS/GULLÓN, ANTONIO – *Sistema de Derecho Civil*, II, 6ª ed., Madrid, 1992.

DOMINGUEZ, RAMON – *Le fondement de la responsabilité délictuelle dans certains législations de l'Amérique Latine*, RIDC, 1967, pp. 917 e ss..

D'ORSI, V. – *In tema di danno cagionato da cosa in custodia e di rilevanza del comportamento del danneggiato*, Giust. civ., 1974, pp. 1139-1141.

DULLINGER, SILVIA – *Mitverschulden von Gehilfen*, JBl 1990, pp. 20 e ss..

DUNI, MARIO – *Gravità delle colpe concorrenti della vittima e dell'imputato di delitto colposo*, RGCT, 1960, pp. 1 e ss..

     – *Colpe concorrenti e misura del risarcimento dovuto al danneggiato dal responsabile o da ciascuno dei vari responsabili ovvero da uno o piú gruppi di responsabili*, Giust. civ., 1967, pp. 214 e ss..

     – *Concorso di presunzioni di colpa*, RGCT 1971, pp. 374 e ss..

DUNZ, WALTER – *Berücksichtigung des eigenen Mitverschuldens gegenüber mehreren Haftpflichtigen*, JZ 1955, pp. 727 e ss..

     – *Nochmals: Berücksichtigung eigenen Mitverschuldens gegenüber mehreren Haftpflichtigen*, JZ 1957, pp. 371 e ss..

     – *Zum Mitverschuldensausgleich gegenüber Mehreren*, JZ 1959, pp. 592 e ss..

     – *Wesen und Grenzen des «eigenen Mitverschuldens»*, JZ 1961, pp. 406 e ss..

     – *Abwägungskriterien bei der Schadensausgleichung*, NJW 1964, pp. 2133 e ss..

     – *"Eigenes Mitverschulden" und Selbstwiderspruch*, NJW 1986, pp. 2234 e ss..

     – *Reiter wider Pferd oder Versuch einer Ehrenrettung des Handelns auf eigene Gefahr*, JZ 1987, pp. 63 e ss..

     – *Gegenseitige Haftung bei gemeinschaftlichem Leichtsinn*, VersR 1988, pp. 4-5.

DUPEYROUX, JEAN-JACQUES – *Droit de la securité sociale*, 12ª ed., Paris, 1993.

DUPICHOT, JACQUES – *Des préjudices réfléchis nés de l'atteinte à la vie ou à l'intégrité corporelle*, Paris, 1969.

DURRY, GEORGES – *Anotação* à decisão da *Cour de Cassation* de 8 de Maio de 1968, RTDC 1968, pp. 726-728.

     – *Anotação* á sentença da *Cour de Cassation* de 20 de Dezembro de 1972, RTDC 1974, pp. 411-412.

     – *L'exonération du gardien par le fait de la victime dans le domaine des accidents de la circulation*, Études dediées à ALEX WEILL, Paris, 1983, pp. 217 e ss..

EBERT, UDO – *Verbrechensbekämpfung durch Opferbestrafung?*, JZ 1993, pp. 633 e ss..

EIBNER, JOSEF-ADOLF – *Die deliktische Haftung von Nebentätern bei Mitverschulden des Geschädigten*, JZ 1978, pp. 50 e ss..

EMINESCU, YOLANDA/POPESCU, TUDOR – *Les Codes Civils des pays socialistes. Étude comparative*, Paris, 1980.

ENDEMANN, F. – *Lehrbuch des Bürgerlichen Rechts*, Band I, 9ª ed., Berlin, 1903.

ENGEL, P. – *Traité des Obligations en droit suisse*, Nêuchatel, 1973.

ENNECCERUS/LEHMANN, *Recht der Schuldverhältnisse*, 15ª ed., Tübingen, 1958.

ENNECCERUS/NIPPERDEY – *Lehrbuch des Bürgerlichen Rechts, Allgemeiner Teil des Bürgerlichen Rechts*, I Band, II Halbband, 15ª ed., Tübingen, 1960.

ERMAN, WALTER – *Handkommentar zum Bürgerlichen Gesetzbuch*, 1. Band, 9ª ed., Münster, 1993 (cit.: ERMAN/KUCKUK); 8ª ed., 1989 (cit.: ERMAN/SIRP)

EROLI, MASSIMO – *I cd. debiti di valore*, RDCDO, n.ᵒˢ 1-2, 1993, pp. 85 e ss..

ESMEIN, PAUL – *Trois problèmes de responsabilité civile*, RTDC 1934, pp. 317 e ss..
 – *La cause étrangère et la théorie du risque dans la responsabilité civile*, D. 1934, *chronique*, pp. 53 e ss..
 – *De l'influence de l'acceptation des risques par la victime éventuelle d'un accident*, RTDC 1938, pp. 387 e ss..
 – *La faute et sa place dans la responsabilité civile*, RTDC, 1949, pp. 481 e ss..
 – *Peine ou réparation*, in Mélanges en l'honneur de PAUL ROUBIER, II, Paris, 1961, pp. 37 e ss..
 – *Transporteurs, veillez sur nous!*, D. 1962, *chronique*, pp. 4 e ss..
 – *Le nez de Cléopâtre ou les affres de la causalité*, D. 1964, *chronique*, pp. 205 e ss..

ESMEIN, PAUL – *Vide* PLANIOL, M.

ESSER, JOSEF – *Lehrbuch des Schuldrechts*, 1ª ed., Karlsruhe, 1949.
 – *Die Verantwortlichkeit des Verletzen für mitwerkendes Verschulden seiner Hilfspersonen*, JZ 1952, pp. 257 e ss..
 – *Zur Anrechnungspflicht elterlichen Mitverschuldens bei Verkehrsunfällen deliktsunfähiger Kinder*, JZ, 1953, p. 691.

ESSER, J./SCHMIDT, E. – *Schuldrecht*, Band I, *Allgemeiner Teil*, Teilband 1, 5ª ed., Heidelberg, 1976; 6ª ed., Heidelberg, 1984.
 – *Schuldrecht*, Band I, *Allgemeiner Teil*, Teilband 1 e 2, 7ª ed., Heidelberg, 1992/1993.

FADDA, CARLO – *Il buon padre di famiglia nella teoria della colpa*, in Labeo (Rassegna di diritto romano), 1, 1968, pp. 75 e ss..

FAHRENHORST, IRENE – *Instruktionspflicht des Herstellers eines Kindertees* — BGHZ 116,60, JuS 1994, pp. 288 e ss..

FANELLI, G. – *I problemi fondamentali dell'assicurazione obbligatoria della responsabilità civile per i rischi della strada con particolare riferimento al progetto governativo*, RDCDO I, 1966, pp. 347 e ss..

FARIA, HELENA – *Vulnerabilidades específicas na matriz rodoviária: a criança enquanto peão*, in O Problema Rodoviário (Actas do Seminário Multidisciplinar sobre Segurança e Sinistralidade Rodoviária), Lisboa, 1993.

852 *A conduta do lesado*

FARIA, J. RIBEIRO DE – *Da reparação do prejuízo causado ao ofendido – Reflexões à luz do novo Código penal*, in *Para uma nova justiça penal*, Coimbra, 1983, pp. 143 e ss..

– *Direito das Obrigações*, I, Coimbra, 1990, e II, 1990.

– *O processo de adesão segundo o novo Código de Processo Penal*, sep. do número especial do BFDUC – «Estudos em homenagem ao Professor Doutor RODRIGUES QUEIRÓ» – 1986, Coimbra, 1991.

– *Algumas notas sobre o finalismo no direito civil*, Porto, 1991.

FELLAH, VIVIANA – *Potestà dei genitori e vaccinazioni obbligatorie*, GI, I, 1, 1995, col. 303 e ss..

FELLMER, E. – *Die Haftung bei Sportveranstaltungen*, MDR 1995, pp. 541 e ss..

FERNANDES, ARNALDO CONSTANTINO – *Responsabilidade civil e responsabilidade criminal em matéria de desporto*, ROA, ano 5.°, 1-2, 1945, pp. 197 e ss..

FERNANDES, LUÍS CARVLHO – *Teoria Geral do Direito Civil*, vol. I – Tomos I e II, 2ª reimpressão, Lisboa, 1983.

FERRÃO, F. DA SILVA – *Theoria do Direito Penal applicada ao Código Penal Portuguez*, III, Lisboa, 1856.

FERRARINI, SERGIO – *Assicurazione e responsabilità nel campo della navigazione*, RDCDO, I, 1971, pp. 250 e ss..

FERREIRA, J. DIAS – *Código Civil portuguez annotado*, II, 2ª ed., Coimbra, 1895; IV, Coimbra, 1905.

FERRER, VICENTE – *Elementos de Direito Natural*, 6ª ed., 1883, in BFDUC, volume LII, 1976.

FERRI JR., G. – *Danno extracontrattuale e valori di mercato*, RDCDO, n.ᵒˢ 9-10, 1992, pp. 757 e ss..

FERRINI, C. – *Delitti e quasi-delitti*, DI, IX, 1, 1887-1898.

FIGUEIRA, A. REIS – *Estatuto do juiz/Garantias do cidadão – Da independência à responsabilidade (itinerários de direito comparado)*, CJ, ano XVI, tomo 2, 1991, pp. 43 e ss..

FIKENTSCHER, WOLFGANG – *Schuldrecht*, 8ª ed., Berlin/New York, 1992.

FILTHAUT, WERNER – *Haftpflichtgesetz*, 3ª ed., München, 1993.

FINGER, PETER – *Mitwirkendes Verschulden und Haftung für Dritte*, JR 1972, pp. 406 e ss..

FINOCCHIARO, G. – *Il danno informatico*, CeIm, n.°1, 1992, pp. 325 e ss..

FLEMING, JOHN G. – *The Law of Torts*, 6ª ed., Sydney, 1983.

FLOUR, JACQUES/AUBERT, JEAN-LUC – *Les Obligations 2. Le fait juridique*, 6ª ed., Paris, 1994.

FOLQUE, ANDRÉ – *A Provedoria da Justiça perante o ruído*, BOA, n.° 3, 1993, pp. 28-30.

FORCHIELLI, PAOLO – *Il rapporto di causalità nell'illecito civile*, Padova, 1960.

– *La colpa lievissima*, RDC I, 1963, pp. 179 e ss..

– *Causalità e prevedibilità*, RDC II, 1963, pp. 308 e ss..

– *La ripartizione fra più responsabili del «danno iniziale» e dell'«aggravamento»*, in Studi in onore di A. ASQUINI II, 1965, pp. 483 e ss..

Bibliografia 853

– *Intorno alla responsabilità senza colpa*, RTDPC 1967, pp. 1381 e ss..

– *Responsabilità civile*, Padova, 1983.

– *Difendiamo il «buon padre di famiglia»*, RTDPC 1989, pp. 531 e ss..

FOSSEREAU, JÖELE – *L'incidence de la faute de la victime sur le droit à rèparation de ses ayants cause agissant a titre personnel*, RTDC 1963, pp. 7 e ss..

FRANK, RAINER – *Die Selbstaufopferung des Kraftfahrers im Straßenverkehr*, JZ 1982, pp. 737 e ss..

FRANK, RAINER/LÖFFLER, WOLF – *Grundfragen der überholenden Kausalität*, JuS 1985, pp. 689 e ss..

FRANZONI, MASSIMO – *Il danno da attività pericolose nella giurisprudenza*, CeIm, n.°1, 1985, pp. 155 e ss..

– *Danno da cose in custodia nei supermercati e «obiter dicta» della giurisprudenza*, CeIm, n.° 1, 1987, pp. 27 e ss..

– *Colpa presunta e responsabilità del debitore*, Padova, 1988.

– *Fatti illeciti*, in *Commentario del Codice Civil*, sob a direcção de A. SCIALOJA/G. BRANCA (art. 2043-2059), Bologna/Roma, 1993.

FREIRE, MELLO – *Institutiones Juris Civilis Lusitani, cum Publici tum Privati*, Liber IV – *De Obligationibus et actionibus*, 2ª ed., Conimbricae, 1845.

FRIEDRICH, PAUL – *Die Haftung des Sportlers aus §823 Abs. 1 BGB*, NJW 1966, pp. 755 e ss..

FRIESE, HANS – *Das Reichshaftpflichtgesetz und §254 BGB*, NJW 1951, pp. 336 e ss..

FRISCH, P. – *Das Fahrlässigkeitsdelikt und das Verhalten des Verletzten*, Berlin, 1973.

FRITZWEILER, JOCHEN – *Skisport und Unfälle*, SpuRt, 1-2, 1995, pp. 28-29.

FUCHS, MAXIMILIAN – *Versicherungsschutz und Versicherbarkeit als Argumente bei der Schadensverteilung*, AcP 191 (1991), pp. 318 e ss..

GABBA, C.F. – *Nuove questioni di Diritto civile*, 2ª ed., I, Milano/Torino/Roma, 1912.

GABI, S. – *Vide* KELLER, M.

GALGANO, FRANCESCO – *Le mobili frontiere del danno ingiusto*, CeIm, n.° 1, 1985, pp. 1 e ss..

– *Diritto privato*, 8ª ed., Padova, 1994.

GALOPPINI, ANNAMARIA – *Appunti sulla rilevanza della regola di buona fede in materia di responsabilità extracontrattuale*, RTDPC 1965, pp. 1386 e ss..

GALVÃO, SOFIA – *Contributo para o estudo do contrato de cheque*, ROA, ano 52, I, 1992, pp. 45 e ss..

GASPAR, ALFREDO – *A alcoolémia do condutor do veículo seguro e o reembolso da seguradora*, TJ, n.°3, 1990, pp. 95-96.

GENIUS, KLAUS – *Risikohaftung des Geschäftsherrn*, AcP 173 (1973), pp. 481 e ss..

GENOVESE, ANTEO – *I limiti della surroga dell'assicuratore*, GI, IV, 1971, col. 145 e ss..

GENTILE, GUIDO – *Problemi insoluti nella valutazione del danno alla persona*, RcP 1951, pp. 289 e ss..

– *Il concorso di colpa dell'incapace*, RcP, 1962, pp. 233 e ss..

– *Danno alla persona*, ED XI, pp. 634 e ss..

GERNHUBER, JOACHIM – *Die Haftung für Hilfspersonen*, AcP 152 (1952-1953), pp. 77 e ss..

– *Bürgerliches Recht*, 3ª ed., München, 1991.

GIANNINI, GENNARO – *Il danno da sinistro stradale*, 2ª ed., Milano, 1987.

– *Sinistro stradale, responsabilità professionale del medico e nesso causale*, RcP 1993, pp. 636 e ss..

GIARDINA, F. – *Vide* BUSNELLI

GIGER, HANS – *Analyse der Adäquanzproblematik im Haftpflichtrecht. Beitrag zur Objektivierung der Wertungsmasstäbe*, in Festschrift für MAX KELLER zum 65. Geburtstag, Zürich, 1989, pp. 141 e ss..

GIOLLA, PIERO – *Valutazione del danno alla persona nella responsabilità civile*, Milano, 1957.

GIORGIANNI, MICHELE – *Buon padre di famiglia*, NDI II, pp. 596 e ss..

GIULIANI, ALESSANDRO – *Imputation et justification*, in Archives de Philosophie du Droit, tomo 22 (*La responsabilité*), Paris, 1977, pp. 85 ss..

GIUSIANA, ENRICO – *Il concetto di danno giuridico*, Milano, 1944.

GLOVER, GRAHAM – *Plaintiff's duty to mitigate loss*, in The New Law Journal, 1971, pp. 713 -714.

GOMAA, NOOMAN M. K. – «*La réparation du préjudice causé par les malades mentaux*», RTDC 1971, pp. 29 e ss..

GOMES, JÚLIO – *O dano da privação do uso*, RDE 12 (1986), pp. 169 e ss..

– *Responsabilidade subjectiva e responsabilidade objectiva*, RDE, ano XIII (1987), pp. 97 e ss..

– *Uma função punitiva para a responsabilidade civil e uma função reparatória para a responsabilidade penal?*, sep. da RDE 15 (1989), pp. 105 e ss..

– *A gestão de negócios – Um instituto jurídico numa encruzilhada*, Coimbra, 1993.

GONÇALVES, LUIZ DA CUNHA – *Tratado de Direito Civil em Comentário ao Código Civil Português*, vol. IV, Coimbra, 1931; vol. XII, 1937; vol. XIII, 1939.

GORLA, GINO – *Sulla cosidetta causalità giuridica*: «*fatto dannoso e consequenze*», RDCDO I, 1951, pp. 405 e ss..

GOTTWALD, PETER – *Schadenszurechnung und Schadensschätzung*, München, 1979.

GOUVEIA, JAIME CARDOSO – *Responsabilidade Civil. Da Responsabilidade Contratual*, Lisboa, 1932.

GRAVELLS, NIGEL – *Three heads of contributory negligence*, LQR, vol. 93, 1977, pp. 581 e ss..

GREGER, REINHARD – *Mitverschulden und Schadensminderungspflicht – Treu und Glauben im Haftungsrecht?*, NJW 1985, pp. 1130 e ss..

GRIESBECK, MICHAEL – *Venire contra factum proprium. Versuch einer systematischen und theoretischen Erfassung*, Diss., Würzburg, 1978.

GRUNSKY, WOLFGANG – *Zur Haftung bei Sportunfällen*, JZ 1975, pp. 109 e ss..

– *Il concetto della pena privata nel diritto del risarcimento dei danni nell'ordinamento tedesco*, in *Le pene private*, sob a direcção de BUSNELLI/ /SCALFI, Milano, 1985.

Bibliografia 855

− *Hypothetische Kausalität und Vorteilsausgleichung*, in Festschrift für H. LANGE zum 70. Geburtstag am 24 januar 92, Stuttgart/Berlin/Köln, 1992, pp. 469 e ss..

GRUNSKY − *Vide Münchener Kommentar zum bürgerlichen Gesetzbuch.*

GSCHNITZER, FRANZ − *Schuldrecht (Besonderer Teil und Schadensersatz)*, Wien, 1963.

GULLÓN, A. − *Vide* DIEZ-PICAZO

GÜNTHER, J.-M./KERN, M. − *Zivilrechtliche Haftung im Tennissport*, VersR 1993, pp. 794 e ss..

GUTIERREZ ESPADA, C. − *Derecho Europeo e responsabilidad por daños derivados de los productos*, Revista de Instituciones Europeas, vol. 6, n.° 6, 1979.

HÄBERLIN, FRITZ − *Das eigene Verschulden des Geschädigten im schweizerischen Schadenersatzrecht*, Diss., Bern, 1924.

HADDING, WALTHER − *Vide Studienkommentar zum BGB.*

HAGEN, HORST − *Fremdnützige Selbstgefährdung im Straßenverkehr*, NJW 1966, pp. 1893 e ss..

HAGER, JOHANNES − *Das Mitverschulden von Hilfspersonen und gesetzlichen Vertretern des Geschädigten*, NJW 1989, pp. 1640 e ss..

HAGMANN, HANS − *Der Umfang der Ersatzpflicht des Ladendiebes*, JZ 1978, pp. 133 e ss..

HAMM, MARTIN − *Vorteilsausgleichung und Schadensminderungspflicht im Rahmen des §844 Abs. 2 BGB*, Diss., Freiburg, 1978.

HÄNDEL, K. − *Zur Anwendung des Sicherheitsgurt-Urteils des Bundesgerichtshofs*, NJW 1979, pp. 2289 e ss..

HARRER, F. − *Vide* HONSELL, H.

HARTKAMP, ARTHUR − *Das neue niederländische Bürgerliche Gesetzbuch aus europäischer Sicht*, RabelsZ 1993, pp. 664 e ss..

HARTMANN, G. − *Der Zivilgesetzentwurf, das Aequitätsprinzip und die Richterstellung*, in Zum Allgemeinen Theil des Entwurfes eines deutschen bürgerlichen Gesetzbucher, Freiburg, 1888, pp. 309 e ss..

HARTUNG, REINHARD − *Haftungseinheit und Verantwortungsabwägung*, VersR 1979, pp. 97 e ss..

HASSELBLATT, GORDIAN − *Reiten auf eigene Gefahr, aber fremde Rechnung?*, NJW 1993, pp. 2577 e ss..

HEINRICHS, HELMUT − *Vide* PALANDT.

HELLNER, JAN − *Développement et rôle de la responsabilité civile délictuelle dans les pays scandinaves*, RIDC 1967, pp. 779 e ss..

HENKE, HORST-EBERHARD − *Mitverursachung und Mitverschulden − Wer den Schaden herausfordert, muß den Schädiger schonen*, JuS 1988, pp. 753 e ss..

− *Die Versäumisse Dritter und die Zurechnung als Mitverschulden des Geschädigten*, JuS 1990, pp. 30 e ss..

− *Die Bewältigung des Mitverschuldens − eine auspruchvolle juristische Technik*, JuS 1991, pp. 265 e ss..

HERETH, HANNJÖRG − *Nochmals zur analogen Anwendung des §829 BGB im Fall des §254 BGB*, MDR 1963, p. 273.

HERRMANN, ELKE – *Die Einschränkung der Tierhalterhaftung nach §833 S.1 BGB in der modernen Judikatur und Literatur*, JR 1980, pp. 489 e ss..

HERRMANN, HANS-GEORG – *Zur Haftung bei Sportverletzungen*, Jura, 1985, pp. 568 e ss..

HIPPEL, EIKE VON – *Schadensausgleich bei Verkehrsunfällen*, NJW 1967, pp. 1729 e ss..

– *Die Haftung bei Gefälligkeitsfahrten – Zugleich ein Beitrag zur Bedeutung des Versicherungsgedankens für das Schadensrecht*, Festschrift für F. VON HIPPEL, Tübingen, 1967, pp. 233 e ss..

– *Schadensausgleich bei Verkehrsunfällen (Haftungsersetzung durch Versicherungsschutz)*, Berlin/Tübingen, 1968.

– *Internationale Entwicklungstendenzen des Schadensrechts*, NJW 1969, pp. 681 e ss..

– *Schadensausgleich bei Verkehrsunfällen – mögliche Wege einer Reform*, ZRP 1973, pp. 27 e ss..

– *Unfallrecht: Vorbeugen ist besser als heilen*, JZ 1977, pp. 706 e ss..

HIRSCHFELD, JOSÉ-LUIS – *Ensayo sobre temas varios de derecho de daños*, RDP, 1979, pp. 1026 e ss..

HÖCHFTER, E. – *Grenze der Haftung Unzurechnungsfähiger (§829 BGB)*, AcP 104 (1909), pp. 427 e ss..

HOFFMANN, HANS JOACHIM – *Der Einfluß des Gefälligkeitsmoments auf das Haftungsmaß*, AcP 167 (1967), pp. 394 e ss..

HOHLOCH, GERHARD – *Empfiehlt sich eine Neufassung der gesetzlichen Regelung des Schadensrecht (§§249-255 BGB)?*, in *Gutachten und Vorschläge zur Überarbeitung des Schuldrechts*, Band I, Köln, 1981.

HOHMANN, RALF/MATT, HOLGER – *Ist die Strafbarkeit der Selbestschädigung verfassungswidrig?* JuS 1993, pp. 370 e ss..

HONDIUS, EWOUD – *Das neue Niederländische Zivilgesetzbuch (Allgemeiner Teil)*, AcP 191 (1991), pp. 378 e ss..

HONORAT, J. – *L'idée d'acceptation des risques dans la responsabilité civile*, Paris, 1969.

HONORÉ, A.M. – *Causation and Remoteness of Damage*, in volume XI (*Torts*) da International Encyclopedia of Comparative Law, Tübingen/Paris/New York, 1983 (capítulo VII).

HONSELL, H./VOGT, P./WIEGAND, W. – *Kommentar zum Schweizerischen Privatrecht – Obligationenrecht I* (Art. 1-529 OR), Basel, 1992 (cit.:HONSELL/ SCHNYDER).

HONSELL, HEINRICH/HARRER, FRIEDRICH – *Entwicklungstendenzen im Schadensersatzrecht*, JuS 1985, pp. 162 e ss..

HONSELL, THOMAS – *Die Quotenteilung im Schadensersatzrecht – Historische und dogmatische Grundlagen der Lehre vom Mitverschulden*, Ebelsbach, 1977.

– *Die beiderseits zu vertretende Unmöglichkeit im gegenseitigen Vertrag*, JuS 1979, pp. 81 e ss..

– *Beweislastprobleme der Tierhalterhaftung*, MDR 1982, pp. 798 e ss..

HORN, N7 – *Zur ökonomischen Rationalität des Privatrechts – Die privatrechts theoretische Verwertbarkeit der «Economic Analysis of Law»*, AcP 176 (1976), pp. 307 e ss..

HÖRSTER, H. EWALD – *A parte geral do Código Civil português. Teoria Geral do Direito Civil*, Coimbra, 1992.

HUBER, ULRICH – *Der Unfall des betrogenen Gebrauchtwagenkäufers*-BGHZ 57, 137, JuS 1972, pp. 439 e ss..

– *Verschulden, Gefährdung und Adäquanz*, Festschrift für EDUARD WAHL, Heidelberg, 1973, pp. 301 e ss..

HÜBNER, H. – *Vide* LEHMANN.

HÜBNER, JÜRGEN – *«Schadensverteilung» bei Schäden anläßlich der Verfolgung festzunehmender Personen durch Beamte – eine Wiederkehr der Culpa-Kompensation?*, JuS 1974, pp. 496 e ss..

IONASCO, T. – *La responsabilité civile en droit civil socialiste*, in *Introduction aux droits socialistes*, Budapest, 1971.

IORIATTI, ELENA – *Il nuovo Codice Civile dei paesi bassi fra soluzioni originali e cricolazione dei modelli*, RDC I, 1992, pp. 117 e ss..

IVAINER, TH. – *La faute du piéton, source d'exonération de responsabilité du gardien*, JCP 1975 I, 2703.

JAGUSCH, HEINRICH – *Der Sicherheitsgurt – Nutzen und Zumutung*, NJW 1977, pp. 940-941.

JAHR, GÜNTHER – *Schadensersatz wegen deliktischer Nutzungsentziehung – zu Grundlagen des Rechtsgüterschutzes und des Schadensersatzrechts*, AcP 183 (1983), pp. 725 e ss..

JAMBU-MERLIN, R. – *Dol et faute lourde*, D. 1955, *chronique*, pp. 89 e ss..

JAUERNIG/SCHLECHTRIEM/STÜRNER/TEICHMANN/VOLLKOMMER – *Bürgerliches Gesetzbuch*, 5ª ed., München, 1990 (cit.: JAUERNIG/TEICHMANN)

JOLOWICZ, J.-A. – *L'indemnisation des victimes d'accidents de la circulation en droit anglais*, RIDC, n.° 2, 1985, pp. 275 e ss..

JOLOWICZ, J.-A. – *Vide* WINFIELD.

JOLY, ANDRÉ – *Vers un critère juridique du rapport de causalité au sens de l'article 1384, alinéa 1er, du Code Civil*, RTDC 1942, pp. 257 e ss..

JORDAN, M. – *Vide* BURSCH.

JOURDAIN, P. – *Anotação* à decisão da *Chambre criminelle* de 15 de Dezembro de 1987, RTDC 1988, n.°4, pp. 783-785.

– *Anotação* à decisão da *Cour de Cassation* de 13 de Janeiro de 1988, RTDC 1988, n.° 4, pp. 788 e ss..

– *Anotação* à decisão da *Cour de Cassation* de 20 de Abril de 1988, RTDC 1989, n.° 2, p. 335.

– *Anotação* à decisão da *Cour de Cassation* de 4 de Julho de 1990, RTDC 1991, n.° 1, p. 123.

– *Anotação* à decisão da *Cour de Cassation* de 27 de Fevereiro de 1991, RTDC 1991, n.° 3, pp. 555 e ss..

858 *A conduta do lesado*

– *Anotação* à decisão da *Cour de Cassation* de 29 de Abril de 1994, RTDC 1995, n.º 1, pp. 136-137.

JORGE, F. PESSOA – *Ensaio sobre os pressupostos da responsabilidade civil*, Lisboa, 1972 (reedição).

– *Seguro de responsabilidade civil em matéria de acidentes de viação* (em anotação ao acórdão do STJ, de 10 de Outubro de 1972), RFDUL, ano XXIV, 1972, pp. 371 e ss..

– *Lições de Direito das Obrigações*, ed. policop., Lisboa, 1975-1976.

– *A limitação convencional da responsabilidade civil*, BMJ n.º 281, pp. 5 e ss..

JORIO, ALBERTO – *Note in materia di concorso del danneggiato alla produzione del danno*, Temi, XVIII, n.º 1, 1963, pp. 552 e ss..

JOSSERAND, LOUIS – *La responsabilité envers soi-même*, D. 1934, pp. 73 e ss..

– *Vers l'objectivation de la responsabilité du fait des choses*, D. 1938, pp. 65 e ss..

JUSTO, A. SANTOS – *A situação jurídica dos escravos em Roma*, BFDUC, LIX, 1983, pp. 133 e ss..

KABLITZ, HANS – *Zur beabsichtigten Neufassung des §254 BGB*, JZ 1959, p. 348 e ss..

KALLFELZ, W. – *Kann ein Schmerzensgeldanspruch in einem Grundurteil (§304 ZPO) bruchteilsmässig gekürzt werden?* MDR 1964, pp. 722 e ss..

KAROLLUS, M. – *Gleichbehandlung von Schädiger und Geschädigten bei der Zurechnung von Gehilfenverhalten*, ÖJZ 1994, pp. 257 e ss..

KELLER, M./GABI, S. – *Das Schweizerische Schuldrecht II-Haftpflichtrecht*, Zürich, 1985.

KELLER, ROLF – *Mitverschulden als Generalklausel und als Spzialkorrektur von Einzelhaftungsnormen im deutschen, schweizerischen und französischen Recht*, Diss., Tübingen, 1965.

KELSEN, HANS – *Teoria pura do Direito*, 2ª ed., I (tradução de BAPTISTA MACHADO), Coimbra, 1962.

KERN, BERND-RÜDIGER – *Die Genugtuungsfunktion des Schmerzensgeldes* – ein pönales Element im Schadensrecht?, AcP 191 (1991), pp. 247 e ss..

KERN, M. – *Vide* GÜNTHER.

KEUK, BRIGITTE – *Die Solidarhaftung der Nebentätern*, AcP 168 (1968), pp. 175 e ss..

KIDNER, RICHARD – *The variable standard of care, contributory negligence and volenti*, LS, 1, 1991, pp. 3 e ss..

KLAUSER, KARL-AUGUST – *Abwägungsgrundsätze zur Schadensverteilung bei Mitverschulden und Mitverursachung*, NJW 1962, pp. 369 e ss..

– *Zum Begriff der «Umstände» i.S. des §254 BGB*, MDR 1963, pp. 185 e ss..

KLEINDIENST, BERNHARD – *Zur Bedeutung des §278 BGB bei mitwirkendem Verschulden*, JZ 1957, pp. 457 e ss..

– *Die entsprechende Anwendung des §278 BGB bei mitwirkenden Verschulden*, NJW 1960, pp. 2028 e ss..

KLINGMÜLLER, ERNST – *Zur Schadenminderungspflicht in der Verkehrshaftpflicht*, VersR 1979, p. 217.

KNIPPEL, SIEGMUND – *Mitverschulden bei Nichtbenutzung von Sicherheitsgurten*, NJW 1966, pp. 1204-1205.

– *Irrwege um den Sicherheitsgurt*, NJW 1976, pp. 884-885.

– *Gurtanlegezwang – kein Grundrechtsproblem*, NJW 1977, pp. 939-940.

KNÖPFEL, GOTTFRIED – *Billigkeit und Schmerzensgeld*, AcP 155 (1956), pp. 135 e ss..

KNÜTEL, ROLF – *Tierhalterhaftung gegenüber dem Vertragspartner?*, NJW 1978, pp. 297 e ss..

KOCH, ECKART – *Probleme der Schadensabwägung zwischen Nebentätern und einem mitschuldigen Verletzten*, NJW 1967, pp. 181 e ss..

KÖHLER, HELMUT – *BGB – Recht der Schuldverhältnisse, I, Allgemeiner Teil*, 13ª ed., München, 1989.

KÖHLER, MICHAEL – *Freiheitliches Rechtsprinzip und Betäubungsmittelstrafrecht*, ZStW 104 (1992), pp. 14 e ss..

KÖHNKEN, K. – *Inhalt und Grenzen der Schadenminderungspflicht in der Verkehrshaftpflicht*, VersR 1979, pp. 788 e ss..

KOHTE, WOLFHARD – *Die rechtfertigende Einwilligung*, AcP 185 (1985), pp. 105 e ss..

KOLLER, INGO – *Die Verteilung des Risikos einer unsorgfältigen zwischen Schädiger und Geschädigten*, NJW 1971, pp. 1776 e ss..

Kommentar zum Bürgerlichen Gesetzbuch/Reihe Alternativkommentare, Band 2, *Allgemeines Schuldrecht* (§§241-432), Neuwied/Darmstadt, 1980, (cit.: Kommentar zum Bürgerlichen Gesetzbuch/RÜßMANN).

KÖTZ, HEIN – *Zur Haftung bei Schulunfällen*, JZ 1968, pp. 285 e ss..

– *Haftung für besondere Gefahr*, AcP 170 (1970), pp. 1 e ss..

– *Gefährdungshaftung*, in *Gutachten und Vorschläge zur Überarbeitung des Schuldrechts*, Band II, Köln, 1981.

– *Deliktsrecht*, 6ª ed., Berlin, 1994.

KOZIOL, HELMUT – *Die Schadensminderungspflicht*, JBl 1972, pp. 225 e ss..

– *Österreichisches Haftpflichtrecht* – Band I -*Allgemeiner Teil*, 2ª ed., Wien, 1980.

KOZIOL, HELMUT/WELSER, RUDOLF – *Grundriß des bürgerlichen Rechts – Allgemeiner Teil u. Schuldrecht*, I, 9ª ed., Wien, 1992.

KRUEGER, P. – *Vide* MOMMSEN.

KRÜGER, W. – *Vide* KUPISCH, V.

KSOLL, EBERHARD – *Schuldverhältnisse, Allgemeiner Teil*, 5ª ed., Düsseldorf, 1966.

KUCKUK, G. – *Vide* ERMAN.

KUHLEN, LOTHAR – *Strafrechtliche Grenzen der zivilrechtlichen Deliktshaftung Minderjähriger?*, JZ 1990, pp. 273 e ss..

KUNKEL, WOLFGANG – *Exegetische Studien zur aquilischen Haftung*, SZ, Band 49, 1929, pp. 158 e ss..

KUPISCH, BERTHOLD/KRÜGER, WOLFGANG – *Deliktsrecht*, München, 1983.

LACRUZ BERDEJO, J./F. SANCHO REBULLIDA/J.D. ECHEVARRIA/F. RIVERO HERNANDEZ – *Elementos de Derecho Civil II – Derecho de Obligaciones*, vol. 1.°, 2ª ed., Barcelona, 1985.

LA TORRE, ANTONIO – *Responsabilità e autoresponsabilità nell' assicurazione* (art. 1900 c.c.), RTDPC, 1968, pp. 442 e ss..

LACERDA, J. A. DIMAS – *Responsabilidade civil extracontratual do Estado* (*alguns aspectos*), RMP, ano 6.°, vol. 21, 1985, pp. 67 e ss..

LALOU, HENRI – *La gamme des fautes*, D. 1940, chronique, pp. 17 e ss..
 – *Traité pratique de la responsabilité civile*, 5ª ed., Paris, 1955.

LAMBERT-FAIVRE, YVONNE – *Aspects juridiques, moraux et économiques de l'indemnisation des victimes fautives*, D. 1982, chronique, p. 207.
 – *Pour un nouveau regard sur la responsabilité civile*, D. 1983, chronique, pp. 102 e ss..
 – *De la dégradation juridique des concepts de «responsable» et de «victime»* (*à propos des arrêts de l'Assemblée plénière du 3 juin 1983*), D. 1984, chronique, pp. 51 e ss..
 – *L'evolution de la responsabilité civile d'une dette de responsabilité à une créance d'indemnisation*, RTDC, n.° 1, 1987, pp. 1 e ss..
 – *Le droit du dommage corporel – Systèmes d'indemnisation*, Paris, 1990.
 – *L'indemnisation des victimes post-transfusionnelles du Sida: hier, aujourd'hui et demain...*, RTDC, n.° 1, 1993, pp. 1 e ss..

LANDRAUD, D. – *Remarques sur la faute et l'indemnisation des victimes d'accidents de la circulation* (loi du 5 juillet 1985), JCP 1985, I, 3222.

LANDSCHEIDT, CHRISTOPH – *Schadensersatz und Sicherheitsgurt – Gedanken zum Mitverschuldenseinwand*, NZV, 1988, pp. 7 e ss..

LANGE, HEINRICH – *Mitwirkendes Verschulden des gesetzlichen Vertreters und Gehilfen außerhalb eines Verpflichtungsverhältnisses (§254 BGB)*, NJW 1953, pp. 967 e ss..
 – *Herrschaft und Verfall der Lehre vom adäquaten Kausalzusammenhang*, AcP 156 (1957), pp. 114 e ss..

LANGE, HERMANN – *Zum Problem der überholenden Kausalität*, AcP 152 (1952/1953), pp. 153 e ss..
 – *Adäquanztheorie, Rechtswidrigkeitszusammenhang, Schutzzwecklehre und selbständige Zurechnungsmomente*, JZ 1976, pp. 198 e ss..
 – *Schadensersatz*, 1ª ed., Tübingen, 1979 e 2ª ed., Tübingen, 1990.

LAPP, GÜNTER – *Eigenes und fremdes Verschulden in §254 des Bürgerlichen Gesetzbuches*, Diss., Mainz, 1952.

LARENZ, KARL – *Präventionsprinzip und Ausgleichsprinzip im Schadensersatzrecht*, NJW 1959, pp. 865 e ss..
 – *Rechtswidrigkeit und Handlungsbegriff im Zivilrecht*, Festschrift für HANS DÖLLE, Band I, Tübingen, 1963, pp. 169 e ss..
 – *Die Prinzipien der Schadenszurechnung*, JuS 1965, pp. 373 e ss..
 – *Lehrbuch des Schuldrechts*, Band I, *Allgemeiner Teil*, 9ª ed., München, 1968; 13ª ed., 1982; 14ª ed., 1987.
 – *Zum heutigen Stand der Lehre von der objektiven Zurechnung im Schadensersatzrecht*, Festschrift für RICHARD M. HÖNIG zum 80. Geburtstag, Göttingen, 1970, pp. 79 e ss..

Bibliografia

– *Richtiges Recht. Grundzüge einer Rechtsethik*, München, 1979.
– *Lehrbuch des Schuldrechts*, Band II, *Besonderer Teil*, 12ª ed., München, 1981.
– *Allgemeiner Teil des deutschen Bürgerlichen Rechts*, 7ª ed., München, 1989.
– *Metodologia da Ciência do Direito*, 2ª ed. (tradução de JOSÉ LAMEGO), Lisboa, 1989.

LARENZ, KARL/CANARIS, CLAUS-WILHELM – *Lehrbuch des Schuldrechts*, Band II – Halbband 2, *Besonderer Teil*, 13ª ed., München, 1994.

LARGUIER, JEAN – *La preuve d'un fait négatif*, RTDC 1953, pp. 1 e ss..

LARHER-LOYER, CHRISTIANE – *Le sort des victimes d'accidents de la circulation après la loi du 5 juillet 1985. Analyse de jurisprudence*, D. 1986, *chronique*, pp. 205 e ss..

LARROUMET, CHRISTIAN – *Réflexions sur la responsabilité civile – Évolution et problèmes actuels en droit comparé*, Montréal, 1983..
– *Note* ao *arrêt Desmares*, D. 1982, *Jurisprudence*, p. 455.

LAZZARO, GIORGIO – *Ancora in tema di concorso di colpa della vittima e azione di risarcimento dei prossimi congiunti*, Archivio RC, 1962, pp. 200 e ss..

LAURENT, F. – *Principes de droit civil français*, XX, Bruxelles/Paris, 1876.

LEAL, S. – *Vide* VASCONCELOS, G. DE

LEÃO, MANUEL GOMES – *A menoridade inimputável perante o Código da Estrada*, ROA, ano 10.°, 1-2, 1950, pp. 431 e ss..

LECENE-MARÉNAUD, M. – *Le rôle de la faute dans les quasi contrats*, RTDC n.° 3, 1994, pp. 515 e ss..

LEGEAIS, RAYMOND – *La responsabilité civile introuvable ou les problèmes de la réparation des dommages causés par les mineurs*, Mélanges dédiés à G. MARTY, Paris, 1979.

LÉGIER, GÉRARD – *La faute inexcusable de la victime d'un accident de la circulation régi par la loi du 5 juillet 1985*, D. 1986, *chronique*, pp. 97 e ss..

LEHMANN, HEINRICH – *Anotação* à decisão do BGH de 3 de Julho de 1951, JZ 1951, p. 750.

LEHMANN, HEINRICH/HÜBNER, HEINZ – *Allgemeiner Teil des Bürgelichen Gesetzbuches*, 16ª ed., Berlin, 1966.

LEHMANN – *Vide* ENNECCERUS

LEMHÖFER, BERNT – *Die überholende Kausalität und das Gesetz*, JuS 1966, pp. 337 e ss..

LEONHARD, FRANZ – *Allgemeiner Schuldrecht der BGB-I*, München/Leipzig, 1929.

LESER, HANS – *Zu den Instrumenten des Rechtsgüterschutzes im Delikts – und Gefährdungshaftungsrecht*, AcP 183 (1983), pp. 568 e ss..

LETE DEL RÍO, J.M. – *Derecho de Obligaciones*, II, Madrid, 1989.

LIBERTINI, MARIO – *Le nuove frontiere del danno risarcibile*, CeIm, n.° 1, 1987, pp. 87 e ss..

LIMA, A. CARLOS – *Acidentes de viação. Aspectos da responsabilidade civil*, Dir., ano 103.°, 1971, pp. 259 e ss..

LIMA, A. PIRES DE – *Vide* TORRES

862   *A conduta do lesado*

LIMA, F. PIRES DE/VARELA, ANTUNES – *Código Civil Anotado*, vol. I, 1ª ed., Coimbra, 1967 e 4ª ed. (com a colaboração de HENRIQUE MESQUITA), Coimbra, 1987; vol. II, 3ª ed., Coimbra, 1986; vol. III, 2ª ed., revista e actualizada (reimpressão), com a colaboração de HENRIQUE MESQUITA, Coimbra, 1987.

LIMPENS, J. – *La théorie de la «relativité aquilienne» en droit comparé*, Mélanges offerts à RENÉ SAVATIER, Paris, 1965, pp. 559 e ss..

LIPARI, NICOLÒ – *L'interpretazione giuridica*, in *Il diritto privato nella società moderna*, sob a orientação de S. RODOTÀ, Bologna, 1971.

LISERRE, ANTONIO – *In tema di concorso colposo del danneggiato incapace*, RTDPC, 1962, pp. 347 e ss..

L'ISLE, G. BRIÈRE DE – *La faute inexcusable (Bilan et perspectives)*, D. 1970, *chronique*, pp. 73 e ss..

LOPES, HUMBERTO – *Comentários aos anteprojectos do Código Civil português (observações sobre o anteprojecto do direito das obrigações)*, JF, ano 25, n.ᵒˢ 136-138, 1961, pp. 273 e ss..

LOPES, M. CLARA – *Seguros obrigatórios de responsabilidade civil*, TJ, n.ᵒˢ 32/33, 1987, pp. 1 e ss..

LORENZ, EGON – *Der Tu-quoque-Einwand beim Rücktritt der selbst vertragsuntreuen Partei wegen Vertragverletzung des Gegners*, JuS 1972, pp. 311 e ss..

– *Die Lehre von den Haftungs-und Zurechnungseinheiten und die Stellung des Geschädigten in Nebentäterfallen*, Karlsruhe, 1979.

LORENZO, CIRO DE – *La nuova disciplina francese dell' infortunistica stradale: tre anni di "sperimentazione giurisprudenziale"*, RDC I, 1990, pp. 97 e ss..

LOURO, P. – *Vide* SOUSA

LÜBTOW, ULRICH VON – *Untersuchungen zur lex Aquilia de damno iniuria dato*, Berlin, 1971.

LUDOLPH, E. – *Beweiswert unfallmedizinischer Gutachten nach Verstößen gegen die Anschnallpflicht*, NJW 1982, pp. 2595 e s..

LUMINOSO, ANGELO – *Responsabilità civile della banca per false o inesatte informazioni*, RDCDO 1984, pp. 189 e ss..

MACHADO, J. BAPTISTA – *Introdução ao Direito e ao Discurso Legitimador*, Coimbra, 1983.

– *Risco contratual e mora do credor*, RLJ, anos 116.º e 117.º.

– *Tutela da confiança e "venire contra factum proprium"*, RLJ, anos 117.º e 118.º.

– *A cláusula do razoável*, RLJ, anos 119.º e 121.º.

– *Anotação* ao acórdão do STJ de 22 de Abril de 1986, RLJ ano 121.º, pp. 63-64 e 81-85.

MAGALHÃES, J. M. BARBOSA DE – *Anotação* ao acórdão do STJ de 2 de Agosto de 1918, GRLx, ano 33.º, n.º 9, 1919-1920, p. 140.

– *Reformas jurídicas*, GRLx, ano 32.º, n.º17, 1918-1919, pp. 257 e ss..

– *Anotação* à sentença do juiz da 2ª Vara Cível do Porto de 27 de Outubro de 1927, GRLx, ano 41.º, n.º23, 1927-1928, p. 360.

Bibliografia 863

– *Responsabilidade Civil – Excerpto duma consulta*, GRLx, ano 44.°, n.° 3, 1930, pp. 34 e ss..

– *A revisão geral do Código Civil, a autonomia do direito comercial e o problema da codificação*, ROA, ano 10.°, n.ᵒˢ 1-2, 1950, pp. 1 e ss..

MAGALHÃES, PEDRO DE – *Responsabilidade civil por acidente de viação – o falso problema da admissibilidade da concorrência entre o risco do veículo e o facto do lesado e a omissão do momento da causalidade*, PJ, n.° 15, 1977, pp. 9 e ss..

MAGNUS, ULRICH – *Drittmitverschulden im deutschen, englischen und französischen Recht*, Heidelberg, 1974.

– *Schaden und Ersatz*, Tübingen, 1987.

MAIA, J. DOS REIS – *Direito Geral das Obrigações*, Parte I, *Das Obrigações em geral e dos contratos*, Barcelos, 1926.

MAIORCA, CARLO – *Colpa civile (teoria generale)*, ED VII, pp. 534 e ss..

– *Responsabilità (teoria generale)*, ED XXXIX, pp. 1004 e ss..

MAJO, ADOLFO DI – *La responsabilità per prodotti difettosi nella direttiva comunitaria*, RDC I, 1989, pp. 21 e ss..

MALAURIE, PH./AYNÈS, L. – *Droit Civil. Les Obligations*, Paris, 1985.

MAMMEY, GOTTHOLD – *Zur Anrechnung des Aufsichtsverschuldens des gesetzlichen Vertreters als Mitverschulden des Kindes*, NJW 1960, p. 753.

MANNA, ADELMO – *Trattamento medico-chirurgico*, ED XLIV, pp. 1280 e ss..

MANTOVANI, MANUELA – *Responsabilità dei genitori, dei tutori, dei precettori e dei maestri d'arte, in La responsabilità civile*, sob a direcção de G. ALPA/M. BESSONE, II, tomo 1, Torino, 1987.

MARBURGER, P. – *Anotação* à decisão do BGH de 13 de Fevereiro de 1975, JR 1975, pp. 367 e ss..

MARCELINO, AMÉRICO – *Para uma nova lei da responsabilidade civil* (artigo publicado no jornal *Expresso*, de 20 de Dezembro de 1980)

– *A concorrência da culpa efectiva com a culpa presumida*, PJ, ano IV, n.° 42, 1980, pp. 19 e ss..

– *O problema do concurso das responsabilidades a título de risco e de culpa*, PJ, ano IV, n.°48, 1980, pp. 4 e ss..

– *Do concurso do risco e da culpa. Alguns aspectos da responsabilidade civil*, SI, tomo XXX, n.ᵒˢ 169-171, 1981, pp. 122 e ss..

– *Questões de responsabilidade civil*, SI, tomo XXX, número especial, 1982, pp. 277 e ss..

– *Acidentes de viação e responsabilidade civil*, 2ª ed. revista e ampliada, Lisboa, 1984.

MARCHETTI, ALDO – *Sulla responsabilità per fatto altrui*, RDCDO I, 1961, pp. 137 e ss..

MARCHIO, ANNA M. – *Concorso di colpa del minore incapace danneggiato nella produzione dell' evento dannoso (e questioni relative alla liquidazione del danno)*, G.I. I, 1, 1974, col. 1399 e ss..

– recensão ao livro de N. DI PRISCO, *Concorso di colpa e responsabilità civile*, RDC I, 1977, pp. 112 e ss..

MARCOS, RUI – *A legislação pombalina*, BFDUC, suplemento XXXIII, 1990.

MARKESINIS, BASIL – *La perversion des notions de responsabilité civile délictuelle par la pratique de l'assurance*, RIDC n.° 2, 1983, pp. 301 e ss..

MARKESINIS, B. -- *Vide* VINEY, G.

MARQUES, M. REIS – *Elementos para uma aproximação do estudo do «usus modernus pandectarum» em Portugal*, BFDUC, LVIII, 1982 (Estudos em homenagem aos Professores Doutores PAULO MERÊA e G. BRAGA DA CRUZ, II).

MARTENS, KLAUS-PETER – *Die verfolgung des Unrechts*, NJW 1972, pp. 740 e ss..

MARTIN-GRANIZO, MARIANO – *Imputabilidad y responsabilidad objetiva*, ADC, tomo XXI, 1, 1968, pp. 579 e ss..

– *La compensación de culpas y el Texto refundido de 21 de Marzo de 1968*, ADC, tomo XXIII, I, 1970, pp. 260 e ss..

MARTINEZ, P.M. SOARES – *O direito moderno e os seus sistemas de responsabilidade. Leis velhas e Doutrinas novas*, ROA, ano 10.°, 3-4, 1950, pp. 309 e ss..

MARTINI, DEMETRIO DE – *Responsabilità per danni da attività periculosa e responsabilità per danni nell' esercizio di attività pericolosa*, G.I. I, 2, 1973, col. 963 e ss..

– *I fatti produttivi di danno risarcibile*, Padova, 1983.

MARTON, GÉZA – *Versuch eines einheitlichen Systems der zivilrechtlichen Haftung*, AcP 162 (1963), pp. 1 e ss..

MARZO, G. DE – *Anotação* à sentença da *Pretura* de Bari de 13 de Maio de 1992, FI, I, 1993, col. 2731-2732.

MASSETTO, G. PAOLO – *Responsabilità extracontrattuale (dir. interm.)* , ED XXXIX, pp. 1099 e ss..

MATOS, MANUEL DE OLIVEIRA – *Código da Estrada Anotado*, 6ª ed., Coimbra, 1991.

MATT, HOLGER – *Vide* HOHMANN, R.

MAURER, THOMAS – *Drittverschulden und Drittverursachung im Haftpflichtrecht*, Bern, 1974.

MAYER-MALY, THEO – *Die Wiederkehr der culpa levissima*, AcP 163 (1963), pp. 114 e ss..

– *De se queri debere, officia erga se und Verschulden gegen sich selbst*, Festschrift für M. KASER zum 70. Geburtstag, München, 1976, pp. 229 e ss..

MAZEAUD, HENRI – *La "faute objective" et la responsabilité sans faute*, D. 1985, *chronique*, pp. 13 e ss..

MAZEAUD, HENRI, LÉON, JEAN/TUNC, ANDRÉ – *Traité théorique et pratique de la responsabilité civile délictuelle et contractuelle*, tomo II, 6ª ed., Paris, 1970.

MAZEAUD, HENRI, LÉON, JEAN/CHABAS, FRANÇOIS – *Leçons de Droit Civil, Obligations*, 8ª ed., Paris, 1991.

MEDICUS, DIETER – *Zur Verantwortlichkeit des Geschädigten für seine Hilfspersonen*, NJW 1962, pp. 2081 e ss..

– *Gesetzliche Schuldverhältnisse*, 1ª ed., München, 1977, 2ª ed., 1986.

– *Das Luxusargument im Schadenserzatzrecht*, NJW 1989, pp. 1889 e ss..

– *Risarcimento del danno ed equità*, RcP 1990, pp. 281 e ss..

– *Zum Schutzzweck schadensabwehrender Pflichten oder Obliegenheiten*, Festschrift für H. NIEDERLÄNDER zum siebzigsten Geburtstag am 10. Februar 1991, Heidelberg, 1991, pp. 329 e ss..

– *Der Grundsatz der Verhältnismässigkeit im Privatrecht*, AcP 192 (1992), pp. 35 e ss..

– *Schuldrecht I (Allgemeiner Teil)*, 6ª ed., München, 1992.

– *Schuldrecht II – Besonderer Teil*, 6ª ed., München, 1993.

– *Bürgerliches Recht*, 16ª ed., Köln/Berlin/Bonn/München, 1993

MEDICUS, D. – *Vide* STAUDINGER.

MEDINA CRESPO, M.– *Operatividad de la compensación de culpas en el ambito del seguro obligatorio de la responsabilidad civil derivada del uso y circulación de vehiculos terrestres de motor*, BI, ano XLI, n.º 1470, 1987, pp. 2989 e ss..

– *Vide Studienkommentar zum BGB*.

MELLO, ALPERTO DE SÁ E – *Critérios de apreciação da culpa na responsabilidade civil (Breve anotação ao regime do Código)*, ROA, II, 1989, pp. 519 e ss..

MELLO, R. J. CORRÊA – *Sistemas da organização da responsabilidade nos acidentes de trabalho nas principais legislações europeias*, ROA, anos 14.º, 15.º, 16.º, 1954--55-56, pp. 106 e ss..

MELO, BARBOSA DE – *Responsabilidade civil extracontratual (Não cobrança de derrama pelo Estado)*, CJ, ano XI, tomo 4, 1986, pp. 33 e ss..

MENDES, J. DE CASTRO – *Teoria Geral do Direito Civil*, II, Lisboa, 1979.

MENGONI, LUIGI – *Rassegna critica di giurisprudenza*, Temi, 1946, pp. 576 e ss..

MERTENS, J. – *Vide* SOERGEL/SIEBERT.

MERTINS, WOLFGANG – *Zum Umfang des Schadensersatzes beim Ladendiebstahl*, JR 1980, pp. 357 e ss..

MESQUITA, HENRIQUE – *Direitos Reais (sumários das lições ao curso de 1966-1967)*, ed. policop., Coimbra, 1967.

MESSER, HERBERT – *Haftungseinheit und Mitverschulden*, JZ 1979, pp. 385 e ss..

MESSINEO, FRANCESCO – *Manuale di diritto civile e commerciale*, I e II (Parte II – 8ª ed.), Milano, 1952.

MEURISSE, M. R. – *Les ayants cause agissant à titre personnel peuvent-ils se voir opposer la faute de la victime?*, D. 1962, *chronique*, pp. 93 e ss..

MILL, STUART – *A system of Logic Ratiocinative and Inductive* (vol. VII das obras coligidas por J.M. ROBSON/R. F. MCRAE, Toronto, 1974).

MILLER, A.L. – *Le droit israélien des accidents de la circulation: vers un système d'assurance sociale?*, RIDC, n.º 1, 1983, pp. 51 e ss..

MIRABILE, CARLO – *Responsabilità aquiliana della banca per divulgazione di false o errate informazioni*, in B. b. tit. cred., I, 1990, pp. 401 e ss..

MOLLE, ANNA – *Il danno ambientale nella legge 349 del 1986*, RDCDO, 1989, pp. 196 e ss..

MOMIGLIANO, WALTER – *Il risarcimento del danno extracontrattuale cagionato da persona priva di discernimento*, RDC, 1937, pp. 193 e ss..

MOMMSEN, THEODORUS/KRUEGER, PAULUS – *Corpus Iuris Civilis*, 18.º ed., I, *Institutiones*, Berolini/Turici, MCMLXV.

MONCADA, LUÍS CABRAL DE – *Lições de Direito Civil (Parte Geral)* II, Coimbra, 1932.

MONTANIER, JEAN-CLAUDE – *L'incidence des prédispositions de la victime sur la causalité du dommage*, tese, Grenoble, 1981.

MONTECUCCHI, MASSIMO – *Comportamento colposo del danneggiato e responsabilità del fabbricante*, GI, I, 1974, col. 749 e ss..

MONTEIRO, A. PINTO – *Cláusulas limitativas e de exclusão de responsabilidade civil*, Coimbra, 1985.

– *Cláusula penal e indemnização*, Coimbra, 1990.

– *Sobre a reparação dos danos morais*, RPDC, n.º 1, 1.º ano, 1992, pp. 17 e ss..

– *Cláusulas de responsabilidade civil*, in Estudos em Homenagem ao Professor Doutor AFONSO QUEIRÓ, II, Coimbra, 1993, pp. 223 e ss..

MONTEIRO, J. SINDE – *Reparação dos danos em acidentes de trânsito (um estudo de direito comparado sobre a substituição da responsabilidade civil por um novo seguro de acidentes de trânsito)*, Coimbra, 1974.

– *Responsabilidade médica*, separata da RDE, n.ᵒˢ 6-7, 1980-1981, pp. 343 e ss..

– *Análise económica do Direito*, BFDUC, vol. LVII, 1981, pp. 245 e ss..

– *Acidentes de viação* (anotação ao Assento n.º 1/80), separata do vol. LVII do BFDUC, 1981.

– *Estudos sobre a responsabilidade civil*, Coimbra, 1983.

– *Alteração dos limites máximos da responsabilidade pelo risco*, separata do BMJ, n.º 331, Lisboa, 1983.

– *Reparação dos danos pessoais em Portugal* — A lei e o futuro — *(considerações de lege ferenda a propósito da discussão da «alternativa--sueca»)*, CJ ano XI, tomo 4, 1986, pp. 7 e ss..

– *Dano corporal (Um roteiro do direito português)*, RDE 15 (1989), pp. 367 e ss..

– *Responsabilidade por conselhos, recomendações ou informações*, Coimbra, 1989.

MONTEIRO, SINDE – *Vide* DIAS, FIGUEIREDO.

MONTERO AROCA, J. – *Responsabilidad civil del juez y del Estado por la actuacion del poder judicial*, Madrid, 1988.

MORAND, CHARLES-ALBERT – *La sanction*, in Archives de Philosophie du Droit, tomo 35 (*Vocabulaire fondamental du Droit*), Paris, 1990.

MORANGE, GEORGES – *Réflexions sur la notion de securité publique (A propos d'une prescription contestée de la police de la circulation: l'obligation du port de la ceinture de securité)*, D. 1977, *chronique*, pp. 61 e ss..

– *Note* à decisão da *Cour de Cassation* de 16 de Março de 1977, D. 1977, *Jurisprudence*, pp. 469 e ss..

MORATO, FRANCISCO – *Da compensação de culpa*, RF, 1939, pp. 11 e ss..

MOREIRA, GUILHERME ALVES – *Estudo sobre a responsabilidade civil*, RLJ, anos 38.º e 39.º, 1905-1906.

– *Instituições do Direito Civil Português*, volume I, *Parte Geral*, Coimbra, 1907; vol. II, *Das Obrigações*, Coimbra, 1911.

MOREIRA, VITAL – *Vide* CANOTILHO, J. GOMES.

MOSCA, T. – *Nuovi studi e nuove dottrine sulla colpa nel diritto penale e amministrativo*, Roma, 1896.

MOULY, CHRISTIAN – *Faute inexcusable: trois notes en marge d'une interprétation*, D. 1987, *chronique*, pp. 234 e ss..
- *Note* à decisão da *Cour de Cassation* de 6 de Abril de 1987, D. 1988, *Jurisprudence*, pp. 32-35.

MOURA, J. ILHARCO ÁLVARES DE – *Compensação de culpas no Direito Civil*, JP, anos 1.° e 2.°, n.ᵒˢ 11 a 20, Coimbra, 1934-1935.

MOURGEON, L7 – *Pour la suppression de la responsabilité civile en cas d'accident et son remplacement par l'assurance de dommages*, JCP 1981, I, 3050.

MÜLLER, GERDA – *Besonderheiten der Gefährdungshaftung nach dem StVG*, VersR 1995, pp. 489 e ss..

MÜLLER, KLAUS – *Grundprobleme der Mietwagenkosten im Rahmen der Unfallregulierung*, JuS 1985, p. 281.

MÜNCH, INGO VON – *Grundrechtsschutz gegen sich selbst?*, Festschrift für HANS PETER IPSEN zum 70. Geburtstag, Tübingen 1977, pp. 113 e ss..

Münchener Kommentar zum Bürgerlichen Gesetzbuch, Band 2, *Schuldrecht, Allgemeiner Teil*, 2ª ed., München, 1985 (cit.: *Münchener Kommentar/ /GRUNSKY*).

MUÑOZ SABATÉ, L. – *La prueba imposible de la culpa exclusiva de la victima*, RJC, ano 73.°,1, 1974, pp. 339 e ss..

MUSCHELER, KARLHEINZ – *Die Störung der Gesamtschuld: Lösung zu Lasten der Zweitschädigers?*, JR 1994, pp. 441 e ss..

MUZUAGHI, A.-S. – *Le déclin des clauses d'exonération de responsabilité sous l'empire de l'ordre public nouveau*, Paris, 1981.

NETO, A. – *Vide* SOUSA.

NEUNER, ROBERT – *Interesse und Vermögensschaden*, AcP 132 (1930), pp. 277 e ss..

NEVES, A. CASTANHEIRA – *Curso de Introdução ao Estudo do Direito*, ed. policop., Coimbra, 1971-72.
- *Nótula (A propósito do «Estudo sobre a responsabilidade civil» de Guilherme Moreira — e justificativa da sua selecção para a «Antologia do Boletim da Faculdade de Direito de Coimbra»)*, separata do BFDUC, vol. LIII, Coimbra, 1977.

NHA, J. NGUYEN THANH – *L'influence des prédispositions de la victime sur l'obligation a réparation du défendeur a l'action en responsabilité*, RTDC, 1976, pp. 1 e ss..

NIEBAUM, GERD – *Die Verfolgungsfälle und ihre Wertungskriterien*, NJW 1976, pp. 1673 e ss..

NIPPERDEY – *Vide* ENNECCERUS.

NORA, S. – *Vide* VARELA.

NOTTHOFF, MARTIN – *Der Ersatz von Mietwagenkosten im Rahmen der Regulierung von Verkehrsunfallschäden an Kfz*, VersR 1994, pp. 909 e ss..

OFTINGER, KARL – *L'évolution de la responsabilité civile et de son assurance dans la legislation suisse la plus récente*, in Mélanges offerts à R. SAVATIER, Paris, 1965, pp. 723 e ss..

– *Schweizerisches Haftpflichtrecht*, Band I, *Allgemeiner Teil*, 4ª ed., Zürich, 1975.

OLMEDO, M. – «*Nemo auditur propriam turpitudinem allegans*», RDP 1980, pp. 1187 e ss..

ONDEI, EMILIO – *Il fatto illecito del non imputabile*, FI, I, 1964, col. 1546.

– *Nota sulla responsabilità civile dei non imputabili*, RDC II, 1965, pp. 462 e ss..

ÖZSUNAY, ERGUN – *Die Haftpflicht des Motorfahrzeughalters nach türkischem Recht*, VersR 1993, pp. 800 e ss..

PACCHIONI, GIOVANNI – *Della cosidetta compensazione delle colpe*, RDCDO II, 1910, pp. 1032 e ss..

– *Il buon padre di famiglia*, RDCDO II, 1924, pp. 289 e ss..

– *Diritto civile italiano, Parte seconda*, vol. IV (*Dei delitti e quasi delitti*), Padova, 1940.

PAGLIARA, BRUNO – *Il salvataggio nell'assicurazione danni*, RcP 1988, pp. 141 e ss..

PALANDT, OTTO – *Bürgerliches Gesetzbuch*, 53ª ed., München, 1994 (cit.: PALANDT/HEINRICHS e PALANDT/THOMAS).

PALERMO, ANTONIO – *Obbligo giuridico*, NDI XI, pp. 699 e ss..

– *Onere*, NDI XI, pp. 916 e ss..

PALLARD, ROGER – *L'exception de nécessité en droit civil*, Paris, 1949.

PALMER, VERNON – *Trois principes de la responsabilité sans faute*, RIDC n.º 4, 1987, pp. 825 e ss..

PARDOLESI, R. – *Anotação* à sentença da *Corte Costituzionale* de 23 de Janeiro de 1985, FI, I, col. 934-936

PARISI, FRANCESCO – *Sviluppi nell'elemento soggettivo del tort of negligence*, RDC I, 1990, pp. 543 e ss..

PATTI, SALVATORE – *Ancora sul favor del diritto civile per gli incapaci* (*e su una innovazione, di segno opposto dell'ordinamento francese*), RDC II, 1983, pp. 642 e ss..

– *L'illecito del «quasi maggiorenne» e la responsabilità dei genitori: il recente indirizzo del Bundesgerichtshof*, RDCDO, 1984, pp. 27 e ss..

– *Famiglia e responsabilità civile*, Milano, 1984.

– *La valutazione del danno ambientale*, RDC II, 1992, pp. 447 e ss..

PÉDAMON, MICHEL – *Le project de réforme du droit des accidents de la circulation*, de M. EIKE VON HIPPEL, RIDC 1968, pp. 151 e ss..

PERNICE, ALFRED – *Labeo — Römisches Privatrecht im ersten Jahrhunderte der Kaiserzeit*, 2. Band, 1. Abt., 2ª ed., Halle, 1895.

PESCATORE, G./RUPERTO, C. – *Codice civile annotato*, I e II, 8ª ed., Milano, 1986.

PFEIFER, K. – *Zum Berücksichtigung des Mitverschuldens des Geschädigten bei der Festsetzung des Schmerzensgeldes*, NJW 1964, pp. 162-163.

PINTO, MOTA – *Nulidade do contrato-promessa de compra e venda e responsabilidade por culpa na formação dos contratos*, RDES, ano XVII, n.º 1, 1970, pp. 84 e ss..

– *Cessão da posição contratual*, Coimbra, 1970.

– *Teoria Geral do Direito Civil*, 3ª ed., 7ª reimpressão, Coimbra, 1992.

Bibliografia

PLANIOL, MARCEL – *Traité élémentaire de Droit civil*, II, 4ª ed., Paris, 1907. A obra veio a ser modificada e completada por RIPERT/BOULANGER, citando-se no texto a 4ª ed. de 1952.

PLANIOL, MARCEL/RIPERT, GEORGES – *Traité pratique de Droit civil français*, 2ª ed., tomo VI (*Obligations*, 1ª parte, com a colaboração de P. ESMEIN, Paris, 1952 (cit.: PLANIOL/RIPERT/ESMEIN)).

POGLIANI, MARIO – *Irrelevanza del concorso del fatto dell'incapace sulla diminuzione della responsabilità del debitore per fatto illecito*, Temi, n.°1, 1961, pp. 600 e ss..
– *Responsabilità e risarcimento da illecito civile*, Milano, 1964.

POLICARPO, J. ALMEIDA – *A actual legislação portuguesa de prevenção de acidentes de trabalho – Contributo para a sua revisão*, SI, n.ᵒˢ 39/41, 1959, pp. 167 e ss..

PONZANELLI, GIULIO – *I punitivi damages nell'esperienza nordamericana*, RDC I, 1983, pp. 435 e ss..
– *Le clausole di esonero dalla responsabilità civile*, Milano, 1984.
– *I punitivi damages, il caso Texaco e il diritto italiano*, RDC II, 1987, pp. 405 e ss..

PONZANELLI, G. – *Vide* BUSNELLI.

POPESCU, TUDOR – *Vide* EMINESCU.

POTHIER, R.-J. – *Traité des Obligations, selon les règles tant du for de la conscience, que du for extérieur*, tomo I, Paris/Orleans, 1770; existe tradução portuguesa de CORRÊA TELLES, *Tratado das obrigações pessoaes e recíprocas nos pactos, contractos, convenções, etc.*, tomo I, Lisboa, 1849.

PRATA, ANA – *Cláusulas de exclusão e limitação da responsabilidade contratual*, Coimbra, 1985.
– *Notas sobre responsabilidade pré-contratual*, Lisboa, 1991.

PRIEST, GEORGE – *La assicurazione obbligatoria per la circolazione degli autoveicoli negli Stati Uniti*, Qua, n.° 1, 1990, pp. 32 e ss..

PRINCIGALLI, ANNAMARIA – *La responsabilità illimitata dell'esercente nucleare nella novella tedesca del 1985*, RDC I, 1987, pp. 53 e ss..

PRINZIVALLI, VITTORIO – *Dell'urto di navi per colpa comune*, RDCDO I, 1905, pp. 205 e ss..

PRISCO, NICOLA DI – *Concorso di colpa e responsabilità civile*, Napoli, 1973.

PROENÇA, BRANDÃO – *A resolução do contrato no direito civil. Do enquadramento e do regime*, Coimbra, 1982.
– *Do incumprimento do contrato-promessa bilateral. A dualidade execução específica – resolução*, separata dos «Estudos em Homenagem ao Prof. Doutor FERRER CORREIA», Coimbra, 1987.

PROSSER, W. – *Vide Restatement of the Law*.

PUGLIATTI, S. *Autoresponsabilità*, ED IV, pp. 452 e ss..

PUILL, BERNARD – *Les caractères du fait non fautif de la victime*, D. 1980, *chronique*, pp. 157 e ss..

QUADRI, ENRICO – *Spese erogate dal danneggiato, svalutazione e obbligazione risarcitoria*, GI, I, 2, 1977, col. 765 e ss..

870   *A conduta do lesado*

– *Indennizzo e assicurazione*, in *Responsabilità civile e assicurazione obbligatoria*, sob a direcção de M. COMPORTI/G. SCALFI, Milano, 1988.

QUEIRÓ, AFONSO – *Anotação* ao acórdão do STA de 14 de Outubro de 1986, RLJ, ano 120.°, pp. 308-309.

QUINTANO RIPOLLÉS, A. – *Derecho penal de la culpa*, Barcelona, 1958.

RAPOSO, MÁRIO – *Sobre a responsabilidade civil do produtor e a garantia do seguro*, BMJ n.° 413, pp. 5 e ss..

RASI, PIERO – *La volontà del danneggiato nei rapporti di amicizia e di cortesia*, RcP 1952, pp. 193 e ss..

RATTI, UMBERTO – *Il risarcimento del danno nel diritto giustinianeo*, BIDR, ano XL, Roma, 1932, pp. 169 e ss..

RAUSCHER, THOMAS – *Haftung der Eltern für ihre Kinder* — BGH, NJW 1984, 1958, JuS 1985, pp. 757 e ss..

– *Abschied vom Schadensersatz für Nutzungsausfall*, NJW 1986, pp. 2011 e ss..

RAYNAUD, PIERRE – *De la responsabilité civile à la Securité Sociale*, D. 1948, *chronique*, pp. 93 e ss..

RE, MICHELE DEL – *Probabilità: l'uso giuridico*, in Diritto e Società, n.° 3, 1987, pp. 365 e ss..

RECCHIONI, FRANCESCO – *L'obbligo del risarcimento e la condotta del debitore. Note sull' applicazione dell' art. 1227 Cod. Civ.*, Arch. Civ., 1980, p. 641.

REINELT, EKKEHART – *Schadensverantwortlichkeit mehrerer gegenüber einem mitschuldigen Verletzten*, Diss., Regensburg, 1969.

REINHARDT, RUDOLF – *Beiträge zum Neubau der Schadensersatzrechts*, AcP 148 (1943), pp. 147 e ss..

REISCHAUER, R. – *Vide* RUMMEL

RESCIGNO, PIETRO – *L'abuso del diritto*, RDC I, 1965, pp. 205 e ss..

– *Libertà del «trattamento» sanitario e diligenza del danneggiato*, Studi in onore di A. ASQUINI, IV, 1965, pp. 1639 e ss..

– *Manuale del diritto privato italiano*, 3ª ed., Torino, 1977.

– *Obbligazioni (nozioni)*, ED XXIX, pp. 133 e ss..

Restatement of the Law (revisto pelo *American Law Institute*), *Torts* (§§281-503), com comentários de W. PROSSER, St. Paul, Minnesota, 1965.

RIBEIRO, J. DE SOUSA – *O ónus da prova da culpa na responsabilidade civil por acidente de viação*, Coimbra, 1980 (separata do número especial do BFDUC «Estudos em Homenagem ao Professor Doutor TEIXEIRA RIBEIRO», Coimbra, 1979).

RIBEIRO, VÍTOR – *Acidentes de trabalho e alcoolismo*, RMP, ano 10.°, n.° 38, pp. 75 e ss..

RIES, GERHARD – *Zur Haftung der Nebentäter nach §830 und §840 BGB*, AcP 177 (1977), pp. 543 e ss..

RIEZLER, ERWIN – *Berufung auf eigenes Unrecht*, JhJb 89, 1941, pp. 196 e ss..

RIOU, MICHEL – *L'acte de dévouement*, RTDC 1957, pp. 221 e ss..

RIPERT, GEORGES – *La règle morale dans les obligations civiles*, 2ª ed., Paris, 1927.

– *Le régime démocratique et le droit civil moderne*, 2ª ed., Paris, 1948.

RIPERT, G. – *Vide* PLANIOL.

RITO, SIDÓNIO PEREIRA – *Elementos da responsabilidade civil delitual*, Lisboa, 1946.

RIVERO HERNANDEZ, F. – *Vide* LACRUZ BERDEJO.

ROCHA, M. A. COELHO DA – *Instituições de Direito Civil Portuguez*, I, 4ª ed., Coimbra, 1867.

ROCHA, MANUEL LOPES – *Responsabilidade civil do médico – Recolha de orgãos e transplantações*, TJ, n.° 3, 1990, pp. 37 e ss..

ROCHA, M. VITÓRIA – *A imputação objectiva na responsabilidade contratual. Algumas considerações*, RDE 15 (1989), pp. 31 e ss..

RODIÈRE, RENÉ – *Voyageurs, veillez sur vous!*, D. 1971, *chronique*, pp. 45 e ss..
– *Note* à decisão da *Cour de Cassation* de 27 de Abril de 1976, JCP 1976, II (*Jurisprudence*), 18477.
– *Vide* BEUDANT.

RODOTÀ, STEFANO – *Diligenza (dir. civ.)*, ED XII, pp. 539 e ss..
– *Modelli e funzioni della responsabilità civile*, RCDP, n.° 3, 1984, pp. 595 e ss..
– *Le nuove frontiere della responsabilità civile*, in *Responsabilità civile e assicurazione obbligatoria*, sob a direcção de M. COMPORTI/G. SCALFI, Milano, 1988, pp. 19 e ss..

RODRIGUES, J. M. VIEIRA CONDE – *A responsabilidade civil do produtor face a terceiros*, Lisboa, 1990.

RODRÍGUEZ MARÍN, C. – *Culpa de la victima y responsabilidad sin culpa*, RDP 1992, pp. 113 e ss..

RODRIGUEZ-PIÑERO, MIGUEL – *Culpa de la victima y accidente de trabajo*, ADC, tomo XXIII, I, 1970, pp. 543 e ss..

ROGEIRO, FERNANDO – *Acidentes de trabalho*, ROA, ano 13.°, 3-4, 1953, pp. 134 e ss..

ROGERS, W. – *Vide* WINFIELD.

ROLAND, H. – *Vide* STARCK, B.

ROMANO, SALVATORE – *Il trasporto di cortesia*, RDC I, 1960, pp. 485 e ss..

ROSA, MANUEL CORTES – *A delimitação do prejuízo indemnizável em direito comparado inglês e francês*, RFDUL, XIV, 1960, pp. 339 e ss..

ROSSELLO, C. CARLO – *In margine all'applicazione dell'art. 1227, 2.° comma, cod. civ. ad un contratto di noleggio nave: principi di diritto italiano (e riferimenti di common law) in relazione all'onere del creditore di mitigare il danno subito*, in Il diritto maritimo 1982, pp. 480 e ss..
– *Sull'onere del creditore di ridurre le consequenze dell' inadempimento*, RTDPC 1983, pp. 1158 e ss..
– *Il danno evitabile con l'ordinaria diligenza*, in *Risarcimento del danno contrattuale ed extracontrattuale*, sob a direcção de G. VISINTINI, Milano, 1984, pp. 54 e ss..
– *Il danno evitabile. La misura della responsabilità tra diligenza ed efficienza*, Padova, 1990.

ROTH, HERBERT – *Ansprüche auf Rechtsfortsetzung und Mitverschulden*, AcP 180(1980), pp. 263 e ss..

872   *A conduta do lesado*

– *Haftungseinheiten bei §254 BGB*, München, 1982.

– *Die Einrede des Bürgerlichen Rechts*, München, 1988.

– *Das «selbst gesetzte Risiko» als Argument im Schadensrecht*, JuS 1993, pp. 716 e ss..

ROTHER, WERNER – *Haftungsbeschränkung im Schadensrecht*, München/Berlin, 1965.

– *Adäquanztheorie und Schadensverursachung durch mehrere*, NJW 1965, pp. 177 e ss..

– *Grenzen des mitwirkenden Verschuldens*, NJW 1966, pp. 326 e ss..

– *Der Begriff der Gefährdung im Schadensrecht*, Festschrift für KARL MICHAELIS zum 70. Geburtstag, Göttingen, 1972, pp. 250 e ss..

– *Die Begriffe Kausalität, Rechtswidrigkeit und Verschulden in ihrer Beziehung zueinander*, Festschrift für K. LARENZ zum 80. Geburtstag, München, 1983, pp. 537 e ss..

– *Die «vorwiegende Verursachung»*, VersR 1983, pp. 793 e ss..

ROTONDI, GIOVANNI – *Della «lex aquilia» all'art. 1151 Cod. civ. (Ricerche storico--dogmatiche)*, RDCDO I, 1916, pp. 942 e ss..

ROVELLI, ROBERTO – *La responsabilità civile da fatto illecito*, Torino, 1965.

– *Il risarcimento del danno alla persona*, 2ª ed., Torino, 1965.

– *Responsabilità per la caduta di neve e di ghiaccio dal tetto degli edifici*, GI, I, 2, 1969, col. 471-472.

RUFFINI, MARIA LETIZIA – *Il concorso di colpa e di caso fortuito nella produzione del fatto dannoso: l'esperienza francese e il diritto italiano*, RDCDO I, 1964, pp. 39 e ss..

– *L'equiparazione «fatto dell'incapace-fortuito» como preteso fondamento dell'irrelevanza del comportamento concorrente dell'incapace danneggiato*, RDCDO I, 1966, pp. 131 e ss..

– *Sul concorso di colpa del danneggiato incapace: «ratio decidendi» e «obiter dicta» di una decisione giudiziale*, RDCDO II, 1966, pp. 90 e ss..

RUFFOLO, UGO – *La responsabilità vicaria*, Milano, 1976.

RÜFNER, WOLFGANG – *Die Entschädigung für Opfer von Gewalttaten*, NJW 1976, pp. 1249-1250.

RÜMELIN, GUSTAV – *Culpahaftung und Causalhaftung*, AcP 1898, pp. 285 e ss..

RÜMELIN, MAX – *Die Verwendung der Kausalbegriffe im Straf– und Zivilrecht*, AcP 90, pp. 171 e ss..

RUMMEL – *Kommentar zum Allgemeinen bürgerlichen Gesetzbuch*, 2. Band (§§1090--1502), Wien, 1984 (cit.: RUMMEL/REISCHAUER).

RUPERTO, C. – *Vide* PESCATORE.

RUSCONI, BAPTISTE – *Quesques considérations sur l'influence de la faute et du fait du lésé dans la responsabilité causale*, ZSchwR I, 1963, pp. 337 e ss..

RÜßMANN, HELMUT – *Vide Kommentar zum Bürgerlichen Gesetzbuch*.

SÁ, F. CUNHA DE – *Direito ao cumprimento e direito a cumprir*, RDES, ano XX, n.os 2-3-4, 1973, pp. 149 e ss..

SACCO, RODOLFO – *Presunzione, natura costitutiva od impeditiva del fatto, onere della prova (aspetti diversi di un fenomeno unico o fenomeni autonomi?)*, RDC I, 1957, pp. 399 e ss..

SALVI, CESARE – *Il paradosso della responsabilità civile*, RCDP, n.° 1, 1983, pp. 123 e ss..
– *Il danno extracontrattuale. Modelli e funzioni*, Napoli, 1985.
– *Responsabilità extracontrattuale (dir. vig.)*, ED XXXIX, 1988, pp. 1186 e ss..
– *La responsabilità civile dell'infermo di mente*, in *Un altro diritto per il malato di mente (Esperienze e soggetti della trasformazione)*, Napoli, 1988, pp. 815 e ss..
– *Risarcimento del danno*, E.D. XL, pp. 1084 e ss..
SANCHO REBULLIDA, F. *Vide* LACRUZ BERDEJO.
SANILEVICI, RENÉE – *La réglementation de la responsabilité civile délictuelle dans les codes civils des pays socialistes européens*, RIDC, 1981, pp. 821 e ss..
SANTOS BRIZ, JAIME – *La compensación de culpas. Su aplicación en el seguro de suscripción obligatoria de automoviles*, RDP 1988, pp. 771 e ss..
– *La responsabilidad civil. Derecho sustantivo y derecho procesal*, I e II, 7ª ed., Madrid, 1993.
SARDINHA, J. MIGUEL – *Introdução ao direito penal ecológico*, ROA, ano 48.°, II, 1988, pp. 449 e ss..
SASS, WOLFGANG – *Die Zurechnung von Mitverschulden des Vertragsgläubigers bei der Schadensentstehung zu Lasten des in den Schutzbereich eines Vertrages einbezogenen Dritten nach §§ 254 Abs. 2, S. 2, 278 BGB*, VersR 1988, pp. 768 e ss..
SASSO, COSIMO – *Causalità e concorso di colpe*, GI I, 1, col. 1309 e ss..
SAVATIER, RENÉ – *Vers la socialisation de la responsabilité et des risques individuels?*, D. 1931, *chronique*, pp. 9 e ss..
– *Prolétarisation du Droit civil?*, D. 1947, *chronique*, pp. 161 e ss..
– *Les métamorphoses économiques et sociales du droit civil d'aujourd'hui*, 2ª ed., Paris, 1952.
– *Sécurité routière et responsabilité civile à propos du «Projet TUNC»*, D. 1967, *chronique*, pp. 1 e ss..
– *Sécurité humaine et responsabilité civile du médecin*, D. 1967, *chronique*, pp. 35 e ss..
– *Note* à decisão da *Cour D'Appel* de Lyon de 6 de Junho de 1975, JCP 1976, II *(Jurisprudence)*, 18322.
SCALFI, GIANGUIDO – *Problemi assicurativi e questioni non risolte sulla assicurazione obbligatoria della responsabilità civile*, in *Responsabilità civile e assicurazione obbligatoria*, sob a direcção de M. COMPORTI/G. SCALFI, Milano, 1988, pp. 167 e ss..
SCHÄFER, HERBERT – *Rechtswidrigkeit und Verschulden im Rahmen des §254 BGB*, Diss., Köln, 1969.
SCHÄFER, KARL – *Vide* STAUDINGER
SCHEFFEN, ERIKA – *Zivilrechtliche Haftung im Sport*, NJW 1990, pp. 2658 e ss..
– *Zur Reform der (zivilrechtlichen) Deliktsfähigkeit von Kindern ab dem 7. Lebensjahr (§828, I, II BGB)*, ZRP 1991, pp. 458 e ss..

SCHIEMANN, GOTTFRIED – *Verhältnis zwischen der deliktischen Haftung und den Systemen privater und öffentlicher Vorsorge*, in *Entwicklung der Deliktsrecht in rechtsvergleichender Sicht*, Frankfurt am Main, 1987.

SCHILCHER, BERND – *Theorie der sozialen Schadensverteilung*, Berlin, 1977.

SCHLECHTRIEM, PETER – *Schuldrecht, Allgemeiner Teil*, Tübingen, 1992.

SCHLESINGER, PIERO – recensão à obra de PAOLO FORCHIELLI, *Il rapporto di causalità nell'illecito civile*, RDC I, 1961, pp. 409 e ss..

SCHMIDT, EIKE – *Schockschäden Dritter und adäquate Kausalität*, MDR 1971, pp. 538 e ss..

– *Vide* ESSER, JOSEF.

SCHMIDT, REIMER – *Die Obliegenheiten*, Karlsruhe, 1953.

– *Vide* SOERGEL/SIEBERT.

SCHMIDT, W. – *Mitverschulden bei Nichtbenutzung von Sicherheitsgurten?*, VersR 1967, pp. 218-219.

SCHMITTHOFF, CLIVE – *The duty to mitigate*, Journal of Business Law, 1961, pp. 361 e ss..

SCHNEIDER, EGON – *Zweifelsfragen beim Zusammentreffen von Mitverschulden und Mitverursachung bei Entstehung und Abwendung oder Minderung des Schadens*, MDR 1966, pp. 455 e ss..

SCHNYDER, A. – *Vide* HONSELL, H.

SCHÖNKE, ADOLF/SCHRÖDER, HORST/STREE, WALTER – *Strafgesetzbuch Kommentar*, 24ª ed., München, 1991.

SCHÖPE, H. – *Anotação* à decisão do BGH de 5 de Março de 1963, NJW 1963, pp. 1606-1607.

SCHRADER, HENNING – *Die Tierhalterhaftung (§ 833 BGB)*, NJW 1975, pp. 676-677.

SCHRAMMEL, WALTER – *Die Pflicht zur Duldung von Heilverfahren in der Sozialversicherung*, ZAS 1972, pp. 48 e ss..

SCHRÖDER, JAN – *Verkehrssicherungspflicht gegenüber Unbefugten*, AcP 179(1979), pp. 567 e ss..

SCHÜNEMANN, WOLFGANG – *«Mitwirkendes Verschulden» als Haftungsgrund bei Fernwirkungsschäden*, VersR 1978, pp. 116 e ss..

SCHWAB, DIETER – *Die deliktische Haftung bei widerrechtlichen Verweilen des Verletzten im Gefahrenbereich*, JZ 1967, pp. 13 e ss..

SCOGNAMIGLIO, RENATO – *Note sui limiti della c.d. compensazione di colpa*, RDCDO I, 1954, pp. 108 e ss..

– *Responsabilità civile*, NDI XV, pp. 628 e ss..

– *Responsabilità per fatto altrui*, NDI XV, pp. 691 e ss..

– *Risarcimento del danno*, NDI XVI, pp. 4 e ss..

SCOZZAFAVA, O. TOMMASO – *Onere (nozione)*, ED XXX, pp. 99 e ss..

SELB, WALTER – *Schadensausgleich mit und unter Nebentätern*, JZ 1975, pp. 193 e ss..

– *Die neuere zivilrechtliche Rechtsprechung zu Gläubiger – und Schuldnermehrheiten*, JZ 1986, pp. 483 e ss..

SERIO, MANLIO – *Responsabilità per danno da prodotti difettosi*, RDC II, 1976, pp. 644 e ss..

Bibliografia 875

- *Sulla proposta Direttiva della Commissione C.E.E. in tema di responsabilità per danno da prodotti*, RDC II, 1978, pp. 508 e ss..

SERRA, VAZ – *Mora do devedor*, BMJ n.º 48, 1955.

- *Gestão de negócios*, BMJ n.º 66, 1957.
- *Culpa do devedor ou do agente*, BMJ n.º 68, 1957.
- *Responsabilidade do devedor pelos factos dos auxiliares, dos representantes legais ou dos substitutos*, BMJ n.º 72, 1958.
- *Cláusulas modificadoras da responsabilidade. Obrigação de garantia contra responsabilidade por danos a terceiros*, BMJ n.º 79, 1958.
- *Responsabilidade do albergueiro, etc., pelas coisas introduzidas no albergue*, BMJ n.º 80, 1958.
- *Reparação do dano não patrimonial*, BMJ n.º 83, 1959.
- *Obrigação de indemnização (Colocação, Fontes, Conceito e espécies de dano. Nexo causal. Extensão do dever de indemnizar. Espécies de indemnização). Direito de abstenção e de remoção*, BMJ n.º 84, 1959.
- *Responsabilidade civil do Estado e dos seus orgãos ou agentes*, BMJ n.º 85, 1959.
- *Responsabilidade contratual e extracontratual*, BMJ n.º 85, 1959.
- *Responsabilidade de pessoas obrigadas a vigilância*, BMJ n.º 85, 1959.
- *Responsabilidade pelos danos causados por coisas ou actividades*, BMJ n.º 85, 1959.
- *Causas justificativas do facto danoso*, BMJ n.º 85, 1959.
- *Dever de indemnizar e o interesse de terceiros*, BMJ n.º 86, 1959.
- *Responsabilidade pelos danos causados por animaiss*, BMJ n.º 86, 1959.
- *Conculpabilidade do prejudicado*, BMJ n.º 86, 1959.
- *Responsabilidade por danos causados por edifícios ou outras obras*, BMJ n.º 88, 1959.
- *Fundamento da responsabilidade civil (em especial, responsabilidade por acidentes de viação terrestre e por intervenções lícitas)*, BMJ n.º 90, 1959.
- *Responsabilidade pelos danos causados por instalações de energia eléctrica ou gás e por produção e emprego de energia nuclear*, BMJ n.º 92, 1960.
- *Sub-rogação do segurador*, RLJ, ano 94.º, pp. 177-180, 193-196, 209-211, 225-228, 240-245, 257-261, 273-279 (em anotação ao acórdão do STJ de 8 de Janeiro de 1960).
- *Anotação* ao acórdão do STJ de 21 de Março de 1961, RLJ, ano 95.º, pp. 21 e ss..
- *Anotação* ao acórdão do STJ de 24 de Janeiro de 1964, RLJ, ano 97.º, p. 256.
- *Anotação* ao acórdão do STJ de 17 de Julho de 1964, RLJ, ano 98.º, pp. 74 e ss., 80 e 84-85.
- *Anotação* ao acórdão do STJ de 19 de Março de 1965, RLJ, ano 98.º, pp. 295-304 e 309-312.
- *Anotação* ao acórdão do STJ 16 de Novembro de 1965, RLJ, ano 99.º, pp. 201-203 e 212-213.

– *Anotação* ao acórdão do STJ de 14 de Junho de 1966, RLJ, ano 99.°, pp. 364 e ss..

– *Anotação* ao acórdão do STJ de 30 de Janeiro de 1968, RLJ, ano 102.°, pp. 22 e ss..

– *Anotação* ao acórdão do STJ de 26 de Julho de 1968, RLJ, ano 102.°, pp. 301-304 e 309 e ss..

– *Anotação* ao acórdão do STJ de 12 de Fevereiro de 1969, RLJ, ano 103.°, pp. 172-176.

– *Anotação* ao acórdão do STJ de 28 de Fevereiro de 1969, RLJ, ano 103.°, pp. 179 e ss..

– *Anotação* ao acórdão do STJ de 6 de Maio de 1969, RLJ, ano 103.°, pp. 374 e ss..

– *Anotação* ao acórdão do STJ de 20 de Fevereiro de 1969, RLJ, ano 104.°, pp. 46-48.

– *Anotação* ao acórdão do STJ de 19 de Dezembro de 1969, RLJ, ano 104.°, pp. 8 e ss..

– *Anotação* ao acórdão do STJ de 27 de Outubro de 1970, RLJ, ano 104.°, pp. 231 e ss..

– *Anotação* ao acórdão do STJ de 19 de Março de 1971, RLJ, ano 105.°, pp. 70-71.

– *Anotação* ao acórdão do STJ de 4 de Maio de 1971, RLJ, ano 105.°, pp. 168 e ss..

– *Anotação* ao acórdão do STJ de 15 de Outubro de 1971, RLJ, ano 105.°, pp. 219 e ss..

– *Anotação* ao acórdão do STJ de 3 de Julho de 1973, RLJ, ano 107.°, pp. 219 e ss..

– *Anotação* ao acórdão do STJ de 31 de Julho de 1973, RLJ, ano 107.°, pp. 246-247.

– *Anotação* ao acórdão do STJ de 21 de Dezembro de 1973, RLJ, ano 108.°, pp. 7 e ss..

– *Anotação* ao acórdão do STJ de 25 de Janeiro de 1974, RLJ, ano 108.°, pp. 31-32 e 36-40.

– *Anotação* ao acórdão do STJ de 14 de Fevereiro de 1975, RLJ, ano 109.°, pp. 112-115.

– *Anotação* ao acórdão do STJ de 1 de Abril de 1975, RLJ, ano 109.°, pp. 154-159 e 163-165.

– *Anotação* ao acórdão do STJ de 27 de Abril de 1976, RLJ, ano 110, pp. 150-151.

– *Anotação* ao acórdão do STJ de 14 de Maio de 1976, RLJ, ano 110.°, pp. 183 e ss..

– *Anotação* ao Assento do STJ de 9 de Novembro de 1977, RLJ, ano 111.°, pp. 171-173.

– *Anotação* ao acórdão do STJ de 27 de Março de 1979, RLJ, ano 112.°, p. 272.

Bibliografia 877

– *Anotação* ao acórdão do STJ de 13 de Julho de 1978, RLJ, ano 112.°, pp. 61-64.
– *Anotação* ao acórdão do STJ de 17 de Outubro de 1978, RLJ, ano 112.°, pp. 118-121.
– *Anotação* ao acórdão do STJ de 19 de Outubro de 1978, RLJ, ano 112.°, pp. 135-140.
– *Anotação* ao acórdão do STJ de 20 de Dezembro de 1978, RLJ, ano 112.°, pp. 183-186.
– *Anotação* ao acórdão do STJ de 10 de Janeiro de 1980, RLJ, ano 113.°, pp. 271-272 e 280-282.
– *Anotação* ao acórdão do STJ de 23 de Outubro de 1979, RLJ, ano 113.°, pp. 94-95 e 104-105.
– *Anotação* ao Assento do STJ de 21 de Novembro de 1979, RLJ, ano 113.°, pp. 159-160 e 167-174.
– *Anotação* ao acórdão do STJ de 31 de Janeiro de 1980, RLJ, ano 114.°, pp. 29-32 e 35.
– *Anotação* ao acórdão do STJ de 28 de Fevereiro de 1980, RLJ, ano 114.°, pp. 253-256.
– *Anotação* ao acórdão do STJ de 4 de Março de 1980, RLJ, ano 114.°, pp. 319-320.

SERRA, J. R. MATHIAS – *Da responsabilidade nos acidentes de trabalho*, ROA, ano 11.°, 1-2, 1951, pp. 321 e ss..

SFORZA, W. CESARINI – *Risarcimento e sanzione*, in Scritti giuridici in onore di SANTI ROMANO, I, Padova, 1940, pp. 149 e ss..

SIBER, HEINRICH – *Grundriß des Deutschen Bürgerlichen Rechts 2– Schuldrecht*, Leipzig, 1931.

SICA, SALVATORE – *Anziani e responsabilità civile: a proposito del concorso di colpa del danneggiato*, Rassegna DC 1989, pp. 857 e ss..

SILVA, JOÃO CALVÃO DA – *Cumprimento e sanção pecuniária compulsória*, Coimbra, 1987.
– *Responsabilidade civil do produtor*, Coimbra, 1990.

SILVA, M. DIAS DA – *Estudo sobre a responsabilidade civil connexa com a criminal*, I, Coimbra, 1886.

SILVA, M. GOMES DA – *O dever de prestar e o dever de indemnizar*, I, Lisboa, 1944.

SIMONI, ALESSANDRO – *La recente legge svedese sulla responsabilità da prodotto (Produktansvarslag-PAL)*, RDC I, 1994, pp. 689 e ss..

SIRP, W. – *Vide* ERMAN.

SOARES, COSTA/BRAGANÇA, INÁCIO – *Código da Estrada*, 1948.

SOARES, ROGÉRIO – *Interesse público, legalidade e mérito*, Coimbra, 1955.

SOERGEL, TH./SIEBERT, W. – *Bürgerliches Gesetzbuch mit Einführungsgesetz und Nebengesetzen*, I. Band, *Allgemeiner Teil* (§§ 1 bis 432), 9ª ed., Stuttgart, 1959 (cit.: SOERGEL/SIEBERT/R. SCHMIDT); Band 2/1, *Schuldrecht* I/1 (§§241-432), 11ª ed., Stuttgart/Berlin/Köln/Mainz, 1986 (cit.: SOERGEL/SIEBERT/MERTENS e SOERGEL/SIEBERT/TEICHMANN).

878   *A conduta do lesado*

SOTO NIETO, F. – *La Llamada "compensación de culpas"*, RDP 1968, 409 e ss..

SOURLAS, PAUL – *Adäquanztheorie und Normzwecklehre bei der Begründung der Haftung nach §823 Abs. 1 BGB*, Berlin, 1974.

SOUSA, E./ARÊDE, S./LOURO, P./NETO, A. – *A utilização do cinto de segurança*, in *O problema rodoviário* (Actas do Seminário Multidisciplinar sobre Segurança e Sinistralidade Rodoviária), Lisboa, 1993.

SOUSA, R. CAPELO DE – *Lições de Direito das Sucessões*, I, 2ª ed., Coimbra, 1984.
– *O direito geral de personalidade*, Coimbra, 1995.

SOUSA, SILVESTRE – *Problemática da embriaguez e da toxicomania em sede de relações de trabalho*, RDES, XXIX (II da 2ª série) n.º 3, 1987, pp. 399 e ss..

SPECIALE, RENATO – *La responsabilità per rovina di edificio*, in *La responsabilità civile*, sob a direcção de ALPA/BESSONE, II, tomo 2, Torino, 1987.

SPIESS, P. *Vide* BRAUN.

STAKS, ARNO – *Mitverschulden von Aufsichtpersonen bei Verkehrsunfällen von Kindern*, JZ, 1955, pp. 606 e ss..

STANKOVIC, OBREN – *La responsabilité civile selon la nouvelle loi yougoslave sur les obligations*, in RIDC n.º 4, 1979, pp. 765 e ss..

STARCK, BORIS – *Essai d'une théorie générale de la responsabilité civile considérée en sa double fonction de garantie et de peine privée*, Paris, 1947.
– *Domaine et fondement de la responsabilité sans faute*, RTDC 1958, pp. 475 e ss..
– *Les rayons et les ombres d'une esquisse de loi sur les accidents de la circulation*, RTDC 1966, pp. 634 e ss..

STARCK, BORIS/ROLAND, HENRI/BOYER, LAURENT – *Droit civil. Obligations 1. Responsabilité délictuelle*, 3ª ed., Paris, 1988.

STAUDINGER, J. VON – *Kommentar zum Bürgerlichen Gesetzbuch mit Einführungsgesetz und Nebengesetzen*, 12ª ed., zweites Buch, *Recht der Schuldverhältnisse* (§§243-254), Berlin, 1983 (cit.: STAUDINGER/MEDICUS); (§§833-853), 12ª ed., Berlin, 1986 (cit.: STAUDINGER/SCHÄFER).

STEPHEN, FRANK – *Teoria Econômica do Direito* (tradução brasileira de N. VITALE, São Paulo, 1993).

STOLL, HANS – *Das Handeln auf eigene Gefahr*, Berlin/Tübingen, 1961.
– *Unrechtstypen bei Verletzung absoluter Rechte*, AcP 162 (1963), pp. 203 e ss..
– *Die reduktionsklausel im Schadensrecht aus rechtsvergleichender Sicht*, RabelsZ 34 (1970), pp. 481 e ss..

STREET, HARRY/BRAZIER, M – *On Torts*, 8ª ed., London/Edinburgh, 1988.

STREICHER, KARL – *Gurtanlegezwang – Grundrechtsverletzung?* NJW 1977, pp. 282 e ss..

STRÖFER, J. – *Die Haftung bei Probefahrten mit einem Gebrauchtwagen*, NJW 1979, p. 2555.

Studienkommentar zum BGB (1-3 Buch), 2ª ed., Frankfurt am Main, 1979 (cit.: *Studienkommentar zum BGB*/HADDING e *Studienkommentar zum BGB*/ /MEDICUS).

STÜRNER, ROLF – *Der Erwerbsschaden und seine Ersatzfähigkeit*, JZ, 1984, pp. 461 e ss..

Bibliografia 879

SUNDERMANN, WERNER – *Schadensausgleich bei Mitschädigung Minderjähriger durch Vernachlässigung der Aufsichtspflicht und elterliches Haftungsprivileg (§1664 Abs. 1. BGB)*, JZ, 1989, pp. 927 e ss..

SZPUNAR, ADAM – *La place de la responsabilité civile en droit polonais*, RIDC, 1967, pp. 861 e ss..

– *L'indemnisation des victimes des accidents de la route en droit polonais*, RIDC, 1976, pp. 68 e ss..

TALAMANCA, MARIO – *Colpa civile (storia)*, ED VII, pp. 517 e ss..

TARUFFO, MICHELE – *Presunzioni, inversioni, prova del fatto*, RTDPC 1992, pp. 733 e ss..

TASCHNER, HANS CLAUDIUS – *Produkthaftung*, München, 1986.

TAVARES, JOSÉ – *Os princípios fundamentais do direito civil (Teoria Geral do Direito Civil)*, I, 1ª parte, 2ª ed., Coimbra, 1929.

TEDESCHI, GUIDO – *Legittima difesa, stato di necessitá e compensazione delle colpe (appunti critici sul progetto italo-francese delle obbligazioni)*, RDCDO I, 1931, pp. 738 e ss..

TEICHMANN, ARNDT – *Vide* JAUERNIG e outros.

– *Vide* SOERGEL/SIEBERT.

TELLES, CORRÊA – *Digesto portuguez ou Tratado dos Direitos e Obrigações Civis Accomodado às Leis e Costumes da Nação Portugueza; para servir de subsídio ao novo Código Civil*, tomo I, 4ª ed., Coimbra, 1853.

– *Vide* POTHIER.

TELLES, I. GALVÃO – *O direito natural e as obrigações civis*, SI, n.ᵒˢ 18/20, 1955, pp. 470 e ss..

– *Direito das Obrigações*, 6ª ed. revista e actualizada, Coimbra, 1989.

TERBILLE, MICHAEL – *Die Beweislastverteilung bei der Tierhalterhaftung nach §833 S. 1 BGB*, VersR 1995, pp. 129 e ss..

TERCIER, P – *Vide* DESCHENAUX, H.

TERRÉ, FRANÇOIS – *Propos sur la responsabilité civile*, in Archives de Philosophie du Droit, tomo 22 (*La responsabilité*), Paris, 1977, pp. 37 e ss..

– *Vide* WEILL, A.

TEUBNER, GUNTHER – *Gegenseitige Vertragsuntreue*, Tübingen, 1975.

THOMAS, HEINZ – *Vide* PALANDT.

THOMAS, YAN-PATRICK – *Acte, Agent, Société. Sur l'homme coupable dans la pensée juridique romaine*, in Archives de Philosophie du Droit, tomo 22 (*La responsabilité*), Paris, 1977, pp. 63 e ss..

THOMAZ, F. FERNANDES – *Da responsabilidade à responsabilização dos juízes*, ROA, ano 54, II, 1994, pp. 489 e ss..

TOMBARI, GIOVANNA – *Note in tema di presunzioni legali*, RTDPC 1991, pp. 917 e ss..

TORIO LOPEZ, ANGEL – *Significacion dogmatica de la "compensación de culpas" en derecho penal*, in Estudios penales en memoria del profesor AGUSTIN FERNANDEZ-ALBOR, Santiago de Compostela, 1989, pp. 709 e ss..

TORRENTE, ANDREA – *Manuale di diritto privato*, Milano, 1952.

TORRES, A. PINHEIRO/LIMA, A. PIRES DE – *Comentário ao Código da Estrada*, Porto, 1936.

880   *A conduta do lesado*

TOURNEAU, PHILIPPE LE – *La règle «nemo auditur...»*, Paris, 1970.
- *La responsabilité civile*, 3ª ed., Paris, 1982.
- *La verdeur de la faute dans la responsabilité civile (ou de la relativité de son déclin)*, RTDC, n.° 3, 1988, pp. 505 e ss..

TRABUCCHI, ALBERTO – *Istituzioni di diritto civile*, 36ª ed., Padova, 1995.
- *Vide* CIAN.

TRAVERSO, MARIA CLEMENTINA – *Danno risarcibile*, RDC II, 1994, pp. 151 e ss..

TRIMARCHI, PIETRO – *Rischio e responsabilità oggetiva*, Milano, 1961.
- *Condizione sine qua non, causalità alternativa ipotetica e danno*, RTDPC 1964, pp. 1431 e ss..
- *Causalità e danno*, Milano, 1967.
- *Sul significato economico dei criteri di responsabilità contrattuale*, RTDPC 1970, pp. 512 e ss..
- *Causalità giuridica e danno, in Risarcimento del danno contrattuale ed extracontrattuale*, sob a direcção de G. VISINTINI, 1984, pp. 1 e ss..
- *La responsabilità del giudice*, Qua, n.° 3, 1985, pp. 366 e ss..

TROISI, BUNO – *L'autonomia della fattispecie di cui all'art. 2045 c.c.*, Napoli, 1984.

TSIEN TCHE-HAO – *La responsabilité civile délictuelle en Chine populaire*, RIDC 1967, pp. 875 e ss..

TUHR, ANDREAS VON – *Der Allgemeine Teil des Deutschen Bürgerlichen Rechts*, I e II-2 Band, Berlin (reedição), 1957.

TUNC, ANDRÉ – *Anotação* à sentença da *Cour d'Appel* de Paris de 28 de Novembro de 1961, RTDC 1962, pp. 322 e ss..
- *Logique et politique dans l'élaboration du droit, spécialement en matière de responsabilité civile*, in Mélanges en l'honneur de J. DABIN, I, 1963, pp. 327 e ss..
- *Anotação* à decisão da *Cour de Cassation* de 11 de Julho de 1962, RTDC 1963, p. 358.
- *Anotação* à decisão da *Cour de Cassation* de 10 de Outubro de 1963, RTDC 1964, pp. 322-323.
- *Le projet de loi sur les accidents de la circulation des professeurs Keeton et O'Connell*, RIDC, 1966, pp. 439 e ss..
- *La Sécurité Routière (Esquisse d'une loi sur les accidents de la circulation)*, Paris, 1966.
- *Les problèmes contemporains de la responsabilité civile délictuelle*, RIDC, n.° 4, 1967, pp. 757 e ss..
- *Sur un projet de loi en matière d'accident de la circulation*, RIDC 1967, pp. 82 e ss..
- *La réforme du droit des accidents de la circulation: le message du Président Johnson, les projets du Président Bédour et du Professeur Street*, RIDC 1968, pp. 513 e ss..
- *L'indemnisation des dommages corporels subis par accident: le rapport de la commission royale néo-zélandaise*, RIDC, n.°4, 1968, pp. 697 e ss..
- *Note* à decisão da *Cour d'Appel* de Lyon de 29 de Setembro de 1967, D. 1969, *Jurisprudence*, pp. 125-127.

Bibliografia 881

- *L'indemnisation des accidents corporels accidentels: le projet néo-zélandais*, RIDC 1971, pp. 449 e ss..
- *L'assurance automobile permettant l'indemnisation des victimes indépendamment de la faute dans le Massachussets*, RIDC, n.° 1, 1971, pp. 115 e ss..
- *Fondements et fonctions de la responsabilité civile en droit français*, in *Colloque franco-germano-suisse sur les fondements et les fonctions de la responsabilité civile* (ed. bilingue), Bâle/Stuttgart, 1973, pp. 3 e ss..
- *Les causes d'exonération de la responsabilité de plein droit de l'article 1384, alinéa 1er, du code civil*, D. 1975, *chronique*, pp. 83 e ss..
- *Les paradoxes du régime actuel de la responsabilité de plein droit (ou: Derrière l'écran des mots)*, D. 1976, *chronique*, pp. 13 e ss..
- *Le droit en miettes*, in Archives de Philosophie du Droit, tomo 22 (*La responsabilité*), Paris, 1977, pp. 33 e ss..
- *L'indemnisation des victimes d'accidents de la circulation: la loi suèdoise du 15 décembre 1975*, RIDC 1977, pp. 775-776.
- *Le rapport Pearson sur la responsabilité civile et l'indemnisation des dommages corporels*, RIDC 1978, pp. 507 e ss..
- *Accidents de la circulation: faute ou risque?*, D. 1982, *chronique*, pp. 103 e ss..
- *Les récents développements du droit français*, in *Responsabilità civile e assicurazione obbligatoria*, Milano, 1988, pp. 187 e ss..
- *La responsabilité civile*, 2ª ed., Paris, 1989.
- *Quatorze ans après: le système d'indemnisation néo-zélandais*, RIDC, n.° 1, 1989, pp. 139 e ss..
- *Responsabilité civile et droit des accidents*, in Festschrift für W. LORENZ zum siebzigsten Geburtstag, Tübingen, 1991, pp. 805 e ss..
- *Vide* MAZEAUD, H./L./J.

VALERI, GIUSEPPE – *Il concetto di colpa comune e l'art. 622 cod. comm.* (anotação à sentença da *Corte d'Appello* de Lucca de 23 de Agosto de 1907), RDCDO II, 1908, pp. 262 e ss..
- *Sulla colpa comune* (recensão ao livro de COPPA-ZUCCARI, *La compensazione delle colpe*, Modena, 1909), RDCDO I, 1910, pp. 152 e ss..
- *Ancora sulla colpa comune*, RDCDO II, 1913, pp. 368 e ss..

VALSECCHI, EMILIO – *Responsabilità aquiliana oggettiva e caso fortuito*, RDCDO I, 1947, pp. 151 e ss..
- *Responsabilità per rovina dell'edificio e contenuto della prova liberatoria*, RDCDO II, 1948, pp. 220 e ss..

VARELA, ANTUNES – *Anotação* ao acórdão do STJ de 4 de Abril de 1957, RLJ, ano 100.°, pp. 380-381.
- *Anotação* ao acórdão do STJ de 7 de Junho de 1967, RLJ, ano 103.°, pp. 89 e ss..
- *Anotação* ao acórdão do STJ de 21 de Julho de 1967, RLJ, ano 101.°, pp. 215 e ss..
- *Anotação* ao acórdão do STJ de 5 de Dezembro de 1967, RLJ, ano 101.°, pp. 250 e ss..
- *Anotação* ao acórdão do STJ de 9 de Dezembro de 1967, RLJ, ano 101.°, pp. 278 e ss..

882   A conduta do lesado

– *Anotação* ao acórdão do STJ de 9 de Fevereiro de 1968, RLJ, ano 102.°, pp. 53 e ss..
– *Anotação* ao acórdão do STJ de 15 de Outubro de 1968, RLJ, ano 103.°, pp. 22 e ss..
– *Anotação* ao acórdão do STJ de 7 de Junho de 1967, RLJ, ano 103.°, pp. 89 e ss..
– *Anotação* ao Parecer da Procuradoria-Geral da República de 31 de Outubro de 1969, RLJ, ano, 103.°, pp. 249 e ss..
– *Das Obrigações em Geral*, Coimbra, 1970.
– *Rasgos inovadores do Código Civil português de 1966 em matéria de responsabilidade civil*, BFDUC, vol. XLVIII, Coimbra, 1972, pp. 77 e ss..
– *Anotação* ao acórdão do STJ de 26 de Março de 1980, RLJ, ano 114.°, pp. 40-41 e 72-79.
– *Anotação* ao acórdão do STJ de 4 de Fevereiro de 1982, RLJ, ano 118.°, pp. 224, 253-256 e 270-271.
– *Anotação* ao acórdão do STJ de 25 de Fevereiro de 1982, RLJ, ano 118.°, pp. 159-160 e 205-215.
– *Anotação* ao acórdão do STJ de 17 de Junho de 1982, RLJ, ano 119.°, pp. 120 e ss..
– *Anotação* ao acórdão do STJ de 7 de Julho de 1983 e de 12 de Janeiro de 1984, RLJ, ano 121.°, pp. 31-32 e 45-59.
– *Anotação* ao acórdão do STJ de 7 de Dezembro de 1983, RLJ, ano 121.°, pp. 279-288.
– *Anotação* ao acórdão do STJ de 27 de Junho de 1984 e de 17 de Julho de 1984, RLJ, ano 122.°, pp. 173-182.
– *Anotação* ao acõrdão do STJ de 8 de Novembro de 1984, RLJ, ano 122.°, pp. 213-224.
– *Anotação* ao acórdão do STJ de 25 de Maio de 1985, RLJ, ano 123.°, pp. 189-192, 251-256 e 278-281.
– *Parecer jurídico*, BOA 22,1984.
– *Anotação* ao acórdão do STJ de 17 de Dezembro de 1985, RLJ, ano 124.°, pp. 285-288.
– *Anotação* ao acórdão do STJ de 12 de Julho de 1994, RLJ, no 127.°, pp. 174-186, 201-212 e 233-238.
– *Das Obrigações em Geral*, I, 8ª ed., Coimbra, 1994 e II, 5ª ed., Coimbra, 1992.
– *Vide* LIMA, PIRES DE

VARELA, ANTUNES/BEZERRA, MIGUEL/SAMPAIO E NORA – *Manual de Processo Civil*, 2ª ed., Coimbra, 1985.

VASCONCELOS, GUILHERME DE/LEAL, SÁRAGA – *«Da necessidade de reforma do sistema do Seguro de acidente de trabalho em Portugal»*, Boletim do Instituto Nacional do Trabalho e Previdência, ano XXIII, n.° 14, 1956, pp. 378 e ss..

VAZ, M. AFONSO – *Estatuto jurídico-constitucional da responsabilidade civil do Estado*, conferência proferida no Congresso «Responsabilidade civil: o presente e o futuro», Porto, 1995.

VENCHIARUTTI, ANGELO – *La responsabilità civile degli infermi di mente in Francia*, in *Un altro diritto per il malato di mente (Esperienze e soggetti della trasformazione)*, Napoli, 1988, pp. 863 e ss..
– *Vide Commentario al Codice Civile*.

Bibliografia 883

VENDITTI, ARNALDO – *Concorso della vittima e azione di danni promossa dai congiunti iure proprio*, Giust. civ., I, 1962, pp. 974 e ss..

VENDITTI, RODOLFO – *Colpevolezza*, NDI III, pp. 555 e ss..

VENEZIAN, GIACOMO – *Danno e risarcimento fuori dei contratti*, in *Opere giuridiche* I, Roma, 1918.

VENNELL, M. – *L'indemnisation des dommages corporels par l'État: les résultats d'une expérience d'indemnisation automatique en Nouvelle-Zelande*, RIDC n.° 1, 1976.

VENZMER, KURT – *Mitverursachung und Mitverschulden im Schadensersatzrecht*, München/Berlin, 1960.

VIALE, MIRELLA – *Brevi riflessioni in tema di responsabilità per esercizio di attività pericolose*, RDCDO I, 1984, pp. 220 e ss..

VILLEY, MICHEL – *Esquisse historique sur le mot responsable*, in Archives de Philosophie du Droit, tomo 22 (*La responsabilité*), Paris, 1977, pp. 45 e ss..

VINEY, GENEVIÈVE – *Le déclin de la responsabilité individuelle*, Paris, 1965.
– *Réflexions sur l'article 489-2 du Code Civil*, RTDC 1970, pp. 251 e ss..
– *L'autonomie du droit à réparation de la victime par ricochet par rapport à celui de la victime initiale*, D. 1974, *chronique*, pp. 3 e ss..
– *Remarques sur la distinction entre faute intentionnelle, faute inexcusable et faute lourde*, D. 1975, *chronique*, pp. 263 e ss..
– *Responsabilité personnelle et réparation des risques*, in Archives de Philosophie du Droit, tomo 22 (*La responsabilité*), Paris, 1977, pp. 1 e ss..
– *L'indemnisation des victimes de dommages causés par le «fait d'une chose» après l'arrêt de la Cour de Cassation (2ª Ch. civ.) du 21 juillet 1982*, D. 1982, *chronique*, pp. 201 e ss..
– *Les obligations. La responsabilité: conditions* (tomo IV do *Traité de Droit Civil*, sob a direcção de J. GHESTIN, Paris, 1982).
– *La faute de la victime d'un accident corporel: le présent et l'avenir*, JCP 1984, I, 3155.
– *La réparation des dommages causés sous l'empire d'un état d'inconscience: un transfert nécessaire de la responsabilité vers l'assurance*, JCP 1985, I, 3189.
– *Réflexions après quelques mois d'application des articles 1er à 6 de la loi du 5 juillet 1985 modifiant le droit à indemnisation des victimes d'accidents de la circulation*, D. 1986, *chronique*, pp. 209 e ss..
– *La responsabilité*, in Archives de Philosophie du Droit, tomo 35 (*Vocabulaire fondamental du Droit*), Paris, 1990, pp. 275 e ss..
– *Responsabilité civile*, JCP 1994, I, 3773.

VINEY, G./MARKESINIS, BASIL – *La réparation du dommage corporel. Essai de comparaison des droits anglais et français*, Paris, 1985.

VISINTINI, GIOVANNA – *La responsabilità contrattuale per fatto degli ausiliari*, Padova, 1965.
– *Responsabilità contrattuale ed extracontrattuale (Una distinzione in crisi?)*, Rassegna DC, n.° 4, 1983, pp. 1077 e ss..
– *L'inadempimento delle obbligazioni*, in *Trattato di diritto privato* (sob a direcção de P. RESCIGNO) IX, Torino, 1986.

884   *A conduta do lesado*

– *I fatti illeciti. L'ingiustizia del danno. Imputabilità.*, Milano, 1987.

– *Itinerario dottrinale sulla ingiustizia del danno*, CeIm, n.º1, 1987, pp. 73 e ss..

– *La nozione di incapacità serve ancora?*, in *Un altro diritto per il malato di mente (Esperienze e soggetti della trasformazione)*, Napoli, 1988, pp. 94 e ss..

VITALE, VINCENZO – *L'antigiuridicità «strutturale» del suicidio*, RIFD, IV Serie, LX, 1983, pp. 439 e ss..

VOCI, PASQUALE – *L'estensione dell'obbligo di risarcire il danno nel diritto romano classico*, in *Studi di Diritto Romano* I, Milano, 1985, pp. 21 e ss..

VRANKEN, J.B.M. – *Einführung in das neue Niederländische Schuldrecht*, AcP 191 (1991), pp. 411 e ss..

WAREMBOURG-AUQUE, FRANÇOISE – *Irresponsabilité ou responsabilité civile de l'«infans»*, RTDC, n.º 2, 1982, pp. 329 e ss..

WEBER, REINHOLD – *Nachweis der Kausalität zwischen Nichtanschnallen des Kraftfahrzeuginsassen und dessen Verletzungen*, NJW 1986, pp. 2667 e ss..

WEIDNER, ULRICH – *Die Mitverursachung als Entlastung des Haftpflichtigen*, Karlsruhe, 1970.

WEILL, ALEX/TERRÉ, FRANÇOIS – *Droit Civil – Les obligations*, 4ª ed., Paris, 1986.

WEIMAR, WILHELM – *Das mitwirkende Verschulden beim Vertrag mit Schutzwirkung für Dritte*, JR 1981, pp. 140-141.

WEITNAUER, HERMANN – *Rémarques sur l'évolution de la responsabilité civile délictuelle en droit allemand*, RIDC, n.º4, 1967, pp. 807 e ss..

– *Kausalitätsprobleme in rechtsvergleichender Sicht*, Festschrift für EDUARD WAHL zum 70. Geburtstag, Heidelberg, 1973, pp. 109 e ss..

WELSER, RUDOLF – *Vide* KOZIOL, H.

WENDT, OTTO – *Eigenes Verschulden*, in JhJb, Band 31, Jena, 1892, pp. 137 e ss..

– *Die im Verkehr erforderliche Sorgfalt*, AcP 87 (1987), pp. 439 e ss..

WERNER, ALFRED – *Zum problem der Begrenzung der Haftung für schuldhaft verursachte Schäden*, JR 1960, pp. 282 e ss..

WESTEN, KLAUS – *Zur frage einer Garantie-und Risikohaftung für sogenannte «Verkehrspflichtverletzungen»*, Festschrift für F. VON HIPPEL, Tübingen, 1967, pp. 591 e ss..

– *Das neue Zivilrecht der DDR*, Berlin, 1977.

WESTER, KURT – *Mitverschulden im deutschen, englischen und amerikanischen Zivilrecht*, Diss., Köln, 1976.

WESTERHOFF, RUDOLF – *Ist die Entscheidung gerecht? Methodische Wertung am Beispiel eines Reitunfalls*, JR 1993, pp. 497 e ss..

WESTERMANN, HARRY – *Haftung für fremdes Handeln*, JuS 1961, pp. 333 e ss..

WIEACKER, FRANZ – *História do Direito Privado Moderno* (tradução de BOTELHO ESPANHA), Lisboa, 1980.

WIEDERKEHR, GEORGES – *Les incidences du comportement de la victime sur la responsabilité en droit français*, in *Entwickung des Deliktsrechts in rechtsvergleichender Sicht*, Frankfurt am Main, 1987, pp. 113 e ss..

WIELING, HANS JOSEF – *Venire c. factum proprium und Verschulden gegen sich selbst*, AcP 176 (1976), pp. 334 e ss..

Bibliografia 885

WILL, MICHAEL R. – *Quellen erhöhter Gefahr*, München, 1980.

WINDSCHEID, BERNHARD – *Diritto delle Pandette*, II, 1, Torino, 1904 (tradução de C. FADDA/P. E. BENSA).

WINFIELD, PERCY/JOLOWICZ, J-A/ROGERS W.V.H. – *On Tort*, 12ª ed., London, 1984.

WITTMAN, DONALD – *Optimal pricing of sequential inputs: last clear chance, mitigation of damages and related doctrines in the law*, The Journal of Legal Studies (10), 1981, pp. 65 e ss..

WOCHNER, MANFRED – *Einheitliche Schadensteilungsnorm im Haftpflichtrecht*, Heidelberg, 1972.

WOLF, ERNST – *Allgemeiner Teil des Bürgerlichen Rechts*, 2ª ed., Köln/Berlin/ /Bonn/München, 1976.

– *Lehrbuch des Schuldrechts*, Erster Band: *Allgemeiner Teil*, Köln/Berlin/Bonn/ /München, 1978.

WOLLSCHLÄGER, CHRISTIAN – *Eigenes Verschulden des Verletzten*, SZ, Band 93, 1976, pp. 115 e ss..

YADIN, U. – *La nouvelle loi israélienne sur l'indemnisation des victimes d'accidents de la circulation*, RIDC, n.°3, 1976, pp. 475 e ss..

YUNG, WALTER – *Principes fondamentaux et problèmes actuels de la responsabilité civile en droit suisse*, in *Colloque franco-germano-suisse sur les fondements et les fonctions de la responsabilité civile* (ed. bilingue), Bâle/Stuttgart, 1973, pp. 95 e ss..

ZAMPOLLI, A. – *Anotação* à decisão da *Corte di Cassazione* de 7 de Março de 1991, in FI, 1993, col. 1974-1977.

ZENO-ZENCOVICH, VINCENZO – *La colpa oggettiva del malato di mente*, in *Un altro diritto per il malato di mente (Esperienze e soggetti della trasformazione)*, Napoli, 1988, pp. 847 e ss..

– *La responsabilità civile da reato*, Padova, 1989.

ZEUNER, ALBRECHT – *Gedanken über Bedeutung und Stellung des Verschuldens im Zivilrecht*, JZ 1966, pp. 1 e ss..

ZIMMERMANN, REINHARD – *Herausforderungsformel und Haftung für fremde Willensbetätigungen nach §823 I BGB*, JZ 1980, pp. 10 e ss..

– *The Law of Obligations. Roman foundations of the civilian tradition*, München, 1990.

ZITELMANN, ERNST – *Das Recht des Bürgerlichen Gesetzbuches, Allgemeiner Teil*, Leipzig, 1900.

ZIVIZ, P. – *Vide* CENDON.

ÍNDICE

Agradecimentos 9

Siglas 11

PARTE INTRODUTÓRIA

1. Apresentação do tema. Seu interesse dogmático e sua importância prática. Ilustração exemplificativa 19

2. Âmbito de aplicação da excepção da «culpa» do lesado e circunscrição da investigação à esfera extracontratual 30

3. Opções metodológicas e plano da dissertação 61

4. Fixação terminológica 81

PARTE I
SENTIDO E FUNÇÃO DO PROBLEMA DA CONDUTA CULPOSA E NÃO CULPOSA DO LESADO NO SISTEMA DUALISTA DA RESPONSABILIDADE CIVIL E NAS OUTRAS FONTES DE REPARAÇÃO DO DANO

CAPÍTULO I
INFORTÚNIO, RESPONSABILIDADE, AUTOLESÃO E AUTORESPONSABILIDADE

5. Dano fortuito e princípio *casum sentit dominus* 89

6. Dano responsabilizante e princípio da reparação 92

7. Dano causado a si mesmo e princípio da «imputação» ao lesado 95

8. Dano resultante do concurso de condutas do lesante e do lesado e princípio da autoresponsabilidade 100

9. Sequência da exposição 110

890 *A conduta do lesado*

CAPÍTULO II
RESPONSABILIDADE CIVIL SUBJECTIVA E FUNÇÃO
DA CONDUTA «CULPOSA» DO LESADO

SECÇÃO I
O SENTIDO DA «CULPA DO LESADO
NOS SISTEMAS CODIFICADOS DE 1867 E 1966

10. A culpa como *intima ratio* da responsabilidade civil extracontratual no modelo clássico de oitocentos. O artigo 2398º, §2º do Código de Seabra e a censura das culpas do lesante e do lesado.. 113

11. O modelo mais aberto de responsabilidade subjectiva consagrado no Código Civil de 1966. O tratamento igualitário do lesante e do lesado e o enquadramento sancionatório do regime da «culpa» do lesado. Formulação de reservas ao proclamado escopo sancionatório.. 120

12. A duvidosa eficácia preventiva do regime do artigo 570.º e a necessidade de uma política de prevenção dirigida aos potenciais lesados........................... 132

SECÇÃO II
SIGNIFICADO E ALCANCE DA CLÁUSULA GERAL DO ARTIGO 494º
E SUA RELAÇÃO COM O CRITÉRIO DO ARTIGO 570º,1

13. Justificação desta secção.. 143

14. A função reparadora (e reflexamente sancionatória) do direito da responsabilidade do Código de Seabra, o pensamento convergente da doutrina e a tendência legislativa para a flexibilização do duplo escopo........................... 144

15. A posição inovadora de PEREIRA COELHO e a referência à defesa, em vários quadrantes, de um poder de redução da indemnização. Alusão particular à «cláusula redutora» de STOLL... 154

16. A cláusula geral do artigo 494º e a sua leitura parcialmente «despenalizante»... 161

17. A relativa afinidade de escopo e de método entre a norma do artigo 494º e a norma do artigo 570º,1. Reservas à aplicação indiscriminada dos dois normativos... 169

18. Produção e agravamento do dano pelo concurso de eventos fortuitos e de «predisposições» do lesado: aplicação do critério de repartição do artigo 570º,1?.. 179

19. Síntese conclusiva.. 208

Índice 891

CAPÍTULO III
RESPONSABILIDADE CIVIL OBJECTIVA, REPARTIÇÃO COLECTIVA DOS DANOS E SENTIDO DA CONDUTA DO LESADO

20. Sequência 211

SECÇÃO I
A CONCEPÇÃO PROTECTORA DA RESPONSABILIDADE OBJECTIVA E O SEU MAIOR OU MENOR RELATIVISMO COMO REFLEXO DA PRÓPRIA COMPREENSÃO DA CONDUTA DO LESADO

21. As teorias de objectivação da responsabilidade na transição do século XIX para o século XX, o sistema fracamente objectivo do Código de Seabra e o pensamento dualista da doutrina nacional. A nova legislação de teor objectivista publicada a partir de 1913 213

22. A responsabilidade objectiva no Código Civil de 1966 e as suas principais características: excepcionalidade, relatividade e limitação do *quantum* indemnizatório. A legislação especial objectivista dos últimos anos e a associação com o dever de contratação de um seguro de responsabilidade... 230

23. A relatividade do critério objectivo aferida pelo sentido originário da causa clássica respeitante à conduta do lesado. A compressão da força absorvente dessa conduta no regime especial dos acidentes laborais e a potenciação exoneratória na legislação estradal dos anos 30 e 50. A posição flexível de VAZ SERRA quanto às relações entre o risco e a conduta do lesado 247

24. O relevo da norma paradigmática do artigo 505º e a sua interpretação tradicional. O sentido menos rígido da legislação especial mais recente e a sua importância para a defesa de soluções concursuais.................................... 266

SECÇÃO II
A DILUIÇÃO SOCIAL DO DANO COMO PRESSUPOSTO DA REDUÇÃO DA ESFERA DA AUTORESPONSABILIDADE NOS ACIDENTES COM DANOS CORPORAIS: SEGURO DE RESPONSABILIDADE, SOCIALIZAÇÃO DIRECTA DA REPARAÇÃO E INDEMNIZAÇÃO SOCIAL

25. O dualismo responsabilidade – seguro de responsabilidade, o seguro obrigatório e as consequências do enfraquecimento da relação pessoal responsabilizante: «despersonalização» parcial da autoresponsabilidade e reconversão do escopo sancionatório 285

26. A perspectiva comparativa: referências doutrinárias, jurisprudenciais e legislativas sufragadoras do papel menos intenso da culpa do lesado no ressarcimento dos danos 295

27. O quadro nacional da socialização directa e a função desempenhada pelo seguro feito pelo potencial lesado. Da existência de um possível ónus de efectuar o seguro. Culpa do lesado e conteúdo da sub-rogação ou do reembolso da entidade pagadora 315

892   *A conduta do lesado*

28. Descaracterização potenciada da conduta do lesado nas prestações a cargo do Estado e da Segurança Social... 324

29. Súmula das considerações precedentes e justificação do seguimento da exposição 327

PARTE II
ORIGENS DO PRINCÍPIO PREVISTO NO ARTIGO 570º,1, FUNDAMENTO DO SEU CRITÉRIO E CONCEITUAÇÃO DO TRIPLO PRESSUPOSTO LEGAL DO CONCURSO DE CONDUTAS CULPOSAS DO LESANTE E DO LESADO

CAPÍTULO I
DA REGRA POMPONIANA À «COMPENSAÇÃO DE CULPAS» E AO PRINCÍPIO DE REPARTIÇÃO DO DANO CONSAGRADO NAS CODIFICAÇÕES MODERNAS

30. Sequência 335

SECÇÃO I
O PRINCÍPIO «*QUOD QUIS EX CULPA SUA...*», O PENSAMENTO DA PANDECTÍSTICA E A CONSAGRAÇÃO DA RELEVÂNCIA JURÍDICA DA CONCULPABILIDADE COMO FRUTO DAS CONCEPÇÕES JUSNATURALISTAS

31. O relevo negativo da «*culpa*» do lesado em determinados fragmentos do *Digesto* e a ausência de qualquer «compensação de culpas» 337

32. A construção dogmática do princípio da «compensação de culpas» feita pela Pandectística alemã 347

33. A influência do pensamento jusracionalista na consagração do princípio da «ponderação das culpas» nas codificações dos séculos XVIII e XIX. A tendência dominante da doutrina e da jurisprudência francesas e italianas.... 353

34. A conservação do princípio tradicional do «tudo ou nada» no direito anglo-americano e a importância do *Law Reform* (*Contributory Negligence*) *Act* (1945) 369

SECÇÃO II
A EVOLUÇÃO DO REGIME LEGAL DO CONCURSO DA CONDUTA CULPOSA DO LESANTE E DO LESADO DESDE O CÓDIGO CIVIL DE SEABRA ATÉ AO CÓDIGO CIVIL DE 1966

35. O §2º do artigo 2398º do Código Civil de 1867 e as influências doutrinárias e legislativas que nele se projectaram. A análise do preceito feita por ÁLVARES DE MOURA e CUNHA GONÇALVES 373

Índice 893

36. A consagração do concurso da conduta culposa do lesante e do lesado na legislação rodoviária publicada até meados da década de 50 384

37. Coordenadas da figura da «culpa do lesado» no Código Civil de 1966, enquadramento doutrinário do artigo 570º e confronto com preceitos análogos de outros ordenamentos 389

CAPÍTULO II
O FUNDAMENTO DO CRITÉRIO DE REPARTIÇÃO
DO DANO CONSAGRADO NO ARTIGO 570º,1

38. Significado e condicionantes da questão 399

39. As doutrinas de conteúdo objectivo ou de feição lógica 401

40. A teoria dominante ou subjectivista assente na reprovação da conduta do lesado ....

41. As concepções valoradoras de um princípio de justiça e do exercício inadmissível da pretensão indemnizatória do lesado 408

42. O nosso ponto de vista: a defesa de um princípio valorativo de autores-ponsabilidade como *ratio* do critério plasmado no artigo 570º,1 414

CAPÍTULO III
O TRÍPLICE PRESSUPOSTO LEGAL DO CONCURSO
DA CONDUTA CULPOSA DO LESANTE E DO LESADO

SECÇÃO I
O NEXO DE CONCAUSALIDADE E OS CRITÉRIOS DA SUA AVALIAÇÃO

43. As premissas legais do requisito concausal e o tratamento da causa virtual relacionada com a conduta do lesado 425

44. A insuficiência da teoria da *equivalência das condições* e das concepções qualificadas 437

45. O critério dominante da *concausalidade adequada*. O recurso à via do *fim específico da norma violada* e condicionalismos à sua invocação 441

46. As tendências jurisprudenciais na aplicação dos critérios da indagação concausal 457

47. O problema colocado pelo artigo 570º,2 em função das raízes do preceito 462

48. Elementos estruturais comuns às presunções legais de culpa e conteúdo da prova do contrário (*maxime* da atinente à conduta do lesado). Alusão ao concurso de presunções de culpa 466

49. A prova da «culpa» do lesado no seio do artigo 570º,2 como demonstração da ausência de conexão concausal e os corolários da falência probatória 489

894   *A conduta do lesado*

SECÇÃO II
A CONEXÃO DE «CULPA» AO LESADO E OS PROBLEMAS DA SUA
CONCEITUAÇÃO, DOS SEUS REQUISITOS E DA SUA APRECIAÇÃO

SUBSECÇÃO I
A QUESTÃO DA EVENTUAL ILICITUDE DA CONDUTA «CULPOSA» DO LESADO

50. Enunciação do problema e referência às concepções simétricas ou unitárias   495

51. A concepção da «culpa contra si mesmo» (*Verschulden gegen sich selbst*) de ZITELMANN e as suas implicações no pensamento posterior centrado na lesão lícita de interesses do lesado 501

52. A ligação da «culpa» do lesado ao «encargo ou incumbência» (*Obliegenheit*) de afastamento do dano 504

53. O pensamento da doutrina nacional dominante e as posições mais particulares de MENEZES CORDEIRO e de BAPTISTA MACHADO 508

54. A nossa posição quanto ao ponto em discussão: negação (absoluta?) da contrariedade jurídico-normativa da *conduta* «culposa» autolesiva e propensão para o seu enquadramento na figura do *ónus jurídico* 512

SUBSECÇÃO II
CAPACIDADE DE IMPUTAÇÃO E CULPA DO LESADO

55. A necessidade de uma valoração autónoma da culpa do lesado 527

56. A natureza bifronte do problema da imputabilidade do lesado culpado e a enunciação das principais orientações quanto à sua resolução. Referência à situação jurídica do inimputável «heteroresponsável» 529

57. A concepção clássica defensora do requisito da imputabilidade do lesado conculpado 538

58. A doutrina objectivista e a sustentação do papel concorrente do facto do lesado inimputável 544

59. A flexibilização da orientação clássica e os contornos do recurso à correcção equitativa 550

60. A necessidade de tutela dos lesados inimputáveis como argumento determinante da defesa de uma autoresponsabilidade conectada à existência de uma conduta consciente e livre. Lenitivos a esse desiderato 553

SUBSECÇÃO III
OS PARÂMETROS DE APRECIAÇÃO DO FACTO CULPOSO DO LESADO

61. A questão da previsibilidade do evento autodanoso 561

62. A importância do «princípio da confiança» na circunscrição da culpa do lesado 567

63. Aplicação-adaptação ao lesado do critério objectivo de avaliação da culpa predisposto para o lesante? A resposta afirmativa do pensamento jurídico sufragador da «igualdade de tratamento» ou da aderência das culpas do

Índice

lesante e do lesado. A posição subjectivista de CATTANEO e a orientação
menos objectivista de DEUTSCH 571

64. A nossa inclinação para a defesa de um critério objectivo flexibilizado e
para a ponderação de certos estados subjectivos do lesado 578

65. Tipologia da conduta culposa (negligente) do lesado e das causas
justificativas do comportamento autodanoso (em especial nas situações de
exposição ao perigo em benefício alheio) 584

SECÇÃO III
DO PRESSUPOSTO TÍPICO DA UNICIDADE DO DANO

66. O dano unilateral como referência directa do critério do artigo 570° e
resolução neste núcleo do problema da bilateralidade danosa 601

CAPÍTULO IV
CONCURSO DE CONDUTA CULPOSA, DISPOSIÇÃO DA ESFERA
DE RECEPÇÃO DANOSA E EXPOSIÇÃO CONSCIENTE
DO LESADO AO PERIGO DE DANO

67. Justificação do capítulo 605

68. Convenções de iresponsabilidade extracontratual e convenções em
benefício do lesado culpado 606

69. Consentimento do lesado e concurso de condutas culposas 611

70. O pensamento nuclear da «assunção do risco», a sua visão tradicional ou
«declarativista» e o seu quadro tipológico característico 615

71. Estatuto autónomo da «assunção do risco» ou sua diluição como estrato da
«culpa» do lesado? 620

PARTE III
A HIPÓTESE DO CONTRIBUTO CULPOSO E NÃO CULPOSO
DO LESADO PARA O AGRAVAMENTO DO DANO

CAPÍTULO ÚNICO
ÂMBITO, PROBLEMA E CRITÉRIO DO AGRAVAMENTO
(*LATO SENSU*) AUTORESPONSÁVEL

SECÇÃO I
CIRCUNSCRIÇÃO OBJECTIVA DO AGRAVAMENTO CONSEQUENTE AO DANO

72. A interpretação da expressão «agravamento dos danos»: sentido meramente
restritivo ou pura expressão elíptica? 643

896 *A conduta do lesado*

73. Demarcação do «agravamento dos danos» da «predisposição» do lesado para um maior dano e da omissão de prevenção de um dano futuro............. 648
74. Agravamento do dano imputável ao lesante, agravamento do dano imputável ao lesado e imputação bilateral do dano global........................... 653

SECÇÃO II
SENTIDO, CONTEÚDO E LIMITES DA CONTENÇÃO DOS EFEITOS DANOSOS

75. O problema da redução do dano evolutivo e a sua resolução por um pensamento dominante alicerçado na boa fé. Observações críticas e consideração da minoração do dano na perspectiva dos interesses prevalecentes do lesado-credor 659
76. Parâmetros justificativos do acto interventor do lesado no domínio do dano patrimonial.. 670
77. A limitação do dano pessoal e a consideração mais intensa dos interesses do lesado e da sua individualidade.. 678
78. Da razoabilidade e da irrazoabilidade das despesas de contenção feitas pelo lesado... 688

PARTE IV
**REPERCUSSÃO SUBJECTIVA DA CONDUTA DO LESADO
E «IMPUTAÇÃO» AO LESADO DA CONDUTA ALHEIA**

79. Sequência 698

CAPÍTULO I
DANOS DE TERCEIROS E PROJECÇÃO DA CONDUTA DO LESADO

80. Enunciação e circunscrição do problema da oponibilidade do facto contributivo «autoresponsável» do lesado 699
81. A tese mais clássica da inoponibilidade da «culpa» do lesado imediato e os seus argumentos lógico-abstractos 702
82. A concepção dominante da oponibilidade da «culpa» do lesado imediato e a ênfase colocada no argumento construído à volta do concurso das condutas 705

CAPÍTULO II
IDENTIFICAÇÃO PASSIVA DA CONDUTA DE OUTREM

83. A natureza problemática da norma do artigo 571º 713

Índice — 897

84. A matriz germânica do artigo 571º e a *ratio* subjacente ao preceito 715
85. Omissão de cumprimento dos deveres de vigilância e sua repercussão nos direitos do lesado-vigiado. Sustentação de uma posição contrária à da «imputação» da omissão culposa como salvaguarda da tutela dos vigiados 722
86. Delimitação da categoria dos auxiliares com intervenção no círculo dos interesses do lesado 732

PARTE V
CRITÉRIO E RESULTADOS DA PONDERAÇÃO
DAS CONDUTAS CULPOSAS DO LESANTE E DO LESADO

CAPÍTULO I
ORIGENS E CONTEÚDO DO MODELO DE REPARTIÇÃO PREVISTO NO ARTIGO 570º,1

87. Critério subjectivo (ou de raiz austríaca) *versus* critério objectivo (ou de inspiração alemã) 742
88. O sistema misto consagrado no artigo 570º,1: fonte, âmbito material e conjugação dos factores 748
89. A reafirmação da abertura do critério do artigo 570º,1 à consideração de outros elementos relevantes 758
90. As questões da prova da conduta culposa do lesado 761

CAPÍTULO II
RESULTADOS DA PONDERAÇÃO NA RELAÇÃO LESADO-LESANTE E NA PRESSUPOSIÇÃO DE UMA PLURALIDADE DE LESANTES

91. A tríplice consequência da avaliação judicial 765
92. A articulação da multilateralidade contributiva com os princípios da solidariedade passiva 769

PARTE VI
HETERORESPONSABILIDADE OBJECTIVA, AUTORESPONSABILIDADE OBJECTIVA E CONDUTA DO LESADO

93. Sequência 784

CAPÍTULO I
RISCO IMPUTADO AO LESADO E CONTRIBUIÇÃO PARA O DANO

94. A hipótese concursual que reúne a culpa do lesante e o risco que pesa sobre o lesado 785

95. A hipótese que congrega o risco contributivo do lesante e do lesado: generalização do critério prescrito no nº1 do artigo 506º ou recondução ao critério adoptado no artigo 570º,1? 789

CAPÍTULO II
RESPONSABILIDADE OBJECTIVA E CONDUTA CULPOSA E NÃO CULPOSA DO LESADO

96. Retorno a uma problemática já equacionada 795

97. Aplicação analógica do artigo 505º aos tipos codificados de responsabilidade objectiva? 797

98. A novidade da solução não preclusiva (do risco pela culpa) consagrada no artigo 7º,1 do regime da responsabilidade do produtor 808

99. Concomitância da necessidade de se desvalorizar a conduta do lesado no seio dos acidentes de trânsito e de ser repensada a interpretação tradicional focalizada no artigo 505º 811

CONCLUSÃO 827

BIBLIOGRAFIA 835

ÍNDICE 887

ERRATA

Pág.	Linha	Está	Deve estar
33	14	imanente,	imanente
41, n.76	4	veículo(que	veículo, que
41, n.76	6	relativamentee	relativamente
43	13	o	a
46, n.85	7	8º	9º
46, n.85	10	pelo	pela
47	4	*concorrem,*	*concorrem*
48	19	(a dos	(o dos
51, n.95	8	*confiança*	*confiança»*
61	18	revela	releva
61	20	505º.	505º,
64	4	«cobertura	«abertura
70	8	tornaríam	tornariam
74	21	*perigo*	*perigo,*
75	20	lesão,	lesão
91, n.228	6	1984	1894
93	10	subjectiva	subjectiva,
96, n.250	1	socialmente	«socialmente
115, n.307	6	justiniano	Justiniano
126, n.350	1	«norma de aberta»	«norma de abertura»
127	3	estivessemos	estivéssemos
139	22	que	que,
152	14	considerassem	considerasse
158, n.475	3	inimputável	imputável
166	4	estaría	estaria
167	3	ordenamentos,	ordenamentos
200, n.635	3	família não	família
201	17	duplo	último
203	13	que	que,
203, n.641	17	rajda	rajada
207	27	de um	de uma
208	19	o do	a do
224, n.705	13	*(privado) social*	*social*
234	3	alguma	algumas
236	18	culpamente	culposamente
238	8	dia,	dia
247	12	**da**	**de**
249	18	revelo	relevo
259	6	1928,	1928
259, n.827	221	não podia	podia
265	1	*preponderente*	*preponderante*
266	9	amplo,	amplo
274	4	Com	Como
275	12	factores factores	factores
297	1	concorido	concorrido
299, n.952	1	pós-fácio	posfácio
299, n.953	1	pós-fácio	posfácio
305	3	criou	cria

Pág.	Linha	Está	Deve estar
309	3	mercedores	merecedores
318, n.1024	1	irrelevância de	relevância do
322	3	*reembolso*	*reembolso,*
323	27	lesante 139	lesante 1039
360, n.1167	2	arttigo	artigo
363, n.1184	6	baseeado	baseado
366	3	CONSOLO, CANDICE	CONSOLO,
370	9	PAPIANUS	PAPINIANUS
371, n.1219	1	*of the*	*of this own fault and partly of the*
384	8	solidária» e	solidária», e
391	18	vida	vida,
403	21	realtivamente	relativamente
406	9	«contruir»	«construir»
419	2	legislador	legislador,
426, n.1405	2	*partly of*	*partly of his own fault and partly of*
449	14-15	colocados	colocadas
453	3	mesmas	«mesmas»
465	9	uma	um
471, n.1557	25	14, 15 ou 16	14 e 15
477	6	a um	um
478	8	de dum	dum
479, n.1587	7	uma	um
494, n.1626	13	ponderadados	ponderada dos
495, n. 1627	3	ABGB	BGB
500	19	*leit motiv*	*Leitmotiv*
505	6	à ao	ao
505	26	próximo do dever jurídico,avocando	avocando
522	20	*«Umwerturteil»*	*«Unwerturteil»*
522	22	*Milß billigung,* ou	*Milß billigung)* ou
533	7	HÖCHFTER	HÖCHSTER
539, n.1812	1	auto	acto
549	18	este último	esta última
556	17	imprevísivel	inevitável
585	8	*dadas*	*dados*
590, n.2022	1	n.1398	n.1400
596	9	*Selbsaufopferung*	*Selbstaufopferung*
607, n.2085	6	à culpa	culpa
624, n.2169	4	prestação	prestações
628, n.2181	4	efesa	defesa
645	16	parecem	parece
653, n.2260	2	n.1027	n.1028
678, n.2335	1	§ 294	§ 249
701, n.2393	1	porque	por que
702, n.2397	3	invocando	invocando a
709	18	a argumentos	argumentos
727	10	representado	representante
727	11	representante	representado
729	5	levam-nos	leva-nos
735	13	ocorrer,	ocorrer
761	20	*reus*	*reus in*
763, n.2601	2	*contratado*	*com contrato*

Pág.	*Linha*	*Está*	*Deve estar*
772, n.2632	3	e MEDICUS	MEDICUS
773	8	*comprovação*	*comprovação,*
779	16	ue	que
779	17	lesantes	lesantes,
787	9	porque	por que
790	20	considerado	considerada
793	8	ABRANTES	ARANTES
800	7	funções 2716	funções 2716,
808	23	*tertium datur*	*tertius datus*